广西壮族自治区八桂学者岗成果
广西民族大学民族学一流学科建设经费资助出版

中国—东盟民族文化与人类命运共同体构建

第三届中国—东盟民族文化论坛论文集

李富强 徐昕 ◎ 主编

China-ASEAN Ethnic Culture and Building a Community
with a Shared Future for Mankind

中国社会科学出版社

图书在版编目（CIP）数据

中国—东盟民族文化与人类命运共同体构建：第三届中国－东盟民族文化论坛论文集/李富强，徐昕主编 .—北京：中国社会科学出版社，2021.6
ISBN 978-7-5203-7883-3

Ⅰ.①中…　Ⅱ.①李…②徐…　Ⅲ.①民族文化—中国、东南亚国家联盟—文集②"一带一路"—国际合作—中国、东南亚国家联盟—文集　Ⅳ.①K28-53②K308-53③F125.533-53

中国版本图书馆 CIP 数据核字（2021）第 025531 号

出 版 人	赵剑英
责任编辑	张　林
特约编辑	宗彦辉
责任校对	李　莉
责任印制	戴　宽

出　　版	中国社会科学出版社
社　　址	北京鼓楼西大街甲 158 号
邮　　编	100720
网　　址	http://www.csspw.cn
发 行 部	010-84083685
门 市 部	010-84029450
经　　销	新华书店及其他书店

印刷装订	北京君升印刷有限公司
版　　次	2021 年 6 月第 1 版
印　　次	2021 年 6 月第 1 次印刷

开　　本	787×1092　1/16
印　　张	55.5
插　　页	2
字　　数	933 千字
定　　价	298.00 元

凡购买中国社会科学出版社图书，如有质量问题请与本社营销中心联系调换
电话：010-84083683
版权所有　侵权必究

《中国—东盟民族文化论丛》编辑委员会

主　任　高雄

副主任　沈德海、谢尚果、赵克

成　员　沈德海、谢尚果、赵克、何明、李锦芳、李富强、徐昕、莫嫦、罗琨、冼文海、高雅宁（中国台湾）、Sum Chhum Bun（柬埔寨）、Somseng Xayavong（老挝）、Nang Lao Ngin（缅甸）、Ku Boon Dar（马来西亚）、Somrak Chaisingkananont（泰国）、VUONG Van Toan（越南）、Sikhamoni Gohain Boruah（印度）、Luo Yongxian（澳大利亚）、Su Mingxian（澳大利亚）

主　编　李富强　徐昕

副主编　莫嫦　罗琨

目 录
CONTENTS

议题一：民族文化与绿色发展

"一带一路"沿线亚非高等教育话语权的重构 …………………… 马焕灵 3

"一带一路"背景下广西壮族民歌的创新发展 ………………… 于钟民 16

民族文化保护与美丽乡村建设可持续发展研究
——以三江侗族自治县为例 ………… 刘 清 吴 毅 邓兰英 杨颖霞 25

西南少数民族地区民族文化传承与保护研究
——以广西隆林各族自治县为例 …………………… 韦达书 岑 军 38

少数民族文化与绿色产业同步发展的战略思考
——基于广西百色凌云县民族文化、产业发展的调研 …… 卢 旗 杨彩芳 51

东盟龙舟文化研究 …………………… 陈德钦 尹继林 方鹏飞 69

文化多元视野下民间传统体育的多重文化蕴意
——中越边境峒中镇那丽村砧板陀螺的人类学考察 …… 何杰峰 佘海龙 79

左江花山文化走进"一带一路"的思考 …………………………… 李 萍 89

论左江岩画的萨满教属性 ………………………………………… 肖 波 100

民族文化与绿色发展
——关于浙江省丽水市发展畲族农家乐民宿经济促农增收致富的
实践与思考 ……………………………………………………… 余爱华 121

多民族语言和谐是广西民族团结进步的重要经验	余　飞	131
壮族（中）与岱侬族（越）民间美术比较及文化旅游开发研究	张海彬	146
湄公河地区傣族纺织工艺及其传承	张耀军	153
试论壮族历史文献的医药文化价值		
——兼论壮泰传统医药文化比较研究	周祖亮	165
"一带一路"背景下交通教育"走出去"风险机制研究	赵光辉　陈玲玲	174
"一带一路"视域下广西民族体育旅游发展的策略研究	聂春丽　梁　源	195
贵港市荷文化传承与发展对策	陶庆斌　仝卓南	207
论广西少数民族地区青少年民族文化传承的路径	崔现花	219
宗教背景下的泰国生态民俗文化探析	黄海云	225
南盘江流域民族壮剧文化的保护传承与开发		
——以隆林北路壮剧为例	黄文论	239
壮医药文化传承人的保护与传习初探		
	蓝毓营　覃骊兰　张青槐　庞宇舟	248
彝族古代文化与人类命运共同体构建	黎　斌	256
中国南方与东南亚壮侗语民族"那·兰"文明研究	潘春见	268

议题二：民族文化交流与民心相通

旅居海外的华人文化信仰交流与变迁		
——以越南胡志明市为例	Nguyenthilien - （阮氏莲）	287
壮族、泰族渊源关系研究	王伟民	292
泰国华人融入当地主流社会的现状、挑战和发展趋势		
	Supissara Jiwsan	307
文化认同视角下海外瑶族的社会生活	马君红	312

中国—东盟舞狮文化差异研究 …………………… 马新宇　贺小花　尹继林　323

对广西在中国—东盟民族文化交流实践中的若干思考 …… 孔庆民　付亚芹　334

铜鼓迭代演变的文化环境探微 ……………………………………… 刘　洪　343

产业资源视野下中越边境（桂越段）文化资源研究 ………………… 刘继辉　355

壮泰语"鸡"义语素、"牛"义语素多功能模式及其对汉语方言的影响
　………………………………………………………………………… 吕嵩崧　368

晚清中越诗文外交的特点管窥
　——以黎申产与越使的交往为中心 ………………………………… 朱春洁　387

中越歌仙文化的价值认同研究 ……………………………………… 陈　希　403

试论华南与东南亚早期文化的统一性及其特征 …………………… 陈洪波　413

南岭走廊与贵州民族融合发展关系暨贵州省打造"Y"字形
　三大文化走廊初探 ………………………………………………… 陈运洪　426

跨文化的交流：从生态视角看壮泰民族稻作文化异同 …… 言红兰　黄玉洁　434

加强民族文化交流　增进民族文化认同 …………………………… 杨昌雄　447

广西与东盟民族体育文化交流合作的效应研究 …………………… 张　华　455

"一带一路"框架下"民心相通"的传播策略
　——以新疆为例 …………………………………………………… 张一晓　462

"一带一路"背景下广西民族文化对外传播的SWOT分析及优化研究
　……………………………………………………………………… 郑　慧　468

中国—东盟文化交流分析 ………………………… 姚武太　李宝兴　480

民族文化交流与民心相通
　——以平果嘹歌文化凝聚民心为例 ………………………………… 祝励璠　486

东盟华侨华人龙狮文化认同 ………………… 黄东教　李乃琼　马新宇　495

广西龙州布傣天琴文化传播研究 …………………………………… 黄新宇　503

发挥广西"一带一路"智库联盟在中国—东盟合作交流民心相通中的作用
.... 梁愉立 514
明代中菲经济文化交流与东洋意识的兴起 .... 程彩萍 李建武 528
实践视域下新疆多元一体的民族文化类型与基本特征
——兼论维吾尔民族文化基本模式与基本特征 .... 彭 清 539
壮泰语童谣共同特性比较研究 .... 覃 丹 555
"一带一路"背景下中国—东盟艺术交流合作的困境与出路
.... 谢仁敏 赵海泉 570
西南民族地区城镇化进程中的民族交往交流交融问题研究
——以靖西市为例 .... 黎 燕 583

议题三："一带一路"框架下的民族文化创新与共享

印尼铜鼓类型研究 .... Herman（唐根基） 595
边疆民族地区文化软实力提升研究
——以崇左市为例 .... 邓丽芳 韦方立 639
丝绸之路经济带人文交流中新疆民族文化的
创新与共享 .... 木拉提·黑尼亚提 649
"一带一路"框架下的蒙晋冀（乌大张）长城金三角
文化创新与共享 .... 陈小明 李 俊 661
粤语流行歌曲在东南亚国家的传播与影响 .... 何文干 671
中国—东南亚铜鼓研究的回顾与反思 .... 李富强 681
"一带一路"背景下的崇左康养旅游发展对策研究 ...... 李天雪 朱 浩 692
信息传播在构建网络命运共同体中的作用及路径论纲 .... 李文明 吕福玉 701
试论"一带一路"框架下发展国际化民族文化企业 .... 杨 毅 719

"一带一路"背景下丝绸之路的文化变迁与当代价值
.... 张俊英 柳书琼 邹 璇 727

"两个共同体"思想与马克思主义民族理论中国化 .... 张三南 曹保刚 744

中国关涉印度尼西亚国家题材图书出版状况分析（1949—2016）
.... 金 强 王雨晓 757

东南亚华族民俗文化对构建人类命运共同体实践探索 .... 林江珠 772

"一带一路"框架下中越边境地区民族文化旅游开发研究 .... 林昆勇 784

文旅融合新业态下的民族文化创新
　　——基于广西民族地区的文化现状分析 .... 林竹梅 797

"一带一路"框架下中医药的发展现状与创新
.... 黄桂勋 陆 畅 张佳婕 韦安静 808

跨境民族的家园生成与共同体构建
　　——基于中越边境京族村落的考察 .... 黄 玲 816

中国东盟民族文化产业的发展研究
　　——"供给""需求"两端发力 ...... 梁修庆 孔庆民 李佳芯 邓 瑀 828

少数民族非遗文化的数字动漫创新转化与传播共享
　　——以"壮族三月三"为例 .... 蒋 慧 839

多元民族文化交融共生模式之探索 .... 蒋士会 黄庆雷 851

河池与东盟共建民族原生态文化交流体验区初探
　　——以共建白裤瑶民族原生态文化交流体验区为例 ...... 蓝仕明 860

议题一：

民族文化与绿色发展

"一带一路"沿线亚非高等教育话语权的重构

马焕灵[*]

摘 要：高等教育话语权作为话语、知识和权力的统一整体，具有独特的生成逻辑。由于历史和现实原因，欧美大学一直占有国际高等教育话语主导权。欧美大学对亚非大学话语权的主导不利于知识的生产和创新以及世界各国的文化交流和发展。"一带一路"倡议为沿线亚非地区的大学重构独立、平等、协作的话语权体系和格局提供了契机。扎根本土、反思现状、强化运用是亚非高等教育话语权重构的必要路径。

关键词："一带一路"；高等教育；话语权

"一带一路"倡议是党中央、国务院统筹国内外发展而作出的重大决策部署，对于促进新时代中国发展、推动沿线国家繁荣进步、增进互联互通和深化各国交流合作具有十分重大意义。大学密集生产知识和培养高层次人才的属性，使得高等教育必须承担起为"一带一路"沿线各国提供民心相通和人才培养的使命。因此，"一带一路"战略思想落地生根、具体措施准时到位，离不开沿线各国高等教育的紧密合作。而亚非国家作为"一带一路"沿线主要国家，在高等教育深度合作中的角色扮演显得尤为重要。然而，合作的基础是平等对话，

---

[*] 基金项目：广西高校中青年教师基础能力提升项目"'一带一路'战略下广西民族体育旅游发展路径研究"阶段性成果。

作者简介：马焕灵，广西师范大学教育学部教师。

但如今，欧美各国依旧把控着国际高等教育的话语权，使得"一带一路"沿线各国大学的对话欠缺平等基础，深度合作的理想状态更是难以企及，"一带一路"战略的真正落实面临难以逾越的鸿沟。把握新时代契机，重构国际高等教育话语权的格局，是"一带一路"倡议面临的重要课题。

一　全球高等教育话语权：生成与格局

高等教育话语权作为集话语、知识和权力的统一整体，有着自己独特的生成逻辑。全球高等教育话语权的基本格局的形成，也是历史和现实结合的产物。

（一）高等教育话语权的生成逻辑

从本质来看，话语权是一种客观存在的柔性支配力量。首先，"权力"起初被认为是一种强制力，一种实体性的力量存在。但经过多学派的质疑、批判和讨论，逐渐达成另外一种"关系论"共识，即，权力是社会关系的产物，是行为体之间相互作用过程中发生的关系，不仅含强制力，也包括说服力和影响力。这样，权力在"关系论"基础上逐渐区别出"硬权力"和"软权力"。正如国际关系学专家约瑟夫·奈所言，权力中的可代替性在削弱，强制力在减少，有形性在降低，它更倾向于无形的资源如文化、政治价值观、对外政策、国际机制等。"塑造偏好的能力倾向于与无形资源如文化、意识形态和机制联系在一起。这个维度的权力就是软权力，这和与有形资源相联系的硬权力如军事权力或经济权力形成对比。"这里的软权力通常指一个主体利用文化、价值观念和意识形态等影响另一主体，使之甘愿达成自己目的的无形权力，也是一种通过吸引而非强迫获得预期目标的能力。软权力的吸引力来源于："思想、文化或通过设定影响其他国家偏爱的标准、制度或议程的能力。"其次，在语言学中，话语是指能够完整表达某种思想或意思的文字或语言。后来法国社会学家福柯对话语作出了新的界定："话语是一种以其特有方式构成的知识体系和社会实践。"随后他又指出话语与权力之间的密切关系，二者相互影响。并且话语本身又作为文化、价值观念和意识形态等的表达方式或载体，其和软权力的运用融为一体，话语权遂上升为一种客观存在的柔性支配力量。

高等教育话语权是话语、知识与权力的结合体。知识是人类理性力量的体现，而社会的价值准则和行为规范也正是按照人类的理性而建构起来的。正因如此，大学作为知识创新和以知识传承、创新、社会应用为己任之高层次人才培养的承担者，生产着对经济权力和政府权力的行使方向及其质量具有决定性作用的知识权力。更进一步来讲，话语就其本身而言只是一种形式，需要与不同知识内容结合方能获得其特质和生命力。而大学生产的知识当然也是话语权本身的一部分，其表达形式通常是语言编码，载体是词语，这也恰恰为话语权填充了实质性的内容，使大学形成了其独特的话语体系，当这种体系进行运作时便形成了大学独有的话语权。

高等教育话语体系通过两种功能的发挥，在全球化的浪潮中实现对外扩张并巩固其地位。一是高等教育发挥生产和提供知识服务的功能。大学以专家咨询和智库建设等形式，一方面为本国发展出谋划策，发挥着"智囊"的作用；另一方面，在国际高等教育竞争中，大学又通过教学和科学研究等形式发挥着文化引领的作用。二是高等教育发挥转化和传播特定知识的功能。大学既承担着科学研究以及服务社会发展的重任，又为传播植入特定的价值观念。大学对现有本国秩序进行合法性确证，使得生产的知识利于统治。同时大学又通过传播有利于本土高等教育话语体系地位提升的价值观念来进行组织维持。

总之，高等教育话语体系的位次决定高等教育的实力水平，从而影响国家竞争实力。在竞争力、知识创新、高素质人才和高等教育的竞争力链条中，高等教育作为国家实力的重要组成与国家竞争力呈高相关性已是不争的事实。然而，不能忽略的是，代表着高等教育话语权的国际高等教育评价体系的标准化制定权在高等教育的实力水平评估中占据着绝对高地。为此，高等教育话语体系的位次决定高等教育实力水平。而高等教育实力的竞争已经上升为国家实力的竞争，谁拥有强大的高等教育话语体系谁就能在国家竞争中抢占制高点。这也是大学争夺高等教育国际话语权的缘由所在。

(二) 高等教育话语权的基本格局

从历史演化和全球高等教育竞争力发展来看，欧美高校话语对全球高等教育话语体系影响深远，占据重要主导地位，而亚非地区大学话语权则长期处于被弱化的地位和状态。欧美话语主导权日益成为欧美大学阻碍亚非地区大学发展的工具。

从全球化的历史来看,资本的全球化为欧美高等教育话语主导权奠定了基础。资本的良性循环可以产生新的价值,但是只有以现有资本买入原料,经过加工生产出新商品,并且高于成本价卖出才能产生新的价值。正是资本的这种特性,决定了资本主义对利益的不断追求。这就促使以资本运作建立起来的资本主义,为了维持存在并保持发展不断开拓新的市场。当前经济全球化是欧美资本主义国家不断开拓新市场的需要与结果。随着资本主义的发展,其开拓市场的手段也逐渐温和,暴力手段大大减少,经济手段成为主要手段。当前经济全球化的进程正是历史上资本主义对外部市场不断开拓的自然继承与发展。通过对外开拓,一方面增强了资本主义国家的综合实力;另一方面将其他落后国家变成资本主义国家的原料产地和商品倾销市场。因此在经济全球化的过程中欧美等地区的资本主义发达国家处于强势地位,而亚非等地区的发展中国家处于相对弱势的地位。在经济全球化的过程中,各个国家之间并非只有经济的相互联系,不同价值观念、行为规范等也会在这个过程中相互交织、相互影响。而处于相对强势地位的资本主义发达国家必然在价值输出等方面处于主导地位,因此这种全球化就不可避免地打上了"西方化"的烙印。

随着知识经济的深入发展,知识在欧美国家对外扩张的过程中越发重要。特别是进入21世纪后,知识对经济的发展和国家实力提升起着不可忽视的作用。当前社会已经逐渐转向知识经济型社会,科学技术成为第一生产力,而知识是推动科学技术不断进步的必要条件。因此,我们可以认识到,知识在当今经济全球化的过程中增强了欧美等发达资本主义国家对外扩张的力量,扩大了其对外扩张的优势。知识生产兼具科学性和观念性,这使得欧美大学的知识生产逐渐成为欧美国家对外扩张的一部分。欧美高等教育话语权是话语、知识和权力的统一整体,是一种软权力,这一权力客观上成为影响他国高等教育意志的力量。软权力与欧美大学知识生产相结合,进一步巩固了欧美大学的话语权体系的主导地位。

随着西方化的深入,欧美大学也在这个过程中进行了对亚非大学话语权和体系的"殖民"。欧美大学的话语权,以词语或言语为主要形式,不论是作为一种话语或表达性的权力,还是作为一种知识的建构方式来说,必然会将资本主义国家的文化观念等融入其中;软权力的执行依靠于话语体系中的价值观念等内容,因此，欧美大学的话语体系或话语权中也必然包含欧美国家的意识形态或价值观念的成分。历史上英法德等资本主义国家对部分亚非国家有过长期的殖民或半殖民统治，这种统治通常是以军事力量和经济实力为基础，用暴力手段获得的。在这个过程中，西方国家的价值体系、文化观念和意识形态等强行入侵了亚非国家，同时也不可避免地发生不同程度的文化冲突。但是由于西方国家有强大的军事和经济实力作后盾，以致亚非国家文化在二者的冲突中处于极度弱势地位。而且部分亚非国家在被入侵、被殖民的过程中逐步认识到西方理念、政治体制等的某些先进性，从而主动地学习西方的文明理念和体制机制等，从另一方面帮助了资本主义国家意识形态的传播，并使其逐渐占据了这些亚非国家的观念上层建筑的主导地位。而价值体系和文化观念等通常通过言语和特有的实践方式表现出来，因而欧美国家其话语体系也顺理成章地在当地社会和大学中取得合法性或正统性。在这一基础上，欧美大学又凭借自身的突出成就和其国家的优势地位，在经济全球化的浪潮中，通过学术交流、教材流通等方式不断冲击着亚非大学的话语体系，亚非大学也主动或被动、自觉或不自觉地接受着这种冲击并受其影响。

在一个多世纪以欧美高等教育话语为主导的时代，亚非高等教育话语的发展滞后于西方高等教育话语，长期处于对西方高等教育话语的引进、模仿、借鉴的状态。当前，国际高等教育话语现实是以西方学者的精致语言编码压制亚非国家的大众化语言代码。由于国际高等教育评价话语的标准化，亚非国家的知识生产必然成为欧美高等教育评定权力机构所制定的评价条件所规训出来的理性科研的客体化成果。如今我们随处都可以感受到欧美大学话语权的主导地位，这种主导表现为我们以欧美大学的知识成果为先进。欧美大学在某些领域确实处于领军地位，但并不是所有领域，因此以偏概全地认为欧美大学的所有知识成果都是先进的，事实上是欧美大学话语权的溢价效应。

二 亚非国家高等教育话语权：忧伤与重构

欧美大学主导亚非国家的高等教育话语权，必然会给这些国家的高等教育发展和国际文化交流带来一系列消极影响。这些消极影响促使亚非国家亟须重构自己的高等教育话语体系。

（一）欧美大学对亚非大学话语权主导的消极影响

"一带一路"建设需要沿线各国高等教育的团结协作和共同发展。但如今欧美大学对亚非大学话语权的主导不仅不利于各国的共同发展和"一带一路"的建设，而且易使"一带一路"演变为欧美国家资本扩张的新型工具。

首先，欧美大学主导亚非大学的话语权，不利于这些国家和民族充分发挥自身特有资源，促进本国和本地区大学发展。一个民族和国家的生产力连同其他因素决定了当地的社会状况，包括文化传统、物质遗产和实践方式等。这些都属于特有资源，适合本土问题的解决，因而对这些资源的充分利用将有利于沿线国家和民族的繁荣发展。但是由于外部话语权对本土话语权的主导，使得本土研究者被迫纳入外部话语体系中，在外部话语体系下进行知识生产，这种情况下生产出来的知识并不一定适合本土问题的研究。比如皮亚杰的认识发展理论最初是以西方国家志愿者作为被试者，而认知的发展受个体遗传和社会文化状况等多种因素的影响，东西方儿童认知的发展存在差异，所以仅靠西方志愿者得出的实验数据是存在偏差的。由此可以看出部分研究者动辄以西方理论为研究起点和理论依据，不考虑本土实际情况，这种情况下的研究成果不适用于实际问题的解决。

其次，欧美大学对亚非大学话语权的主导不利于世界各国的文化交流和发展。"在当代社会条件下，高校面向开放环境，融入教育国际化大潮，推进科学技术创新，面向激烈的人才竞争，承担科教兴国的重任，既成为各种文化的集散地，更成为文化交汇、交流、交锋的前沿。"但如今欧美大学占据着话语权的主导地位，不仅不利于这些大学的发展，也不利于文化间的交流和发展。单一的话语权及其体系使得文化和知识生产都具有单一性，从而使得社会和人日趋成为马尔库塞所言的"单向度的社会"和"单向度的人"。例如我们在提到"生活世界"这一概念时，总会借用哈贝马斯的理论。但是哈贝马斯的研究是基于当地社会特点及其发展状况，并受其个人经历和知识体系的影响，并不适用于所有情况。但是部分研究者（尤其是某些研究生和青年学者），总是奉行"拿来主义"，直接依据西方某些所谓的先进理论对当地社会问题进行研究分析。造成这一现象的原因有两个：一是在全球化的时代，欧美大学话语权相对于亚非大学而言确实处于强势地位，迫使亚非大学依从欧美大学话语权并从中汲取"先进"的思想观念；二是亚非大学中的研究者既没有正视"拿来主义"的危害，也没有批判"先进理论"的能力。这就形成了世界话语权的单一性，从而影响文化的交流发展。

最后，欧美大学对亚非大学话语权的主导不利于知识生产与创新。知识生产大致涉及两个方面，思维的形成和表达。植根于社会现状的知识生产，需要适合自身特点的话语体系来进行思想的生成和表达，这种适合自身特点的话语体系也就是当地社会"土生土长"的话语体系。但是当前欧美大学话语体系对亚非大学的侵入甚至主导，已影响到当地社会和大学知识的生产与创新。例如有些研究者习惯将"全人""完人"作为自己的培养目标或研究目标，而这些都是翻译欧美大学研究成果的表达方式。由此可以看出两个问题：一是研究者能否确定所谓的"全人""完人"就是欧美大学研究中所指的原意。二是"全人""完人"和人的全面发展有何区别。要知道"人的全面发展"这一概念是适应我国发展现状的，是经过实践检验。而"全人""完人"是西方的概念，目前指向并不比"人的全面发展"明确，而且不一定适合我国的现有理论，随意引入容易造成教育理论的混乱。因此，这种情况下进行的研究，并不利于知识的生产与创新。

(二) 亚非地区高等教育话语权理想结构

为了使沿线大学更好地致力于"一带一路"建设，大学间的话语权应存在一种理想结构，而当前欧美大学长期对话语权的主导不利于这种理想状态的达成。如今"一带一路"建设为这种理想状态的达成提供了充分的条件，沿线大学应抓住这次契机，树立起理想状态的话语权威。

"一带一路"建设旨在促进沿线国家的共同繁荣与发展。各国大学作为知识生产、文化创新的重要场所，在这个过程中也应有所贡献。大学应该切实为国家发展服务，这首先要求各国大学的话语权是独立的、平等的且作用能够顺利发挥的。

首先，欧美大学与亚非大学话语权应各自独立。大学就其本质来说，是生产知识、创新以及求真理的地方。因此大学是通过知识生产和创新，转化和应用知识的方式来履行社会责任。大学生产的知识需要经过转化和应用才能发挥其应有价值，在此过程中需要相关利益主体间的交流与互动。就大学而言，大学有责任对自己生产的知识作出恰当的阐释，因此应该拥有独立的话语权。欧美大学和亚非大学话语权的独立应该是各自事实上的独立，而不仅仅是法律文本或名义上的独立。这种独立是根植于自己的文化传统、价值体系和意识形态，适合民族和国家发展的独立。在表达形式上，由于话语权包含根植于民族或国家文化传统和意识形态等内容，因此其内在特殊性质和生命力也来源于这些内容。所以，不同大学的话语体系或话语权有其独特的表达方式、知识体系和实践方式。实际上，大学话语权的独立就是不同民族和国家文化观念等的独立，因为大学中的文化观念和价值体系是民族和国家文化观念的缩影。大学话语权的独立相当于给予一个民族或国家保持自己独特价值体系和意识形态独立存在和发展的肯定。因此，欧美大学和亚非大学话语权的各自独立，也就是肯定与尊重各个国家的文化观念和意志形态以及大学的知识生产。这就有利于提高"一带一路"沿线国家的文化多样性和大学生产知识的丰富性。

其次，欧美大学与亚非大学话语权各自平等。大学是进行知识生产和创新的地方，对于知识生产和创新而言，闭门造车不利于其发展，需要与外界进行信息交流。这就是说一个国家的大学不能仅利用自己的知识成果和社会实践来进行知识的生产和发展，更需要与其他国家进行知识交流。对高等教育而言，通常是大学间的学术交流。学术交流中的关键问题并不在于思想如何碰撞，观点如何交流，而在于各大学在交流时的话语权是否平等。这种平等包括三个方面的内容：一是对彼此话语权及其体系的尊重，这种尊重主要指对学术观点、知识结构、相关学术活动的尊重。二是对不同大学话语权及其体系背后的各种文化观念、意识形态、价值体系等的尊重。正是因为拥有文化观念等不同的内容，话语权才有了强大的生命力。因此尊重这些内容才是对话语权实质性的尊重，才能使话语权获得基本的平等。三是要排除权力的干扰。由于话语权处于一种权力体系中，易受到权力的干扰而破坏其平等性，因此需要采取措施防止权力的干扰。这里的权力是泛指能够影响话语权平等的一切力量，包括军事权力、经济权力和政治权力等。

最后，欧美大学与亚非大学话语权协作发挥作用。各大学话语权的顺利发挥，首先有利于大学的知识生产，在本民族和国家文化观念影响下进行知识生产，能够更好地解决本土问题；其次，有利于思想表达和学术交流，话语权的直接作用是表达思想观念，是连接知识生产和知识应用的中间环节；再次，有利于知识创新，有效保证各大学的话语权是学术交流的重要保障，而知识的创新离不开不同观点思想的交流碰撞，因而保证各大学的话语权是知识创新的必要条件；最后，有利于更好地服务于"一带一路"沿线国家的发展，通过保证各大学话语权并且顺利发挥，有利于发挥大学对社会的正向辐射作用，提升国家文化软实力和国民素质。各大学话语权积极作用的发挥关键在于沿线国家和大学能够达成共识，合理制定并实施保证话语权有效施行的方案，并且要排除不利因素的影响。

三 "一带一路"沿线高等教育话语权：契机与路径

大学是进行知识生产、知识创新、知识发展之地。为了让知识成果充分发挥国家引领功能，需要亚非地区的大学拥有自己的话语主导权，掌握话语主导权将更有利于各国大学深度合作和共同发展繁荣。

（一）"一带一路"下亚非大学话语权的重构契机

亚非大学话语权的独立需要外部力量的支持，而且这种支持必须是全面的、有深度的。如今"一带一路"的建设正是话语权独立的契机。"一带一路"不是中国的独唱，维护的也不仅仅是中国的利益，而是促进沿线各国的共同繁荣发展。在"一带一路"建设的过程中，各国深化合作发展，有利于各国综合实力的全面提升，进而有助于支持亚非大学话语权的独立。这种支持可以分为两种：一是沿线国家通过开展文化交流与合作，丰富大学知识生产的资源，提升知识生产和创新的质量，提高亚非大学的国际地位。二是沿线各国通过经济、政治等方面的合作，提高支持话语权独立的力量。

首先，亚非沿线国家有条件在教育、文化交流和知识创新等方面，以一种较为直接的方式支持亚非国家各自话语权的独立，并扩大影响。话语权是话语、知识和权力的统一整体，基础是知识生产和创新，对亚非国家大学话语主导权的建立起基础性作用。从过程上看，知识的生产和创新是在原有知识遗产基础上，经过持续的交流与创造的结果。而亚非国家不仅早已独立，而且存留相当丰富的本土文化和知识遗产。当今全球化的浪潮中，各国和地区也广泛进行诸如"博鳌亚洲论坛""乌镇国际互联网大会"等政治文化交流活动，并且各国也通过留学项目、学者访问活动和科技合作的开展促进人员、物质和信息流动，极大有益于知识生产与创新。从组成上看，知识生产和创新也是人才在掌握各种思想材料的基础上，以不同的技术手段和实践方式，经过总结、提炼和再创造的结果。虽然许多亚非国家面临人才流失，但其多年助力高等教育的发展，注重本土高端人才培养，可以说亚非国家与之前相比有较为充足的人才支持。虽然许多亚非国家在科学研究时因没有高端设备和相关顶尖技术的支持而难以开展，但经过多年的发展积累，相比过去，已掌握相当多的技术手段来进行多方面多层次的科研活动，这一切，同样极大助力知识生产和创新。因此，不论从过程上看，还是从组成上讲，亚非国家有较为足够条件以直接的方式支持知识生产创新，进而支持话语主导权的建立。

其次，亚非沿线国家通过文化教育以外的政治经济等领域的合作，提升实力，提升话语主导权。话语权实质上是一种软权力，知识是基础，而权力的运用是关键。这种权力运用的前提在于本国实力和国际地位的提升。我们可以看到，诸如"东盟""东盟 10＋1""上合组织""中非合作论坛""非洲联盟""海合会""阿盟"等的存在，使得亚非国家可以在各发展中国家和发达国家间进行不断的交流与合作，取长补短，借鉴吸收有益成果，不仅促进本国实力的大幅度提升，同时这些亚非国家以联合或整体的方式提升了国际地位。另外，亚非沿线国家，特别是非洲国家，对其他国家诸如"高铁"等的引进，与其他国家经济贸易的合作，以及接受联合国和其他国家的援建支持都有助于经济实力的提升。当然亚非国家实力的提升并不局限于政治和经济领域，在其他领域这些国家也在以各种各样的方式提升实力。我们可以了解到，这些都有助于亚非国家在政治经济等领域的发展，促进国家实力和国际地位的提升，因此如今亚非国家有足够条件以间接的方式，支持话语主导权的形成。

(二) 亚非地区高等教育话语权重构路径

"一带一路"需要各国的共商共建，亚非大学话语权的独立和振兴同样需要各大学的共同努力。各国高等教育应该在"一带一路"战略思想引领下，发挥理论诠释和宣传工作，从而将亚非地区高等教育话语权的重构付诸实践。

1. 扎根本土与价值融入

从本土化和价值融入来看，亚非大学要在解决本土问题的过程中，逐渐形成适合本土的知识体系和话语体系，把二者有机地融合为自身的价值体系。这可以分为两个方面：其一，扎根本土。亚非国家绝大多数是发展中国家，这些国家不仅要在发展中解决自身存在的各种问题，还要应对纷繁复杂的国际形势。在这个过程中必然要借助相关的技术和知识，而技术又是通过知识的转化和应用得来，因此，知识是解决问题的关键点。各国的情况都不相同，因此在解决问题时应该采取适合本国国情和地区特点的方案。这就需要各国深入调查研究实际情况，发现规律并加以总结，生成适用于本土实际情况的知识。从话语体系的角度而言，话语体系的形成需要知识的支撑，只有知识才能赋予话语体系生命力，否则只是生成体系的表达规则而已。因此只有扎根本土、生产适用于本土的知识，才能有效地支持亚非大学独立话语体系的形成。其二，价值融入。从外在表现看，话语体系是由具有逻辑和实际意义的知识及其表达方式组成，也正是话语体系的这种特点使得人们忽视其深层价值体系的存在。实际上在整个知识生产过程中一直受到各种价值体系的影响，这些影响通常包括研究者个人价值观念、文化传统和当时占主导地位的意识形态等，而这些会在无形中影响话语体系的性质。因此，亚非大学的知识生产和创新要融入本土价值观念，一方面需要各个国家提供必要的物质条件和营造良好的学生氛围，积极培育适合本国或者地区的核心社会价值观念；另一方面需要研究者有意识地在知识生产、知识创新中融入本民族的文化价值观念。

2. 反思现状与去糟粕取精华

一般来说，亚非国家受到殖民时期文化影响十分深远，在大学的话语权也有所体现。当这些话语体系受到本土知识或价值观念的挑战时，为了维护自身的存在优势，都会有意识地阻碍当地社会和大学话语体系的健康良性发展。因此亚非大学在建立自己独立的话语体系时，需要注意对现有思想体系的反思，并从中汲取和总结经验，不断发展自己。

话语权的确立必须经过实践，只有经过实践的检验，才能体现出正确性。因此亚非大学对既有话语体系的研究主要包括两个方面：一是研究者对呈现在文本上的话语进行系统的分析，分离出那些非科学的、不适用于自身发展的部分。这一部分相对比较简单，受到的阻力不会太大。二是对话语体系发生作用的实践方式的分析，即文本上的话语是怎样实践的。文本上的话语需要通过权力发挥作用，其中涉及多个主体。因此欧美国家利用权力确立多种机制相互协作，保证话语体系的实施。研究者若要探寻话语体系发生作用的实践方式，并对其作出改变，必然会触及欧美大学的利益。因此这方面的研究必然会遇到阻力。所以研究者对现有话语体系的研究不仅是研究者的个人行为，也是一种国家行为。国家是研究者的坚强后盾，能够提供强大物质保障和精神支撑。这样才能对现状进行有效反思，去除糟粕，取其精华，为己所用。

3. 提升综合实力与生产在话语体系中的运用

由于欧美国家皆以直接或间接的方式支持其现有话语权的地位，所以亚非国家在运用其话语体系时必然受到欧美国家的阻碍。因此亚非大学要注意两个方面的问题：一是注意知识生产在话语体系中的运用。知识决定话语权及其体系的性质和生命力。欧美大学为维护其话语权的主导地位，必然会垄断知识生产的相关资源和技术，以保持其知识生产和创新的"先进性"。二是关注其他领域的发展。话语权的独立还涉及国家综合实力的提升，如经济、军事、政治等。因为亚非大学话语权的独立必然会对欧美大学话语权的主导地位产生冲击，这需要国家经济力量以及军事力量的支撑。因此，亚非国家要重视军事和经济等方面的发展，提升其自身综合实力，为争取话语权做充分的准备。

另外，亚非大学通过对原有话语体系进行反思和去糟取精之后，要逐步确立起具有其自身特色的话语体系，并加以运用。知识的发展都是以现有知识成果为基础，大破大立式的话语体系的建立并不是一种理智的方式，只会对既有知识成果造成不必要的损害。而且"重新式"的建立方式实际上也是对人力物力资源的巨大浪费，因此亚非大学话语体系的建立需要秉持一种稳步前进的原则。首先要在原有话语体系下，融入本土研究成果。随着本土研究成果的逐渐增多，原有话语体系的框架不断完善和发展，本土知识成果的质量和地位不断提高，同时原有价值观念和本土价值观念也不断融合，最终形成亚非大学独立的话语体系。

总之，亚非大学话语权地位的重构是一个自然过渡的过程，并不是一蹴而就的。在这个过程中要注意两个问题：一是注重本土研究、现状反思、体系整理和组织协同，以此保持知识生产和在话语体系运用的持续性。二是注重国家对大学的支持，为大学提供话语权独立复兴的条件。"一带一路"沿线的亚非各国需要提高国家综合实力，为话语权的独立复兴提供坚实的基础。

参考文献

［美］约瑟夫·奈：《美国注定领导世界？——美国权力性质的变迁》，刘华译，中国人民大学出版社2012年版，第27页。

Robert O. Keohane and Joseph S. Nye. Power and Interdependence in the Information Age. *Foreign Affairs*, 1998（5）：87 – 88.

眭依凡：《建设高等教育强国　加速高等教育现代化：提升高等教育国际话语权的必须选择》，《中国高教研究》2015年第7期。

"一带一路"背景下广西壮族民歌的创新发展

于钟民*

摘 要：随着壮族社会发展和变迁，壮族民歌从形式到内容发生深刻的变化。广西壮族民歌要得到弘扬和保护必须走创新发展之路。将壮族文化产业化，是为了让其置身于市场这一大的社会环境中，与时俱进、创新发展。"一带一路"带给广西发展难得的区位优势，同样对壮族民歌产业化发展带来便利条件。助推壮族民歌产业开发还需要文化发展政策支持，还需正视发展中的问题，用"壮族民歌产业+"的模式开发壮族民歌产业，并充分利用"一带一路"优势发展壮族民歌产业。只有这样，才能让壮族民歌文化永续发展。

关键词："一带一路"；壮族民歌；创新发展

壮族民歌是壮族人民智慧、文化与民俗的结晶，沉淀了壮族人民长久以来的思想理念，蕴含着壮族人民独特的民俗文化。然而随着壮族社会发展和变迁，特别是近 20 年来全球经济一体化和中国城镇化发展战略的推进，壮族民歌从形式到内容随之发生深刻的变化。随着老年歌手的相继离世，大量优秀的民歌随之消亡，壮族传统民歌面临失传和后继无人的境地。[①] 2014 年 3 月 27 日，习近平同志在巴黎联合国教科文组织总部发表演讲时说："每一种文明都延续着一个国家和

---

* 作者简介：于钟民，广西教育学院督导委员会副主任。
① 杨昌雄：《壮族传统山歌传承的重要性及其发展和繁荣的对策》，http://www.mzb.com.cn/html/report/170722925-1.htm。

民族的精神血脉，既需要薪火相传、代代守护，更需要与时俱进、勇于创新。"壮族民歌作为壮族文化的载体之一也应与时俱进、创新发展。

2013年国家主席习近平倡议共建"丝绸之路经济带"和"21世纪海上丝绸之路"（简称"一带一路"），引起了国际社会的高度关注。"一带一路"的倡议旨在高举和平发展的旗帜，积极发展与沿线国家的经济合作伙伴关系，共同打造政治互信、经济融合、文化包容的利益共同体、命运共同体和责任共同体。广西毗邻东南亚，是中国唯一沿海的自治区，作为"一带一路"的重要参与者，应紧紧抓住这个千载难逢的发展机遇，实现跨越式发展。而壮族民歌如何在"一带一路"背景下创新发展，是广西民族文化发展的重要课题。

一 壮族民歌传承发展的现状

（一）壮族民歌传承发展的主要有利条件

广西以"歌海"闻名，而壮族则以善歌好唱著称。壮族人赋予民歌以极高的社会价值。在壮族人看来，唱歌是个人修养与人格的重要特征。唱歌好的人往往能够获得群体的认可。

1. 壮族拥有悠久的民歌传唱历史

自古以来，壮族人凡事以歌代言，从社会到自然，歌唱题材无所不包。歌者即兴编词，随手拈来，随口对唱。每年春秋两季是壮族歌圩的季节，山间田野，树林河边，屋里屋外，到处都是对歌听歌的壮人。通过对唱民歌，传达人与人之间和谐美好的情感，优美的民歌流淌在人们的生活中，伴随着勤劳的壮乡人民走过一生。近几十年乃至近百年前，参与壮族民歌活动不用组织动员，壮族群众不但踊跃捧场而且主动作为，几乎达到全族皆歌的程度。作为壮族民歌传承发展的重要载体——歌圩或歌会，每当举办时可谓人山人海、盛况空前。从白天唱到晚上，从晚上唱到天明，有时几天几夜，歌声不绝。社会发展到当代，壮族人虽然没有像以前一样，凡生活、劳作都要唱歌，但仍保留着唱民歌、听民歌、欣赏民歌的审美心理和审美习惯。

2. 广西拥有丰富的民歌文化资源

壮族人民在长期生产生活实践中创造了丰富多彩的非物质文化遗产，它们蕴含着壮族特有的精神价值、思维方式、想象力和文化意识,民歌是其中重要的组成部分。它是壮族人民民族精神、民族情感、民族历史、民族个性、民族气质、民族凝聚力和向心力的重要体现。从 2006 年首批国家级非物质文化遗产名单公布,至今已有与壮族民歌有关的多个项目入选,比如刘三姐歌谣、布洛陀、壮族嘹歌、那坡壮族民歌、壮族三声部民歌、壮剧、壮族铜鼓习俗、壮族蚂拐节、壮族歌圩、壮族三月三、壮族霜降节等等。壮族及其先民以自己的智慧和力量,创造并积淀了独具特色而又丰富多彩的民歌文化资源。

(二) 壮族民歌传承发展的主要不利因素

20 世纪 90 年代后,在市场经济大潮的冲击下,传统的以稻作生产为主的农业经济基础和以壮族农民为载体的社会基础瓦解,使得壮族民歌生存和发展的土壤被破坏,导致壮族文化的多元化及民歌传承能力的减弱。

1. 壮族民歌参与人数不断减少

自 20 世纪 90 年代以来已辉煌不再,且呈每况愈下之势,不但参与人数明显减少,参与范围越来越窄,就连参与观众也不是很多。越来越多的年轻人出门求学,外出打工,导致参加歌圩活动的年轻人日益减少。现在各个歌圩场、点的规模比过去大幅缩水,过去成千上万人规模的歌圩,现在往往仅剩几百人乃至几十人。

2. 现代观念让壮族民族习俗逐渐远离社会生活

过去,壮族人民常常在歌圩以民歌寻求配偶,或以民歌交朋结友。能歌者往往都得到大家的欢迎和肯定。然而,随着城市化和市场经济的发展,人们已不再依靠民歌对唱来交友、择偶,另外城市的休闲娱乐方式也深刻影响着壮族村寨,尤其是广播电视、报刊、手机网络等的普及推广,人们的审美情趣逐步发生变化,消遣娱乐的方式更加多样化。在民间,很多民族习俗活动已淡出社会生活过程。如过去常有壮族民歌相伴的祝生贺寿、婚丧嫁娶、筑房乔迁等各种生活事件,现已鲜有民歌的参与。

二 广西壮族民歌的创新发展需要走文化产业发展之路

在自然经济和计划经济时代,壮族民歌始终以一种民间风俗的意义而存在。随着市场经济的发展,壮族民歌作为民间风俗的各项社会功能被弱化。市场经济作为一种经济力量，一方面改变了壮族农村经济发展的面貌，另一方面作为一种社会力量，它也改变了壮族民间社会结构和民歌文化结构，加速了壮族民间社会的分化和文化资源的流失，造成壮族民歌传承和发展的困难。

文化学告诉我们，文化资源具有动态性。世界上无论哪种文化都包含着一定的内容，不管它是以哪种符号或者意象出现的，它必然都会随着社会的变革、时代的变迁和人类的进步不断地衍生发展，绝不可能是一成不变的。在当前这个经济全球化时代，一个割裂与外部联系、缺少与外界沟通的自我禁锢封闭的文化系统必然会因为丧失生命力而逐步弱化，直到最终的消亡。

每个民族的文化都是该民族精神的体现，是该民族活的灵魂。文化资源的动态性特点决定了我们在对壮族民歌文化资源进行传承和开发时要用辩证和发展的眼光来看待它，把握它发展变化的规律，不能抱着故步自封的态度。如何才能真正发挥壮族民歌传承发展中的有利条件，克服壮族民歌传承发展中的不利因素，需要有创新发展的思维方式和做法。

习近平同志在2015年9月召开的中央民族工作会议上指出："弘扬和保护各民族传统文化，要去粗取精、推陈出新，努力实现创造性转化和创新性发展。"党的十八届五中全会立足发展新要求，提出创新发展理念，进一步丰富和发展了中国特色社会主义发展理论。从创新的范围看，由科学技术领域的创新和经济学范畴中的创新，扩展到理论创新、制度创新、文化创新等在内的全面创新，将创新贯穿到国家经济社会发展的各个方面。广西壮族民歌要得到弘扬和保护也必须走创新发展之路。将壮族文化产业化，是为了让壮族文化置身于市场这一大的社会环境中，并让其为了适应市场的发展需求，将壮族文化的传承方式做出适当的调整，从而让大众接受。这种主动调整，可以使壮族文化传承的效果得到提高。市场经济的确立，为壮族民歌以产业的形式进入市场提供了条件和动力，而壮族民歌也可以借着壮族文化产业开发的强劲东风加以创新发展。

三 "一带一路"带给广西发展难得的区位优势

广西沿海、沿江、沿边、沿线，地处华南经济圈、西南经济圈和东盟经济圈的结合部，是中国唯一与东盟既有陆地接壤又有海上通道的省区。2015年全国两会期间，习近平总书记对广西发展作了明确定位，即"发挥广西与东盟国家陆海相邻的独特优势，加快北部湾经济区和珠江—西江经济带开放发展，构建面向东盟的国际大通道，打造西南中南地区开放发展新的战略支点，形成'21世纪海上丝绸之路'与'丝绸之路经济带'有机衔接的重要门户"。[1]把广西定位为"一带一路"有机衔接的重要门户，凸显了广西的特殊战略地位，这也是党中央、国务院在新的历史时期赋予广西在"一带一路"战略发展规划中的新定位、新使命。

这些年来广西实施积极的开放战略，拓展了中国与东盟合作的广度和深度，推动了自贸区升级版和"一带一路"建设，"南宁渠道"的国际影响力日益扩大。[2]广西"将以东盟国家为重点，着力打造面向东盟开放合作的新门户新枢纽"，[3]比如广西在和东盟各国在政策沟通方面，将充分利用中国—东盟博览会、泛北部湾论坛等平台积极参与大湄公河次区域合作，深化双边、多边交流，实现政策、规划之间的衔接，增进政治互信。在民心相通方面，发挥广西与东盟国家山水相连、人文相亲、习俗相近的独特优势，加强与东盟国家的文化体育、教育科技、医疗卫生等民间交流和经贸往来，巩固传统友谊，促进共同繁荣发展。在经济发展方面，"一带一路"也有力地推动了广西经济发展。2015年以来全球贸易增长乏力，广西与"一带一路"沿线国家贸易却逆势增长，2015年达319.8亿美元，同比猛增42.2%。广西与东盟贸易额290.1亿美元，同比增长18.4%。广西与越南贸易额超过250亿美元，占中越贸易总额的1/4。2016年广西对外贸易回稳向好，全年进出口总额排在全国第13位，比上年提升一位。东盟连续16年成为广西最大贸易伙伴，并已是中国第三大贸易伙伴。[4]

四 "一带一路"与壮族民歌产业化发展

"十三五"时期，广西将努力建成"一带一路"有机衔接重要门户，同时也

---

[1] 新华每日电讯：《广西走活开放发展新棋局》，http://www.xinhuanet.com/mrdx/2017-03/02/c_136095500.htm。
[2] 朱汝胜：《专家聚集研讨广西参与"一带一路"建设》，http://www.gxskl.gov.cn/html/2016/zuixindongtai_1114/3314.html。
[3] 彭清华：《将广西建成"一带一路"有机衔接重要门户》，http://news.takungpao.com/2015lianghui/article/2015-03/2941590.html。
[4] 新华每日电讯：《广西走活开放发展新棋局》，http://www.xinhuanet.com/mrdx/2017-03/02/c_136095500.htm。

把加快文化产业的发展作为实现"两个建成"(广西与全国同步全面建成小康社会，基本建成面向东盟的国际大通道、西南中南地区开放发展新的战略支点)的重要手段，这一时期是广西进一步加快文化改革发展、建设民族文化强区的重要时期，这对于壮族民歌产业化发展来说无疑是极为重要的机遇期。

(一) 助推壮族民歌产业开发需要文化发展政策支持

"十三五"时期，广西制定了与实现"两个建成"相适应的文化发展政策。2016年12月，广西壮族自治区人民政府办公厅发布《关于印发广西文化发展"十三五"规划的通知》(桂政办发〔2016〕165号文)，文件详细介绍了《广西文化发展"十三五"规划》(以下简称"文化发展规划")。该规划是根据《广西壮族自治区国民经济和社会发展第十三个五年规划纲要》，以及文化部、国家新闻出版广电总局有关文件精神编制，阐明"十三五"时期广西文化改革发展的指导思想、目标任务和重要举措，是指导未来5年全区文化改革发展的纲领性文件。"文化发展规划"着力推进文化跨界融合发展行动。体现在大力倡导"文化+"理念，促进产品和服务创新，催生新兴业态，不断增强文化对经济社会发展的支撑能力。这个文件的出台为壮族民歌产业开发提供了政策依据和支持，将有助于其发展。

(二) 壮族民歌产业化发展需正视的问题

目前广西民歌产业发展还存在不少问题，主要集中体现在以下三方面。[1] 一是民歌文化主要还是以歌圩的形式出现。歌圩，是壮族地区人民在特定时间、地点举行的以对山歌为主体的节日性聚会。以山歌为主要内容的"歌圩文化具有最大众化和社会化的特点，是广西各族人民群众的共同爱好，因之成为进行民族文化交流的喜闻乐见的形式"。[2] 一些地方政府虽然也希望以歌圩拉动经济增长，但主办者往往以歌赛的形式代替群众性的聚唱活动，将民众自发参加歌圩变为有组织的活动。由于实行粗放经营，缺乏有效组织，通过歌圩拉动经济的效果自然有限。二是民歌文化开发模式单一，产品雷同现象严重。一些地方对民歌文化虽然进行了开发，但只进行了简单包装与加工，以建民族风情园、民族文化旅游村为主。这些地方几乎千篇一律地采用歌舞表演、抛绣球的形式，然后是对民歌。

---

[1] 于钟民：《大力发展广西山歌文化产业的思考》，《广西教育学院学报》2012年第6期。
[2] 杨炳忠：《略论歌圩文化的意义》，《社会科学探索》1989年第4期。

这种模式化的表演第一次可以吸引游客的兴趣，反复如此大家就没兴趣了，自然不能创造出更好的经济效益。三是民歌文化产业结构层次较低。广西民歌文化产业的增长目前主要依赖于交通、住宿、餐饮等部门，也就是主要依赖于需求弹性较低的部门，而需求弹性高的部门，如购物、游览、娱乐等的优势和效益还没有充分发挥出来。这说明广西民歌文化产业尚处于产业发展的初级阶段，其产业规模还需扩大；说明民歌文化产业存在民族文化资源开发的深度和广度不够、不能满足旅游者的各种需求、缺乏市场吸引力等问题。

（三）用"壮族民歌产业＋"的模式开发壮族民歌产业

面对壮族民歌产业化过程存在的问题，只有转变开发模式，丰富产品类型，有效开发民歌文化资源才能从根本上解决这些问题。借用"文化发展规划"中"文化＋"理念，可将其变成"壮族民歌产业＋"的模式来开发壮族民歌产业。

首先，可以通过"壮族民歌产业＋金融"融合发展，落实和完善金融支持文化产业政策，加快广西壮族民歌产业投融资体系建设。壮族民歌文化发展尤其需要资金支持。比如，增加民歌文化投入，加强相关文化产业的硬件建设。文化的发展离不开文化设施，因而要强化对文化基础设施等硬件方面的投入。一是，政府要加大财政支持，对导向性、标志性、基础性设施加大投入力度。二是，开拓民歌文化产业投资渠道，鼓励社会各种融资手段的运作，注意吸引社会各方力量来投资建设文化设施，引导非文化企业办文化产业，建立起多渠道、全方位的投资机制。三是，民歌文化企业要注意文化设施的保护和使用，在长期效益和日常效益兼顾的原则下使其尽快产生出最大的经济效益来。

其次以"壮族民歌产业＋科技"为例。中国文化产业的科技含量从整体上说与国外先进国家相比是非常落后的，广西民歌文化产业的科技含量更低，有的还处于作坊式制作阶段。因此，一是要引导科技的参与，扶植科技创新，推动文化产业的科技进步，使文化自身的科技水平不断提高。二是要加强对其他领域新技术的研究，注意运用其现代高科技手段，加大文化制作、包装、传播等环节的科技含量，使文化产业发展始终与科技进步同步。三是建立科技与文化的对应沟通机制，文化部门和科技部门要加强协调，加快推进文化产业科技管理信息网络系统建设。

最后，以"壮族民歌产业+旅游"为例。两者的融合发展，可强化壮族文化创意对旅游开发的引导作用。通过发掘、整合壮族历史和民俗文化资源，挖掘壮族文化节庆资源，充分激发民间创意，丰富节庆文化内涵及活动内容，能够打造出文化旅游节庆品牌。广西因其悠久的历史、灿烂的文化、众多的民族和独特的自然地理条件而拥有大量的特色浓郁、品位极高的民族文化资源。以民族文化景区和桂林山水为代表的特色旅游业是广西经济发展的支柱产业，也是广西特色文化的亮点。文化是旅游的灵魂，旅游是文化的重要载体，广西各地的文化、旅游部门应着力促进壮族文化与旅游的结合。发展文化旅游，可以与民歌文化产业相链接。因为旅游业本质上是一种文化产业。文化资源的发掘、文化理念的注入、文化环境的建设都大大增加了旅游活动的含金量，提升了旅游业的效益。可以说，没有文化的旅游，是没有内涵的旅游，而没有内涵的旅游也难以长久。例如，"印象·刘三姐"就是民歌文化融入旅游业的精品之作，它"以文化提升旅游，以旅游展示文化意蕴"，打造出特色文化旅游品牌的旅游发展模式。"印象·刘三姐"所在的阳朔相关景区还被国家文化部确定为国家文化产业示范基地，标志着这是一种成功的模式。此外，拥有一定知名度的壮族民歌文化品牌还有"南宁国际民歌艺术节"，目前它已外列"中国最具国际影响力十大节庆活动"，每年"中国—东盟博览会"期间都吸引着大量的中外来宾。同时，南宁的《妈勒访天边》、柳州的民族大型音画《八桂大歌》等都入选了国家舞台艺术精品工程，这些项目都取得了很好的社会效益和经济效益。

由此我们可以看出，将壮族民歌产业融入金融、科技、文化旅游等产业是挖掘民族文化、促进经济结构调整、撬动地方经济腾飞的重要发展方向。

(四) 充分利用"一带一路"优势发展壮族民歌产业

2010年1月中国—东盟贸易区的建立，为广西壮族民歌产业发展带来巨大的机遇。《中国—东盟全面经济合作框架协议》中规定，除包括传统意义上有关内涵外，将双方的经贸合作扩大到包括旅游、人力资源开发、产业合作、知识产权等领域。这为文化交流和文化产业方面的双边合作提供了法律保证和发展空间。"南博会"作为中国与东盟交流与合作的一个重要平台，也永久落户南宁。借助"南博会"加上"一带一路"建设的辐射影响，广西壮族民歌产业可以获得源源不断的强劲东风。

事实上,自古以来东南亚就与中国有着密切的政治、经济和文化上的往来,双方在文化领域的交流、融合与合作方面有着广泛和深厚基础。近年来,中国对东盟的影响日益增强,中国与东盟文化交往合作日益密切,形成了官方、民间并举,多层次、多渠道交流合作的格局,在地缘文化的促进下大力发展地缘经济、地缘政治,提高文化辐射力、凝聚力、亲和力和国际形象、国际机制的控制力等等,为中国发展创造良好的周边环境,同时也为广西扩大与东南亚的文化交流,建设具有区位优势和地缘优势的特色文化创造了极为有利的条件,给广西文化产业发展提供了更广阔的国际空间。可以说,广西在中国—东盟文化产业合作发展方面有得天独厚的优势,不仅自然地理延绵相连,而且历史人文也密切相关。广西各世居少数民族与东盟国家20多个"同源异族"的民族有着深厚的文化认同性,民族文化你中有我,我中有你,有着千丝万缕的联系,这些因素是广西与东盟各国进行文化交流与产业合作的基础。基于文化认同的文化产业合作发展将较之其他产业的发展更具水到渠成、合作共赢的条件和优势。因此,壮族民歌产业可以本着"创新、协调、绿色、开放、共享"的发展理念,通过加强与东盟国家间的沟通与交流,实现合作共赢。

五 结语

壮族传统民歌是壮族人民重要的精神文化财富,它历史悠久,至今已经走过数千年的发展道路。习近平同志在党的十九大报告中指出,"推动民族工作要依靠两种力量,一种是物质力量,一种是精神力量","要解决好民族问题,物质方面的问题要解决好,精神方面的问题也要解决好"。他在2015年9月召开的中央民族工作会议上指出:"大力传承和弘扬民族文化,为民族地区发展提供强大精神动力。"这表明,党和政府非常重视民族文化工作,看到了民族文化与民族地区发展的关系,看到了民族文化的重要性。在今天"一带一路"大背景下,如何让壮族民歌得以保护和传承,是我区各级政府及文化、教育等相关部门、机构需要认真思考的问题,同时还需要社会各界的共同努力。大家只有齐心协力,才能为增强壮族人民的自豪感和自信心,促进壮族民歌文化永续发展,建设广西民族文化强区,为广西经济社会发展作出应有的贡献。

民族文化保护与美丽乡村建设可持续发展研究

——以三江侗族自治县为例

刘 清 吴 毅 邓兰英 杨颖霞[*]

摘 要： 当今民族地区在美丽乡村建设进程中，如何正确处理好传统民族文化保护与美丽乡村建设的关系，使传统民族建筑格调、民族风貌特征、地域文化特色不流失，并将有历史、艺术和科学价值的民族建筑进行重点保护，按可持续发展理念做到传统民族文化保护与美丽乡村建设的有机统一至关重要。本文以民族地区的三江侗族自治县作为研究区域，从正确认识传统民族文化保护与美丽乡村建设的关系出发，结合三江民族文化保护现状，特别是三江"世界楼桥之乡"建筑文化、"中国少数民族特色村寨"等现状，对三江民族文化传承与保护存在的问题进行分析，提出要达到民族文化保护与美丽乡村建设可持续发展，必须高位谋划推动；创新民族文化保护与美丽乡村建设投入机制；重视传统民族文化的挖掘与传承；提升"少数民族特色村寨"及"传统村落"的特色和品位等对策建议，希望这些探讨能为少数民族地区民族文化保护与美丽乡村建设提供一定借鉴意义。

关键词： 少数民族地区；民族文化保护；美丽乡村建设；发展研究

民族文化是一个地域民族特征的反映，在当今的美丽乡村建设过程中，如何

---

[*] 作者简介：刘清，三江侗族自治区社会科学联合会干部；吴毅，三江侗族自治区社会科学联合会干部；邓兰英，中共三江侗族自治县委员党校教师；杨颖霞，中共三江侗族自治县委员党校教师。

保存传统民族建筑格调、民族风貌特征、地域文化特色，以及如何建设"宜居、宜业、宜游"的美丽新农村已成为当下热门的议题。民族文化保护与美丽乡村建设可持续发展两者紧密联系、相辅相成。但是，在新的历史时期美丽乡村建设过程中，随着人们社会生活变化的加快，乡村经济发展与乡村民族文化保护之间的矛盾日渐突出，乡村人居环境大幅度演变，许多传统古村落面貌逐步消失。因此，在当今的美丽乡村建设中，如何按可持续发展理念做好民族文化保护规划，做到保护、传承、发展的有机统一极其关键。

一　正确认识传统民族文化保护与美丽乡村建设的关系

民族地区的新农村建设，在住宅建筑及公共设施建设方面，既要达到社会主义新农村建设的要求，又要尊重民族传统建筑的特点，不仅要让广大农村的人民群众过上舒适、安全、方便、快捷的现代化物质生活，同时，针对少数民族群众来说，传承和发展本民族的传统文化也是不可忽视的。民族文化的保护、利用与传承体现在一个民族区域地方经济、社会的方方面面，涉及一个民族区域的建筑特征及文化表现形式等多个领域，是一项综合性、系统性工程。为此，在新农村建设中要做好民族文化保护必须处理好如下几个方面的关系：

一是要处理好人与自然和谐共存的关系。一些历史民族村寨或古村落，从其生存的生产及生活环境来看，本身就具有人与自然生态环境之间的和谐共存天人合一的特点。为此，在新农村建设中，要做到尊重历史、尊重自然，更要做到尊重人文生态及保护自然生态。

二是要处理好现代建设与尊重历史的真实性、完整性的关系。在少数民族村寨的整体公共设施建设及住宅建筑方面，既要尽量保持古村落文化遗产的原貌，又要处理好新旧建筑之间、新旧文化之间的关系。如三江侗族村寨的住宅房屋建设及村寨内的路、桥、鼓楼等整体基础设施建设，不论是维修还是重建，既要达到面貌变新，还要保持原有的侗族历史建筑风格特点，从整体建筑形式、格局到室内外装饰、陈设等方面，都要保持民族建筑文化的真实性、完整性，不能以现代大众建筑取而代之。

三是要处理好保护与利用的关系。民族文化保护不但是中国特色社会主义文化建设的内容之一，也是少数民族地区美丽乡村建设的重要内容。在当今的少数民族地区新农村建设进程中,要增强民族文化保护意识,切忌一味追求现代建筑风格。有的人错误地认为现代新农村建设,就是拆旧建新,改变原有民族建筑风格,体现现代建筑元素,这样,原有的传统民族建筑文化就会逐步消失。就三江侗族村寨而言,要树立保护和利用意识,要将村落中侗族的古建筑,如:鼓楼、风雨桥、古道路、寨门等进行保护和利用。同时,在新增建的道路、桥梁、公共场所等基础设施及居民房屋建设时,要体现传统侗民族建筑风格,使整个侗族村寨在改变旧面貌时,民族文化建设仍得到更好的继承和发展。

二 三江民族文化保护与美丽乡村建设发展现状

(一)楼桥之乡概况

三江侗族自治县成立于1952年12月,是广西唯一的侗族自治县,位于柳州市北部,地处湘、黔、桂三省(区)交界处,全县38万多人,侗族人口约占57%。三江县民族历史悠久,文化遗产资源丰富,尤以侗族文化为甚。而最能体现侗族文化的,是风雨桥、鼓楼和民居吊脚楼。因此,桥楼在三江最具优势,是最具市场竞争力的民族文化品牌。"有河必有桥,有寨必有楼",这是对三江侗民族居住地的生动写照。目前,三江县内有风雨桥120多座,鼓楼200多座,其中有3个国家级重点文物保护单位,即程阳永济桥(程阳风雨桥)、岜团桥、马胖鼓楼,有1个世界鼓楼之最,即三江鼓楼。程阳风雨桥、马胖鼓楼、三江鼓楼以其结构严谨、独特、造型美观而享誉海内外;岜团桥则因其人畜分道、上下两层,创下了木质立交桥之最,成了空前绝后的楼桥文化杰作。三江的风雨桥、鼓楼所创下的楼桥文化是其他侗族县份所无法比拟的,吊脚木楼古朴,村寨井亭典雅,构成一幅天时地利桥美楼丽人和的侗乡风俗画卷,有"世界风雨桥之乡、世界鼓楼之乡"的美誉,她充分体现了三江侗民族文化的结晶,是侗民族文化的杰出代表。这些珍贵的物质文化遗产生动、全面、具体地反映了三江人民的生活和思想状况,是发展创新社会主义先进文化、发展地方特色旅游的源泉,也是研究记录和传承民族传统文化的"活化石"。[①] 2006年三江侗族"木构建筑营造技

[①] 在广西壮族自治区第十二届人民代表大会常务委员会第十九次会议上:《关于〈三江侗族自治县少数民族特色村寨保护与发展条例〉的说明》,http://www.gxrd.gov.cn,2016-01-05。

艺"被文化部确定为首批国家级非物质文化遗产名录。

（二）民族文化保护与发展概况

侗族村寨依山傍水，寨边古树参天，一座座雄伟壮观的风雨桥横跨溪上，寨中鼓楼重檐叠阁，直指蓝天；"干栏"式的楼房鳞次栉比，鱼塘穿插寨中，禾晾依边而建，秋收时节，晾满金黄的禾把，伴以卵石或石板铺就的小道，人似在画中。在村寨的僻静处建有"萨堂"，供人们祭祀。鼓楼里的人们昼夜不分，或摆古，或聚汇，或闲聊，或传歌；不同姓氏的青年男女们行歌坐夜，伴以牛腿琴唱着情歌互诉衷肠，东方民族特有的多声部民歌侗族大歌在这里得到延续，动听的歌声使人们都沉浸在情感交流的海洋中，远近山坳建有凉亭，或置木凳、石墩供人休息，或将草鞋悬挂梁枋供过路人免费更换；并凿井引泉，供饮水解渴。所有这些都是侗族特有的文化，侗族文化多姿多彩，源远流长。

随着民族文化保护工作的不断推进，三江县十分重视民族文化传承和保护工作。近几年来，三江侗族自治县的民族文化工作取得了新的成效：高友、高秀、高定、平寨、岩寨和马鞍寨6个村寨列入《中国世界文化遗产预备名单》；丹洲镇的丹洲村，独峒镇的高定村、林略村、岜团村、座龙村，林溪镇的高友村、高秀村、梅林乡的车寨村9个村寨入选"中国传统村落"名录；14个村寨入选"中国少数民族特色村寨"名录；16个村寨入选"广西传统村落"名录。同时，三江侗族自治县在推动少数民族文化的传承与发展方面，也做了不懈努力。如：认真贯彻落实《中华人民共和国非物质文化遗产法》和《广西壮族自治区民族民间传统文化保护条例》，把保护民族文化遗产列入《三江侗族自治县条例》法规管理和《三江侗族自治县总体规划》当中。在建立侗族生态博物馆和侗族生态文化保护区的基础上，积极做好非物质文化遗产项目申报，三江侗族自治县先后申报并获国家级非物质文化遗产保护名录3个、代表性传承人3名；自治区级保护名录12个、代表性传承人20人；市级名录30个、代表性传承人14名；县级保护名录32个、代表性传承人88人、县十佳民间艺人40名。梅林、独峒、林溪镇先后被国家文化部授予"中国民间文化艺术之乡"，程阳永济桥被联合国教科文组织评为"世界十大最壮观桥梁"，程阳八寨获得"中国古村落景观"称号；三江侗族村寨成功申报《中国世界文化遗产预备名单》。

(三) 美丽乡村建设概况

随着美丽乡村建设工作的不断深入开展,"美丽三江"乡村建设重大活动成为三江人民建设社会主义新农村的重要内容。在美丽乡村建设中,三江县委、县政府结合三江实际也提出了要注意生态环境保护,注意乡土味道,体现农村特点,彰显民族特色,保留乡村风貌,突出改革创新,体现群众主体,形成长效机制。以清洁环境、美化乡村、培育新风、造福群众为目标,以环境综合整治和基础设施建设为重点,为农服务、促农增收、助农幸福。① 到2020年,实现农村生活条件明显改善,生态环境明显改观,为农民群众建设一个卫生、便捷、舒适的宜居家园,让农民群众过上文明、和谐、幸福的美好生活的总体目标要求及工作思路。目前,林溪乡的高友村、高秀村和独峒镇高定村列为柳州市"十大美丽乡村",冠小村被列为"全国生态农业示范点","程阳八寨"包括马鞍寨、岩寨、平寨在内被评为"中国景观村落""广西十大魅力乡村"。2016年,三江侗族自治县古宜镇、丹洲镇、斗江镇、高基瑶族乡、八江镇等乡镇被命名为自治区生态乡镇,林溪乡平岩村荣获"中国十大美丽乡村",等等。

三 民族文化传承与保护的现状及问题分析

在当今加强社会主义文化建设时代背景下,各地少数民族文化传承与保护工作均取得了一定的成效,但也还存在不少较为突出的问题。

(一) 保护意识淡薄,传统古村落形象特征逐渐消失

三江是广西唯一的侗族县,拥有中国最完好、数量最多、分布最集中的侗族建筑群,三江侗族自治县境内共有侗族风雨桥120多座,鼓楼200多座,还有大量的侗族民居建筑群,据初步统计,共有侗族古村落500多个,其中有获得"中国景观村落"之称的程阳八寨,"中国传统村落"之称的丹洲村、高定村、高友村、平岩村,"中国少数民族特色村寨"之称的林溪镇高友村、高秀村、冠洞村冠小屯、平岩村马安屯,八江镇布央村,丹洲镇丹洲村,独峒镇高定村、岜团

---

① 中共三江侗族自治县委员会办公室、三江侗族自治县人民政府办公室:《"美丽三江"乡村建设重大活动规划纲要 (2013—2020)》,2015年2月5日。

村、林略村、唐朝村、八协村座龙屯，等等。① 随着三江县经济社会发展，对传统的侗族民居建筑群的保护仍存在以下问题。

1. 传统村落存在"老龄化、空巢化"现象

长期以来，由于当地人对传统村落的价值稀缺性、保护重要性认识不足，使得传统村落得不到有效保护。一些传统村落自然老化导致传统建筑破败不堪，无法修复，有的修复成本高，但没有实用价值，原主也不愿修复。同时，随着经济社会发展，三江县内越来越多的农村青壮年人口，涌向广东等沿海经济发达的地区，传统村落留守人员只有家中祖辈和孩子，有的甚至全家外出，大量劳动力外出务工导致的空心村现象，加速了传统村落自生自灭的凋敝损毁。

2. 传统建筑技艺后继乏人

三江县传统村落建筑以木质结构吊脚楼山寨为主，由于侗族过去没有本民族文字，所有建筑均无设计图纸，全凭工匠自身经验和智慧，所以吊脚楼建筑工艺以师传方式进行传承，人的因素起着决定性的作用。受到外来文化的冲击之后，人们思想观念改变，许多年轻人已经不愿意住陈旧的木房，认为居住木质结构的房屋是一种落后与倒退，喜欢上高大整洁的洋房。而且传统工匠从掌握到熟练这门手艺，不仅需要一定的天赋，更需要几年甚至几十年的时间不断钻研，投资周期长，收益不明显，所以年轻人甚少愿意去学习和继承。

3. 农村规划无序性导致原居民"自主自建性破坏"

随着农村生活水平的不断提高，村民对居住环境的要求也越来越高，急切想要改变居住条件。随着现代生活观念的介入，有的村民认为，所谓的"新农村建设"就是"拆旧建新"，建成现代砖房。根据《广西壮族自治区农村宅基地审批管理办法》规定："严格实行农村宅基地'一户一宅'制度，村民建新房入住后应当及时拆除废弃的旧房，并复垦、复绿。""农村宅基地面积，平原地区和城市郊区每户不得超过100平方米，丘陵地区、山区每户不得超过150平方米。②"根据此规定，村民有的只能另选地址新建，或拆除旧房复绿或原址翻建新房。对

---

① 三江侗族自治县人大常委会：《突出地方特色不断加强和改进民族立法工作》，2016年10月11日。
② 《广西壮族自治区农村宅基地审批管理办法》（桂政发〔2013〕18号），http://www.gxdlr.gov.cn/News/NewsShow.aspx? NewsId = 11015&pd = 8582，2013 - 02 - 07.

新建的房屋建筑，大部分否定了原来旧式传统风格建筑，而按新式洋房去建房，在这种思想指导下，传统木质结构建筑不断流失，造成很多传统村落的建筑风格与历史建筑、乡土风貌极不协调，严重破坏了传统村落的古风古貌，文化内涵也变得很不协调，使传统村落不断遭受毁坏而失去"可印象性"。

4. 商业化过度开发导致"旅游性破坏"

在当今大旅游时代背景下，有的传统村落为了达到发展文化旅游产业的快速效应，将传统村落进行快速简明包装，出现"重商业开发，轻文化发展"的现象。如：部分传统村落虽然通过对一些保护项目的申报，但申报成功后保护措施实施不力，有的只是简易地给新式楼房建筑贴上木板，表面改造成木质建筑。此外，部分村民为了迎合游客现代化的居住需求，在村内还盲目新建新式建筑，有的在道路附近搭建现代简易商铺，等等。这些都是没有对传统村落在建筑特色文化方面进行很好的保护，同时，传统村落原貌也不同程度地遭到破坏。从旅游产业开发角度来看，商业资本追求的是商业利益最大化，传统村落旅游开发带来大量游客，给村民带来了经济利益，给政府增加税收收入，但目前商家开发的旅游项目，有的只是把传统村落当成一种产业资本，而没有真正意义上对传统村落的民族文化进行重点保护。

（二）传统民族文化保护缺乏财力支持

1. 整体保护经费有限

民族传统文化要切实得到传承和保护，需要专项资金的投入和赞助，保护和传承民族传统文化的各项工作都离不开资金的支持。据了解，继 2014 年广西有 23 个中国传统村落获得中央补助资金后，2015 年和 2016 年广西分别又有 46 个和 15 个中国传统村落获得中央补助资金支持，其中，三江侗族自治县丹洲镇丹洲村，林溪乡高友村、平岩村，独峒乡高定村 4 个中国传统村落获得了 2015 年的中央补助资金支持。中央给予每个传统村落的资金补助 300 万元，主要用于传统建筑和历史遗迹保护性修缮、建筑防灾减灾、环境综合整治，以及污水垃圾等基础设施和公用设施建设，整体保护和改善传统村落的历史遗存和人居环境，以促进传统村落的长效保护和发展。① 除中央补助资金外，传统村落在自治区、

---

① 《广西 69 个传统村落获中央补助 2 亿元》，广西新闻网，http://news.gxnews.com.cn/staticpages/20150717/newgx55a92140—13202145.shtml. 2015 – 07 – 17。

市、县三级均没有什么保护发展的专项资金。三江侗族自治县还有一些"中国传统村落""中国少数民族特色村寨"及"广西传统村落"缺乏有效的保护经费。

2. 地方财力不足

目前，列入中国传统村落名录的村寨虽然有一部分传统村落获得国家专项保护资金，但单凭中央专项保护资金难以全部承担地方民族文化保护工作的费用支出，尤其是对传统建筑数量多、维修规模大、费用高的三江侗族自治县而言，要全面对这些"中国传统村落""广西传统村落"及"中国少数民族特色村寨"等进行重点有效保护，资金匮乏是制约传统民族文化得到有效保护的关键。三江侗族自治县除了几个"中国传统村落"获得中央专项保护资金外，其他大部分传统村落依靠各种渠道筹集保护经费，但是，依靠地方各种集资渠道筹集的保护资金是微不足道的。

（三）对传统民族文化资源的开发、利用不够

1. 传统民族文化的研究人员短缺，民族文化专业人才匮乏

现在从事民族文化工作的部分人员，不具备相关的专业知识，甚至连基本的民族语言都不懂，没有经过本民族文化的熏陶，缺乏民族情感，造成工作技能与工作岗位不相适应，一些从事民族文化工作的人员不懂得少数民族群众的需求，工作方法单一，这些情况对民族文化资源的利用与开发均有一定的影响。

2. 民族传统手工艺损毁、消亡现象较为严重

以侗族服饰的制作为例，现在日常生活中很少人穿传统服饰，基本以方便的现代服饰为主。虽然现在市面上有很多买卖侗族服饰的店面，但其制作服饰所用的原料，都是加工厂统一加工，虽然十分精致美观，但通过传统手工打造的侗布已经很少。因为传统亮布制作过程要从纺纱、织布开始，纺纱织布现在的年轻一代大多已经不会。机器代替手工生产，现在都是买现成的，而不是自己纺织，很多传统纺纱织布的工具已经束之高阁，或付之一炬，或成为博物馆中的展品，或成为舞台上的表演道具。年轻一代，对侗族传统服饰制作的流程已经知之甚少。

3. 民族文化传承流于形式

在当今的民族文化风情旅游活动中，为了让游客领略民族风情，许多只有在

特定场合和节日中才允许出现的歌舞、戏曲，往往打破传统要求的限制，用"演"的方式，随时随地展现，久而久之，这种程式化的表演使得民俗文化旅游中的民族传统文化失去本真性，民俗风情展演变得商业化和庸俗化。民族文化商品化后，不仅使当地民族对本土文化失去兴趣与信念，而且还会使文化本身丧失原有的内涵，文化的真实性将弱化，这也不利于本民族的文化传承。

（四）传统民族文化保护管理体制不健全、措施不力

1. 传统村落保护相关法律制度有待完善

目前，从上到下，虽然出台了一些有关民族文化保护条例。如：《中华人民共和国非物质文化遗产法》和《广西壮族自治区民族民间传统文化保护条例》等，但在基层乡村，很多地方没有真正将这些保护条例落实到位。地方传统村落相关保护制度也还没有很好地形成。虽然目前政府部门和一些群众已经意识到保护传统村落的重要性，也提出要保护古村、保护传统建筑，但在实践过程中还存在相关法律法规不健全、保护措施落实不到位的许多问题。

2. 民族文化管理机构不健全，从事民族文化研究能力不足

民族文化保护工作是一个有机的整体、涉及面广，包括语言（方言）、文学、民俗礼节、饮食、服饰、工艺、音乐、舞蹈、戏曲、绘画、剪纸、民间故事、民间信仰、特色建筑等文化知识产品。民族地区基层民族文化管理机构不健全，从事民族文化研究能力不足是客观现实问题。目前从非遗的角度来讲，在美丽乡村建设的过程中，从事非遗保护的人员大都是村里的老人，除此还有一些非遗项目的人员，而真正熟悉当地情况且热爱当地传统文化管理的工作人员很少。由于非遗保护工作本身是一项耗时长、工作量大、系统庞杂的工程，仅凭现有的这些人员进行民族文化保护是难以满足需要的。

四　民族文化保护与美丽乡村建设可持续发展的对策思考

（一）高位谋划推动，助推民族文化与美丽乡村建设可持续发展

2013年7月，习近平总书记在湖北考察时强调：实现城乡一体化，建设美丽乡村，不能大拆大建，特别是古村落要保护好。这对于建设美丽中国，建设文化强国，传承中华优秀传统文化，增强民族自豪感和心灵归属感，提升国家文化软

实力和国际影响竞争力，都具有重要的现实意义。

民族文化的保护与传承是美丽乡村建设发展规划的重要内容，在美丽乡村建设中，要加强政府主导，将民族文化项目保护与传承纳入整体乡村建设规划体系当中，因地制宜，科学制订特色村寨的保护与发展规划。注重结合当地自然条件、人文、历史及当今的旅游开发，产业布局等方面统筹规划、突出重点，充分挖掘地方特色，形成"一村一韵、一村一景"的建设格局。如三江侗族自治县各乡镇、村要根据地方特色，因地制宜，因势利导，实施"民族村寨与美丽乡村建设"发展规划，因地制宜，充分根据民族特色挖掘、改造、更新，着力建设以"侗族民居为主调，自然山水风光为基调，侗族风情为特色"的民族特色村寨，不断增强美丽乡村建设的内涵，实现传统文化与现代生活的有机结合，努力打造各美丽乡村的品牌和特色，并以此助推民族文化发展与美丽乡村建设可持续发展。

（二）创新民族文化保护与美丽乡村建设投入机制

美丽乡村建设中的文化保护与传承是一项耗资巨大的系统工程，也是一项长期性的工作，需要长期投入大量资金。事实证明，保护经费匮乏已经严重制约了对民族村寨文化遗产的抢救与保护，探索有效途径解决保护经费问题迫在眉睫。三江侗族自治县除了得到中央对部分传统村落补助资金外，还要加大对高友、高秀、高定、平寨、岩寨和马鞍寨6个已列入《中国世界文化遗产预备名单》村寨的创新投入；完善对丹洲镇的丹洲村，独峒镇的高定村、林略村、岜团村、座龙村，林溪镇的高友村、高秀村，梅林乡的车寨村9个入选"中国传统村落"名录的村寨，14个入选"中国少数民族特色村寨"名录的村寨以及16个入选"广西传统村落"名录的村寨等这些"民族特色村寨"的投入机制，夯实这些村寨的民族文化保护与美丽乡村建设的发展基础，实现民族文化保护与美丽乡村建设的融合可持续发展。

1. 政府加大对民族文化保护与发展的投入

被列入"中国传统村落""文化遗产预备名单"及"中国少数民族特色村寨"建设项目的，各级政府部门应安排一定的配套资金，各特色村寨也要抓住政策倾斜机遇，积极争取国家、自治区、市政府和旅游、文化、农业、林业、水利、住建、交通、科技、畜牧等有关主管部门的相关资金扶持。在项目专项资金基础上，加大保护资金的投入，以便划分出一项明确其作为民族村寨文化遗产保护专项资金，用于老化建筑的修缮维护、文化遗产的普查建档、文化传承人的培养、文化基础设施的投资建设等工作。

2. 通过引导和鼓励社会资金的投入，形成多元化、多渠道的筹资模式

要把民族文化保护与美丽乡村建设及民族旅游经济开发等结合起来，以特色村寨建设和民族文化保护为平台，以社会主义新农村建设和旅游产业发展项目为载体，加大招商引资力度，吸引区内外、国内外品牌实力企业到当地投资开发文化旅游项目。同时，还可以适当通过市场竞争和股份参与的形式来吸引企业和民间资本的投入与赞助，充分调动社会各方面力量参与美丽乡村建设及民族文化保护与发展民族文化旅游产业中来。

3. 通过村民自治（或村规民约）等方式筹集资金

充分调动村干部和群众建设美丽乡村与做好民族文化保护工作的积极性。保护经费不足，传统村落及中国少数民族特色村寨难以得到有效的保护。三江侗族自治县的传统村落及少数民族特色村寨中的古建筑路、亭、鼓楼、风雨桥等，大多年代久远，经历了漫长的风吹日晒雨淋，破损严重，如果不能得到及时的维护和修缮，就无法保证传统村落的完整性。目前，虽然各地对文化遗产的保护越来越重视，但对数量多、规模大的三江侗族自治县来说，若单独依靠上级专项资金是极其有限的，若不具备一定的自筹资金，一旦出现古建筑突发性破损就得不到及时有效保护和修缮，珍贵的文化遗产就可能流失或走向消亡。

（三）重视传统民族文化的挖掘与传承，为推进美丽乡村建设发挥基础作用

1. 加强非物质文化遗产的保护与传承

古村落（或传统村落）作为物质文化遗产和非物质文化遗产的综合载体，在当前以保护"传统村落"及"少数民族特色村寨"为前提的新农村建设中，不但要加大对古建筑、历史遗迹等物质文化遗产的修复与保护，还要对非物质文化遗产的保护开发高度重视，要切实加强对非遗传承人的关切，不论是代表性传

承人还是一般传承人，只要是为非遗保护做出了贡献的，都应该得到应有奖励。同时，加大非遗的挖掘、整理与保护力度。三江侗族自治县第三次文物普查数据显示：目前三江县的重点保护区域内（三江西北部的10个乡镇117个村委会498个自然屯，总面积1400多平方公里，总人口27万多人），共有不可移动文物点471处，已普查和收集的非物质文化遗产资源共700多条子目。三江县在进一步做好这些非遗的整理与保护的基础上，还要加大力度进一步挖掘收集，落实保护条例，做强做实三江非物质文化遗产的保护与传承工作。

2. 结合新农村建设，加强对"传统村落"及"少数民族特色村寨"民族文化的保护工作

在当今的社会主义新农村建设过程中，切实加强对"少数民族传统村落"或"少数民族特色村寨"文化遗产的传承与保护工作。一是做好村寨传统文化挖掘工作的基础上，培养传统文化的继承人。在民间文化挖掘、保护和开发过程中，要重视专业人才的培养，加强对当地民族文化的理论研究，不断挖掘特色传统村落的传统文化内涵，使民族文化做到后继有人。二是要注重对这些"中国传统村落""中国少数民族特色村寨"及"文化遗产预备名录"村寨的历史遗存、传统技艺、风情民俗、古村老街的传承保护与开发利用等做到有计划的动态保护。因为过去不论是村落选址、民居建筑、民风习俗、传统道德还是乡规民约，处处都体现着人与自然生态环境的和谐相融，人与人之间的和睦相处。而今天民族地区的新农村建设，要考虑到更好地传承民间优秀的传统文化，保护好传统村落的人文生态，特别是要做好侗族"楼""桥"木质建筑技艺的传承与保护，并从这些传统村落优秀的传统文化中汲取营养，更好地为今天的美丽乡村新农村建设服务。

3. 加强地方民族文化研究与挖掘，提升特色村寨品位

"传统村落"及"少数民族特色村寨"有其自身特定的内涵，当前，少数民族地区"传统村落"及"少数民族特色村寨"受现代城市或发达国家文化理念的影响，他们的价值观、审美观也随之改变，这不仅危及中华民族文化的安全，而且对我国民族文化的保护与传承也造成巨大压力。要改变这一局面，必须建立起本地民族的文化自主权，而这一切都有赖于我们对民族传统文化的准确定位，树立民族文化自信观念。就三江而言，要结合本地民族文化特色，对传统民族文

化进一步研究发掘，充分发挥文化出版、档案方志、历史文化研究会等机构和社会团体组织的作用，加大挖掘、整理和研究力度，理清三江历史民族文化脉络，为三江侗族自治县的"传统村落"及"少数民族特色村寨"文化保护及维修装饰提供科学依据与文化艺术素材元素。新农村建设中，要把挖掘、整理得来的"传统村落"及"少数民族特色村寨"蕴含的丰富人文精神和文化内涵更好地渗透到美丽乡村新农村文化建设中去。目前，特别要进一步重视提高名录村寨的特色和品位。其中，三江县的高友、高秀、高定、平寨、岩寨和马鞍寨入选"中国传统村落"名录村寨，营造三江浓郁的"中国传统村落"及"中国少数民族特色村寨"特色文化氛围，最终实现少数民族地区民族文化保护与美丽乡村建设的融合持续发展。

西南少数民族地区民族文化传承与保护研究

——以广西隆林各族自治县为例

韦达书　岑　军[*]

隆林作为地处滇、黔、桂三省（区）交界处的少数民族聚居区，是广西最早实行民族区域自治的县份之一。新中国成立后不久，以费孝通为首的中央民族访问团即于1951年8月来到隆林考察调研，写出《西隆苗区民族情况调查报告》；经1952年筹备，1953年1月1日隆林开始实行民族区域自治，成立隆林各族联合自治区人民政府（县级）。目前隆林全县总面积3551平方公里，辖16个乡镇179个行政村，总人口42万，聚居有苗、彝、仡佬、壮、汉等5个民族，其中苗、彝、仡佬、壮等少数民族人口34.7万，占全县总人口的81.2%。少数民族中壮族、苗族比例较高，约各占全县总人口的54%、25%，其中苗族人口约占全世界苗族总人口的1%。[①]

隆林秦汉时期属夜郎国，自古交通信息等十分闭塞，直到1952年之前，全县还没有一条公路，也没有机动车辆，衣食所资全部靠肩挑马驮背负。由于边远偏僻、交通闭塞、信息不畅，明清以后从云贵地区大量涌入隆林的苗族、彝族、仡佬族以及从西南、华南地区涌入隆林的汉族，在其迁入，与其他民族相互融

---

[*] 作者简介：韦达书，广西隆林各族自治县社科联主席；岑军，广西隆林各族自治县人大法制监察与内务司法委员会主任委员。

[①] 数据参见杨光明主编《隆林苗族》，广西民族出版社2013年版；卢素理主编《隆林壮族》，广西民族出版社2013年版。

合、发展过程中，相对完整地保存了本民族丰富、独特的民族文化，如苗族的跳坡、彝族的抹黑脸、仡佬族的尝新、汉族的哭嫁，以及形成的民族服饰、蜡染、刺绣、民间乐器等，其中既有有形的物质文化，也有无形的非物质文化。这些民族文化由于空间上的相对独立性，完整地保存了下来，且具有独特性、丰富性的特点。总体上说，隆林的民族文化，包括民风、民俗、民间文化琳琅满目、丰富多彩、异彩纷呈。但是由于社会变迁，尤其是改革开放以来商品经济、市场经济的冲击，隆林这些独具特色、异彩纷呈的民俗民族民间文化正在逐步消失，物质文化正在损毁湮灭，非物质文化正在人亡艺绝。传承和保护这些民族文化已经成为我们这一代人迫在眉睫的义务，更是当地党委、政府义不容辞的责任。

一 隆林少数民族文化传承与保护的基本现状

隆林丰富多彩的民族文化长期在自然、封闭的状态下传承发展，改革开放后才逐步被外界发现。比较有代表性的如 1990 年 5 月美国得克萨斯州州立大学教授艾杰瑞、中央民族学院教授杨权等到隆林开展民族语言考察，1992 年 6 月日本民族博物馆研究员春节田诚之、中央民族学院研究员陈庆南等到隆林调查民族风俗、服饰、建筑，2001 年联合国教科文组织的专家考察隆林民族习俗、民间文化。其中后者考察期间惊叹："一个活的少数民族博物馆。"在那个年代，隆林的交通还十分不便，仅从百色到隆林就需要四到七个小时。2012 年高速公路开通以后，隆林的"活的少数民族博物馆"才逐渐为外界所认知，此后又有"没有围墙的少数民族博物馆""桂西的香格里拉"等美誉。但隆林人司空见惯、习以为常却又缺乏必要的宣传、包装能力，以致这些无形的民族文化得不到弘扬、开发和利用。

（一）隆林民族文化存在的主要形式

1. 物质文化

物质文化的范围很广，是指为了满足人类生存和发展需要所创造的物质产品及其所表现的文化，在隆林乃至整个西南地区，承载民族文化的物质文化主要包括：

（1）民族民俗传统村落、特色村寨；

（2）反映民族生产生活习俗的民居、服饰、饮食、器皿、用具等；

（3）具有历史、艺术、科学价值的古遗址、古墓葬、古窑址、古建筑，近现代重要史迹及代表性建筑等。

2. 非物质文化

非物质文化，主要是指那些以非物质形态存在的具有历史文化价值的东西。隆林目前尚存的非物质文化主要包括：

（1）苗、彝、仡佬、壮、汉族语言；

（2）娶嫁、待客、祭祀、丧葬等民族民间礼仪；

（3）具有代表性的民族音乐、器乐、舞蹈、戏剧、曲艺、山歌、民间文学等；

（4）跳坡节、火把节、尝新节、三月三等及其他有民族民俗特色的节庆活动；

（5）民族民间体育、游艺活动；

（6）民族民间传统医药、医术和保健方法；

（7）民族民间传统工艺、绝技、技艺。

以上以特定形式存在的民族民间文化，有的已经被人们所认知、挖掘和整理，而大部分还没有被人们所认知，更谈不上挖掘和整理。由于社会变迁、市场经济冲击等原因，有的已经慢慢湮没，变得来无影去无踪。

（二）隆林民族文化保护与传承的现状

隆林少数民族文化以多种多样的形式存在，但由于人力有限，目前政府能够直接进行粗略统计的仅限于文物和非物质文化遗产方面。

1. 文物方面

至 2017 年，隆林已公布的各类不可移动文物保护单位 81 处，其中县级重点文物保护单位 57 处，包括第一批立碑挂牌保护 40 处，第二批立碑挂牌保护 17 处，另有其他文物保护单位 24 处。对可移动文物，在文物管理所、博物馆清点核对、建档清库中，共登记的可移动文物信息 686 套 1767 件，其中属于国家二级文物 2 件（套）；三级文物 157 件（套）；一般文物 527 件（套）；自然标本、化石 20 余件（套）。

对以上文物，目前采取的保护措施有：第一，认真做好文物信息资料审核，确保文物信息完整、全面准确，做到应保尽保。第二，做好文物安全保护工作。坚持定期安全检查制度，每季度对野外文物保护单位进行巡查，对博物馆进行安全和消防专项检查。建立健全县、乡、村三级文物管护网络，明确各自职责。第三，强化宣传，营造全社会保护文物的良好氛围。利用报刊、广播、电视等媒体，广泛宣传文物和文物保护方面的知识和法律法规，提高广大人民群众对文物保护知识的知晓率。但由于多数文物分布散存在各乡镇村屯及山坡上，交通不便，巡查困难，给文物的保护和抢救工作带来了巨大的影响。

2. 非物质文化遗产方面

从 2008 年起经对非物质文化遗产进行普查，通过挖掘、收集、整理和申报，至 2017 年，全县共有区级非物质文化遗产代表性项目名录 12 个：德峨苗族跳坡节、隆林壮族歌会习俗、隆林壮族山歌（哥侬呵调）、隆林仡佬族拜树节、隆林苗族妇女服饰制作技艺、隆林北路壮剧、隆林彝族祭送布谷鸟节、壮族踩风车、壮族八音坐唱、壮族衮服制作技艺、彝族打磨秋、隆林蓝靛膏制作技艺。另有市级代表性项目名录 13 个，县级代表性项目名录 1150 个。经申报，被授予区级代表性传承人 7 人，市级代表性传承人 14 人，县级代表性传承人 77 人。

对以上非物质文化遗产，目前主要的传承方式有：第一，通过政府主导和资助的民族节庆活动传承，如德峨苗族跳坡节、隆林壮族歌会习俗、隆林壮族山歌（哥侬呵调）、隆林仡佬族拜树节等代表性名录。第二，通过民间群众团体进行传承，2010 年以后，隆林陆续成立了壮学会、苗学会、彝学会、仡佬学会、汉学会等，通过这些组织学习和掌握了保护、弘扬和发展本民族的传统文化的方式方法。第三，通过传习基地进行传承，隆林目前建立有 17 个民族文化传习基地，主要建立在中小学、乡村文化站、传统村落等，这些基地不定期地开展活动，使部分非物质文化遗产得到较好传承。

（三）隆林民族文化保护与传承存在的困难和问题

1. 场馆建设严重不足，文物和非物质文化遗产缺乏必要的保管或传承场所

目前存放文物的只有一个博物馆，建筑面积仅 500 平方米，可使用面积 400

多平方米，大量经分类、鉴别的文物找不到地方安放。非物质文化遗产的保护与传承没有专门的场地，已成立的壮学会、苗学会、彝学会、仡佬学会、汉学会等没有固定的工作场所，民间协会、学会传承本民族文化也因缺乏必要的活动场所而口头上喊的多，实际行动的少。非物质文化遗产保护与传承专项经费缺口大，几乎是杯水车薪，致使不少非遗资源损毁流失。

2. 地处边远偏僻的部分文物安全隐患大，随时面临损毁风险

由于经费、人员缺乏，有些遗址等不可移动文物因受风蚀日晒、暴雨冰冻等自然因素影响，时时面临坍塌、损毁的危险。在人为破坏上，县文物管理所、博物馆人员编制少，县、乡、村各级聘用的文保员因补助经费短缺而工作不到位，仅靠每季度一巡查的办法，虽然起到一定的防范作用，但很难保证百分之百的安全。

3. 民族文化传承后继乏人

表现在非物质文化遗产的保护与传承上，因民族传统技艺难度高、强度大、耗时多、收入低，大部分年轻人不愿意学，不少传承人面临无弟子或弟子太少的尴尬境地。一些传承人的创作活动得不到社会应有的肯定和回报，生活困难，仅靠"热爱"维系创作生活。随着社会的变迁，一些依靠口头和行为传承的民间艺术、技术等文化遗产不断消失，一些传统技艺濒临失传，存在"人亡艺绝"的隐忧。

4. 从事民族文化传承和文物保护的专业人员短缺，力量薄弱

目前，从事非物质文化遗产保护的仅有 1 名专职工作人员，由于缺乏专业人员和理论研究人员，虽然资源多、底蕴厚、可申报的项目多，但非遗申报工作却因无人操作而困难重重，至今没有申报过一项国家级非遗项目。由于缺乏民族传统文化理论研究人员，最基本的对民族文化内涵进行深入研究、挖掘整理和展示无人开展，徒有"活的少数民族博物馆"名声在外而没有实质内容。

二 加强隆林少数民族文化保护与传承的价值与意义

以上这些民族文化保护与传承面临的尴尬状况，与人们对民族文化传承与保护价值意义认识的不充分、不到位有着极大的关系。尽管现实情况如此，但我们应充分认识保护与传承的积极意义。

(一)　对增进民族团结的意义

1. 有利于各民族文化的平等发展

平等权不但是公民的最基本权利，也是各民族最基本的权利。《中华人民共和国宪法》第四条规定："中华人民共和国各民族一律平等。"同时规定："国家保障各少数民族的合法的权利和利益，维护和发展各民族的平等、团结、互助关系。禁止对任何民族的歧视和压迫，禁止破坏民族团结和制造民族分裂的行为。"平等发展自己的民族文化，是民族平等的重要内容。以隆林的"徕人"为例，由于世居隆林的时间较晚，人数较少，地处较边远偏僻长期处于边缘化状态。1990年5月，由广西壮族自治区民委、隆林党委政府、西林党委政府以及来自广东、广西、贵州的民族专家学者等组织召开的"隆林'徕人'民族成份讨论会"，通过民族语言、风俗习惯等，确认隆林"徕人"属"徕仡佬族支系"，决定从1990年6月1日起，隆林、西林"徕人"族称全部改称"仡佬族"。① 可见民族文化是民族认定、身份地位的根本标志，保护和传承本民族文化，也是民族平等的基础。

2. 有利于各民族间的互相认同

对内部来讲，认同基于共同。斯大林在《马克思主义和民族问题》一书中对民族下了定义："民族是人们在历史上形成的一个有共同语言、共同地域、共同经济生活以及表现在共同文化上的共同心理素质的稳定的共同体。"可见民族认同是多方面的。有学者认为："民族认同是一个复杂的结构，它不但包括个体对群体的归属感，而且还包括个体对自己所属群体的积极评价，以及个体对群体活动的卷入情况等。"也有学者认为，民族认同可以分为三个层面，一是共同的民族渊源，二是共同的民族文化，三是共同的国家，同属于中国。但不管怎么说，共同的文化仍然是至关重要的。以隆林所在的西南地区为例，隆林的苗族、彝族、仡佬族虽然散居在西南各省、州、县的广大地区，但由于他们共同的文化，民族的认同感非常强烈。再以苗族为例，清末西南地区的苗民起义，鸡毛信所到之处，千里赴义的苗民常常达几万乃至几十万人。到了现在，只要认为是本

---

① 参见《隆林各族自治县志》，广西人民出版社2002年版，第21页。

民族的,他们也会称兄道弟、有难同当。对于外部来说,民族文化是民族之间互相认同和互相尊重的基础。

3. 有利于各民族的融合发展

民族文化是保证民族团结的重要纽带。隆林的五个民族除壮族外大部分是在明、清前后从各地搬迁而来,在长期的交往中,能够你中有我、我中有你,逐步形成汉族离不开少数民族,少数民族离不开汉族,各少数民族之间也互相离不开的"三个离不开"观念,形成"平等、团结、互助"的民族关系,政治上平等相处,经济上互通有无,文化上共荣共生。1953实行民族区域自治以来,各民族间更是紧密团结、互济互助、相互尊重、相互依赖,地方民族主义、大民族主义意识和狭隘民族观念日渐淡化,平等、团结、互助、和谐的社会主义民族关系普遍形成,其中民族文化的互相认同、互相尊重、共同发展起到了重要的纽带作用。

(二) 对旅游开发的意义

1. 有利于民族民俗文化旅游的开发

名声在外的民族风情和民俗民间文化是隆林旅游的重要资源。虽然隆林有库容达102亿立方米、水面达178平方公里的天生桥湖面,有面积达17389公顷的广西金钟山黑颈长尾雉国家级自然保护区等自然资源可以开发,但更为丰厚独特的还是隆林的民族风情和民俗民间文化。在"文革"前后,由于知青的到来和文化上山下乡运动,许多以隆林地域为题材的文艺作品蜚声区内外,其中如古笛、黄有异的《赶圩归来啊哩哩》至今还传唱不休、广为流传。改革开放以来,隆林街圩文化、节庆文化、民族村寨、民间音乐、民间体育也引来了越来越多的游客。如街圩文化方面,主要有德峨、常么、蛇场等地鲜明特色;节庆文化方面,隆林的跳坡节、火把节、尝新节、"巅罗巅罗那"歌节,经过多年的培育现已经在区内外小有名气;民族村寨方面,张家寨、龙洞大寨、大树脚苗寨、么窝苗寨、平流古寨也各具特色,具有一定的知名度;民族音乐方面,有芦笙、"八音"、木叶、筒箫等,特色鲜明,极具民族地方风味;民族体育方面,有打磨秋、踩风车、爬高杆、转陀螺、"朵燕"、斗牛等,多姿多彩,也具很大开发价值。

2. 有利于地方旅游名片的形成

旅游景观可以分为自然景观和人文景观，隆林虽然也有独特的山水风光，但人文景观——独具特色的民族风情和民俗民间文化更具魅力。至2013年，隆林县的日平均出入境车流量已达1600余辆，日平均出入境人员超万人，至2017年，由于南宁到百色高铁的开通，出入境车流量和来往人员已接近翻一番。庞大的人员往来，已经越来越成为旅游消费的巨大客源。但从统计数字看，目前到隆林旅游的还是主要因隆林的民族风情和民俗文化而来，尤其在每年苗族跳坡节、彝族火把节、仡佬族尝新节和壮族三月三期间，常常是旅客爆满难觅住宿。其中有部分是文学、美术、摄影工作者和爱好者，他们长期把隆林的常么、德峨、猪场、金钟山作为创作基地，还有一些学校、团体的创作基地如广西摄影家创作基地、广西艺术学院音乐、美术创作基地等，也主要是冲着隆林的民族风情和民俗文化而来。可以说，隆林的"活的少数民族博物馆""民族歌舞之乡"①"民族工艺品之乡"等民族文化品牌是推动隆林旅游的最重要的名片。

3. 有利于与周边地区互倚互动共同发展旅游业

隆林地处滇、黔、桂三省交界，与云南、贵州隔江相望，曾经在不同时期分属云南、贵州管辖，至今在经济、文化上仍然有千丝万缕的往来关系。依托于民族文化旅游，凸显特色，连片开发，可以很好地引进来自云南、贵州的客源。如至2013年毗邻隆林的贵州兴义市游客接待量已超过400万人次，旅游综合收入15亿多元；到2016年该市游客接待量已超过1750万人次，旅游综合收入超过80亿元。隆林可以充分利用地缘优势和本地的民族文化旅游资源，加快与云南、贵州的旅游对接。同时，进一步打造"活的少数民族博物馆"民族文化品牌，吸引2小时旅游圈内来自百色红色旅游的旅客，乃至来自东部省份的游客等，从而逐步形成贯通南北、融汇东西的旅游发展格局，形成相互带动、互惠互利的集群效应。

三 加强隆林少数民族文化传承与保护的对策措施

隆林的民族文化丰富独特，以非物质文化为例，至2016年非物质文化遗产

---

① 国家文化部授予。

共存有县级以上代表性项目1150个,是百色市存留最多的县份。民族文化,包括人文景观和民族风情等在维护民族团结、推动旅游开发方面起着举足轻重的作用。但由于市场经济的冲击和社会的变迁,隆林的民族民间文化面临十分严峻的挑战,有的已经荡然无存,有的已经面目全非。一些尚存民间的民族文化,也正在面临损毁破坏、人亡艺绝的状态,亟须采取特殊的政策和措施加以保护和传承。尤其在旅游业正在成为隆林第三产业龙头的情况下,传承和保护民族文化,巩固和发展隆林"活的少数民族博物馆"的民族文化品牌,保障隆林多姿多彩、独具特色的民族文化不受市场经济的冲击和毁灭,并通过整理、挖掘和开发,发挥民族文化活动在旅游开发、精准扶贫、文化交流等各方面的作用,是全县各族人民刻不容缓的义务和责任。

(一)建立和完善少数民族文化保护与传承制度

1. 制定少数民族文化保护与传承单行条例

像西南的大部分地区一样,隆林属于少数民族聚居区,实行民族区域自治。《民族区域自治法》第十九条规定:"民族自治地方的人民代表大会有权依照当地民族的政治、经济和文化的特点,制定自治条例和单行条例。自治区的自治条例和单行条例,报全国人民代表大会常务委员会批准后生效。自治州、自治县的自治条例和单行条例报省、自治区、直辖市的人民代表大会常务委员会批准后生效,并报全国人民代表大会常务委员会和国务院备案";《宪法》《立法法》也有相同规定,因此,隆林可以根据自身发展的实际需要、经济社会和文化发展状况,按照"保护为主、抢救第一、合理利用、传承发展"的方针,兼顾物质文化和非物质文化,侧重非物质文化遗产保护与传承,制定系统完善的《民族文化保护与传承条例》。

2. 结合国家的法律法规出台系统的少数民族文化传承与保护制度

改革开放以来,我国十分重视少数民族文化的保护与传承,除《民族区域自治法》有专款的规定以外,《文物保护法》《非物质文化遗产法》《广西壮族自治区非物质文化遗产保护条例》还作了系统全面的规定,隆林可以认真贯彻实施这些规定,借鉴云南、贵州等毗邻地区的成功经验和做法,突出重点,注重实效,围绕巩固和发展隆林"活的少数民族博物馆"民族文化品牌目标,结合旅游发展、扶贫攻坚和文化建设等实际需要,建立、出台本县科学完备的文物保护与抢救体系、非物质文化遗产保护与传承体系、民族民间传统文化挖掘整理体系、民间文艺人才培养培训体系,建立和完善民族节庆制度、民族特色文艺团体活动制度、非物质文化遗产进校园制度、少数民族传统体育运动开展制度等制度体系,鼓励开发特色民居、民族工艺品和少数民族服装。

(二)加大对少数民族文化保护与传承的投入

1. 加大场馆建设投入

文化需要载体,必备的硬件建设是民族文化得以保护和传承的前提。对隆林来说,场馆不足严重制约了民族文化的保护与传承。如前所述,隆林目前只有一所博物馆,容量太小,因摆不了多少东西而形同虚设。由于场馆限制,一方面在市场经济冲击、外出务工人员增多,连留守老人都难以找人照看的情况下,许多有价值的文物、器具、服饰、工艺品等有的沿用和保存了几百年、几十年,却在顷刻之间毁于一旦。一方面民间组织苗学会、彝学会、仡佬学会、壮学会、汉学会收集的一些民间书籍、器物、服饰、工艺品等找不到地方存放。而就社会需求来说,在每年的苗族的"跳坡节"、彝族的"火把节"、仡佬族的"尝新节"、壮族的"三月三"排歌节等节日期间,许多涌入隆林的外来游客却找不到可以参观考察的场所,挨家挨户的探访又不可能。

2. 设立民族文化保护与传承专项资金

隆林作为民族区域自治地方,其财政是一级财政,可以根据地方的实际需要自主安排使用。《民族区域自治法》第三十二条规定:"民族自治地方的财政是级财政,是国家财政的组成部分。民族自治地方的自治机关有管理地方财政的自治权。凡是依照国家财政体制属于民族自治地方的财政收入,都应当由民族自治地方的自治机关自主地安排使用。"因此,隆林可能单独设立民族文化保护与传承专项资金,有的放矢,安排使用于亟须解决资金的以下些方面:①重点项目的保护和研究;②征集、搜集、整理、研究、保护和开发利用;③申报地市级以上非物质文化遗产代表性项目名录;④抢救濒危的非物质文化遗产代表性项目;⑤资助非物质文化遗产传承人的培养和培训;⑥出版非物质文化遗产资料和研究成果;⑦非物质文化遗产传承人和保护单位的表彰和奖励;⑧编制民族文化进校园教材；⑨展示、传播民族文化活动；⑩民族文化传习基地建设；⑪不可移动的文物保护。同时鼓励国内外机构、个人捐款捐物，筹措专用资金用于本地民族民间文化保护与传承工作。

（三）采取有力措施对民族文化进行保护与传承

1. 建立和完善民族文化保护与传承基地

总结各地的成功经验和做法，其中通过基地对民族文化加以保护与传承是行之有效的做法。目前隆林虽也建立有 17 个传承基地，包括：隆林壮族山歌隆林中学传习基地、隆林壮族山歌革步中学传习基地、隆林壮族山歌岩茶中学传习基地、隆林壮族山歌民族小学传习基地、隆林壮族山歌天生桥小学传习基地、隆林壮族山歌新州镇小学传习基地、隆林壮族山歌平流传习基地、隆林壮族山歌新州镇传习基地、隆林苗族彝族山歌德峨小学传习基地、隆林苗族芦笙舞传习基地（德峨文化站）、隆林青苗山歌传习基地（大树脚文化楼）、隆林苗族爬坡杆传习基地（野猪岭大水井屯）、隆林壮族衮服传习基地（新州镇新兴街（央索大街）68 号）、隆林北路壮剧传习基地（平班镇扁牙村村部）、隆林壮族山歌新州三小传习基地、隆林壮族山歌介庭中学传习基地、隆林苗族服饰生产性示范保护基地。但由于人手少，传承人缺乏工作经费热心不足，除一两个基地基本正常开展工作外，许多基地还处于挂挂牌应付检查状态。基地的建设要能真正开展工作，必须在以下几个方面予以完善。第一，有相应的经费保障，按照保护和传承任务，制定年度计划，合理安排必要的经费。第二，有合适的传承人，认真遴选、鉴别，选择技艺上靠得住、工作上有热心的人充当传承人。第三，完善的基地传承保障制度，通过明确职责，科学管理，强化督查，保障民族文化传承工作有序开展。

2. 推动民族文化进校园

实践证明，推动民族文化进校园是民族文化得以保护和传承的又一行之有效的方法。《非物质文化遗产法》第三十四条规定："学校应当按照国务院教育主管部门的规定，开展相关的非物质文化遗产教育。"《广西壮族自治区非物质文化遗产保护条例》也有类似规定。虽然民族文化进校园已经有了法律保障，但教育主管部门和文化主管部门沟通不顺畅，学校的教育跟随中考、高考的指挥棒应试化，严重阻碍民族文化进校园的正常开展。如有的学校为了激励学生应付考试、获得高分，悬挂标语"要成功，先发疯""作业考试化，考试中考化"，搞题海战术、疲惫战术，不顾学生身心的均衡发展。在这种状况下，民族文化进校园必须有一个观念更新、机制创新的过程，然后才能考虑教材的统编、传承人的选择等问题。

在民族文化进校园方面，目前隆林民族中学的探索比较成功。该校3600多名学生中，苗、彝、仡佬、壮等少数民族学生占72%以上。作为民族学校，该校的中考成绩并不亚于其他普通中学，其每年的中考成绩均排在整个百色市所有普通初中前五名，学校先后获全国"百佳创新学校"、广西"常规管理先进学校""和谐学校"等。在中考成绩如此好的情况下，该校的民族文化进校园同样做得风生水起、有声有色，学校编写有《隆林民族文化荟萃》《隆林民族奇风异俗》等教材，常年开设有苗族芦笙、月琴演奏、彝族打磨秋、仡佬族跳拱背、壮族山歌、抛绣球、踩风车等课程，并成立有踩高跷、竹竿舞、二胡等十多个与民族文化有关的社团，可以说是教育教学与民族文化传承两不误，双促进。遗憾的是，隆林中学的这些成功经验目前还没有得到普及。

3. 建立动态的传承人奖惩与管理机制

由于缺乏专业人员，有的绝技在身却没有文化不知如何申报。隆林至今有区级代表性传承人7人、市级代表性传承人14人、县级代表性传承人77人，由于民族文化保护与传承是新领域，大家知之不多、热情不高，缺乏必要的奖惩机制。目前只有区级代表性传承人有自治区拨付的每人每年3000元的传承经费，市级和县级没有，一定程度上影响了传承人的积极性。另一方面，已获得传承人资格的人也因缺乏利益驱动，履行义务的积极性不高。因此建立奖惩机制，给予市、县级传承人一定的工作经费非常必要。同时对不履行义务的传承人给予相应的惩罚，对传承人按照《非物质文化遗产法》第三十条的规定进行动态管理，该条规定为："非物质文化遗产代表性项目的代表性传承人无正当理由不履行前款规定义务的，文化主管部门可以取消其代表性传承人资格，重新认定该项目的代表性传承人；丧失传承能力的，文化主管部门可以重新认定该项目的代表性传承人。"

4. 开设专题强化培训班

民族文化的内容丰富多样，需要加以保护和传承的很多，其中有的需要手把手才能教会，有的需要长期训练才能学会，有的需要被传人有良好的自身条件等，不是一蹴而就、靠短暂的强化培训班就能完成。但对于相对比较简单、群众又喜闻乐见的项目，可以通过举办专题培训班来完成，限于经费，这样的培训班少之又少。如 2015 年只举办了苗族芦笙培训班、苗族山歌培训班，2016 年只举办了壮族山歌（哥侬呵调）培训班、隆林北路壮剧培训班、爬坡杆培训班、彝族口弦培训班等。其实举办培训班和创办传承基地相比，具有费用少、形式灵活、宣传效果好等特点，可以有计划有组织地选择培训项目，大张旗鼓地开展。

总之，民族文化是中华文化的瑰宝，是中华文化的重要组成部分，隆林虽然地处西南一隅，但它积淀了来自不同时期、不同地域的文化，在这里扎根、生长，具有独特的价值和魅力，当地党委、政府有义务、有责任把它保护好、传承好、发展好。同时，保护好、传承好、发展好这些民族文化，有利于当地的民族团结、经济社会的全面协调可持续发展，尤其有利于当地的旅游开发、精准扶贫。因此，当地党委、政府必须以时不我待、刻不容缓的紧迫感，下大力气、采取切实可行的措施来挖掘、保护、传承这些民族文化。

少数民族文化与绿色产业同步发展的战略思考

——基于广西百色凌云县民族文化、产业发展的调研

卢　旗　杨彩芳[*]

摘　要：凌云县作为少数民族石山地区的典型区域，全县民族文化的传承和绿色产业发展严重脱钩，民族文化发展领域局限，产业结构发展矛盾冲突。面对绿色发展与可持续发展的时代潮流，长期由于传统民族文化和传统产业的发展模式制约，应转变观念科学认识并充分发挥少数民族石山地区文化和资源的独特优势，树立科学的发展观，走出民族文化与绿色产业共同发展的新步伐，实现"民族文化发扬光大"和"绿水青山"双赢。

关键词：少数民族石山地区；文化传承；绿色产业；凌云县

习近平总书记指出：绿色发展是民族地区发展的有力武器。落实好绿色发展理念，对于民族地区脱贫攻坚来说是一个很重要的抓手或传播渠道，以位于少数民族石山地区的广西壮族自治区百色市凌云县为例，该县位于云贵高原东南麓，依托当地具有特色的自然资源和历史渊源的民族文化进行实地开发传承，取得可喜成绩。然而，通过深入调研发现，这一地区民族文化和绿色产业发展受到传统

---

[*] 作者简介：杨彩芳，广西百色凌云县人民检察院法律研究室主任；卢旗，广西百色凌云县检察院副检察长。

产业结构、产业发展水平制约,并同时受制于脆弱的生态环境。① 以科学发展观为指导,选择绿色产业发展策略,充分发挥民族地区资源环境的特色优势、民族特色文化优势,形成具有可持续发展潜力的新经济增长点,必定是一条极具实践价值的科学发展之路。

一 民族文化与绿色发展的概念关系

民族文化是指各民族在其历史发展过程中创造和发展起来的具有本民族特点的文化,其中包括物质文化和精神文化。民族文化反映该民族历史发展的水平,也是本民族赖以生存发展的文化根基所在。绿色发展是指在经济发展的同时环境得到保护或者改善,即经济增长与自然环境损害脱钩。这既排除了经济发展造成环境损害的挂钩情形,也排除了通过经济下滑带来的环境压力缓解效应,更排除了经济下滑的同时环境仍旧受到损害的双负效应。二者的关系是绿色代表着希望,绿色是生命的象征,是人类文明和发展的摇篮。地球上如果缺少了绿色,就如同一片荒漠里,地球和人类社会的存在,民族文化的发展都将化成为一纸空谈。坚持绿色发展,必须坚持节约资源和保护环境的基本国策,坚持可持续发展,坚定走生产发展、生活富裕、生态良好的文明发展道路,坚持体现人与自然和谐发展的现代生态文明理念。在人与自然相处方面,在国家积极倡导生态文明的今天,我们必须要理清发展理念。我们知道,民族不分大小和发展水平高低,都是勤劳智慧的,都创造过灿烂的文化。但只要我们提及具体民族的时候,很容易将不同的民族及其文化按照"先进""落后"的顺序进行排列。其实,先进与落后都是相对的,那些被认为落后的东西,如果遇到适当的环境,换个角度,就会变为先进。特别是在生态文明方面,曾经被视为"落后"的民族文化往往都具有科学的考察价值,需要我们深层发现和挖掘,让各民族的优秀文化在绿色生态文明建设中做出积极的贡献。只要我们积极考究这些文明的现代价值,并为其打造各具特色并符合族情、风情的舞台,那些曾被打上原始落后标签的传统文化必将焕然一新。我们要把这些理念与各地的民族工作实际结合起来,使其尽早落

---

① 黄晶、张旭:《民族地区经济发展中的区位因素分析》,《农村经济与科技》2010年第3期。

地生根，变为促进各地生态改善、给各民族带来真金白银的政策措施。[①] 经过几十年来的历史变迁，一些民族地区的土地关系已经发生很大的变化。我们要从实际出发，大胆探索，让各民族在绿色生态文明建设中发挥其独特的作用。

二 促进民族文化与绿色发展的重要性

（一）坚持绿色发展的理念，关键是落实

李克强总理在 2016 年 3 月全国人大、政协两会所作的政府工作报告中，9 次提到了"绿色"，10 次提到了"生态"，彰显出本届政府坚决贯彻实施生态保护、绿色发展理念的信心和决心。中国在多年经济高速增长环境中铸就了"中国奇迹"的同时，也累积了不少深层次的矛盾和问题。其中，最主要的矛盾和问题是：资源环境承载力已达极限，投入大、消耗高、污染强的传统发展方式再不可持续。种种现象表明，全面建成小康社会，资源环境制约是最大瓶颈，也是最大的"心头隐患"。绿色发展理念的提出，符合我们的国情，顺应了民心民意，体现了党对我国经济社会发展现阶段情况特征的科学把握。走绿色低碳循环发展道路，是转变发展方式、调整经济结构、实现中华民族持续发展的必然选择。

（二）绿色发展是以效率、和谐、持续为目标的经济增长和社会发展方式

早在 2010 年 4 月，习总书记在博鳌亚洲论坛开幕式发表演讲时就鲜明提出："绿色发展和可持续发展是当今世界的时代潮流。"这一大趋势在国际上也表现得越来越明显：美国奥巴马政府颁布了"绿色新政"，欧盟出台了《欧盟 2020》绿色发展战略，日本提出了"绿色发展"方针，韩国通过了《国家绿色增长战略（至 2050 年)》等。

三 促进我县民族文化发展与绿色发展的有利因素

（一）凌云少数民族地区实施绿色发展的有利条件

1. 少数民族地区群众热盼绿色发展。生活在凌云境内的壮族、汉族、瑶族三个兄弟民族就像盛开在祖国边陲云贵高原东南麓的三朵金花，壮族一般居住在山脚

[①] 乐长虹：《着力把握民族地区发展中的几个问题》，《中国民族报》2014 年 12 月 9 日。

平坝，汉族一般居住在山腰峒场，瑶族一般居住在山顶山坳。他们世世代代在凌云这片古老的土地上劳作耕耘、生存繁衍。曾经一段时间为了片面追求GDP，这里的生态环境遭到了很大的破坏，人民群众生产生活随之受到影响。改革开放以后，随着各民族物质文化生活水平的提高，生存理念从"求生存"到"求生态"、从"盼温饱"到"盼环保"的理念转变。生态兴则民族兴，生态衰则民族衰。作为"十三五"时期的"五大发展理念"之一，"绿色发展"成为如今最需要关注、最需要重视的一场变革。保护生态平衡，建设山清水秀、绿色富饶的家园，不仅是国家的长期战略目标，也是民族地区老百姓的共同心愿。好生态是国家的一笔宝贵财富，是各族人民共同生存、共同发展和实现美丽富强健康中国梦的基础。[①]

2. 少数民族地区有优美的生态环境和丰富的自然资源。凌云县森林植物种类丰富。县西、北、南部及东部为亚热带常绿阔叶林植被区，中部为石山区落叶、常绿阔叶混交林区。主要用材树种有杉木、马尾松、椿木、酸枣、苦楝、青岗、任豆树、竹类（白竹、金竹、粉单竹）、香樟、柏木、桦木等50多种。主要经济林树种有八角、油茶、油桐、板栗、核桃、柠檬、柿子、枇杷等150多种。

---

① 老汤：《国际旅游目的地的标准》，老汤旅游的博客，2013年1月14日。

一是有丰富的森林资源。凌云县土地总面积201526.8公顷，其中林业用地面积162953.3公顷，占全县土地总面积的80%。有林地153361.9公顷，森林覆盖率76.1%（含石山灌木林）。在林业用地中，按土地种类划分，有林地97053.1公顷，占59.56%；灌木林56308.8公顷，占34.56%；未成林造林地7159.9公顷，占4.39%；无立林地2431.1公顷，占1.49%。按森林分类经营区划分，全县公益林地面积83733.3公顷，占51.38%；商品林地面积79220公顷，占48.62%。在森林面积中，针叶林14782.4公顷，占15.23%；阔叶林81712.2公顷，占84.19%；针阔混交林156.6公顷，占0.16%；竹林407.9公顷，占0.42%。全县商品林森林面积54974.1公顷，其中用材19004.3公顷，占34.57%；薪炭林381.6公顷，占0.69%；经济林35588.2公顷，占64.74%。全县用材林18594.6公顷，其中短轮伐用材林1245.7公顷，占6.69%；速丰林1500.5公顷，占8.06%；一般用材林15848.4公顷，占85.25%。全县活立木总蓄积量4054640立方米。森林覆盖率大大高于广西森林覆盖率14.61%，大于全国森林覆盖率59.86%。

二是有丰富的土地资源。凌云有耕地1.3万公顷，可供开垦的荒地3.5万公顷，有林面积14.2万公顷。全县总面积306万亩，耕地面积16.75万多亩，其中水田5万多亩，旱地12万多亩。全县有荒山60多万亩，其中宜牧宜林荒山40多万亩。

三是有丰富的水能风能资源。水利资源蕴藏量为11.7万千瓦，可开发4万千瓦，已开发1.1万千瓦。凌云县有水库14座，其中小（一）型水库6座，总库容1440万立方米，有效库容1036万立方米，灌溉面积1.14万亩。小（二）型水库有8座，总库容306万立方米，有效库容265.5万立方米，灌溉面积0.231万亩。凌云县最大的河流——澄碧河，流域面积1326平方公里，县境流长56.8公里，年平均流量为11.581亿立方米，水能蕴藏量8.02万千瓦，年发电量7亿度；布柳河是县内第二大河，其流向与澄碧河背道而驰，县境内长63.5公里，年平均流量3.499亿立方米，水能蕴藏量3.7万千瓦，年发电量2亿度。

四是旅游资源丰富。凌云是广西西部青陇山脉长寿带上的长寿宜居县，中国异地长寿养老养生基地，主要景区有水源洞天纳灵福地长寿养生都会景区（水源洞和纳灵洞两个景区），独具神韵的珠江水系源头祈福寻源旅游，和880多年的水源洞问心寺佛文化养心祈福体验旅游，水源洞天然吸氧长寿养生区旅游，纳灵洞680多年道教文化养生区旅游等旅游资源。凌云旅游资源具备长寿养生文化，佛文化，道教文化，儒家文化、乡土性、体验性、古特性、奇异性和美感性。县境内旅游景点星罗棋布，有文庙、博物馆、茶山绿色金字塔、岩流瑶寨、逻楼新寨、中山纪念堂、石钟山、云台山、五指山、弄福公路等旅游景点。水源洞旅游景区位于凌云县城北百花山下，距凌云县城约1公里，也是广西壮族自治区重点文物保护单位，百色市十八景之一。水源洞景区分为内洞和外洞两部分。洞外绿堤两道，垂柳、古榕遍岸，飞鸟争鸣，两座对称排列的石拱小桥，古朴典雅。洞内有占地22000平方米、宽38米、高20.8米的大厅。洞门最高处的山崖绝壁上，刻有乾隆四十三年（1778）左江观察使王玉德所题的"第一洞天"，大厅四周绝壁上刻有明、清以来文人墨客的题字、题联、题诗80余幅，是凌云县古石刻最集中、保护最完整的地方，展示了凌云近千年的州、府、县建制历史文化。纳灵洞旅游景区位于凌云县城郊，距凌云县城约1公里，属典型的喀斯特岩溶地质地貌景观。景区洞体全长1500米，呈东西走向，"9"字形，双层结构，其中下层地下河长880米，上层旱洞长620米，两层之间高差28米。共分为5大景区32个景点。纳灵洞千奇百怪的钟乳石，在洞穴中十分罕见，有"亚洲神奇第一洞"之美称。茶山"金字塔"景区位于凌云县加尤镇案相村境内，海拔1100多米，由五十余个茶峰组成，景区因酷似一座座绿色"金字塔"而得名。景区已开发了茶王阁、茶仙亭、茶圣亭、游客采茶园区等景点和茶叶加工工艺参观、制茶体验区，茶道、山歌表演等项目，是集采茶、制茶、品茶、生态农业观光为一体的旅游风景名胜区，也是广西首批通过国家旅游局评估验收的"全国农业旅游示范点"之一。

（二）民族地区有得天独厚、异彩纷呈的民族传统文化、民俗风情、人文景观

1. 民族传统文化内容丰富。一是蓝靛瑶是瑶族的一个支系，主要生活在桂西山区。蓝靛瑶族由于其"游牧"的生活特性，在国际上被誉为"东方的吉普赛人"，不知道从什么时候起，瑶族同胞们翻山越岭进入了这方古老的大山，桂西的崇山峻岭成了他们永久的居住地，他们也因此成了大山里最辛勤的开拓者。

议题一：民族文化与绿色发展
少数民族文化与绿色产业同步发展的战略思考

刀耕火种的年代，时常出没的毒禽猛兽，往往令人的生存命悬一线。于是，一个爱吹口哨的村民想出了一个法子，制作出一把长号，长号从此就充当威慑野兽，通知伙伴前来共同抵御灾难的武器和通信工具。如今长号的通信功能已退化，逐渐成为一种民族文化符号，在重大节庆、民族展演等活动上才传出声音，在村民看来，长号更是一种喜庆的符号。由于铜质的长号造价不菲，所以生产较少流传不广，蓝靛瑶长号成为稀有之物。村民自发组成了50多人的长号队，由于吹奏需气力故吹奏者清一色男子——他们就是凌云玉洪蓝靛瑶长号队。现在长号队的知名度日渐提高，他们的步伐走出了大山，吹到了上海世博会，将大山里喜庆的号声传向四方大地。

二是壮族夜婚习俗：泗城壮家，嫁、娶喜事都在夜间办。男家迎、女家送，一路上，火把通明，情歌声声，唢呐阵阵，鞭炮锣鼓齐鸣，热闹又别有风味。古时壮家百姓的嫁、娶事，原是选了吉日在白天办的，新娘坐红花绣帘轿，新郎骑红鞍雄骏马，吹唢呐，敲锣鼓，放鞭炮，热热闹闹地进行。可后来凌云土霸十分猖獗，一手遮天，无恶不作，一得知谁家办喜事，就派"拉生队"（即由家丁组成的抢人队伍），把新娘强行拉去府上，先供自己淫一宿或三宵，玩弄满足后才

· 57 ·

放回夫家。百姓要是反抗，势必家破人亡。此外，还有些恶棍歹徒，常常假冒土霸王派来的"拉生队"拦路抢人，打胜就抢走新娘，打败就逃，害得百姓有苦无处诉，有冤无处申。为保妻女贞洁，百姓想出一个方法，把嫁、娶喜事改在夜间举行。更深人静时，男方家才由请来护轿的几十个男青年拥着花轿去女家，悄悄把新娘接回来。天长日久，相沿成习，流传至今。

三是汉族夜宴习俗：汉族夜宴是汉族男女青年结婚当晚在新郎家隆重欢迎接待女方陪送男亲人（俗称男送亲客）的一项重要活动。若男方接待不周，引起女方送亲客的不满，则女方送亲客就会立即带着新娘离开新郎家返回娘家，两个青年男女的婚姻也就此结束。因此，整个夜宴活动要有礼、有序进行，既要小心谨慎又要热闹喜庆，保证女方送亲客高兴、满意。一般情况下，男方要提前做好各项夜宴准备，邀请男方亲戚中辈分较大、威望较高、能说会道的男亲戚参加夜宴活动。晚饭后掌灯时分，男方的客人主管就开始张罗夜宴，安排在堂屋（中堂）摆上两张八仙桌和丰盛的酒菜，招呼男方参加人员到场做好准备，媒人则穿梭在男女两边，及时把女方送亲客的意见和要求传达给男方。各项准备工作就绪后，唢呐、锣鼓和鞭炮齐鸣，在媒人和男方主管的引领下，送亲客开始步入中堂上首按辈分大小从左到右依次入座，唢呐、锣鼓手在送亲客两侧入座，然后男方邀请的人员才在下首入座，夜宴正式开始，其他所有猜码等娱乐活动全部停止。大家开始用餐，然后媒人主持夜宴，对这场婚姻从说媒到结婚进行回顾，对新郎新娘及其家庭进行一番赞美、祝福，接着男女双方亲戚对媒人讲一番感激感谢的话语并敬酒，同时分别对新郎、新娘进行一番夸赞和祝福，诸如女方谦说新娘忠诚老实、缺乏教育、人长得不漂亮、手艺不精，希望男方今后予以教育等，男方谦说新郎家境困顿、道德修养不好等。接下来开始行酒令活动，也就是夜宴斗酒。媒人拿着一张小红旗开始发令，大家讲一些诙谐、幽默的故事，猜谜语、绕口令或斗歌等，哪一方答不上来就喝一杯酒，活动就此达到高潮，一直到深夜才结束。

四是三月三花糯饭习俗：凌云花糯饭是利用紫草、黄姜（或染饭花）、枫木叶等天然植物通过一定工艺制成色汤浸泡糯米染色蒸而成的糯米饭，其五颜六色寓示生活多姿多彩。因其用天然植物为染料，做成的花糯饭味道自然清香、色泽鲜艳，是一种美食，所以在凌云不管汉族、壮家还是瑶胞都办花糯饭，红白喜事都做花糯饭，特别是每年的清明节和三月三上山拜坟祭祖花糯饭是必备祭品。

五是端午节门口挂艾草、洒雄黄浴药汤习俗：端午节这天，家家户户大门挂上新鲜的艾草，雄黄（一种矿物质）溶酒洒房屋内外四周墙脚，熬煮艾草等植物汤洗浴。据说端午这一天，山上百草皆是药，挂艾草洒雄黄可以避邪，防毒蛇毒虫入侵，保护老少安康吉祥。药浴可以治百病除百毒，所以凌云人每年有端午节这一天门口挂艾草、洒雄黄、浴药汤的习惯。

2. 民俗风情渊源远。民国元年（1912），根据《广西地方官暂行章程》有关附郭之县省入府的记载，废凌云县省入泗城府。次年，废泗城府复置凌云县，隶属田南道。十六年，凌云县直隶广西省政府。十九年，凌云县属百色民团区。二十三年三月，凌云县改属百色行政督察区。期间，辖地包括今乐业县和天峨县、田林县、百色市部分地区。二十四年，区划调整，凌云县辖地缩小。二十九年四月，凌云县改隶第十行政督察区。三十一年三月，凌云县改隶第五行政督察区。1949年，广西置15个区，99个县，1个市（桂林市）。区辖县，凌云县隶属百色区。

1950年1月5日，凌云县解放，仍称凌云县。同年2月，广西省人民政府成立。1952年8月，广西省人民政府决定将凌云县、乐业县合并为凌乐县，县治凌云县泗城（城厢）镇。同年，又划出利周归田林县管辖。1953年1月后属桂西壮族自治区百色专区，1956年3月后属桂西壮族自治州百色地区，1958年3月属广西壮族自治区百色专区。1962年3月，经国务院批准，撤销凌乐县，恢复凌云县、乐业县。凌云县治泗城（城厢）镇，辖城厢、下甲、伶站、沙里、逻楼、加尤、玉洪7个公社。1984年，凌云县实行体制改革，调整乡镇区划为2镇8乡（即：泗城镇、逻楼镇、下甲乡、朝里乡、沙里乡、加尤乡、东和乡、玉洪乡、力洪乡），下设109个村（街）委员会。其中：伶站、朝里、沙里、玉洪、力洪5个乡为瑶族乡。2000年5月，加尤乡改为加尤镇。2002年5月百色撤地改市，凌云县隶属百色市，2004年7月，凌云县实行乡镇撤并，撤销东和、力洪2个乡，其中东和乡部分村划归逻楼镇，部分划归泗城镇，力洪瑶族乡划入玉洪瑶族乡。至2012年，凌云县辖3镇5乡110个村（社区）委员会。①

---

① 曹正城：《刍议城步民族文化与旅游的融合发展》，《文史博览》（理论版）2013年第12期。

四　民族地区绿色发展的重点难点

(一) 环境条件恶劣、生态环境脆弱

一是由于民族地区大多处于高山高寒地区，自然条件恶劣，自然灾害频繁，土地稀少，土层稀薄，水土严重流失，生态地质环境恶劣，一旦被破坏修复极为困难。二是基础设施差、社会服务体系不健全。由于凌云地处云贵高原的延伸部分，是比较典型的山地地形，山高谷深，山地面积广大。整个山地面积占全县总面积的93.32%；人均占地不到0.7亩。平地面积占全县总面积的3.28%。从而导致基础设施建设周期长，投资建设成本高，道路网络全覆盖难，交通运输、邮电通信、水利建设基础跟不上，导致生产能力不能充分利用，制约了民族地区的绿色发展。三是民族地区原有优势不能得到应有发挥。由于大部分民族地区在地理位置上远离国内主要消费区2000—4000公里，长途运输和跋涉，使原有的资源和产品优势难以发挥。[①]

(二) "实现绿色"转型是文化产业发展的必然趋势

民族地区实现绿色发展，存在资本、技术和人才障碍。相对于东部沿海发达地区，民族地区一直处于资本稀缺、企业技术水平整体落后、传统文化发展滞后、人才缺失状况。由于受到地理位置、人文环境以及历史的原因等因素影响，民族地区的文化教育水平明显落后于全国平均水平。近些年来，民族地区的人才流失现象也越发凸显。

低碳经济作为一种新型经济发展模式，与可持续理念和资源节约型、环境友好型社会要求完全一致，既体现可持续发展的基本要求，又实现全球经济积极发展的必然趋势。"低碳时代"要能在市场竞争中长足发展，是凌云县产业发展必须面对的市场抉择，以往高排放、高消耗、高投入的"三高"传统产业发展模式必须向新型产业发展模式转型。一方面随着传统文化、传统产业的升级换代，采用更为先进的新工艺、新技术来降低原材料和能源消耗是实现低污染、少投入、高产出的必然之路；另一方面，以科学发展观来指导现代产业的创新发展，

[①] 李华、尚明珠、曹正城、雷学业、刘学用、张盛斌：《全国苗族地区经济社会发展之比较研究》，《苗族文化论坛文集》（文史博览杂志社），2014年9月。

才能打造出更加绿色效能的新产业。

（三）面临"经济快速增长减排"和"经济快速增长转型"的双重压力

不同发展阶段和发展方式，决定了凌云县在应对"低碳时代"的挑战中不得不承受着巨大的发展压力。一方面，凌云县目前正处于工业化、城市化快速发展的阶段，人口增长、消费结构升级和城市基础设施建设使得其对能源的需求和温室气体排放不断增长；另一方面，长期以来，凌云县粗放式经济发展对能源和资源依赖度高。其中以金属冶炼及加工业，水泥加工生产，农副食品加工业和电力、热力的生产和建材几个行业为主，这些行业都是能源消费大户。这些高耗能工业能源消费量占工业能源消费量的80%以上。工业结构的重化特征使得凌云县工业单位增加值能耗高居不下。

（四）面临"传统资源开发型产业"向"现代转移型产业"发展的双重压力

从发展实绩来看，改革开放以来凌云县工业化步伐日益加快。主要得益于县城农产品加工、建材、矿产品加工、电冶特色工业的发展。目前，这类工业的发展重在依托当地自然资源的开发与利用，属传统的资源开发型企业。面对低碳时代的挑战，企业发展要实现由传统向现代的转型任重而道远。

（五）面临资金不足和政策缺失的发展压力

目前，凌云县正面临着能源基础设施建设的高峰期，能源基础设施所采用的技术、设备一旦投入使用，将对温室气体排放产生长期影响，而其对于在电力基础设施建设中如何避免传统燃煤发电技术的弊端、采用低碳的先进技术，在资金、政策方面尚缺乏有力的保障。

五 民族地区实施绿色发展的路径

民族地区应以绿色发展理念统筹经济社会发展的大局，加快推进产业结构优化升级，充分发挥自身的生态文化资源优势，实现经济后发赶超，加速推进民族地区经济发展、生态良好、民生改善、民族团结、社会稳定。既不能守着绿水青山讨饭吃，更不能为了"金山银山"舍弃"绿水青山"。要大胆创新绿色发展模式，实现"绿水青山"与"金山银山"的双丰收，坚定不移地走"经济活起来、腰包鼓起来、生态环境美起来、文化生活幸福指数不断升起来"的新路子。

（一）科学认识少数民族石山地区产业发展的独特优势

1. 随着国家及区域宏观经济发展战略的调整，国内外市场环境的改变、基础设施条件的改善以及相关政策的实施，少数民族石山地区的认识发生根本性改变，即开始从局限当地自然资源条件到运用科学的理论思维，辩证地、深层次地考察分析少数民族石山地区产业发展条件及其独特的发展优势。着力从国家层面完善、落实好对民族地区实施绿色发展的差别化支持政策，激发动力、补齐短板、填平洼地。李克强总理在2014年中央民族工作会议上指出，"支持民族地区加快发展，要完善和实施好差别化支持政策"。一是财政转移支付政策。除加大一般性转移支付外，还要继续加大民族地区专项转移支付、民族政策转移支付。在财政专项资金改革中，对涉及少数民族和民族地区的专项资金和政策应灵活掌握、尽量保留并不断强化。二是配套资金政策。应该协调国家有关部门下发红头文件，明确民族自治地方州县一级原则上不要地方配套，省区一级可以配套，但规定一定配套幅度，并依据经济发展水平允许按不同比例配套。三是产业政策。要发挥国家的引导作用，支持能源资源类重大产业项目向民族地区优先布局，提高在民族地区加工、深加工比例，延长产业链、提高附加值，把资源优势转化为经济优势。四是资源有偿使用和生态保护补偿政策。民族地区地上地下资源丰富，且在国家主体功能区中，大多是禁止开发和限制开发区，可以选择若干有代表性的民族地区开展资源有偿使用和生态保护补偿的试点，取得经验再逐步推开。五是金融支持政策。金融在民族地区是发展的短板，也是投资多元化和转变发展方式的潜力所在，要积极协调银行、银监会、证监会、保监会等部门，加入金融对民族地区的支持。六是人才支持政策。国家应从政治、经济待遇上采取措施留住民族地区现有的绿色发展人才，通过各种途径加大绿色发展人才的培养力度，同时鼓励中央机关企事业单位和大专院校的绿色发展人才流向民族地区，去民族地区创新、创业。

2. 文化产业发展空间依托宏观经济发展战略的实施。凌云县所在的百色市位于中越两国、滇黔桂三省区和五市州的交会处，是大西南出海出境的咽喉和枢纽。中国—东盟自由贸易和泛珠三角经济区的建设不断推进，特别是中越"两廊"的构建，使百色市由西部南边陲成为了我国对外开放的重要前沿。广西境内公路、铁路、水路、航空立体交通运输网络形成后，凌云县以石山风景资源，少数民族风土人情为依托的新兴支柱产业发展也将共享区际交通条件。随着全球产业发展的绿色转型成为未来引领经济发展的主流，凌云县依托丰富的天然"绿色"资源，富有地方特色的优势产业将获得更大的发展机会。

3. 迅速推进的区域工业化带动县域经济发展。广西作为大西南经济发展的战略区域，在全国区域经济发展和东南亚、亚太地区经济合作中有着重要地位。凌云县所处的桂西经济区战略目标为建设成为广西南亚热带"绿色食品"生产基地、畜牧养殖和农副产品加工基地，以铝、锡、锰等为重点的有色金属采选、冶炼加工基地，积极开发红水河水能资源，形成与桂中、桂南火电相互匹配并在全国占重要地位的水电基地，在广西发展以结构调整为主线，大力推进区域工业化与城镇化进程中，长期偏居一隅的凌云县经济发展拥有迅速成长的外部吸引力和促进力。

4. 丰富的自然资源具有明显的开发潜力。自然资源优势是少数民族石山地区发展特色产业的先决条件。凌云县已发现有水晶、锑、铜、钴、锌、钨、煤、镁、铁、磷、金、铀等20多个矿物品种。计有矿床点90处。在水能资源方面，县境内有澄碧河、布柳河两条主要河流，年平均径流量18亿立方米，水流落差大，水能资源蕴藏量14万千瓦，供给能力较强的水资源保证了县域内依临河流的工业集中区开发。在生物资源方面，全县境内气候温和，物产丰富，有40多种经济果木，森林覆盖率达到73%；土壤气候适宜发展茶叶和中草药150多种，为当地发展制药业提供原料资源保证。

5. 逐年改善的交通条件使少数民族石山地区的区位优势得以呈现。从西南地区来看，凌云县地处贵阳市和南宁市中间地段。是贵州和广西急需共同构建新"黄金通道"的必经路线，随着交通条件的改善，昔日交通不便的区位劣势很快将转化为通达便捷、交流便利的显性区位优势。

6. 具有政治关注度高和经济扶持力度强的政策优势。几年来，国家一系列发展战略的实施和倾斜性支持政策，给民族地区绿色发展带来了宝贵的发展机遇。继西部大开发和全国14个连片特困区扶贫攻坚国家战略的实施后，国家"十三五"规划纲要明确："把加快少数民族和民族地区发展摆到更加突出的战略位置,加大财政投入和金融支持,改善基础设施条件,提高基本公共服务能力。支持民族地区发展优势产业和特色产业。"2014年中共中央、国务院下发《关于加强和改进新形势下民族工作的意见》指出:"率先在民族地区实行资源有偿使用的制度和生态补偿制度。"

7. 具有产业发展的后发优势。凌云县经济发展较为滞后,属于典型的后发地区。目前,其经济发展与产业成长在借助一定的优惠政策基础上,仍主要依靠廉价劳动力,高资源消耗等初级开发手段来赢得相对竞争优势,其产业发展在国内分工体系中处于低端位置。同时,由于喀斯特地貌广布的自然特殊性,其生态环境的脆弱性特征明显,随着当地经济的迅速发展以及人民物质生活需求的日益增长,发展所带来的环境压力将越来越大。面对社会经济发展与环境保护的矛盾,作为后发地区,凌云县可以发挥后发优势,不必经过传统的经济高速度增长阶段先污染,然后在经济进入稳态的低速增长阶段后"再治理"的过程,要摒弃传统经济发展模式,在科学的发展理念引导下,选择经济发展和环境保护双赢的新型发展之路。

(二)树立科学产业发展观

一是科学的产业发展是科学发展观在产业经济中的具体运用,是解决经济发展中思想观念制约的重要理念基础。因此,应树立科学的产业发展观、产业价值观。长期以来,主导人们从事产业开发的动机往往是产业发展所带来的经济效益,企业在对最大化经济效益的追逐中推动整个产业的发展,并由此推动其所在区域的经济增长。因此,传统的产业价值观在认同产业开发经济性的同时更应注重其社会性和生态性。尤其是产业开发的生态价值,涉及消费者的生态消费观念、生产者的生态经营意识,涉及政府产业开发决策中可持续发展理念。这一产业价值观的转变,将体现为产业发展以绿色优先为原则,从而直接决定着一个地区的产业发展方向及其产业结构的调整与优化。二是应树立科学的产业结构观。科学的产业结构观应该符合或者遵循产业结构演进规律,包括产业按比例协调发展规律、工业化过程中重工业化规律、三次产业比例变动规律、生产要素密集型产业地位变动规律、产业结构由低级向高级演进规律。只有科学认识各种影响和决定产业结构演变的复杂因素,把握产业结构变动规律,才能持续推动产业结构优化即实现产业结构的合理化、高度化和高效化,促进产业结构变动对经济发展的促进作用。三是应树立科学的产业布局观。产业布局是产业在一定区域空间上的分布与组合,是企业组织、生产要素和生产能力在地域空间上的集中和分散情况。具体来说是包括农业、工业、服务业在内的所有产业在一定地域空间上的分布与组合。在现代社会化大生产条件下,合理的产业布局不仅有利于发挥各地区的优势,合理地利用各类资源,而且有利于取得比较好的经济效益、社会效益和生态环境效益。四是应树立科学的产业关联观。产业发展离不开产业的关联,如果脱离产业之间客观存在的关联,孤立地发展某一产业或者延伸某一产业的链条都会使该产业难以获得顺利发展所需要的条件,只有树立科学的产业关联观,遵循产业关联的一般规律,按照投入产出的基本原则促进产业之间建立和形成合理的关联关系,才能实现产业的和谐发展,提高产业的投入产出效率和整体竞争实力。五是应树立科学的产业组织观。产业组织是指同一产业内部企业之间的关系,如竞争和垄断关系,市场交换关系、市场占有关系、资源占有关系,其中最重要的是同一产业内部企业之间的竞争和垄断关系。在一个区域内,有效竞争的市场结构可以促进企业通过合理的市场行为来改善市场绩效,即提高资源配置效率和产业的规模结构效率,促进产业技术进步,或者改善生态环境效益。因此,科学的产业组织观应该符合或者遵循产业组织合理化的基本原则和要求,政府的反垄断和反不正当竞争以及产业规制都应以促进产业组织合理化为前提,即以科学的产业组织观来推动产业的健康发展,这对起步晚、发展滞后又兼具独特产业发展优势的少数民族石山地区具有特殊的理论指导价值。

(三)着力发挥民族地区人文生态资源优势,做大做强民族文化生态旅游产业

凌云县始终坚持"既要金山银山也要绿水青山"的理念,围绕"三张叶子、两篇文章、三张名片",大力发展生态农业、生态工业、生态旅游产业,着力将良好的生态优势转化为经济优势,不断做大做强绿色生态产业,形成具有凌云特色的绿色生态产业发展格局,全县绿色生态产业发展成效凸显。

抓实"三张叶子",发展壮大生态农业。该县坚持因地制宜做强特色产业,大力发展茶叶、桑叶、油茶"三张叶子",生态农业成为助推脱贫奔小康的重要

保障。狠抓茶叶产业提质增效,全县茶叶面积11.2万亩,其中无公害茶园6.1万亩,有机茶园1.39万亩。通过采取创有机、提质量、树品牌、强宣传、拓市场等措施,实施并完成凌云白毫茶共用品牌打造,推进茶叶品牌化发展;狠抓油茶提质增量,采取抓低改、提产量、引龙头、强带动、树品牌、增效益等方式,对全县25.7万亩农田进行低产改造,通过引进龙头企业,加大油茶产业的深加工,不断延伸产业链;狠抓桑叶扩面增量,全县桑叶种植面积达6.7万亩,形成万亩桑蚕产业示范带,通过短平快的方式有效带动群众脱贫致富。除此以外,因地制宜发展牛心李、核桃、中草药、林下养殖等特色产业,多渠道促农增收致富。

写好"两篇文章",培育新型生态工业。该县坚持生态环境保护和适度开发的原则,不断做强做大矿泉水和碳酸钙"两大产业"。进一步加大招商引资力度,强力推进伶站那火工业园区基础设施建设,年产15万吨超细碳酸钙投入生产,年产50万吨高纯度纳米型碳酸钙项目顺利推进。充分利用世界长寿水源地的天然资源,重点开发山泉水,在原有岑山泉山泉水的基础上,强力推进顾氏山泉水、呗侬矿泉水等项目建设,打造长寿水源品牌。同时,注重发展循环经济,在通鸿水泥厂利用水泥窑协同处置生活垃圾,达到循环利用,绿色发展,是全市第一个实现垃圾无害化处理转变为发电的县。[①]

主打"三张名片",催热生态旅游业。该县坚持把旅游产业作为支柱产业来抓,紧紧围绕"城古、茶香、湖秀"这三张名片,不断做大做强凌云生态旅游大文章。全力推进旅游项目建设,以"一城、一山、一湖、一路、一带、一地"等"六个一"工程为重点,大力培育壮大旅游支柱产业,努力建设中国—东盟国际旅游医疗区,形成区域性健康养生胜地。按照5A级景区开发建设浩坤湖,重点加强基础设施建设,打造旅游扶贫示范点,提升凌云旅游产业。高规格做好古城旅游规划,结合移民搬迁,城区改造,重点打造长寿养生的大健康凌云,目前正在恢复古城建设,再现千年古州府的辉煌。坚持茶旅结合,依托茶山金字塔大力发展茶旅融合旅游产品,重点打造成为采茶、制茶、品茶、论茶等体验式一

---

① 张远卿:《可持续发展视野下少数民族地区旅游景区景点开发的方法与路径研究——以黔东南苗族侗族自治州为例》,《原生态民族文化学刊》2012年第3期。

站式茶旅文化，让游客通过体验茶文化爱上凌云白毫茶，爱上茶乡凌云。

同时，该县大力发展农家乐，完善相关基础设施，把"浩坤湖、古城、茶山"三个景点连成线，实现全域旅游，努力把凌云打造成为养生、度假天堂。

（四）着力利用民族地区山地资源优势，走现代山地绿色高效农业发展新路

日前，凌云县第十二届第三次党代会明确了 2018 年工作目标：地区生产总值增长 9%以上，固定资产投资增长 16%以上，财政收入增长 9%以上，城镇居民人均可支配收入增长 8%以上，农村居民人均可支配收入增长 13%以上，社会消费品零售总额增长 11.5%以上，加快脱贫攻坚步伐，基本达到县"脱贫摘帽"条件。

为实现该目标任务，该县围绕坚决打赢脱贫攻坚战主线，走经济发展与生态保护相得益彰之路，奋力开创新时代茶乡赶超跨越发展新局面。一是凝心聚力决战脱贫攻坚，举全县之力坚决打赢脱贫攻坚战。健全完善产业奖补、劳务奖补等以奖代补激励机制，不断激发贫困村屯和贫困群众脱贫致富的内生动力，积极探索深度贫困村屯综合施策办法，鼓励深度贫困村因地制宜发展特色种养业，力争产业覆盖面达 60%以上，多途径增加村集体经济收入。实施好健康扶贫工程，彻底解决贫困人口因病致贫、因病返贫问题。扎实抓好政策性保障兜底。坚持扶贫同扶智、扶志相结合，全面实施素质提升工程，加大力度支持特困少数民族学生完成学业，全面开展"农家夜校"活动。二是提升生态产业发展水平。该县以创建"全国有机农业示范基地"为契机，依托土壤富含硒元素的自然资源优势，做大做强茶叶、油茶、桑蚕"三张叶子"，唱响生态有机品牌。加大凌云白毫茶公共品牌整合和宣传力度，扩大种植规模。精准管理传统油茶林，促进全县油茶产业健康发展。通过建蚕房、扩规模、提质量、增效益等方式，促进十万亩桑蚕产业落地见效。三是加快生态工业转型升级。着力培育发展资源型新兴产业，不断做大做优农、石、水"三篇文章"，推动生态工业上规模、上品质。深化农产品深加工，强力推进油茶、茶叶、红薯粉、中草药等农产品精深加工，延伸农业产业发展链条，提高农产品附加值。强化石材资源加工，加快推进伶站那火工业园区基础设施建设，年产 50 万吨高纯度纳米型碳酸钙项目年内建成投产，强力推进怀甲屯整体搬迁工作，实现通鸿水泥厂高效运营。加快开发长寿之乡之

水源，强力推进年产 15 万吨顾氏山泉水、年产 20 万吨呗侬山泉水等项目建设。四是抓实生态旅游富民工程。以创建国家全域旅游示范区和广西特色旅游名县为抓手，充分发挥凌云生态优势，围绕旅游"商、养、学、闲、情、奇"六要素，做大做强城古、茶香、湖秀"三张名片"。全面完成古城整体规划设计，加大力度开发凌云水源洞异地长寿养老养生休闲度假区项目，全力实施县城棚户区改造及城区道路"白改黑"工程，开工建设县城至下甲镇骑行绿道，努力营造舒适的居住环境和通行环境。加快浪伏小镇民族风情街项目建设，通过开展踏青、赏花等活动，推进乡村旅游健康发展。强力推进环浩坤湖山水生态体验区基础设施和配套设施建设，完成坡贴游客服务中心建设，打造浩坤湖文化"五个一"项目。深入实施"引客入凌"工程，精心筹办各类重大赛事和节庆活动，不断提升旅游的知名度、美誉度和影响力。五是建设大美凌云。该县将以作为国家主体功能区和国家生态文明先行示范区为契机，坚持贯彻新发展理念，按照"产业兴旺、生态宜居、乡风文明、治理有效、生活富裕"总要求，努力走出一条具有凌云特色的产业优、百姓富、生态美、幸福指数高的绿色转型、绿色发展之路。坚持把生态经济作为新的经济增长点，坚持产业生态化、生态产业化、生活低碳化，大力发展生态工业、生态农业、生态旅游业，重点推进有机茶、有机山茶油等产业发展，提升生态农业品牌在全国全区的引领地位。着力加快发展健康养生业，力争在特色医疗、疗养康复、休闲体育等产业发展方面实现新突破。六是大力推进基础设施建设。以招商引资为突破口，加快推进乐百高速公路（凌云段）、20 户以上屯级道路硬化等一批项目建设，全面完成凌云至田林（凌云段）二级公路、易地扶贫移民搬迁等项目建设，打通县乡村交通"毛细血管"。健全重大项目工作责任制，优化项目引进和建设服务，强化土地、资金等要素保障，确保项目建设高效有序推进。

可见，保护好少数民族石山地区的"绿水青山"，是各民族人民生存和发展的需要，是生态环境整体建设的必然要求。可以预见，在自然资源独特、生态环境脆弱的少数民族石山地区，围绕"绿水青山"与经济发展双赢的战略目标，强调以绿色优先为发展原则，选择绿色产业发展之路，将成为推进新一轮西部大开发的重要产业发展决策。

东盟龙舟文化研究

陈德钦　尹继林　方鹏飞[*]

摘　要：采用文献资料、逻辑分析和专家访谈等方法，对东盟区域龙舟文化的起源、分类和特征进行研究。结果表明：东盟龙舟文化虽然有许多源自本地的传说，但更多起源于古代中华龙舟竞渡的推广以及现代华人华侨的传播；依据地域类型及中华龙舟文化传入东盟的不同时期，东盟龙舟主要分为中南半岛（越南、泰国、柬埔寨、老挝）的传统龙舟和印马群岛（印度尼西亚、马来西亚、新加坡、菲律宾、文莱）的现代龙舟两种类型；东盟龙舟文化具有民族认同性、娱乐性、竞技性和融合发展性等特征。

关键词：民族传统体育；龙舟文化；东盟

随着现代化进程的加快，地域与文化交流的日益频繁与快捷，龙舟文化内涵丰富，历史传承之广，逐步得到多国家多地区的文化认同。东盟与中国特殊的区域环境以及长期以来多元文化的影响使东盟对外来文化具有较强的包容性和适应性，进而促进了中华龙舟文化在东盟区域的广泛推广，龙舟运动已成为东盟国家及民族间共享的一项传统体育文化活动。今天要想推动龙舟文化走向世界体育文化大舞台，需站在整体区域文化认同的角度进行审视。因此，通过概述东盟各国

---

[*] 基金项目：2016年国家社科基金青年项目"中华民族传统体育的东盟推广与文化适应研究"（16CTY22）成果。

作者简介：陈德钦，钦州体育教学部讲师；尹继林，钦州学院体育学院讲师；方鹏飞，钦州学院体育教学院学生。

传统龙舟文化的起源、分类及特征，分析中华传统龙舟文化推广产生的效果，为理清中华民族传统体育项目的东盟适应提供理论支撑，为新时期中华民族传统体育文化的国际化、全球化发展提供现实参照。

一　东盟龙舟文化的起源

（一）中华龙舟竞渡推广说

柬埔寨、越南、泰国与中国接壤的地缘优势及与古代中国繁荣的"朝贡关系"促进了中华龙舟文化在东盟国家的推广。据史料记载，扶南时期（1—7世纪）中南半岛诸国便与中国东汉王朝建立了朝贡外交关系，促进了中华（汉）民族先进文化的传播与交流；同时受"骆越文化圈"（包括稻作文化和龙舟文化）和"百越文化圈"的影响，黄惠焜在《从越人到泰人》中首次提出"百越文化圈"的概念，认为"百越文化圈"是中华龙文化的发展区间，龙舟竞渡文化则是百越文化圈内一个各民族所共有的重要的文化因子。在此背景下，中华龙舟文化相继推广到越南、泰国、柬埔寨、老挝和印尼等国家。在很长一段历史时期内，中华龙文化孕育产生了越南龙文化，因此越南龙文化属于中华龙文化在域外传播的一部分。自越前黎朝时期（980—1009年）越南的北部和中部立交趾郡，在中国封建体制、儒家思想和中国龙图腾文化信仰的多重影响下，中华龙舟传入越南，形成了骆越民间流传的龙舟竞渡，并成为统治阶级利用和推崇的一个载体，龙舟文化内涵也从游戏活动演变为国家的一种礼制。自1350—1767年（泰历的1893—2310年），中泰两国的"朝贡贸易"和泰国高层的慕华之风将中华龙舟引入泰国，开始龙舟只是作为每年王朝操练士兵的一种军事性手段，后来逐渐演变为皇家典礼仪式，也成为泰国历朝历代权力的象征。

（二）本地起源说

随着历史的发展和社会的进步，东盟国家相继独立后更多地强调自主和个性发展，不再像以前那样推崇中原文化，很多东盟国家通过吸收与融合当地文化，形成了具有本民族特色的龙舟文化起源说，东盟本地龙舟多源于对英雄人物的文化纪念，后来逐步从宫廷走向世俗化，并演化为现代民众表达精神诉求的一种方式。据考究，柬埔寨高棉龙舟起源于公元12世纪的吴哥王朝时代，传说公元

1177—1181 年柬埔寨国王耶跋摩七世亲自率领海军出战，打败了占婆军队，民众为了纪念海军的伟大胜利举行龙舟赛庆祝，后来高棉王国将龙舟利用到海军的年度演习活动，而在柬埔寨最重要的节日送水节中龙舟赛已然成为最隆重的庆祝活动，这一习俗一直延续至今。越南本地龙舟运动起源也有不同的版本，第一种说法是源于对雄王英雄人物的纪念，最早始于越南雄王时代文郎国的京都（今永福省白鹤县白鹤乡）的龙舟赛会，当时雄王六世派扶董天王率军与北方异族激战取得胜利，举国欢腾，雄王下令令全国庆祝三天（即三月初九至十一），而赛龙舟是其中最隆重的一部分，其中白鹤地区一年一度的龙舟赛会一直延续至今。还有一种说法是纪念李太祖的八太子德威明王，他是当时大越国的名将，率军击退南方占族，平定边陲，从此老百姓生活安定，为报答德威明王的恩德，那里的居民将其尊为城隍供奉，举办龙舟盛会纪念他的丰功伟绩。

对于泰国、老挝本地龙船竞渡文化的起源没有太多争议，他们以水为生命，对水产生了原始崇拜，由此衍生出船与舟的重要性，皆起源于原始百越人对水神及龙图腾的祭祀和崇拜，受宗教佛文化的影响具有敬神礼佛的象征。目前泰国传统的长船（龙舟）是泰国传统文化传承的重点，表达了本地民众勇往直前、坚毅果敢的精神，泰国传统龙舟比赛统称为"长船比赛"，据现存史料记载，泰国传统龙舟有"长尾船""长船"和"长龙舟比赛"等不同叫法。

（三）华人华侨起源说

明末清初以及 19 世纪前、中期以后，因政治、经济等多方面原因，华人大规模移居东南亚各地，中华龙舟文化便随着高密度迁徙的华人华侨流传至马来群岛。华人华侨成为马来群岛文化建设的主体，加上马来群岛良好的对华政策，鼓励华人发展民族特色和传统文化，才使华人端午节赛龙舟的习俗得以完整清晰地保留，属于典型的高比例华人主体意识的传播结果。印度尼西亚属于间接的华人华侨源起说，印尼与马来群岛毗邻，语言非常接近，因此马来文化对印尼文化产生了重要影响，马来现代龙舟文化伴随各类传统体育文化传入印尼，形成了印尼今天的现代龙舟运动。有关马来群岛华人端午节的英文记载源于英殖民期间，英国人罗尔 1818—1840 年在英殖民马来西亚服务期间对槟城端午节习俗中的华人赛龙舟景象做了最早记录；还有英国学者 J. D. Vaughan，他曾在新加坡、槟城与马六甲组成的英殖民地居住了54年之久，并于1846年发表了《槟城华人笔记》，里面的《海峡殖民地华人礼仪与习俗》中简单描述了华人农历五月五日端午节划龙舟的情景。由此推断马来群岛的现代龙舟文化肇始于19世纪初的华人端午节，有接近200年的历史，已根深蒂固成为马来群岛华人每年一度的传统节日，并深深影响着他们的社会及生活形态，寄托着华人的传统文化情怀并满足华人传统文化传播的精神诉求，实现了华人族群的价值认同。因此，毋庸置疑，中国的端午龙舟竞渡就是马来群岛现代龙舟赛的原形。马来群岛传统龙舟文化的传承与发展是中华龙舟文化传播和世界移民文化发展的一个范例，为推动中华传统龙舟文化在现代化国际舞台上的展示与交流提供了更多借鉴。

二　东盟龙舟运动的类型及发展现状

依据地域类型和龙舟文化起源说，东盟龙舟文化可大致分为中南半岛（越南、泰国、柬埔寨、老挝）的传统赛龙舟和印马群岛（印度尼西亚、马来西亚、新加坡、菲律宾、文莱）的现代龙舟运动两种类型。中南半岛自古与中国接壤，大约越前黎朝时期（980—1009年）中华传统龙舟竞渡便传入这一区域，并逐步形成了以传统赛龙舟为主的中南半岛龙舟文化；而印马群岛直到19世纪初随着华人华侨的迁徙才受到中华现代龙舟运动的影响，形成了以现代龙舟运动为主的龙舟文化。

（一）传统龙舟及发展现状

东盟的传统赛龙舟又称龙船赛、龙舟赛会、长尾舟和划龙船赛等。它的产生与不同区域的社会结构、民族文化和宗教信仰有着密切的关系，并在中华传统龙舟文化的基础上演绎出更为丰富的文化价值内涵，传统的龙舟竞渡不断实现了由最初的娱人、娱神到最后自娱、娱人的发展演变。随着现代化进程的加快，东盟传统赛龙舟在保持本民族传统的基础上，也不断探索出本国传统赛龙舟与现代龙舟融合发展的道路。

柬埔寨的传统赛龙舟属于柬民族的传统节日，于每年佛历十二月十五日（公历11月）在全国最盛大的送水节（龙舟节）中举行，表达了当地民众对"水土神"给他们带来丰衣足食的生活的感谢。仪式上有祭龙舟、点睛、送龙舟和赛龙舟,龙舟比赛用船的造型和规格与中国传统龙舟有异曲同工之妙,龙头栩栩如生,舟身修长,舟头舟尾同时翘起,龙头稍低,人数有四五十名,其中包括舵手、鼓手和小丑（中国是锣手）,传统赛龙舟与节庆习俗及地方旅游完美融合,其规模之大,影响力之广,开展盛况远超越中国。据柬埔寨国家庆典委员会的资料显示,2017年参加比赛的龙舟一共有270艘,包括男子短桨舟161艘、长桨舟26艘、国际舟77艘,以及女子短桨舟1艘、长桨舟2艘和国际舟3艘,仅龙舟选手就达到了18000人,国内国外游客累计接近300万人次。

越南的传统龙舟赛会已成为越南人追怀祖先的传统盛会之一,主要集中在两个时间段,第一个是越历五月五正阳节,龙船赛具有完整的祭神、迎神龙船、正式下水、竞技比赛和送神船的仪式过程,由蓝色、白色、黄色和红色四个代表队组成。另一个是越历十月十五祭月节,在朔庄省的朔庄市马斯佩罗斯河上举行龙舟比赛,龙头雕刻有狮子、老虎、大象和孔雀等头像,船身涂有彩色鳞甲、水波纹和铜鼓纹,在这些船身纹中可寻到中国傣族传统龙舟竞渡的形象。比赛只有男子1200米和女子800米,龙船可容纳50人,包括1个舵手和3个指挥,有身穿长衫,缠头巾,系红色腰带的习俗。作为全国性的民俗娱乐体育活动,越南的传统龙舟赛事将体育与旅游有机结合起来,逐步融入全民健身运动,实现了从文化纪念到现代竞技与民俗娱乐融合的转型。

泰国传统长尾舟赛是泰国古老的传统节日,从娱神、驱邪到祈福的价值延伸。主要集中在泰国中部、北部和其他地区的一些府,各个府的长船文化及长船的建造过程都有一定的区别,已成为各个府地的特色运动项目。比赛时间多集中在每年泰历11月至12月底,龙船显修长的流线型,两头尖尖,故俗称"长尾船",龙头和龙尾可分开,比赛的时候才安装起来,这点与中国的传统龙舟比赛用船有相似之处。传统长尾舟赛自2003年起在首都曼谷市开始举办,每年一届,历经14年发展,分55划手、40划手和30划手三个级别,现已成为一项全国性的传统龙舟锦标赛,比赛分组、分对手、分航道进行,每场比赛只允许两支龙舟队参赛,采用记分制,比赛过程异常激烈。泰国传统长尾舟赛促进了泰国传统龙船文化的传承和发展,实现了古代与现代的时空交错和东方与西方的国际间民族文化的完美融合。

(二) 现代龙舟运动及发展现状

东盟的现代龙舟运动肇始于 19 世纪初的华人端午节，到 20 世纪 80 年代以来，东盟龙舟运动的发展呈现出明显的现代性。新加坡和马来西亚已成为现代龙舟运动的代表，建立并完善了相关龙舟行业组织，并通过举办各类龙舟竞赛和龙舟节扩大其国内外影响力。各类龙舟竞赛的规则及赛制不断向国际化赛事方向发展，东盟的现代龙舟运动逐渐演绎并发展成为一项跨种族的全民竞技体育运动，属于典型的中华现代龙舟运动推广、发展和传播的结果。

新加坡自 1978 年举办第一届新加坡龙舟赛以来，相继建立了新加坡龙舟总会和龙舟协会，成为新加坡现代龙舟运动发展的有效代表；1986 年的"访榕国际龙舟邀请赛"确定了新加坡龙舟赛的国际影响力；1991 年第一批加入国际龙舟联合会，标志着新加坡龙舟赛开启了现代化的进程。同时，不断增加赛事以扩大龙舟运动在国内的影响力，先后举办了以"新加坡环球龙舟邀请赛"和"端午节龙舟赛"为代表的水上运动项目。截至 2017 年，"端午节龙舟赛"已连续举办了 17 届，成为新加坡最具影响力的龙舟赛事，涵括男子组、女子组、混合组和公开赛，有统一标准的 12 人和 22 人龙舟，主要采用国际龙联竞赛规则（2012 年更新）和新加坡龙舟协会竞赛规则（2011 年更新），赛制日趋完善，规模逐年扩大，其宗旨为大力发展现代龙舟运动，培养群众参与的全民性体育运动。

马来西亚槟州龙舟工会于 1979 年向国际龙舟总会提出注册申请，成立了"槟城龙舟联合会"，标志着马来龙舟运动进入新的征程，并以国际赛事为发展方向。1999 年举办了第一届"槟城国际龙舟赛"，此后每年的端午节期间都举行此项赛事，邀约世界各个国家和地区的龙舟队参赛，现已成为马来影响最大的龙舟赛事，也被列为马来的传统赛事，并获得了全球认同。此后还举办了 2008 年"世界水手俱乐部龙舟锦标赛"、2009 年首届"普特拉贾亚国际龙舟节"、2014 年沙巴州"端午节国际龙舟赛"等，每次都有上百个来自世界各地的代表队参加。槟城国际龙舟队也多次受邀参加国际龙舟邀请赛、亚洲龙舟锦标赛，中华龙舟大赛等，且取得了不俗的成绩。马来的现代龙舟运动从原先纯粹的华人祭祀、实现华人族群的价值认同，逐步演绎为马来人民向往自由、安宁生活的新的文化认同。

三 东盟龙舟文化的特征

（一）民族认同性

民族文化认同对于维系一个国家和民族的稳定具有重要意义，东盟国家本就是一个多战乱区域，民众通常将民族感情与宗教信仰融为一体，他们多通过节庆或者祭祀活动等形式来加强民族文化认同感。中华龙舟文化所体现的团结、奋进的爱国主义和集体主义精神满足了东盟各个国家和民族的精神诉求，因此，中华龙舟文化在东盟的推广与传播历经了实践、族内认同、逐步融合传承的过程，并在东盟区域文化中大放异彩，龙舟文化也普遍成为东盟国家和民族间共享的一项体育文化。按常理不同国家、不同民族应该呈现出不同的文化形式，但中华龙舟文化在东盟的推广过程中呈现出较强的民族文化认同，表现出相通、相知、相融合的景象，归根结底这与东盟国家民众日常社会生活中信奉宗教和履行宗教程式割舍不开，龙舟文化的宗教性有效提升了其在东盟的民族认同性。随着历史变迁和文化演变，龙舟文化认同在东盟实现了更为丰富的文化价值内涵，如越南龙舟文化体现了民众对美好生活向往的精神诉求，泰国龙舟文化实现了娱神、驱邪、祈福的价值延伸，马来西亚和新加坡的现代龙舟文化更多崇尚屈原的爱国主义情怀，老挝的龙舟竞渡体现了人敬畏自然的人文情怀和崇尚团结的民族心理。

（二）娱乐性与竞技性

龙舟运动最初是东盟国家普通民众的一种游乐方式，后来传入宫廷成为"观龙舟之戏"的娱乐，最后又逐渐走向民俗化，成为东盟各国民族民俗节庆活动中盛行的一项民俗活动。龙舟的祭神、点睛和游龙等仪式过程都具有浓郁的地域民俗文化色彩，属于典型的群众性传承的民俗娱乐活动，同时为普及龙舟文化而采用了参与性、互动性的龙舟体验方式，形成了岸上说龙舟、水里玩龙舟的现代文化娱乐体验活动，在强身健体、愉悦身心的同时进一步吸引民众积极参与到龙舟运动中来。划龙舟本就是一项技艺，要想传承与发扬，竞技是向世人展现其精华的一个重要窗口，龙舟运动的现代竞技性不断被东盟国家挖掘，在传统龙舟基础上对划龙舟的技巧、规则、策略和娱乐化等方面进行了不断创新，历经了世界龙舟锦标赛、中华龙舟大赛、槟城国际龙舟赛等大赛的磨炼，竞赛规则日趋完善，运动竞技水平也不断提高，东盟国家基本都有自己的龙舟俱乐部、地方龙舟队且保持有世界级的国家队，在各类国际化龙舟赛事中屡创佳绩，向世人展示出龙舟文化的魅力，也将龙舟运动推向全世界。

（三）融合发展性

融合性的本质就是共存共生，不同区域的民族传统体育项目也应该相互了解，共同学习，相互交融，求同存异。东盟各国自古就有着许多相同的历史、密切的族源关系和相近的习俗文化，促进了东盟内部的文化交流与融合，使东盟龙舟文化呈现出"内部互鉴"的融合发展模式。同时，东盟因长期以来受多元文化的影响，使其对外来文化更容易接纳，因此，东盟龙舟文化形成了"请进来"的向内融合和"走出去"的向外融合发展模式。多样化的融合发展模式也实现了东盟龙舟运动的现代化创新型发展，产生出一些新的特色现代龙舟运动项目，如，中国和新加坡将龙舟文化演绎到极点，有区别于传统赛龙舟的"冰雪龙舟""夜龙舟"和"龙舟拔河"等，通过创新延伸的方式增强了龙舟运动的民俗性和娱乐性。东盟龙舟运动的融合发展性在与时俱进方面也有较出色的体现，不仅与全民健身接轨，让更多民众喜欢、参与并推动这项运动使其经久不衰，还与旅游产业有机结合，成为集中展示当地民俗民风及艺术的盛大节庆活动，如柬埔寨的赛龙舟就在送水节举行，有力促进了龙舟文化的保护与推广。

四　东盟龙舟运动的发展思考

（一）注重龙舟文化的地域文化认同

不可否认，中国古代文化对东盟区域的民族和社会发展曾具有强大的影响力，这份影响在漫长的历史中已经演化为一种事实上的文化共享，龙舟文化就是其中最为典型的文化共享。随着时间的推移和传播方式的发展，地域文化认同也发生了相应的变化，既要挖掘其历史层面的表现，还要解读其现实价值，这样才能真正对龙舟的地域文化认同形成准确认识。历史上中华传统龙舟作为一种文化符号的推广，成为东盟区域增强社会成员文化认同的主要途径，在认同过程中，因不同的社会结构和文化传统，形成了东盟龙舟丰富多彩的文化内涵和特质。在现代化转型的事实面前，东盟国家龙舟文化要想适应现代化的转型发展就必须站在超越民族国家框架的高度进行思考，其面临最大的问题就是在提高区域文化认同的基础上如何进一步增进文化的融合共享并寻求新的合作关系，来不断加强不同国家区域间的相互理解和沟通，促进彼此间的相互依赖与尊重，让龙舟运动超越时间、空间的限制。在新时期龙舟运动精神完美诠释了开拓进取、不服输的精神，彰显着对传统的传承和与现代的融合，更容易被区域民众所接受，通过全民参与赛龙舟来验证民族文化的价值回归，进一步促进东盟区域龙舟运动发展盛况。

（二）龙舟运动区域民俗化与竞技化同步发展

要想实现龙舟文化的健康融合发展，在充分认同不同区域文化特性的同时，必须挖掘龙舟文化的民俗性和竞技性特征，既符合西方竞技体育的竞争性又具有民俗回归的娱乐性，实现两条腿走路，要认识到两者兼顾的重要性，不能因竞技性削弱民俗文化的丰富性。一方面，现代竞技体育的发展推动了龙舟赛事的国际化，通过进入现代竞技运动赛事行列中，打造知名赛事品牌，规范龙舟竞赛制度，发扬"龙舟锦标赛"的精神，让龙舟运动的规则和标准更契合国际赛事。经过"世界龙舟锦标赛""中华龙舟大赛""槟城国际龙舟赛"等大赛的磨炼，龙舟运动已不断走向职业化、标准化、产业化的道路。另一方面，区域民俗能够真实反映本区域民众生存及存活的形态和精神状态，试问如果连我们的民俗都丢了，我们何以存活？如果龙舟运动没有强大的群众基础，何谈传承与发展？只有拥有更多的国际受众，才能使龙舟运动在世界广泛传播并展示龙舟运动的文化精髓。而如何实现龙舟文化的娱乐性与竞技性同步发展，是当前探索的关键，东盟国家必须依据本民族传统，寻求自己国家的民族文化发展道路，做到"两条腿走路"，这样才能行得更远。东盟以传统赛龙舟类为代表的国家在保持本民族特色的基础上，已经在逐步加大对现代竞技龙舟赛事的发展，如，泰国和越南的龙舟赛事都由龙舟竞技比赛和传统龙舟比赛两大赛事组成，这样不仅能向世人展示龙舟运动的魅力，也为竞技龙舟最终入奥奠定基础。

（三）力争龙舟文化与奥运文化之耦合

奥运是世界体育文化的盛会，龙舟申奥不仅是中国人民的期盼，也是东盟各国人民的愿望，虽然任重道远，但致力于龙舟申奥一直是我们努力的方向。首先，龙舟申奥需要更多国际单项组织的支持和承认，1995年国际龙舟联合会

（"国龙联"）第一次申请国际奥委会的承认并加入世界体育大会，1999年"国龙联"申请加入国际单项体育联合会，2007年正式成为国际单项体育联合会总会的成员，这是龙舟迈进奥运会最为坚实的一步，2016年8月，"国龙联"再次向国际奥委会递交认可申请书，待国际奥委会正式认可后，龙舟项目将进入奥运项目排队程序，这需要一个复杂漫长的过程。东盟每个国家和地区的龙舟会员组织都要发挥作用，从点滴做起，争取得到该国及地区奥委会的支持。其次，龙舟申奥应注重创新与发展来延伸龙舟精神，如，借鉴奥运项目赛艇、皮划艇的运作经验，2017年中华龙舟大赛首创龙舟与皮划艇竞渡跨界融合，目的是促进两个水上项目间的交流，互取所长，将奥运项目皮划艇中的现代竞技体育的科学训练方法、完善规则等引入传统龙舟中来，为龙舟进入奥运会提供更多的宝贵经验。最后，中华传统龙舟文化和东盟独特的龙舟文化作为东方体育文化的代表，不仅彰显了龙舟精神的可贵之处，同时也弘扬了中国文化和东南亚文化元素。为了让龙舟运动走入奥运会赛场，每位中国人和东南亚民众都有责任去传承和发展龙舟精神，使奥运会既有显著的西方体育文化特征又有丰富的东方体育文化内涵，进一步推动龙舟运动在世界范围内的传播与推广。

参考文献

黄惠焜著，云南省民族研究所编：《从越人到泰人》，云南民族出版社1992年版，第19—20页。

陶文文：《越南龙文化研究》，广西民族大学硕士学位论文，2016年。

张飞：《越南传统的龙舟赛会》，《东南亚南亚信息》1999年第21期。

王琛发：《马来西亚华人端午节的历史与内涵》，《民俗研究》2011年第4期。

《柬埔寨最盛大的送水节开幕》，http：//pj. nen. com. cn/2017/09/22/020110746. shetml/。

钟全宏：《少数民族传统体育文化的类型及特征》，《广西民族大学学报》2008年第1期。

雷若欣：《地域文化传播中的文化认同》，《绍兴文理学院学报》2010年第1期。

文化多元视野下民间传统体育的多重文化蕴意

——中越边境峒中镇那丽村砧板陀螺的人类学考察

何杰峰　佘海龙[*]

摘　要：结合人类学田野调查、口述访谈对峒中镇那丽村的陀螺文化进行调研。认为在新的时代背景下，边境民族地区的民间传统体育在历史遗产文化、健身运动文化和竞技爱国文化等方面的价值构建成为民族地区民间传统体育重新焕发生机的重要契机，而由此展现的生命力构成民间传统体育在新时期得以生存发展并历久弥新的根本动力。

关键词：多元文化；民间传统体育；那丽村

民间传统体育文化是我国传统文化的重要组成部分，具有雍容、和谐、宽柔、平和等方面的优秀品格。作为一种与安全、健康、快乐生活密切相连的生活样式，它体现了中华民族独特的生活方式与性格气质。改革开放以来，民间传统体育文化受西方外来体育文化的冲击，曾被一再地边缘化，其竞争优势和价值体系受到质疑，民间传统体育文化内涵的挖掘和审视一度处于停滞状态。近些年来，随着我国的和平崛起，民族自信心的日益增强，"越是民族的就越是世界

---

[*] 作者简介：何杰峰，西北政法大学民族宗教研究院研究人员；佘海龙，西北民族大学民族学与社会学学院硕士研究生。

的"的地域文化理念受到了越来越多人们的重视和强调。由此,民间传统体育再次受到关注,其文化内涵从多方面得了新的诠释和挖掘,从而使越来越多的人认识到了民间传统体育的多彩文化价值,也为民间传统体育的再次复兴提供了重要契机。本文基于对广西防城港东兴市最西端峒中镇那丽村开展的民间传统体育运动——打陀螺的调研考察,对于当地打陀螺运动在历史遗产文化、民众健身娱乐文化和体育竞技爱国文化方面所展现的多元文化意蕴进行审视,以此来探讨在新的时代背景下传统体育文化所呈现出的继承与创新的时代特征。

一 峒中镇那丽村开展陀螺运动的现状

(一)峒中镇那丽村概况

峒中镇位于广西壮族自治区东兴市的最西端,距离东兴市约80公里,该镇北与宁明县、上思县接壤,西南与越南广宁省辽县山水相连,是两国两省四县的交汇处。那丽村地处峒中镇北面,距镇政府所在地2公里,辖区面积21平方公里,属于距离中越边境三公里范围内的边境村。现有米收、过肺、坤果、稔稳、谷收、高荷、奎丰、巴冷、村中、北丰、村尾、那利、高寿、村头、过支、北平、甫都、那巴、冲柏、树负、谷卜21个生产组,全村由壮族(17个村组)、瑶族(3个村组)和汉族(1个村组)三个民族组成,共338户,1748人。改革开放以来,该村以便利的地理位置以及约占全镇三分之一强的林地资源很快走上了致富道路,在经济、文化和社会生活等方面的地方化建设取得了显著成绩,成为峒中镇乃至东兴市的明星村,在广西中越边境地区的村镇中颇具代表性。

(二)峒中镇那丽村陀螺运动开展现状

峒中那丽村的陀螺在当时被称为砧板陀螺,[①] 据当地文献记载,峒中砧板陀螺起源于宋代,明朝在宫廷流行,流传于防城港市中越边境峒中一带和其附近的越南群众中。作为峒中那丽村民喜爱的一项民间传统体育活动,峒中砧板陀螺在漫长的历史发展过程中,逐渐发展出一套集传承乡土民俗民族传统文化和娱乐强身健体为一体,并区别于广西其他地区陀螺运动赛制规则的民间传统体育活动。

---

① 对这一称谓的来源当地村民没人知晓,不过,从词意和具体内涵来说,这一称谓主要应与这种陀螺形似砧板且娱乐竞技活动主要是在砧板上进行有关。

在那丽村砧板陀螺展览馆我们看到，那丽砧板陀螺赛制规则有着详细的规定：各方一律使用别具一格的形似砧板的峒中砧板陀螺，其大小由参赛各方预定。比赛用的陀螺规格多为"砧板"直径15厘米左右，展示表演的陀螺可达到50厘米，赛前或赛后一般进行大陀螺的展演。比赛场地一般选在农村地坪，比赛规定可由多队参赛，每队2—5人，参赛各队均派出一名选手进行，赛中可以换人，比赛时间可长可短，由双方约定。春节通常从农历初二赛到初八，采取循环积分制，按最后各队积分多少而排出名次，一般分别奖励前三名。开赛时，各方选手穿着具有民族特色的运动服，带着各自制作的陀螺上场一齐旋转陀螺，并使其着地，以陀螺旋转的时间长短来分出胜方和负方，胜方称为"钉方"，负方称为"落方"。其后，"落方"将陀螺落地旋转，由"钉方"的陀螺来"钉、打、劈、砍"。一次过后，看谁的陀螺在地上旋转的时间长而决定谁得分。"落方"看谁拉旋的陀螺拉得够旋，不让"钉方"弄倒而超"钉方"，"钉方"则看谁拉旋的陀螺能把"落方"的陀螺打得远，钉得飞，劈得准，砍得死，如果"钉方"打"落方"双方都停转算平手。据村民自己讲，那丽的砧板陀螺在新中国成立后的很长时间里仍作为当地一项民间娱乐活动在村民农闲时于田间地头的场院上广泛开展，并在当时中越两国关系友好的时代背景下，作为增强中越两国边民和睦友谊的纽带而被用于边境村民间交流活动中。改革开放后，由于农业家庭联产承包责任制的实施，市场的搞活，村民们大都忙于发展经济，同时受日常娱乐活动选择的增多，打陀螺的传统场院减少等原因影响，致使那丽村打陀螺的人越来越少。至20世纪90年代初，那丽村的砧板陀螺赛仅在每年春节、三月三这样的节日用于表演进行展示，平时开展的打陀螺活动已很少能够看见，而参与这项活动的人员也仅限于四五十岁以上年龄曾经打过砧板陀螺的人群。2011年，受陀螺运动被广东、广西、云南、贵州等省份收录为省市级非物质文化遗产名录的影响，以及以那丽村为主要成员的峒中镇陀螺队在防城金花茶节、广西第三届体育节上进行展示表演引起的巨大关注，激发了那丽村民对自我文化的审视，陀螺再次被村民拿出在晚间用于健身娱乐，并得以重新复苏。与此同时，当地村级行政部门的因势利导又为那丽村的砧板陀螺开展起到了推动的作用。2012年，那丽村委会在政府资助及村民自发捐款支持下，出资30余万元在中心村组中兴建了长约20米、宽10米左右相对标准的陀螺园，使村内打陀螺有了固定的场地，并且形成了以黄杰南、赖保、裴尚冰等为代表的固定的十余人的那丽村砧板陀螺队。从 2013 年开始，那丽村又复兴了在每年春节和三月三两个壮族重要节日进行陀螺表演比赛的传统，2016 年那丽村开始在节日赛期间邀请邻近越南村镇陀螺队参与本村的陀螺竞技比赛，并在 2017 年三月三节日期间将打陀螺作为村文化节的重要内容对外进行宣传推广，引来南宁、防城港等外地游客数千人前来观摩参访，从而使那丽砧板陀螺成为峒中镇重要的文化名片而影响日隆。

二 对那丽砧板陀螺运动的多重文化解读

（一）作为历史遗产文化的那丽砧板陀螺

历史文化遗产是指具有一定历史价值，与人类生活息息相关的文物，它主要包括物质文化遗产和非物质文化遗产。物质文化遗产主要包括历史文物、历史建筑（群）和人类文化遗址，非物质文化遗产主要包括口头传统和表现形式；表演艺术；有关自然界和宇宙的知识实践；传统手工艺以及社会实践、仪式、节庆活动。自《国务院关于加强文化遗产保护的通知》（国发〔2005〕42 号）于 2005 年 12 月 22 日下发以来，我国政府先后四次认定批准了四批国家级非物质文化遗产名录，制定了"国家 + 省 + 市 + 县"共 4 级保护体系，来做好非物质文化遗产的保护、管理和合理利用工作，并于 2006 年起，规定每年 6 月的第二个星期六为"中国文化遗产日"。在此形势下，各级地方政府根据本地具体情况纷纷制定自己的历史文化遗产保护的文件条例，并认定了一大批具有本地特色的历史文化遗产，由此使众多民间传统体育活动以文化遗产的面貌在政治层面得到了肯定和保护。

那丽砧板陀螺的独特个性，使它在入选广西地方非物质遗产保护名录的同时，也为那丽砧板陀螺重新赋予生命力而延续发展提供了千载难逢的契机。这方面，主要体现在那丽村地方对于砧板陀螺基于非物质文化遗产保护的考虑而对"峒中砧板陀螺传承""峒中砧板陀螺的传承与保护措施"以及"峒中砧板陀螺制作工艺"的规范明确上。对于"峒中砧板陀螺传承"的确认方面，那丽村以书面形式梳理了晚清以来那丽砧板陀螺的六代传承人，即第一代赖爱南，第二代赖增雄，第三代黄喜雄、赖保，第四代裴尚冰，第五代赖添宜和第六代黄文志、赖福明；对于"峒中砧板陀螺的传承与保护措施"，该村以文字规章的形式明确了六条，即"一、搞好峒中砧板陀螺制作工艺制作流程的视频资料，并输入数据库进行存档，妥善保管；二、按照峒中砧板陀螺制作工艺的传统标准要求，选好优质木材，制作出各种规格大小不同的陀螺作为展示馆的陈列品、珍藏品，对其藏品要登记造册，不得外借；三、结合当时'三月三'壮族歌节，大板瑶'阿宝节'以及峒中温泉等旅游资源的开发，把峒中砧板陀螺作为别有特色的旅游产品推向市场；四、选好峒中砧板陀螺制作工艺的代表性传承人，在那丽村建成一个或几个专门生产其陀螺的小作坊，打造产销、看、赛一条龙的'那丽陀螺村'，促进其制作工艺的传承；五、坚持组织好节庆的传统的平时的砧板陀螺比赛，包括村内或邻村或中越边境民间开展的各种赛事，以赛促进砧板陀螺的生产与保护；六、组建好那丽村的、峒中镇的高水平峒中砧板陀螺队，积极走出去参加各级别民族文化或民间体育活动举行的赛事，或参赛、或表演，不断扩大峒中砧板陀螺的知名度，使砧板陀螺成为中越边境壮族地区吸引人们眼球的一张名片"。对于"峒中砧板陀螺制作工艺"，该村也以文字记录的形式对其进行了规范指导："首先是选择木材。这种木材平常以质地坚硬的龙眼树为主，不容易开裂，又能保持适当的重量，最佳的木材是蚬木。因为重量越大，陀螺保持旋转的时间就越长。先取的木材并不是越直越好，最佳部位是离地约 1 米的树茎。那丽村知名陀螺手陀螺制作师傅说，如今适合做大直径的砧板陀螺的木材越来越少，他们只好到东兴的木材市场去购买砧板木。截取了约 10 厘米厚的树丁后，要趁着生木制作。在截面根据圆规画出一个圆后，就要进行陀螺顶部的砧板平面的制作，在以前制作者一般都是用手工刨，现在用上了电刨和砂纸打磨，但绝大部分仍然要靠手工做，平面完工后，就要用玻璃片蘸上水，压在砧板面上，检查是合平整。在制作陀螺的底部小圆锥时，要靠人工一点点地削去坚硬的树木层，保证底部外缘平整，内侧为圆锥状。在钉进着力点的小铁条时，还要检查是否平衡。一般要用黄泥刷在砧板陀螺边缘，放在手中的铁板上旋转检查。等到在陀螺外侧开凿绳槽时，陀螺就告完工。绳槽是区别普通陀螺的标志，放绳之后，陀螺无法像对普通陀螺那样可以通过用绳子抽打让它继续旋转，只能顺其自然。制作完工的砧板陀螺一般将它埋进水塘的淤泥中，以保存它的湿度、重量，不至于开裂或者过轻，以影响它的旋转时间。"那丽砧板陀螺保护制度，一方面，为村民重新审视自己传统文化提供了契机,使他们认识梳理了砧板陀螺的历史、制作等之前从未认真审视过的价值,并了解了那丽砧板陀螺独特性,另一方面也为砧板陀螺的参与者增强存在感与主体认知感提供了一个重要平台。

(二)作为民众健身娱乐文化的那丽砧板陀螺

健身娱乐文化是人类工作之余为了保持身体健康和形体优美进行的一系列使身心放松、生活情趣增加的锻炼活动,它是人类文明形式的重要补充,具有陶冶情操、开阔眼界、升华精神境界等方面作用。以玩耍陀螺而开展的民间健身娱乐活动,不仅历史悠久,而且在我国各地都有着很广的传播。据考古专家在1973年和1977年对浙江河姆渡遗址进行的两次发掘显示,在出土的7000多件文物中,陀螺就有42个,其中木制陀螺38个,陶制的陀螺4个,[①] 由此可以看出陀螺在我国最少已有四五千年的历史。此后,历代的著作中,也多有玩耍陀螺的记载,如唐代文学家元结所著的《恶圆》中有"元子家有乳母为圆转之器(陀螺在当时的称谓),以悦婴儿,婴儿喜之,母使为之聚孩乳助婴儿之乐"[②] 的记载;宋代周密的《武林旧事》中有"若夫儿戏之物,名件甚多,尤不可悉数,如相银杏、猜糖、吹叫儿、打娇惜、千千车(陀螺在宋代的称谓)、轮盘儿……"[③] 的记载;明代刘侗、于奕正的《帝京景物略》有载:"陀螺者,木制如小空钟,中实而无柄,绕以鞭之绳而无竹尺。卓于地,急掣其鞭,一掣,陀罗则转,无声也,视其缓而鞭之,转转无复住……"[④];清代僧人元璟的《完玉堂诗集·杂咏篇》中记载:"京师小儿玉瑳瑳,紫貂裹袖红棉靴。嬉戏自三五,乐莫乐兮鞭陀罗。香尘堆里,牛羊马骡,鞭个走珠,鞭个旋螺,随风辗转呼如何,阿哥阿哥,明年带刀佩箭跃马金盘陀",[⑤] 等等。除了中原地区民众对陀螺有着渊源的描述外,少数民族地区的民众也对陀螺有持久的喜爱,如傣族的白跌运动、佤族的布冷运动、彝族的抽油运动、拉祜族的卡扒运动、傈僳族的伯勒咱运动等都是陀螺

---

① 浙江省文物考古研究所:《河姆渡——新石器时代遗址考古发掘报告》,文物出版社2003年版,第148—150页。
② 完颜绍元:《中国风俗之谜》,上海辞书出版社2002年版,第419页。
③ 周密:《武林旧事·小经纪》,浙江人民出版社1984年版,第104页。
④ 刘侗、于奕正:《帝京景物略》,北京古籍出版社1980年版,第145页。
⑤ 成善卿:《天桥史话》,生活·读书·新知三联书店1990年版,第73页。

运动在不同民族地区渊源开展的明证，由此体现了陀螺作为一项我国古老的民间健身娱乐活动，其悠久的历史、浓郁的民族特色、深厚的民族群众基础，也奠定塑造了陀螺运动作为我国传统文化重要组成部分的地位。

那丽村的砧板陀螺至今不仅仅是作为一项化石的非物质文化遗产而存在，更重要的是它自身所具有的民间健身娱乐性至今还鲜活地保存着。在那丽村调研，我们发现，那丽砧板陀螺在当前那丽村再次复兴流行，其健身娱乐的文化价值也被赋予新的时代内涵。这主要体现在：一是对于强身健体生活方式的重新重视。那丽村打陀螺娱乐活动的再次复兴很大程度上与当时生活水平的提高有关系。根据在当地的实地调研发现，虽然那丽村人口有 338 户 1748 口人，但该村的林地资源却占整个峒中镇的三分之一，林地资源丰富。近年来随着八角、玉桂、松油等经济林种植收入的提高，那丽村村民几乎每家都翻新了自家的住宅，盖上了二层以上的楼院，体现了物质生活的富裕。在这一背景下，追求健康、文明的精神娱乐生活成为当地民众在物质生活提高下的很自然的选择。对这方面，参加打陀螺的那丽村民都谈到通过每晚打陀螺的活动，对于他们在强身健骨、愉悦身心等方面的积极作用。而陀螺在场地、木桩、手心、手背等部位的旋转表演，由此开拓出的砧板陀螺新的多样玩法，则使作为陀螺参与者的他们沉浸其中、爱不释手。而时常引来围观者的阵阵掌声和喝彩，则又为陀螺娱乐增添了更多生机和激情。二是对人文情感的重新回归。据每晚都在村场打陀螺的那丽村黄某某介绍，在家庭联产承包责任制以前，村里大家集体出工，年轻人都会随身带着陀螺，在中午休息和下午收工时，在田间稍微硬的平地上打陀螺，看谁打的陀螺好，村民们在一起聊天时，交流的内容也多是关于抽打陀螺技艺、制作陀螺的方法等关于陀螺的话题。相互之间二人一队，两人一组，结下了很好的友谊。山上的瑶族村组有蚬木、龙眼木等制作陀螺的好的木料，山中的壮族村组青年爱好打陀螺，山下的汉族村民在制作陀螺上有好的工具，大家相互交流切磋，陀螺成为不同民族村组交流的纽带，并成了那丽村组男女老少都喜爱的娱乐活动。但 20 世纪 80 年代后，由于田地和林场都分家到户，很多人为了追求更好的经济生活纷纷到广东、南宁等地打工，村里的人少了下来，白天见不到几个空闲的，晚上时，就算在村里，大都在家里看电视，打陀螺这项活动在新一代的年轻人这里断了下来。有十多年村里都很少有打陀螺活动了，只能偶尔在节日时，才会有村里年纪大的人拿陀螺出来表演一下,以致传统的制作陀螺方法也逐渐被淡忘了,那丽砧板陀螺面临着消亡的危险。但 2011 年后,那丽陀螺队到南宁参加第三届广西体育节给村里很大震动,一方面使他们了解到了广西其他民族地区陀螺运动的开展情况,另一方面则是那丽的砧板陀螺引起了参会广大专家和观众的广泛兴趣,使他们认识到了陀螺运动的另外价值。同时,一批前些年外出打工、如今已回村的当年打陀螺的爱好者也觉得应该恢复打陀螺这项运动。近几年来,打陀螺又成了村里一项娱乐习惯逐渐得以回归,由此出现了如今每晚各村组的陀螺爱好者集合在村中陀螺场打上三四个小时的盛况。正如那丽村老村支书所言,"打陀螺不分民族,不但打出了那丽村的村组精神,还增进了村民团结,比之前在家看电视的好处要多得多"。[①]

(三) 作为竞技爱国文化的那丽砧板陀螺

爱国作为中华民族思想传统的核心,是我国社会主义核心价值观最主要的部分,作为调节个人与祖国之间关系的道德要求、政治原则和法律规范,它体现了人们对自己祖国的深厚感情,反映了个人对祖国的依存关系,是人们对自己故土家园归属感、认同感、尊严感、荣誉感的统一,也是我国民族精神的核心。在和平年代,体育竞技运动在奋力拼搏、勇夺冠军、为国争光的追求中所形成的精神依赖和文化归属,对于塑造人们的自尊与自信,进而将个人的价值观、生活方式、精神体系联系在一起内化于自身人格系统当中,以此获得对集体主义文化在思想认同与行为同构上的升华具有重要意义。作为我国民间传统体育的陀螺运动的当代文化转换就在这方面有着突出的体现。自 1995 年陀螺运动在第五届全国少数民族传统体育运动会上被正式列为全国少数民族传统体育运动会的比赛项目以来,传统的打陀螺运动通过各级各类的竞技舞台,在竞赛规则、运动技术模式等方面逐渐成熟定型,由此使传统的民间陀螺运动突破了以往的健身娱乐范畴,而增添了体育竞技的文化内涵。陀螺运动的新发展,也使陀螺运动突破了原有的地域和民族界线,以其独特的运动方式得到了广泛的认同和接受,逐步从民间活动形态走向了体育竞技形态的现代化发展道路。

---

① 2017 年 7 月 15 日在那丽村老村支书家访谈所得。

议题一：民族文化与绿色发展
文化多元视野下民间传统体育的多重文化蕴意

那丽村的砧板陀螺在国内仅局限于峒中的那丽村一带流行，它为外人所知很大程度上是因为参与了广西第三届体育节展演的结果，由于那丽砧板陀螺无论是在形制大小、抽打方式、击打规则，还是在参赛人数、胜负评判标准上都和广西其他地区的陀螺赛制规则有很大差别，这就造成了那丽的砧板陀螺无法在共有平台上与其他地区的陀螺进行竞技切磋，致使很长时间以来，那丽村的砧板陀螺一直以一种本地化的民俗表演形式出现，而没有展现出其竞技比赛的功能。但近几年与边境另一侧越南边民的交往中，逐渐赋予了那丽砧板陀螺抗越竞技的内涵。那丽砧板陀螺队的韦某某说："对岸的越南那边玩这个砧板陀螺的人很多，男女老少都玩，对越自卫反击战后的这几十年，咱们这边和越南那边交流少了，玩陀螺的人也少了，但这几年咱们这边开展重新玩陀螺后，才从越南那边过来的人那儿知道他们那边一直在玩，所以想到了相互切磋……，把他们请过来三次了，都输了……，现在大家都憋着一口气，一定要打败他们，所以最近一段时间练习陀螺的人也多了，十月份再请他们来打一场。"① "打越南"成为了那丽砧板陀螺新的内涵价值。为此他们将这项活动进行包装，在越南那边进行比赛时，穿戴民族装饰。那丽砧板陀螺队的黄某某说："在和越南那边打时，我们穿上壮族的服饰，他们戴着越南那边传统的帽子（我问：'穿上壮族的服饰进行这种比赛是否方便'）当然不太方便，但这样好识别。我们是砧板陀螺之乡嘛，怎么能让他们打败呢。"② 但另一位陀螺队的长者则认为："那丽的砧板陀螺从越南那边传入的可能性更大，因为那边打的人多。"但同时，他又说："无论这陀螺是起源于哪儿，但我们在解放后很长时间打砧板陀螺的水平是比他们高的，所以一定要打败他们。"③ 由此，以陀螺"打越南"成为了那丽砧板陀螺新的生命力，在这一口号的号召下，那丽村不同民族的陀螺手淡化了民族的认同，在比赛时，以统一的壮族服饰为参赛服饰一致对越，凝聚了"自我"认知的力量，而这时对岸的越南却成了"他者"。陀螺竞技内涵的新赋予，又为那丽村的砧板陀螺获得了更高的声誉和更多的关注。那丽村老支书说："今年的三月三，村里的文化节，原想着

---

① 2017 年 7 月 16 日在那丽村陀螺园访谈所得。
② 同上。
③ 同上。

有千百人来看就不错了,可一下来了有数千人,车堵了有几公里,人山人海,县里交警队都来疏导交通了,很多都是为看这个陀螺赛……,打越南呢……大家都希望看。"① 因此,"打越南"俨然成了那丽文化节的一张名片,而"打越南"所产生的愉悦,则成为了参与者与观看者的共同期待。

三 小结

总之,通过对那丽村陀螺文化的多重视野审视,我们可以看到,在当前新的时代背景下,那丽村的打陀螺活动以非物质文化遗产的赋予,使其具有了政府认证的官方社会价值;以休闲娱乐文化的赋予,使其重新确认了它民间传统娱乐活动的身份,并以此在当地村民间获得了族邻和睦、健身娱乐的时代文化内涵;同时,那丽砧板陀螺又以竞技爱国的体育文化面貌赋予了它边境国族识别、激发爱国信仰等方面的文化韵意,由此成为那丽砧板陀螺新的时代内涵。这三种文化内涵的交融,构筑了那丽砧板陀螺的多彩文化维度,也为作为"砧板陀螺之村"的那丽村以打陀螺为媒介,持续保持陀螺运动鲜活生命力提供了更多契机和机遇,同时也为我们考察认知同类边境地区传统体育文化的继承和发展提供了诸多可供借鉴的思路。

---

① 2017 年 7 月 15 日在那丽村老村支书家访谈所得。

左江花山文化走进"一带一路"的思考

李 萍*

摘 要:"一带一路"是新时代下引领中国开放发展的国家顶层合作倡议。左江花山文化走进"一带一路"不仅具有深厚的文化根基,还拥有得天独厚的区位优势。立足国家战略层面,引导花山文化走进"一带一路",其一要加强学术研究,着手构建花山文化体系;其二要创新宣传形式,让世界真正了解"花山";其三要以花山文化为依托,通过"学术""经济""民间"等路径,加强丝路沿线国家人民的交流与合作,办好"民心相通工程"。

关键词:花山文化;"一带一路"

2016年7月15日,广西左江花山壁画在第四十届世界遗产大会上成功入选《世界文化遗产名录》。自此,花山文化迈入世界文化殿堂。广西是古代海上丝绸之路的发祥地之一,是"21世纪海上丝绸之路"与"丝绸之路经济带"有机衔接的重要门户,是中国面向东盟开放合作的前沿和窗口。随着"一带一路"所倡议的民心相通工程的实施,文化交流的桥梁和纽带作用日趋凸显,引领左江花山文化走出国门、服务国家"一带一路"成为了广西所面临的崭新课题。本文将对花山文化及其世界性特点、花山文化走进"一带一路"的区位优势进行分析论证,围绕花山文化如何走进"一带一路"的问题提出自己的思考与见解。

---

* 作者简介:李萍,广西壮族自治区社会科学院文化研究所副教授。

一 左江花山文化及其世界性特点

壁画是学术界公认的最为原始的绘画形式之一。左江花山壁画属于中国岩画分布三个系统中的西南系统，是考古工作者先后在广西壮族自治区凭祥、龙州、宁明、崇左、扶绥、大新、天等壮族聚居区的左江流域各县发现的崖壁画。因宁明县的花山崖壁画画幅最大，人物画像最多，内容也最复杂，是上述各地崖壁画的代表作，所以人们把左江流域各县的崖壁画统称为花山壁画。花山壁画被发现于 20 世纪 50 年代，线条粗犷，造型古朴，历经数千年风雨侵蚀依旧清晰可见，不仅在中国，在世界都极为罕见，因此半个世纪以来，备受世人关注。根据文化遗产概念的界说，如果将左江花山看作一个文化整体，那么其文化元素主要由以下几部分构成：一是花山壁画的图像内容、构图艺术、发展历史、作画族群、作画手法、作画目的、作画颜料和作画工具等；二是花山壁画的发展历史与文化内涵；三是与花山壁画有关的活态习俗；四是花山本身及其周边的自然生态环境和文化生态环境。作为中国南方历史文化的典型代表，花山文化不仅具有鲜明的地域性特点，特殊的作画族群、深远的文化影响和跨界式的信息传播还为这一人类文明瑰宝打上了"世界性"的烙印。

（一）作画族群的世界性

大量的证据表明：骆越人是左江花山壁画的创作族群。一方面，左江花山壁画的作画年代现在学界基本形成一致的观点，认为壁画创作于战国至东汉时期。据古籍文献记载，在这一历史时段中，活跃于左江地区的族群是骆越人；另一方面，左江花山壁画的画面内容，例如蛙人造型、铜鼓图像、人物发饰、船舟符号、犬图案等，均与骆越人的文化特征相吻合。关于骆越族的考辨，目前学界还有不同的声音，其中比较统一的说法是：其一，骆越人是大致在公元前 1300 年至公元前 206 年之间活动于今岭南地区的古族群。其二，骆越古国的范围北起广西红水河流域，西起云贵高原东南部，东至广东省西南部，南至海南岛和越南的红河流域。其三，骆越文化的源头和中心在中国，主体部分也在中国。这个中心和最早的国都就在武鸣。宋代以前骆越人一直分布在统一多民族的中国境内，宋代之后有部分骆越后裔分布在越南。其四，骆越人主要聚居在左右江流域和贵州西南部及越南红河三角洲一带。其五,因其所处的自然环境和特定的生产方式,骆越人创造了独特的物质文化和精神文化,骆越文化对中华文明与世界文明都产生过深远的影响。其六,骆越人是现代壮族、侗族、黎族、毛南族、仫佬族、水族等民族的先民,骆越后裔遍及我国西南诸省以及东南亚各国。由此,我们不难得出:骆越人是一个跨民族、跨省区、跨国界的族群,其创造的文化对世界文明有过深远影响。因此,花山壁画的创作主体——骆越人具有鲜明的"世界性"的特点。

(二)文化影响的世界性

2016年左江花山壁画在第四十届世界遗产大会上成功入选《世界文化遗产名录》,正式确立了其世界级文化的至高地位,历时13年的花山申遗征程终于圆满画上了句号。这是中华文化走上世界的又一盛事。著名学者陈兆复认为"在文字产生之前,岩画是记录人类想象和艺术创作的最早证据。岩画描绘出人类的经济和社会活动,以及人类的观念、信仰和实践,对于深刻认识人类的精神生活和文化样式的作用,是其他任何东西都难以取代的"。左江花山壁画入选世界文化遗产名录绝非偶然,半个世纪以来的研究结果表明:左江花山壁画文化景观以系统的岩画语言和丰富的画面内容向世人描绘了公元前5世纪至公元2世纪生活在左江流域的骆越族群的社会生活和精神世界,是骆越文明祭祀传统的独特见证,也是迄今为止发现的内涵最为丰富、规模最为宏大且保存相对完好的骆越文化遗存。此外,研究结果还表明:花山壁画文化景观中的铜鼓形象及其相关画面内容,是对左江流域乃至中国西南和中南半岛区域历史悠久、内涵丰富且至今仍盛行的铜鼓文化极具象征意义的记录。上述内容是左江花山文化景观的核心价值所在,是其可以成为世界文化遗产的根本依据。正因为花山文化影响带有世界性的特征,因此其得以昂首阔步迈入世界文化的殿堂。

(三)信息传播的世界性

根据社会对花山壁画的认知了解程度,我们可以把花山文化分为三大类:第一类是直观呈现并已为世人所了解的文化;第二类是间接呈现并经过总结、探究已形成民族性、区域性和社会性认知的文化;第三类是由于年代久远,或因民族历史记忆链的断裂,或因民族历史文化教育的断裂,再或者因学术研究和民众认知的断裂，至今仍无法破译的文化。对于前两类文化，当地一方面借助广西电视台、广西日报、新华网等媒介和通过专著出版等形式，利用影像、音像、文字、图片等对花山文化进行多方位、多角度的宣传和推介；另一方面，组织文艺工作者模仿壁画人物图案造型排演舞蹈，到国内外进行巡回演出；与此同时，还举行骆越始祖公祭大典活动，并邀请越南、泰国等东南亚国家参加。可以说，从不同角度向世人展示了花山文化的魅力。对于第三类文化，即花山壁画未被破解的文化信息，例如"这些神奇壁画所表现的内容和主题是什么""古人在悬崖峭壁上是如何作画的""壁画群附近出土的文物跟壁画是否有直接关联"等问题，当地政府组织专家学者将未破解的问题作了整理，一方面通过召开学术会议，组织国内高等院校、科研机构和有关专家形成合力、座谈研讨，并及时面向社会各界报道研究的进展情况；另一方面将问题公布于互联网，通过网络面向国内外网民征询答案，在民族学界、考古学界、人类学界、宗教学界和广大民间引起了不小的关注和反响。很明显，无论是哪种形式的推介、展示和宣传，其信息传播均已打破语言和思维的障碍，跨越了种族和国界，带有不同程度的世界性特征。

综上所述，特殊的作画族群、深远的文化影响和跨界式的信息传播为左江花山文化景观打上了"世界性"的烙印。而这一"世界性"的烙印告诉我们：花山壁画不仅属于广西、属于中国，也属于全世界；花山文化可以突破地理空间的限制，走出国门，融入世界。

二 左江花山文化走进"一带一路"的区位优势

左江花山壁画主要分布在广西壮族自治区凭祥、龙州、宁明、崇左、扶绥、大新、大等壮族聚居区的左江流域各县，其中以宁明河段的壁画最具代表性。花山壁画所处的地理方位具有三个特点。其一是完整的区位性——"广西"。目前已经发现的79个地点、共178处、绵延200多公里的左江流域露天壁画长廊，从上游的广西龙州县平而河畔的岩洞山一直延续到下游的广西扶绥县镇龙山，完整地坐落在与广东、湖南、贵州、云南相邻，与海南隔海相望，南濒北部湾、面向东南亚，西南与越南毗邻的广西壮族自治区境内。从行政区域划分的角度看，花山壁画分布在完整的行政区域范围即广西境内，在地理方位上不存在跨省区的特点。其二是鲜明的民族性——"壮族"。花山壁画主要分布在广西凭祥、龙州、宁明、崇左、扶绥、大新、天等等左江流域各县，均为壮族人口聚居的区域。其三是突出的代表性——"宁明"。据考察统计，宁明河段的壁画是左江花山壁画的典型代表。宁明河段的壁画宽约220米，高约40米，面积约8800平方米，壁画上可辨识的图像有1800多个，是我国乃至世界上发现的画面最大、图像最多的一处岩画。

根据花山壁画所处的地理方位特点，笔者认为花山文化走进"一带一路"具有如下得天独厚的优势。

其一是广西的平台优势。2013年9月和10月，中国国家主席习近平在出访中亚和东南亚国家期间，先后提出共建"丝绸之路经济带"和"21世纪海上丝绸之路"（简称"一带一路"）的重大倡议，得到国际社会的高度关注。"一带一路"成为新时代下引领中国开放发展的国家级顶层合作倡议。花山文化所在地——广西是中国面向东盟开放合作的前沿和窗口，是中国西南地区最便捷的出海通道，同时还是古代海上丝绸之路的发祥地之一。基于此，广西被赋予了"构建面向东盟区域的国际通道，打造西南、中南地区开放发展新的战略支点，形成21世纪海上丝绸之路与丝绸之路经济带有机衔接的重要门户"的时代使命。近年来，广西牢记时代使命，在区域合作、开放发展方面取得了较大的进展：首先，在构建面向东盟的国际大通道上，广西与东盟的互联互通建设取得突出成绩。目前，广西毗邻东盟的主要边境城市均已通达高速公路，广西北部湾港开通了15条直航东盟国家港口的集装箱班轮航线，港口吞吐能力超过2亿吨，南宁、桂林机场已开通与东盟9个国家的23条航班航线。在中央政府的支持下，广西与东盟投资贸易合作步伐不断加快，形成了与东盟有关国家共建经贸合作区、"两国双园"和中国—东盟信息港的机制。中国—东盟博览会在广西南宁已连续成功举办12届，搭建了中国和东盟以及区域外国家经贸、文化及各领域交流合作的重要平台。其次，从打造中国西南中南地区开放发展新的战略支点看，经过10年建设，广西北部湾地区基础设施条件大大改善，并具备了一定的产业基础，有望成为区域发展新的战略支点和中国沿海发展的新一极。再次，从形成"一带一路"有机衔接的重要门户看，借助区位优势和"一带一路"建设的东风，广西与"一带一路"沿线国家外贸进出口额有了明显的增长。广西"十三五"规划也明确提出，要积极拓展与"一带一路"沿线国家和地区的交流合作，促进与东盟国家的文化交流，建设全国区域性文化中心、中国—东盟文化交流枢纽、中国文化走向东盟的主力省区。可以说，时代给广西文化打造了一个态势良好的"走出去"平台，为花山文化"走出国门"、融进"一带一路"开创了一个前所未有的发展契机。

其二是壮族的族源优势。花山壁画所分布的左江流域在壁画的作画年代——战国至东汉时期是古骆越人生存和活动的主要区域之一；而在现代社会，也依然是古骆越人的主要后裔之一壮族的聚居区域。如前所述，花山文化的组成既包括固态的物质文化成分，也包括活态的、口头的非物质文化成分。而民族学的理论观点告诉我们：非物质文化作为民族（社群）民间文化，它的存在与发展必须依靠传承主体——社区民众的实际参与，没有社区民众的实际参与，其生命便无法实现。因此，作为花山文化当前所处区域的主体民族以及花山壁画的始创民族之一——壮族，其作为将对花山文化的传承乃至"走出国门"、融进"一带一路"产生至关重要的影响。在学术界，"壮族和东南亚多个民族同源"已是基本共识：范宏贵、黄兴球等学者将壮族与东南亚相关民族界定为"壮泰族群"；以覃圣敏先生为首的中、泰两国联合学术团队通过壮、泰历史文化的全面比较研究强调了壮泰两个民族在历史文化上的共性；中国国内的壮学专家和泰国、老挝、越南、缅甸等东盟国家学术机构的学者近年来在学术会议上也提出"中国的壮族和泰国的泰族、老挝的佬龙族、越南的侬族、缅甸的掸族是同源民族，在语言和文化上有惊人的相似之处"。壮族和东南亚这些民族语言文化上的相通相似，可以增强中国和东盟双边的民众互信，对推动花山文化"走出国门"、融进"一带一路"是非常有利的。

其二是宁明的先锋优势。宁明河段的壁画是左江壁画的代表，作为花山文化传承与发展的先锋部队，宁明县的作为与花山文化的传承和发展休戚相关。这十几年来，宁明县的几届领导班子在花山壁画及其相关文化的保护传承与开发利用上不遗余力地做了大量的工作并取得了出色的成绩：一方面，坚持高点谋划，增强骆越根祖文化的品牌张力——在县城的建设中融入花山壁画文化元素，使之成为花山文化的宣传平台；立法明确骆越王节和骆越感恩节，提升花山文化的社会影响力；通过设立村史展示区和文化体验区等形式实施骆越文化复原工程，"激活"骆越文化；开展骆越文化进校园活动，推动骆越文化的有效传承。另一方面，坚持高效推进，积极探索花山文化与区域旅游融合发展的新路径——组建宁明花山风景区股份有限公司，对景区进行整体包装开发和宣传策划推广；狠抓基础设施建设，完成骆越文化宫主体大殿等项目的建设；谋划精品线路，打造"天西—花山休闲农业""花山温泉码头—花山岩画—龙州上金明江风光"等旅游带和建设花山骆越文化旅游中心；强化旅游产品的开发，围绕骆越文化元素开发具有花山特色和民族特色的茶盘、竹杯、民族服饰等旅游产品。可以说，近年来宁明县发挥了先锋表率作用，在花山壁画及其相关文化的保护传承与开发利用上措施得当、成效显著，而这些将对左江花山文化"走出国门"、融进"一带一路"起到良好的表率作用。

三 左江花山文化走进"一带一路"的思考

（一）加强学术研究：构建左江花山文化体系

通过回顾和梳理，我们不难发现近三十年来左江花山文化的研究取得了显著的成绩，历史学、人类学、民族学、考古学、艺术学等学科专业的专家学者们从各自的学科专业视角对花山文化进行了研究，研究内容主要涉及花山壁画的作画时间、作画族群、作画主题、作画方法、作画目的以及壁画的保护开发等问题。尽管前人的研究具有不可忽视的学术价值与现实意义，但截至目前对花山文化仍缺少一个系统的、全面的研究和梳理，花山文化体系仍有待构建。所谓"文化体系"，是指本身存在内在关联性，由功能上相互依赖、互为补充的各种文化元素、文化集丛结成的，与其他区域的文化相区别的相对独立的文化系统。根据文化体系的界定，构建花山文化体系需综合专家学者的力量做好如下研究工作：其一，以"花山壁画"为基点，明确其本身所包含的以及与之相关的各个文化元素。其二，分门别类地对"花山壁画"本身所包含的文化元素及其与之相关的各个文化元素进行研究。其三，对"花山壁画"本身所包含的文化元素及其与之相关的各个文化元素之间的相互关系进行研究。其四，根据各个文化元素之间的关系按照一定的逻辑进行排列组合。其五，根据排列组合情况对花山文化进行整体性研究。为此，当地政府部门应发挥主导作用，组织专家学者制订研究计划、有目标地开展研究工作。

（二）创新宣传形式：让世界认识"花山"

让世界认识"花山"是花山文化迈出国门、走进"一带一路"进而服务"一带一路"的重要前提。信息学的原理告诉我们，信息只有借助一定的物质载体和传输工具，才能为人们所感受和接收。没有传输工具就没有信息的流动，更谈不上信息的接收、处理和效用。这一原理告诉我们：让世界认识"花山"，宣传媒介的选择及宣传形式的落实至关重要。如前所述，当地政府对花山文化的推介、宣传已经初步产生了跨区域、跨民族、跨国界的效果，这为花山文化走进"一带一路"奠定了良好的基础。我们要让世界进一步认识花山文化，可采取"动静结合"的形式着手进行宣传：一方面要加强"静态宣传"，借助固态的宣传媒介和载体，例如通过创建花山文化网站、花山文化博物馆、花山文化数据库，出版发行花山文化书刊、光碟、画册和工艺美术作品等等，将花山文化推向世界；另一方面要启动"动态宣传"，借助各种活动形式，例如举办世界性的花山文化主题节庆会展活动，围绕花山文化主题编创舞蹈、戏剧、曲艺、歌曲等或者拍摄电影、电视剧、专题片并将之推向国际化的舞台或者文化产业市场；等等。我们只有通过创新宣传形式，让世界真正认识"花山"，花山文化才有可能通过学术、经济、民间等途径融入"一带一路"、服务世界发展。

（三）促进交流合作：依托花山文化办好"民心工程"

"一带一路"倡议旨在建立一个政治互信、经济融合、文化包容的利益共同体、命运共同体和责任共同体。民心相通是"一带一路"倡议的"五通"之一，是"一带一路"倡议的重要内容和关键基础。以文化交流与合作促进文化认同进而达到民心相通，这是丝路人民千百年来的文化传统。如前所述，左江花山文化走进"一带一路"既有文化根基，也有区位优势。我们应在构建花山文化体系、面向世界宣传花山文化的基础上，以花山文化为依托，通过加强丝路沿线国家人民的交流合作办好"民心工程"。结合花山文化的特点，可通过以下路径促进丝路沿线国家人民的交流与合作：

其一是"学术路径"——通过举办国际性学术活动促进丝路沿线国家人民的交流与合作。大量的事实证明，组织国内外专家学者通过"实地考察—开会研讨—撰写和刊发论著"的形式,对某一传统文化进行全方位研究,一方面,有利于该文化的传承和发展,提高文化的国际知名度;另一方面,也有助于不同国家专家学者的交流与合作,进而激活其他领域的交流与合作。为此,我们应注重学术平台的构建,给国内外专家学者研究花山文化提供科研条件和营造学术氛围。当务之急,应着手成立花山文化的国际化研究机构,借助机构平台建立起国内外学术机构、高等院校、科研院所、政府部门、民间团体等相衔接的多层次研究网络。在此基础上,召开花山文化国际研讨会并将会议的举办常态化、系列化,按照固定的时间周期举办会议,根据研究和发展的需要设定会议议题,与此同时,成果出版、宣传报道也要步入正轨。通过举办国际性学术活动促进丝路沿线国家人民的交流与合作。

其二是"经济路径"——依托文化产业的联合开发促进丝路沿线国家人民的交流与合作。在文化经济一体化的世界背景下,融文化和经济于一体的文化产业成为了无可厚非的朝阳产业。文化产业的兴起给困境中的民族文化带来了良好的启发和崭新的希望。我们可以在丝路沿线国家中寻求适当的合作伙伴,通过开发花山文化产业,用文化的交流合作与经济的互惠互利促进文化认同,进而实现民心相通。换言之,花山文化产业不仅是个经济开发形式,更是个"商业化"的文化交流合作平台。花山文化产业开发,产业链的打造是关键。所谓的"产业链"就是"以创意为龙头,以内容为核心,驱动文化产品的制造,拉动批发和营销,带动后续产品开发,形成上下联动、左右衔接、一次投入、多次产出的经济循环链条"。为此,我们要建立起以政府投入为导向、企业投入为主体、金融机构投入为支撑、外资和民间投入为重要组成部分的投融资机制,在此基础上,对花山文化进行链条化开发:一方面,明确花山文化的内容组成,将其划分为多重文化元素并分别与经济对接,依托国际旅游、出版、演艺等形式进行互动式开发;另一方面,经过分析评估,将适当的外部资源与花山文化进行捆绑式运营,这些资源可以是山水景观,也可以是民俗风情,还可以是社会历史。上述做法有助于构建花山文化产业阵营,打造具有影响力的花山文化品牌,进而将花山文化推向国际文化产业市场、带进"一带一路"。而这个过程也大大促进了丝路沿线国家人民的交流与合作。

其三是"民间路径"——通过举办国际性节庆会展促进丝路沿线国家人民

交流与合作。在现代社会，大量的实例证明：节庆与会展相结合的活动具有较大的辐射力和带动力，一方面是可以带来较高人流、物流、商流的有效平台，另一方面也是在民间建立、传递、深化人与人之间相互情感，密切人与人之间相互关系的重要纽带。花山文化具有悠久的历史、丰厚的内涵、多样的形式和鲜明的特色，在丝路沿线国家具有一定的文化根基和民众基础，这是举办国际性节庆会展的有利因素和优势条件。我们可以以花山文化为依托，通过举办周期性、常态化的国际性节庆会展，将祭祀仪式、文艺演出、文化展示、民俗体验、旅游观光、商品贸易等活动内容形式进行合理有效的组合，为丝路沿线国家广大民众的交流交往乃至互惠合作提供一个跨民族、跨区域、跨国界的有效平台。

四 结语

经过文章的分析与论证，不难得出：特殊的作画族群、深远的文化影响和跨界式的信息传播为左江花山文化打上了"世界性"的烙印。而这一"世界性"的烙印告诉我们：花山壁画不仅属于广西、属于中国，也属于全世界；花山文化可以突破地理空间的限制，走出国门，走进"一带一路"。花山文化走进"一带一路"不仅具有文化根基，还拥有得天独厚的区位优势。我们认为花山文化要走进"一带一路"，其一要加强学术研究，着手构建花山文化体系。其二要创新宣传形式，让世界真正了解"花山"。其三要在构建花山文化体系、面向世界宣传花山文化的基础上，以花山文化为依托，通过"学术""经济""民间"等路径，加强丝路沿线国家人民的交流合作，办好"民心相通工程"。

我们知道，中华文化源远流长，在世界上有着广泛而深远的影响力。而随着"一带一路"所倡议的民心相通工程的实施，文化交流的桥梁和纽带作用日趋凸显。如何推动中华文化走出国门、服务"一带一路"也因此成为一个崭新的时代课题。本文的研究观点仅为这一宏观课题的微观思考结论，旨在求教于业内的专家学者。

参考文献

陈兆复：《古代岩画》，文物出版社2002年版。

贺学君：《关于非物质文化遗产保护的理论思考》，《江西社会科学》2005年第2期。

覃圣敏：《壮泰民族传统文化比较研究》，广西人民出版社2003年版。

蒋雪林：《中国和东盟专家认为壮族和东南亚多个民族同源》，（2011-04-12）［2017-11-16］http：//www.chinanews.com/cul/2011/04-12/2965272.shtml。

卢斌、刘永成：《信息工作与调查研究》，高等教育出版社2000年版。

欧阳有权：《文化产业通论》，湖南人民出版社2006年版。

论左江岩画的萨满教属性

肖 波*

摘 要：岩画和萨满教关系的问题是近年来学界讨论的热点之一。萨满教的仪式、仪轨、宇宙观、灵魂观，以及萨满用具等均可以在岩画中找到对应物。由于岩画数量众多、类型丰富，并兼具古老性、具象性、完整性等特点，逐渐成为萨满教考古学的一种重要资料来源。左江岩画作为中国南方民族的古代文化遗产，其与萨满教关系的问题并未得到学界重视。但从岩画作画地点的选择、画面内容的安排、图像组合方式的设计等方面来看，均与萨满教的观念相一致。总体而言，左江岩画具有明显的萨满教属性。

关键词：左江岩画；萨满教；宇宙观；灵魂观；迷狂体验

岩画和萨满教的关系问题在过去30余年来逐渐成为岩画研究领域最热门的话题之一。这种讨论绝大多数集中在南非、北美以及西欧的旧石器时代洞窟岩画中，同时也发生在西伯利亚和中亚新石器时代和青铜时代的岩画中，并逐渐将萨满教视为一种普遍存在的现象，从而愈来愈受到世界的关注。[1] 从历史上来看，将萨满教理论用于岩画的解释是萨满教研究本身发展的结果。在17—19世纪，萨满教研究主要依据的是民族学材料。进入20世纪后，考古学材料越来越

---

* 作者简介：肖波，广西民族博物馆馆员。

[1] Christina Pratt, *An Encyclopedia of Shamanism*, Volume 1, 1951, xvii – xx; Neil S. Price. Archaeology of Shamannism, Routledge, 2001.

议题一：民族文化与绿色发展
论左江岩画的萨满教属性

受到重视，学者们倾向于把萨满教与欧洲早期猎人艺术联系起来进行讨论，最早受到关注的是小型骨、角、石等制品；随后，欧洲和西伯利亚的岩画进入了人们的视野。学者们发现岩画所处的环境与萨满教的宇宙观具有共通之处，而岩画中的图像与萨满教仪式的某些方面也非常契合。此外，萨满教的灵魂观在岩画中也有相应的体现。由于岩画数量众多，内涵丰富，能够非常具象地展现特定时代人们的精神生活，因此，岩画已经成为萨满教考古学的一种重要资料来源。

左江岩画是由壮族先民骆越人用红色颜料涂绘的方式制作在临江的山岩石壁上。画面以人物图像为主，以动物图像和器物图像为辅。而人物图像程式化特征明显，具有强烈的宗教意味。本文以萨满教的相关理论为指导，以岩画中的相关图像分析为具体操作工具，综合利用考古学、民族学和文献学中的相关材料对左江岩画进行系统研究，来具体剖析左江岩画和萨满教之间的关系问题。

一　萨满教及萨满教岩画研究理论历史回顾

萨满教得名于"萨满"一词。17—18世纪，当俄国人在西伯利亚地区与当地居民不断遭遇时，发现其信仰的宗教迥异于自己所熟悉的宗教形式，但又苦于找不到一个合适的词来表述它，就根据表演这种宗教仪式的萨满来命名，而最初的萨满教仅仅是对西伯利亚地区一种本土宗教的称谓。[①] 此时关于萨满教一鳞片爪的记载也仅限于一些传教士、探险家、旅行家以及地方军政长官的笔记和报告中。19世纪时，一些俄国学者开始对西伯利亚地区的萨满教进行专门的调查，并将之介绍到欧洲等地。从此，萨满教作为一种早期宗教形态开始进入国际视野，并激发了一批欧美学者投入萨满教的研究中。进入20世纪后，一批国外学者开始对西伯利亚邻近地区，尤其是与其文化有密切关系的中国东北地区进行萨满教的实地考察，获取了大量第一手资料，对萨满教的基本形态、仪式、仪轨等进行了记录。但是，综观这一时期，基本上还处于资料的搜集、整理阶段，关于萨满教本身的一些架构还没有搭建起来。

---

① Лойко В. Н. *Шаманизм: По ту сторону*. Мн.：Плопресс. 2003. с. 5 – 8.

20世纪50年代,"法国的鲍泰(M. Bouteiller)和艾利亚德(M. Eliade)分别出版了《萨满教和巫术问题》和《萨满教——古代迷狂术》两部书,标志着萨满教当代研究的开始"。① 后者尤其贡献甚巨,他通过遍览人类社会历史上的各种宗教形式,试图揭示宗教发展的一般规律。最后得出结论,即萨满教是世界范围内的众多古代社会居民普遍流行的一种宗教体系,并且这种信仰贯穿整个人类历史。在其看来,萨满教的主要特征是具有迷狂、三界宇宙观、灵魂再生、二元对立思维等性质的宗教形式。随后,学者们在全世界范围内都发现了萨满教的证据,对萨满的定义也扩展为主要是具有控制其出神状态能力的人。正是由于艾利亚德等人的工作,萨满教从一种地方性的宗教逐渐成为一种世界性的宗教,并作为唯一的原始宗教而日益受到学术界的关注。

而将萨满教理论用于岩画研究同样始于这一时期。主要是将岩画与民族学中的相关材料进行类比,进而产生了两种相互关联但又不尽相同的结论:一种观点认为某些具体的岩画图像具有萨满教性质。如德国学者克契纳将"欧洲旧石器时代晚期洞穴岩画中披着兽皮的类人型图像解释为正在跳舞的萨满巫师";② 苏联岩画专家M. A. 杰夫列特则认为,"图瓦岩画中头上带角的人面像与民族学材料中具体的萨满教特征具有某种继承关系"。③ 而另外一些学者则首先规定了岩画的萨满教性质,进而认为该地区所有岩画都是在萨满教思想观念下的作品。德国学者劳梅尔在解释西欧旧石器时代洞窟岩画时指出,"我们必须知道萨满教的世界和观念,以便了解萨满教在岩画中的重要性";④ "不了解萨满教的故事和萨满的体验,我们将不可避免地将岩画视为对动物世界的自然主义性质的描绘"。⑤ 他认为旧石器时代的岩画都具有萨满教性质,甚至可能是萨满本人的作品。而苏联学者 А. П. 奥克拉德尼科夫则指出,"在类人型岩画中,清楚地展现出了一种

---

① 汤惠生:《关于萨满教和萨满教研究的思考》,《青海社会科学》1997年第2期。
② Kirchner H., *Ein archäologischer beitrag zur urgeschixhte des Schamanismus*. Anthropos 1952 (XLVII): 244 – 286. 转引自汤惠生《青海岩画:史前艺术中二元对立思维及其观念的研究》,科学出版社2001年版,第191页。
③ Дэвлет М. А. Петроглифы Мугур - Саргола. Наука. 1980. с. 248 – 250.
④ Lommel Andreas. *Shamanism: The beginnings of Art*, translation from German by Micheal Bullock, McGraw - Hill Book Company, New York: Toronto, 1967, p. 106.
⑤ Ibid., p. 128.

议题一：民族文化与绿色发展
论左江岩画的萨满教属性

广泛的与萨满形象以及获得萨满技能相关的思想综合体……贝加尔湖沿岸地区各部落的岩画就其基本内容来说，具有萨满教的性质"。①

综观这一阶段，学者们主要是将某一个或者某一类具体的图像与萨满教的相关形象进行类比，还没有建立一套比较系统的理论体系。

从20世纪80年代开始，随着泛萨满教思想在全球广泛传播，一些岩画专家试图借助泛萨满教的理论对史前岩画进行全面解释。南非学者路易斯·威廉及其学生托马斯·道森等人将神经心理学用于萨满教研究，促进了萨满教考古学的诞生。他们的工作不仅使萨满教研究从理论走向实证，同时也将岩画的研究推进到一个新的阶段。他们"根据南部非洲（Southern Africa）土著居民桑人（San）的民族学资料，认为该地区的岩画是萨满巫师服药后进入迷狂状态时所绘制的"。②路易斯·威廉认为，"所有的萨满教都被假定为某种有组织的意识改变状态，而产生这些状态的神经系统对人类来说是普遍存在的。正因为具备相同的神经系统，人们才有可能体验结构类似的视觉、听觉、身体、嗅觉和味觉的幻觉，尽管幻象的含义和内容因历史和文化情境而异"。③ 他将这种无所不包并且普遍适用的解释理论用于对洞穴岩画以及世界范围内贯穿整个人类历史的类似艺术的解释中，认为它们与萨满教的宗教实践紧密相连。因此，"不仅南非地区，而是世界各地的岩画都是以各种形式与萨满巫师的迷狂状态和跳神活动联系在一起"。④ 路易斯·威廉的萨满教岩画研究理论开创了利用自然科学的研究成果来开展岩画研究的先河，是岩画研究走向科学的实证主义的一个重要标志。

路易斯·威廉的功绩并不在于为岩画的解释提供了一个终极方案，而在于提供了一种全新的视角，拓展了岩画解释的可能性。他的神经心理学模式，在岩画

---

① Окладников А. П., *Петроглифы Байкала － памятники древней культуры народов Сибири*. Наука. 1974. c. 84.

② 关于此处的Southern Africa一词，国内学术界一般将其译为"南非"，这很容易引起误解，实际上路易斯·威廉所述及的桑人岩画包括南非和纳米比亚两个国家，因此译作"南部非洲"较为妥切。参见曲枫《商周青铜器纹饰的神经心理学释读》，《辽宁省博物馆刊》2007年第2期；李世武《岩画的萨满教起源假说辨析》，《民族艺术》2015年第4期。

③ Lewis－Williams J. D., Harnessing the brain: vision and shamanism in Upper Palaeolithic Western Europe, In Beyond art, *Pleistocene image and symbol*. Berkeley: University of California Press, 1996, p. 322.

④ Lewis－Williams J. D., *The economic and social context of southern San rock art*, 1982；转引自汤惠生《青海岩画：史前艺术中二元对立思维及其观念的研究》，科学出版社2001年版，第203页。

图像、萨满教和人类的神经系统三者之间建立了联系，使世界范围内的诸多岩画图像可以用萨满教的相关理论进行解释。但是，这种解释模式涵盖的范围过于广泛，忽略了各岩画点创作时空上的差异性，从而引起了众多的批评。

20 世纪 90 年代以来，以阿特金森（Atkinson）为代表的学者开始在艾利亚德泛萨满教理论基础上针对特定区域及文化语境中特定萨满的观念进行民族学考察。她采纳了霍尔姆伯格（Holmberg）创造的"shamanisms"这一概念，用复数形式来表示其形式的多样性和内涵的丰富性。[①] 这么做主要是为了突出 1990 年代人类学对萨满教兴趣的转变，即避免将萨满教作为一个包罗万象的、形而上的现象（艾利亚德的"古代技术"或者各种其他类似的方法）进行广泛的检验，而是针对特定语境环境中特定萨满的经验和观念进行民族学审查。通过使用复数形式，阿特金森提醒读者注意这种被更加限定的民族学材料的重要性，以及它所反映的理论和学科倾向。这种研究方法被视为对早期综合性理论研究方法的一种矫正。

二 作画地点的选择是萨满教宇宙观的具体体现

要了解左江岩画作者的思维观念，必须回到作者所处的特定时空环境中去。战国至东汉时期，左江流域地区仍然盛行巫术，《史记·孝武本纪》记载："时既灭南越，越人勇之乃言'越人俗信鬼，而其祠皆见鬼，数有效。……'乃令越巫立越祝祠，安台无坛，亦祠天神上帝百鬼，而以鸡卜。上信之，越祠鸡卜始用焉"；[②]《赤雅》记载："汉元封二年平越，得越巫，适有祠祷之事。令祠上帝，祭百鬼，用鸡卜。斯时方士如云，儒臣如雨。天子有事不昆命于元龟，降用夷礼，廷臣莫敢致净。意其术大有可观者矣"；[③]《魏书·僚传》记载了越人后裔僚人也"其俗畏鬼神，尤尚淫祀"。[④] 壮族先民为岭南越人一支，崇巫习俗自是一样，由他们创作的左江岩画，正是其崇巫习俗的具体表现。而亚瑟·瓦拉认为："在古代中国，鬼神祭祀时充当中介的人称为巫。据古文献的描述，他们专门驱邪，预言，卜卦，造雨，占梦。有的巫师能歌善舞。有时，巫就被释为以舞降神

[①] Thomas A. DuBois, *Trends in Contemporary Research on Shamanism*, Numen, 2011 (58), pp. 100 – 128.
[②] （汉）司马迁：《史记》，线装书局 2006 年版，第 75 页。
[③] （明）邝露著，蓝鸿恩考释：《赤雅考释》，广西民族出版社 1995 年版，第 166 页。
[④] （北齐）魏收：《魏书》，吉林人民出版社 1995 年版，第 1379 页。

议题一：民族文化与绿色发展
论左江岩画的萨满教属性

之人。他们也以巫术行医，在作法之后，他们会象西伯利亚的萨满那样，把一种医术遣到阴间，以寻求慰解死神的办法。可见，中国的巫与西伯利亚和通古斯地区的萨满有着极为相近的功能，因此，把'巫'译为萨满是……合适的"。① 可见，萨满教的观念的确存在于古代越人社会中。

而由于巫术心理的作用，在原始人的观念中，岩画点的选址与岩画的内容同等重要，甚至超过了后者。这些岩画点所处的位置，毫无疑问都是先民们精心选择的结果，这就涉及人类学家斯宾塞所说的"神场"问题。在谈到澳大利亚岩画时，他说道："同一个土人会告诉你，一幅特制的图画，画在某个地方，什么意义也没有；但如果它是画在其他地方，他又会完全确切地告诉你，这图画应当表示什么意思。这第二种图画永远是在那个我们可以把它叫做神场的地方出现，这地方妇女不能走近"。② 这里的"神场"，与伊利亚德所言的"神圣空间"③内涵是一致的。而每个神圣空间的选择都需要相应的显圣物，用以表明空间何以神圣。对左江流域的古代先民而言，岩画毫无疑问地就充当了这种显圣物。

此外，岩画所在的山体是构成神圣空间的重要组成部分，与萨满教的宇宙观紧密相关。梁庭望指出："按壮族神话《布洛陀》所说，宇宙是一个圆柱形结构，分三层，上层称为天界，即蓝天以上的部分，由雷王主管；中界是人类生活的大地，由布洛陀主管"。④ 在这里，圆柱形的宇宙结构实际上就是"世界柱""宇宙柱""天柱"的象征，也就是世界中心的象征。因此，选择这些地方进行作画最重要的一个原因就是这些山体是先民心目中的世界中心，是先民借以登天的场所。必须注意到，左江流域适合作画的岩壁很多，但并非所有岩壁都被选择作为"画板"，这可能跟人们特定的思想观念有关，因此，左江岩画作画崖壁的选择也是经过深思熟虑的。据统计，左江岩画画面的方向大部分朝南，少部分朝向东、西，朝北的很少，朝向正北的没有。但是，在左江沿岸，朝向正北而作画条件良好的岩壁仍然很多，但先民们并没有选择这些岩壁作画，这很可能与壮族

---

① Arthur Waley, The Nine Songs, *A Study of Shamanism in Ancient China*, London: Geogre Allen & Unwin, 1955, p.9. 转引自张光直《美术、神话与祭祀》，民族出版社1999年版，第35页。
② ［法］列维·布留尔著：《原始思维》，丁由译，商务印书馆1985年版，第110页。
③ ［罗马尼亚］伊利亚德著：《神圣与世俗》，王建光译，华夏出版社2002年版，第4—6页。
④ 梁庭望：《花山崖壁画——壮族上古的形象历史》，《中央民族学院学报》1988年第2期。

· 105 ·

先民对正北方向存在的神秘观念有关。但是观念总是来源于现实生活并最终以观念的形式固化在人们的思维结构中的，中国人从原始社会时期开始就已经存在着房屋坐北朝南的观念，考古发现的房屋绝大多数是大门朝南，而岭南包括广西在内的洞穴遗址洞口也大多数朝南，有的学者认为，这样做的目的是为了能够"避风寒，纳日光"，① 即南向象征着太阳和光明，笔者赞同这种观点。而在西伯利亚萨满教中，同样普遍认为南方代表天空、上界，象征着光明。② 这与左江岩画所反映的观念是一致的。

叶舒宪从神话学的角度对这种避北趋南的思想观念进行了更深层次的解读，他从神话学宇宙观中推导出"昆""昔"两种神话宇宙模式，这是建立在二元对立思维基础上的一种分类模式，即"昆"与"昔"的对立统一构成了中国上古神话宇宙模式的垂直系统。用二元对立的图示来概括，则有如下派生的价值等式："'昆'模式：上＝阳＝南＝神界＝男＝天（气）＝光明＝正＝夏＝白昼；'昔'模式：下＝阴＝北＝鬼界＝女＝水＝黑暗＝负＝冬＝夜晚"。③ 与"昆"模式所代表的阳性、光明等正价值相对应，南方也就成了代表光明、神界的方位，而与之相反，由"昔"模式所代表的北方也就成了阴性、黑暗的方位。人们选择朝南的岩面（或者说选择非北向的岩面，因为部分岩面也朝东、西向）正是因为在古人的观念中这些岩面是光明、神界的代表，即岩面具有神性，只有在这里作画的效果才会显现。而二元对立的思维方式是萨满教世界观的基本特征之一。这种思维模式贯穿于其社会生活的各个方面。伊利亚德注意到，萨满教中存在着二元对立思维模式，并借此将萨满分为"黑萨满"和"白萨满"；④ 汤惠生则进一步指出，二元思维，准确地说应是二元对立思维，不仅是萨满教的基本思维形式，同时也是原始思维的内核和特征，这体现在其创世神话、宇宙观、艺术以及萨满教的仪式和祭奠等各个方面。⑤ 可见，岩画作画地点的选择与萨满教的

---

① 曹劲：《先秦两汉岭南建筑研究》，科学出版社2009年版，第39页。
② Сем Т. Ю. Шаманизм народов Сибири. Этнографические материалы XVIII – XX вв. Хрестоматия. Филологический факультет СПбГУ. 2006. с. 7 – 8.
③ 叶舒宪：《中国神话哲学》，中国社会科学出版社1992年版，第24页。
④ M. Eliade, *Shamanism: Archaic Techniques of Ecstasy*, Princeton: Princeton University Press, 1972, pp. 181 – 184.
⑤ 汤惠生：《萨满教二元对立思维及其文化观念》，《东南文化》1996年第4期。

宇宙观和二元对立的思维方式紧密相关。

三 岩画画面内容再现了萨满教的宗教场景

左江岩画中最重要的图像是人像，其数量占到全部图像数量的 80% 以上。人像分为正身和侧身两种。总体而言，正身人像一般偏大，在较大幅画面中，一般有一个巨大的正身人像居于中间位置，侧身人像一般较小，环绕在正身人像两侧。正身人像形态基本一致，均两手向两侧平伸、曲肘上举；双腿向下屈膝平蹲；部分人像手中握有刀、剑，或者在腰间佩戴刀剑。侧身人像面向左或右，两腿均呈弯曲状，双手曲肘上举，似乎正对中心的正身人像作祈祷状（图 1）。这种正身人像类型的岩画在世界范围内广泛分布，一般成组出现，制作方法或涂绘或敲凿、双臂或半直或弯曲、双腿呈下蹲状，程式化特征明显，学术界一般称之为"蹲踞式人形"。汤惠生对这一类型的岩画及包含这一形象的彩陶、鹿石等文化产品在世界范围内的分布及其年代、制作技法、文化内涵等进行过详细的阐释。并认为，这种形象与萨满教中的祖先崇拜密切相关。[①]

图 1 左江流域龙峡山岩画[②]

---

① 汤惠生：《原始艺术中的"蹲踞式人形"研究》，《中国历史文物》1996 年第 1 期。
② 王克荣、邱仲伦、陈远璋：《广西左江岩画》，文物出版社 1988 年版，第 31 页。

我们注意到，左江岩画中人像均为裸体。部分学者早已指出裸体人像与萨满教之间的关系。关于这一点，匈牙利著名萨满教专家霍帕尔说道："材料证明，萨满教的确存在着早期的裸体仪式（没有等级、身份标志的装束），它代表了游离社会之外的状态。还有些材料证明萨满的外罩是穿在裸体上（像楚克奇萨满）"。① 此外，左江岩画中大部分人像带有冠饰，部分岩画头上无冠饰则主要是由于岩面剥落或者碳酸盐盖板后期覆盖的结果。这些冠饰种类繁多，从类型上来看，可以分为椎髻、发辫、羽毛、牛角、射线等形状；从线条或者角状物数量上来看，可以分为 1 根、2 根和 3 根，超过 3 根的数量极少（表1）。而冠饰是萨满巫师装饰中最主要的组成部分之一，与萨满在天地之间遨游密切相关。王朋林（Пенглин Ванг）认为，萨满冠饰"具有宗教功能并与宗教仪式有密切的联系"；② 而伊利亚德则进一步指出，"通过所有这些装饰，萨满服饰试图赋予萨满一种新的具有动物外形的具有魔力的身体。主要的三种类型是鸟、驯鹿（牡鹿）和熊——尤其是鸟"。③ 萨满头饰属于萨满服饰的一种，这种以鸟的羽毛为装饰的头饰在满族萨满教中也很常见，象征着萨满像鸟一样在天空翱翔。可见，头饰是萨满在天地之间往返必不可少的一种工具。此外，我国典籍中还有关于"皇舞"的记载，《礼记·王制》载："'有虞氏皇而祭'，疏曰：'皇，冕属也，画羽饰焉'"；④《周礼·春官·乐师》："凡舞，有帗舞，有羽舞，有皇舞，有旄舞，有干舞，有人舞"；⑤《周礼·地官·舞师》："'舞师掌……教皇舞，帅而舞旱暵之事'，郑众释皇舞，'以羽帽复头上，衣饰翡翠之羽'"。⑥ 皇舞是周代开始出现的一种舞蹈形式，舞者头插鸟羽，身着羽衣，手执五彩鸟羽而舞，用以祈雨。而羽人图像在铜鼓中也有发现，一般与船形图像组合出现，通常被称为"羽人划船纹"（图2，1）。在岩画中同样有人划船的图像，与铜鼓中的类似图像相比，具有很高的相似度（图2，2）。最大的不同在于岩画中的人像为裸体，而铜鼓中的

---

① ［匈］霍帕尔：《西伯利亚萨满教的宇宙象征》，孟慧英译，《民族文学研究》2002 年第 2 期。
② Пенглин Ванг. *Графические метафоры состояний шамана в петроглифах и концептуализация шаманизма с помощью чисел*, Антропологический форум № 5, 2006, p. 267.
③ M. Eliade, *Shamanism: Archaic techniques of ecstasy*, Princeton University Press, 1972, p. 156.
④ 李学勤主编：《十三经注疏·礼记正义》，北京大学出版社 1999 年版，第 426 页。
⑤ 杨天宇：《十三经译注·周礼译注》，上海古籍出版社 2004 年版，第 332 页。
⑥ 同上，第 184—185 页。

人像则身披羽衣；此外，前者手中无物，曲肢向上呈祈祷状，而后者手中握有船桨，呈划船状。法国学者戈鹭波认为，这类羽人划船纹的作用与东南亚婆罗洲达雅克人超度死者亡灵到云湖中央的"天堂之岛"所用的"金船"相类似，① 其本质就是运送灵魂升天的"灵魂之舟"。② 而萨满与其他巫师最大的区别就在于唯有萨满能够进行灵魂之旅，与对方的灵魂打交道，因此，这种引魂升天的观念本身就具有萨满教的特点。

表1　　　　　　　　　　左江岩画中人像的主要冠饰类型③

类型		变体
无头饰型		
有头饰型	1根	椎髻形
		发辫形
	2根	发辫形
		羽毛形
		牛角形
	3根	角形或羽毛形
	其他型	射线形或鹿角形

---

① ［法］V. 戈鹭波：《东京和安南北部的青铜时代》，载云南民族博物馆、中国古代铜鼓研究会《民族考古译文集》，云南省博物馆1985年版，第254页。
② ［法］鲍克兰著：《读〈东南亚铜鼓考〉》，汪宁生译，载《民族考古译丛》第1辑，1979年，第58页。
③ 图片引自覃圣敏、覃彩銮等《广西左江流域崖壁画考察与研究》，广西民族出版社1987年版；广西少数民族社会历史调查组《花山崖壁画资料集》，广西民族出版社1963年版。

图 2　铜鼓和岩画中的划船纹①
1. 铜鼓中的羽人划船纹　　2. 岩画中的划船纹

另外，部分人像头上带有一种类似"蘑菇形"的帽子（图3，1-4）。这种类型的帽子在欧亚大陆的岩画中经常可见，但总体而言，对各地区的岩画本身来说，均属于非典型类型（图3，5-20）。这些岩画外形差异性较大，但共同点为均在头顶上方有一个类似蘑菇盖的装饰物，部分岩画点中的蘑菇形象更为完整，像整个蘑菇从人头顶上长出，其根部也清晰可见（图3，12-15）。另外，在近东地区还出土了一件带有类似人像的彩陶，表明这一主题的岩画年代可以追溯到新石器时代（图3，21）。在西伯利亚的民族志材料中，有大量关于萨满食用有毒蘑菇来进行意识转换（altered states）的例子。在这里，毒蘑菇是作为麻醉药使用，而意识转换则是萨满进行迷狂体验、实现天地交通的重要一步。这种毒蘑菇通常指称的是哈马菌（fly-agaric），在美洲印第安人和西伯利亚通古斯地区，均有萨满巫师食用哈马菌的习俗，而在西伯利亚地区，这种习俗保存至今。西西伯利亚的曼西人（Mansy）通常将萨满称为"食用哈马菌的人"。② 但是，在西伯利亚民族志材料中，并非仅仅萨满可以食用哈马菌，实际上，所有想与神灵沟通的人都可以食用。正如部分学者指出的那样，"从某种意义上来说，哈马菌已经不是单纯的蘑菇，而是一个中介，是所有人的萨满"。③

---

① 图1铜鼓中的羽人划船纹转引自蒋廷瑜《壮族铜鼓研究》，广西人民出版社2005年版，第127页；图2由笔者摄。

② Ekaterina Devlet, Marianna Devlet. Siberian Shamanistic Rock Art., *Spirits and Stones. Shamanism and Rock Art in Central Asia and Siberia*, Poznan, 2002, p. 125.

③ Ibid.

议题一：民族文化与绿色发展
论左江岩画的萨满教属性

图 3　戴蘑菇状帽子的人像①
1–4：左江岩画　5–6：贵州岩画　7–8：印度岩画　9–11：蒙古岩画
12–15：楚科奇岩画　16–19：叶尼塞河上游岩画　20：泰国岩画　图21：近东彩陶

实际上，毒蘑菇与大麻以及其他毒品一样，同属于致幻剂的一种，均是用来协助萨满进行迷狂体验。伊利亚德指出，为了达到迷狂的目的，萨满会使用"包括毒品、鼓和被灵魂附体在内的各种手段"；② 古希腊历史学家希罗多德早在2500年前就指出斯奇提亚人（斯基泰人——笔者注）有抽食大麻以获得迷狂体验的习惯，斯基泰人信奉萨满教，而迷狂体验则是萨满特有的宗教行为，因此，

---

① 图 1–4 引自广西少数民族社会历史调查组编《花山崖壁画资料集》，广西民族出版社 1963 年版；图 5–6 引自王良范、罗晓明《贵州岩画——描述与解读》，贵州人民出版社 1997 年版；图 7–8 引自李淼、刘方编《世界岩画资料集》，中国工人出版社 1992 年版；图 9–19 引自 Ekaterina Devlet., Marianna Devlet. *Siberian Shamanistic Rock Art.*//*Spirits and Stones. Shamanism and Rock Art in Central Asia and Siberia.* Poznan, 2002. 图 20 引自 Hiram Woodward. The Art and Architecture of *Thailand*：*From Prehistoric Times Through the Thirteenth Century.* Netherlands, 2003. 图 21 引自［以色列］约瑟夫·加芬克尔著、杨谨译《试析近东和东南欧地区史前彩陶上的舞蹈纹饰》，《考古与文物》2004 年第 1 期。

② M. Eliade. Shamanism, *Archaic Techniques of Ecstasy*, Princeton University Press, 1972, p. 95.

我们可以认为这是世界上最早有关萨满吸食大麻的记载①；王纪潮指出，"世界各地的萨满昏迷所用的麻醉药一般是有毒物，如毒蘑菇、佩约特仙人掌、莨菪、大麻、曼德拉草等"；②郭淑云也说，"在祭祀仪式上，萨满有时使用某些致幻药物以获得与神相见、与神合一的体验"，③这种体验就是迷狂体验，而致幻药物就包括大麻。此外，萨满使用大麻的例子在考古出土文物中也有所发现，如我国考古专家在二千五百年前新疆洋海墓地中发现了萨满干尸，"而萨满陪葬品中有保存完好的大麻"④，这是迄今世上保存完好、最古老的大麻。

而从比较语言学方面来看，"sama ~ saman 在满—通古斯语中指萨满，与之相对应的 sam 在汉语、蒙古语和朝鲜语中分别表示'三'、'冠状物'和'大麻'"，⑤而"冠状物"即冠饰，前文已经指出，冠饰是萨满迷狂仪式中重要的组成部分，是萨满通天必备的工具之一。而左江岩画中头饰数量最常见的就是三根。可见，"三""冠状物""大麻"不仅发音与萨满类似，内涵上与萨满紧密相关，并且均在左江岩画人像中有所反映。⑥这进一步证明了左江岩画中的人像的确是在萨满教观念下的作品。

另外，我们发现，许多人像在脸上似乎戴有面具（图1，a、b）。面具的形态不一，总体而言，更接近动物图像，而非鸟类。部分可以辨识的图像似乎为狗，另一些应该表示牛。其余辨认不清的图像本身可能也戴有面具，但岩画由单色平涂而成，在二维空间下，正面人像的脸部很难刻画，故仅有部分侧身人像的面部可以看见面具轮廓。关于面具的功用，陈德安就指出："中国古代称面具为'魌头'……巫祝或祭师戴上代表上神或祖先亡灵的面具，就能获得超自然的神力。"⑦据《周礼·夏官·方相氏》载，"方相氏掌蒙熊皮，黄金四目，玄衣朱

---

① [古希腊]希罗多德：《历史》，商务印书馆1997年版，第294页。
② 王继潮：《中国古代萨满昏迷中的药物问题》，《自然科学史研究》2005年第1期。
③ 郭淑云：《致幻药物与萨满通神体验》，《西域研究》2006年第3期。
④ 新疆吐鲁番学研究院、新疆文物考古研究所：《新疆鄯善洋海墓地发掘报告》，《考古学报》2011年第1期。
⑤ Пенглин Ванг, *Графические метафоры состояний шамана в петроглифах и концептуализация шаманизма с помощью чисел*, Антропологический форум, № 5. 2006, с. 267.
⑥ 岩画中虽然表现的是毒蘑菇，但功能与大麻类似。
⑦ 陈德安：《三星堆：古蜀王国的圣地》，四川人民出版社2000年版，第8页。

裳，执戈扬盾，帅百隶而时难，以索室驱疫"。① 郑玄注："冒熊皮者，以惊驱疫之鬼，如今魌头也"。② 即中国古代的面具——魌头，是由早期的动物皮（熊皮）简化而来的，关于方相氏蒙动物皮的形象，在岩画中经常可见。而方相氏即后世的傩，也称为萨满巫师，主要职能是在"颛顼绝地天通"后通过一定的仪式实现天地沟通。此外，其他一些学者也注意到面具和萨满教之间的关系。什罗科格罗夫就曾提到通古斯萨满使用面具"来表明 malu 的灵魂进入了他的身体"；③ 而另外一些学者则认为："在世界许多地方，面具代表祖先，而它们的佩戴者则被认为是祖先的化身"；④ 贺吉德也说道，"原始人常在祭祀仪式中广泛地使用面具，以赋予自己进入另一世界去的能力。例如新几内亚的拜宁人（Baining），把在祭祀仪式中使用过的面具当做圣物来供奉，认为它是沟通人与神这两个世界之间的渡船，它所装载的不是任何东西而是人的灵魂"。⑤ 戴上面具，取得超凡的力量，可以自由地进入另一个世界。而萨满进入另一个世界是通过迷狂体验来实现的，包括"脱魂"和"凭灵"（即"附体"）两种形式。所谓"脱魂"，就是萨满的灵魂离开身体，在三界之间往返；而"凭灵"则是将召唤来的神灵附于萨满的躯体之上，进而使其为萨满本人服务。灵魂信仰曾普遍存在于史前社会，其主要观点认为："人、生物乃至世间万物都存在着一种寓寄于生命本体，又主宰本体，却不以本体的消亡而消亡的精神体，这就是'灵魂'"。⑥ 萨满巫师通过迷狂来降神，降的就是天神、祖先神，戴着用以表示二者的面具更容易使降神仪式成功。但是，除此之外，萨满面具还有其他的功能，主要是保护萨满在迷狂之旅中不受恶灵伤害。

此外，在藏传佛教分布区域内还广泛流行一种面具文化，其分布范围涵盖西藏、内蒙、不丹、尼泊尔、布尔亚特和图瓦等地。这种面具是在"查姆"舞蹈中使用，但是，不同地区的"查姆"舞蹈中使用的面具不同。其中 2 件为发

---

① 杨天宇：《周礼译注》，上海古籍出版社 2004 年版，第 451 页。
② 十三经注疏整理委员会：《周礼注疏（十三经注疏）》卷第三十一，北京大学出版社 2000 年版，第 971 页。
③ M. Eliade. Shamanism: *Archaic techniques of ecstasy*, Princeton University Press, 1972, p. 165.
④ Ibid., p. 166.
⑤ 贺吉德：《贺兰山岩画研究》，宁夏人民出版社 2012 年版，第 174 页。
⑥ 郭淑云：《原始活态文化——萨满教透视》，上海人民出版社 2001 年版，第 51 页。

现于南西伯利亚地区的牛头形面具，除了面部特征之外，最主要的特征就是牛角部分（图4，1-2）。而带有这种牛角形头饰的人像在左江岩画中也被大量发现，不同的是查姆面具在牛角中间还有其他的装饰，而人像头饰中则没有（表1）。另外3件出自于青海佑宁寺，其中2件总体来说，与前者比较类似，具体表现为均使用动物形象，一幅为牛面具，而另一幅为鹿面具，这从其各自佩戴的角状物也可以清楚地看出来。不同的是佑宁寺的面具在头顶中间没有向上伸出的其他装饰（图四，4-5）。而另外一件则为人脸面具，并在头顶上戴了一个鸡头作为装饰（图4，3）。

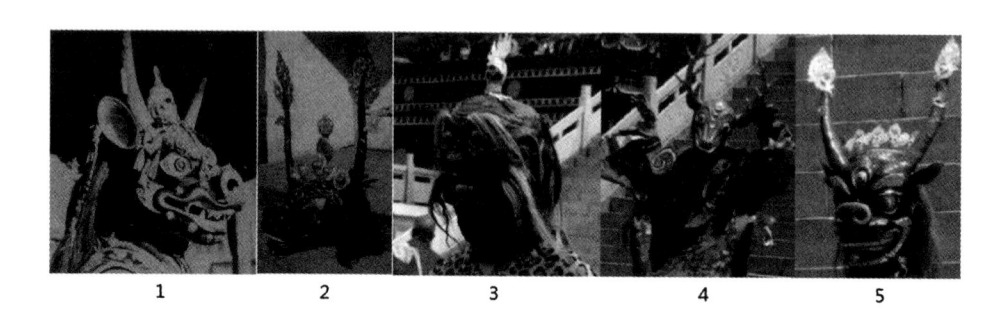

图4 "羌姆"舞蹈面具①
1-2. 南西伯利亚 3-5. 青海佑宁寺

根据俄国学者的研究，"'查姆'是藏语单词'恰姆'的蒙古语发音，意思是舞蹈，更准确的说指的是神的舞蹈"。② 而在中国的文献中，通常将其称为"羌姆"③。这种舞蹈是伴随着喇嘛教的扩散而传播到了南西伯利亚地区。④ 但是，目前关于"查姆"的研究还很不充分，尤其是关于其起源和传播路径等相关问题。就藏传佛教而言，其本身是佛教和西藏本土地区的原始宗教"苯教"相互结合的一种产物。"查姆"中使用的面具应与佛教无关，而是"苯教"艺术的一

---

① 图1-2引自Дэвлет Е. Г., Дэвлет М. А. *Мифы в камне. Мир наскального искусства России*. М.：Алетейа. 2005；图3-5引自岳岚《藏传佛教羌姆面具的审美探析——以青海佑宁寺羌姆面具为例》，青海民族大学硕士学位论文，2014。
② Дэвлет Е. Г., Дэвлет М. А. *Мифы в камне. Мир наскального искусства России*. М.：Алетейа. 2005. с. 368.
③ 马胜德、曹娅丽：《青海宗教祭祀舞蹈考察与研究》，文化艺术出版社2005年版，第31—57页。
④ Дэвлет М. А., *Петроглифы Мугур-Саргола*. М., 1980. с. 254.

种子遗。事实上，一些学者也注意到，"羌姆仪式中使用面具的历史已久，然而远在羌姆自印度引入藏地之前，在西藏原始巫教和藏地苯教（bonpo）中就已存在着假面舞蹈"。① 据此，我们大致可以得出如下结论："查姆"舞蹈使用的面具来自于藏族的原始宗教——苯教，至于苯教，本身就是藏族地区萨满教的一种地方性称谓。

再者，这种"蹲踞式人形"在彩陶和萨满鼓上也有大量发现。不过这里出现的"蹲踞式人形"更准确地应称之为"连臂舞"，即一组人手牵手跳舞。尽管具体形态有所差异，但同样可以归入一个大的类型中，即一组人按照一定的队列进行跳舞，并且均具有明显的程式化特征。其中一件彩陶盆出自青海大通县上孙家寨编号为M384的墓葬，为马家窑文化马家窑类型。在盆壁内侧用红色颜料绘制五人一组的舞蹈纹，手拉手、面向一致，戴有头饰，而下腹体侧的一道，似为饰物（图5，1）。② 另一件彩陶盆出自青海同德宗日遗址，编号为：95TZM157：1，在其内壁彩绘两组舞蹈人像，分别为11人和13人，中以圆点弧线间隔，其年代属于马家窑文化半山期（图5，2）。③ 关于马家窑文化的年代，据在宗日遗址作的碳十四测年结果并校正，"时间大致可以划在距今5600—4000年之间，延续了大约1600年"，④ 属于新石器时代晚期阶段。

另外，在俄罗斯西伯利亚地区还发现了不少带有类似图案的萨满鼓（图6）。其中两件鼓发现于南西伯利亚的哈卡斯地区，年代均属于19世纪。其基本构图类似，均将鼓面分为上下两部分（图6，1-2）。上面部分表示天界，刻画有居住在天上的神仙、精灵，以及象征天的太阳等形象。下面部分表示下界，位于人类居住的土地以下，需要经过山上的洞穴和裂缝，或者通过漩涡才能到达。下界居住着象征黑暗、疾病和死亡的恶神，通常刻画有爬虫类、鱼类等生活于洞穴类、地下或者水中的生物。而祖先神灵则可以存在于上、中、下三个空间内。另外一件则属于西西伯利亚鄂毕河流域的谢尔库普人萨满所有，年代同样为19世纪（图6，3）。同前两幅图一样，第三幅图同样是萨满教宇宙观的体现，画面上

---

① 王娟：《藏戏和羌姆中的面具》，《西藏民族学院学报（哲学社会科学版）》2003年第3期。
② 青海省文物管理处考古队：《青海大通县上孙家寨出土的舞蹈纹彩陶盆》，《文物》1978年第3期。
③ 陈洪海：《青海同德县宗日遗址发掘简报》，《考古》1998年第5期。
④ 陈洪海、格桑本、李国林：《试论宗日遗址的文化性质》，《考古》1998年第5期。

描绘了萨满在三界开展灵魂之旅所依赖的各种神灵。与前两幅图稍显不同的是，该处的连臂舞人形部分没有手牵手，并且略显蹲踞状，从这个层面来说，与左江岩画也更类似。在这里，我们比较关注的是萨满鼓上蹲踞式人形的象征意义，正如前文所言，这些形象表示各种神灵，是协助萨满通天、开展灵魂之旅的助手。

图5　带有人像的陶器和萨满鼓①
1. 马家窑文化马家窑类型彩陶盆　2. 马家窑文化半山类型彩陶盆

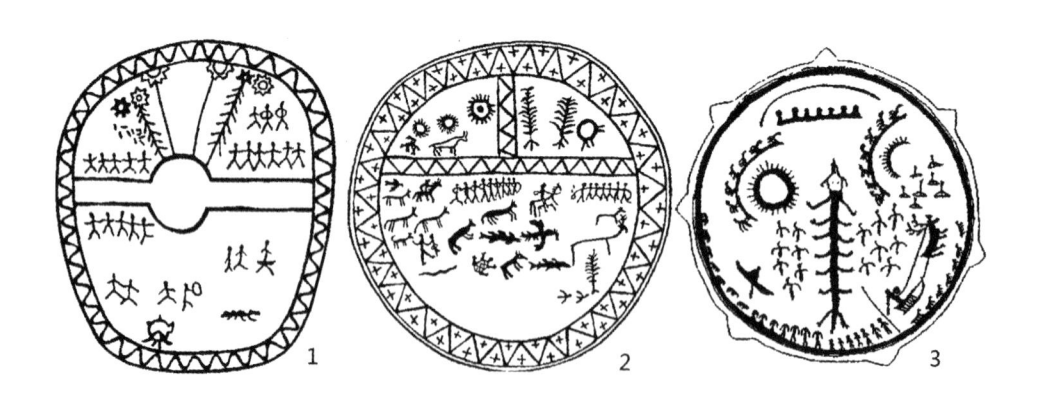

图6　西伯利亚萨满鼓局部②
1-2. 哈卡斯人　3. 谢尔库普人

鼓在萨满教仪式中具有特别重要的地位，伊利亚德认为："鼓在萨满教的出神（Seance）仪式中是必不可少的，不论是在将萨满带到'世界中心'，亦

---

① 图引自欧阳希君《古代彩陶中的原始舞蹈图》，《文物鉴定与鉴赏》2011年第3期。
② 图引自 Сем Т. Ю. *Шаманизм народов Сибири. Этнографические материалы XVIII - XX вв. Хрестоматия.* Филологический факультет СПбГУ. 2006. с. 10, 306, 400。

议题一：民族文化与绿色发展
论左江岩画的萨满教属性

或是使之在空中飞行，还是召唤和'囚禁'灵魂的过程中；最后，击鼓似乎能使萨满全神贯注并且恢复与他准备旅行的灵魂世界的联系。萨满鼓鼓架是用世界树的树枝做成的，它的象征意义是通过世界树实现天地沟通，通过宇宙轴达到世界中心。由于鼓面是用宇宙树的枝干做成的，萨满通过击鼓，魔术般的到达了宇宙树的附近；他被送到了世界中心，因此可以登天"。① 实际上，鼓的功用更多地体现在致幻剂的一面，即通过击鼓使萨满进入迷狂状态，进而实现灵魂之旅。

萨满击鼓的形象在岩画中经常可见，仅在左江岩画中击鼓图就有数十处之多（图1，c、d；图7，2-6）。从图中我们可以看到，鼓的种类繁多，中心纹饰包括圆点、圆圈、各种太阳纹符号等；此外，除少数图像外，绝大多数鼓没有刻画把手（图7，5）。据学者考证，这些图像均是用以代表广西本地各类铜鼓的形象。② 另据学者研究，"萨彦阿尔泰（俄罗斯南西伯利亚——笔者注）突厥人昔时把神鼓统称为铜鼓（君库尔）"。③ 此外，在1923年出版的小册子中，法国学者戈鹭波就认为越南东山铜鼓属于萨满鼓的一种。而另外一些学者则进一步指出，东山人的宗教是一种发展了的萨满教，同时伴随着对天神的信仰。这种宗教今天被我们了解最多的是它在中亚和西伯利亚的孑遗，可能是被从北面和西面来的游牧民族带到云南和印度支那的北部地区。④ 而东山铜鼓与广西铜鼓具有直接的渊源关系，从本质上来说，二者是共同宗教观念下的作品。因此，我们也可以认为，广西铜鼓也是萨满鼓的一种。除了广西之外，在铜鼓另一个分布区贵州的岩画中也发现了人击鼓的图像，其含义应该是相同的，同样表示萨满击鼓，用以开展灵魂之旅（图7，7）。此外，在俄罗斯阿尔泰东部地区的一个石柱上还用凿刻的方式制作了一些图像，图像以蹲踞式人形为主，间或有少量动物以及人骑马

---

① M. Eliade, Shamanism: *Archaic Techniques of Ecstasy*, Princeton: Princeton University Press, 1972, p. 156.

② 关于岩画中的铜鼓符号的释读，请参阅王克荣、邱仲伦、陈远璋《广西左江岩画》，文物出版社1988年版，第193页；覃圣敏、覃彩銮等《广西左江流域崖壁画考察与研究》，广西民族出版社1987年版，第164—169页。

③ ［苏］A. M. 萨哈拉耶夫著，瑞雪译：《喇嘛教与南西伯利亚萨满教宗教仪式上的打击乐器》，《蒙古学信息》，1982年第3期。

④ H. G. Quaritch Wales, Phd., Litt. D. *Prehistory and Religion in South-east Asia*, Bernard Quaritch, Ltd., 1957, pp. 50-55.

的图像，而萨满击鼓的图像有 3 幅（图 7、图 1）。其中 2 幅分别位于顶部和下方位置处，内容风格基本一致，均为站立的正身人像一手拿鼓，一手握着鼓槌（图 7、图 1，a、b）；而另外一幅位于石柱底部位置，表现为人骑马，骑士的一只手握着鼓，另一只手没有鼓槌（图 7、图 1，c）。尤其值得注意的是，该组图像中，萨满击鼓的图像与众多的蹲踞式人形图像共同出现，这与左江岩画的表现形式基本是一致的。这也进一步证明了左江岩画的确是萨满教观念下的作品。

图 7 岩画中的击鼓图①
1. 俄罗斯阿尔泰东部地区石柱　2-6：广西左江岩画　7. 贵州长顺傅家院"红崖洞"岩画

---

① Кубарев В. Д. *Шаманистские сюжеты в петроглифах и погребальных росписях Алтая*. Древности Алтая. №6. 2001.；图 2-6 引自王克荣、邱仲伦、陈远璋《广西左江岩画》，文物出版社 1988 年版；图 7 引自罗晓明、王良范《山崖上的图像叙事——贵州古代岩画的文化释读》，贵州人民出版社 2007 年版。

议题一：民族文化与绿色发展
论左江岩画的萨满教属性

另外，在左江岩画中，最需要引起重视的是狗和"中心人像"① 构成的组合关系。狗的形象总是与"中心人像"伴随出现，人像一般配有类似环首刀的武器。左江岩画中的狗一方面是萨满通天的助手，同时也作为萨满教仪式的一部分，用于祭祀的牺牲。关于这一点，傅斯年早就指出，"巫觋通天地的若干特殊动物，至少有若干就是祭祀牺牲的动物。以动物供祭也就是使用动物协助巫觋来通民神、通天地、通上下的一种具体方式"。② 用狗作为牺牲是有事实依据的。首先，壮族先民地区历史上盛行狗祭。据《景泰云南图经志书校注》卷三记载广西府民俗时说："州之夷民有曰土僚者，以犬为珍味，不得犬则不敢以祭"；③ 又据《魏书·僚传》记载："僚者……好相杀害，……若杀其父，走避，求得一狗以谢其母，母得狗谢，不复嫌恨"。④ 凌纯声认为，"犬祭为越人旧俗……这种以狗为牺牲，同时珍狗，亦为东南亚古文化特质之一，此一特质虽不多见，但分布甚广"。⑤ 其次，用狗祭祀还普遍存在于其他壮侗语民族的习俗中。据专家考证，"狗与傣族的每个祭祀环节有关"。⑥ 在壮族先民的观念中，狗有特别的嗅觉，它不仅可以觉察到人所觉察不到的神怪，而且可以保护人，是镇邪驱鬼的灵物。所以，壮族先民如遇灾祸，往往杀狗以其血洒于出事地点，或施于认为鬼神正在兴妖作恶的地方，以镇压或驱逐鬼神，使其不敢作祟。今天，许多壮族村寨的村头路口都还立有一尊石雕狗像，被称为"石狗"。逢年过节，人们都要到石狗面前焚香烧纸，祈求它能驱除邪恶，保佑平安。而伊利亚德也曾对狗在萨满教仪式中的作用进行过论述，并认为它是萨满进行地下之旅的一个重要帮手。⑦

可见，左江岩画的众多图像及其组合类型均与萨满教的相关内容相契合。岩

---

① 这里所谓的"中心人像"是指位于画面中间位置的高大正身人像。
② 傅斯年：《跋陈盘君〈春秋公矢鱼于棠说〉》，转引自张光直《中国青铜时代》，生活·读书·新知三联书店1983年版，第324页。
③ （明）陈文修著，李春龙等校注：《景泰云南图经志书校注》，云南民族出版社2002年版，第183页。
④ （北齐）魏收：《魏书》，吉林人民出版社1995年版，第1378页。
⑤ 凌纯声：《古代闽越人与台湾土著族》，引自《南方民族史论文集》（一），中南民族学院民族研究所1982年版，第143页。
⑥ 刘祖鑫、杨甫旺：《傣族原始宗教研究的新视点——金沙江河谷傣族的稻作与祭祀》，《楚雄师专学报》2001年第2期。
⑦ M. Eliade, Shamanism, *Archaic Techniques of Ecstasy*, Princetio: Princeton University Press, 1972, pp. 466 – 467.

画内容与民族志材料中萨满鼓鼓面描绘的内容相似，是对萨满开展灵魂之旅所依赖的各种神灵及其象征物的刻画。

四 结论

关于左江岩画，由于我们过去缺乏对国外材料的重视，以及对岩画图像本身细致的考察，导致对其内在宗教观念所具有的各种特征的认识还不是太清楚。人类文明发展的历史表明，世界各地的早期宗教都具有一些共性，这与人类物质文明发展的早期阶段所具有的共性是相辅相成的，而这种具有共性的宗教学术界一般称之为"萨满教"。实际上，从左江岩画本身来看，其作画地点的选择、岩画单个图像的内容、各种图形的组合方式等都体现出强烈的萨满教观念，左江岩画画面内容不仅是萨满教宗教仪式场景的再现，更是对萨满教各种神灵及其象征物的刻画，是萨满实现灵魂之旅的一个重要工具。换言之，萨满在开展灵魂之旅时，除了需要通过致幻剂进入迷狂状态之外，还要借助具有神力魔法的图形，即通过制作岩画来实现。关于这一点，从世界范围内的出土文物、文献资料以及民族学材料中都可见到，学术界也对其进行过大量的讨论，得出过比较相似的结论。实际上，这种蕴含着萨满教观念的古代艺术品涵盖的范围要广泛得多，远远超越了岩画的范畴。因此，我们在讨论左江岩画的内容时，必须注意到古代文化普遍联系的这一事实，以及上古人类思维观念的相通性。在此基础上，结合具体的岩画图像，综合运用考古资料、民族民俗学资料，以及文献资料等进行广泛对比和考证，才有可能逐步厘清左江岩画的发展脉络及其包含的文化观念。同时，也唯有如此，才可将左江岩画纳入世界文明发展的进程中，拓展研究的宽度和深度。

（本文原载《民族艺术研究》2016年第5期，本次会议论文在原文基础上有扩展）

民族文化与绿色发展

——关于浙江省丽水市发展畲族农家乐民宿经济促农增收致富的实践与思考

余爱华[*]

丽水市是浙江省少数民族主要聚居地区，景宁县是全国唯一的畲族自治县和华东地区唯一的少数民族自治县。从民族地区整体情况看，山区是最大特点，后发是最大特征，生态是最大优势，"三农"是最大任务。传承发扬畲族文化和促进提升绿色发展，是传递"创新、协调、绿色、开放、共享"新发展理念的重要命题，更是实施十九大提出乡村振兴战略的重要阵地。"探神秘畲寨，观山哈古舞"成为令人向往的惬意生活。依托少数民族资源禀赋，打造华东畲族农家乐民宿经济（以下简称畲家乐畲家民宿）第一市，积极推进民宿健康发展，促进助农增收，加快民族地区全面小康步伐至关重要，对其他少数民族地区发展经济传承文化具有较高借鉴参考意义。

丽水市共有47个少数民族，9.06万少数民族人口，占全市总人口的4.28%，其中畲族人口7.19万人，7个民族乡（镇）和212个民族村。2016年，全市少数民族农村居民人均可支配收入15651元，比全市农村居民人均可支配收入16459元少808元。近年来，丽水市抓住乡村休闲旅游发展契机，以发展民宿经济为抓手，立足少数民族特色村寨建设，因势利导促进融合发展，努力打造畲家

---

[*] 作者简介：余爱华，浙江省丽水市农村工作室工作人员。

乐畲家民宿金字招牌，助推少数民族地区发展赶上民宿经济发展快车道，形成美丽特色村寨建设和美丽畲家乐畲家民宿经济共同发展的良好态势。

一 丽水发展畲家乐畲家民宿的基本现状

（一）发展畲家乐畲家民宿是传承畲族文化促进畲民增收的历史抉择

2016年5月19日，李克强总理在首届世界旅游发展大会开幕式上指出，旅游业是中国培育发展新动能的生力军，是大众创业、万众创新的大舞台，是实现扶贫脱贫的重要支柱，是建设美丽中国的助推器，旅游业是中国对外友好交往的高架桥。农家乐民宿产业作为乡村旅游业的重要内容，不断发展壮大正当其时。畲家乐畲家民宿，是以畲族文化为主要旅游吸引物的一种文化旅游产品，是将畲族的文化和生态环境作为旅游资源来开发农家乐民宿的旅游活动，其投资和经营主体主要是畲族群众。畲族风情的年俗旅游热闹非凡，乡土年饭、年猪、年糕、麻糍、米酒、咸菜果子等美食制作，舞龙舞狮、花鼓戏等民俗演出，加之遍布各村的"乡村村晚"，浓郁的畲族风情搭配上乡村民宿、乡村休闲酒店，吸引各方游人慕名而来，选择在景宁旅游过年。2018年春节期间，景宁县农家乐民宿入住率达90%以上，接待游客11.4万人次，同比增长20.06%。

发展畲家乐畲家民宿成为畲民增收致富的重要渠道，可以有效带动村级集体经济发展。目前，理性研判畲族村域内的产业基础和发展前景，能显著推动农民增收、村集体经济发展的来源和空间非常有限，而发展具有少数民族民宿特色和风情的畲家乐畲家民宿，可促进畲民创业就业、带动村域经济发展，实现畲民增收致富和村集体经济发展壮大的双赢。据统计测算，全市经营情况良好的畲家乐畲家民宿年均收入一般在10万元左右。村民将闲置房屋出租，10年左右就可收回房屋建筑成本。村集体将闲置的村级河道、礼堂、学校和办公用房等资产出租，村集体经济得到了发展。如莲都区老竹镇沙溪村，办起村级畲家乐，将畲寨宗祠改造成文化礼堂，建立畲乡歌舞队，为游客表演畲族歌舞，村集体经济年均增收10万元。

（二）全市畲家乐畲家民宿发展初步形成四大特点

干部群众齐心、自然生态独特、村容村貌美丽和文化习俗浓郁等"天时地利人和"，促使丽水市畲家乐畲家民宿发展初步形成四大特点。

一是初步建成一批少数民族特色村寨和畲族风情精品民宿。从自身优势出发，与扶贫开发、生态旅游、文化保护区和新农村建设相结合，与当地各专项规划相衔接，做到统筹兼顾，协同发展。目前，全市有畲家乐畲家民宿的特色村21个，其中省级特色村9个、市级特色村9个。如莲都区大港头镇利山村近年来利用危旧房改造契机，对全村村居进行统一改造。分五期实施旧房拆除工程，拆除面积1.4万多平方米，新房建设统一规划，统一施工，为突出少数民族特色，体现畲族风味，新建房屋统一进行外墙粉刷，新房统一建三层，统一白色立面马头墙徽派风格，通过建筑特色元素来展现畲族风情。沙溪村注重对畲族特色民居的保护与改造，在保留原有民居特色的基础上，注重地形地貌特点，结合旅游开发、生活实际，按"修旧如旧"的原则，对古朴纯真的村庄北面畲族民居进行"原汁原味"保护，对存在不协调外墙色调进行统一改造，对南面新房子统一安排、统一设计、统一外墙，建成具有畲族特色的民居。建设一批与畲族民居相配套的具有畲族特色的公共设施，着力营建"畲族民居为主调，山水风光为基调，畲家风情为特色"的畲家村。

二是外来资本示范带动成为畲家乐畲家民宿发展的新动能。通过引进民间资本，对民族乡村民宿进行整体包装开发，农户将空房和荒地打包出租给民间资本，由民间资本统一开发，统一经营和管理，为民族乡村群众开辟新的增收途径。如莲都区碧湖镇堰头畲坑自然村引进丽水市养心谷休闲旅游有限公司，一期开发全村21栋新房子，73间客房，108个床位，2016年5月份正式营业。公司向该村注入资金和管理，村民用自己的闲置的房屋、承包地等入股，房屋租赁期限15年，房屋由公司按照民宿风格装修，第一年的房屋租金在年度财务决算后支付，第二年的房屋租金继续投入，如此循环往复；公司年度财务决算有利润的，拿出30%给村民分红。村民自愿为原则，通过公司培训后可成为公司员工。村民可享受"租金＋分红＋工资"三重收益。

三是公司化运营成为畲家乐畲家民宿发展的新模式。畲家乐畲家民宿抱团取暖，走上了公司化运营的现代企业道路，改变了一家一户单打独斗、抗风险能力弱的不利局面。如松阳县象溪镇上梅村以村内建设的8家农家乐为依托，成立象梅畲寨休闲旅游开发有限公司，以公司的形式统一宣传、统一住宿、统一管理，由公司将客源协调分配到村里的各个成员。公司借助畲族风情游，开展农业休闲观光游，2015年，上梅村200亩皇菊基地投产，皇菊花期，吸引大批游客前往观光游览，皇菊产品销往周边城市及重庆、成都、上海等地，2016年实现销售额250余万元，为周边100多名少数民族群众提供了就业机会。

四是农旅融合成为畲家乐畲家民宿发展的新亮点。充分发挥生态环境和生态资源优势，将更多的农产品转化为旅游地商品。以农兴旅，生态为基打开旅游新格局；以旅促农，书写山间土货蜕变传奇。莲都区大港头镇利山村根据自身的耕地水利优势条件，2012年在村内发展处州白莲精品园面积105亩，并在白莲基地内建成了采摘游步道、引水沟渠、指示路牌等配套设施。连片白莲与村里的徽派建筑融为一体，灰瓦白墙，青山环绕，荷花盛开，清静的环境、优美的景色，成为古堰画乡延伸的旅游新景。2015年围绕特色民宿发展，利山村完成具有畲族风韵的特色民宿建设，产业集聚效应和旅游接待能力大幅提高，乡村休闲旅游品牌也更具竞争力。莲都区老竹镇沙溪村位于东西岩景区东侧山脚，是"风情东西"景区的重要组成部分，具有"景中村"和"民族风"的双优势。依托景区发展，积极打造畲族文化体验区、田园风光体验区、水果采摘体验区、荷塘观赏体验区、畲族民间体育体验区的多功能乡村旅游项目，"山哈大席""青藤小院"等特色农家乐民宿和特色民族风情吸引了各地游客纷至沓来，与东西岩旅游风景区形成旅游资源共享的互利局面。

二 丽水发展畲家乐畲家民宿存在的问题和短板

深入分析丽水的历史方位和历史使命，"绿水青山就是金山银山"绿色生态发展之路是丽水最佳发展路径。当前乡村休闲旅游业市场蓬勃兴起，拥有青山绿水生态环境、具有民宿文化特色的民族地区，"千年机遇等一回"，发展畲家乐畲家民宿正当其时。除区位优势不强、配套设施不优等地域共性"短板"外，主要存在以下问题和不足：

1. 畲家乐畲家民宿数量占比低，整体发展水平不高，畲族村发展农家乐民宿氛围不够浓郁。截至2016年底，全市212个民族村中仅有43个村发展畲家乐畲家民宿，占比为20.3%。畲家乐畲家民宿产品整体发展水平不高，卖点较为单一，经营内容主打产品主要以"吃、住"为主，"游、购、娱"等配套项目还比较欠缺，难以让游客留下来进行深度的乡村体验。

2. 畲族村中发展农家乐民宿占比低，少数民族群众对畲家乐畲家民宿发展意愿和主体意识不够强。在统计的 21 个畲家乐畲家民宿特色村中，发展畲家乐畲家民宿 109 户，在该部分村总农户数 4635 户中占比 2.4%。其中，畲家乐畲家民宿户数排名前 3 位的 3 个村：松阳县裕溪乡内陈村 21 户、莲都区老竹镇沙溪村 12 户、景宁县鹤溪街道周湖村 11 户。部分地区存在政府积极引导，而少数民族个体、家庭和家族力量缺位的状况，生态环境、畲族文化和畲族村民还没有形成整体"产品"投入市场。目前民族乡村发展的民宿大多集聚在交通较为便利或是旅游景区周边的乡村。由于很多少数民族乡村地处偏僻山村，道路交通基础设施较差，离县城等中心集镇距离较远，无法开辟发展民宿经济道路，而且绝大部分农户缺乏资金，担心亏本，筹办较为困难，小农经济意识强，缺乏民宿市场开拓精神。

3. 针对畲族专项政策扶持力度不够大，各县（市、区）仅景宁县有专项配套扶持政策。当前，发展民宿主要是农办等部门制定的扶持政策，对民族乡村、少数民族群众开办民宿较少有叠加的优惠政策扶持，各县（市、区）仅景宁县有专项配套扶持政策。景宁县《加强少数民族产业发展扶持实施细则》（景民宗〔2016〕10 号）规定，少数民族群众业主发展畲家乐畲家民宿，在统一补助基础上再给予 30% 一次性补助。

4. 畲家乐畲家民宿特色不够显著，畲族文化产品和服务欠缺。虽然畲族村的产业发展都各有特色，但是在民族文化上的挖掘不够深入。我市大部分的畲族村寨的畲族氛围不够浓厚，部分业主及其从业人员平时不穿畲族服装，不讲畲语。畲家乐对文化、民俗的深度挖掘不到位，造成产业同质化、品位不高，不能满足游客多层次、多样化和高品位的旅游需求，难以形成具有独特卖点的旅游吸引力，与普通农家乐竞争没有太大优势，持续发展能力不足。文化产品和服务欠缺，无法满足以体验异质文化、求新、求异、求乐、求知为消费动机的游客需要，无法适应城乡居民消费结构不断变化和审美新需求。

三 丽水发展畲家乐畲家民宿的若干建议

（一）挖潜培优，提振信心，促进畲家乐畲家民宿发展常态化

一是要进一步增强发展信心。针对部分干部群众虽对发展畲家乐畲家民宿有美好憧憬，但信心不足、心存疑虑、患得患失的现象，相关部门、乡镇、村要深入分析独特优势、市场前景、经营效益等问题，进一步帮助梳理优势、研判形势、理清思路，让他们深刻领会"绿水青山就是金山银山"真正要义，相信生态旅游业是将生态资源转化为美丽经济的有效途径，全面激发广大干部群众干事创业的积极性、主动性和创新性。新闻媒体要宣传造势，扩大影响，营造氛围。二是要进一步加大政策扶持。各级各部门要整合资源，加大扶持力度，形成合力扶持的政策，联合推进畲家乐畲家民宿发展。进一步强化资金和项目整合，加大对畲家乐畲家民宿特色村点在规划设计、主体培育和市场推广等方面的帮扶。财政部门要通过一般转移支付对畲家乐畲家民宿加大投入力度；旅游部门要将畲家乐畲家民宿列入乡村旅游发展规划和精品线路，在项目和资金安排上给予倾斜，帮助宣传推广、争取市场客源；民宗部门要抓紧制定畲家乐畲家民宿三年发展规划，明确发展目标，协调推进，落实措施；农办要在美丽乡村建设、民宿经济和特色精品村的建设规划中，将畲家乐畲家民宿列入其中，资金安排在同等条件下给予优先和重点安排。建议各县（市、区）要创新方法鼓励扶持畲家乐畲家民宿发展，对畲家乐畲家民宿在统一补助基础上再给予10%—20%的补助或奖励。

（二）科学规划，分步推进，促进畲家乐畲家民宿发展差异化

一是要统筹规划布局。各县要结合实际，顺应市场形势，按照"产业融合、特色彰显、环境友好、有序发展"的原则，针对畲族镇村因地制宜制定畲家乐畲家民宿发展规划，同时与美丽乡村建设规划和旅游规划有机衔接，依托民族文化、旅游景区、生态资源和特色产业合理布局，明确发展重点，落实发展措施，避免出现项目同质、模式相同、照搬照抄等"雷同"现象。以畲家乐畲家民宿的发展带动民族村的生态产业发展，带动特色村寨建设，将"星星之火"培育成"燎原之势"。二是要分步分类实施。在发展过程中，要注重科学分析区位条件，做好可行性论证，避免一哄而上、遍地开花，注重在有资源、有财源、有客源的地方先行先试,梯次推进,有重点、分层次、分类实施,以强带弱。应当把握好以下原则:尊重群众的主观意愿,看是否有能力有意愿发展畲家乐畲家民宿,鼓励积极性高的村优先发展;分析旅游资源,应优先扶持旅游资源相对丰富的畲族村发展畲家乐畲家民宿;树立典型示范,以民宿户、村等分类典型引路,充分发挥畲家乐畲家民宿先进典型的层级引领、逐级示范作用,村要推广户典型,乡要培育村典型,县要推广领军型典型。积极引导畲族特色村寨建设,强化畲乡内涵。如松阳县为板桥乡金村、裕溪乡内陈村和象溪镇上梅村三个主要特色村寨争取各级相关部门的政策扶持和资金支持,对民族村建设进行设计指导,助推特色村寨建设。该县内陈村以少数民族特色村寨精品村为载体,畲寨美丽经济发展迅速,先后完成凤凰文化广场、畲族陈列馆、畲族风情体验园等项目建设,村内共发展农家乐民宿 21 户,让游客留得住、玩得好、记得牢,以美丽畲寨带动美丽经济发展。

(三)整合资源,融合发展,促进畲家乐畲家民宿发展集聚化

充分发挥民族村的自然禀赋和民族人文优势,结合生态农业和休闲旅游,努力把潜在优势变为现实生产力,着重在发展特色民宿和特色农家乐上下功夫,努力打造精品,走出一条具有民俗风情的特色旅游之路。一是要盘活资源。依据不同资源特点和市场需求,盘活少数民族存量资源,提升发展农业观光、文化体验、民宿风情、特色餐饮等少数民宿传统乡村旅游产品。如景宁县深垟村对畲家风情古民居进行综合整治,建成了远近闻名的"石头寨"。开发畲族精品旅游线路,打造一批畲家乐畲家民宿、畲家乡村营地、畲家乡村俱乐部、畲家特色演艺、水上运动等旅游业态,做人畲家"温度"经济,促使畲家乐畲家民宿成为线路经济的重要组成部分。如景宁敕木山畲寨到李宝村畲寨、莲都沙溪村到东西岩景区等。二是要全面发展。通过挖掘、改造、嫁接、创新等手段,博采畲族风情发展配套产业:吃,风情节目表演、绿色食品;购,畲族工艺品、地方特产;住,畲家乐畲家民宿;行,畲家线路、交通工具;娱,歌舞、茶饮、健身、休闲、教育、科考等,形成少数民族旅游产业综合性、联动性格局。如景宁县李宝村整村打包发展畲家乐畲家民宿、生态农场,通过实施生态振兴、乡土复原、伦理重建等计划来生产洁净的天然食材,为游客提供住宿、餐饮、农事体验等服

务,探索旅游业、农业融合发展。目前该村已投入建设资金 800 余万元,其中 120 余万元直接用于支付村民工资,2016 年农民人均收入达到 2.2 万元。

(四)注重特色,彰显文化,促进畲家乐畲家民宿发展个性化

一是要深入挖掘特色。根据农业供给侧改革需求和顾客需要,结合市场多元化特点,充分挖掘和利用畲族特色文化和习俗,在原汁原味基础上创新和延伸,将畲族文化最大限度融入畲家乐畲家民宿,特别要在建筑、饮食、娱乐、体验项目等方面着力体现畲族元素和畲族印记,重点将畲族民俗文化、农耕文化、婚嫁文化、宗祠文化、畲茶文化、畲药养生文化融入畲家乐畲家民宿中。如景宁县根据畲村生态特色和环境优势,将 5 个村精心打造成"五朵畲花",各具特色:大均村古樟、古街、畲族婚俗表演,伏叶村田园风光乡村景区,泉坑村休闲绿道,李宝村畲药畲歌,梅山村贡生红豆杉。二是要充分发挥文化溢出效应。加强畲族文化植入,大力培育"一村一主题、一村一特色",不断彰显民族文化特色。在畲族聚居村的畲家乐畲家民宿经营户上要加强畲族文化的植入,体现出畲族特色,做到错位发展优势竞争。如在菜品的开发上,体现畲族特色;在装修风格上,体现畲族元素;在服务方式上,可以尝试运用畲汉两种语言,增加游客新奇感;在活动项目上,开展畲族山歌演唱、对歌,畲族舞蹈等活动,增加游客参与度。如庆元县三山根艺农家乐综合体,根据地区特色开创了独具畲族文化的"三碗茶"(一碗苦、二碗补、三碗洗洗肚)和"三道菜"(霸王出山、排山倒海、横扫千军),让游客在山庄就能够亲身体验畲族的饮食文化,深受游客喜欢。景宁县制定出台"着畲装、住畲居、品畲茶、尝畲肴、讲畲语、唱畲歌、跳畲舞、赏畲俗、干畲活、购畲货"为主要内容的"多彩畲山居"品牌建设和营运导则,建立畲家乐共建共享发展机制。

(五)招才引智,建设队伍,促进畲家乐畲家民宿发展专业化

一是要多方借力借智。相关部门要积极创造条件,指导帮助民宿经营户提高专业化水平,如通过组织赴外地学习借鉴、举办专业知识专家讲座和技能培训等方式,引导经营户更新经营管理理念,不断提高专业化管理服务水平,打造一支专业民宿业主队伍。学习借鉴外地先进经验做法,成立民宿经济发展专家指导委员会或行业协会(联盟),构建政府部门引导、专业团队指导、经营户积极参与

的发展格局，政府部门重点做好政策引导和市场监管，行业协会重点加强行业自律、开展宣传推介和标准化、规范化建设，专业团队负责指导经营户开展市场调查，找准市场定位，开发适销对路的民宿经营项目。如松阳县板桥畲族乡政府通过"农民投资＋专业团队指导＋政府扶持服务"模式，培育大毛科村和金村畲寨民宿产业。乡政府投入 50 余万元聘请专业团队设计建设畲家乐畲家民宿样板房，与浙江中创旅游开发公司签订帮扶协议，中创公司每年帮助大毛科麒上三家民宿至少代销 500 个房间，保证每家农户每年至少收入 4 万元。二是要加强人才培训。通过对内加强专业培训引导，对外加强招商引资和招才引智等多种方式，不断提高专业化的管理服务水平。依托农民学院（学校）平台，抓好人才队伍建设，加强少数民族服务管理的示范培训和精准培训，特别要结合畲族风土人情，重点做好畲家导游、厨师、歌舞、民宿管家等人才培训，普及畲族语言培训，做到统一服饰、统一建筑风格、统一语言、统一歌舞等畲风畲韵统一格局美，提高畲家乐畲家民宿从业人员的服务质量和水平，让游客能享受到更多的畲族文化体验和熏陶。如景宁县十年来每年开展畲语畲歌培训班，邀请畲族文化传承人和畲族文化研究人员讲授畲族语言，传授原生态畲族山歌的演唱方法、畲族舞蹈教学内容，目前已有 1000 余人次参加了培训。松阳县板桥畲族乡政府干部开展学畲语培训，架起畲汉两族沟通桥梁，并将畲语课程纳入干部年终考核范围，日常工作中基本能够以畲语交流，有效促进了畲乡干部开展工作。

（六）扩大宣传，打响品牌，促进畲家乐畲家民宿发展市场化

一是要精心细分市场。加强对现有和潜在客源市场调研分析，细分市场，重点要精准定位三级目标客源市场，构建市场网络立体化：一级市场是金华、丽水、温州，作为基础市场；二级市场是杭州、宁波、上海等长三角地区，作为重点市场；三级市场是国内外访问考察和会议旅游市场，作为机会市场。树立品牌发展战略，树立畲家乐畲家民宿产品形象，培育畲家乐畲家民宿品牌旅客，努力提高目标市场占有率。二是要大力培育品牌。在推向市场过程中，不断打造主题突出、地域文化鲜明的畲家乐畲家民宿精品，依托"丽水山居"品牌优势，打响畲家乐畲家民宿品牌"畲山居"或"丽水山居·畲家乐"，有效带动畲家乐畲家民宿产业的发展。重点设计策划广告形象、景观形象、服务形象等旅游品牌形

象，从品牌广告、品牌营销、品牌公关等方面推广，开展主题促销、联合促销等行之有效的市场营销策略，广泛开展重大节庆活动和推介活动，放大乘数效应。建立营销推广体系，提升品牌建设知名度。运用互联网、大数据、物联网等现代化手段，建立畲家乐畲家民宿基础信息数据库，通过各种媒体、利用各种公共关系向公众传播品牌信息，开展畲家乐畲家民宿网络营销。相关部门要深化合作，注重智慧旅游建设，突出"丽水山居"区域公用品牌营销。整合传播渠道，重点聚焦《浙江日报》、浙江电视台、浙江人民广播电台等省级知名传统媒体，辅以新媒体的活动推广，力争形成电视、报刊、广播、网络、户外广告等立体化广告营销阵地，打好营销推广组合拳，实现品牌集聚人气。如景宁县注册了"畲山居"作为县农家乐民宿的品牌形象，办好"中国畲乡三月三""中国畲乡畲家乐菜点大赛"等节庆活动，建立"掌上畲家乐"等平台，发动更多的少数民族群众发展畲家乐畲家民宿，促进"畲山居"走上发展快车道。

多民族语言和谐是广西民族团结进步的重要经验

余 飞[*]

摘 要：一直以来，多民族语言和谐发展是广西的一大法宝、优良传统和特色优势。当前，我国经济社会正处在一个新的历史转折点，各民族语言关系面临着许多新的挑战。如何构建多民族语言和谐以进一步巩固广西民族团结发展成果，值得我们研究和探索。

关键词：少数民族；团结；语言；文字；和谐

民族团结需要心灵沟通、互相尊重、相互帮助。语言是心灵相通的桥梁。相互学习语言，做到语言相通，是民族工作、民族团结的基础和重点。正如习近平总书记指出的："语言相通是人与人相通的重要环节。语言不通就难以沟通，不沟通就难以达成理解，就难以形成认同。"总结广西壮族自治区成立60年来民族团结进步的成功经验，各族人民语言上的认同、兼容、并存、互通即多民族语言和谐发展是广西的一大法宝、优良传统和特色优势，值得我们深入研究并发扬光大。

---

[*] 作者简介：余飞，广西壮族自治区民语委副巡视员。

一 什么是多民族语言和谐

(一) 什么是多民族语言和谐

本文所说的"多民族语言"是指包括国家通用语言文字和少数民族语言文字之间以及各少数民族语言文字之间、汉语之间(普通话与汉族方言)等两种或两种以上各民族语言文字之间的关系。"多民族语言和谐"指的是处理并把握好国家通用语言文字与少数民族语言文字之间、各少数民族语言文字之间和少数民族传统语言与新创文字之间的关系,形成相互认同、一体多样、互利并存、互补包容、共同发展的态势。既要坚持国家通用语言文字主体性,又要体现少数民族语言文字多样性;既要发挥少数民族语言文字的作用,保存各少数民族语言文字的独特性,又要强调语言文字的包容性,规定相互学习的强制性;既要强调少数民族通用语言文字的规范使用,又要兼顾少数民族传统语言文字的传承发展,通过协调主体性和多样性的差异,化解独特性与包容性的冲突,创造规范与发展兼顾的条件,以达到广西各民族语言文字的统一协调,合作共存。具体什么是多民族语言和谐?要达到何种程度才是多民族语言和谐?根据《国家民委、教育部、国家语委关于开展全国双语和谐乡村(社区)示范点建设工作的指导意见》文件精神,"多民族语言和谐"应从以下几个方面来理解。一是在语言的法律地位上,做到语言关系平等。即不分民族大小,不分语言强弱,一律平等,保障公民学习和使用国家通用语言文字的权利。二是在语言的推行使用上,做到语言关系协调。即各民族语言的推行使用,根据其功能大小,"各守其位,各司其职"。三是在语言的态度上,做到语言关系一致。即各民族语言能够按照客观发展规律得到积极稳妥、审慎推进。各部门能够通力协作、密切配合、共同参与。四是在语言的发展上,做到语言关系兼容。即各民族语言互相兼容,互相依赖,互相补充,交流吸纳,共存发展,形成"各美其美、美人之美、美美与共"的和谐语言生活。

(二) 多民族语言和谐具有重要意义

语言是民族的重要特征之一,是民族发展的重要因素,双语关系是民族关系的重要内容，是民族问题中最敏感、最复杂的问题。少数民族总是把民族语言地位与民族地位、民族权利、民族平等联系在一起。正确处理好各民族语言之间的关系，构建多民族语言和谐，有利于促进民族地区经济社会发展，加快全面建成小康社会；有利于增强中华文化认同，建设中华民族共有精神；有利于增进各民族理解认同，促进社会和谐，实现民族团结进步。少数民族除了使用本民族自己的语言外，还懂得使用国家通用语言，有利于向先进地区学习、个人成长就业、接受现代科学文化知识、融入社会发展，造就更多适应民族地区发展需要的有用人才。正如习近平讲的，"少数民族孩子双语教育要抓好，学好汉语不仅将来找工作方便，更重要的是能为促进民族团结多作贡献"。少数民族和民族聚居地区的汉族干部群众除了使用国家通用语言外，还懂得使用本少数民族或其他少数民族语言，有利于消除各民族之间相互沟通的语言障碍，增强民族感情，促进民族交往交流交融。习近平还指出，"在一些有关民族地区推行双语教育，既要求少数民族群众学习国家通用语言，也要鼓励在民族地区生活的汉族群众学习少数民族语言。"[①] 习近平多次强调"我国是统一的多民族国家""中华民族多元一体格局"。笔者认为，中国语言也是你中有我、我中有你，谁也离不开谁的多元一体格局。当前，那种认为学习推行使用少数民族语言文字"无用""过时""负担""麻烦"，在实际工作中只强调推广使用国家通用语言文字而忽视少数民族语言文字的保护传承，企图让少数民族语言放任自流、自生自灭，这是十分错误的，也是十分危险的，必须坚决反对和纠止。在对待各民族语言上，我们必须处理好语言的多元与一体、互补与竞争的关系，树立尊重差异、包容多样的观念，立足于在差异中求和谐、在多样中求统一，努力构建统一的多民族和谐的语言关系。

二 多民族语言和谐是广西现实的写照

据2011年自治区民语委开展的广西世居少数民族语言文字使用现状调查显示，有89.49%的被调查者能够使用母语与人比较自由地交流，有73.96%的被调查者能够使用汉语方言与别人进行交流，有69.88%能够使用普通话与人进行交流，有60%左右的被调查者能够通过汉文进行读写，这说明少数民族基本能

[①] 张峰：《习近平新时代中国特色社会主义民族思想述要》，中国西藏网，2018年1月29日。

够使用民汉双语对外交流,汉字是少数民族群众书面交际最主要的工具。目前,广西不同民族互相学习使用对方语言十分常见,全区形成了城乡不同、多语共存、互补互利、各得其所的语言和谐环境。

(一) 广西少数民族群众学习使用普通话愿望强烈,全区普通话普及率高

广西少数民族群众对汉语具有较高的认同感,他们除了使用自己的母语外,还在不断努力学习国家通用语普通话。无论是城镇,还是农村,大部分少数民族都懂汉语,特别是汉语方言,普通话普及率很高,只是水平高低不同而已。据2011年自治区民语委对广西世居少数民族语言文字使用现状的调查显示,80.84%的被调查者认为普通话"很有用",超过90%的被调查者认为中小学最好使用普通话进行教学,希望后代就读用普通话教学的学校,这表明了广西的少数民族群众对普通话的认可度非常高,学习积极性高。目前,普通话和汉语方言已经在壮族地区深入民心,壮族人民积极主动学习普通话,汉字已经成为壮族地区使用的"第一文字",甚至把汉字看成壮族人自己的文字。[1] 目前全国普通话普及率约为70%,而根据2011年国家语言文字应用研究所抽查河北、江苏、广西的普通话普及状况结果显示,广西的普通话普及率达到80.7%,高于河北和江苏。这意味着在广西5000万人口中,已有超过4000万人口会说普通话。[2] 2014年,广西完成国家三类城市语言文字工作评估,比国家要求提前6年完成评估任务。《广西壮族自治区贯彻〈国家中长期语言文字事业改革和发展规划纲要(2012—2020年)〉实施意见》提出,到2020年全区范围内基本普及普通话。而在2000年,广西的普通话普及率只有57.4%,其中都安、凌云、天峨等县仅为24%、14%和7.8%。[3] 如今,广西的普通话普及率已走在全国前列。

(二) 广西基层干部努力掌握少数民族语言,民族聚居地区双语干部比较多

广西基层各族干部相互学习各民族语言是积极主动的,也是自然而然的,既是工作需要,也是生活需要、环境驱使、民族感情推动。对于全区双语干部情

---

[1] 《习近平:少数民族孩子学好汉语找工作方便》,国际在线,2014年4月28日。
[2] 唐冬媚:《广西国家通用语言文字使用情况及语言态度分析研究》,硕士学位论文,广西大学,2014年。
[3] 《我国人口最多少数民族自治区八成人口会说普通话》,中央人民政府网站,2012年5月29日。

况，我们没有进行过全面调查统计，但从一些新闻媒体报道、调研报告和学术研究成果介绍中可以看到，广西少数民族聚居地区的基层双语干部比例是比较高的。这其中既有汉族干部学习掌握少数民族语言的，也有原来不懂本地民族语言的干部学习掌握当地少数民族语言的。比如，2003年7月，中南民族大学韦东超博士对百色市城市少数民族干部和知识分子为主（又以壮族为主）的100份问卷中，有受访者67%为壮族，32%为汉族，1%为回族。结果显示，在67个参与问卷调查的壮族受访者中，有54人会说壮话，占80.6%，13人表示不会说壮话，占19.4%；32个汉族受访者中，表示会说或不会说当地少数民族语言的，正好各占50%。① 比如金秀瑶族自治县人民法院2015年共有审判员33人，其中双语兼通的有20人，占审判员总数的60.6%；书记员21人，双语兼通的有11人，占书记员总数的52.4%。② 融水苗族自治县人民法院培养双语干警62人，占在职干警总人数的68.1%。其中，双语法官由2010年前的16人增长到30人，占法官总数的56.6%。4个基层法庭有双语法官10人、双语书记员11人，实现基层法庭双语干警100%覆盖。③ 西林县法院入额法官除了掌握标准的普通话外，均掌握至少一门以上的少数民族语言。④

（三）各民族之间积极主动学习对方语言，完全没有障碍，多语群众比例高

目前，广西多民族语言共存的现象比较普遍，也就是说懂多民族语言的群众比较多。这种多语现象不是个体现象，而是群体现象，在一个民族或地区中有相当多的群众，既能说母语，也能说汉语或其他民族的语言。这是广西的一大特点。广西各民族由于长期杂居共处，民族之间经济文化交往日益频繁，各民族之间或民族内部讲不同民族方言的人之间很自觉地互相学习语言，语言的混合和多语现象是自然的、和谐的，非常普遍。各民族对对方语言都抱着开放包容的态度，没有相互排斥，没有发生冲突。据保守估算，广西壮族人口中，至少有一半

---

① 《普通话普及率不高 四成广西人不会讲普通话》，荆楚网—楚天金报2006年7月17日。
② 韦东超：《城市化视野下的少数民族传统文化与民族意识——以广西百色市壮族为例》，《贵州民族研究》2004年第4期。
③ 金秀县民族宗教管理局：《金秀县法院"双语"调解模式有特色》，广西民族报网，2016年3月16日。
④ 《融水法院：培养双语法官让办案沟通零障碍》，《广西日报》2015年7月8日；《融水苗族自治县法院培养双语法官观察》，《广西日报》2015年12月23日。

是双语者（包括多语者），壮族双语制即"壮语—普通话"基本上已成形。① 广西三语人数占总人数的29.23%，双语人数占总人数的48.54%，双语或多语人数约占80%。我们从一些个案中也可以看到这一点。比如2013年213份调查问卷分析显示，象州县城区绝大多数人能同时掌握桂柳话和普通话的比例高达91.55%，有80.75%的居民以桂柳话为母语，以壮话、瑶话等少数民族语言作为母语的居民绝大多数能够掌握桂柳话，城区居民普通话掌握程度高。② 又如桂平市紫荆镇三江圩有47%的少数民族成员尤其是中青年都会两种以上的语言，他们除了会讲本民族语言以外，还学会了一种或两种以上其他少数民族的语言和汉语。汉族客商为了经营的便利，学起了当地少数民族的语言，他们能用壮话、瑶话甚至侗话和少数民族交谈。③ 另一方面，汉族壮化现象即会讲壮话的汉族也不少。据2008年7月的调查，东兰县花香乡弄兰村31户汉族，人口182人，其中143人操壮汉双语，占汉族人口的79%；26人操壮语，占14%；其余的7%操其他少数民族语言。位于弄兰村中部的一所公办小学，汉族小孩授课使用的是普通话，但平时学生之间交流用壮语以及"桂柳话"，汉族小学生听得懂壮语和会说壮语的约占一半。升入镇中学后，大都学会了壮语。成年人一般会讲包括"桂柳话"和壮语在内的两种以上语言。④

三 多民族语言和谐是广西自古以来的优良传统

（一）创新发展的民族精神为构建广西多民族语言和谐提供了持久的力量支持

目前，广西一方面全力推广普及普通话，以满足族际之间的交际需要和民族自身发展需要；另一方面着力推行使用新创文字即拼音壮文，以满足本民族交际需要和民族认同；大力保护传承少数民族传统语言，抢救保护濒危语种，传承发展古壮字，以满足传承弘扬优秀传统民族文化的需要。两方面一起抓，同时推进，使各民族语言得到协调发展。这既是广西各民族语言和谐的具体表现，也是

---

① 《西林法院：双语法官送法进瑶寨获民赞》，西林县法院网，2017年12月14日。
② 黄平文：《论文化接触对语言的影响——壮语演变的阐释》，民族出版社2010年版。
③ 韦海滢、岑新明：《广西象州县城区语言使用情况调查》，《广西语言研究》2017年第8辑。
④ 秦海燕、梁媛：《广西民族团结个案研究——以桂平市紫荆镇为例》，《南方论刊》2013年第5期。

构建各民族语言和谐的重要保证。在多民族多语言社会里，语言发展的竞争是必然的。广西的语言竞争主要表现在全国通用语言即汉语和少数民族语言主要是壮语的关系上，表现在各少数民族语言之间的关系，表现在少数民族语言即传统语言和少数民族文字即拼音壮文之间的关系，表现在普通话与汉语方言之间的关系。目前，广西的语言竞争是良性的，各种民族语言各就各位、互补互利、各尽其责，在各自领域发挥着作用。各民族语言关系大体是和谐的，它们通过互补互利都得到继续抢救保护存在、协调有序发展，没有出现语言冲突、语言矛盾，更没有演变为民族矛盾。几千年历史发展，特别新中国成立以来，广西各民族语言得到和谐发展，与壮语等少数民族语言创新发展有很大关系。翻开广西少数民族语言文字发展历史，我们不难发现，广西壮族人民的开放包容、创新争先精神在壮语言文字历史发展中也得到充分体现。创新发展是广西各少数民族语言历史发展的根本特征。早在唐朝时期，壮族人民就借助汉字或汉字的偏旁部首创造出了古壮字，也称方块壮字、土俗字。中华人民共和国成立后，又以壮语北部方言为基础方言，以壮语武鸣音为标准音，创制出了拼音壮文。拼音壮文的推行使用为广西迅速扫除文盲、普及教育、发展科技开辟了新的道路。拼音壮文是壮族语言文字发展史上的重要成就，是壮族人民对传统文化的继承和创新。从古壮字到今天的拼音壮文，壮族文字都在适应不同历史时期的社会文化条件和时代要求，尽管在这一过程中比较艰难，但由于有许多少数民族语言工作者的坚持和创新，不断拓宽壮文推行使用新路子，广西少数民族语言文字事业仍然得到不断发展。

（二）大散居小聚居的民族分布为构建广西多民族语言和谐提供了有利的地理条件

目前汉语在广西少数民族中得到普遍认同，普通话和汉语方言是广西各族人民的第一语言、强势语言，使用人数比较多，在多数县城和城市居住的少数民族群众几乎都以汉语为交际语言，少数民族语言基本上退出了城镇工作交际舞台。尽管如此，壮语等少数民族语言依然保持较强的活力，在大小不同的局部使用，特别是在广大农村地区，依然是少数民族群众的第一选择、强势语言。目前少数民族语言在民族聚居地区的村镇中依然相对保存较完好，民族群众基本上都使用母语进行交流，且传统语言词汇比较丰富，语言文化保存得比较完整。同时，许多少数民族群众在本民族、本村寨说自己母语，不同民族之间说汉语或对方民族语言或大多数人掌握的民族语，因而多语群众比较常见。笔者认为，多元一体是广西语言关系的一大特点，这与广西各民族的人口分布呈现大散居、小聚居、交错杂居的状况有关。广西语言关系的多元一体，不仅是广西各民族语言和谐的重要特征，也是广西各民族语言和谐的重要保障。相互杂居的居住格局，有利于形成你中有我、我中有你的亲缘关系，有利于语言的相互学习交流，语言关系就比较好；反之，语言关系就会受到消极影响。2011年自治区民委重大课题《广西民族关系评估报告》的调查显示，有41.57%的被访者居住在多民族杂居的社区内，28.4%的被访者居住在本民族聚居的社区内，26.92%的被访者居住在汉族为主的社区内。在日常与人交流中，有六成以上被访者同时使用2种或2种以上语言，有接近15%的被访者会说两种少数民族语言。[1]

（三）开放包容的民族语言文化为构建多民族语言和谐创造了良好的社会条件

开放包容的语言文化不仅是广西多民族语言和谐的心理基础、重要原因，也是广西多民族语言和谐的重要内容和具体表现。对其他语言不排斥、不冲突，而是相互兼容、相互吸收融合、和平共处，这是广西语言环境一大特点。主要表现有两个方面：一是各民族语言并用，既保留和使用自己的母语，又学习和使用各民族共同语即普通话或汉语方言，同时，还懂得临近居住地少数民族群众的语言。这种开放包容态度，在许多具体案例的调研中能够看到。对各民族不同受访对象所做的调查问卷中，均反映出少数民族对学习使用汉语的积极态度，对本民族语言影响减弱表现出无所谓的态度。2002年8月至12月，暨南大学教授梁茂春在金秀瑶族自治县进行的2000份问卷调查显示，普通的瑶民对瑶族方言使用者人数的日益减少状况并不太在意，许多人抱着"无所谓"的态度。当问及"当瑶族人不讲瑶话，只使用汉族方言，你有什么意见"时，75.6%的瑶族成员表现出无所谓的态度，11.7%的瑶族人表示支持，只有11.4%的人表示反对。而在学习他族方言的方面，瑶族人表现出相当大的积极性，49.3%的人认为希望自

---

[1] 马世英、梁世甲：《广西汉族壮化现象个案研究——以东兰县花香乡弄兰村为例》，《广西民族研究》2010年第1期。

己以及自己的后代学会其他四个瑶族族系的语言，只有4.3%的人表示反对。这些情况均表明，瑶族在语言使用上并无禁忌，对本族成员不再使用瑶语而改用汉语方言的现象也怀有十分宽容的心态。① 二是各民族语言交融，既吸收汉语言文化，又吸收其他少数民族语言文化，各语言之间的相互渗透和影响，极大地丰富和发展着各民族语言词汇。这也是广西少数民族语言文化开放包容的表现。据估计，壮语词汇与汉语有关系密切高达70%，其中大多数是新旧借词。② 同时，受壮语影响，广西汉语吸收壮语成分也很普遍。如南宁附近的平话（又称百姓话），吸收了30%左右的壮话。广东话即粤语，在广西境内汉族地区称白话，有10%左右的词是来自壮话。③

四 多民族语言和谐是广西民族政策法规的重要要求

（一）广西多民族语言和谐具有法律法规保障

近年来，广西认真贯彻落实有关国家语言文字和少数民族工作的法律法规，制定了一系列地方性民族法规，出台了一系列政策性文件，确保有关国家语言文字和少数民族语言文字等相关法律在广西落地生根。2016年11月自治区人大常委会审议通过《广西壮族自治区非物质文化遗产保护条例》。《广西壮族自治区少数民族语言文字工作条例（草案）》列入2017年自治区人大常委会立法工作计划，并于2018年5月审议通过。《广西壮族自治区民族教育促进条例》也列入2018年自治区人大常委会立法工作计划，并在2018年11月审议通过。目前，广西已先后出台了涉及民族教育、清真食品管理、壮医药管理、非物质文化遗产保护等方面的地方性法规，初步形成了以民族区域自治法为核心，地方性法规和自治县自治条例、单行条例相配套的具有广西特色的民族法规体系。④。在此之前，2006年5月26日，广西壮族自治区第十届人民代表大会常务委员会第二十次会

---

① 梁茂春：《金秀大瑶山各族群语言使用状况的调查——对统计数据和问卷数据的分析》，《广西民族研究》2006年第2期。
② 黄平文：《论文化接触对语言的影响——壮语演变的阐释》，民族出版社2010年版。
③ 黄金海：《广西各民族和合与民族团结进步模范区建设——广西建设民族团结进步模范区研究之一》，《广西民族研究》2012年第2期。
④ 《广西初步形成具有广西特色的民族法规体系》，平安广西网，2018年1月20日。

议通过了《广西壮族自治区实施〈中华人民共和国国家通用语言文字法〉办法》。这些地方性法规,特别是已经审议通过的《广西壮族自治区实施〈中华人民共和国国家通用语言文字法〉办法》和即将审议的《广西壮族自治区少数民族语言文字工作条例》或将要审议的《广西壮族自治区民族教育促进条例》,将为广西各民族语言和谐发展提供法律上的保障。

(二)广西多民族语言和谐具有政策制度保障

政策是我们做好各项工作的基本保障。近年来,广西在推进多民族语言和谐发展过程中,在注意抓好国家相关法律法规的贯彻落实、少数民族语言文字法规的建立健全,确保"有法可依"和做到"有法必依"的同时,也十分注意细化法律法规要求,抓好党和国家相关政策的贯彻执行,制定出台可行的规范性文件,确保各民族语言和谐政策落实到位。如2012年12月26日出台进一步加强壮汉双语教育工作意见,强调完善壮汉双语教育体系。2014年12月制定贯彻落实《中共中央、国务院关于加强和改进新形势下民族工作的意见》实施方案,强调开展少数民族濒危语言调查工作,加快少数民族语言文字工作立法进程,争取国家支持在广西人民广播电台和广西电视台增设壮语广播电视节目专用频道和频率。2016年4月21日印发《壮汉双语教育发展规划(2016—2020年)》,要求到2020年壮汉双语教育体系基本形成。2017年6月12日下发贯彻落实《国家民委"十三五"少数民族语言文字工作规划》实施方案。2017年9月30日印发贯彻落实《推进民族地区干部双语学习工作的意见》实施方案,强调加强双语人才培养培训工作,建立推动双语学习的奖励激励机制,改进完善干部考试录用办法。2017年11月3日印发《广西依法治理民族事务促进民族团结实施方案》,鼓励民族自治地方各民族公民互相学习语言文字,建立健全双语教育教学体系,大力推进双语教学。2017年12月30日印发贯彻落实《关于加强和改进少数民族流动人口服务管理工作的意见》实施方案,鼓励有条件的地方和学校使用双语教学,有条件的公共文化机构提供当地通用的少数民族语言文字服务。

(三)多民族语言和谐具有规划措施保障

在整体规划上,2017年3月17日,《国家民委"十三五"少数民族语言文字工作规划》印发后,广西民语委、民宗委随即在6月12日出台贯彻落实规划的实施方案，明确了"十三五"期间广西少数民族语文工作的指导思想、基本原则和发展的总体目标，提出了"十三五"时期广西少数民族语文工作法治化建设、少数民族语文基本情况调查、少数民族语文基础研究、双语人才队伍建设、壮语文规范化标准化信息化建设、少数民族语文公共服务、少数民族语文科学保护、少数民族语文翻译出版广播影视、少数民族语文交流与合作等9个方面的具体任务。在专项规划方面，2016年4月21日，自治区教育厅、民委、财政厅、人社厅、编办、民语委等六部门出台了《广西壮族自治区壮汉双语教育发展规划（2016—2020年)》，明确了壮汉双语教育发展的主要任务和目标。在少数民族语言资源保护工程建设规划上，2013年10月12日下发贯彻《国家中长期语言文字事业改革和发展规划纲要（2012—2020年)》实施意见，提出以多种形式开展少数民族语言濒危保护工作，建设广西语言资源有声数据库和广西少数民族语言有声数据库网上共享及专家查询系统。同时，制定出广西少数民族语言资源保护工程建设三年规划，组织开展《中国语言资源保护工程少数民族语言总体规划（2015—2020)》确定的47个村点之外的63个村点调查工作。2017年已完成武鸣双桥、忻城城关、都安地苏等17个少数民族语言调查点的数据采集工作。

五　构建广西多民族语言和谐关系的突出问题与解决的几点建议

总体上看，目前广西多民族语言关系是和谐的，这是广西的特色和优势，是广西民族团结进步的具体体现和重要经验，但是，我们也清醒地认识到，这种和谐是十分脆弱的，基础还不够扎实，有待进一步加强。主要表现在以下几个方面。

（一）在汉语与民族语言关系上失衡，强弱分明

主要表现在语言的推广使用和相互学习上。一是在语言的推广使用方面表现出汉强民弱。一方面，目前学习使用国家通用语言文字已成为广西各族人民群众的自觉行为，普通话推广使用仍需要继续进行。另一方面，普通话普及率不断提高又使少数民族语言消失速度加快，即使是少数民族人口使用最多的壮语已被列为不安全语言，同时壮文的推行使用也困难重重。二是在语言的相互学习方面表现出民强汉弱。广西普通话普及率高说明少数民族群众学习使用汉语积极性高，

按照民族地区各族党员干部群众互学语言的要求,广西少数民族干部群众学习汉语做得比较好,但汉族干部群众学习少数民族语言就比较差,强调民族聚居地区的基层汉族干部学习使用当地通用的少数民族语言十分必要。毛泽东早在20世纪50年代就指出:"在少数民族地区工作的汉族干部,必须学当地民族的语言。少数民族的干部,也应当学习汉语。"① 习近平总书记在2014年中央民族工作会议上也指出:"在民族地区当干部,少数民族干部要会讲汉语,汉族干部也要争取会讲少数民族语言,这要作为一个要求来提。"② 可见,在民族地区工作的领导干部学习使用当地通用的民族语言是我们党的一贯主张和要求。当前,有的同志认为广西少数民族干部群众普通话普及率很高,汉族干部与少数民族干部群众交流沟通没有语言障碍,要求汉族干部学习使用少数民族语言没有必要。笔者认为,这种认识是错误的,也是危险的,应当引起高度重视,切实把民族聚居地区的基层汉族干部学习使用当地少数民族通用语言作为民族工作和民族团结进步创建活动的重要内容来抓。

(二)在民族语言与民族文字关系上失衡,语强文弱

主要表现在壮语的保护传承与壮文的推行使用差异。当前,无论是民族语言,还是民族文字,应用范围都在不断缩小,但由于壮语等民族传统语言具有较为广泛的群众基础,其在壮族等民族聚居的农村仍有较强的活力。自治区民语委2000年的调查显示,广西全区约有1260万壮族人口使用壮语进行交际和思维,加上其他少数民族部分人也讲壮语,在广西境内讲壮语的人数超过1550万人。③ 相对来说,壮文等少数民族文字由于是新创文字缺乏群众基础和应用环境,壮文推行使用困难,成为少数人学习使用的专家文字。构建广西多民族语言和谐必须正确处理好民族语言与民族文字如壮语与壮文的关系。尽管壮语方言较多,差异性比较大,同是壮族隔一个村都有可能听不懂对方说的话。但是对于壮族来说,壮语是壮族的一个鲜明的民族特征,壮语是壮族人民千百年来在共同生活、生产

---

① 毛泽东:《工作方法六十条(草案)》,1958年1月。
② 瞿大喜:《推进双语学习 服务民族团结进步事业——贵州省第一期干部双语学习管理培训班侧记》,《贵州民族报》2017年6月20日。
③ 《广西民族语文工作情况报告——2015年4月28日自治区民语委在国家五部委专题调研座谈会上的汇报材料》,广西民族报网,2015年4月30日。

和斗争中创造产生的，有着悠久的历史。语言不仅是工具，更是文化的载体。壮语不仅是壮族群众主要日常交际语言，更是壮族传统文化的主要载体和重要内容，是重要的非物质文化遗产，抢救保护和传承发展壮语文事业对保护传承壮族文化具有重要意义。壮语的传承发展与壮文的推行使用并不互相排斥，二者可相互补充、相互促进。当前，民族语言消失速度加快，应加大对壮语等民族传统语言、方言的抢救保护力度，在标准壮文推行使用未全面进行和普及前应把推进壮语等民族传统语言在社会各领域的使用作为一个重要工作来抓，特别是强调领导干部在壮族政治经济文化重要活动中使用壮语和大力发展壮语教育教学、文学艺术、广播影视事业，使之成为学习宣传传播壮语的阵地和载体。

（三）在传统文字与新创文字关系上失衡，古弱新强

主要表现在对古壮字的保护传承缺乏法规政策保障和古壮字学习使用者越来越少，陷入生存危机。目前，壮族群众使用的文字主要有汉字、古壮字、新壮文三种。其中，古壮字是壮族的传统民族文字，它既反映了壮族传统语言文字的特点，又包含了丰富的民族文化、医学、科技等知识，积淀着壮族人独特的思维习惯和文化心理，是深入研究壮族古代社会的经济、政治、文化、医学、科技以至风土人情的基础材料。比如广西民族大学文学院教授蒙元耀认为，壮族土俗字记录了大量壮族民歌，涉及壮族的创世神话、哲学理念、宗教意识、伦理道德等民族文化的核心内容，是壮族文学的宝库。[①] 广西中医药大学博士周祖亮认为，在涉医古壮字中，无论是自造字还是汉借字，均包含了较丰富的医药知识，具有明显的词汇特点，是研究壮医药的珍贵资料，值得系统整理和深入探讨。[②] 因此，古壮字作为记录壮族语言的民间文字，是壮族文化的重要组成部分，对壮族文化的传承和保存起到了极为重要的作用，其作为壮族文化遗产应当得到传承发展。构建广西多民族语言和谐必须正确处理好汉字、古壮字、新壮文三者的关系。拼音壮文的推行使用和古壮字的传承发展并不互相排斥，二者可相互补充、相互促进。拼音壮文作为新创文字，由于缺乏群众基础和政府的足够重视，推行使用十分困难，前途难料。如果我们不能保持清醒认识，其最后的结局就有可能是拼音

---

① 《壮族土俗字传承难 专家建议建立传承人机制》，《中国社会科学报》2013年1月31日。
② 周祖亮、方懿林：《涉医古壮字的结构与意义探析》，《中国民族民间医药》2016年第24期。

壮文推行不了，古壮字也不见了。对于民族工作管理部门特别是少数民族语言文字管理部门来说，应该是古壮字的传承发展和拼音壮文的推行使用两头抓，两不误，而不能顾此失彼，重此轻彼。尽管说，全面推行使用古壮字并不现实，也没有必要，但是鼓励和支持一定范围的学习使用，培养一部分人学习掌握古壮字则是应该的。

（四）在各少数民族语言之间关系上失衡，部分语言濒危

广西是多民族、多语种的自治区，不同民族的语言、同一民族的不同方言由于社会状况、使用人口、地位作用等存在差异，在不同语言之间也存在竞争，存在强弱现象。一般来说，作为主体民族的壮族语言和作为自治县主体民族语言的如侗语、苗语和瑶语等相对还有着一定的语言活力，近期还不至于成为濒危语言。也可以说它们在少数民族语言中处于相对优势地位。但是受到强势语言、全球化、互联网等的冲击，广西的民族语言社会使用功能也逐渐弱化，使用人数逐步减少，一些民族语言已陷入濒危境地，需要抢救和保护。根据联合国教科文组织语言活力测试指标（安全、不安全/脆弱、明显濒危、严重濒危、极端濒危、死亡等6个等级），中国社会科学院把广西各少数民族语言处于诸活力/濒危等级的语言分布如下：5级（安全）语言：彝；4级（不安全/脆弱）语言：壮、侗、水、毛南、仫佬、苗、瑶、京；2级（严重濒危）语言：仡佬。① 可见，壮族虽然是中国少数民族中人口最多的民族，但壮语言传承长久以来主要依靠家庭、族群交流，其传承发展也呈现衰弱势态，被列为不安全语言。其他使用人口较少的民族语言衰弱势态更严重，有的民族语言已显露濒危迹象，正在走向自然消亡、灭绝。2015年，自治区民语委委托广西民族大学开展广西少数民族濒危语言情况调查，形成的《广西少数民族濒危语言情况调研报告》认为，当前广西的仡佬语多罗方言、哈给方言、倈话，瑶族的拉珈语、炯奈话、巴哼话，京族的京语，水族的水语，彝族的彝语，毛南族的毛南语，仫佬族的仫佬语以及学术界仍有争议的布央语、五色话、茶洞话等都处于不同程度濒危境况。② 加强少数民族

---

① 《广西少数民族语言文字工作简介》，广西民语委网，2015年7月24日。
② 《自治区民语委关于对自治区政协十一届五次会议第20170029号提案的答复函》，广西民语委网，2017年11月27日。

语言保护迫在眉睫。

（五）在推普工作与民语工作关系上失衡，普强民弱

我们从自治区语言文字工作委员会和自治区少数民族语言文字工作委员会组成人员以及制定的法规政策文件，就可以看出这一点，至于文字适用范围、业务工作经费、工作措施力度等就不用说了，两者差距更大。自治区语言文字工作委员会主任由一名自治区副主席担任，副主任由自治区人民政府办公厅、教育厅领导担任，委员由自治区党委宣传部、发展改革委、科技厅、民宗委、公安厅、财政厅等30多个区直单位分管领导担任。广西首部语言文字工作地方性法规——《广西壮族自治区实施〈中华人民共和国国家通用语言文字法〉办法》，早在2006年5月26日就由广西壮族自治区第十届人民代表大会常务委员会第二十次会议审议通过。而广西少数民族语言文字工作委员会主任由自治区民宗委领导担任。《广西少数民族语言文字工作条例》已于2018年5月由自治区人大常委会审议通过。目前，广西少数民族语言文字工作机构、编制、专业人才建设十分薄弱，全区123个市、县（市、区）中只有68个市、县（市、区）成立民族语言文字工作部门，其中独立设置28个，其他与民族部门合署办公或从属政府办、民族、教育等部门，有的机构级别不明确。据统计，广西民语系统有298名工作人员，其中专业人员123名，通晓苗汉文翻译的只有1人，通晓侗汉文翻译的只有3人，通晓彝汉文翻译的只有2人。目前的从业人员平均年龄偏大，民族、知识、能力结构也不尽合理，民语专业人员断层明显，流失严重。民族语文工作部门工作条件、环境相对较差，财政经费投入较少。如几十年来自治区财政每年只安排自治区民语委业务项目经费500万元左右，县（市、区）较少安排民族语言文字业务经费。[①] 结合当前党和国家机构改革，加强少数民族语言文字工作机构和队伍建设势在必行。

[①] 《广西民族语文工作情况报告——2015年4月28日自治区民语委在国家五部委专题调研座谈会上的汇报材料》，广西民族报网，2015年4月30日。

壮族（中）与岱侬族（越）民间美术比较及文化旅游开发研究

张海彬[*]

摘　要：壮族与岱侬族作为中越两国跨境同源少数民族，都创造了大量独具特色的民间美术文化，历经锤炼，各有千秋，具有同源异流的艺术特色和文化内涵，发展民俗文化旅游具有得天独厚的天然条件，对促进中国与越南的文化旅游合作大有裨益。加强壮族与岱侬族民间美术田野调查和搜集整理工作，深入比较两者的相通性与差异性，揭示其中分野变迁的规律和趋势，进而整合资源加强在文化旅游开发中的创新结合，构建法制上规范，市场化运作，行业协会相协调的三位一体的联动开发机制，以保护和传承为前提，兼顾资源性与本真性，准确提炼出文化旅游的主题，原汁原味地呈现给旅客，努力打造市场认同和游客欢迎的精细化文旅模式，无疑是一条促进文化与经济互生共赢的有效路径，也是构建"中国—东盟命运共同体"的应有之义。

关键词：中国壮族；越南岱侬族；民间美术；文化旅游；生产性保护

引言：中国与越南山水相连，壮族和岱侬族分别是两国人口最多、分布最广的同源跨境少数民族。壮族和岱侬族都出自历史上的百越族群，亲缘关系非常密切，语言和风俗习惯基本相同，双方具有共同的族源文化，创造了独具特色的民间美术文化。文化旅游是一项观光产业和创意产业，旅游业若缺少了文化底蕴，

---

[*] 作者简介：张海彬，桂林理工大学艺术学院讲师。

便会失去特色和吸引力。民间美术拥有雅俗共赏的特质和返璞归真的情怀，是受到民众一致喜爱和认同的文化资源，极具旅游开发价值。加强民族美术与旅游行业的结合，是打造民族文化品牌和提高旅游业竞争力的必然选择。

一 壮族与岱侬族民间美术开发对于促进中国与越南文化旅游合作大有裨益

越南在地理生态上与中国唇齿相依，处于我国与东盟连接的中心位置，对我国所倡导的"一带一路"建设尤为重要。壮族与越南的岱族、侬族、拉基族、布标族、山斋族的关系最为密切，属亲兄弟关系，与其他15个民族，属堂兄弟关系。越南近代著名史学家陶维英认为："现今中国广西省最重要的民族成份僮（壮）族和我国越北自治区最重要的民族成分岱侬人，就是这支西瓯人的后裔，还应补充说：僮人进入越北形成各部落，他们的后裔现在就是岱侬人。"对壮族与岱侬族的民间美术展开系统而深入的比较研究，能够获得一些新的材料和论点，揭示两者"同根异枝"的民族渊源与根柢、壮族跨境族群的文化变迁和发展规律，有助于揭示并有效破解壮族非物质文化遗产活态传承的瓶颈制约，在"一带一路"倡议中利用跨境民族的天然联系，深化我国与越南的旅游合作，促进民族边疆地区的对外开放和区域发展。旅游体验的内核是文化，游客任何一次的旅游活动都是一次对旅游目的地文化体验与感悟的过程，随着旅游经验的丰富以及生活方式的改变，传统观光型旅游产品已不能满足游客的现实需要，旅游文化资源的开发和旅游产品的升级非常迫切。旅游活动本质上是购买文化、消费文化和享受文化，旅游行业竞争的最高层次在于文化的竞争。游客对旅游产品地域文化内涵、品位的重视和追求，让非物质民族文化资源具有更为巨大的潜在市场需求和旅游开发前景。民间美术是民俗文化的物化形式之一，也是非物质文化的重要组成部分，在旅游产品开发中具有诸多天然的优势。有学者曾指出："旅游是艺术的现代替代物，因而旅游也是个美学层面的问题"，民间美术以其生动丰富的内容、稚拙率真的形式以及自然淳朴的风格深受广大民众的喜爱。民间美术能够成为文化与民俗旅游的主题，得益于丰厚的民族文化内涵与广泛的群众基础，民间美术蕴含雅俗共赏的特质和返璞归真的情怀，吸引游客的驻足与回味。旅游是一个双向过程，从文化人类学的角度看也是一场大规模的文化交流活动，随着旅游概念内涵的不断提升,旅游者已不满足于自然风光与人造景观的游览,更注重深入民间,体验民俗文化,感受民间艺术。壮族与岱侬族作为同根同源的跨境民族,创造的民间美术积淀了千百年来丰富的民族文化信息,历经锤炼,拙中见巧,经过世代传袭,深受认同,堪称中越两国民族文化形象的百科全书。民间美术属于民族文化中的"显性形态",既个性袒露又意蕴无穷,拥有十分动人的艺术魅力和文化内涵,极具旅游开发价值。壮族与岱侬族民间美术资源极为丰富,具有存量大、门类全、风格多等三大特点,向世人展现出一张异彩纷呈的民族画卷,如壮族的壮锦、剪纸、银饰,岱侬族的缂丝、染织、木器等。壮族与岱侬族的民间美术不仅具有实用价值,还以动人的艺术形态汇聚了人们的思想感情与理想寄托,透过形式之表,弘扬民族之美。既是壮族与岱侬族人民创造的最古老的文化形态,可追溯到人类发展的初始时期,同时又是最年轻的艺术形式,仍然活生生地存在于壮族与岱侬族人民的日常生活和口碑之中。民间美术的文化旅游开发,在一定程度上是文化与经济的互动,无疑这是一个潜力巨大的宝贵旅游资源,对于发展具有生命力和竞争力的民俗文化旅游有得天独厚的优势,对于中国与越南的旅游合作意义重大,也是构建"中国—东盟命运共同体"的应有之义。

二 壮族与岱侬族民间美术文化旅游开发的策略及构想

(一)促进壮族与岱侬族民间美术和旅游开发的创新结合

民族文化旅游是一种高层次的旅游,它适应了文化旅游多元化发展的格局,其本质体现为一种族际的交流或一种跨文化的观察与体验,即游客被异域独特的自然生态和民族文化所吸引,而欣然前往的旅游经历。文化与旅游的结合既是一项观光产业,也是一项创意产业,壮族与岱侬族在历史发展中不断吐故纳新形成了不同的文化群落,民俗文化旅游要发展就要挖掘出壮族与岱侬族更具民族性和创新性的艺术元素,如新鲜血液一般为旅游活动注入活力和生机。因此,壮族与岱侬族民间美术要与旅游发展深度结合,丰富民俗文化旅游的内涵与外延,开发价值独特的旅游产品,满足旅游者的审美需求和求知欲望。加强壮族与岱侬族民间美术田野调查和搜集整理工作,深入比较两者的相通性与差异性,揭示其中分野变迁的规律和趋势，进而整合资源加强在文化旅游开发中的创新结合。发展思路应围绕民族文化、民间美术、手工技艺，结合现代旅游开发理念与高新科技，整合乡村旅游、山水旅游、休闲娱乐、观光度假等旅游形态，推出中越壮族与岱侬族新的"民间美术"特色旅游，以创新、创意来吸引游客的青睐。如随着人们旅游观念的提升，传统的旅游模式已难以完全满足人们的需求，游客转而希望有更多审美体验和参与感的旅游产品，因此壮族与岱侬族可以同旅游项目、旅游活动有机结合，以民间文化的艺术效应来促进旅游产业的进一步发展。譬如，在销售壮族与岱侬族民间美术旅游产品时，重点展示其神秘和巧妙的制作材质、工具、技艺与流程，让游客在特殊的氛围之中亲自参与。另外，积极将壮族与岱侬族民间美术推向旅游市场，将古老的民族技艺与现代设计、制作和包装相结合，创立自己的品牌，研制开发出民族意味浓郁、人与自然协调统一、传统与现代和谐的旅游工艺品、纪念品，全面展示出壮族与岱侬族民间美术潜在的民族价值、历史价值和美学价值。

（二）凸显中国与越南民间美术的地域及民族特色

众所周知，没有特色就无法发展民俗文化旅游，有特色才有生命力和吸引力。在民间美术挖掘上做文章，能够产生原生态的、独具中越两国民族特色的旅游产品和胜地，拓展民俗文化体验的空间。壮族与岱侬族民间美术具有非常悠久的发展历史，千百年来深深植根于多民族丰厚的文化土壤之中，饱含着人们真挚的生活情感与鲜明的民族气质，作为民族文化的精神物化，是一种古老的智慧结构，与民族精神有着高度而深层的一致性。民间美术来自民众日常生活的点点滴滴，是人们最喜闻乐见的艺术形式，反映出大众最质朴的生活理念和艺术思想[1]。壮族与岱侬族民族文化和传统农耕社会结合，历代的人们凭借独具匠心的智慧和技巧创作了大量被赋予美好寓意和审美理想的民间美术，涵盖绘画、陶瓷、建筑、服饰、雕刻、装饰等诸多门类，成为提高中国与越南民俗文化旅游的竞争力及最具视觉吸引力的文化符号。民俗文化旅游讲究精神上的体验，追求不同地域文化的享受，特色非常鲜明，考察目前国内旅游市场能够发现，许多地区

---

① 翟鹏玉：《壮岱侬花婆神话与中越文学交流态势》，《广西民族大学学报》（哲学社会科学版）2008年第1期。

的文化旅游开发模式以及产品同质化现象明显，大多品种单一，大同小异，难以展示当地独有的民族人文特色。因此因地制宜、匠心独运地开发既具有地域民族特色又能融会现代气息的旅游文化产品，防止民俗文化旅游的无序生长显得尤为重要。这就需要发挥政府、行业协会的主导作用，推动以壮族与岱侬族民间美术为品牌进行旅游开发的深度设计和创新，推陈出新，延伸产业链条，促进民间艺术文化产业向集群、集约化方向发展。美国未来学大师阿尔文·托夫勒曾指出：资本的时代已过去，创意时代正在来临。民俗文化旅游正是一种彰显特色、制造差异和变化的活动，随着游客的需求和社会发展的持续变化，一成不变的民俗文化旅游将无法适应旅游行业的要求。在民间美术旅游资源开发中，要突出彰显民族特色、地域特色和艺术特色，在全球化与非物质文化保护开发的双重语境下对壮族与岱侬族民间美术进行全面整合与挖掘。在创新体验方式、培育文化品牌和寻找创意卖点上下功夫，充分发挥特色作为文化资源向产品转化的催化剂，满足广大旅游者"求新、求奇、求乐、求知"的心理需求，实现民间美术与文化旅游开发的双赢。

（三）努力打造市场认同和游客欢迎的精细化文旅模式

壮族与岱侬族民间美术在文化旅游开发中的适应性转型，必须将传统粗放型的民间文化形态，通过旅游开发优化升级为特色化、精细化和差异化产业模式，拓展新的旅游文化消费空间。如推出主题公园模式、民间美术馆模式等，集中呈现民间美术的精华，通过活态展示和静态陈列相结合，突出文化传承、旅游休闲和科学研究的功能。还可以自然环境为依托辅以民族风情展演，打造民间美术文化街，满足旅游者多样化的休闲娱乐和审美需求，打造具有娱乐性、参与性、体验性、商业性的综合模式，将壮族与岱侬族民间美术元素融入旅游的"吃、住、行、游、购、娱"等各个环节。同时加大宣传力度，营造文化氛围，如在国家级的报纸、电视台和互联网上宣传壮族与岱侬族的民间美术，在旅游景点和公路沿线建设艺术宣传长廊，邀请知名专家、记者到中越边境进行采访和采风活动。举办中越边境区域性的艺术主题旅游节，让游客亲身参与民间美术的创作、体验和收藏，零距离领略到壮族与岱侬族民间美术的魅力，感受到中国与越南原生态的民族艺术气息。

（四）兼顾资源性与本真性的可持续性开发

作为非物质文化的重要子系统，壮族与岱侬族民间美术的文化旅游开发属于一种积极有效的"生产性保护"，将民族非物质文化转化为旅游产品中的文化生产力。正如法国学者 Pierre Bourdieu 认为的那样，非物质文化是动态的，处于一个不断生产和再生产的过程之中，这种不断的"再生产"维持着自身平衡，使文化得以延续。民间美术现有的旅游开发多集中于注重生产力的转化和产业化发展等方面，难免陷入过度性开发、破坏性利用的误区，让保护成为"发展"的异化。因此，壮族与岱侬族民间美术的文化旅游开发需引申出"本真性""原生态性"等问题。生产性保护方式统筹协调了非物质文化遗产传承与发展的关系，而本真性更能深入触及生产性保护的本质与内核，从客观上能让大众重新认识，促进传统民间美术传承的文化自觉，延续和激发壮族与岱侬族民间美术作为非物质文化遗产的活力，促进文化旅游消费，挖掘壮族与岱侬族民间美术的价值内涵和造血功能。[①] 要以旅游开发来促进非物质文化遗产保护与民生改善的结合，首先应按照非物质文化的理论要点和本真性的概念内涵，在深入研究壮族与岱侬族民族文化生态基础上，从物质与非物质两个维度细化壮族与岱侬族民间美术的本真性特征，让"本真性"这一概念由抽象化走向具体化。在这过程中通过田野考察、传承人访谈、拍摄记录等方式对壮族与岱侬族民间美术资源进行综合考察，获取充分的第一手信息，再对收集到的资料进行统计分析和综合分析，整理建立档案和数据库，为进一步的文化旅游开发提供依据。将壮族与岱侬族民间美术视为一个保护和开发的动态系统，整合其中相互影响、相互作用的各个要素，探讨本真性的内涵、指标和价值，以及本真性在壮族与岱侬族民间美术旅游开发中的主体和机制。确定壮族与岱侬族民间美术资源的丰度、广度、容量和承受力，避免过度和低俗化开发，凸显生产性保护的终极目的，厘清生产与保护、传承与开发的内在关系，兼顾民间美术发展的眼前利益和长远效应。坚持保护原则与文化效应，探究壮族与岱侬族民间美术旅游开发中具体的、有针对性和方向性的原则，固本和创新结合，指导旅游开发实践的持续开展。从保护政策的制定、

---

① 覃萍：《论族源关系对中越边境壮族农商文化发展的影响》，《牡丹江大学学报》2015 年第 6 期。

扶持措施的落实、激励机制的设计、标准体系的构建等层面探寻壮族与岱侬族民间美术生产性保护的实施路径，厘清其中传承个体与受众群体、人与机构的角色分工，一方面思考如何创设以人为本的有利条件，调动传承人的积极性和游客的参与热情，另一方面探讨政府、媒体及旅游企业的协调关系，突出原生态特征，以点带面，传承其核心技艺，真正处理好发展与保护的辩证关系，实现壮族与岱侬族民间美术文化资源向旅游优势资源的转化。

三　结语

壮族与岱侬族民间美术在进行文化旅游开发和追求经济效益同时，必须考虑长远的文化效益和可持续发展问题，解决好开发与保护的问题。实行法制上规范，市场化运作，行业协会相协调的三位一体的联动开发机制，加强对民间美术田野调查和搜集整理工作，准确提炼出文化旅游的主题，原汁原味地呈现给游客。确定壮族与岱侬族民间美术资源的丰度、广度、容量和承受力，避免过度和低俗化开发，用新的思路和观念让壮族与岱侬族民间美术和文化旅游形成互动。

湄公河地区傣族纺织工艺及其传承

张耀军[*]

摘　要：湄公河自古就是中国与沿岸各国人民进行友好往来的纽带与桥梁，与中国云南傣族同源的民族在湄公河流域都有分布，他们在历史长河中创造了辉煌灿烂的民族文化，纺织文化就是其中一枝耀眼的奇葩。通过对湄公河地区傣族文化的田野考察，结合历史文献，着重分析了中、越、老、泰等国的傣族纺织品的工艺、类型及其使用过程中的文化表征。并且探讨了面对全球化和现代性的挑战，这一跨境族群的传统技艺传承及发展现状。

关键词：湄公河地区；傣族；传统纺织工艺；文化特征；传承

湄公河地区傣泰族群主要分布在中国、越南、老挝、泰国、缅甸和柬埔寨的东北部，他们有着共同的民族渊源。从历史上看，缅甸、老挝、越南和泰国的泰族，大部分是从中国南部、西南部沿着澜沧江、瑞丽江、元江等河流往下迁徙的。居住在湄公河流域的傣族有不同的族称：中国称傣族；泰国、柬埔寨、越南称泰族；老挝称佬族；缅甸称掸族。其称谓的差别，主要是各自国家的地域文化、民族政策、语言语音以及社会发展进程等因素造成的。由于他们的族源相同，语言、风俗习惯基本相似，加上傣、掸、泰等族都自称"傣"，因此为了方便研究，下文亦统一称之为"傣"。

---

[*] 作者简介：张耀军，玉林师范学院美术与设计学院副教授。

傣族发源于喜马拉雅山脉，是湄公河文化艺术的主要参与者。尽管现在他们居住在不同国家，族称也不同，但都分享着共同的文化传统。尤其是在纺织文化方面，无论是材料、技术或是专业术语等均体现出明显的共性。近年来，笔者多次赴越南、老挝及云南边境地区进行民族民俗文化调查，从而对湄公河流域傣族纺织品有了直观了解的机会。本文主要以中、越、老、泰等国家的傣族为研究对象，通过对他们传统纺织工艺文化的调查，分析其纺织品的工艺、表现形式的类型特征及其传承发展的现状，为促进湄公河地区傣族文化的交流与交往提供依据，同时也为跨境民族工艺文化遗产的研究提供一个新的视角。

一　纺织工艺类型及特点

据有关文献记载，傣族是湄公河地区较早学会木棉纺织生产的民族，唐代樊绰《蛮书·卷七》有详细记载："自银生城、拓南城、寻传、祁鲜已西，蕃蛮种并不养蚕，唯收婆罗树子破其壳，其中白如柳絮，纫为丝，织为方幅，载之为笼段，男子妇女通服之，骠国、弥臣，悉披婆笼段。"同书又云："妇人披五色婆罗笼。"这里"婆罗树子"实指木棉，"婆罗笼段"就是傣布，"五色婆罗笼"即傣锦。可见傣族的纺织历史十分悠久，至今湄公河地区的傣族妇女仍然保留着这种传统技艺，纺织工艺是傣族文化的重要组成部分，也是傣族劳动妇女智慧的结晶。她们将群体意识与个性特点融合在织造生产过程中，成为推动本民族传统艺术发展的一个重要因素。笔者以田野调查和历史文献为基础，对湄公河傣族传统纺织技艺作以下归纳和分析。

（一）伊卡特工艺

伊卡特是傣族一种古老的编织工艺。它是将纱线编织成束，然后在织造前染色的抗蚀剂染色技术，如图1（笔者摄）。伊卡特一词来自印尼语"ikat"，后来被国际所接受。傣语中的"kat mill"或"mat mill"是捆绑之意。伊卡特既代表这类织物本身，也代表着先绑染花纹，再整经对花的织作技法。笔者在老挝乌多姆赛省的泰族村寨调研时，有幸观看了这种独特的扎线段染生产：在织布前，织工先将染线牵绕在框架上，按照预设图案进行防染扎线，完成纱线的扎花染色后，再拆解线结、晾干，最后上机织造。伊卡特原料主要是植物、树皮或橡胶等天然原料。由于工艺的复杂性与特殊性，人们在扎线的区域是被禁止使用染料的。染色时，染工先将每束纱线有序地捆扎在木架上，然后根据预设的图案扎线、染色。如要浸染不同颜色时，拆开结线即可，因此每束纱线均会有自己的色彩。当纱线织成布匹后，美丽的伊卡特图案就会显露出来。由于伊卡特花纹的边缘多有较模糊的过渡，因此这也成为了伊卡特纹样的独特标志，深受傣族妇女喜爱，至今薪传不绝。湄公河地区的伊卡特大多用纬纱单独染色，技术较为复杂。但缅甸的傣族（掸族）是采用经纱扎染，技术相对简单。

（a）捆扎防染　　　　　　　　（b）染色晾干

图1　伊卡特

（二）平纹织布工艺

湄公河地区的傣族织布机结构及操作原理基本相同，并且与贵州、广西的布依族织机很像。它可以织平纹布，也可织非连续性的补纬图案。织造时，纬纱在前后经纱的间隔中交叉穿行，反转到下一行纬纱时重复工序。当携带纬纱的梭子通过这两个经纱之间的空间棚，产生脱落，每一杆往复式运行，再用敲打器将纬纱夯实到位。当织工收回右脚时，机轭后背被拽下，棕片自然提起；加上分经棒的作用，形成一个梭口。当机轭松开时，经纱不再受到来自分经棒的压力，由于楔子的再度作用，又形成另一个梭口。如此循环往复，直至工作的完成。过去的织机只能生产出宽约 30 厘米的平纹布，现在可加至 70 厘米宽。平纹布用途很广，可作扎染或纱帐，也可用作条纹或格纹被单和桌布。另外，在傣族人的丧葬仪式中，还常常用它来制作葬礼服和裹尸布。

（三）克西特工艺

作为一种补纬织锦技术，克西特（khit）在湄公河地区的傣族中流行甚广。克西特工艺常用于围巾、枕巾、裙子、筒帕上，可生产出连续或非连续性的纺织图案。织造时，织工将卷经轴和卷布轴等准备就绪，经纱上机，在织机上将染色线布为经纬线。经线穿过机棕，两端分别系于卷纱辊和卷布辊，纬线贯于梭，梭数与纬线色数相同（纬有几种色便有几支梭），经过左右来回的穿梭，就可织出各种织锦纹样。而这种在织物宽度中进行补充纱的过程就称为"khit"。但如果补充纱的宽度不连续，该过程则称为"chok"。相比平纹织布，补充纬纱的工艺显然更为复杂，织工不仅要用手指不断挑起纬纱，调整纱棚补充纬纱，同时还要操控综丝、棍棒和彩色纱线，使其不断地穿梭运行，最后才能织出精美的克西特图案，见图 2（笔者摄）。而只有熟悉织机的操作、布线和配色的织工，才可胜任这项工作。

图 2　克西特织机

二 纺织品种类及其功能

（一）服饰类

1. 肩围与头巾

过去的傣族妇女不穿上衣，只用一块白布肩围替代。白布长180厘米—300厘米，宽30厘米—45厘米，穿时布绕过胸部，后搭在肩上。现在这种肩围已发展成湄公河地区傣族妇女礼服的一种配饰品，每当节日或是参加寺庙活动时，女佛教徒都会在衬衫外披上一条织有图案的肩围，如图3（a）。

除了肩围，头巾也是傣族服饰的重要组成部分。头巾风格因地区和支系不同有所差别。如越南、老挝的黑泰称头巾为"标"。如图3（b）（越南民族博物馆）的头巾规格为30×1.5厘米，中段为靛蓝色，两端织绣有蕨类植物图案，头巾边缘还缀有数个布纽结。戴时先环绕头部一周，有图案的一端置于额前，另一端悬搭在头上。值得一提的是，这种纽扣可不单是装饰，它还代表着傣族妇女的社会身份。譬如纽扣数量是3、5或7的奇数，就表示她是已婚妇女；如纽结是2、4或6的偶数，则说明她是未婚的姑娘。傣族妇女的头巾图案不仅有动、植物的写实描绘，也有几何或抽象的符号表现，常见的有一只老虎或狗的脚印，或是钩、菱形、八角星等其他纹饰。对于这些神秘的织锦图案，傣族人往往有着自己独特的理解。譬如八角星是东南亚民族中的常见符号，很多民族如岱依族、倮倮族通常将其寓意为太阳，但越南清化省的傣族人认为它是代表森林中的果实，或不同类型的花苞。这些图案蕴含吉祥、神圣之意，但并不代表特定的宗教意义。

2. 上衣

湄公河地区傣族人的装扮基本相同，民族特色十分鲜明。妇女的日常服有套头式、对襟式和大襟式三类，下身配沙龙式的裙子。过去，泰国北部人在庙会、祭祀、庆典、迎客，或是寒冷天气时都会穿宽大的套头长袍。而现在，除了越南的梅州、沱北、官化的妇女仍穿如图4（a）这种传统的套头服外，其他地区已很少见，不过在祭祀、葬礼上，许多老妇还保持这种装束。由于长期与周边的民族交往与受兄弟民族文化影响，不同区域与支系的傣族服饰也呈现一些差异。如老挝东北部的白傣常穿合体对襟衫，图案很少，只在领部、门襟或裙摆有少量银

中国—东盟民族文化与人类命运共同体构建

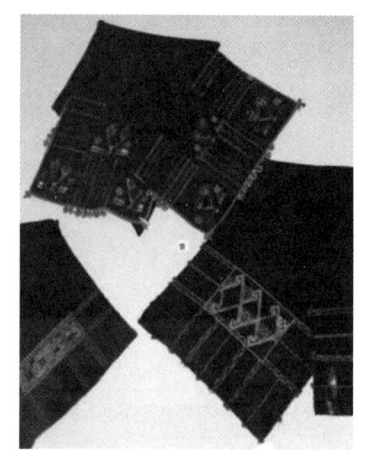

（a）肩围　　　　　　　　　（b）黑泰头巾

图 3　傣族围巾

（a）傣族统套头长袍　　　　　　　　（b）黑傣服装

图 4　黑傣妇女服装

饰；而越南清化省和义安省的黑傣则穿棕色或蓝色的上衣，版型稍宽，衣长略短。白傣与黑傣的区分，也是以女子包白色或黑色的头巾来区别的。在日常劳作时，傣女通常穿粗布衣服，仅在节庆或重大场合时，才会换上缀满银质或铝质饰件的丝绸礼服。

值得一提的是，纽扣作为一种独特的服饰符号，在傣族女装中具有重要作用，内涵丰富，是妇女身份地位的象征。譬如越南的傣族女装多用蝴蝶、蝉、甲虫等昆虫造型的纽扣，讲究雌雄排列，雌纽扣在右，雄纽扣在左，如图4（b）（笔者摄）。云南德宏州傣族妇女的纽扣多为花卉造型，如年轻女孩钉菊花扣；中年妇女钉桃形扣；老年妇女是六瓣花扣；而凤凰纽扣仅用于新娘服。在傣族人的观念中，蝴蝶寓意生命的繁衍；菊花代表女性的灼灼风姿；桃子隐喻女性及美满的婚姻；六瓣花意为六合，象征着生命的希望。而这些寓意显然深受汉族文化的影响。过去这些纽扣多采用白银或镀金料制作，现在多改用铝质材料。

3. 筒裙

筒裙是傣族女装的主要构成部分，也是最具民族特色的文化符号。湄公河地区的傣族筒裙通常用棉布或丝绸搭制，结构分腰带、裙身和裙摆三个部分：腰带一般用白色、彩色棉纱或丝绸制成，在裙腰处补充经图案；裙身多用黑色平纹布或补纬技术，或两者结合的工艺。虽然筒裙的结构款式相对简单，但其裙摆上的图案却丰富多变，极具特点，一般是用提花织锦或依卡特图案，见图5（笔者摄）。这些筒裙的图案以现实动物居多，包括龙、果子狸、猴子、鹿、象、龟、凤、鱼、蛙、蜘蛛、蝗虫、马以及鸟类等。由于受织造工艺的限制，对于这些动物图案经过元素提炼往往变得抽象化，年轻人经常难以识别其类型，但老人们总能轻易鉴别出来。

人们通常认为湄公河流域的跨境民族是信仰佛教或是万物有灵的原始宗教，实际上这些民族信仰处于不断的变化中。就像过去傣族筒裙的萨满教图案是民族宗教信仰体系的重要符号，其图腾具有神圣而特殊的意义，而现代筒裙因禁忌消除及着装规范的要求，改用佛教图像取代。如越南傣族的梅花鹿图案象征火神，但并不代表宗教地位，只作为神圣形象描绘。新娘陪嫁织毯中的猴图案也仅代表新人像猴子般的快活，并无其他特定含义。而义安省傣族的果子狸图案则与祖先狩猎生活有关，但今天这些传统信仰似乎已被后人所遗忘。

图 5　傣族妇女筒裙

4. 儿童帽

自古以来傣族儿童就有戴帽的习惯，它象征深沉的母爱。从婴儿出生起，母亲或女性亲属就会给孩子戴上亲手制作的帽子祈福。这种习惯一直延续至孩子的青春期才会停止。童帽一般由两部分构成：上部由六个相同或不同颜色的三角棉片组成，下部用五颜六色的布片缝合。装饰手法有用布环、流苏、纱线来装饰帽边，有缀银、锡、铝质的饰件。区域或支系不同，风格也不同，如图 6（a）越南高地的傣族童帽是用织锦制作，帽檐上常镶嵌二方连续贴花，上面绣有红蓝的菱形或螃蟹图案。中国云南傣族童帽以绣花为主，帽顶缝有一个小囊袋，里面装着豆蔻和象草，见图 6（b）（笔者摄）。女童帽制作通常比男童帽复杂，但都装饰有代表着延绵山脉的三角银泡，寓意孩子健康成长。傣族人认为，银和种子能保护孩子安康，当孩子外出时，囊袋中的种子可以起到祛魔辟邪的作用。不过随着工业时代的来临，各种形状和风格的帽子都能轻易获得批量生产，传统童帽技艺濒临消失。

（a）越南傣族童帽　　　　　　（b）云南傣族童帽

图 6　儿童帽

（二）家居类

随着现代纺织科技的发展，现在的傣族妇女已很少用传统方法来制造衣服了，但手工织造的床品、围巾、筒帕、背带民间仍然流行。日用织品的材料主要是黑白色棉纱或天然染色丝线。织毯可用于制作背带、被盖、筒帕或裹尸布等。其图案一般约40厘米宽，由面布和衬布组成，正面常装饰有植物、动物和几何等纹饰，背面用白色平纹衬布。天气寒冷时，织毯里层还可塞满棉花。这种背带芯对于傣族人来说，具有深厚含义。傣族姑娘出嫁时，母亲会将自己亲手制作的一块织毯送给女儿作为陪嫁品。当女儿的第一个孩子出生时，就用这块布来制作婴儿的褓袱。

虽然现代机织布正在逐渐取代传统手织布，但许多傣族老妇仍喜欢使用手织布来制作婴儿背带。直至今天，它仍然是傣族新娘带到夫家的一种必备陪嫁品。

（三）宗教信仰类

傣族是一个全民信仰小乘佛教的民族。在云南的很多寺庙，其正殿上都会悬挂一面长达3—4米的特殊佛幡，即一种布幡画。佛幡上有织锦纹饰、绣花、剪纸（布）或绘有展现佛祖生平故事的插画。这些佛幡题材多样，构思奇特，色彩富丽而饱满。如绘画、刺绣类的布幡内容多源于民间流传的佛经故事；织锦、剪纸类布幡内容多见佛塔、阁楼、神兽、花鸟，如图7（云南民族博物馆提供）所示。这些佛幡通常是由女信徒为寺庙提供的义务织造，女信徒旨在通过向寺庙捐赠织品的方式，来祈祷家人安康、家禽牲畜兴旺，以及祝愿世界和平。一座寺庙所获赠的横幅和佛幡越多，就越能体现出其享有的声望和受尊重的程度。

图 7　傣族织锦佛幡

三　傣族纺织工艺的传承与发展

综观傣族纺织文化的发展历程，我们不难看出其纺织遗产是植根于青铜时代的封建社会结构和宗教信仰，并且流传至今。如今湄公河地区的越南、泰国、老挝等国家还遗存有惊人数量，但随着20世纪后社会和经济的变化，许多民族传统技艺已逐渐消亡。幸运的是，傣族人民仍然认同那些正在处于不断变化中的纺织传统，并积极将传统与现代进行再创造。自20世纪90年代起，东南亚各国政府的经济政策也为推动纺织生产发挥了重要作用。在老挝的中部和南部，傣族妇女正在为传统纺织更好地适应现代需求的变化而努力。她们纷纷寻求和推广编织产品的销售，这样既可增加家庭收入，又可开发和创新当地的织品以满足客户需求。如领带、皮包、钱包、靠垫套、桌布、手帕、窗帘、衬衫、裙子、围巾、毯子、流行包等新产品在许多餐馆、酒店、商店或旅游市场都有出售。越南也一直在努力恢复傣族传统纺织技艺。这意味着一些古老的纺织图案与技艺得到重生,如越南义安省通州区的傣族机织桌布,就是民族传统织造与现代设计相结合的产物。这种桌布是用丝绸扎染和传统图案制成,在河内一些商店和酒店销售多年,并在编织工艺品交易会中畅销,深受国内外客户欢迎。这个振兴和发展织造工艺的项目是由河内民间机构发起,在当地村寨组织生产。经过改良后的传统纺织品,更能满足现代顾客的口味。一方面相对以往柔和的天然染料,新产品的色彩因使用了化工染料而显得更加丰富和明艳。另一方面新产品的体积变得更大,图案也更简单。不过,需要警惕的是,过度工业化也会进一步破坏传统。

现在湄公河地区许多织造企业都达成了联合生产纺织旅游商品的投资计划,以创造城市之间乃至跨国界的新市场。诸多纺织品如肩腰带、围巾、箱包、钱包等已成为旅游商品,并在各地旅游景区的商店、文化村、旅游村、博物馆和工艺品市场,以及家庭作坊出售。甚至在云南西双版纳,傣族旌旗也开始向游客出售,尤其受泰国游客的喜爱。泰国和中国云南对传统纺织品的产业化促进已进行了一段时间,越南和老挝则是近年才有了更多发展。纺织品在发扬光大传统的同时,也为人们提供了工作和收入,特别是对擅长纺织生产的傣族妇女。

四 结语

在全球化的进程中,作为民族文化艺术的重要组成部分,湄公河地区的傣族纺织品在世界性的文化交流中有着不可替代的作用。通过对湄公河地区傣族织造技艺的调查与研究,我们了解到傣族妇女在社会生活中的地位和角色,同时进一步增强对傣族纺织遗产的认识与探讨。精美的纺织品既是傣族人民日常的生活用品,也是他们结婚、节庆、葬礼、农业仪式和佛教寺庙典礼等民俗活动的必需品。它们承载着傣族的文化、艺术和历史的价值,反映出傣族妇女的审美意识、勤劳、智慧以及她们非凡的创造力。总之,湄公河各国的傣族纺织技艺,其相似性、接近性远远大于相异性,彼此之间具有较多的历史认同,成为凝聚跨境民族文化共性的基础,为双边的和谐、共生共荣发展奠定文化心理基石之一。

参考文献

屈永仙:《东南亚傣—泰民族文化圈和自称演变》,《广西民族师范学院学报》2012年第6期。

王懿之:《傣掸泰等民族的共同文化特征》,《云南社会科学》1990年第6期。

廖文华、王宏付:《中亚伊卡特图案初探及在现代服装设计中的应用》,《丝绸》2016年第1期。

[美] 利多姆·勒夫兹:《纺织品及其文化意义——中国布依、侗、壮三族与东南亚泰、寮两族的比较研究札记》,《贵州民族研究》1991年第10期。

[英] 琳达·麦金托什:《傣族社会中从女孩到女人的文本》,《詹姆斯HW汤普森基金会研讨会论文》,2007年,第150—158页。

越南社会科学委员会民族学研究所编著:《越南北方少数民族》,广西民族学院民族研究所,1986年,第90—95页。

范宏贵等:《中越边境贸易研究》,民族出版社2006年版,第45—46页。

白志红:《湄公河流域跨境民族的认同》,《西南边疆民族研究》2007年第5辑。

黄新宇:《中国西南与东南亚壮傣族群文化认同及其启示》,《钦州学院学报》2013年第10期。

试论壮族历史文献的医药文化价值

——兼论壮泰传统医药文化比较研究

周祖亮[*]

摘 要：壮族历史上没有专门的医药文献流传下来，但是在用古壮字记录的壮族历史文献中，保存了较多医药资料，包含丰富医药知识。这些医药资料具有说明医药典籍、揭示疾病成因、提供药物信息、反映壮族身体观的医学价值，以及重视生育、崇尚长寿的医学文化价值。历史上壮族与泰族关系密切，通过壮泰传统医药文化比较研究，可以进一步明晰壮医药的历史形态，从中发掘壮医药知识与理论，为现代壮医药研究提供新材料与新视角。

关键词：壮族历史文献；古壮字；壮医药；壮泰传统医药文化

壮医药历史悠久，具有鲜明的民族特色与行业特点，为壮民族的繁衍和健康作出了重要贡献。在历史上，虽然壮医药是客观存在的，并形成了以"依托"（"依"即"医药"，"托"即"本地、土著"，"依托"的汉语意义是"土医、土药"）为特征的医药文化，但是壮族没有医学经典著作流传下来。随着壮医药文化研究的深入，有必要对壮族历史文献中的医药信息进行整理与总结，从文献角

---

[*] 基金项目：广西自然科学基金项目"壮族历史文献中的医药知识整理与研究"（桂科自2015GXNSFAA139132）；广西哲学社会科学规划项目"古壮字医药资料整理研究及文献汇编"（17BMZ002）。
作者简介：周祖亮，广西中医药大学基础医学院教授。

度探析壮医药的历史形态与基本面貌。

壮族历史文献主要是指历史上用古壮字书写和记录的壮民族文献。近年来，壮族学者对这些壮族历史文献进行了系统整理，对29种具有代表性的壮族麽教经书作了集中整理，汇集成古壮字文献的集大成之作《壮族麽经布洛陀影印译注》（共8卷，广西民族出版社2004年版）。在这些用古壮字记录的壮族民间传说、宗教诵辞中，保存了大量涉及医药内容的文字和词语，包含丰富的文化信息。笔者曾对古壮字医药资料进行搜集与整理[1]，分析涉医古壮字的结构与意义[2]，探讨古壮字医药语言的医药信息[3]，论述壮族麽教经书的医药文化。但是对这些原生态的民族医药资料，壮医药学界关注不多。本文拟以壮族历史文献的医药资料为基础，简要论述其医药价值；并以壮族与泰族传统医药文化的比较研究为切入点，对壮医药文化的深入研究略作展望。

一 壮族历史文献的医学价值

壮族历史文献所记载的医药资料，为壮医药文化深入研究提供了珍贵的历史文献和基础资料，具有重要医学价值和文化价值。壮族历史文献的医学价值主要体现在说明医药典籍、揭示疾病成因、提供药物信息、反映壮族身体观四方面。

（一）说明医药典籍

虽然在壮医药领域目前尚未发现本民族传承下来的历史医药文献，但是古壮字文献说明壮族历史上确实存在医药典籍。壮族麽经指出，壮族始祖布洛陀创造了天地万物，创制了文字和历书，同时也创造了医药典籍，使人们诊断与治疗疾病有了可靠依据。《麽请布洛陀》《吆兵全卷》《麽叭科仪》《麽兵甲一科》等麽经文献均有"造文字造历书"的章节，其中强调要按照医药典籍来诊断、治疗病疾。例如：

①《麽请布洛陀·造文字造历书》："有病要按书治疗，有病要按书诊断。"

根据文意，很显然例①句中的"书"是诊病疗疾的依据，应该就是指医药

---

[1] 周祖亮：《古壮字医学词汇浅论》，《中国民族医药杂志》2010年第5期。
[2] 周祖亮、方懿林：《涉医古壮字的结构与意义探析》，《中国民族民间医药》2016年第24期。
[3] 方懿林、周祖亮：《壮族麽教经书医药语言探析》，《广西中医药大学学报》2014年第1期。

典籍。当然，一个民族的医药经典著作不可能只是由其首领或某一个人物创造，而应当是本民族群众长期生活实践的成果，是集体智慧的结晶。这些按照书籍来诊断治疗疾病的记录，为壮医药文献的来源与传承提供了历史依据，也为壮医药的文化自信提供了难得的文献依据。

（二）揭示疾病成因

基于本民族的民间信仰、民俗习惯和卫生保健条件，壮族民众对疾病产生的原因也有自己的基本认识。古壮字文献所记录的对疾病的描述大部分来源于宗教仪式诵辞。壮族麽经多次述及人们因违反伦理道德、触犯生活禁忌、冒犯神灵鬼怪，导致个人和家庭遭受多重疾病灾患的困扰[①]。例如：

②《汉皇一科·申冤报仇》："十二缸红屎，十二缸血屎；红屎未曾抹，血屎又来到。令你死于肚子沉疴，令你死于绞肠痧，死在茅草丛中不计其数……我做麻疹做天花，做麻疹让独儿死，做天花让婴儿死，天下人全部死，七十六部族死，令你死于麻疹死于天花。"

例②叙述了心地善良的汉王受到后母之子祖王的不断迫害后，到天上申冤三年，恳求上天制造各种灾难、疾病对祖王进行报复，其中有红痢（又名血痢）、绞肠痧（又名干霍乱）、麻疹、天花等疾病。这些相似的叙述内容也见于《麽叭床噲一科》《麽汉皇祖王一科》等麽经文献。

③《狼麽再冤·狼麽萨科》："狗遭恨不好，狗日渐凶残……王儿笑哈哈，王妻笑哈哈；父子的柴刀利，父子的锉刀硬，砍中父子手，血流得多流得猛，流三个时辰不间断；母儿担忧父子死，母儿喊叫一下，母儿叫呼一下……狂癫就从这里出来。"

例③描述了人们因食用异化的狗肉（即狂犬）而变态，出现父子持刀相向、相互残杀的狂癫怪状，表明壮族先民对狂犬病的病因与症状已有比较清晰的认识。

（三）提供药物信息

壮族聚居于亚热带地区，气候炎热潮湿，植物丰茂，在长期的医疗实践中，

[①] 周祖亮、方懿林：《壮族麽教经书医药文化透视》，《广西中医药大学学报》2014年第4期。

壮族民众形成了多用生药、善用毒药的用药特色。古壮字文献保存了一些药物名称、用药习惯方面的药物信息。例如：

④《九狼叭·天地形成》："大块姜酒来开，祝颂句好话给神台，祝颂句好话给神案。"

"大块姜酒"是指用大块生姜煮制的酒，再添加少许蔗糖。这种酒具有滋补健身、舒经活血、祛寒除湿等功效，壮族民间视之为上等佳酿，常用来待客、祭神和治病。

⑤《麽送魅·谟梼所用》："脚往回踩枫树枝……脚往回踩樟树枝。"

枫树、樟树的木质坚硬，有芳香之气。壮族民间认为枫树和樟树都是神树，人们常采其枝条插于家门和栏圈门上，借以避邪。壮族麽教仪式主持者（即布麽，又称麽公）常用枫树枝和樟树枝辟邪驱妖，或为亡灵铺路超度。这种风俗与枫树、樟树具有消暑和保健的药用价值有关。

⑥《吆王曹吆塘·吆塘》："杨柳长岸边，长生草长两边。"

"长生草"是一种在壮族地区常见的草本植物，可作药用，药名为"小驳骨草"。壮族民间称作"长命草"，认为它有延长寿命的功效。如果孩子生辰八字中有不会长寿的预兆，延请布麽做补命法事时就栽植长生草，以祈求孩子像长生草一样能长命百岁。

⑦《汉皇一科·出逃被害》："我们父亲病痛不好，我们父亲病不醒，我们父亲病不好，我们父亲喝竹管水，我们父亲吸竹节水，我们父亲扶不起。"

"父亲喝竹管水""父亲吸竹节水"均指父亲因病情危重而不能张嘴，需用小竹管插进嘴里，再用流质食物灌进竹管给病人吃。

（四）反映壮族身体观

身体观是指对人体系统的基本认识和看法。古壮字文献记录的身体词语反映了壮族先民对身体的基本认识，即对人体形态、生理功能的认识比较笼统与模糊。例如壮族民众将肾脏部位笼统地称作"腰"，古壮字中就没有表示肾脏的专门词语；也没有"小肠""大肠"的分别，仅统一称作"肠"。笔者通过对壮族麽经文献有关身体的叙述语段考察，发现壮族历史上经常将部位相近的脏器看作是功能相同的人体组织，将喉咙当作感觉器官，用来表达某种特定的心理情绪，认为心与胸、肚三者均具有记忆功能。例如：

⑧《麽汉皇祖王一科·解冤和好》："怕我念祖宗，念喉气下喉气消。"

⑨《占杀牛祭祖宗·占杀牛祭祖宗》："伏羲听见这句话，挂念放在喉管下，思虑放在肚子底。"

例⑧ "喉气下喉气消"意即心平气和；例⑨ "挂念放到喉管下，思虑放在肚子底"是指将思念放在心里，谨记于心。这种笼统而模糊的身体观与现代壮医对人体系统的认识具有一致性。黄汉儒先生指出，壮医的生理病理观念还没有明确的"脏""腑"区分意识，对位于脑颅、胸腔、腹腔内相对独立的实体都统称为脏腑①。

壮族历史文献所反映的壮族医药观、疾病观和身体观，它们与壮族的民族宗教、习惯观念存在密切联系，能够反映出早期壮医药的历史形态与基本面貌。

二 壮族历史文献的医学文化价值

壮族历史文献的医学文化价值主要表现在重视生育、崇尚长寿两方面，它们真实再现了古代壮族的生命观念和民俗文化。

（一）重视生育

壮族具有重生、多育、多子的生育观②。壮族民间用"花"代指小孩，认为人的生育活动是由生育女神"花婆"管理，孩子是花婆神花园里的花朵。妇女生孩子是由花婆送的，送给白花就生男孩，送给红化就生女孩，不送化就永世不能生孩子。因此，壮族把祈求生育称为"求花"或"架桥求花"，祈求神灵保佑孩子健康称作"安花""保花"，认为人死后便回归到原花园中成为"花人"③。壮族还把妇女怀孕、分娩看作一件隐讳而神秘的事情，不便明说，因此常用到委婉的方式进行叙述。

壮族民间将女子怀孕形象地称为添双份粮食、身带两张脸、背两个身子等，有时也称作"花入身体"，或者比喻为"一个铜鼓两个面""一匹马两个

---

① 黄汉儒：《中国壮医学》，广西民族出版社 2001 年版，第 26 页。
② 傅慧明：《壮族妇女的婚俗与生育》，《学术论坛》2000 年第 2 期。
③ 何志敏：《论壮族生育信仰中的"架桥求花"仪式及蕴涵的文化意识》，《柳州师专学报》2008 年第 3 期。

鞍"等。例如：

⑩《呼社布洛陀·创造万物》："再添双份米谷，再变成两个身子。"

⑪《吆王曹吆塘·吆塘》："女子又带两张脸，女子又背两副身子。"

⑫《本麽叭·太五保家主》："花住到头顶上，花进入身体来。"

壮族民间将产妇分娩称作血染大腿、血染竹榻、手抓竹榻、手扳篱笆、嘴咬牙等，用来形容其艰难与痛苦。例如：

⑬《本麽叭·太三狼麽娘妣》："不经过血染竹榻，不经过手抓竹榻，不经过嘴咬牙。"

⑭《麽汉皇祖王一科·申冤报仇》："不经过血染大腿，不经过手抓竹榻，不经过嘴咬牙。"

"不经过血染竹榻，不经过手抓竹榻，不经过嘴咬牙"与"不经过血染大腿"均指妇女不能生育。因壮族将女子怀孕称为身体带两张脸，故将分娩又称作"见脸"，意思是见到孩子的脸了。

（二）崇尚长寿

广西具有独特的养生环境与资源，生活在此地的民众历来崇尚长生与长寿，形成了历史悠久、源远流长的养生长寿文化。这在壮族历史文献中也得到了充分印证。

壮族民间认为，人的健康与寿命被神灵所掌握，人想获得健康与长寿，需要得到神灵的恩赐。例如：

⑮《麽兵甲一科·布洛陀造麽》："书架链架桥……书接粮补命。"

"架链架桥"是祈求健康长寿的祭祀仪式。壮族民间认为，人的寿命由"桥"（giuz，指生命之桥）决定，在一些特殊的时间节点，需要通过架桥来祈求平安。如"架大桥"，是指妇女怀孕后，主人家要架桥驱赶妖鬼，否则孕妇会有流产、难产危险。这种风俗至今仍在壮族地区流行。同时，生命桥的牢固与否，关系到人的生死。如果生命桥倾斜或垮塌，则表明人的寿命将尽。例如：

⑯《杂麽一共卷一科》："我们父母的桥已倾斜，我们父母的命已缩短，桥倾斜阴间就要收魂。"

⑰《麽王曹科》:"不料你的桥已崩塌,不料你的命已沉没,不料你的魂已断绝。"

"桥已倾斜""桥已崩塌"均表示生命已到尽头。

"接粮补命"即接食补命,是壮族民间为老人举行的补寿仪式。壮族民众认为,老人身体衰弱,是由于人的粮仓空了,寿命不长,应给予送粮补寿。送粮的方法是:老人的子孙、亲戚每人装一小袋米,一斤或几两重量不等,写上自己的名字送给老人,并说一些祝福长寿的话。在壮族民间,如果有人36岁以后因患病造成身体疲废无力的,就要延请布麽到家中祭供壮族女神"万岁婆王"(又称"上楼圣母"),做补粮仪式,祈求病体康复,延年益寿。

壮族历史文献还记录了通过"解尸食肉"祈求长寿的习俗。例如:

⑱《麽送勉·莫卡盖用》:"父母死了就剐肉食,剐肉食要祈求长寿。"

据人类学、民族学专家考察,"解尸食肉"是在特定历史阶段中尤其是野蛮时代出现的一种普遍现象。壮族麽经揭示了这种古俗的信仰观念和深层内涵:祈求长寿。古人企图通过"解尸食肉",从中获得生命的延续,视之为能够世代传承、子孙繁衍的灵物。这种原始丧俗虽然进入文明时代已经消失,但信仰观念仍遗存在于壮族的传统丧葬礼仪之中。凡超过80岁的老人去世,不仅亲族好友必须群聚悼丧,非亲非故的乡邻也会闻讯而来参加殡葬,吃丧家的"长寿饭",顺手拿走"长寿碗"①。

壮族历史文献所反映的壮族民众生育观、长寿观和生命观,与壮族的民族信仰、民俗文化存在密切联系,具有较大的医学文化价值。

三 关于壮泰传统医药文化比较研究的思考

壮族历史文献中的医药资料是进行壮医药文化研究的文献基础,具有较大的医学价值和文化价值,值得系统整理与深入研究。到目前,虽然壮医药文化研究已取得较多成果,但是还存在研究内容不够全面深入、研究方法与手段相对单一、研究队伍薄弱等现实问题②。诚然,壮医药文化研究是一项系统工程,需要

---

① 张声震:《壮族麽经布洛陀影印译注》,广西民族出版社2004年版,第1468页。
② 庞宇舟:《壮族医药文化的研究》,《中南民族大学学报》(自然科学版)2016年第4期。

利用多学科的理论知识，采用多种方法进行全面深入研究，以提升研究水平，形成高质量的研究成果。然而，壮医药历史文献的缺乏，无疑对壮医药文化的深入研究造成了影响。但是由于壮族历史上与一些民族存在同源或融合的亲属关系，如果能够通过与壮族关系相近的民族医药进行比较研究，或许可以为壮医药文化研究提供新材料和新视角。

中泰两国的民族学、人类学研究专家通过对壮泰民族传统文化的比较研究，认为壮族和泰族关系密切，属于"同源异流"。覃圣敏先生主编《壮泰民族传统文化比较研究》第十五篇"壮泰民族的民间科学技术"专门介绍了壮族医药与泰族医药，并对壮泰民间医药的治病思路、诊病方法与依据、治疗方法进行比较。虽然壮泰传统医药文化有不少共同点，但在医学理论、诊疗方法、医学文献、医学成就方面也存在明显差异[①]。实际上，对于壮泰民族传统医药文化的比较研究，除了已有的成果之外，还可以从医药语言方面进行比较和归纳。

壮语和泰语同属于汉藏语系侗台语族壮泰语支，两者具有同源的亲属关系。通过壮语和泰语200个核心词的比较，壮语和泰语表示医学、人体意义核心词均具有明显的相似性。其中医学词语有"死""肿""呕吐"，人体词语有"皮肤""肉""血""头""头发""耳朵""眼睛""鼻子""嘴""牙齿""舌头""腿""脚""膝""手""肚子""脖子""乳房""心脏""肝""脊背""肠"。在1000例基本词汇中，有51个表示疾病、诊治意义的词语，它们的读音有诸多相似性。如果把这些医学词语置于具体的语境中，往往能够反映出某些医学理论，值得重视。

目前壮族尚未发现本民族传承下来的医学著作，壮医药的历史文献资料，除了见于古壮字记录的历史文献外，大部分散见于用汉文撰写的地方志、博物志、历史著作和中医药著作。泰族流传至今的医药文献有《三章经》（自印度传入）《摩尼珠经典》《泰族疗效药典》等，除了医药专著外，泰族还有许多文献记录了医学知识，例如记录各种脓毒性热症的《特诗拉典》，记录生殖器疾病的《姆祖玛根蒂加黄》，记录妇科病与月经的《玛哈初蒂拉典》，记录各种肾虚症的

---

① 覃圣敏：《壮泰民族传统文化比较研究》，广西人民出版社2003年版。

《肾虚证典》等。这些泰族医药文献资料，或许能够为壮医药文化研究提供可资借鉴的素材。

四 结语

近年来，壮医药学界围绕"壮族是否有医药经典著作"问题进行了多方探讨与努力，至今尚未取得令人满意的结论。固然，一个民族的医药著作属于应用性科技文献，是该民族繁衍、生存和发展的重要宝典；作为我国人口数量最多的少数民族，壮族应该拥有自己的医药著作。但是要断定壮族历史上确实存在医药典籍，还有待于更多的文献证据。然而从数量丰富的古壮字医药资料可以推测，在历史上壮族民众用古壮字来记录医方药文、汇聚成书不仅完全可能，也非常必要。

虽然壮族历史文献所记录的壮族历史医药资料比较丰富，但是还存在系统性不强、内容不够全面等缺陷。这些不利因素也影响了它们的研究价值。然而，在目前壮族缺少历史医药典籍的情况下，这些医药资料显得十分珍贵，它们与壮医药领域的历史文物、口碑资料同等重要，可以相互补充，共同为现代壮医药研究服务。

泰族历史上的医药文献、医药语言给壮医药研究提供了可资借鉴的桥梁。如果能够从泰族医药文献和医药语言入手，发现与壮医药相关的信息，并以此为线索进行深入挖掘与研究，很可能取得一些突破性成果。

"一带一路"背景下交通教育"走出去"风险机制研究

赵光辉 陈玲玲[*]

摘 要：探索交通科研教育机构走向国际的有效途径，加深国际市场对我国交通科技的熟知度、认可度，提高我国交通科技在国际市场的影响力和国际地位，是发挥"科技强交""科技强国"重要支撑和引领作用的重要途径。现阶段，我国交通教育机构存在着境外投资办学法规与政策滞后，交通教育机构"走出去"的原则和方向有待进一步明确，境外办学信息不畅、财政支持力度不够，政府对教育机构境外投资办学保护力度有待加强等外部环境障碍因素；同时，内部也存在着起步晚、角色被动、缺乏竞争优势、管理体制存在问题、人才培养模式落后、"走出去"模式单一、合作领域较窄等障碍因素。交通科研教育机构"走出去"战略的实施可分三步走：增强自身国际竞争力；确定基本、适宜的"走出去"模式；搭建"走出去"信息服务平台。同时，我国政府应从管理、服务、资金、风险防范应急以及交通教育机构内部等层面来建立相应的保障机制。

---

[*] 基金项目：国家社会科学基金"'一带一路'沿线国物流节点安全预警系统建设研究"（项目编号：16BGL185）；商务部国际贸易经济合作研究院基金："中国企业'一带一路'沿线跨国并购的风险管理研究"（项目编号：2017SWBZD02）；中国博士后基金："'一带一路'物流节点安全预警原理与政策研究"（项目编号：2016M591346）；交通运输部联合攻关研究项目：交通应急管理关键环节研究（项目编号：2010-353-226-040）。

作者简介：赵光辉，贵州财经大学公共管理学院教授；陈玲玲武汉理工大学公共管理学院博士研究生。

议题一：民族文化与绿色发展
"一带一路"背景下交通教育"走出去"风险机制研究

关键词："一带一路"；交通教育；"走出去"战略；保障机制

"一带一路"倡议是当前中国发展的宏伟顶层设计，与"走出去"战略相得益彰，是党中央根据我国改革开放面临的形势和机遇，适时提出的重大战略举措。事实上，我国各行各业在"走出去"战略提出以前，就已经开始了各种形式的海外工程承包、劳务输出、对外援助、海外投资等。无论是属于援助型的"走出去"，还是发展型的"走出去"，抑或是战略型的"走出去"，在加强我国与海外国家的外交关系，提高我国的国际声誉，获取我国发展所需的外汇、技术和战略资源等方面发挥了积极作用。随着国家对"走出去"战略的升华和国家各部委实施此战略的深化，全国各行各业都加大了对海外探索的步伐。交通行业是实施"走出去"战略较早的行业之一。早在中华人民共和国成立初期，交通行业就配合国家的对外援助开始了对非洲等国的海外工程承包和海外劳务输出工作。伴随着国家扩大开放，交通行业加大了"走出去"的步伐，凭借多年在海外市场打拼下的声誉，从单纯的援助逐步走向独立的经济运营。"走出去"的模式不断创新，"走出去"的规模不断扩大，"走出去"的足迹开始遍布全球。

通过"一带一路"实践和"走出去"探索，我国交通建造能力已经成为世界的巨人，在世界范围内得到了广泛的肯定。但是，与强大的建设能力不匹配的是我们交通科研的技术、规范、标准并没有得到世界同行的认可。在海外市场，我们的交通建设受制于世界其他国家尤其是欧美等发达国家的标准规范，尽管我国的标准和技术并不比他国差。这种现象导致我国在国际市场上，尤其是涉及重大工程水平上的主导权和话语权的丧失，从直接的经济收益角度看也大打折扣。我国在世界舞台上"低级劳动力"的形象难以改变。就交通科研能力而言，我们已经掌握了部分领域的世界领先水平，在很多技术方面相比于世界其他国家是有自己的优势的。问题在于我们的科研实力，在世界上的声音太小。国家推行"走出去"战略给我们交通科研走出国门，向世界发出我们的强音创造了良好的平台，带来了难得的机遇。一方面，经过多年的实践，交通运输行业在"走出去"方面已积攒了一大批有潜力在国际上产生重要影响的先进技术和人才队伍，需要开展更深层次的国际交流与合作；另一方面，我国的交通科研教育机构也由于自身能力和业务需求的提升,迫切需要提高国际竞争能力,拓展海外市场。在这样的背景下,探索交通科研教育机构走向国际的有效途径,加深国际市场对我国交通科技的熟知度、认可度,提高我国交通科技在国际市场的影响力和国际地位,为实现"科技强交""科技强国"发挥重要支撑和引领作用,就成为必然的努力方向。

一 交通教育机构"走出去"概况

(一)交通教育机构"走出去"的定义

本研究定义的交通教育机构指设有交通运输类专业且主要为交通运输业培养人才和提供服务的高等院校和交通职业技术学院。交通教育机构"走出去"也可以说是交通教育机构国际化,因此研究初步认为交通教育机构"走出去"的内涵是:把跨国界和跨文化的观点和氛围与交通教育机构的教学、科研和社会服务等主要功能相结合,提高交通教育机构的水平,使之能被国际社会承认和接受;广泛开展国际交流与合作,采用多种办学模式实现国内国外交通教育的资源共享和教学互补;为交通企业境外投资项目提供工程咨询服务,开拓国际交通教育市场,提升交通科研教育机构的国际影响力。

(二)现阶段交通教育机构国际交流的模式

依据交通教育机构的定义,在全国范围内有很多大专院校为交通运输业培养人才和提供服务,现阶段我国交通教育机构国际交流的模式主要有中外合作办学、来华留学教育、国际合作研究和境外办学几种模式。中外合作办学和来华留学教育是交通教育机构现阶段国际交流的主要模式,国际合作研究发展迅速,境外办学目前只有一例。

1. 中外合作办学

中外合作办学是指外国教育机构同中国教育机构在中国境内合作举办以中国公民为主要招生对象的教育活动。

中外合作办学日益成为国际教育合作与交流的重要领域。很多学校通过多渠道的国际交流与合作,开展了多种形式的学生国际学习项目,扩大了学生接受国际化教育的机会、增强了学生的国际意识、提高了学生的国际交往能力和国际竞争力。它主要包括联合培养、双文凭、交换生、奖学金、海外实践/夏令营、短期培训等培养方式，各方式所占比例如图 1 所示。联合培养占总体的 41.83%，双文凭占 20.67%，奖学金占 20.67%，交换生占 12.02%，海外实践占 4.33%、短期培训占 0.48%。可以看出，联合培养是中外合作模式的主流，双文凭、奖学金、交换生项目次之，海外实践和短期培训方式则较少。

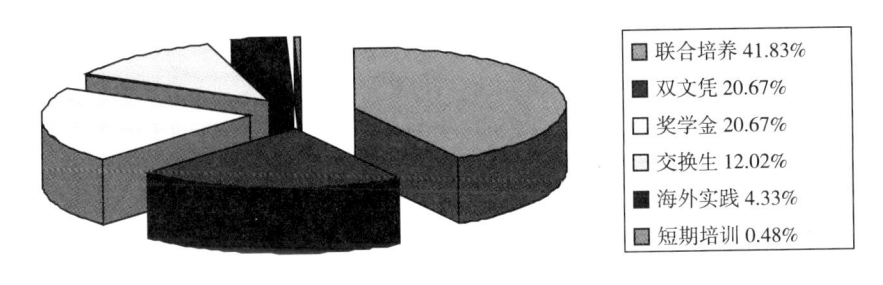

图 1 交通教育机构中外合作办学模式统计

我国交通教育机构合作办学的国家主要集中在美国、英国、法国、日本、澳大利亚、加拿大、德国、俄罗斯等发达国家。交通教育机构的中外合作以本科、硕士教育为主，专科和博士教育偏少。

现阶段交通教育机构中外合作的专业主要集中在车辆工程、机械工程、土木工程、交通工程、汽车工程、汽车制造、材料科学与工程、交通运输管理、运输管理、国际运输与物流、物流航海、轮机、海事管理、海事经济、海商法、航海法、海上安全与环境管理等。

2. 留学生教育

来华留学生是我国高等教育对象中的一个特殊群体，是指对来中国学习的外国留学生按计划有目的地进行系统化的培养和教学。来华留学生教育是为国际社会培养高级专门人才的教育，也是培养国际交往合作者的教育。来华留学生教育包括对外汉语教学、专业教育、研究生教育和来华留学生的教育管理。专业教育是指在来华留学生所选择的专业里对其实施的教育，它包括学历教育和非学历教育；研究生教育是指对打算获取硕士学位和博士学位的来华留学生实施的教育。

我国外国留学生教育工作始终遵循我国的外交总政策、地区及国别政策，兼顾派遣国情况，坚持贯彻择优录取、提高层次、积极发展的方针。对来华留学生的培养目标是根据我国的教育制度和教学计划，结合派遣国的需要和留学生的不同情况，培养他们成为能够掌握所学专业的基本理论、专门知识和实际技能、身心健康、了解中国和对华友好的人才。

中国政府为了增进中国人民与世界各国人民的相互了解和友谊，发展中国与世界各国在政治、经济、文化、教育、经贸等领域的交流与合作，设立了各类奖学金项目，资助世界各国学生、教师、学者到中国高等学校学习及从事研究活动。"中国政府专项奖学金——高校研究生项目"是中国政府专门为支持建设国际化高水平大学，打造中国高等教育品牌而设立的全额奖学金项目。该项目主要针对"985"高校，获此资格的高校可由中国政府提供奖学金名额，自主招收外国留学生来华学习。同时，各地方为了支持高校留学生发展，也设立了地方的留学生奖学金。

3. 国际合作研究

交通教育机构国际交流与合作迅速发展，如武汉理工大学、东南大学交通学院等高校已多次开展国际合作研究。武汉理工大学自2005年来，已经成功举办了11次国际会议，会议主题涉及：交通运输工程、创新与管理、人工智能、机械工程、材料科学力学、土木建筑工程、工程与技术科学基础学科、交通运输工程等。其中2010年举办了4次，规模日趋扩大，国际合作研究日趋紧密。东南大学交通学院在项目合作研究方面发展突出，与英国南安普顿大学交通研究所、德国波鸿鲁尔大学交通研究所、美国Texas A&M大学等签订长期合作协议的国外学术机构保持着很密切的学术联系，互派人员往来。项目涉及交通、桥梁、道路、岩土等专业领域。

4. 境外办学

目前我国交通教育机构境外办学模式的国际交流仅有一例：大连海事大学。大连海事大学在斯里兰卡科伦坡国际航海工程学院建立了校区，并于2007年在斯里兰卡开始招生，实现了我国交通教育机构的首次输出。

（三）交通教育机构国际交流的总体特征

现阶段交通教育机构国际交流呈现出以下特征。

1. 中外合作办学模式和来华留学教育为主要模式

目前我国交通教育机构国际交流主要有中外合作办学、留学生教育、国际合作研究、境外办学等几种模式,中外合作办学和来华留学教育是交通教育机构国际交流的主要模式,所占的比例较大,国际合作研究模式正处于进一步发展中,而境外办学仅有大连海事大学一例。

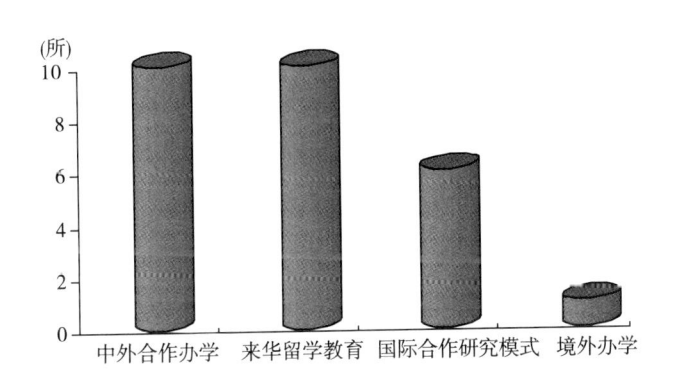

图 2　交通教育机构国际交流的模式统计

据资料显示,交通教育机构留学生数量越来越多,涉及的专业领域也非常广泛,反映出我国交通教育机构办学能力正逐步增强。

2. 教育引入为主,教育输出较少,"走出去"模式单一

我国的交通教育机构国际交流目前以教育引入为主即中外合作办学,教育输出则相对较少。来华留学教育、国际合作研究模式在加速发展中,境外办学等其他模式刚刚兴起,交通教育机构"走出去"的模式主要是来华留学生教育和境外办学两种模式,比较单一。

3. 交通教育机构国际交流发展空间较大

目前国际交流合作的国家集中在美国、英国、法国、日本、澳大利亚、加拿大、德国、俄罗斯等发达国家,和发展中国家的合作较少,合作空间较大。目前仅有的一例境外办学模式的教育输出是对斯里兰卡。

4. 高等院校是交通教育机构对外交流的主体

在我国主要的交通院校中,仅广州高等航海高等专科学校、湖南交通职业技术学院两所职业学校开展了国际交流项目,其他均为高等院校。可以看出职业学

校的国际交流发展较缓慢,重视不足,国际交流视野有待扩大。各高校对外教育的层次的主要是本科和硕士,如图4所示。

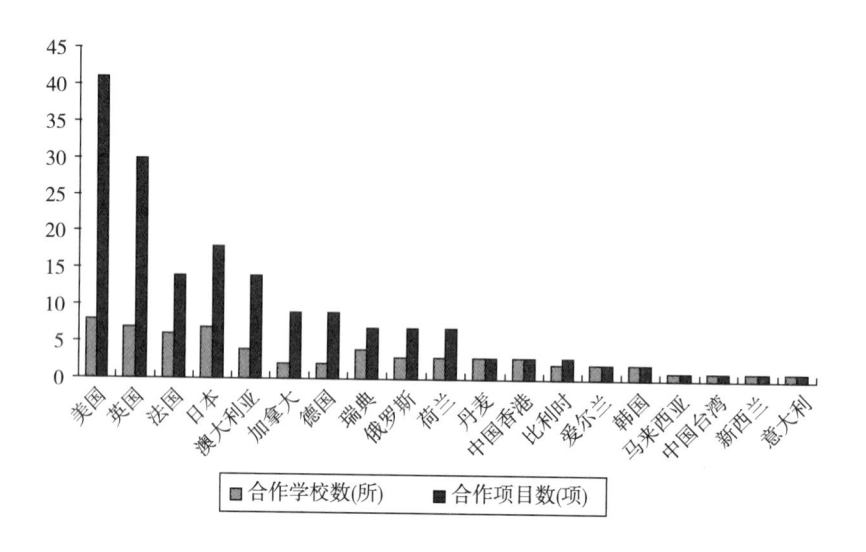

图3 交通教育机构中外合作办学模式合作地区情况

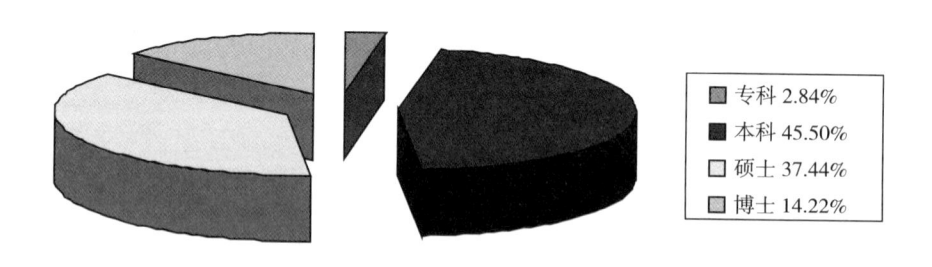

图4 交通教育机构中外合作办学教育层次统计

二 交通教育机构"走出去"战略存在的问题

我国交通教育机构"走出去"战略还面临着诸多的问题,研究从交通教育机构的外部环境和内部环境两方面进行分析。

(一)外部环境存在的问题

1. 境外投资办学法规与政策滞后

2003年3月1日,国务院颁布《中华人民共和国中外合作办学条例》(以下简称《条例》)。《条例》明确规定,中外合作办学的基本性质是"外国教育机构同中国教育机构在中国境内合作举办以中国公民为主要招生对象的教育机构(以下简称中外合作办学机构)的活动"。可以看出,《条例》主要是对实施高等教育中外合作办学"引进来"的活动进行了界定和规范,而未将高等教育中外合作办学"走出去"的办学形式纳入其中。2004年6月,教育部发布的《中华人民共和国中外合作办学条例实施办法》(以下简称《实施办法》)则仅是《条例》的具体化。此前,2002年12月31日教育部颁发的《高等学校境外办学暂行管理办法》,为高校境外办学提供了基本的法律支持和规范,但其内容尚有许多不完善的地方,如该法规对于高校境外办学的审批要求及程序较明确,但在高校境外办学机构或项目的管理方面,只提及由教育部和省、自治区、直辖市人民政府以及学校主管部门根据各自的审批权限,负责对高等学校境外办学活动的指导、监督和管理工作,并未对具体的管理办法和要求等做出规定。此外,在关于学校的内部行政管理体系、课程设置与评估、教师与学生管理、财务及税收等方面也都未作具体要求。

近几年,随着中外合作办学的发展,尤其是随着高等教育"走出去"办学的实践发展,作为规范中外合作办学最基本法律条文的《条例》在有些方面已经不能适应实践的需要,已经"走出去"的机构和项目难以纳入"中外合作办学"的范围规范管理,在一定程度上限制了"走出去"合作办学活动的开展。在新的历史条件下,高等教育中外合作办学必须借鉴发达国家跨国高等教育的经验,突破中外合作办学原有的认识界限,把高等教育"走出去"发展战略纳入中外合作办学的理论视野和法律框架,包括在适当的时候修订《条例》及其《实施办法》。

2. 交通教育机构"走出去"的原则和方向有待进一步明确

"走出去"合作办学,涉及教育主权、涉外教育监管、学位认证、外汇管理等问题,需要相关政策的支持。就国际背景而言,目前跨国高等教育和国际教育服务贸易的发展很大程度上受经济利益的驱动,强调高等教育的产业特性和市场化运作,而我国高等教育中外合作办学"走出去"的主要目的是提高我国高等教育的国际化和现代化水平,促进我国高等教育事业的发展。因此,如何正确处理国际教育服务贸易的营利性和我国高等教育的公益性之间的关系,明确高等教育中外合作办学"走出去"的正确方向和原则,是制定高等教育境外合作办学相关政策,实施高等教育中外合作办学"走出去"战略时需要着力解决的问题之一。

3. 境外办学信息不畅,财政支持力度不够

境外交通教育需求的获取是交通教育机构"走出去"的重要环节,现阶段交通教育需求信息获取的渠道较少,宣传力度不够。此外,中国政府对教育机构走出国门的财政支持力度远不及国外,束缚了我国交通教育机构的教育输出。

4. 政府对教育机构境外投资办学保护力度有待加强

进行境外投资办学,可能遇到东道国经济政策、政治形势、国际收支和汇率政策等多方面的影响或不可抗力因素,具有较大的风险,会使教育机构遭受重大损失,因此发达国家对境外企业和境外投资行为都有比较完善的风险保障机制。而我国到目前为止还没有海外投资保险机构为企业进行海外投资保险。

我国虽然是《建立多边投资担保机构公约》的缔约国,也是主要出资国之一,但从我国签订该条约的初衷来看,主要是为了给我国境内的外国投资提供法律保护,以改善我国的投资法律环境,吸引外资。据1999年多边担保机构年度报告分析,中国投资者至今尚无使用多边投资保险记录。而印度、埃及等发展中国家的投资者却多次利用该机制为本企业向境外扩张保驾护航。

5. 国际保障体系不健全

跨国高等教育产生的时间不长,尽管出现了各种各样需要规范管理的命题,但对各国政策、法规的制定者来说还是有些"措手不及"。从总体上看,跨国高等教育没有得到国际公认框架的保障。

目前针对跨国高等教育的法规或条例有以下几点:英国的"质量保证署"于1995年10月颁布了《高等教育境外合作办学质量保障实施准则》;美国的"高等教育认证委员会"颁布了《对非美国本土教育项目评价原则》;澳大利亚颁布了《澳洲大学对海外学生提供教育的道德实践法则》;由联合国教科文组织与欧盟联合颁布了《提供优秀跨国教育的实施法则》,几乎同时他们又颁布《对国外教育资格及学习阶段评价的标准和程序建议》,这两个组织又于1997年颁布了《里斯本条例》,为跨国高等教育资格认证提供了里程碑性的总体框架;欧洲

在同一时期又建立了《欧洲学分转换体系》(European Credit Transfer System, ECTS); 世贸组织于1995年通过了《教育服务贸易总协定》(GATES); 香港特别行政区1996年7月通过、1997年1月起实施了《非本地高等和职业教育法规》; 以色列于1998年颁布《外国在以色列设立分校法》,其中包括13条具体规定; 中国于2003年颁布《中外合作办学条例》。

以上各个法规和条例有的只是针对自己的国家,或针对高等教育的某一部分(形式),有的是区域或国际组织提出并推行。尽管目前各方作了大量的努力,但离建立健全并完善全球性的、大部分国家认可的质量保障和认证框架还有很大的距离。

(二) 交通教育机构内部存在的问题

1. 起步晚,角色被动,缺乏竞争优势

我国在教育国际市场中,扮演的主要是跟随者和消费者的角色,是在发达国家教育市场开拓策略的引领下进行的,主要是充当发达国家高等教育输出的接受国。交通教育机构走出国门起步较晚,经验不足,交通教育机构普遍缺乏"走出去"的意识。

2. 管理体制存在问题,人才培养模式落后

高等学校内部管理体制不合理,境外合作办学课程与教学的质量评估存在诸多不足。我国对高等院校的评估主要是通过教育部高等教育教学评估中心、学位与研究生教育发展中心等官方、半官方性质的评估机构进行的,而不是通过在世界上日益成为潮流的第三方独立评估认证机构。另外,评估标准、指标体系还不完善,目前适用的《普通高等学校本科教学工作水平评估方案》还是试行方案,内容也很简略。教学评估在实践中引起的形式主义、弄虚作假,学校财务及师生员工负担加重更成为普遍问题。以上问题说明,我国高等教育的外部质量保证体系还远远没有成熟。

由于高等教育优质资源数量和人们教育需求之间的矛盾以及相对封闭式的教育管理体制的影响,我国高校学科专业结构与经济社会发展的要求还存在许多不相适应的方面,教学方式较为单一,人才培养模式亟待改革。教学质量和国际化水平有待提高。

3. "走出去"模式单一，合作领域较窄

对跨国教育进行分类是一件非常复杂的事情。从办学主体来看，除了传统的大学，还有企业、营利性教育机构、行业协会、专业团体等，甚至政府、地区及国际性组织都参与其中；从授课方式来看，既有面对面的传统方式，也有虚拟及远程教育，还有两者的结合。从开设的课程或颁授的证书、学位的从属来看，有属于输出国的，有属于输入国的，也有双方学位或联合学位。而当涉及联合办学时，上述类别的组合数量就更大了。另外，研究者还可根据自己的需要进行分类，比如公立、私立，非营利、营利，受认可、不受认可等。但是跨国教育研究文献中最常见的分类是根据办学模式分成跨国分校、离岸机构、特许、课程衔接、企业大学、虚拟及远程教育等类型。

现阶段交通教育机构的国际交流以合作办学（联合培养、奖学金、师生互换、学位等值、学者互访、夏令营、举办国际学术会议、短期培训）、留学生教育、国际合作研究模式为主，借船出海、海外函授教育、境外办学、企业大学、虚拟及远程教育等模式发展较缓慢。

三 交通教育机构"走出去"的战略规划

在交通教育机构实施"走出去"战略进程中，要坚持为国家"睦邻友好，稳定周边"战略服务的原则；坚持为我国经济建设和社会发展服务的原则；坚持为我国教育改革与发展服务的原则；坚持遵守和利用WTO规则原则；坚持"走出去"与"请进来"相结合的原则；坚持发挥交通优势、突出交通特色的原则。

交通教育机构通过实施"走出去"战略，在对外输出我国优势交通教育的同时，促进自身教育水平的提升；通过实施"走出去"战略，充分利用"两个市场、两种资源"，在国际竞争中培育和扩大核心竞争力，提升我国跨国教育的影响力。具体而言，我们的交通教育机构"走出去"的战略目标可以分为近期目标和远期目标。

近期目标是以我国交通教育机构具有比较优势的学科为突破点，以提高我国交通教育水平、提升我国交通教育机构的国际影响力以及争取国外交通教育市场的份额为目的，以招收海外留学生教育为主、其他模式为辅的方式，推动交通教育的输出，"走出去"的区域目标是交通教育较落后的亚非拉等发展相对落后的第三世界国家。

远期目标是与国外交通教育机构交流与合作进一步深化，全国大多数交通科研院校与国外高等院校建立长期、稳定的合作关系；留学生规模进一步扩大，留学生教育质量进一步提高；交通教育机构"走出去"的模式逐步多元化，境外合作办学等模式进展显著，国际化水平逐步提高，交通教育在国际上尤其是在发展中国家具有重大影响力和竞争力。

因此，交通科研教育机构"走出去"战略的实施，可以分三步走。

（一）增强交通教育机构自身的国际竞争力

交通教育机构实施"走出去"战略，首先应增强自身竞争力，做好以下几方面工作。

1. 完善内部管理体制，实现与国外合作机构无缝对接

交通教育机构须进行内部管理体制改革，建立与交通教育机构国际化发展和国际合作办学相适应的管理体制和运行机制，如对境外合作办学机构和项目中的中方教师及外籍教师的管理制度等。要保障高校境外合作课程的顺利实施，则必须对高校人事管理体制进行改革，建立新的高校教师聘任、评定制度和其他管理制度，保障教师的正当权益。我国交通教育机构境外合作办学机构与项目以招收海外学生为主，中外双方在课程与教学、学校运行和管理等各方面都有不同合作和分工，在课程设置、教学活动的组织和实施、机构和项目的财务管理等方面与国内母体高校相比都具有特殊性。因此，高校应针对境外合作办学机构和项目的实际情况制定相应的学生管理制度、课程与教学管理制度及财务管理制度，寻找合作双方的最佳合作点和合作方式，建立既满足交通教育机构境外合作办学需要，又与合作高校管理体制相适应的管理体制和运行机制，保障和促进双方更好地开展合作与交流，推动境外合作办学的发展。

2. 大力加强师资队伍建设和国际化课程建设

（1）加强复合型师资队伍建设。应加大教师培训、培养力度，进一步发挥国家公派留学基金的作用，落实地方配套经费。认真做好选派优秀人才，特别是中青年骨干教师出国留学工作。加快教师"走出去"和"引进来"的步伐，提高专任教师的学历层次和外语水平（包括英语和目的地国家语言），提升教师的

国际化教学水平和能力。

（2）加强国际化课程建设。各交通教育机构应结合自身实际，一方面重点加强比较有优势和特色学科的建设，如车辆工程、航海技术、交通运输等课程，从而形成一批有高校特色的国际化课程，另一方面应积极增设有关国家的语言及文化背景课程，并把区域经贸合作、地缘关系、国际交流等科目作为选修课程；积极引进和使用原版英文专业教材并使用双（多）语授课。同时，更要加强适合对外汉语教学的汉语教材的研究和开发，逐步开发出版一大批质量较高、适合教学的国际汉语教材，为双方开展师生互派、人才交流与科研合作奠定坚实基础。

3. 全面扩大多边高校教学与科研合作领域

高等教育国际化的主要表现就是关于教学与科研的跨国界活动的增加，具体就是人员的流动、学术的合作、知识迁移和跨境国际教育等。我国交通教育机构应全面参与各国高校教学与科研的合作与交流，并加快合作的进度，拓展合作的空间并提升交流的水平。

（1）围绕我国交通教育机构改革发展需要和实施"走出去"战略的要求，积极主动与国外高校在人员跨国流动方面签订若干合作协议，进一步加大引进国外高智力人才的力度，特别要注重引进交通科研攻关急需的以及与交通教育机构重点建设学科相关的专业人才。充分发挥外籍教师的作用，使其积极参与高校教学与科研工作。继续增加财政投入，保障外国专家和教师的收入水平。

（2）以当前我国交通教育机构自身优势为依托，广泛开展相关领域的研究和科技开发合作，建立跨国联合科技攻关的新机制。

（3）深化我国交通教育机构教学改革，全面整合教学资源，开展学科、专业、课程等各层面的教学合作，各高校要加强协作，突出特点，形成合力，并在适当时候采取"集团化"战略来构建良好和谐的国际交流与合作的氛围。紧密结合国内外经济社会发展对高技术人才的需求，全面深化人才培养模式和教育教学改革，积极调整学科专业结构，努力形成一批有特色、高水平、适应区域经济发展需要的学科和专业。对一些具有较好基础的学科、专业和课程，参照国际通行模式进行教学改革，从而形成一大批课程"品牌"，以此加大对其他国家学生的吸引力并增强我国交通教育机构国际化的核心竞争力。

4. 推动产学研结合

硅谷奇迹与剑桥现象给我们提供了重要的启示。硅谷是依托斯坦福大学形成的第一个高科技产业重镇，创造了经济发展的奇迹。英国的剑桥大学、牛津大学一直自视为学术圣地，但是自20世纪90年代以来，英国开始依托剑桥大学发展高科技产业，如今的剑桥已今非昔比。剑桥大学周围已成了高科技产业发展的沃土。硅谷奇迹与剑桥现象说明，高技术发展必须依靠大学，大学必须走产学研结合的道路，必须走向社会。国内的清华、北大等一批著名大学在产学研结合、实现高科技产业化方面已迈出了坚实的步伐。北大方正、清华同方等一批上市公司已成为高科技产业的领头羊。甚至一些不著名的大学也因在高科技产业方面的良好势头大大提升了自己的品牌，如"东大阿派"使东北大学声名鹊起。高新科技产业已成为推动社会经济增长的巨大动力，也成为高等学校对社会影响力的重要标志。

交通教育机构要在立足自身优势的基础上使产学研结合实现重大突破，发挥特色优势，重视科技创新，推进成果转化。可以通过采取校企结合、自建产业园与以创新为中心的方式为企业实施"走出去"创造有利条件。

(二) 确定"走出去"战略的基本模式

目前，跨国高等教育的主要模式有留学生教育、境外办学（包括在所在国开办跨国分校、成立国外支持大学、提供特许及双联课程等形式）、借船出海、远程及虚拟教育模式、国际合作研究等。交通教育机构应该根据自身的发展情况选择合适的"走出去"模式，现阶段宜选择以留学生教育为主，其他多种模式并存的方式，在风险可控的前提下积极参与国际运作，提升国际影响力。交通教育机构"走出去"战略可采用以下基本模式。

1. 留学生教育

目前，留学生教育模式是我国交通教育机构走出去的最主要的模式，全国主要的交通教育机构都获得了留学生招生资格，如大连海事大学、上海海事大学、长安大学、武汉理工大学等。这种模式可以使在不出国门的情况下达到将教育资源输出的目的，从而促进中外交流。随着留学中国计划的稳步实施以及我国交通科技的持续发展，来华留学的留学生一定会越来越多，生源国家也必定会逐步多元化，可以预见来华留学生教育仍将是我国交通教育机构"走出去"的最主要模式。

2. 境外办学模式

高等学校境外办学，是指高等学校独立或者与境外具有法人资格并且为所在国家（地区）政府认可的教育机构及其他社会组织合作，在境外举办以境外公民为主要招生对象的教育机构或者采用其他形式开展教育教学活动，实施高等学历教育、学位教育或者非学历高等教育。这种模式包括在所在国开办跨国分校、成立国外支持大学、提供特许及双联课程等形式。

跨国分校是指一个高等教育机构在海外的运作，其满足以下标准：海外机构应由母国机构运营，或以其名义与东道国当地机构合作运营；学生完成学习计划后被授予外方机构的证书。机构开办跨国分校的动因包括对国外课程的全面控制，在国外教育市场脱颖而出，更多获得外部资助的机会，东道国提供了优厚的条件或者管制规定的变化带来了新的机会，使录取留学生的形式多样化，学费收入，国际化战略，帮助东道国提高高教能力，等等。跨国分校相对于其他跨国教育形式的优势在于其质量较高，机构完全自主，有利于提高其品牌效应。但跨国分校的财务及运作风险也较大，如果失败对母校声誉的影响也较大，因此在可预见的将来，其不会成为跨国教育的主流形式。

国外支持大学是指在所在国合法的独立高等教育机构，学术上附属于别国的一所或几所大学（襄助大学，patron universities）。和跨国分校相比，国外支持大学同样实现了外来课程的引进，提高了所在国的高教能力，同时因为这些大学不为外方所有，仍然属于本国教育系统（一般是私立大学），因此政府的监管、控制都相对容易。从大学的角度来看，向别国输出专业课程加强了其国际影响，增加了在所在国获得外部资助的可能，并能吸引优秀学生到本校深造，同时又不必承担运营的财务风险，即使项目失败对自身声誉的影响也有限。因此，国外支持大学成为所在国政府和课程输出大学都能接受的合作方式，其最大合作限度即为颁发输入国和输出国都认可的双方学位。

特许是指一国的教育机构授权另一国的机构提供教育计划或课程。双联课程指两个或两个以上机构联合规定学习计划的学分和学分转移，学生在一方修得的学分被另一方承认，并可以转移到另一方。这些课程可以通向联合学位或双学位，但也可能不和学位挂钩。特许和双联课程也就是联合办学，是跨国教育最常见的形式。特许和双联课程由教育进口国的机构举办，其质量问题往往较多。尤其是特许课程，因为完全在教育进口国完成所有课程的学习，其质量能否达到输出课程的教育机构在其本土的水平，令人生疑。各输入国近年来普遍加强了对特许及双联课程的监管，有的要求此类课程满足所在国的标准和要求。

目前很多发展中国家交通基础设施落后，对交通人才的需求非常旺盛。针对这一巨大的潜力市场，我国应在大力吸引外国留学生来华留学的同时，鼓励有条件的交通教育机构走出国门，尤其是到发展中国家，积极探索海外办学，参与全球竞争。在探索的初期，我国的交通教育机构应采取走出国门，与当地知名大学合作，开展教学和科研合作。以此扩大我国办学机构在国际上的影响力和知名度，为以后更进一步的发展奠定良好的基础和声誉。在条件较为成熟的时候，可以在海外开办分校，开设灵活多样的非学历教育和学历教育。

3. 借船出海模式（产业集群抱团走出去模式）

借船出海模式，即交通教育机构在"走出去"过程中依托我国在境外承担的交通工程建设项目等具体项目的支撑下"走出去"的一种方式。

一方面，目前我国已跻身世界十大工程承包国家之列，涌现出诸如中交股份、中铁股份等具有国际竞争力的承包企业。另一方面，在我国"十一五"期间，交通教育机构交通科技水平大幅度提高，一批重大关键技术取得了突破，如在智能化数字交通管理技术、特殊自然条件工程建养技术、一体化运输技术、交通科学决策支持技术、交通安全保障技术和绿色交通技术等方面，部分技术在国际上已经处于领先水平。但总体来说，与发达国家相比依然存在很大差距，再加上我国交通教育机构以工程咨询单位角色"走出去"经验欠缺，因此，交通教育机构在"走出去"过程中必须与具有国际工程总承包资质的企业开展合作，一起"走出去"。

4. 远程及虚拟教育模式

远程教育是指学生和教师、学生和教育机构之间主要采用多媒体手段进行系统教学和通信联系的教育形式。

互联网的出现，深刻地改变了人类交流的方式，这种技术进步也在高等教育领域得到体现。传统的远程教育加上互联网，使虚拟大学应运而生。虚拟大学按运营方式可分两种，一种只在网上提供课程，一种还另有网下教学设施。按其举办者不同也可分为两种，一种是独立的营利性机构，另一种是政府开办的旨在扩大教育机会、增加教育供应的灵活性的地区的、国家的甚至国际性的机构。目前美国几乎所有高校都开始使用网上教学，许多大学或者大学联合体建立了营利性的虚拟大学，而国家级的虚拟大学也纷纷出现。虚拟大学的载体互联网本身就具有跨境的特性，因此网上课程可以面向全球招生。

现阶段由于受到通信基础设施薄弱等因素限制，我国交通教育机构开展远程教育主要是在国内，如大连海事大学和武汉理工大学的函授教育。我国应该在完善国内远程教育的同时，积极创造交通教育机构采取这种模式"走出去"的各项条件。大力发展远程教育，构建交通教育机构远程高等教育体系已是当务之急，它不仅是高等教育实现大众化的重要途径，而且更是在另一领域从时空上加快国际化进程的战略需要。交通教育机构可以整合优势资源，采取"集团化"战略实现在广大发展中国家开展函授教育、电化教育和网络教育。当然，虚拟大学的运作风险也较大，英国网上大学（UKeU）在投资了6700万英镑后，还没有运营就倒闭了。另外，教育输入国往往不信任网上课程，对其证书很少予以承认，这也限制了虚拟大学的海外扩张。所以我国交通教育机构在采取这种模式"走出去"的过程中一定要注重风险防范与管理。

5. 国际合作研究模式

21世纪呈现出经济一体化、科技国际化的发展趋势，科技资源在全球范围内自由流动。交通教育机构是国家创新系统的重要组成部分，理应不懈地在国际科技合作与交流方面进行探索，争取更多的科技资源。目前，交通教育机构国际科技合作与交流形成了合作对象多元、合作形式多样、合作区域广泛、合作领域集中等显著特征，合作质量不断提升。其合作与交流的对象主要有政府机构及国际组织、高等学校、企业、研究机构四类。

交通教育机构国际科技合作与交流的主要形式可以归纳为：①合作研究与开发。②国际学术会议。③人才交流与培养。④建立国际科技合作基地。

随着我国交通科技水平的逐步提高以及全球化水平的逐步深化，国际合作研究模式将成为我国交通教育机构"走出去"的主要模式之一。

综上所述，我国交通教育机构走向世界的五种基本模式各有优劣。在中国交通教育机构走向世界的过程中，上述五种模式并不会截然分开，交通教育机构应综合考虑自身的实际情况、市场状况、政治经济环境以及每种模式各自的优劣，选择合适的模式。

（三）加强"走出去"的宣传力度，搭建"走出去"信息服务平台

针对目前高校主动出击意识不强，宣传手段与内容落后的情况，交通教育机构应该大力加强来华留学宣传和推介力度，采取多种形式及时收集、整理和发布信息，建立传播信息的通道和机制。整合国内外各方资源，充分发挥国内有关机构和我驻外使（领）馆、海外孔子学院（孔子课堂）等在来华留学宣传方面的作用。派各高校组团到国外介绍各自学校的情况和接受留学生的优惠条件，采取措施吸引当地学生前来学习。同时积极争取与交通教育机构相关的国际交流会在我国举行，提高我国交通科研院校知名度，使更多国外学子了解我国交通科研院校。制订有针对性的招生宣传策略，加强学校英文网站建设，提供翔实准确的网上信息。

四 交通教育机构"走出去"的战略保障措施

为更好地帮助我国交通教育机构成功地"走出去"投资办学，我国政府应从管理、服务、资金、风险防范应急以及交通教育机构内部等几个层面来建立保障机制。

（一）管理保障机制的建设

我国交通教育机构实施"走出去"战略是一项系统工程，涉及面广，工作量大，为此应建立完善相应的管理机制以推进交通教育机构"走出去"战略的实施。

1. 建立和完善教学评估体系和学位认证制度

我国交通教育机构能否成功实现"走出去"，并在竞争激烈的国际市场取胜，归根结底取决于我国交通教育机构能否发挥其特色专业优势，保证教学质量，办出特色和水平。因此，必须建立和完善交通教育机构的教学评估体系和学历学位认证制度，积极与国际质量认证机构和教学评估组织合作，建立由中外交通教育专家和教师、管理者等组成的对外办学教学评估机构，制定相关评估标准

和准则，定期对我国交通教育"走出去"办学机构与项目进行评估，奖优罚劣，逐步形成交通教育机构的教学评估体系，达到以评促管理、以评促建设的目的。同时，应进一步完善交通教育机构办学的学位颁发与管理制度，保障我国境外办学的学位质量和声誉，积极与境外的学位认证组织和机构进行合作，不断提高"走出去"办学的质量和效益。

2. 加强对境外办学的监督管理

改变以往的投资项目在境外重审批、轻管理、审批与管理脱节的状况，对交通教育机构境外办学要加强监督管理。国家作为社会管理者，要切实加强对"走出去"投资办学的交通教育机构在境外的监督管理。一方面，要加强对境外交通教育机构的年审工作，要求交通教育机构将当年招生状况、教育状况等向主管部门提交报告；另一方面，监督交通教育机构在境外办学的合法性，调查境外交通教育机构是否有违反驻在国法律或其他不当行为，加强监管力度。

（二）服务保障机制的建设

在交通教育机构"走出去"面向国际市场的过程中，政府有关部门应该提供完善的服务平台，为交通教育机构"走出去"提供全面的资讯服务。

1. 加大宣传力度

政府部门应该加强对留学生优惠政策的宣传力度，吸引更多的留学生来我国深造学习。广泛宣传我国交通教育机构的特色和专业优势，提高国际影响力。

2. 改革"走出去"审批制度

政府要创造有利于交通教育机构"走出去"的宽松环境，减少和消除阻碍交通教育机构进入国际市场的障碍。简化并科学设立境外投资审批程序，适当放宽审批条件，加强各部门之间的协调，提高管理效率。

3. 建立综合信息服务平台

建立综合信息服务平台，使其成为承载交通教育机构"走出去"管理、服务、资讯的主要载体，提供相关政策法规、宣传推广、经验交流、海外需求等信息。

4. 建立风险防范应急保障机制

建立相应的风险防范应急措施以保证我国交通教育机构在境外免受不必要的

损失。政府应积极同有关国家签订教育机构保护协议、避免双重征税协议，并利用多边投资担保机构公约的有关条款，保护我国"走出去"的交通教育机构的利益，为教育机构创造良好的安全环境，并通过法律法规和适宜的管理机制防范海外教育机构的系统风险。

（三）资金保障机制的建设

国家应给予财政支持，加大对教育机构走出国门的财政支持力度。

1. 完善奖学金制度和经费开支监督体系

我国交通高等院校应该按照"政府引导、高校为主、市场运作"的原则，进一步发挥政府和相关院校向世界其他国家留学生提供奖学金的导向作用，积极扩大外国留学生招生规模。同时鼓励社会力量在高校设立留学生奖学金，扩大受资助留学生数量，吸引更多自费留学生到我国交通高校就读。在多方筹资的过程中，政府部门要坚持公平、公正、公开的原则，指导各交通高校完善奖学金制度和经费开支监督体系，确保奖学金规范、安全和高效使用。

2. 加大交通教育科技投入

政府部门应继续加大对交通教育中的重点学科、重点实验室和重点研究基地的建设力度，不断促进学科建设、科技创新和人才培养工作，提高交通教育的办学水平和办学效益，进而提高交通教育发展的自主创新能力，构建高水平的交通发展科技创新体系，为我国交通教育机构"走出去"提供重要的技术保障。

3. 提供信贷和税收支持

出台一系列支持交通教育机构"走出去"投资办学的财政扶持政策，鼓励交通教育机构到境外去承接项目和投资办学，对"走出去"投资办学的教育机构给予一定的信贷优惠支持，并适当地减免税收。

（四）交通教育机构内部保障机制的建设

1. 深化交通教育机构教学改革

各交通教育机构应根据国内外对交通人才的需求情况，制定适合市场需求的交通人才培养模式。调整学科和专业结构，形成一批特色鲜明且适应国内外经济发展需要的交通学科和专业方向。探索各教育机构与国外交通高等院校合作办学的新模式，加强优势学科的建设，将优势学科做大做强。

2. 强化师资队伍建设

加大教师的培养力度，采取送出去、引进来等措施，提高交通专业教师的学历层次和外语水平，提升教师的国际化教学水平和能力。

3. 加大对外合作交流力度

我国交通教育机构应进一步拓展对外合作领域，巩固和扩大与国外交通高等院校的合作项目。通过国家与部门的国际科技合作计划，参与国际合作项目，吸引国内外有关专家通过联合或合作等形式进行国际国内学术交流。有针对性地邀请国内外有名望的专家来进行学术交流或合作开展研究；选择优秀人才到国外进修、考察、讲学、参加学术会议或参加合作研究；积极创造条件，鼓励行业专家充分利用国际科技资源开展研究工作。

"一带一路"视域下广西民族体育旅游发展的策略研究

聂春丽 梁 源[*]

摘 要："一带一路"倡议的提出为民族体育旅游发展提供了无可预估的契机和发展空间。本研究以塑造广西山水丝路特色的民族体育旅游品牌，推动区域经济发展能力，促进新产业的提质增效，提高民族体育旅游的多元化发展等为目标，探讨"一带一路"倡议下广西民族体育旅游发展的新策略。

关键词："一带一路"；广西民族体育旅游；发展

2013年9月"一带一路"倡议的提出，为我国与相邻国家之间的区域交流合作构建了良好的基础。我国秉承以睦邻友好的原则为前提，只要与"一带一路"倡议覆盖沿线国家形成经贸互利、资源互补、发展互惠的局面，我国将逐步吸纳东南亚国家开放区域主义，辅助文化遗产廊道建设的过程中，很有可能为多民族文化的有序发展搭建起内外互通、互动、交流的平台，继而有效地衔接国内与"一带一路"倡议覆盖周边国家各个民族之间的群体记忆和个体记忆，构建广泛的文化认同基础，为广西区域经济一体化的多产业多元化融合发展奠定基础。因此，广西作为"一带一路"沿线地区，其地理位置优越，旅游资源丰富，

---

[*] 基金项目：广西高校中青年教师基础能力提升项目"'一带一路'战略下广西民族体育旅游发展路径研究"阶段性成果。

作者简介：聂春丽，广西经济管理干部学院讲师；梁源，广西经济管理干部学院教师。

民族特色显著，民族体育旅游产业发展潜力巨大。为贯彻落实国家"一带一路"倡议和《"一带一路"体育旅游发展行动方案（2017—2020）》等文件政策的指示，本课题研究以"一带一路"为契点，以促进体育产业升级与转型，推动沿线国家体育旅游深度融合发展，把广西打造成为我国与东盟国家贸易合作、文化交流的重要平台为研究目的，对助推区域经济一体化，打造丝绸之路山水特色的广西民族体育文化旅游品牌线路，推进民族传统体育旅游产业化发展具有深远的意义。

一　广西民族体育旅游发展的基础性资源

广西民族特色显著，旅游资源丰富，地理位置优越，尤其是广西独具风格的民族体育旅游产业更是融合了苗族、瑶族、壮族等11个少数民族的文化。[①] 在各民族历史变迁与发展成长的过程中，随着岁月流逝不断地继承与发展的各民族信仰崇拜、稻作文化、民俗特色文化和生活实践等形成了该民族的文化精髓，继而逐步形成了综合传统民俗及当地特色的体育运动形式及旅游资源。[②] 广西民族体育项目内容渊博丰硕，形式五花八门、多姿多彩。如抛绣球、赛龙舟、斗马、舞龙舞狮、独竹漂、跳竹竿、抢花炮等300多项，其中表演类占40.2%，共123项；养生类占3%，9项；节会类的占7.9%，共24项；竞技类的占15.4%，共47项；游戏类的占21%，共64项；舞蹈类的占12.5%，共38项。在以上各项中，壮族所占比例最高，为134项，其他10个民族为160项。此类极具民族特色和地方特点的体育活动，如抢花炮、抛绣球、跳竹竿、板鞋竞技、打陀螺、赛龙舟等，不但成为目前国内少数民族运动会的重要比赛项目，而且也在丰富广西民族体育活动与提升广西品牌形象中，为广西民族体育旅游文化的发展乃至文化长廊的构建及保护工作，提供了优质的资源。

广西民族体育旅游文化资源方面，以壮族独具民族信仰风格的蚂拐文化所带来的旅游文化资源为例，作为民间文化艺术，蚂拐文化是广西少数民族文化建设的重要构成部分。在近些年逐步被广西地方学校吸纳到体育课程的教改项目中，甚至成为了课间操内容的创新动力。蚂拐文化中的打鱼捞虾舞、纺纱织布舞等节奏明

---

① Mike Weed、Chris Bull：《体育旅游》，南开大学出版社2006年版。
② 邱丕相：《民族传统体育概论》，高等教育出版社2008年版。

快、刚劲有力、格调活泼欢快,对传播广西壮族民族体育文化,丰富蚂拐文化旅游节的内容以及促进民俗旅游的可持续发展等均具有无法预估的价值与意义。[①]

广西少数民族地区民族传统体育项目及体育旅游资源等衍生出的体育产业及旅游文化产业多姿多彩。从经济学视角来看,广西少数民族传统体育文化资源的深入开发可促进少数民族传统体育文化资源的市场化、产业化发展,利于资源转化成生产力乃至经济利益,进而带动民族经济的可持续发展及相关产业额度有效增长。以靖西县绣球产业经济的发展为例,靖西以绣球为载体,在拉动少数民族传统体育文化、文化旅游产业发展的过程中,通过开发绣球延伸产业、组织开展以政府官方推广或商业冠名方式的绣球旅游活动、绣球旅游文化节等,形成了促进地方区域经济发展的绣球品牌优秀产业。壮族蚂拐文化旅游节的快速发展与壮大更是如此。诸如以上体育文化旅游资源的客观存在,以及此类资源在传承中的日渐丰富,在"一带一路"倡议的促动下,都会获取更大的发展与商机,甚至会因此走出国门,促进国内外市场的蓬勃发展。

二 广西民族体育旅游发展与"一带一路"融合的障碍

(一)基础配套设施薄弱,专业化规范化难达目标

广西经济在近些年来虽然得到了快速发展的机会,但是在自然环境及历史原因等束缚下,相比于其他沿海城市来说相对落后,尤其是边远少数民族聚居区,可辅助民族体育赛事兴办的资源、配套设备等较少。广西本土目前的体育运动除集中在各类民俗节庆活动中外,村寨自发性的、以田间地头为比赛场地的体育活动较为普遍,正规体育比赛所需的固定场地以及带有看台的观赛场馆较匮乏。由于很多地方区域将民族体育活动作为配合旅游节、民俗节庆的重要构成部分,而不是民族体育专业赛事,这导致广西民族体育活动与民族体育旅游发展遭遇瓶颈问题。加上赛事规格、标准、评判方式等缺乏规范化、专业性,民族体育赛事旅游配套达标情况相对于经济稍落后的区域更是远不符合广西民族体育赛事旅游发展的要求,自然也难满足"一带一路"倡议发展所提出的标准。

---

① 响雨:《壮族体育运动简述》,《民族医药报》2009年11月27日。

（二）民族体育传承后继乏力，专业综合性人才相对缺乏

广西少数民族地区在现代生活方式和生产条件等束缚下，长期以人的主观能动性及动作行为作为精神文化凝聚及传承的载体，故而由此成形的体育赛事项目、各类旅游工艺品及相关的产业链等也会受到青壮年城镇化流动的影响，而存在技艺、传承方式、创新表现等后继乏力的危机。尽管近些年广西少数民族体育旅游产业化发展劲头强盛，但是参与人群也日渐呈现出少龄化和老龄化的特质，民族体育活动、赛事活动、旅游发展等表现形式僵化甚至活动的种类有所下降。如部分以信仰为核心的民族体育赛事活动，近些年随着现代文化的冲击与民族体育教育的逐步缺失，广西民族体育旅游发展与学校之间的合作、融合力度有所下降，社区民族体育运动等的逐步减少，在此种大环境下，参与民族体育的本地人群数量也日趋减少。广西民族体育活动、民族体育旅游发展所依赖的人力资源得不到基本保障，村寨自发性民族体育活动传承很容易出现断代，民族体育传统技艺甚至濒临失传。

根据"一带一路"建设布局、"健康中国2030"、供给侧结构性改革的不断深入和《"一带一路"体育旅游发展行动方案（2017—2020）》等文件政策的基本要求，从事少数民族体育旅游发展的人员必须熟练掌握旅游知识和东盟国家语言，具有一定运动能力并精通体育专业知识，但是民族体育运动中如射弩、龙舟、攀岩等相对危险的体育活动，需要经过专业训练，因此项目供应方必须有专业的工作人员负责讲解、指导、协助等。[①] 只有配备专业人士才能保障游客真正地参与到民族体育旅游项目中，体验项目的乐趣与魅力。对于游客而言，其感受到的民族风情特色、民族文化特征会内化为其对项目所在地的感官体验，而这也是广西民族体育旅游发展对外形象展示的一种方式。正因为如此，广西民族体育旅游项目的可持续发展才会对综合型人才提出更高的要求。但据目前情况而言，广西区域在该方面存在短板，体育专业人才、培训机构匮乏是广西民族体育旅游业发展的瓶颈。

（三）民族体育旅游核心特色资源甄选与创新发展不易

广西民族体育旅游资源丰富多样，核心特色的资源甄选与新时代的创新旅游

---

① 王辉：《"一带一路"体育旅游发展行动方案》，《中国体育报》2017年7月7日。

新模式融合发展不易，需要较长一段时间去探索与调整解决。首先，研究"一带一路"建设中民族文化、体育旅游合作、区域经济与产能合作等建设衔接问题，需解决民族体育旅游规划与管理工作的应用行为规范问题。其次，构建民族体育旅游发展新模式新路径与创建"特色体育小镇"将面临经验不足，产业融合难度大等问题。目前国内尚未出现一个运营成功的标杆模式，国际优秀经验可借鉴但无法一一照搬。最后，如何优化与整合广西民族体育文化旅游资源，助推区域经济一体化，促进全面健身事业，打造具有山水丝路特色的广西民族体育精品旅游品牌是关键性问题。体育旅游发展不能一味追求其商业性的效益，如何协调好民族体育旅游发展与民族体育旅游资源环境保护之间的关系，实现民族体育旅游业生态低碳环保的可持续良性发展，防止民族体育旅游资源被推毁和枯竭，值得我们进一步深思与探讨。①

三　广西民族体育旅游发展与"一带一路"融合的必要性

（一）基于带动地方经济发展的需求

广西少数民族传统体育文化资源的开发始终在持续发展的道路上进行着，截至 2016 年，广西少数民族传统体育运动会已经举办了 13 届。它作为广西体育文化及旅游文化产业发展所递交的"名片"，不仅体现出此区域少数民族传统体育文化、旅游文化的相互关系，同时也对外展示出广西少数民族传统体育文化、旅游文化的最高规格。随着非物质文化遗产保护工作及旅游资源开发进程的不断推进，广西各民族的传统体育文化在多产业的不断融合下开始成为当地旅游产业的发展新动能，广西社会民间组织对各民族传统体育文化、旅游文化的经济功能影响也与日俱增。如特色传统节庆活动宾阳"炮龙节"，仅在 2016 年吸引国内外旅游者 58 万人次，旅游收入达到 1.1 亿元。其中，宾阳特色产品如炮龙产品、名、优特色产品借助炮龙节的诱导力，设定 200 多展位销售，覆盖宾阳地方特色系列产品一百多个品种。其中销售内容包含手工艺品、茧丝产品、宾阳酸粉、特色粉利、特制花炮、文化旅游商品等。民族传统体育旅游带动了该区域的经济发展，

---

① 《广西壮族自治区人民政府办公厅关于培育广西特色小镇的实施意见》（桂政办发〔2017〕94号），2017 年 7 月。

形成了宾阳品牌节庆特色活动。此外，百色"布洛陀民俗文化旅游节"、红水河流域天峨"蚂拐文化节"、武鸣"壮族三月三"歌圩文化旅游节等地方民族的节庆活动，也充分体现了该区域经济发展状况、社会稳定性、民族团结、民族文化特色。它不但展示出其所在区域民众的精神需求和状况，也通过旅游活动为该区域的经济发展带来无限商机，提升了地方的旅游品牌形象。①

民族体育活动的发展，不仅丰富了旅游产品体系，促进旅游业转型升级，还盘活了各种资源，推动了新产业的提质增效。如节庆活动的举办，带动食、行、住、游、娱、购等多方面社会消费的同时，也无形成为了当地体育旅游的生力军。因此，为了带动当地区域经济的持续发展，诸如以上的地方民族体育活动、传统体育文化活动必须不断壮大，其表现形式也需要与时俱进，才能保持其创新性和传统民族性。② 但是，近些年来随着广西民族传统体育旅游业的逐步发展，其所依附的传统民俗资源在审美观、创新方式、传播渠道等传承发展中与当代文明传播之间的冲突逐步增大。③ 广西少数民族传统体育文化资源的开发需求承载的文化传承、社交、娱乐、健身等社会功能，以及促进所在地方区域民族和谐发展的功能并没有得到良好的发挥。尽管同样可提供促进民族文化、体育文化、文化经济等的发展动力，但是在现代文明的冲击下，并不能满足"一带一路"建设发展的布局要求。因此，广西少数民族传统体育文化资源的开发需要借助"一带一路"、政策、发展趋向和相关机制来寻找新的方式、方法。建议从大力开展民族体育文化及旅游经济增长的需要层面入手，在"一带一路"的影响下进一步完善机制资源开发的内化作用，在政府政策不主导但是可作为依靠的环境下丰富和延展产业链，有效提升广西少数民族传统体育文化资源向社会经济方向内化的能力。

（二）基于民族传统手工艺品的产业式拓展要求

广西少数民族传统体育项目具有表现当地民俗风情、生活、生产以及满足民族群众文化娱乐需求等的能力。其项目内容丰富多彩，相关产品在旅游活动中大多表现为手工制作的器具。此类器具在经过长期传承及加工后以饰品或者实际生

---

① 李凌：《少数民族传统体育的发展与旅游开发构想》，《体育学刊》2010年第6期。
② 陈炜、文冬妮：《广西少数民族传统体育旅游开发的适宜性评价研究》，《成都体育学院学报》2011年第10期。
③ 邓开民：《云南少数民族传统体育旅游资源开发利用研究》，《北京体育大学》2011年第12期。

活用品的方式呈现。比如壮族的刀具、壮锦、绣球和铜鼓等，京族、瑶族、仫佬族的服饰、手袋、背篓等，以及广西各民族特色乐器等深受游客和群众喜爱，包括具有地方特色、浓郁民族风格的传统手工艺品和地方特色小吃。以上各类与民族体育项目及文化旅游资源密切相关的商品源自生活，但是作为文化旅游产品又高于生活。如果将少数民族传统手工艺品以产业化发展为基础目标时，不仅需要考虑当地市场消费能力还需要考虑客户心理需求。① 据悉在广西全区范围内，诸如此类手工艺品的从业人员近 105 万，企业近 600 多家，产业规模近 202 亿，出口额度近 100 亿。但是目前广西少数民族传统体育项目现有的民俗产品基本围绕旅游业的发展而运作，其市场容易受到旅游旺季、淡季的影响。因此，从可持续发展角度考虑，区域的民俗产品可作为民俗产业文化的重要组成部分，以文化长廊的建立为契机，在"一带一路"建设布局的辅助下促动区域产业转型。广西地理位置优越，作为中国西南最近出海通道，有优良港口北部湾，属于中国东盟间唯一海陆相通省区，也是中国参与大湄公河次区域合作的重点省份之一。因此，在"一带一路"倡议下，广西少数民族传统体育项目中的旅游资源很有可能在东盟与广西之间海、陆、空立体交通体系的辅助下，成为广西向东盟各国力推的文化产品，继而为广西民族体育赛事旅游与东盟各国进一步文化交流与贸易市场推广提供客观依据。

（三）基于少数民族特色的项目创新开发要求

广西少数民族旅游特色景区目前近 50 多个，多数分布在百色、河池、桂林、贺州、防城港、南宁、北海、崇左等地。广西少数民族传统体育旅游项目具有地方区域特色资源的特点，并具有锻炼身体、保健休闲、陶冶情操等功效。据资料显示：现阶段广西境内共有 400 多个可持续开发的景点/景区，其中包含 6 市在内的北部湾经济区特色景区占总数量的 33% 左右，近 100 多处。伴随游客对娱乐旅游、休闲旅游等要求的不断提升，诸如广西少数民族旅游特色景区此类极具天然资源优势和可提供民族特色旅游服务的区域，已经成为目前国内旅游市场中被关注的重点。但不可否认的常态是国内民族特色旅游景区开发和推广方式具有相

---

① 唐明：《基于社会资本理论的少数民族传统体育文化传承发展研究》，《沈阳体育学院学报》2016 年第 1 期。

似性，尤其是近些年各类民族特色传统节庆的不断涌现，更是增加了此区域市场竞争的严峻性。虽然体育旅游逐渐成为游客关注的焦点，为广西少数民族旅游特色景区体系提供了良好的资源，但如果仅以国内市场竞争为可持续发展的基础，而相对忽视旅游品牌设计、构建和国际化推广等因素，广西少数民族旅游特色景点就很难提升景区质量水平及竞争优势。毕竟广西在"一带一路"覆盖地域范围内的民俗文化景区及民族体育文化旅游产业方面并不具有唯一性的优势。因此，只有把握好"一带一路"建设发展所提供的机遇，在政府合理的产业布局及行政规划、优惠政策辅助下，开发具有当地民族风俗、特色的体育旅游项目，弘扬民族体育文化，打造民族特色旅游产业链，加强景区相关产业、文化等的资源整合及创新，塑造品牌文化等，广西少数民族特色景区旅游项目开发方面才能获得更好的新思路、新模式，才会进一步拓展区域经济发展的新空间新方向。

四 基于"一带一路"建设部署要求的广西民族体育旅游发展建议

（一）以文化资源为核心，打造多形态体育旅游项目

"一带一路"倡议以文化资源为核心，在其覆盖范围内以少数民族文化遗产的廊道型资源开发为基础，侧重于提升少数民族体育旅游项目的文化带入性。"一带一路"倡议所提供的优惠政策、资金辅助、方向性引导等，均对广西民族体育旅游产业的持续化、国际化开发等具有极为重要的价值与意义。事实上，民族体育项目属于民族文化对外传播时最具有直接性的表达方式。因此，在新兴民族体育项目开发的过程中，不仅需要重视非物质文化遗产和物质文化遗产的保护与传承，还需要重视如何强化主题性的开发及表现。[①] 比如壮族的"蚂拐舞"民族体育项目，目前虽然渗入广西各地方的校园文化及体育课程中，得到了持续发展的机遇，但是在"一带一路"要求下，其对外传播时的项目品牌、渠道、表现形式等并没有达到民族体育项目文化体验型旅游的要求。甚至因为"蚂拐舞"分布在广西不同地方区域，其传承方式、内容、表现方式等因各地民俗风情、节庆文化的差异性而无法统一，所以对其无法进行品牌化规范。基于此，建议广西

---

① 江伟、曲进：《"一带一路"背景下广东滨海体育旅游发展策略研究》，《广州体育学院学报》2016年第6期。

民族体育旅游项目的开发一方面强化对民族文化的研究，重点表现为民族体育项目与物质文化遗产相整合、互提升的形式；另一方面以其神秘的图腾信仰为主体打造生态、文化、体验型的民族体育项目文化旅游方式。此种开发形式不仅能满足游客大众旅游需求，同样可提升项目的深层次与主题性的文化体验，使体验者进一步获得精神超越感。①

（二）吸纳节庆体育活动优势，提升活动及产品延展力

中国人的宗族观念以血缘为基础，大都借助节庆活动来深化血缘认同感。而节庆体育具有构建和传承文化的功能，因此以"一带一路"为契机，串联起各个村落的广西民族体育旅游资源，以此为基础构建区域旅游节日文化链，比如彝族"陀螺节"、壮族"蚂拐节"、武鸣"壮族三月三"歌圩文化旅游节、百色"布洛陀民俗文化旅游节"、宾阳"炮龙节"等，此类节日都可以成为广西特色品牌民族体育旅游项目。以体验民族节庆活动作为主线打造品牌旅游产品。如民族体育项目、民族体育文化手工艺产品等，这类可彰显广西民族传统节日风情的物质性载体。虽然目前已经形成了一定的产业链，但是缺乏精神元素。因此，建议以人文生活体验为基础，以礼俗社会体验及传承为框架，将其延展成可承载节庆精神和情感的文化活动、旅游附加品等，继而达到引导游客介入并积极参与的旅游目的。比如哈尼族的"秋千节"，又称为"矻扎扎节"，期间会举办天神祭祀、秋千竞赛等，此类活动实际融合了广西特有的天然环境与特色资源，吸纳了人文生态旅游和节庆体育活动的优势，形成区域旅游品牌，继而变相解决民族体育传承后继乏力、配套设施不足的问题，改善与提高民族地区经济一体化的整体发展。

（三）借助区域经济一体化政策，构建广西民族体育旅游品牌

在"一带一路"建设布局与供给侧结构性改革的不断深入、"健康中国2030"等政策的逐步实施与影响下，构建以"民族文化+体育赛事+旅游吸引+休闲聚集+商街+居住"的开发架构模式与发展新路径。② 这有利于弘扬民族体

---

① 高鹏春：《"一带一路"背景下西部地区民族体育旅游的发展策略研究》，《曲靖师范学院学报》2017年第4期。

② 王兆锋：《广西面向东盟发展民族体育赛事旅游的SWOT分析》，《当代体育科技》2017年第22期。

育文化，丰富旅游产品体系，拓展旅游消费空间。进一步盘活体育资源，实现全民健身和全民健康深度融合，推动体育产业与多元化产业的提质增效。如广西民族文化：东兴京族"哈节"、天峨壮族"蚂拐节"和百色布洛陀民俗文化旅游节等，民族传统节庆逐步成为地方旅游的新标签。体育赛事、活动将会成为体育旅游文化的主力军，如中国—东盟狮王争霸赛、龙舟赛、广西少数民族传统体育运动会，以及广西珍珠球、抢花炮、独竹漂邀请赛等，推动了民族体育经济、旅游的发展。旅游吸引：通过主题乐园、景区，古镇、民族艺术与创意，民族特色餐饮吸引等。休闲聚集、商街和居住这三大模块作为基础设施支持民族体育旅游的发展；借助区域经济一体化政策，通过"民族＋体育＋旅游"产业延伸和资源融合，建立民族体育旅游联盟，推动沿线国家体育旅游深度合作与融合发展，把广西打造成为我国与东盟国家文化交流合作的重要平台，最后形成整套的产业模式结构，为广西民族体育旅游品牌效应的建立提供全产业链整合服务。[①]

（四）以"特色体育小镇"为指引方向，创建广西民族体育旅游发展新模式

民族体育旅游是民族节庆活动、体育运动、健康养生、亲子活动等载体与产业协同融合发展的"引擎"。"特色体育小镇"（生态城镇＋体育旅游）是将体育旅游结合当地少数民族文化和节庆活动导入生态城镇的一种模式探索。该创新发展模式采用"轻资产，重运营"的原则，构建复合收益体系，它通过"民族＋体育＋旅游"三方的融合打造富有特色的体育旅游小镇。据文件资料显示，2017年8月国家体育总局公布第一批特色体育小镇试点名单：广西第一批特色小镇有北部湾区域（防城港市防城区"皇帝岭—欢乐海"滨海体育小镇、北海市银海区海上新丝路体育小镇）；红水河流域（南宁市马山县攀岩特色体育小镇、河池市南丹县歌娅思谷运动休闲特色小镇）。打造特色小镇是体育旅游今后发展的趋势，再加上《广西壮族自治区人民政府办公厅关于培育广西特色小镇的实施意见》（桂政办发〔2017〕94号）文件里提到"培育特色小镇，有利于加快产业结构转型升级，促进产业链完善延伸，更好地推动供给侧结构性改革，带动地方

[①] 覃素平、樊学秀：《金融支持广西民族地区体育旅游发展路径探析》，《桂林航天工业学院学报》2017年第2期。

经济发展"。① 这些文件政策为我们的研究指引了方向。② 因此，通过创建以广西"特色体育小镇"（生态城镇+体育旅游）为载体的民族体育旅游发展新路径，其"民族+体育+旅游"三方融合发展的新模式，有利于弘扬民族文化，拓宽旅游和体育产业，践行全民体育、全民健身的理念。同时，这也加快了产业结构转型升级，更好地促进供给侧结构性改革，最终推动地方经济的快速发展。

表1　广西第一批运动休闲特色小镇试点项目名单

试点区域	特色体育小镇试点名称
北部湾区域	防城港市防城区"皇帝岭—欢乐海"滨海体育小镇
	北海市银海区海上新丝路体育小镇
红水河流域	南宁市马山县攀岩特色体育小镇
	河池市南丹县歌娅思谷运动休闲特色小镇

数据来源：2017年8月国家体育总局公布的第一批特色体育小镇试点名单。

（五）打造低碳绿色环境，促进广西民族体育旅游的可持续发展

民族体育旅游倡导的是一种低碳环保的可持续发展的理念，民族体育旅游的开发与利用跟民族文化、生态环境、人文社会和体育产业的关系息息相关、相辅相成。科学、合理有效地开发资源是保护民族传统文化、生态环境和各类旅游资源的前提。③ 因此，如何协调好民族体育旅游中的民族文化、经济效益、人文社会、生态环境和体育产业之间的关系，倡导低碳环保的可持续发展的理念，创造低碳绿色可持续发展模式与路径的问题仍值得我们进一步深思与探讨。

（六）注重复合型人才的培养与引进，加快广西民族传统体育旅游业的协调发展

专业的复合型人才、培训机构是民族传统体育发展过程中的关键因素。广西

---

① 《广西壮族自治区人民政府办公厅关于培育广西特色小镇的实施意见（桂政办发〔2017〕94号）》，2017年7月。
② http://www.yn.xinhuanet.com/live/2006-12/25/content8875280.htm.
③ http://wenku.baidu.com/view/dac761333968011ca3009112.html.

丰富的旅游资源和优秀的少数民族传统文化，需专业人才结合体育产业的融合发展来进行科学、有效的开发与管理经营，打造有山水丝路特色的广西民族体育旅游品牌，促进区域经济一体化的发展。广西民族体育旅游发展中存在的专业性综合性人才相对缺乏、专业性不足等问题，专业人才、培训机构匮乏是广西民族体育旅游业发展的瓶颈问题。建议政府以相关优惠政策为基础，为提升该区域民族体育旅游发展潜力、实力、综合竞争能力，通过多方渠道和政策倾斜来鼓励与吸引综合型体育产业人才、留住人才并继而培养人才等。通过输送到国内外优秀培训机构进行培养与学习，进一步提升复合型体育产业人才的专业性与务实性。以"一带一路"为契机，严格按照该战略的执行要求建立合作协调机制，对广西民族传统体育旅游业进行科学、有效的开发与管理经营，加大区域旅游发展，拓展体育、旅游与各类产业深度合作，将会有效加快广西民族传统体育旅游业的协调发展。

五　结语

广西作为"一带一路"沿线地区，其地理位置优越，旅游资源丰富，民族特色显著。广西民族体育旅游的发展应积极贯彻落实国家"一带一路"建设部署，以促进体育产业升级与转型，推动沿线国家体育旅游深度融合发展，把广西打造成为我国与东盟国家贸易合作、文化交流合作的重要平台。积极推动区域经济发展能力，促进新产业的提质增效，提高民族体育旅游的多元化发展。基于"一带一路"的建设部署，广西民族体育旅游的发展建议以文化资源为核心，打造多形态体育旅游项目；吸纳节庆体育活动优势，提升活动及产品延展力；借助区域经济一体化政策，以"特色体育小镇"为指引方向，创建广西民族体育旅游发展新模式；创造低碳绿色环境，注重复合型人才的培养与引进，促进广西民族体育旅游的可持续性协调发展。以"一带一路"为契合点，积极探索体育旅游扶贫新模式，进一步打造广西山水丝路特色与布局的民族体育旅游发展创新路径，助推区域经济一体化的发展，更好地保护与传承广西少数民族文化，促进社会和谐，达到共赢局面。

贵港市荷文化传承与发展对策

陶庆斌　全卓南[*]

摘　要：荷文化是中华优秀传统文化的重要组成部分，贵港自古就因荷文化资源丰富、底蕴深厚而被称为"荷城"。传承与发展荷文化既具有当代价值，也具有长远意义。传承与发展贵港的荷文化，需要综合施策、形成合力，要制定切实可行的总体规划，明确发展目标，找准突破口，有序推进。要坚持市场导向，吸引投资。要大力宣传推介，提高知名度和影响力。

关键词：荷文化；传承发展

我国是世界荷花重要原产地之一，荷文化灿若星河，源远流长，影响深远。[①]贵港自古就因为遍植荷藕而被称为"荷城"，有着深厚的荷文化底蕴，蕴含纯洁、质朴、向上、坚韧精神品质和内涵的荷文化，对贵港市经济社会发展和地方文化的成长都具有重大而深远的影响，是贵港市"和为贵"特色文化的重要组成部分，表现了贵港市的城市内涵和城市特质。本文在对荷文化的起源、形成与发展、内涵进行了分析的基础上，重点对贵港市荷文化的历史底蕴、丰富内涵、实践意义进行了研究，并对如何传承与发展贵港的荷文化、打造荷文化品牌提出了意见建议。

---

[*] 作者简介：陶庆斌，贵港市委宣传部副部长，市社科联主席；全卓南，贵港市委宣传部委员、市委讲师团团长。

[①] 周裕苍、周裕干：《荷事：中国的荷文化》，山东画报出版社2009年版。

一 荷文化是中华优秀传统文化的重要组成部分

（一）荷的起源

荷被称为"活化石"，是被子植物中起源最早的植物之一。早在人类出现之前一亿年左右，地球上就有荷的存在。同一时期，在我国的黑龙江、黄河、长江流域也有荷的生存。在公元前五六千年的新石器时代，随着农耕文化的出现，人类对荷花开始了进一步的了解。当时的人类为了生活上对水的需求，一般定居在河岸湖畔或有天然泉水的沼泽地带，而这些地带恰是野生荷花主要的分布区域。从出土文物看：在河南省郑州市北部大河村发掘的"仰韶文化"房基遗址，发现室内台面上有碳化粮食和两粒莲子，经测定，距今有五千年的历史。人类在不断的生产劳动中，对朝夕相处的荷花的生长习性、生存环境等积累了丰富的感性认识，为中国古老的荷花文化的产生发展奠定了良好的基础。

（二）荷文化的形成与发展

荷文化是随着人们对荷的认识不断深化而逐步形成的，目前还没有一个统一的概念，通常是指人类对荷的形状、品质、意蕴的认知所形成的精神产品的总和。[1]

我国荷文化源远流长，它已融入诗文、绘画、歌舞、建筑、雕塑、工艺品、宗教、民俗、饮食、医药等诸多领域，传承至今并日益光大。[2]据资料记载，荷花从野生状态到被人们培育种植，出现在我国的西周时期。《周书》载有"薮泽已竭，既莲掘藕"。可见，当时的野生荷花已经开始作为食用蔬菜了。到了春秋时期，人们将荷花各部分器官分别定了专名。我国最早的字典，汉初时的《尔雅》就记有："荷，芙蕖，其茎茄，其叶蕸，其本蔤，其花菡，其实莲，其根藕，其中菂，菂中薏。"对荷花的了解已有一定的概念。荷花以它的实用性走进了人们的劳动生活，同时，也凭借它艳丽的色彩，幽雅的风姿深入人们的精神世界。我国最早的诗歌集《诗经》中就有关于荷花的描述："山有扶苏，隰与荷花"，"彼泽之陂，有蒲有荷"。荷花作为观赏植物引种至园池栽植，最早是在公

---

[1] 洪英：《中国荷文化》，《国学》2012年第7期。
[2] 李志炎、林正秋：《中国荷文化》，浙江人民出版社1995年版。

元前473年，吴王夫差在他的离宫（即现在的苏州灵岩山）为宠妃西施赏荷而修筑的"玩花池"。春秋时期青铜工艺珍品"莲鹤方壶"（通高118厘米，故宫博物院藏）则从美术方面，反映了荷花对时代精神所起的重要作用，这件工艺珍品取材于真实的自然界，荷花花纹概括形象，龙和螭跃跃欲动。可见，荷花与被神化的龙、螭及仙鹤一样，成为人们心目中崇高圣洁的象征。

秦汉至南北朝时期，荷花文化得到了全面发展，逐步渗透到农业、经济、医学、宗教、艺术等各个领域。西汉乐府歌辞中就有众多优美的采莲曲谣。其中有《采莲曲》（又称《采莲女》《湖边采莲妇》）等，歌舞者衣红罗，系晕裙，乘莲船，执莲花，载歌载舞，洋溢着浓烈的生活气息，是我国广大人民最喜爱的民间传统歌舞之一。

隋唐至明清时期是荷花文化的兴盛时期。隋唐以后，荷花的栽培技艺进一步提高，有关荷花的诗词、绘画、雕塑、工艺等荷文化内容更加丰富多彩；宋代著名女画家兼工缂丝的朱克柔创作的荷花缂丝图案，"古淡清雅"，为一时之绝作。明清的木版年画多采用"连（莲）生贵子""连（莲）年有余（鱼）"等荷花吉祥图案，来表达人们的思想愿望。在我国的艺术绘画史中，荷花的艺术精品更是丰富多彩。最著名的是南宋画院吴炳的《出水芙蓉》，生动细腻地刻画了荷花清新脱俗的优雅气质。还有明末画家张子政的"芙蓉鸳鸯图"。

近代以来，荷文化得到进一步发扬光大，尤其是中华人民共和国成立后，广大劳动人民当家做主，荷花也成为美化人们生活、陶冶情操的珍贵花卉，被誉为十大名花之一。随着科学技术的发展，荷花的栽培技术也日趋先进完善。目前，全世界共有荷花品种800余种，绝大多数在我国有栽种。随着荷文化在全国各大城市中的普及发展，以荷花为市花的城市日益增多。到目前为止，就有山东济南市、济宁市、河南许昌市、湖北孝感市、洪湖市以及广东肇庆市，把荷花作为文化精神的象征。近年来，我国在济南、武汉、北京、合肥、上海、成都、杭州、东莞、佛山等地举办了大规模的荷花展览，这对荷花栽培技术的交流提高、荷文化的推广发展都有着重要的促进作用。

（三）荷文化的丰富内涵

荷花，以独有的形质，以及文化韵味千百年来为人们所赞颂，成为了完美无瑕的花中君子。荷花在人们心目中是真善美的化身，吉祥丰兴的预兆，也是友谊的种子。① 周敦颐的《爱莲说》把荷花形神气质作了最全面、最有高度的概括。

1. 体现纯洁美丽的可人形象。荷花秀丽端庄，却没有矫揉造作之态；娇艳美丽，但不失清纯动人之容；雍容大度，却不哗众取宠，清香中透着谦逊，柔弱里带着刚直，朴实中见俊逸，持重中显高洁，这就是荷花美之所在。贵港市文化学者黎寿光先生把荷花的可人形象概括为六美：姿仪之美、奇香之美、名号之美、类目之美、四季之美、意境之美。荷花作为十大名花之一，是文人墨客们吟诗、作画、撰文、摄影的最好素材之一。②

2. 寄托和谐吉祥的良好愿望。由于"荷"与"和""合"谐音，"莲"与"联""连""廉"谐音，荷花品种丰富多彩，是"荷（和）而不同"，但又共同组成了高洁的荷花世界，是"荷（和）为贵"。中华传统文化中，经常以荷花（即莲花）作为和平、和谐、合作、合力、团结、联合等的象征；以荷花的高洁象征和平事业、和谐世界的高洁。因此，某种意义上说，赏荷也是对中华"和"文化的一种弘扬。荷叶（莲叶）硕大浑圆，莲花偶或出现并蒂莲，因此，人们常常用荷花来表达美好吉祥的愿望。例"连（莲）生贵子""连（莲）年有余（鱼）""花开并蒂"等都是人们常用的吉祥语言。

3. 展现清廉正直的品格气质。荷花尊崇自然，冰清玉洁，虚心正直，生命顽强，无私奉献，赋予了圣洁清廉正直的形象气质，是现代社会极力倡导的人格典范。荷叶，紧贴水面却从不随波逐流；荷秆"中通外直，不蔓不枝"，生性倔强，宁折不屈；"出淤泥而不染，濯清涟而不妖"，从单纯的写荷中脱颖而出，幻化成世间人品的观照，成世人吟唱不绝的千古名句。

二　贵港市荷文化发展的基础

（一）荷在贵港的种植历史十分悠久

据了解，目前除了贵港，全国还没有其他也称为"荷城"的城市。贵港何时被称为荷城，目前无从考证，但荷花在贵港的种植历史可以上溯至两千年以

---

① 俞香顺：《中国荷花审美文化研究》，巴蜀书社2005年版。
② 李尚志：《荷文化与中国园林》，华中科技大学出版社2013年版。

前。最有力的证据是1979年发掘的贵港罗泊湾二号汉墓,在出土文物中发现了已经碳化的植物种子"莲子"。这一方面表明贵港的荷花种植历史最少已经有两千年,另一方面表明当时人们已经对荷花给人们带来的好处和所赋予的美好愿景有了感情和敬意。两千多年来,勤劳的贵港人民爱荷、种荷、品荷、赏荷的习惯和传统一直延续下来。

(二) 荷的种植范围非常广泛

荷花生长地域非常广泛,贵港处在最适宜荷花生长的亚热带和温带地区范围内,加上贵港地处浔郁平原腹地,土地肥沃、日照充足、雨量丰沛、湖塘众多,因而具有种植荷花的良好条件。历史上贵港市区的东湖、路云塘、汕塘、十三塘、石羊塘、圣塘以及周边数十平方公里的范围内,连塘成片、荷映全城,一派"接天莲叶无穷碧,映日荷花别样红"的景象。正如当地诗人谭宗元所描写的"百里荷城百里塘,适逢盛夏吐芬芳"。桂平市、平南县和覃塘区的民众也有悠久的种植荷花的习惯和传统。

(三) 荷花和莲藕的形状品质独具特色

贵港的荷花具有三大特色。一是多。据资料显示,全世界共有荷花品种800多个,而贵港市就培育有750多个荷花品种,是长江以南各城市荷花品种之最。二是稀。成功地引进培育了世界上最珍稀的荷花品种——绿色荷花"神州牡丹莲"。三是独。贵港本土东湖红莲为全国独有的品种,花美而藕多。贵港的莲藕也具有三大特色。一是大。贵港的莲藕根茎肥大粗长,被称为"大辘藕"。贵港籍近现代著名书画家梁岵庐先生用"藕如儿臂鲤鱼肥"诗句来形容贵港莲藕之大。二是粉。贵港莲藕特别粉,稍经煲煮就粉烂可口。用贵港莲藕加工成藕粉,其质粉嫩滑顺,放置时间长了,色泽由白变红,闪耀星光。贵港红莲藕粉为广西四大传统名粉之一,在国内外市场上享有盛誉。三是香。贵港莲藕煮后汤色清亮透红,味鲜香可口,具有清热凉血、健脾开胃、益气生津之功效。

(四) 文人墨客的吟咏增添了荷的文化内涵

古往今来,贵港的文人墨客对荷花极尽溢美之词,吟诵了大量的诗词歌赋,创作了数不胜数的书画摄影作品。例如,著名作家潘大林的一首"咏荷"七律,引得了一批诗人的接拍唱和,其原诗是:"昨夜惊雷昨夜风,推窗又见夏荷红。

十分秀色污泥养，百倍精神浊水冲。不为炎凉飞艳彩，甘随草芥展欢容。天姿自有主心骨，腐朽神奇造化功"。诗人们对荷花优美的身姿有十分生动的描写，比如，徐新洲有诗云"碧水清风动玉盘，仙姿绰影秉朱丹"；李钊存有诗云"身洁花妍人至爱，但期处处植青莲"；林平谦有诗云"青肌玉骨蠹塘中，水绿粉苞映日红"。平南当代老诗人胡剑豪就对荷花之清香有生动的描写："藕花风软送幽香，香透荷城意韵扬"等。

（五）荷的历史典故丰富多彩

贵港的荷花不但给人直接的美的享受，还有不少民间故事和历史故事为人们津津乐道。"莲塘夜雨"是贵港老八景之一，《贵县八景诗》（注：贵港市旧称贵县）里描写道："铁巷朽榕生木叶，银塘夜雨长荷英"。说的是到了夏季的晚上，尽管东湖上晴空万里，月色皎洁，莲塘里却是夜雨沙沙。究其原因，是深夜莲塘水汽凝成水珠，掉落荷叶上，越积越多，荷叶倾斜，积水泻下，发出沙沙的响声，好像下雨一样。这一奇景，让东湖莲塘自古以来就是当地人赏荷听荷的绝佳去处。如今，经过修葺后的东湖，又焕发出别样风采。柳岸栈道，孔桥凉亭，丛丛碧荷簇拥着亭亭立于湖中的荷花仙子，徐徐凉风吹过，淡淡荷香四溢，最让人心驰神往。

周敦颐是宋代著名理学家，其创作的《爱莲说》是脍炙人口、传颂千古的名篇佳作。据史料记载，周敦颐对莲花十分偏爱，每到一处地方做官，都要建"爱莲池"以赏玩荷花。宋皇祐元年（1049）周敦颐给时任龚州（即今贵港所辖平南县）知州程珦的两个儿子程颢、程颐授学，并在授学之地畅岩山旁建了一处"爱莲池"，至今其池还在。《爱莲说》虽成稿于江西，但其灵感应是其久著于心、观池中莲、触动灵感、有感而发所写出来的。因此我们是否可以得出这样的结论：《爱莲说》这一惊世之作冥冥之中与贵港有着某种感情的关联。

三 贵港市传承与发展荷文化的价值

当前，贵港市正在大力推进"和为贵"特色文化和"荷城"城市品牌建设。深入研究、大力推介荷文化所赋予的尊崇自然、和谐和睦、恩爱关怀、清廉正直、中通外直、无私奉献等特质和品格，是一个十分有效的载体，更是推进社会主义核心价值体系建设的重要手段。

（一）弘扬荷文化是提升贵港文化软实力的有效载体

文化软实力是以文化资源为基础的一种软实力。习近平总书记指出，中华优秀传统文化是文化软实力之根，如果抛弃传统、丢掉根本，就等于割断了自己的精神命脉，文化建设就会患上"营养不良症""贫血症""缺钙症"。贵港文化要想在全国风起云涌的文化发展大潮中有所创新、有所建树，形成自己的品牌，就必须选择体现地方文化传统，适合本土实际的文化发展路子。而荷文化是最能体现贵港本土化特征，又避免走别人的老路的最佳载体，这个品牌思路找准了民族文化的普遍性与贵港地方文化特殊性的交会点，把握了执政理念与百姓愿景的融合点，抓住了提升贵港软实力与弘扬贵港精神的着力点，因而具有很强的针对性、时代性和可操作性。

（二）弘扬荷文化是营造良好发展环境的迫切需要

社会主义和谐文化，就是以社会主义核心价值体系为根本，以崇尚和谐、追求和谐为价值取向的思想文化。它融思想观念、思维方式、行为规范、社会风尚为一体，反映着人们对和谐社会的总体认识、基本理念和价值追求，体现了人们对构建和谐社会的制度安排、政策导向和实践基础，是建设中国特色社会主义的重要组成部分。和谐文化提倡人与人之间相互尊重、相互信任、相互帮助，引导人们用和谐的思想认识事物、用和谐的态度对待问题，用和谐的方式处理矛盾，因而有助于理顺情绪、化解矛盾，最大限度地减少思想冲突，增进社会共识。当前，贵港经济同样步入新常态，正处在过坎爬坡的关键时期，在这种情况下，弘扬荷文化具有非常特殊而重要的意义。不仅因为贵港自古以来因盛产莲藕而被称为"荷城"，而且"荷"与"和""合"，"藕"与"偶"，"萍"与"联"和"廉"音同，都具有和谐的元素。因此，培育推广荷文化，对于广泛凝聚各方力量，大力营造政通人和的发展环境，同心协力推进西江流域核心港口城市建设具有很好的助推作用。

（三）弘扬荷文化是实现新常态下经济转型发展的有效途径

当前，全国经济步入新常态，特别是工业经济难有大的步伐。但是文化旅游、文化制造、文化园区、文化服务、文化消费等文化经济新业态却风光无限，发展速度明显高于传统制造业，发展的活力也强于传统制造业。贵港市大力发展荷文化至少有三大好处。一是直接经济效益明显。种植荷花，包括花莲和藕莲的效益要比种植水稻高 50% 以上，且可以在荷塘里养殖鱼类或鸭，产生立体生态养殖效益。二是提高知名度和美誉度。2014—2017 年贵港市连续举办了四届"荷花展"，活动不但极大地提高了人们的旅游热情，而且极大地促进了交通、餐饮、住宿、娱乐、购物等经济行为，对经济的拉动作用显而易见。2015 年 2 月，央视新闻微博发布《75 个一定要去的旅游地大全》一文，公布了全国欣赏梅花、牡丹、荷花、桂花等 10 种名花的好去处，贵港位于全国赏荷花好去处之首，这对于提高贵港的知名度、推动旅游产业发展有着十分明显的助推作用。三是扮靓城市，吸引投资。用荷花装点城市、绿化环境、美化家园，可以提高人气，增强底气，营造良好的宜居环境，从而使当地成为投资的热土和创业的乐园，推动经济发展。

四 贵港市荷文化传承与发展的现状及存在问题

（一）现状

近年来，贵港市根据实际，积极开展荷文化的研究与宣传推广工作，取得了初步的成效。主要表现如下。

1. 对荷文化资源进行了初步的挖掘，取得了一定的成果。2010 年以来，贵港市组织专家学者对贵港荷花种植历史和范围，荷花的品种、形状，莲藕、荷叶的作用，荷文化的内涵特质，发展荷文化的积极作用等进行了研究，形成了一批研究成果。比如编印了《寿在贵港》《荷美覃塘》等书籍。从研究成果可以看出，贵港具有丰富的荷文化资源，弘扬荷文化具有非常积极的正面意义。

2. 党委政府积极推动，促进了荷花的种植推广。近年来，贵港市委、市政府充分认识到发展荷文化的重要作用，采取有力措施促进荷花培育、种植与展览，取得了扎实成效。2014—2017 年连续举办了四届荷花展，都取得了出乎意料的成功。特别是覃塘区的"荷美覃塘"和港南区湛江镇"四季花田"，把荷花展示与乡村旅游、美丽乡村建设、精神文明建设、荷文艺创作等有机结合起来，形成了荷文化建设的新品牌，得到了各级领导的肯定，成为了人民群众休闲娱乐的好去处。

3. 企业和市民群众积极参与，形成了发展共识。企业和市民群众积极参与是荷花展取得成功的重要载体。华隆超市作为本土企业，积极参与荷文化活动，为贵港市荷花展的成功举办作出了巨大贡献。华隆超市投入大量资金建设了荷花品种培育基地、参与了广场等荷花景点的布展、免费提供了荷花种苗。在2014年和2017年，共有2万多市民领植了荷花，形成了全民参与的良好氛围。覃塘区覃塘镇龙凤村平田屯和群山屯130户群众不但积极种植了近3000亩荷花，同时，积极参与城乡风貌改造，使村容村貌有了翻天覆地的改观。

(二) 存在问题

贵港市荷花种植历史悠久，荷文化资源非常丰富，但是在传承与发展方面还处于起步阶段，还存在着一些亟待解决的问题。

1. 思想认识不到位。部分干部存在着重经济建设、轻文化建设的思想观念，没有认识到发展荷文化对提高市民文明素质、提升城市影响力的重要作用，没有认识到荷文化对于旅游业的重要作用，没有认识到荷文化的载体荷花种植本身对增加农民收入的重要性。有些干部片面认为发展荷文化是宣传文化部门的事，或者是旅游部门的事，因而对发展荷文化缺乏必要的支持配合，在政策、资金、土地、道路等方面的支持力度明显不够。

2. 对荷文化资源的挖掘缺乏深度。荷文化的传承与发展主要靠大量文献资料和文学作品的记载，由于贵港市图书馆馆藏资料不多，故很多有关本市荷文化的记载无法收集。同时，本市缺乏研究荷文化方面的专家学者，因而研究也只是表面的感性资料堆砌，研究的深度明显不够。例如，对过去城区周边荷花种植区的分布情况，就没有明确的研究成果。桂平市、平南县都有丰富的荷文化资源，但是都缺乏系统全面深入的挖掘整理。

3. 规划目标与城市建设不配套。荷文化需要通过具体的景观项目来展示和体现，但是城市规划建设的法定性和连续性，制约了荷文化项目的实施。例如，东湖可以说是贵港荷文化的发源地，承载着最厚重的荷文化历史，但目前东湖改造工程却没有预留足够的空间供荷文化项目的建设，使东湖"百里荷城百里塘，适逢盛夏吐芬芳"的场景难以再现。在城市建筑风格、广场公园街道上建设荷文化项目也受到城市规划的限制。

4. 政府与市场的关系没有理顺。连续三年的荷花展主要靠政府组织和推动，靠政府的大规模投入。虽然政府的投入是必需的，但对于贵港市的财政收入状况来说，是难以长久支持的。华隆超市等企业连续投入大量资金推动荷花展，但基本上是有投入无收益，这对于企业来说也是不可持续的。因此，怎样理顺政府与市场的关系，通过市场手段来运作荷文化项目建设，是荷文化发展得以持续的关键所在。

5. 宣传推介力度不够。贵港市的荷花展虽然在报纸、电视等传统媒体上做了大量宣传，在街头广告、电子显示屏等也有宣传，但总体上力度不够大，受众不够广，效果不明显。在高铁、高速公路等人流车流密集、外来流动人口众多的地方开展宣传，或充分运用微信、微电视、微电影等现代传媒开展大规模的宣传力度还不够。

五　贵港市传承与发展荷文化的对策建议

（一）统一思想，提高认识

传承与发展荷文化，领导重视是保证，部门和群众积极参与是前提，要通过各种形式，使各级领导干部都形成共识。要充分认识到传承与发展荷文化不但可以丰富市民的生活、增强市民的城市认同感和自信心，而且可以提高城市知名度，吸引投资；不但可以发展旅游经济、增加农民收入，而且可以转变发展方式；不但是宣传文化和旅游部门的职责，而且是各级各部门的分内之事。此外，广大市民积极参与是弘扬荷文化的重要前提，要通过广泛的宣传体验活动，提高市民的知晓率和参与率，增强市民的自信心和自豪感。

（二）深入挖掘，夯实基础

综观国内各类文化品牌的形成，基本上植根于本土文化资源之上。贵港要培育荷文化品牌也不能例外。要深入挖掘贵港的荷文化资源，夯实荷城的文化根基。包括荷花在贵港的种植历史，荷花被赋予的美好象征意义，与荷花相关的典故、人物、诗文，编印一批荷文化丛书等，提高贵港在国内的影响力。还可以通过邀请中国荷花协会的专家到贵港采风，在贵港召开高规格的荷花研讨会或论坛等方式，借助全国知名专家学者的研究来定位荷城的地位，规划荷文化发展的方向。

（三）制定规划，明确目标

要坚持党委领导、政府主导，整体规划、合理布局，突出重点、分步推进的原则，制定荷文化发展总体规划，明确短期、中期、长期发展目标。总体目标是：力争三到五年内建成以"三湖（东湖、南湖、九凌湖）"为载体的三个荷文化主题公园，五年内争取全国荷花展在贵港举办，使贵港市成为"中国荷文化之乡"。主要景点包括：在"三湖"内培育能够四季开花的荷花，建设荷文化展示区，建设一批展示"和谐、繁荣、发展"的人文景观；在南湖加建孝廉文化景观，重现孝廉双全人物风貌。在市区其他公园、绿地上建设一些以盆景为主题的荷花展示点。在覃塘区主要公路沿线发展万亩藕莲生产基地。在港南区建设一个荷花育种基地。加强配套设施建设，包括景区道路、观光栈道、停车、餐饮及藕粉加工、展销等的规划建设。

（四）突出重点，有序推进

"荷城"别称的得来是一个长期积累的过程。同样，传承发展荷文化也要遵循发展规律，不能拔苗助长，必须选准突破口，突出重点，有序推进。东莞桥头镇每年举办的荷花节主要景区是面积300多亩的莲湖；佛山市三水莲花世界景区是依托600亩水面而建成的；颇负盛名的江苏金湖荷花展核心游览区也是依托其中近万亩荷花荡而发展起来的；武汉东湖荷花展虽处在浩渺的东湖内，但其中的荷园总面积仅45亩，当中建有830多个荷花品种池（或缸）。由此可见，发展荷文化并不需要遍地种莲藕、家家育荷花，关键之处在于选择一到两处具有一定面积的湖塘作为基地，集中力量培育好荷花，并建设好与之相关的文化、娱乐和配套等设施。综观贵港市的情况，建议可着力打造好港南区和覃塘区现有的荷（藕）基地，建设成为华南地区有特色、大规模、上档次的休闲旅游景区，从而彰显荷文化特色。而东湖则作为盆栽荷花展示的一个点加以建设。在上述项目取得成功经验之后，规划在九凌湖水库建设更大规模的荷花风景区，争取在湖区周围建设国家自行车赛道，有条件时争取国家足球训练基地落户湖区周围。

要在荷产业上做文章，以荷城荷花科技博览园等种植、繁育基地为依托，发展荷产业、弘扬荷文化,以荷养荷。要打造集商品碗荷生产、荷花优良品种扩繁、湿地园林设计工程、荷文化展示、农业生态观光旅游、摄影写生基地、科普教育为一体的荷产业发展博览园,并示范带动、以点带面,引导贵港市农民种植莲藕、盆栽荷花、种植太空子莲等,让农民增收致富。

(五)整合资源,加大投入

传承与发展荷文化是一项综合、系统的工程,既涉及政府、部门、企业等各种组织机构,也涉及市民与农民的切身利益。要整合宣传、旅游、文化、农业、土地、城建、交通、科技、税收等单位资源,为种植荷花提供便利和保证。建设荷文化基地需要大量的投入,政府要扶上马、送一程。要坚持市场导向,理顺政府与市场关系,大胆放权让利,更多地引入市场机制,加大招商引资力度,引进有实力的企业参与建设荷文化展示基地。

(六)强化宣传,扩大影响

要采取有力措施大力宣传推介贵港的荷文化。一是继续办好每年一届的荷文化展,学习广东等地举办荷花节的经验,提升办展档次,增加活动内容,吸引市外游客观光旅游,提高知名度。二是充分利用电视、报纸、网络等媒体,全过程、高质量、多角度做好荷文化宣传报道。既重视传统媒体,更重视现代传媒的作用,特别是要重视网络宣传,大量运用微信、微博等现代宣传工具开展宣传推介。三是编印贵港荷文化宣传册,做好荷文化的展示和宣传,让更多的群众了解荷文化,同时作为对外宣传的赠品。四是及时向国家有关部门申报"荷城"地名文化遗产保护。五是定期举办全国性的荷文化论坛,通过各地各级专家来宣传推介贵港。六是开展一系列评选活动,以扩大影响。七是拍摄微电影、荷花动漫等影视作品在网络上宣传。

论广西少数民族地区青少年民族文化传承的路径

崔现花[*]

摘　要： 广西民族优秀文化是一个国家或民族在历史长河长期积淀中积累的文明硕果，是广西民族不断发展前进的源泉。传承民族文化方面，如何把这本民族优秀文化与青少年教育结合在一起是民族文化传承亟待解决的一大课题。本文从发扬广西民族文化传统美德、传承广西民族文化人文精神、广西民族文化融入青少年日常生活、加大广西民族文化宣传教育、激发青少年本民族文化兴趣等几个方面探讨广西少数民族地区青少年民族文化传承的路径。

关键词： 广西少数民族；青少年；民族文化传承；路径

2017年1月，中共中央办公厅、国务院办公厅印发的《关于实施中华优秀传统文化传承发展工程的意见》提出，把中华优秀传统文化"贯穿于启蒙教育、基础教育、职业教育、高等教育、继续教育各领域"，这再次引起了民族文化传承教育的研究热点。随着国学热的盛行，一股弘扬传承传统优秀文化的热潮正方兴未艾。如何传承好、创新好优秀的本民族传统文化，成为当前广西少数民族地区青少年教育所关注的重要课题。

---

[*] 作者简介：崔现花，广西幼儿师范高等专科学校教师。

一 广西少数民族文化内涵

一个民族优秀的传统文化，是本民族成员代代相传的共识标志，也是本民族共同体内聚力和团结的象征。广西是中国南方古代文明的发祥地之一，广西少数民族历史悠久，文化灿烂，源远流长，广西少数民族人民在历史的长河实践中形成了本民族独特的文化特点，具有典型的文化特色。众所周知，广西壮族铜鼓、花山崖壁画、嘹歌等享誉全国。其中，织锦、刺绣、陶瓷、竹编和芒编在内的各色工艺品，具有民族特点的壮族干栏式建筑、侗族风雨桥、鼓楼等民族建筑，瑶、苗等民族的医药，以及丰富多彩的民族民间文学、音乐、舞蹈等，都是广西各少数民族文化艺术的瑰宝。至于壮族的三月三歌节、瑶族的达努节和盘王节、苗族的踩花山、仫佬族的走坡节、侗族的花炮节，以及别有风味的打油茶等充满着浓郁民族风情的节日活动。广西的少数民族都保持着他们纯朴的民族习俗，在饮食、服饰、居住、节日、礼俗方面都有鲜明的民族特色，其中壮族的歌、瑶族的舞、苗的节、侗族的楼和桥是广西民族风情特色。广西人民性格豪爽、品质纯朴、热情大方、友善诚恳、崇尚美德，并且能歌善舞，壮族人民善于以歌声来表现自己的生活和劳动，抒发他们内心纯真、勤劳、善良、热爱民族团结的思想情感。广西少数民族文化积淀着本民族深厚的精神追求，是生生不息、代代相传发展壮大的精神滋养原料。广西少数民族文化的传承发展促进了我国社会主义文化自觉和文化自信，为中国特色社会主义文化软实力提升奠定了重要的基础。

二 广西民族地区青少年民族文化教育的必要性

"教育要从娃娃做起。"青少年时期是人的一生重要开始阶段，一方面，它是青少年是非观念初步形成的重要时期；另一方面，也是青少年的基本道德行为初步形成与发展的重要时期。在这一时期内，良好的行为习惯、道德品质和文明行为都将对青少年日后的健康成长和身心发育产生深远而重大的影响。古话"三岁看大，七岁看老""少成若天性，习惯成自然"说的就是这个道理。青少年教育的成败将直接影响到青少年品格与行为的形成。作为青少年教育工作者要抓紧、抓好良好的道德教育，充分运用广西少数民族优秀道德文化传统，根据青少年的年龄特点，既注意一般教育，又注意个别帮助，做到循循善诱、因势利导，为青少年一生的良好道德行为打下坚实的基础。

青少年阶段的孩子已经能够认识自我、认识他人、认识自然、认识社会，是开始社会认知和文化认知的初始阶段，因此也会形成一个人的最初的自我概念、社会交往方式、外界意识。在广西少数民族地区，要加强本民族传统优秀文化的传承和创新。因为青少年时期可以而且能够进行民族意识和民族情感的培养、让其接受本民族的文化熏陶、养成广西少数民族特有的民族气质和民族精神，这对于广西民族文化的传承与创新有着至关重要的作用。

三 广西民族地区青少年民族文化传承的内容和路径

（一）发扬广西民族文化传统美德

中华优秀传统文化蕴含着丰富的道德理念和规范，如天下兴亡、匹夫有责的担当意识，精忠报国、振兴中华的爱国情怀，崇德向善、见贤思齐的社会风尚，孝悌忠信、礼义廉耻的荣辱观念，体现着评判是非曲直的价值标准，潜移默化地影响着中国人的行为方式。传承发展中华优秀传统文化，就要大力弘扬自强不息、敬业乐群、扶危济困、见义勇为、孝老爱亲等中华传统美德。

广西少数民族文化是中华传统文化的重要组成部分。广西是中国人口最多的少数民族壮族主要集聚地，除壮族外，该地区还居住着汉族、瑶族、苗族、侗族、仫佬族、毛南族、回族、京族、彝族、水族和仡佬族等 11 个民族。各民族在历史长河中产生了本民族的优秀美德。广西自古以来，就是一个热爱民族统一、团结友爱、尊老爱幼、邻里和睦、包容大度、热情诚恳、勤劳善良的少数民族地区。广西民族地区在历史中也形成了传统优秀文化、红色革命道德文化和社会主义文化。在继承和发扬中华优秀传统美德过程中，广西结合本民族地区文化特点，积极探索和践行对青少年传承民族文化教育。

青少年阶段是一个人一生优良美德品质形成的重要时期。壮族是广西少数民族的代表民族，《传扬诗》是壮族著名的伦理诗。主要宣扬了"以上补下，搭配公平"、主张"近邻是兄弟，远客是朋友"的无贵贱等级的道德理想。在道德品质上，壮族道德主张勤劳节约、诚实忠诚、团结和谐、相互扶持等。认为"勤劳无价宝"，"劳动是甘泉"。在家庭道德上，主张和睦团结，尊老爱幼，秉持"壮家好传统，敬老和爱幼"的传统。在夫妻道德上，主张相敬相爱，相濡以沫，认为"一家夫妻俩，相敬不争吵。有事好商量，和睦是个宝"。在对待兄弟姐妹和妯娌之间，主张"兄弟妯娌见，要和睦相亲""妯娌即姐妹，都是自家人"的良好道德风尚。壮族的民间传说，如《达架与达仓》《老三与土司》《老颂》《老登》《九牛衣》等也宣扬了一种正义、仁爱和勇敢的道德品质。这些文化遗产都在广西民族道德生活史上具有重要地位。此外，其他民族的道德如瑶族、苗族、侗族、仫佬族、毛南族、回族、京族、彝族、水族和仡佬族等也都具有丰富的道德内容。政治道德追求无压迫、无等级和公平正义。在家庭道德方面，广西各少数民族追求敬老爱幼、睦邻友好和团结和谐。在职业道德方面强调吃苦耐劳、诚实守信和重义轻利。在社会道德方面追求人人平等、礼尚往来、虔诚待客。广西民族地区这些优秀的民族传统美德要及时传播给青少年，从小培养青少年本民族的优秀美德，为个人品质发展奠定牢固的美德基础。

（二）传承广西民族文化人文精神

要充分尊重青少年学习特点、学习规律和学习过程，根据不同情况，因材施教，将广西民族地区的历史英勇人物通过讲故事的形式向青少年展现出来，传承广西民族地区优秀的人文精神。在广西历史上，有著名的明代抗倭英雄——瓦氏夫人，她从小聪明好学，博览诗书，通晓兵法，让青少年明白"巾帼不让须眉"，女性照样可以开创一片辉煌天空，促进青少年性别发展意识；有清代抗法名将民族英雄——冯子材，他率兵抗击外国侵略者，彰显中国人的不屈意志、精忠报国、不畏艰难、视死如归、崇高的民族气节；自20世纪20年代，邓小平、张云逸、李明瑞等中共党员在百色地区领导和发动震惊中外的"百色起义"，建立右江红色革命根据地以来，为当地培养和造就了一大批的少数民族领导人，如韦拔群、陈洪涛和黄志洪等。近代中国革命的英雄——韦拔群，要学习他信念坚定、追求真理的精神，他为了寻求人民解放的道路，一生为了革命事业奋斗不止，献出了全部的精力，最终，也为了革命事业献出了宝贵的生命。让青少年明白在我国土地革命时期、抗日战争时期和解放战争时期形成的"爱国主义、集体主义、艰苦奋斗、顽强拼搏、坚持真理、不怕牺牲、团结奋斗的精神"；新时期的"校长爸爸"——莫振高，传承他爱岗敬业、忠于职守的精神，"春蚕到死丝方尽，蜡炬成灰泪始干"，正是对莫振高的真实写照。

(三) 广西民族文化融入青少年日常生活

在日常生活中，要注重实践与养成、需求与供给、形式与内容相结合，把广西民族优秀文化内涵更好更多地融入青少年日常生活的各个方面。要深入挖掘广西民族文化，在学校环境创设、教室布置等方面营造广西民族文化环境氛围。运用广西民族优秀文化的精髓涵养青少年精神，培育校园文化。教师可以选择一些传统文化中经典内容，来对青少年进行有效的教学，从而促进青少年专业化学习能力的提升，帮助青少年树立正确的人生观世界观，以此来培养青少年的综合素质，促进青少年的全面发展。学校教育，重在教会孩子感恩生命和热爱生活。

在中小学深入开展"我们的节日"主题活动，实施广西民族传统节日振兴工程，丰富春节、元宵节、清明节、端午节、七夕节、中秋节、重阳节等传统节日文化内涵，形成新的节日习俗。加强对传统历法、节气、生肖和饮食、医药等的研究阐释、活态传承，使其有益的文化价值深度嵌入青少年日常生活。实施广西本民族节庆礼仪服装服饰计划，设计制作，在"六一""三月三"等重要节庆活动中、在年级活动、开学典礼、毕业典礼等活动中，青少年穿上本民族节日盛装，展现广西民族独特文化魅力的系列服装服饰。"人是环境的产物"，在充满民族文化的环境氛围中，让青少年认识、认同本民族文化，增加民族文化自信。

(四) 加大广西民族文化宣传教育，激发青少年对广西民族文化的兴趣和认同

在广西民族文化宣传方面，要充分运用传统报纸、书刊、电台、电视台和新媒体互联网站等各类传媒载体，融通多媒体资源，统筹宣传、文化、文物等各方力量，创新表达方式，大力彰显广西民族文化魅力，激发青少年对本民族文化的兴趣，使青少年对传统文化常识有一个初步的了解，初步养成良好的行为和有利于自身成长的习惯。

要充分运用好中小学校园环境民族文化建设。教育是国家发展之本，民族优秀文化建设也同样需要以教育为基础。要从中小学教育的特点出发，设计一套有关传统文化的幼教课程，编纂出版系列青少年广西民族文化经典教材。深入开展"爱我中华，爱我广西"主题教育活动，充分利用重大历史事件和广西本土历史名人纪念活动、国家公祭仪式、烈士纪念日，充分利用各类爱国主义教育基地、

历史遗迹等，展示爱国主义深刻内涵，培育青少年的爱国主义精神。加强青少年日常礼仪规范教育，规范文明用语，形成青少年良好的言行举止和礼让宽容的社会风尚，树立广西民族地区文化礼仪的良好形象。培养青少年尊老爱幼，关爱他人，诚信友爱的社会主义核心价值观。家庭要运用家训、家书文化，用优良的家风家教培育青少年。

参考文献

http：//www. gxnews. com. cn/staticpages/20130725/newgx51f0df2c - 8121648. shtml.

https：//www. baidu. com/index. php？tn = 56060048_ 4_ pg&ch = 12#ie = utf - 8&f = 3&rsv_ bp = 1&rsv.

http：//news. xinhuanet. com/politics/2017 - 01/25/c_ 1120383155. htm.

熊坤新：《民族伦理学》，中央民族大学出版社1997年版，第226—227页。

欧阳辉纯、唐贤秋：《论广西传统道德文化资源及其当代价值》，《高教论坛》2014年第7期。

邓艳葵：《壮族传统伦理道德对当代壮族大学生思想道德的影响》，《广西师范学院学报》（哲学社会科学版）2013年第2期。

许晓明：《论红色道德文化遗产与广西新兴城市文化发展》，《广西民族师范学院学报》2012年第4期。

宋梅华、徐晓坤、李爱香：《初探幼儿园实施民族传统文化教育的有效策略》，《教育现代化》2016年第14期。

宗教背景下的泰国生态民俗文化探析

黄海云[*]

民俗文化，是世间广泛流传的各种风俗习尚的总称。生态学告诉我们，人类在食物链中，占据绝对统治地位。人类与其他生物种群之间保持全方位的联系，人类创造了十分丰富多彩的联系食物链的种种独特方法，在利用食物链之间的诸多环节，创造了一系列的民俗文化。"联系食物链的有关民俗文化，叫做生态民俗。生态民俗又分为动物生态民俗和植物生态民俗，其中自然也包括生态环境的有关气象、季候的民俗"[①]。

泰国能成为世界的旅游胜地，与泰国保护得较好的生态环境与丰富的生态民俗活动息息相关。去泰国旅游的人，体验泰国各地民俗活动成为旅游的重要内容。泰国的民俗，虽然经常出现在种种旅游景点的表演舞台上，但是仍然给人十分真实的感觉，因为，这些表演的民俗背后，是全民参与民俗活动的庞大背景。泰人独特的生活方式吸引着来自世界各地的人们。

泰国学习西方走现代化道路的时间在亚洲国家当中属于比较早的。但直至现在，泰国人民仍紧紧地守护着本民族的传统文化，走生态民俗的发展路子。泰国人的生活方式把传统与现代结合得恰到好处，泰国的民俗活动构成了泰国独具特色的旅游魅力，吸引了许多因本国走现代化道路后而遗失乡土传统的外国民众来这里暂时寻梦。

---

[*] 作者简介：黄海云，广西大学文学院民俗学与民间文学教研室主任。
[①] 乌丙安：《中国民俗学》，辽宁大学出版社2002年版，第46页。

一　追求和谐：顺应自然，不与自然争斗，不造恶自然

人与自然的和谐，体现在人与环境、人与动物的和谐关系上。

泰国历史上曾经为了发展，把泰国境内的原始森林几乎砍伐殆尽。泰国盛产的柚木是上好的造船材料，如今，成片的原始柚木森林，也仅存于缅甸境内。泰国人经历痛苦的反思后，尤其是面对新世纪以来越来越频繁的洪水威胁，他们提出"顺应自然，不与自然争斗"的发展思想。2012年，泰国境内发大洪水，洪水由北向南，席卷泰国的城乡，淹到了曼谷东面与南面的低洼地带。曼谷的素旺那蓬国际机场周围垒起高高的沙包，以防洪水进到机场，整个曼谷弥漫着紧张的气氛。最终洪水绕城而过，没有进入主城区，没有造成更大的经济损失。泰国学者总结泰国水灾的一个原因是泰国的原始森林破坏严重，植被蓄水能力不强。他们在电视里展开激烈的讨论并呼吁："人不应该与自然斗，人斗不过自然，人最好顺应自然，不要对自然作恶。"这种观点，正是佛教国度中"因果轮回"思想的体现。

宗教思想深刻影响了泰国人的生态民俗观。宗教分为原始宗教与阶级社会产生之后的人为宗教。佛教属于人为宗教的一种。佛教是泰国的国教，九成以上人口为佛教徒。除了佛教，泰国境内还流行着许多原始宗教信仰，两者有时混合在一起，形成了泰国民俗活动的思想背景。宗教还与民间娱乐活动相联系，形成泰国人民的独特的生活方式。

在佛教思想影响下的泰国民俗文化，对泰国的生态环境的缔造起了积极的作用。佛教戒律繁多，归纳起来有三个方面：①摄律仪戒，一切诸恶悉皆断舍；②摄善法戒，一切诸善悉皆修行；③摄众生戒，普度众生，遍施利益。佛教的律仪，对于保持生态平衡，维持人与自然的和谐有很大的帮助。泰国境内以小乘佛教为主，小乘佛教虽不禁止佛教徒食肉，但这种肉为"三净肉"，是释迦牟尼在世时所允许食用的，即"不见为我所杀，不闻为我所杀，不疑为我所杀"。佛教律仪中的不杀生，依然对许多民众有约束力，有效地保护了泰国境内的野生动物。泰国大部分居民为佛教信徒，他们对肉食有诸多禁忌，其理由均与佛教相关：如不食鲤鱼，因为鲤鱼常为寺庙所养；不食狗肉，因为狗通人性，是人类的宠物；不食牛肉，因牛是耕田的帮手；不食稀奇古怪的动物，如蛇、蛙、鸟等。

在初一、十五佛教的固定活动日中，许多佛教徒还自动食斋。平常在泰国普通民众的餐桌上，肉食类主要是猪肉、鸡肉与海鲜产品。种种的饮食禁忌，利于保护许多野生动物的生存权利。

此外，佛教崇尚放生等慈善活动。每年，由泰国皇室成员带头往湄南河投放许多鱼苗，放得多，捞得少，导致湄南河的曼谷河段虽然江阔流急，河鱼的数量却很多。"河里有鱼，田里有稻"，这句谚语是泰国人民对自己家乡真实而自豪的赞语。这话并不夸张。曼谷是全泰人口最稠密的地区，渡船在曼谷湄南河的河港停泊时，时时会惊起河鱼跃出水面。一些寺庙面临着湄南河，寺庙所处的河段，鱼群更是黑压压地在那里徘徊，等待来寺庙朝拜的人们拿鱼饵来"吞般"（做功德，做善事，即布施）。有时河中浪花把鱼打上岸，岸上的人们也会主动把鱼送回到水中。佛教的律仪成为人们的自觉信条，指导着他们的行动：寺庙附近的鱼不能拿去食用，因为它们都是被佛祖保佑的鱼儿。这是难得一见的都市中人与自然和谐的景象。

至于泰国的乡村景象，也足以让人惊叹。泰国的乡村到处是连片的稻田。21世纪初，笔者曾在泰国的乡村生活。放眼看去，一群群白鹭鸟，如一群群白色卫士，立在泰国乡村的田间地头，它们主要以水田里的生物为食，其中不少是有害生物。白鹭鸟的出现是生态环境好的标志。因为只有不用或少用农药，田里才有生物，白鹭鸟才能在田里找到食物。白鹭鸟成为稻田的"除虫剂"，农民便可以不喷或少喷农药，形成良性循环。笔者曾见农民开机器耘田，一大群的白鹭鸟随着机器前行，争相啄食新翻出的泥土里的虫子。农民、机器、白鹭鸟形成一幅十分自然和谐的自然景象。由于佛教的律仪，一般泰国人不捕食鸟类。走在乡间马路，抬头常可见天上有许多不同品种的鸟类在云集飞翔。这样美好的乡村景象，在泰国十分常见。在一些地区，甚至形成了规模大小不一的鸟岛，当地因此成为了旅游胜地。

佛教的律仪规定不能随便伤害其他动物的生命，泰国人比较主动保护各种动物。人与动物的关系比较和谐。曾有中国学生亲身经历：在泰国某个旅游区，一头几百斤重长着獠牙的大野猪经常从树林里出来向游人讨吃，憨态可掬。人们见到它，便主动给它喂食，而它也不害怕人类会对他有什么伤害。在泰国更常见的现象，便是野狗野猫遍布城乡。由于佛教中有六道轮回的思想，其中一道为畜生道，畜生也可能是前世犯错的人投胎转生而来。且狗通人性，常为人类的宠物，所以泰人不仅不食用狗，还主动喂养野狗、野猫之类动物。许多国家的人很难想象，野狗竟然能在一个国家首都的大街小巷四处游逛。在佛教止恶行善、福慧双修思想影响下的泰国人，就像他们经常为寺庙、为出家人布施一样，他们把主动喂养这些无主猫狗作为积德善行。人不怕狗咬，狗也不怕有人来追打食用它们，人与动物的关系十分融洽。有些地方，野猫野狗变老时，人们很主动地把它们送到遍布城乡的寺庙当中，让它们在寺庙中集中"养老"。有些野狗会咬人，人们便给这些狗带上铁口罩，既不妨碍它吃东西，也可以避免它咬人，而不是用捕杀的手段来解决问题。由于狗在泰国没有人类天敌，兼狗的自然生殖能力较强，狗的数量过多的时候，泰国政府便集中捕捉一些公狗，为它们做绝育手术，而不是通过捕杀它们来降低狗的数量。佛教影响下的泰国人，他们的爱心善心集中体现在他们对待动物的态度上，在对人的关系上，泰人也是同样的特点，不管是哪个国家的游人，他们总是报以微笑友善对待。因此获得"微笑的国度"的美誉。

人与自然、人与动物、人与人之间和谐，使泰国的民俗文化充满了脉脉温情，这是泰国民俗很容易吸引并打动外来民众的地方。追求和谐，形成了泰民族独特的生态民俗理念。

二 严肃与轻松：宗教与娱乐相结合的民俗活动迎合了世俗的需要

民俗文化一般分为经济的民俗、社会的民俗、信仰的民俗、游艺的民俗。民俗文化中的核心部分，就是民俗信仰文化。泰国境内大部分民俗文化活动体现了泰国的佛教信仰与原始宗教信仰的思想内涵。宗教思想与宗教活动成为民俗的主要内容，世俗需要娱乐活动，又把娱乐活动掺杂到宗教活动当中，使泰国的民俗活动既有宗教的严肃性，又有世俗的娱乐性，适合泰国普通民众的需要。

（一）迷信与科学的结合

泰国的一些民俗来自他们对生活经验的总结。如，泰国的旧风俗，特别在泰国中部，盖房时有严格的规定：屋子的正面要朝向南或北方，而绝不能使屋子的两侧朝向南或北方。如果屋子的两侧朝向南或北方，民俗中称为"阻挠太阳"，房主不但得不到幸福，还会失去眼睛。事实上，泰国的纬度处在赤道与北回归线之间，日照强度很大，门口朝南或朝北，利于南北对流的空气流通；房屋两侧朝向东与西，可以帮助挡住东升西落的太阳光照。因此，严格遵守规定的方向建房子，就成了泰国的风俗。虽说现在时代进步，科技发达，生活环境改善，人们不必一定遵守过去的老式样，但是传统风俗中所规定的房屋走向，仍是最合乎泰国地理环境特点的一种选择。

（二）万物有灵与鬼神信仰根深蒂固

风俗总是滞后于时代的发展脚步。泰国是一个信奉万物有灵的民族，在当今社会，即使泰国不断西方化，但是人们头脑中的原始宗教及佛教信仰依然根深蒂固，对浓厚的宗教文化色彩影响下的一些神秘不可解释的东西，泰人自然有一种崇敬之感，包括风俗也一样。在泰国现行的许多传统风俗中，大部分失去了最初的意义和重要性，许多奉行这些风俗的人，也都不知道为什么要这样做，以及这样做有什么好处，只是要遵循着一种习惯而已。但是，如果命令他们抛弃这些风俗，他们就会感到不舒服，像缺少什么似的，甚至产生恐惧心理，如果此时出现什么不如意的事情，给人们带来了痛苦与灾难，其原因不明，人们就会归咎于抛弃旧风俗的原因。例如一些泰国人至今还坚持不在星期二剃头或招鬼魂。传说是因为大自在佛曾在那天为帕坎它古曼举行剃发留顶髻的仪式，害得帕坎它古曼被削去了脑袋。

泰国风俗中的鬼神崇拜色彩比较浓厚，鬼神崇拜属于原始宗教信仰的一部分。在泰国，对鬼神的崇拜与敬畏，一直保存在人们心中，流传至今日。在泰国，很少有不信鬼神而自傲的人。鬼神作为一种超自然的力量，存在于人们的精神层面，很多奇妙的事情，无法解释时，就被认为是鬼神显灵。鬼神有至高无上的权力，可以随心所欲，所以大部分的人都害怕鬼神。由鬼神崇拜带来的各种风俗，因此十分深入人心。如屋神崇拜，泰人建新房时，要同时为屋神盖一间神龛，请屋神住在里面，保佑房主阖家安康，不让恶鬼与其他东西进屋捣乱。外地人来借宿，应先拜这间屋的屋神，因为它才是这间屋的真正主人。

（三）信仰与娱乐二者不可或缺

泰国的民俗文化，是建立在泰民族的经济基础——农业生活之上的。当前，泰国以旅游业和稻米生产为支柱产业。泰国的风俗，在广大从事农业生产的人当中流传。这类风俗关系到农作物的生长和收获，对人们的生活甚至对整个国家也至关重要。这些仪式，从泰人定居与务农开始，就逐渐形成了这样的风俗。人类学把这类仪式称为 Fertility rite（丰收仪式）。以首都曼谷的春耕节为例。这是一个祈祷风调雨顺、农业丰收的节日。在每年五月举行。节日始于素可泰王朝，历史悠久。春耕节现是泰国政府规定的国家法定假日，包括公务员、老师、学生一起放假，各地农民在这一天从农村赶到曼谷参加这个节日。在春耕节的前一天，国王偕王室成员赴玉佛寺主持礼佛仪式，由高僧诵吉祥经，然后国王赠圣水、御戒指及御剑给农业部部长，作春耕仪式之用。同时，准备次日参加春耕仪式的"主梨官"和"四仙女"也到玉佛寺膜拜玉佛，接受国王赐福。"主犁官"由农业部部长担任，"四仙女"由农业部的农业和林业女科学家分别担任。春耕节当天上午，由婆罗门教士率领"主梨官""四仙女"和古乐队等从玉佛寺出发，"四仙女"中各有两名挑金担和银担，内装满种子。曼谷王家田广场举行象征式的皇家春耕仪式，一般由皇室成员驾着皇家御用白牛拉的牛车，在临时铺上厚厚的湿沙子的广场上，把经过僧人作法祈福、浸泡好的谷种，播撒到沙子里面。皇家的耕田仪式结束后，四周围观的群众一拥而上去挑拣那些沙子里的谷种，农人把拣到的谷种带回去耕种，据说这些谷种有神奇的魔力，可以让自己的稻田获得丰收。这也是一个民众狂欢的节日，农民们心怀虔诚来参加这个活动，获得谷种的人喜出望外。一些早有准备的人，则准备了一个蛇皮袋，一次就装了整袋沙子，在一旁慢慢挑拣，有些人则现场把挑出的谷种再倒卖出去。

此外，至今仍流传于泰国各地的求雨仪式，也是祈求丰收仪式的一种。表现形式虽有不同，但目的都是一样。例如，泰国中部"母猫游行"仪式，东北部的"放焰火"仪式。这些仪式，体现了原始宗教与佛教思想的糅合，信仰活动与娱乐活动的结合。

泰国中部地区举行的求雨仪式，又称为"母猫游行"。哪一年遇到干旱或雨水迟迟不下，看天吃饭的农民就十分发愁。村民便会举行求雨仪式。他们把一只母猫放在竹筐里，用扁担抬着竹筐去游行。大人、小孩拿着钟、鼓、响板、铜铃等敲击乐器加入队伍。村民用水泼到母猫身上，母猫发出惊吓声。猫天生怕水，是干旱的象征，把猫淋湿后，意味着干旱消除了。游行的队伍唱着一些类似咒语的歌曲，母猫成了向老天求雨的灵媒，这些咒语中，有些则涉及男女交合等的猥亵下流的句子，有些比较露骨，有些比较隐晦。如："母猫啊/求老天下雨/求法水/浇猫头"；"雨水下它四五天/雷打老太太/解开布一看/雨水落下来/雨水落下来"。

歌词里说佛与其配偶相遇，就会下雨，就会给世界带来丰收。而把怕水的猫淋湿，就可以把旱灾去除，里面运用了模仿巫术的原理。"相似律是说相似的东西可以相互等同，相似的东西会对相似的东西发生作用，因此对某物的相似物施加巫术就可以影响到某物①。"模仿巫术运用了相似律，常应用于求雨。上述的求雨风俗，运用了双重相似律：佛与配偶相遇，男女交合，导致下雨；用水把猫泼湿，旱灾去除。这项民俗是原始宗教中的模仿巫术与佛教内容的结合。

泰国东北部地区宋干节的泼水风俗，同样也是包含了巫术与佛教的内容。泼水是从古代传下来的一种风俗。当地人认为，如果哪一年老年人和年轻人不相互泼水，那一年的雨水就少。他们把泼水比作蛟龙在须弥山七大仙池里玩水。所以，相互泼水的游戏可以使天上的水按季节降到人间。须弥山是佛教经典中的一座仙山，蛟龙与仙池也是佛教传说中的东西。老年人与青年人互相泼水，模拟蛟龙戏水，从而天降甘露，属于模仿巫术的表现，但里面的情景与事物，却是佛教的内容。

宗教活动与世俗生活紧密结合的民俗活动，在泰国东北地区的一项民俗活动中表现得十分突出。在每年6—8月当中，泰东北的村民常会聚在一起做一次功德。这种聚会因要放焰火，因此也叫"放焰火"。因常在6、7月举行，又称"六月功德会"。

村民们先是开会协商，确定放焰火的时间后，就把日期写在贝叶②上，通知附近的村庄。参加这样的活动的远近村庄有时多达二三十个。承办功德会的村庄，则召集大家开会，分配招待任务，以便同心协力办好集会。被邀请来的各个村庄的僧侣与乡亲，由主持功德会的村庄负责他们的饮食。做功德是佛教的活动，通过以饮食、物品等布施给僧人与乡亲，为自身积累功德，体现佛教"善有

---

① 陈荣富：《宗教文化概览》，文化艺术出版社1999年版，第86页。
② 贝叶：棕榈科植物贝叶棕，古书上记载为贝多树，生长于热带亚热带地区。其叶片经一套特殊的制作工艺制作而成贝叶，上面所刻写的经文用绳子穿成册，可保存数百年之久。贝叶经最早出现在印度，后随佛教传入中国。

善报""因果轮回"的教理。"六月功德会"包括丰富的宗教内容，如"剃度"与"浴佛礼"。泰国的男性一生按规定要出家一次，时间短则几周一个月，长则半年以上。在功德会期间，如果有人要剃度为僧，人们便排队围着寺庙右旋绕行，为准备剃度的人举行隆重的礼节。同样，在此期间，如果有僧人晋升僧爵，人们也会为他举行隆重的浴佛礼。此外，功德会还包括重要的娱乐内容，包括游行、放焰火等。各村的鼓队举行赛鼓活动，青年男女在寺庙前的广场或是聊天，或是唱民歌，或谈情说爱到天亮。

这项民俗活动体现了泰国许多民俗活动的鲜明特色，即民俗中体现宗教内容，宗教活动体现世俗情趣。在严肃的宗教活动中掺进娱乐活动，使得民俗活动中既有严肃的宗教仪轨，也有轻松的民间燕乐，适应了世俗人群的身心两方面需要。

泰国的佛教是大多数人民共同信仰的宗教，他们把原始宗教中对鬼神的信仰，掺进佛教的教义当中。这与注重以宗教教义为原则的智识阶层的宗教意识不一样。因为人民大众的认识水平与智识阶层不同。他们名之为信奉佛教，其实他们认为信奉民俗中的鬼神与信奉佛教并不妨碍。因为他们信奉的原始宗教中的鬼神，大都是正神、善神，由佛教人物死后转生。至于在宗教活动中举行娱乐活动，则可以冲淡宗教仪轨所带来的严肃气氛。如果一项活动一直都是严肃的，时间久了，参加者会感到厌烦，因此，对于泰国有着深厚的群众信仰基础的佛教而言，加入娱乐活动是十分必需的。而且，六月正好是泰国从旱季到雨季的农闲时期，雨季来临后，农民们就要忙田里的活计，要等很长时间才有空闲娱乐。

六月功德会（放焰火）的举办原因，还是要回到民间的功利目的：求雨。泰国学者帕玛哈布里差写的《论古代泰国东北部的风俗》一书中讲到放焰火的原因是：祈求神灵庇佑，按时降雨，以便能够及时耕种，五谷丰登，使民众不愁衣食。据称，焰火放到天上，是为了向大梵天王通报，请求他降雨下来。大梵天王是佛教中的神。这个民俗最早是从原始时代祈求丰收的风俗演变而来，如里面有男女青年载歌载舞的游行活动，唱唱跳跳的多半是与性行为有关的事。这是前面所讲的模仿男女交合以求雨的模仿巫术的表现。只是后来在发展中，加进了佛教做功德的内容，而为了正风化，防止男性对女性的侵犯，在谈情说爱的时候，年轻女子身边还要有一位老年女子在旁陪伴。

六月功德会，可以说是佛教活动、原始巫术活动、民间娱乐活动三者的结合。做功德是为了表示对佛尊敬，游行、放焰火既是施求雨巫术，也是为了娱乐。宗教活动与娱乐活动合在一起，使得这项民俗活动更热闹、更有趣，民众参与和关注度很高，其吸引力比单纯的宗教活动更大。这样的民俗活动在泰国可谓比比皆是，宗教情怀的严肃性与世俗活动的趣味性，是泰国民俗文化深受本民族喜爱与外民族关注的主要原因。形成了遍布泰国境内的各种民俗活动的独特魅力。

三 泰国民俗文化长期保持与发展的原因

泰国的民俗文化生命力如此之强，民众参与度如此之高，在世界是罕见的。泰国的民俗文化早已成为泰国旅游业的重要内容与鲜明的招牌。在全世界关注非物质文化遗产保护的时代，我们有必要对泰国民俗文化如此民族化、世界化的原因进行一番探究。

（一）相对宽松自由的文化政策

泰国政府实行相对宽松与自由的文化政策，让境内多种民俗文化得以生存与发展。不仅是泰国主体民族的民俗文化得到发展，泰境的少数民族、外来移民的文化同样得到尊重与发展。泰国政府以法律作为民俗文化生存与发展的底线，对有害于民众身心健康的邪教也采取禁止措施，如婴尸信仰等。也许是因为泰族人口占了绝大多数，"以佛教作为国教"写入宪法当中，主体民族的文化地位获得保障，使泰族对本民族的民俗文化充满了自信。

在宽松自由的文化政策下，泰境内各族群也可以发展自己的民俗文化。就华人群体而言，华人移民给泰国带来大乘佛教，大小乘佛教的基本教义是相通的，因此华人与泰人的佛教文化可以相互理解。来自广东潮汕地区的华人占了中国移民的大部分，数百年来，他们还给泰国带来了丰富的潮汕民俗文化。泰国曼谷到处是潮汕人建的本头公庙、姓氏祠堂等，潮汕的英歌戏、舞龙舞狮活动十分流行，这些华人庙宇与民俗活动也得到万物有灵观的泰国人的信仰与尊重。至今潮汕人在泰国建的各类庙宇依然保持十分完整。甚至有个说法：研究潮汕文化要到曼谷来。泰国的潮汕民俗文化已成为泰国民俗旅游的重要组成部分。

由于泰国还有信奉印度教与伊斯兰教的外来移民，印度教的寺庙与伊斯兰教的寺庙也十分常见，移民得以继续保持自己原先民族的民俗，泰国以佛教的宽容来接纳来自世界各地的文化，最后让各种文化融入泰国当中，成为泰国令人眼花缭乱的民俗活动的一部分。

（二）泰国的近、现代化的道路相对顺利，普通民众的生活方式未受太多干扰

泰国自进入曼谷王朝以来，社会相对稳定。拉玛五世（1868—1910 年在位）是泰国近代史上一位开明的君主。他在位 42 年，进行了一系列的改革，为现代泰国的社会发展奠定了基础。五世皇朱拉隆功采取西方的模式进行革新运动，废除食田制度和奴隶制度，改革司法、财政、教育，促进自然经济的崩溃解体，被称为泰国历史的转折点。朱拉隆功通过斡旋，使泰国避免沦为殖民地的命运。带领曾经闭塞落后的泰国逐渐走向现代国家行列。泰国一直实行灵活的外交政策，使泰国没有受到太多外力的干扰。尤其在第二次世界大战当中，泰国境内也没有爆发太大的战火。人们生活稳定，生活方式得到维持，故能保持住许多传统的文化风俗。

此外，泰族是农耕民族，泰国的地理环境十分适合水稻生产，稻米产业一直是该国的支柱产业，自古至今社会的经济基础没有发生太大的变化。当前，泰国的第二、三产业也跟着发展起来，但仍然没有改变稻米产业是支柱产业的地位。庞大的从事农业生产的人口，广阔的农村地区，也是该国生态民俗文化得以继续存在与发展的保障。泰国只有首都曼谷有公共汽车，其他城市人口不多，规模不大，城市化不高。每逢节假日，许多曼谷人均返回农村老家，曼谷宛如一座空城。城市与农村还保持着如此紧密的联系，让许多产生于农耕生产基础上的民俗活动在城市里也有着广泛的信众与参与者。以上这些特点，是泰民族风俗文化得以保存的重要原因。以稻米生产为主的农耕生活产生了丰富多彩的生态民俗，生态民俗保存完好，又成为当代振兴泰国旅游业的一个重要因素。

（三）立足传统文化基础与现代调适

传统风俗是社会生活的一个重要组成部分。由于人们的惯性思维，认为这种风俗是前辈所信仰的，经过一代代传下来的，它必然能给人们带来幸福和繁荣。

文化、风俗都有其相对稳定性，只有发生严重的灾难，如战争、饥荒等，才会失去稳定性而发生变化。某个社会能维持其稳定的生活方式，意味着那个社会是正常的社会。它所保存的传统风俗，对于维护社会固有的民族特点，起到重要的作用。由于传统风俗的作用，才使得这个社会不致变成其他民族的社会，传统风俗是使这个社会得以长久维持的基础。

但是，如果传统风俗永远保持原样，不能随着经常变化的环境条件而有任何一点改变的话，那么传统风俗本身就会僵化。一旦发生意外情况，传统风俗就会失去原有的稳定性，急剧的变化往往能破坏旧事物，打破它的稳定性，反而对传统风俗的维持十分不利。所以，传统风俗要保持其稳定性，就必须依靠人们不断对它进行改革，使之适应客观环境。

对传统风俗的现代调适，是一个循序渐进的过程，不能操之过急。操之过急的做法，反而会使传统风俗失去本身的民族特点，不但没有好处，反而是件坏事。"就像一个人一样，儿童时代有儿童的特点，长大成人后有成人的特点，虽然成人和儿童各有不同，但这个人还是这个人，只是随着年龄不同而有一些变化，而且这种变化是在不知不觉中进行的。假若孩子永远长不大，或者今天还是孩子，明天就变成大人，就失去了这个人的特征。传统风俗的变化，也是这个道理。"① 泰国学者认为，在首都和大城市这些文化发达的地方，必须按照时代的要求对传统风俗作一些改变，但不宜超过限度。

当前，泰国城市化的脚步也在加快，许多人口涌入城市生存。稻米生产与旅游业成为泰国两大支柱产业。在稻米生产基础上的各类民俗文化，构成旅游业的重要支撑因素。泰国的民俗文化正不断与现代调适，以适应社会的需要。民俗文化成为促进泰国经济发展的一个动力因素。泰国人在顽强维持自己本民族的传统文化的同时，积极主动进行了适应时代的调适。许多民俗活动在尽量保持原汁原味的同时，增加了娱乐、表演的内容，以满足众多外来游客的新鲜感。每一个府的旅游宣传单上，都以该府的民俗文化为重头戏。有些府为了增加旅游吸引力，甚至复原已经消逝的古民俗，如近年来素辇府的奔象节，就是复原古代的象战情

---

① ［泰］披耶阿努曼拉查东：《泰国的风俗》，段立生译，《泰国当代文化名人——披耶阿努曼拉查东的生平及其著作》，中山大学出版社1987年版，第149页。

景,让游客感受古代战士骑象奔驰杀敌的壮观场面。

(四)全民参与的民俗文化基础

泰国民俗旅游的魅力,在于泰国民俗给世人的一种真实感。这份真实感,来自于泰国民俗有着强大的全民规定性,有全民参与的群众基础。在原始宗教与佛教影响下的泰国民俗文化,是泰国民众真实信仰的一种文化。即使是在旅游景点的民俗表演,也因为那些民俗是泰人的日常生活的重要组成部分,演员们不过在复制他们的日常生活,因此表演得十分真实与自然。如果游人有机会再深入他们民俗文化所依存的生态环境中参观,泰人对自己文化的虔诚而执着的信仰,往往让外国的游客深受感动。

1. 风俗对泰国民众的约束力依然很强

风俗与人民群众生活密不可分。当前,风俗对泰国人的行为规定作用仍然很强。"民俗文化是一种适应性文化——表现为适应民俗集体心理和生存需要的相对稳定的模式。这种模式的稳定性和约定俗成,使它具有不成文法的强制和约束力量,起到对它的主人——民众的侍奉作用"。①

泰国的传统风俗形形色色,种类繁多。其中,包括有许多严格规定的风俗与一般的风俗。严格规定的风俗又分为直接规定条文与间接规定条文两类。"直接规定条文的风俗必须将各式礼节写成明晰的条文;间接规定条文的风俗虽然不必将条文写出来,但大家都很熟悉,知道该怎么做,不该怎么做"②。

泰国严格规定的风俗内容有很多,如,出生、剃度、结婚、死丧等与生活有关的风俗,与节日有关的风俗,做功德、斋僧等风俗,还愿的风俗,盖新房的风俗,确立家长的风俗,上学拜老师的风俗,分配遗产的风俗等。这些严格规定的风俗,已经能够涵盖泰国人生活的方方面面。因此,泰国的民俗,其实就是泰国人真实的日常生活方式。

在泰国的城乡,一般自建的房屋都安有屋神的神龛。有些地方,有人不按照当地的风俗办事,人们认为,就会引起村庄的树神和自家的屋神的震怒(泰国人

---

① 钟敬文:《中国民间文学讲演集》,北京师范大学出版社1999年版,第9页。
② [泰]披耶阿努曼拉查东:《泰国的风俗》,段立生译,《泰国当代文化名人——披耶阿努曼拉查东的生平及其著作》,中山大学出版社1987年版,第150页。

认为每栋房屋都有屋神,潮汕人亦称为"地主",房屋要设有供屋神的神龛;泰人亦崇拜老树,尤其是佛教徒所尊的菩提树,常被人们在树干上围以红布,献花供香,认为有树神栖居)。树神与屋神会对犯错的人进行惩罚,还会牵连到他的家人和同村的人,会给村里带来疾病瘟疫、旱灾涝灾、风灾、虫灾等。相反,如果人们循规蹈矩,按照风俗办事,就会受到神灵的庇佑,人们将获得安宁幸福的生活。违反风俗的人,必须吹乐击鼓,烧香拜佛,使大事化小小事化了,有的拜神仪式虽然现在取消了,但这种信仰仍然或多或少影响现在的泰国人。即使泰国社会日益向现代化发展,然而传统的风俗观念,对人们仍然有较强的约束力。例如,泰国的许多风俗与鬼神及自然崇拜有关,在许多典礼仪式上,就有明显的规定,如举行结婚典礼要拜神,盖土地庙要酬谢神灵,甚至连城市里的公寓楼落成,也要请僧侣来举行祈福仪式,不然担心屋子不安宁,或屋主会发生意外等。

另外泰国还有不严格规定的风俗,即一般的风俗,是作为人们的一种喜好而流传下来的。比如,有关行、走、坐、卧、吃饭、穿衣、谈吐等方面的礼貌规定。它与道德无关,无所谓对错,它没有严格的规定,谁违反了这种风俗习惯,也不要紧,最多被认为缺乏教育。泰国人从一生下来,就不断受到大人的教育,或者通过大人的示范而学会上述规定。比如,泰国以双掌合十表示尊敬的习俗,就是一般的风俗。

2. 泰国的民俗文化传承有完备的家庭、社会与学校教育体系

泰国的民俗文化是通过家庭、社会与学校教育体系获得传承的。传统的泰族家庭,就是一个民俗文化的传承单位,大人通过身体力行,言传身教,影响着下一代对文化的感知与传承。比如泰人过生日的习俗,人们一早到寺庙布施,为父母祈福,感恩父母的生养之恩。社会教育,既包括了参与所生活社区民俗文化活动所获得的教育,也包括遍布泰国城乡街道的寺庙教育。普通民众可随时进入住址附近的寺庙听大师说法,大师在传播佛教经典的同时,也对人们进行人生道德礼仪教育。至于学校教育体系,泰国的学校十分重视学生的素质教育,把传承民族文化作为教育的重要内容。有些学校规定一个小学生要学会三种以上民族乐器。要会民族舞蹈、学会制作民族手工艺品等。完善的教育体系,使得泰国的民俗文化得以顺利传承,也有助于形成全民参与传承民俗文化的局面。

民俗文化教育的力量强大,当然也得力于泰国宗教信仰力量之强。佛教的教

义融合在泰国的民俗文化当中，被广大泰国人民所接受。这让泰国的风俗获得很好的传承与发扬。泰国各地的民俗表演不是作秀，而是在复制现实生活，几乎每一个群众都可以充当民俗表演的演员。在泰国的城乡，到处都能感受到一种浓浓的乡土味道。

四 结语

原始宗教与佛教背景下的泰国风俗具有强大的生命力。泰国的民俗文化之所以难以消失，是因为社会集团中的大部分人有着相同的信仰，在共同的信仰文化指导下的各种民俗活动，其实也是人们表现其虔诚信仰的最佳方式。城乡的泰人从小就习惯于这种风俗。这种风俗已经成为他们生活中的一部分。由于思想变化与时代变迁，尽管这种风俗失去了原来的意义，有些习俗表现出粗俗不雅、与时代不符的地方，但因为从祖辈就流传下来，这样做，对谁也没有害处，也没有理由要取消这种风俗。如果取消，反而会觉得生活里缺少点什么，感到空虚寂寞，不知未来的生活能否像过去那样照旧平安幸福。因此，即使到了现代社会，泰国的城市西方化严重，泰人在享受西方文明的同时，还是执着于坚守他们的民俗文化，不愿意轻易改变它或抛弃它。这是泰国许多风俗很难消失的原因。

南盘江流域民族壮剧文化的保护传承与开发

——以隆林北路壮剧为例

黄文论[*]

摘　要：发展好、传承好非物质文化遗产才能有效推动精神文明的建设，既是提升中国文化软实力、国际地位和综合实力的内在需求，也担负着保护人类多样性、振兴中华民族文明的重要使命。本文以隆林北路壮剧为例，分析当前北路壮剧面临的困难问题，进而提出南盘江流域特色文化壮剧保护开发与传承建设路径。

关键词：南盘江；特色文化壮剧；开发保护；对策

南盘江畔的壮剧流行于桂滇黔桂三省区结合地带，南盘江流域地区的壮族、布依族的村寨，以隆林为中心向周边8个县（市）41个乡镇拓展，人口约100万。隆林各族自治县位于广西西北部，桂、滇、黔三省（区）结合地带，东与田林县接壤，南与西林县交界，西与云南省罗平、帅宗县毗邻，北以南盘江为边界，与贵州省兴义、安龙、册亨三县（市）隔江相望。全县面积3551平方公里，辖16个乡镇。隆林人口40.5万，其中壮族22.4万，苗族9.8万，汉族7.6万，彝族0.44万，仡佬族0.28万。隆林属中亚热带季风气候区，年均气温19.1℃，极端最高气温39.9℃，极端最低气温-3.1℃。全境为高原山区，地形自西南向

---

[*] 作者简介：黄文论，百色市人民政府发展研究中心副主任。

东北倾斜,最低海拔380米,最高海拔1950米。壮族是土著民族,人口集中,较为密集地分布在北部南盘江岸边的村庄上,这里大山连绵,沟壑纵横,交通不便。壮族的服饰多为自制的黑土布,成年男女都习惯于在头上包裹一层黑色土布及习惯于用壮语进行交流。

壮族是一个能歌善唱的民族,从生产劳动到婚丧嫁娶都充斥和伴随着优美的山歌,壮族山歌几乎成为壮族人民生活中不可或缺的一部分。壮族先民对世间万物都很敬重,有的甚至奉若神灵。很多祭祀自然、神灵的节日里人们赶歌圩、唱山歌以祈求自然、神灵庇护,希望风调雨顺、五谷丰登、六畜兴旺。"有林才有水,有水才有粮",壮族村落选址必须依山傍水,与森林共存。南盘江滩多水急,难以行船;两岸溪流纵横,水资源丰富,梯田种稻,山坡种玉米,江河有鱼,食能自足;隆林县的壮族大多数沿江河边上居住,历史上,隆林壮族民居是干栏式木楼,一片片古老村落坐落在大山之中。隆林壮族因地理环境的特殊性形成了自身文化的独特性,也造就了一代代喜爱唱山歌的人们,并一代代流传下来。俨然成为民族性格、民族情趣、民族历史的"活化石",也有人形象地称之为"民族记忆的背影"。

一 隆林北路壮剧历史沿革

北路壮剧,是广西西北部壮族地区特有的剧种,当地称为"欢艺",俗称"土戏"。隆林在北宋时已经产生山歌会,同时如葫芦胡、马骨胡、三弦、笛等民间乐器也已流行。隆林壮剧从清嘉庆到民国初年是鼎盛时期,其形成可以追溯到清朝乾隆年间。据《中国戏曲志·广西卷·隆林各族自治县资料汇编》载:隆林隆或乡拉也寨班良和,于清嘉庆五年(1800年)到南宁学戏,5年后回到家乡,组织了一个戏班子,叫"兴隆班"。兴隆班经常在旧州、那劳一带演出,影响广泛,许多地方都请班良和去传戏。班良和是北路壮剧开拓者之一,并一代代传承下来,形成了以班家为主要代表的隆林壮剧传承谱系。在他们的带动下,"隆林在1815年便已成立了半职业剧团"(《壮族文学史》)。其发源地为田林县旧州镇,旧州原是西隆(今隆林)州府驻地,清雍正七年西隆州府迁至新州但仍辖旧州。1936年民国政府将旧州甲东部地域划归田西县(今田林县),旧州当地亦随之。旧州虽划归田林,但并未影响隆林壮剧的发展,至今,隆林的广大群众始终努力传承并认真保护这一剧种。

隆林壮剧主要分布在本县的隆或、沙梨、平班镇、克长、岩茶、介廷、新州、者浪、者保等9个乡镇。目前，隆林有9个乡镇流行北路壮剧，北路壮剧起源于堂屋山歌对唱伴以器乐，经历了板凳戏（八音坐唱）、门口戏、地台戏、搭台戏的发展历程。迄今，在隆林县境内，仍有上述不同的演出形式在不同乡村里传承着。而搭台戏产生于清雍正年间，后来有民间一些艺人到外地学艺，吸收了汉剧某种元素，最后使得这种地方戏演变形成本地独特的壮剧剧种——北路壮剧，流传至今。戏班活动范围覆盖全县以至周边县（市）。

清嘉庆年间，隆林县早已成立半职业戏班，且经常到田林、西林和贵州安龙、兴义等地演出。据不完全统计，隆林县在民国时期，全县共有60多个壮戏戏址。大的村庄有两三个戏班，小的村落也几个村共一个戏台。隆林壮剧演出与祭祀、祈福活动相关，所以在村里深受老老少少村民的喜爱和敬重。

如今，隆林北路壮剧仍然保留着浓厚的古代人民生活色彩，以民族语言说唱的音乐、民族舞步的形式表达。音乐以山歌调为主调，主要有欢调、哀调、平调、武调等；乐器有鼓、大锣、大钗以及马骨胡、葫芦胡、牛角胡、三弦、笛等；舞蹈动作粗犷，不拘细节；语言为壮语，唱多道白少；表演的服装也是用本民族手工家织布缝纫而成，以黄、蓝、黑、灰色为主。

隆林壮剧剧目多以民间故事改编而成，如《古仁古西》（即《姑与媳》）、《撒宾载》（即《失散的鸳鸯》）、《糙臬》（即《创造天地》），内容主要有反封建势力和反包办婚姻等；移植剧目多是武打内容，如《征西》《五虎平南》《反唐》等，多数是中国古典小说中的片断。据粗略统计全县曾有100多个剧目。

二 当前隆林特色壮剧保护传承与开发面临的困难

20世纪80年代，民间较为流行壮剧，在隆林县境内共有9个乡镇流行壮剧，尤其在节庆假日形成民间固定的表演节目，戏班的人员会汇集一起表演，表达一年来村民的丰收喜悦等多种情怀。由于村民对壮剧的酷爱，哪怕是没有得到上级资金支持，过去有时在收成不好的年景，村民也会自己出资将此节目完整保持流传并传承下来，这无疑对我们今天有条件将其作为非物质文化遗产申报作出了很大贡献。民间真爱的同时，隆林壮剧后来也被当地文化部门发现和挖掘。在官方，自1980年开始，自治县文化馆每隔两年举行一次全县性壮剧会演活动，这给该项剧种的持续发展和申遗成功也奠定了坚实的基础。2007年12月，隆林县人民政府把壮剧列为首批非物质文化遗产保护项目。为隆林县以后传承保护与开发非物质文化遗产开创了新局面。

一直以来，隆林县为壮剧作为非物质文化遗产申报作出多年努力，经过多年的积极申报工作，取得成果较为丰硕。尤其是2012年隆林县成立壮族学会以来可谓硕果累累。主要体现在如下几方面。

一是非遗申报工作成绩突出。2010—2014年，共有《隆林壮族歌会习俗》《隆林壮族山歌》《隆林壮戏》三项被列为自治区级非物质文化遗产名录；今年，也有《隆林壮族八音坐唱》《壮族踩风车》《壮族衮服制作技艺》共三项又被列入自治区级非物质文化遗产名录（公示名单）。此外，今年还有《壮族六月六》列入市级非物质文化遗产名录。

二是壮族民间歌手在各种比赛中多次创佳绩。2011年，隆林壮族"颠罗颠罗那"合唱团被自治区文化厅授予民间文艺团体先进单位。"盘江村姑"组合进入"大地飞歌2011"民歌大赛前十名；壮族民间歌手李玉芬参加"一声所爱·大地飞歌"晋级全国五十强；山歌代表性传承人罗素获得了中央电视台《争奇斗艳——2013"蒙藏维回朝彝壮"冠军歌手争霸赛》总决赛壮族专场比赛的季军。2015年壮族歌手罗翠仙、梁刚在宁夏银川第十三届中国西部民歌（花儿）歌会比赛中获银奖。2015年壮族泥巴妹组合在广西《2015·畅享民歌》民歌大赛中非专业组获得第二名。泥巴妹组合曾代表广西参加第四届中国非物质文化遗产博览会民歌大赛。

三是大力扶持民间曲艺及承办有特色的民族节庆，提升民族文化品位。如隆林县每年举办"三月三"歌会，来自全县各乡镇以及西林、贵州兴义、安龙和云南师宗共有50多个民间山歌队参加，歌手上千人。另外，这两年举办"千人八音坐唱"活动、"八音世家竞曲艺"展示活动，也在县城掀起了一股民间古乐炫风；隆林曾荣获广西特色文化（八音坐唱）之乡，民族文化品位也得到进一步的提升。

综上可知，该县进入自治区级、市级、县级的壮族非遗名录共有23项，其中自治区级有隆林壮族歌会、隆林壮族山歌、隆林北路壮剧、壮族八音坐唱、壮族踩风车、壮族衮服 6 项;市级有隆林壮族"六月六"一项;县级有 16 项等。尽管取得了如上成绩,但目前该县在此方面传承保护与开发仍面临诸多的困难:

第一,目前壮剧即便是在年景好的年份,隆林县也只有 20 多个剧团开展演出活动。主要原因是,这些年来戏班人员大部分外出务工,尤其是戏班的年轻人临近春节时才赶回家乡,直到组建戏班成员全部到位之后才能进行演出。活动时间短的三五天,长的十几二十天。有的戏班农历三月初三至初五也演壮剧。当然,也取决于壮剧演出多数集中各种节假日,尤其在农历正月间演出次数更多。

第二,该县是国定贫困县,属"吃饭财政"县份,给予这方面的资金扶持相当少,如在 2011—2014 年间,一般每年财政预算 3 万—5 万元不等,且这经费是全县开展有关此项工作全部资金来源。2014 后,该县财政加大扶持力度,每年财政预算达到 15 万元,但对于此项工作来说,资金缺口仍然很大,要做好这项工作,还需要付出很多的艰辛与努力。地方政府对非物质文化遗产十分重视申报工作,但对其开发与保护重视程度不够,存在着投入不足、经费不能及时到位等情况。

第三,政府和旅游部门对非物质文化遗产的传承人保护重视程度不够。对壮剧仍处于对其进行保护与传承阶段,还没能开发、没能将其非物质文化遗产的传承与旅游相结合起来,使之成为带动老百姓脱贫致富的产业链。没有把培养和保护传承人摆到旅游开发的重要议事日程,民间传承人也较少参与到旅游活动中。

第四,人才出现断层,缺乏专业人才与传承人,传承人"青黄不接"问题日趋凸显。非物质文化遗产的开发与保护需要一大批专业人才参与其中,但由于当地经济发展十分缓慢,很多专业人才不愿留在乡村或小城镇从事壮族非物质文化遗产开发保护工作,使得该民族非物质文化遗产的传承者出现后继无人或数量减少现象,加上有些传承者为了维持生计而离开家乡,到经济发达地区打工挣钱。由于他们长期在外,逐渐远离了自己的家乡,离开了自己的民族群体,并且渐渐地脱离了原有的各种民俗活动,传承人的数量自然慢慢减少。部分农二代、三代已早早随同父母到城市生活,远离本民族语言环境,有的小孩已被"城市化",在学校老师只教汉语,加上受外界的熏陶,对自己民族的精髓也没多大兴趣,甚至连自己民族语言也说不上几句,更不用说学唱"山歌"了;现在在册的传承人大多年过半百(如代表性传承人黄德光、班玉奇两位分别是 1955 年、

1956年出生），村里的年轻人喜欢新事物，对自己民族的爱好少之又少，且文化传承需要静下心来、耐得住寂寞、潜心钻研才能学好，因而年轻人也不太愿意学，导致出现了接班人难找的状况。

三 南盘江流域特色文化遗产传承保护与开发建议

南盘江特色文化的保护传承与开发是一项庞大的社会工程，它需要整合政府、民间、专家、企业等各方面的资源，因此，现就做好这项工作提出如下对策建议：

（一）科学规划，积极引导，突出原生态性，精心打造旅游产品，使其产生经济价值

按照合理布局、重点开发、开发有据、开发有序的原则，来实现非物质文化遗产的经济价值。将壮剧特色和个性与旅游资源有机结合，以满足旅游市场需求，设计旅游产品。当前，我国非物质文化遗产转化为旅游产品的载体形式有非物质文化遗产博览园、民俗文化村、民族手工艺旅游纪念品和实景舞台剧等，比如以桂林《印象·刘三姐》为代表的以展示民族民俗文化特色的实景舞台剧日渐盛行。这种新型的非物质文化遗产转型为旅游产品的模式，具有显著的市场效应。"印象系列"的成功表明，非物质文化遗产与大型自然景观资源实体的紧密结合而形成的大型实景舞台表演的"载体化"效果非常显著，是非物质文化遗产转型为旅游产品的一种成功途径。

滇黔桂三省（区）理应基于民族文化旅游主题开发的 RMTP（资源、市场、主题、产品）理论基本框架，从旅游产品开发的原理考察，把非物质文化遗产资源转型为旅游产品，也可探索建立特色文化遗产博物馆、非物质文化遗产展示园、民族手工艺旅游纪念品和依托旅游景区景点的实景舞台剧等。由于特色文化具有原生态基因，在旅游开发中，我们在对非物质文化遗产旅游规划与开发时，要突出它最具特色（原生态性、多样性）的重点开发，注重合理开发与保护。

（二）建立传承基地，使壮剧资源转化为经济增长点

建立滇黔桂三省（区）南盘江流域特色文化传承基地，充分发挥传承人、民间艺人和群众文化工作者的积极作用，让青少年从小在壮剧的氛围成长并自觉

参与壮剧活动,对活跃少数民族地区的文化生活、发展旅游文化等都有重要的意义。通过非物质文化传承基地的建设,对具有历史、文化意义的民间传承进行真实、动态、整体和可持续的保护,充分展示民族壮剧文化的丰富性和独特魅力,在保持原有文化特色的基础上,既积极开发具有民族民间传统和极具地域特色的壮剧等旅游商品,也能将传承基地开发建设成为新的旅游资源,使本土壮剧文化资源优势转换为经济优势,成为新的经济增长点,带动农民脱贫致富奔小康。

(三)依托多媒体技术与网络平台,打造非物质文化遗产数字博物馆

建立非物质文化遗产网·非物质文化遗产数字博物馆,每一种非物质文化项目,都通过文字、图片、视频三种方式来展示,其展现几乎都处于数据化的状态,有对相关文物的图片、文字简介、动态视频,还有当前相关的新闻、评论等,人们可以通过网络点击来了解世界和南盘江流域北路壮剧非物质文化遗产的情况。所谓数字博物馆就是"利用数字化技术、现代通信技术和网络技术,将传统博物馆所具备的职能以数字化的形式表现出来,用数字化技术在互联网和博物馆网络之间实现信息的采集、管理、开发与利用"。建立数字博物馆是实现对非物质文化遗产进行馆藏、展示及开发的最佳途径。非物质文化遗产数字博物馆利用数据输入技术对非物质文化遗产进行数据处理,以文字录入、静态图像、三维立体图像以及相关视频等形式展示非物质文化遗产的内容;利用数据仓储技术对非物质文化遗产进行确认、归类、整序、组织研究等,建立起非物质文化遗产的数据库;利用数据压缩技术实现图像的网上发布和远程访问;利用虚拟现实技术,在互联网上打造一个生动逼真的三维虚拟环境,让观众与馆藏品之间实现互动;利用 XML(即可扩展标记语言)技术实现上传内容的结构化,促进数据交流,提高检索的精确性。现代化的高科技手段,将非物质文化遗产的馆藏从依托有形的实物进行陈列、解说的单一形式,发展到建立以文字、幻灯、音视频等多元表现形式为主的活态馆藏体系。如成都非物质文化遗产数字博物馆就是一个典型的例子,可以说,数字博物馆为成都非物质文化遗产的馆藏开拓了广阔的表现空间和多元化形式,也是博物馆自身数字化的重要表现。

(四)做好特色壮剧文化推广,让非遗走进城市和校园

由于壮剧戏曲在当地青少年群体中影响力极小,所以把非物质文化遗产纳入

学校教育是参与保护的最有效方式之一。为使北路壮剧能长久地得到保护，一代一代地传承下去，可以在中小学校增设其教学内容，编写与壮剧有关的教材，增设过场调、正调、梳妆调、武功调、爱情调、升堂调、扫板、紧板、喊板、哭腔、丑角路排等及鼓、锣、钗、钹、木鱼、竹板；三胡、马骨胡、牛角胡、竹筒胡、葫芦胡、三弦、笛子等课程，让孩子们循序渐进地了解该文化，从小接受壮剧，爱好壮剧，并传承下来。

（五）注重非物质文化遗产传承人的人才队伍建设

传承人是直接参与非物质文化遗产传承、使非物质文化遗产能够沿袭的个人或群体（团体），也是非物质文化遗产最重要的活态载体。因此，应保护好传承人，巩固好戏班，鼓励他们积极开展壮剧传承和演出活动。将其与旅游结合起来，突出其旅游资源鲜明的特色、独特的个性和原生态的基因，使旅游地增加非物质文化的旅游吸引力，从而使旅游者在众多的旅游宣传信息中做出旅游决策。然而非物质文化遗产由于历史悠久，世代相传久远，再加上它面临着外来文化和商业化的冲击，我国许多地方的民间技艺、民族歌舞、杂技戏剧的传承人严重流失或断代，还有的旅游景区为了追求旅游收入，临时拼凑了非传承人的人来表演民族歌舞、杂技戏剧。若长期以这种方式来愚弄旅游者，结果必然会导致旅游地形象破坏，旅游者减少，旅游收入明显下降。从非物质文化遗产旅游资源不可再生的角度来说，地方和旅游区应该培训各类民间技艺、民族歌舞、杂技戏剧等特殊的人才，这样既有利于非物质文化遗产的保护，又有利于它的旅游经济价值，从而为非物质文化资源利用提供充足的人力资源的支撑。

（六）多种形式、多方联合共同开发

首先，应将非遗资源和其他物质文化相结合来开发，和其他的文化、产业、生态资源构成优势互补、良性互动、共同发展、相互依存的组合形态。其次，对非遗的开发应以非遗资源丰富的优势集团企业为中心，把非遗开发组织作为新型经营空间，进而组成文化技艺经营和物质生产经营有机结合统一体，从而达到增强社会经济效益和增强文化创新能力的目标。保存好壮剧音乐和优秀剧目，开展壮剧理论研究。非物质文化遗产是宝贵的精神财富和无价的文化遗产，非物质文化遗产具有丰富的文化价值、精神价值和历史价值。

（七）在开发非物质文化遗产旅游资源中，要充分发挥政府的行政保护作用

从政府的职能看，政府作为公共权利的代表者和行使者，有义务、有职责对社会发展中的公共事务进行管理。非物质文化遗产作为国家公益文化事业的重要组成部分，它的多样性、复杂性和脆弱性决定了其保护工作相当重要。政府应通过"保存"和"传承"两大方式来保护非物质文化遗产资源，从而更好地引导开发。非物质文化遗产的特点决定了保护行为的方式和内容，对一切文化遗产而言，"保护"的首要意义就是"保存"，即采取各种措施有效地将其既有的物质形态保存下来，使之永续存在。这些措施包括考古发掘、整理归档、收藏修复、展示利用等。政府应该通过建立保护名录制度和传承保障制度，从政策上来对非物质文化遗产实现行政保护，能缓解和改变目前非物质文化遗产所处的濒危状态，无疑是具有可操作性强、最为有效的办法。这样能有效地防止非物质文化遗产旅游开发中的低档次、盲目、急功近利行为以及滥开乱编的破坏行为，从政策层面保护了非物质文化遗产资源，更好地引导非物质文化遗产资源旅游开发朝着健康的方向发展。

总之，要做到协同治理，建立完善的法律法规机制、传承管理机制、意识培养机制、多元协同机制、激励引导机制、人才培养机制以及资金投入机制，才能实现对特色文化的良好发展和继承。

壮医药文化传承人的保护与传习初探

蓝毓营　覃骊兰　张青槐　庞宇舟[*]

摘　要：壮医药文化是我国宝贵的文化遗产，是我国优秀文化的重要组成部分，其传承和发扬也体现国家软实力的提高。目前随着对壮医药的挖掘、整理和归纳，逐渐形成初具规模的壮医药理论体系，但由于壮医药文化大多以口耳相传，致使壮医药的传承与发扬更多地依赖于传承人传习的传递模式。因此，从壮医药民族文化背景下去探讨和保护壮医药传承人就显得尤为重要。文章通过阐述壮医药文化传承人的保护与传习必要性，分析目前壮医药文化传承人保护与传习存在的危机，最后提出了壮医药文化传承人的保护与传习的相关对策。

关键词：壮医药文化；传承人；保护与传习；对策

壮医药是壮族人民在长期的劳动生产生活中总结出来的，具有比较明显的地域性、民族性、朴素性，是我国民族医学的重要组成部分，至今仍是壮族人民防病治病的重要方法。由于壮族人民没有规范的文字，壮医药的传承主要以口耳相传为主。随着高等教育改革的不断推进，壮医药文化传承者的概念逐渐被边缘化，伴随着壮医药老一辈传承人的相继离去，壮医药传承与发展面临着前所未有的挑战。因此，文章就壮医药文化传承人的保护与传习进行初步探讨，为壮医药文化传承提供一定参考和见解，对促进中华优秀传统文化的发展尽绵薄之力。

---

[*] 作者简介：蓝毓营，广西中医药大学壮医药学院院长；覃骊兰，广西中医药大学教师；张青槐，广西中医药大学教师；庞宇舟，广西中医药大学教师。

一 壮医药文化传承人的保护与传习的必要性

（一）壮医药文化传承人的含义

人是文化传播的重要实行者，任何一种文化在人与人之间的传播、区域内外的传播、跨越时空的传播都需要人来实现。壮医药文化既是一种普通文化，又是一种特有的传统文化，其传播同样离不开人，同样通过人来实现，更需要人来推动，而且更需要人来传承。从某种现实来看并不是人人都能传承，人人都能成为传承者。壮医药文化的传承者需要一定的条件，具备一定的技能。如果我们不加强对壮医药文化传承人的保护，不能继续传承壮医药特色技法，那么壮医药特色的继承与传播将成为无源之水、无本之木。

（二）壮医药文化传承人流失的现状

壮医药源远流长，得益于壮医药传承人的一代代相传。由于壮族习俗、信仰、传承模式等原因，掌握壮医药知识的传承人数量比较有限，没有出现大规模传承的局面。随着时间的推移，历史的变迁，时代的变更，观念的变化，壮医药文化传承人数量在减少是不争的事实。而今天，由于商业经济的快速发展，年轻人受固有思想的影响，如医学学习周期长，技艺所掌握知识多而烦琐等原因，使得壮医药文化传承人数量在减少，致使壮医药的文化传承人不断流失，壮医药文化的传承在一定程度内受到前所未有的冲击。

（三）加强壮医药文化传承人的保护与传习力度

壮医药文化是我国宝贵的文化遗产，是我国优秀文化的有效组成部分，虽然没有规范的语言文字，但在壮医药传承人的继承和发展下，最终进入了高等教育的殿堂，显示其旺盛的生命力，也显示了壮医药文化的自信力，更昭示一个民族的自信力。这种自信是民族的骄傲，也是民族之灵魂，更是习近平主席提出的文化自信的具体体现，是实现文化自信的重要基础。传承与创新与人息息相关，传承需要人，创新更需要人，需要条件更高的人，需要掌握一定技能的传承人。相对于壮医药文化而言，要协调好传承与创新的关系，最重要的是要处理好壮医药传承人的保护与传习的关系。通过壮医药文化的传承，通过壮医药的传习，使壮医药文化世代相传。

（四）促进壮医药文化在实现全民健康中的重要作用

党的十八大报告指出，"健康是促进人全面发展的必然要求"，习近平总书记在全国卫生与健康大会上强调，"没有全民健康，就没有全面小康"。而要实现全民健康，需要动员包括壮医药等具有民族特色、区域特点的各种医学的参与。千百年来，壮医药为壮族人民的健康和繁衍作出了重要的贡献，现在乃至将来仍然是壮族人民重要的防病治病，保障人民健康的重要手段和重要组成部分。加强壮医药传承人的保护与传习，有助于促进壮医药文化的传承和创新，为实现全民健康的奋斗目标不懈努力。

二 壮医药文化传承人保护与传习的危机

（一）壮医药文化传承人年龄偏大

壮医药文化传承人存在年龄偏大的现象，如著名的壮医妇科专家、国医大师班秀文教授在九十高龄已仙逝。壮医药的奠基人黄汉儒教授、入选第三批广西壮族自治区非物质文化遗产项目代表性传承人的壮医药专家黄瑾明教授年龄均已超过七十。从黄汉儒教授编写的壮医药名著《中国壮医学》中收录的壮医药专家名录中同样可以看出，大部分有一定名气的壮医药专家出生年月在1950年之前。目前仍活跃在壮族民间，有一定壮医药一技之长的壮医药工作者年龄也偏大，这可以从龚济达等撰写的《广西壮族自治区那坡县黑衣壮医药知识传承调查》中得到佐证。可以说习得壮医药文化特色的传承人的总量在不断锐减，健在的壮医药文化传承人日渐老迈，出现这种情况，壮医药文化传承将后继乏人。

（二）壮医药文化传承人学历结构和知识结构普遍偏低

尽管壮医药一直是壮族人民防病治病的重要方法。然而壮族人民聚居的地方比较分散，经济不发达，教育的普及不尽人意，致使上了一定年纪的壮医药传承人接受文化教育的程度比较低，更谈不上学历教育了。中华人民共和国成立以后，在党的政策的指引下，民族医学得到了较快的发展，但因于种种原因，对壮医药的挖掘、整理、研究起步比较晚，致使壮医药引入高等教育的步伐比较慢，直到2001年招收中医学专业壮医方向本科生开始，壮医药教育进入了发展的快车道，壮医药被正式纳入正规的本科教育。由于传承者知识结构偏低的因素，很多特色的技法与方药无法以规范化书面的形式流传下来；再者缘于文化程度不高，未能完全理解壮医药特色的文化内涵，存在知其然而不知其所以然的情况，最终导致不能很好传承其全貌，更严重者出现传承链发生很大改变，甚至出现断层。

(三) 壮医药文化传习的渠道并不十分通畅

回顾壮医药发展的历史，壮医药文化传习主要的路径是旧时期口耳相传的个体化传承模式。而作为壮医药传承人基本上都拥有比较丰富的壮医药知识和技能，在当地有一定的声望，他们是壮医药文化的承载者，也是重要的实践者，他们乐于助人，也乐于传授壮医药知识，这样才能使得壮医药知识和技能一代一代流传下来。中国社会以家族血缘间关系为联系纽带，因而这些传承人在寻找被传承人时，也要求被传承人具备与他们一样的品德、一致的信仰，或者要有一定的血缘关系或亲戚关系，方给予传习。由于受现代生活方式、思想观念、生存环境等各种因素的影响，本被视为可担当重任的年轻者又不愿接受重任，导致壮医药文化的传习渠道更为受阻。而没有血缘关系或亲戚关系的人很难得到传承人的青睐，从而出现了想学学不到、给学又不愿学的局面。致使壮医药文化一旦后继无人，壮医特色技艺与方药将有消亡的危险。

三 壮医药文化传承人的保护与传习对策

(一) 建立健全壮医药文化传承人发展机制

1. 要大力开展壮医药文化传承人普查工作

20世纪80年代以来，壮医药开始受到国内高等教育、科研院所和有关政府部门的重视。随着国家对民族医学的不断重视，壮医药的挖掘整理和研究也取得很大的成绩。然而，壮医药知识和技能仍然大量散失在于民间，一些掌握着壮医药技能的人随着时间的推移渐行变老或相继离开人世，这将是壮医药文化的重要损失。如何将这些人的壮医药知识和技能流存于世已是刻不容缓。为更好地做好壮医药传承人的保护与传习工作，建议可从政府层面上全面开展壮医药文化传承人普查工作，建立壮医药文化传承人数据库，建立壮医药文化传承人档案，为开展壮医药文化传承提供更多可靠的依据。

2. 加强对壮医药文化传承人保护力度

文化传承方式是多种多样的，不同的文化传承方式也不一样，传承方式不一样，其保护的机制也不一样。壮医药文化有其自身的特殊性，因此对壮医药文化传承人的保护必须遵循壮医药文化发展规律，又要考虑到壮医药文化发展的历史和现状，让壮医药文化传承人有更好的生存和发展空间则是对壮医药文化最大的保护。壮医药文化传承人大多没有执业医师资格证，而且大多生活在壮族聚居的村寨里，他们没有经过比较好的壮医药理论和文化的培训，再加上年龄偏大，要他们考取执业医师资格证难度很大。而没有执业医师资格证又影响他们从事壮医药文化的传承。因此对于没有考取执业医师资格证的壮医药文化传承人，可以根据壮医药文化传承人生活的区域，在没有违反大的原则和大的政策法规的前提下，让他们利用他们壮医药一技之长在自己生活的区域内继续从事壮医药文化传承和传习工作，让他们更好地将壮医药文化传承下去，培养更多的壮医药文化传习者，使壮医药文化传承后继有人，开壮医药文化传承与传习之花和果。

3. 建立国家、省、县市三级壮医药文化传承人认定制度

为有效保护和传承国家级非物质文化遗产，鼓励和支持国家级非物质文化遗产项目代表性传承人开展传习活动，继 2006 年 6 月国务院公布第一批非物质文化遗产保护名录后，文化部根据国务院《关于加强文化遗产保护的通知》和《国家级非物质文化遗产保护与管理暂行办法》的精神，2008 年 5 月 14 日出台了《国家级非物质文化遗产项目代表性传承人认定与管理暂行办法》，并对传承人认定与管理提出了具体的要求。目前壮医药入选省级非物质文化遗产项目代表性传承人的也仅黄瑾明教授而已，这对于作为非物质文化遗产之一的壮医药文化来讲确实是太少。因此，可根据壮医药文化的基本特征和壮医药文化发展实际，出台壮医药文化传承人认定和管理方法，建立国家、省级、县市三级壮医药文化传承人认定机制，加强传承人认定和管理，确保有利于壮医药文化的传承和传习。

4. 搭建壮医药文化传承人传承和传习平台

平台的建设是壮医药文化传承人保护和传习的重要基础，没有良好的平台，壮医药文化传承人很难发挥他们的才能，更难以让壮医药文化得到很好的传习。因此，搭建壮医药文化传承人传承和传习平台，畅通壮医药文化传习的渠道成为

了历史赋予我们的历史使命。因此，应该站在历史的高度，在民族区域自治法的指引下，出台相关政策和措施，在相应的县市级医院里建立壮医药文化传承人传承和传习平台，设立传承工作室，让他们在相应的医院里开展壮医药文化传承工作，让传承人有用武之地，同时配备一定的助手，让助手既协助传承人开展工作，又能从传承人那里学习壮医药文化知识和技能，通过"一带一"等方式培养一批壮医药文化传承人和被传承人，从而达到弘扬壮医药文化、繁荣壮医药文化之目的。

(二) 建立壮医药文化传承人传习的保障体系

1. 国家及自治区给予相关政策支持

发展和促进民族医药的进步不仅是医疗及学术问题，而且是一个增进民族团结、尊重民族感情、保护民族遗产、传承民族特色文化的政治问题。由于地理、历史、经济、文化等因素的制约，民族医药在发展上面临不少挑战。随着国家实行西部大开发的战略布局以及广西区域"壮瑶振兴计划"的实施，壮医药得以快速发展，壮医药文化特色的技法在推广当中也得到老百姓的认可。例如：壮医药线点灸疗法是流传于壮族的一种民间疗法，以其简便的操作方式和效果可观成为一项壮医药特色技法，2011年被国务院批准列入第三批国家级非物质文化遗产名录之中。因而，壮医药文化发展与传承、民族医药的发展应得到国家及自治区中医药管理局和相关部门的支持，可在相关卫生规划中将民族医药纳入其中，并将民族医药作为卫生资源和中医药资源的重要组成部分积极扶持，以大力发展。

2. 加大对壮医药文化传承人的激励力度

壮医药文化作为重要的传统文化之一，具有民族性、地域性、朴素性。在现代文化的冲击和市场经济的影响下，壮医药文化确实存在一定的困难，一些壮医药文化传承人出于各种考虑，不太愿意将自身所掌握的壮医药技能传授给他人，而现代的年轻人受到外界的影响要么不愿留于原住地接受壮医药文化的传习，要么对壮医药文化的传习兴趣不高，不愿意成为被传承者。因此，必须建立壮医药文化传习的激励机制，对传承人和被传承人给予一定的经济补偿，为传承人和被传承人提供比较好的医疗保险和养老保险，解决他们的后顾之忧。同时提高他们的社会地位，对表现好的传承人和被传承人给予适当的荣誉和一定奖励，从而促进壮医药文化传习的有效开展。

（三）优化壮医药文化人才培育模式

1. 组织传承人进行壮医药文化知识系统化培训

壮医药文化传承人大多文化水平不高，也没有进行过较为系统的壮医药理论知识的学习和培训，他们利用一代一代的口耳相传所掌握的一技之长为人民群众服务，但他们对于运用这些技术的基本原理不一定说得清楚，他们可能知道运用这一技术可以很好地解决某种病痛，但对于如何更好地发展这一技术却显得力不从心，使得原本所掌握的技术应该可以解决更多的问题在实践中却大打折扣。因此，应该组织现有传承人进行较为系统的壮医药文化知识培训，让他们掌握一定的壮医药理论知识。同时培训他们的传承技能，让他们更好更有效地开展壮医药文化传习，为繁荣壮医药文化作出更大的贡献。

2. 推动地区壮医药文化教育的推广

学校是能够集中训练人的地方，义务教育的推广及高等教育的普及，知识的教授不像旧社会贵人子弟独享。大众化教育的今天，文化的传播可以用知识推广的形式传承下去。政府及教育机构可充分利用教育资源，通过选修课程的形式将壮医药文化列入当地中小学生的教学内容，让他们从小就了解壮医药文化的历史与意义，从小培养对壮医药文化的热爱，对壮医药文化传承可起到一定的基础性的作用。如壮族人民的祖先是古骆越人，在历史长河中，古骆越人创造了那些灿烂的历史文化，这些龙母文化、青铜文化、稻作文化、大石铲文化及铜鼓文化等有什么特色？在壮族地区为当地防病治病的有效方法是什么？通过在地区教育中渗透壮医药文化，让他们树立对民族医学文化的发展观念，并时刻准备成为壮医药文化的传承人。

壮医药文化源远流长。长期以来，壮医药为生活在广西壮族自治区地区的各族人民的健康、繁衍和疾病治疗上做出了重要的贡献。在经济全球化的今天，民族医学的发展面临严重的挑战，民族医学的传承和发展，更多的还在于文化的保护上，传承人的保护和培养任重道远。实现壮医药文化的传承与发扬这一项重要课题，将需要我们长期而深入的研究与探讨，这也会使壮医药文化这一特色民族医药文化瑰宝在新时代发挥更大的作用。

参考文献

黄玉烨、钱静：《我国非物质文化遗产传承人认定制度的困境与出路》，《广西大学学报》（哲学社会科学版）2016 年第 3 期。

陈鹏：《非物质文化遗产传承人培养研究——以广西为例》，《广西师范学院学报》（哲学社会科学版）2016 年第 3 期。

陶梦琦：《全民健康与全面小康的思考》，《体育科技文献通报》2017 年第 2 期。

黄汉儒：《中国壮医学》，广西民族出版社 2001 年版。

龚济达、成功、陈晨：《广西壮族自治区那坡县黑衣壮医药知识传承调查》，http://www.docin.com/p-727179383.html。

蓝毓营：《浅论壮医药高等教育发展》，《广西社会科学》2007 年第 6 期。

蓝毓营：《试论壮医药的战略地位》，《学术论坛》2008 年第 9 期。

郑晓红、王雷、李开颜等：《中医文化核心价值观初探》，《中医杂志》2014 年第 15 期。

乌兰：《世界传统医药瑰宝、国家和自治区级非物质文化遗产——蒙医药》，《中国民族医药杂志》2015 年第 9 期。

温茜茜：《绿色发展视角下我国民族特色产业转型对策探究》，《贵州民族研究》2017 年第 1 期。

欧阳双英：《浅谈广西民族医药的可持续发展》，《时代金融》2013 年第 5 期。

彝族古代文化与人类命运共同体构建

黎 斌[*]

摘 要：彝族是一个有着本民族语言和文字的古老民族，彝族先民在漫长的历史长河中创造了丰富而厚实的古老文化。本文采取文献研究法、田野调查法、多维研究法等综合研究方法，对彝族古代文化与人类命运共同体构建问题进行了探索。主要研究发现：1. 彝族古代文化与"人类命运共同体""构建人类命运共同体"有着密切的联系；2. 彝族古代文化中的宇宙起源观、人类起源观、伦理观、法治观、环境观等，契合"人类命运共同体""构建人类命运共同体"理念和内涵，契合习近平提出的"全球观""人类观"和"中国方案"；3. 挖掘、研究和弘扬彝族古代文化中的合理元素和文化，有益于共同推进"构建人类命运共同体"伟大进程和"一带一路"建设，有益于推进世界各国"对话协商、共建共享、合作共赢、交流互鉴、绿色低碳"，有益于建设一个"持久和平、普遍安全、共同繁荣、开放包容、清洁美丽"的世界。

关键词：彝族；古代文化；人类命运共同体

一 引言

"人类命运共同体"是在世界多极化、经济全球化、文化多样化和社会信息化的国际形势下，由中国政府倡议的一种新理念。"人类命运共同体，顾名思义，

---

[*] 作者简介：黎斌，贵州省民族文化学会副会长，中国工商银行铜仁分行党委宣传部部长。

就是每个民族、每个国家的前途命运都紧紧联系在一起,应该风雨同舟,荣辱与共,努力把我们生于斯、长于斯的这个星球建成一个和睦的大家庭,把世界各国人民对美好生活的向往变成现实。"

"构建人类命运共同体",是习近平主席以全球视野和面向未来的战略思考,是习近平主席继提出中国梦后的世界梦,是习近平主席提出的旨在解决当今世界各种难题的"中国方案",是习近平新时代中国特色社会主义思想的重要内容。"构建人类命运共同体"主张共同推进构建人类命运共同体伟大进程,坚持对话协商、共建共享、合作共赢、交流互鉴、绿色低碳,建设一个持久和平、普遍安全、共同繁荣、开放包容、清洁美丽的世界。

自2013年3月23日习近平主席在莫斯科提出构建以合作共赢为核心的新型国际关系以来,"构建人类命运共同体"的倡议,得到了世界五大洲的回响。联合国秘书长古特雷斯说:"多极世界需要多边的治理方式,今天的中国可以发挥重要的作用。"2017年2月,"构建人类命运共同体"理念写入了联合国决议;2017年10月,"构建人类命运共同体"理念写入了中国共产党党章;2018年2月25日,中共中央建议在修改宪法部分内容时,增加"推动构建人类命运共同体"。"构建人类命运共同体",是中国对美好世界的向往和追求,是中国对世界未来的信念和责任。

彝族是一个有着本民族语言和文字的古老民族,2018年2月11日(春节前夕)习近平赴凉山彝族自治州看望慰问群众,关心彝族群众脱贫。彝族古代文化是中国古代文化的重要组成部分,也是世界古代文化的重要组成部分。在彝族古代文化中,有相当一部分思想和文化,涉及"人类命运共同体",比如其宇宙起源观、人类起源观、伦理观、法治观、环境观等等。挖掘和研究这些彝族古代文化,对于当下"构建人类命运共同体"、推进"一带一路"建设具有重要的现实意义和历史意义。

以往学术界对彝族古代文化做了不少研究,也取得了不少成果,但大多是从民族学、历史学、语言学等视角进行研究,很少有学者涉及"人类命运共同体"这一视域。对此,笔者在前期对彝族古代文化进行初探的基础上,进而选择这一视角进行继续管窥。本文根据相关彝文古籍、文献资料和考古资料,采取文献研究法、田野调查法、多维研究法等综合研究方法,对彝族古代文化中的"人类命运共同体"思想，以及对其当代价值进行探索。

二 彝族古代文化与"人类命运共同体"的联系

（一）宇宙起源观与"人类命运共同体"

1. 宇宙（天地）产生源于清、浊二气。彝族先民认为宇宙（天地）产生最初源于清浊二气，是由清浊二气演化而来，宇宙中的万事万物是由"哎哺"发展变化而衍生的，具体的演化路线是：清浊→阴阳五行→哎哺→乾坤→宇宙（天地）→人类。对此，《彝族源流》载："阿遂乾未产，坤未生也兮。哎未产，哺未生也兮，清浊始也产。清产气徐徐，浊产浊沌沌。清产青幽幽，浊产红彤彤。青幽幽、红彤彤始出，青翻来变哎，红翻来变哺……哎产哎斯索，哺生哺立娄，它俩随之媾……米古鲁于至，乾产层乃成……密阿那于至，坤产层乃成。"①"清徐徐，浊沉沉先出""清徐徐也者，连连上以涌。浊沉沉也者，连连上于降""气易来乃哎，浊易来乃哺，随也交了呢""上生哎，是天的核心。下生哺，是地的核心""哎生海威高，哺现锦上聚，星斗出现齐。此形成了后，乾生方坤产，宇宙生的后。清浊人根本，其一次以生"。

彝族先民还认为宇宙（天地）万物，如日月、星辰、雾霭、霪雨、草木、松桃、土壤、禾种、鲁朵、迷觉、塞唊、撮邪，等等，均是由"1、一"演化而来。对此，他们说："精灵混沌分，一锁开来呢""一张开，一锁开来呢""阿遂一锁开，一样现来呢。日播与月撒，二播好以后，上化演之间，日呈九千变。下化演之上，月现八万变。日兴与月兴，两宫现也兮""一锁开，一样兴来呢，星播与辰撒，二播好以后，上化演之间，星斗九千变。下化演之上，星辰八万变。星兴与辰兴，二者兴无穷"。

2. 宇宙是一个共同体。彝族先民不仅认为宇宙起源于"清、浊"二气，由"1、一"演化而来，而且还认为宇宙由"七重天"组成，每重天都由相互依存、相互作用的"阴""阳"两种物质组成，阳中有阴，阴中有阳，宇宙是一个由阴阳两种基本元素构成的共同体。对此，他们说："天二层之布，奢武图、列直舍

---

① 王继超、陈光明主编：《彝族源流》卷一，贵州民族出版社2014年版，第5—11页。

也首,阳与阴一对。天二层也随,沽与能、正与反生了""阳与阴一对,天三层以在,宇宙一重明,金宇一重成,根本所有覆""阴与阳一对,天四层也在。阳阴一齐整,根蒂所有覆,秩序所有安""阳与阴一对,天五层也在。阳寿鹤翅展,秩序云端出""天六层于居,君王所有统。秩序所有主,寿命法此要""天七层也生,永生作的是"①"阳下阴上,法管车转"②。

此外,彝族先民还认为:宇宙"七重天"中阴、阳两种物质运行有序。如果这种秩序得以维持,则宇宙处于和谐之中。相反,如果这一秩序被打破,阴阳发生错乱,将带来灾难性的结果。对此,他们说:"阴阳无错乱,日月不摇晃""阴阳无错乱,君王大大界,法与度连出"。

3. 彝族先民的"宇宙观"契合"人类命运共同体"理念。彝族先民的宇宙观告诉我们:宇宙源于一个共同的"1";宇宙是一个共同体;宇宙中的万物相互依存;宇宙有着自身的秩序和规律,阴阳有序。如果阴阳错乱,将导致日月摇晃;人类只有一个宇宙,人类的生存发展与宇宙息息相关。彝族先民的这一宇宙观契合了"人类命运共同体"理念,契合"构建人类命运共同体"之"全球观",契合习近平2013年3月在莫斯科国际关系学院发表演讲中所说的"这个世界,各国相互联系、相互依存的程度空前加深,人类生活在同一个地球村里,生活在历史和现实交汇的同一个时空里,越来越成为你中有我、我中有你的命运共同体"等内涵。

(二) 人类起源观与"人类命运共同体"

1. 人类是天地所生,且一次性产生。彝族先民认为,清、浊是人的根本,并且人是一次性产生的,是事物按自身的规律运动变化的结果,并非源于神的创造,并非进化所致。同时认为,人类与乾坤、天地同辈,人类的产生很古。对此,他们说:"清浊人根本,其一次以生""人类是天之代,地之生是矣,人类不能变""人类天之代,地之生是焉""天祭人来献,地祀人来奠,人类变不准""人类哎哺代,哎哺天地代""人生天美子""彝兴天地辈,人衍恒生子""鹤鹃一对合,女朗朗,男茫茫出了,其二上下合"。同时认为,人类繁衍最初是由一个独脚野人繁衍的。他们说:"始也人一个,几博栋乌嫁。人野脚独生""天生

---

① 王继超、陈光明主编:《彝族源流》卷五,贵州民族出版社2014年版,第415—442页。
② 王继超、陈光明主编:《彝族源流》卷二十一,贵州民族出版社2014年版,第27页。

人后接，人生什与勺，类人乾坤辈。人生惹慕尼，天地人同处。人生于采舍，类人天地辈""哎出则寿出，哺生则命生"。

2. 人类是一个共同体。彝族先民不仅认为人类起源于"清、浊"二气，是天地所生，且是一次性产生，还认为人类是一个相互依存的共同体。对此，他们说："人生惹慕尼，天地人同处。人生于采舍，类人天地辈"。

3. 彝族先民的"人类观"契合"人类命运共同体"理念。彝族先民的"人类观"告诉我们：人类有着共同的起源，同是天地辈，同是天地代，同是天地所生，同是天之骄子；人类是一个相互依存的共同体，你中有我，我中有你，任何一方的伤害，都是对自己的伤害；人类只有和睦相处，才能共同发展。彝族先民的"人类观"契合"人类命运共同体"理念，契合"构建人类命运共同体"之"你中有我，我中有你""命运相连，休戚与共"的"人类观"，契合了习近平在2017年12月1日一次演讲中所说的"人类命运共同体，顾名思义，就是每个民族、每个国家的前途命运都紧紧联系在一起，应该风雨同舟，荣辱与共，努力把我们生于斯、长于斯的这个星球建成一个和睦的大家庭，把世界各国人民对美好生活的向往变成现实"。

（三）伦理观与"人类命运共同体"

1. 伦理的产生。彝族先民认为伦理之根在天地，伦理产生于天地之道。对此，他们说："天高高，根高高；地茫茫，蒂巍巍，伦理本是的"[1]"天道上者呢，君道上生了；地度天来对，王道下生了"[2]"天苍苍以内，天生上也生，天生层也生。地茫茫以内，地出下也出，地生层也生，君出层也出，王生层也生""三对六茫茫，长与嫡出了""君出与王成，全由此以兴，乾理君形了""天道龙来管，地度龙来管"[3]。

2. 伦理的制定。彝族先民认为伦理的制定源于天地的"秩序"。对此，他们说："天与地开了，君王一对分。秩制秩制的，序管序管的""宇宙天东向，秩制其来制，序管其来管""秩制鸟来制，序管虎来管，秩制君来坐，秩亦无差

---

[1] 王继超、陈光明主编：《彝族源流》卷五，贵州民族出版社2014年版，第400页。
[2] 同上书，第372页。
[3] 王继超、陈光明主编：《彝族源流》卷七，贵州民族出版社2014年版，第550页。

错""秩道度于定，秩制秩也佳，上苍父也佳，天基者道齐，地业者道满，实来者是焉"①"天与地开了，君王一对出。秩定秩定也，序管序管也""宇宙天东向，秩定其来定，序管其来管""秩定鸟来定，序管虎来管，秩定君来坐，秩乃不错乱，君位不错乱""序管王来管，序者无差错，王位不错乱""秩骨上于定，秩定秩也善，上极顶也善，上基呢道足，下业者道满，实来者是呢"②"天以君为作，地以王为作""天君地王""六布神也制，天地秩矩者。生与育秩矩，恒仇叩、投皮耐来制。尊与卑秩矩，恒彼余、投毕德来定。布与糞秩矩，恒始楚、投乍姆来立。上与下秩矩，农与牧来立，银与金作立。农与牧秩矩，穿与着来立、华与丽作制。穿与着秩矩，生与死来立。生与死秩矩，孝子孙来立"。

3. 主要伦理观：美善、贤孝、秩序、尚礼、尚德、善行、和谐、太平、自由、民主、尊师、重教。

（1）美善、贤孝。彝族先民认为"美善""贤孝"之根在"天地"，源于天地的"阴阳"之道，并将"贤孝"作为"富贵愿"的第一愿。同时认为"美善""贤孝"带来"好运"，带来"祺祥"，带来长寿。对此，他们说："天二层之布，奢武图、列直舍也首，阳与阴一对。天二层也随，沽与能、正与反生了。两色丽也呢，美与善、祺与祥生了，法树果来垂"③，"天白威高如，好品行根寻"，"乾上机降来，贤根天地代。政执树缠叶，箴言权掌主。乾下内久有，贤根寻树生。乾上青卷日，复卷空来归，代也贤，希望也"④，"子贤孝敬父，媳贤孝顺婆，孙贤祭祖宗"，"孝女哭父灵"⑤，"自父想，白冃敬是的"，"铭记父母恩"，"父母与孝顺，掌屋错也要"⑥，"富贵愿有三等：孝敬舅舅、孝敬父母第一，教养儿女、有智勇第二，在世间荣华富贵第三"，"贤与良者呢，美行好乃好，发运发乃发。祺与祥者呢，树高也好根，祺祥来威高，寿命法也要"。

（2）秩序、尚礼。彝族先民认为"秩序"随"天地"产生而产生，"礼"源于天地之"秩序"，人类应尚礼，遵循天地之"秩序"。对此，他们说："天与

---

① 王继超、陈光明主编：《彝族源流》卷六，贵州民族出版社2014年版，第480—482页。
② 同上书，第531—534页。
③ 王继超、陈光明主编：《彝族源流》卷五，贵州民族出版社2014年版，第431—432页。
④ 王继超、陈光明主编：《彝族源流》卷十四，贵州民族出版社2014年版，第486—492页。
⑤ 王继超、陈光明主编：《彝族源流》卷十一，贵州民族出版社2014年版，第384—387页。
⑥ 王继超、陈光明主编：《彝族源流》卷二十五，贵州民族出版社2014年版，第495页。

地开了，君王一对出。秩定秩定也，序管序管也"，"宇宙天东向，秩定其来定，序管其来管"，"秩定鸟来定，序管虎来管，秩定君来坐，秩乃不错乱，君位不错乱"，"序管王来管，序者无差错，王位不错乱"，"天地君兴代"，"君如鹤似志，臣如鹃从随"，"君者鹤似志，臣者龙从随"，"君座左以座，臣座右以座，布座上以座，民众层以座，女男中以座，你座就别错"，"阳下阴上，法管车转（秩序井然，法度如车轮）"①，"设席礼贤人，敬酒添茶，官子明礼后，老人诵《努沤》，教育年青人"，"上下有秩序，先后无差错"。

（3）尚德、善行。彝族先民认为"德、善"之道在"苍天"，善有善结果，"德、善"不仅影响人的命运，还影响着后代子孙的命运。对此，他们对"好行为""蠢行为"进行了界定，并将"德、善"列为愿行第一，并谴责不道德、不善行之人。对此，他们说："天白威高如，好品行根寻"，"讲善美道德，高深如苍天"，"善有善结果，如此得发展"②，"好者呢，品德好者有。想法坏，说法坏，行为坏者呢，死了位无有，君王面不见。根木风水侵，子孙低脚脚"，"三种好行为：语言好第一，办法好第二，衣食习惯好第三"，"三种蠢行为：哲理浅第一，说话差第二，想法坏第三"，"不轨事在身，一代祖来为，祸及十代孙。根底清如水，一代祖来掘，十代孙受益，一直到将来"，"天地愿有三等：先知道德第一，修桥补路（善行）第二，开荒种地（勤劳）第三"，"天下好愿有三桩：善行、好亲与无话讼第一，甲戟放下（和谐）第二，马拴士站（太平）第三"③，"居高位的人，品德未必高"，"别捞落水狗，捞了落水狗，上岸反咬手。别助缺德人，反来奴役你"。

（4）和谐、太平。彝族先民早在上古时期便倡导"和谐""太平"。对此，他们说："巴氏要也圆，一团要住作"④"日月星云明，普天下太平"⑤。

（5）自由、民主。彝族先民重视"自由""民主"，据笔者研究，彝族先民或许是世界上最早倡导"婚姻自由"的民族。对此，他们在君令第九条中规定：

---

① 王继超、陈光明主编：《彝族源流》卷二十一，贵州民族出版社 2014 年版，第 027 页。
② 王继超、陈光明主编：《彝族源流》卷十四，贵州民族出版社 2014 年版，第 486—492 页。
③ 同上书，第 725 页。
④ 王继超、陈光明主编：《彝族源流》卷十八，贵州民族出版社 2014 年版，第 326 页。
⑤ 王继超、陈光明主编：《彝族源流》卷二十五，贵州民族出版社 2014 年版，第 499 页。

"男女婚姻事，不准许硬逼。男女相慕爱，歌场定终身。男女各双方，相互都愿意。要是谁违犯，以强去欺弱，违犯了规章，重者要砍头，轻者就说教"①。

（6）尊师、重教。彝族先民自古就十分重视知识和文化，倡导"尊师""重教"，并在漫长的历史长河中形成了自己独特的教育制度（布摩制）。关于知识的产生和重要性，他们有着自己的看法。对此，他们说："宇宙处以中，人黄二族住。哎出乾生来，哺出坤生来"，"哎哺阴阳源，卦出识产根。哎哺卦以内，卦写手来写。哎哺星灿灿，卦出知产生"②，"若不是知识，难使乾坤变。若不是机遇，就无法发展"③，"知见天地精，凡思者寿长。智慧人类根，凡记者龄高"，"在那时候呢，武家的呗耄，讲知识文化，讲来是这样：知识是金门，知识是银门，知识是铜门，知识是铁门。凡参加战争，凡从事后勤，若没有知识，一事做不成"④。

基于对知识重要性的认识，彝族先民十分尊师重教。对此，他们说："君座左以座，臣座右以座，布座上以座，民众层以座，女男中以座，你座就别错"，"您也师上，三深问好理，造学乃得，此居高行上"，"为人在世，聪慧第一，想法第二，言语第三；知识第一，智谋第二，灵活第三；法子第一，愿祭第二，献祭第三"，"三种好行为：语言好第一，办法好第二，衣食习惯好第三"，"三种蠢行为：哲理浅第一，说话差第二，想法坏第三"，"不轨事在身，一代祖来为，祸及十代孙。根底清如水，一代祖来掘，十代孙受益，一直到将来"，"天地愿有三等：先知道德第一，修桥补路（善行）第二，开荒种地（勤劳）第三"，"富贵愿有三等：孝敬舅舅、孝敬父母第一，教养儿女、有智勇第二，在世间荣华富贵第三"，"天下好愿有三桩：善行、好亲与无话讼第一，甲戟放下（和谐）第二，马拴士站（太平）第三"。

同时，彝族先民还倡导"勤学、好思"。对此，他们说："探索九数，八方定八卦，产生密集知识，产生广泛见识"，"哎生根以随，势力有大哩。黑人洪周厄，哺生知海大，想九宫之谜。布人武厄濯，忆八卦之法。想乃哎哺想，忆乃天地忆。知乃天地知，天文读不尽，天道知来足。见乃地之见，地理读不尽，地

---

① 王子尧、刘金才编译：《夜郎史传》，贵州大学出版社2011年版，第63页。
② 王继超、陈光明主编：《彝族源流》卷二，贵州民族出版社2014年版，第152—154页。
③ 王继超、陈光明主编：《彝族源流》卷二十五，贵州民族出版社2014年版，第463页。
④ 王子尧、刘金才编译：《夜郎史传》，贵州大学出版社2011年版，第366—367页。

道见来足"，"修学问，讨良策，钻古史"①，"知与见度满（学识渊博）""话文话章（出口成章）"。

彝族先民不仅"尊师重教"，而且还有自己独特的教育制度（布摩制）。对此，他们说："布兴代是的""天地布在顶""先之布一分，天之理辩布，云之理辩布，地之理辩布，先之理辩布""知竹棍作笔，写知识见闻"②。

4. 彝族先民的伦理观契合"人类命运共同体"理念。上述彝族先民的伦理观告诉我们：人类社会的治理离不开伦理，伦理规范人们的"内心"；"美善、贤孝、秩序、尚礼、尚德、善行、和谐、太平、自由、民主、尊师、重教"等伦理观，有益于人类社会的治理。彝族先民的伦理观契合"人类命运共同体"理念，契合"构建人类命运共同体"之"持久和平、普遍安全、共同繁荣、开放包容"等内涵。

（四）法治观与"人类命运共同体"

1. 法度的产生。彝族先民认为，法度源于天地之道，阴阳之道，日月之道。对此，他们说："天内君，地内王为坐，法与度连出"，"天君华色美，地王丽裙缠，宇宙四面主，法与度连出"，"人白日护大，人黑月抚大，天生君道展，地出王法严，法也连连出"，"君基君也立，君法这也要"，"鹤似一尊位，哎哺天高立"，"臣礼臣也习，臣法这也要"，"布根布之本，知法此也要"，"府以赖以后，法与度连出"，"七层七君住，七层七王住，天马地牛受，但生寿与命，贵与富展立，法与度连出"，"天之君，地之王在管，法与度连出。哎哺子十位，策举祖、恒度府以首，天庭中、地庭中也坐，法与度连出"，"采舍子十位，吐足佐、舍痴帝也首，恒哲博、投哲博以坐，天地好坏主，法与度连出"，"斯索子十位……法与度连出"，"窦度子十代……法与度连出"，"阴阳无错乱，日月不摇晃"，"阴阳无错乱，君王大大界，法与度连出"，"阴与阳一对，天四层也在。阳阴一齐整，根蒂所有覆，秩序所有安"，"阳与阴一对，天五层也在。阳寿鹤翅展，秩序云端出"，"天六层于居，君王所有统。秩序所有主，寿命法此要"，"天七层也生，永生作的是"③，"阳下阴上，法管车转（秩序井然，法度如

---

① 王继超、陈光明主编：《彝族源流》卷二十四，贵州民族出版社2014年版，第419页。
② 王继超、陈光明主编：《彝族源流》卷十二，贵州民族出版社2014年版，第464—474页。
③ 王继超、陈光明主编：《彝族源流》卷五，贵州民族出版社2014年版，第415—442页。

车轮)","政高天于生,权令地之果"。

2. 法规的主要内容。在彝族武部族夜郎家支中,有二十条法规。这二十条法规主要对偷盗、骗人、抢人、不孝顺、聚众、结伙、纳税、献美女、不准人哭、无二心、婚姻、祝寿、献贡、人丁、奴隶、文书、兵将行为、孝忠、勇敢、逃兵、英雄、将帅带兵行为、卖主行为等行为进行了规范。

在这些法规中,就今天看来,虽然有不少糟粕,比如,向君王献美女、为君王祝寿、不准人哭等。但有些条款还是具有一定的合理性。比如,第三条禁令规定:"凡人须敬老,如有不孝子,对父不孝,对母若不顺,绝不轻饶他。轻者则重罚,重者则剥皮①。"在这里,笔者虽然不赞同"剥皮"这一严刑,但赞同对不孝行为实行严惩。还有第九条禁令规定:"四方的民众,所有的臣民,男女婚姻事,不准许硬逼。男女相慕爱,歌场定终身。男女各双方,相互都愿意。要是谁违犯,以强去欺弱,违反了规章,重者要砍头,轻者就说教。"在这里,笔者对彝族先民的"婚姻观"大为惊叹,在远古时期,彝族先民们就倡导了婚姻自由、恋爱自由,并将之写进法规中,这不能不说是一种"睿智"和"文明"。彝族或许是人类最早倡导"婚姻自由、恋爱自由"的民族。

在这二十条法规中,有奖有惩。惩罚的种类包括:砍手指、挖眼珠、剥皮、处死、坐牢、出兵讨伐、砍头、终身为奴、当场处死、立刻处死、立刻用刑、立刻斩首、射死、砍手脚、挖双眼等。其中,对"偷盗行为",实行砍手指;对"骗抢行为""哭者",实行挖眼珠;对"不孝顺行为",实行"剥皮";对"逼婚行为",实行"砍头"或"教育";对"逃兵",实行"立刻处死";对"不孝忠行为",实行"立刻用刑";对"叛变行为",实行"砍手脚"和"挖双眼"。奖励的种类包括:奖大牛、奖田土、祭献、跪拜、赐马匹、赏金银等。其中,对"多生男孩者",奖大牛、奖田土;对战死的英雄,好好祭献,让活人跪拜;对打胜仗的将帅和士兵,赏赐马匹或金银。

在上述刑罚措施中,按彝族先民的说法"看来是不错,说起那罚刑,全部是严刑"②。在今天看来,虽然也有些残酷,但在当时或许具有一定的合理性。同

---

① 王子尧、刘金才编译:《夜郎史传》,贵州大学出版社2011年版,第59页。
② 同上,第57页。

时，有一种奖励措施引起了笔者的关注与深思，那就是对战死英雄的"祭献"和"跪拜"。彝族先民们不仅对战死的英雄给予了应有的慰藉，同时也给予了英雄家属和后人莫大的安慰，更重要的是给予了整个族人信仰和精神。尽管笔者对彝族先民们所采取的祭拜方式不大认同，但英雄远去了，我们应有恰当的方式让其精神永存。

3. 彝族先民的法治观契合"人类命运共同体"理念。上述彝族先民的法治观告诉我们：人类社会的治理不仅需要伦理，而且还需要法治；伦理从"内心"上规范人类，法治则从"行为"上进行规范。彝族先民的法治观契合"人类命运共同体"理念，契合"构建人类命运共同体"之"国际权力观、全球治理观"等内涵。

（五）环境观与"人类命运共同体"

1. "天地人合一"与"星人感应"。彝族先民认为，人与天地是一体的，是合一的，是生命共同体、命运共同体。对此，他们说："天生人后接，人生什与勺，类人乾坤辈。人生惹慕尼，天地人同处。人生于采舍，类人天地辈"①，"天上一颗星，地下一个人；天上一片星，地下一家人；天上一箩星，地上一族人"②，"星吉则人昌，星壮则人壮"，"北方七颗星，星斗何佑人。南方叟妥星，星荫佑死者。东方柴确星，煞神依靠它"，"人背星来靠，人度星来展"，"地星克一人，天星克七人"，"神寻三合蒂"（三合：天地人），"三天三级见，三合已来识，三星已来见"。同时，彝族先民还认为，伦理之根在于天地，他们说："天高高，根高高，地茫茫，蒂巍巍，伦理本是的"。

2. 人与环境息息相关。彝族先民认为，人与自然环境密切相关，良好的人居环境等有益于人类的身心健康。对此，他们说："松柏不枯树，君子不损寿。君命松来佑，君运松来护，寿益龄也要"，"白鹤鸣朗朗，地美才鸣叫"，"阳寿鹤翅展"，"九层翅玉鸟（太阳），它为掌寿鸟。九节脊金兽（月亮），它为掌命兽"，"天道龙来掌，地度龙来管。龙五七天霄，青龙盘天顶，赤龙卧地底，极目苍昊里，龙把人保佑"，"天也祸大霉，马桑树不霉。地之祸大陷，常青树不

---

① 王继超、陈光明主编：《彝族源流》卷三，贵州民族出版社2014年版，第262页。
② 王继超、陈光明主编：《彝族源流》卷七，贵州民族出版社2014年版，第570页。

落"，"风行乾天开，风行坤地明"，"人得益于山，靠山而生存"，"天马地牛受，但生寿与命"，"日乃君寿益，牛乃阴（月）祭奠。松乃时祭奠，时乃君命添。阴阳无错乱，日月不摇晃"。

3. 彝族先民的环境观契合"人类命运共同体"理念。彝族先民的环境观告诉我们：人与天地密不可分，天地人是一个有机共同体；"天地人合一"有益于人类社会的发展；良好的生态环境是人类生存发展的基础。彝族先民的环境观契合"人类命运共同体"理念，契合"构建人类命运共同体"之"环境观"，契合"绿色低碳""清洁美丽"等内涵。

三 结论与研究展望

通过前面的研究，可以看出，彝族不仅有着厚实的古代文化，而且其古代文化有着重要的当下价值。彝族古代文化中有关宇宙（天地）起源观、人类起源观、伦理观、法治观、环境观等，契合"人类命运共同体"理念，契合习近平提出的"全球观"和"中国方案"，契合"构建人类命运共同体"新思想，契合世界各族人民共同的价值观。挖掘、研究、弘扬彝族古代文化中的合理元素和内涵，不仅有益于弘扬优秀的民族文化，而且有益于全球良好价值观的构建，促进世界文化交流与合作；不仅有益于中华民族的繁荣与发展，而且有益于世界各民族的团结与和谐、繁荣与发展；不仅有益于"一带一路"建设，以及新时代建设，而且有益于"共同推进构建人类命运共同体伟大进程"，有益于推进世界各国"对话协商、共建共享、合作共赢、交流互鉴、绿色低碳"，有益于建设一个"持久和平、普遍安全、共同繁荣、开放包容、清洁美丽"的世界。

鉴于彝族古代文化博大精深，同时也鉴于彝族古代文化与"构建人类命运共同体"的课题十分宏大，本文权且作为一次"抛砖引玉"式的初探，期望有更多的后续研究。

参考文献

王继超、陈光明主编：《彝族源流》，贵州民族出版社2014年版。

王子尧、刘金才编译：《夜郎史传》，贵州大学出版社2011年版。

中国南方与东南亚壮侗语民族"那·兰"文明研究

潘春见[*]

摘　要：本文通过"那"与"兰"的互动演化及其自成体系的政治学深意探讨，认为中国南方与东南亚壮侗语民族的水稻基因型和木构聚落型的"社会—空间"表达，很大程度上是通过具有地理景观学特征的"那"和"兰"的相互转换而实现。由此形成的人类命运共同体的结构性特征，是"那"与"兰"的互动进化史，同时也是中国南方与东南亚史学人类学互动进化的重要组成部分。

关键词：水稻基因型；木构聚落型；稻作农耕文明体系

目前，全世界约有1亿人口操壮侗语，主要分布于中国与东南亚之间约230万平方公里的土地上。其中2000多万主要分布于中国的广西及云南、贵州、湖南、广东、海南六省区，含壮、布依、傣、侗、水、仫佬、毛南、黎八个民族。7000多万分布在东南亚的泰国、老挝、越南、缅甸等国，包括越南的岱族、侬族，老挝的老族，泰国的泰族，缅甸的掸族，印度阿萨姆邦的阿含人。史学界、语言学界认为，这些操壮侗语的民族渊源于汉武帝之前的秦汉时期中国南方百越族群的重要支系西瓯、骆越，并由此称谓他们为瓯骆族裔。瓯骆族裔自古擅长种植水稻，擅长建造木构聚落形干栏家屋。目前学界基本确认中国的长江流域、珠

---

[*] 作者简介：潘春见，广西大学中国—东盟研究院研究员。

江流域、华南—东南亚为重要的稻作起源区，确认"浙江河姆渡那样的给人以深刻印象的木构村寨的居民，从公元前5000年时就在当地生活"。[①] 确认"到距今8000年的时候，中国北方以小米为基础的社会制度和中国南方以水稻为基础的社会制度都已确立起来了"[②]。这意味着水稻基因型社会制度和木构基因型聚落形态，为距今8000年前南方文明的主要景观基因图谱，中国南方文明也不例外，由此形成的中国南方与东南亚共有的文化质点，使稻与家屋的互动进化史，同时也成为中国—东南亚史学人类学互动进化的重要组成部分。

瓯骆族裔壮侗语民族称家、房子为"兰"（ra:n），称稻田为"那"（na），称村落为"板""版""畈""蛮"（ba:n）。在他们言语与象征的思维结构中，人们在生活世界中持续进行的"那"的开垦、灌溉、耕耘及其稻米产品的加工、饮食、交换是稳定的居所"兰"获取生计来源及其保持其延续性的前提。而人们持续进行的"兰"的建造及在此基础上形成的"板""版""畈""蛮"的聚落形态，是"那"得以向峒—勐—家国—天下演化的本土化途径。在这一过程中，社会权力与资本的运行体系，在很大程度上是围绕着"那"与"兰"的物质文明与精神文明的创造而展开，而"那"与"兰"的互为"捆绑"或"二元对立"及其不断进行的隐喻和换喻的社会文化创造，不仅使中国南方关于人类命运共同体的本土化表达既表现为传统生产生活方式上的"垦那而食，依那而居"，同时表现为社会结构层面上的以"那"为本，以"兰"为组织模式的稳固的社会体系。

一 "那·兰"与水的结构性关系

贝丘时代的中国南方先民为了生存，曾选择有水源、螺蛳及大量水生生物的区域生活，并由此形成水给人类提供赖以为生的生活资源，人离不开水的密切的"人·水"关系。后来，随着稻作农业的兴起及稻作农业无法离开水的生产特点，于是，始于贝丘时代的"人·水"共生关系，被中国南方先民自然而然地延续至稻作农耕文明时代，远古的"人·水"结构性关系在生计方式转型过程

---

① ［澳］彼得·贝尔伍德等：《史前亚洲水稻的新年代》，陈星灿译，《农业考古》1994年第3期。
② 中国国家博物馆编：《文物史前史》，中华书局2009年版，第120页。

中继续得到保留和发展。

（一）贝丘时代的"人·水"关系

考古学、文化学研究发现，远古壮族先民的生活世界为"水"的世界，即《淮南子·原道训》所载："九疑之南，陆事寡而水事众"的世界。

这种曾在全球广泛兴起的"水"的生活世界在远古广西具有起源早、持续时间长的特点。如广西武鸣的苞桥 A 洞、桂林东岩洞、来宾盖头洞、柳州白莲洞、柳江陈家岩、崇左矮洞、阳春独石仔、封开黄岩洞、罗髻岩等中石器时代"含介壳的文化堆积"的洞穴贝丘遗址，不仅"出现的时代最早，延续的时间最长，从中石器时代开始，经新石器时代早期至新石器时代中期"[1]，而且还比"欧洲的以在其洞穴遗址发现贝丘为特征的文化和被定为新石器时代中期的贝丘文化要早一些"。其中，"贝丘遗址是广西新石器时代的一种主要文化遗址类型，特别是分布在江河两岸的贝丘遗址是我国内河淡水性贝丘遗址的代表"。[2] 这就意味着，就人与水的关系而言，广西的贝丘人与水的关系密切程度比欧美、日本等的贝丘人、中国北方区的贝丘人等都更早、更密切。

远古广西贝丘人的这种"人·水"结构关系，是一种历史和逻辑的结构性关系。如考古研究表明，中国南方考古发现的古稻文化遗址，大多内含贝丘文化内容，两者的关系长期是你中有我，我中有你的关系。如年代距今 2 万—1.5 万年的柳州白莲洞第二期、鲤鱼嘴第二期、湖南澧县十里岗、江西万年仙人洞早期、吊桶环中期，同时也是考古发现的螺蛳壳和蚌壳大量出现或少量出现的遗址。其中的柳州白莲洞第二期、鲤鱼嘴第二期有大量螺蛳壳出土，而湖南澧县十里岗、江西万年仙人洞早期、吊桶环中期则与石器、骨化石同时伴出少量的螺蛳壳、蚌壳。这种稻螺共生文化现象说明，曾在全球广泛兴起的"广谱革命"不仅在中国长江流域及其以南取得了从旧石器时代向新石器时代过渡过程中出现的以采集螺蛳、蚌类等水生软体动物和捕鱼狩猎为主要食物来源的贝丘文化的繁荣，同时还很可能已从中孕育出当时还处于萌芽状态的稻作

---

[1] 何乃汉：《广西贝丘遗址初探》，《考古》1984 年第 11 期。
[2] 李珍：《贝丘大石铲岩洞葬：南宁及其附近地区史前文化的发展与演变》，《考古学研究》2011 年第 7 期。

议题一：民族文化与绿色发展
中国南方与东南亚壮侗语民族"那·兰"文明研究

文明。

我国著名考古学者夏鼐先生在论及中国文明起源时曾经指出："文明是由野蛮的新石器时代的人创造出来的。现今考古学文献中，多使用'新石器革命'（Neolithic Revolution）一名词来指人类发明农业和畜牧业而控制了食物的生产这一过程。经过了这个革命，人类不再像旧石器或中石器时代的人那样，以渔猎经济为主，靠天吃饭。这是人类经济生活中一次大跃进，而为后来的文明的诞生创造了条件。"① 根据这一理论，我们可以断定，早在中石器时代就已经奠定的"水"的"生活世界"的中国南方人，很可能也是他们成功地从新石器时代的部落文明过渡到古代文明的基础，那就意味着广西贝丘人所创造的具有"水"原生型特质的整个社会生活以及整个现实历史也"预先被给予"地带到新石器时代和文明时代。

现代水稻 DNA 技术揭示，人类的稻作起源与广西壮族的祖先中国南方越人有关系。如 2012 年 10 月 3 日，英国《自然》杂志在线 Article 发表中科院上海生科院国家基因研究中心韩斌课题组的一篇题为《水稻全基因组遗传变异图谱的构建及驯化起源》的研究报告，该报告称人类祖先首先在中国华南的珠江流域，经过漫长岁月的人工选择而从野生稻种中培育出粳稻，然后向北向南传播。虽然该研究报告没有具体阐述野生稻具体在什么时候被驯化为栽培稻，但 2011 年刊登在美国《国家科学院学报》月刊的一篇题为《驯化水稻单一进化起源的分子证据（Molecllar evidence for a single evoluiiknary origin of domesticated rice)》的研究报告则认为，第一种水稻是在大约 8200 年前培育出来的。随后，广西壮族自治区政协原主席、广西大学分子遗传学教授马庆生在接受广西新闻网记者采访时表示："韩斌他们……准确无误地把水稻能够最早驯化的区域定位在广西珠江流域……我们想象力丰富一点，有没有可能是壮族的先人在广西这块土地上，广西的左右江也好，两江流域一带也好，驯化了野生稻变原始的栽培稻。那也就意味着我们壮族对人类的文明、人类的进化、人类的文明发展作出了巨大的贡献。"

这就意味着，当人类文明的曙光从底格里斯河和幼发拉底河流域、尼罗河流

---

① 夏鼐：《中国文明的起源》，文物出版社 1985 年版，第 96—97 页。

域、印度河流域以及黄河流域等古代的大江大河流域冉冉升起的时候,中国南方的那缕灿烂明媚的人文晨曦也同样发出了迷人的光芒。在这个过程中,远古生活在广西这片温润潮湿、河流纵横土地上的壮族祖先,不仅早在中石器时代的贝丘文化中就与水结下不解之缘,同时还自然而然地把这种与水亲近的关系带到后来的稻作农耕社会。由此建立的"人·水"结构性关系,使远古壮族先民的思维方式往往建立在以水为核心的知识生产与建构之中。如据1985年广西民族出版社出版的《广西左右江流域崖壁画考察报告》显示,左右江流域的崖壁画大多集中江河两岸,在当时统计的79个崖壁画点中,有70个地点位于江河两岸的临江绝壁上,约占地点总数的88.6%。这一现象除了说明"水"在花山壁画的战略意图中具有"预先被给予"的特性之外,还同时说明花山壁画这一意味深长的史前艺术品,早已在创制之前就被预先设定在以"水"为原型结构的哲学思维之中。这意味着,创作花山壁画的古中国南方之人,很可能已经从当时"生活世界"中对"水"的渴望、依赖、敬畏或恐惧等的生活方式和心灵体验的领悟上升到一种"水"文化场域下社会巨大能动的心理系统与意识形态系统的独特存在与运作,而选择临江滨水的悬崖峭壁上进行如此巨大工程的运作,正是这种存在与运作的反映。

可见,在中国南方的文明演进中,"水"是最早的基因和元素,由此形成的"人·水"的相互构成关系,是"那·兰"获得结构性特征的动力源泉。

(二)农耕时代的"那·兰"结构

考古学的相关信息表明,距今一万年前后,壮族先民进入新石器时代,开始过上稳定的群体聚居生活,留下桂林甑皮岩遗址、柳州大龙潭遗址、南宁贝丘遗址、钦州独料遗址、防城贝丘遗址、隆安大龙潭遗址等文明遗址。这些遗址的共同特点是或居洞穴,或居河旁、海滨、山坡等,一般附近有充足的水源,有可开垦的田野,可"依树积木"建造"兰"的台地、谷地、山坡等,并由此形成以血缘氏族为单位的壮语叫"板"的聚落团体。

从考古发掘的文化内涵来看,这些聚居在"板"内的人,喜欢把房子、村落建在水边、田边,过着同一氏族即为同"兰"的大家庭生活,会使用石铲、石锄、石犁等生产工具进行稻田的开垦和耕种,会使用石杵、石磨棒、石磨盘进行谷物的脱粒去壳,已发明和使用陶器进行稻米的贮存和煮食。如南宁市亭子圩贝丘遗址出土的原始石磨盘、石杵、石磨棒等稻谷脱壳工具,经 C^{14} 测定为 11000 年,年代仅次于湖南道县发现的 20000—12000 年前的碳化稻粒,比江西万年县的一万年稻谷遗址早 1000 年。[1][2] 桂林甑皮岩人制造的陶器年代早在 12000 年以上;[3][4] 邕宁顶蛳山贝丘遗址的第二期文化层发掘出距今 8000—7000 年的住房柱洞,隆安大龙潭大石铲文化遗址出土 231 把 6500 年前的稻作文化标志性文物大石铲。

更为重要的是,这些新石器时代遗址中的文化遗物,在精神层面上表现出鲜明的"那·兰"一体的结构性特征。其中的隆安大石铲文化遗址,所出土的"石铲的形制、大小、厚薄、轻重、硬度都存在较大差异。小者仅长数厘米,重数两;大者长达七十余厘米,重几十斤。有不少的石铲扁薄易断,质地脆,刀缘厚钝,甚至有不少为平刃。显然在生产中无实用价值"。这些明显不是用于生产的石铲,但却有着各种各样离奇的摆放形式,考古专家们依此将隆安大石铲遗址推测为"与原始氏族社会进行某种与农业祭祀有关的祭祀活动遗存",只是祭祀的对象是什么,至今莫衷一是。

通过对这些大石铲的摆放形式与考古发现远古壮族先民的住房遗迹的比较来看,我们似乎有理由相信,隆安大石铲遗址中那些奇特石铲摆放造型,事实上是远古壮族先民的"兰"的造型,而祭祀活动则既是对"兰"的祭祀,同时也是对"那"的祭祀。如大龙潭 TCIH3 的石铲排列为圆圈形(参见下图):

---

[1] 梁庭望:《大明山的记忆——骆越古国历史文化研究》"序",广西民族出版社 2006 年版。
[2] 郑超雄:《壮族文明起源研究》,广西人民出版社 2005 年版,第 54 页。
[3] 蒋廷瑜、彭书琳:《再论桂南大石铲的农业祭祀功能》,载《骆越"那"文化研究论文集·专家眼中的"那"文化》,广西教育出版社 2013 年版,第 42 页。
[4] 广西壮族自治区文物工作队:《广西隆安大龙潭新石器时代遗址发掘简报》,载《广西文物考古报告集(1950—1990)》,广西人民出版社 1993 年版,第 203 页。

图 1 大龙潭遗址 TB1 石铲直列式组合排列①

　　大龙潭遗址中的石铲摆放形式，与顶蛳山遗址第二期发掘发现的住房住洞为用数十块天然石块铺成的圆圈，钦州独料遗址分散在 T1、T6、T7、T9 内（编号为 T1：1、T6：1、T7：1、2、3、T9：1）的圆形屋基极为相似。另外，大龙潭石铲还有排列为凹字形和 U 形，也同样让人联想到独料遗址中的三角形、椭圆形住房住洞或灰坑、灰沟。另外，顶蛳山遗址的石圆圈前面有"4 个完整的大蚌壳堆积在一起，据实地考察，这 4 个大蚌壳是当时活生生埋下去的，显然是有某种宗教意识所支配"。② 这种文化现象表明，"兰"的祭祀是古壮族先民祈求平安、福寿等的重要举措，只不过，顶蛳山人还以螺蛳为主要的食物来源，因此，以蚌祭屋便成为他们的主要祭祀形式，而隆安的大龙潭人，则已学会稻作农耕，因此，以稻或稻的象征物石铲祭祀便成为他们的宗教行为的选择。而这一选择形象说明"兰"和"那"的共生共存关系是深入壮族先民的思想观念之中的。

---

① 郑超雄：《壮族文明起源研究》，广西人民出版社 2005 年版，第 33 页。
② 同上。

这种思想观念至今依然鲜活地存在于现当代壮族人民的生产生活习俗及文化创造之中。如"犁"是稻作农耕最具代表性的田耕工具，因此，"犁"也成为壮族"那·兰"一体性文化建构的"那"的象征或代表。如郁江流域壮族人民至今依然保留犁头送亲习俗：新娘子母亲用红布包一块铁犁头，装在竹篮中交给迎亲的女宾。这一仪式叫"谷春"，"谷"为壮语"做"之意，"春"为"春天""春耕"之意，"谷"和"春"合起来指"开耕"或"开春"，寓意男女成亲成家就如开春一样正在播种耕耘着人生的希望。其中的铁犁头在习俗仪式中代表"那"，代表女方，表现在，当送亲队伍来到男方家，在登堂入室的良吉时刻，习俗规定新郎及其家人要避开到邻居家，当晚新郎也不能和新娘同居，中华人民共和国成立前新郎新娘还在新婚后的一两年或两三年时间内过着新娘"不落夫家"的生活，新娘只在农耕时节或男方家出现婚、生、寿、丧等重大事情才会来到男方家。这一习俗说明，当地人成亲的第一要义是女方代表"那"和男方代表"兰"的结合，第二要义才是男女的结合。中华人民共和国成立以前，富有人家嫁女，一般要陪嫁一两块"那累"（其中的"累"为"私有"之意，"那累"特指出嫁女拥有的私房田产），该田产陪嫁到男方家后，其经营和产出完全归女方私有，女方改嫁，"那累"跟着改嫁。另外，当地男女青年通过一定交往而发展成为情侣之后，要走向婚姻的殿堂还必须经过看房仪式，当地壮话叫"ʔoː n¹³ɹaː n¹³"，把女方娶回家，当地壮话叫"haeu³³ raː n¹³"，男子上门叫"hwn³³ hran¹³"的这两个程序才算完成。这些习俗表明，当地男女成亲即成就的新家具有"那·兰"的相互构成的逻辑和特点，是建立在女方代表"那"，男方代表"兰"的基础之上。

而一旦男女成亲即成立新家，在日后的岁月中出现衰败的迹象，如出现夫妻不和、人丁不旺、身体不适等情况，人们就会想到是不是"兰"缺少了"那"，其逻辑就如人的命粮不足会出现身体不适的想法一样，解决的办法也如命粮不足必须举行补充"添粮"仪式一样，也给"兰"举行补充"那"的仪式。如中越边境的壮族人家，至今还保留这样的一个仪俗：若感到家屋不顺不旺，便请来巫师给家屋作法，然后，把一把贴有红纸或符咒的新铁犁，钉扣在干栏房的门柱之上，如下图：

图 2 那坡达文屯干栏上的铁犁头（潘春见摄，2015 年 7 月）

那坡达文屯干栏上的铁犁头的宗教意义表示给"兰"补充"那"，并以此追求"兰"的兴旺之气。

可见，在壮侗语民族最原初的文明创造中，由食物生产而不断改变的骆越荒原变骆田，而崛起的一栋栋干栏，一个个村落"板""曼""蛮"，都是"那·兰"从骆越大地上升起的第一缕文明之光的标志。

二 那—兰—板—峒/勐—家—国—天下的文明演化

在中国与东南亚之间约 230 万平方公里的土地上，有大量冠以那、兰、板、峒、勐的齐头式地名，这些地名为中国南方与东南亚壮泰族群家园景观的主要基因图谱，对地理环境和社会历史文化具有特别的指示作用，并可大致通过"峒"和"勐"的区域分布特征相对分为两个构成体系：一是"那—兰—板—峒—家—国—天下"构成体系；二是"那—兰—板—勐—家—国—天下"构成体系。

（一）"那—兰—板—峒—家—国—天下"的构成体系

该构成体系与中国南方民族"垦那而食，依那而居"的生产生活模式密切相关，与"那"和"峒"的地名分布直接相关。

1."那"

"那"为中国南方先民为种植水稻而在大地上留下的地理人文景观，在今日中国—东南亚的壮泰语中有"稻田""水田"之意。

覃乃昌认为:"'那'源于水田最初种植的糯稻,糯在壮泰语中为奴(nu)或那(na),人们在长期生产实践中,延称种植糯稻的田为那(na),奴(nu)和那(na)为相互关联和语言对应的同源词,亦即汉语称糯(粳)的底层词。"[①]"那"的开垦很可能发端于母系氏族社会,如林河"'糯系统'中的字都比较原始,对人称谓中几乎没有男性的位置,武器系统也只有原始的弹和丸,有可能是母系氏族社会的产物。而'粳系统'中却出现了'男'、'雄'二字,还出现了代表权威的'皇'、'王'、'圣'、'尊'等字样,武器系统中出现了较高级的'弓'、'枪',军事系统中的'兵'、'将'等字也出现了,有可能是父系氏族社会的产物"[②]。由此我们可大致推断,壮侗语民族的稻作生产很可能始于糯稻,而糯稻的生产则始于母系氏族社会。

研究表明,"那"字地名在中国南方与东南亚广泛分布、周振鹤、游汝杰在《方言与中国文化》中有一张"那"字地名分布图(见图3)。

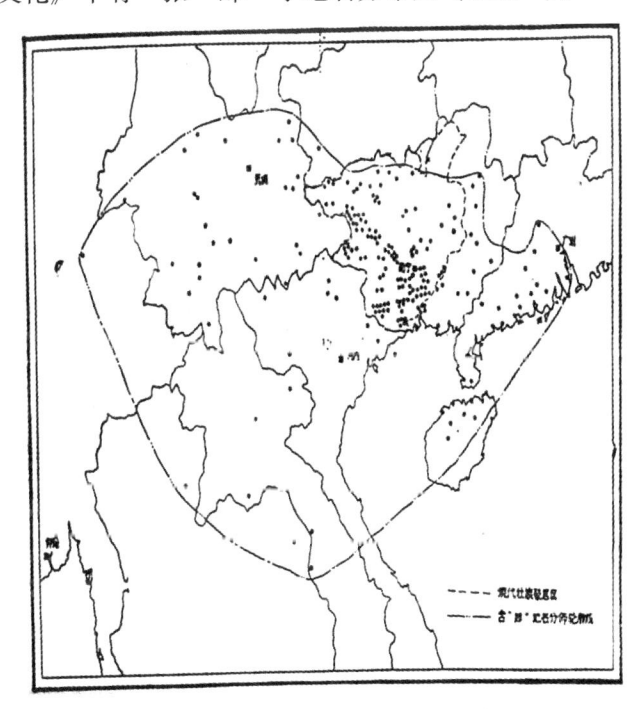

图3 "那"字地名分布(采自周振鹤、游汝杰《方言与中国文化》)

---

① 覃乃昌:《"那"文化圈论》,《广西民族研究》1999年第4期。
② 林河:《炎帝出生地的文化考释》,《民族艺术》1997年第2期。

从这张地图发现,"东起我国的广州湾,西到缅甸西南部,南起泰国、老挝、中部,北到我国贵州省中部,在这一广大的地域内都分布含'那'字的地名,其中又以广西数量最多,有1200多处"。① 另外,张声震主编的1988年出版的《广西壮语地名选集》收入"那""纳"地名872条,占收入壮语地名总数的158%。云南省文山壮族苗族自治州以"那"命名的村落有518个,② 广西扶绥县在810个村屯名中有125个以"那"字为开头或者结尾。正因为"那"地名的广泛分布及其所负载的稻文化内涵,覃乃昌、潘其旭等提出"那文化圈"概念。

2. 峒

"峒"在壮侗语中有多种含义:一指连片的稻田;二指四周环山,中有灌溉水源、稻田的小平地;三指与村落"板""曼""蛮"相通;四指由血缘、地缘组合而成的基本社会组织;五指与僚、僮、蛮等连用,为中国南方族群的历史称谓之一。

徐松石在《泰族僮族粤族考》中有段话:"岭南农作文化大开之后,峒字的称呼遂大批发现。峒是什么?乃古苍梧族田场的称呼。同一水源的一个灌域,便称之为一个峒。唐柳宗元《柳州峒氓》诗:'郡城南下接通津,异服殊音不可亲;青箬果盐归峒客,绿荷包饭趁圩人。'""在中国古代峒字往往译为都字,这都字地名的分布,就更广阔。以前岭南峒布,亦称岭南都布。有铜鼓的峒老,亦称都老",③ 徐松石先生的这段话几乎包含"峒"的全部含义。其中,同一水源灌域的"峒",概括了有水有田的峒的自然人文属性,其中的"峒氓""归峒客",与文献记载中的峒丁、峒蛮、峒人等一起,都指生活在四面环山的同一个地理单元中靠种田为生的人,其中的"峒老"与"都老"相通,指生活在同一地理单元中的众人首领,是"峒"作为行政组织单位后的延伸义。

在历史文献中,峒往往写成洞,如《太平寰宇记》第166卷记载的"环落洞是诸洞要冲,故以环名州"中的"洞",《宋会要辑稿》中记载的古勿洞、雷洞、

---

① 覃乃昌:《壮族稻作农业史》,广西人民出版社1997年版,第68页。
② 任勇:《文山州壮族古籍工作的汇报》,参见《全国5省区壮族古籍整理协作会议文件汇编》油印稿1996年版。
③ 徐松石:《泰族僮族粤族考》,载《徐松石民族学研究著作五种》,广东人民出版社1993年版,第453页。

火洞、计洞、贡洞、禄洞、知洞等"洞"均与"峒"相通,均指村镇一级地方政权。此外,"峒"还有写成"都"的,如《隋书·地理志》载:"欲相攻,则鸣此鼓,到者如云,鼓号为'都老',群情推服",其中的"都老",实为"峒老",指村中首领、长老。隋唐时,中央王朝在岭南推行羁縻制,羁縻制实行州、县、峒三级建制,峒为县的基层组织,即宋范成大《桂海虞衡志》所载:"因其疆域,参唐制,分析其种落,大者为州,小者为县,又小者为峒,凡五十余所,推其长雄者为首领,籍其民为壮丁。"那时的"羁縻州峒,隶邕州左右江都为多,旧有四道侬峒,谓安平、武勒、忠浪、七源四州皆为侬姓;又有四道黄氏,冑安德、归乐、露城、田州皆黄姓"[①]。"峒"一开始,很可能只是一个血缘群体,即"举峒纯一姓者"[②]。但随着诸如"有宁氏者,相袭为豪,又有黄氏,居黄橙峒。……天宝初,黄氏强,与韦氏、周氏、侬氏相唇齿。……据十余州。韦氏、周氏都不肯附。黄氏攻之,逐之海滨"等兼并战争的发生,峒便逐步突破原来的血缘性质而发展成为具有血缘、地缘性质的地方政权。到隋唐时,左江一带有峒百余,右江有侬、黄等大峒,桂西北有"九溪十八峒",元代时广西境内有36个以峒命名的行政区域。1988年出版的《广西壮语地名集》收录峒字地名133条。

由上可知,广西历史上长期存在的地方性行政区划"峒"实为"那"是与家—国互动演化的结果。

3. 板

中国南方族裔称村落为板、蛮、曼、畈等,查《康熙字典》《辞海》《现代汉语词典》,其中的畈为方言,意为成片的田,经过开垦能蓄水的稻田。覃彩銮研究认为:"壮族称其居住的聚落为板(或畈、曼)是源于其先民所开垦耕种并赖以生存的'田',这是因为壮族及其先民聚落的出现源自人们的定居生活,而其定居生活的前提条件是稻作农业的产生和发展。稻作的主要载体是人们开垦的水田,为了方便耕种与管理,人们必须依田而居,据田而作,故而形成了有田就有人居住的聚落……并且构成了田即村,村即田的形象性类比思维模式和地名的命名方式。故而傣族聚居的西双版纳(与板、那同音同义)将二者合称为'版

---

① (宋)范成人:《桂海虞衡志·志蛮》。
② 《地纪胜》卷一〇三,广西路静江府。

纳',而且称为'布那'(种田的人),泰国的泰族则称村落'布板'(种田人聚居的地方),其义相同,以'板'作为聚落名,与壮族地区常见的以'那'(亦指田)冠村名的来源和含义是相同的,皆来源于其先民开垦耕种并赖以生存的稻田。"[1] 由此可知,壮族聚落称谓板、蛮、曼、畈等均来自"那",是那与人互动演化的本土文化表达。

由于只要有几片、几丘的田块便可称"峒",峒越大,生产出的稻米能养育的人就越多,村落"板"就越大,因此,峒和村落"板"的关系为相互依存的共生关系,两者的相互构成及其相互演化关系体现了人与自然和谐相处的大地伦理思想,因此,是"那"文明演化体系中的重要一环。

(二)"那—兰—板—勐—家—国—天下"的文明构成体系

"勐"在壮泰语中具有水渠、一片地方、城镇、城市、国家之意。德国经济学家嘉娜(Jana Raendehen)从老挝贝叶经《澜沧王国史》中归纳出"勐"有四种含义。第一,勐是一个由众多的"板"组成的自治区域,它是社会政治单位,是政治和仪式的中心。第二,它是一个以水渠灌溉系统维持水稻种植为经济基础的小城邦或小王国。第三,由几个勐组成的、以从前的勐政治传统和印度的"曼荼罗"概念混合而成的更大的政治单位。第四,佛教经典中使用勐这个概念等同于"世界""宇宙"之意。另外,黄兴球研究发现:"勐无论是作为地名抑或作为行政单位,其分布地域集中在中国西南部傣族地区、越南西北部的泰族地区、老挝泰国和缅甸掸邦、克钦邦地区,可以称这片连接在一起的区域为'立勐地带',这个地带的东部边界大致从云南省元江往南、进入越南北部后继续以元江的下游河段——红河为界,直至越南的义安省为止,北部边界大致沿着中国云南省西双版纳傣族自治州的北部州界向西延伸到德宏州并进入缅甸北部的萨尔温江向南沿着缅甸、泰国边界直到暹罗湾岸边,南部以老挝柬埔寨边界、泰国柬埔寨边界为界。"[2] 华思文、[3] 杨妮妮、[4] 戴红亮[5]则通过对中国云南西双版纳的"勐"地名考察,认为泰—傣

---

[1] 覃彩銮:《壮族干栏文化》,广西民族出版社1998年版,第40—43页。
[2] 黄兴球:《"勐"论》,《广西民族研究》2009年第4期。
[3] 华思文:《傣泰民族的"勐"文化》,《云南民族大学学报》2003年第4期。
[4] 杨妮妮:《论勐》,《钦州学院学报》2011年第1期。
[5] 戴红亮:《西双版纳傣语地名研究》,博士学位论文,中央民族大学,2004年。

语民族中的"勐"表"国家、城邑"之意或"勐"内涵的"国家""都邑"观念，应该是由最初表"水渠"这个自然环境系统上升到表"行政区域"这个人文环境系统的结果。

从"勐"的四种含义可以看出，"勐"和"峒"具有很多方面的相通之处，如其中反映的择水而居、稻田开垦、地方治理等内涵是完全一样的。只不过孕育于中南半岛澜沧江—湄公河流域的"勐"文化，强调以水为中心，建构的是以水为中心的生命共同体，并由此延伸出"都邑""国家"之意。考察澜沧江—湄公河流域早期国家的形成，发现："越南、柬埔寨、泰国和缅甸等地中央集权王国的兴起与红河、湄公河、湄南河、伊洛瓦底江流域农业的发展密切相关。东南亚大陆的缅甸、泰国和越南后来逐步发展成为世界最重要稻米出口国。农业经济的兴衰与这些国家和民族的兴衰演变同步进行构成了大陆东南亚古代国家发展的一大鲜明特色。"① 这就意味着，澜沧江—湄公河流域各国家、民族的形成与该区域以灌溉农业为基础的古代社会结构有关，加上中南半岛的湄公河三角洲、伊洛瓦底江三角洲、红河三角洲、湄南河三角洲提供自然地理优势，因此，他们的社会文明能够在原来的"那"文化基础上发展出早期以"勐"为共同文化质点的文明形式。而"峒"孕育于中国南方的岭南一带，该区域为世界典型的喀斯特岩溶地貌，区域内峰峦起伏，丘陵绵延，山间谷地星罗棋布，各山间谷地之间既相互联系又不相互统属，因此，孕育于其中的"峒"文明具有松散性特征，利于早期国家的形成。由此可知，勐是水—稻山的生命共同体及其在这 生命共同体基础上而形成的村落、城镇、城市、国家，是那—水互动演化的社会政治学概念。

综上可知，由自然地理、稻作生计互动演化的"家"与"国"概念，实际上是中国南方与东南亚壮泰各族以"那"的开垦，水稻的种植为主要生计米源的稻作农耕型的政治智慧和文明创造。中国南方与东南亚壮泰民族的这些区域特征明显的文明创造，从一个侧面说明他们的文明类型为稻作农耕型，他们的祖先很可能就是发明水稻栽培的民族。

---

① 梁志明：《试论古代东南亚历史发展的基本特征和历史地位》，《东南亚研究》2001 年第 4 期。

三 "那·兰"的政治学深意

美国学者斯塔夫里阿诺斯在其享誉世界的《全球通史》一书第3章《最初的欧亚大陆文明》的开篇中指出:"人类从食物采集转变到食物生产,并不是因为某人偶然设想出农业而引起突变的。同样,从部落文化过渡到古代文明,也不是因为当时有人想象出城市中心和城市文明就导致过渡的。"中国南方远古的稻作文明及其从部落文化过渡到古代文明的历史进程当然也不例外。

其中,中国南方文明中的水稻基因型和木构聚落型的"社会—空间"表达,很大程度上是通过具有地理景观学特征的"那"和"兰"的相互转换而实现。"那·兰"为中国南方族裔壮侗语民族生活世界与世界观体系的本土化表达,"兰"的聚落形态及其体系与"那"的聚落形态及其体系密切相关,由此构成的"兰"和"那"的结构性关系,从某种意义上来说也是中国南方社会结构的社会—空间表达,或中国南方社会结构及其演变进化的时空表现。其中,作为社会—空间的表达形式,"峒""勐"的社会结构形态及体系最初是通过"那"的生产与经营而延伸发展出来的社会政治学概念,基本含义是家—家业—家园—家国。而在这些社会政治学概念中,"稻田""房子"即"那"和"兰"既是其中最基本的语素和文化单元,同时也是"垦那而食,傍那而居"的生计手段和社会文化创造的经济基础和上层建筑。

半个多世纪以前,著名民族学家徐松石先生注意到广东广西的大量"那"地名文化现象,并在其著述的《泰族僮族粤族考》一书中指出:"广东台山有那扶墟,中山有那州村,番禺有都那,新会有那伏,清远有那落村,高要有那落墟,恩平有那吉墟,开平有那波朗,阳江有那兵,合浦有那浪,琼山有那环,防城有那良,广西柳江有那六,来宾有那研,武鸣有那白,宾阳有那村,百色有那崇,岜宁有那关,昭平有那更,平南有那历,天保有那吞,镇边有那坡,这那字地名,在两广汗牛充"的感慨。另外,他还研究发现:"据泰国史书所载,小泰人的一部分自滇边十二版那(版即村意,那即田意,版那即田村义),到了泰北,他们创立一个兰那省,不久又创立一个兰那朝('兰'即'屋','那'即'田')兰那即田屋义。田屋和田村这两个名称是何等的一贯!当时的小泰人必有异常高尚的农作文化。……现在,泰国那字地名多至不能尽举,尤其是沿小泰

议题一：民族文化与绿色发展
中国南方与东南亚壮侗语民族"那·兰"文明研究

人入境的路线，那字地名更多，例如那利 Na－li，那波 Na－poue，那当 Na－then，那地 Na－di，那何 Na－ho，那沈 Na－sane 等，这都表明泰国地名与两广地名的联系，泰语倒装，那何即是何田，那坡即是坡田"，并提出"那"的最早开拓者骆越人曾祖居并建都中国郁江平原和越南红河平原即"骆越国，一说都今广西贵县，一说都今越南东京河内"的见解。[①]

可见，泰国北部曾在历史上建立过一个强大的以"那"（稻田）和"兰"（家屋）为政治学深意的"兰那"王国。结合中国云南的"西双版纳"本意为"十二村田"，壮族的《布洛陀经诗》几乎每一篇章都反复出现造兰造那的诗句，壮族经典情歌《嘹歌》有著名的《建房歌》，壮族花山壁画实是中国南方最大的"那"文化符号"蛙神"图像，等等，我们不难发现，"那·兰"自古就是中国南方及其后裔壮侗语民族政治经济文化的命脉之所在，自古就是南方壮侗语民族及其东南亚的同根生民族所共同拥有的物质家园和精神家园。

这就意味着中国南方远古的稻作文明是在"人·水"的长期互动中冉冉升起的，并在这一过程中形成了"人·水·那"的结构性关系。而中国南方从部落文化过渡到古代文明的历史进程则从"依那而居"的定居和聚落及其所推动的社会复杂化开始，由此形成的"那"和"兰"的结构性关系同时也推动了自成体系的"水—那—兰—板—勐—家—国—天下"的文明构成体系的形成和发展。

只是长期以来，学者们多关注"那"而少关注"兰"，多从地名学、语言学、遗传学、体质人类学、考古学角度考察"那"的文明起源和文明传播路线，却很少从"那"的文化表达角度考察其文明的特质与结构，很少从其特定的社会政治学意象或文化符号意义的角度考察其社会政治学概念下的规则或逻辑。而事实上，"那"和"兰"或"那·兰"都不仅是特定的物质文化现象，同时也是一个不可分割的族群自识的标志和历史认同的符号，是一个以"兰"为居，以"那"为食的民族文化集团的社会身份与文化身份的重要载体，同时也是他们共同的价值观、历史记忆和最新梦想，是凝聚他们的情感和心灵，发出他们历史与时代声音的言语和象征。

---

① 《徐松石民族学文集》，广西师范大学出版社 2005 年版，第 346 页。

议题二：

民族文化交流与民心相通

旅居海外的华人文化信仰交流与变迁

——以越南胡志明市为例

Nguyenthilien-（阮氏莲）[*]

摘 要： 截至今日，胡志明市的华人有52万人。其中，广东人最多，占50%，其中是州人占60%。在旅居过程中，华人不仅保留自己的传统文化，且在不断吸收当地文化精华的基础上，充实和丰富中华传统文化，充分说明了其在海外的生存和繁衍。

关键词： 文化信仰；华人；交流与变迁

一 引言

越南和中国山水毗邻，越中两国关系源远流长。过去两千多年间，越南不断有大量华人移民，他们逐渐成为越南民族共同体中的一个部分，并带去了中国传统的民俗文化。所谓民俗文化，是指通过民间风俗表现出来的一种文化形式，是"世间广泛流传的各种风俗习惯的总称"，是"一个国家或民族在自己的历史发展过程中逐渐形成，反复出现，并代代相习的生活文化事象"。这些民俗文化主要

---

[*] 作者简介：阮氏莲，湖南师范大学旅游学院。

体现在生活习俗和民间宗教信仰，除了对节日传统礼俗的继承，更多是中华传统文化在域外得以生存和繁衍。

二 民间宗教信仰的交流与变迁

胡志明市华人民间宗教信仰比较强，但是在跟本地人杂居过程中，宗教信仰的交流与变迁是不可避免的事情。其表现为华人已经接受本地人的神明系统，公庙里的布置方式、建筑风格、祭拜仪式、祭拜礼品等。华人不仅保留信仰装饰纹样传统要素，而且接受越南的信仰，从而形成自己独特装饰纹样。在华人信仰上除了中国传统装饰纹样，还出现了越南传统装饰纹样如：明乡嘉盛会馆的栏杆上有潘荔枝、菠萝的植物装饰纹样，其正殿里的四个大石柱子上有大象图案；义润会馆的栏杆上有山竹、腰果、莲雾等纹样；或者在华人会庙的屋顶上都有"两龙争珠"图案等。在琼府会馆阳台上的葫芦藤图案带有浓郁华越美术交流。葫芦是南越普遍的植物，在越南文化中，葫芦代表繁衍。除了植物纹样之外，动物纹样也出现在华人会庙建筑装饰上。比如：义安会馆阳台上有蟾蜍纹样。在越南文化里，蟾蜍纹样出现在青铜器上，寓意富贵。上面所述的装饰纹样或图案大部分都由越南艺人创作。此外，华越信仰建筑绘画交流还表现在会庙墙上的浮雕。比如：在义润会馆的前殿墙上有"六国封相"的华人传统浮雕，在左边的墙上有"徵女王起义"的越南文化浮雕，在右边的墙上有"黎太祖起义"的浮雕。这两张浮雕都由越南艺人创作。

三 风俗习惯的交流与变迁

在婚姻上，华人有意识地保留很多传统礼仪，同时接受当地人的婚姻礼俗和当代文化因素，消化成为自己的特色，符合于实际生活。现在，胡志明市华人的婚礼在家里举行，婚宴却在酒店举行。华人传统婚礼需要六个程序，即六礼，但是现在简单化为三礼（相亲、纳征和亲迎）。华人与当地人杂婚的现象越来越普遍。因为长期杂居，华人和当地各民族结婚的现象越来越普遍。双方的婚礼一般各方遵守自己的传统礼仪，或者根据双方家庭条件，并通过商量之后决定。今日华人婚礼深受西方文化的影响，让婚礼更加多样。

由于生活水平不断提高，所以华人每年都会给父母祝贺生日。此外，以前家庭里有 60 岁以上的人，子孙一般都举行祝寿礼仪，但是现在人们的年龄不断升高，加上华人家庭中各成员之间的固结度没有过去强，长辈在家庭中的地位亦随之下降，所以现在祝寿礼仪更加简单化。

在丧礼上，他们重视传统的养生送死观念，胡志明市华人社会有一套复杂的丧葬礼俗，反映华人传统文化。但是在今天的社会，复杂的丧礼已经不符合社会的需求。随着越南社会不断发展，华人的丧礼也随之而简化，减少不必要的浪费，也可帮助丧家节哀顺变。

守丧习俗也改变了，缩短成 49 天，甚至，有些家庭因为有关经营问题，所以下葬后就举行脱孝礼，免得影响生意工作。但是最大的改变就是埋葬方式。因为越南正在加速城市化，各城市的空间和人口数量在迅速增长，人均住房面积不断缩小，所以用火葬方式代替地葬方式。以前华人社会里有人去世，亲戚朋友来分忧时候常常携带水果、香烛等礼品，但是现在大家都用现金来代替。另外，现在由于房屋条件，大部分丧礼都举行在殡仪馆，丧礼所有礼仪都由殡仪馆代办。

在传统节日上，华人传统节日和习俗也发生着巨大变迁。传统春节新年日期变更，到最近的情人节、愚人节的盛行，人们对节日的喜好、过节的方式和习俗发生了广泛的变化。这种变迁在一定意义上是一种历史必然。

现在，除了自己的传统节日，华人社会也过圣诞节、阳历新年和统一节、国庆节、劳动节等越南的各个纪念节日。信仰佛教、基督教、新教等的华人也参加自己信仰的节日，如佛诞节、盂兰盆节、圣诞节、复活节等。

越南人家庭里每年都祭祖，祭祖时间按死者入殓日期。华人也有祭祖的习俗，但是只举办在清明和重阳两个节日。现在越南华人受越南人习俗的影响下也学习越南祭祖习俗，并请亲戚和朋友来参加。在举办或参与传统节日时，华人一般穿上灰色或棕色的罗汉服或者长衣。灰色或棕色的罗汉服或长衣是越南人去拜佛或参加各种传统节日的服装。唯一差别点就是越南人头上还戴上官帽或传统缠巾，而华人却只戴上越南传统缠巾。越南传统缠巾逐渐被华人接受，成为越化文化服饰上的交流。华人和越南人在节日或祭拜时都有烧纸钱和上香的习俗，但是随着时间的推移，受西方文化和现代环保思想的影响，这个习俗也随之而改。

四　文化交流与变迁

汉语在胡志明市被调查者中仍保持一定的活跃度，仍有相当一部分被调查者的第一语言是汉语，可以用汉语进行简单交流，在不同的场合都能够或多或少地听到和使用汉语，也有一部分人在工作、学习和日常生活中能够有比较多的机会接触汉语，同时也有越来越多的年轻人开始学习汉语。除了汉字之外，华人还使用越南语给会庙定名。在过年或节日时，华人都并用汉越双语或只使用越南语来写标语。在举办仪式时，为了给华人与越南人参加仪式，华人也使用越南语来念颂祈祷文。

在建筑上，我们可以知道西贡当时是塘中（南越）的贸易、文化中心，更是越中文化交流的活跃地。建筑作为文化的载体，胡志明市华人的建筑是华人生活的历史记录，所以通过华人的建筑，我们可以了解越华文化交流。在西贡定居过程中，华人已经吸收越南人的文化要素，并体现于他们的房屋、市场等建筑机构上。到法国殖民越南时期，华人再次吸收欧洲人的建筑风格，并体现于西贡的各个建筑物上。当时参加建设法国在西贡的楼房的部分工人是来自广州。因为第二次鸦片战争后，英法两国占领广州，选择地方作为广州法租界，法租界的楼管舍等公共设施都是靠中国工人来建设。在胡志明市赵光复、海上懒翁、陈文侥、阮鹰等路的建筑物还承载着文化交流的印记。潘氏燕雪称之为"一种法华混合建筑风格"。

在生活方式上，华人移民与国人无大的差异。在服饰上，男子保留了穿布纽对襟衫和宽头裤或衬衫西裤，一些有社会地位的男子也穿长袍马褂或西装；妇女多穿布纽斜襟的"唐装"。城市华人妇女普遍喜欢穿一种南方传统服饰的三妃袄或欧式休闲服。对于现在年轻华人和中年华人而言，他们有穿欧式服装的习惯，因为它满足现代都市快节奏生活的需要。可是参与节日仪式，盛会，文艺演出及派对等活动时，华人妇女乃喜欢穿旗袍，配上高跟鞋。他们的旗袍也被西化，旗袍的样式更加多样，这些改革表示了人们思想上的自由。这种改良也证明华人服饰上的"国际化"。在胡志明市现在还有旗袍定制店，这些旗袍店都制作传统旗袍和改良旗袍。

在饮食上，由于胡志明市华人祖籍来自中国沿海各地区，所以饮食丰富多彩，加工制作方式繁多。在移居并定居越南过程中，华人的饮食文化也随之而入新地，同时吸收当地饮食文化，形成了自己精巧的饮食文化。胡志明市堤岸地区有许多华人饭店。华人菜类如扬州炒饭、海南鸡饭、菜包、水饺等已经成为胡志明市饮食文化的代表食物，跟越南传统食物如河内粉、顺化牛肉粉等一样出名。

胡志明市华人饮食习惯跟本地人基本上是一样的，以谷米为主。米饭还是华人和越南人的主食。正因为如此，华人和当地人的饮食文化交流顺利进行。粿条、叉烧、烧麦、菜包、米粥、油条等华人食品和其做法是华越饮食文化交流的体现。越南人也吸收了华人文化精粹，形成自己独到的饮食文化。在此交流过程中，诸多华人食物如以上所述的受当地人接受，并看成了自己饮食文化的一部分，例如粿条、酸汤、蘸水。

五 结语

海外华人远离母体文化在异化中生存发展，他们置身于中华文化和居住国文化的碰撞之中，不同文化的激荡与冲击对他们价值观念的形成与归属感的需求有着更为显著的影响。在融合中传承，在传承中发展，融入居住国和传承中华文化的过程也是海外华人拓展生存方式，创造和建构自身文化的过程，虽然这个过程历经接触、碰撞、冲突、认同、选择、融合与整合，曲折而漫长，但海外华人最终不仅保持了中华文化的特色，且成功地"本土化"，令当地文化更为丰富和多姿多彩，优秀文化因子的吸纳与整合也展现出了对不同文化宽容、平等和尊重的价值观和态度，这不仅对我们更好地理解世界文化多样和谐发展的生态意义有重要价值，这也将是文化全球化发展的理性之路。

参考材料

钟敬文：《民俗文化学：梗概与兴起》，中华书局1996年版，第9页。
王献忠：《中国民俗文化与现代文明》，中国书店1991年版，第15页。
潘安：《胡志明市华人佛寺》，胡志明市出版社1990年版。
陈林骈：《越华文化接触和交流初探》，世界出版社1998年版。

壮族、泰族渊源关系研究

王伟民*

摘　要：壮族源于先秦时期中国史籍记载的居住在岭南地区的"西瓯""骆越"等古越人，是中国珠江流域的土著民族。壮族是目前中国少数民族中人口最多的一个民族，处于中原与东南亚、华南与西南各省文化交流的交会处所。中国的壮族与泰国的泰族从地缘上看相隔千里之遥，但是壮族与泰族在语言、信仰和风俗习惯等方面有许多相同、相似之处，两者之间在历史上应该有着一定的渊源关系。对于这一点，在近、现代以来，中外学者已经做了许多有意义的研究。本文试图在语言学、考古学、地名学现有成果的基础上，从甲骨文字的结构和字义，汉字的字音、字义，以及壮语与泰语中相同字音的字、词进行比较研究，以及从中国古籍文献对古越人或壮族的记载的资料对壮族与泰族的渊源关系再作历史文献的研究。该研究的宗旨是要探寻先秦时期古越人或者壮族的社会和文化状况，以及从那个时代古越人或者壮族文化形成的源流过程特点和环境对壮族与泰族在文化习俗上的有关渊源关系进行探讨。通过研究发现，古越人或者壮族与泰族之间有着一种较为亲密的同根文化。在中国习近平主席提出"一带一路"战略倡议下，泰、中两国之间的同根文化和传统友好关系，将在两国人民民心相通的基础上得到进一步加强和发展。

关键词：古越人；壮族；泰族；汉字；渊源关系；同根文化；民心相通

---

* 作者简介：泰国国立皇太后大学汉学院助理教授。

一 缘由与课题的重要性

在长期的学习、教学、研究与泰汉翻译工作中，本人发现中国的百越民族尤其是广西的壮族与泰国泰族的语言文化有诸多相通、相似之处，这使我对泰语族的故乡和泰族发源地等学术问题产生了浓厚的兴趣，开始不断地从中国史籍资料和泰国的书籍、研究报告中收集与古越人或者壮族有关的语言素材和文献资料。这是因为对古越人或者壮族与泰族的渊源关系进行研究有着重要的意义。

这一课题的研究可以使我们了解古越人或者壮族在古代时期社会和文化的状况，与今天泰国的泰族有哪些相近或相同的渊源关系，增进我们对那个时代古越人或者壮族文化形成的源流过程特点和环境的探寻和了解，这将有助于我们理解为何一个民族的文化拥有那样的特点，这样的发现亦将有助于解释东南亚地区的其他有关百越民族、泰族和华人文化中的社区形成的重要性和特点。[1] 由此可见，对古越人或者壮族与泰族渊源关系的研究有着重要的现实意义和必要性。

二 文献综述

研究壮族和泰族的历史，已经有一百多年的历程。最先涉足这一领域的是带有为西方殖民主义国家殖民活动服务色彩的西方的学者和传教士，诸如英国伦敦大学教授特·德·拉古伯里（Terrien de Lacouperie：The Cradle of the Shan Race），是柯奎翁著《在掸族间》（A. R. Colquhoun：*Amongst the Shans*，London，1885）一书的导言，和《中国人来到中国之前的中国语言》（*The Languages of China before the Chinese*，London，1887）。拉古伯里在他的著作中主观臆断地说，中国文明起源于巴比伦，汉人的祖先是在公元前23世纪从西亚经过中亚迁入中国的。他把壮族与泰族混为一谈，他说"掸（泰）族的发源地是在中国本部内位于四川北部与陕西南部的九隆山脉中"[2]，由于受汉族压迫便从黄河流域南迁到长江流域的四川、湖北、安徽，然后再迁到湖南、广东、广西、贵州、云南，

---

[1] ［泰］察惕·纳素帕：《从阅读〈布洛陀诗经〉和壮傣历史文化之比较来研究泰国古代社会与文化》，2017年，第9页。
[2] 《掸族发源地》，转引自陈吕凡主编《泰族起源与南诏国研究文集》，中国书籍出版社2005年版，第3页。

最后才进入中南半岛。拉古伯里最先提出"汉族压迫泰族南迁说"。

美国牧师威·克·杜德（W. Clefton Dodd）最先提出"泰族起源于阿尔泰山一带"。杜德曾在泰北传教 30 余年。1910 年他在云南、广西旅行三个半月。他在 1923 年出版了《泰族——中国人的兄长》（W. C. Dodd, *The Tai Race, Elder Brother of the Chinese*, Iowa, U. S. A, 1923）一书，他在书中指出："泰族属于蒙古血统，是一个比希伯来族和汉族还要古老的民族。远在公元前 2200 年中国人到来之前，他们就是中国土地上的主人了。所以，才被认为是中国人的兄长。泰族的故居在阿尔泰山一带，以后逐步从北方迁入中国，公元前 6 世纪起又从中国中部大规模迁到南部，再从中国南部迁入印度支那半岛"①。杜德把说壮侗语族语言的民族都称为泰族，系统地编制了一篇所谓 2500 年来汉族压迫泰族七次南迁的神奇故事。英国教授拉古伯里和美国牧师杜德的学说均对泰国社会和学术界产生过很大影响。

中国云南省社会科学院东南亚研究所所长陈吕范教授在《关于泰族起源问题》一文中驳斥了英国拉古伯里教授关于泰族起源于"中国川北陕南起源说"和杜德的"阿尔泰山起源说"②。他指出拉古伯里所谓的"中国人是从西亚巴比伦侵入中国本土的，从而迫使泰族往南迁徙"的荒唐的"中国文明西来说"，早已被中国大量的考古发现所彻底驳倒。

陈吕范教授指出《掸族发源地》一文的结论是泰族的发源地"是在中国本部内位于四川北部与陕西南部的九隆山脉中"，但是，拉古伯里并没有能够为他的这个主要结论提出任何史料根据。况且，令人费解的是拉古伯里把在今云南保山县境内的九隆山，一下子就从云南西部搬到了川北陕南之间！？

至于"阿尔泰山起源说"的理论根据主要是阿尔泰一词中有一个"泰"字。陈吕范教授指出"阿尔泰"一词是突厥语，不是泰语，词义为"金子"，所以汉文古籍多称阿尔泰山为金山。陈吕范教授否决了关于拉古伯里的泰族起源于"中国川北陕南"和杜德的"阿尔泰山"的说法。但肯定了壮、泰民族有一定的密

---

① ［泰］干扎尼·拉翁西：《泰族的发源地：知识的宝库》，中译本第 12 页，转引自陈吕范主编《泰族起源与南诏国研究文集》，中国书籍出版社 2005 年版，第 4 页。
② 陈吕范主编：《泰族起源与南诏国研究文集》，中国书籍出版社 2005 年版，第 9 页。

切关系，他认为根据史书记载，早在 1800 多年前的古代，泰族、傣族的先民——掸人就已分布在今中印半岛北部和云南南部、西南部的广大地区。

广西人民出版社于 1980 年出版的《壮族简史》一书对壮族族源、原始社会、古代社会性质、文化艺术和宗教信仰，以及近代壮族人民的革命斗争等方面的壮族历史的发展脉络作了观点明朗、史料翔实的介绍，是一本较完善的关于壮族历史的书籍。

广西民族大学的范宏贵教授在他于 2007 年出版的《同根生的民族：壮泰各族渊源与文化》一书中指出，中国的壮族、布衣、傣、侗、水、仫佬、毛南、黎等 8 个民族与泰国的泰族和佬族有着十分密切的关系，为此他认为中国的壮族、傣族，越南的岱族，缅甸的掸族，印度的阿洪人等，是同根生的民族[①]。

目前，泰国学者对于古越人或者壮族社会和文化的研究还存在时间上限的问题，也就是说有文字记载的泰文史料始于 13 世纪的素可泰王朝时期，对于 13 世纪以前的关于泰族族源的历史资料完全是一片空白。但是，事实上古越人或者说壮族、傣族和泰族的历史要比这个时期久远得多。

在泰国的学者关于壮族的历史、语言文字、文化艺术、信仰、宗教仪式、结婚、家庭和谋生计等方面内容的著作中，有拉达娜蓬·些塔功编辑，达拉斯温出版有限公司于 1996 年出版的译著《壮族人》；和朱拉隆功大学语言学院、语言与泰国文学中心巴妮·恭拉瓦尼于 1986 年编辑印刷发行的《壮族：在中华人民共和国的傣人》（第一册：语言；第二册：文化）。这些泰文著作的共同特点是总结归纳了中国学者尤其是壮族学者关于壮族的一些学术观点。

朱拉隆功大学教授察惕·纳素帕与乌莎·洛哈扎伦编辑并于 2017 年出版的《在中国的越族》一书，则总结归纳了中国壮族研究专家范宏贵教授、谢远章教授、林超明教授、王国祥教授和何正廷教授关于壮族的社会和文化特点的学术观点，他们一致认为壮族的重要特点是铸造和使用铜鼓，有史前的花山壁画，并以举行歌圩的形式表现出欢快的习性。他们共同的观点是壮族人与古越人、泰人都是同根生的民族。

综上所述，中、外学者对于古越人或者壮族的研究偏重于民族分布、古代

---

① 范宏贵：《壮泰各族渊源与文化》，民族出版社 2007 年版，第 1 页。

社会性质、文化艺术和宗教信仰等方面情况的研究。为此，本文试图利用公元前17世纪的甲骨文字的结构和字义，壮语词汇与泰语中相同字音的字、词进行比较，以及利用中国史料文献对古越人或壮族的资料记载来对壮族与泰族的渊源关系再作历史文献方面的研究和探讨，以便能了解古越人或者壮族先民在原始社会时期之社会和文化的基本状况，使其社会生活和文化面貌逐渐清晰起来。

三 从甲骨文字的结构和字义来看壮族先民的习俗文化与泰族的渊源关系

壮族人口有16926381①，是目前中国少数民族中人口最多的一个民族，主要聚居在广东省连山壮族瑶族自治县，云南省文山壮族苗族自治州，贵州省从江县和广西壮族自治区等广大区域。壮族的先民源于先秦时期居住在岭南地区的"西瓯""骆越"等古越族。泰国察惕·纳素帕教授和乌莎·罗哈扎伦博士于2017年编辑出版的《在中国的越族》一书，总结归纳了中国多位壮学研究专家的学术观点，他们是方国瑜教授（1903—1983）、江应樑教授（1909—1988）、黄惠焜教授（1935—2001）、刘岩（1918—2001）、范宏贵教授（1934—2016）、谢远章教授（1930—）、何正廷教授（1939—）和王国祥教授（1937—）等人的观点，他们一致认为，"壮族先民是一个有着庞大群体的族群，拥有明显特点的语言和文化，有较高的社会发展程度，有社会组织和行政统治，是古越族中的一支，居住在长江流域下游和东南亚的顶端区域，他们在此地区居住的时间应该在秦始皇于公元前221年统一中国之前。古越人有多个群落和多种语言文化，但在每个群落之间都有较为亲近的牵连关系"②。以上专家学者的看法是有一定历史根据的。古越人（亦称百越）是春秋战国至两汉时期，分布于中国东南沿海及西南各地的一个古老族群。《汉书·地理志》颜师古注引臣瓒语云："自交趾至

---

① 《壮族》，百度百科，https：//baike.baidu.com/item/壮族，搜索于2018年。
② ［泰］察惕·纳素帕、乌莎·罗哈扎伦编辑：《在中国的越族》，桑汕出版社2017年版，第34、111页。

会稽，七八千里。百越杂处，各有种姓。"① 即从越南北部至中国东南沿海之浙江绍兴县会稽山一带七八千里之广大区域均有百越民族栖息。如果按照地域来划分，有东瓯、西瓯、东越、西越、南越、内越和外越之分。百越所居之地甚广，占中国东南、西南和南方，包括今之浙江、江苏、安徽、江西、湖南、广东、广西和云南、贵州等省。

古越人是壮族的先民。明末清初人顾炎武在其《天下郡国利病书》卷103中说："僮则旧越人也。"② 僮族名称最早见于南宋史籍，中华人民共和国于1949年成立后，把僮族改为壮族。中国历史上的壮族又被称为"僚"或"山僚"。明朝嘉靖年间，田汝成著《炎徼纪闻》卷四记载："僚人，……今岭表左右及海外诸国，在在有之。其俗，以其党沿习不一，好依深山，积木以居，名曰干栏。以射生为活，杂食虫豸，……每村推其长有智者役属之，号曰郎火，父死子继，余称提陀，提陀者，犹华言百姓也。"③ 这段文字主要是说，这部分壮族分布在中国南方五岭之南的地区，相当于今之广东、广西全境和湖南、江西、云南、贵州等省的部分地区，以及海外的几个国家也有一定的数量。他们的习俗是居住在深山里，以木搭建成干栏建筑，而且以狩猎为生。

"干栏"建筑系中国长江流域及其以南地区古越人或者壮族的一种具有浓厚地方民族特点的建筑。西晋张华所著的《博物志》一书记载："古代越人巢居干栏。"④ 南宋范成大在《桂海虞衡志》中则说："民居苦茅，为两重棚，谓之麻栏，上以自处，下蓄牛豕，棚上编竹为栈，……"明朝人邝露在《赤雅》一书中亦说：广西"僮丁，……辑茅索绹，伐木架樾，人栖其上，牛羊犬豕畜其下，谓之麻栏子"⑤。由此可知，中国历史上对"上人下畜"这类房屋多叫作"干栏"或"麻栏"的。它的共同特点是高脚屋，"上以自处，下蓄牛豕"。

---

① 见《汉书·地理志》颜师古注，转引自朱俊明主编《百越史研究》，贵州人民出版社1987年版，第152页。
② 见顾炎武《天下郡国利病书》卷103，转引自朱俊明主编《百越史研究》，贵州人民出版社1987年版，第38页。
③ 见田汝成《炎徼纪闻》卷4，转引自朱俊明主编《百越史研究》，贵州人民出版社1987年版，第43页。
④ 转引自《壮族简史》编写组《壮族简史》，广西人民出版社1980年版，第6页。
⑤ 见邝露《赤雅》，转引自朱俊明主编《百越史研究》，贵州人民出版社1987年版，第326页。

其实，中国公元前17世纪的甲骨文字中"🏠"（家）这个字便早已反馈出了古越人或者壮族巢居干栏的生活习俗。中国字的"家"字，语言学家给出的定义是"无猪不成家"，猪是财富和地位的象征。但是，事实上"家"字有着特殊和重要的内涵。由于汉字的历史特别长，它所保留下来的中华民族的宝贵遗产也特别丰富，有科学的，历史的，也有各个民族文化习俗的。通过汉字我们可以看见3000多年前的民族社会和文化状况，也可以读到周朝各国的民歌和历史，以及各个朝代的诗词曲赋等等。中国古代文字的创造也不应仅有仓颉一人，正如荀子所言："好书者众矣，而仓颉独传者，壹也。"[①] 也就是说仓颉这个人大概是有的，但他只不过是许多识字的人里面的一个，只因他比其他人特别专心，所以能够传名后代。可见，文字的创造，应该是一个逐渐发展的过程，是各氏族部落人民全体参加的。

汉字在创造过程中曾经过"近取诸身，远取诸物"这一阶段。因为文字和语言一样，是人类用来表示自己和外物之间的种种关系的。在还没有文字的时代，人们就只有把自己身上的东西和跟自身有关系的东西照样画出来给人家看。所以，中国汉字的前身就是图画。这样的图画，在中国考古发掘出土的古代器物上面发现了很多，例如甲骨文中的"🏠"（家）字就是依照远取诸物的原则画下来的图画。甲骨文"🏠"（家）在《说文》中的释义是："家，居也。……古文家，人之所居也。"[②] 从甲骨文"家"字的结构和字义来看，它反馈出了一条重要信息，即它显然是古越人或壮族栖息居住并称之为"干栏"或"麻栏"的高脚屋，其结构特点反映出了古越人或壮族的生活习俗，即"上以自处，下蓄牛豕"。也就是说这样的高脚屋一定是两层结构的，上层供家庭成员居住，下层则圈养猪、牛、羊等。"🏠"家中圈养了一头猪，这是古越人或壮族人类从狩猎时代向农耕时代过渡的标志。古越人或壮族猎取的野猪，食用不完便保存起

---

① 见《荀子·解蔽》，转引自傅东华《汉语知识讲话：汉字》，上海新知识出版社1957年版，第9页。

② 徐中舒主编：《甲骨文字典》，四川辞书出版社1988年版，第798—799页。

来，而保存食物的最好的方式是圈养，而要圈养则使得作为家的高脚屋一定是两层的干栏建筑。

干栏式的建筑，不只见之于古代中国，还见之于近、现代江南各少数民族建筑中。20 世纪 70 年代以来，在浙江宁绍地区的"河姆渡文化遗址第四层中发掘出成行排列的 7000 年前的木桩和大量的梁、柱、地板等木构残件，总数有千件之多，其中有大量的榫卯残件"[①]。考古专家们认为，这是属于"干栏式木构长屋"的残遗物。至今，在中国广西的壮族、云南的傣族和海南的黎族等，以及泰国的泰族的房屋还都保持有干栏式建筑。在壮语中对于人的家居房屋，统称为"栏"（rL：n2 เรือน），木房子叫作 rL：n2 Mai（เรือนไม้）。古人记载的"干栏"一词并非名词，而是动词 Gan rL：n2。（กั้นเรือน）"隔房屋、修房屋"的误译；同样，史籍中记录的"高栏、葛栏、阁栏"等词也都不是名词，也是动词 Guo rL：n2（ก่อเรือน）"起房子、建造房屋"的意思。再者，"麻栏"也不是建筑名词，同样是动词 Ma rL：n2（มาเรือน）"回家"的意思。这是古代时期的学者因不谙古越人或壮族语言所导致出现的误译现象。以上"干栏""高栏""葛栏""阁栏"和"麻栏"等词的壮语含义与泰国泰语的词汇读音相同，及其含义也都是相通的。

远古历史的象形文字，可以说是一些文化的符号和代码。从上述甲骨文的"𠖷"（家）字，我们可以看到汉字是世界上独一无二的方块字，但它却是华夏民族诸多民族共同创造出来的，是包括汉族、古越族、壮族以及其他少数民族在内的炎黄子孙智慧的结晶。与此同时，从甲骨文"𠖷"（家）字的字形构造同样可以看到古越人与壮族在古代时期居住习俗的状况。古越族或壮族与泰国的泰族都有居住"干栏"建筑的习俗。风俗习惯是一种非制度、不成文的文化现象，它是历史的积淀。由于古代社会发展缓慢，更使风俗习惯十分稳定，使之成为识别民族族属之间有无亲缘关系的重要标志之一。古越人或壮族与泰族居住的高脚屋均是两层结构，上层供家庭成员居住，下层则用来圈养猪、牛、羊、犬。这从一个侧面说明古越人或者壮族与泰族在狩猎时代向农耕时代过渡时期就有着十分亲近的渊源关系，属于同根生的民族。

---

① 董楚平：《吴越文化新探》，浙江省人民出版社 1988 年版，第 70 页。

四 从汉语、壮语中与泰语读音相同、相近和字义相同的词语之比较看壮族、泰族的关系

汉字是中华民族文化的载体和符号，它也记录了古越人或壮族稻作文化的发生和发展的历史。

（一）稻作文化上的语言词汇之比较

东汉许慎在其《说文解字》禾部"秏"字注引伊尹曰："饭之美者，玄山之禾，南海之秏"。解字曰："秏，稻属，从禾，毛声。呼倒切"①。把稻米和米饭读作"秏"（hào）、"蒿"（hao）或"考"（kào）的，汉族从来没有，唯有古越人或者壮族才这么说。这里的"南海之秏"指的是南海地区，泛指广东、广西古越人或壮族生产的稻米。

还有《山海经·海内经》载："西南黑水之间，……爰有膏菽、膏稻、膏黍、膏稷、百谷自生，冬夏播琴"②。这里的"西南黑水"，学者认为指今澜沧江或西江（古称郁林江）一带地区；而"膏"读"gao"，与伊尹所说的"秏"字同音，是古越人或壮族以及泰族人对稻米的通称，泰文读作ข้าว。

20 世纪 70 年代在浙江余姚河姆渡文化遗址第四层中出土了距今约 7000 年的 120 吨左右的稻谷和谷壳，有籼稻和粳稻。这两种稻是亚洲水稻的两个基本品种，而且有许多稻作农具出土，考古专家们认为这些稻谷属于古越人人工栽培③。至今，在中国广西、广东、湖南和云南等地还生长有野生稻。可以说早在1 万年以前，古越人或壮族已掌握了把野生稻培育为人工栽培稻技术，已开始种植水稻。1993 年在古越人分布的湖南道县玉蟾岩发现了距今约一万年的水稻硅质体④；2017 年在广西隆安县娅怀洞遗址发现了年代距今 28000 年的疑似水稻植硅体⑤。由此可见，古越人或者壮族的稻作文化是以稻田为载体，以水稻种植和

---

① 见许慎《说文解字》，转引自朱俊明主编《百越史研究》，贵州人民出版社 1987 年版，第 162 页。
② 见《山海经·海内经》，转引自朱俊明主编《百越史研究》，贵州人民出版社 1987 年版，第 162 页。
③ 董楚平：《吴越文化新探》，浙江省人民出版社 1988 年版，第 253 页。
④ 覃彩銮：《骆越稻作文化研究》，《广西师范学院学报》（哲学社会科学版）2017 年第 2 期。
⑤ www.myzaker.com/article/59ce26cb1bc8eof3310005fb/考古重大发现，2018 年 2 月 27 日搜索。

随之产生的自然崇拜和万物有灵①及其信仰为核心内容。壮族请师公主持的赎谷魂仪式的习俗就是这一信仰的具体体现。泰国的泰族至今仍保留有赎谷魂的仪式，这是稻作文化的特征。壮语中的"那"（na）字泛指"田地"。"那"（na）文化，即是以稻作为生的田地文化。在宋朝时期，中央王朝在广西壮族地区实行土官制度，土官既是政治上的统治者，又是土地的占有者，被称为"波那"（po^6na^2 พ่อนา），意为"田地之父"，②或称"昭那"（$kjau^3na^2$ เจ้านา），意为"田主"，即官田。他们把田分给境内的"勒那"（lwk^5na^2 ลูกนา），意为"田子"，即农奴耕种，以获取劳役地租。

在现代，历史上流传下来的含"那"字的地名，广西有1200多处。如：那龙（Nalong，壮语读作Nalungz，泰语读作 นาหลวง），官田；那坡（Napo，壮语读作Nazbo，泰语读作 นาพ่อ），父亲的田；那雷（Nalei，壮语读作Nazndoi，泰语读作 นาพ่อ），土岭上的田地；那楼（Nalou，壮语读作Nalouz，泰语读作 นาเรา），我们的田地；那巴③（Naba，壮语读作Nazbag，泰语读作 นาป่า），林边之田地。这些壮语地名，是壮族先民稻作文化生产活动的印记，也是探寻了解壮族与泰族渊源关系的语言上的活化石，这些壮语地名无论是读音还是含义与泰语也都是完全相同的。

（二）从生活上的语言词汇看壮族、泰族的渊源关系

运用语言来研究历史，在现代仍然是研究古代历史的基本方法。因为语言是文化的一部分，是惰性最大的部分。人们都知道"乡音难改"是人生的普遍经验。对每个人的一生来说是这样，对每个民族数千年的历史来说也是这样。壮、泰两个民族在生活上的语言相同的词汇有很多，诸如父亲，壮语叫po^3，泰语也叫pho^6（พ่อ）④；母亲，壮语叫me^4，泰语也叫me^6（แม่）；猪，壮语叫mu^1，泰语也叫mu^1（หมู）；狗，壮语叫ma^1，泰语也叫ma^1（หมา）；鼠，壮语叫nou^1，泰语叫作nu^1（หนู）；蛋，壮语叫$kjǎi^5$，泰语也叫$kjǎi^5$（ไข่）；吃，壮语叫kwn^1，泰语

---

① รัตนาพร เศรษฐกุล, "ชาวจ้วง", เทศบาลเมืองเชียงใหม่, หจก.สำนักพิมพ์ตรัสวิน, 1996（พ.ศ. 2539），หน้า 204.
② 蒋廷瑜：《壮族铜鼓研究》，广西人民出版社2005年版，第4页。
③ 张声震主编：《广西壮语地名选集》，广西民族出版社1988年版，第10、21.34、44、77、156页。
④ ［泰］巴妮·恭拉瓦尼编辑：《壮族：在中华人民共和国的傣人·第一册·语言》，朱拉隆功大学语言学院语言与泰国文学中心，1986年，第49页。

也叫 kin² (กิน)；死，壮语叫 tai¹，泰语也叫 tai² (ตาย)；多，壮语叫 lai¹，泰语也叫 lai¹ (หลาย)；棉花，壮语叫 fàì⁵，泰语也叫 fàì⁵ (ฝ้าย)；芭蕉，壮语叫 kjoi³，泰语也叫 kluoi³ (กล้วย)；水稻，壮语叫 hǎo⁴，泰语也叫 khǎu³ (ข้าว)；鸟，壮语叫 nǔk⁸，泰语也叫 nǒk⁸ (นก)；田，壮语叫 na，泰语也叫 na (นา)；水，壮语叫 nam，泰语也叫 naam (น้ำ)；种子，壮语叫 fan，泰语叫 phan (พันธุ์) 犁，壮语叫 thai，泰语也叫 thai (ไถ)；远，壮语叫 kjai，泰语也叫 klǎi (ไกล)；水牛，壮语叫 va：i，泰语叫作 khua：i (ควาย)；至于甘蔗一词，壮语叫 oi，泰语也叫作 oi (อ้อย)。

从以上生活方面的语言和农耕方面的词汇之比较的情况来看，壮族与泰族的许多基本词汇相同，语音和语法也基本一致，这说明壮语和泰语起源于共同的母语，应该是来源于同一个祖先。

此外，在构词法上，壮、泰两个民族都习惯于用倒装语。这种倒装语即是把普遍性的词放在前头，特殊性的词放在后头。如黑豆，壮语为：thudam（豆黑），泰语也是 thuadam（豆黑ถั่วดำ）；黑狗，壮语为：ma1dam（狗黑），泰语也是 ma1dam（狗黑หมาดำ）。以上例子中的修饰成分往往都置于被修饰的中心词之后，这说明壮、泰两族在构词法上也完全相同。

综上所述，我们可以看到，中国古籍中记载的"耗"（hào）、"蒿"（hāo）、"考"（kǎo）或"膏"（gāo）等汉字，都是古越人或者壮族对稻米的通称，这与泰语"稻米"一词的读音和字义都是完全相同的。壮族和泰族都是以稻米种植为主的民族。壮语中的"那"（na）泛指田地，而广西带有"那"字的地名有1200多处，如"那龙"（nalong）的意思是官田；"那坡"（napo）的意思是则是指父亲的田。这些壮语地名无论是读音还是含义与泰语也都完全相同。这些壮族地名，是壮族先民稻作文化生产活动的印记，也是壮族与泰族有着较为亲近的渊源关系的语言上的活化石。

从壮语与泰语词汇的比较情况来看，壮族与泰族在生活和农耕方面的许多基本词汇读音和含义相同。在构词法上，壮、泰两个民族都以倒装语序作为表达方式。所有这些因素表明，壮语与泰语起源于共同的母语，壮族与泰族应该是来源于同一个祖先。

五　结论

从以上史料和语言资料的研究中我们可以看到，古越人或者壮族是中国境内有着悠久文化特点和历史的民族。历史上的古越人或者壮族拥有本民族的口头语言，诸如古越语和壮语，这些语言资料在中国长江流域下游和东南沿海一带，以及西南地区带有古越人和壮族语言文化特点的地名中，便可以看到古越人或壮族语言所留下来的痕迹。古人云："礼失而求诸野"，当华夏社会礼乐崩坏的时候，我们还可以到乡野民间去寻求礼仪和文化的传统，以及从先秦时期古人的生活起居方式到生产方式等方面来探寻华夏古礼之根。

古越人是壮族的先民，在中国历史上又把壮族称为"僚"或"山僚"。据中国古籍记载，古代时期的古越人分布在长江流域下游之东南沿海及西南一带地区，而壮族则分布在今广东、广西全境，和湖南、江西、云南、贵州等省的部分地区，以及与中国邻近的几个国家。首先，他们的习俗是居住在深山里，以狩猎为生，居住以木搭建成的干栏建筑。从中国公元前17世纪的甲骨文字中的"家"字的结构和字义来看，它是古越人或壮族栖息居住并称之为"干栏"或"麻栏"的高脚屋。高脚屋为两层结构，其结构特点反映出了古越人或壮族的生活习俗，即上层供家庭成员居住，下层则圈养猪、牛、羊等，这是古越人或壮族人类从狩猎时代向农耕时代过渡的标志。这也是以高脚屋为生活起居方式而组成的古越族或壮族的家庭单位和由此而所形成的社区。泰国的泰族亦是有着悠久文化特点的民族，其核心是以历史上延续而来的以家庭和社区为重要内涵的民族①。泰国的泰族至今仍有居住"干栏"建筑的习俗。由于风俗习惯是一种历史积淀的文化现象，所以泰族居住"干栏"建筑的习俗从一个侧面说明了古越人或者壮族与泰族在狩猎时代向农耕时代过渡时期仍然有着十分亲近的渊源关系，属于同根生的民族。

其次，汉字是中国民族文化的载体和符号，中国古籍中记载的"秏"（hào）、"蒿"（hāo）、"考"（kǎo）、"膏"（gāo）等汉字，是古越人或壮族对稻米的通称，与泰语"稻米"（ข้าว）一词的读音和意义完全相同。古越人或壮族与泰族都是以稻米种植为主的民族。古越人或壮族和泰族的社会和文化是在农业文明的基础上信奉原始的祖先亡魂和自然界中的鬼魂，壮族与泰族赎谷魂的仪式便

---

① ［泰］察惕·纳素帕、乌莎·罗哈扎伦编：《在中国的越族》，桑讪出版社2017年版，第19页。

是很好的佐证。壮语中泛指田地的"那"（na）字地名在广西就有1200多处，这些壮语地名的读音和含义均与泰语的读音和含义相同。这些地名是壮族先民稻作文化生产活动的印记，也是壮族与泰族有着较为亲近的渊源关系的例证。再者，壮语和泰语在构词法上，壮、泰两个民族都是以倒装语序作为表达的方式，例如汉语中"黑狗"一词，壮语和泰语都说成是"狗黑"（หมาดำ），修饰成分被置于被修饰的中心词之后。上述所有这些因素表明，壮语与泰语起源于共同的母语，壮族与泰族应该是来源于同一个祖先。

我十分赞同朱拉隆功大学察惕·纳素帕教授的观点，他认为"泰国的泰族与中国的南方居民之间有一种非常亲近的兄弟民族关系。大家都有着相同的原始文化，那就是古越人文化，这一点对于今天的我们来说起码有两点重要意义。其一，是在泰国的华人不是别的什么人，他们是越人，或者说他们是越人文化的继承者和拥有着越人文化的根。他们是古代之傣人，因为泰国的华人家族几乎全部是来自中国的农村，他们的家乡在中国长江流域下游以南地区，作为越人的子孙后代他们移居泰国，并与现代的泰人兄弟居住在一起。我们泰国的华人和泰国的原住民都是古越人文化的继承者，属于同根生的民族。其二，今天的中国南方人拥有越人文化，或者至少是他们的中国文化中含有越人文化的成分。想到这一点，使得我们在东南亚会感到与中国更为亲近。当我们对中国南方的文化进行研究时，发现与我们自己的文化没多大差别，这也使得我们对自身增加了了解。与此同时，中国南方人也应思考一下，事实上自己拥有的文化内核包含有越人文化，为傣人，这与东南亚部分国家地区的居民原先在文化上是一个整体，或者说是同根生的民族。通过中国南方，中国全国其他地区的人应该觉得自己在意识上与东南亚较为亲近。这不仅仅是政治和经济因素上的亲近，而且是文化和种族因素上的亲近。然而这种亲近感是那么的自然，是彼此自愿和发自内心和灵魂的亲近感"[1]。

基于上述古越人或者壮族与泰族之间有着一种十分亲密的同根文化，在中国习近平主席提出"一带一路"倡议下，泰、中两国之间以高铁项目和海上丝绸之路为主导的交通运输体系中互联互通的建设，将使泰、中两国之间的同根文化

---

[1] ［泰］察惕·纳素帕、乌莎·罗哈扎伦编：《在中国的越族》，桑汕出版社2017年版，第116页。

和传统友好关系，在泰中两国人民民心相通、相互理解的基础上得到进一步加强和发展。

参考文献

一、中文文献

1. 陈吕范：《泰族起源与南诏国研究文集》，中国书籍出版社 2005 年版。

2. 《壮族简史》编写组：《壮族简史》，广西人民出版社 1980 年版。

3. 朱俊明：《百越史研究》，贵州人民出版社 1987 年版。

4. 傅东华：《汉语知识讲话：汉字》，上海新知识出版社 1957 年版。

5. 徐中舒：《甲骨文字典》，四川辞书出版社 1988 年版。

6. 董楚平：《吴越文化新探》，浙江人民出版社 1988 年版。

7. 张声震：《广西壮语地名选集》，广西民族出版社 1988 年版。

8. 范宏贵：《壮泰各族渊源与文化》，民族出版社 2007 年版。

9. 蒋廷瑜：《壮族铜鼓研究》，广西人民出版社 2005 年版。

10. 《壮族》，百度百科，https：//baike.baidu.com/item/壮族，搜索于 2018 年。

11. 覃彩銮：《骆越稻作文化研究：骆越文化研究系列之一》，*Journal of Guangxi Teachers Education University*（Philosophy and Social Sciences. Edition），Vol. 38，No. 2，page 94。

12. www.myzaker.com/article/59ce26cb1bc8eof3310005fb/考古重大发现，搜索于 2018 年 2 月 27 日。

二、泰文文献

1. ฉัตรทิพย์ นาถสุภาและอุษา โลหะจรูญ，"ชนชาติไทในประเทศจีน"，บริษัท สำนักพิมพ์สร้างสรรค์ จำกัด，พ.ศ. 2560.

2. ปราณี กุลละวณิชย์，"จ้วง : ชนชาติไทในสาธารณรัฐประชาชนจีน ภาคที่ 1: ภาษา และภาคที่ 2: วัฒนธรรม"，ศูนย์ภาษาและวรรณคดีไทย คณะอักษรศาสตร์ จุฬาลงกรณ์มหาวิทยาลัย，พ.ศ. 2529.

3. ศิราพร ณ ถลาง，"การวิเคราะห์ตำนานสร้างโลกของคนไท"，สถาบันวิจัยและพัฒนา มหาวิทยาลัยสุโขทัยธรรมาธิราช，พ.ศ. 2540.

4. ฉัตรทิพย์ นาถสุภา, ข้อเสนอโครงการวิจัยเรื่อง " สังคมและวัฒนธรรมไทยโบราณจากการอ่านคัมภีร์ปู่รู้ทั่วและการศึกษาประวัติศาสตร์และศิลปกรรมศาสตร์ " เสนอต่อ ฝ่ายมนุษยศาสตร์ สังคมศาสตร์ และศิลปกรรมศาสตร์ สำนักงานกองทุนสนับสนุนการวิจัย (สกว.) พ.ศ. 2560.

5. รัตนาพร เศรษฐกุล, " ชาวจ้วง ", เทศบาลเมืองเชียงใหม่, หจก.สำนักพิมพ์ตรัสวิน, 1996 (พ.ศ. 2539).

泰国华人融入当地主流社会的现状、挑战和发展趋势

Supissara Jiwsan[*]

摘　要：近年来，泰国华人已逐步融入泰国当地主流社会，主要表现在政治上认同、经济上独立、社会文化逐步当地化。尽管如此，泰国华人仍然面临诸多挑战。只有泰国政府执行正确的民族政策，当地社会改变对华人的偏见，华人采取积极主动的态度，才能促进泰国华人更快融入当地主流社会。

关键词：泰国华人；主流社会；现状；挑战

引言

海外华人中，泰国华人这个族群很特别，长期以来一直引起人们的关注和各国学者的研究兴趣。泰国华人被当地民族同化的程度是最高的，无论是在政治、经济、文化乃至生活方式的各方面都已完全融入泰国主流社会，以至很难分清谁是泰国人，谁是华人。尽管如此，华人仍然面临着许多挑战，在保留了自己民族特质的基础上，采取各种措施才能使其融入当地主流社会。

---

[*] 作者简介：Supissara Jiwsan，湖南师范大学旅游学院。

一 泰国华人融入当地主流社会的现状

(一) 泰国华人族群的演变过程与构成

中泰两国早在中国汉朝时期就开始了友好交往。早在汉朝时，中国曾派遣使者出使中南半岛一带，这也与暹罗古籍记载的早期移民居住地相一致。根据中泰两国的研究资料和有关学者的考证，古代至近现代以来，促进泰华侨华人移民的主要原因分别是中国国内社会动乱以及战争和泰国对劳动力需求的增加。从 1767 年至 1782 年，泰国华人人数达 23 万；1882 年至 1910 年，移民数量为 6 万。1918 年至 1931 年，移民人数达到 50 万，1946 年至 1949 年，移民数量达 8 万。40 多年来，已经有大约百万的华人新移民移入泰国，并且形成了新的移民社会，新移民有自己的社团并逐渐发挥影响。

(二) 华人在政治、经济和社会文化上逐步融入当地主流社会

第一，政治认同。经历了二战后的一系列变化之后，除了还有一小部分老一辈的华侨之外，绝大多数的泰国华人把泰国当作自己的祖国，在政治上认同和效忠于它。在泰国，由于政府较早就解决了华侨的入籍和公民权问题，泰国华人政治认同的转变也早于其他东南亚国家，并且较为顺利和彻底。

第二，从外侨经济转变为民族经济。泰国华人过去主要从事商业、对外贸易和苦力，后来随着泰国社会经济的发展而开办最早的碾米业、木材加工业和小型制造业，成为泰国早期的民族资产阶级和工人阶级的主体。20 世纪 30 年代华人资本开始从事银行业、航运业和经营进出口业务。40 年代已经控制了金融业和实业，经济实力雄厚，在泰国经济中占很大比重。50 年代銮披汶政府实行的泰化经济运动，实际收效甚微，但是却促成华人资本与泰国官僚和国家资本的结合。从 1961 年开始，随着泰国几个五年经济及社会发展计划的成功和鼓励私人资本的发展，华人以其雄厚的资本和经营才能，同国际资本相结合，建立起诸如化工、机械、电器、运输设备、银行等大企业和大金融业，并建立起工业金融联合体。20 世纪 70 年代，由于泰国的政治动乱和世界范围的经济衰退，外资纷纷退出泰国，使得华人资本（主要是工业和金融集团）处于优势的地位。由于华人绝大多数已经归化泰籍，他们的经济自然也就从外侨经济转变为民族经济的一

个组成部分，对泰国的工业化起着促进作用。

第三，中国传统文化认同。"传统文化就是文明演化而汇集成的一种反映民族特质和风貌的民族文化，是民族历史上各种思想文化、观念形态的总体表征。"在世界各地，各民族都有自己的传统文化。"文化认同"的核心是对一个民族基本价值的认同，是人们长期共同生活在一个民族共同体中，所形成的对这个民族最有代表的事物的肯定性的认定；是凝聚这个民族共同体的精神纽带，是这个民族共同体生命延续的精神基础。但其实泰国华人自己并没有一个具体的"认同"概念，只有身为华人或者非华人的概念。在近几十年来，这些在国外居住的华人大概可以分为三类。第一类，他们适应和习惯在外国的生活，虽然承认自己是华裔，但不承认自己是华人；第二类，他们一边认同他们的居住国，另一边也自认自己是华人，保留着华人的某些习性，同时也有当地居住国的风习，也就是所谓的"双重认同"；第三类，他们即使不是很明白华人的内在含义，但是他们坚持自己的华人本性，并尽力将自己重新汉化。

二 挑战及发展趋势

（一）泰国政府的宽容同化政策有利于华人融入当地主流社会

泰国政府的宽容同化政策具体表现在两大方面：一方面鼓励华人入泰国籍，一方面逐渐给予入籍华人与泰人同等的各项权利。泰国入籍条件放宽，并且保证华人成为泰国公民后，不受保留泰人职业法令的限制，许多华人出于生存就业的考虑纷纷申请加入泰国国籍。华人入籍后，在法律上享有与泰人同等的各项权利。工商业方向同样享有政府的种种优惠待遇，华人经济因此发展迅速，一些与官僚资本合作的华人企业规模和经济力量更加壮大。华人可以从事各种职业，不必受任何限制。泰国前总理他信、沙马以及现任总理阿披实均为华裔身份。华人和泰人一样可以加入各个政治党派。华人在泰国享有结社的自由，也可以在商业、慈善、文化、传播等领域组织各种团体。如今泰国的华人社团主要有潮州会馆、中华总商会、泰中促进投资贸易会、华文教师会、泰华报人公益基金会等两千余个。华人可以兴办学校，拥有华侨崇圣大学、华文师范学院等著名学府。此外，华人还建有百余所华文学校。现在华人子弟从幼儿园开始到小学、中学甚至大学都可以学习中文。泰国华文报纸可以光明正大地发行，其中影响力较大的是《中华日报》《新中原报》《星暹日报》《亚洲日报》和《世界日报》等。

（二）中国严格区分泰国华人和华侨有利于华人的长期生存和发展

泰国华人绝大部分已经加入当地国籍，成为泰国公民。长期以来，特别是改革开放 40 年来，中国政府和学者基本上是严格区分泰国华人和华侨，中国少数官员和一些地方传媒没有严格区分泰国华人和华侨，让泰国一些官员和传媒产生疑虑，担心中国利用华人为自己谋私利，不利于泰国华人融入当地主流社会。中国海外侨务工作的基本方针应该是：严格区分外籍华人与华侨的不同国籍，鼓励外籍华人争取与当地人民享受同等的权利并承担应有的义务，鼓励外籍华人积极融入当地主流社会，为当地经济建设和社会发展做出贡献，为增进当地与中国之间的友好合作关系发挥桥梁作用。对于华侨，要保护海外华侨的正当权益，教育华侨遵守所在国的法律，尊重当地的社会民族习俗，鼓励华侨根据自愿的原则加入当地国籍，与当地人民友好相处并共同生存和发展。

华侨是中国公民，是中国同胞；外籍华人是外国公民，但还有中国血统，是中国的亲戚。以上的基本原则应该适用于泰国的华人和华侨，只要中国政府坚持严格区分华人和华侨的政策，就会有利于华人的长期生存和发展。

（三）泰国政府发展华文教育政策有利于华人文化影响增大

20 世纪 90 年代中期以来，泰国政府对华文教育的政策由默认到鼓励直至促进，发生了质的变化。泰国教授华文的学校有三大类，即由政府开办的大学、由教育部批准开设的公立及私立职业技校、由泰国教育部开办的民办华文小学。政府开办的大学以及教育部批准开设的公立及私立职业技校，开设的中文课均为选修课。由泰国教育部开办的民办华文小学，其经费由华人社团负担。为了鼓励和吸引华人子弟学习中国语言文化，不少热心华校不仅不收学杂费，还免费供应午餐。不仅华人热心华文教育，泰国政府也已开始重视公立中学的华文教育。为了让更多的学生学习好这门外语，泰国普教厅积极与中国国家汉语推广办公室进行合作，合作的范围包括教师的培养、协助制订教学大纲和编写教材等。中国国家汉语推广办公室每年都选派大批青年志愿者赴泰国从事华文基础教育。泰国政府所采取的华文教育政策是华文教育日渐兴旺的重要原因，除此之外，近年来中国国际地位的显著提高也为华文教育提供了历史机遇。中国经济持续快速发展，中华文化在世界上的影响力也不断增强，也使中国的国际形象和国际声望令泰国民众刮目相看。

三 结语

2012年中泰两国建立了全面战略合作伙伴关系，2015年是中泰两国建交40周年，中泰两国建交以来不断加强政治互信、经贸合作及文化交流。被誉为"革命之母"和"中国发展独特机遇"的泰国华侨华人在中泰友好往来中做出了重要贡献。泰国华侨华人发挥了经济引领、政治沟通作用，更是华文教育的主要推动力量；而中泰关系的变化不仅促进华人社会问题的解决，同时也促进了华人社会的发展。当然，两者之间关系的互构亦受到来自泰国华人自身发展变化、国家因素及国际关系格局的影响。

参考文献

ภัทรภร สุวรรณจินดา. The Cultural Adaptation of Chinesethai: Case Study of Chinese-Thai at Chinatown Area. 曼谷：national institute of development administration，2016.

Suchawadee Kesmanee and Wilaisak Kingkham, Chinese Identity in the Thai Society from Thai Literature. 曼谷：National Institute of Development Administration，2016.

曹云华：《泰国华人社会初探》，《世界民族》2003年第1期，第69—77页。

邱会珍：《1975年以来泰国华侨华人与中泰关系研究》，华侨大学，硕士学位论文，2016年。

封丽金：《试论泰国华人族群对中国传统文化的认同》，重庆大学，硕士学位论文，2011年。

霍媛：《华人与泰国现代化发展》，华东师范大学，硕士学位论文，2006年。

杨静：《从泰国政府政策看当地华人社会发展》，河北师范大学，硕士学位论文，2013年。

文化认同视角下海外瑶族的社会生活

马君红[*]

摘　要：民族文化认同是以民族文化为中介来思考自己属于哪一个群体，瑶族是一个古老的民族，早在五六千年前，其先民蚩尤、三苗部落便同炎帝、黄帝部落"逐鹿中原"，共同开拓了黄河、长江中下游的广大地区，瑶族的根在中国，但如今，瑶族已经成为了一个世界性的民族，在越南、老挝、泰国、缅甸、美国、法国、加拿大都有瑶人活动，东南亚瑶族封闭性较强，其语言、生产生活方式、宗教信仰、婚恋生活等都变化不大，因而其文化认同相对稳固，而欧美瑶族由于生活环境出现较大改变，瑶人尤其是后辈瑶族人在文化认同上已经出现变化，文化传承成了问题，但欧美瑶族却可以利用开放的环境将瑶族文化传播出去，让更多的人关注瑶族文化。

关键词：文化认同；族群认同；瑶人

引言

瑶族是一个非常古老的民族，传承至今经历了各种文化变迁，如今，海外瑶族分布非常广泛，各国瑶族如越南瑶族、老挝瑶族、泰国瑶族、缅甸瑶族、美国瑶族等处在不同的政治环境和文化背景下，社会生活也出现了较大的改变，这些

---

[*] 作者简介：马君红，广西民族大学民族学与社会学院博士生。

生活环境的改变必然会影响各国瑶族文化及文化认同的改变，海外瑶族也是瑶族的重要组成部分，但从现有的研究看来，对海外瑶族的研究较少，因此，通过民族文化认同的视角来看待海外瑶族如今的社会生活，探寻海外瑶族如今文化认同的变化具备一定的研究价值。

一 瑶族与民族文化认同

（一）民族文化认同

"认同"一开始是一个哲学中的概念，代表"同一性"，后来又被心理学家、民族学家等广泛应用，一般而言，它是指个人或群体在社会交往中，通过辨别和取舍，从精神上、心理上、行为上等将自己和他人归属于某一特定客体。地域、语言、风俗习惯、职业、身份、国家制度等通常是认同的媒介。[1] 每个民族都有自己独特的语言艺术、宗教信仰、价值规范、风俗习惯等，通过代代相传得以传承，民族文化认同就是以民族文化为媒介来思考自己归属于哪一群体，它表现为对本民族长期历史发展中形成的优秀文化传统的坚守和维护，并为此付出强烈的感情甚至是生命[2]。从态度情感学说而言，民族文化认同会带给民族成员一种相对稳定的归属感，是民族得以存在、维系和发展凝聚力的体现。从价值类型说而言，民族文化认同具有生存适应价值，为人们提供借以评量外来新异文化的内在心智操作准则[3]。

（二）瑶族与海外瑶族

瑶族是一个古老的民族，早在五六千年前，其先民蚩尤、三苗部落便同炎帝、黄帝部落"逐鹿中原"，共同开拓了黄河、长江中下游的广大地区[4]。从明代开始，瑶族开始向海外迁移，到如今，瑶族已经成为了一个世界性的民族，除去主体部分仍在中国，瑶人还分布在越南、老挝、缅甸、泰国、美国、法国等国家，根据现有掌握资料推测，海外瑶族的根都在中国，这在海外各国瑶族所保存

---

[1] 滕星、张俊豪：《试论民族学校的民族认同与国家认同》，《中南民族学院学报》（哲学社会科学版）1997年第4期。
[2] 卿臻：《民族文化认同理论及其本质探析》，《前沿》2010年第7期。
[3] 王沛、胡发稳：《民族文化认同：内涵与结构》，《上海师范大学学报》2011年第1期。
[4] 奉恒高：《瑶族通史》，民族出版社2007年版。

的《祖图》《迁徙史》《评皇券牒》《盘古历代帝皇图》抄件以及民间神话传说、歌谣中得到了印证，同时，学者们通过对一些国家瑶民的直接接触得知，有些国家的瑶民，如老挝、缅甸、泰国等，都知道他们的祖先是从中国迁移出去的，因此海外瑶族与我国瑶族同根共生。瑶民迁移越南的时间比其他国家要早，越南也是除我国外瑶人数量最多的国家，据越南第三次人口普查统计，越南有瑶族620538 人。[1] 另外老挝、缅甸、泰国这三个国家的瑶民虽然数量上有所差别，但生存状态较为相似。由于生存环境等各个方面的影响，相比较欧美瑶人，越南、老挝、泰国、缅甸这四个国家的瑶族对瑶族传统文化的坚守和传承表现得更为执着。

二　海外瑶族的生活方式对瑶族传统文化的影响

（一）语言与教育

古苗瑶语自秦汉开始成形，其中瑶语主要受老湘语、古平话和粤语等汉族方言的影响，在词汇方面，不管是文化词汇还是生活词汇都从汉语中吸收了不少营养。[2] 越南不论哪个阶层的瑶族人在家庭日常生活中都讲瑶语，他们并没有被所处社会所同化而丧失自己的语言，但有关现代化技术、科学等方面的词汇他们就从越南主流语言京语中引入，一般来说，凡是越南边境有瑶人居住的地方，对面中国边境上也有中国瑶族人居住，双方瑶族同文同种，互有亲戚关系，因此交流起来并没有太大的障碍。老挝、缅甸、泰国三国的瑶人和中国瑶语支语言的瑶人讲话也没有太大的障碍，不仅如此，同越南瑶人不同，这三国瑶人不仅会瑶语、所在国主体民族的语言，老人大多数还会讲汉语西南方言甚至汉语普通话。同时，这四国仍然保留着书写汉字的传统。瑶族古籍如《评皇券牒》，《祖图》，《盘王歌》等优秀的传统文化都是用汉字书写保留下来的，瑶语和汉字的使用对于瑶族文化的传承和保护具备积极作用。瑶族传统的教育方式是家庭教育、社会教育，小孩子从懂事开始就要跟随母亲、姑嫂或者父兄学习各种技能，观摩参与传统仪式，接受宗教教育、学习汉字书写，这样的教育方式在越、老、缅、泰四

---

[1] 玉时阶：《瑶族进入越南的时间及其分布》，《社会科学战线》2013 年第 1 期。
[2] 奉恒高：《瑶族通史》，民族出版社 2007 年版，第 274 页。

国瑶族仍然实行,而欧美瑶族瑶语的使用以及传统文化教育并不这么乐观,欧美瑶人进入所在国后,由于语言不通找工作很困难,经过培训,大多数瑶人能够使用英语或法语交流,但由于青少年在欧美等国家入学读书,很多青少年已经不会说汉语、不会写汉字,甚至瑶话都讲不好,让人很担心欧美瑶族在经历过几代人之后,还能否保留及传承其瑶族文化传统。

(二) 生计方式

瑶族自古以来主要的生活来源于农业种植,在越南、老挝、缅甸、泰国这四国,瑶民的生存方式仍然是依靠农业,1995年,52万越南瑶人中有45%过着游耕游居的生活,也就是我们所说的刀耕火种的生活,用刀斧砍伐地面上的植物,晒干后焚烧,焚烧过后的土地变得松软且富有肥力,但是这种新石器时代的耕作方式非常原始,随着土地地力的下降,产量也下降,人们就需要继续寻找新的耕作土地,同时,作为农业的补充,越、老、缅、泰四国的瑶人们还进行采集与狩猎、禽畜饲养等活动,但都主要是满足自我消费,或者邻里之间互惠式的交换,有时也拿到遥远的市镇换取钱币,除了泰国瑶族的商品经济相对发达之外,其余三国的瑶族地区并没有真正意义上的商人阶层的出现。四国瑶民大多居住在远离城镇的边远山区,以农耕生活为主,生活圈子相对封闭,接触外来文化、现代化科技的机会较少,这对瑶族保持传统文化的完整性具有积极作用。而对于欧美各国的瑶族而言,由于西方国家工业化、城市化程度高,对森林的保护也相对完善,瑶族传统的刀耕火种、采集狩猎的生存方式已经无法为继,为了生存,瑶民必须要学习城市生活以及工作的技能,法国瑶人在20世纪80年代以后,80%的人转到机电制造行业从事电子行业的工作[1],美国瑶人的工作范围比较大,如从事工厂或公司的体力劳动、公共服务行业、非营利组织以及私人营利组织等,有的美国瑶人还开办了私人企业。欧美瑶族在移民之后首先面临的是生存问题,为了维持生计,瑶人们必须要去适应西方的习俗和主流文化,虽然生活水平大大提高,但从瑶族的传统文化保护而言,逐渐融入欧美社会的瑶族人想要保护好、传承好瑶族的传统文化却变得非常困难。

---

[1] 奉恒高:《瑶族通史》,民族出版社2007年版,第1089页。

（三）社会组织

在越南、缅甸、泰国、老挝四国的瑶人组织都可以分为三级，分别是家庭、宗族、公社或村寨，瑶族社会是父权社会，家长一般是父亲，儿子需要履行赡养父母的职责，越南瑶族是哪个儿子赡养父母与父母同住就多得父母的一份财产，缅甸、泰国、老挝三国，在儿子结婚后需同父母一起生活一段时间，随后除了最小的儿子必须和父母住在一起外，其他儿子会接连离家，瑶族人将离婚视为罪孽，因此离婚的现象非常少。同时这四国瑶人都认为自己是十二宗族的后代，一个宗族里的人拥有共同的祖宗，同姓人便是同宗人，因此在婚姻关系上，瑶族还有同姓不婚的说法。每一个宗族都拥有自己的首领也就是族长，神台供桌一般就设在族长家中，族长还要负责主持祭祖、度戒等仪式，在越南，在举办全宗族性质的祭祀时，全族人，无论远近都要带上酒肉餐食到族长家吃饭，这样的活动对于沟通宗族之间的感情、维系宗族稳定具有积极的意义。在家庭和宗族之上还有村寨或公社组织，村寨和公社性质类似，都会由若干姓氏的瑶民组成，拥有一定数量的耕地、居住地、河流、林地等，有管理村寨或公社的首领，负责调解纠纷、主持祭祀等活动。这样一个三级的瑶族组织可以将瑶人们笼络在一起，有利于瑶族文化的传承和守护。欧美瑶人虽然无法像这四国瑶人一样建立如此紧密的组织关系，但他们对与瑶族的团结稳定也做出了努力，他们在迁移落户之后积极寻找亲人，分散居住的瑶人们也逐渐靠拢，20世纪80年代中期，美国各大城市和县市，凡是有瑶人居住的地方就成立了瑶人社区组织，如加利福尼亚州的奥克兰市、华沙里、墨西、萨克拉门托等，少则两三个社区组织、多则七八个社区组织，在法国，瑶人们也创办了由有威望的老年人和有知识的年轻人共同打理的村议会，同时欧美瑶人还建立了社会互助组织，如"全美瑶人协会""州瑶族协会""法国瑶人协会"等，瑶人之间互帮互助，更好地使瑶人在欧美各国站稳脚跟。瑶人各级组织的建立对于维系族群的稳定、沟通瑶人之间的感情具有积极作用，同时，越紧密团结的族群关系越有利于族群内部保护和传承民族传统文化，欧美瑶族的组织关系并不如越、缅、泰、老四国的紧密，但欧美瑶人团体具有开放性，财力物力也超过这四国的瑶人，因此它具备将瑶族传统文化向全世界传播的巨大潜力，随着瑶人在欧美社会发展得越来越好，美国、法国政府也越来越重视瑶人团体，欧美瑶人就具备了向外传播瑶族文化的优势条件，瑶人社会组织可以从事瑶族文化传播活动，如我国为传播中华文化而在世界各地建立的"孔子学院"，让更多不同民族的人了解、学习甚至热爱瑶族文化，这也不失为一种对瑶族传统文化的坚守和传承。

（四）婚姻圈

长期以来，不与外族通婚是瑶族婚姻的一大特点，尤其是不许瑶族妇女外嫁他族，有的瑶族甚至把这一规定写入《评皇券牒》，刻上石碑，提高为成文规定。[①] 越南瑶族在现在也有和其他民族通婚的现象，但是依旧很少，在老挝、泰国、缅甸三国也依旧坚持民族内婚制，女子一般不嫁给其他的民族，除非其他男子入赘，入赘在瑶族的文化中是十分常见的，同时，婚姻关系形成过程中的问亲、定亲、成亲的礼节习俗非常复杂。这在一定程度上维持了族群的稳定，欧美瑶人的婚庆习俗也比较传统，通婚范围仍限定在本民族内部，与外族通婚的很少，主要是瑶族希望婚姻关系稳定，对西方的高离婚率不认同，尽管有青年男女与异族人在交往中产生恋情，但能成婚的非常罕见。[②] 但是根据学者对法国瑶族难民李宝光先生的访谈记录，李宝光先生说："我家，3个儿子，如今老大、老三都找法兰西姑娘做老婆，两个人相好，找个房子就住在一起，既不办手续更没有婚礼仪式，老大生的女孩子已经2岁多，第二个又怀上了，至今也没办登记。他们不遵守自己民族的风俗习惯，也不尊重老人的民族观念，让我们很伤脑筋。"毋庸置疑的是，随着社会的发展无论是国内的瑶族还是海外的瑶族都存在与异族人通婚的现象，如果瑶族与外族通婚，离开瑶族聚居地区，待其子孙后代完全融入所处社会的主流民族当中后，势必会影响瑶族传统文化习俗的传承。

（五）文学艺术

瑶族的民间文化主要有神话传说、故事、歌谣、谚语、谜语、歌舞等，越南还有作品以瑶化汉字的形式保存下来，除去一些在中国时就已经基本定型的神话传说如《盘古》《伏羲兄妹》《漂洋过海》《太阳和月亮》，迁徙到不同国家的海外瑶族还根据族群迁徙的历史编成故事、歌谣。瑶族的舞蹈大多用于祭祀，如长

[①] 张有隽：《瑶族历史与文化》，广西民族出版社2001年版，第281页。
[②] 奉恒高：《瑶族通史》，民族出版社2007年版，第1113页。

鼓舞、铜鼓舞等，其舞蹈及铜鼓等物品都是重要的文化遗产，老、泰、缅三国的妇女还发扬了瑶族挑花刺绣的传统，但在欧美瑶族社会，青年妇女们无人再会此技艺。此外，海外瑶族也收藏《评皇券牒》《盘王哥》《祖图》等重要文献资料，这些资料的保存和传承对瑶族文化具有至关重要的作用。

（六）宗教与仪式

瑶族拥有自己独特的信仰，他们的信仰深受道教的影响。从比较宗教学的观点来看，瑶族宗教信仰比较引人注目的特质主要是：崇拜以盘瓠为主要代表的民族祖先神，以社王、土主、徒弟为代表的地方神，以谷魂、山鬼、水怪、木精等为代表的自然神，同时将上述神灵纳入道教信仰范畴中，海外各国瑶族仍然有瑶族宗教师，来主持各类仪式，如有关生产的祭祀仪式，开山祭祀、狩猎祭祀；有关疾病的祭祀，如架桥、解煞、续魂等，有关拜盘王、祭祖的祭祀是极其重要的祭祀活动。老挝、泰国、缅甸三国的宗教信仰相对传统，比较完整地保留了本民族的宗教信仰，越南的各个瑶族支系的宗教文化内容稍有差异。而欧美瑶族的宗教文化的传承就陷入困境之中，美国加州邓成旺先生说"我们瑶族宗教仪式，从中国大朝带到小朝（指越南、老挝、泰国），到了美国还是照样做，大祭祀活动有还盘王愿、度戒、挂灯、发童、祈保丰收、保人丁等，小祭祀活动有架桥、解煞、续魂、送堆、做秋、收惊等"①，对于欧美瑶人而言，即便有这样的意识，宗教文化的传承也不容乐观，度过三戒加职的大师公非常罕见，美国师公人数少，难以做大型仪式活动，法国、加拿大师公人数就更少，甚至需要从美国请师公去主持仪式，与此同时，还有一定量的欧美瑶民改信基督教，在这样的环境下，宗教活动如何为继？宗教文化如何传承？

三 民族文化认同视角下海外瑶族的社会生活

（一）族群认同

民族文化认同就是从民族文化的角度来思考自己属于哪一个群体，也就是族群，海外瑶族的各种历史文献、歌谣、神话传说和舞蹈等都有助于瑶族族群认同

---

① 黄钰、黄方平：《国际瑶族概述》，广西人民出版社1993年版，第366页。

的凝聚,最显著的,如各国海外瑶族都有收藏的《评皇券牒》,《评皇券牒》作为瑶族最为重要的历史文献,讲述的是瑶族的族源传说、族群历史,祖先盘瓠是评皇的龙犬,杀敌立功后由评皇赐婚,之后带领家眷进山繁衍生息,出猎时盘瓠不幸被羚羊顶死,后来评皇御赐券牒,子孙后代得到封赏、后人可以永久免于赋税,随意迁徙,有的券牒上还有不可与外族通婚等内容,这份重要的历史文献的作用不在于这段历史的真伪,而在于它作为一种社会记忆凝聚起瑶人的族群认同。在国际间,券牒也发挥着这种凝聚认同的作用,"他们不仅把它视为传家之宝,而且也是沟通国际间瑶族内部联系的精神桥梁"。正是共同拥有券牒、共同谈论券牒的内容,拉近了生活在不同地区的瑶人的心理距离。① 券牒可以说是一种符号和象征,人类学家研究发现,符号在凝聚族群认同及维持族群边界线的作用十分重要,它是由群体成员共享的,能有效地把个人与群体联系起来②。神话传说、歌谣等也起到了类似的作用,舞蹈艺术也不例外,舞蹈虽然不能直接地记录历史,但却可以用来反映历史,如长鼓舞的由来就与盘瓠之死相关,其动作也反映了那段传说。就如同一个普通人失忆后会不知道自己是谁,一个民族如果不能铭记民族的历史就成了一个没有根的民族。因此,《评皇券牒》《盘王歌》等重要的文献资料以及民间传说、歌谣、舞蹈等作为符号对凝聚族群认同具备关键性的意义。

(二)语言认同

一个民族的语言不仅仅是一种交际手段,它本身就是民族文化的成果,是民族的文化象征,还承载着民族文化传承发展的作用。语言本身既是一个基本的认同要素,同时又是一个重要的认同载体,其他层面的认同要素通过语言得以发挥作用③。用瑶语演唱的瑶歌、瑶族重要的历史文献都是在用瑶化汉字和瑶语传承的。从历史的角度而言,语言有着长期的发展历史,并与民族的起源密切相关,

---

① 钟年:《社会记忆与族群认同——从〈评皇券牒〉看瑶族的族群意识》,《广西民族学院学报》2000年第7期。
② 王锋:《论语言在族群认同中的地位和表现形式》,《云南师范大学学报》(哲学社会科学版)2010年第7期。
③ 盘承和:《祖公榜文钉书抄白》,《见富川瑶族自治县志》,广西人民出版社1993年版,第662—663页。

语言的历史十分悠久,并可以追溯到各民族的先民时期。自人类发展了大脑的发音机制,完善了发音器官以后,语言就开始产生。有声语言的产生,是人和动物的根本区别。一般认为,各民族的有声语言都已有数万年的历史,而人类创造的其他文化成果留存至今的都不过几千年。因此,在人类创造的各种文化成果中,语言的历史无疑是最为悠久的,也是最接近民族起源的。① 综上所述,相比较其他的文化产物,语言表现出了更强大的稳定性,海外瑶族除欧美瑶人之外,对瑶语的传承和保护做得非常好,和我国瑶族对话不存在很大的困难,这无疑有助于划分民族边界,拉近各国瑶人之间的距离,而对于欧美瑶族而言,保持青少年对瑶族的归属感,就要从讲瑶话开始,因此,欧美国家的瑶人协会要求瑶人在家要讲瑶话,为青少年创造应有的语言环境,这点至关重要。

(三)生产生活方式认同

"瑶田在山上,尽力开种。不种不耕民田,望青山斫枔,刀耕火种,作田养活。"② "王瑶子孙,居住山林,搬移家眷,刀耕火种营身活命,本分为人,毋得惹祸生非,各守王法。"③ 由上述《评皇券牒》的内容可知,瑶族人的生活方式就是靠山吃山,在中国、越南、泰国、缅甸、老挝等国家这种以农业为主的生活方式仍然持续至今,瑶人是非常优秀的山地农民。随着社会的进步,中国瑶人及海外瑶人的生活方式都不仅仅依靠农业,在学者调查国内广西田东县作登瑶族乡梅林村陇任屯时发现"2000年以后,人们的思想观念有所改变,女孩子也涌到广东去打工了,她们不再要依赖丈夫才能走出家门。十五六岁的孩子,只要一辍学全往广东跑,20多岁的年轻人更是没有留在家里的道理。外出打工成了他们主要的'工作'"。④ 越南、缅甸、泰国、老挝等国家的农业生产仍然占据主导地位,其中泰国瑶人的商人群体也已经开始逐渐成长,在欧美国家由于生存环境已经没有依赖原始农业生产生存的瑶人,这说明瑶族的生产生活方式认同已经开始

---

① 黄钰:《评皇券牒集编》,广西人民出版社1990年版,第6—7页。
② 韦美神:《改革开放以来瑶族通婚圈的变迁研究——以广西田东县陇任屯为例》,广西民族大学,硕士学位论文,2008年。
③ 王美桂:《在信仰认同与族群身份之间——广西十万大山瑶族天主教徒的身份认同探究》,陕西师范大学,硕士学位论文,2008年。
④ 奉恒高:《瑶族通史》,民族出版社2007年版,第1119页。

根据社会环境的不同出现了演化。

(四) 信仰认同

信仰认同就是从宗教信仰的角度去思考自己属于哪个宗教，在前文中我们提到瑶族拥有自己独特的宗教信仰，拥有自己的各类宗教仪式，如度戒、还盘王愿等，瑶族信仰也是划分瑶族边界的重要指标，但是如今的瑶族的信仰已经出现了变化，有一部分的瑶人开始信仰天主教、基督教，因此这一部分瑶人具有双重属性，瑶人和天主教徒或基督教徒，在我国学者对广西十万大山瑶族天主教徒的田野调查中发现，这些教徒完全被视为一个独立的团体，"实际上，我在田野调查中所遇到的人，无论政府官员、学者、'外教人'或教内人士，都很明确地把天主教徒视为一个独立的群体。县委书记和乡长曾告诉我'那几个天主教村民风很好，基本没有打架斗殴之类的恶性事件'"。[①] 因此，这一类瑶人由于宗教信仰和族群认同的角度而言具备了双重身份。在欧美的瑶族部分人还在老挝、泰国时就已抛弃传统宗教信仰，改信基督教，到欧美后，信仰基督教的人口增多[②]。改信基督教或天主教的村落、个人都完全抛弃了原有的瑶族宗教，行事、节庆都完全按照基督教或天主教的教义，说明瑶族的宗教信仰认同在族群内部已经出现了一定的变化。

四 结论

瑶族出于政治、生计等各种原因向海外迁移始于明朝，分散于越南、老挝、泰国、缅甸、美国、法国、加拿大等国家，各国的民族文化在传承过程中有坚守也有演变，在文化载体中的物质要素和非物质要素，诸如服饰、器物、用具、生计方式、生活模式、语言文字、神话传说、歌舞乐器、思想观念、伦理道德、风俗习惯、宗教事项、村规民约、人伦礼教等文化形态，是一个民族实现族群文化维系、传承和教育功能的认同工具，各类文化符号元素是其成员进行民族文化认知的源泉，具有表意和释义功能，它反映着这个民族对待人事的观念，凝聚着一

---

① 王沛、胡发稳：《论语言在族群认同中的地位和表现形式》，《上海师范大学学报》(哲学社会科学版) 2011 年第 1 期。
② 张有隽：《瑶族历史与文化》，广西民族出版社 2001 年版，第 147 页。

定的心理和精神意识[①]，瑶族的语言、婚恋形式、宗教信仰、历史文献，如《评皇券牒》等在形成瑶族的族群认同及文化传承上功不可没。从传统文化和接触文化两个指标来看，东南亚瑶族虽然也受到宿主国文化的影响，但由于瑶民大多聚居在一起，且大多在远离城镇的山林，其传统文化和接触文化重合度较高。而欧美瑶族则不然，其传统文化和接触文化相距甚远，初到宿主国时，瑶人大多是出于求生存的文化适应目的努力学习西方文化，其对瑶族传统文化始终保持热爱，但由于后辈在西方文化下成长，与西方人婚恋，民族文化的传承也存在很大的困难，因此其后辈们对瑶族传统文化的归属感有待考察，但欧美瑶族对瑶族文化的传播与发展也具备东南亚瑶族所不具备的优势，欧美瑶人团体具有开放性，财力物力也超过东南亚的瑶人，因此它具备将瑶族传统文化向全世界传播的巨大潜力，随着瑶人在欧美社会发展得越来越好，美国、法国政府也越来越重视瑶人团体，欧美瑶人就具备了向外传播瑶族文化的优势条件。

---

① 游俊等：《土家文化的圣殿——永顺老司城历史文化研究》，民族出版社 2014 年版，第 301 页。

中国—东盟舞狮文化差异研究

马新宇　贺小花　尹继林[*]

摘　要：舞狮运动传播至世界各地后，在世界各地的舞狮文化也受到当地文化影响发生了一系列嬗变，形成了新的舞狮文化，和中国传统舞狮文化存在一定异同。本文运用文献资料法、访谈法、逻辑推理法等，对东盟国家（以越南、泰国、新加坡、印度尼西亚为例）和中国舞狮文化特征（如起源、文化特征和价值等方面）进行对比研究，认为东盟舞狮文化和中国舞狮文化在起源、诉求、开展时间、道具、乐器、运动过程、动作等方面存在异同。

关键词：中国；东盟；舞狮文化；民俗

舞狮运动起源于中国汉朝，已有 1600 多年历史，是一项集武术、杂技、舞蹈、音乐、娱乐、竞技、编织、绘画等多元文化功能的优秀传统民俗体育项目之一。舞狮运动随着华人华侨的迁移已传播到世界各地，在华人聚集的地方，都有存在形式不一的舞狮活动。舞狮这项运动逐步融入世界文化，为世界各国人民所接受，并成为世界文化之林中重要一员。

---

[*] 基金项目：国家社会科学基金青年项目"中华民族传统体育的东盟推广与文化适应研究"（16CTY22）；广西哲学社会科学青年研究项目"一带一路背景下广西民族传统体育文化的东盟认可与推广研究"（17CTY003）；广西高校中青年教师基础能力提升项目"中国—东盟舞狮文化传承与嬗变研究"（KY2016LX415）；钦州学院高级别培育项目"广西—东盟舞狮文化嬗变与融合发展研究"（2016PY-SJ16）。
作者简介：马新宇，钦州学院体育教学部副教授；贺小花，钦州学院教师；尹继林，钦州学院教师。

舞狮文化的传播过程是一个文化嬗变过程。舞狮文化在进入当地后,由于和当地文化存在一定相同、不同甚至相悖的部分,在舞狮运动开展时,它和当地文化产生碰撞、融合、变化,通过社会选择,产生出新的社会价值、文化价值的一种新的社会文化。舞狮运动在东盟国家开展火热,特别是在越南、泰国、新加坡、马来西亚等国家,它们都形成了新的独具本国特色的舞狮文化。研究表明,东盟国家的舞狮运动来源于中国,但东盟舞狮文化与中国舞狮文化不尽相同,所以,对东盟舞狮文化和中国舞狮文化的起源、民俗意义、文化价值等方面进行对比研究,综合分析东盟各国舞狮文化的嬗变和融合发展过程,对促进舞狮运动这项优秀的中国民俗民间体育项目的国际化有重要意义。

一 舞狮运动起源

(一) 中国舞狮运动起源

综合史料和历代专家学者研究成果,我们可以得知关于舞狮的起源主要有几种说法。

第一种,神话说。传说以前山中出现狮子,吃了村子里的村民,后来村民学会武功,打死狮子,然后村民模仿狮子的形态而演变为舞狮;另一个神话传说是如来佛降服狮子并将其带入仙界,因此,舞狮中常有"大头佛"引领狮子。

第二种,趋吉避害说。传说古代有村民认为狮子外表威武雄壮,是权力和威严的象征,能够镇压邪气和不吉之物,遂以纸扎狮子状,并敲锣打鼓壮大声势,驱走年兽,后期逐步演化成为舞狮。

第三种,汉朝说。汉朝时期,张骞出使西域,期间西域人得知中国没有狮子,西域使节便在进贡的珍品中增加了狮子,同时指派训狮师教国人进行舞狮训练,并在宫廷内进行表演。这种舞狮训练和舞狮表演可能就是中国舞狮的前身。

第四种,三国说。有学者认为,三国时期舞狮就存在了,在南北朝时期开始发展壮大。三国时期的魏国人、广陵亭侯孟康在《象人》中写道:若今戏如虾,狮子者也。北魏杨衒之在《洛阳伽蓝记》中述:"六牙白象负释迦,四日,此象常出。群邪狮子导引其前。"从这里可以知道,狮子不仅护法驱邪,而且可以给佛引路。所以在佛寺大兴,庙会频频举行的南北朝时期,舞狮应运而生,十分活跃，自非偶然①。

第五种，南北朝说。根据史籍的记载，真正"舞"狮的记述，最早应该是《宁书·宗懿传中》。南北朝时宋文帝元嘉二十二年（公元445年）南宁军"代林邑，懿自奋请引。林邑五蒸阳迈国来拒，以装袖象，前后无际，士卒不能当曰：吾闻狮子威服百兽，乃制其形，与象相御，象果惊奔，众因溃散。遂克林邑"。此后舞狮子才在军中进行，并慢慢地流传入民间，成为舞狮子的起创，不过在当时并不称为舞狮而称之为"太平乐"，据记载，太平乐和现代的舞狮极为相似②。

由以上分析可以得知，中国舞狮开始于汉末，发展于南北朝，盛行于唐代。中国的舞狮运动开始于汉末或更早时期，在南北朝时期已经发展成为一项较为普及的活动，唐代期间舞狮就已经盛行于整个中国社会当中，成为了一项人们喜闻乐见的民族民间体育艺术活动。

东盟各国舞狮从中国传入时间不一，最早可追溯至汉武帝时期，最晚的也有百余年历史。虽然舞狮在东盟各国的传入时间不一致，发展过程也不尽相同，但各国的舞狮在当地文化的影响下，出现了嬗变过程，形成了独具东盟特色的舞狮运动和舞狮文化，并发展成为一项较为普及的民族民间体育活动。

（二）越南舞狮起源

越南舞狮运动最早是在越南阮朝时期就已经传入了东盟。也有学者认为"狮子舞"是越南被中国的唐朝皇帝征服之后在越南宫廷和民间传播开来。后面越南在许多重要节日或庆典（如春节、婚礼、店铺开张等）上进行，祈求平安顺利、生意兴隆、兴旺发达、身体健康等。越南是佛教国家，越南舞狮受此影响，狮子只有一只角。中秋节举行的舞狮表演，越南人民由两个人分别装扮雄壮的狮子和勇敢的樵夫，在表演中展示樵夫通过自己的力量和勇气拯救村民的英雄壮举。

（三）泰国舞狮起源与发展

泰国历史记载，泰国舞狮的直接来源是由越南转而传入泰国③。也有越南史

---

① 顾城：《中国舞狮的社会特性和功能》，《体育文化导刊》2002年第6期。
② 管罗红：《我国舞狮运动与文化的价值底蕴分析》，《企业家天地》2011年第1期。
③ 盘美凤：《泰国舞狮文化研究》，重庆大学，硕士学位论文，2012年，第21—22页。

书记载,汉武帝时期(公元前157—前87年),随着迁移至泰国的华侨华人日益增多,他们也将舞狮这项具有中国特色的民族传统体育项目引入泰国,最开始是模仿狮子玩耍玻璃球表演给国王观赏,后期发展成重大节日或者庆典时候都进行的一项民间活动。

(四)新加坡舞狮起源

新加坡舞狮出现时间相比越南、泰国等国家较晚,学者认为新加坡在19世纪初才开始出现舞狮,至今仅有百余年历史。当时中国民国初期广东粤籍人士将舞狮带到了新加坡。舞狮活动开展主要在大坡香港街等华人华侨聚集的地方,开始舞狮主要目的是拜祭先贤、强身健体、娱乐身心。[①]

(五)印度尼西亚舞狮起源

印度尼西亚(下文简称印尼)舞狮在当地称为"巴龙舞",开始于16世纪,是印尼的传统表演活动。印尼舞狮是通过何种途径和方法从中国引入,史料尚无相关记载。印尼巴龙舞以讲述故事的形式,将一千多年前象征正义的巴龙(Barong)与象征邪恶的巫女让达(Rangda)之间冲突的古代神话以生动的戏剧性演绎表现善恶的对抗,是印尼人民表现古代神话的典型代表。由于印尼是印度教徒为主,他们信仰神的主要灵兽为狮、虎,代表着神的力量,可以庇佑平安,惩强除恶。巴龙舞开始只在印度教的节日时出现,后期演变成为一种集祈福求祥、娱乐表演、竞技比赛等多功能为一体,并在祭祀仪式、婚丧嫁娶或是生辰庆典都会进行的活动。

二 当代中国与东盟舞狮文化特点

(一)中国舞狮文化

舞狮运动是一项历史悠久、民族特色鲜明的中国传统体育项目,是我国民族的精神文化和物质文化财富的重要组成部分之一,受中国民族传统文化的影响,舞狮运动具有鲜明的中国特色文化功能和价值。中国舞狮文化具有的传承作用,对体现地方文化、传承文化起到重要作用;同时在进行练习、表演、比

---

① National Heritage Board:《新加坡龙狮历史》,http://heritage.long-shi.com/lion.php,2013.1。

赛的过程中，能起到强身健体、愉悦身心的作用；舞狮运动是集武术、杂技、舞蹈、音乐、娱乐、竞技、编织、绘画等多元文化功能的优秀传统民俗体育项目之一，观赏性较高，观众可以从观看表演或竞赛中调节身心、休闲娱乐；舞狮运动具有一定教化功能，通过舞狮表演、竞赛，表演者和观赏者可以抒发和宣泄情感，促进其树立进取心和责任感、获得民族自豪感和成就感，推进人的社会化进程。

舞狮运动和舞狮文化在国外的推广，有助于中国民族传统文化的传播和发展，为中国文化的传播提供更多渠道，同时也促进了中国文化和世界文化交流，促进中国民族传统文化走出国门走向世界。

(二) 东盟舞狮文化

1. 东盟舞狮文化寓意

东盟舞狮起源于中国，汇聚中国舞狮文化的大部分特征，但是中国舞狮文化在进入东盟各国以后，受各国的当地文化的影响，东盟各国的舞狮文化与中国舞狮文化不尽相同，呈现出同根异花的特点。

东盟各国舞狮文化寓意主要为四个方面：第一方面是祭拜祖先、纪念先贤；第二方面是通过舞狮活动表达驱邪免灾、祈福迎瑞，祝福顺顺利利、风调雨顺、五谷丰登的愿望；第三方面是通过舞狮子，祝福平安、快乐和富裕；第四方面，人们借用舞狮运动祝福国家繁荣昌盛等愿望。

2. 东盟舞狮文化价值

（1）宗教信仰和图腾崇拜

东盟的狮子也是属于外来物种。东盟的人们认为狮子是代表神、有神奇功能的动物，是威武、勇猛的代表。这种西域文化在东南亚文化、佛教文化双重的影响下，狮子以其凶悍威猛的形象被人们逐步接受，被认为是代表显贵、权力、守护、辟邪、吉祥的祥瑞之兽，这就是东南亚人们的狮崇拜、狮图腾的来源。[1]

东盟各国基本都在本国的宗教重大节日上进行舞狮活动，具有浓厚的宗教色彩。如越南舞狮最开始只在佛教盛典雄王节、春节等才进行，印尼的巴龙舞前期

---

[1] 马新宇、贺小花、李乃琼：《东盟舞狮文化研究》，《广州体育学院学报》2016年第2期。

只在巴厘岛印度教的节日（格纳特乘车节和十胜节等），后期才顺应市场需要，为游客进行表演。

（2）健身娱乐性

舞狮运动是集武术、杂技、舞蹈、音乐、娱乐、竞技、编织、绘画等多元文化功能的传统民俗体育项目之一。舞狮表演者"表行体意"，通过舞蹈、武术动作并结合鼓乐，模拟狮子的形态动作，有助于表演者强身健体、愉悦身心，观赏者在观赏过程中同样也可以愉悦身心、丰富文化生活。

（3）舞狮文化的社会价值

东盟舞狮运动的悠久历史文化背景同时融合当地文化特点，具有典型的民族特色，表达出东盟各国人民积极向上、乐观生活的价值观。舞狮运动在引狮员的指导下，需要狮头表演者和狮尾表演者相互协调，高度配合鼓乐手的音乐鼓点完成。整个舞狮过程中体现出舞狮表演者的勇敢、团结、毅力等精神，寓意东盟各国人民万众一心、团结奋进的民族精神，有利于发扬民族传统文化，增加民族认同感。

三 中国与东盟舞狮文化对比

东盟舞狮已形成各自的风格特色，由于东盟舞狮与中国舞狮有着难分的内在关联，从东盟舞狮文化中可以看到部分中国舞狮文化的烙印，东盟各国舞狮存在着较多的相似处和不同之处，呈现出同根异花的特点。（见表1）

表1　中国、越南、泰国、新加坡、印尼舞狮文化特征一览

国家	中国	越南	泰国	新加坡	印度尼西亚
舞狮类别	南狮、北狮	南狮	南狮	南狮	巴龙本地流派
兽形	狮子、麒麟	麒麟、独角兽、狮子	狮子	狮子	狮子、Ket（狮虎牛等结合）、Bangkal（野猪）、Asu（狗）、Landung（原始人）等

续　表

国家	中国	越南	泰国	新加坡	印度尼西亚
文化寓意	风调雨顺、国泰民安、驱凶纳吉	平安、富裕、生意兴隆等	驱邪免灾、祈福迎瑞、祝福祖国	纪念祖先、祭拜先贤、驱邪避害	驱邪避害、驱凶纳吉、身体健康
表演形式	双人表演	双人、单人表演	双人表演	双人表演	舞剧
开展时间	节日、庆典	节日、婚礼、店铺开张等	任何节日、吉日	祭祀、春节、中秋、庆典等	宗教节日（如格纳特乘车节和十胜节）
主要道具	引狮人、狮头、狮身、梅花桩等	狮头、狮身、舞狮、郎、绣球、梅花桩等	引狮人、狮头、狮身、梅花桩、竹子杠、绣球等	引狮人、狮头、狮身、梅花桩	善神巴龙、恶神朗达
主要流程	出洞、下山、过桥、饮水、醉睡、醉醒、上山、采青、吐幅、旺场	前导、请神、进香、开光、舞狮	暖场、拜神、点睛、扫身、祥狮献瑞、舞狮	祭祀、采青	舞剧（包括开闭幕、一至四幕）、小丑表演、武术
采用乐器	锣、鼓、铙钹、镲	鼓和铙钹为上，笛子、月琴、柳琴、独弦琴、筝、琵琶	锣、鼓、钹、镲	华族锣鼓、马来族和印度族乐器	加美兰（包括凸心云锣、凸心排锣、卧式锣、大锣、中锣、小锣大琴、三弦琵琶、筝、钹、勒巴那鼓）
引狮人特点	武士、和尚（手中持绣球为主）	农民、武士、和尚、土地公（手中持扇子为主）	不详	不详	不详

作为中国传统民族文化的中国舞狮文化随着华侨华人的迁徙而传入东盟各国，在东盟各国文化的影响下，中国舞狮文化嬗变成为一项具有东盟特色的民间传统文化。东盟舞狮文化与中国舞狮文化息息相关，两者有一定相似之处，如基

本文化特征、基本动作等，但东盟舞狮文化在表达诉求、开展时间、乐器、道具使用、表演形式和过程等方面又存在诸多不同之处，由此可以看出舞狮运动在进入各国以后在当地社会文化的影响下，逐步嬗变，并形成了具有当地文化特色的舞狮运动和舞狮文化。

（一）中国—东盟舞狮文化相似之处

1. 同源性

从舞狮类别来看，越南、泰国和新加坡的舞狮都是由中国的南狮演变过来，具有同源性。这与舞狮的传播路径有关，东盟地处中国西南部，古代有大批西南部华人移民至东盟各国，也将中华文化引入当地。根据金斯纳的调查，历史上迁移到泰国的华人华侨，大多数是从中国的厦门、福建、广东等地迁入[1]。后来，中国南方盛行南狮地方，如潮州、海南、云南、中国南方等地，也有很多华人华侨移民到东盟各国。所以东盟舞狮在很多方面与中国南狮有相同的地方。印度尼西亚的巴龙舞是否来源于中国，来源的时间和途径，尚未有资料考证。

2. 强烈的民俗色彩

舞狮运动在东盟各国的生存和发展中受到当地传统文化影响较大，经过长时间与当地传统文化的冲突和融合，最后使舞狮运动产生适应性变化，这就是舞狮文化的嬗变和文化适应过程。越南舞狮运动中的"舞麒麟"说法、狮子的独角兽造型就是受到越南佛教文化、传统文化的影响得来；泰国舞狮运动在各个阶层和地区广泛开展，它是泰国一项很重要的活动，舞狮运动在农村地区也大受欢迎，每年春节都会进行。东盟各国在舞狮运动中使用的乐器更体现出了中国舞狮运动在东盟各国的嬗变以后的民族特色：越南舞狮运动中使用了越南民族乐器——独弦琴；新加坡的敲击乐器主要为华族锣鼓、马来族和印度族乐器；泰国舞狮的乐器以锣、鼓、钹、镲为主；印尼巴龙舞使用民族乐器 Gamelan（加美兰）来伴奏。这些体现出了东盟舞狮运动的民俗特点，也是中国舞狮在东盟各国发展的嬗变过程。

---

[1] G. Willian. Skinner. *Chinese Society in Thailand: An Analytical History*, Ithaca, NewYork: Comell University Press, 1962: 4 - 5.

3. 文化寓意

"舞狮"作为一种古老的民俗活动,在中国和东盟各国所表达的文化寓意基本保持一致。舞狮最初文化寓意是驱鬼辟邪,后期演变成为了祈福迎瑞、渴求健康平安、展示祖国繁荣昌盛等美好愿望,并且广泛应用于各种重要节庆、节日、庆典等活动。

4. 社会价值

舞狮运动是集武术、音乐、舞蹈、表演、竞技于一体的多元文化功能的社会文化现象。舞狮表演者通过"武""舞""乐"结合,模拟狮子的各种形态动作,"表行体意",有助于人们强身健体、愉悦身心[1]。舞狮运动具有较高的健身娱乐价值。

舞狮运动社会价值主要是指舞狮运动的历史文化背景深厚、民族特色突出,体现了乐观生活、积极向上的价值观。舞狮人要求具有的勇敢、团结、毅力、不畏困苦等拼搏精神,舞狮运动舞狮员的配合,预示着民族团结奋进、万众一心的团体精神,有利于增强民族认同感,促进民族传统文化的发扬。

舞狮运动显示出了中国和东盟各个民族的宗教信仰。中国和东盟各国主要受东南亚文化、佛教文化的影响,狮子被认为是权力的象征,体现出了中国—东盟各族人民的宗教信仰和图腾崇拜。

5. 活动主体部分:采青

"采青"是中国和东盟舞狮运动中不可或缺的一部分,也是民众最喜欢、最主要、最精彩的部分。所谓采青(又称踏青)是在舞狮过程中,舞狮者通过不同的舞狮套路表演获得高处的"利是"的过程。采青有传说起源于广东一带,也有人说是由福建少林人至善禅师编造。青即是青菜(生菜为主),谐音生彩、生财。采青是将生菜用红包包起来放置于离地三米之高的高台或者高杆之上。狮子先是寻青,然后发现青,然后将青采下来。整个过程舞狮者必须结合狮子的站立、跳跃、翻滚,将狮子的形象表演得惟妙惟肖。

---

[1] 马新宇、贺小花、李乃琼:《东盟舞狮文化研究》,《广州体育学院学报》2016年第2期。

（二）中国—东盟舞狮文化不同之处

1. 开展时间

舞狮运动在发展过程中和当地文化相融合以后，在开展时间上存在一定的区别。中国舞狮只在传统节日如春节期间才进行表演。东盟各国"舞狮"活动开展的时间上不尽相同，但基本会在重大节日进行表演，后期拓展至庆典等大型活动也会开展，主要与宗教祭祀和宗教节日有关。越南、泰国在春节、中秋节都会有舞狮表演。泰国的舞狮活动已经发展成为一种普遍性的吉庆活动；越南和新加坡舞狮活动主要在重大节日（如春节、中秋节等）和庆典上开展，新加坡初期舞狮主要是在拜祭先贤的时候才得以进行，随着舞狮的深入人心才得以发展至重大节日和庆典进行；印尼巴龙舞则在印度教的重大节日（如格纳特乘车节和十胜节）开展。

2. 舞狮的主要流程

中国舞狮主要流程包括出洞、下山、过桥、饮水、醉睡、醉醒、上山、采青、吐幅、旺场等部分。东盟各国的舞狮与中国的区别较大。越南春节期间的舞狮参与人员多、影响广泛。越南在舞狮前，先到寺庙去给狮子开光，然后舞狮者请神加以祭祀，在进香三次后，为狮子点睛开光，最后才开始舞狮。中秋节举行的舞狮表演，越南人民由两个人分别装扮雄壮的狮子和勇敢的樵夫，在表演中展示樵夫通过自己的力量和勇气拯救村民的英雄壮举。泰国的舞狮活动遵循这样一个流程，先由鼓手进行简单暖场活动，演奏几种舞狮的音乐，然后进行一些拜师、拜神仪式，当选定的吉时到来，开始鸣炮，舞狮活动正式开始。首先进行舞狮中的重要环节：点睛，此举寓意赋予狮子生命和灵性，也表示点石成金的意思。然后要为狮子扫身，寓意扫去一切霉运晦气和一切烦恼和邪灵、灾难、小人等。扫身结束之后祥狮献瑞，狮子吐出吉祥对联，寓意在以后的日子里吉祥如意，大展宏图。然后舞狮者开始舞动狮子，沿街遍走，寓意走到哪里祥瑞就带到哪里，最后开始采青[1]。新加坡的舞狮过程较为简单，基本与拜祭过程相似。印尼舞狮表演的形式和流程截然不同，印尼巴龙舞以舞剧的形式来完成。整个过程

---

[1] 盘美凤：《泰国舞狮文化研究》，重庆大学，硕士学位论文，2012年第21—22页。

包括根丁开幕、第一幕、第二幕、第三幕、第四幕、闭幕六部分，中间穿插小丑、武术表演等节目。

3. 使用乐器

舞狮过程中乐器的使用则更加显现出东盟国家的本国民族特色。越南除了使用中国传统的鼓和铙钹之外，同时增加了笛子、月琴、柳琴、独弦琴、筝、琵琶等乐器，特别是增加了越南民族乐器独弦琴，使舞狮过程更具有越南本土民俗文化；新加坡的敲击乐器主要为华族锣鼓、马来族和印度族乐器等，散发出多元种族文化色彩，以体现出本国各族和睦共处、国运昌隆的景象；泰国舞狮的乐器也基本与中国的相似，以锣、鼓、钹、镲为主。印尼巴龙舞使用民族乐器 Gamelan（加美兰）来伴奏。它是以打击乐器为主，主乐器包括凸心云锣、凸心排锣；卧式锣，起土音作用；大锣、中锣、小锣则起强音作用。大琴、三弦琵琶、筝、钹、勒巴那鼓等作伴音用①。

四　结语

越南、泰国、新加坡、印尼等东盟国家舞狮文化已形成本国的风格特色，并成为东盟民间传统文化的重要部分，然而越南、泰国、新加坡、印尼等东盟国家的舞狮文化在表达诉求、开展时间、采用道具、使用乐器、表演过程、表演动作和受重视程度等各种文化特征方面都与中国传统舞狮文化有着很多相同和不同的地方。东盟国家的舞狮文化具有广泛的文化意义与民俗意义。舞狮运动作为一种传统民俗活动也逐步发展为一项备受民众欢迎的体育项目，舞狮表演对东盟旅游业的发展具有一定促进作用。我们通过对中国—东盟舞狮文化进行对比研究和比较分析，总结中国和东盟舞狮文化的主要特点，研究其民族文化特征，以及它们的异同点，旨在提高舞狮文化全球认同感的同时，积极促进舞狮文化的全球化进程，为中国舞狮文化继承和发展乃至走向世界探索新的路径，最终使舞狮成为世界民俗和体育中的一颗璀璨明珠。

---

① 黄德慧：《印尼舞狮"Tari Barong"（巴龙舞）与中国舞狮对比研究》，苏州大学，硕士学位论文，2012 年，第 12—13 页。

对广西在中国—东盟民族文化交流实践中的若干思考

孔庆民　付亚芹[*]

摘　要：广西在中国—东盟民族文化交流的过程中收获了累累硕果，积累了大量的民族文化交流的成功经验，形成了独具特色的广西对外文化交流模式。在"一带一路"沿线少数民族地区践行文化先行的行动方针的背景下，对此展开研究是一项迫切而重要的工作任务，同时具有谋求广西区域发展的现实意义。本文的研究内容是在广西服务于中国—东盟民族文化交流的框架下，与东盟国家展开的民族文化交流实践。首先，本文介绍了广西与东盟国家之间的民族文化交流现状和特点；其次，指出广西与东盟国家之间的民族文化交流的认识观念落后和交流深度受限两大问题，并展开了具体的分析；再次，分析"一带一路"倡议对广西与东盟国家之间的民族文化交流带来的机遇和挑战，给出机遇大于挑战的论断；最后，有针对性地提出广西与东盟民族文化交流的推进途径和优化策略。

关键词：广西；中国—东盟；民族文化交流；"一带一路"

东盟是中国的重大贸易合作伙伴，2017年统计公报显示，东盟是我国的第三大贸易合作伙伴；同时，东盟在广西对外贸易中也扮演着重要的角色，东盟已

---

[*] 作者简介：孔庆民，广西大学商学院市场营销系副主任、副教授；付亚芹，广西大学商学院企业管理专业硕士研究生。

经持续 17 年稳居第一大贸易合作伙伴的位置。文化交流是不同国家和地区开展交流的先导，贯穿于经济、政治、社会等各种交流形式的过程中。因此，广西在中国与东盟之间的民族文化交流实践既具有重大的国家层面的战略意义，又承担着促进地方经济发展的区域意义。广西与东盟之间的民族文化交流占据着天时地利人和的区位优势。首先，广西与东盟国家之间的文化交流依赖于政府的主导力量，"一带一路"建设是巨大的机遇；其次，广西通过陆地和海洋与东盟中的多个国家接壤、毗邻，是中国与东盟民族文化交流的窗口；最后，广西与东盟国家之间的文化交流有着悠久的历史，拥有丰富的华侨资源和融合的民族民俗。在"一带一路"背景下，对外文化竞争的形势越来越复杂和激烈，同时民族文化交流的重要性提升到战略的高度。广西在中国与东盟民族文化交流实践中逐步走出了富有地域特点与民族特色之路，积累了丰富的成功的对外文化交流经验，对此展开研究是一项迫切而重要的工作任务，具有促进中国—东盟民族文化交流、谋求广西区域发展的现实意义。

一 广西地区与东盟民族文化交流的现状及特点

（一）广西地区与东盟民族文化交流的现状

广西的民族文化在面向东盟各个成员国"走出去"的过程中，逐步形成了多领域、多渠道、多主体的交流模式。

1. 民族文化交流的领域广泛

广西与东盟国家民族文化交流涉及的领域十分广泛，大致可以划分为两个阶段：第一个阶段是广义的民族文化交流，涵盖民族风俗、饮食文化、商业文化等广义民族文化的多个方面；第二个阶段是深层次的文化产业合作，包括影视演艺、新闻出版、教育、科技等主要的产业领域。第一阶段主要是边疆居民、海外贸易商和华人华侨在与其他民族接触过程中潜移默化而形成的。广西与越南在陆地上接壤，广西的壮族与越南的侬族以边疆贸易方式、民族文化活动、男女通婚等形式进行了密切的文化交流[1]；广西与东盟多个国家之间有着便利的海上航运

---

① ［日］塚田诚之：《中国广西壮族与越南民族的交流》，载《中国边境民族的迁徙流动与文化动态》，2009 年。

通道，海外贸易商和华人华侨在交易和迁徙的过程中形成了民族文化交流的萌芽。中国与东盟国家建立外交关系后，双边文化交流进入快车道。中央政府和广西地方政府陆续与东盟签署了大量合作文件，包括《中国—东盟文化合作谅解备忘录》《中国—东盟文化产业互动计划》《落实中国—东盟面向和平与繁荣的战略伙伴关系联合宣言的行动计划》，为促进民族文化的扩散、传播提供了稳定的制度环境。文化产业应运而生，并取得累累硕果。在影视演艺产业，广西地方广播电视媒体与越南、泰国、老挝、缅甸等多个国家签订合作协议，展开了广西节目在泰国的展播周、"聚焦广西"采访等多个影响深远的合作项目；在图书版权贸易中，自2008年起广西地方政府每年承办中国—东盟图书展销会，扶持图书出版发行商进入东盟国家的文化贸易市场。在教育领域，中国在东盟国家留学生的数量呈上升趋势。

2. 民族文化交流的渠道丰富

自2003年，为了践行民族文化"走出去"战略，促进广西少数民族文化的扩散、传播，广西地方政府致力于打造基于国家层次富有影响力的公共外交平台，其中包括中国—东盟文化产业论坛、中国—东盟博览会、北部湾经济合作论坛等等。公共外交平台是广西与东盟国家之间展开民族文化交流的主要渠道，一方面，依托政府的强力支持获得丰富的资源建设高层次的大型交流平台；另一方面，政府的监管有效控制了民族文化向外传播时的内容质量，有利于东盟国家的人民对中国民族文化形成正确的认识。2010年1月1日，中国—东盟自由贸易区正式全面启动，对双边的文化交流进程有极大的促进效应，使得民族文化领域的众多方面迈进黄金时代。除此之外，广西积极利用互联网信息技术方便快捷的特性开通了一系列宣传与服务的网站或网页，例如南博网、中国—东盟博览会网，其中有一些网站甚至顺应移动媒体流行趋势，建设官方微博、认证公众号、开发手机软件等内容渠道。公众外交平台渠道和网络渠道在民族文化交流的过程中分别扮演着不同的角色。公众外交平台提供了一个民族文化融合的场所，来自不同民族文化的国人和东盟国外友人在这里感受彼此文化的魅力，不同民族文化交流的过程中促进民族文化传播。网络渠道更多地承担着双边政治、经济、社会等交流中的重大实践的宣传，加强民族文化交流。

3. 民族文化交流的主体多样

广西与东盟国家之间的民族文化交流主体逐渐形成了以政府部门为主导，民间团体积极参与，企业产业化的模式。在广西地区，政府部门在民族文化交流主体中的首要地位主要体现在三个方面：首先，大型的文化交流品牌平台是在政府部门的财政支持下建设而成；其次，广播影视展播、图书出版贸易等成功的民族文化交流案例受益于中国与东盟国家双方政府签订的规范民族文化交流的各种合作文件；最后，这些文化交流形式对中国与东盟成员国共同搭建的多边外交平台有较大的依赖性。政府主导的民族文化交流与国家或地区的人民之间存在疏离感，难以走进广大群众的日常生活。民间组织的积极参与为中国与东盟国家之间的民族文化交流的盛宴注入了新的生机与活力，强调个体的参与，建立心与心之间的沟通。中国与东盟的民间组织共同举办了"魅力东盟，走进中国"活动，通过论坛、图片展、晚会演出、商业合作等多位一体的方式在我国引起了强烈的反响。文化产业基于文化也是对生产力的认识，突出民族文化的商品属性，实现民族文化的经济效应。

（二）广西地区与东盟文化交流的特点

1. 不同历史时期涌现出新的特点

中华民族文化向东盟各个国家扩散、传播的交流过程大致上可以划分为三个阶段。第一阶段，中华民族文化借势地域贸易，获得东盟成员国顺其自然的接受以及认同。根据历史资料记载，我国古代时期的朝代与东南亚国家之间建立了事实上的朝贡贸易关系，并形成了一个"地域交易圈"[①]。"地域交易圈"是基于地理位置接壤、毗邻形成的抽象空间概念，强化了中国与东盟国家之间的亲密感，"无意间"播撒了双边友好民族文化交流的种子。第二阶段，东盟成员国民族文化意识陆续走上自立，呈现出对中华民族文化的排斥。近现代时期，西方殖民地主义盛行，西方列强一方面掠夺了殖民地的领土主权，另一方面实施猛烈的殖民文化输入。东盟国家是西方资本主义列强实施殖民主义的受害国。面对领土和文化的双重摧残，东盟各个国家的民族文化自觉、自强意识在沉睡中醒来，以排斥

---

① 周伟民、唐玲玲：《中国和马来西亚文化交流史》，海南出版社2002年版。

外来民族文化为主要途径形成民族文化自立。强势的殖民文化极大地削弱了中华民族文化的原有影响力和渗透力，同时文化意识觉醒使得东盟国家产生摆脱中华民族文化影响的想法。第三阶段，在全球经济一体化、民族文化多元化的新时期，东盟国家吸纳多元文化的精华，促进本土文化的传承与创新。东盟国家的传统文化是在我国儒家文化的影响中形成的，具有深深的儒家文化烙印。以上三个阶段总结了在不同历史时期背景下，中国包括广西地区与东盟国家之间进行民族文化交流的不同特征；实质上是东盟国家对民族文化交流的认识逐步成熟的过程。值得注意的是，目前中国与东盟内部的不同成员国之间的民族文化交流特点也存在差异。例如，缅甸对中国民族文化交流友好，而对西方民族文化交流比较排斥；越南受中华民族儒家文化影响较深，同时与西方民族文化既有冲突的一面，也有包容的一面；新加坡受西方民族文化影响较大，同时与中华民族文化既有冲突的一面，也有包容的一面。

2. 经历过族群文化的碰撞和冲突后赢得互融

在民族学中，族群指的是不同民族的集合体，它的判别依据是是否相信相互之间存在部分共同的历史沿革和文化传统，或者是否相信彼此来源于共同的祖先。每一个族群的成员通常会形成一种认识[①]，自己的族群有些独具特色的文化传统与社会历史，而其他族群不具备这些特色。不同族群的文化交流过程十分复杂，涉及彼此之间相互接纳、融合以及冲突各种可能性，是世界范围内的文化交流现象之一。它不仅对牵涉族群文化交流的当事国的政治稳定有影响，而且可以上升到对全球范围的政治、经济、文化交流等多领域产生影响，是稳定国际与地区友好关系的重要影响因素。东盟作为"华夏文化"中的边缘成员，与中华民族的祖先存在血缘关系，同时具有与中华民族在政治、经济、文化等多个领域合作的悠久历史。因此，东盟国家与中华民族是同一族群，彼此之间的民族文化交流是建立在文化共性或者文化类似的良好基础上。但是，文化的多元性提醒我们中国与东盟国家在民族文化上不仅表现出共同性，而且表现出差异性。广西在对外民族文化宣传与交流中，将"越是民族的，越是世界的"理念奉为圭臬，通

---

① 兰林友：《论族群与族群认同理论》，《广西民族大学学报》（哲学社会科学版）2003年第3期，第26—31页。

过丰富多彩的民族文化交流形式，既提高了彼此之间的民族文化认同感，又进一步加深了东盟各个国家对广西少数民族文化的亲缘感。根据文献资料记载，广西地区与东盟成员国之间的民族文化交流合作虽然存在着碰撞与冲突的小插曲，但是主旋律是彼此兼容和共生，形成和谐的民族文化交流格局。

二 广西地区与东盟文化交流的问题分析

（一）对民族文化交流的重视程度不够，观念落后

民族文化交流合作是政治、经济、科技等其他各类领域交流合作的探路者，并且时时刻刻伴随在这些交流合作的过程中发挥着深远而广泛的影响作用。以区域合作为例，单纯依靠经济合作的推进与深入，难以取得区域合作的实质性突破，还必须建立在政治外交和民族文化交流的基础上。自东盟自由贸易区全面启动后，广西与东盟国家之间的区域合作不断深入，东盟常年稳居广西最大贸易合作伙伴的地位。与东盟民族文化的交流合作是"一带一路"背景下区域合作进一步深入的迫切要求，是广西谋求本地区经济发展、社会发展的重要途径和手段。广西与东盟国家之间的民族文化的重要性日益凸显。虽然广西拥有地理区位优势，同时兼备华侨资源和民族文化的有利条件，但是从其与东盟的交流合作中取得的成果来看，自身的优势没有得到有效的利用和开发。究其根本原因就是，无论是政府机构还是民间组织，在思想意识层面没有形成文化交流重要性的正确认识，更谈不上正确把握文化产业在广西服务"一带一路"建设中的重要地位。目前，云南的区位优势得到长足的发展，不仅实现了对广西区域优势的反超，而且将广西远远甩在后面；同时昆明在中国—东盟的联络员作用增强，相应地削弱了南宁的中国—东盟联络员作用。关于华侨资源的利用也出现了类似的"败局"，广西的华侨人口数量只比广东稍微逊色一点，但是无论是利用的广度还是利用的深度均远远落后于广东。地理区位和华侨资源的相对优势均已丧失的形势下，广西应致力于把民族文化优势作为与东盟合作交流中的根本立足点，走出在经济基础薄弱地区文化繁荣发展的广西道路。此外，专门的文化交流人才培训机构的匮乏也是广西对民族文化交流的重要性认识不足的一点佐证。

（二）民族文化交流的深度有限或受限

从民族文化的需求和供给来看，两端都存在较大的提升空间。中国与东盟各

个成员国之间的民族文化市场尚未成熟，相应的文化环境有待建设，民族文化本土消费者对承载异国民族文化特色的产品和服务的需求不够大，相应的民族文化消费行为停留在较低水平；民族文化产品和服务的生产者对民族文化丰富资源的开发处于摸索阶段，民族文化生产力处于较低水平。从政治互信的角度来看，政治互信伴随着民族文化交流的过程可以得到提升，从而引导合作领域的更深层次发展。然而在南海纠纷问题的影响下，东盟内的不少成员国，包括越南、印度尼西亚、菲律宾、马来西亚等，与我国的政治互信问题不容忽视。其中，越南、菲律宾等国家屡屡因此挑起事端，成为双边在文化产业展开深层次合作的政治阻碍。从民族文化交流的制度保障来看，中国和东盟各个国家为了满足本国的特别需要不约而同地选择单方面制定适用于国内的民族文化对外交流制度和政策，对其他国家的实际情况考虑不周全，导致在制度和政策落实的过程中形成"制度性障碍"。除此之外，广西地方政府的相关文化部门或机构在对外民族文化交流的过程中承担具体的方方面面工作，彼此承担的工作职责不尽相同，但是他们对自己的角色定位尚不明确。

（三）"一带一路"倡议为广西地区与东盟民族文化交流带来的机遇和挑战

"一带一路"倡议是国家主席习近平在我国新时期提出的发展战略的主线，既有古代丝绸之路的深厚文化背景，又包含当代民族文化交流的丰富内涵。积极开展"一带一路"沿线不同国家文化交流，促进不同文明交流互鉴，实现民心相通互信，是"一带一路"倡议全面实施的文化基础与社会根基。虽然"一带一路"沿线的少数民族文化普遍面临着基础设施相对薄弱、流失情况严重、民族文化产品开发总体不足且同质化严重、民族文化亟须保护等新挑战，但是广西作为中国—东盟民族文化交流的排头兵，"一带一路"建设为广西带来的更倾向于是一种机遇。

许多的民族文化研究成果显示，东南亚的大量族群与广西少数民族有着"同源异支"的族群关系，然而广西区域文化在中华民族文化向东南亚的对外文化交流的历史中鲜被记载，广西事实上在这种文化交流中仅仅发挥着"通道"的作用，是不同民族文化碰撞、冲突的缓冲地带。民众之间的同源关系，交通的便利性、区域结构和文化的互补性，使得广西在历史上长期成为中华民族文化和东南亚地区文化互相交流融合的"通道"。中国—东盟博览会、中国—东盟自由贸易区、北部湾经济区等大型平台的建设与运行，极大地稳固了广西地区在中国—东盟民族文化交流中的窗口地位。"一带一路"倡议全面落实依赖与不同民族文化之间的深入交流即坚持文化先行，对外民族文化交流被提到了国家战略层面。广西服务于中国—东盟民族文化交流必将实现从通道到窗口再到战略支点的转型升级。广西与东盟国家之间的交流合作将越来越密不可分，彼此之间的民族文化互动的影响力更加深远和广泛。

三 广西地区与东盟民族文化交流的推进途径和优化策略

（一）完善民族文化交流平台，拓宽民间和行业交流渠道

"中国—东盟民族文化交流"的总体框架下，广西地区搭建的民族文化交流平台具有多层次、初步成熟的特征，在广西与东盟国家民族文化交流的过程中发挥着支柱的作用，取得了显著的成效。但是各大平台在运营的过程中相互独立，彼此之间的资源无法共享，出现了资源严重浪费、工作效率低下的突出问题。"广西与东盟国家进行文化交流合作，需要有一个统一的协调管理机构来从政府层面上进行推动，应联合财政、外交、商务、文化、广电、经委等政府部门和各方面专家，统筹双方文化交流合作亟待解决的问题。"[①]。所以，中国—东盟文化产业论坛、中国—东盟博览会、北部湾经济合作论坛等大型政府主导的平台，应从实践中审视平台存在的突出问题，在合适的时机协商建立内部协调机构。在建设民族文化交流平台之间的协调机制的同时，还必须鼓励民族文化交流平台主体参与的多样性，一方面必须对民间组织和团体渠道给予高度的重视，强化对外友好协会和海外联谊会的推动作用，或者组织民间组织和团体踊跃参与东盟国家的民间重要节日活动，增进各国人民之间的了解和友谊；另一方面以民族文化领域包含的行业特点为依据建设行业交流渠道，重点建设体育行业协会、教育交流协会、演艺交流协会、影视交流协会等，规范中国—东盟民族文化市场行为。此外，充分利用东盟国家友好城市对中华民族文化的包容态度，积极引导广西地区内的各设区市与其开

---

① 滕志朋、丁智才：《广西与东盟文化交流合作浅论》，《创新》2009年第11期，第18—21页。

展文化互动活动,健全完善广西与东盟国家之间的文化交流机制,争取双边的民族文化交流和项目合作进一步向更高层次发展,更深领域延伸。

(二)借助信息技术力量为民族文化产业增添助推力

民族文化优势是广西与东盟合作交流的根本立足点,民族文化产业拥有深厚的民族文化底蕴,是广西谋求本地区经济发展、社会发展的重要途径和手段。但与文化发达地区相比,在广西地区的民族文化产业仍然有着明显的差距,例如对民族文化资源的利用与挖掘不足、开发不合理,迫切需要建设信息资源共享服务平台[①]。在中国与东盟合作的总体框架下,区域丰富的文化资源综合运用资本市场的力量和现代信息技术力量将实现经济增长潜力向文化产业实力的转换。这一举措不仅有利于区域传统文化的保护和传承,而且可以促进民族传统文化的发展与创新。首先,建立中国—东盟区域民族文化信息网络中心,借助网络通信技术实现民族文化信息资源数字化加工与整合;其次,建立广西与中国以及东盟各国民族文化信息网络资源的数据共享;最后,发挥区域民族文化信息资源整合的典范作用,带动中国—东盟自由贸易区范围民族文化信息资源的整合。显然,信息技术力量塑造的数据化产业信息为民族文化产业的发展提供了一个重大的机遇,奠定了民族文化产业在大数据时代的技术可能和数据基础。

(三)培育青年文化,巩固广西在民族文化创新中的关键成果

文化是不同民族形成身份认同的重要方式,既是一个民族在生存发展的历史过程中形成的精神寄托,又是一个民族构建美好未来的精神食粮。民族文化价值观、民族信仰以及民族意识的保护与传承,在经济全球化背景下民族文化一体化观念形成的当今时代,是保持民族独立性的关键,有着重要的意义和价值。青年在民族传统文化的保护和传承、在外文化交流的过程中有着双重身份。民族成员的身份属性赋予青年民族传统文化接班人的重任,同时对新鲜事物的接纳和包容的天性使得青年往往是最容易受到外来民族文化影响的群体。因此,应当重视民族文化认同以及信息时代文化安全的新变化,对在合作情境下广西区域文化的创新和民族文化认同的问题展开研究与讨论,提高对广西青年文化主题和文化类型的认识。

---

① 花拉:《网络环境下高校图书馆如何为民族文化企业发展服务——以内蒙古为例》,《内蒙古科技与经济》2013年第10期。

铜鼓迭代演变的文化环境探微

刘 洪[*]

摘 要：本文探讨了八种类型铜鼓迭代所需要的文化环境，发现新型铜鼓诞生所需要的文化环境非常苛刻："汉壳土瓤"方能催生它的演变；过犹不及，都不适宜它的新生。令人惊讶的是：每个新类型诞生的文化环境都是社会结构巨变的副产品，不是统治者的主观而为。也许正因如此，铜鼓才会一次次"死而复生""异地而传"。

关键词：铜鼓；"汉壳土瓤"；迭代演变

20世纪80年代以来，国内有关铜鼓的研究取得了巨大进展，学术研究的成果与我国是一个铜鼓大国的地位基本相匹配，学界也达成了相当多的共识。不论是铜鼓科学研究方面，诸如考古发掘、元素测量、铅同位素测定，还是铜鼓文化方面的探讨，诸如类型划分、纹饰比对、族属分析等，都取得令人瞩目的成就。但对铜鼓迭代演变所需要的文化环境谈得不多，本文对此做一探讨。

两千多年来，铜鼓由炊具而来，在文化碰撞中壮大，成了通天的神器，象征权力巅峰，成为财富代表，变为文化符号。这种难以消融的铜鼓情结，不断主动或被动地吸纳各种外来的文化养分，使之绵延流传。正是这种情结，催生了铜鼓文化的传播，不管是部落消失还是方国被灭，不管是原地重构还是异地再造，"铜鼓重器"的观念代代相传。万家坝、石寨山、东山、北流、灵山、遵义、西盟、

---

[*] 作者简介：刘洪，广西大学新闻学院教授。

冷水型，八大类型，九大重器，四处开花，不断演变出新的类型，如各类型交互关系下图所示：

铜鼓迭代演变示意图

朝代/年代	中国铜鼓类型				越南铜鼓类型
（春秋）前770—前476年	万家坝型铜鼓流行于滇桂川、越南、泰国。				东山铜鼓D型。越南学者认为是铜鼓退化
（战国）前475—前221年		石寨山型铜鼓——晋宁、会理、赫章、玉林及越、柬、泰、马来西亚、印尼等流传			
（秦）前221—前206年					东山铜鼓A型B型。越南学者认为，万家坝型与东山铜鼓（石寨山型）是平行发展的
（西汉）前206—25年	冷水冲型铜鼓——西汉中期至南朝——流行于四川、广西、云南、贵州等省区和左江、右江、郁江、黔江、浔江流域。铜鼓形体瘦高、鼓体较大，花纹密集趋于图案化，饰有变形翔鹭、变形羽人和变形龙舟纹，鼓面四周铸有蛙饰和鸟兽、人物等造型，奇异多姿。		北流型铜鼓——西汉至唐流行于广西与广东交界的云开大山两侧鼓面大于鼓身，纹有太阳纹、几何形纹、云纹、雷纹、线纹、席纹等。鼓面都有立体蛙饰。形体硕大厚重、鼓面宽大、鼓耳结实，多为圆基环耳		
（东汉）25—220年				灵山型铜鼓。东汉至唐代——分布在桂东南灵山、横县、浦北、钦州、邕宁、崇左等地。鼓面大于胸，胸部较为平直，鼓面多为云雷纹、线纹和鸟纹等。鼓面铸有三只脚蟾蜍六只	东山铜鼓C型分布于越南北部的红河下游地区，尤以清化、河山平等省最多，包括河内、河北、海兴、义静，南到平治天、嘉莱—昆嵩省都有出土。鼓面径多小于胸径，边缘多为素晕，青蛙塑像4只，青蛙背部多有十字交叉纹
（三国）220—280年					
（西晋）265—317年					
（东晋）317—420年					
（南北朝）420—589年					
（隋）581—618年					

续　表

朝代/年代	中国铜鼓类型		越南铜鼓类型
（唐）618—906年	西盟型铜鼓——唐至现代——流行于德宏、临沧、西双版纳、西盟、缅、泰、老挝等，缅北部称其为"克伦鼓"	遵义型铜鼓——唐至宋——流行于贵州、广西和云南一带	东山铜鼓E型（越南发现东山铜鼓190面，其中有115面有完整资料，15面不能分类，14面未经考察）
（五代十国）907—960年			
（北宋辽金西夏）960—1227年			
（南宋金）1127—1279年		麻江型铜鼓——南宋至晚清流行于两广、滇、黔、川、湘、海南越南北方体型扁矮，壁薄	
（元）1206—1368年			
（明）1368—1644年			
（清）1616—1911年			

本资料来源：中国军事史编写组：《中国历代战争年表》，解放军出版社2003年版；李昆声、黄德荣：《中国与东南亚的古代铜鼓》，云南美术出版社2008年版；黄懿陆：《滇国史》，云南人民出版社2004年版；《后汉书》。

一 "庄蹻王滇"构建了铜鼓升级的条件

目前已发现的万家坝型铜鼓有62面，其中中国51面（其中云南46，广西3，广东1，四川1），越南8面，泰国3面。古朴、浑厚的万家坝型铜鼓（越南学者称之为东山铜鼓E型。铅同位素显示：越南的万家坝型铜鼓是在云南大理、楚雄铸造后传过去的。）发展到战国时期，演变为造型雄伟、制作精良、装饰考究、塑像华美的石寨山型。这是生产力提高、多种文化融合的必然结果。

铜鼓的诞生，不排除社会进程中的偶然因素，但它此后长盛不衰、大范围的传播，一定是举族之策、举国之力、政治考量的结果。尽管没有文字记载从万家坝型铜鼓到石寨山型铜鼓的演变过程，但可以肯定的是，它的变化一定和当时的文化环境密切相关。这期间在古老的滇国领域之内发生了一件影响深远的重大事件——"庄蹻王滇"。

司马迁在《史记·西南夷列传》中记述："初，楚威王时，使将军庄蹻将兵循江上，略巴、（蜀）黔中以西。庄蹻者，故楚庄王苗裔也。蹻至滇池，地方三百里，旁平地，肥饶数千里，以兵威定属楚。欲归报，会秦击夺楚巴、黔中郡，道塞不通，因还，以其众王滇，变服，从其俗，以长之。"为了从战略上夹击秦国，楚王命庄蹻率部队攻占西南。庄蹻占领了滇池一带后，归途被秦兵切断，于是改变策略，入乡随俗，悉心经营滇池。

庄蹻王滇后，实行"向东防御，向西发展；向北联合，向南结交"的策略，东边布下重兵，防止秦军进攻，向西扩大地盘。北边联合同种僰人，南边结交越人。构建了滇国（前278—115年）的基本轮廓：东至陆良、泸西一线，西至安宁、易门一带，北到昭通、会泽之地，南达元江、新平、个旧之境，南北长四五百公里，东西宽两百余公里。存在了390年，出现于战国中期而消失于东汉中期。

此后，滇国文化与汉文化又经过数次大规模的碰撞，即公元前109年（汉武帝元封二年）汉朝征服了靡莫、劳浸部落，滇国举国归汉，滇王尝羌接受了汉武帝所赐金质"滇王之印"，"复长其民"。后来，牂牁郡句町侯亡波，也被封为"句町王"。滇国形成了"滇王"和"太守"的双重结构。这种双重结构本来是出于王朝统治的需要，无意中营造了铜鼓演变的文化土壤。因为代表土著文化的"滇王"有着浓郁的本氏族传承下来的"铜鼓情结"，而代表中原朝廷的"太守"则掌握着先进的社会生产力，此后的历史一再证明这点：铜鼓诞生于"汉壳土壤"的文化环境里，过或者不及都不能催生铜鼓的演变。

在滇、楚、（吴）越等多种文化构成的大熔炉里，石寨山型铜鼓被反复淬火、铸造、被毁、再铸造，迎来了铜鼓文化的第一个高峰。如石寨山6号墓，不仅出土了金质"滇王之印"，证实了《史记》所载属实，还出土了带有北方草原文化特征的青铜扣饰，而鎏金和绿松石镶嵌技艺以及玉石的出现，正是外来文化与当地文化融合的产物。这一点得到越南学者的认同,越文秦论述东山淞林鼓时认为,它是"东山文化融合的产品,它的主人与滇式鼓有最为紧密的关系,两者的关系在汉人猛烈干涉滇人世界,并增强对红河流域雒越人世界的影响的阶段继续发展"。([越]越文秦《东山文化框架内的第Ⅰ类型铜鼓》,《中国古代铜鼓研究通讯(第六期)》,1989年。)

"在滇文化的构成中,外来文化始终占据了主导地位,而当地土著文化的成分所占比例则一直很小。"① 出土的青铜器留下了来自楚文化的印记,不少铜鼓或贮贝器上妇女的椎髻发式与湖南长沙陈家大山楚墓帛画中的妇女发式基本一致。图案中的舞蹈有头戴羽冠、手持鸟羽的"羽舞",头戴羽冠、手持牦牛尾巴的"旄舞",以手袖摆动为舞的"人舞",和一手执盾、一手执戚或钺或矛的"干舞"。这些舞蹈与《周礼·春官·乐师》中所记载周朝"六小舞"相似。东汉王逸《楚辞章句》记载:"楚南郢之邑,沅湘之间,其俗信鬼而好祀。其祀比作歌乐鼓舞以乐诸神。"这与滇人的祭祀场面基本一致,铜鼓上的祭祀船纹中有盛装贵族在葫芦笙、铜鼓等的伴奏下翩翩起舞的场景。显然,来自楚国的庄蹻在云南掌权后,尽管入乡随俗,"变其服,从其俗",但文化程度更高的楚文化对万家坝型铜鼓的迭代升级,起到了直接推动作用。

铜鼓发展到石寨山型才称得上"国之重器",成了统治权力的象征,具有了双重功能:政治功能和社会功能。政治上使统治者的权力合法化;社会的训导则使统治者的权力稳定化。由于文字不发达,统治者便以坚硬又可塑的铜鼓(或大型铜器)为媒,以立体塑像为符号,以铸造为书写。不仅记录了本族的辉煌历史,再现了当时的社会结构与生活,还清晰而广泛地传播了统治者的思想意志。塑像从静到动,从单一到群体,从日常生活到战场厮杀,从平面刻画到立体铸造,从人物、动物到房屋,从舞蹈、狩猎到人祭,构成了古滇国社会生活中一个又一个的社会场景。精美传神的各种塑像足以彰显权力的意志,起到引导、教化、驯服、警示、威慑之意图,达到认同、归属、凝聚、传承、维护之目的,高度发达的视觉文化弥补了没有文字的缺憾,适应了当时社会生活的发展水平,将生动的画面传之四方,传之万代。

---

① 《滇人从何而来》,http://roll.sohu.com/20130417/n372926671.shtml。

二 "汉政越俗"的南越国迎来了四种铜鼓的广泛传播

如果说"庄蹻王滇"为举国铸鼓提供了条件,那么,"滇王受印"使得滇国赢得近400年发展时期,为铸造雄伟、精良、华美的石寨山型铜鼓提供了雄厚的物质基础。而南越国的建立,则促使铜鼓一分为三,沿江河向南向东传播,沿路诞生新的类型。这也就是今天看到的与石寨山型铜鼓极为相似的东山铜鼓,以及在广西藤县形成了冷水冲型和在北流县形成的北流型铜鼓。这样,南越国的市面上就流传着四种类型的铜鼓,石寨山型、冷水冲型、北流型和东山铜鼓。

铜鼓对其演变与传播的土壤有独特的要求:既不能全是本地文化,也不能全是外来文化,必须是土著人(百越、百濮)的政治文化加汉族的生产技术,才能催生铜鼓。换言之,必须是先进的经济水平和相对保守的文化习惯,才能迎来铜鼓的演变。具体来说,就是铜鼓传播区域(岭南与西南地区)如果未接触汉文化,经济能力未达到铜鼓制作技术的要求,诞生不了铜鼓。完全汉化后,经济水平倒是提高了,但是文化观念也改变了,也无法传播铜鼓。

赵佗无意间为铜鼓的演变营造了优良土壤。他统治南越国81年,独创的"汉政越俗"体制正适合铜鼓传播的需要。"汉政"是指政治上仿效汉制,郡县制和分封制并行,实施中央官制和地方官制。"越俗"是指南越国的社会文化、风俗习惯仍然是以越人为主,按上层越人的惯例行事。他吸收当地有威望的越人首领,加入社会管理阶层。任命越人首领吕嘉为南越国丞相,且连相三王,其宗族中"为长吏者70余人"。

与政治上的小心谨慎相反,赵佗在经济上大刀阔斧实施改革。他大力推广先进的铁农具,废除"刀耕火种""火耕水耨",大力发展水稻、水果和畜牧业、渔业、制陶业、纺织业、造船业、冶铁业,以及交通运输和商业外贸。[①] 民族政策上采取"和辑百越""从其俗而治",提倡汉越通婚。南越王室带头与越人通婚。南越明王赵婴齐就娶越女为妻,生子建德,封为高昌侯。丞相吕嘉宗族中

[①] 张一平:《百越研究》,暨南大学出版社2012年版。

"男尽尚王女，女尽嫁王子弟宗室"。①

正是南越国这一系列经济措施，为铜鼓的演变提供了厚实的物质基础。越人悠久的铜鼓情结，在政治上得以抒发。北流铜矿的开采、冶炼不再是难题，铜鼓的制模、翻砂、纹饰、浇铸等专业程度很高的要求，也不再是拦路虎。因为社会的进步，已经产生了专业的工匠，冷水冲型和北流型铜鼓顺势而生。由于同属于南越国的势力范围，这两种铜鼓与石寨山型铜鼓相似度更多一些。岭南发现的石寨山型铜鼓均在广西，从桂西的西林、田东到桂东的贵港、贺县等地共发现数面，传播路径十分清晰。它们之间既有主体的相似，又有纹饰细微处的区别，如"冷水冲型与石寨山型最大的不同在于鼓面有动物塑像和纹饰，从写实走向图案化"②。

南越国疆域正是石寨山铜鼓传播的空间，向东传到广西，与岭南骆越文化相结合，诞生了两类新的铜鼓。向南传到越南北方红河平原，与当地原有的青铜文化相结合，形成了东山铜鼓。石寨山型铜鼓与东山铜鼓这对铜鼓中的"双胞胎"具有高度一致性，从器型、纹饰、制作风格都有极高的相似性。两者最大的区别是：石寨山型铜鼓具有喇叭形的截头圆椎形腰，而东山铜鼓多为圆筒形腰，只有部分为截头圆椎形腰。李家山出土的三骑士铜鼓为圆筒形腰，与本区石寨山型铜鼓截然不同，而与东山铜鼓相同。但骑士塑像应是来自北方的氐羌族群掌权时仿照东山铜鼓的产物。两地铜鼓融合之紧密，也只有在南越国这样的环境里，才会有这样的铸鼓奇迹。

考古资料表明，东山文化属于青铜时代晚期至铁器时代早期，是公元前5世纪至公元1世纪，分布于越南义静省以北至广西一带。迄今在越南12个省约80个地点，发现了东山文化遗物，总数有12800余件。其中，河内东英县古螺城发现的铜镞约1万件，铜鼓113面（只有6面是科学发掘）。

东山文化的技术水平一旦遇上了南越国"汉政越俗"的管理模式，迎来的是石寨山型铜鼓的大发展。石寨山型铜鼓在中国境内发现了70面（主要分布在滇桂粤川，其中44面为科学发掘），与其相似的黑格尔Ⅰ型在越南29个省发现

---

① 《史记·卷一百一十三·南越列传第五十三》。
② 彭长林：《铜鼓文化圈的演变过程》，《广西民族研究》2016年第1期。

了190面，印尼58面，泰国26面，马来西亚6面，柬埔寨2面[1]，"表现红河的雒越人与广西的各越人亲族在秦汉帝国第一次扩张压力下的猛烈的文化混合。在东山文化中出现了新的因素，例如扁形柄剑、笔尖形刀、镂孔三角花纹底座的铜瓶、脚掌型斜刃斧等，这是从广西和扬子江下游传入的物质文化产品。"[2]

南越国精心打造的"汉政越俗"的文化环境成了铜鼓演变的大熔炉，在本土和异域文化锻造下，凝成新的文化瑰宝，留下了各自文化的倩影；时间的提炼，铸造了铜鼓的神韵，继承了原来的韵味，赋予了新的"型"像，薪火相传。

三 马援平乱重构了铜鼓演变的环境

东汉时期的岭南又诞生了两种类型的铜鼓，即灵山型铜鼓和东山铜鼓C型。灵山型铜鼓与北流型铜鼓形制相近，鼓面大于胸，胸部较为平直，鼓面花纹精细，多为云雷纹、线纹和鸟纹等纹饰。广西灵山县秦时属于象郡，与交趾为临，这两种铜鼓同时出现在相邻的区域，绝非偶然，是社会结构发生改变、社会生产力提高之后的结果。这些显然与马援平乱密不可分。

秦汉以来岭南实行"一廷两制"，即一个中原朝廷，两种（郡县制与族长制）管理体制。在这种模式里，郡县制需要族长制的政治认同，族长制需要郡县制的经济支持，成就了铜鼓传播的辉煌历史。但这种平衡一旦被打破，就变成了相互攻击。公元43年马援平定了二征的叛乱，"于交趾得骆越铜鼓，乃铸为马式，还文上。""马高三尺五寸，围四尺五寸。有诏置于宣德殿下，以为名马式焉。"[3] 这是中原汉文化首次对铜鼓进行文字记载，也是铜鼓首次离开它的铸造地向北传播。

铜鼓在这次战争中不仅直接被缴获、销毁，而且原来生存的土壤也受到消弱。"援所过辄为郡县，治城郭，穿渠灌溉，以利其民，条奏越律与汉律驳者十余事，与越人申明旧制，以约束之。"〔〔南朝〕范晔：《后汉书·卷二十四·马援列传第十四》〕马援废除了雒将制度，雒将、雒侯不再承袭祖荫，而是由朝廷

---

[1] 此数据依下列资料整理而得：彭长林：《铜鼓文化圈的演变过程》，《广西民族研究》2016年第1期；万辅彬等：《越南东山铜鼓再认识与铜鼓分类新说》，《广西民族学院学报》（哲社版）2003年第11期；徐菲阳：《印度尼西亚铜鼓初探》，《乐器》2010年第12期。
[2] 〔越〕越文秦：《东山文化框架内的第I类型铜鼓》，《中国古代铜鼓研究通讯》1989年第6期。
[3] （南朝）范晔：《后汉书·卷二十四·马援列传第十四》。

任命到县一级。整个交趾自广南省到北部一共设有三郡五十六县，均由朝廷委任县令治理。原来的贵族势力遭到镇压、削弱，改变了雒将雒侯把持各县的现象。"悉定郡县为令长也"。另外，马援平叛之战也废除了原来的奴隶制习惯法，推行封建法制。交趾地区原来流行的是奴隶制的制度，在解决雒民的利益冲突时，习惯法常常起着重要作用。马援"条奏越律与汉律驳者十余事，与越人申明旧制以约束之，自后雒越奉行马将军故事"。

相对于铜鼓的传播而言，马援实际上是在重构铜鼓的文化环境。从短期的战术角度来看，马援平乱客观上是摧毁了一些铜鼓，打乱了原来脆弱的平衡。但从战略角度来看，平乱之后交趾一带的社会发展水平一跃进入封建社会，经济能力大幅提高，对铜鼓的演变打下了有力的物质基础。考古资料正好印证了这点。公元1世纪，东山文化式微，中国和越南的大多数学者认为东山文化终结于公元1—2世纪（东汉时期）。东山铜鼓虽然不像石寨山型铜鼓那样大范围转移，但也发生了变异，以C型铜鼓的面貌，出现在历史的长河里。

马援征讨二征促使铜鼓情结向北飘移，在灵山找到了适合的土壤，诞生了新的类型。在灵山18个乡镇中有16个出土了铜鼓，全县共出土了112面三种类型的铜鼓（灵山型、北流型和冷水冲型）。当时铸鼓者是西瓯的后人乌浒——俚人。随着中原军事、政治力量的南下，汉文化又一次南传，先进的农业生产技术和工具也随之而来。中央朝廷委派的陕西汉中人锡光和河南南阳人任延分别任交趾和九真太守，教夷民，造农具，开荒地，种稼穑，置冠履；设媒聘，立学校，导礼仪，"岭南华风，始于二守焉"。（《后汉书·卷七十六·循吏列传第六十六》）。马援实际上是重新恢复了"汉政"在"越俗"的架构和地位，使交趾的社会生产力快速地升级换代，客观上为铜鼓情结营造了良好的传播环境，使之在当地产生了变异，向北在灵山发生了迭代演变。

四 三类铜鼓在南诏（大理）边缘区域形成

遵义型、西盟型和麻江型铜鼓的诞生，进一步证明了铜鼓对社会环境的要求：过或者不及都不能造就新型铜鼓。唐代在西南地区形成的这两种铜鼓也从反面证明了铜鼓对生存环境的严苛要求。按理说，南诏国继承了万家坝和石寨山型铜鼓的历史文化，又拥有打败唐朝军队的强大实力，新型铜鼓应该在南诏国得到前所未有的大发展。事实却是，新型铜鼓没有在南诏国的中心获得新生，而是在边缘地带出现。一个在距都城上千公里的东北方向的遵义，一个是距离600公里的西南方向的西盟。从南诏史料中反证中心区域的社会环境已经超越了铜鼓的生存需要。

南诏国的经济实力从它对外战争情况可见一斑。三次打败唐军，两陷安南、邕州，一入黔中，四攻西川①。南诏立国254年。可以说南诏的国力远远超过了诞生最早铜鼓的古滇国、广泛传播铜鼓的南越国。也就是说南诏国完全有催生新型铜鼓的经济能力。但是，它的主流意识形态和古滇国相比，已经发生了根本的变化。它不再信奉带有原始特征的土著文化，而信奉佛教，仰慕汉族文化。

南诏的政体仿照唐朝的中央集权制，南诏王是最高统治者，集军、政大权于一身。政体如此汉化，对后代的教育更是以儒学为圭臬，儒学占据了南诏的教育领域王室。在上层统治者的推动之下，南诏掀起学习唐文化的热潮。就连南诏奉为国教的佛教也是唐初传入的汉地佛教。南诏王室均皈依佛法，虔诚信仰。民众每户供奉佛像一堂，早晚诵经。南沼王劝丰佑的母亲出家为尼，用银5000两铸佛一堂。南诏大建寺庙，铸造佛像。由于信奉佛教，南诏将强大的经济能力用来铜铸造佛像和大钟，而不是铸造铜鼓。其用铜数量之巨与铸造工艺之精，令人叹为观止。建造崇圣寺时，铸造铜佛1万余尊，用生铜4万余斤。所铸观音像保存至今。观音像高2.4丈，其比例适度，神态庄重，而且铸造精细。所铸铜钟高达1丈余，重达数千斤。钟面铸有12个佛像。（《西南通史》，328）

以南诏国铸造佛像的能力，完全可以铸造相当精美的铜鼓。但是铜鼓在南诏王室的心目中没有佛像重要，王室更青睐的是佛像。由于南诏的疆域内在历史上毕竟产生过万家坝和石寨山型两种铜鼓，其铜鼓情结仍有相当的深厚而广泛的社会基础，南诏上流社会不信奉了，但广大下层民众仍会信奉；政治中心不喜欢，边缘会喜欢。此处不需要，自有需要处。中心区域有能力但不需要，便转移到有需要的边缘地带。这样遵义型和西盟型铜鼓便产生了。之所以在这两个地方产生，与南诏的大规模移民有密切关系。

南诏为了巩固胜利果实，进行过三次大规模强制性移民。把滇东诸爨20余万户迁至滇西永昌至龙和（今禄丰南）一带，正是这一代区域产生了西盟型铜

---

① 《西南通史》，第265页。

鼓。这种强制性移民，客观上调整了原来的社会结构，均衡了各地的社会发展水平，也推动了后进地区的经济发展。无意间为铜鼓情结种子的开花打下了基础。

虽然历史没有给后人留下有关西盟型和遵义型铜鼓的资料，但通过考古学、民族学的横向比较，仍可以探出某些端倪。太和城（南诏都城）主人是蒙舍人，出自乌蛮。西盟一带是爨氏被迫迁移地之一，遵义则是杨氏的繁衍之地。南诏王是土著人，西盟一带的爨氏自称是中原南迁的汉民。遵义的杨氏是太原阳曲县人，杨端自唐代割据播州（今遵义）之后，便形成了世袭土司政权，直到明万历年间被灭。从他们的族属来看，新型铜鼓似乎应该在太和城出现，而不应该在西盟和遵义，但事实恰恰相反。

太和城里的土著，心羡中原，仿照唐制，信奉佛教，接受儒学，一心向汉。可以说，他们是"土壳汉瓤"，在唐、南诏关系因战争而中断交流的情况下，南诏就用武力的方式从唐地抢过自己所渴望的物资、技术、文化和人力。乌蛮人为学习唐朝文化，竟然不惜通过战争的手段来实现自己的目的，这样的环境显然不可能产生新的铜鼓。

而来自山西的杨端很像当年的赵佗"汉壳土瓤"。起初是为中央朝廷披挂南征，873年从南诏手里收复播州之后，据为己有，逐渐形成世袭土司。身为汉人，为图生存，入乡随俗，传承土著人的历史文化，接受当地的风俗习惯，积极引进先进农耕技术，提高民众生活水平。穿土衣，说土话，与当地民众打成一片。历史悠久的铜鼓以遵义型的样式在此地复兴自然是水到渠成之事。

同样来自中原的爨氏也是"汉壳土瓤"的再现。爨氏分别在庄蹻王滇、秦开五尺道、汉武开滇、武侯定南中等不同时期，以戍军、屯垦、商贾、流民等方式进入南中，通过与当地土著通婚等方式而在一定程度上"夷化"了，成为南中的地方豪族和实际统治者。这从著名的"两爨碑"（《爨宝子碑》和《爨龙颜碑》）可以看出爨氏等南中大姓在晋南北朝时期依然保持着中原的观念和意识。可以说，爨氏等大姓进入西南后即开始了"夷化"，在三百多年的时间里，即使没有看到过万家坝型铜鼓，也会接触到石寨山型铜鼓，或其他流传到此的铜鼓。但事实表明，这么长的时间内云南并没有出现新型铜鼓。说明爨氏等进入西南在第一次"夷化"中，并没有深入思想意识层面，或者说还没有"夷化"到铜鼓层面。

爨氏被迁徙到滇西后开始了第二次"夷化"，一方面带来较发达的生产技术和生产工具,迅速提高了西盟一带的生产水平。另一方面,由于当地保留浓郁的铜鼓情结,随着爨氏继续夷化的程度不断加深,习夷经、信巫鬼教、过火把节、取名、丧葬、嫁娶、祭祀、歌舞等都打上了夷人的烙印,古老的民族文化在汉人的精神世界里也占有一席之地,铜鼓情结也随之复苏、开花、结果。《新唐书·卷第六十·志第四十四·食货四》说:岭南俚僚喜铸铜鼓,"江淮、岭南列肆鬻之,铸千钱为器,售利数倍"。所铸铜鼓,"以高大者为贵。鼓初成,置庭中,设酒召同类,来者盈门;豪富女子以金银钗击鼓,竟,即留与主人"。[①]爨氏等带来的先进的生产技术和生产工具,使西盟一带的农业生产水平有了较大提高,具备了铸造铜鼓的经济实力。

麻江型铜鼓也同样深受"汉壳夷瓤"社会结构的影响。麻江秦汉时期属且兰县辖地。隋属宾化县,距大理国东边的疆域普安还要远600公里的麻江县,处于大理与宋朝边缘,长期处于各方交战的边缘地带。南宋为了减轻中原抗元的压力,笼络西南少数民族,将过去强制性完全汉化的社会结构调整为"宣抚司",设置乐平平夷宣抚司和麻哈平蛮安抚司,任用土著上层人士参与统治管理,世袭官职,也就是后来的"土司"。南宋此次对西南地区社会结构的战略调整,释放了当地长期被"汉化"压制的铜鼓情结,加之长期的汉化,已经具备了足够的经济实力,催生了铜鼓迭代演变的巅峰之作——麻江型铜鼓。它体型扁矮、鼓壁较薄、铸造工艺精湛、饰纹丰富多彩和音响效果俱佳。

总之,铜鼓迭代演变所需要的文化环境相当苛刻:形而上的"道"必须是"夷情夷思"为主,形而下的"器"必须是"汉技汉力"为辅。过或者不及都不能推动铜鼓的演变。至于推行"夷情夷思"的是土著还是汉人,无关紧要。铜鼓最早是从西南的"夷釜"中诞生的,它的迭代离不开浓郁的"夷情夷思";又由于它需要相当的经济实力,也离不开社会发展水平更先进的"汉技汉力"。也就是说,铜鼓是"夷汉"相结合的产物,单"夷"不行,单"汉"也不行,它需要"汉"的经济实力与"夷"的思想意识,由此而构建的"汉壳土瓤"一次又一次地推动了铜鼓的迭代传播,直到这样的文化环境发生了彻底的改变。

[①] [越]黎崱:《安南志略》,中华书局2000年版,第44页。

产业资源视野下中越边境（桂越段）文化资源研究

刘继辉[*]

摘 要：中越边境（桂越段）属于多山少田地带、多民族聚居区，文化底蕴深厚，文化资源非常丰富。从其表现形态看，中越边境（桂越段）文化资源可分为历史文化资源、民族文化资源、民俗文化资源和红色文化资源。从其所体现的价值看，中越边境（桂越段）文化资源具有历史见证、精神塑造、经济开放、艺术审美、文献研究等价值。从产业资源发展的角度看，中越边境（桂越段）文化资源可进行产品化与商品化的产业开发、旅游开发和创意产业开发。

关键词：中越边境；文化资源；表现形态；价值；产业开发

随着"一带一路"高峰论坛的落幕，我国与世界其他国家的联系更加紧密，交流与合作更加深入。作为国家对外的门户，边境地区必将是我国落实"一带一路"建设的亮点，也将越来越受到中央政府的重视，尤其在边境文化的保护与发展方面。我国与越南山水相连，仅桂越段陆地边境线就有630多公里，横跨我国广西壮族自治区的三市八个县区。该地区是我国南方典型的多山少田地带，有十万大山、左右江的阻隔，交通十分不便；亦是多民族聚居区，有汉、壮、苗、瑶、彝等十几个民族多个支系，文化底蕴深厚，文化资源丰富。因此，立足于产业资源开发的角度，对中越边境（桂越段）文化资源的表现形态、价值及产业化发

---

[*] 作者简介：刘继辉，百色学院文学与传播学院助理研究员。

展进行研究对边境文化的保护、地区经济的发展及边境贫困民众的脱贫具有非常重要的理论价值和现实意义。

一 中越边境（桂越段）文化资源的表现形态

"文化资源是人们从事文化生活和生活所必需的前提准备，文化资源蕴藏在深厚的历史文化传统之中，也存在于社会文化现状之中，它既是一种可感知的物质化、符号化形式存在，又以一种精神性、智力化的形式存在"。[①] 独特的地理环境、大量的历史文化遗迹、绚丽多姿的多民族民俗风情，造就了中越边境（桂越段）丰厚的文化资源。它是边境民众长期物质生产的智慧结晶，是边境族群历史沉积的精神财富。依据文化资源的不同主题，中越边境（桂越段）文化资源可划分为历史文化资源、民族文化资源、红色文化资源、民俗文化资源。

（一）历史文化资源

历史文化资源是指"人类在自身发展过程中所创造的物质和精神财富的深厚积淀"，"具有历史、文化、资源的三重含义，兼具历史的联系、文化的内容和资源的形式"。[②] 自古以来，中越边境的各族民众凝聚集体的智慧、用自己的双手、通过辛勤的劳作创造了丰富多彩的历史文化资源。这些历史文化资源主要表现为：（1）从历史文化人类学或审美角度看具有普遍价值的人类历史遗迹，如那坡县城厢镇感驮岩遗址、大新歌寿岩遗址是古人类新石器时代文化遗址，被列为古人类活动"洞穴遗址"；创作始于春秋时期的宁明、龙州岩画是壮族祖先智慧与审美的艺术结晶，是壮族文化的瑰宝、世界岩画的极品；法国驻龙州领事馆旧址、防城的刘永福故居、冯子材故居等遗址是社会的宝贵精神财富。（2）具有历史价值、文化价值、艺术价值和欣赏价值的历史建筑，如大、小连城遗址以及那坡县平孟镇弄平古炮台、宝盖山炮台、牛头山炮台、鸡埔山炮台、观音山炮台、靖边城炮台等古代城防体系是清末抗法将领苏元春所建造的边关战地防御遗迹，被誉为"南疆长城"；容峰塔、武圣宫、宾山灵虚塔等古代建筑物始终保留着清朝中后期的建设风格，体现了当时人们的审美观念和价值取向；靖西旧州古

[①] 姚伟钧：《文化资源学》，清华大学出版社2014年版，第8页。
[②] 牛淑萍：《文化资源学》，福建人民出版社2012年版，第36页。

镇至今保持着明清时期的建筑格局，具有很高的观赏价值和历史价值。

（二）民族文化资源

从资源的构成看，民族文化资源是由物质文化、精神文化、观念形态所构成的一个庞大的认知体系，包括民族物质文化资源和民族精神文化资源。从民族文化的各种表现形态看，民族文化资源主要指精神领域，如节日文化、礼仪文化、工艺文化、信仰文化等。广西中越边境分布着壮、汉、瑶、苗、彝等十几个民族、几十个支系，他们在漫长的历史发展过程中相互联系、相互交流、相互促进，逐渐形成了各自独特的民族民俗风情，并延续、流传至今。这些民族文化资源表现为：（1）在特定时节举行的周期性、程式化、集体参与的节日文化，如那坡壮族三月三·中山同歌节，彝族跳弓节和祈雨节；靖西壮族三月三·风流街，五月端午·药王节；龙州"侬峒节"、"昆那节"、歌圩节；大新县壮族霜降节等，这些民族传统节日是民族历史生活的产物，伴随着民族生活的变迁、发展而不断演变。（2）展现当地民众精湛技艺的工艺文化，如靖西的壮锦、绣球等手工艺品，做工烦琐、图案鲜艳、寓意丰富，成为广西民族文化的代表；苗族、瑶族的蜡染工艺传承数千年，至今仍深受当地民众的喜爱；因地制宜、就地取材而编制的各种生活用具，如竹筐、竹篮、草帽、捕鱼工具等。（3）再现边境基层民众娱乐生活的游艺文化，如舞狮、舞龙、斗牛、打陀螺、山歌对唱、竹竿舞、庆丰收舞蹈、天琴、靖西"八音"等，这些民间游艺大都在民族传统节日上出现，并伴随着节日的演变而不断改变。

（三）民俗文化资源

民俗文化是沟通民众物质生活和精神生活，反映民众集体意愿，并以口耳相传、口传心授的方式进行传承的一种文化现象；它服务于时代，服务于人民，是人们在历史实践活动中创造和积累的文明成果。中越边境（桂越段）民俗资源非常丰富，它们是当地民众为适应边境气候变化、恶劣的生存环境在长期生产、生活中积累、沉淀下来的生产生活方式、行为准则、思维方式和评价标准，具有民族性、时间性、社会性、区域性、传承性与变异性的特征。这些边境民俗文化资源表现为：（1）反映人在不同阶段身份标志的人生礼仪习俗。如带有地方性特色的壮、瑶、苗、彝等少数民族的婚丧礼仪、生育习俗。（2）在衣、食、住、行等方面体现民族特殊的生活礼仪，如那坡白彝酒宴桌上的"七老"座次，以五色糯米饭待客习俗，重大民族节日的"长桌宴"；注重风水的干栏式建筑格局设置习俗。（3）标志亲族血缘关系的称谓习俗，如广西大新县壮族亲属关系的称谓习俗，那坡"打老同"习俗等。

（四）红色文化资源

红色文化是中国共产党领导中国人民在实现民族解放、自由及建设社会主义中国的长期革命斗争实践中形成的、具有中国特色的先进文化，蕴含着丰富的革命精神和厚重的历史文化内涵。它是物质文化、精神文化和制度文化的有机统一体，主要包括革命遗址、遗物、纪念地、革命理论、纲领、路线、方针、政策、革命精神、革命道德传统等。而红色文化资源是指传承"红色"记忆的重要载体，具有历史见证、文明传承、思想教育、经济开放的价值。中越边境（桂越段）是中国革命的摇篮，红七军、红八军的诞生地。无数先烈为实现民族解放、国家富强、边境稳定前赴后继、不懈奋斗，不惜献出年轻的生命。他们的英雄事迹、革命精神、高尚的道德情操成为后世学习的榜样，是红色文化资源的核心所在。这些红色文化资源重要表现为：（1）以展示革命先烈遗物为主的纪念馆或旧址，如百色的百色起义纪念馆、右江工农民主政府旧址、红七军军部旧址、红八军靖西攻坚战旧址；崇左的龙州起义纪念馆、红八军军部旧址、胡志明展馆、水陇会议旧址、铁桥头保卫战遗址等。（2）为纪念中国革命先烈所修建的、具有纪念意义的革命纪念牌、烈士陵园，如百色起义纪念牌、龙州起义纪念牌及边境各县市革命烈士陵园等。（3）以体验革命先烈艰苦生活的革命路线遗址，如龙州的水陇屯重走红军路，红七军、红八军活动路线。（4）以歌颂左右江革命根据地革命先烈英雄事迹和革命精神的红色歌谣，如《红色嘹歌》《歌唱韦拔群》、壮族歌谣《不做革命活不成》、瑶族歌谣《救星共产党》《送郎当红军》等。

二 中越边境（桂越段）文化资源的价值

作为人类生存和发展的重要资源，文化资源已深深融入当今世界经济发展和社会进步的全过程，为经济增长和社会进步提供着强大的动力和不竭的源泉，成为21世纪的"新能源和新动力"。中越边境（桂越段）文化资源丰富，其所包含的内容繁多，所表现的形式多种多样。它不仅满足了当地社会和中越边境各民族民众的精神需要，还以其特有的表现形态体现出经济开发、历史见证、精神塑造等多种文化价值。

（一）经济开发价值

文化资源的经济价值表现为文化资源的培养、开放利用和增值，主要分为显性的经济价值和隐形的经济价值。显性的文化资源经济价值表现为直接的收入，以货币为形式；而隐形的文化资源经济价值以其他方式带动行业的收入和发展。从产业资源的经济价值看，中越边境（桂越段）文化资源不仅表现为显性的经济价值，如壮锦、绣球的销售；更表现为隐形的经济价值，如靖西"风流街"、那坡中山同歌节、大新霜降节等具有地域性和民俗特色的边境各民族传统节日。这些文化资源是中越边境（桂越段）地区文化产业发展的基础，因为"文化产业是提供文化产品和文化服务的大规模商业运作，通过市场化和产业化的组织形态，进行可持续的简单再生产和扩大再生①中越边境（桂越段）文化产业的发展是以当地文化资源为核心，依据市场的需求和人类精神文化的满足，进行文化资本转化和商业运作，从而推动当地经济发展。中越边境（桂越段）的文化资源带动了边境旅游业的发展，因为中越边境地区富于差异性的历史文化和民族民俗风情刺激了不同文化类型的人们，激发了他们认识、了解、体现异域文化的好奇心。中越边境独特的地理位置、气候条件以及充满神秘感的边境民族风情和异国情调，大大地吸引了中外游客的目光。

（二）历史见证价值

文化资源是在特定历史条件下所产生的自然或社会的遗迹、遗物或文化现象。作为历史的产物和时代的印证，它反映了当时的社会、经济、政治、科技、军事以及文化等状况，传递着历史文化信息。中越边境（桂越段）拥有丰富的历史文化资源，是当地各民族在历史的不同时期社会、经济、文化等发展的历史见证，具有非常重要的历史价值。如那坡县城厢镇感驮岩遗址是岭南地区古人类新石器时代活动的遗迹，是人类诞生源头的佐证。广西左江流域岩画

---

① 华建：《产业面上的文化之舞》，上海人民出版社2002年版，第39—55页。

群是壮族先民智慧与艺术的结晶，是历史的再现，反映了当时民众的祭祀文化、生育习俗、信仰文化、政治制度等。中越边境（桂越段）拥有百色起义纪念馆、龙州起义纪念馆、红七红八军军部旧址、红八军靖西攻坚战遗址、铁桥头保卫战遗址、流传于左右江地区的红色歌谣以及为祖国的和平、稳定而前赴后继的革命精神等红色文化资源，它们见证了"没有共产党就没有新中国"的历史，昭示了"只有社会主义才能救中国"的真谛。在流传于中越边境各民族的神话、传说、歌谣、史诗等民间文学作品中，记载了部落或族群的起源、祖先的丰功伟绩及其迁徙的过程，如那坡白彝的《摩经》、瑶族的《迁徙歌》、壮族的《布洛陀经诗》。它们是民族或族群历史发展的见证，是民族文化的宝贵财富。

（三）精神塑造价值

中越边境（桂越段）文化资源内涵丰富，具有培养青少年正确的"三观"、塑造民众良好的形象、净化民众心灵的价值。如红色文化资源折射着邓小平、韦拔群、俞作豫等老一辈革命家崇高理想、坚定信念和爱国情操的光芒，是开展青少年德育教育的有效载体。通过参观百色起义纪念馆、龙州起义纪念馆、红七红八军军部旧址、红八军靖西攻坚战遗址、铁桥头保卫战遗址等革命纪念馆和遗址，让观赏者感悟到那段烽火连天斗争岁月的艰辛和今天美好生活的来之不易，从而主动地、真诚地接受红色文化的洗礼和理想信念的教育。再如宁明容峰塔、凭祥武圣宫、靖西宾山灵虚塔等古代建筑物不仅造型奇异、结构独特而且还外形大方、坚固耐用，它们集成了中原汉族的建筑风格又融入了当地少数民族的文化元素，体现了当时人们的审美观念和价值取向。因此，中越边境（桂越段）文化资源不仅让人在感官上获得美的享受，在欣赏的过程中接收到历史的信息；而且还让人们感悟到这些文化资源所蕴含的先人的思想文化、精神与信仰，从而拓宽了人们对历史的认识，陶冶了民众的精神，净化了国人的灵魂。

（四）艺术审美价值

研究发现，大多数文化资源是人类按照美的原则进行创作的，它们"或体现一种历史的美或现实的美，或给人以当下的艺术享受和美的享受，或让人陶冶情操,或供人消遣娱乐"。① 在中越边境(桂越段)各式各样的文化资源中,具有艺术审美价值的文化资源所占比重非常大。如分布在龙州、宁明的花山岩画是壮族先民祭祀场面的再现,也是他们智慧和艺术的结晶。逼真的祭祀场景、写意的绘画手法、赤红的颜色冲击感、富有深意的人物图像等从美的深层次给人以艺术的启发和美的享受。如流传于中越边境地区的各民族山歌格调清新,结构独特,采用赋比兴的创作手法,灵活运用反复、比喻、排比、设问等修辞手法;在唱腔上,讲究音乐节奏的停顿,和衬字、衬词及助音等的运用,以达到音乐的和谐美。再如龙州天琴、靖西壮族"八音"、那坡彝族芦笙以及出现在各种节日祭祀场上的铜鼓等民族乐器尽管所奏之声各有不同但都能陶冶人们的情操,如天琴发音明亮丰满,音色圆润甜美;靖西壮族"八音"音色空明跌宕,彝族芦笙音域宽阔,乐声悠远,笙歌宏亮;壮族铜鼓音色或浑厚或清脆。除此之外,还有出现在各种民族节日活动中的民间舞蹈和民间游艺,如靖西的《舞乳狗》、大新霜降节上的《庆丰收》、打陀螺、踢毽子、抛绣球等,尽管它们比较粗俗,但蕴含着朴素的艺术审美观念,是当地民众对美的一种认识、追求和表现。

(五)文献研究价值

中越边境(桂越段)文化资源是中国文化的重要组成部分,对其进行研究具有非常重要的理论价值和现实意义。首先,对中越边境文化资源的整理有利于文献资料的整理和历史遗迹的保存。通过对中越边境(桂越段)节日习俗、人生礼仪习俗、称谓习俗、游艺习俗、生活习俗民族文化资源和民俗文化资源进行搜集和整理,可以让人们了解中越边境壮、瑶、苗、汉、彝、布依等民族的生产生活方式、信仰、道德意识、人生价值观念、为人处世的原则以及评价标准。通过对中越边境(桂越段)地区红色歌谣、老一辈革命家的英雄事迹、革命斗争或战争经历等进行搜集和整理,可以让人们更加清晰地了解老一辈革命家为了祖国和人民的利益不怕牺牲、英勇无畏、乐于奉献的高尚道德情操和积极向上的乐观精神。其次,中越边境的文献资料为科学研究提供了真实可靠的重要依据。中越边境的文化资源非常丰富,涵盖了政治、经济、历史、民

---

① 牛淑萍:《文化资源学》,福建人民出版社2012年版,第87页。

情、风俗、名胜古迹、著名人物等诸多方面的内容,可为科学研究提供重要的证明材料。如通过比较分析龙州的壮族婚礼与那坡的壮族婚礼,可以准确地回答地域特征、交通现状、民族融合对文化变迁的影响及其影响的程度。通过对大新、靖西、那坡壮族某些称谓习俗的研究,可以清晰地认识到壮族的社会结构和思想观念。

三 中越边境(桂越段)文化资源的产业化途径

文化资源是发展文化产业的基础和源泉;而文化产业的发展为文化资源变为文化资本,继而为进行商品化提供了保障。"中华民族有着五千年悠久的历史和灿烂的文化,有着多民族创造、兼融和共构一个伟大文化共同体的辉煌。其文化累积之丰厚、文化形态之多样和文化哲学之深刻,是世界上其他国家少有的。这是一笔怎么估价也不过分的宝贵的文化资源,是我们得天独厚的优势。对于中国新兴的文化产业来说,启动并整合、包装这些文化资源,就有可能形成具有中国特色的文化产业,并在全球市场的激烈竞争中占有可观的优势"。[①] 中越边境(桂越段)文化资源非常丰富,文化类型多种多样,既包括有形的物质文化资源,也包括无形的非物质文化资源;既有文化历史资源,也有文化现实资源。因此,对中越边境文化资源的产业化途径进行探讨,既是当地民众的实际需要,也是我国特色文化产业发展的必然要求,更是提高我国文化软实力的重要举措。

(一)中越边境(桂越段)文化资源的产业化开发

中越边境(桂越段)文化资源非常丰富,既有展现人类起源与发展的历史文化资源和突显民族风情的民族文化资源,又有再现地域特色的民俗文化资源和彰显伟大革命精神的红色文化资源。这些文化资源可以进行产业化开发,以满足人们对不同文化的需求,如文学艺术创作、音乐创作、摄影、舞蹈、工业设计与建筑设计以及各种文化服务。因此,依据其文化资源的内容及特征,中越边境(桂越段)文化资源的产业化发展主要表现如下。

---

① 李铁映:《创建有中国特色文化产业之路》,载王育济、齐勇锋等主编《中国文化产业学术年鉴2003—2007年卷》(上),文化艺术出版社2009年版,第3页。

1. 文化资源的产品化开发

众所周知,文化资源从资源到产品的转化过程,既是一个物态转化的过程,也是一个经济价值增值的过程。然而,由于受其自身特征的影响,大量文化资源表现为思想观念、道德情操、信仰、革命精神等非物态化形式,并不能直接表现为物态形式。因此,文化资源的产品化,特别是非物质文化遗产的产品开发,必须借助于产品化的表现载体或承载平台。中越边境文化资源大多属于非物态化文化资源,如祭祀仪式、人生礼仪、生活礼仪、工艺技巧、左右江革命精神以及民族音乐、民间文学等。根据《中华人民共和国非物质文化遗址保护法》的规定,对非物质文化遗产进行产品开发必须遵循"保护为主、抢救第一、合理利用、加强管理"的原则。从文化保护与传承的长远发展看,可以运用中越边境(桂越段)文化资源打造影视精品或拍摄高品质的纪录片,如借助红色歌谣、老一辈革命家的英雄事迹及红七军、红八军的战斗经历拍摄反映中国共产党领导下边境各族民众为争取解放、民族平等、保卫祖国的影视作品,如《邓小平在广西》《红七军》《红八军》《民族英雄韦拔群》等;借助边境民族地区的特有的节日习俗、风俗习惯、民族风情及人生礼仪等民族民俗文化资源,拍摄反映边境民族民俗风情的影视作品,诸如《天琴》《花山情》《黑衣壮》《满树木棉花》等;仿效文山壮族纪录片《丽哉勐僚》的形式,选择最具有典型意义的中越边境民族民俗文化资源拍摄边境民俗风情纪录片,诸如《音乐文化》《节日文化》《生活礼俗》《信仰文化》《歌圩文化》等。

2. 文化资源的商品化开发

文化资源的商品化既是由文化资源到文化商品的形态转变,由非物质文化资源到物质产品的物化转变,也是包含着文化资源的样态变化和价值增值的复杂的系统的过程。纵观中越边境(桂越段)文化资源的各种类型,其商品化开发主要有如下体现:(1)民间艺术团队的商业化。在中越边境的各民族中至今活跃着一些民间艺术团队,如龙州的天琴表演队、靖西的壮族"八音"表演队。这些民间艺术团队掌握着民间舞蹈、民间音乐、民族习俗,是民间的精英人物;但其生存条件非常脆弱。因为他们是自发组织的,在活动需要时参与其中,基本都是公益性的,所得报酬与他们工作的付出差距非常大。因此,人员流动性非常大,且现存的队员年龄普遍较大,有些民间文艺濒临灭绝。基于此,应该依据市场的需求，对中越边境民间艺术团队进行商业化运作。通过一定的商业活动，使民间艺术团队不仅能够给予团队成员最基本的经济保障，而且能改善当地民众的生活。同时还能够传承民族传统文化，丰富民众的精神生活。（2）节日庆典的市场化。中越边境地区有许多具有民族特色、地域特征、国际化的民族传统节日，或以民族传承节日的形式出现的节日：如彝族跳弓节和祈雨节，靖西壮族风流街、五月端午·药王节，金龙"侬垌节""昆那节"，大新壮族霜降节、牛魂节等。这些节日吸引了大量的国内外游客，激发了当地各族民众的热情，在当地及其周边地区产生了很大的影响，成为当地政府的一张文化名片。依据市场化的发展需求，充分整合中越边境丰富多彩的节日文化资源，将传统节日习俗与现代商业发展融为一体，形成一种全新的节日模式。因此，这些节日庆典活动不仅给中越边境的地方政府带来了社会效益，提高了其知名度，也为中越边境带来了巨大的经济效益，实现了文化资源商品化的双赢目标。

（二）中越边境（桂越段）文化资源的旅游开发

旅游资源是"客观存在于一定的地域空间并对旅游者具有吸引力的一切自然存在、历史文化遗产或自然现象"。[①] 从其存在形态看，它可分为有形的显性旅游资源和无形的隐性旅游资源。前者主要包括具有历史、艺术、观赏、文化、纪念等价值的建筑、景观及相关；后者以人物、事件、民俗、文学艺术、事物、故事等形式隐藏于历史和生活背后。中越边境文化资源内容丰富，类型多种多样，不仅包括有形的显性旅游资源，也包含了无形的隐性旅游资源。因此，对中越边境文化资源进行旅游开发有利于文化资源的整合和优化配置，有利于促进当地经济的发展，加速当地民众脱贫致富的步伐。

1. 甄别文化旅游资源

中越边境（桂越段）文化资源内容丰富，种类繁多，表现形态也各式各样；但这并不意味着中越边境所有的文化资源能进行旅游开发。因为有些文化资源具有不可逆转性，一旦开始建设，就不会恢复原初状态。如那坡县城厢镇感驮岩遗址、大新歌寿岩遗址等人类起源遗址，宁明容峰塔、凭祥武圣宫、靖西宾山灵虚

---

① 张立明：《旅游学概论》，武汉大学出版社2003年，第77页。

塔等古代建筑物、右江工农民主政府旧址、红七军军部旧址、红八军靖西攻坚战旧址、红八军军部旧址、水陇会议旧址、铁桥头保卫战遗址等革命旧址。这些历史文化遗迹具有不可再生性，一旦开发失败，将不复存在。由于我国旅游项目是分期进行的，通过对中越边境（桂越段）文化旅游资金进行甄别，一方面可以缓解旅游开发投入的资金压力，一方面可以检验旅游项目的市场反应，为后面的开发留下空间。

2. 打造高端旅游产品

"从旅游目的地角度出发，旅游产品是指旅游经营者凭借着旅游吸引物、交通和旅游设施，向旅游者提供的用以满足其旅游活动需求的全部服务"，而"从旅游者角度出发，旅游产品就是指旅客花费了一定的时间、费用和精力所换取的一次旅游经历"。[①] 因此，旅游业发展的关键是打造旅游产品，尤其是具有核心竞争力的高端旅游产业。而高端旅游产品是随着中国经济的不断增长、民众旅游消费的理性化和旅游市场的成熟化，由旅行社、景区、旅游目的地等旅游产品生产者推出的"高精尖"产品，具有产品的高端化、消费的理性化、生产的专业化、旅游产品的品牌化的特点。中越边境地区不缺乏旅游纪念品和旅游景区，而是缺少高端的旅游产品。因此，在旅游业竞争日趋激烈的当下，对中越边境文化资源的旅游开发应该侧重于高端旅游产业的打造。

（1）高端旅游景区的打造。高端旅游景区有别于大众旅游景区，是建立在高端旅游产品基础上的，为具有一定素养的在旅游消费水平、消费层次及消费方式等方面明显高于平均消费水平和消费层次的旅游个体或群体所提供的旅游景区，具有价格昂贵、形式多样、专题化强、专业化高、品质高档的特点。中越边境地区不缺乏旅游景区，如德天瀑布、通灵大峡谷、靖西鹅泉、旧州、左江岩画等；而是缺少具有核心竞争力的高端旅游产品，尤其是文化内涵丰富，体现民族特色、民俗风味的景区。因此，在完善基础设施的基础上，中越边境地区的旅游景区建设必须专业化、专题化、形式多样而特色鲜明的高端化发展，如对那坡黑衣壮的精品打造、对靖西旧州绣球一条街的打造。

（2）高端旅游纪念品的打造。旅游纪念品是游客在旅游途中购买的精巧、

---

① 林南枝、陶汉军：《旅游经济学》，南开大学出版社2000年版，第29—34页。

便携、富有地域特征和民族特色的工艺品，具有地域性、民族性、纪念性；而高端旅游纪念品主要侧重于艺术性、收藏性，更多的强调其纯手工的制作流程和大师级的制作人。目前，中越边境（桂越段）地区的旅游纪念品非常多，如特色美食、现代工业化的艺术品；但高端旅游纪念品非常少，主要是壮族的绣球、壮锦和麽乜。这无法满足正在慢慢繁荣的边境旅游市场的需求。因此，在继续创新绣球、壮锦和麽乜制作的同时，应根据各景点、各民族或族群的特征与优势，发挥民族民俗文化传承人的作用，在中越边境（桂越段）文化旅游区中打造属于本地区、本景点、本村落的旅游纪念品，如各民族或族群的服饰、雕刻、编制、陶瓷等。

3. 设计精品旅游路线

旅游路线是旅游服务机构为游客所设计的旅游活动路线。依据游览日、旅游活动的内容和性质、所乘交通工具的不同，依据旅游设计规划设计出不同的旅游路线，以吸引不同层次、不同年龄、不同目的的游客。因此，旅游路线在旅游业发展中起到非常重要的作用，尤其是精品旅游路线。中越边境地区分布着许多文化旅游资源，如红色文化旅游、边境文化旅游、热带风光旅游、民族风情游、民族节日游等。但由于受地理位置、气候条件和交通限制的影响，中越边境旅游资源分布非常散，没有形成旅游资源的聚合力，缺乏旅游竞争力。因此，必须通过整合、优化资源配置，打造中越边境精品旅游路线，如综合旅游路线：南宁—崇左—宁明—龙州—大新—靖西—那坡—百色的旅游路线，不仅能够欣赏沿途自然风光，而且还涵盖了红色文化旅游、历史文化旅游、边关文化旅游、民族民俗风情游。如专题旅游路线：友谊关—德天瀑布—通灵大峡谷—龙邦口岸的边关旅游，不仅可以感知边境历史文化的厚重，领略异国民俗风情，还可以欣赏热带大自然秀丽的风光。

（三）中越边境（桂越段）文化资源的创意开发

文化创意产业是"以现代科技和文化资源为基础，以创意创新为核心和灵魂，贯彻生产、传播、流通、消费全过程的产业"，[1] 具有高知识性、高附加值、

---

[1] 黄建南、廖军凯、廖合群：《红色旅游业与文化创意产业融合发展探析——以江西省上饶市为例》，《价格月刊》2005年第5期。

强融合性的特征，涉及文化艺术、创意设计、传媒产业、软件及计算机服务等领域。中越边境文化资源丰富，文化元素多样，可通过文化创意的产业化发展体现其价值。

首先通过整合和利用历史文化元素、民族民俗文化元素和红色文化元素，可以塑造文艺形象、动漫人物，设计游戏背景；如左江花山岩画的人物图像可以作为动漫人物设计的素材进行游戏人物的构思与设计；中越边境地区的特殊地理地貌、民间传统建筑可以设计为某些电竞游戏的生活环境或背景；根据历史文献的记载，创作弘扬民族精神、革命意志的红色影视作品和小说、诗歌等文学作品。

其次，通过资源优化和整合，可以将中越边境（桂越段）文化资源中体现民族特色的某些文化元素，运用于广告设计、装饰的图案设计中，如传统壮锦图案可以设计为房屋装修材料图案，使整个房间充满民族风味；可以把中越边境文化资源中的一些图案、图形、色彩搭配、观念、认识理念等元素运用到现代服装设计中，使其既充满时尚气息又体现民族特色。

再次，通过对中越边境（桂越段）文化资源中某些艺术文化进行分析，可以将体现民族特色的某些艺术元素运用到现代艺术创作中，如龙州天琴、靖西壮族"八音"、那坡彝族芦笙以及铜鼓等民间乐器为现代乐器的组合提供了音色和音声上的参考，流传于中越边境汉族、壮族、瑶族、苗族、布依族等民族山歌和红色歌谣为现代流行歌词的创作提供了参考的依据，《庆丰收》《舞乳狗》《铜鼓舞》《草人舞》等中越边境地区的民间舞蹈为现代舞蹈的创作搭建了平台。

壮泰语"鸡"义语素、"牛"义语素多功能模式及其对汉语方言的影响

吕嵩崧[*]

一 引言

本文讨论广西部分汉语方言和壮语中共同存在的多功能语素："鸡"义语素和"牛₁"义语素。我们的观点是，壮语的 kai⁵ "鸡"和 wa:i² "水牛"由名词经语法化产生多功能性，可充当词缀。受壮语影响，广西部分汉语方言"鸡"义语素和"牛"义语素也具有多功能性。汉语方言相关语词中，个别来自借用；大部分来自复制，这其中，壮语是模式语，汉语是复制语。

本文我们要讨论的广西部分汉语方言的语素"牛"，壮语与之对应的有 wa:i² "水牛"和 mo² "黄牛"。我们认为广西部分汉语方言中语素"牛"的多个义项，部分来自壮语的 wa:i² "水牛"，我们称为"牛₁"，部分来自壮语的 mo² "黄牛"，我们称之为"牛₂"。汉语方言中作为词缀的"鸡"与"牛₁"一般成对使用。我们在下文分别对多功能语素"鸡"和"牛₁"进行讨论。我们推测广西汉语方言中"牛₂"的一些功能也来自壮语，但本文暂不讨论。

---

[*] 作者简介：吕嵩崧，百色学院副院长。
① 本文所引各处壮语语料，"鸡"和"水牛"的读音略有差异，本文以靖西壮语读音为代表。靖西壮语为作者母语，其他语料来源随文注释。

二 广西部分汉语方言中语素"鸡""牛₁"的多功能性

（一）多功能语素"鸡"/kai⁵、"牛₁"/wa:i² 在广西部分汉语方言和壮语中的共时分布

1. 广西汉语方言的"鸡"、壮语的 kai⁵ 基本义均指一种家禽；汉语方言的"牛₁"、壮语的 wa:i² 为供人役使的家畜，与他处一致。

2. 作为词缀的用法。

（1）汉语方言。

百色粤语（黄玲、巴丹提供）：

  鸡蕉：个儿很小的香蕉。

  牛蕉：个儿大的芭蕉。

  鸡姜：个儿小的姜。

  鸡板栗：个儿小的板栗。

西林官话（农娅妮提供）：

  鸡蕉：也称"西贡蕉"，个儿较小。

  牛蕉：本地原产芭蕉，个儿较大。

邕宁四塘平话（覃凤余提供）①：

  鸡扁菜：小的韭菜。

  牛扁菜：大的韭菜。

那坡坡荷高山汉话（李德军提供）：

  鸡姜：个儿小的姜。

  牛姜：个儿大的姜。

  鸡蕉：个儿小的香蕉。

  牛蕉：个儿大的香蕉。

崇左白话（黄小祥提供）：

  鸡黄皮：个儿小的黄皮果。

  牛黄皮：个儿大的黄皮果。

---

① 不大不小的韭菜，四塘平话叫"糙扁菜"。

如上，汉语方言"鸡""牛₁"作为词缀时只与植物名词性语素搭配。

（2）壮语。

马山壮语（蒙元耀提供）：

  a. 与植物名词性语素搭配。

gyoijgaeq 小个香蕉	gyoijvaiz 大蕉
蕉　鸡	蕉　水牛
byaekgepgaeq 香韭（叶子细）	byaekgepvaiz 大韭菜
韭菜　　鸡	韭菜　　水牛
manhgaeq 小辣椒	manhvaiz 大辣椒（菜椒）
辣椒　鸡	辣椒　水牛
hinggaeq 小姜	hingvaiz 大姜
姜　鸡	姜　水牛
makmangxgaeq 扁桃（个儿比杧果小）	makmangxvaiz 大杧果
果　芒　鸡	果　芒　水牛
dumhgaeq 覆盆子（小野莓）	dumhvaiz 悬钩子（大野莓）
野莓　鸡	野莓　水牛
emgaeq 小芭芒	
芭芒　鸡	

  b. 与人体器官名词性语素搭配。

heujvaiz 大牙

牙齿 水牛

  c. 与由人体部位、器官抽象化的名词性语素搭配。

壮语中，部分人体部位、器官名词性语素抽象化，用于指称情感、观念等抽象概念。

ukgaeq 小脑（笨，脑子不够）

脑　鸡

saejgaeq 鸡肠肚（小心眼）

肠　鸡

dungxvaiz 大肚子（贪食者）

肚　水牛

d. 与非生物实义名词性语素搭配。

rekvaiz 大锅头

锅　水牛

e. 与抽象名词性语素搭配。

beizheiqvaiz 大火气

火气　水牛

其他壮语，我们观察到的没有那么丰富，且各地均有差异。

靖西壮语：

a. 与植物名词性语素搭配。

kui³kai⁵ 小香蕉　　　　　　　　　　kui³waːi² 芭蕉

蕉　鸡　　　　　　　　　　　　　　蕉　水牛

khaːn⁵mən⁴kai⁵ 体形小的黄姜　　　　khan⁵mən⁴waːi² 体形大的黄姜

黄姜　　鸡　　　　　　　　　　　　黄姜　　水牛

khjəŋ¹kai⁵ 体形小的姜　　　　　　　khjəŋ¹waːi² 体形大的姜

姜　鸡　　　　　　　　　　　　　　姜　水牛

b. 与人体器官名词性语素搭配。

kheːu³waːi² 大牙　　　　　　　　　lən⁴kai⁵ 小舌

牙齿　水牛　　　　　　　　　　　　舌　鸡

c. 与由人体部位、器官抽象化的名词性语素搭配。

ɬai³kai⁵ 鸡肠，指脾气不好，易怒

肠　鸡

toŋ⁶iwaːi² 水牛肚，指食量大

肚　水牛

d. 与非生物实义名词性语素搭配。

tsaːu⁵waːi² 很大的炒锅

炒锅　水牛

e. 与抽象名词性语素搭配。

leːŋ² waːi² 力气大

力气　水牛

大新壮语（许晓明提供）：

a. 与植物名词性语素搭配。

khiŋ¹kai⁵ 小姜　　　　　　　　　　khiŋ¹vaːi² 大姜
姜　鸡　　　　　　　　　　　　　姜　水牛

kui³kai⁵ 个儿小的香蕉　　　　　　kui³vaːi² 个儿大的芭蕉
鸡　蕉　　　　　　　　　　　　　牛　蕉

b. 与人体器官名词性语素搭配。

kheu³vaːi² 大牙
牙　水牛

c. 与由人体部位、器官抽象化的名词性语素搭配。

ɯk⁷jkai⁵ 度量小　　　　　　　　　toːŋ⁶iwaːi² 水牛肚，指食量大
胸　鸡　　　　　　　　　　　　　肚　水牛

d. 与非生物实义名词性语素搭配。

çi² vai² 大糍粑
糍　水牛

e. 与抽象名词性语素搭配。

leŋ²vaːi² 水牛力，指力气大
力气　水牛

崇左壮语（黄小祥提供）[①]：

a. 与植物名词性语素搭配。

kjoi³¹kai⁴⁵ 个儿小的香蕉　　　　　kjoi³¹waːi³¹ 个儿大的芭蕉。
蕉　鸡　　　　　　　　　　　　　蕉　水牛

maːk⁴⁵meːt²¹kai⁴⁵ 小黄皮果　　　　maːk⁴⁵meːt²¹waːi³¹ 大黄皮果
果　黄皮　鸡　　　　　　　　　　果　黄皮　水牛

b. 与人体器官名词性语素搭配。

lən⁴ kai⁴⁵ 小舌
舌　鸡

---

① 黄小祥认为，以 kai⁵、waːi² 作为词缀的，多见于老派崇左壮语，新派不多见。

he:u³wa:i² 大牙

牙齿 水牛

那坡坡荷壮语（许振华提供）：

a. 与植物名词性语素搭配。

khiŋ¹kai⁵ 个儿小的姜　　　　　　　khiŋ¹wa:i² 个儿大的姜

姜　鸡　　　　　　　　　　　　　姜　水牛

tsui³kai¹ 个儿小的香蕉　　　　　　tsui³wa:i² 个儿大的芭蕉

蕉　鸡　　　　　　　　　　　　　蕉　水牛

b. 与人体器官名词性语素搭配。

he:u³wa:i² 大牙

牙　水牛

田东壮语（李彩云提供）：

a. 与植物名词性语素搭配。

tso:i³kai⁵ 个儿小的香蕉　　　　　　tso:i³wa:i² 个儿大的芭蕉

蕉　鸡　　　　　　　　　　　　　蕉　水牛

hiŋ¹kai⁵ 个儿小的姜

姜　鸡

b. 与人体器官名词性语素搭配。

he:u³wa:i² 大牙

牙齿　水牛

都安壮语（韦顺国提供）：

a. 与植物名词性语素搭配。

nim⁵⁴kai⁴⁴ 小番桃　　　　　　　　nim⁵⁴wa:i²⁵ 大番桃

番桃　鸡　　　　　　　　　　　　番桃　水牛

li³⁵kai⁴⁴ 小梨子

梨　鸡

b. 与人体器官名词性语素搭配。

heːu⁴⁴waːi²⁵ 大牙

牙齿 水牛

c. 与由人体部位、器官抽象化的名词性语素搭配。

rai⁴⁴kai³⁵ 气量小 　　　　　　　toŋ³¹waːi³⁵ 食量大

肠　鸡　　　　　　　　　　　　肚　水牛

ok⁴⁴waːi³⁵ 脑子不好

脑　水牛

d. 与非生物实义名词性语素搭配。

kwa⁵⁴peːt³⁵waːi³⁵ 酿酒用的很大的锅

锅　八　水牛

e. 与抽象名词性语素搭配。

reːŋ⁵⁴waːi³⁵ 力气大

力　水牛

马关文马土语（龙婵提供）：

a. 与植物名词性语素搭配。

kwəi²¹wɒ⁴² 大香蕉

蕉　水牛

b. 与人体器官名词性语素搭配。

va⁴²wɒ⁴² 大牙

牙　水牛

lən²¹kaːi⁵⁵ 小舌

舌　鸡

以上所列汉语方言和壮语的例子，体现出"鸡"/kai⁵ 和"牛"/waːi² 作为词缀具有以下共同特点：

1. 以上所列"鸡"/kai⁵、"牛"/waːi² 已失去本义，仅为附加意义。一般指其核心语素所指事物体形小或大。

从世界语言语法化的普遍规律看，具有某种显著语义特征（这里指相对大小）的名词演变为突显这一特征的语法标记[①]。在壮族（包括与之杂居的汉族）

[①] ［德］Bernd Heine／Tania：《语法化的世界词库》，龙海平、肖小平译，洪波、谷峰注释，世界图书出版公司2012年版，第87页。

饲养的家禽中，以鸡最为常见，体形较小；家畜则以水牛最为重要，体型亦最大。二者的显著区别之一是体型大小悬殊。它们作为词缀体现出的功能无疑来自这一显著的语义特征。

2. 二者一般对举使用。

3. 汉语方言和壮语中，以这两个语素为词缀的词，最常见的是"鸡蕉"/kui³kai⁵ 和"牛蕉"/kui³wa:i²。

吴福祥（2011）指出，语素多功能性有两种类型：一是"多义性"，另一是"异类多义性"。"多义性"是指一个形式具有两个或更多不同但相关的意义或功能，这些意义或功能属于相同的形态句法范畴，具有这种多义性的语素被称为"多义语素"。"异类多义性"是"多义性"的一个特别的类，指的是一个特定形式具有两个或两个以上不同而相关的意义或功能，这些意义或功能历史上来自相同的语源成分，但在共时层面属于不同的形态——句法范畴或者关联于不同的形态句法环境①。根据意义所关联的形式类之间开放与封闭的区别，将异类多义性分为三类：一是开放性异类多义性：异类多义语素的不同意义所关联的不同意义所关联的两个或两个语法类均属开放类范畴。二是封闭性异类多义性：一个异类多义语素的不同意义所关联的两个或两个以上的语法类均属封闭类。三是交叉性异类多义性：一个异类多义语素的不同意义所关联的两个或两个以上的语法类，分别属于开放类和封闭类。

桂西汉语方言和壮语中"鸡"/kai⁵ 和"牛"/wa:i² 既可作名词，又可作名词词缀，属交叉性异类多义性。

吴福祥（2011）认为语素多功能性虽是一种共时现象，但它是历时演变的产物：一个语言成分在历时过程中先后产生各种意义或功能，如果这些意义或功能并存于特定的共时层面，则该语言成分就会呈现多功能性②。

三 "鸡""牛₁"的语法化路径

吴福祥（2009）意义的语法化最主要的表现是语义泛化，即一个语言成分的

---

① 《多功能语素与语义图模型》，《语言研究》2011 年第 1 期。
② 同上。

意义逐步失去其具体的、特指的语义成分从而变得概括和抽象。语义泛化的直接后果是导致一个特定的语言成分得以进入它以前不能进入的句法环境,从而扩大了这个语言成分的语境类型和语境范围。(70)

吴福祥(2009)讨论过量词范畴语义泛化程度的指标,一是语义关联程度:即一个量词所搭配名词的意义与该量词母体(语源)意义之间的语义关联越少,则该量词语义泛化的程度越高;二是搭配范围大小:一个量词所搭配名词的类型愈多、范围愈大,则其泛化的程度愈高。尽管这两个指标在相当程度上是交叠的,但二者结合起来大致可以测试量词的语义泛化程度。(71)

这两个指标在此处同样适用:1. 语义关联程度:一个词缀所搭配名词性语素的意义与该词缀语源的语义关联越少,则该词缀语义泛化的程度越高;2. 搭配范围大小:一个词缀所搭配名词的类型愈多、范围愈大,则其泛化的程度愈高。

我们以靖西壮语为例,分析这两个词缀的语义泛化程度。

a. kui³kai⁵ 小香蕉　　　　　　　　kui³waːi² 芭蕉
　　蕉　鸡　　　　　　　　　　　　蕉　水牛

b. kheːu²waːi² 大牙　　　　　　　lən⁴kai⁵ 小舌
　　牙齿　水牛　　　　　　　　　　舌　鸡

c. tsaːu⁵waːi² 很大的炒锅
　　炒锅　水牛

d. ɬai³kai⁵ 鸡肠,指脾气不好,易怒　　toːŋ⁶iwaːi² 水牛肚,指食量大
　　肠　鸡　　　　　　　　　　　　　肚　水牛

e. leːŋ²waːi² 力气大
　　力气　水牛

作为词缀,"鸡"和"牛₁"含物体体型小、大之义,所以 a 中,这两种形体大小差异悬殊的蕉类以其为词缀,语义关联性较强。b 类,与人体器官名词性语素搭配,kheːu²waːi² 虽然是最大的牙,但并无相对的 kheːu²kai⁵;lən⁴kai⁵ 指小舌,但并无相对的 lən⁴waːi²。说明这时的 kai⁵ 和 waːi² 意义较 a 泛化。a、b 均是和生物性名词性语素搭配。c 中,waːi² 与非生物名词性语素搭配,且 tsaːu⁵waːi² 无 tsaːu⁵kai⁵ 与之相对,意义更为泛化。d 中,waːi² 和 kai⁵ 与人体器

官名词性语素搭配，但这些人体器官名词，在壮语中其实已经演化为表意识的抽象名词，因此在 d 中，wa:i² 和 kai⁵ 语义较 c 为泛化。c 中的 wa:i² 则直接与抽象名词搭配，语义最为泛化。

假如"鸡"义语素、"牛"义语素在阶段 A 只能与 a 类名词性语素搭配，在阶段 B 可以与 a、b 两类名词搭配，在阶段 C 同时可以与 a、b、c 三类名词性语素搭配，在阶段 D 可与 a、b、c、d 四类名词性语素搭配，在阶段 E 可与 a、b、c、d、e 五类名词性语素搭配，那我们就可以判定这两个词缀在这五个历史阶段具有不同的泛化程度，即：

A＜B＜C＜D＜E（"＜"读作"低于"）

我们观察到，汉语方言中的词缀"鸡"和"牛"，只能与植物名词性语素搭配，搭配类型单一、范围极小。而壮语的 kai⁵，既可与植物名词性语素搭配，也可与人体器官名词性语素搭配；壮语中的 wa:i²，可搭配的包括植物名词性语素，还可与人体器官名词性语素、非生物名词性语素搭配。且壮语的 kai⁵ 和 wa:i² 可搭配的名词性语素数量非常大。显然，壮语中的 kai⁵ 和 wa:i² 泛化的程度高于汉语方言的"鸡"和"水牛"。

我们把以上语言中"鸡"和"牛₁"的多个功能罗列如表1。

表1　　　　　　　　　　鸡/ kai⁵ 与名词性语素搭配关系

可搭配的名词性语素类别	植物名词性语素	人体器官名词性语素	由人体部位、器官抽象化的名词性语素
马山壮语	+	+	+
靖西壮语	+	+	+
崇左壮语	+	+	
大新壮语	+		
巴马壮语	+		
田东壮语	+		
那坡坡荷壮语	+	+	

续 表

可搭配的名词性语素类别	植物名词性语素	人体器官名词性语素	由人体部位、器官抽象化的名词性语素
都安壮语	+	+	+
马关壮语	+	+	
百色粤语	+		
西林官话	+		
邕宁四塘平话	+		
崇左粤语	+		
那坡坡荷高山汉话	+		

由此表可以看出，汉语方言的"鸡"可与植物名词性语素搭配；壮语 kai⁵ 可与植物名词性语素搭配，还可以与人体器官名词性语素，由人体部位、器官抽象化的名词性语素搭配。

吴福祥（2011）讨论过在缺乏历时资料的情况下一个特定的共时概念空间如何动态化为带有历时维度的概念空间，他认为，方法是基于语法化原则、功能蕴含关系和跨语言比较的共时拟测。他假设给定 A、B 两个功能在特定空间内直接关联，若在给定的取样语言里，具有 B 功能的语言，其对应语素均具有 A 功能，而具有 A 功能的语言，其对应语素并非必然具有 B 功能；那么，A、B 两种功能之间的衍生方向应是"A＞B"。（第 62 页）

我们先讨论壮语和广西部分汉语方言"鸡"义语素多种功能的衍生方向。

我们观察到，能与人体器官、肢体名词性语素搭配的语言，一定能与植物名词性语素搭配，如马山壮语、靖西壮语、崇左壮语、那坡坡荷壮语。而能与植物名词性语素搭配的语言，并不都能与人体器官、肢体名词性语素搭配，如大新壮语、巴马壮语、田东壮语、百色粤语、西林官话。因此，其演变方向一定是"与植物名词性语素搭配＞与人体器官、肢体名词性语素搭配"。

能与由人体部位、器官抽象化的名词性语素搭配的语言，一定能与人体器官名词性语素搭配，如马山壮语、靖西壮语。而能与人体器官名词性语素搭配的语言，并不都能与抽象名词性语素搭配，如崇左壮语、那坡坡荷壮语。因此，其演变方向一定是"与人体器官名词性语素搭配＞与由人体部位、器官抽象化的名词性语素搭配"。

因其语源一定是作为名词的"鸡"，所以，其演变路径应该是"名词＞与植物名词性语素搭配＞与人体器官名词性语素搭配＞与抽象名词性语素搭配"。

表2　　　　　　　　牛₁/waːi² 倕与名词性语素搭配关系

可搭配的名词性语素类别	植物名词性语素	人体器官名词性语素	非生物名词性语素	由人体部位、器官抽象化的名词性语素	抽象名词性语素
马山壮语	+	+	+	+	+
靖西壮语	+	+	+	+	+
大新壮语	+	+	+	+	+
崇左壮语	+	+			
巴马壮语	+				
皿东壮语	+				
那坡坡荷壮语	+	+			
都安壮语	+	+	+	+	+
百色粤语	+				
西林官话	+				
邕宁四塘平话	+				
崇左粤语	+				
那坡坡荷高山汉话	+				

事实上，此表中未能搭配的，也可能是还未调查到的结果，而不一定是真的不能搭配。

再看壮语和广西部分汉语方言"牛₁"义语素多种功能的衍生方向。

从语义看，人体器官、肢体名词性语素与人体部位、器官抽象化的名词性语素关系更近，所以我们认为"牛₁"与这两类语素搭配的演变过程是连续的。因此词缀"牛₁"/wa:i² 演变的路径很可能有两条：一是与植物名词性语素搭配 > 与非生物名词性语素搭配；二是与植物名词性语素搭配 > 与人体器官、肢体名词性语素搭配 > 与由人体部位、器官抽象化的名词性语素搭配 > 与抽象性名词性语素搭配。

我们观察到，能与非生物名词性语素搭配的语言，一定能与植物名词性语素搭配，如马山壮语、靖西壮语、大新壮语、武鸣壮语、都安壮语；而能与植物名词性语素搭配的语言，并不都能与非生物名词性语素搭配，如崇左壮语、巴马壮语、田东壮语、那坡坡荷壮语、百色粤语、西林官话、邕宁四塘平话、崇左粤语、那坡坡荷高山汉话。因此，其演变方向一定是"与植物名词性语素搭配 > 与非生物名词性语素搭配"。

能与人体器官、肢体名词性语素搭配的语言，一定能与植物名词性语素搭配，如马山壮语、靖西壮语、大新壮语、崇左壮语、那坡坡荷壮语、武鸣壮语、都安壮语。而能与植物名词性语素搭配的语言，并不都能与人体器官、肢体名词性语素搭配，如巴马壮语、田东壮语、百色粤语、西林官话、邕宁四塘平话、崇左粤语、那坡坡荷高山汉话。因此，其演变方向一定是"与植物名词性语素搭配 > 与人体器官、肢体名词性语素搭配"。

能与由人体部位、器官抽象化的名词性语素搭配的语言，一定能与人体器官、肢体名词性语素搭配，如马山壮语、靖西壮语、武鸣壮语、都安壮语。而能与人体器官、肢体名词性语素搭配的语言，并不都能与由人体部位、器官抽象化的名词性语素搭配，如大新壮语、崇左壮语、那坡坡荷壮语。因此其演变方向是"与人体器官、肢体名词性语素搭配 > 与由人体部位、器官抽象化的名词性语素搭配"。

我们观察到，能与抽象名词性语素搭配的语言，也能与由人体部位、器官抽象化的名词性语素搭配；反之亦然。那其演变方向如何？我们认为应是"与由人体部位、器官抽象化的名词性语素搭配＞与抽象名词性语素搭配"。理由主要是，在语义上，由人体部位、器官抽象化的名词性语素语义虽也较虚，但比之抽象名词性语素更为实在，因此演变方向不太可能是"与抽象名词性语素搭配＞与由人体部位、器官抽象化的名词性语素搭配"。

从两个词缀所能搭配的名词性语素看，植物名词性语素数量最巨，显然是语法化的早期阶段，与抽象名词性语素搭配的数量最小，这应该是语法化的最后阶段。

从以上分析，我们认为"牛$_1$"义语素作为词缀，其搭配对象的演变路径应该是：

与植物名词性语素搭配　→与人体器官、肢干名词性语素搭配→与由人体部位、器官抽象
　↓　　　　　　　　　　　　　　　　　　化的名词性语素搭配→与抽象名词性语素搭配
与非生物名词性语素搭配

可见，与抽象名词性语素搭配是"鸡"义语素和"牛$_1$"义语素语法化的终点。

我们所观察到的现象，当这两个词缀用于植物名词性语素时，一般可成对使用，作为形体大小对立的标记，且所适用的植物形体大小差异明显。但我们在壮语中观察到的其用于人体器官和非生物名词性语素时，找不到成对出现的用例，说明这两个词缀所搭配的名词性语素的意义与该词缀语源的语义关联减弱。

当然，从以上情况看，壮语中 wa：i² 倕的语法化程度高于 kai⁵。

四　桂西汉语方言"鸡"和"牛$_1$"多功能性形成的路径

（一）广西部分汉语方言"鸡"义语素和"牛"义语素的多功能性来自壮语的影响

广西部分汉语方言和壮语"鸡"义语素和"牛"义语素平行的多功能用法，是它们各自内部演变形成，还是经过语言接触形成？如由接触形成，是汉语影响壮语，还是壮语影响汉语？吴福祥（2009）认为两个语言假若共同具有一种跨语

言罕见的语法范畴或多功能模式，那么极有可能是接触引发的语法复制的实例。吴福祥《南方民族语言里若干接触引发的语法化过程》，① 我们的判断是，壮语通过自身内部的演变形成了这样的多功能性，汉语在与壮语的接触中受到壮语影响产生相应的功能。

1. 语法化规律所提供的证据

下面我们从语法化程度的角度来证明，广西部分汉语方言中"鸡"与"牛₁"多功能性的形成，模式语是壮语。

吴福祥（2009）认为，如果A、B两种语言共享的某一语法范畴F是语法复制的结果，那么复制语中复制范畴FR的语法化程度往往低于模式语中对应的模式范畴FM。语法成分的语法化程度包含形式（语音—音系表现和形态—句法行为）语法化程度和功能（语义和语用行为）语法化程度两个方面，通常与"去范畴化""去语义化""语音弱化"以及"强制性"等参数密切相关。典型的情形是，一个语法成分"去范畴化""去语义化""语音弱化"以及"强制性"程度越高，那么其语法化程度也就越高；反之亦然。② 我们至少可以从演变阶段差异、"去语义化"程度两个方面观察到二者语法化程度的不同。

（1）演变阶段的差异

上文已经讨论，"鸡"义语素和"牛₁"义语素语义演变的最后阶段，是其具有能与抽象名词性语素搭配的功能。而广西汉语方言中的"鸡"和"牛₁"作为词缀时只能与植物名词性语素搭配，搭配关系远少于壮语，演变阶段明显短于壮语。

"接触引发的语法化所产生的新的范畴通常在使用上受到限制，比如频率低、能产性较差、限于特定语境，至少在被复制的早期阶段是如此。""如果A、B两种语言共享的某一语法范畴F是语法复制的结果，那么复制语中的复制范畴F_R的语法化程度通常要低于模式语中对应的模式范畴F_M。"（吴福祥《南方民族语言里若干接触引发的语法化过程》，吴福祥、崔希亮主编《语法化与语法研究（四）》，商务印书馆2009年版）因此，汉语方言是受影响的一方。

---

① 吴福祥、崔希亮主编：《语法化与语法研究（四）》，商务印书馆2009年版。
② 《语法化的新视野——接触引发的语法化》，《当代语言学》2009年第3期。

(2)"去语义化"程度

如上所述,"鸡"义语素和"牛₁"义语素的语义对立是基于其体型大小的悬殊,通过隐喻得出来的。无论是壮语,还是汉语方言,其与植物名词性语素搭配时,确实体现了这样的特点。我们观察到,它们在壮语中的使用范围远远超出汉语方言,能产性远远大于汉语,说明其语义更为泛化。

我们在上文已经证明,由实义名词到可与植物名词性语素搭配,再到可与人体器官名词性语素搭配,继而可与非生物名词性语素搭配,最后可与抽象名词性语素搭配,这一过程显示出"鸡"义语素和"牛₁"义语素具体实在的意义越来越少,适用范围在扩大。由此,壮语的语义泛化明显强于汉语方言。

2. 其他证据

(1)相关语言事实的地域分布。从目前所见资料及本人调查,"鸡"具有义素[+体型小]①;"牛₁"具有义素[+体型大]的情况往北不超过柳州,往东不超过玉林。其分布的主要区域,是壮语分布最集中最密集的地区。而我们观察到"鸡"义语素、"牛₁"义语素具有如上所述多功能性的汉语方言,与壮语均长期杂处,接触密切。

(2)亲属语言的证据

吴福祥(2009)假定 A、B 两种语言共享的范畴 F 是语法复制的产物,若跟语言 A 具有发生学关系的语言都没有 F,但跟语言 B 有发生学关系的语言则具有这种范畴,那么 F 的迁移方向一定是"语言 B > 语言 A"(吴福祥《南方民族语言里若干接触引发的语法化过程》)。

我们至少在壮语的亲属语言临高语和老挝语中观察到了类似的现象。

临高语:mun⁵⁵kai²¹³ 香蕉   da⁵⁵kai²¹³ 脚踝② (王文敏提供)
   蕉 鸡   骨 鸡

老挝语:ma:k⁵¹kuai:⁵¹khai³³ 小的香蕉(李芳芳提供)
   果 蕉 鸡

---

① 壮族人观念,家禽中,"体型小"是鸡的默认值,旁证是,鸡的量词可以是 mat²(表小的颗粒状固体量词),而鸭和鹅不行。"体型大"是水牛的默认值。"粗鲁;鲁莽;不明事理;不听教诲"是黄牛的默认值。在壮族人眼里,这三个名词有较高的显著度,所以可以转喻相关的性质。

② 王文敏提供,王文敏认为 kai²¹³ 可指称某一类事物,说明其已高度泛化,当为词缀。

但未见汉语有类似的报道。

（3）广西部分文献有所记录。《邕宁县志》《龙津县志》载：

> 芭蕉极大者凌冬不凋，中抽一干，节节有花如菡萏。花谢有实，一穗数枚，如肥皂，长数寸。去皮取肉，软烂如绿柿，极甘冷。四季实。以梅汁渍，暴干按匾，所云"芭蕉干"是也。
>
> 鸡蕉则甚小，亦四季实。
>
> 芽蕉，小如鸡蕉，尤香嫩甘美，南人珍之，非他蕉比。秋初方实。
>
> ——宋·周去非《岭外代答·蕉子》

> 蕉子，芭蕉极大者，凌冬不凋。中抽干，长数尺，节节有花，花褪叶根有质，去皮取肉，软烂如绿柿，极甘冷，四季实，土人或以饲小儿。云性凉去客热。以梅汁渍，暴干，按令扁，味甘酸，有微霜，世所谓芭蕉干者是也，又名牛子蕉。鸡蕉，子小，如牛蕉，亦四季实。芽蕉，子小如鸡蕉，尤香嫩，甘美，秋初实。
>
> ——《桂海虞衡志·志果》

明·李时珍《本草纲目·草部第十五卷·草之四·甘蕉》"时珍曰……通呼《虞衡志》云：南中芭蕉有数种：极大者凌冬不凋，中抽一干，长数尺，节节有花，花褪叶根有实，去皮取肉，软烂如绿柿，味极甘冷，四季恒实。土人以饲小儿，云性凉，去客热，谓之蕉子，又名牛蕉子。以梅汁渍，曝干压扁，味甘酸有微霜，名芭蕉干。一种鸡蕉子，小于牛蕉，亦四季实。一种芽蕉子，小于鸡蕉，尤香嫩甘美，惟秋初结子"。

《邕宁县志》云：鸡蕉，又名观音蕉，树高八九尺，实小而香甜，性平，可饲小儿。《龙津县志》云：鸡蕉者，味清香甜淡无毒，人多以为哺婴孩之用。龙津即今广西西南的龙州。《授时通考》：广西的蕉类已明确地分为香蕉、大蕉、鸡蕉、西贡蕉4种。

（二）广西部分汉语方言"鸡""牛1"的多功能性的形成

我们认为，桂西汉语方言"鸡""牛₁"作为词缀的功能，是通过借用和语义复制两个途径形成的。

1. 借用

这些汉语方言中，"鸡蕉""牛蕉"是使用最普遍、使用频率最高的两个词。而在各地壮语中，kui³kai⁵、kui³waːi² 普遍存在；且在以 kai⁵、waːi² 为词缀的名词中，它们的使用频率极高。加之如上分析，kai⁵、waːi² 作为词缀的最初阶段，是与植物名词性语素搭配。因此，kui³kai⁵、kui³waːi² 很可能是壮语中层次很早的词。因此，这些汉语方言使用"鸡蕉"和"牛蕉"，最可能的情况是，汉语方言在与壮语的接触中，直接将其借入。

2. 语义复制

这应该是这些汉语方言中"鸡"和"牛"充当词缀这一功能的主要途径。

吴福祥（2013，2014）认为多义复制是指复制语的使用者对模式语中某个多义模式的复制，从而导致复制语中出现与模式语相同的多义模式。这种语义复制的典型情形是：复制语的使用者注意到，模式语里有一个词项（多义词）S 具有 x、y 两个意义（即 S [x，y]，于是他们利用自己语言里与 Sx 对应的语素 Lx，产生出与 Sy 对应的意义 Ly，从而复制了模式语的多义模式 S [x，y]。）即：

模式语　　　　　　复制语
S（x，y）→ L（x，y）　　{条件：Sx = Lx}

多义模式的复制，其复制的语义可以是词汇意义，也可以是语法意义。（《语义复制的两种模式》，《民族语文》2013 年第 4 期，《语言接触与语义复制——关于接触引发的语义演变》，《苏州大学学报 2014 年第 1 期》）

我们已经讨论，壮语中的"鸡"和"牛₁"具有以下的意义：

鸡：1. 家禽；2. 词缀，带"体型小"义。

水牛：1. 家畜；2. 词缀，带"体型大"义。

我们推断，在与壮语的接触中，广西部分汉语方言的使用者注意到，壮语的 kai⁵ "鸡"、waːi² "水牛"除了可以充当名词，与汉语的一般功能一致外，还可以充当名词词缀，kai⁵ 充当词缀具有 [+体形小] 的意义，waːi² 充当词缀具有 [+体形大] 的意义。于是他们赋予母语中的相对应的"鸡"和"牛"以同样的功能。即，广西部分汉语方言"鸡"和"牛₁"的这一意义是复制壮语对应词 kai⁵、waːi² 多义模式的结果。

五 结语

1. 壮语 kai⁵ "鸡"、wa:i² "水牛"由名词语法化为词缀，具有［+体形小］和［+体形大］义，语法化初始阶段是与植物名词性语素搭配，最终阶段是与抽象名词性语素搭配。

2. 广西部分汉语方言"鸡""牛"可充当名词词缀，与壮语 kai⁵、wa:i² 的多功能性有较强的一致性。汉语方言"鸡""牛"的这一意义个别来自向壮语的借用，大多来自对壮语对应词 kai⁵、wa:i² 多义模式的复制。

晚清中越诗文外交的特点管窥

——以黎申产与越使的交往为中心

朱春洁[*]

摘　要：晚清壮族诗人黎申产在近20年内多次与越南使臣如武文俊、范芝香、阮思僩、黎峻等进行交往，并运用唱和、题诗、笔谈等多种形式来相互交流，其特点主要有二：一是越使均为越南国内有名的学者文人，二是交往方式以笔谈为主而非口语交流。而其所进行的诗文交往，恰为有清一代中国与周边国家诗文外交的一个缩影，代表了汉文化圈内国家互相交往的共性特征。

关键词：黎申产；诗文交往；汉文化圈

黎申产（1824—1893），清代诗人，壮族。字蠢庵，号嵩山，又号十万山人，广西崇左市宁明县人。道光二十六年（1846）乡试中举人，曾兴办团练以镇压太平天国，晚年长期任宁江书院山长，培育众多人才，对广西边境地区的文学和教育颇有贡献。他曾与越南使臣多次往来，其吟咏女性的诗集——《妆台百咏》流传到越南，产生了《百战妆台》和《增补妆台百咏》两部越南文人的续仿之作。其著述今存《菜根草堂吟稿》上下两卷、《宁明耆旧诗辑》录其《妆台百咏》一卷，外有《宁明州志》二卷，现存诗约776首。

就文学创作而言，黎申产的成就并不凸显，以致《清史稿艺文志》《清史稿艺文志补编》和《清史稿艺文志拾遗》对他都未有提及，国内对他的研究更是

---

[*] 作者简介：朱春洁，武汉大学文学院博士研究生。

寥寥无几。然而,若将其置于汉文化圈中,从文化交流的视角切入,其意义就大不一样了。他虽非国内一流文人,但与其交往的使臣都是越南一流的文人学者,其与越使的频繁交往,使其在晚清诗人中别具特色。而通过系统地梳理黎申产与越使的诗文交往,可从中发掘中越诗文外交的特点,从而管窥当时的汉文化圈内中国与周边国家交往的普遍特征。那么,黎申产与哪些越南文人有过交往?他们的诗文交往是如何进行的?为何要采用诗文外交的形式?下面则结合两者的诗集和史书记载来作分析。

一　黎申产与越使的三次诗文外交

（一）1852—1854 年与武文俊、刘亮、范芝香的交往

1. 与武文俊、刘亮的唱和

在湖北樊城,黎申产与越南使臣武文俊、刘亮饮酒欢歌,相互唱和;分别之时,黎偕越使西旋,并作诗八首;后又在安陆寄诗予刘亮,和诗酬唱。在《菜根草堂吟稿》中,涉及与武文俊、刘亮交往的主要是《樊城纪事（有序）》《癸丑仲冬,偕越南贡使西旋途中感作,用老杜秋兴八首韵题壁》《客腊,泊舟安陆,迄今新岁,连日风雪,未及扬帆,寄越南使臣刘亮》这三首组诗。其中《樊城纪事（有序）》前面的序非常清楚地交代此次交往的经过:

> 则日南武子,比景刘郎,……二公知余不乐,为我解忧。掷虚牝之黄金,迎来油壁;烧画堂之绛蜡,照出红妆。……顷之拈韵而联吟,彼则浅斟而低唱。[1]

对于"武子""刘郎",黎申产自注为"名文俊""名亮"[2],即越南使臣武文俊和刘亮。其中的"油壁"指妓女所乘之车;"画堂之绛蜡"出自孟浩然《夜观妓》诗:"画堂初点烛,金幌半垂罗。"[3] 因此这部分交代的即是他们在妓院中饮酒欢歌、相互酬唱之景,所谓"拈韵而联吟,彼则浅斟而低唱",即追慕杜

---

[1] （清）黎申产:《菜根草堂吟稿》,刘映华注释,广西人民出版社 1993 年版,第 141 页。
[2] 同上书,第 142 页。
[3] 陈贻焮主编:《增订注释全唐诗》（第一册）,文化艺术出版社 2001 年版,第 1247 页。

牧、柳永的风流遗韵。

黎申产又于1853年作《癸丑仲冬，偕越南贡使西旋途中感作，用老杜秋兴八首韵题壁》八首①，写其于癸丑年（1853）同越南使者西回之景，作者将送别的不舍、国事战乱的无奈、母亲离去的悲痛和自身的郁郁不得志都融于诗中，而对于送别的越南贡使，诗中并没有具体交代，那么，黎申产此时所送别的越使是哪些人？此次交往的背景又是如何呢？

此诗当是1852年潘辉泳、范芝香、武文俊、刘亮等越南使臣进贡，因太平天国动乱从京归来，恰黎申产落第而归，途中相遇所作。据《大南实录》正编第四纪载，嗣德五年（1852）九月：

> 命二部使如清。吏部左侍郎潘辉泳充答谢使（二年邦交礼成）正使，鸿胪寺卿刘亮、翰林院侍读武文俊充甲乙使。礼部左侍郎范芝香充岁贡（开年癸丑贡例）正使，侍读学士阮有绚、侍讲学士阮惟充甲乙使（答谢使部二年正派嗣停，至是始行并遣。）②

《清史稿·属国传·越南传》亦载："咸丰二年，谕越南国明年例贡着于咸丰三年五月内到京。"③《清实录》亦有记："越南国久列藩封，……着于咸丰三年五月内到京……"④咸丰二年正是公元1852年，可见两国史书记载是一致的。越南向清朝进贡，四年一次，咸丰三年恰为贡期，因此越南便任命潘辉泳、范芝香、武文俊、刘亮等人作为贡使，于1852年9月从越南出发进京朝贡。时武文俊的《周原学步集》中也有《壬子冬（咸丰二年）奉命此使经过龙城（古国都）怀旧》一诗，亦可加以证明。而前文已述此时黎申产进京赶考落第，又逢母亲去世，从京城归来。而也就在路途中，得遇越使进贡，正如其《贡差行》所描写的："车轮辗地声辚辚，舆夫络绎如蚁奔。道旁行人骇争视，此是越南入贡之陪

---

① 《菜根草堂吟稿》，第124—131页。
② ［越］张登桂等纂修：《大南实录》正编第四纪卷八，日本庆应义塾大学言语文化研究所1979年版，第28页。
③ 赵尔巽等撰：《清史稿》，中华书局1977年版，第14645页。
④ 广西壮族自治区通志馆、广西壮族自治区图书馆：《〈清实录〉广西资料辑录》，广西人民出版社1988年版，第152页。

臣。"① 又据其《樊城纪事（有序）》一诗曰：

> 则日南武子，比景刘郎，……任胜奔走，遂乘八月仙叉……天子献白雉于明廷。雍容儒雅。天子嘉其礼教，赏赉有加；都人羡其丰裁，喧传不绝。仆京华落拓，难回故国之车；燕市遨游，瞥睹同乡之客。询以入都之故，知为重译而来……未几而诏承北阙，车指南方。②

由序中可知，当时黎申产在途中与越使相遇时，越使已进京入贡完毕并西回，所以，当时黎申产落第返乡，而越南使臣也西旋而归，双方在樊城饮酒欢唱之后，得以相偕西回，黎申产乃以诗记之。

分别之后，黎申产至湖北安陆县，又作诗《客腊，泊舟安陆，迄今新岁，连日风雪，未及扬帆，寄越南使臣刘亮》二首，诗有曰："旧事偶然忆，香醑时复中"③，表达了对旧日欢歌饮酒场景的怀念。不但如此，1868年黎申产有作《别思行。送越南陪臣家莲湖峻、阮恂叔思僩入贡》，诗中"又思昔在襄阳府，顾曲得偕刘与武"。④ 又其后作《怀旧游八首》，中有《襄阳》一篇："忽漫铜鞮歌一曲，教人欲去重低徊。"⑤ 又有《过颍考叔墓有感》之十三中"纪事樊城旧有诗，者番三到鬓如丝。笙歌灯火怀前梦，惆怅当年杜牧之"。⑥ 皆为对当年在樊城与刘、武使臣听歌酬唱之景的怀念。刘亮后面有无酬答之作现在还未看到，但从黎申产"寄君无一物，依旧是抛砖"一句中，知其很是期待对方有回应之诗。

2. 与范芝香相互题诗

黎申产为范芝香的《星轺集》题诗，范亦有给黎的《白云亲舍图》题词。黎申产曾有诗回忆道："回思昔日在苍梧，唱和得与郿川俱"⑦（《别思行。送越南陪臣家莲湖峻、阮恂叔思僩入贡》），"郿川"是范芝香的字，说明两人曾在梧州有过唱和。而在《菜根草堂吟稿》中，收录有《题越南贡使范郿川芝香〈星

---

① 《菜根草堂吟稿》，第119页。
② 同上书，第141页。
③ 同上书，第158页。
④ 同上书，第404页。
⑤ 同上书，第299页。
⑥ 同上书，第468页。
⑦ 同上书，第404页。

韬集〉》① 诗：

> 诗事君家范石湖，星韬两度捋吟诗。南交珍玩由来盛，此是光明大宝珠。
> 我亦曾为万里游，江山凭吊几雕锼。输君高唱皇华什，不识人间有客愁。

从名称来看，"星韬"是使者所乘的车，亦指使者，所以《星韬集》应是当时范芝香写的北使诗文集。另《大南实录》中有载："范芝香……所著有《星韬》初集、二集。"② 但从现存情况来看，《越南汉文燕行文献集成（越南所藏编）》中收录的范芝香的燕行诗集是《郿川使程诗集》和《志庵东溪诗草》，藏于越南汉喃研究院的还有《使燕京诗》一首，收在《南使私记》一书中，都未见有《星韬集》，因此可能后来合并到《郿川使程诗集》或者《志庵东溪诗草》中去了。但从黎申产的题诗来看，他对范芝香及其诗集推之甚高，他将范芝香比作同姓的范成大，又引用《诗经》中的《皇华》篇，以赞颂此次出使来华，并将此诗集誉为"光明大宝珠"。虽然黎氏可能出于交往的需要，一味地夸赞，但至少可以从中看出两人的友好交往。

后范芝香亦有依次韵而赠答黎申产的诗两首：

> 廿年外阙与江湖，谩把闲吟寄臾须。燕石未勒周客笑，或堪抛去引明珠。
> 叶槮秋气损英游，玉楮多君作意锼。佳句百回吟昨夜，据梧如失惠施愁。③
> ——《酬宁明举人小郑黎申产投赠次韵二绝》

范芝香也遵循着外交的礼节，将对方抬高，因黎申产曾于秀峰书院受教于郑献甫，范芝香便将其誉为"小郑"。且在诗中，他表现得甚为谦虚，把自己的诗集只当作"闲吟"，并引用窦宪燕然勒石的典故，说自己虽作为使者，却燕然未

---

① 《菜根草堂吟稿》，第189—190页。
② ［越］张登桂等纂修：《大南正编》列传二集卷三十四，日本庆应义塾大学言语文化研究所1979年版，第7799页。
③ 复旦大学文史研究院、越南汉喃研究院编：《志庵东溪诗集》，载《越南汉文燕行文献集成》第17册，复旦大学出版社2010年版，第198—199页。

勒，只是写此拙句来引出黎申产的明珠之句罢了。后一首则用了惠施支策据梧的典故，用以表达和黎申产谈论的欢乐。此外，范芝香还为黎申产的《白云亲舍图》题诗一首，并有序：

> 小郑举进未士第，留客京邸，家有父在，未得归觐，因写此图，以寓思亲之意。图中更作游子拟立松下，以望太行山云。
>
> 逢君回首白云间，君话三年别故山。将父永堪怡恍此，学雏那得奋飞还。玉珂梦里春迷径，金角声中云掩关。俯仰太行今昔异，苍松应为带愁颜。①
>
> ——《〈白云亲舍图〉为小郑题》

序中的叙述与黎申产的经历完全符合，说明两人当时有较多交流。且后来黎申产又有《重题〈白云亲舍图〉》组诗，其四有云："难得抛砖真引玉，一时题咏尽骚人。"② 写的即是此次两人相互题诗之事。

那么，这次的诗文交往又是在什么背景下发生的呢？从当时的史料和两人的诗歌可知，这次的相互题诗是于1854—1855年期间，两人滞留于梧州相遇而作。当时的太平天国运动在整个广西都引起了很大震动，骚乱不断、战斗频发，据《清实录·文宗实录》载：

> 劳崇光、惠庆奏梧州艇匪被剿窜逋，……广西艇匪梁培友等攻扑梧州府城。自上年闰七月初五日至八月十二（8.23—10.3）等日，叠经署梧州府知府陈瑞置等督兵歼毙多名……二十八日（10.19），按察使张敬修带兵抵梧，于三角嘴一带沿岸剿击，先后毙匪四百余名，击沉贼船二十余只。九月初四至十月初八（10.25—11.27）等日，该匪叠由长洲、白马庙、黄埠头、趋水关等处登岸，向城攻扑。张敬修等内外夹击，夺获贼船四十六只，随用大船装载沙石，将三角嘴江面填塞。贼势日蹙。犹于十二（12.1）等日，悉众来

---

① 复旦大学文史研究院、越南汉喃研究院编：《志庵东溪诗集》，载《越南汉文燕行文献集成》第17册，复旦大学出版社2010年版，第199—200页。
② 《菜根草堂吟稿》，第350页。

扑。十六日（12.5）耶，官军乘风纵火，烧毙匪徒不计其数。①

由以上史料记载可知时1854—1855年，梧州等地被太平天国攻陷，清军派兵前来攻城，且双方激战惨烈。而这段时间黎申产恰在梧州，《菜根草堂吟稿》里的诗歌基本是按照作者的人生经历来排序的，有时间的先后，在他给范芝香题诗之后，就有《甲寅八月六日登梧州北城》《苍梧谣》《重阳日呈梧州围城中，同寓诸友》《苍梧怀古》等诗，说明这段时间，黎申产一直在梧州。而从诗中的一系列描写如"战鼓声渊渊，兵革无时休"②（《甲寅八月六日登梧州北城》）、"朝请援兵，夕望援兵，援兵不来危哉城"③（《苍梧谣》之十二）、"江山仍百战，身世几重阳"④（《重阳日呈梧州围城中，同寓诸友》）等，都可看出当时梧州城战争的残酷。

另因太平天国动乱使得进贡道路被阻后，范芝香等使臣此时也只能先留在梧州。《大南实录》中载：嗣德八年（1853）八月"前如清二使部潘辉泳、范芝香等以道梗（清国有兵），日久（三年）未回"。⑤又同年11月"帝以该二使部万里跋涉，三载艰危，持厚加赏赐"。⑥可知他们在回越途中，因道路受阻，滞留中国，此次来华历经三年时间。那么，他们在1854—1855年期间有没有被滞留在梧州呢？这可从其诗集中找到依据。范芝香的《志庵东溪诗草》亦是按其行程经过的先后来写的，在给黎氏题诗之前，有《梧江七夕次宅卿元韵》《自东州封州返棹梧州，纪事，酬长送周霁先生次韵二律》，得知其至少在1854年农历7月已到梧州。而在写给黎申产的赠诗之后，又有《梧州九月二首》《梧州叙退喜作，次宅卿二首》《梧州不见月二绝》等诗，说明他九月之前也都还在梧州。这个时间节点就与黎申产留在梧州的时间相一致，所以两人就有了相见的机会。而其原因，正如黎申产在诗中所描写的梧州战乱一样，范芝香在其北使诗中亦有相

---

① 广西壮族自治区通志馆、广西壮族自治区图书馆：《〈清实录〉广西资料辑录》（四），广西人民出版社1988年版，第219—220页。
② 《菜根草堂吟稿》，第190页。
③ 同上书，第197页。
④ 同上书，第230页。
⑤ ［越］张登桂等纂修：《大南实录》正编第四纪卷十三，日本庆应义塾大学言语文化研究所1979年版，第8页。
⑥ 同上书，第37页。

应记载:"干戈满地劳飞羽"(《又酬叠前韵见三示律》之二)、"隔江赤甲军犹斗,经岁皇华客未回"①(《梧州九月二首》之二),都表达了其因战乱而滞留梧州的无奈与焦愁,其心境亦如黎诗所述:"越裳有重译,梯航来天梯。坐困围城中,祈神问卜心忉忉"②(《苍梧谣》之九),虽然两人都因战乱而滞留梧州,甚为哀愁,然而也正因为这样,两人也才有机会在同一时间、同一地点相遇,所以才有了互相题诗的诗文外交。

因此,在1852—1854年期间,黎申产落第归来,恰逢越使者进贡,在天时地利的背景下,与越南使臣武文俊、刘亮、范芝香以唱和和题诗的形式进行交往,这也是其与越南文人的第一次诗文外交。

(二) 1855年前后与范文壁的交往唱和

1855年前后,黎申产到越南避难,并与越南海宁太守范文壁交往唱和。黎申产有《赠越南海宁太府范东轩文壁》诗两首③:

> 落魄无聊走异乡,公然投刺挥黄堂。先忧后乐传家学,载鹤携琴减宦囊。交谊何须分内外,才人原解重文章。已叨鸡黍杨梅赐,出拜还看小凤凰。

> 南交逃世许文休,抛尽黄金敝尽裘。青眼谁怜穷措大,黑头人已续离忧。天边何意联双鸟,海外今知有九州。记取昨宵银烛味,一杯清酒对牵牛。

作者于诗中叙述了此次因避难而来越南,并受到海宁太守热情款待之事。且其自注曰:"昨夜七夕,对饮泗合店中"④,知两人对饮时间为1855年农历7月7日。此事阮思僩在其《燕轺笔录》中也有记录:"有属州举人黎申产来相访舟中,自言本州盗起,避地钦州十余年,去战始归,家毁于盗,未有居所。在钦州

---

① 这两首诗皆出自复旦大学文史研究院,越南汉喃研究院编《志庵东溪诗集》,载《越南汉文燕行文献集成》第17册,复旦大学出版社2010年版,第197页。
② 《菜根草堂吟稿》,第196页。
③ 同上书,第277—278页。
④ 《菜根草堂吟稿》,第279页。

议题二：民族文化交流与民心相通
晚清中越诗文外交的特点管窥

日，曾浪游海宁，识范文壁东轩。"① 两人记载可相印证。此外，从他写给范文壁的赠诗中，可以得知当时是他自己主动去拜访范文壁，正所谓"公然投刺揖黄堂"。而太守也因其诗才而热情招待，俱以鸡黍、杨梅，并出以宋代茗茶小凤凰（即小凤团），后两人还于月夜之下一同饮酒对谈。

不久，其又有作《越南海宁守范东轩归自广安，出示二首，四叠前韵》② 诗：

> 闻说黄堂五马临，喜将清酤尽情斟。半生惯有怀人梦，一月能无惜别心。鸿雁天边宾主合，薜荔江上水云深。开囊示我新诗句，慷慨还如上堵吟。

> 铜琶高唱入江东，醉守风流迥不同。望远久怜瘏矣马，释归应慰怪哉虫。情殷拯难劳何恤，诗为言情兴靡穷。曩日尘埃今日洗，知君难放酒厄空。

此诗乃范文壁从广安归来，以自己所作诗歌示以黎申产，黎氏写给他的和诗。虽然范文壁写的原诗现不知是否有存，但从中却可得知他们相互之间是有诗文唱和的，且彼此之间关系也已经较为亲密，黎申产后有"君是同僚长叹息，我曾同榻亦销魂"③（《别思行，送越南陪臣家莲湖峻、阮恂叔思僩入贡》），正是对此次两人深入交往的回忆；另阮思僩的《燕轺诗文集》中有《答宁明举人黎申产》一文，其有述："无怪乎广友范东轩东归之后，常流连痞瘵于足下，而不能自已。"④ 都表明了两人交往之深。此外，此诗中"慷慨还如上堵吟"则用了汉末孟达吟唱《上堵吟》之典，因同是太守的身份，黎申产将范文壁比作孟达，以示其诗之凄恻感人。第二首中的"铜琶高唱入江东，醉守风流迥不同"也与第一首对应，都是对范文壁诗如其人、慷慨豪放的赞赏。

综上可知，黎申产于1855年前后因避难而到越南，拜见越南海宁太守范文

---

① 复旦大学文史研究院、越南汉喃研究院编：《燕轺笔录》，载《越南汉文燕行文献集成》第19册，复旦大学出版社2010年版，第69页。
② 《菜根草堂吟稿》，第284—285页。
③ 同上书，第404页。
④ 复旦大学文史研究院、越南汉喃研究院编：《燕轺诗文集》，载《越南汉文燕行文献集成》第20册，复旦大学出版社2010年版，第26页。

壁，两人相谈甚欢，于是有了诗文之间的相互交往。

（三）1868—1870年与阮思僩、黎峻的诗文赠答

1868年，阮思僩、黎峻作为越南贡使入京，经过宁明时，黎申产前往拜见，双方有诗文赠答。关于此次进贡，清史没有具体记载，《大南实录》中却记得较为详细：嗣德二十一年"六月，遣使如清以署清化布政使黎峻……鸿胪寺少卿办理户部阮思僩……竝将前三次贡品同递，临行赐诗勉之"。① 可知黎峻、阮思僩等人是嗣德二十一年（1868）开始进京入贡的。又阮思僩的《燕轺笔录》中有记："初二日，发凭祥州，午歇受降城，晚抵宁明城。"② 则可推知其于1868年6月左右到达宁明。下来阮思僩又记曰：

> 有属州举人黎申产来相访舟中，自言本州盗起，避地钦州十余年，去战始归，家毁于盗，未有居所。在钦州日，曾浪游海宁，识范文壁东轩。梧州被围之年，在围城中，与我使部鄘川范公、阮唐川及刘武诸人周廻久。为人稍文雅可爱，问以广东洋夷事，辞以远不及知，但闻其相安无事耳。问及劳崇光，辄摇首书不足道三字。再问又书蒙蔽盗贼、贪婪好货八字，且云纪实也。船濒行，作长篇送正使黎莲湖关及僩云，各答以诗。
>
> 与之别，察其意似恋恋不舍也。③

从以上记载来看，同结识范文壁一样，这次也是黎申产主动去认识越南使臣的，黎申产诉以往日与越使之交往，阮思僩等人则问以广东洋夷事和当时的云贵总督劳崇光，黎氏皆抒己见。

而后阮思僩还有《答宁明举人黎申产》的诗文，收在《燕轺诗文集》中：

> 昨日延坐舟中，挥翰对话，怀人感旧，情见乎辞，倾盖之雅，足令人心醉。无怪乎亡友范东轩归之后，常流连癃痱于足下，而不能自已。而鄘川范

---

① ［越］张登桂等纂修：《大南实录正编第四纪》卷三十八，日本庆应义塾大学言语文化研究所1979年版，第44页。
② 复旦大学文史研究院、越南汉喃研究院编：《燕轺笔录》，载《越南汉文燕行文献集成》第19册，复旦大学出版社2010年版，第68页。
③ 同上书，第69页。

议题二：民族文化交流与民心相通
晚清中越诗文外交的特点管窥

公梧城唱和，亦有不能忘情处也。仆不才，……初见足下雅谈半日，即有尝一脔知镬味之想。……河梁握手，一往情深，乃知声同气同者，固不必地同也。仆昔因东轩闻足下名，今因莲湖得与足下谋面，……伏枕头困倦，不能长歌酬别，又不能过门辞行，感愧而已，谅察幸幸，诗如左：

秋风小泊左江舟，郑重怀人赋远游。半日披襟佳客座，明朝回首读书楼。衣裳我自朝天去，兵火君犹避地愁。黄鹤白云燕蓟雪，同车安得写离忧。①

文中回忆昨夜两人互答对话之情景，表现了作者对黎申产的敬慕之情，而尤其"乃知声同气同者，固不必地同也"乃此篇赠答之要，此外，诗中还传达了作者明日将要离去的依依不舍。

离别之时，双方还相互赠诗，黎申产所作之诗正是《菜根草堂吟稿》中的《别思行，送越南陪臣家莲湖峻、阮恫叔思僩入贡》，此首长诗亦收在阮思僩的《中州琼瑶集》中，个别文字稍有差异，但总体内容基本相同。

……怀人追话范东轩，痛绝斯人已九原。君是同僚长叹息，我曾同榻亦销魂。两番久坐人微倦，欲归尚觉情依恋。回思昔日在苍梧，唱和得与郿川俱。又思昔在襄阳府，顾曲得偕刘与武。刘武不作郿川危，如此遭逢亦可悲。今朝得见两驿使，潇洒风流真快意。快意无端手又分，骊歌一曲感离群。离群莫惜长途热，送君此去瞻天阙。山呼万岁接龙光，归来细把皇恩说。②

诗中回忆了曾经与武文俊等越使臣的交往，最后表达了与阮思僩、黎峻离别的不舍之情。从他对黎峻称为"家莲湖峻"可知他是把越使看得非常亲近，正与阮思僩的"乃知声同气同者，固不必地同也"相对应。而"君才调投新诗"和"投诗未久和诗至"句，亦可验证他们前面有过和诗，且同评价范芝香的《星轺集》一样，黎申产对阮思僩的和诗也是视之若宝，称赞字字珠玑。

---

① 复旦大学文史研究院、越南汉喃研究院编：《燕轺诗文集》，载《越南汉文燕行文献集成》第20册，复旦大学出版社2010年版，第26—28页。
② 《菜根草堂吟稿》，第404页。

此外，值得一提的是，此次的诗文外交还继续下去，或许因同姓的缘故，一直到1870年，黎申产和黎峻还有诗文往来。黎申产后寄予黎峻四首绝句，题目很长，但里面却具体交代了这次交往的经过，诗题为《庚午十二月，越南使臣阮懦夫有立抵吾州，递到家莲湖问讯书一纸。先是，十月时，予到芒街，问莲湖消息，或云：已下世矣。不胜怆感。今得手札，知其尚存，喜可知也。赋诗四绝以志之，并寄莲湖》。诗题中点明了1870年10月，黎申产又到越南芒街，中间询问黎峻的消息，时人称已不在世矣，甚是伤痛。后12月，黎峻又托人寄其手札一份，黎申产才知其尚在，喜而作诗四首，以赠黎峻，诗如下：

送别星槎倐隔年，相思无路达鱼笺。当时留赠佳诗稿，一度吟哦一慨然。

冬初访客海宁城，听说吾宗返玉京。不解误传何自起，伤心难禁泪盈盈。

使星欣晤阮元瑜，五朵卿云远寄吾。知道故人无恙在，一时悲惨变欢愉。

书来千里路迢迢，季札由来爱国侨。闻说边城扰扰攘，知君忧国恨难消。①

按当时，1870年刘永福、邓志雄等在越南的北部活动，后11月，阮四、陆之平等占领越南的高平，因此越南此次派遣阮有立等使者向清政府求助。诗中虽未详细讲明，然而在表达对黎峻的关心与思念之时，也将作者对动乱时局的担忧融于其中。

由上可总结到，在1868年，阮思僩、黎峻进贡经过宁明时，黎申产主动拜见并与之有笔谈和诗文唱和。分开之后，黎申产与黎峻也还继续着诗文的相互交往。

二 交往特点

由以上三次诗文外交可以看出，从1853年有机会接触到越南使臣开始，一

---

① 《菜根草堂吟稿》，第443—444页。

直到1870年，在这将近20年的时间里，黎申产与越南来华入贡的四批使臣都有接触，并以笔谈、题诗、唱和的形式来开展诗文交往。而此现象并非偶然，其所进行的诗文交往，乃当时诗文外交的一个缩影，并表现了那一时期汉文化圈内相互交往的共性。

（一）越使均为越南国内的有名学者文人

黎申产与之交往的越南使臣如武文俊、范芝香、阮思僩等皆为越南有名的学者或文人。关于武文俊，《大南正编列传二集》卷三十四有载："武文俊，北宁嘉林人。……（嗣德）五年授侍读，充如燕副使。阅三年始回，劳赏有加，寻权侍讲读学士。"① 范芝香则更为突出，越史中载："范芝香，字士南，海阳唐安人。……绍初授翰林院侍读学士，充史馆编修。五年改授鸿胪侍卿，充如燕副使。……二十三年……寻开复侍读将学士……所著有《犀轺》初集、二集。"② 同书卷三十五中有记阮思僩："嗣德二十一年迁鸿胪寺卿，充副使与黎峻、黄竝偕如燕使，还，除光禄寺卿，又署吏部左侍郎，充辨阁务。"③ 而黎峻乃"嗣德六年擢进士第"，④ 阮有立则"以文学受知，其作文自成一家。奉使日，中朝士夫亦称之。所著《使程类编》《试法则例》诸集"。⑤ 从以上这些人的身份和经历来看，他们所担任的多是与文化相关的官职，且汉文修养较高，所留存下来的北使诗文集皆用汉文书写。此外，越南从陈朝开始，就依照中国进行科举取士，所选拔出来的科举名士往往成为北使的首选。正如西山朝燕使武辉瑨说道："吾之使者例用科甲名臣，盖取其能以文章讫，必能以专对著也。吾才用偃蹇四旬，未能一第，何使之为。"⑥ 武希苏在《华程学步集》中也记曰："我越有国以来，千

---

① ［越］张登桂等纂修：《大南实录》正编列传二集卷三十四，日本庆应义塾大学言语文化研究所1979年版，第17页。
② ［越］张登桂等纂修：《大南实录》正编列传卷二十九，日本庆应义塾大学言语文化研究所1979年版，第23页。
③ ［越］张登桂等纂修：《大南实录》正编列传卷三十五，日本庆应义塾大学言语文化研究所1979年版，第14页。
④ ［越］张登桂等纂修：《大南实录》正编列传卷三十八，日本庆应义塾大学言语文化研究所1979年版，第9页。
⑤ 同上书，第15页。
⑥ 复旦大学文史研究院、越南汉喃研究院编：《华原随步集·序》，载《越南汉文燕行文献集成》第6册，复旦大学出版社2010年版，第296页。

有余年,以专对中朝,为抡材盛选,历代名公,见于史册者非一。"① 其他使臣如黎贵惇、冯克宽、阮攸等也都是越南鼎鼎有名的学者文人,正所谓"在陈则莫公挺之,前黎则黎公少颖、郭公有严,与夫莫之黎公光贲、黎公如虎,近代之冯公克宽、阮公沆、范公谦益,尤其卓卓然者"。② 而在《越南汉文燕行文献集成(越南所藏编)》所收的45位燕行使者中(如图1所示),单是举人以上的就占了近70%,且进士及第的还有相当比重。也诚如阮思僩所道:"奉使上国,在下国素视为重选,故必科目中人选之。"③

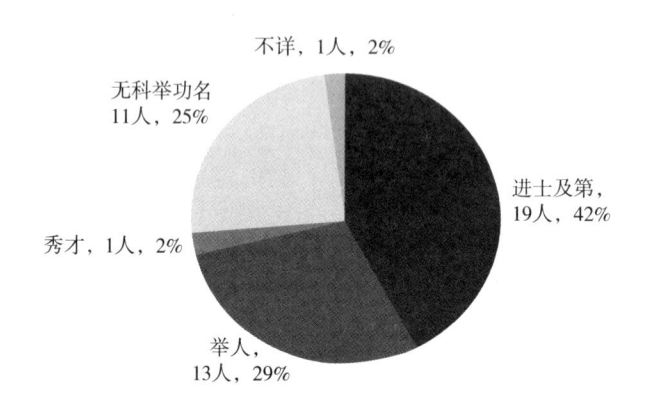

图 1 越使臣科举出身情况统计④

因此可以总结出,越南派往中国的使臣皆为学识渊博之士,甚至是其国内一流的学者或文人,其他的国家如朝鲜、日本等使臣也不例外,他们构成了汉文化圈内交流的主要特征。

(二) 以笔谈为主而非口语交流

黎申产与越南使臣进行交往时并非使用口语,而是采用笔谈的方式。黎氏曾通过赠答唱和与题词的方式与越使臣进行诗文外交,然而其方式并非我们国内传统的相互脱口吟诗唱和,而是采用笔谈书写的方式。黎诗有道:"寒暄问讯笔为

---

① 复旦大学文史研究院,越南汉喃研究院编:《华程学步集》,载《越南汉文燕行文献集成》第9册,复旦大学出版社2010年版,第228页。
② 同上书,第232页。
③ 复旦大学文史研究院,越南汉喃研究院编:《燕轺诗文集》,载《越南汉文燕行文献集成》第20册,复旦大学出版社2010年版,第216页。
④ 图中数据来源于周亮《清代越南燕行文献研究》,硕士学位论文,暨南大学,2012年,第8页。

议题二：民族文化交流与民心相通
晚清中越诗文外交的特点管窥

舌，对答言谈字作喉。旁人不解作何语，相视莫逆惟我汝"①（《别思行，送越南陪臣家莲湖峻、阮恂叔思僩入贡》)，他们相互寒暄、问答皆以笔代口，以至旁人都甚为疑惑。

其实不但是黎申产，其他越南使臣与中国官员或文人交流时，皆以笔谈形式。如同样与黎峻、阮思僩有诗文交往的壮族诗人蒙泉镜，在写给黎峻的送别诗——《邕江别越南陪臣黎莲湖》之二有曰："话到离怀倩笔传。"并自注："以笔代舌。"② 又阮思僩于 1868 年冬在长沙亦与崔启晦"终日舟中笔谈，有言不能尽，而意已相喻者，益信吾言之庶足以知启晦也"。③ 再如乾隆二十六年（1761）黎贵惇出使清廷，在江西与清朝官员秦朝釬交往问答时，"午时，伊邀甲副使官到船，以笔谈诗谈文。"④ 其中的"伊"指秦朝釬，"甲副使官"则是黎贵惇，谈论诗文的方式即以笔谈。又道光十一年（1831），李文馥与时福州海防同知黄宅中交往酬唱，"黄心斋学问素宏富，才又英敏，灯话间笔翰如飞……"⑤ 最后钟声响起，"心斋曰：'愈言愈不能尽，徒令人呜咽耳！'遂投笔立揖而去。"⑥ 可见唱和笔谈乃中越使者交流常用之方式。且日本学者中村荣孝曾指出："在外交唱和以汉诗唱酬笔谈，乃中国文化圈的同文诸国间习惯化的国际礼仪。"⑦ 这种笔谈的形式不仅发生在中越之间，还发生在中朝、中日甚至是越南、日本、朝鲜等国的使者之间，是汉文化圈内文化交流的重要形式。

从上可以看出，以黎申产为个案的中国文人与越使臣交往，是以诗文外交为主要形式，并通过笔谈的方式进行。这种现象的形成与两国的文化历史背景息息相关，一方面基于中国诗赋外交的传统，古代中国乃诗之国度，在外交过程中，也逐渐形成了以诗文作为外交的形式。这种方式自西周的宴飨之礼始，到《论

---

① 《菜根草堂吟稿》，第 404 页。
② （清）蒙泉镜：《亦嚣轩诗稿注释》，刘映华注释，广西人民出版社 1989 年版，第 148 页。
③ 复旦大学文史研究院，越南汉喃研究院编：《燕轺诗文集》，载《越南汉文燕行文献集成)》第 20 册，复旦大学出版社 2010 年版，第 228 页。
④ 复旦大学文史研究院，越南汉喃研究院编：《北使通录》，载《越南汉文燕行文献集成》第 4 册，复旦大学出版社 2010 年版，第 202 页。
⑤ 复旦大学文史研究院，越南汉喃研究院编：《闽行杂咏》，载《越南汉文燕行文献集成》第 12 册，复旦大学出版社 2010 年版，第 276 页。
⑥ 同上书，第 278 页。
⑦ 《朝鮮の日本通信使と大阪》，《日鮮関係史の研究》下，吉川弘文館 1969 年版，第 344 页。

语》所载"诵诗三百,授之以政,不达;使于四方,不能专对;虽多,亦奚以为?"[1] 至唐代日本大量派送遣唐使,一直到宋、元、明、清周边的朝鲜、日本、越南使臣来华,并留下了大量的燕行文献,基本贯穿中国历史的发展进程,并形成了外交必要的传统。因此,越南当时想要来华与中国交流,必然得派遣国内一流的汉文学者或文人,才有能力与中国文人沟通。另一方面,也与越南书面语和口语分离的情况密不可分。汉文化虽对越南古代历史影响很大,但越南人学习汉文之时,却仅限于书面文字,他们的口语和书面语是分离的,这就造成了他们会写汉字、作汉诗,却不会说汉语。所谓"其诵诗读书、谈性理、为文章,皆与中国同,惟言语差异耳"。[2] 也诚如清朝名士所述:"言说通之以译者,口舌所未能罄,操笔张纸申其情愫。"[3] 他们在交流之时,需通过翻译或以笔谈的形式来加以说明,因此,越南人书面语为汉语,而口语却是喃语,这是中越使臣外交中采用笔谈的主要原因。但总的来看,无论是他们派遣一流学者还是采用笔谈,其根本原因皆基于古代中国文化的强盛和影响之大,所以其他国家才会遵照中国汉文化的规范来做相对应的调适,也才会形成这些诗文外交上的特点。

---

[1] 杨伯峻:《论语译注》,中华书局1980年版,第142页。
[2] (元)汪大渊著,苏继庼校释:《夷岛志略校释》,中华书局1981年版,第50页。
[3] [越]阮交:《史论》,湘阴李氏清同治十三年(1874),中国国家图书馆藏。

中越歌仙文化的价值认同研究

陈 希*

摘 要：地缘的相邻和文化的同源，使中越跨境民族在宗教、信仰和生活习俗等很多方面都存在共同点，本文以中越共有的歌仙文化为切入点，对由我国岭南地区广为流传的刘三姐传说衍生而出的歌仙文化和邻国越南母道信仰演变而来的歌仙文化进行比较研究，阐述两者之间的渊源、联系、内涵以及未来发展趋势，进而说明二者在生产生活上的价值认同观念，进一步提升了歌仙文化在中越两国文化交流中的重要地位以及加强友邦民族团结融合的必要性。

关键词：中越；歌仙文化；价值认同

越南，一个美丽的东南亚国家，在我国疆土的南部方向，即中南半岛东部，与广西、云南等地相邻，其地理生态与这两地也十分相近，民族文化上深受中国的影响，作为民族精神高度凝练的越南文艺，与中国文艺的渊源更是深远。

一 中越历史溯源

越南的北部区域在中国古代历史上被称为"交趾"，在我国东汉时期著名史学家班固所著的《汉书·地理志》中提到的"交趾、九真、南海"即为今天越南某些地方的古名。[①]此三地与"苍梧、郁林、合浦"相邻，而后者则位于我国

---

* 作者简介：陈希，广西大学艺术学院教师。
① （汉）班固撰，（唐）颜古师注：《汉书·地理志》中册，中华书局1974年版，第56页。

广西省境内。

秦始皇统一六国后，越南北部地区就开始归为大秦帝国的疆土，而后，西汉时期，雄韬武略的汉武大帝又一举荡平了南越帝国割据统治，将秦朝设置的三郡拆为九郡。可以说，自秦王朝之后，越南便始终依附于我国古代封建统治，明清时期，越南终于挣脱了我国封建王朝的绝对统治，建立了自己的王朝，经过几朝几代的发展和扩张，其疆土不断南沿，发展壮大，但是始终是中国藩属国，1945年8月，越南爆发民族民主革命，建立了越南民主共和国，31年后，改为越南社会主义共和国。

如今，包含越南在内的诸多东南亚国家，90%以上是从中国迁徙过去的。他们中的大部分与我国岭南地区的土著民族同源，越南的情况尤其如此，其主体民族京人或称越南人、安南人，即为古代广布于华南和华东的百越人中的一支——雒（骆）越人，而其少数民族多为我国"西南夷"及"南蛮"的遗裔。[①] 越南的主体民族是京族，在丘陵、高原地带以及红河上游的溪谷地带，但是越南境内还散布着其他民族，诸如苗族、瑶族、傣族、高棉族等，与中国相似，是一个多民族融合共生的国家。

二　中越民族文化的互通

中越两国的部分少数民族迄今仍然保留有不少古骆越遗风，其中，中国广西的壮族与越南的岱族、侬族是已知的最为亲近的跨境民族。越南的岱族、侬族是越南地区规模较大的少数民族，一直生活在中越交界之地，与我国壮族同胞比邻而居。在语言、信仰和生活习俗等很多方面均有类似之处，具体表现可从以下四个方面进行概括：

（一）宗教信仰与首领崇拜

越南的宗教信仰与我国相似，有佛教、道教以及东南半岛本土的高台教，其中，我国道教对越南人民宗教信仰影响最大，被广泛接受，道教究竟何时传入越南地区并没有明确的说法，只知道在公元2、3世纪之交。道教俗神是该宗教信

[①] 芮逸夫：《中国民族与越南民族》，《中越民族论集》第1集，1956年。

仰的神祇，如关公、灶君等在越南很多地方也深受追捧。同时，越南的岱依族以及中国壮族都有着相同的首领崇拜情结。例如，北宋年间壮族英雄侬智高的英雄事迹，在广西的靖西、天等县等地广为流传，靖西、天等县城均有其后裔兴建的侬智高庙，以此纪念。而在越南芭马山上也建有一座香火鼎盛的侬智高庙，牌位上写着"本庙农志高大王将君之位"。此外，越南民众还会为著名历史文化名人修庙建宇，诸如"本头公庙"用于祭祀东汉开国大将马援，"关帝庙"则用于祭祀武圣关公，而沿海地区更热衷修建"天后庙"，即潮汕地区信仰的庇佑航海平安的"妈祖"。

（二）语言方面

无论从发音、用词、句式甚至是语气词上，越南的岱族、侬族与广西壮族在语言文化上都呈现出一脉相承的特点。越南地区，岱、侬、泰（部分）的语言，和中国广西壮族、云南金平傣族的语言同属于侗台语族，且在语法上有着非常明显的汉语痕迹。早在19世纪末就有欧美学者通过实地考察，提出越南、泰国、缅甸等国家的壮侗语方言同出一系，并以此逆推使用这些语言的少数民族都是古骆越民族在某一个历史时期分流出来的族群。[1] 岱族、侬族更是在汉文化的影响下，创造出了专属于本民族的、与古壮族土俗字几乎一模一样的"喃字"，用来传颂诗句甚至是创作本民族的传统叙事诗。在11世纪中越边境线得到明确之前，岱族、侬族（现被越南政府并称岱侬族）的语言、文字与中国的古壮族，也就是骆越文化的创造者，别无二致，双方的沟通交流没有任何障碍，语法也大都是采用汉族语法，几乎无法分辨彼此语言文化的差别。

（三）饮食方面

在饮食方面，最能体现两者相似处的要属五色糯米饭了。五色糯米饭是稻作文化产物之一，又被称之为花米饭或青精饭，是岭南少数民族传统重大节庆（如三月三、五月五、花婆节等）的必备饭食。在广西壮族的聚居地，每年农历三月三和清明节，蒸煮五色糯米已然成为每个家庭的必要活动。以期在新的一年里风调雨顺，五谷丰登，寄托了人们美好的愿望。此外，还会把五色米饭分盛五碗，

---

[1] 王三庆、陈益源主编：《东亚汉文学与民俗文化国际学术研讨会论文集》，台北乐学书局2007年版。

每碗中间放上一枚红鸡蛋以示吉利。在清明节，壮族人民还会用五色糯米饭作为祭品祭奠亲人，寄托哀思。同样的，越南北部尤其是岱族的风俗中也颇为流行，甚至其发音也与邕宁壮语如出一辙（"Ngaizndangq"，近似"崖琅"），其寓意都有着"五色五行"的之意，五色糯米饭除白色外，还有红、黄、绿、紫四种颜色，是用四种不同的植物色素泡染制成，除了用来招待贵客，还是祭祀先祖、供奉神明、举行巫教仪式的重要食物。

（四）母道信仰与女神崇拜

中越两国都有敬花婆习俗，花婆是中国壮族、越南岱族、侬族人眼中掌管生育的主神。女子是否能够顺利怀孕，需要看花婆是否愿意为她赐花。不但如此，花婆还是幼儿少年的守护神，为求得平安或早生贵子，农历每月的初一和十五，人们便会祭祀花婆。中国壮族以及越南岱侬族都有各自的"花婆节"，其隆重程度相当于每年的壮乡"三月三"和清明节，都是要隆重祭祀和庆祝的。

在越南一些少数民族中还盛行一种母道信仰，是把母亲作为一种最高信仰来崇拜的，认为母亲是自然界中最伟大的，她保佑民众健康平安、福寿绵延。在这种母道信仰基础上还催生出许多外在表现形式，如一些演唱艺术、民间造型艺术等。在旧石器后期的越南遗址中曾出土了一些小型的象牙石像，这些石像多具有丰硕的胸部以及宽大的骨盆，包含母性的光辉。

在越南，最古老的也是与中国相似的信仰要属女娲信仰。在越南一些农村地区，建有四象女娲庙或单纯的女娲庙。女娲崇拜体现出最原始的生殖信仰。基于此，"母"也就自然成为越南民众心目中创造宇宙万物的"姆神"。

在与外来文化交融的进程中，越南的民族文化也得到了不断的丰富和提升。中国古文化中的神话元素以及历史长河中留存的中国古代坚毅勇敢的女性形象，被吸收进越南文化中，成为其文化的原型和支撑，将越南原始的源于生殖崇拜的女性崇拜文化，提升到了更高层次的女神崇拜，与中国女神文化相融合，散发出两国跨境民族共同的精神光辉。

三 中越歌仙文化的价值认同

（一）歌仙文化的来源

在孙芳桂的《歌仙刘三妹传》中记载，歌仙本名为刘三妹，祖父为苗裔刘晨之,出生于唐朝唐中宗神龙五年。[1] 刘三姐作为歌仙的称谓在明代就有记载,相传她的祖父曾在天台山遇到了仙女。据此称为歌仙。南宋地理学家王象之的著作《舆地纪胜·三妹山》[2],则详细地记述了这位歌仙的传说,相传刘三姐及其兄长流落至广西罗城中枧河河边的中枧村,因排行第三故称为刘三姐。其蕙质兰心、勤劳善良、能歌善对,远近闻名,故被莫村财主莫怀仁相中,欲纳为妾,遂按照当地习俗,莫财主寻觅三人与三姐对歌,但三人均落败,三姐不胜其烦随河漂流至柳州,又至贵州七星岩,连唱七天七夜终化为黄鹂鸟与恋人比翼齐飞。刘三姐的传说流传很广,整个岭南地区,包括广西桂林、柳州、恭城、扶绥等市(县),以及湖南、广东、云南、贵州的少数民族地都有大同小异的刘三姐传说。在故事的传播过程中,经各族人民的不断描绘和丰富,刘三姐的传说也越来越多姿多彩。中华人民共和国成立后,特别是广西壮族自治区成立后,刘三姐文化也受到了当地政府和广大人民的重视和欢迎。2001年9月,在刘三姐文化品牌研讨会上,宜州广州区党委宣传部将刘三姐确立为我国壮族民间歌手和"歌仙"。

歌仙的传说,以及由此发展而来的歌曲、戏曲以及影视作品《刘三姐》,无一例外地传承、推广了广西特有的地域文化和人文精神,即俊秀自然好风光、淳朴天然好民风、天籁动人好民歌。仅仅是美丽和智慧难以成就刘三姐这一口口相传的传奇人物,她身上凝聚的民族形象和民族精神才是真正值得流传的特点。刘三姐被尊崇为壮族人民的"歌仙",可能与原始崇拜中母系社会遗留下来的母系依恋情结相关,更表现出壮民族能歌善舞的民族的女性文化倾向和尊重妇女的传统文化。"歌仙"刘三姐已成为海内外著名艺术形象,更是广西民族文化和山歌文化的象征。可以说中国的歌仙文化就是特指"刘三姐"文化。

(二) 中国"刘三姐"歌仙文化的内涵

"歌仙"的称谓集中体现了人们对刘三姐的敬爱和崇拜,反映了整个民族的气节和精神,从而将刘三姐的形象提升为广西形象、壮族形象和山歌形象。因此,"歌仙"就是刘三姐形象的准确定位。"歌仙"既能反映出刘三姐形象的气质和才华,又能集中表现出她的文化内涵和底蕴。

---

[1] 李柱南、罗尔纲:《歌仙刘三姐史料》,《广西日报》1986年11月25日。
[2] 曹廷伟:《广西民间故事辞典》,广西教育出版社1993年版,第40、321页。

1. 以民族精神为寓意

刘三姐作为歌仙文化的代表人物，其山歌中承载着大量的人类文化信息，反映了积极乐观、团结向上的民族精神和民族向心力，饱含了壮族人民特有的思想性格、心理素质和审美情趣，电影《刘三姐》中的歌仙形象，是壮族人民反抗阶级压迫和剥削的理想化身，更是壮族人民正直、勇敢、智慧、勤劳、善歌民族品质的完美呈现。

2. 以歌圩为表现形式

广西是山歌的海洋，壮族是爱唱歌的民族，而歌圩则是壮族标志性的文化符号。自古以来，对歌、赛歌、斗歌、赏歌一直是壮族民众代代传承的生存方式和娱乐传统。唱歌成为壮族特色的原因，可在刘锡蕃《岭表纪蛮·蛮人好歌的原因》中得到答案，即壮族人民认为唱歌是人生必备的活动，唱歌可以排遣寂寞，帮助寻求爱侣并能够开阔眼界，丰富知识，教化愚民。[①] 可见，壮族民众就是以这种价值观念来审视自身的价值及社会文化活动价值功能的。擅长歌唱的人不仅能得到人们的追捧拥护，博得名声地位，更能向身边的人展示自己的人生价值和恋爱观，电影《刘三姐》自播出以来，可谓万众景仰、经久不衰，其中最引人瞩目的片段当属刘三姐与秀才们的对歌场景，而在刘三姐的故乡广西，每年都会举办类似的对唱山歌的聚会，俗称"歌圩"，刘三姐的歌仙文化就是以歌圩这一独具特色和艺术魅力的形式得以表达。

3. 以娱乐狂欢为根源

"刘三姐"歌仙文化之所以亘古流传，永不褪色，其核心原因在于其独特的娱乐狂欢、纵情歌唱的文化内涵。这是在中国古代传说和神话故事中极其罕见的，与中国汉族民间四大爱情传说，"牛郎织女""孟姜女哭长城""白蛇传""梁祝"相同，刘三姐歌仙文化同样展现出追求自由理想和反抗压迫的民族时代精神，唯一不同的是它是建立在娱乐狂欢的基础之上，它借助岭南少数民族尤其是壮族的歌唱传统和歌圩文化，根植于推崇自然、热爱自由的天然文化基因，成为中国岭南民族文化中娱乐狂欢的标志。刘三姐歌仙文化填补了中华传统文化中过分强调礼节、压抑个性、克己复礼的沉重枷锁和缺陷，是民众文化与正统封建

---

① 刘锡蕃：《岭表纪蛮》，商务印书馆1934年版，第121页。

文化相抗衡的集中体现。

（三）越南地区歌仙文化的表现

越南与中国相邻的特殊地理位置和民族同源和文化长期渗透的特殊属性，使得歌仙文化自然而然地传入越南，加上越人自古崇尚的母道和女神信仰，都是以女性形象为根基的，而歌仙文化的传入亦根植于越南本土女性形象膜拜的土壤，并于此生根发芽。根据著名文化学者的研究梳理，歌仙传说流传范围十分广泛，遍布广西省大多数县市地区，如贵港、桂平、容县、苍梧、马山、东兰、宜州、柳州、融水、来宾、香洲、灵川、乐平等，影响的民族之多，涉及壮、汉、苗、瑶等民族成分，与越南接壤的大新、钦州、崇左也在其中。[①]

歌圩是歌仙文化最重要的表现形式，越南与中国接壤的边境地区也有歌圩，中越边境镇安府故地称歌圩为"巷丹"，简称为"丹"，开歌圩叫"启丹"，歌圩的场地叫"坡丹"，歌圩的日期叫"旻丹"。以高平省的圩场为例，其歌圩日期有两种类型。一种是有固定的圩期和地点，另一种是以清明的当天为歌圩日，即清明这天与传统集市圩期同日就是歌圩。正月初九是朔江歌圩，土名叫丹巷朔。朔江是高平省河广县的一个传统圩场，也是个边贸互市点，逢四、九为圩日。朔江与我国那坡县平孟街相邻，平孟街土名叫巷隘，即平孟隘圩场，逢三、八为圩期，三月二十八为歌圩。两国边民平时互市交易，歌圩之日互相往来对歌。朔江附近有一座侬智高庙，歌圩之日隆重奉祀，香火尤盛。朔江歌圩当天，还请巫师到庙里诵经，赶歌圩的男女老幼到庙里朝拜，成为朔江歌圩的一道风景。以清明节当天为歌圩的是重庆府属的上琅和下琅两县各地圩场。凡所在圩场的圩期与清明是同一天的，这个圩场就是歌圩，其他圩场则在清明次日按圩期顺序为歌圩日。

此外，越南主体民族京族同样有此传统，称为"哈节"，又称"唱哈节"，这是该民族最盛大的节日。"哈"是越南京族语言的发音，包含汉语"歌"的含义。这个节日也有各种版本的民间故事，其中最典型的传说讲述了，古代一名歌仙来到京族三岛，以教授大家唱歌为名，鼓励动员京族人民站起来，反抗封建压

---

① 覃桂清：《刘三姐纵横》，广西民族出版社1992年版，第61—94页。

迫，争取自由，为纪念这位歌仙，人们修建了"哈亭"，并定期于此传唱歌曲，逐渐演化为一个节日。① 这里的歌仙很有可能指的就是刘三姐。哈节为中越接壤地区京族人民的传统节日，通常庆祝于农历六月或八月初十，或正月十五，即元宵节，该节日共历时3天，民众们通宵达旦，载歌载舞，欢乐不息。

由此可见，越南的歌仙文化基本上可以认定是来源于中国的刘三姐歌仙文化，两者属于同本同源的文化形态，拥有共同的表现形式——歌圩。两者在人文内涵上都承载了本土的母系信仰和"女神"崇拜情结，折射出两国民族共同的民族文化内涵：崇尚自由、解放天性的人生价值观、尊崇女性社会地位的社会价值观以及团结协作、民族融合的集体价值观，在人文、社会和集体上达成一致的价值认同观念，使歌仙文化在非物质文化遗产的少数民族传统文化中占据一席之地。

四 歌仙文化在新时期的传承趋势

刘三姐是海内外众所周知的"歌仙"形象，该形象历经长时期的创造、流传并不断丰富和发展，这些都离不开历史文化的积累和传承，这是民族文化、区域文化、民间文化的标志性形象。在开放的社会系统中，尤其是在当今的全球化背景下，各民族之间都存在不同程度的互动与交融，不受任何外来文化影响的纯粹的民族文化是不存在的，在长期的历史发展过程中，歌仙文化不断与其他民族文化、时代文化相互融合重构，从一种田间地头对歌咏唱的民间艺术变迁为享誉海内外的少数民族文化品牌，在当前信息文化的影响并在中国—东盟文化交流的推动下，歌仙文化的重构与发展势必会有新的思路。

（一）歌仙文化之《刘三姐》新编

20世纪六七十年代，电影《刘三姐》风靡东南亚地区，成为该地区华人最喜爱的电影之一。80年代广西歌舞剧《刘三姐》在东南亚多次巡演，使得该地区再次掀起发扬学习"刘三姐"的热潮。2013年6月，由广西彩调剧团重新设计编演的一台大型彩调歌舞剧《刘三姐》，走上了全球巡演之路，先后在马来西

---

① 农学冠：《壮族的故事、歌谣和谚语》，载《赴泰国学术交流——民族研究论文集》，1986年，第25页。

亚、泰国、文莱等东南亚国家演出，吸引了大批观众。刘三姐歌谣文化在新的历史背景下又一次获得了新生的活力，"刘三姐"成为中国—东盟文化交流与合作的使者。在《刘三姐》向包括越南在内的东南亚国家传播的过程中，可以适当考虑当地的风土人情和语言习俗，对原有的剧情和语言唱词进行改编，一方面可以对广西的演职人员进行越南语专业的口语、歌唱训练，另一方面，也可培养越南当地的歌手学习、演唱《刘三姐》的经典唱段，以达到语言上的互通和共鸣，做到真正意义上的跨境传播。

（二）歌仙文化之跨境歌圩

"歌圩之上皆为三姐之山歌"，已经成为了壮族人民的共识，壮族百姓的歌圩已成为传承和发扬刘三姐歌仙文化的重要基地。但是，随着时代的变迁和城镇化的脚步，歌圩也将同样面临一切非物质文化遗产所共同面临的残酷现状：传统歌圩风光不再，歌师、歌手后继乏人，歌圩听众不断流失。因此，怎样拯救和保护传统歌圩的宝贵文化财富，怎样因地制宜开发、合理利用环境、资源进行传统歌圩的再创造，是现代民族文化艺术工作者们的共同目标。建立健全传统歌圩，尤其是中越边境如龙州县城歌圩、金龙侬峒节、下冻歌圩；防城港峒中歌圩、那良歌圩；东兴伏波歌会；靖西旧州歌圩、化峒歌圩、禄峒歌圩；凭祥上石歌圩、夏石歌圩等。这些代表性的传统歌圩点，可以作为中越边境歌圩恢复与重建的首批示范点率先实施。

中越歌仙文化的价值认同研究归根结底是借助了一种文化寻根的模式，文化寻根已成为全球化趋势下一种反叛现代性的新思潮和新的研究方向。借助中国—东盟自由贸易区建设和南宁国际民歌艺术节，中越边境少数民族跨国境、跨文化的融合，已经被学术界普遍关注。基于此，强化两国边界文化人类学、文艺学等比较研究，考察边境地区中外历史上文化渊源，抢救和保护人类非物质文化遗产，都具有重要的学术价值和现实意义。

参考文献

黄艳、易奇志：《中国壮族与越南岱族、侬族的骆越文化传承研究——骆越文化研究系列论文之三》，《广西师范学院学报》（哲学社会科学版）2017年第3期。

黄玲：《中越跨境民族文学比较研究——以民间叙事文学为例》，博士学位论文，陕西师范大学，2011年。

黄芸芳：《从民间文化的角度看刘三姐"歌仙"形象的建构》，《广西广播电视大学学报》2015年第9期。

何明智：《民歌中的文化寻根现象与文化软实力初探——以中越边境的旦歌为例》，《广西社会主义学院学报》2015年第2期。

潘其旭：《歌仙刘三姐是歌唱神圣化的艺术典型》，《百色学院学报》2008年第10期。

黄桂秋：《中越边境壮族歌圩文化的恢复与重建》，《广西民族研究》2016年第5期。

黄桂秋：《刘三姐文化的人类解读》，《河池学院学报》2008年第1期。

任旭彬：《刘三姐形象的符号学研究》，《广西民族研究》2008年第2期。

试论华南与东南亚早期文化的统一性及其特征

陈洪波[*]

摘 要：华南与东南亚地区早在史前时期就具有密切的文化交流和传播关系，文化面貌的统一性较为突出。华南地区以及东南亚邻近地区的新石器时代文化，具有五个重要特征：早期的领先性、中晚期的滞后性、新石器过程的长期性、富裕渔猎采集经济形式、独特的海洋性。华南地区新石器时代文化的海洋性，为中国古代文明的起源和发展提供了独特而重要的成分。

关键词：华南；东南亚；新石器时代；海洋性；南岛语族起源

中国早期文明起源研究的焦点，向来集中在中国的"两河流域"（黄河流域、长江流域），而以珠江流域为核心的华南，一直是一个被忽视的地区。但实际上，华南地区在中国早期文化的发展乃至文明的形成过程中，有其独到的作用，贡献了独特的海洋性成分，尤其是与东南亚地区之间密切的文化交流和互动，更为该地区在东亚与太平洋文化发展史上奠定了无可替代的地位。本文以考古资料为主，探讨华南新石器时代文化特点、在文明发展史上的贡献，以及与东南亚地区早期文化的关系等问题。

---

[*] 作者简介：陈洪波，广西师范大学历史文化与旅游学院教授。

一 华南与东南亚早期文化面貌上的统一性与特殊性

"华南"的地理概念有广义和狭义之分。广义的华南即"中国南方",地理上指秦岭—淮河线以南中国的广大区域。狭义的华南则特指"岭南",指"五岭以南",包括现江西省、湖南省位于五岭以南的部分。民国时代的教科书中,将华南的范围定义为:福建、台湾、广东、广西、贵州、云南六省,海南特区和香港、澳门,而依照现在的行政区划和定义,狭义的"华南"通常只指广西壮族自治区、广东省、海南省以及香港、澳门两特区。

"东南亚"的概念则要复杂得多。东南亚(Southeast Asia)这一名称最初出现在 1839 年美国牧师哈瓦杜·玛鲁克姆的著作《东南亚之旅》一书。到第二次世界大战末期的 1943 年 8 月,同盟国在锡兰成立"东南亚司令部"以后,才被人们广泛使用。[①] 它既是一个政区的概念,又是一个文化区划的概念,通常有狭义和广义之分。狭义"东南亚"主要是一种政区概念,指亚洲东南部地区,包括中南半岛与马来群岛。今天这里分布着 12 个国家,包括缅甸、泰国、柬埔寨、老挝、越南、新加坡、马来西亚、文莱、印度尼西亚、菲律宾、东帝汶等国。广义"东南亚"是一种文化区划的概念,通常有两种说法。其一指亚洲东南部的大陆和岛屿,包括长江下游以南的大陆区、中南半岛和马来半岛所在的半岛区、印尼和菲律宾群岛所在的岛屿区。其二指亚洲东、南部的大陆与岛屿,包括半岛区、群岛区和南亚的印、巴,即二战时盟军的"东南亚战区"。目前较为通行的"东南亚"概念由半岛区和岛屿区组成,即中南半岛和马来群岛。

本文主要采取其文化区划的含义,以探讨中国南方特别是华南与东南亚的关系问题。

对于华南与东南亚在文化面貌上的密切联系,中外学术界有一个认识逐步加深的过程。

20 世纪初,美国历史学派人类学家克鲁伯(A. L. Kroeber)在《菲律宾的民族》等论中先后概述了以东南亚群岛为中心、分布于东西两大洋和亚澳两大洲之

---

① 王民同:《东南亚史前文化述略》,《云南师范大学学报》(哲学社会科学版)1983 年第 1 期。

间的土著文化共同体特征，即"印度尼西亚文化圈"或"东南亚古文化圈"。①

20世纪30年代以来，林惠祥、凌纯声等国内学者先后提出了"亚洲东南海洋地带""亚洲地中海文化圈"等理论，以概括史前和上古时期华南、东南亚至大洋洲间的土著文化关系。林惠祥论证了"亚洲东南海洋地带"文化不同于华北，而与东南亚、太平洋群岛间土著新石器文化有密切关系。②凌纯声创建环南中国海的"亚洲地中海文化圈"理论，阐述了东亚大陆、东南亚到西南太平洋三大群岛之间的土著民族文化共同体的存在，认为西方人类学家所指的"印度尼西亚文化圈"的范围应扩展到华南大陆。凌纯声还具体提出了"亚洲地中海文化圈"的谱系，对其宏大的理论做了具体深入的阐述。③

关于中国南方与东南亚在文化上的紧密联系，早为国内外民族学家和考古学家所认知，这就是广义"东南亚"概念形成的历史背景。1966年8月至9月，国际上研究东南亚考古最重要的学术组织"印度—太平洋史前史学会（the Indo-Pacific Prehistory Associate，简称IPPA）"在东京召开第十一届年会时，著名的东南亚考古学家、美国学者索尔海姆（Wilhelm G. Solheim Ⅱ）提出了一个从文化角度考察的东南亚的概念，它主要分为两部分：一部分为大陆东南亚（Mainland Southeast Asia），包括中国大陆北纬30°（大致以长江为界）以南直至中南半岛马来亚南端、南中国海西至缅甸伊洛瓦底江的区域；另一部分是岛屿东南亚（Island Southeast Asia），即大陆东南亚以外的岛屿部分，包括台湾、印度尼西亚、菲律宾，东至伊利亚诸岛。④

索尔海姆提出此一文化上的东南亚区划概念，是基于对华南和东南亚史前文化统一性的深刻洞察，故而得到了学术界的广泛认同。自20世纪60年代以来，西方绝大多数重要的东南亚考古学家，如索尔海姆、贝尔伍德（Peter Bellwood）、海厄姆（Charles Higham）等人，在讨论东南亚史前乃至青铜时代考古问题时，

---

① 凌纯声：《东南亚古文化研究发凡》，《中国边疆民族与环太平洋文化》，台湾联经图书出版公司1979年版。
② 林惠祥：《林惠祥人类学论著》，福建人民出版社1981年版，第294—333页。
③ 凌纯声：《东南亚古文化研究发凡》，《中国边疆民族与环太平洋文化》，台湾联经图书出版公司1979年版。
④ Wilhelm G. Solheim Ⅱ, "International Congresses and Symposia", *Asia Perspectives*, Vol. 10, 1967, p. 3.

无不遵循此一概念。这当是索尔海姆对东南亚考古最重要的贡献之一。我们可以看到，西方学者关于东南亚考古的论文，无不涉及华南甚至整个中国南方地区。其中的缘由，正是因为华南与东南亚之间存在文化上的密切联系。事实上，华南和东南亚，特别是在新石器时代，本来在文化上就连为一体。正如贝尔伍德所说，"必须记住，不提到中国南部，就不可能理解东南亚史前的后来进程"①。

中国学者虽然长期以来广泛认识到了华南与东南亚文化与种族上的统一性，但出于政治考虑，并不认同索尔海姆这种广义东南亚的概念，当然也极少使用此一概念。即如童恩正在介绍索尔海姆此一概念时说，"为了避免过分强调我国南方文化的独立性，与国际上少数人宣传的所谓'东南亚民族区'的概念混淆起来，我认为我们不必采用此一概念"②。

解放后学术界的视野与凌纯声等老一代学者相比，因为政治的顾虑、学识的局限，视野已经严重内化，对以美国为首的西方学者"旁观者"视野得出的某些结论更是难以认同。中国考古界除少数具有国际交流能力的学者之外，当前考古学者甚少将中国南方考古与东南亚考古联系起来考虑。大多数人仅仅是孤立地研究国内问题甚至自己所在行政区划内的考古资料。这就很难对本区域范围内文化的整体面貌得出全局性的认识，因为贝尔伍德的那句话反过来说其实也是对的——如果我们不联系东南亚，也很难完整理解中国南方史前文化的发展过程。

华南与东南亚在文化上的统一性，在区域层次上体现出它自己具有的特殊性，这种特殊性与中国北方地区相比特别突出。

20世纪初，美国人类学家克鲁伯（A. L. Kroeber）在《菲律宾的民族》提出"东南亚古文化圈"概念，并对东南亚古文化圈的文化特征进行了总结，克罗伯将东南亚土著民族特征总结为26项，包括刀耕火种、梯田、祭献用牺牲、嚼槟榔、高顶草屋、巢居、树皮衣、种棉、织彩线布、无边帽、戴梳、凿齿、纹身、火绳、取火管、独柄风箱、贵重铜锣、竹弓、吹箭、少女房、重祭祀、猎头、人

---

① ［新］尼古拉斯·塔林主编：《剑桥东南亚史》第1卷，贺圣达等译，云南人民出版社2003年版，第43页。
② 童恩正：《近二十年来东南亚地区的考古新发现及国外学者对我国南方古文明起源的研究》，载《南方文明》，重庆出版社2004年版，第189页。

祭、竹祭坛、祖先崇拜、多灵魂。这许多文化特质组成了东南亚古文化。[①] 这一认识后来被凌纯声发挥。1950 年，凌纯声将范围扩大到整个所谓"亚洲地中海文化圈"，并另外增加了 24 项特征，即铜鼓、龙船、弩箭、毒矢、梭镖、长盾、涅齿、穿耳、穿鼻、鼻饮、口琴、鼻笛、贯头衣、衣著尾、坐月、父子连名、犬图腾、蛇图腾、长杵、楼居、点蜡印花布、岩葬、罐葬、石板葬，加起来一共 50 项，作为这一文化圈的主要文化表现形式。[②]

总之，无论是民族学还是考古学的研究结果，都说明华南与东南亚地区在文化上的紧密联系，而与长江以北的中国具有显著的区别。这种区别主要是地理环境所致，故而在文化上各自形成了不同的特点。总体来说，华南与东南亚是一种海洋性、热带亚热带性质的文化，这是这一广阔范围内文化面貌基本相同的地理基础。地理环境与气候并非文化相似性的唯一原因，我们还可以找到另外的一些因素，例如族群的迁徙、文化的传承等，这些方面都是学术研究的重要内容。

二 华南及东南亚新石器时代文化的特征

华南包括东南亚部分地区在内的新石器时代文化，表现出以下一些特点。

（一）早期的领先性

华南和东南亚地区，新石器时代早期文化十分发达，发展程度远远超过黄河流域和长江流域。例如广西桂林甑皮岩、广东阳春独石仔、江西万年仙人洞、湖南道县玉蟾岩等遗址，在中国新石器时代文化早期阶段都占据了十分重要的地位。在大陆东南亚的越南北部，北山文化也十分发达。这实际上是继承了旧石器时代晚期华南和东南亚区域文化高度发达的传统，很多早期遗址，旧石器时代遗存和新石器时代遗存是联系在一起的。实际上，华南和东南亚的许多地区，在旧石器时代晚期都表现出"和平文化"的特征，步入新石器时代之后，仍然延续了这类风格文化特征的发展。故而在新石器时代早期，华南和东南亚考古学文化的发展，实际上在整个东亚都处于领先地位。

---

① ［美］克罗伯:《菲律宾的民族》第七章，转引自凌纯声《东南亚古文化研究发凡》，《中国边疆民族与环太平洋文化》，台湾联经图书出版公司 1979 年版。
② 凌纯声:《东南亚古文化研究发凡》，载《中国边疆民族与环太平洋文化》，台湾联经图书出版公司 1979 年版。

（二）中后期的滞后性

新石器时代早中期，与黄河流域和长江流域相比，华南文化的发展表现出一定的特殊性，也可以表述为文化发展阶段上的滞后性和文化群体的分散性，这种特殊性也并非孤立的地区性存在，而是一直向南延伸到东南亚广大地区的一种普遍的文化现象。到新石器时代晚期，华南和东南亚这一早先文化滞后的地区，受到长江流域稻作文化的冲击，而整个的文化面貌为之一变，生业方式从采集经济为主转化为稻作农业为主。农业的发展、人口增加、族群迁徙、语言扩散这样的连带关系是对这一文化发展进程的唯一合理解释。

随着新石器时代文化的发展，进入以农业为主导的新石器时代中晚期之后，一度领先繁荣的华南和东南亚新石器时代文化，与中原地区裴李岗文化、仰韶文化、龙山文化等相比，似乎表现出明显的滞后性。

以顶蛳山文化、多笔文化为代表的新石器时代中期文化，延续和发展了新石器时代早期和平文化的经济方式，以采集、捕捞水生贝类、鱼类等为食，基本没有农业迹象，陶器、玉器等物品的制作技术相对也处于较低的水平，没有像同时期黄河、长江流域那样高度发展。即使到了新石器时代晚期，农业自长江流域传入，稻作人群对岭南和东南亚原有狩猎采集社群产生强烈的冲击，但仍然没有改变这一地区整体文化面貌。例如石峡文化、"大石铲文化"、大坌坑文化、越南的冯原文化，以及泰国西北部呵叻高原一带遗址，这些地方相对适于农耕活动，虽然出土了不少似乎与农耕有关的工具，并发现了农作物遗存，但数量和水平明显远不及长江流域。精美器物的制作也比较罕见，实际上反映出社会组织相对简单，没有能够产生强大的社会动员力量，以及对奢侈品和大型礼仪建筑的强烈需求。而社会组织的不发达，与富裕狩猎采集生业方式这一经济基础直接相关。虽然在世界其他地区，例如美国西北海岸，富裕采集经济社会也产生了高度发达的社会组织，但似乎这是少数甚至特例。至少在华南和东南亚一带，建立在富裕狩猎采集基础上的社会组织一直维持在较低的水平，没有得到类似黄河流域和长江流域那样的高度发展。华南和东南亚新石器时代经济形态的这种滞后性根植于特殊的自然环境，此地多为温暖湿润的热带、亚热带丘陵山地，动植物种群多、规模大，为狩猎采集活动提供了丰富的天然食物，农业生产活动的需求不那么迫切，延缓了农耕、动物驯养等生产性经济的产生和发展，同时也制约了社会组织结构的复杂化。

需要指出的是，虽然本文使用了"滞后性"一词，但对于这种发展模式并无贬低之意。采用富裕狩猎采集生产方式，以较低层次的社会组织形式存在，可能是新石器时代华南和东南亚古人类最为适宜的方式，是对环境的最佳适应。

（三）石器的长过程

卜工指出，从新石器时代以来，岭南地区的考古学文化就显示了鲜明的自身特点，展现出一个独立考古学文化区所要求的诸种特征，与同时期中国其他考古学文化区域相比可谓独树一帜。这些特点被他概括为：石器的长过程，珠江的大传统，聚落的多形态，地域的两大块。[1]

所谓石器的长过程，是指岭南地区新石器时代开启的年代早而结束的时间晚，文化积淀的过程长。实际上这一点也是岭南和东南亚地区的共同特点。从目前发掘资料来看，如广西柳州白莲洞、桂林甑皮岩、桂林庙岩、广东英德牛栏洞、湖南道县玉蟾岩，以及越南境内的和平文化和北山文化，泰国仙人洞等，华南和东南亚地区新石器时代开始的时间在东亚可能是最早的，年代至少在12000年之前，甚至更早。特别值得注意的是，此地的新石器时代文化基本上和旧石器时代晚期文化一脉相承，连续发展，有时候几乎看不出明显的界限。由此还产生了关于是否此地存在"中石器时代"的问题[2]，主要是因为新旧石器时代之间联系过于密切，难以划界所致。

该地区新石器时代延续时间很长，青铜时代开始很晚。主要是由于华南和东南亚本土没有产生青铜文化，这里的青铜文化是外来的。就岭南和邻近地区而言，一般认为是来自于长江流域和黄河流域青铜文化的影响。由于文化传播需要一定过程，故而这里的青铜文化发展也表现出相当的滞后性。就中国学术界而言，对于岭南地区新石器时代结束的时间看法并不完全一致，但大多认为可以分为三期：

第一阶段为距今10000年，典型表现是原始陶器的产生。

---

[1] 卜工：《文明起源的中国模式》，科学出版社2007年版，第211—212页。
[2] 英德市博物馆等：《中石器文化及有关问题研讨会论文集》，广东人民出版社1999年版。

第二阶段为距今10000—6000年，大致与中原裴李岗时代相当。

第三阶段为距今6000—3500年，与仰韶、龙山和夏时期相当。①

总之，岭南新石器时代的下限，大约在距今3500年，相当于早商时期。新石器时代结束的时间，大致比中原地区晚了500年。

越南北部的新石器时代文化下限，与岭南地区相当，大约为3500年。史前时期两地在文化上本来就存在极为密切的关系。

大陆东南亚再向南方，新石器时代结束的时间更晚。海厄姆近来对他在班努瓦遗址精细发掘而来的资料进行贝叶斯方法测年，得到的数据表明此地的新石器时代结束时间为公元前第三千年末期。②

岛屿和台湾东南亚新石器时代结束的时间，比华南和大陆东南亚更要晚得多。台湾土著居民在公元初年汉人来到台湾之前，一直保持没有金属器的生活状态，实际上是新石器时代生活方式的延续。③ 有学者认为台湾的新石器文化下限可能在距今两三千年④，但实际可能要晚得多。菲律宾的新石器时代结束的时间，过去一度认为甚至晚到距今200年。新的资料证明可能其年代要更早一些，但具体数据尚未见发表。⑤

（四）狩猎采集经济始终占有重要地位

狩猎采集经济始终在华南及东南亚新石器时代居民生活中占有很大比重。当然，这种现象并非仅以此地为然，但在华南和东南亚地区特别突出，盖与华南和东南亚的热带亚热带气候条件和山地丘陵水源丰富的地理条件有密切关系，此种地理环境下，一年四季皆有丰富的动植物食物资源，是居民天然的食物来源。

张光直很早以前就指出，中国东南海岸自旧石器时代晚期以来就存在一种"富裕的食物采集文化"（Affluent Foragers）。他介绍了Carl O. Sauer的相关理

---

① 卜工：《文明起源的中国模式》，科学出版社2007年版，第217—218页。
② Charles Higham1 & Thomas Higham, A new chronological framework for prehistoric Southeast Asia, based on a Bayesian model from Ban Non Wat, Antiquity 83 (2009): 125 – 144.
③ 韩起：《台湾省原始社会考古概述》1979年第3期。
④ 臧振华：《台湾考古研究概述》，《文博》1998年第4期。
⑤ 吴春明：《菲律宾史前文化与华南的关系》，《考古》2008年第9期。

议题二：民族文化交流与民心相通
试论华南与东南亚早期文化的统一性及其特征

论①，并具体分析了河姆渡、大坌坑以及东南海岸旧石器时代晚期的资料，认为这里最初的向农业生活推动的试验是发生在居住在富有陆生、水生的动植物资源的环境中的狩猎、渔捞和采集文化中的。② 限于材料，张光直没有展开细致的讨论，但他对于新石器时代经济方式的认识实际上是适用于整个华南和东南亚主要地区的。

有学者对华南地区新石器时代主要遗存进行统计分析，得出以下结论。第一，史前早期的聚落形态多是洞穴遗址，且狩猎经济比重远大于渔捞经济，如广东阳春独石仔遗址、广西桂林甑皮岩、江西万年仙人洞遗址等。而且洞穴遗址一般都分布在内陆山地。在这一类型的遗存中，狩猎经济的比重远大于渔捞经济。这在遗址堆积的主要包含物以及所发现的工具组合形态上有很好的体现。如甑皮岩遗址中发掘出数千件动物遗骨，主要是哺乳动物，分属于25种，而鱼类和贝壳类仅10种左右；甑皮岩遗址的工具中用于狩猎的砍砸器、尖状器、骨锥、角锥、牙锥数量占绝对多数，而用于渔捞的鱼镖、渔叉、网坠等基本不见。而反映渔捞经济的蚌刀相对于狩猎工具来说微乎其微。这一特点在目前发现的其他几个洞穴遗址中也相类似。第二，史前中晚期的聚落形态多是内陆河边阶地遗址和贝丘遗址。在这些类型的遗址中，狩猎经济仍占很大比重，但是渔捞的比重也开始上升。如河姆渡遗址中锥、镞、矛、匕、梭形器、弹丸、哨等狩猎工具大量存在，相对于洞穴遗址来说，其狩猎工具种类丰富多样，且狩猎工具相对也较轻巧。这体现了狩猎经济的一个发展结果。而昙石山遗址代表的贝丘遗址中，贝壳堆积丰厚，且鱼叉（尖头木棍）、鱼镖、网坠、锛、石凿等渔捞工具数量多，所占比重不比狩猎工具小。第三，史前中晚期，原始农业有所发展，但是仍以采集渔猎经济为主。这体现在内陆河流边的阶地遗址和贝丘遗址中有少量的农业工具出土。这些农业工具相对渔猎工具来说，不仅数量极少，而且加工粗糙，如石峡中层类型出土了中小型工具形态与大型石锛、长身石锛等。这似乎可以说明，农

---

① Carl Sauer, *Agricultural Origins and Dispersals*. Cambridge: The MIT Press, 1969, pp. 20–24.
② 张光直：《中国东南海岸的"富裕的食物采集文化"》，《中国考古学论文集》，生活·读书·新知三联书店1999年版，第190—205页。

业是在采集渔猎文化背景下起源并逐渐发展起来的。①

(五) 特征鲜明的海洋文化

华南和东南亚新石器时代文化面貌十分复杂,但论其最有特点且在后来的历史发展进程中发挥主导作用者,当是其海洋性的一面,这是这里拥有漫长的海岸线、面向广阔的海洋所致。这与黄河流域和长江流域的以陆地为主体的文化形成了鲜明的对比,是华南和东南亚史前文化的主要特点之一。

说华南和东南亚新石器时代的文化主体特征是海洋文化,表现在各个方面,例如其生产方式、生活习俗、精神信仰等各个方面。但出于考古资料的局限性,很多方面已经难以追寻,只能根据后来南岛语族的文化特征加以推测。

经济方式当是华南和东南亚新石器时代居民呈现出海洋性的基础。张光直认为,对海外稀奇物品的追求和贸易活动是原南岛语族从中国东南沿海向外扩散的根本原因。②臧振华则提出,六七千年以前,大陆东南海岸考古资料所表现具有强烈海洋倾向的生业和聚落形态,以及其所反映当时居民对海岸环境的适应能力,则有可能是促成南岛民族继续向海洋扩散的重要因素之一。民族志和历史资料显示,海边的渔民面对开阔的海洋,不但便于熟悉海洋资源和航海技术,而且亦易于广泛接触到外来的讯息,所以也就比较容易受到自然或社会、经济因素的影响而移动人群或迁徙聚落。③

索尔海姆更是直指新石器时代的南岛语族是以贸易为生的海洋民族。他认为,从距今7000年至2000年,在中国台湾、华南沿海、越南北部之间,存在一个 Nusantao (岛屿之人) 海洋贸易网络。这个网络是覆盖整个太平洋、中国沿海和日本、孟加拉湾和印度洋沿岸直到马达加斯加、岛屿东南亚和大陆东南亚沿岸的努散陶大网络的一部分。在距今7000多年起源于岛屿东南亚,然后向北传播,到达菲律宾、中国台湾和华南沿海,在距今5000年然后传入朝鲜和日本九州,

---

① 郭琼娥:《东南地区史前的采集渔猎文化》,《百越研究》第2辑,厦门大学出版社2011年版,第148—155页。

② Chang, K. C. & Ward H. Goodenough, Archaeology of Southeastern China and its Bearing on the Austronesian Homeland, In W. H. Goodenough (ed.), *Prehistoric Settlement of the Pacific*, Philadelphia: American Philosophical Society, 1996, pp. 28–35.

③ 臧振华:《中国东南海岸史前文化的适应与扩张》,《考古与文物》1999年第3期。

公元第一千年在朝鲜和日本高度发达。[1] 尽管索尔海姆的基本观点与学术界主流观点不同，但他关于南岛语族是以海上贸易为突出特征的海洋民族是为大家公认的。

海洋民族能够从近海走向远洋，生存和发展的基本条件是造船和航海技术。之所以这些技术在新石器时代中晚期的华南和东南亚兴起，可能有4个基本原因：人口密度不断增长、植被的破坏、贸易与交换、全新世中期气候变化所引起的海平面升降[2]。

新石器时代以来，由于农耕、养殖等生产性经济和定居的发展，人类生存、发展的能力较之旧石器时代有了质的提高，导致了人口的增长和定居聚落的不断扩张，人口密度也不断增大。这在中国东南大陆表现得尤其明显，比如福建地区的平原主要分布于大陆海岸狭窄地带，可以使用的农耕陆地面积有限。随着新石器时代文化的发展、人口数量的增长，定居聚落本地区扩张、转移的腹地十分有限，向外扩展的压力越来越大，向外、向海岛寻求新的生存发展空间是必然的选择。

植被的破坏是新石器时代生产发展的必然结果，也是全球新石器时代文化发展共有的现象。新石器时代定居农业的发展导致土地的不断开垦，土地上的植被遭到了人类历史上第一轮大规模的破坏。为了不断扩张的定居聚落的建设，以及定居聚落中燃料的需要，森林再度遭受不断的砍伐。此外，史前时代刀耕火种还经常导致意外的大规模林火，也是原始植被遭受毁灭性破坏的重要原因。在农耕土地资源特别紧张的中国东南沿海地区，植被的破坏导致人类生存空间的压力陡增，同样迫使东南大陆沿海的新石器时代人类向海岛迁徙。

贸易与交换也是史前文化的普遍现象之一，中国东南大陆新石器时代原始居民的贸易与交换活动是十分频繁的。原始居民最初的贸易与交换可能是沿着河流展开的，之后扩展到海岸、海岛并延伸到开放的海洋。海岛、海洋中的贸易与交换的需要，是航海兴起的一个重要动力。

---

[1] Wilhelm G. Solheim Ⅱ, Taiwan, Coastal South China and Northern Viet Nam and the Nusantao Maritime Trading Network, *Journal of East Asian Archaeology*, 2000, 2（1-2）: 273-284.
[2] Barry Rollet:《中国东南的早期海洋文化》，载《百越文化研究》，厦门大学出版社2005年版，第130—134页。

海平面的变化是航海兴起的一个直接诱因。末期冰期结束后，全球气候不断变暖，海平面总体上处于上升过程，但上升的幅度、速度是存在波动的。根据第四纪地质学家的研究，距今 7500 年前后，海平面进入了快速上升的时期，直到距今 6000—4500 年间，海平面大致高于现今水平约 2.4 米，形成一个高海面时期，到了距今 4000 年前后海平面再次恢复到现今水平。高海面时期，东亚大陆沿海狭窄的农耕平原地带大多被海水淹没，人群生存空间压力更大，同时有些原本与大陆相连的沿海高地就成为岛屿，岛屿上的居民与大陆的交通也只能通过航海。这对于解释东南沿海地区新石器时代聚落的位置和分布是至关重要的，福建和台湾已知新石器时代遗址大都位于地势较高的坡地和山冈上，而这些高地在海进盛期就成为海湾中的小岛，避免了海水的侵袭，但却与海洋有着密切的联系。

三 华南地区在中国和东南亚及太平洋史前文化中的地位与贡献

中华文明的主体区域，实际上是三大流域，即黄河流域、长江流域和珠江流域。过去在讨论中国文明的起源时，常常提到中国的两河流域，即黄河流域和长江流域，对于珠江流域的地位和作用相对低估。这种观点主要还是出于材料本身，在中国的新石器时代，华南地区虽然起步早，但在后来的社会文明化进程中，却远远落在了黄河流域和长江流域的后面。原因当然是多方面的，但资源环境的独特性是主要原因，这导致了珠江流域的古代文化走上了与资源相对匮乏、生存竞争激烈的黄河流域和长江流域不相同的道路。今天我们从现代文明的角度来看，岭南古代人类的发展落后了，但是以他们当时的状况而言，他们可能选择的是一种最适宜的生活方式。至于后来这种生活方式为北方强势侵袭而来的农业文化所扭转以至彻底改变，则是另外一个话题。而且即使是北方而来次生的稻作文化，在进入岭南和东南亚之后，也吸收了当地大量富裕渔猎采集文化的因素，特别是无性繁殖作物"原始农业"的因素，故而实际上已经与原生形态不同了。

华南或者说岭南地区，在新石器时代以降的中华文化发展中虽然似乎处于从属地位，但对于中华文明的形成，有一个最重要的贡献，是过去人们往往忽略的，那就是为中华文明的形成提供了"海洋性"的因素，而这正是黄河流域和长江流域的大陆性文化所缺乏的。这也是华南地区新石器时代文明独放异彩的地方。

吴春明曾经提出,以中国东南沿海为中心的"环中国海"是古代世界海洋文化繁荣发展的主要区域之一,"环中国海"的视野克服了以王朝正史为核心的传统中国历史框架下的错误海洋观。传统史学以中原遥望四方、从陆地鸟瞰海洋的中心自居,代表了以农耕文化为基础的古代帝国的话语,忽视了中国古代文化大陆性与海洋性二元共存的史实,造成海洋文明史认识上的边缘、附庸和汉人中心论的偏颇,无法捕捉到"海洋世界"的真实历史及其人文价值。以几何印纹陶遗存为核心的中国东南史前、上古考古学文化,与东南亚、大洋洲土著人文关系密切,展现了善于用舟的百越/南岛土著先民文化传播、融合的海洋性人文空间,明显区别于北方华夏的大陆性文化体系,是失记于汉文史籍的环中国海海洋人文土著生成的考古证据。汉唐以来,"环中国海"成为世界海洋商路网络中最繁忙的段落,被视为"海上丝绸之路""陶瓷之路""香料之路""香瓷之路""茶叶之路"的起点,从海洋族群变迁、东南港市发展与基层海洋人文的土著特征看,被传统史学誉为汉人主导的"大航海时代"实际上是对史前、上古东南土著海洋文化的传承与发展。[①]

实际上,华南地区起到了一个连通海陆、沟通中外的作用,也可以说是一个文化的缓冲区。长江流域的稻作文化,甚至黄河流域的粟作文化,皆是经由此地南传和东传,由此中国本土起源的文化因素传播到东南亚和太平洋,为世界文明的发展做出了贡献。

总之,华南地区在独特的资源环境条件下,在多种文化因素错综复杂、风云激荡之下,形成了自身的文化特质,由此构成了中国早期文化中的重要一极。

---

① 吴春明:《"环中国海"海洋文化的土著生成与汉人传承论纲》,《复旦学报》2011年第1期。

南岭走廊与贵州民族融合发展关系暨贵州省打造"Y"字形三大文化走廊初探

陈运洪[*]

摘　要："民族走廊"与"丝绸之路"一样，非丝非路，不是一条或几条固定的商路，而是由一连串的货物集散地构成的商业网络。历史上，南岭走廊与贵州民族融合发展关系如山同脉、水同源、人同俗、树同根，岭南文化、苗疆文化、黔中文化、巴蜀文化、荆楚文化在此碰撞融合、影响深远。立足当前，着眼长远，贵州省应以贵阳为城市枢纽，在全省构建起"Y"字形文化走廊"主骨架"，即：在贵州南部，打造古苗疆文化走廊；在黔西北，打造彝族文化走廊；在黔东北，打造仡佬族文化走廊。用"Y"字形"走廊"把多彩贵州民族文化"串"起来，从而使多彩贵州民族文化"立"起来。与藏羌彝走廊、南岭走廊、武陵走廊等深度融合，有利于促进民族团结，有利于促进民族文化产业发展，有利于突出民族特色增强城镇吸引力，有利于促进群众增收致富，有利于争取中央财政支持。

"民族走廊"概念是已故社会学家费孝通先生在 20 世纪 80 年代前后提出来的一个民族学概念。古苗疆走廊是与藏羌彝走廊、河西走廊、南岭走廊、武陵走廊齐名的五大民族走廊之一。"民族走廊"与"丝绸之路"一样，非丝非路，不是一条或几条固定的商路，而是由一连串的货物集散地构成的商业网络，它的重要性似乎远不及战车、战马与火药，却留下最为长久的记忆。

---

[*] 作者简介：陈运洪，贵州省遵义市政协干部。

南岭走廊与贵州民族融合发展关系暨贵州省打造"Y"字形三大文化走廊初探

自古以来,南岭走廊与贵州境内东、西、南、北、中"五线"陆路驿道和相关水路关系密切,都是众多民族南来北往、繁衍迁徙和沟通交流的重要廊道,也是一条条著名的国际通道,与丝绸之路和海上丝绸之路一样具有重要的战略意义。如"古苗疆走廊",指的是由昆明经曲靖、富源,一直向东横跨贵州境内进入湖广地区的"东路"驿道(即元代的普安道),是建立在元代中原进入西南并连通东南亚地区的必经之路基础上的一条政治、文化、经济大通道。同时,还有明清以前从昆明东向至曲靖,北上经现威宁、毕节、赤水至四川泸州的"西路"驿道(即乌撒道),明代从广西沿都匀北上且与"东路"驿道紧密相连的"南路"(即广西道)和奢香夫人修筑的"奢香九驿",以及途径贵阳、遵义、四川綦江的"北路"驿道,还有清代大规模"改土归流"和"开辟苗疆"连通的清水江、都柳江等水路,如有关专家认为,从成都经岷江到宜宾入长江,过泸州到合江转赤水河进入贵州,转牂牁江(即北盘江),再转红水河、西江,可以直到广州。从广州沿珠江出海到交趾和印度。它们在历史上均发挥了重要的军事、政治、经济作用。

一 南北通道推动了民族融合发展

历史上,南岭走廊与贵州山同脉、水同源、人同俗、树同根,岭南文化、苗疆文化、黔中文化、巴蜀文化、荆楚文化在此碰撞融合、影响深远。

(一)加速了经济南来北往,互通有无

历史上的贵州,曾经是牂牁、夜郎、且兰等数以十计的诸多邦国(部落联盟)并存之地。但早在春秋、秦汉时期,中原的经济、文化就与其相互交融。"蜀王子安阳王率余众借道入越""庄蹻王滇""唐蒙通夜郎"等政治、军事行动,开辟了南北与东西向的大道。《史记》载有公元前135年唐蒙到此闻枸酱事:"南越食蒙蜀枸酱。蒙问所从来……贾人曰'独蜀出枸酱。多持出窃市夜郎'。"西汉年间赤水河就酿造出令汉武帝"甘美之"的赤水枸酱酒。赤水河因为其独特的地理环境和水文气候特性,酝酿了茅台、董酒、习酒、郎酒、望驿台酒、潭酒、怀酒等数十种蜚声中外的美酒。《仁怀厅志》有"尤物移人付酒杯,荔枝滩上瘴烟开。汉家蒟酱知何物,赚得唐蒙鳛部来"一诗。有人认为,枸酱酒就是茅台酒的源头。番禺（今广州）有"蜀之枸酱"待客的记载，又表明了有一条从四川经黔桂可直达珠江口的民间商道，被称为夜郎道或牂牁道。但是，对此是否真实存在，又走向如何，由于《史记》《汉书》没有明确，国内外史学界研究并争论了两千多年，至今尚无定论。2016年6月，《南方丝绸之路·都匀宣言》发布，古代西南出海丝绸之路走向，分别由北、南的水路构成（北为赤水河仁怀市下游、南为牂牁江），中间必有一条陆路连接两江之间的具体渡口。所以，专家们从文献中初步查证为金沙—黔西—织金—独山—三都，在三都即为疑似古代牂牁江的都柳江古渡口上船，行驶在"江广数里"的江面上，顺河到达广西柳州汇入红水河，直达广州珠江口出海。如都匀毛尖从唐贞观九年（793年）起，即成为历代朝廷贡茶，并经南方丝绸之路、茶马古道进入日本、欧美、印度等地等。

历史上，关于"牂牁江"有诸多分歧。其中，主要有盘江说、沅水说、蒙江说、乌江说等。如果我们抛开司马迁、班固、常璩、范晔等人关于"牂牁江"的记述，只要考证明朝以前贵州境内河道通航情况便会发现，除乌江具备纵深通航贵州腹地的条件之外，其他河流基本不具备"浮船牂牁江"的可能性。因此，郑珍《遵义府志》定夜郎于綦江县夜郎坝，则指綦江水为牂牁江。田雯《黔书》，定夜郎在桐梓县，则指乌江为牂牁江。唐蒙在犍为郡督建"五尺道"（约为今天的三尺），北上茅台赤水河至蜀，和桐梓綦江至巴，在前线和大家同甘共苦，得到大家的尊重，今天贵州桐梓县境内的蒙渡桥，就是为了纪念他而命名的。在今贵州凤冈县有"夜郎古甸"摩崖石刻，题写者"见田李将军"。有关史学家说款识上的"见田李将军"极有可能是明人李应祥。明时的湖广主要是指今湖北、湖南及广西、贵州、四川部分地区。印江县发现"牂牁天堂哨"古碑，印证乌江流域为古牂牁地、乌江为牂牁江；余庆与石阡交界地带发现大型古代钱币坑，有秦汉钱币出土，印证这一区域古代曾经繁荣兴盛；桐梓县存在李白流放夜郎的有关古迹如夜郎坝、太白桥、太白祠等古迹，均印证这一区域与夜郎核心地带相关；道真县因尹珍字号为县名，古籍记述其为牂牁人、贵州最早接触汉文化的代表人物，也印证这一区域属夜郎核心区域。

（二）推动了民族融合你中有我，我中有你

"南岭走廊"自古以来，就成为中原进入南岭以南地区的重要通道，诸多民族在这里迁徙、流动、融合，创造了独具特色的人文环境和丰富多彩的民族文化。自西向东包括云南东部，贵州的黔西南、黔南、黔东南，湖南的郴州、永州、怀化、邵阳，江西的赣州，广西的桂林、贺州、梧州、桂北、桂西北，广东的韶关、清远、河源、梅州，福建西部等广大地区。这里生活着汉族、瑶族、苗族、畲族、侗族、佬族、壮族、彝族、毛南族、布依族、土家族、水族等十几个民族。

汉武帝元狩元年（前122年），张骞出使西域归来，言使大夏时，见蜀布、邛竹杖，问所从来，曰从东南身毒国，可数千里，得蜀贾人市。或闻邛西可二千里，有身毒国（《汉书·西南夷传》）。我们知道，汉代所谓"蜀布"，实为夜郎细布加工的蜡染，古称蜡缬。它起源于秦汉，盛行于隋唐，是中华民族古文明的一部分。今在贵州仡佬、布依、苗、瑶等族中仍甚流行，衣裙、被毯、包单等，多喜用蜡染作装饰。邛竹又名石竹、罗汉竹。邛竹杖由邛竹加工而成。

据彝文文献记载推算，古夜郎立国在春秋中叶，至西汉成帝河平二年（前27年）国灭，有600多年的历史。夜郎国以今天的贵州为核心，东达今天的湖南湘西、湖北西部边缘，北交今天的四川、重庆南部交界地带，南接广西以北周边县市，西至云南东部。历史上的夜郎地名问题：汉代以后，夜郎两次作为郡名，五次作为县名。第一次作为郡名是西晋永嘉五年，西晋曾设立夜郎郡，南朝梁废，谭其骧主编的《中国历史地图集》认为其地在北盘江上游；第二次作为郡名是唐玄宗天宝元年，将珍州改名为夜郎郡，郡治为夜郎县，到758年后，又改名为珍州，其地在桐梓、正安一带。而第一次作为县名是西晋夜郎郡治，其地无考；第二次作为县名是唐武德四年设立，627年废，其地在石阡南；第三次作为县名是唐贞观五年设，大宝元年改为峨山县，存在100多年，其地在新晃附近芷江南；第四次作为县名即唐大宝元年，夜郎郡治下夜郎县；第五次作为县名是北宋大观二年在峨山设立夜郎郡，宣和二年废，仅存2年。

夜郎文化是贵州及相邻省（区、市）相关地域历史文化的重要组成部分，其影响覆盖了贵州赫章、威宁、六枝、桐梓、望谟、长顺、镇宁、石阡、贵阳，湖南沅陵、新晃，重庆綦江以及云南、四川的部分地区，所属区域也是国家藏羌彝文化产业走廊规划的衍生区。如据史学家考证，僚人的先民，是先秦时的西瓯、骆越人以及汉代的乌浒、南越人，他们生存在粤西、桂东、桂南和越南北部等地,被后世称为"百越夷蛮"。在僚人的支脉中,有一支叫作南平僚,他们大约在战国末年开始出现在重庆綦江藻渡河流域,由于其活动地带包括今天的綦江、南川、万盛等地,所以他们又被称为"南川僚""渝州蛮"。同时,广西隆林仡佬族大约于清初时期从贵州仁怀、六枝等地迁徙而来,至今已有十几代。

(三)架起了沟通文化交流桥梁,助推发展

元朝末年,贵州土司林立,数以百计。明代查继佐《罪惟录·列传》卷三十四"思州田氏"条记载:思播田杨,两广岑黄。也就是说,西南四大土司,今天的贵州境内就占据了2个。唐僖宗乾符三年(876年),杨端应募带兵收复播州,杨氏世袭治播,历唐末、五代、宋、元、明达725年,传27代30世。盛时播州辖地范围除了今遵义市外,还包括四川、重庆南部和贵州黔南、黔东南的部分地区。明万历二十八年(1600年),平播之役,播州实行改土归流后,废播州宣慰使司,将播州析为遵义、平越二府,分别隶属四川和贵州布政司。田氏自隋开皇年间入黔,至明永乐年间两宣慰使革职,历任九朝,辅君67主,世传土司王朝帝位26代,统治思州长达831年。宋末元初,思州田氏土司势力得到了前所未有的大发展,领土范围东至今天湘西地区,南达今天桂林的北部地区,西接今天贵阳一带,北抵今大四川重庆边缘的不少县市。明永乐11年(1413年),思南土司、思州土司为争夺朱砂发生战争,明政府改土归流,在梵净山环山地区设立思南、铜仁、松桃、石阡四府。同年,贵州行省正式成立。由此可见,上百年土司政权,加强了思州、播州边疆地区与中原王朝和南岭地区的沟通联系,极大地促进了西南地区的发展稳定,中原的政治、经济、文化得以广泛传播渗透到西南地区,推动了西南地区的文明进程。如乌江是长江的主要支流。明嘉靖十八年(1539年)十月,思南人田秋任四川按察使时,条敕川、贵两台使上疏曰:"贵州自开设以来,江流阻塞,盐利不得入贵,官民两病。"朝廷敕两台使对乌江"凿壅疏流,传檄谕商,货盐入贵者赏,民皆乐趋,往来不绝,岁获千百之税"。从此,乌江航运有了新的发展,特别是川盐及两广的日用商品便源源不断地进入贵州。

二 贵州省打造"Y"字形三大文化走廊的必要性

贵州作为多民族文化旅游资源大省,厚重的历史文化、丰富的原生态文化和丰富多彩的民族文化积淀，为发展民族文化旅游产业奠定了坚实基础。目前，贵州南部的侗族文化、布依族文化、苗族文化为旅游业的发展注入了更多的文化内涵，其民族旅游呈现出蓬勃生机；西北部的彝族文化发展方兴未艾，旅游业呈现出良好势头；其他地区的民族文化内涵虽然丰富，但文化旅游发展还相对较为薄弱。为了全面推动贵州民族文化产业的发展，有必要以贵阳为城市枢纽，在全省构建起"Y"字形文化走廊"主骨架"，即：在贵州南部，打造古苗疆文化走廊；在黔西北，打造彝族文化走廊；在黔东北，打造仡佬族文化走廊。用"Y"字形"走廊"把多彩贵州民族文化"串"起来，从而使多彩贵州民族文化"立"起来。

一是在贵州南部，《中国苗疆走廊旅游规划》编制工作已经启动。"苗疆走廊"概念于2012年初由贵州大学研究团队提出，并引起学界的普遍关注。政府部门和科研院校进行了广泛深入的调研，形成了许多研究成果。2018年1月初，"中国苗疆走廊旅游规划研讨会暨启动仪式"在玉屏召开，正式启动了《中国苗疆走廊旅游规划》编制工作。

二是在黔西北，《贵州省彝族文化产业走廊发展规划》编制工作基本完成。在国家《藏羌彝文化产业走廊总体规划》中，毕节市被列为核心区域，六盘水市被列为辐射区域，贵阳市被列为城市枢纽。根据《总体规划》要求，我省组织编制了《贵州省彝族文化产业走廊发展规划》，已经广泛征求了意见，即将印发实施。

三是在黔东北，打造仡佬文化走廊的时机成熟。黔东北地处武陵山与乌蒙山结合部，行政区划横跨遵义、铜仁两市，幅员5万余平方公里，涉及24个县（区），总人口1300万。它是中国仡佬族发源地和聚居地，全国近60万仡佬族人口96%分布在贵州，绝大部分在黔东北。务川和道真是全国仅有的2个仡佬族自治县。另外，遵义和铜仁2市还辖有17个仡佬族民族乡。以仡佬族文化为核心的民族文化资源富集，文化遗存丰富，民族风情浓郁，民族文化形态多样，从语言、服饰、舞蹈、饮食到手工艺品，有着独特的风格，并涌现了龙潭古寨、中国傩城、桃花源、楼上古寨、尧上民族文化村等一大批特色村寨和民族文化旅游景点。2015年以来，湘鄂黔渝4省市就共同打造"大三峡"旅游环线、黔东北文化旅游精品长廊、黔东北渝南文化旅游精品长廊等主题进行了多次研讨，形成了一系列会议成果。

三 建议

近年来，中央加大了对"民族文化走廊"建设的支持力度。2014年，文化部、财政部印发《藏羌彝文化产业走廊总体规划》，把藏羌彝文化产业走廊作为重大项目纳入了中央财政文化产业发展专项资金扶持范围进行重点扶持。

（一）高水平编制《贵州省"Y"字形文化走廊建设总统规划》

请省文化厅牵头，文产、民宗、旅游等部门配合，以《贵州省彝族文化产业走廊发展规划》《中国苗疆走廊旅游规划》和黔东北文化旅游精品走廊建设系列成果为基础进行编制，争取将贵州省"Y"字形文化走廊建设纳入中央财政文化产业发展专项资金扶持范围进行重点扶持，促进贵州民族文化更加繁荣发展。

（二）加大对"黔东北仡佬文化走廊"建设支持力度

构建"Y"字形贵州文化走廊主骨架，黔东北是弱项、是短板。请省委、省政府及省直有关部门加大对"黔东北仡佬文化走廊"建设的支持力度，支持遵义、铜仁加强仡佬族传统村落、文物保护力度；加强仡佬族语言、歌舞、戏剧、民俗等挖掘整理；加强仡佬族博物馆、展览馆、文化馆等公共设施的建设；加强公路、铁路、航运、机场等交通"廊道"建设；加快文化、旅游、餐饮等民族文化产业发展，把"黔东北仡佬文化走廊"打造成全省文化亮点。

（三）建设黔东北"仡佬族文化风情旅游区"

仡佬族文化是黔东北最具竞争力的旅游资源之一。务川、道真、正安是仡佬文化集中地，三县相互联动、协作，提出了建设"黔东北文化旅游精品长廊，融入重庆旅游圈"的构想，不约而同地将市场面向了重庆。在交通上支持三县及三县与重庆互联互通高速路网的建设；在城市体系建设上统一规划，扩大城镇规模与品质，带动区域发展；在景区建设上要加快现有仡佬之源、大沙河、九道水等景区的品质提升，建成1—2个5A级、3—4个4A级景区。加快设立仡佬文化旅游产业创新区管委会，积极申报遵义市国家级仡佬文化生态示范区建设，将仡佬族文化的挖掘、整理、保护、传承纳入国家级的保护范畴，从而有利于仡佬文化的整体保护，推动仡佬文化保护与传承的有序发展。

（四）加强区域各级政协组织的协作共商

为助推黔东北地区经济社会发展，2015年，务川、正安、道真3县政协联合发起了共同打造"黔东北文化旅游精品长廊"的倡议，并分别在正安、务川、道真召开了三次联动协作成员单位全体会议。目前的协作成员单位包括贵州省北部20个县（区）政协和重庆市南部11个县（区）政协。鉴于协作单位已经跨越黔渝两省市，请省政协牵头，进一步完善区域协作共商机制，联络黔渝湘鄂省（市）政协加强区域协作共商，助推"黔东北仡佬文化走廊"建设。

同时，规划引领、策划先行，联动湘鄂川黔渝云桂七省（市）政协，邀请民族学、人类学、宗教学等各个学科的专家学者，对明清以前贵州境内东、西、南、北、中"五线"陆路驿道和相关水路联动强化文化走廊的理论研究、文献研究和田野调查，为厘清"南方丝绸之路"和申报"茶马古道"世界文化遗产提供第一手资料。并深化与湘鄂川黔渝云桂诸省（市、区）区域旅游合作，邀请国际知名设计师参与，秉承全域布局、差异发展的原则，加快与缅甸、印度等国联合申报"世界文化遗产"，将其打造成为全球的文化亮点。

参考文献

多彩贵州网：《贵州三都与古代西南出海丝路有何渊源 考察团到这发现了啥》，http://culture.gog.cn/system/2016/06/28/014985987.shtml，2016-06-28。

沙鞠：《汉家枸酱知何物——说说"枸酱"》，http://blog.sina.com.cn/s/blog-4c853f3701lllaqc.ntml，2007-9-14。

徐中舒：《〈交州外域记〉蜀王子安阳王史迹笺证》，《四川大学学报丛刊》第5辑"四川地方史研究专集"，1980年。

杨志强：《"国家化"视野下的中国西南地域与民族社会——以"古苗疆走廊"为中心》，《广西民族大学学报》（哲学社会科学报）2014年第3期，第8—15页。

跨文化的交流：从生态视角看壮泰民族稻作文化异同

言红兰　黄玉洁[*]

摘　要：壮族和泰族是同属于西瓯骆越民族的"同源异流"的两个古老稻作民族，这两个稻作民族在人与自然相处方面，都创造过独特而优秀的生态文化，他们运用自身的智慧适应自然环境，获得生存。本文从稻作的生产方式、居住和建筑形式、自然崇拜和节日习俗等四个方面对壮泰二者进行比较，探讨壮泰两个民族稻作文化中的生态意蕴及产生异同的原因。从壮泰民族古老而灿烂的稻作文化里展现的生态意蕴将对这两个民族的生态环境保护、民族文化传承和社会和谐发展产生积极的影响。

关键词：生态文化；壮族；泰族；稻作文化

一　壮泰民族稻作生态文化内涵及概况

（一）生态文化的含义

生态文化是从人类反自然和征服自然的文化，转向顺应自然，人与自然和谐并进的文化。它属于人类文化体系的一部分，其文化内涵中具有生态精神，是人类在适应自然、改造自然的过程中逐步形成的反映人与自然互动关系的物质和精

---

[*] 作者简介：言红兰，广西百色学院外国语学院副教授；黄玉洁，百色学院教师。

神的总和。① 生态文化的概念，蕴含着生态和文化两个层次。② 由此看来，生态文化的核心应该是人类文化与生态环境的双向交互作用，即人类的文化如何适应生存环境，环境又如何影响文化类型的形成，两者之间是一种相互的作用关系。

（二）稻作文化的含义

稻作文化是指与水稻种植和生产相关联的一系列特色文化，包括水稻生产方式、习俗、自然崇拜以及衍生相关的衣食住行、节日习俗、人生礼仪等多方面的内容。当水稻耕作出现，就自然的存在稻作文化。根据考古学家们的调查发现，我国广西、广东等古骆越民族生活的珠江流域一带是最早的稻作起源地之一，是重要的稻作文化区。在漫长的历史长河中，稻作农业的起源与发展对农耕先民的生产生活方式、民俗风情、人生礼仪等无不产生着影响，稻米成为农耕先民的主要生活内容，经过历史的积累和沉淀，逐步形成的具有鲜明特色的稻作文化也不断丰富、浓郁。壮族和泰族具有共同的渊源，他们同属于西瓯骆越民族，在新石器早期，骆越先民就已经从事稻作农业，因此壮泰两个民族都是古老的稻作民族，皆以稻作文化为民族文化之根本。

（三）壮族稻作文化概况

壮族具有历史悠久的稻作文化，稻作文化的形成与壮族人民生活的自然环境具有紧密的联系。正如学者覃彩銮所言，"文化作为人与自然关系的纽带，协调着人对自然的开发利用，使人与自然环境、生态条件及物质生产方式形成互动关系，保持与自然生态的协调发展。"③ 壮族地区地处丘陵山区，山地广阔，江河纵横，是典型的喀斯特地貌。且属于亚热带季风气候，气温较高，日照充足，雨量充沛，水源丰富，土壤肥厚，有利于农作物的生长。在良好的生态环境里，壮族人民通过智慧和劳动，合理开发利用生态自然，在稻作生产方式上，逐步形成了相适应的文化类型。在生产方式上，壮族从最早的旱地点穴播种到水田耕犁、育秧移秧，是经过不断认识和适应自然发展而来的。从开垦田地、泡种、育秧、

---

① 叶文、薛熙明：《生态文明：民族社区生态文化与生态旅游》，中国社会科学出版社2013年版，第25页。
② 宣裕方、王旭烽：《生态文化概论》，江西人民出版社2012年版，第14页。
③ 覃彩銮：《试论壮族文化的自然生态环境》，《学术论坛》1999年第6期。

插秧再到灌溉、施肥等田间管理，最后到收割、加工、储藏等一系列环节，壮族深刻洞悉维护生态平衡和稻作生产之间的重要关系。在山区建造梯田，能够充分利用每一寸土地；垒砌田埂具有保肥、防止水土流失的作用；施用农家肥和绿肥，维持土壤的肥力和保护生态环境；修渠引水灌溉，逐步完善水利制度，而且重视保护森林，涵养水土。这样的生产方式充分展示了壮族在处理人与自然的关系中的生态智慧。

根据自然条件，顺应自然，壮族的聚落主要分布在水源充足的田峒周围，便于管理田间稻谷，可谓是依山傍水而居。当人口增长，为了缓解人地矛盾，保证周边资源能满足耕作和生活需求，居民会往外迁移，开辟新的聚居地和耕作区。在建筑形式上以干栏建筑为主，即上层住人，下层圈养牲畜和存放农具杂物的高脚楼房。这种建筑形式是壮族居民为了适应稻作农业和南方自然环境的结果，具有防潮、利于通风采光、凉爽、防止野兽攻击和节省耕地面积的特性，反映了壮族对自然环境的适应力。

壮族以稻作农业生产为主，对水、土地等自然物有极强的依赖性，包括对自然体，如雷、火、日、月、花鸟树木、青蛙、牛、狗等赋予了生命并神化，认为万物有灵，它们可以影响稻作生产的收成，因此形成了对自然万物的崇拜，并通过供奉、祭祀等形式祈求这些神灵关注和庇护，保佑风调雨顺，稻谷丰收，人丁兴旺。从生态的角度看，壮族的自然崇拜对广泛的自然物起到了保护作用，防止了乱砍滥伐、猎杀采集物种，有利于生态的平衡和环境保护。也是壮族先民敬畏自然，视自然与人类相等同的生态观。

壮族节日文化与稻作生产密切相关，生产的每一个阶段都有相应的节日活动，活动主要内容则是祭祀与稻作相关的崇拜对象。如最具代表性的蚂拐节，是为了祭祀蛙神，祈盼雨水丰盈；新年祭祀牛栏；春耕节，即在春节过后举行开耕仪式；护理田间禾苗阶段有禾魂节和牛魂节；收割归仓时有尝新节，一起品尝新米，欢庆稻谷的成熟、丰收等。从水稻的耕种到收获过程，壮族人民都有一系列的节日和仪式，通过这些活动来满足他们对物质和精神生活的追求。

（四）泰族稻作文化概况

自古以来泰国以农业为主，主要生产稻米，是世界上著名的大米生产国和出口国。稻米渗透到了泰族人民生活的方方面面,形成了一系列具有深刻文化内涵的稻作文化。

泰族人在耕作稻谷的过程中,根据自然的发展规律,不断完善耕作制。从最早的旱地种植,逐步发展到水田耕种;由早期的野生稻逐步驯化成栽培稻;为提高产量,培育优良品种。种植水稻对泰国的自然环境有直接的影响,由于泰国地形特征大部分是平地,位于河谷地段,有从大大小小的山顶流下的土沉积起来,土质富含有机物。泰国人依靠这样有利的自然条件,用牲畜犁田,减轻劳力;用动物的粪便作为天然肥料;采用人工除草、驱虫。与自然共处,创造生态农业。

泰国的河流水系非常丰富,在对水依赖性极强的稻作农业下,泰族人民为了满足种田捕鱼的生计需要,大多把房屋建在河岸边,伴水而居。沿河流依次而建的房屋,泰语称为"邦";而沿湖泊建成的村落称为"班"。又因泰国气候炎热、潮湿,雨水充沛,虫蛇较多,所以总体上泰国的民居建筑多为高脚屋,属于"干栏式"建筑,分为上下两层,上层住人,下层无墙,作饲养牲口、碾米、储藏物品等用。泰族人民在水稻耕种的基础上,根据多样的地理条件和特定的气候条件形成如此独具特色的居住风格,是泰族人民不断适应自然,与自然和谐相处的表现。

人类赖以生存的是自然,所以会把直接关系到自身生存的自然物和自然力进行神化,产生崇拜。泰国以农耕为生,"所以对农业有直接关系,影响较大的是土地、河流、风雨、日月、丛林、山岭等。但有一些因没有明显的宗教仪式,如日、月,泰人认为没有明显的看管、帮助人类的作用,因而不直接举行祭祀日、月的仪式"。[①] 泰族人坚信稻谷是有生命、有思想的,稻谷里的神被称为"稻谷女神",她能够保护稻谷,赐稻米于人类以延续生命,因此泰族人对谷神极其崇拜。当然,泰族人还崇拜水、树、土地等,认为这些自然物都有各自的魂,供奉和祭祀这些神灵就能得到保佑,驱除灾难和不幸。自然崇拜在泰族人的观念当中是不可亵渎的,由自然崇拜而产生的一些禁忌和约束,在主观上是人们对神灵的敬畏,实际上也是对自然的尊重和保护。

在泰国,与稻作相关的生产性节日主要有春耕节、水灯节、火箭节等,其中

---

① 戚盛中:《泰国民俗与文化》,北京大学出版社2013年版,第156页。

春耕节是泰国的重要节日。此外，还有围绕稻作而举行的多种节日仪式，如驱洪仪式、插界标（多角形竹牌）仪式、祭拜土地神仪式、稻谷女神招魂仪式、招牛魂仪式等，这些仪式中的祭祀品和食物都是稻米制品或稻米转换物，仪式的过程隆重而繁杂，蕴含着浓重的宗教色彩。还有在春耕节前夕举行的宋干节是泰国的传统新年，会浴佛、放生、泼水等，但这时举行庆祝活动，也有祈求风雨、保佑丰收的意义。其他佛教节日，如守夏节，僧人在寺中修行、受供养，不必出门化缘，其目的就是在雨季耕种时节，不会踩伤庄稼和草木小虫等。从这些节日和仪式中能够看出泰国人一心向善、放生动物、善待自然的美好品格。在泰国人看来，与稻作相关的祭祀仪式还充满生态智慧，"พิธีกรรมเกี่ยวกับข้าวและการทำนาเป็นปฏิบัติการ์ (holding) ประการหนึ่งในการสร้างความสัมพันธ์กับสิ่งแวดล้อม คือดิน น้ำ ลม ไฟ ทรัพยากร ธรรมชาติ และสิ่งมีชีวิตอื่นๆ เพื่อให้เกิดสภาวะเหมาะสมทางนิเวศวิทยา（Ecological Niches）เพื่อให้การอยู่ร่วมกันของธรรมชาติดังกล่าวนี้（รวมทั้งมนุษย์）มีสันติสุข มีแต่ผู้ให้และผู้รับ ไม่มีนาย ไม่มีทาส"① 其大致意思是说稻作祭祀仪式使得一切自然物紧密相连，符合生态的自然规律，所有自然物包括人类都和谐共处，没有主人和奴隶，只有给予者和接受者。

二 壮泰民族稻作文化异同

（一）壮泰民族稻作文化相同点

壮泰民族是同根生的民族，他们的祖先在还没形成民族的分别时，就已经从事稻作生产，后来随着民族的发展和变迁，才出现壮族和泰族，但传统的稻作文化一直沿袭下来。祖先的共同生活和生产使壮泰民族的稻作文化保留着很多的相同点。

1. 耕作方法

壮族和泰族在稻作的耕种方式上都保持着基本一致，都是经过旱地耕种到水田耕种的逐步发展，都经历过刀耕火种、锄耕到犁耕的过程。在种植工序上，也都经过泡种、育秧、犁田、拔秧、插秧、施肥、除草、治虫、收割、脱粒、晒干

---

① เอี่ยม ทองดี.วัฒนธรรมข้าว：พิธีกรรมเกี่ยวกับข้าวและการทำนาเทคโนโลยีของอดีต ประเพณีในปัจจุบัน ตำนานแห่งอนาคต [M]. สถาบันวิจัยภาษาและวัฒนธรรมเพื่อพัฒนาชนบท．มหาวิทยาลัยมหิดล ศาลายา，2551，第22页。

归仓等一套完整的工序,在这一种植过程中,壮泰民族利用自然地形,巧妙改造种植地成梯田或水田,筑坝修渠来引水,既能防止水土流失,又可以保护田的肥力。施用粪便为天然肥料,人工拔草治虫,建立起了良好的生态农业系统。在耕作制上,"从一季稻逐步发展为双季稻及至三季稻"[①] 这是壮泰人民在不断认识自然,利用温热、光照充足的气候条件,有效增加稻谷产量,以满足生存需求。

2. 干栏式建筑

壮泰民族是古老的稻作民族,以稻作农业为主的生产方式衍生了相适应的居住形式。稻作生产依赖水源,所以谷地大多分布于河流、湖畔边。农民们为了便于下田管理稻田,定居在田峒周围,视野开阔,邻水而居,同时也方便生活用水。泰族地区在这点上尤为明显,泰国是一个多河流的国家,位于中部、人口密集的曼谷更是有"东方威尼斯"之称。壮泰族人民都喜欢依田而居,据田而作。因受到所处的自然环境的影响,其建筑形式主要以干栏房为主,上层住人,下层养牲口,便于为稻田积肥,或者存放农具杂物。这样的干栏房既可以节约耕地面积,又可以通风凉爽、防潮防兽,具有深刻的自然生态环境印记。

3. 自然崇拜对象相同

悠长的稻作生产过程中,壮泰民族认识到了自然对生产的影响力,认为一切作用于耕种的自然物都有无法认知的神力,于是对这些自然物产生敬畏、崇拜。这些自然崇拜的对象大致可以分为三类,一是对稻作生产生态背景的崇拜,如水神、土地神、山神、树神、太阳神、雷神、雨神等;二是对稻作事物本身的崇拜,如谷神、禾神、田神等;三是对稻作生态体系中的动物崇拜,如蛙、牛、狗崇拜等。壮泰族人的自然崇拜对象大体相同,壮族人认为所有江河的水皆由水神掌管,要供奉水神,用水不能浪费,不然会受到水神的惩罚,造成旱涝等自然灾害。泰国也对水神非常崇敬,每年水灯节都到河边祭祀河神,来祈福消灾。壮泰人民都认为土地具有神奇的力量,把土地当神来崇拜,家中都设有神龛祭拜,每个村都有土地庙,还有一棵保护村寨的神树。还有日月星辰的运行与稻作生产有莫大的联系,壮泰族人民自然也对日、月、雷、雨等自然现象产生极大的崇拜。在壮泰族地区,都有很多节日和仪式来祭祀谷神、禾神、田神,尽管节日名称和

---

① 覃圣敏:《壮泰民族传统文化比较研究》,广西人民出版社2003年版,第368页。

具体仪式有很多不同，但都是为祭拜这些神，以求得谷物丰收。在壮族人的观念里，蛙是掌管人间降水的神，牛是耕作的得力助手，狗把稻种偷来才让农民得以种植，壮族人为了感恩而发自内心地敬奉这些动物，并产生了蚂拐节、牛魂节等节日。泰族地区也基本相同，也有祭祀青蛙的仪式，为牛招魂的节日。壮泰民族对自然物的崇拜而产生崇敬、爱护之举，是具有神秘意识的敬神心理，但实质上是一种生态智慧，展现了尊重、保护自然的生态观。

4. 生产性节日目的

围绕稻作农耕，产生了以"稻"为娱的岁时节日，播种时期有"开耕节"，为种子招魂，带吉祥种子回去耕种，保来年大丰收；田间管理时期有"礼田节"拜田神、祭青苗，保佑禾苗茁壮成长，不受虫害。"祈雨节"祈求降雨，风调雨顺；收获时期有"尝新节"，煮新米到田边祭拜，庆贺丰收。不论是壮族还是泰族的生产性节日，都是为了共同的目的，就是祈求福佑、驱避灾祸、风调雨顺、谷物丰饶。要达成这样的目的，两个民族往往是通过举行复杂的祭祀仪式为形式，仪式过程彰显出了人与自然的相互作用，自然给予人类物质，而人类爱护、敬畏自然。"在这种连通人类与自然的仪式中……人与自然相互间有一种需求，它利用复杂的仪式造成对仪式用品的需求，并通过对庙宇祭坛神秘知识和祭师与天神沟通，从而达成人类繁衍的愿望"[①]。由此可见，人类与自然是相互交融、共生的关系。

（二）壮泰民族稻作文化不同点

尽管从根本上两个民族的稻作文化保留诸多相同之处，但由于民族的变迁、融合，壮泰民族受到所生存的自然环境和不同民族文化的影响，两个民族的稻作文化也呈现着其独具特色的个性。

1. 种植的季节

壮族所生活的岭南地区四季分明，大部分地区种植双季稻，即一年种植两造，春种秋收。早稻种于春季3月份前后，6、7月夏季收割，而后复种，到9月秋季收割，也就是早稻春种夏收，晚稻夏种秋收。广西南部属于亚热带气候，少

---

① 翟鹏玉：《那文化生态审美学：人地交往模式与壮族生态审美理性》，广西师范大学出版社2013年版，第279—280页。

数地区种植三季稻,也是按照这样的自然规律来种植。由于壮族地区气候四季分明,"水稻对温度要求比较高,故而对季节特别敏感,一般要在清明前后插秧,过早过晚都会减产"。[①] 因此对于水稻种植的季节要求较严格,不能提前也不能延后,否则将受到气候灾害而影响收成。千百年来,壮族人民通过生产实践,摸索、认识、遵守自然的发展规律,适时按照季节耕作,以适应自然,才得到好收成。

而泰国气候属于热带季风气候,全年高温炎热,一年分为三季,即凉季、热季、雨季,绝大部分地区只种单季稻。泰族地区早稻种植于8、9月份前后,即雨季时期。当然在泰国各地区也有点差别,中部流域平原区是泰国最主要的水稻产区,素有"泰国粮仓"之称,该地头造水稻在5月至10月种植,北部地区在7月至11月种植早稻,南部则从7月开始种植。泰族地区夏长无冬,对水稻的种植季节要求并没有那么严格,这点与壮族地区不同。泰族人根据所处的气候环境,因地制宜,调整出与自然环境相适应的耕作时间,诠释了泰族人在生产中对自然的认识与合理利用。

2. 村落格局特色

壮泰民族因稻作生产和生活需要都喜欢伴水而居,且以干栏房为主要建筑形式,但两个民族所处的自然生态环境决定了各自的村落格局。壮族地区多为石山,平原少,水系支流多且杂,壮族人会根据这样的自然环境,沿着山脉和河流的走向,依托山为屏障,靠近水为住址,面临田野而居住,在村落的布局上体现的是山水相融的生态和谐,一派山水田园风光。村落上方种植涵养水源的风水林,以保持生态平衡。聚居区周围留有部分空地,用于娱乐、祭祀等活动。壮族的村落连接成片带状,有的房屋家家相通,水乡村落则根据河流形状呈长形状分布。由于山地和河流复杂交错,壮族的村落或分散或集中,格局比较灵活自由。

泰国北部和东北部的村落分布特点与壮族地区相似,只是个别地方有不同,北部某些村落的房子分布于四个方位,中间是稻田,呈现的是向心、内聚的布局形式,与中部主要稻作区的村落具有明显差别。中部以平原为主,湄南河为主要

[①] 梁庭望:《中国壮族》,宁夏人民出版社2011年版,第211页。

的大河流,地形地势没那么复杂,村落的布局比较规整。泰族人为了防止住房失火而不殃及粮食,在干栏住房附近会修建一座独立的谷仓储存稻谷,这类谷仓在现在的泰国乡村中仍随处可见,而在壮族地区已经不多见了。泰国人还会在村落周围种竹栽树,养花植草,这既能美化环境,又能涵水固土。

3. 自然崇拜侧重不同

壮族人侧重稻作生态体系的动物崇拜,如青蛙、牛。壮族人对蛙的崇拜在所有自然崇拜文化中占据着较大的比重,他们认为蛙神是主管人间雨水的神灵,能够呼风唤雨,于是在春节期间举行祭祀蛙神活动,以人和青蛙的关联而展开,找蛙婆、游蛙婆、祭蛙婆、葬蛙婆。且不说青蛙能沟通雷神叫下雨的神性,也不说青蛙在稻田里捕捉害虫、保护生态的实际功用,至少在蚂拐节的所有活动环节里,人们是把蛙这种自然生物放在跟人一样的平等地位,人可以做蛙的新郎,为蛙守灵拜孝,然后厚葬青蛙。这是人对自然的认同和肯定,人与自然是相互平等的。而且壮族的服饰、铜鼓、壁画等都有青蛙的图案,可以看出青蛙在壮族人心中的重要性。"为何崇拜青蛙可以确保人类的富足与延续,是因为青蛙就是壮族的祖先。"[1] 这就是壮族人对蛙如此崇拜的最大原因。当然,壮族人对牛也是极为重视,以兄弟之情来相对待。牛在稻田中劳累耕作,极其辛苦,推动了生产力的提高。人们对牛心存感激,怕牛在耕作中劳累、受惊吓而魂魄离开身体,于是在春耕过后举行"牛魂节",为牛招魂、安魂。在"牛魂节"这天,牛得到休息调养,人们精心护理牛的身体,清洁牛栏,给牛栏贴大红纸。请道公诵经,唤牛魂回栏,以米饭、鸡鸭肉等为供品,燃香烛、烧纸钱、放鞭炮,虔诚祭拜牛神,祈求人畜安康,丰衣足食。"牛崇拜作为那文化信仰的图腾,从文化的根本意义上将自然的法则与人通过自然所体现出来的文化法则建立在共同的基础之上。"[2] 在与牛的相处关系上,人们对牛并不是一味索取,人与牛是相互给予的,牛崇拜所体现的是人与自然相依而存的生态链。

稻米在泰族人的生活中具有十分重要的影响,"ข้าวเป็นบ่อเกิดและเป็นเสาค้ำวัฒนธรรมไทย

---

[1] 翟鹏玉:《那文化生态审美学:人地交往模式与壮族生态审美理性》,广西师范大学出版社2013年版,第76页。
[2] 同上书,第115页。

ให้เกิดขึ้น"（稻是泰国文化的起源和支柱）[1] 可见，泰族人把稻作视为民族文化的根本。所以泰族人最注重的是对稻作事物本身的崇拜，认为稻谷是有灵魂的，里面住着一位稻谷女神，为了让她保护稻谷，让稻谷苗壮成长，在稻谷成长的几个重要阶段都要为稻谷做招魂仪式，在生产时节举行的多种仪式也皆是以祭拜稻谷女神为主。以前泰族人用剩余的稻米和别人换取生活必需品，但从不用来换取钱财，因为他们尊重稻米里的神。这种出于对稻谷的崇拜，让人们更尊重和爱惜粮食。泰族人还侧重对水的崇拜，以水为核心的节日有很多，如宋干节、水灯节、火箭节等都是围绕水而举行的，当中体现的水崇拜具有深刻的内涵。泰族人对水十分崇拜还表现在，在其他的仪式如婚礼、活动开闭幕、送别、庆祝典礼等也总把洒圣水祈福看作一个重要的环节，认为水能够带来好运、福气。

4. 节日仪式

稻作民族的生产性节日庆祝以仪式为主要表现形态，从播种到收割这整个时期，每个生产性节日都离不开仪式，人们通过仪式来表达心中的美好愿望和崇敬之情。按照生产的环节，大致可以分成春播仪式、插秧祭神仪式、求雨仪式和收割祭神仪式。

（1）春播仪式

壮泰族在春天开播之前，必会先举行春播仪式。在撒播稻种前，壮族人会先准备祭品，有鸡、猪、花糯米、米酒、香烛、纸钱等，去到田头祭拜田神。结束后，把柚子叶插立在田边。等到傍晚时分，由一位有孙子的长者先象征性播种，接着屏气绕田走一圈，在田头和田尾插上柚子叶，最后扎一个稻草人披上破衣和帽子，让鸟雀不敢来偷吃稻种。泰族人在播种前先把收藏在谷仓里象征着稻谷女神的稻穗与稻种混合，寓意着谷神能够保佑秧苗的生长，并且日后结的稻穗粒粒饱满。随后，准备丰盛的祭品到田边祭拜稻谷女神，嘴里一同念着要传达给稻谷女神的祈语。然后，选一个吉利的时辰开始播种。

---

[1] เคี่ยม ทองดี.วัฒนธรรมข้าว：พิธีกรรมเกี่ยวกับข้าวและการทำนาเทคโนโลยีของอดีต ประเพณีในปัจจุบัน ตำนานแห่งอนาคต [M]．สถาบันวิจัยภาษาและวัฒนธรรมเพื่อพัฒนาชนบท：มหาวิทยาลัยมหิดล ศาลายา，2551，第22页。

（2）插秧祭神仪式

壮族地区在插秧之前，先由已婚妇女用桃叶来洗手，用茅草在田头扎成"十"字形，然后焚香祭拜田神，最后才下田插秧。泰族人则先准备祭品到春耕典礼时搭建的土地庙祭拜，然后从春耕典礼时开犁的那块田开始插秧，插秧结束后还要为稻谷女神举行求魂仪式。①

（3）求雨仪式

遇到干旱时期，人们就会举行各种求雨仪式，祈求天降雨水，滋润稻田。壮族的求雨仪式主要有，以猫求雨：请道公来诵经，然后把猫丢到泉眼里祭水神，或者是射水求雨、祭龙王求雨等仪式。泰族人也有以猫求雨的仪式，抬母猫游行，一路上让人朝猫身上泼水，不过近两年出现以哆啦A梦代替猫来游行，此举是为了保护小动物，才用布偶来替代，而且还可循环使用。当然，在泰国东北部人们会点火竹筒求雨，在泰语里称作"棒飞"，以10米左右长的竹子做炮身，在其尾部装上炸药，以具有民族特色的精美图案来装饰外观，做成后抬着"火箭"在寺庙门口周围游行以求得神灵的护佑，然后才点火发射"火箭"。

（4）收割祭神仪式

在收割之时，也会举行相应的祭神仪式。壮族地区在收割前，先割田里的稻谷煮来尝新，然后杀鸡宰鸭到田间祭祀，才开始割稻。收割之后，各地还会举行秋祭庆丰收仪式，以感激神灵的恩泽。泰国地区在割稻或脱粒之后，要捡回遗落在田间或漏割的稻穗，举行收稻魂仪式，把稻谷女神的魂魄请回家中，向神灵还愿，然后祈祷来年谷物丰收。

三 壮泰民族稻作文化差异的原因

壮泰民族在稻作文化的根本上是保留相似性的，但民族的不断融合和社会的进步发展使两个民族间的差异越来越明显，相比于这两个同根稻作民族的相似性，人们会越来越关注他们的差异性。而造成壮泰民族稻作文化有所差异的原因是外在因素和内在因素共同作用的结果，主要原因有三点：一是自然气候、地理因素；二是受所处的文化环境的影响；三是各自不同的宗教信仰。

---

① 覃圣敏：《壮泰民族传统文化比较研究》，广西人民出版社2003年版，第1371页。

（一）自然气候、地理因素

壮泰族地区的自然气候、地理环境是基本相同的。气候都是高温湿润，适合种植水稻，地形总体上是北高南低，由西北向东南倾斜。但还是存在差异，以至使两个民族的稻作文化各具特色。壮族属于亚热带季风气候，泰族处于热带季风气候，热量和降水有所不同，也就影响到了两地种植季节不同，围绕耕作而举行的节日习俗也随着有差别。在地理环境上，壮族地区属丘陵山区，山石绵延，河网交织，崇山丘陵之间都是小冲积平原，泰国北部和东北部也多数是小平原，但中部为广袤的冲积平原，江河纵横。这样的地理环境使两个地区的村落格局有差异之处。

（二）文化环境的影响

壮族的周围是中国其他55个民族，文化上会有交融，特别是受到汉文化的影响最深。随着时间的推移，在饮食、居住、节日和服饰上汉文化的印记越发明显，生产和生活方式也会含有汉族元素。而且中国社会发展较快，先进的生态理念应运而生，国家政策支持建立生态住宅、生态农业园等，提倡可持续发展。在这样的文化背景下，壮族人的生态观自然比较强。

泰族是泰国的主体民族，但泰族人的生产、生活也受到其他少数民族文化的不同程度影响。而且泰国作为一个开放兼包容的国家，随着社会的发展，外来文化的多元融合也深深影响到泰族的传统文化。此外，泰国经济还没那么发达，生产力较低，其开发能力还未对自然造成大伤害，还在自然自我恢复的能力范围内，而且泰国也有相关的环境政策，"在区域生物多样性保护合作领域，泰国是积极的推动者和引领者"[①]。因此，泰族地区的自然生态平衡保持得较好。

（三）宗教信仰

宗教在民族的发展中起着重要的作用，壮泰族作为稻作民族，宗教强化了稻作文化，使人们膜拜以稻为中心的各种神，有了共同的崇拜对象。但壮族和泰族又有着各自的宗教信仰，不同的宗教主张和观念使得两个民族在饱含宗教色彩的

[①] 广西壮族自治区环保厅：《中国—东盟环境合作——创新与绿色发展中国—东盟环境保护合作中心》，中国环境科学出版社2012年版，第102页。

节日仪式中有所差别。

壮族主要信仰麽教（壮族巫教），融合了佛、道二教，其中道教特点最显著。"佛教在壮族中的流行是无法与道教相比的，壮人基本不接受佛教的教义。"[①] 所以在壮族没有佛寺，没有剃度出家，在大大小小的仪式中请的是师公或道公来作法。此外，壮族受儒家思想的影响，在人与自然的关系上，主张"天人合一"，人与自然不可分割，要以仁爱之心对待自然，对自然的开采利用要"适时"而"有节"，更不能凌驾于自然之上，征服自然。

泰族主要信奉佛教，另外婆罗门教、伊斯兰教、基督教等在泰国也有传播和影响。泰国作为千佛之国，全国上下的佛寺不计其数，寺庙每天香火不断。泰人每天都要礼佛，以鲜花、水果、饮料供奉家中的佛像，清晨给前来化缘的僧侣布施，无论什么节日或仪式都要请僧侣来诵经。佛教的思想是弃恶扬善，众生平等，不杀生，善待自然的一切，表现的是以慈悲为怀的生态伦理精神。

无论是信仰何种宗教，其展现的生态文化就是通过神化来保护自然和生态，源于宗教的一些禁忌，如不能随意砍伐树木，忌毁坏水潭、污染水源，禁止狩猎、伤害物种等，其灌输的是一种生态理念，规范了村民的行为，起到了保护生态环境的作用。

四 结语

面对自然、生态，任何国家、民族都是平等的，不同民族文化的相似性、差异性在和谐、平等、相互尊重中将获得重构，创造出更丰富多样的文化。从生态的视角来解读壮泰民族的稻作文化，剖析他们生产方式、居住形式、自然崇拜和节日习俗上的相同点和不同点，再一次印证了壮族和泰族是同根生民族，在历史上具有渊源的联系。当然，在自然地理、文化、宗教等原因影响下，两族的稻作文化也独具个性和魅力。壮泰民族古老而灿烂的稻作文化里展现的生态意蕴将对这两个民族地区的生态环境保护、民族文化传承和社会和谐发展产生积极的影响。

[①] 李国远、陈云：《衣养万物：道家道教生态文化论》，巴蜀书社2009年版，第185页。

加强民族文化交流　增进民族文化认同

杨昌雄[*]

摘　要：中国与东盟各国各民族文化各具特色和优势。发展中国与东盟各民族文化交流，不仅仅是获得其他民族的历史文化信息，更重要的是发现彼此间文化认同，取长补短，合作发展各自的社会经济文化。在精神文化领域，民族文化交流是发现和了解各国各民族信仰、价值观、道德观等文化的桥梁。当代网络媒体和信息技术的发展，极大地促进了各民族文化交流，缩小了彼此间的距离。当代民族经济文化全球化的大发展，极大促进了各国各民族物质文化交流。中国与东盟的经济合作，极大地促进了各国各民族的经济增长。加强中国与东盟的文化交流，增进各国各民族的民族文化认同是加强两者之间合作的基础，是联系相互间的纽带。中国提出"一带一路"倡议，首先要通过各国各民族文化交流，增进民族文化认同，凝聚共识，才能顺利地推进"一带一路"倡议。通过民族文化交流，培育民族文化认同，才能合作实现共同构建人类命运共同体的愿景目标。

关键词：民族文化交流；民族文化认同

中国与东盟各国各民族都有悠久的历史文化，且各具特色和优势。很久以前，中国与东盟各国经贸文化就密切交往，形成了南亚文化圈，在各个历史时期，对推动各国经济文化的发展起到重要作用。自1991年，中国与东盟建立对话关系以来，区域合作得到加强，经贸文化迅速发展。2017年，中国与东盟贸易

---

[*] 作者简介：杨昌雄，广西社会科学院副研究员。

额突破 5000 亿美元，创历史新高。良好的经贸发展证明了中国与东盟对话机制，为南亚各民族经济文化发展和繁荣开辟了广阔的前景。那么，如何保持中国与东盟经济文化合作可持续发展的良好势头，在政治和经济上保持更紧密的合作关系至关重要。我们认为，加强中国与东盟各国各民族文化交流，增进民族文化认同，凝聚共识，是共同推进"一带一路"经济发展战略，建构人类命运共同体至关重要的基础和条件。

一 加强中国与东盟民族文化交流的重要意义和途径

民族文化交流，是解放生产力的有效途径，也是各国各民族社会文化发展的动力。世界各国各民族在文化交流中形成了一种双向循环的推动力，表现为一方面在民族文化交流中吸收其他民族的优秀文化，博采各国科技文化精华，吸收异族的优秀文化成果，为我所用，从而丰富和发展本民族文化。而另一方面，本民族在文化交流中也释放了本民族优秀文化特性，被其他民族所吸纳。这种双重交流互动构成了世界各国各民族社会文化从古至今不断向前发展的动力。这种相互吸收对方优秀特性的社会现象，今天通常被人们称为双赢。如前所述，2017 年，中国与东盟贸易额突破 5000 亿美元的事实，有力说明了民族文化交流对推动各国社会经济发展发挥了重要作用。在科学技术发展日新月异的今天，没有一个国家是可以闭门锁国而成为世界科学技术和经济强国的。中国改革开放四十年所取得的巨大成就，充分证明了民族文化交流的重要性。可见，发展中国与东盟各国各民族文化交流顺应了世界文化发展的潮流和各国各民族文化发展的要求。

世界各国各民族文化交流由来已久，形式多样，主要是官派的使节、歌舞乐手、民间生意人、僧人和留学人员等，以及列强利用战争强迫的贸易。世界各国从古代起就有派出使节的习惯，例如，中国西汉年间，张骞率 100 多人出使西域，打通了西域的丝绸之路；唐代僧人鉴真先后六次赴日本传授佛法；日本也先后派出 16 批僧人来唐。汉代，大量的西域歌舞艺人和乐手进入中原，并被宫廷歌舞和音乐吸纳所用。唐代时期，长安汉族音乐传入高丽，一并带去的乐器有方响、筒箫、笛等，舞蹈有文舞和武舞等。近现代官派的留学生越来越多，如，1870 年，清政府派福建造船厂一批学徒到法国学习船政；1872 年，派出第一批 10—16 岁的留学生赴美国留学。这批学成回国，成为中国工程、军事、学界和商务的精英；1896年，清政府派出一大批赴日本留学生；民国时期，政府派出的留学生是清政府的数倍；中华人民共和国成立后，特别是改革开放40年以来，中国各级政府、大学和企事业单位派出了大量的留学生和访问学者。2016年，出国留学生总人数为54.45万人，其中公派留学生4.53万人，自费留学生49.92万人。这些回国的留学生，成为中国各行业技术的中坚力量。

通过贸易文化活动是最常见的文化交流途径。古今中外，不管是官方的贸易或商人买卖都是物质文化交流的重要方式。中国古瓷器和丝绸闻名世界，成为中国文化的象征。现代的中国的出口贸易是中国经济文化发展的支柱。2017年，我国货物贸易进出口总值27.79万亿元人民币，比2016年（下同）增长14.2%。其中，出口15.33万亿元，增长10.8%；进口12.46万亿元，增长18.7%。可见，进出口贸易带来的经济文化交流对社会文化生活的影响，已经成为当代各种文化交流途径的首位。而中国的书法和国画、唐诗宋词都是东南亚文化圈的传统文化的一部分，是东南亚国家文化的一支奇特文化而得到人民的喜爱。例如，唐诗和中国书法都为日本人民所喜欢。明清时期传到泰国的中国历史小说《三国演义》被翻译成多种泰文译本，是泰国人民喜爱的故事。

历史上，宗教在中外文化交流方面起到了重要作用。印度佛教传入中国的同时，也带来了印度的哲学、文学、逻辑学、音乐和绘画艺术文化，很大程度上影响了魏晋和隋唐时期文化。鉴真东渡日本传播佛教法带去了唐朝大量的建筑、雕塑、绘画等工艺技术和医药之学，促进了日本经济文化的繁荣。基督教传教士到东方传教，带来了大量的西方科学。意大利的利玛窦等西方人到中国传教带来了西方文化，也向西方传播了中国文化。

不可否认的是，通过侵略战争的残酷手段来掠夺财富和强迫弱小国家和民族接受侵略者文化，是古代直至近代的文化交流方式之一。唐代高仙芝与大食交战中，许多唐朝工匠被掠走，从而把中国的造纸技术传入阿拉伯和欧洲。又如，蒙古帝国从公元1217年至1258年间，通过三次侵略欧洲的同时，带去了蒙古国的文化。清代两次英帝国对华鸦片战争，打开清王朝的大门，掠夺中国大量财富，强迫性地输入英帝国文化。

随着现代社会文明的发展，各国各民族通过移民、难民安置和旅游等也是不可忽视的文化交流方式。例如，美国居住着世界上所有国家和民族的移民或难民，这些居民必然带来本民族的文化。故人们常说，"美国是一个大熔炉"。近年来，由于伊拉克、阿富汗、利比亚和叙利亚等战乱而产生的大量难民涌入欧洲，以往较为纯粹的欧洲文化，也被迫带来了外来民族文化元素。

二 各国各民族文化交流与民族文化认同

中国与东盟的民族文化交流，不仅仅是获得了解其他民族的历史文化信息，更重要的是发现彼此间文化认同，取长补短，共同发展各自的社会经济文化。在精神文化领域，民族文化交流是发现和了解各国各民族宗教信仰、价值观、道德观等精神文化的桥梁。当代网络媒体和信息技术的发展，极大地促进了各民族文化交流，缩小了彼此间的距离。当代民族经济文化全球化的大发展，极大促进了各民族文化交流。中国与东盟的贸易等物质文化交流，有力地推动了各国的经济合作，极大地促进了各国各民族的经济增长，提高了各国人民的物质生活水平。

何为民族文化认同？我们认为，民族文化认同是民族成员对本民族群体在物质和精神文化领域某种事物，持赞同和亲和情感的积极态度。民族文化认同直接受到民族认同心理的制约。民族认同是个复杂的心理活动范畴，在不同情况下发生民族认同心理活动的强度都不同，一般有以下几种情况：（1）各民族交往中民族文化差异越大，民族文化认同的强度就越大。例如，美国人在和友人见面时通常以拥抱表示亲近友好。而中国人通常只是握手表示对友人的热情和友好，如果一位美国人突然给一个陌生的中国人拥抱，这位中国人就感到很诧异和不自在。这种情况，美国人叫"Culture shock"。可见，少数民族与异族交往时，两种民族文化差异的大小，决定了少数民族文化认同反映程度的强或弱。（2）少数民族与异族交往频度越高，民族认同感越强，反之越弱。少数民族的社会经济活动促进他们和异族之间交往，这样产生民族认同的机会就越多。通常情况下，与外族人交往越频繁，产生的民族认同感越多越强烈。例如，一些商业少数民族、游牧少数民族他们的游动的生产方式，促使他们频繁地接触异族人，他们的民族认同感发生较为强烈，而那些相对封闭的从事农业生产的少数民族与异族人接触较少，发生的民族认同感及其强度自然弱小。（3）少数民族交往方式决定民族认同的反映强度。异族之间的交往过去主要是商品交换的联系，以及攻城略地的掠夺战争。以商品交换的方式进行的交往是温和、公平的交往，不会产生较大的民族认同感，而通过战争来掠夺异族财富的，一定会使受害的一方产生强烈的负面民族认同，发展成为强烈的民族主义意识，从而反抗强势民族的压迫、侵略和掠夺。例如，19世纪的中国鸦片战争和中日甲午战争，就是英国和日本侵略中国，促使中国人民产生强烈的民族认同意识，坚持抗击侵略者的鲜明例证。（4）少数民族与异族交往的广泛程度是影响民族认同的一个重要条件。商业少数民族和游民少数民族，他们流动性强，与异族人接触的机会多，范围广泛。与以农业为主的少数民族比较，流动民族的民族认同感就比较强烈，民族认同性自觉意识要比农业少数民族要强。（5）民族文化认同特性告诉我们，不同民族文化交流越多越广泛，民族文化亲和力越强，反之越弱。可见，各国各民族之间的文化交流是化解民族认同排他性、建立民族文化认同的唯一途径。可以说，中国与东盟民族文化交流越多，民族文化认同就越强，经贸合作规模就越大，社会经济文化发展就越繁荣。

三 民族文化认同与中国"一带一路"倡议

中国与东盟经济文化合作，是建立在各国各民族文化交流所产生的民族文化认同基础上的。怎样深化两者之间的经贸文化交流合作，扩大各个文化领域交流与合作，建立紧密的政治和经济文化发展战略互信？我们认为，加强民族文化交流，进一步增进民族文化认同，是提高中国与东盟民族文化合作发展的重要基础和条件。

2013年9月7日，习近平主席在哈萨克斯坦纳扎尔巴耶夫大学作演讲，提出共同建设"丝绸之路经济带"的倡议。同年10月，习主席在出访中亚和东南亚国家期间，又提出共建"21世纪海上丝绸之路"。以上两个倡议，简称为"一带一路"倡议。同年，在中国—东盟博览会上，李克强总理强调，铺就面向东盟的海上丝绸之路，打造带动腹地发展的战略支点。加快"一带一路"建设，有利于促进沿线各国经济繁荣与区域经济合作，加强不同文明交流互鉴，促进世界和平发展，是一项造福世界各国人民的伟大事业。"一带一路"建设是一项系统工程，要坚持共商、共建、共享原则，积极推进沿线国家发展战略的相互对接。同年10月，习近平主席提出建立"亚洲基础设施投资银行"倡议，引发国际社会的强烈反应，很多国家表示加入其中。2016年1月16日，习近平在亚投行开业仪式上强调，亚投行正"将有效增加亚洲地区基础设施投资，推动区域互联互通和经济一体化进程，也有利于改善亚洲发展中成员国的投资环境，创造就业机会，提升中长期发展潜力，对亚洲乃至世界经济增长带来积极提振作用"。习近平指出，"亚投行应该奉行开放的区域主义，同现有多边开发银行相互补充，以其优势和特色给现有多边体系增添新活力，促进多边机构共同发展，努力成为一个互利共赢和专业高效的基础设施投融资平台。亚洲基础设施融资需求巨大，新老机构可以通过多种形式的合作和良性竞争，提升多边开发机构对亚洲基础设施互联互通和经济可持续发展的贡献度。应该结合国际发展领域新趋势和发展中成员国多样化需求，创新业务模式和融资工具，帮助成员国开发更多高品质、低成本的基础设施项目，成为推进南南合作和南北合作的桥梁和纽带。应该按照多边开发银行模式和原则运作，并充分借鉴现有多边开发银行好的经验和做法，取长补短，高起点运作。"截至2017年4月，提出申请以意向创始成员国身份加入亚投行的国家（地区）总数已达52个，其中31个国家已成为正式的意向创始成员国，亚投行筹建迈出实质性步伐。为进一步落实"一带一路"经济发展战略，2015年3月28日，中国政府授权国家发展改革委、外交部、商务部联合发布了《推动共建丝绸之路经济带和21世纪海上丝绸之路的愿景与行动》纲领性文件，向世界展示了"一带一路"行动纲领和具体措施步骤，受到世界各国高度重视。

近年来，中国"一带一路"倡议得到世界各国的参与和支持，是因为中国倡议的"一带一路"符合世界社会经济发展趋势；符合沿线国家民族社会经济文化发展的要求，契合了民族文化认同的条件。因此，获得沿线各国各民族对中国"一带一路"发展愿景的认同，从而获得他们的支持和积极参与。我们看到，民族文化认同的获得，必须建立在民族文化交流的基础上，经过沟通理解，才能获得民族文化认同，从而实现合作共赢，取得各国各民族经济文化合作可持续发展的动力。

四 民族文化认同与建构人类命运共同体

实现中国构建人类命运共同体的世界发展愿景，必须建立在各国各民族文化认同的基础上。民族文化认同包含民族价值认同。民族价值认同是在长期的社会实践的历史过程中，发现某种事物或观念行为会造就本民族需要的结果，成为自己的理想、信念和追求的价值观念。然后，经过本民族价值观同化之后，这个本民族价值认同便形成。它是民族成员对社会价值规范所采取的自觉接受、自愿遵循的态度和服从。少数民族价值认同有着深厚的民族性，世界各民族的不同自然环境和社会生活造成了不同的价值认同，它深刻地打上了本民族认同的烙印。一般而言，健康的和适应社会发展变化的民族价值认同，可以促进民族社会经济的发展，而坚持落后、封闭的价值认同则会阻碍民族社会经济发展。2017年10月18日，习近平总书记在中共十九大代表大会上，宣布中国要努力建构"坚持和平发展道路，推动构建人类命运共同体"。他指出："中国将高举和平、发展、合作、共赢的旗帜，恪守维护世界和平、促进共同发展的外交政策宗旨，坚定不移在和平共处五项原则基础上发展同各国的友好合作，推动建设相互尊重、公平正义、合作共赢的新型国际关系。""世界正处于大发展大变革大调整时期，和平与发展仍然是时代主题。世界多极化、经济全球化、社会信息化、文化多样化深入发展，全球治理体系和国际秩序变革加速推进，各国相互联系和依存日益加深，国际力量对比更趋平衡，和平发展大势不可逆转。同时，世界面临的不稳定性不确定性突出，世界经济增长动能不足，贫富分化日益严重，地区热点问题此起彼伏，恐怖主义、网络安全、重大传染性疾病、气候变化等非传统安全威胁持续蔓延，人类面临许多共同挑战。"他强调："中国坚持对外开放的基本国策，坚持打开国门搞建设，积极促进'一带一路'国际合作，努力实现政策沟通、设施联通、贸易畅通、资金融通、民心相通，打造国际合作新平台，增添共同发展新动力。加大对发展中国家特别是最不发达国家援助力度，促进缩小南北发展差距。中国支持多边贸易体制，促进自由贸易区建设，推动建设开放型世界经济。"习近平总书记的这段讲话，高瞻远瞩，胸怀世界发展观和理想。在建设新型国际关系上，强调和平、发展、合作、共赢的理念，抵制霸权主义思想和冷战思维概念。吸收了中国传统哲学"和"的和平、平等观念，体现了中华民族传统文化中，"先天下之忧而忧，后天下之乐而乐"，以和为贵的高尚而又充满博爱的胸怀。真、善、美是世界各民族追求的共同价值观，也是民族文化认同的基础。习近平总书记强调，通过"一带一路"国际合作，共建开放性的世界经济，是各国各民族利益共赢的最有效的途径。中国倡导的建构"人类命运共同体"就是站在全人类的立场，呼吁建立世界各国各民族利益共赢，责任同担，和平友爱、平等合作美好愿景。这个理想世界愿景符合世界各国各民族文化认同诸要素，通过充分的文化交流，必将赢得世界各国各民族认同和支持，成为当代世界人民追求的目标。在未来的经济文化合作发展中，中国与东盟各国各民族在取得更多的民族文化认同的基础上，将沿着一条和谐、共赢、繁荣的光明大道前进。

参考文献

新浪财经：http：//finance.sina.com.cn/7x24/2018-01-26/doc-ifyqyqni3488630.shtml，2018.3.5。

杨昌雄：《民族文化特性论》，《学术论坛》2013年第9期。

《2017年出国留学人数增幅趋缓 留学消费渐趋冷静》，网易新闻，http：//news.163.com/17/1128/16/D4BG60FI000187VI.html，2018.3.5。

《2017年中国货物贸易进出口总值27.79万亿元》，人民政协网，http：//www.rmzxb.com.cn/c/2018-01-18/1929714.shtml，2018.3.5。

Yang Changxiong：*Study of Ethnic Minority Culture and Ethnic Minority Identity*, Hibiscus Press U.S.A, 2017, pp.56-58.

百度文库：https：//wenku.baidu.com/view/3ee206e34b35eefdc8d333fc.html，2018.3。

《亚投行结束申请加入一共有几个国家和地区》，http：//wenwen.sogou.com/z/q782951374.htm，2017.3.5。

Yang Changxiong：*Study of Ethnic Minority Culture and Ethnic Minority Identity*, Hibiscus Press U.S.A, 2017, pp.93-94.

广西与东盟民族体育文化交流合作的效应研究

张 华[*]

摘 要：论文运用文献资料、访谈及效应比较等方法，对广西与东盟民族体育文化活动功能、广西与东盟民族体育交流效应现状进行研究，结果显示：广西与东盟各国在民族体育文化和功能上存在很多共性，相互间已初步搭建民族体育交流平台，并形成一些知名体育赛事品牌。但在民族体育文化交流合作过程中，相互间对宣传推介的媒体化传递、活动交流的阶梯化互动和社会资源的整合化运行等方面仍需提升，可采取媒体化传递、阶梯化互动、整合化运行等方式。

关键词：东盟；民族体育；交流合作；效应

从2004年始，一年一度的"中国—东盟博览会"的成功举办，广西泛北部湾的体育文化在东盟国家民族间交流发展中更呈现出友好相处、真诚合作、荣耀分享的局面，为东盟国家民族体育与经济的繁荣和振兴携手共进。在新的形势下，广西与东盟越南、泰国、老挝、新加坡、马来西亚等邻国民族体育文化交流合作，获得了前所未有的政策支持，并呈现出强劲的发展势头。民族体育文化交流成为展示我国优秀传统文化的最佳途径，也是推动我国民族体育文化走向世界进而提高影响力和话语权的战略抉择。广西凭借着优越的地理位置优势及泛北部湾区域拥有壮、瑶、苗等11个少数民族，蕴含着丰富多彩的民族传统体育资源，如武术、舞龙、舞狮、龙舟、板鞋竞技、抛绣等项目，并开展了与东盟别具

---

[*] 作者简介：张华，钦州学院体育教学部教师。

特色的系列民族体育赛事。本文以中国—东盟的武术文化节、中国—东盟（钦州）狮王争霸赛、防城港国际龙舟赛和南宁—东盟国际龙舟邀请赛等大型赛事基础，对与东盟邻国民族体育文化交流影响效应进行研究，为广西的特色体育与东盟邻国互动交流发展而增添新的动感和魅力。以此寻找特色互补，构建广西与东盟民族体育发展新模式。

一 广西与东盟民族体育文化活动功能

广西泛北部湾民族体育文化在历史的生产生活实践长河中，形成丰富多彩、形式多样的特色传统体育本土文化资源，东盟各国400余项目，通过传统节庆、假日活动与东盟邻国进行交流合作，其文化内涵丰富、简单易学、形式多样、风格各异，所具备竞技性、娱乐性、健身性、传播性、观赏性、群众性等特点，它不仅构成了中华民族深厚的文化底蕴，在推进广西泛北部湾东盟邻国民族体育国际交流中展现着妙趣横生的广西特色体育文化，在价值功能中形成了民众积极参与、共享民节欢乐、祈福心理需求等多元性发展，拥有与东盟国家互动发展的活动与共性功能，能够满足体育爱好者的好奇心理，从而吸引更多人们参与，达到综合开发效应（见表1）。

表1 广西与东盟民族体育文化活动功能

国家名称	民族体育项目	开展的共性	综合开发效应
中国广西泛北部湾	毽球、跳皮筋、跳竹杠、荡秋千、打陀螺、滚铁环、武术、太极（剑、刀、棍、扇）、龙舟、抖空竹、摔跤、舞龙舞狮及全国"民运会"竞赛项目等	（1）所进行的民族体育项目，有效地促进人的身体素质、技能、形态、文化修养、性格、爱好、心理、感情、思维和欣赏方式等；（2）活动竞赛的热烈场面，精彩的表演，观众的欢呼助兴，交织成令人陶醉忘我的情景，激励着人们要去积极参与	（1）给节日增添光彩，给学生带来欢乐；（2）把民族体育资源与节庆、礼俗、歌舞等其他民俗风情表演相结合，转化为经济优势；（3）构建国家间的民族体育旅游、经济、文化、生态的产业化群体，形成与东盟国家民族体育活动、竞赛、健身、竞技、娱乐、旅游业等良性互动
越南	跳竹玲、斗笠操、斗鸡、龙舟等		
柬埔寨	划龙舟、拔河、拉大鼓等		
泰国	泰拳、截拳道、藤球、斗鸡、龙舟、舞龙舞狮、摔跤等		
马来西亚	甩中操、溜索、舞龙舞狮、跳花筋等		

二 广西与东盟民族体育交流效应现状

(一) 网络交流平台效应

广西泛北部湾与东盟邻国民族体育竞技文化中国—东盟"博览会",有效地促进广西与东盟民族体育网络交流平台建设,实现优势互补互动。如广西民族大学、广西钦州学院的民族体育教学实践与学术研究中,以一种传统与现代技术相结合的全新观念和发展模式,凸显广西学校民族体育竞赛与东盟优质资源的及时快速传递与应用更新,从现代的广西"民族传统体育精品课程"网络课件到结合学科发展的单项如"东盟——高脚马""东南亚——跳竹竿""中国端午——划龙舟""中国壮乡——抛绣球""民族体育——珍珠球""东盟体育——防身术""民族体育之花—太极柔力球"等网络多媒体课件,内容新颖、广收博采,汇集的大量竞赛精彩录像和东盟国家发展信息,使我国民族传统体育文化灿烂的画卷,多姿多彩,风格各异,集民族性、健身性、娱乐性、多样性等特点,将广西民族体育特色通过网络交流展示,并与东盟邻国实现交流融会贯通,筑造了广西与东盟邻国之间的现代技术网络信息资源的共享平台。

(二) 赛事交流品牌效应

广西与东盟民族体育在项目特征上有许多共同的文化意义,东盟各国把民族传统体育融于人众闲暇中,已成为人们乐于参与的健身方式。融技巧、娱乐、艺术观赏、经济、社会效益价值为一体的民族传统体育资源;在国际体育文化洪流的过程中,展现民族体育特色优势效应,这不仅是对本国本土民族体育文化的传播,更是对本国家民族形象在国际大舞台发展的塑造方式。如,"中国—东盟国际武术节""中国—东盟国际龙舟邀请赛""港城中越龙舟邀请赛"对抗赛,是中国—东盟"南博会"的一大亮点,连续6年成功举办,无论是龙舟、武术都传播着东盟及世界各国友谊,集政府与地方承办的大智慧,以民族体育独特的形式和巨大的吸引力,越来越多东盟国家及学校参与,实现广西与东盟各国民族体育竞技文化相互学习交流、涵化、融合,实现合作,取得双赢,互利互惠。

1. 以中国—东盟武术文化节为例

武术是中华民族经过数千年创造的一份丰富的文化遗产，它是以身体运动为特征，以增强体质为价值。自2007年举办以来，中国—东盟国际武术节以"不以国籍异同来划分，天下爱武是一家，没有国界和民族之分，彼此互相尊重，互相推广学习，共同交流"为宗旨，有来自我国及东盟各国家选手参赛，参赛选择项目有：长拳、南拳、太极拳、枪术、刀术、棍术等，比赛中依然以国际标准套路为依据，泰国、越南、菲律宾、马来西亚、老挝、菲律宾、文莱和新加坡等国选手也有自编套路，与中国的武术体育文化融为一体参加比赛。

2011年以来，每届参加中国—东盟国际武术节的不少"武林高手"进社区"中国南疆民族体育长廊与东盟国家武术国际健身旅游"线路。简称"健身游"两大亮点，展示了中国武术与国际交流发展中的广西创新。"武林高手"们分别在南宁青山区、钦州、防城港、北海等社区，向社区居民展示太极拳、刀、枪、棒、锤等各自精湛的武术技艺，赢得了大家一阵阵热烈的掌声，增进相互的了解和友谊。"健身游"以广西泛北部湾红水河流域民族地区保护传承开发民族体育资源，利用民族体育新品牌，促进东盟邻国边境民族体育的经济文化、生态旅游及产业群的发展；形成广西实施全民健身与东盟邻国经济合作发展的又一创新发展模式。

2. 以中国—东盟（钦州）狮王争霸赛为例

龙舟和舞狮在东盟许多国家都有较好的开展，具有广泛的群众基础。舞狮在中国已有一千六百多年历史，它是集杂技、武术、舞蹈、音乐、娱乐、竞技等多元文化功能的社会文化现象。目前，舞狮文化已伴随华人走遍全世界，尤其是东盟各国，舞狮文化已融入东盟各国地方文化，成为东盟文化中的一种新的社会文化。广西舞狮兼具实力与特色，舞狮在广西不仅广受群众欢迎，而且涌现出一批批优秀专业人才，据业内人士介绍，在全国乃至国际南狮比赛中，广西队伍都有争夺前三名的实力，广西舞狮的创新精神在全国也是走在前列的。近年来，越来越多的中国狮舞团队及艺人前往东盟国家交流与驻教，促进中国与东盟国家的民族文化交流。自2013年以来，广西钦州每年均举行中国—东盟狮王争霸赛，有来自新加坡、文莱、泰国、越南等东盟国家的舞狮团队参加角逐，为推进中国和东盟的舞狮文化交流，推动各国之间的贸易往来起到了"以艺为桥、共筑双赢"

的作用。广西是东盟经济交流峰会落户地,钦州又作为北部湾经济区中心位置,随着中国—东盟国家狮王(钦州)争霸赛在钦州开办,能够让更多的东盟国家了解钦州,增进钦州的国际影响力,带动和发展钦州的经济,繁荣广西北部湾经济区。

3. 以中国—东盟龙舟赛为例

以中国东盟博览会为发展契机,2004 年起,每年五月端午节在广西泛北部湾举办中国—东盟国际龙舟邀请赛,龙舟这支中华民族传统体育奇葩、东方体育的瑰宝,在广西泛北部湾经济区不断传播、闪耀、交相辉映。来自中国、老挝、新加坡、马来西亚、菲律宾、越南等 10 国及港澳同胞各省市的龙舟运动队,都积极参与到比赛的活动中来,为广西南宁增添了传统节日气氛的同时,展现出中华民族传统龙舟的精神风貌,给绿化的南宁、美丽的南湖赛场,更增添许多动感和魅力。比赛现场,人山人海的热闹景象,助威的锣鼓声、呐喊的欢呼声、音乐和广播声搅混一起,形成威震远方的喧闹声。尤其是以"政府搭台、民族体育文化唱戏"为主题的每年农历五月的"中国—越南龙舟对抗赛"和"港城中越(民间)龙舟邀请赛",已成为广西的体育品牌,在国内乃至东盟国家颇有影响,中央和广西各大新闻媒体均对赛事进行采访报道。实现了各国间的民族体育文化交流、特色旅游和城市美誉度搭乘龙舟而扬名海外,营造了良好的社会影响效应。

4. 经贸交流互动效应

在广西泛北部湾与东盟邻国民族体育竞技文化交流活动优势策略下的中国—东盟"南博会",不仅是传统体育活动文化交流产生经贸效应,如武术、龙舟竞赛除起到强大经济关联互动性外,还带来后续效应,而广西泛北部湾更是利用着地域得天独厚,丰富旅游良好资源禀赋优势,对民族体育竞技文化活动的赛事、娱乐、休闲、健身资源提升。每次赛事,仅各界人士前来观摩、观光、探研、洽谈贸易等活动,酝酿着巨大的潜力和无限的商机,如 2010 年第二届防城港国际龙舟文化艺术节,有 137 多家企业商家资助,有效地推动民族教育、民族健身、民族旅游业、民族产业等优质资源开发,形成民俗风情、体育竞技、文化娱乐、观光鉴赏、表演竞赛等多元一体化的发展态势。

三　对东盟民族体育文化交流合作的思考

（一）媒体化传递

充分利用大众传媒，宣传、介绍广西泛北部湾与东盟传统体育活动的价值与功能，提高人们对体育运动增进健康的认识与重视程度，使更多、更广泛的群众了解、熟悉，进而热爱参与体育活动。建立立体化的媒体传播机制，形成传统媒体与新兴媒体的有效互动，在遵循媒体科学传播原理和机制下力求实现传播内容的真实性、传播形式的创新性、传播价值的多重性、传播对象的广域性，构建完善、高效、高质的新时代传播体系。

（二）阶梯化互动

加强广西与东盟邻国互利合作，结合开展各类型体育竞技邀请赛、对抗赛，提供国家间体育竞技文化展演平台，让更多的人参与到中国与东盟体育活动中来，从而促使中国与东盟体育更多、更快地冲出国门、走向世界，为人类作出更大的贡献。以官方交流为导向和助推，以民间交流实现民心相同，通过不同层阶的交流与互动构筑适合中国、适合东盟共同发展的共识性互动网络，并依托华侨华人群体作为交流的使者，凭借对东盟国家的熟悉性开展我国传统体育文化的延伸，力求实现层阶化的高效互动，集聚文化的合力。

（三）整合化运行

充分发挥民族特色中地域特色优势，大力发扬具有民族特色的体育运动，发展广西泛北部湾与东盟邻国地区体育旅游，把观光、度假、购物、商务活动、娱乐健身融为一体。这不仅有利于促进和谐和营造良好的环境，而且在推动区域经济发展和民族团结等方面有重要价值。

四　结语

由此可见，广西以开放的姿态开展与东盟邻国民族体育文化交流与合作，显示出其积极作用，形成了知名体育赛事融入了全民健身、经贸合作发展的一大亮点，使之具有新的程式和新的气氛，效果显著，行之有效。而广西与东盟民族体育赛事，不仅有助于促进民族团结进步，维护边境地区的稳定，繁荣广西社会经济和谐发展，更有利于提升广西对接中国与东盟邻国的合作与交流发展研究领域中的地位。广西与东盟民族传统体育文化优质资源，逐渐辐射到社区、俱乐部、健身、娱乐、竞技文化交流等活动。"民族体育搭台、经贸唱戏"，互利互惠，构建中国—东盟民族体育旅游经济文化生态的产业群体，架构中国—东盟国家文化与竞赛等活动交流与发展。

参考文献

尹继林、李乃琼：《中国—东盟民族体育文化交流研究》，《广西社会科学》2015 年第 1 期。

尹继林、李乃琼：《东盟民族体育文化发展现状及其启示》，《体育文化导刊》2016 年第 6 期。

黄东教、李乃琼、尹继林：《广西面向东盟的少数民族体育文化发展》，《体育文化导刊》2015 年第 11 期。

黄东教：《新加坡华人舞狮文化研究》，《体育文化导刊》2017 年第 2 期。

何传胜、张兆龙、秦尉富、李乃琼：《中国—东盟体育文化融合发展现状及对策研究》，《西安体育学院学报》2014 年第 1 期。

尹继林：《中国—东盟体育赛事研究》，《体育文化导刊》2013 年第 1 期。

"一带一路"框架下"民心相通"的传播策略

——以新疆为例

张一晓[*]

摘　要："一带一路"沿线国家汇聚了多个宗教、文明、民族，决定了历史文化的多样性，同时还有不同的意识形态、政治制度、治理能力、经济水平，以及恐怖主义、分裂主义、极端主义活动所导致的地区动荡及复杂性，这些问题决定了相互之间协调的难度和实现"民心相通"面临的挑战。所以，在实施"一带一路"倡议过程中既要注意沿线国家之间存在历史与现实的各种矛盾、分歧，又要怀有包容性、创新性的心态，共同管控、弥合、化解这些矛盾和分歧，在持续对话与沟通的基础上，最终实现更大范围、更高水平、更深层次的合作与共存。本研究以"一带一路"倡议社会根基——"民心相通"为切入点和目标，以媒体传播为视角，以新疆为例，提出实现民心相通的策略。

关键词："一带一路"倡议；民心相通；传播策略

《推动共建丝绸之路经济带和21世纪海上丝绸之路的愿景与行动》中明确提出"民心相通"是"一带一路"倡议的社会根基。只有"一带一路"沿线国家的人民在民心相通的基础上，中国与"一带一路"沿线国家才能真正实现合作共赢，最终达成共同体目标。在"民相亲、心相知"中，媒体传播对于民众沟

---

[*] 作者简介：张一晓，中共新疆维吾尔自治区党校教师。

通具有重要意义，"媒体既可以通过传播信息来塑造舆论，反过来也可以作为一种渠道使公众舆论得以传播"。[①] 媒体对全面传播"和平合作、包容开放、互学互鉴、互利共赢"的丝路精神内涵，特别是具有融合性、自媒性和开放性的融媒体将发挥不可替代的作用。

一 新疆媒体传播对民心相通的重要性

（一）先行者和传播者

"一带一路"涉及的范围包括亚、欧、非大陆，新疆处在建设丝绸之路经济带的核心地带和亚欧大陆腹地十字大通道区域内，直接对接欧亚经济联盟。就新疆而言，丝绸之路经济带沿线国家和地区多数是自然条件相对恶劣，经济欠发达，宗教、民族矛盾等短时间难以解决的问题较多。作为新疆媒体，对这些问题和难题也要了如指掌。在相关报道中，应当充分发挥新疆媒体对舆论具有的引导作用，将"一带一路"的实质与内容向外界进行准确展示，做好"民心相通"的先行使者和传播者。

（二）提供多元文化融合的"新疆版本"

"一带一路"建设，为新疆的发展拓展了新的空间，作为处于亚欧大陆中心部分的地区，新疆的优势在于可以向西开放既包括了新疆民族地区的文化多样性优势，也包括了承载多样性文化因素的各民族人民在实现"以人为本"的发展中发挥的对外"人心通"的优势。媒体人在践行中华民族伟大复兴使命的过程中，必须拥有世界眼光，认清复杂多变的国际国内环境，了解维护国家利益和发展需要的外交战略，充分发挥边疆地区内引外联的人文"软实力"。也就是说，新疆不仅可以向周边国家提供服务，还可以向"一带一路"沿线地区提供服务[②]。因此，对新疆媒体而言，在发展的过程中需要保证与新疆现阶段的对外开放格局相契合，只有这样才能达到在建设"一带一路"过程中新疆具有的作用

---

① [美] 路易丝·戴蒙德、约翰·麦克唐纳：《多轨外交：通向和平的多体系途径》，李永辉等译，北京大学出版社2006年版，第127页。

② 张一晓：《基于"一带一路"战略背景下的新疆媒体变局分析》，《中共伊犁州委党校学报》2017年第3期。

能够被完整呈现的目标。在这一点上，中国西北和西南地区的许多省份的媒体应该充分挖掘地区民族文化、习俗的作用，利用区位和文化地缘优势加强对周边国家文化的交流，为沿线国家的进一步交流提供开放的思路和成功的模板。媒体人可以通过对微信、微博等媒体平台进行合理应用，实现对不同文化进行沟通的渠道进行构建的目标，这样做可以保证沿线各国均可以参与到文化交流以及经济合作的过程中，保证"一带一路"的目标得以实现。

二 构筑民心相通：新疆媒体传播的策略

"文化之于人类群体正如个性之于个人一样"[1]。每个人因性格、环境、语言、文化背景等原因在交流时会产生交流障碍，不同国家和地区的文化也是一样。"一带一路"的沿线国家众多，多样的文化传播过程中必然存在文化认同的裂痕，从而影响传播效果。"民心相通"重点在"通"，能和沿线国家能够达到交流和理解，才能达到相通。跨国家、跨文化的交往交流必然离不开媒体。

（一）将关注的重点放在内容方面

媒体在传播中并不是将汉语翻译成对应国家、地区或民族的语言，而是要依据当地文化再次进行"解构和重组"，才能融入当地的文化，受众才能理解传播内容。随着科技的进步，以微信和微博为代表的媒体平台变得愈发完善，并且开始对人们制定决策和日常生活的过程产生影响，因此"内容"仍旧是媒体需要关注的重点。

对传统媒体而言，想要保证所选用的新闻能够在短时间内面向受众群体完成传播工作，对新媒体进行合理应用是非常有必要的，无论是传统纸媒还是互联网，信息传播的媒介和手段一直在改变，但是媒体行业开展工作的目标没有发生更改，始终是对具有特定价值的信息进行传递，因此，对于作为信息传播过程中主要依托的媒介，媒体人应当将媒体在舆论引导和政策宣传等方面具有的优势进行充分发挥，保证针对受众群体所开的展引导和服务工作能够被高效地贯彻落实。将关注的重点放在内容方面，通过对媒体在传播方面具有的优势进行充分利

---

[1] ［美］拉里·萨默瓦·埃德温·麦克丹尼尔：《跨文化传播》（第六版），中国人民大学出版社2013年版，第12页。

用，构建供媒体人与受众群体进行沟通的平台，这样做可以保证对受众群体具有的需求进行系统、准确的把握，保证媒体吸引力和传播力的强化。

在"一带一路"的背景下，针对丝绸之路经济所开展的建设工作的进程逐渐加快，作为核心区而存在的新疆具有的作用开始被人们所重视，想要保证国内外舆论环境的和谐，媒体人需要对中央针对新疆提出的种种政策的内容准确掌握，并在此基础上对"一带一路"背景下新疆具有的核心优势加以了解，将对新疆形象进行塑造作为中心，对新疆在建设和发展丝绸之路经济的过程中占据的地位以及具有的作用进行充分发挥，实现对新疆积极、正面的形象进行全方位展示的目标。

在"一带一路"框架下，新疆打出了"向西开放，面向中亚"的发展战略口号，在近年来共有2000多家企业来到新疆建厂投资，世界500强中有60多家来到了新疆发展建设，展示了乌鲁木齐的发展速度，新疆作为"一带一路"建设战略的北部核心在建设中起到了枢纽转换的作用。媒体在传播中突出城市的建设以及对于城市的开发和打造形象的报道，突出了新疆当地人民热爱生活热爱家乡的热情，强调了对于新疆的建设不应该只是停留在桌面上，应该深入落实到实处发展，运用合理的规划促进城市向生态化方向发展，在发展的同时创建企业交易平台，提升百姓的生活质量和生活水平，要深刻地落实习近平同志的立体化建设五位一体建设思想。在城市的前景建设上突出地域优势。在发展前景上着重介绍了我国该如何和周边国家实现互利共赢的局面，进一步增强与沿线国家的理解互信，展示希望。

(二) 强化媒体所具有的原生功能

在"一带一路"的背景下，受众群体对信息的需求与之前相比变得更加迫切，因此，媒体人需要根据实际情况对信息进行及时地提供，为受众群体决策的制定提供帮助，大众传播也由此而成为了将信息资源向受众群体进行提供的服务活动，传统观念中将传播作为最终目标的宣传活动，已经无法满足"一带一路"具有的要求。"一带一路"和传播之间存在着共生的关系，媒体人需要构建以"为人民服务"为宗旨、以受众群体的需求为导向的传播机制，充分发挥媒体所具有的自然与社会资源的共享功能，对不同民族、地区和国家人民在意识形态或是社会制度方面具有的不同进行削弱，实现对和谐国家关系的构建。

(三) 保证所传播观点与内容的积极向上

新媒体的出现在很大程度上对传统的传播以及舆论引导格局进行了改变，并且随着不同文化和思想的融合,成为了人们发表言论的主要平台,因此,在"一带一路"的背景下,新疆媒体需要保证所把握舆论导向的正确性,将积极向上的宣传作为主导,完成对主旋律和正能量进行传播的工作,这样做不仅能够增进各族人民的团结,还可以实现社会的和谐、稳定发展。想要达到上述要求,媒体人需要根据实际情况对媒体具有的感染力以及吸引力进行增强,通过及时发布信息的方式,将媒体在舆论引导方面具有的作用进行最大化发挥。

(四)对媒体所具有的社会公信力加以维护

媒体之所以能够得到人们的信任,主要是因为媒体通过发展和时间所积累的社会公信力,因此,媒体需要对所具有的社会公信力加以维护,避免公信力遭受不必要的损害。在公信力遭受质疑时,媒体人应当用真诚的态度去面对和解决问题,保证承诺的兑现,想要兑现承诺,前提是对新闻规律的严格遵守,也就是说,媒体人需要保证所报道新闻的客观性和公正性,在对与"一带一路"相关的新闻进行报道时,媒体人需要同时满足适宜、真诚、可理解和真实性四个要求。适宜性指的是"量体裁衣",对媒体人而言,无论是对新闻进行选择还是对传播方式进行选择时,都应当对受众群体的关注点、习惯等因素加以考虑,只有这样才能保证报道具有其应有的实用性,也才能肩负起对"一带一路"进行建设与引领的责任;真诚性指的是媒体人在对"一带一路"进行建设的过程中应当做到真诚;可理解性指的是在播报新闻的过程中,媒体人应当选择易于受众群体理解并接受的方式,保证新闻的高效传播;真实性指的是媒体人需要保证所播报新闻的真实性、公正性和客观性。

三 继承并发展新疆文化

在"一带一路"的背景下,新疆作为丝绸之路的经济核心区域,应当将工作的重点放在提升开放水平、调整经济结构和转变发展方式方面。媒体的使命和责任是讲好中国故事,传播中国声音,传递国家人文主义情怀,让中外民众的情感产生共鸣,才能达到"融通中外"的境界。在科技发展速度极快的当今社会,新媒体的出现,打破了新闻传播过程中具有的空间与时间上的约束,真正实现了新闻的跨国界传播。对新疆媒体而言,在对传播平台进行建设的过程中,应当以新疆的实际情况为立足点，结合"一带一路"提出的构想，将我国多民族和谐共处的独特民族魅力向世界进行展示，通过借助沿线国家的华文媒体、华侨进行宣传，真实、准确、有效地解说"中国故事"、"一体多元"的新疆，客观报道中国成绩及中国对世界的贡献和清晰表述中国人民的正当诉求。新疆媒体更应当抓住对"一带一路"建设这一机遇，创造文化传播的条件，实现将科技和民族文化进行结合的目标，既增强新疆各民族的向心力和凝聚力，又传递出"多元文化"融合的现实案例，用事实说明"一带一路"对促进区域共同发展的积极意义，也给各国的发展带来新的机遇。对中国媒体而言，就是要遵循"增信释疑、凝心聚力"，就是要以情感的沟通、理性的说服、价值的共鸣达到传播效果的最大化，在对外传播中形成"最大公约数"，为中国发展创造更好的外部环境。①

中国与"一带一路"沿线国家民众的"心"之相交，媒体融合的网络构筑必不可少，具有融合性、自媒性和开放性的新媒体将发挥不可替代的作用。"一带一路"带来新的传播格局，"新时代 新使命 新征程"赋予媒体新的使命，媒体要做好世界的"中间人"，及时有效公正地向世界人民报道事件真相，担负起"和平合作、包容开放、互学互鉴、互利共赢"的丝路精神的阐述者、见证者。

参考文献

张一晓：《基于"一带一路"战略背景下的新疆媒体变局分析》，《中共伊犁州委党校学报》2017年第3期。

张一晓：《试论"一带一路"战略下新疆专题新闻报道的传播策略》，《采写编》2017年第4期。

［美］拉里·萨默瓦·埃德温·麦克丹尼尔：《跨文化传播》（第六版），中国人民大学出版社2013年版。

---

① 《把握对外传播的时代新要求，深入学习贯彻习近平同志对人民日报海外版创刊30周年重要指示精神》，http：//www.qstheory.cn/tjyd/2015-07/01/c_1115781796.htm。

"一带一路"背景下广西民族文化对外传播的SWOT分析及优化研究

郑 慧

摘 要：广西是民族文化大省。在"一带一路"倡议下，广西民族文化对外传播占据了显著优势，也面临着诸多机遇，同时还显现出一些劣势，面对各种威胁。为推进"一带一路"倡议的全面实施，推动广西与"一带一路"沿线国家在文化方面的深入合作和交流，在采用SWOT分析法对广西民族文化对外传播在"一带一路"倡议中的优势、劣势、机会和威胁进行研究和分析的基础上，寻找广西民族文化对外传播未来的优化措施。

关键词："一带一路"倡议；广西；民族文化；文化传播；SWOT分析

作为我国国家级顶层战略，"一带一路"倡议旨是构建政治互信、经济融合、文化包容的集利益、命运与责任于一身的人类共同体。文化成为"一带一路"倡议中不可割舍的重要组成部分。作为"一带一路"倡议涵盖的我国18个省、自治区、直辖市中的一员，广西壮族自治区具有得天独厚的区位优势，加上自身民族文化深厚而丰富，决定了广西民族文化对外传播对于打造文化包容的共同体具有一定的积极作用。

20世纪80年代，美国学者威廉姆森（Williamsion）提出一种由优势（Strength）、劣势（Weakness）、机会（Opportunity）、威胁（Threat）组成的态势

---

* 作者简介：郑慧，广西民族大学民族研究中心副主任。

分析法。这四个单词的英文首字母分别是"S""W""O""T",因此组合成为"SWOT",简称SWOT分析法。SWOT分析法广泛运用于很多领域,对于清晰认识某一事物的现状和发展具有积极意义。将SWOT态势分析法引入"一带一路"背景下广西民族文化对外传播的专题研究中,不仅让人们清楚地意识到广西民族文化对外传播在"一带一路"倡议下具有的优势和劣势,面临的机遇和威胁,更重要的是为探索广西民族文化对外传播的未来之路找准方向,走对路子。

笔者以"一带一路广西民族文化对外传播"为全部字段,在中国知网、超星、万方、维普四个数据库查询,截至2018年2月23日,共有24篇相关论文。其中,与"一带一路"广西民族文化对外传播直接相关的仅有7篇论文。这些论文中,有的以刘三姐文化、瑶族古建筑、民族纪录片、中国—东盟(南宁)音乐周等特定的民族文化为对象,研究其对外传播;有的研究新媒体和民俗文化外译等传播路径,借此打造民族文化对外传播的新格局。由此可见,尚未出现真正全方位对"一带一路"背景下广西民族文化对外传播进行SWOT分析,并探索其传播优化的成果。

一 "一带一路"背景下广西民族文化对外传播的优势分析

(一)广西是"一带一路"倡议的参与主体之一,其民族文化对外传播得到中央和地方政府的政策支持

2015年3月,国家发改委、商务部与外交部共同出台了《推动共建丝绸之路经济带和21世纪海上丝绸之路的愿景与行动》,并以此作为指导"一带一路"倡议贯彻实施的纲领性文件。文件指出:沿线国家之间互办文化年、艺术节、电影节、电视周和图书展等文化项目,合作进行广播影视剧精品制作及中文外译工作。广西区政府也相继出台了《广西壮族自治区文化发展"十三五"规划》、《广西壮族自治区文化厅关于鼓励和引导民间资本进入文化领域的实施意见》(桂文发〔2013〕86号)等指导性文件,为广西民族文化对外传播提供了方向和路径方面的指导。

(二)广西民族文化资源丰富

广西拥有12个世居民族,民族语言丰富、文字众多,除回族之外,其他民

族都有本民族的语言并仍然在使用。广西少数民族文化形式多样，从语言、文字、文学、典籍、文化制度等典型的文化符号到音乐、舞蹈、美术、建筑等展现少数民族外在美的形式，还有体现少数民族内在美的哲学、思想、道德、伦理等精神文化。

（三）广西民族文化活动多，产品质量高

据广西文化厅2017年度工作绩效展示数据显示，2017年，广西共有34个项目获得国家舞台艺术基金资助，在全国排名第9位。舞蹈诗《侗》在2017年"一带一路"国际合作高峰论坛上为中外记者们汇报演出。杂技《瑶心鼓舞——蹬鼓》入围第十届中国杂技金菊奖、喜获第四届中国国际马戏节"银虎奖"。广西文化厅成功举办了"壮族三月三·桂风壮韵浓"系列文化活动，全区各地共组织430多场各类文化活动，《广西尼的呀》《春暖花开三月三》等壮族文化题材的文艺作品在各主要网络媒体广为传播。南宁国际民歌艺术节、河池铜鼓山歌艺术节等民族文化项目持续举办，不断创新，成为广西具有较大影响力和辐射面的文化名片。

（四）广西民族文化产业快速成长，文化对外传播拥有良好的平台

至2017年底，广西拥有文化市场经营机构8142个，列全国第13位；利润总值达9.2亿元，位列全国第18位。命名和培育38个特色文化产业（项目）示范县，发展成长型小微文化企业60家。现有国家级文化产业示范基地8家。与韩国、澳大利亚和泰国联合共建首尔、悉尼、曼谷等国外中国文化中心，成功举办2017斯里兰卡·中国"广西文化周"。共承办19届南宁国际民歌艺术节、14届中国—东盟博览会和12届中国—东盟文化产业论坛。2014年举办了"海上新丝路·东盟万里行"大型外宣活动。广西电视台的电视节目广泛覆盖东盟、欧美等约30个国家和地区。专题片《海上新丝路》被国务院新闻办列入海外媒体供片工程。完成重大文化交流合作项目55个，接待来访29起380人次，派出访问98起1803人次。同时，充分发挥中国—东盟文化交流培训中心、中国—东盟文化产业论坛、中国—东盟艺术教育成果展演等平台的作用，积极对外传播广西民族文化。

(五) 广西的壮族、瑶族、苗族、彝族和京族是跨国民族，民族文化具有相通性，对外传播易于被接受

广西的 12 个世居民族中，壮族、瑶族和苗族属于跨国民族。壮族在越南叫岱人和侬人；瑶族在越南、老挝、泰国也有分布；苗族在越南叫赫蒙族，还分布在老挝、泰国与缅甸等国；彝族在越南与老挝叫倮倮族；京族在东南亚叫越族。跨国民族虽然根据地域情况分属于不同的国家，但他们曾经作为历史上同一文化民族（不强调政治认同）所显示出来的"亲缘、地缘、业缘、物缘、神缘、语缘"关系，依然长久保持并持续发挥着作用。特别是在民族文化上的表现最为突出。例如，铜鼓文化在中国的壮、瑶、彝等少数民族里普遍流行，在东南亚各国的一些民族里也广泛通行。文化是一个民族的根，牢牢地把族人维系在一起。中外民族文化的一脉相承使广西的民族文化对外传播易于被理解和接受。

二 "一带一路"背景下广西民族文化传播的劣势分析

(一) 民族文化资源脆弱且分散，保护存在较大困难

广西民族文化资源分布广泛，不同地区、不同民族、不同村寨、不同人群都散存有民族文化资源。虽然花山壁画、铜鼓、壮族"三月三"歌节、侗族风雨桥等重量级的民族文化资源得到了较好的保护，但是经济发展的巨大冲击，仍然使部分广西民族文化资源越来越脆弱，保护难度不断加大。比如在旅游景点的建设中，对民族文化遗址和民族建筑物肆意损毁和妄加改造，造成巨大损失；珍贵的民族文物和档案缺乏必要的保护条件；宝贵的民族非物质文化遗产面临消失和失传的危险。

(二) 民族文化品牌中有较大影响力的不多，后期缺乏持续维护和持续建设

广西民族文化品牌中，在国内外有较大影响力的不多。节庆品牌有"中国最具国际影响力十大节庆活动"南宁民歌节，荣获国际节庆协会评选"IFEA 全球节庆行业奖"；剧目品牌有《印象·刘三姐》（被授予"中国驰名商标"）、《八桂大歌》《妈勒访天边》《大儒还乡》（连续三年荣获国家舞台艺术精品工程"十佳"剧目奖）；旅游品牌有世界文化遗产宁明花山壁画、国家级非遗武鸣壮族"三月三"等。但是这些民族文化品牌中，有的经营不善宣告破产，有的"墙里

开花墙外不香",有的商业气息太重,削弱了文化内涵。缺乏持续的后期建设,使民族文化品牌之路越走越窄。

(三)对传播市场和对象的需求不了解

一些地区、机构和企业在进行民族文化产品生产和传播时,思路狭窄,以"我"为主,有什么资源就生产什么产品,生产什么产品就传播什么产品,想往哪个国家传播就往哪个国家传播,没有选择,没有目标,丝毫不考虑不同受众的不同需求、不同喜好以及不同文化消费习惯,结果往往是花了大价钱费了大力气却看不到想要的成效。

三 "一带一路"背景下广西民族文化传播的机会分析

(一)自治区层面全方位的大力推动

广西文化厅2017年尤其加强与"一带一路"沿线国家特别是东盟国家的文化交流工作。组织区内出色的文艺团体远赴亚欧等地区的越南、老挝、新加坡、斯里兰卡、以色列、土耳其、克罗地亚、西班牙、德国等国家举办文化交流活动。顺利开展第12届中国—东盟文化论坛及中国—东盟(南宁)戏剧周、中国—东盟(南宁)戏曲演唱会、中国—东盟艺术院校校长圆桌会等系列活动。这些举措无疑为广西民族文化的传播提供了广阔的平台,畅通了传播渠道。

(二)经济发展推动文化传播

每一项事业的发展都必须以经济发展为推手,广西民族文化传播也是如此。"一带一路"倡议的推出和实施,把广西送上经济大发展的高速列车。搞物质文明建设绝对不能以牺牲精神文明为代价,广西经济的快速发展应与民族文化繁荣和传播并驾齐驱,表现出经济发展推动文化传播、文化传播反作用于经济发展的互惠互利的双赢效果,才是和谐的发展,长久的发展。

(三)广西民族文化特色逐渐凸显

中国外文局对外传播研究中心2016年发布了《中国国家形象全球调查报告》,报告表明,海外受访者选择中医、武术与饮食作为最能代表中国文化元素的比例分别为50%、49%和39%,这说明我国的医药、武术与烹饪已成为对外传播中华古老而优秀的传统文化的最亮丽名片。对广西民族文化而言,少数民族医药如壮医壮药、瑶医瑶药、苗医苗药;少数民族传统体育项目如壮族打扁担、瑶族打铜鼓、彝族打磨秋、京族跳竹杠、苗族拉鼓、侗族抢花炮等;少数民族特色美食如三江侗族牂酸系列美食、融水苗族美食、宜州壮菜等。这些也应该成为广西民族文化的典型代表,在世界舞台上熠熠生辉。

(四)文化传播途径日益丰富、快捷高效

随着中国与"一带一路"沿线国家的各种交往越来越频繁,关系越来越紧密,民族文化对外传播途径也随之日渐丰富。除了报刊、电视、广播等传统媒体,还有官方或民间互派使团访问、教育合作和交流、经贸活动、文艺交流演出、体育比赛等集体性传播路径;更有年轻群体特别喜欢的互联网、手机等新型社交媒体。

四 "一带一路"背景下广西民族文化传播的威胁分析

(一)"中国威胁论"和"中国扩张论"引起的政治威胁

"一带一路"沿线的一些国家的政治力量由于各种原因抵制或反对"一带一路"倡议,鼓动新的"中国威胁论"和"中国扩张论",有意阻挠"一带一路"建设,使中国遭遇了投资困境和经济损失,如缅甸的密松大坝建设项目搁浅,原因是当地居民抗议拦河筑坝会对当地的环境和文化产生影响;斯里兰卡出于对发展和政治关切的考虑也中止了中国援建的项目。政治上的威胁对民族文化的传播也造成了一定的阻碍和困难。

(二)外界将文化传播视为文化侵略或文化殖民主义的错误认识

文化侵略是指通过文化改造和思想改造,一个国家或民族对他国或另一个民族实施征服的行为。文化侵略的胜利就会出现文化殖民主义。文化殖民主义是一国的强势文化强行侵蚀和消灭另一国的弱势文化,以建立其优势文化的领导地位。

在国际上,一些别有用心的国家、组织和个人有意歪曲我国文化传播的实质,大肆宣扬文化侵略或文化殖民主义,对我国的大国形象造成了恶劣影响。事实上,不管是在历史上还是今天,"一带一路"沿线的大多数国家与中国一直保持着密切的文化往来。在文化领域开展合作与交流,可以加深对彼此的了解和理解,进一步打开"民心相通"的大门。广西民族文化传播不仅不会带来文化侵略或文化殖民主义,反而会更增进我国与"一带一路"沿线国家的文化互鉴互赏和文化融合繁荣。

(三)两国文化差异导致的碰撞、误解和敌视

两国间的文化差异是不可回避的事实。英国广播电台 BBC 制作的一部大型纪录片《中国来了》中讲道:有一名贩卖家禽的广东人来到非洲,他按照在中国的工作习惯,每天凌晨 3 点准时开工。但是当地人的习惯是在早上 8 点才开市买卖,广东人的工作方式及其带来的激烈的市场竞争引起当地商户的不满,导致当地商户和中国商人之间经常发生言语甚至肢体冲突,产生了敌视情绪。广西多民族、多宗教、多种文化并生共存的复杂情况在文化传播中的体现,也很容易与传播对象国的具体情况产生抵触、矛盾甚至敌视,影响广西民族文化的传播。

五 "一带一路"背景下广西民族文化传播的优化措施

(一)政府统筹,企事业单位主导,非政府组织参与

在"一带一路"倡议的实施中,要科学合理地界定和发挥政府、文化类企事业单位、行业协会与文化交流促进会等非政府组织的地位和作用。政府要扮演好统筹和引导的角色,支持鼓励广西民族文化传播;要树立民族文化企业和事业单位在传播中的主体地位;同时,加大力气培育和壮大包括行业协会、文化交流促进会在内的非政府组织,通过商品、服务、媒介、平台、教育等文化传播的不同载体和路径,形成政府统筹、文化类企事业单位为主体、非政府组织共同参与的传播格局。

1. 政府支持鼓励,起统筹引导作用

在广西民族文化传播事业中,政府要做善于统筹兼顾的"有为政府",从完善立法和监督制度做起,做好顶层设计,为广西民族文化传播提供政策、资金、人才以及技术等方面的支持。比如,制定颁布专门的支持政策,培育"一带一路"文化产业基地或园区,制定针对民族文化、非物质文化遗产文化、特色文化、对外贸易、传播媒介、民间文化团体等的具体支持政策。探索性地设立民族

文化产业基金和民族文化对外传播基金，提供资金支持。还可以召集从事民族文化定位、宣传、推广等领域实践和研究的专家和技术人员，组成民族文化传播专家库，提供智力支持。

2. 文化类企事业单位为主体，起主导作用

在广西的文化类企事业单位中，广西民族博物馆是表现较为突出、贡献较大的一个。作为广西民族文化对外传播的重要使者，广西民族博物馆除了多年来与我国周边的印尼、缅甸、新加坡、中国台湾等国家和地区保持着长期的文化交流互访，还与广西旅游局合作，通过广西各旅行社设置与民族文化相关的旅游路线。今后，广西民族博物馆及其他市县级博物馆应广开门路，继续扮演好广西民族文化对外传播使者的重要角色，加强与文化企事业单位、科研院所的合作，针对市场和受众设计和生产适路畅销的民族文化产品，做到优秀文化内容与精美产品形式的完美结合，"走出去，请进来"，输出和传播广西优秀的民族文化。

3. 非政府组织协助、参与，发挥补充作用

非政府组织往往独立于政府和市场之外，生存于社会与公众之中。由于其具有组织性、民间性、非营利性、自治性、志愿性和公益性等特点，所以在民族文化对外传播中有较大的柔韧性，在文化、教育等社会领域发挥着举足轻重的作用。行业协会与文化交流促进会等非政府组织的协助和参与，为广西民族文化传播起到了重要的推动作用，也成为文化类企事业单位的有益补允。

（二）加快广西民族文化产业升级和文化对外贸易发展，为民族文化对外传播解决优质资源和便捷通道

1. 加快独具广西民族特色的文化产业的升级

目前广西举办的常规性民族文化节庆项目有北海国际珍珠文化艺术节、钦州国际海豚节、东兴京族唱哈节、中越边境文化旅游艺术节等，建设的大型文化设施有钦州坭兴陶文化城、北海海上丝绸之路博物馆、中国—东盟海洋文化博物馆等，创作和推广的大型剧目有《碧海丝路》等。这些具有民族特色的文化产业如果总是年年一个样，停留在原地，就不会有长久的生命力。未来应该在内容、形式、技术、传播上不断创新，提升文化内涵，与"一带一路"倡议更紧密结合，

更彰显广西的特色和魅力。

2. 大力发展对外文化贸易

开发和利用各种贸易渠道,如文化产品和服务国际电子商务平台、国际文化贸易展览和交易中心,举办文艺交流和合作活动,开展影视剧、动漫项目国际合作,推动文化对外贸易发展。

(三)拓宽和创新广西民族文化对外传播途径和载体,提高广西民族文化的对外传播能力

1. 注意传统媒体和新兴媒体相结合、权威性媒体和时尚媒体相融合

在信息社会中,年轻人既是广西民族文化传播的主要受众,也是传播的主要人群。因此,为了提高传播的有效性,应重点开发利用微电影、网络游戏、民族文化动漫等年轻人喜闻乐见的文化形式,并形成产业链,在时效性、广泛性、深度性、趣味性方面形成强大的传播网,提高传播的影响力和竞争力。

2. 注意本土语言文字的外译

突破两国之间语言文字差异所带来的局限,做好本土语言文字的外译工作。借助编纂出品少数民族文化系列外文图书、拍摄和生产以民族文化为主题和内容的外语影视作品、举办中外民族文化展览展演等形式,锻造高级别高水平的对外文化交流项目。

3. 广泛开展国际文化活动

2017年,广西文化厅联合自治区有关单位顺利举办了2017中国—东盟博览会文化展和2017中国—东盟博览会动漫游戏展,还组织区内多家文化企业参加第13届中国(深圳)国际文化产业博览交易会、第2届中国(敦煌)丝绸之路文化博览会并获得多个展会奖项。未来,广西政府部门不仅要继续举办上述大型的国际文化活动,还要把民族文化精品带到"一带一路"沿线国家,共同开展国际文化周、文化月、艺术节、旅游节、影视展、美食节、图书销售展览、体育比赛等特色文化活动,形成多层次、宽领域、多渠道的对外文化交流立体格局,推动广西民族文化走向世界。

4. 加强对广西高校留学生进行民族文化传播

2010—2015年,广西共接收来自东盟国家的留学生近4万人,广西已成为东

盟国家学子出国留学选择的热门省区。对在广西高校学习的留学生来说，接触广西民族文化的机会很多，比如广西民族大学每年都会举行壮族三月三、瑶族盘王节等节庆活动。每年的迎新晚会、毕业晚会、校园十大歌手比赛等文娱活动、课堂教学课外实践、民族博物馆等都是对外传播广西民族文化的舞台和媒介。接收留学生的地方高校特别是民族院校应该充分利用各种条件加强广西民族文化对留学生的传播，实现各国民族文化的百花齐放、交流交融和互鉴互赏。

5. 建设孔子学院，加强广西民族文化的海外传播

在对外传播中国民族文化方面，孔子学院在全球的运作无疑是成功的。目前，广西高校在海外的孔子学院共有8所，包括：广西民族大学的泰国玛哈沙拉坎大学孔子学院、老挝国立大学孔子学院、印尼丹戎布拉大学孔子学院；广西师范大学的泰国宋卡王子大学孔子学院、印度尼西亚玛琅国立大学孔子学院、越南河内大学孔子学院；广西大学的泰国川登喜皇家大学素攀孔子学院、爱沙尼亚塔林大学孔子学院。可以借助广西高校在东南亚的孔子学院这个平台对外传播广西民族文化，一方面将广西优秀的民族文化对外输出，另一方面了解海外市场对广西民族文化需求的特点，进行有目的有成果的传播。

（四）扩大文化对外贸易合作，推动广西民族文化对外传播

广西政府及其文化部门应面向"一带一路"沿线国家，大力推进文化产品和服务出口。每年选择1—2个主要的外贸往来国、旅游客源国开展广西文化节庆活动，实施广西文化产品海外推广计划。深入发掘广西本土民族文化资源，开发和生产境外受众易于接受和喜欢的文化产品和服务。鼓励文化企业在国外兴办文化实体，通过国际合作、委托代理、营建出口基地和国外直接投资等方式，参与国外商业展演、图书展销、影视展播、文化遗产展示等，扩大广西民族文化产品和服务输出。

参考文献

张弘林：《SWOT分析方法及其在企业战略管理中的应用》，《外国经济与管理》1993年第2期。

黎日明、李秋梅：《"一带一路"战略下刘三姐文化对外传播的策略研究》，

《湖北科技学院学报》2017年第3期。

罗文遥：《"一带一路"建设下民族纪录片的国际化表达——以广西民族纪录片为例》，《新媒体研究》2017年第19期。

李青青：《"一带一路"视域下富川古建筑中传统图案的传播》，《新闻爱好者》2017年第9期。

肖艳：《论"一带一路"背景下"中国—东盟（南宁）音乐周"的跨文化传播》，《歌海》2017年第4期。

覃萍：《新媒体时代民族文化品牌的传播》，《新闻战线》2015年第24期。

阮红波、韦丽秋：《广西民俗文化外译现状及思考》，《河池学院学报》2016年第6期。

邓英凤：《关于壮族民俗文化翻译的几点思考》，《广西教育学院学报》2016年第3期。

《〈推动共建丝绸之路经济带和21世纪海上丝绸之路的愿景与行动〉发布》，http：//zhs. mofcom. gov. cn/article/xxfb/201503/20150300926644. shtml. 2015 – 03 – 30/2018 – 02 – 20。

《广西壮族自治区文化厅2017年度工作绩效展示》，http：//www. gxwht. gov. cn/culture/show/21130. html/2018 – 02 – 07。

《2017斯里兰卡·中国"广西文化周"活动开幕》，http：//www. gxwht. gov. cn/culture/show/20380. html/2018 – 02 – 07。

《海上新丝路东盟万里行》，http：//gx. people. com. cn/GB/369776/2018 – 02 – 07。

曹庆华：《"一带一路"背景下广西"十三五"民族文化创新发展研究》，《歌海》2017年第6期。

罗柳宁：《民族·乡土领袖·边界：广西中越边境跨国民族发展新动向实证研究之一》，《广西民族研究》2012年第4期。

周建新：《大陆东南亚跨国民族"和平跨居"文化模式分析》，《社会科学战线》2008年第8期。

陆文丽：《浅析广西民族文化品牌建设》，《法制与经济》（中旬刊）2011年第8期。

于运全：《创新中华优秀传统文化对外传播方式》，http：//www.wenming.cn/ll_pd/whjs/201703/t20170330_4150425.shtml/2018-02-20。

《文化融合，文化殖民，文化侵略三者之间的联系》，https：//zhidao.baidu.com/question/1642296430647798060.html/2018-02-20。

黄军：《"一带一路"战略下广西民族文化发展的研究》，《桂林航天工业学院学报》2016年第3期。

刘斯琴高娃、王强：《"一带一路"战略下民族文化的传播路径分析》，《人才资源开发》2015年第22期。

吴颉：《民族义化品牌的塑造及传播策略：以广西民族博物馆为对象》，《企业文化》2011年第12期。

金原子：《"一带一路"战略下民族文化的传播路径研究》，《西部广播电视》2017年第22期。

穆慧贤：《"一带一路"沿线少数民族文化保护开发研究》，《中南民族大学学报》（人文社会科学版）2017年第4期。

《广西与东盟留学生交流人数双向过万 成东盟留学生热门省区》，http：//www.chinanews.com/sh/2016/09-22/8011646.shtml.2016-09-22/2018-02-20。

中国—东盟文化交流分析

姚武太　李宝兴[*]

摘　要：中国与东盟国家在地理上或是山水相邻，或是隔海相望，在文化上均受儒家、佛教等文化的影响，地缘和人缘上的相近奠定中国与东盟国家之间文化交流的坚实基础。中国与东盟间的文化交流呈现日趋频繁、形式多样化、教育交流逐步加深、文化影视作品影响力扩大的态势。要深入推进中国与东盟之间的文化交流，需要以共同合作实现互利互信，以文化创新推出形象名片，以深挖潜力，助力网络文化走出去。

关键词：东盟；文化；交流

中国自1996年成为东盟的全面对话伙伴国后，双方在政治、经济、教育、旅游、文化、体育等方面取得显著的成绩，如在2017年，中国—东盟贸易额突破5000亿美元，创历史新高。文化交流是中国与东盟关系发展的重要基础，为促进文化交流健康稳定发展，许多学者对中国—东盟文化交流进行研究分析，寻找交流中出现的问题，探讨解决问题的对策。

施惟达等认为构建"中国—东盟文化产业合作区"，可以实现这一区域内文化产品的交流、贸易与服务，促进文化产业的发展，保护文化多样性，共同维

---

[*] 作者简介：姚武太，山东省社会科学界联合会社团部长；李宝兴，山东省社会科学发展交流中心干部。

护这一区域的文化安全,抵御西方文化深层介入。

吴江秋等认为随着"中国—东盟自由贸易区(CAFTA)"正式组建,中国与东盟国家的合作将迎来大发展,应对合作发展旅游文化创意产业的可行性与必要性展开研究。

杜进森认为中国—东盟政治关系日益加强、经济合作日益加强、教育和旅游合作日益扩大,为进一步推动和深化东盟—中国战略伙伴关系,中国和东盟要加强对话、制定让双方关系稳定的规则、深化经济合作、加固文化、民间交流基础等。

韦莉娜等认为中国—东盟在文化交流的深度、人员素质、制度保障以及文化认同等方面仍存在着一定的问题,需要从建立文化交流战略合作伙伴关系,加强与东盟国家文化认同和融合,进一步完善文化交流保障运行机制等方面加以解决。

张玉华等认为中国—东盟文化交流实现了官方和民间的"两路并举",交流活动越来越频繁和多样化,交流合作模式不断创新,要推进广西与东盟文化交流合作,必须激发文化产业活力、拓展广西与东盟文化产业多领域的合作、完善文化服务体系、加强对外文化人才队伍建设、优化对外文化交流合作氛围,切实加强与东盟文化交流合作工作的组织领导。

一　中国—东盟文化的特点

文化是人类在社会历史发展过程中所创造的物质财富和精神财富的总和,包含民族历史、地理、风土人情等,是人类相互之间交流的意识形态。国家、民族之间的交往合作都是以文化为基础,当文化的共性越大时,不同国家、民族之间文化交流的基础越牢固,文化化解矛盾、增强合作的效果越强。东盟的多数国家是我海陆上的近邻,我国与缅甸、老挝、越南接壤,与菲律宾、文莱、马来西亚、印度尼西亚则是隔海相望。同时,我国和东盟各国均是多民族国家,我国有56个民族,印尼有300多个民族,越南有54个民族,泰国有30多个民族,新加坡有4大族群,并且我国与越南、缅甸、老挝等国家之间有壮族、瑶族、傣族等十几个跨境民族。

在文化上,两千多年历史的儒家文化是中国传统文化的核心,而东盟各国家深受儒家文化影响。其中"礼治""德治""人治"等思想对东南亚地区产生深远影响。如新加坡在20世纪80年代通过道德教育、价值观教育等方式大力推进儒家文化教育，儒家文化成为新加坡的主流文化。儒学在汉代传入越南，古越南把儒家思想作为治国理念，即便是在当代，越南推行"法治"，"以德治民"仍然发挥着重要作用。在马来西亚华人学校学习，儒家文化思想贯穿于教育的始终，影响着不同民族的学生。儒学在泰国当地的思想和文化有着非常重要地位，很多泰国人在信仰佛教同时，同样遵循儒家做人准则。佛教自东汉传入中国，现已成为我国传统文化的重要来源。而新加坡、缅甸、泰国、老挝、越南、柬埔寨多数国民信奉佛教，佛教在当地人的日常中扮演着十分重要的角色。

二 中国—东盟文化交流现状

中国与东盟文化交流日趋频繁。第三次中国—东盟（10+1）文化部长会议上，中国与东盟各国文化部长或其代表就落实好中国—东盟文化合作五年行动计划，共同建设好中国—东盟文化论坛，共同打造示范品牌，深化区域文化合作等议题达成广泛共识。中国—东盟文化论坛已连续举行12届，成为中国—东盟博览会的"十大品牌"论坛之一。12年来，中国—东盟文化论坛记载了中国和东盟文化发展繁荣的历程，通过中国—东盟文化论坛大会上一系列的磋商对话，中国和东盟各国相继签署了《南宁宣言》《中国—东盟文化合作谅解备忘录》《中国—东盟文化产业互动计划》等文件，对中国和东盟文化产业发展起到了积极的推动作用。在2017年4月南宁举行的东博会文化展，柬埔寨、老挝、马来西亚等东盟国家代表出席开幕式，国内外40多家媒体进行文化展报道。在第14届中国—东盟博览会期间，同时举办第5届中国—东盟（南宁）戏剧周、中国—东盟（南宁）戏曲演唱会、2017中国—东盟职业教育联展暨论坛、巴马论坛——2017中国—东盟传统医药健康旅游国际论坛等活动，参加企业达到2709家，8个东盟国家包馆，参展规模创历史新高。

中国与东盟文化交流形式多样化。广西的文化品牌《印象·刘三姐》《八桂大歌》《碧海丝路》等积极走出国门，在东盟各国家受到广泛欢迎；2017中国—东盟（钦州）狮王争霸暨南北狮王邀请赛，共有来自中国、东盟国家16支舞狮团队同台竞技。"亲情中华 徽风皖韵"艺术团赴雅加达演出，黄梅戏男女对唱、川剧《变脸》、民族管弦串吹、杂技《顶技》《伞舞》《手彩牌》等节目深受当地民众欢迎。

中国与东盟教育交流逐步加深。中国和东盟为了扩大文化教育交流，于2009年开始实施"双十万学生流动计划"，计划到2020年实现中国—东盟互派留学生均达到10万人。中国—东盟青年交流活动、中国东盟青少年文化交流节等活动有力地促进青少年间的交流学习，加强彼此友谊。第十届中国—东盟教育交流周，各国政要、教育专家学者、学校校长及教师、青少年学生、企业、媒体和相关组织的代表共2000名嘉宾参加，涵盖研讨会、论坛、竞赛、展览、夏令营、洽谈会、培训班等，分别由国内25所高等学校、5个国家部委直属单位及国际组织共同承办。

中国广播影视作品在东盟影响力扩大。由广西译制的《三国演义》《北京青年》《花千骨》《金太郎的幸福生活》《甄嬛传》《小鲤鱼历险记》《舌尖上的中国》《雍正王朝》《琅琊榜》等中国影视剧和电视节目，每每在东盟国家播放时，总会引起收视热潮。广西电台与老挝国家电视台合作开办《中国剧场》栏目，全年在柬、老两国电视台播出由广西电视台译制的中国电视剧近百集。《微微一笑很倾城》在越南评分高达9.8，播放量突破3700万，《三生三世十里桃花》评分9.6，播放量也超过了3000万，这对于只有9000多万人口、3000多万网民的越南来说，中国电视剧实现霸屏。而越南翻拍《三生三世十里桃花》《花千骨》《武媚娘》《还珠格格》更是说明中国电视剧在当地深受欢迎。广西已与东盟国家合作拍摄《海上新丝路》《江边的孩子》《光阴的故事》《再见，再也不见》等反映中国和东盟文化元素的优秀电视剧、纪录片、电影。

三 中国-东盟文化交流建议

中国与东盟文化交流发展迅速，但仍存在诸多问题，如缺少规划全国范围文化产业的全局纲要；文化交流层次较低，缺少真正体现中国价值的文化产品；文化交流缺乏人才问题突出等。为有效解决中国与东盟国家交流中问题，本文提出如下几点建议：

以共同合作实现互利互信。政府应重点支持、优选一批合作项目，与东盟各国共同开发。如"那"文化作为壮族乃至东南亚各民族共同拥有的文化资本，能够被广泛认同并理解，我国与东盟各国共同研究、开发"那"文化，有助于消除文化认识差异，促进文化互信。随着 IP 剧在中国和东盟国家的热播，IP 剧完全可以成为中国与东盟合作开发的项目，实现合作共赢。中国可以成立文化交流基金会购买 IP 剧版权，然后在作品内容结构、资金投入、风险分摊等方面与东盟国家进行深入合作。

以文化创新推出形象名片。2008 年"哆啦 A 梦"成为日本历史上第一位"动漫文化大使"，这在提高国家形象、塑造国家品牌、展现国家魅力起到非常重要作用。好莱坞大片、米老鼠、薯片、篮球等成为美国在世界上的文化名片。中国的长城、兵马俑、功夫、大熊猫等世界闻名，我们却没有自己的文化形象名片。政府应出台文化扶持政策，加大财税扶持力度，鼓励文化企业以文化传统资源为基础，创造出代表中国形象的文化交流名片。

深挖潜力助力网络文化走出去。自 2016 年起，中国网络小说开始风靡世界，尤其是在东南亚地区，网络小说更是深受当地年轻人喜欢，每年以百部的速度进行创作和翻译，《鬼吹灯》《回到明朝当王爷》《刑名师爷》《将夜》等作品更是当地的热销小说。在网络传播的主要网站"武侠世界"的人数排名中，菲律宾、印尼等东盟国家居于前五位。这些现实充分说明中国网络文化在文化交流中可以起到非常重要作用。目前中国网络文学发展存在原创动力性不足，缺少创意管理人才等问题，在"网络文化走出去"的翻译、传播部分存在许多薄弱之处。要使网络文化成为文化交流的排头兵，需要政策的支持，更需要企业从网文原创、创意设计、翻译开发等多方面深挖潜力。

参考文献

施惟达、林艺、靳柯：《建立"中国—东盟文化产业合作区"的战略构想》，《思想战线》2006 年第 1 期，第 62—67 页。

吴江秋、黄俊元、刘平：《福建与新加坡合作发展旅游文化创意产业对策研究》，《长春工程学院学报》（社会科学版）2016 年第 4 期。

杜进森：《东盟—中国战略伙伴关系：10 年回顾与展望》，《东南亚纵横》2016 年第 9 期。

韦莉娜、唐锡海：《中国与东盟文化交流现状及存在问题研究》，《南宁职业技术学院学报》2012年第4期。

张玉华、刘晓东：《广西与东盟文化交流合作的现状、问题与对策》，《前沿》2012年第18期。

刘兆伟：《马来西亚文化与儒家教育传统》，《比较教育研究》2005年第5期。

梁雪婷：《浅析以孔子为代表的儒家思想对泰国的影响》，《人文高地》，第191—193页。

《第12届中国—东盟文化论坛9月11日在南宁开幕》，http：//gx. people. com. cn/n2/2017/0831/c179430 - 30680383. html。

《中国—东盟文化部长会议及东盟—中日韩文化部长会议在文莱召开》，http：//www. gov. cn/xinwen/2016 - 08/25/content_ 5102272. htm。

《2017中国—东盟（钦州）狮王争霸赛激情上演》，http：//www. gxnews. com. cn/staticpages/20171106/newgx5a005158—16647402. shtml。

《"亲情中华 徽风皖韵"艺术团雅加达演出受欢迎》，http：//www. chinaqw. com/zhwh/2015/11 - 18/70865. shtml。

《中国—东盟文化论坛10周年综述》，http：//www. asean - china - center. org/2015 - 10/09/c_ 134696122. htm。

《扩大与东盟各国的朋友圈》，http：//news. youth. cn/jsxw/201705/t20170521_ 9828005. htm。

民族文化交流与民心相通

——以平果嘹歌文化凝聚民心为例

祝励璠[*]

摘　要："壮族嘹歌"作为原汁原味的壮族歌圩音乐，主要流行于广西壮族自治区右江中游的平果、田东、田阳县和红水河流域的马山县、大化瑶族自治县以及属邕江流域的武鸣县境内，中心区域在平果县，是广西歌海中的一朵绚丽的奇葩。2008年"壮族嘹歌"被列入第二批国家级非物质文化遗产保护名录；2009年7月，嘹歌经典曲目《木棉树下两相依》被收入中央电视台"民歌博物馆"。如今，"壮族嘹歌"已受到广西乃至全国音乐人的广泛关注。

"党的十九大进人心，习总书记讲话传四方，党的政策为农民，人民生活奔小康……"在平果县的文化公园、烈士陵园、乡镇集市、村屯据点、农家小院，处处传唱着悠扬的壮族嘹歌。近年来，平果县广大群众充分利用嘹歌这一优秀传统文化，担任起传唱党和国家最新理论方针政策的"歌手"，唱响了传唱学习理论的"大合唱"，使"枯燥"的理论变得"有趣"，理论宣传在嘹亮的歌声中实现大众化、多样化和常态化，嘹歌为平果县搭建了永不落幕的理论宣传平台，党和国家政策在群众飞扬的歌声中花开遍地、硕果累累。

---

[*] 作者简介：祝励璠，平果县社会科学界联合会干部。

一 创新思路，谋划"嘹歌"宣传

平果县位于广西西南部，辖9镇3乡181个行政村（社区），总人口55.78万人，主要居住着壮、汉、瑶、苗等民族，其中壮族人口45.8万人，占总人口的90.3%，农村人口占总人口85%，农村广大群众普遍以壮话为主要交流语言。2010年以前，平果县属国家级贫困县，有96个贫困村，农村公共文化设施尤其落后，基层政策理论宣传面临设施不全、形式单一、载体缺乏、语言限制等问题，远远不能满足广大农民群众的精神生活需求，致使一些农民转向赌博、搞封建迷信等一些不健康的活动。另一方面，随着城镇化的发展，农村劳动力向城镇渗透，部分农民群众接受新知识，对新技术、新政策信息、文化精神的需求越来越迫切，而落后的公共文化设施建设已远远不能满足这一部分群众思想和精神的追求，特别是农村理论宣传的局限性，理论政策在基层难以扎根。

如何有效突破理论政策宣传"悬在干部层、群众听不见"的工作瓶颈？如何切实解决理论宣讲"最后一公里"传达难问题？如何丰富群众精神文化生活、促进农村经济发展？成为平果县委、县人民政府亟待解决的难题。近年来，平果县加大文化基础设施投入，实施广播电视村村通工程，经过三年建设，全县181个行政村已实现广播电视全覆盖；组建乡村放映队15支，每年下乡送电影近百场；创建学习习近平总书记重要讲话精神讲习所和理论学习室33个，建起"农事学校"1所，"农家书屋"178所，设施较为齐全的乡镇文化站12个，村（社区）综合文化服务中心23个，群众性文体广场10个，均配备阅报栏、电子阅报屏、公益广告牌、体育器材、健身路径和灯光音响设备及舞台；修建了一批文化宣传栏和篮球场地；2017年6月平果县成立了嘹歌歌手培训基地，为基层文化宣传、理论政策宣传奠定了坚实基础。

在加大文化基础设施投入的基础上，平果县积极创新宣传工作理念，把创新的重心放在基层一线，探索以基层群众听得懂的语言、最爱听的新方式进行理论宣传，加大宣传成效。经过深入调查研究和征求群众意见，结合平果县农村人口比例大以及当地群众语言特色实际，平果县继续加大文化宣传投入，着力打造平果壮族嘹歌文化品牌，以群众听得懂、感兴趣的方式，加强基层群众理论政策宣传教育，让嘹歌成为平果县基层理论政策宣传的重要载体之一。

二 精心打造,"嘹歌"遍地开花

平果县是壮族嘹歌的发祥地,从 2004 年开始平果县打造嘹歌文化品牌,由宣传、文化部门牵头,搜集民间传统抄本、口述和传唱,进行翻译、整理和编撰,出版《平果壮族嘹歌》《嘹歌嘹亮》等嘹歌读本,收录包括《三月歌》《日歌》《路歌》《贼歌》和《房歌》5 部 2.3 万首 39.2 万字民间长诗的嘹歌。

歌书是一种程式化的,经过一定的加工并用壮族土俗字(古壮字)抄写的比较规范的民歌歌本,这些土字歌,内容基本上都在随着对唱情节而改变,打破了音声语言的距离限制,大大扩展了人们交流和社会活动的空间。近年来,平果县委宣传部组织县文化馆和各乡镇业余文艺队编导人员创作嘹歌歌词、快板集等歌唱国家政策和惠民政策内容的文艺演唱资料共 1000 多首(个、本),供全县各乡(镇)村业余文艺队开展理论宣传演出使用。

同时,平果县还着重扶植培养年轻的嘹歌歌手和本土音乐人才,几年来先后涌现出"哈嘹乐队""嘉陵乐队""贝侬乐队""自由基地乐队"等一批本土乐队。并通过财政拨款和社会捐助等方式,统筹资金,在县、乡(镇)、村、屯开设免费嘹歌兴趣班,成立"银朵雷尼"壮族童声合唱团,在重要节日开展嘹歌比赛,对嘹歌传承人给予资助,对在嘹歌比赛中获得名次的单位和个人进行奖励,让嘹歌成为群众喜闻乐见的娱乐文化艺术。

在此基础上,每年平果县都根据国家大计方针组织"泥腿子"嘹歌专家把国家新政策和新理论知识编成朗朗上口的壮族嘹歌歌书,及时发放到群众手中,供广大农民群众传唱,将党和国家理论政策搬进农家小院、送到田间地头,使理论政策深入人心、家喻户晓。

"能用我的歌声,宣传习总书记重要讲话精神,为群众送去党的方针政策,我觉得很荣幸,我要把嘹歌唱得更好。"壮烈村党员嘹歌手黄国栋总是十分热衷充当当地民间理论宣讲员,他说,"歌圩节上的嘹歌传唱,既满足了群众的文化需求,又宣传了党的方针政策,自然受到群众的欢迎"。

现如今,当您走进平果,街头巷尾唱嘹歌,农家庭院嘹歌响,歌圩嘹歌香四溢,DVD 歌碟传嘹歌……用嘹歌歌颂党的政策已经悄然成为一种时尚。

在平果县烈士陵园,每天都聚集着许多爱唱嘹歌的群众,周末和圩日则会更多，人们从中午一点钟，一直唱到下午五点钟。人们三五成群，或坐在台阶上，或背靠大树，或围着摩托车对唱。

在农家小院，处处传唱着悠扬、古朴的壮族嘹歌，男女对唱，五言四句，壮语演唱，令人陶醉。当前，习近平总书记系列重要讲话精神在平果嘹歌中铿锵传递，魅力四起，"以歌传党情，以歌颂党恩，以歌铭党志"成为普通老百姓的新风尚。

在县城区的江滨公园、马头山、文化公园、烈士陵园、城龙路以及乡镇集市热衷拍摄嘹歌对唱制作DVD歌碟的歌手比比皆是。

在2016年举办的太平镇"二一九""三一五"等传统歌圩节嘹歌比赛中，108支嘹歌队伍206名歌手参加了比赛。参赛歌手以嘹歌会友，以嘹歌传情，宣传党的十八届三中、四中全会精神，宣传贯彻落实习总书记重要讲话精神，丰富多彩、通俗易懂的嘹歌，不时博得观众阵阵热烈的掌声。

平果县嘹歌歌圩主要分布在马头、果化、太平、耶圩、新安、海城、同老、旧城、坡造、四塘等乡镇的100多个行政村、1300多个自然屯。家庭传歌非常普遍，许多父母或长辈都会向家族中的青少年传授相关国家政策理论宣传的嘹歌。这样一来，既可以借助嘹歌宣传党政治理论，又可以娱己娱人。据不完全统计，平果县境内歌圩十分兴盛，规模较大的歌圩有18个。

马头镇龙来村村民韩祖任是嘹歌的传承人之一，他唱嘹歌已经32年了，在龙来村有2200多人喜欢唱嘹歌，人们以嘹歌进行感情交流及表达美好生活的向往，同时用歌声感谢党和政府的政策和恩情。韩祖任只是一个代表，一个缩影，平果县用嘹歌唱响党的理论政策的歌手还有很多，江滨公园、马头山、城龙路、乡镇集市、文化公园、村屯据点等，嘹歌随处可见，悠悠歌声见证了党和人民的血肉深情。据不完全统计，群众自编自唱歌颂党的政策理论嘹歌500多首，取得了积极的成效。

"以前，我只喜欢流行歌曲，但是听到前辈们用嘹歌唱出党的政策的旋律时，我感觉嘹歌也是充满活力的，非常动听。"马头镇江滨社区阳光水岸小区的林煌绚，是地地道道的平果"90后"青年，他真真切切地道出了对嘹歌的喜爱。紧贴时代脉搏，紧贴时事脚步，用壮族嘹歌传唱党的理论政策，老少皆宜，备受青睐。

嘹歌是平果壮族人重要的精神食粮。多年来，平果县精心策划，组建民间嘹歌宣讲队伍，充分利用歌圩，开展理论宣传演出，通过进机关、进学校、进企业、进社区、进农村，以喜闻乐见、通俗易懂的方式讲解理论政策，把党的利国利民好政策唱出来，让老百姓听得懂、记得牢、思得深、用得上，在娱乐中领会党的方针、政策，从而达到更好的理论宣传效果。

2018年1月29日至2月9日，中共县委宣传部组织县精神文明办、县团委、妇联、扶贫、文体广电、司法、卫计、科技、农业、科协、社科联、文联等部门，开展平果县2018年文化科技卫生"三下乡"集中服务活动暨春节期间"宣传党的十九大精神、推动移风易俗、弘扬时代新风"主题活动，按照产业兴旺、生态宜居、乡风文明、治理有效、生活富裕的总要求，深入实施乡村振兴战略，助力精准扶贫，补齐"精神短板"，中共平果县委宣传部编辑了"讴歌党的十九大精神"歌词，组织县嘹歌协会和嘹歌歌手到各乡镇、社区开展宣传党的十九大精神、推动移风易俗、弘扬时代新风、优生优育、科普知识等演出活动11场次。

三　唱出实效，政策促农增收

"小康关键在农村，习近平总书记发话表关注，我们国家若要富，农村农民必须富……"在平果县太平镇耶圩村，吃过午饭，村里的大人时常带着小孩聚在露天的小歌台唱壮族嘹歌，悠扬的歌声不时在山村荡漾。"现在农村生活好了，每天通过电视和广播我们都能了解到国家的最新政策，除了看电视平时我们更喜欢聚在一起把国家政策用嘹歌唱出来，这样我们印象更深记得更牢，才能更好把理论政策运用到实践工作中，为群众做好服务。"太平镇壮烈村支书黄尚东说。

近几年以来，平果县以创建学习习近平总书记系列重要讲话精神讲习所为契机，通过唱嘹歌方式，宣传党的十八届三中、四中、五中、六中全会，十九大精神和习近平总书记系列重要讲话精神，实现理论宣传通俗化、"本土"化，将学习中央精神的重要性以及切切实实给群众带来的好处以传统的形式鲜活地展示在群众面前，深受群众好评。

"小康不小康，关键看老乡"。群众思想解放了，文化精神生活才能提高。如何将政策理论转化为经济发展成果已经成为当务之急。近年来，平果县组织创办广西首家"农事学校"，使之成为全县进一步拓展和延伸"农事村办"服务的重要阵地和农村党员大培训的重要基地。学校成立后，县基层办、畜牧局、农业局、团县委、扶贫办等部门积极组织开展专题培训班，为党员群众提供惠农政策讲解、实用技术理论、农产品销售渠道、实践操作规程等一站式业务培训服务，提高群众学政策、用技术、搞产业的积极性。同时，建立30多个理论教学实践基地，开设田间地头"流动"课堂，把理论政策学习与实践相结合，促推学用转化，提高学习成果转化能力，推进全县经济改革、扶贫攻坚等各项事业发展，促进农民增收。

"国家政策好，技术送到家。现在我们村的土地以及石山大部分都种上了火龙果，每亩地出产火龙果约1000公斤，按照5元/斤的火龙果市场价格计算，年亩产值近万元，而且销路一点都不用愁。"平果县果化镇布尧村龙何火龙果合作社的李广星社长如是说。2011年以来，平果县把果化镇龙何屯火龙果教学实践基地作为大石山区理论政策成果转化示范点加以扶持，大力培育农村科学发展观，以"农户+合作社+实践基地"模式，成立火龙果专业合作社，打造"十里火龙果长廊"特色农业观光旅游带，实现特色农业的可持续发展，推进火龙果种植管理走向科学化、信息化。截至目前，全县火龙果种植已发展到3.45万亩，成为名副其实的火龙果产业发展大县，火龙果种植户人均增收达2390元以上。政策理论在实践中开出"致富花"，收获红火"致富果"，为大石山区村群众脱贫致富提供了"致富经"。

"昔日石山霸王花，今日结出火龙果，昔日老区穷山寨，今日高唱致富歌……"果化镇龙何屯群众在火龙果收获的喜悦中唱起了致富嘹歌。

四 打破瓶颈，"嘹歌"宣讲需传承

平果县因地制宜，以嘹歌宣传理论政策，有效解决了农村开展理论宣传难、形式单一、载体缺乏、语言限制的问题，使理论政策学习具有感染力和生命力，在农村扎根渗透，实现了全县理论学习全覆盖，开辟了具有平果特色的理论政策宣传的新模式。

实现促农增收。农民群众通过嘹歌，学习理论政策，掌握党和国家政策和农村经济发展最新动态，交流了发展成功经验，农民思想解放了，谋事创业干劲更高涨了，农村经济产业发展劲头更足了，农民收入稳步提高，逐步向小康生活迈进。

树立农村文明新风尚。群众闲暇时唱起了嘹歌，精神文化生活丰富了，农村文明素质得到了提升，农村"黄、赌、毒"陋习得到了改善，农村社会更加和谐稳定。

密切党群关系。平果嘹歌解决了理论政策传达"最后一公里"的问题，群众对党委、政府的信任度和满意度提高了，参与农村集体事务积极性进一步提升。如何让基层理论政策扎根基层，转变了干部队伍的思想观念和工作作风，密切了干群关系，干群共谋发展的激情更高涨。

嘹歌歌圩与节庆活动相结合。歌圩是嘹歌传播的重要载体，嘹歌是歌圩的活化石。平果最原生态的嘹歌绝大多数是在地方村镇歌圩上对唱的，这种活的文化遗产主要依靠掌握这种技艺的当地村民来传承。据统计，平果县共有县城的母娘山，城关乡的来圩、雷横等19个传统歌圩。2013年平果县太平镇耶圩打造成为了"国家级非物质文化遗产——壮族嘹歌耶圩传承基地"。许多歌才出众、热心传承、德艺双馨的"嘹歌"歌手每到节庆日（尤其是每年农历三月三前后），都会在歌圩上一展歌喉，开展嘹歌歌王选拔赛等活动，展示最原生态的壮嘹音律。将嘹歌与节庆文化相结合进行旅游开发，是扩大嘹歌传唱范围与影响力的重要途径。平果县基本每月一节，民族传统节庆丰富多彩，如三月三、拜秧节、六月初六、十成节、送灶节等等。通过举办文化节庆活动，可以为嘹歌注入更丰富多彩的文化内涵，在体现浓郁的民族民俗风情的同时，结合壮族地方特色与饮食文化资源、建筑文化资源等进行旅游开发，将更具吸引力。

定期举办嘹歌文化艺术节，打造平果嘹歌这一旅游文化品牌。从2008年开始举办的一年一度"壮乡天籁·平果歌圩音乐节"，作为壮族歌圩音乐文化品牌已经蜚声八桂甚至海内外，到平果县赶歌圩、唱嘹歌、听音乐，已成为游客到平果旅游的重要原因之一。利用这一平台，把优秀的壮族嘹歌歌师（手）集结在一起进行平果壮族嘹歌展演，让游客直接听到、感受到这一古老歌谣的魅力，体会到平果嘹歌带来的独特体验，进而把歌圩音乐节办成文化旅游的盛会、宣传推介的窗口、平果旅游形象的名片，将其打造成广西乃至是全国的文化品牌。同时，不断深入挖掘壮族歌圩音乐丰厚的文化底蕴，不断丰富创新嘹歌节内容，在此基础上增添壮族的古乐器巴乌、马骨胡、天琴等演奏和壮族舞蹈，使平果歌圩节更具有民族特色，更能突出嘹歌的原生态美，也更能体现出嘹歌的新活力。此外，借助"广西民歌艺术节"积极宣传，扩大嘹歌品牌的知名度，让更多的人了解嘹歌，增强嘹歌的吸引力。这不仅在提高嘹歌知名度方面具有积极的促进作用，同时也能促进平果县的知名度的提升，借助品牌优势，吸引更多游客的到来，推动旅游业的发展，促进经济的增长。

结合自然景观，开发多样的组合旅游路线和旅游项目。随着社会的发展，文化旅游正成为现代旅游的一大趋势。以山水文化为依托，借助平果县已开发的旅游景点来开展嘹歌文化旅游是实现嘹歌旅游开发良性开展的重要途径。在芦仙湖风景区、红军岩·通天河风景区、坡造荷花基地、三层岗·邓小平足迹之旅景区、鸳鸯滩休闲漂流等景区里融入嘹歌文化，把原生态嘹歌文化与山水、历史旅游文化资源进行重组配置，打造独具本地民族特色的旅游文化产品。借鉴印象刘三姐为代表的大型山水实景剧场，打造一部以嘹歌为主，展示壮族民族民俗文化特色的实景舞台剧。此外，选择具有深厚壮族历史文化沉淀的地点建立文化区，建立一座嘹歌文化馆，把嘹歌文化和其他优秀壮族传统文化结合起来，以此系统全面的推介、宣传壮族文化和嘹歌文化。还可以进行跨区域的旅游合作，以壮族历史文化为依托，推出壮族布罗陀文化——嘹歌之旅，把平果嘹歌与百色市敢壮山布洛陀民俗文化旅游节、田州古城等旅游项目串联起来，打造一条壮族文化精品旅游路线，向游客全方位地展示壮族文化的魅力。

开发具有嘹歌特色的民族商品。积极开发具有壮族嘹歌特色的工艺品，带动相关产业的发展。将嘹歌文化融入工艺品中使工艺品更有文化内涵，更有价值。可开发生产既实用又有收藏纪念价值的艺术品位高的旅游纪念商品，如壮族的彩球、铜鼓、凤灯、花木根雕工艺品。同时为了更好地把嘹歌这一文化遗产呈现在游客面前，可以把平果铝业生产的铝锭制成铝牌、徽章，并在上面刻上嘹歌歌词，做成具有平果嘹歌特色的旅游纪念品。还可将在全县范围内搜集到的23000多首近十万句平果嘹歌，出版成嘹歌小歌本以壮译、汉译、英译出版，向游客、向社会、向世界宣传和推介平果嘹歌。除了出版嘹歌歌本之外，还可以出版嘹歌音像制品，让游客可以把平果这一古老歌谣带回家。通过上述措施开发出多层次、高品位的嘹歌旅游产品，可以满足不同需求水平旅游者的需要，增加旅游商品的销售收入，提高旅游综合经济效益。

嘹歌宣传带来了效益。如何做好嘹歌的保护传承和发展是平果打造嘹歌宣传品牌中面临的一大"瓶颈"，嘹歌作为平果一门优秀的传统文化，却未能够吸引太多的年轻人，参与嘹歌活动的主要为中老年人，喜欢和唱嘹歌的年轻人不多。平果县要解决的一个重要问题，就是要让更多的年轻人了解嘹歌并喜欢唱嘹歌，让平果嘹歌宣讲理论的舞台永不落幕。下一步，平果将在保持嘹歌吟唱传统风格的同时，与时俱进，大胆注入现代音乐元素，把时尚的、现代的音乐元素加入嘹歌中，诸如用摇滚音乐等来演绎嘹歌，让年轻人通过唱现代版嘹歌接触嘹歌，熟悉音乐韵律，了解它的传统唱法和精髓。同时，培育年轻人对嘹歌的兴趣、爱好，把嘹歌引进中小学校的课堂，并作为一门地方民族音乐课程来授课，用古老嘹歌的音乐文化来熏陶学生，让孩子们从小就认识嘹歌，对嘹歌有感情。组织年轻人定期向嘹歌歌手学习，在各地各村开办嘹歌学习班或举办嘹歌青年歌手大赛等方式，使人人主动学习嘹歌及成为嘹歌的传播使者，把嘹歌发扬光大，进一步成为学习宣传理论政策的新生力量。

五 启示与思考

经过不断的探索和实践，平果壮族嘹歌为破解农村基层理论宣传难题做出了新探索、开拓了新局面，也带来了新思考。

"嘹歌"使理论政策宣传更有感染力。传统的理论学习方式习惯用官话、空话、套话，习惯于照本宣科宣传，呆板乏味，不分对象、不分群体，在群众言语运用上生涩、苍白，在群众之间形成了一堵无形之墙，造成基层群众不爱听、听不进、听不懂。平果嘹歌则以歌唱的形式，运用了当地群众听的懂、爱听的语言进行理论宣传，与群众产生共鸣，使群众主动学、认真学、学得懂。

"本土化"使理论政策宣传更有生命力。平果是嘹歌的发祥地，有着浓厚的文化背景，基层群众普遍都会唱嘹歌，平果用嘹歌宣传理论政策打破了时间地点限制，在村屯院落、田间地头、茶余饭后都可以灵活进行，而且可以一代代传承持久地传唱下去。嘹歌的内容可以根据个人喜好进行自由修改，不拘泥于固定内容，唱出群众心声，表达群众真正所想所盼，使理论政策学习富有生命力。

"促实效"使理论政策宣传更有创造力。增强技能、增收致富是当前基层群众的迫切需求。平果县通过嘹歌这个平台，以灵活的方式，实现宣传理论政策与先进农业发展技术、致富典型示范相结合，投群众所好，激发他们学习的热情，满足他们学习理论技术、增强生产发展能力实现增收的需求。因此，基层理论政策宣传要创新理念，以增强基层生产力发展和促农增收为落脚点，激发群众学习热情，促进基层经济的发展和社会的和谐稳定。

东盟华侨华人龙狮文化认同

黄东教 李乃琼 马新宇[*]

摘 要：通过文献资料法、逻辑分析法等对东盟华侨华人龙狮文化认同进行研究。发现：东盟华侨华人龙狮具有传统性附载、时代性交融、多元性渗透等文化表征；文化认同的动态性、混合婚嫁的现实性、西方价值的涌入性成为华侨华人文化认同发展的阻力；最后提出了三维性交融、拓展性整合、交流性互促、家庭性传递的文化认同发展取向。

关键字：东盟；龙狮；华侨华人；认同

中华龙狮文化（舞龙文化与舞狮文化的合称）的海外传承并非形成传统的垂直范式，而多以华侨华人载体实现文化的跨境横向嵌入，依循华侨华人演进史在特定空间下寻求异域的文化对接。而东盟（ASEAN，"东南亚国家联盟"的简称，包括新加坡、泰国、文莱、柬埔寨、老挝、缅甸、菲律宾、马来西亚、印尼、越南10个国）作为华侨华人的主要聚集区，拥有约3348.6万华侨华人，占世界华侨华人人口总数的73.5%[①]，华侨华人在中华龙狮文化的东盟赓续中发挥着重要的承启作用，并以顽强的文化韧性在激烈而深刻的东盟社会变革中延续下来，展示出特有的文化魅力与发展潜质。

---

[*] 作者简介：黄东教，钦州学院体育教学部副教授；李乃琼，钦州学院体育教学部副教授；马新宇，钦州学院体育教学部副教授。

[①] 庄国土：《东南亚华侨华人数量的新估算》，《厦门大学学报》2009年第3期。

在提升"文化软实力"与"文化走出去"的宏观文化发展方略下,理性审视东盟龙狮文化下隐匿的认同机制,窥视华侨华人文化认同的症结与阻力,寻求其文化认同发展的正确取向,无疑成为传统龙狮文化海外传播的重要现实议题。

一 华侨华人龙狮认同

文化认同依附文化而存,不同视角文化定义的解读带来差异化的文化认同阐释,因此也就出现仁者见仁、智者见智的纷呈争鸣景象。中华文化辞典中将文化认同解读为一种肯定的文化价值判断,即指文化群体或文化成员承认群内新文化或群外异文化因素的价值效用符合传统文化价值标准的认可态度与方式[①]。它是维系群体性情感的重要纽带,也是构建稳定性社会结构不可或缺的重要质素。

东盟华侨华人龙狮与中国传统文化唇齿相依,在迁播至东盟地区后随社会变革高低沉浮,但一直并未消解,反之在东盟地区表现出了强劲的渗透力与扩张力,成为了华侨华人东盟演进史的文化旁白,并深深地融入华侨华人文化判断与认同价值体系中。在某种意义上,华侨华人通过具有显著标识性的龙狮符号实现了文化身份的自我鉴定、自我强化,重构了文化认同,这种认同是超越空间与地域阻隔的延续性、综合性认同,避免了文化传递过程中的认同性断崖。在全球化浪潮与中国日臻强大的双重背景下,构建龙狮与文化认同的理性对话,洞见与寻求其文化现象背后深层的文化韧性与弹性,是传统文化保持旺盛生命力的重要路径。

二 东盟华侨华人龙狮文化表征

(一) 传统性附载

传统节日作为传统文化的集成者,凝聚着深邃的民族智慧和丰富的民族情感,也是海外华侨华人桑梓情结下久经磨砺与沉淀的重要文化景观。华侨华人携春节、元宵、中秋等传统节日迁播至东盟后,用心浇灌,使其生根、发芽、茁壮成长,也为中华传统龙狮发展提供了附载空间。龙狮为传统节庆增添了喜庆的底

---

① 冯天瑜:《中华文化辞典》,武汉大学出版社2001年版,第20页。

色，并在开业迎客、宗乡团拜、新婚燕尔等场合寄托美好愿景与渲染欢愉氛围。节庆赋予了龙狮赓续的空间，承载与折射华侨华人原乡文化思维中对"喜庆"的深刻认知与认同，成为节庆景致中不可或缺的重要元素，其东盟表现力不可小觑。据新加坡武术龙狮总会官方表明，近几年来，每年申请春节期间"采青（一种舞狮表演方式）"准证的舞狮队近200支，而除夕到元宵期的"采青"场数千场以上，无愧于新加坡"狮城"的美名。除此之外，东盟不少政要也于传统春节期间到访华侨华人聚集区拜贺新年，侧面彰显了对华侨华人在国家建设贡献上的尊重与肯定，如2018年春节，身着唐装的马来西亚总理纳吉布伉俪出席马华公会举办的新春团拜，并一同观看了舞龙舞狮在内的富有中华传统元素的文化表演[1]。

（二）时代性交融

社会变迁及文化诉求的转向对龙狮固有传承模式提出了挑战，智慧性、动态性的生存之道成为其延续的客观必然，也为其发展提供了更多的潜在可能。可以说，东盟华侨华人龙狮发展史不仅是一部文化传承史，更是一部文化融合史和创新史。譬如，有"马来西亚狮王"之称的萧斐弘利用"梅花桩"将平面展示的传统舞狮实现了立体化的视觉革新，于1984年衍创出震撼的高桩舞狮，并在2007年入选马来西亚国家文化遗产，彰显华侨华人舞龙在马来西亚文化构建过程中做出的突出贡献[2]；中国北狮引入新加坡后制作工艺上改用东南亚吕宋麻制作外壳以减轻狮身重量，并增添本土元素衍创出匠心独运的"星洲精武金狮"[3]；新加坡在科技并不发达的1967年，在不依靠任何灯光装置的情况下制作出黑暗发亮的"夜光龙"，成为"夜光龙"发展史的里程碑[4]。由此可见，东盟龙狮文化即表现出固守本源的保守性，更展现出强盛的时代诉求进取性，这也成为东盟龙狮文化圆融发展的重要因素。与此同时，新加坡武术龙狮总会、缅甸龙狮总

---

[1] 赵胜玉：《马来西亚总理向马华裔拜年》，http://news.sina.com.cn/o/2018-02-16/doc-ifyrrhct8690446.shtml.2018-02-16/2018-03-03。
[2] 文平强：《马来西亚华人文化——传承与创新》，《东南亚纵横》2013年第7期。
[3] 关文明、陈琦：《华侨、华人体育的发展及其贡献》，《华南师范大学学报》1995年第4期。
[4] 司徒晓昕：《新加坡华人舞龙家族传人创办网站记录舞狮龙历史》，http://www.china-news.com/hr/2011/12-27/3562948.shtml.2011-12-27/2018-03-03。

会、马来西亚狮团总会等专业化龙狮组织的建立、管理、运行，也为龙狮规范、融合、创新发展方面提供了强劲的外部推力。

（三）多元性渗透

东盟龙狮文化不仅游弋于传统承续与时代诉求之间，更开启了纷呈的跨界渗透历程，涉及教育、竞赛、影视等诸多领域，构筑了龙狮文化传承的新视域。教育层面，舞龙在新加坡不同层阶教育中实现了延伸，群立、德乐等小学，海星、耘青等中学，新加坡国立大学等通过组建舞狮队探索与校园文化互动的传承路径[1]，而泰国和马来西亚更是将舞狮列入学校体育活动范畴[2]，教育传递形成更为广泛的认同意识，也有效弥合与降低了文化代际割裂的风险；赛事视角，东盟龙狮赛事众多，不仅有立足本土多样的地方赛事，也有诸如中国—东盟狮王争霸赛等区域赛事，更不乏世界华人狮王争霸赛、全球华人中华才艺（龙狮）大赛等影响力广泛的国际赛事，赛事交流不仅实现龙狮技艺的提升，也带动了不同区域间龙狮文化的联动与接轨；影视领域，东盟华侨华人喜爱的影视作品中常现龙狮身影，而《黄飞鸿系列电影三：狮王争霸》等经典龙狮题材影视作品在东盟华侨华人社会广为传播，并以特有的亲和力与认同感形成圈际影响力。可见，龙狮文化已经形成多层次、多角度、多路径的渗透，在新时代筑塑起新的文化形象。

三 龙狮文化认同的困境

（一）文化认同的动态性

文化认同本身并非静止、僵化的一成不变，而是一个不断运动的、发展的过程[3]。审视东盟龙狮文化认同，其并非静态遗存，而是原乡文化固态认同基础上的动态调适，是动静兼容的复杂认同，这也成为华侨华人文化认同的显著特征。

一方面，华侨华人置身于东盟多维立体化文化空间中，无论是多元文化狂风

---

[1] 黄东教：《新加坡华人舞狮文化研究》，《体育文化导刊》2017年第2期。
[2] 陈凤珍：《东南亚民俗竞技文化新探》，《广西民族大学学报》（哲学社会科学版）2009年第5期。
[3] 陈辉：《全球化时代之现代性与文化认同》，《黑龙江民族丛刊》2009年第2期。

暴雨般的肆虐侵袭，抑或是微风细雨般的润物细无声，华侨华人都难以线性单向延续原乡传统文化，势必在交流与互动中造成对固有生活方式、价值取向、审美思维、处事逻辑的影响。也就是说，多元文化环境在一定程度上对沿袭的传统文化价值与认同体系构成了影响，在此背景下，龙狮文化认同必然也随之异变；另一方面，龙狮作为一种文化形态浸染于东盟中，自然承受着来自东盟不同国家发展框架下社会结构与文化体制所带的影响，而不违背国家政治、经济、社会、文化等主流发展价值体系成为最基本要求，犹如给传统文化设定发展阀口，影响着龙狮发展的流向与速度。如印度尼西亚在很长一段时间里强制推行同化政策，很多华侨华人迫于威慑主动放弃坚守的传统文化，给传统文化的赓续带来沉重的打击，这种打击不仅来自物质层面的质疑，更来自制度与精神认同层面的迷惘。因此，在华侨华人文化研究中我们必须谨慎审视东盟华侨华人文化认同动态性的客观必然，更需尊重与理解缘于社会因素认同转向的正当理由。

（二）混合婚嫁的现实性

中华文化的核心是以群体为本位、以家庭为中心[①]。可以延伸为，"家"在文化认同体系的构建中起着重要作用，对文化认同具有无意识的重组功效。不同族源的互嵌流动与混合婚嫁为不同文化源的互构提供了独特的生命视角。在东盟，华侨华人与非华族混合型婚嫁日臻常态，华侨华人从个体的文化"小单元"嵌入以"家"为载体的文化综合单元后，文化的延续形式由个体的单线承续转变成立足于"家"文化发展框架下的多元文化糅融综合延续。某种程度上说，混合婚嫁促成异质文化的交融，开辟了以"家"为文化空间、文化逻辑、文化秩序的新综合文化认同体系，也对"纯净"的传统文化基因提出了新的挑战。这一切都真实的上演着，譬如，东盟各国许多华裔已经不识汉语，对龙狮、书法、京剧等中华传统文化索然无趣，对除春节之外的中华传统佳节知之甚少，而更热衷追捧各种充满娱乐性质素的西方文化。不可否认，如此景象的生成与"家"的文化影响紧密相连。把控文化认同源头，有效避免"家"对传统文化根柢的撼动，警醒龙狮在混合婚嫁时间秩序下不断的消磨。

---

① 朱桃香、代帆：《融合与冲突——论海外华侨华人的认同》，《东南亚研究》2002年第3期。

（三）西方价值的涌入性

在全球一体化的发展浪潮中，一些西方发达国家凭借全球化客观必然性的合理借口，利用掌控的各种优势资源肆无忌惮地进行文化扩张，以满足其殖民化的文化野心，巩固其文化的全球优势地位。于是乎，一浪浪带有西方价值观的文化浪潮席卷而来，灌涌世界的每个角落，或明或暗、或巨或微地影响着人们的文化认知和文化判断，搭建全新的文化认同架构。东盟华侨华人作为人类群体的构成单元，无法避免来自西方文化洪流的波及，在一轮又一轮的文化肆虐冲击中逐渐失掉了固有的文化领地。长期以来，西方价值观主导的文化思潮试图褪去传统文化身上的传统外衣嵌入西方文化的价值体系，不时利用信息攻势渗透及抢占传统文化的生存空间，很大程度上造成了传统文化的式微。

与此同时，全球化带来的文化趋同性思潮给传统文化带来了更多的思虑，具有传统基因的龙狮文化此时何尝不是矗立于选择的分叉口？在沿袭传统与变革鼎新的选择间徘徊，在一定程度上带了华侨华人文化及文化认同的焦虑，这是一个须臾要面对的问题。

四　龙狮文化认同发展取向

（一）三维性的交融认同

一般而言，文化包括物质、制度、精神三个维度，三者交融互摄，共生共存，龙狮文化作为文化分支亦如此。在传统文化传承研究语境中，一些学者狭隘地将精神文化置于高位，忽视传统文化在物质、制度、精神间的相互作用与平衡功效，更忽略它们在各自领域对文化认同的积极贡献，造成了文化认同的局限性。对华侨华人龙狮而言，物质文化外化于形，以物态形式承载了华侨华人对传统文化直观的审美情趣，如红黑面刘备狮、黑白面铁角关公狮、金面云须赵云狮等的分类正是传统审美与历史文化高度契合的认同表现；而制度遗存同样隐含认同表达，龙狮"点睛"成为龙狮制度文化经典，它孕育着深邃的文化哲学和特有的思维方式，并以一种惯性的制度规约展示着文化的认同；精神处于文化内核，亦可称为龙狮文化的"魂"，但往往精神文化难以明晰和直白表述而隐于龙狮物象之下，彰显着华夏儿女的自强不息、勇于拼搏的精神寓意，也融透着中华文化"真、善、美"的精神共鸣。因此，对于龙狮文化的认同不能盲目舍弃任一维度，而应构建三维交融的文化认同厚实度。

（二）拓展性的整合认同

华侨华人认同是趋于建立在文化身份与整体性文化共鸣之上，是跨空间流动中原乡经验与乡土情怀书写的再认知与再审视，因此，以单一物象视角去解读华侨华人的文化认同具有一定的局限性。诚然，极力鼓吹龙狮文化传承在文化认同体系中的至上地位是对华侨华人文化认同解读的狭隘，理性看待文化认同的内在机理，尊崇"点—线—面"的文化进阶逻辑，充分发挥龙狮应有的文化"点"效应，并将"点"认同积极、主动地融入华侨华人文化认同系统，构筑整合性的文化认同视野，最终实现文化认同的线性辐射与面性扩张。具体言之，要将龙狮的物质、制度、精神文化属性放置于更为广阔的文化场域，跳出龙狮文化单一认同的短视，融合诸如传统佳节、寻根祭祖、宗乡联结等广阔的文化语境中，形成龙狮文化与其他中国传统文化集成效应，激荡起更为广泛的文化认同，不断唤醒、强化、叠加华侨华人文化身份的再认知，凝结群体的归属感与认同感，最终形成强烈的文化认同助推合力。

（三）交流性的互促认同

文化交流在促进文化质量、增强文化自信、提升文化自豪方面大有裨益，对文化认同的生成和强化也同样受益。对龙狮文化来说，在交流中反思与审视自身不足，并通过优化以积极、灵活、智慧的文化姿态融入不同格局的义化对话中，建立传统龙狮话语体系，不断提升华侨华人群体的认同意识。交流态度上，务必以互为尊重的文化平等原则融入交流，切勿以区域化、族群化的优越盲目滋生文化的僭越或膨胀；交流路径上，避免官方或民间偏重的单一倾向，群智群慧探讨与生成共识性的多层次文化交流路径；交流对象上，跳出限于华侨华人群体单一交流的苑围，扩大交流群体的范围，争取形成更大范围的影响；在交流内容上，除了龙狮文化间的互动之外，更要置身于全球视野积极吸纳外源文化的优秀传承经验，形成互惠互鉴交流；交流媒介上，利用传统媒体和新兴媒体打造立体、高效、科学的综合化交流媒体介质，不断提升文化传播的横向广度和纵向深度。因此，要理性审视龙狮文化在华侨华人群体交流中的现实诉求与交流惯性，实现交流增量与质量的双向提升，通过多层次、广角度的交流构建为龙狮生命源源不断注入新的活力，形成认同的共识效应。

（四）家庭性的传递认同

"家"是社会运行系统中恒常的基本单位，也是文化启蒙的根基。忽视"家"的文化传递，盲目抽离固有传统文化组成，不仅可能造成文化失范，更可能带来文化认同无可修复的毁灭性打击。"家"作为文化传播与文化认同的逻辑起点与重要场域，为文化认知与认同的开启与强化提供了有效的切入点，并形成内外路径指向。对内，家人对传统龙狮文化的自觉传承、长辈对儿孙谆谆教导的文化引导等均掺杂着文化认同的传递，而这种传递包罗惯性的文化认知与认同思维、习惯、理念等，使家人形成文化的共识与共知，以家的亲和力不断营造文化认同的融洽氛围；对外，以小家联结宗族大家、地缘大家、方言大家、业缘大家，通过龙狮文化中介和载体功能，形成更为紧密的文化圈际网络联结，不断维系、调节、平衡圈内的认同生态，生成广域的认同传递。以"家"为形态的话题式文化沟通不仅促成龙狮情感的共享，也丰富了传统文化认同的实践，是不断推筑更高认同层次与话语体系的重要载体。

五　结语

东盟华侨华人龙狮文化遗存传统文化的底蕴与因子，在社会变迁中以"变"适"变"，也赋予了它新时代的文化认同价值。东盟及全球化背景下，华侨华人对龙狮认同不再是简单的单线认同，是文化生态的"天泽"。在文化"走出去"上探索文化智慧认同路径，将给中华传统文化的海外传承带来全新的活力。

广西龙州布傣天琴文化传播研究*

黄新宇*

摘　要： 广西龙州地处祖国南疆，其布傣天琴文化在传播、保护过程中得到不断的赓延、充实和发展，成绩斐然。布傣族群依托天琴天谣弹唱等文化符号，凭借形式多样的传播模式与渠道，使自身从鲜为人知的小族群文化变成一个文化热点，从弱小的边地文化变为风靡民族乐坛的文化，得到了有效保护、传承、传播，其成功传播对于类似相对弱势族群、少数民族的文化保护与传承具有一定的启示和借鉴意义。

关键词： 布傣族群；天琴文化；传播

龙州县地处中国广西壮族自治区西南部，其西部与越南北部接壤，中越边境线（龙州段）长184公里，全县人口27万，壮族人口大约占94.81%，布傣族群作为当地世居壮族的一个分支，聚集在金龙镇各村屯，据镇计生站2008年统计有18054人，能熟弹天琴的布傣人聚居于中越边境线中方一侧，共168户人家，约720人，多为李姓。①历史以来，龙州布傣族群通过各种传播模式与途径，

---

* 基金项目：本文为桂学研究中心和广西边疆少数民族文化研究中心研究成果之一。
　作者简介：黄新宇，广西民族师范学院文学与传媒学院副教授。
① 秦红增、毛淑芹、牵琴：《中越边境布傣天琴文化变迁：喻天、娱人与族群标识》，《民族研究》2008年第1期。

将本族群天琴文化不断进行传承和展演，使其得到极具生命活力和富有尊严感的传播，使其成为相对弱势族群文化成功传播的一个范例，对其进行研究，无论是今天还是将来，都具有极为重要的价值。

一 龙州布傣族群天琴文化概况

龙州县地处中国南疆边陲，毗邻越南，历史悠久，建置至今已有1298年（唐先天二年，即公元713年置羁縻州，地属郁林郡，为龙州建置之始），为骆越古地建置时间较长的县份。[①]

龙州县地理位置险要，扼守中国南大门，近现代以来，金龙镇曾数度隶属越南、法国、中国等不同国家辖治，并曾因爆发著名的1885年冯子材抗法战争，20世纪70年代末对越自卫反击战等而名扬海内外，同时也因其命运多舛的历史境遇导致当地文化的多样性、复杂性、易变性、脆弱性、模糊性，并带有不同历史时期、不同国家治理所留下的文化印迹和族群历史记忆、族群文化心理。

可见，有效保护和积极传播布傣族群文化极具现实意义和思考价值，值得政策决策者和文化执行部门，乃至军事领域的涉及者们高度关注并加以认真全盘思考。在接触布傣天琴文化的过程中，笔者发现其文化艺术、历史典籍、传统技艺等在传播、保护过程中得到不断的充实和发展，成绩可观，但随之而来的是一些亟待解决的难题与隐忧。

布傣族群历史进程曲折，同时又跨国跨境，文化内涵极其丰富。其天琴文化艺术，族群服饰，诗性的唱天习俗，侬峒节庆文化等辉煌灿烂，已成为壮民族文化"一朵不朽的奇葩"[②]而熠熠生辉。天琴作为布傣族群特色器乐，具有较强的展演、娱乐等性能，其传播活力和传播效果较为突出、明显。

二 布傣天琴文化的传播状况

20世纪80年代末，尤其是新世纪以来，经过龙州县委县政府以及区内外专

[①] 龙州县地方志编纂委员会：《龙州县志》，广西人民出版社1993年版，第33—34页。
[②] 农瑞群、何芸：《天琴：骆越文化一朵不朽的奇葩——古壮天琴文化初探》，《南宁师范高等专科学校学报》2008年第3期。

家学者的大力打造、推介，龙州天琴天谣弹唱、族群服饰、侬峒节俗等已成为当地的文化符号，"经过千百年的历史传承与现代建构，天琴已经成为布傣人的族群标识"①。天琴先前作为祈福禳灾的神物和法器，附带着布傣族群的文化心理以及宗教意识而延绵不绝。现今，天琴更多地转向器乐功能，因其展演性、娱乐性、观赏性、独创性，不断向区内外、国内外展演传播，以开放的姿态和积极主动的观念接受外界文化的冲击和挑战，在交流互动中获取生存智慧，获取新知，提升创造力和竞争力，从而成为中国少数民族族群文化品牌之一。

（一）文化展演

20 世纪 80 年代初，中国少数民族音乐协会副会长、广西民族文化艺术研究院研究员、民族音乐家范西姆教授来到龙州县金龙镇采风。在田野调查期间，范教授发现当地麽师巫婆用作法器的天琴音色清亮、圆润、柔美、淳朴、音域浑厚、宽广，悦耳动听，遂将之作为研究开发课目。在龙州县政府的大力支持下，范教授等专家学者对天琴及其艺术进行挖掘、整理；后来，经当地天琴制作师秦华北多次试验、改造、加工，并进行 4 次改良。改良后的天琴音域宽厚，音色甜美，能在弹奏中传达出人类共同的文化心理和精神上的审美愉悦，表达出边地布傣族群的民俗风情。

经过数年酝酿，龙州县于 2002 年组建"天琴女子弹唱组合"。2003 年 11 月 8 日，13 位来自金龙镇板池屯（即美女村）平均年龄 21 岁的少女，以一首《唱天谣》登上第五届南宁国际民歌艺术节的舞台，并震惊中外音乐艺术界。少女们通过"天"（即当地布傣语对"歌谣"的称谓），表达布傣人民乐天爱乡、感恩知足的族群心理，传达出边地民众对天地万物、列祖列宗的感激情怀，展现族群朴素古拙的宗教信仰，反映出布傣人生活在南疆形成独特的审美观、价值观、人生观、文化观。11 月下旬，"天琴女子弹唱组合"又在南宁国际民歌节东南亚风情夜晚会上一展风采，再次引起轰动。此后，广西部分高校以及科研院所的专家学者，多方对天琴天谣进行挖掘、改造，将之打造成广西族群文化热点，使其成为边境少数民族文化保护、发展的范本之一，成为广西壮族支系布傣族群文化的

---

① 秦红增、毛淑章、秦琴：《中越边境布傣天琴文化变迁：喻天、娱人与族群标识》，《民族研究》2008 年第 1 期。

象征符号，从而远播海内外。

天琴女子组合一炮走红之后，不断有专家学者及当地艺人对流传民间的曲目进行搜集、加工、整理，使其曲调、节律更符合现代普通大众的审美需求，更接近民众的心律脉搏，更易于让听众、观众传唱、理解和接受，展现出布傣族群独特的文化意蕴及其文化心理。目前弹唱得较好流行较广的曲目有：《跑马曲》《唱天谣》《美女泉边美女村》《弹起天琴唱天谣》等。2003年至今，该女子组合九进京城，六赴港澳，二游东南亚，远赴欧洲维也纳和德国，进行文艺汇演或参加各种重大活动的表演和比赛，将龙州布傣族群文化传播到海内外，在民族艺术界引起一次次轰动，成为边境族群文化传播的成功范本。从此，布傣天琴走出山门，进入都市，漂洋过海，征服一批又一批观众、听众。

此后，天琴女子弹唱组合数次外出交流、表演、比赛，向外展示其独特的器乐、民歌，将天琴弹唱技艺传播向海内外。天琴乐音富有边关风情，跨国跨境族群风俗韵味浓厚，具有人类心灵之美的共同观赏价值和审美旨趣，因此具有较强的展演功能和传播张力。

（二）传媒传播

天琴女子弹唱组合向当地老艺人拜师学艺，并在专家学者指导下加强乐理知识学习和弹奏技能训练，练习布傣族群民间唱腔、唱调，再现布傣文化艺术活力与艺术魅力。

2003年11月10日，"天琴女子弹唱组合"受到中央电视台邀请，首次进京表演。美女们在中央电视台演播厅演唱《唱天谣》《弹起天琴唱新谣》《三月木棉满坡开》《美女泉边美女村》等歌谣，原生态唱法流露出壮乡儿女对天地神灵赐予幸福的感恩之情，表现出南疆边地山林的静谧祥和，震撼了电视台领导和电视观众。

"天琴女子弹唱组合"2004年1月13日第二次进京，参加中央电视台主办的"CCTV西部民歌大赛"，以原生态唱法荣获铜奖和舞台风采奖。2月29日，该组合三进京城，参加中央电视台音乐频道"民歌·中国"节目录制。6月13日，该组合参加广西文化厅、广西群众艺术馆联合举办并进行电视现场直播的年度广西"八桂群星奖"农村文艺汇演。9月10日，应邀参加第七届中国艺术节开幕式文艺晚会并进行汇报演出,电视台和电台对该场演出进行了直播。2006年3月31日,该组合应邀参加中央电视台第四频道现场直播文娱节目"传奇中国节"系列之"放歌三月三"。6月29日,再度应邀参加中央电视台组织的"大地飞歌·欧洲之旅"演出,参加奥地利萨尔斯堡艺术节表演,并到德国汉堡、慕尼黑等地进行文艺汇演,以天籁之声征服西方观众和听众。

此后,布傣天琴作为广西少数民族文化的代表,作为龙州文化的符号标识,备受社会各界广泛关注,中央电视台、中央人民广播电台、《中国文化报》、新华网、广西电视台、《广西日报》、《南国早报》、《左江日报》等海内外新闻传媒单位对其进行连续报道或跟踪采访,声名远播海内外。在大众传媒无孔不入的当今时代,布傣天琴依托传媒进行多方位传播,使自身文化穿越偏居一隅山林的狭小地域,突破族群以及语言等界限,借助天琴器乐、族群服饰等,使其在更广大的社会领域里流通,促进自身文化发展,拓宽视野,在传播、展演、交流中提高族群文化生存能力,促进布傣族群社会文化的进步。

(三) 代际传承

龙州布傣族群仅有18054人,据笔者2009年7月13日到17日实地考察统计,熟练掌握天琴天谣弹唱的人员共有140人。

天琴原先是布傣族群民间信仰宗教的法器,经过不断演进,到今天已逐渐由娱神转向娱人,其原初的精神内涵以及风俗禁忌依然左右当地百姓生活。布傣人在族群内部以宗教信仰的方式严格培养固定的传承人,为其文化延绵发展、传承传播留下"人的根基",使其不至中途断层。"天琴器乐等布傣族群文化符号能够从小区域族群播布到不同种族、民族,甚至进行跨国跨境传播,极具传播张力,乃是因其作为布傣族群的精神力量从未断绝,与其作为族群的宗教信仰和族群文化心理从未泯灭有关。"[①]

天琴弹唱具有较强的展演功能,推动当地旅游发展,获利甚丰,学琴者日渐众多。20世纪90年代前,按照布傣族群传统民约律例,非天琴传承世家不得随意学琴,不得授徒,学琴者及收徒者都要在固定时期(有三年一次,有三十年一

---

① 黄新宇、廖冲:《广西龙州布傣天琴文化的展演与传承》,《歌海》2010年第5期。

次）进行极其严格的斋戒、学艺、修炼、拜师、祭祖、册封等仪式，通过数年实践考核、检验，再由天琴传承人举行群众大会，公开授予学徒相应的封号、法号，成为传承人。如家中有人成为传承人，就要在其直系子辈孙辈亲属中物色接班人（部分村屯甚至有"传男不传女"的戒律），防止自己日后遭遇不测，族群根脉"断流"，致使自家宗族遭受天谴人怨遗祸子孙而为族群所排斥。另外，只有成为传承人才可以"作法消灾、祈福"，接受主人物质馈赠，同时，传承人在当地是受人尊敬和羡慕的。在布傣族群心目中，天琴具有宗教信物和娱乐器乐的双重功能，通过代际传承使其族群历史由来、文化知识、价值观念、人生礼仪、行为规范等一代传习一代，永不断绝。

（四）学校传播

鉴于布傣天琴文化艺术的成就和发展前景，为推动地方旅游及经济发展，传播族群文化，提高民众素质，增强文化竞争力；同时为了传承和保护布傣族群文化，发展壮大地方文化，使其族群认同得以更好地凝聚和提升，龙州县委县政府于2007年4月拨出专款，分别在龙州县民族中学和龙州镇新华中心小学开设青少年天琴弹唱培训班，选派资深天琴艺师及音乐教师进行专门指导。第一期计划招收两个班共60名学徒，结果主动报名者大大超出原计划。此后，两校相继开设数期培训班，培养天琴文化传承人，目前，多数青少年学徒已经能够单独或集体登台参加大型比赛和汇演，展示出布傣族群文化蓬勃的生命力。学校教育以青少年作为族群文化的承载者，使其在急剧变迁的社会中生存、发展、传播。对青少年进行族群文化的培养教育，使族群文化依附在他们身上，而不致让族群文化随着老一辈传承人的去世而消失，使其得以一代代延传，这才是从根本上、内因上寻求到了传承传播的突破。

随着天琴文化艺术影响力不断扩大，目前已有广西民族大学、广西艺术学院、张艺谋艺术学校等十多所院校开设天琴艺术选修课程，南宁市第十四中学等中小学校也开办了天琴兴趣学习班。天琴文化艺术不断走进学校课堂，登上各种大型文艺舞台，到欧美及东南亚等地进行文艺交流演出，使布傣族群文化焕发出新的活力，得到广大受众的称赞、认可和肯定。今天，天琴文化及其弹唱艺术已成为中国边境少数民族文化传播研究的热点和范本之一，在多所高校以及众多民族文化研究者当中掀起探究"热潮",被喻为"天琴现象"。[①] 政府也从学校正规教育的层面培养新一代族群文化传承人,从中探索总结出保护与发展弱势族群文化的一条有益经验,值得类似的弱势族群思考和采借。

三 布傣天琴文化传播的发展

布傣族群天琴文化的成功传播,引起民族、文化等各界的高度关注,引来越来越多的专家学者进行实地考察、探究,以期为其他少数民族、族群寻求文化生存、发展、传播的出路,为类似族群的文化生存、赓延、发展提供启迪和思考。

在信息化、文化趋同化浪潮席卷全球的 21 世纪,部分民族、族群的特征逐渐消失,甚至与他族无异,从世界文化的丰富性、多样性角度出发,这是令人担忧的。布傣族群天琴文化以多种传播模式交相杂用,在历时性与共时性的传承传播中坚强前行,健康成长、赓延,跨越千百年历史,跨越千万里空间,冲破自然与人为的樊篱禁锢,突破山地边疆族群封闭性、守旧性、排外性等固有弱势,走出深林,踏上都市,走进学校课堂,跨洋过海,远播欧美和东南亚,标志着布傣族群文化突破乡土,从民间族群艺术走向国际艺术舞台和艺术殿堂。

自 2003 年起,龙州天琴女子弹唱组合多次参加国际国内的文艺比赛及演出,并获得多个重大奖项。在共和国 60 周年国庆通过天安门广场的广西彩车上有天琴展示,在广西壮族自治区 50 周年区庆的游行队伍中也有大型天琴天谣图片展绘,说明天琴艺术已被现代都市社会认可和接纳,成为大众的审美对象,成为广西地域文化、民族文化的标识,受到更大范围的广泛关注。

天琴器物、民间信仰等在布傣族群中已成为其文化象征和符号,得到大众的认同、认可。天琴作为法器、器乐,其身上承载布傣族群的文化、历史、信仰、习俗等信息,无论是作为实物本身的法器存在,还是作为器乐弹奏,其身上都体现出布傣族群的文化内涵和价值取向。天琴作为龙州的文化符号和文化代表,当它在客观上出现或在与其相关的主观意识中出现,其实已在传播布傣文化,展现布傣文化生命。近年来,布傣族群文化不断传播,数度展演,引起较大的轰动和关

[①] 黄新宇、梁航彬:《传播视角下的边境少数民族文化保护——以龙州黑衣壮天琴文化艺术保护为例》,《歌海》2009 年第 3 期。

注，使其从一个弱小的族群文化不断向外展演和传播，在此过程中不断获得时代语境的艺术新变，不断被赋予新的艺术生命和文化活力，并得到充实、丰富和发展。[①]

由于积极主动的传承传播方式方法加上当今时代传播技术的进步，龙州布傣族群天琴文化的存在空间从边地山林里扩大到现代都市乃至海外，从一个狭小的山村逐渐与外界发生联系、接触，给其他族群、民族，甚至居住在地球另一端的国外受众借助语言、器乐、服饰等符号，了解布傣族群的生活方式、人生礼仪、道德信仰、价值取向、思维观念等，进而认同、传播其文化，增进彼此交流交往。"综观历史，无数的事实证明，守旧的、落后的、僵化的、封闭的文化不利于传播。一个国家、民族文化的进步发展，离不开其文化传播的顺利开展。没有交流的文化系统是没有生命力的静态系统，断绝与外来文化信息交流的民族不可能是朝气蓬勃、生龙活虎的民族。"[②] 可见，文化如不进行交流与传播，只能逐渐自行消亡。

四　布傣族群天琴文化传播的价值

龙州布傣族群身处南疆边陲，其文化在当地乡土社会中传承，在都市社会中播布，在上千年的历史长河中不断传播、创新、丰富和发展。每年农历正月侬峒节庆期间，中越两国边地相邻的布傣族群自发组织起来，进行跨国跨境文化交流交往活动（2010年农历正月十一，老挝社会科学院执行院长通沙·攀崖思和一些民间人士不远千里过来参加金龙镇民建村板送屯的侬峒节庆，并且不用翻译就能和当地居民用土话自由交流）。这对加强我国和东南亚国家边民的友好与和睦相处，加深双边人民之间世代的相互认识和了解，具有政府行为难以取代的补充作用。

边境民族、族群因其特定的地理、历史、现实以及政治、经济、政策、文化、语言、民间信仰、风俗习惯等问题而极其复杂。毋庸讳言，在今天，边境地区各种矛盾依然错综复杂，各种团体利益争执不休，各种异端邪说此起彼伏，各

---

① 黄尚茂、黄新宇：《天琴艺术的传承及其对非物质文化遗产保护的启示》，《广西民族研究》2010年第4期。
② 王红梅：《传播文化与信息社会》，内蒙古教育出版社2003年版，第111页。

种势力暗流涌动,各方文化观念冲突持续不断,各种政治的、集团的、民间的,甚至国家暗中支持的活动或隐或显,不时还有群体动乱爆发蔓延的可能。深入探讨边地龙州布傣族群天琴文化传承与传播的内在机理,可以为类似族群、民族提供智力支持和政策参考。

布傣族群通过文化展演,激发其内部的文化自觉,由族内人员担当起保护、赓延、传播族群文化的重任,这是解决文化传承与传播的根本。文化的传承与传播自古以来都是一个动态过程,并随着社会发展以及其"当代人"审美旨趣的改变而改变。从族群文化保护、发展、传播的长远战略来看,建立一种与时俱进的"当代新文化"主要在于族群成员自身的参与和创造性传承,"外在手段只是条件,自身如何去发展才是根本之路"。从布傣族群文化的传播、传承、发展看出:要传承传播好族群文化,要将族群文化健康延续、科学发展,与其热心于或寄希望于外来人员的欣赏和赞美,还不如对本族群的青少年,从小教育他们了解本族群的历史来源、发展经历、文化传承、风俗习惯、人生信仰、价值取向、道德礼仪、族群规范,使其从小沐浴在祖祖辈辈流传下来的文化氛围中,在族群血液中浸润自家文化遗传基因,在心灵深处热爱本族群文化,培植族群文化自豪感、责任感、认同感和向心力。有了本族群文化负载者自觉主动地保护先祖开创流传下来的灿烂文化,就能真正使本族群文化得以在急剧变迁的全球化时代中生存、赓延、传播、发展。①

龙州布傣族群人口少,是一个相对的弱势群体,现实困境遏制其文化的自由传播。布傣族群不因自身弱势而自卑自弃,反而积极内外传播,主动利用各个时代不同的审美、功用语境,借助大众传媒与时俱进地传承传播,突破时空障碍,展现新文化成果。汤因比认为,"艰苦的环境对于文明来说非但无害而且是有益的。我们是否有理由进一步认为,环境越困难对于文明成长的刺激也就越强烈呢?"② 现实时时在敲响警钟:部分族群、少数民族的文化正失去自身生命特质而趋于消失、消亡,世界文化的多样性、丰富性正滑向单一性、趋同性、单调

---

① 黄新宇:《谈全球化时代民族文化传承与保护理念——以金牙乡改革开放以来正月习俗的变迁为背景》,《南宁师范高等专科学校学报》2005年第3期。
② [英]汤因比:《历史研究》,刘北城、郭小凌译,上海人民出版社2000年版,第98页。

性——这样的担忧是存在的!

布傣族群文化在传播中赓延、增殖、发展,显示其强大的生命活力。由此个案看出,边境区域族群,相对弱势少数民族文化的保护与发展要跟上时代脉搏,结合地域特点,挖掘自身优势,结合本民族本族群文化的独特情势,与时俱进,借助强大的大众传播媒介力量以及灵活多样的传承传播方法与模式,积极融入普通大众,获取自身文化艺术发展的春天。

五 启示与结语

在全球化、信息化、国际化的 21 世纪,开展边境少数民族、族群文化传播研究,开展不同民族、族群之间的跨文化传播研究,普及跨文化传播的知识,培养全球文化传播的能力与素质,有益于各民族各族群的和睦相处,建设和谐友好的族际、国际关系,使边境少数民族、族群独特的文化得以在激烈竞争的信息化浪潮中生存、保护、赓延与发展,使少数民族、相对弱势族群认识周边不断发展变化的时代环境,正视不足,弥补差距,面对现实,建立起自身独特的价值体系,构造健康、积极、向上、健全的文化交流交往心理,端正平和的生存心态,改进、提高适应时代步伐的技能,顺应现实发展要求,与时俱进,适应日新月异的环境。毋庸讳言,在中国与东盟各国关系日益紧密的今天,也存在一些不和谐、不稳定的因素,展开同根生的族群之间、民族之间的文化交流交往,可作为政府外交不可企及的有益补充和助力。

在 21 世纪,每个民族、族群,特别是相对弱势的民族群体,自身要有强烈的历史责任感和现实使命感、紧迫感,要有丰富世界文化多样性与发扬、保护、发展民族、族群文化意识,充分利用传媒的先进、强大力量变"弱势"文化为"强势"文化,以积极主动的姿态现身世界民族舞台、文化舞台,适时将优秀的文化资源进行展演,改变不对称、不平等、单向度的困境,为自身发展壮大打造传播平台,进而提升生命活力。当前,要从民族生存与发展,国家民族融合与和谐的高度,对各民族、族群作总体现状规划与前景探讨,着眼于中华民族的伟大复兴推进各项研究,引领其走向共同繁荣与进步。[①]

[①] 曹毅:《土家族研究历程及发展趋势》,《湖北民族学院学报》(哲学社会科学版) 2011 年第 3 期。

在全球化与信息高速公路已延伸到世界各个角落的当今时代，民族、族群文化不能再静悄悄地"养在深闺"等待外来者挖掘，其结果只能是这些多数被动的等待者在"人未识"的状态下自行逐渐消亡。部分"居陋巷"的民族、族群文化逐渐在信息海洋里被淹没窒息，其价值取向因狭隘性、封闭性、守旧性、排外性而自缚手脚，陷身泥潭，难以自拔，其传播的文化就因不具备向外扩张的世界性意义，其"世界身份"认同在发展世界共同的身份内涵与身份理解的过程中只能越走越狭窄，显示出笨拙而不合时代潮流，缺少时代发展语境，缺少全球村大家庭成员的共同话语而逐渐被其他话语掩盖埋没，乃至消亡。——这样的前车之鉴不可不察，不得不令人提高警惕和深思。

发挥广西"一带一路"智库联盟在中国—东盟合作交流民心相通中的作用

梁愉立[*]

中国—东盟合作交流要实现民心相通，智库联盟合作交流是一条既宽阔，又深刻而便捷重要的渠道。构建广西"一带一路"智库联盟，并充分发挥广西"一带一路"智库联盟对中国—东盟合作交流、民心相通具有积极作用。党中央国务院根据形势的变化，2015年初中共中央办公厅、国务院办公厅印发《关于加强中国特色新型智库建设的意见》，习近平总书记在党的十九大报告指出："加强中国特色新型智库建设"，以中国特色新型智库建设为改革发展的一系列重大决策咨询和参考。推进"一带一路"建设，国家发展改革委、外交部、商务部联合发布《推动共建丝绸之路经济带和21世纪海上丝绸之路的愿景与行动》，广西是丝绸之路经济带和21世纪海上丝绸之路的重要节点，发挥广西"一带一路"智库联盟在中国—东盟合作交流、民心相通作用，这对全面贯彻落实中央关于广西构建面向东盟的国际大通道、打造西南中南地区开放发展新的战略支点、形成21世纪海上丝绸之路和丝绸之路经济带有机衔接的重要门户三大战略定位具有积极的意义。

---

[*] 作者简介：梁愉立，广西生产力促进会副会长。

一 国内"一带一路"智库联盟建设情况及启示

（一）"一带一路"智库合作联盟成立并启动运作

2015年4月8日于北京，由中共中央对外联络部牵头，联合国务院发展研究中心、中国社会科学院、复旦大学成立了"一带一路"智库合作联盟。由当代世界研究中心联合国内涉"一带一路"的五十家多家智库和研究机构的代表成立了"一带一路"智库合作联盟理事会，讨论通过《"一带一路"智库合作联盟章程》，并发表《"一带一路"智库合作联盟成立宣言》。旨在为各研究机构搭建信息共享、资源共享、成果共享的交流平台，提高涉"一带一路"研究水平，同时具有解读政策、咨政建言、推动交流的高端智库智能。

2016年2月23日，"一带一路"国际智库合作联盟研讨会在深圳举行，将"智库合作联盟"正式推向国际化。邀请吉尔吉斯斯坦、奥地利、汤加、柬埔寨、蒙古等50多个沿线国政界、学界及智库人士参会。2017年2月24日，"一带一路"智库合作联盟理事会第三次会议暨专题研讨会在北京召开。智库联盟的理事单位已增至60多家，囊括了大部分国内对"一带一路"有权威研究的智库。马来西亚策略分析与政策研究所（INSAP）也加入了"一带一路"国际智库合作联盟。

（二）"一带一路"沿线国家研究智库联盟成立并运作

智库联盟由河北大学伊斯兰国家社会发展研究中心、北京语言大学阿拉伯研究中心、北京外国问题研究会、北京大学国家战略传播研究院和中国社会科学院世界传媒研究中心等17家国内高校及社会研究机构共同倡议成立。联盟成立了以河北大学特聘教授白贵为理事长，北京大学教授程曼丽为学术委员会主任，武汉大学教授单波、中国社科院研究员姜飞、上海外国语大学教授丁俊、北京语言大学教授罗林为副理事长的领导机构。2015年11月8日，"一带一路"沿线国家研究智库联盟在北京宣布成立，并发布了《"一带一路"沿线国家研究智库联盟倡议书》。《倡议书》提出该智库联盟将整合国内不同学科领域有实力却又相对分散的研究资源，搭建跨学科、多领域研究平台，实现学术资源、信息、成果共建共享，推动对"一带一路"沿线国家系统的深入研究，为"一带一路"建设提供智力支持。与此同时,"一带一路"沿线国家研究智库联盟在北京语言大学召开"一带一路"与伊斯兰国家发展国际研讨会。就"一带一路"与文化沟通、媒体传播等议题进行研讨。

(三) 全国"一带一路"沿线城市智库联盟成立

2016年6月21日至23日,由全国"一带一路"沿线城市智库联盟组委会主办,连云港市哲学社会科学界联合会承办的全国"一带一路"沿线城市智库联盟成立大会暨"城市治理现代化与新型智库建设"高层论坛在连云港市召开。来自全国"一带一路"沿线32个支点城市社联的负责同志、连云港市各部门负责人与智库类社科专家300多人出席会议。全国"一带一路"沿线城市智库联盟是由连云港市社联最先发出倡议,并由天津、青岛、宁波、厦门、宝鸡、连云港等六个城市社联共同发起,包括天津、青岛、宁波、厦门、宝鸡、连云港、大连、南京、福州、兰州、郑州、乌鲁木齐、海口、银川、吐鲁番、天水、酒泉、开封、商丘、徐州、锦州、秦皇岛、唐山、盐城、扬州、台州、温州、泉州、珠海、湛江、汕头、三亚等全国"一带一路"沿线32个支点城市社联等枢纽智库组建的非法人学术团体。

该联盟的成立,旨在积极响应"一带一路"的合作倡议,以推进国家治理体系和治理能力现代化的总目标,认真贯彻落实中央《关于加强中国特色新型智库建设的意见》精神和全国"十三五"规划关于建立智库联盟的要求,更好地发挥社科联在推进"一带一路"建设中的枢纽智库和合作联动作用,围绕"一带一路"建设开展倡议解读、战略研判、政策分析、项目评估等工作,服务沿线城市政府及国家有关部委决策,为地区繁荣发展贡献智慧力量。

(四) "一带一路"产业合作智库建设启动

2016年6月16日,在北京钓鱼台国宾馆召开的"一带一路"工商协会联盟成立大会上,"一带一路"产业合作智库建设宣布启动。智库作为联盟服务体系的重要组成部分,由联盟各理事单位邀请本国本地区产业合作相关领域的工商界领袖、研究学者和行业专家等组成,与全球致力于"一带一路"建设和国际产能合作等领域研究的各类智库开展合作。智库以项目为载体、任务为纽带高效运作,开展"一带一路"沿线国家和地区政策、产业状况、市场环境的专题和综合研究，对"一带一路"云平台上的资源供需双方提供政策、技术、法律、金融等多方面咨询服务，对项目的投资价值、投资风险、合作方式等提供具体指导，为联盟成员及会员企业提供强有力的智力支持。

（五）国内"一带一路"智库联盟建设的启示

1. 立足宽阔的国际视野。2. 紧密联系中国国情和"一带一路"相关国情。3. 克服官本位，建立灵活高效体制机制。4. 提高软实力，增强中国声音话语权。5. 务实创新，提升咨政能力和国际影响力。6. 发挥"一带一路"智库联盟在合作交流民心相通中的作用。

二 发挥广西"一带一路"智库联盟在中国—东盟合作交流民心相通中的作用的必要性和重要意义

（一）发挥广西"一带一路"智库联盟在中国—东盟合作交流民心相通中的作用的必要性

1. 以智库联盟建设提升区域形象。"一带一路"建设是广西对外开放重大战略，也是广西的主动作为，迫切需要以广西"一带一路"智库联盟促进智库成员建设，推动国际国内智库之间的互访交流、联合研究，使广西与"一带一路"沿线国家特别是东盟各国开展良好对话与合作，宣传广西对外开放的政策主张和技术经验，让沿线国家更深入地了解广西，同时增强广西在国际社会的影响力和传播力，提升广西软实力和广西区域形象。

2. 以广西"一带一路"智库联盟助力政策沟通。"一带一路"沿线国家特别是东盟各国的发展水平各异，利益诉求多元，这就要求做好沟通协调，把握双方发展意愿、决策需求和利益契合点。加强智库之间的紧密合作，有助于积极发挥不同国家的资源信息优势，分享各个国家的发展理念、战略、政策，从而增进广西与沿线国家的政治互信、政策对接、民心相通，营造良好的合作对接环境。

3. 以广西"一带一路"智库联盟促进民间沟通。民心相通是"一带一路"建设的社会基础。通过智库之间的交流，能够把握沿线各国特别是东盟各国的社会现状和民情民意，以对话沟通、舆论发声等方式凝聚共识，使公众深入认识各国的诉求，消解沿线国家对中国的误读误判，缩小国家间的认知差距，为"一带一路"建设推进打好社会基础。

4. 以广西"一带一路"智库联盟的智库研究防范投资风险。通过智库来深入研究"一带一路"沿线国家特别是东盟各国的经济政策、技术条件、资源禀赋，评估可能导致的社会和环境风险，提出相应的对策建议和建立预警机制，将有利于合作交流和经济活动的有效实施。

（二）发挥广西"一带一路"智库联盟在中国—东盟合作交流民心相通中的作用的重要意义

1. "一带一路"建设要充分发挥广西"一带一路"智库联盟在咨政建言、舆论引导、研究创新等方面的功能。构筑"一带一路"智库网络。以新亚欧大陆桥、中蒙俄、中国—中亚—西亚、中国—中南半岛、中巴、孟中印缅"六大经济走廊"建设为支撑，坚持共建、共享、共赢原则，广西"一带一路"智库联盟要把重点放在中国—中南半岛及东盟各国的研究上，吸收各国权威智库力量，充分发挥智库网络的联络、协调功能，通过整合研究资源、优化分工合作、形成智慧合力，共同筑就"一带一路"智库网络联盟，推动"一带一路"智库建设。

2. 搭建多元智库合作载体和平台。建设"一带一路"多元合作平台，与沿线国家特别是东盟各国开展全方位、多层次的智库交流与合作。通过联合研究、论坛研讨、互访交流、培训教育等多种形式，建立常态化的智库合作机制，通过招标、委托、聘请各国智库学者展开研究，及时了解沿线国家的政策意图和深层问题，并就重大问题进行充分商讨，不断拓展智库合作的新渠道和新领域，提升合作交流的层次和水平。

3. 扩展智库与政府高效沟通的渠道。"一带一路"涉及国家众多，需要研究的范围较广、领域也较为多样，大到宏观政策框架、规划设计，小到投融资模式、项目建设，都需要来自智库的意见建议。确保将智库的研究成果、对策建议及时准确地传达给政府部门和建设业主，扩展智库与政府高效沟通的渠道，建立智库有效参与决策咨询的工作机制，拓展智库与政府与民众沟通的渠道。

4. 提高智库国际化研究的能力和水平。目前广西的智库研究主要集中在国内问题，缺乏全球性研究视野，智库在"一带一路"国际上的话语权和影响力亟待提升。国别研究突出东盟各国。目前研究存在地域失衡现象，重视发达国家研究，而对以中小发展中国家为主的"一带一路"沿线国家关注较少，尤其是针对经济政策、社会制度等领域的专业研究涉及甚少。因此迫切需要搭建多元智库合作载体和平台，加快培养造就全方位、综合能力强、专业型和实践型人才的专业智库，加强与沿线国家特别是东盟各国智库交流合作、研究人才互换培养，实现智力资源的互联互通、互学互鉴。

5. 以智库咨政有效落实中央赋予广西"三大定位"。广西在全面贯彻落实国家"一带一路"建设的基础上，准确把握广西构建面向东盟的国际大通道、打造西南中南地区开放发展新的战略支点、形成 21 世纪海上丝绸之路和丝绸之路经济带有机衔接的重要门户三大战略定位，用习近平新时代中国特色社会主义思想指导智库联盟建设，发挥智库咨政建言作用，这对于加快广西开放发展具有十分重要的意义。

三 广西"一带一路"智库建设状况及作用

（一）广西"一带一路"智库建设情况

为贯彻落实国家"一带一路"建设方案，落实广西壮族自治区党委办公厅印发的《关于加强广西特色新型智库建设的实施意见》精神，广西区党校（广西行政学院）、广西民族大学、广西财经学院先后成立"一带一路"研究机构（智库），并积极开展相关活动。

1. 广西区党校（广西行政学院）于 2015 年成立"一带一路"研究院。该院院长由广西区党校常务副校长胡建华兼任，常务副院长由广西区党校博士教授张家寿担任。"一带一路"研究院是为贯彻实施习近平总书记提出"一带一路"的倡议和习近平总书记给广西的三大定位。该院成立后，为"一带一路"建设开展多项重大课题研究，为党中央、国务院以及自治区党委、政府和相关部门提供决策参考，推动"一带一路"相关地区和沿线国家开展项目和产业合作，增进"一带一路"相关地区和沿线国家特别是中国与东盟国家民心相通。

2. 广西民族大学"一带一路"研究院。2016 年 1 月 25 日，广西民族大学"一带一路"研究院成立暨专家座谈会在广西民族大学召开。该院为贯彻落实国家"一带一路"建设方案，落实自治区党委办公厅印发的《关于加强广西特色新型智库建设的实施意见》精神,整合资源,推进多项课题研究,使之成为服务"一带一路"建设和广西经济社会发展需要的高端智库。

3. 广西财经学院海上丝绸之路与广西区域发展研究院于2016年6月成立。成立后开展涉"一带一路"多项研究和研讨会。2017年11月18日由广西财经学院海上丝绸之路与广西区域发展研究院、复旦大学、澳大利亚精英高等教育学院、澳大利亚普华永道以及广西商业经济学会联合主办"一带一路"倡议与广西企业发展高级研修班。为广西企业参与"一带一路"建设面临困惑进行释疑解惑。促进广西企业参与全球化竞争的大环境中,积极参与"一带一路"建设发展。使海上丝绸之路与广西区域发展研究院成为"一带一路"建设重要智库。

2015年12月19日钦州学院成立广西海上丝绸之路发展研究院。该院成立并举办2015海上丝绸之路建设—钦州论坛。该论坛由中国工程院环境与工程轻纺学部、钦州市委、市政府和钦州学院广西海上丝绸之路发展研究院联合主办,以"海上丝绸之路和海洋生态文明建设"为主题,中国工程院丁德文院士、中国科学院王颖院士等国内海洋领域专家学者出席。会上提出弘扬海丝精神,建设海洋生态文明。

(二)广西中国—东盟智库建设情况

中国—东盟研究于20世纪90年代起,广西社会科学院、广西大学、广西民族大学、广西师范大学、广西财经学院等依据各自的学科和研究领域优势,先后成立了中国—东盟研究智库。

1. 广西社会科学院东南亚研究所已有几十年的历史,前身为1979年2月成立的印度支那研究所,是当时中国唯一专门研究印支三国现状与历史的综合性科研机构,出版有公开发行的《印度支那》学术季刊。1989年5月该所更名为东南亚研究所,仍然重点研究印度支那尤其是越南,但研究范围已扩大到东南亚整个地区。1990年所刊也更名为《东南亚纵横》,该所研究涉及整个东南亚政治、经济、社会、文化等多个领域,智库研究成果丰厚。

2. 广西大学中国—东盟研究院是在广西大学东南亚研究中心(1995年成立)的基础上成立的。以东盟经济问题为切入点,研究中国—东盟双边贸易以及CAFTA建设中的重大理论、政策及实践问题,并在此基础上辐射至中国—东盟关系研究。2005年1月中国—东盟研究院成立时，下设中国—东盟经济研究所、中国—东盟法律研究所、中国—东盟民族文化研究所，主要研究方向涉及中国—东盟关系及东南亚国家的经济、法律、文化及民族等方面的问题。广西大学中国—东盟研究院研究面广，成果丰厚，是"一带一路"有较大成就的智库。

3. 广西民族大学中国—东盟研究中心的前身是成立于1996年1月5日的广西民族学院东南亚研究所。2004年11月24日，为适应中国—东盟自由贸易区的建设和中国—东盟博览会每年在南宁举办的需要，广西民族学院重新组建中国—东盟研究中心。该中心的宗旨是"面向东盟，关注现实，汇聚人才，多出成果，营造特色，服务社会"，利用广西民族学院多学科优势，综合地研究东盟，组织、协调和推动全校各有关学科的人才力量有序地开展东盟研究，通过多学科的整合研究为中国—东盟自由贸易区发展服务，为政府、企业提供策划、咨询、培训和评估服务。

4. 广西师范大学东盟教育研究院于2016年9月29日成立。该研究院重点开展东盟基础教育研究、东盟教育政策研究、东盟教师教育研究、东盟高等教育研究、东盟职业教育研究，甚至还有对外汉语在东盟的研究等。这是涉东盟及"一带一路"教育方面研究较深的智库。

5. 广西财经学院广西（东盟）财经研究中心等智库先后成立，并启动运作。

（三）广西中国—东盟智库和"一带一路"智库联盟的地位和作用

中国—东盟研究早于20世纪90年代起，广西社会科学院、广西大学、广西民族大学、广西师范大学、广西财经学院等依据各自的学科和研究领域优势，先后成立了中国—东盟研究智库。这些智库在中国—东盟自由贸易区建设及中国—东盟自由贸易区升级版等方面都很好地发挥智库应有的积极作用。同时为"一带一路"智库和智库联盟建设研究领域、学科建设、人才培养、交流合作等多方面发展奠定了基础，为中国—东盟合作交流和民心相通发挥了重要作用。

1. 广西"一带一路"智库和中国—东盟智库为中国—东盟合作交流民心相通奠定了坚实的基础。习近平总书记提出"一带一路"的倡议，为贯彻落实国家"一带一路"建设方案，广西党校行政学院和广西多家大学等围绕"一带一路"开放合作积极成立相关的智库，在"一带一路"建设合作交流多个领域开展深入研究，并就研究成果与"一带一路"沿线国家进行深度交流，并推进在多个领域合作方面达成共识。切实发挥了智库在咨政建言、理论创新、舆论引导、社会服务、公共外交等方面的重要功能和作用。这些智库建设为构建广西"一带一路"智库联盟奠定坚实的基础。

2. 广西"一带一路"智库联盟在中国—东盟合作交流民心相通发挥主渠道作用。发挥广西"一带一路"智库联盟在中国—东盟合作交流民心相通中的作用需要汇集国际国内智库于这个平台。用这个平台与国际国内智库合作交流，并有效服务"一带一路"建设和中国—东盟合作交流与民心相通，这就需要广西智库在"一带一路"多个领域有深厚的研究基础，并具有一大批专业研究人才。广西智库在"一带一路"智库联盟中才有话语权。广西党校行政学院和广西民族大学等"一带一路"智库已经在多个领域多个专业开展了深入研究，并取得了丰硕成果，这为广西智库在联盟开展交流合作中赢得主动权。

3. 广西"一带一路"智库联盟在中国—东盟合作交流民心相通中发挥多层次宽领域交流合作作用。广西形成21世纪海上丝绸之路和丝绸之路经济带有机衔接的重要门户、构建面向东盟的国际大通道，以"一带一路"智库联盟建设更好地服务于上述目标。广西对"一带一路"沿线国家特别是东盟有深入研究。长期以来，广西智库已经对东盟从政治、经济、社会、科技、文化、宗教等多方面多领域有深入研究，取得了重大研究成果，各智库培养多方面多领域的专业人才。这既为发挥广西"一带一路"智库联盟在中国—东盟合作交流民心相通中的作用奠定研究基础，又造就一大批专业人才。

四 发挥广西"一带一路"智库联盟在中国—东盟合作交流民心相通中的作用的指导思想、建设目标、基本职能

（一）指导思想

深入贯彻党的十九大精神，以习近平新时代中国特色社会主义思想为指导，以服务国家"一带一路"建设为宗旨，以中国—东盟合作交流与民心相通为目标，以政策研究和咨政建言为主攻方向，以完善体制机制和组织形式和管理方式为重点，以改革创新为动力，以广西"一带一路"智库联盟为载体，以发挥

"一带一路"国内外智库作用为出发点,努力建设面向世界、面向现代化、面向未来的广西"一带一路"智库联盟,提高该联盟在中国—东盟合作交流民心相通中的作用,更好地服务"一带一路"建设。

(二)建设原则

恪守联合国宪章的宗旨和原则。遵守和平共处五项原则,即尊重各国主权和领土完整、互不侵犯、互不干涉内政、和平共处、平等互利。

1. 坚持弘扬丝路精神,凝聚民意。以"一带一路"开放合作精神,凝聚沿线国家智者先导,开启民意合作交流新态势。

2. 坚持创新机制,汇聚各方。"一带一路"智库联盟需要国内外智库各方参与,坚持创新机制,才能汇聚各方。

3. 坚持围绕合作,提供服务。紧紧围绕国家"一带一路"建设和中国—东盟合作交流急需的重大课题,围绕开放合作的重大任务,开展前瞻性、针对性、储备性政策研究、项目研究,提出开放合作的专业化、建设性、切实管用的政策和项目建议,相互交流,着力提高"一带一路"开放合作和中国—东盟合作交流的综合研判、战略谋划和项目布局能力。

4. 坚持相互沟通,互为促进。广西"一带一路"智库联盟是发挥国内外智库的谋划能力的重要平台,坚持相互沟通,互为促进。

5. 坚持科学精神,鼓励大胆探索。坚持求真务实,理论与实际结合,战略思维与实际推进结合,前瞻性与应用性结合,大胆探索与科学严谨结合,围绕提倡不同学术观点、不同利益诉求、不同政策建议相互切磋、平等交流,创造有利于智库发挥作用、积极健康向上合作交流的良好环境。

6. 坚持平等合作,互利共赢。坚持平等合作,共谋中国—东盟合作交流、"一带一路"合作发展,互利共赢。共享合作发展成果。

(三)基本职能

充分发挥广西"一带一路"智库联盟在中国—东盟合作交流民心相通中的积极作用:一是搭建平台,为国际国内涉中国—东盟、"一带一路"研究机构搭建信息共享、资源共享、成果共享的交流合作平台,优化合作方式,消除知识和信息垒壁,提高涉东盟及"一带一路"研究水平;二是解读政策,在聚合国内外智库资源的基础上，在联合研究取得共识的前提下，共同围绕总体倡议和具体项目向东盟国家各阶层开展针对性的解读工作，为"一带一路"建设营造良好的舆论氛围，打造坚实的社会民意基础；三是咨政建言，围绕涉"一带一路"问题，从宏观、中观、微观各个层面对"一带一路"进行全方位、综合性研究，前瞻性地发现问题，为中国及沿线国家政府提供政策建议，推动智库研究与政府决策良性互动；四是推动交流，以智库合作促进政策沟通，增强国家互信，以智库交往带动人文交流，增进民心相通。

（四）广西"一带一路"智库联盟建设功能定位

利用广西"一带一路"智库联盟平台，发挥智库联盟从智力支持的角度，从全球的高度和历史的角度思考"一带一路"建设的推进思路和路径，提高智库对"一带一路"建设的贡献率，为"一带一路"建设提供更高水平的智力支持。使之成为涉"一带一路"研究的高端智慧交流、联合研究、咨政建言、引导舆论的核心平台，成为国内外高端智库的集聚地和联合体。

（五）广西"一带一路"智库联盟建设特点

发挥广西"一带一路"智库联盟在中国—东盟合作交流的平台作用，成为思想产品交流集聚地，专业性和服务的方向性明确，以联盟章程作为共同遵守规则、以理事会作为权力和执行机构、通过联盟合作交流实现思想产品的切磋和达成共识，成为"一带一路"有机衔接的重要门户合作平台。

（六）广西"一带一路"智库联盟建设的主要内容

一是拓展广西"一带一路"智库联盟研究新领域。与"一带一路"沿线国家特别是东盟各国智库在已有研究领域基础上进一步整合、拓展、提升，形成对"一带一路"交流合作具有重要影响力的多个领域，提高为"一带一路"交流合作服务的针对性和实效性。二是提升国际国内社会智库资源整合能力。以广西"一带一路"智库联盟为核心平台和纽带，搭建各方面、各领域智库共同参与的政策研究与咨询网络，形成智库之间的合力。三是设立"一带一路"智库联盟国际咨询委员会和国内专家咨询委员会。邀请全球智者贤达，为广西"一带一路"智库联盟发展战略和重大问题提供咨询意见。邀请国内顶级专家学者和职能部门领导，为重大课题选题等重要问题提供咨询意见。四是建立严格的成果质量管理制度。规范智库研究成果评价方法和评审制度。五是加强广西"一带一路"智库联盟对外传播和国际话语体系建设。六是建立广西"一带一路"智库发展知识中心。七是建设广西"一带一路"智库研究成果信息库。八是举办广西"一带一路"智库高峰论坛等。

五 广西"一带一路"智库联盟建设的体制机制

（一）构建完善组织管理体制

按照广西"一带一路"智库联盟管理体制的要求，遵循智库发展规律，依据不同类型智库管理体制的特点和优势，建立健全广西"一带一路"智库联盟内部治理机制、行业内监督机制、第三方评估与认证机制。积极打造面向国际一流的智库研究与评价中心，开发技术先进的智库管理信息系统平台，构建基于客观数据的科学的智库评价机制与评价体系，引领智库联盟智库建设科学化、规范化、系统化发展。

（二）构建完善广西"一带一路"智库联盟运行机制

鼓励国际国内智库与实际工作部门开展合作研究，探索"一带一路"智库联盟成员在广西设立"工作室"和"联络员"制度，推进智库参与中国—东盟及"一带一路"合作交流制度化、规范化、程序化。每年推出一批涉中国—东盟及"一带一路"课题项目研究，健全招标或委托制度，加强对涉中国—东盟及"一带一路"咨询研究课题的规划、统筹和管理。

（三）加强广西"一带一路"智库联盟的品牌建设

以智库联盟联络员制度为抓手，进一步加强智库联盟秘书处和成员单位之间、各成员单位之间的信息互通机制建设；进一步完善智库联盟理事会的运作体制机制，提升秘书处的统筹、协调、引领和服务功能；以资政建言和国际交往为两大方向，探索建立相关成果的激励机制，以适当方式评选优秀品牌活动、品牌项目；根据各成员单位对中国—东盟及"一带一路"建设贡献率和参与度，推动建立智库联盟成员品牌资格认定和淘汰机制，确保智库联盟积极健康、做大做强。发挥智库联盟成员单位的主观能动性，加强各智库联盟成员单位、秘书处的协同协作，共同把联盟做大做强，打造广西"一带一路"智库联盟品牌。

（四）构建完善国际国内交流合作机制

加强广西"一带一路"智库联盟成果对外交流和传播平台建设，定期举办广西"一带一路"智库联盟有关中国—东盟合作交流研究峰会，发挥智库在对外开放和国际交流中的独特优势，提升智库间的竞争力和影响力。利用交流合作中心平台，促进形成国内外知名智库交流合作机制，积极参与国内外智库平台对话，更多地与国内外著名研究机构、企业等共同合作开展重大项目研究，提升广西"一带一路"智库联盟统筹利用国内外各类智库资源和专业人才的能力。加强对境外资金和非政府组织资助的经费管理，发挥广西"一带一路"智库联盟在中国—东盟合作交流民心相通作用。规范智库外事活动管理、中外专家交流、举办或参加国际会议等方面的审批程序，提高服务能力和服务水平。

（五）构建完善成果评估和应用转化机制

智库联盟各成员按程序申报设立"一带一路""中国—东盟"研究优秀成果奖"，将评奖要求与标准体现到课题研究、政策咨询、项目评审、人才评价、合作交流、民心相通等各个方面，完善以质量创新和实际贡献为导向的评价办法，构建用户评价、同行评价、社会评价相结合的指标体系。拓宽成果应用转化渠道，提高转化效率。加强智库联盟成员成果知识产权创造、运用和管理，加大知识产权保护力度，定期编辑出版智库研究优秀成果系列丛书。坚持内外有别，对涉及国家安全、科技机密、商业机密的智库成果，未经允许不得公开发布。对不宜公开的智库成果，建立健全内部报送、参考和运用机制。实现智库研究成果评估和转化应用，以智库研究成果的应用与宣传实现沟通民意民心相通。

六 发挥广西"一带一路"智库联盟在中国—东盟合作交流民心相通中的作用的保障措施

（一）加强智库联盟建设资金投入

广西自治区政府制定支持发挥广西"一带一路"智库联盟在中国—东盟合作交流民心相通作用的财政、金融政策。自治区财政投入专项扶持资金。落实公益捐赠制度，鼓励企业、社会组织、个人捐赠资助智库建设。探索建立多元化、多渠道、多层次的投入体系，健全竞争性经费和稳定支持经费相协调的投入机制。建立健全规范高效、公开透明、监管有力的资金管理机制，探索建立和完善符合智库运行特点的经费管理制度，切实提高资金使用效益。

（二）加强广西"一带一路"智库联盟研究人才队伍建设

主要从如下方面加强人才队伍建设。"一带一路"各智库联盟强化内部人才队伍建设；广西"一带一路"智库联盟面向国际国内聘任一批专家团队，以研究项目强化团队人才向高端化发展；广西"一带一路"智库联盟依托大学开展职称评定，让青年智库人才脱颖而出；广西"一带一路"智库联盟设立智库领军人才和专家称号，有重点地推出一批代表国际国内一流水平的智库领军人才和特聘专家。

（三）加强广西"一带一路"智库联盟在中国—东盟研究领域成果的宣传推介

加大对广西"一带一路"智库联盟在中国—东盟合作交流研究领域成果的宣传推介力度，形成"一带一路"沿线国家重视智库、发展智库的氛围，依靠智库在推动政策沟通、设施联通、贸易畅通、资金融通、民心相通建设方面发挥积极作用。

明代中菲经济文化交流与东洋意识的兴起*

程彩萍　李建武*

摘　要：明代初期，菲律宾群岛古国通过明朝的朝贡贸易与中国保持着友好关系，至明代中后期，中菲民间贸易繁荣，文化交流更加广泛，大批华人旅居菲岛。一批反映明代对外交往的著作问世，其中对菲律宾的记载成为了中菲经济文化交流的有力见证，表达了明人对明初朝贡盛况的怀念以及海外华人的关怀。明代有关菲律宾的记述不仅为研究中菲关系提供了宝贵的资料，还反映了当时人们海洋观念的变化，由明初西洋观向明末东西洋并举的全球视野发展。

关键词：明代；菲律宾；苏禄；吕宋；东洋

菲律宾位于东南亚地区，在古代中国名义上以"藩属国"视之，早在宋元史籍中就出现了关于菲律宾的记述。《宋史》中已有麻逸、蒲瑞等古国来中国朝贡或贸易的记载。元代汪大渊所著《岛夷志略》中除了记载麻逸之外，还有麻里噜、苏禄等地，以上古国皆位于菲律宾群岛。明代随着中菲关系的进一步发展，加深了明人对菲律宾的了解，大量海洋史地文献与域外方志类著述中包括了对吕宋、苏禄等地的记述，其内容之丰富、记载之详细远超前代。这些记载反映了中菲交往的友好关系，是明人对菲律宾的一种文化记忆，书中表达了

---

* 基金项目：国家社科基金重大项目"《明实录》整理与研究"（项目批准号 13&ZD090）阶段性成果。河北省高等学校青年拔尖人才计划项目"明代华北地区卫所司法体制与司法实践研究"（项目编号：BJ2016076）阶段性成果。

作者简介：程彩萍，廊坊师范学院历史系副教授；李建武，廊坊师范学院历史系讲师。

人们对双方友好关系的怀念与向往，另一方面与晚明东洋地位的提升有着一定的联系。

一 明代早期中菲官方礼仪往来

明初洪武至永乐年间是菲律宾群岛古国向明朝通贡最频繁的时期，缘于这一时期是明朝朝贡贸易最繁荣的阶段，朱元璋以宣扬国威、厚往薄来为宗旨，给予朝贡国远超贡品价值的大量赏赐，由此招徕四方"番国"前来朝贡。如洪武三、六月曾诏谕琐里国，其国至洪武五年始来贡，朱元璋考虑到其路途遥远，特下敕谕："西洋琐里世称远番，涉海而来，难计年月，其朝贡无论疏数，厚往而薄来可也。"[①] 朱元璋认为这是古之贤王所为："古之王者，待远人厚往而薄来，其各加赐文绮袭衣以答之。"[②]

再者朱元璋认为若海外番国朝贡无节度，则加重其国负担，非明朝绥靖之意，因此对贡期与贡品亦有限制。针对蕃邦远国"但世见而已"[③]，针对如安南等稍近者，则规定三年一贡："去岁安南来请朝贡之期，已谕以古礼或三年或世见……番夷外国当守常制三年一贡，无更烦数来朝，使臣亦惟三五人而止，奉贡之物不必过厚，存其诚敬可也。"[④] 明初以朝贡贸易方式使海外各国慕利而来，同时成为一种与外国保持联系的政治外交模式。

永乐时期利用郑和奉使西洋的契机，招致诸蕃国随宝船等前来朝贡，更加扩大了海外诸国入贡的范围。如永乐十四年（1416）十一月就出现了十九国同时入贡的盛况：

古里、爪哇、满剌加、占城、苏门答剌、南巫里、沙里湾泥、彭亨、锡兰山、木骨都束、留山、喃渤利、不剌哇、阿丹、麻林、剌撒、忽鲁谟斯、柯枝诸国及旧港宣慰司，各遣使贡马及犀象方物。[⑤]

这一时期明朝除了频繁遣使下西洋外，还有太监张谦等多次通使东洋的情

---

① 《明太祖实录》卷七十一，洪武五年春正月壬子，第1314页。
② 《明太祖实录》卷八十七，洪武七年春正月乙亥，第1546页。
③ 《明太祖实录》卷一百，洪武八年五月甲午，第1697页。
④ 《明太祖实录》卷之一百六，洪武九年六月甲寅朔，第1763页。
⑤ 《明太宗实录》卷一百八十二，永乐十四年十一月戊子朔，第1963页。

况，如永乐八年九月中官张谦、行人周航使浡泥国①还。② 永乐十五年（1417）八月遣太监张谦赍敕往谕古麻剌郎③国王。④ 永乐三年，遣使赍诏抚谕吕宋等六国。⑤ 在明代遣使东洋的影响下，中菲关系有了新的发展。据《明实录》记载，明初洪武、永乐年间吕宋、古麻剌郎、合猫里、冯嘉施兰、苏禄等地皆与明朝通贡，其中多次由国王亲率使团前来中国。如永乐十五年（1417）苏禄东王、苏禄西王、苏禄峒王各率其属及随从头目凡三百四十余人"奉金缕表来朝贡"，规模浩大。⑥ 东王在归国途中不幸病逝于山东德州，明成祖命有司营坟，葬以王礼，并亲自撰写碑文，以表纪念，至今成为中菲友好往来的见证。此后，苏禄仍遣使赴中国朝贡3次，至宣德初年，明朝亦遣使苏禄2次。

菲律宾群岛古国至明代初期已发生了较大变化，新出现了吕宋、冯嘉施兰等国，而国力最强盛的当为吕宋与苏禄。苏禄国王率大规模使团前来，不仅赠送了珍珠、宝石、玳瑁等贵重物品，更让明人对苏禄国的文化有了更多了解，包括宗教文化、服饰、民俗等。苏禄东王在德州逝世之后，为了保护苏禄东王墓以及后裔的生产生活，明朝政府特赐给祭田二顷三十八亩，这些后裔后来改姓为温、安两姓，至今还保留了伊斯兰教信仰。

二　明代中后期中菲民间经济文化交流

明代中后期随着海上交通的开拓与海外贸易的发展，世界各国联系愈加紧密，"地球村"逐渐形成，而此时的中国成为参与全球贸易的重要国家。其中中菲贸易在中外交往中占据了重要地位，大批的中国人到吕宋等地定居，带去了中国的文化与生活习俗，促进了中菲民间文化交流。

明代中后期，私人贸易日益繁盛，而菲律宾依靠其独特的地理位置成为中外贸易重要的中转站，尤以吕宋的崛起为最著。吕宋最初并不被明人所看重，"吕

---

① 浡泥，古国名，故地在今加里曼丹岛北部地区。
② 《明太宗实录》卷一百八，永乐八年九月己卯，第1398页。
③ 一说在菲律宾的棉兰老岛，尚待考证。
④ 《明太宗实录》卷一百九十二，永乐十五年八月戊午，第2016页。
⑤ 《明太宗实录》卷四十七，永乐三年冬十月丁卯，第718页。
⑥ 《明太宗实录》卷一百九十二，永乐十五年八月甲申朔，第2021页。

宋海中小国也。"① 据万历年间福建巡抚徐学聚所述，吕宋原本是一荒岛，是野兽出没的地方，只因明朝沿海居民在此转贩商品，与海外各国贸易往来不绝，促使吕宋"十数年来致成大会，亦由我压冬之民教其耕艺，治其城舍，遂为隩区"。② 隆庆开海之后，更加促进了中国与吕宋的贸易，并规定了来往船只的数量。福建巡抚周采言："如东洋吕宋一国，水路稍近，今酌量以十六只。"③ 兵部言："若吕宋诸国，即成祖时三宝下西洋处也，倭在东绝不相蒙，其岛眇小无逆形，闽岁给文，往者船凡四十艘，输军饷四万两，而地方收其利，不必与倭并论也。"④

吕宋不仅与中国贸易频繁，还是东西洋商船必经之地，故吸引更多闽浙商人多在此经商，人口渐至数万：

有小国曰吕宋，东西洋番舶所必经系之处。吕宋则为牙行，发其货市易而从中牟利，番舶不肯停，则于山头架大炮击之齑粉，故东西洋之番货咸会聚于此，而闽浙之通番者皆在此互市，而互市不于其国，又于其别屿名曰买卖，中国人居此有四五万。⑤

吕宋地处东洋，还是日本间接与明代中国进行贸易之地：

若吕宋者，其大都会也，而我闽、浙、直商人乃皆走吕宋诸国，倭所欲得于我者，悉转市之吕宋诸国矣。倭去我浙直路最近走闽，稍倍之吕宋者在闽之南，路迂远矣而市物又少价，时时腾贵，湖丝有每斤价至五两者。⑥

由上可知，至明代万历时期，吕宋已经成为国际知名的大都会，时闽浙商人以及东西二洋商人皆汇集与此，"东西二洋商人有因风涛不齐压冬未回者，其在吕宋尤多，漳人以彼为市，父兄久住，子弟往返，见留吕宋者盖不下数千人"。⑦ 大大提高了其在明人眼中的知名度。明代中菲贸易的遗物，特别是瓷器、陶瓮、

---

① 何乔远：《名山藏》卷一百七《王享记》，《续修四库全书》第 427 册，第 637 页。
② 徐学聚：《报取回吕宋囚商疏》，陈子龙等编：《明经世文编》卷四百三十三，中华书局 1962 年版，第 4728 页。
③ 《明神宗实录》卷二百一十，万历十七年四月丙申，第 3939 页。
④ 《明神宗实录》卷四百九十八，万历四十年八月丁卯，第 9389 页。
⑤ 李之藻：《卫城铳台法》，范景文：《战守全书》卷十，《四库禁毁书丛刊》子部第 36 册，第 408 页。
⑥ 徐光启：《海防迂说》，陈子龙等编：《明经世文编》卷四百九十一，第 5438 页。
⑦ 许孚远：《疏通海禁疏》，陈子龙等编：《明经世文编》卷四百，第 4332 页。

铜锣，已经在菲岛许多地区发掘出来。此外中国商人运去菲岛的货物还有棉布、麻布、玻璃器、麝香、桌布、地毯、红玉、青玉、金属制盘、铜壶、面粉、腌肉、腊货、各种家具、玩具等四五十种。中国商人回国时载回菲岛各地的土特产有：珍珠、玳瑁、黄蜡、木棉、片脑、降香、苏木、豆蔻、吉贝花、胡椒、番锡、大米等。① 这些特产成为双方民间生活的重要物品，是文化交往的物质载体。

明代中国与吕宋之间贸易往来的繁盛促使更多人欲了解其国家，另外，数万华人定居吕宋，成为中菲交往的重要桥梁。华侨中有许多工人和手工业者，他们能够在菲律宾群岛制造衣服、彩绸、鞋履、农产品、木器、铸铁、雕造、泥水、烧石灰、制瓦、盐渍品等，为改善当地人们生活、促进菲律宾群岛的发展做出了巨大贡献。

同时华人在吕宋的遭遇也引起了明代士大夫的关注，即葡萄牙占据吕宋后对华人展开的掠杀，促使明人更加清晰地认识到葡萄牙殖民者的行径，牵动了明人对华人的深刻同情。晚明著名画家李日华在其《味水轩日记》中多次提到东南海事，记载"近有吕宋国人引致红毛番入东海市易，其人红发黑脸脚板长二尺余，本罗刹种也……"② 福建巡抚徐学聚表达了自己对葡萄牙占据吕宋之担忧："吕宋诸洋与我商民习彼此贸易久已相安，番在彭湖而市势必绝吕宋诸洋之贩……我徒有过海之苦，坐失市海之利，而重离吕宋诸洋之心，异日无复能望红番之去，而我自转贩于吕宋诸洋也。③"

三 明人对中菲交往的记忆与情感

有关菲律宾的记载在明代中后期大量出现，这得益于中菲贸易与文化交往的发展，促使居住在闽浙地区的缙绅对南洋岛国产生了浓厚兴趣，于是一批反映该时期对外交往新形势的著作问世。另一部分文献则出自地方官或从事对外事务的官员，他们往往出于职责考虑，急于将菲律宾群岛诸国情况记录下来，以便应对海外冲突。还有一批士大夫对明初中外友好交往的盛况极为怀念，以著述的形式

---

① 江醒东：《明代中国与菲律宾的友好关系》，《中山大学学报》（哲学社会科学版）1981年第1期。
② 李日华：《味水轩日纪》卷一，《续修四库全书》第558册，第292页。
③ 徐学聚：《初报红毛番疏》，陈子龙等编：《明经世文编》卷四百三十三，第4727页。

寄托自己内心的情感。不论出于何种原因，这一时期海洋著述的复兴为后人了解菲律宾群岛诸国提供了更多资料，在此过程中也激发了人们对东西洋的重新认识。

（一）追忆明初中菲官方交往的盛况

明初朝贡政策以"厚往薄来"为原则，渐渐增加了国库支出以及民众的赋役负担，宣德五年（1430）郑和最后一次下西洋，此后明初"万国来朝"的局面戛然而止，赴京朝贡的国家逐渐减少。到明中期，与明朝保持稳定朝贡关系的国家仅限于安南、占城、暹罗、琉球等为数不多的几个国家。与此同时，民间私人贸易渐兴，伴随着倭寇及葡萄牙、荷兰人等海上威胁时常出现。虽然明初"万国来朝"的局面已不复存在，但是人们仍然对其盛况有着深深的怀念之情，希望通过记载海外情况来唤起人们对大航海时代的回忆。如正德年间成书的《西洋朝贡典录》，其作者黄省曾感叹道："入我圣代，联数十国，翕然而归拱，可谓盛矣。不有纪述，恐其事湮坠，后来无闻焉"①。另外面对明代中期以来朝贡规模缩小的形势，《西洋朝贡典录》通过追忆明初航海盛况来寄托作者发扬国威的美好愿望，黄省曾在此书自序中赞扬郑和使团的壮举，称赞以郑和为代表的中使为贤臣②。除赞扬使团成员勇气可嘉之外，作者对当时使团所采取的行动方针和外交策略也大加赞赏：

传云，海岛邈绝，不可践量。信然矣，况夷心渊险不测，握重货以深往，自非多区略之臣，鲜不败事也。予观马欢所记载满剌加云，郑和至此，乃为城栅鼓角，立府藏仓廪，停贮百物，然后分使通于列夷，归艘则仍会萃焉。智哉其区略也。③

虽然《西洋朝贡典录》以"西洋"命名，但其内容包含了苏禄等国的记载，包括苏禄国王前来朝贡的时间、贡品等等。其改进之处在于将苏禄初次朝贡的时间由永乐十六年（1418）纠正为永乐十五年（1417），除东王之外，增加了西王与峒王，以及永乐十九年（1421）朝贡之事。罗日褧《咸宾录》、茅瑞征《皇明

---

① 黄省曾著，谢方校注：《西洋朝贡典录校注·自序》，中华书局2000年版，第8页。
② 同上。
③ 黄省曾著，谢方校注：《西洋朝贡典录校注》卷上，第43页。

象胥录》、严从简《殊域周咨录》除了记载明初苏禄王朝贡状况外,还特别记载了苏禄东王回国途中因病而亡,并葬于德州之事,《殊域周咨录》记载最为详细,不仅全文收录了明成祖为东王所作祭文,还附有德州知州宁和为东王所填诗歌。

明初中国与苏禄建立起深厚的情谊,直到中后期苏禄国王来华访问的史实一直被人们传颂。虽然永乐以后苏禄与中国的官方往来几近绝迹,但有苏禄东王的后裔定居中国,明代文献对苏禄的记载一直关注此事,并不断补充相关内容,从皇帝到地方官员对苏禄东王的纪念成为记载的重点,为中菲友好往来留下了美好的见证。

(二)反映中菲交往的新形势

16世纪全球贸易兴起,中国进入了海上贸易的新格局,贸易模式由朝贡贸易转向私人贸易,菲律宾成为晚明中国贸易的重要对象。同时,菲律宾群岛的政治格局发生突变,1571年西班牙占领吕宋马尼拉,在菲律宾北部建立起殖民统治,并对南部苏禄等地展开殖民侵略。该时期明人对菲律宾的记载呈现出新的时代特点,反映了明人对海外华侨遭遇的同情与焦虑。

万历年间出现了一部重要的记载外国的文献即《东西洋考》。作者张燮是福建漳州府人,隆庆开禁以后,这里有更多人参与到海外贸易中,带来了很多关于外国的新信息。漳州府督饷王起宗就发现"暇则粗及岛外事,时有新语,霏霏不绝,惜乎莫有善画者莫能图"。[1] 于是他聘请了当地的文化人张燮专门编纂一部有关商人出海贸易以及相关国家的书。"稍稍闻前令陶君尝持礼聘孝廉张绍和,载笔从事,功未及竣。时孝廉方景山栖,余强出之,俾竟斯局。"[2] 在王起宗的倡议下,该书的撰写从搜集资料到刊印出版都受到了官方的大力支持:"是役也,司饷梦所王公诣孝廉之船,驰城外之观,开采访之局,垂不刊之典。"[3]

张燮本人亦常常为隆庆之后对海外国家的记载太过缺略而惋惜,并将之比喻成家传的撰写前重后轻,实为不妥。"每见近代作者叙次外夷,于近事无可缕指,

---

[1] 张燮:《东西洋考·序》,中华书局2000年版,第13页。
[2] 同上。
[3] 张燮:《东西洋考·凡例》,第18页。

辄用'此后朝贡不绝'一语唐塞。譬之为人作家传，叙先代门阀甚都，至后来结束殊萧索，岂非缺陷，余每恨之。"①《东西洋考》书出明代后期，除了参考前代史料外，还能够汇集当时所见的新材料，补前书之不足："余友绍和张君，淹贯史籍，沉酣学海，将收千古归之笔端，岂于耳目睹记失之，爰次《洋考》，用补前人所未备。"②《东西洋考》利用了新发掘的资料，反映了明代中后期中外关系的新形势。

《东西洋考》中苏禄一篇虽记载简略，但对私人贸易情况进行了描述，包括中国货物的去处以及所获利润："舟到彼中将货尽数取去，夷人携入彼国深处售之。或别贩旁国，归乃以夷货偿我。彼国值岁多珠时，商人得一巨珠携归可享利数十倍，若夷人探珠获少，则所偿数亦倍萧索。"③ 明代中国与苏禄之间的贸易不仅促进了双方的经济发展，还增加了彼此文化的交流，作者十分关注彼国的政治处境，记载了苏禄对抗殖民者的英勇斗争。稍晚成书的《皇明象胥录》亦记载了苏禄政权的新情况："峒王所都聚落不满千家，顷岁佛郎机屡拥兵攻之，不能下。"④

明代中后期有关菲律宾的记载除了对苏禄、吕宋等国有详细记载之外，还记录了大港、玳瑁港、朔雾、猫里务等地的物产以及与中国商人的贸易情况。猫里务"见华人舟，辄然以喜，不敢凌厉相加，故市法最平"。沙瑶"僻土无他长物，我舟往贩，所携亦仅磁器、锅釜之类。极重至布匹……交易朴直"。可见此时明人对菲律宾的认识大大开拓，已不局限于曾赴中国朝贡的苏禄、吕宋等国，所记内容由官方往来转向民间交往，适应了万历时期中菲关系的新格局。

（三）明人对中外关系的重视以及对华侨的关怀

《殊域周咨录》作者严从简在行人司工作多年，接触过大量四夷外国的资料，见过和听过很多出使异域的使臣归来后写见闻报告，因此他通晓和掌握了很多有关外国情况的第一手资料。为了向将来从事外事工作的官员提供参考和借鉴，他立志把这些资料编写成书。他说："虽未尝蒙殊域之遣，而不敢忘周咨之

---

① 张燮：《东西洋考·凡例》，第20页。
② 同上书，第17页。
③ 张燮：《东西洋考》卷五《苏禄》，第98页。
④ 茅瑞征：《皇明象胥录》卷四《苏禄》，第256页。

志,故独揭蛮方而著其使节所通,俾将来寅采,或有捧紫诰于丹陛,树琦节于苍溟者,一展卷焉,庶为辞色进退,将命采风之一助也。"① 可见严从简写这部书与他的职责有密切的关系,成为一部重要的使职参考文献。严清在《殊域周咨录序》中亦阐明了该书的写作目的:"'顷'予闲中阅之,乃知其行人时手辑。名以'周咨'者,因靡及之怀,勤采访之博,盖专以备使臣啣命外邦之衔,而帅臣敌忾千城之策亦具焉。"② 《皇明象胥录》的作者茅瑞征生活在天启、崇祯年间,曾在鸿胪寺任职,面对当时"闽浙之海寇内讧,而关陕之流贼飙发"③ 的境况深为叹息,故而网罗旧闻,撰成此书。

《东西洋考》详细记载了中国商人在吕宋贸易需缴纳的税额以及商船数量的规定:"舟至,遣人驰诣酋以币为献。征税颇多,网亦太密。我人往往留彼不返者,利其近且成聚故也。衅隙而后,彼亦戒心于我。恐族类既繁,后复为乱,辄下令每舶至,人只二百为率,毋溢额。舶归所载回,必倍以四百,毋缩额。"④ 该段材料充分反映了中国商人在吕宋的境况,当时西班牙殖民下的吕宋对中国商人收税甚高,既依赖又充满了怀疑与警惕。然而因吕宋与中国福建距离较短,促使华人往往留彼不返。

《东西洋考》不仅反映了海外贸易发展的新情况,还记述了国际形势下华人在南洋的活动与遭遇。文中有关吕宋的记载是体现本书文献价值的重要部分,是有关西班牙殖民者掠夺和奴役菲律宾人民历史的最早记载之一。文中明确指出吕宋被西班牙占领的事实:"吕宋杀其王,逐其民入山,而吕宋遂为佛郎机有矣。干系蜡国王遣酋来镇,数岁一更易,今华人之贩吕宋者乃贩佛郎机者也。"⑤ 另外,作者还详细记述了万历二十一年(1593)西班牙役使菲律宾华人潘和五、郭惟太等攻取美洛居的情形"使华人日夜驾船,稍倦,辄棰之或刺杀,苦毒备尝"。⑥ 西班牙的残酷行径激起了潘和五等人的反抗,"夜半入卧内刺酋,持酋头

---

① 严从简:《殊域周咨录·题词》,中华书局,1993年,第4页。
② 严从简:《殊域周咨录·序》,第1页。
③ 茅瑞征:《皇明象胥录·序》,中华文史丛书第17册,台湾华文书局,第31—32页。
④ 张燮:《东西洋考》卷五《吕宋》,第95页。
⑤ 同上书,第89页。
⑥ 同上书,第90页。

大呼，夷人惊起，不知所为，悉被刃或落水死。和五等悉获金宝兵器，驾其船以归"。① 万历三十一年（1603）西班牙殖民者对旅居菲律宾华人屠杀。此书不仅将华人华侨的遭遇如实记录下来，字里行间还表达了作者对华人的惋惜与同情。

四 中菲交往中明人对东洋的新认知

明人对菲律宾的记载不仅在研究中菲关系上具有极高的史学价值，还反映了当时人们海洋观念的变化，由明初西洋观向明末东西洋并举的全球视野发展。②已有学者对明代东西洋概念作出了梳理③，明代各时间段对东西洋范围的不同认识体现了人们海洋意识的发展，同时反映了明代海外关系的变化趋势。明初文献除了《明实录》以编年的形式记载了中菲的朝贡关系之外，其他史书鲜有记载。《大明一统志》记载异常简略，如记载吕宋：其沿革前代无考，本朝永乐三年，国王遣其臣隔察老来朝，并贡方物。土产：黄金。记载苏禄国除了参照《明太宗实录》新添永乐十五年三王朝贡之外，其他有关物产、风俗等皆源于元代《岛夷志略》的记载。

永乐三年（1405）至宣德八年（1433）郑和使团先后七次出使海外，《瀛涯胜览》《星槎胜览》《西洋番国志》三部著名的海洋文献就是在这样的背景下诞生的，其中《瀛涯胜览》与《西洋番国志》记载了20个国家，《星槎胜览》除了记载作者亲身游历过的国家之外，还参考旧闻，共记40余国家。三部海洋文献中只有《星槎胜览》后集对菲律宾有所记载，而所引资料基本来自《岛夷志略》，如有关苏禄的记载只增添了永乐年间苏禄使臣进献巨珠一事，且进贡时间、人物皆记载有误。

出现上述现象的原因有很多，若作者跟随使团出使时没有到过菲律宾，便无从记载。再者，明初海外交往的关注点在"西洋"，永乐三年朱棣遣中官郑和等

---

① 张燮：《东西洋考》卷五《吕宋》，第90页。
② 按：东西洋分界的标志，明初以帽山为界，明中后期则以文莱为界。
③ 参见沈福伟《郑和时代的东西洋考》，《郑和下西洋论文集》第二辑，南京大学出版社1985年版；刘迎胜：《东洋与西洋的由来》，陈佳荣：《郑和航行时期的东西洋》，南京郑和研究会编：《走向海洋的中国人——郑和下西洋590周年国际学术研讨会论文集》，海潮出版社1996年版；万明：《晚明海洋意识的重构——"东矿西珍"与白银货币化研究》，《中国高校社会科学》2013年第4期。

赍敕往谕西洋诸国。① 永乐十八年颁布敕书："太监杨庆等往西洋忽鲁谟厮等国公干"。一定程度上促使人们从西洋观念出发来纪念郑和使团的壮举以及所到之国的风土民情。郑和使团是否到过菲律宾至今仍有争议，但据考古发现，至少其船队的某支曾到过苏禄。② 据陆容记载："永乐七年，太监郑和、王景弘、侯显等统率官兵二万七千有奇，驾宝船四十八艘，贵奉诏旨赏赐，历东南诸蕃以通西洋……所历诸蕃地面……曰苏禄国。"③ 可见不能仅因《瀛涯胜览》等缺少对菲律宾的记载而否认郑和履菲的史实。④

明初"西洋"即代表着海外国家，在这种海洋意识下，苏禄等东洋国家在文献记载中略显单薄，没有全面反映出其与明朝往来的盛况，幸有苏禄东王墓保留至今，成为了中菲交往的重要象征以及日后补充记载这段史实的重要依据。

至明代中后期，明代海外文献中对苏禄、吕宋的记载有了显著增加，利用了大量邸报以及商人见闻等新材料，记载了海上私人贸易的新形势，并极为关注华人在中菲贸易中所起作用以及其反抗殖民者的斗争。此时东洋国家以及航海路线已受到明人重视，如《东西洋考》记载了中国福建通吕宋的贸易航线，由太武山经大港等港口至吕宋港，具体为：太武山—沙马头澳—大港—密雁港—术帽港—吕宋港航线。吕宋港是东西方商品的集散地，书中还记录了由吕宋通往其他地方的航线，包括到菲律宾群岛的猫里务国与苏禄国等。16世纪正值海上活动发生重大变动时期，海洋地位凸显，中菲贸易盛行，《东西洋考》对最新航线的记载，对研究中菲交通史以及菲律宾群岛吕宋、苏禄、猫里务等国之间的交往留下了宝贵的资料。这反映了明人海洋意识的拓展与航海知识的增加。

---

① 《明太宗实录》卷四十三，永乐三年六月己卯，第685页。
② 徐作生：《郑和舟师履菲新证——古苏禄国本头公英文墓铭考释》，《海文史研究》2003年第1期。
③ 陆容：《菽园杂记》卷三，中华书局1985年版，第26—27页。
④ 周绍泉：《郑和未使菲律宾说质疑》，《明史研究论丛》第一辑。

实践视域下新疆多元一体的民族文化类型与基本特征

——兼论维吾尔民族文化基本模式与基本特征

彭 清*

摘　要：正确识别新疆文化类型与基本特征是实现新疆文化现代化转型的前提条件。新疆文化的发生期即因地理生态环境和地理人文环境的多样化和特殊性而呈现出丰富的多元状态。在纵向轴上，新疆多元民族文化表现为古代文化、近代文化和现代文化类型；在横向轴上，以不同时期对应的新疆民族文化发展的不同特质为依据，可以把新疆多元民族文化划分为经济形态、宗教形态、民族形态、语系与文字形态、社会形态以及制度形态等文化类型。丰富性与各民族文化之间的相互借鉴、吸纳与包容的开放性特质以及尊重差异、包容多样的兼容能力是新疆文化的基本特征。新疆各民族文化无论呈现出怎样的丰富性和多样性，都始终扎根于中华文明沃土，是中华文化不可分割的一部分。新疆文化是多元一体的民族文化，新疆民族文化的总特征就是多元一体。

关键词：新疆；多元一体的民族文化；文化类型；基本特征

---

* 基金项目：国家社会科学基金西部项目"历史唯物主义视域下的新疆民族文化转型与长治久安关系研究"（14XZX006）阶段性研究成果。

作者简介：彭清，中共新疆维吾尔自治区委员会党校教授。

"新疆各民族文化始终扎根中华文明沃土,是中华文化不可分割的一部分"。① 新疆各民族人民创造的新疆文化是中华民族文化灿烂的瑰宝。鉴于新疆特殊的自然环境、历史传统以及社会发展等诸多因素,新疆文化又具有自己独特的社会发展面貌及其基本特征。

一 新疆多元一体的民族文化的生成

文化的表现极为复杂,任何文化都是在特定条件下反映的结果。新疆民族文化的发生期,即因特殊的地理位置,地理生态环境和地理人文环境的多样化和特殊性而呈现丰富多元状态。

"从汉代至清代中晚期,包括新疆天山南北的广大地区被统称为西域。""西域也是一个民族大迁徙的走廊,塞族人、匈奴人、鲜卑人、月氏人、粟特人、斯基泰人、乌孙人、突厥人、回鹘人、蒙古人、阿拉伯人、伊朗人、斯拉夫人、东罗马人,都络绎不绝地往来于这片土地上"。②

凭借着这样的地理位置,历史上的新疆地区商业和贸易活动十分频繁,东西方人以及各民族或来往于此地,或定居于此地,使新疆自古就形成为一个多民族聚居地区。正如《纪要》所说:"新疆由于特殊的地理位置,自古以来就是多民族聚居地区。最早开发新疆的是春秋战国时期生活在天山南北的塞人、月氏人、乌孙人、羌人、龟兹人、焉耆人、于阗人、疏勒人、莎车人、楼兰人、车师人等。秦汉时期的匈奴人、汉人、羌人,魏晋南北朝时期的鲜卑、柔然、高车、嚈哒、吐谷浑,隋唐时期的突厥、吐蕃、回纥,宋辽金时期的契丹,元明清时期的蒙古、女真、党项、哈萨克、柯尔克孜、满、锡伯、达斡尔、回、乌孜别克、塔吉克族、塔塔尔族等,每个历史时期都有不同民族的大量人口进出新疆地区,都是新疆的共同开拓者"。③

经过长期的发展演变,"至19世纪末,已有维吾尔、汉、哈萨克、蒙古、回、柯尔克孜、满、锡伯、塔吉克、达斡尔、乌孜别克、塔塔尔、俄罗斯共13

---

① [法]鲁保罗:《西域的历史与文明》,耿昇译,新疆人民出版社2006年版,第18页。
② 同上书,第1页。
③ 同上书,第11页。

个主要民族定居新疆,形成维吾尔族人口居多、多民族聚居分布的格局"①。

地理生态环境是文化生成的先决条件,是民族生存发展的物质前提和基础,它影响和制约着各民族对生产生活方式的选择,进而影响其文化发展的轨迹。天山山脉把新疆划分成南北对峙的两种经济文化环境。天山北麓地处欧亚大陆桥草原地段,是典型的游牧圈,据史书记载,在这片土地上,自古就是游牧民族的家园,其中发祥大漠南北的民族,诸如匈奴、月氏、柔然、铁勒、突厥、回鹘、蒙古等,还有古代的塞人、乌孙,到近代以后的哈萨克、索伦、锡伯、柯尔克孜等都在此留下足迹,他们在不同历史时期创造出的游牧文化,至今仍影响着当地的人们。与之相反,"秦汉时期就生活在大山以南的龟兹人、焉耆人、于阗人、疏勒人、高昌人、莎车人、楼兰人、车师人,在绿洲建立聚居区",② 天山以南塔里木河流域形成了绿洲农业占压倒优势的地区,农耕文明在此一直占据着主导地位。但由于绿洲空间的有限性,即绿洲之间互不相连,相距遥远,和其生态系统的极其脆弱性,连接各个绿洲之间的是沙漠和戈壁,使得绿洲环境极易招致沙漠和戈壁这种恶劣生态环境的攻击,且一旦遭受破坏将难以恢复。为了扩展生活来源,绿洲居民在从事农业的同时,凭借农田外的戈壁、滩涂、草场、农家院落,利用农作物秸秆、树叶发展家庭养殖业。维吾尔族农民家庭中大都养着牛、羊、马、驴等大中型食草动物,这种养殖业具有充分适应生态系统的特点。家禽家畜的养殖不仅给维吾尔族农民家庭提供了食用肉的来源,而且为农业生产及运输提供了畜力。牛、马、驴、骡不仅是农业生产资料,而且是重要的不可缺少的交通运输工具。维吾尔族农民还通过多种方式发展手工业和进行以物换物的简单商品活动来辅助和补充农业社会的发展。因此,新疆自古以来绿洲居民虽以农耕经济为主,但又以游牧经济和商业经济作为补充,因而也兼有游牧民族和商人的一些品性,这又有别于内地单一的农耕民族,呈现出新疆独有的浓郁的民族特色和地域特色的绿洲农耕文明。

新疆的地理人文环境也十分特殊。"新疆地区作为古丝绸之路的要冲,历来

---

① [法] 鲁保罗:《西域的历史与文明》,耿昇译,新疆人民出版社 2006 年版,第 11 页。
② 《〈中央新疆工作协调小组关于新疆若干历史问题研究座谈纪要〉的通知》,中办发〔2017〕52 号。

是多元文化荟萃、多种文化并存",① 各种文化的交织互融是它最为鲜明的文化特征。柯尔克孜英雄史诗《玛纳斯》,蒙古族卫拉特英雄史诗《江格尔》以及《格萨尔王传》一起被誉为中国少数民族三部最著名的史诗。② 维吾尔族民间文学形式多样、语言优美、富有哲理。维吾尔族诗歌创作在长达数世纪的历史中一直佳作纷呈,《福乐智慧》《真理的入门》《突厥大词典》《十二木卡姆》等,都成为中华文化宝库中的珍品。③

由于"新疆地区历史上就是中华文明向西开放的门户和中介,中原文化和西域文化长期交流交融",④ 频繁互动,彼此产生着积极的影响。"《山海经》《竹书纪年》等先秦典籍记载了在先秦时期中原与西域即有交往"。⑤ 汉代武帝为反击匈奴,派张骞两次出使西域,此后,3次出兵重创匈奴,并在内地通往西域的咽喉要道先后设立武威、张掖、酒泉、敦煌四郡。⑥ 最终"凿空西域",其诸"国"("同中原地区不同时期曾经存在诸侯国或割据政权一样,西域不同时期曾经存在的'国',包括城郭诸国、行国、封国、王国、汗国、王朝、属国、朝贡国等形态,无论是汉代西域三十六国,还是宋代喀喇汗王朝、高昌回鹘王国等,元代察合台汗国,明代叶尔羌汗国,都是中国疆域内的地方政权形式,都不是独立的国家"⑦)与中原联系日密。久之,一条贯通东西方的贸易和文化交流的陆上"丝绸之路"形成,从此,"使者相望于道,商旅不绝于途",⑧ 东西方诸种文化在这里形成大汇聚、大交融的态势,造就了西域文化的空前繁荣。

"汉人屯田新疆地区,兴修了大量水利设施,带来了中原先进的生产工具和技术",⑨ 以汉文化为主的屯田文化逐渐形成。吐鲁番古名高昌,扼丝路中、北道咽喉,是东西商贾往来必经之地。高昌阿斯塔那墓葬区"提供一整套特殊的宝

---

① 《〈中央新疆工作协调小组关于新疆若干历史问题研究座谈纪要〉的通知》,中办发〔2017〕52号。
② 同上。
③ 同上。
④ 同上。
⑤ 《新疆通史》编纂委员会:《新疆历史研究论文选编》(通论卷),新疆人民出版社2008年版,第14页。
⑥ 《〈中央新疆工作协调小组关于新疆若干历史问题研究座谈纪要〉的通知》,中办发〔2017〕52号。
⑦ 同上。
⑧ 同上。
⑨ 同上。

藏：自东方和西方输入的物品……有一幅画面值得引起我们的注意，那就是中国的一对神话夫妇，即古代的神人伏羲与女娲，……我们后于伊斯兰教的几对龙的画像中，也发现了这样的图形"，① 说明高昌"与中国中原亲善"。② 在该地区，考古学家还发掘出土了大量的汉字文书以及汉字契约等，如"高昌回鹘使用开元七年的历书，一直延续到10世纪下半期"。③ 说明至少唐朝前后汉文在古高昌地区文字使用方面具有主体地位。"唐代边塞诗人岑参的诗句'花门将军善胡歌，叶河藩王能汉语'，是当时新疆地区民汉语言并用、文化繁荣景象的写照"。④ 事实是，早在汉代，汉语已成为西域官府文书中的通用语之一。"西辽时期，契丹人征服喀喇汗王朝，控制全新疆和中业，典章礼制多依从中原"。⑤

伴随着内地中原文化的西来，西域文化也开始东进。"琵琶、羌笛等乐器由西域或者通过西域传入中原，中原农业生产技术、礼仪制度、汉语书籍、音乐舞蹈等在西域广泛传播。经过魏晋南北朝时期的民族大迁徙大融合，出自今新疆库车的龟兹乐享誉中原，成为唐以后燕乐的基础"。⑥ 及至隋唐时期，大量西域音乐如龟兹、高昌、疏勒等乐曲在中原宫廷及至民间已十分流行，一些西域传统乐器如琵琶、箜篌、鼓、角成为唐朝及后世音乐演奏中的主要乐器，而西域的胡腾舞、胡旋舞、柘枝舞等在中原的宫廷乃至民间也十分盛行，"于阗乐、高昌乐、龟兹乐、胡旋舞等西域乐舞深入宫廷，长安城流行西域风"。⑦

"中原文化和西域文化长期交流交融，既推动了新疆各民族文化的发展，也促进了多元一体的中华文化的发展。新疆各民族文化从开始就打上了中华文化多元一体的印记"。⑧

宗教是文化的一种重要表现形式，新疆特殊的地理位置和广阔地区也成为各种宗教文化传播和角逐的战场。"公元前4世纪以前，新疆流行的是原始宗教。

---

① ［法］鲁保罗：《西域的历史与文明》，耿昇译，新疆人民出版社2006年版，第190页。
② 同上书，第189页。
③ 《〈中央新疆工作协调小组关于新疆若干历史问题研究座谈纪要〉的通知》，中办发〔2017〕52号。
④ 同上。
⑤ 同上。
⑥ 同上。
⑦ 同上。
⑧ 同上。

大约公元前1世纪，佛教传入新疆地区，4世纪至10世纪，佛教进入鼎盛时期。同期，祆教流行于新疆各地。至16世纪末17世纪初，藏传佛教在北疆地区逐渐兴盛起来。道教于5世纪前后传入新疆，主要盛行于吐鲁番、哈密等地，至清代传播至新疆大部分地区并一度复兴。摩尼教和景教于6世纪相继传入新疆。10世纪至14世纪，景教随着回鹘等民族信仰而兴盛"。①

"宋代，佛教艺术在天山南麓继续兴盛"，② 宋代时期的喀喇汗王朝（公元9世纪下半叶—1212年）是古代维吾尔人参与建立的一个王朝，这个时期，作为伊斯兰文明重要载体的伊斯兰教传入西域（"9世纪末10世纪初，伊斯兰教传入新疆"③）。喀喇汗王朝统治者因政治需要发动宗教战争强制推行伊斯兰教，结束了佛教在这个地区千余年的历史。随着伊斯兰教的强势传播，其他宗教如祆教、摩尼教、景教等日趋衰落。14世纪中叶，东察合台汗国统治者又以战争等强制手段将伊斯兰教推广到新疆全境，强迫当地居民信仰了伊斯兰教。④ 这种宗教演变对西域诸民族文化结构的重塑发生了重要的影响，"至16世纪初，新疆形成了以伊斯兰教为主、多种宗教并存的格局并延续至今"。⑤

伊斯兰教为新疆的维吾尔族、哈萨克族、回族、柯尔克孜族、乌孜别克族、塔吉克族、塔塔尔族、撒拉族、东乡族和保安族等10个民族所信仰。"这十个民族从语言上看属于三大语系四个语族：回族属汉藏语系汉族语；维吾尔族、哈萨克族、乌孜别克族、柯尔克孜族、撒拉族属阿尔泰语系突厥语族；保安族、东乡族属阿尔泰语系蒙古语族；塔吉克族属印欧语系伊朗族。……从各民族的经济形态看，维吾尔族、回族、东乡族、撒拉族等为典型的农业经济，重视商业；哈萨克族、柯尔克孜族则为草原游牧经济"。⑥ 宗教文化对这些民族的社会经济、政治、文化产生了深远的影响。

---

① 《〈中央新疆工作协调小组关于新疆若干历史问题研究座谈纪要〉的通知》，中办发〔2017〕52号。
② 同上。
③ 同上。
④ 同上。
⑤ 同上。
⑥ 杨桂萍：《中国信仰伊斯兰教少数民族特点分析》，出自《宗教·社会与发展》，丁宏主编，中央民族大学出版社2012年版，第187—188页。

"18世纪开始,基督教、天主教、东正教相继传入新疆"。① 目前,佛教,主要为新疆少部分汉族所信奉。藏传佛教为新疆的蒙古族、藏族、锡伯族等民族信仰。基督教、天主教和道教主要在一部分汉族群众中有信仰,另外还有信仰东正教的俄罗斯族。

二 新疆多元一体的民族文化类型及其基本特征

从新疆多元民族文化的生成过程可以看出,"自古以来,中华文化因环境多样性而呈现丰富多元状态。……新疆各民族文化从开始就打上了中华文化多元一体的印记"。②

我们以新疆多元民族文化的历史演变为纵向轴,在时间上可以把新疆民族文化分为古代文化、近代文化和现代文化;在横向轴上,以不同时期对应的新疆民族文化发展的不同特质为依据,可以把新疆多元民族文化划分为经济形态文化类型、宗教形态文化类型、民族形态文化类型、社会形态文化类型以及制度形态文化类型等(见表1)。

表1　新疆多元一体民族文化类型

	经济形态文化类型	宗教形态文化类型	民族形态文化类型	社会形态文化类型	制度形态文化类型
古代文化	草原游牧经济文化;绿洲农耕经济文化(绿洲城郭诸国文化,以军屯为主的屯田文化);绿洲地理环境和生态系统的脆弱性和有限性,使绿洲城郭诸国居民通过发展畜牧业和	从原始宗教到多种宗教并存时期(原始宗教、萨满教、祆教、佛教、道教、摩尼教、景教);以佛教为主的多种宗教并存时期(佛教、道教、祆教、景教);佛教和伊斯兰教同为主要宗教的多	早期的塞人、羌人文化;以高昌、鄯善、于阗等文化为代表的绿洲文明凝聚了当地(绿洲城邦民族)、中原(汉族)和南亚(印度犍陀罗文化)及中亚乃至欧洲众多民族的文化因素;北疆游	游牧民文化和绿洲城郭定居民文化;宗教文化与世俗民族文化所形成的一种张力文化	西域不同时期曾经存在的"国",包括城郭诸国、行国、封国、王国、汗国、王朝、属国、朝贡国等"诸国"文化形态

---

① 《〈中央新疆工作协调小组关于新疆若干历史问题研究座谈纪要〉的通知》,中办发〔2017〕52号。
② 同上。

续 表

	经济形态文化类型	宗教形态文化类型	民族形态文化类型	社会形态文化类型	制度形态文化类型
古代文化	商业作为农耕经济的补充	牧文化（乌孙、匈奴、嚈哒、柔然、突厥等游牧民族文化）；吐蕃文化；回鹘、契丹、蒙古等民族文化	牧民文化和绿洲城郭定居民文化；宗教文化与世俗民族文化所形成的一种张力文化		
近代文化（19世纪末至1949年）	草原游牧经济文化；绿洲农耕经济文化（畜牧业文化和手工业文化为补充）；屯垦文化（以民屯为主）；商业文化	非伊斯兰宗教文化［佛教文化（汉传佛教、藏传佛教）道教、基督教、天主教、东正教］；伊斯兰宗教文化	维吾尔、汉、哈萨克、蒙古、回、柯尔克孜、满、锡伯、塔吉克、达斡尔、乌孜别克、塔塔尔、俄罗斯文化等	游牧民文化和绿洲城郭定居民文化；宗教文化与世俗民族文化所形成的一种张力文化；城市文化（杂居）与乡村文化（聚居）	封建农奴制文化
现代文化（1949年至今）	草原游牧文化；绿洲农耕文化；手工业文化；商业文化；工业文化；现代兵团屯垦文化等	非伊斯兰宗教文化（佛教文化—汉传佛教、藏传佛教，道教，基督教，天主教，东正教）；伊斯兰宗教文化	维吾尔、汉、哈萨克、蒙古、回、柯尔克孜、满、锡伯、塔吉克、达斡尔、乌孜别克、塔塔尔、俄罗斯族文化等	游牧民和绿洲定居民文化；城市文化（杂居）与乡村文化（聚居）；宗教文化与世俗民族文化所形成的一种张力文化；新疆地方文化与兵团屯垦文化等	中国特色社会主义制度文化（社会主义核心价值观、新疆精神、兵团文化等）；非中国特色社会主义制度文化

从表1可以看出，从古至今，新疆区域内的文化样态都十分丰富多样，这源于新疆特殊的地理生态环境所造成的民族汇集。伴随着民族汇集，自然而然就形成了新疆民族众多，文化多样的结果。各个民族顺天应民而形成的生产方式（或

农耕或游牧)、生活方式(房屋建筑、风俗习惯、禁忌信仰、婚丧嫁娶)以及人际交往方式等逐渐沉淀为各个民族极具差别的文化个性,并通过人们的价值观念等表达出来,成为厚重的传统文化的重要组成部分。这就是新疆文化的多样性与丰富性所在,丰富性也就是差异性、多元性,所以,丰富性是新疆文化的首要基本特征。

其次是新疆文化的开放共享性特征。新疆因其特有的地缘位置及其人口和民族汇集而形成了大杂居小聚居的居住环境,各民族之间源于生产和生活的交流交往十分频繁,大量的潜移默化的文化交融与渗透随之展开。久而久之,新疆文化拥有了以大开放性为主与小封闭性为辅,即总体上不排斥外来文化的多元而包容的开放性特质。新疆文化的丰富性特征也概源于开放,开放不仅是一种空间的共享,更是各种文化之间的取长补短、借鉴、吸纳与包容。

再次是新疆文化的兼容并蓄特征,即尊重差异,包容多样。兼容性的前提是文化的多样性与丰富性,即差别,没有差别,高度同质,是不需要包容与兼容的。兼容也必须是包容多样,是多种异质文化交流、碰撞、冲突进而达到融合的必然结果。由此,兼容是"各美其美"的差异和"你中有我,我中有你"的"美美与共"。之所以如此,概源于人类生存发展需要和谐的人文环境,人类因和谐而共生,而和谐就是对他人、其他文化、其他宗教的尊重与包容。

新疆社会历史发展虽饱经沧桑,但古今各民族的社会生活却是同中见异,异中见同,各种文化交织互融一直是新疆人文的主要底色,这种广阔的兼容性成为新疆文化发展的最主要特征,体现为游牧文化、商业文化与农耕文化互补、各民族文化的相互融合等。所以,兼容是一种高超的能力,是吸收、改造和融合优秀外来文化的能力,新疆民族文化就具备了这种特征和能力。

总之,"新疆地区既是新疆各民族的家园,更是中华民族共同家园的组成部分"。[①] 新疆各民族文化无论呈现出怎样的丰富性和多样性,都始终扎根于中华文明沃土,是中华文化不可分割的一部分,百川归海。包括维吾尔族文化在内的新疆各民族文化都是在中华文明的沃土中开枝散叶,枝繁叶茂。新疆多民族文化是多元一体的民族文化,新疆民族文化的总特征就是多元一体。

[①] 《〈中央新疆工作协调小组关于新疆若干历史问题研究座谈纪要〉的通知》,中办发〔2017〕52号。

三 新疆维吾尔民族文化基本模式与基本特征

维吾尔民族文化是色彩斑斓的新疆多元一体民族文化的典型代表。

首先，人口是进行典型分析的重要因素，维吾尔民族是新疆人口居多数的民族。

19世纪末，已有维吾尔、汉、哈萨克、蒙古、回等共13个主要民族定居新疆，形成维吾尔族人口居多、多民族聚居分布的格局。[①] 至2016年末，自治区总人口为2398.08万人，其中，维吾尔族人口为1144.90万，占新疆人口47.74%，占据少数民族人口中的绝大多数，并且其人口数量目前排在全区首位；排在次位的是汉族，约826.95万人，哈萨克族排在第三位，约158.67万人。[②]

除上述3个民族外，其他民族人口都不过百万。哈萨克族是新疆传统的游牧民族，人口虽过百万，但由于在生活方式和生产方式上与维、汉两个民族表现为不同的文明样态，因此在此文（此课题）中不具有分析的典型性。

其次是源于维吾尔民族是绿洲农耕民族，其与中原内地农耕文化有着较高的相似性与可比性。

据2017年新疆统计年鉴数据，南疆四地州2016年总人口1007.57万人，其中维吾尔族894.36万人。见表2：

表2　　　　　　　　2016年南疆四地州维吾尔族人口数据（人）

地区	总人口	维吾尔族
阿克苏	2508281	2014204
克州	602897	394103
喀什	4514738	4162716
和田	2449838	2372613

来源：根据《新疆统计年鉴（2017）》数据。

[①] 《〈中央新疆工作协调小组关于新疆若干历史问题研究座谈纪要〉的通知》，中办发〔2017〕52号。
[②] 《2017年新疆统计年鉴（2017）》，中国统计出版社2017年版。

从以上数据可以看出，今天维吾尔族主要聚居地仍集中在南疆四地州，其地理分布显示，四地州全部在天山以南昆仑山以北的几大绿洲。追溯历史，在这片土地上，由于绿洲肥沃的土地和来自山涧清澈的雪水为该地的居民的生存提供了最基本的物质条件，所以它成为新疆最古老文明的发祥地，其中尤以绿洲文明为甚。而维吾尔族尽管是一个多源的民族，其祖先主要由原蒙古草原上的回纥人和原塔里木盆地各绿洲的土著民族融合形成。①

但现代意义的维吾尔族主要生活在天山以南的各个绿洲，其民族传统文化模式是绿洲文明的典型代表。

最后，源于新疆维吾尔民族文化结构中的外来的伊斯兰文化成分。

伊斯兰教是伊斯兰文化的主要载体，被新疆维吾尔族等10个少数民族信仰。众所周知，"伊斯兰文化源自公元7世纪的阿拉伯文明体系"，② 与中原内地文化有较大差异。

综合以上情况，即进行研究的重要依据维吾尔族人口因素、经济结构情况以及由此形成的特殊的文化结构，与内地中原文化的既相似又相异的特性，使得分析以维吾尔民族文化为代表的新疆多元民族文化具有了典型性意义。

在分析维吾尔民族文化特征时，需要说明的是，维吾尔民族文化在长期的发展和演变过程中遵循着文化发展的一般规律，即：她在与其他各民族文化的交流互动中形成了新疆各民族共有的文化特征，同时，她还具有自己独特的文化个性，表现为：

一是在经济社会层面，维吾尔乡村社会整体上仍停留在绿洲耕牧型的自给自足的自然经济形式，绿洲居民以农耕文化为自己的生存发展方式。

生态环境决定了新疆人包括维吾尔民族祖先对生活方式和生产方式的选择。

"维吾尔族是经过长期迁徙、民族融合形成的"。③ "维吾尔族先民的主体是隋唐时期的回纥人，活动在蒙古高原。……744年，统一了的回纥各部的首领骨力裴罗受唐朝册封。……788年，回纥统治者上书唐朝，自请改为'回鹘'。840

---

① 厉声主编：《中国新疆历史与现状》，新疆人民出版社2003年版，第32页。
② 《〈中央新疆工作协调小组关于新疆若干历史问题研究座谈纪要〉的通知》，中办发〔2017〕52号。
③ 同上。

年，回鹘汗国被黠戛斯攻破，回鹘人除一部分迁入内地同汉人融合外，其余分为三支：一支迁往吐鲁番盆地和今天的吉木萨尔地区，建立了高昌回鹘王国；一支迁往河西走廊，与当地诸族交往融合，形成裕固族；一支迁往帕米尔以西，分布在中亚至今喀什一带，与葛逻禄、样磨等部族一起建立了喀喇汗王朝，并相继融合了吐鲁番盆地的汉人、塔里木盆地的焉耆人、龟兹人、于阗人、疏勒人等，构成近代维吾尔族的主体"。[1] 由此证明，近代维吾尔族主要定居在新疆，而新疆的生态环境对维吾尔族绿洲耕牧型的自给自足的自然经济形式产生了决定性影响。

新疆是一个干旱少雨、风大且多的地区，其自然地理环境特点是远离海洋，高山环列，内陆河流，封闭盆地，湿润的海洋气流难以进入，故而形成极端干燥的大陆性气候。但新疆冰川丰富，山区有山地降水和雪水可资利用，这给山间盆地和山前平原绿洲的农业灌溉用水提供了较充沛的来源，新疆的绿洲被沙漠、戈壁等荒漠包围，地理空间上相互分隔，自成一体，生产与生活等都囿于这种特殊地理环境而逐渐形成为自给自足的、低水平的社会与经济体系。新疆光热资源丰富对发展农业十分有利，适合粮、棉、油、糖、瓜果等多种栽培植物的生长，新疆又地处东西方交通的要道，众多物种被引入新疆，故而生物种类繁多。正是新疆这种特殊的地理自然环境，决定了其绿洲经济条件下的生产方式具有相对单一性，而绿洲经济增长也缺乏生长点、延伸度和循环力。因此，农业始终是绿洲经济的主导产业，以绿洲农业为主体的自然经济和一元结构一直是大自然为生活在新疆古老绿洲的居民提供的典型经济模式。而自古以来，维吾尔民族及其祖先正是仰赖于大自然的馈赠，一直保留着绿洲农耕文化的生存模式和基本特征。

2015年以来，课题组在新疆南疆喀什地区的疏附、巴楚等县，和田地区的洛浦县，阿克苏地区的库车、新和、拜城等县，克孜勒苏柯尔克孜自治州的乌恰县以及周边乡、村开展调研活动，借此对新疆南疆维吾尔民族的生存发展方式做出如下基本判断：南疆农村维吾尔民族仍然是以绿洲农耕经济为基本的生存方式。以巴楚等县为例，在职业结构上，除外出务工者、个体劳动者、学生、宗教人士外，接近90%的人员主要从事传统的种植业，之所以说传统，是因为这种种植业没有多少技术含量，种子播进土壤里，基本就是自然生长。由于绿洲封闭

---

[1] 《〈中央新疆工作协调小组关于新疆若干历史问题研究座谈纪要〉的通知》，中办发〔2017〕52号。

的环境，乡村社会家庭收入的主要来源仍然依靠在有限的土地上种植百年甚至千年不变的农作物，在庭院中饲养家畜和制作一些简单手工艺品是单一生计方式的重要补充，超出庭院外的副业收入及较为固定的工资性收入占总收入不到10%，铁锨、坎土曼等铁质农具，马车、毛驴等畜力以及小型农机具仍是主要的生产工具，人畜依然作为农业的主要辅助力量。在农业管理上仍流于经验主义的自然式办法，科技种田和经营管理意识淡薄。多数村民对于生活的愿景还停留在自给自足的生活方式中：传统的庭院（庭院种养殖）、面对面的交流、亲人聚族而居、享受天伦之乐等。这些状况基本反映了当地生产生活方式还是以农耕生产方式为主，从事工业和第三产业人员的比例较低。受传统农耕文明条件制约，自在自发的经验型文化模式仍占据主导地位，以工业文明为代表的现代文化还没有从根本上影响和改变当地的农耕文化生存模式。

二是在社会心理层面，宗教的价值观与世俗的民族文化的交织互融是维吾尔乡村社会的整体文化面貌。

人类以一种精神文化的状态特立独行于这个世界，任何一个民族都不例外。社会心理是人类精神生活的个体基础，在特定民族族群中会有相似的表现。正如在人类社会发展的早期阶段人们的精神文化大多体现为宗教一样，早期的新疆人最早的精神文化活动也大多体现为宗教。但由于新疆地处古代东西方经济文化交流的主要通道与枢纽，多元文明交流荟萃，多种文化屡经兴替。在以后的历史演变过程中，逐渐形成了多种宗教并存的局面。而由于统治阶级的需要，宗教政策不断变化，各个宗教此消彼长，地位不断发生变化，从而使得新疆宗教发展格局呈现出极为复杂的一面。

公元9世纪末10世纪初，伊斯兰教传入新疆。其后600年间，佛教与伊斯兰教互为消长，成为这一时期的主要宗教，其他宗教则或存或亡，但多种宗教并存的格局没有改变。

10世纪中叶，接受了伊斯兰教的喀喇汗王朝统治者向信仰佛教的于阗王国发动40余年的宗教战争强势推广伊斯兰教，结束了佛教在这个地区千余年的历史。① 后来，东察合台汗国统治者于14世纪中叶，又以战争等强制手段将伊斯

---

① 《〈中央新疆工作协调小组关于新疆若干历史问题研究座谈纪要〉的通知》，中办发〔2017〕52号。

教推广到新疆全境,至 16 世纪初,新疆最终形成了以伊斯兰教为主、多种宗教并存的格局并延续至今。①

"维吾尔族改信伊斯兰教具有多重历史因素,维吾尔族先民最初信仰原始宗教和萨满教,后来相继信仰过祆教、佛教、摩尼教、景教、伊斯兰教等。唐宋时期,在高昌回鹘王国和于阗王国,上至王公贵族、下至底层民众普遍信仰佛教。元代,有大量回鹘人改信景教。直到今天,仍有一些维吾尔族群众信奉其他宗教,也有许多人不信仰宗教"。② 所以,原先信仰过其他宗教的维吾尔族部分而非全部改信了伊斯兰教。

信仰伊斯兰教后,信徒们的文化生活很重要的一部分通过宗教活动来展开,而宗教活动又主要围绕清真寺而展开,因而以清真寺为中心的宗教组织在传统村落的社会交往中具有重要地位。宗教组织的成员由阿訇、伊玛目等宗教教职人员组成,不仅负责日常宗教事务和宗教节庆的宗教仪式,同时也是村落民俗活动及人生礼仪必需的主持者、参与者。由此,清真寺及寺众就构成了村落社会里最重要的社会组织——哲玛提,哲玛提通过对日常世俗生活的参与而实现对村落的社会控制。

村民的文化生活除了通过宗教活动体现外,世俗的文化面貌与特定民族的语言、文字、历史等紧密结合在一起,以特定的民族心理、民族习俗、民族情绪呈现出来。

新疆的"维吾尔族、哈萨克族、柯尔克孜族、乌孜别克族、塔吉克族的先民在接受伊斯兰信仰以前,已经形成民族共同体,有不同于其他民族的语言文字,有共同的血缘,其体质特征明显,民族文化独特,这些民族的成员有强烈的民族认同感和民族自豪感。……对这些民族而言,语言、文字、血缘、历史、文化、信仰都是民族不可或缺的组成部分,宗教认同仅是其民族认同的一个层面。维吾尔、哈萨克、柯尔克孜、塔吉克等民族虽有共同的信仰,但历史上彼此之间因争夺土地、水源、草场、政治权利而时有冲突发生。"③ 也由此,伊斯兰的宗教价

---

① 《〈中央新疆工作协调小组关于新疆若干历史问题研究座谈纪要〉的通知》,中办发〔2017〕52 号。
② 同上。
③ 杨桂萍:《中国信仰伊斯兰教少数民族特点分析》,载丁宏主编《宗教·社会与发展》,中央民族大学出版社 2012 年版,第 190—191 页。

值观与世俗的民族文化之间既交织互融，但又始终存在一种张力，而世俗的民族文化拥有更广泛的群众基础。

不可否认，伊斯兰教作为一种精神文化现象，对所信仰民族的文化结构和文化心理以及信教群体的思想和行为产生了深刻影响。任何一个民族，当他选择某种宗教作为信仰时，都意味着他们要从那种宗教中吸取一定的养分，意味着他们接受了伊斯兰教的某些教义、教规和礼俗，从而在伊斯兰教信仰中获得了特殊的宗教体验，如获得内心的平静和安慰等，这种长期的渗透与沁润，使得这些民族的经济、文化、风俗习惯和日常生活的方方面面逐渐带有了宗教印记，成为该民族习俗和民族心理素质以及思维方式。如在一些维吾尔民族家庭中，父母是虔诚的信教徒，那么在对子女的教育过程中多多少少会掺杂一些伊斯兰教的内容，在调查和访谈过程中我们了解到，维吾尔民族中一些青少年接受伊斯兰教知识的途径大多数是在家庭中。

但这种影响和重塑始终都以适应原来民族的生产与生活方式而展开。

伊斯兰教是"伊斯兰"文化的重要载体，是人们对伊斯兰教以及在伊斯兰文化熏陶下的一种生活方式、文化发展模式、民族心理的总称。原始伊斯兰文化的游牧、沙漠、商业等特性十分明显。有着自己悠久文化的新疆维吾尔民族由原来信仰其他宗教到接受伊斯兰教，期间的心态转变必然表现在对伊斯兰教的抗拒到接纳的过程，也必然体现为一定的自主性与选择性，这是任何一个民族对外来文化的一种本能反应。维吾尔民族在祖国新疆的土壤上最终接纳了伊斯兰文化，这种接纳一定不是"拿来主义"的简单接受，而是对以往所信仰宗教的有限度保留以及能够适应绿洲耕牧型文化特点的兼容并包的新的伊斯兰宗教文化，从而明显区别于阿拉伯原始伊斯兰文化。伊斯兰教在对维吾尔族、哈萨克族等民族的影响中都以原有的民族文化、习俗为基础，与之有机结合而呈现出浓郁的民族特色和地方特色，如伊斯兰正统派及苏菲主义思想与维吾尔族绿洲农业文明及原始的萨满教信仰及其俗相结合，在南疆形成独特的麻扎朝拜。再如伊斯兰教为适应哈萨克族的游牧生产和生活方式，简化教规教仪，以反对奢侈享乐、提倡艰苦朴素劝诫统治者，被哈萨克等游牧民族广泛接受。正如《中央新疆工作协调小组关于新疆若干历史问题研究座谈纪要》所指出的："伊斯兰教传入新疆地区以后就沿着中国化方向发展，经过长期与新疆各民族传统信仰和文化融合，逐渐成为中华文化的一部分，并表现出地域特征和民族特色"。①

四 结语

实践是人类生存的永恒基础。发轫于实践基础上的价值观及其价值观体系是文化的核心，它随实践的变化而变化。因此，文化变迁和文化转型是人类的永恒命题。新疆多元一体的民族文化现代化转型也应是题中之意，而正确识别新疆多元一体的民族文化类型与基本特征是实现新疆民族文化现代化转型的前提条件。

新疆多元一体的民族文化的形成并不是偶然的，在其发生期即因地理生态环境和地理人文环境的多样化和特殊性而决定了其基本的面貌和基本的特征：丰富多样性、开放共享性与兼容并蓄性特征。同样，维吾尔民族的农耕文化之本与伊斯兰文化的重要影响以及各个民族之间文化的相互影响而生成的既对立又统一的兼容性文化个性都源于独特地理生态环境和独特地理人文环境基础上的独特生产方式和生活方式。

新疆文化是多元一体的民族文化，新疆民族文化的总特征是多元一体。新疆各民族文化无论呈现出怎样的丰富性和多样性，都始终扎根于中华文明沃土，是中华文化不可分割的一部分。海纳百川而百川归海。包括维吾尔族文化在内的新疆各民族文化都是在中华文明的沃土中开枝散叶，枝繁叶茂。

公元9世纪末10世纪初伊斯兰教传入西域以后，才对新疆各民族文化发生影响。维吾尔族文化与伊斯兰文化没有同源关系。②"伊斯兰文化传入新疆，新疆各民族文化既有抵制，更有选择性吸收和中国化改造，既没有改变属于中华文明的特质和走向，也没有改变属于中华文化一部分的客观事实"。③增强中华文化认同是新疆各民族文化繁荣发展之魂。我们必须紧跟时代变化，秉承兼容并蓄、开发多元理念，在与世界多元文化交流互鉴中，在与中华各民族文化的交流交融中，实现自身的现代化转型。

---

① 《〈中央新疆工作协调小组关于新疆若干历史问题研究座谈纪要〉的通知》，中办发〔2017〕52号。
② 同上。
③ 同上。

壮泰语童谣共同特性比较研究

覃 丹[*]

摘 要：壮、泰语童谣都表现出趣味性、灵动性、民族性、开放性等特性。通过对这些共同特性的阐释和比较，梳理壮、泰语童谣在内容、形式、内涵、发展等方面的异同，既有利于促进壮、泰民族民间文化的相互理解、交流与互动，也有利于构建中泰双边和谐的文化生态。

关键词：壮语童谣；泰语童谣；共同特性

《辞海》把童谣解释为"儿童文学的一种。形式短小，语言单纯，意思明白，适合儿童传诵。有儿童自编自唱的，也有成人拟作的"，[①]简而言之，"童谣"是指传唱于儿童之口的、音节和谐简短的歌谣。从发生学的角度来看，童谣隶属于民间文学，是民间文学中一支古老而绚烂的花朵，在人类文明的初始阶段，童谣便已经产生了，以口耳相传的方式传唱于山野民众之间，因此世界各国、各个民族（即使是没有书面文字的民族）都有着大量的童谣。壮、泰民族也不例外，在漫长的历史发展过程中，他们积累了丰富多彩的童谣，如摇篮曲、游戏歌、数数歌、问答歌、绕口令和谜语歌等，并都表现出趣味性、灵动性、民族性、开放性等特性。

---

[*] 基金项目：2015年度广西哲学社会科学基金项目"壮泰传统童谣比较研究"（15BWW001）的阶段性研究成果。
作者简介：覃丹，白色学院外国语学院副教授。
[①] 夏征农、罗竹风：《辞海》，上海辞书出版社1999年版，第5071页。

一 内容的趣味性

梁启超曾说过:"文学的本质和作用,最主要的就是'趣味'。"① 对于童谣来说尤其如此,童谣的听赏者是儿童,他们自我控制能力较差,如果作品没有趣味性,他们一般不愿意接受,因此可以说"趣味"是童谣艺术中所体现出的一种本质特征,是决定其存在特殊性和必要性的重要条件。也正因如此,无论是壮语还是泰语的童谣创作主体都是以"绝假纯真"的真情实感观照大千世界,以童真的眼光来注视周围的人物与事象,并把这种纯真的情感贯注到童谣之中,使童谣具有了率情任性、趣味横生的美学特性。

童谣的"趣味性"在于其自然地融进能够引发儿童愉悦感受、激起儿童更丰富的意义思考和审美联想的内容。例如壮语童谣《逗月歌》:

月弯弯,妈织布,叔烧水,孙子去打柴,小孩哭吃灶上粥。②

泰语童谣《月亮》:

ดาวเดือนดาวดาว　　　　　　อีเก้งเดือนดาว

ผู้สาวตำข้าว　　　　　　　　ผู้เถ้าไล่ไก่

ผู้ใหญ่สีซอ　　　　　　　　บักกอลอแขวนคอควายน้อง③

(大意:月亮啊,月亮。女人在舂米,老人在赶鸡,大人在拉琴,小牛脖子上挂着铃铛叮当响。④)

这两首童谣无论是内容还是格式都非常相似,显而易见它们是"同源"。两首童谣都以"月亮"起兴,壮语以"织布、烧水、打柴、灶"等元素,泰语以"舂米,赶鸡,拉琴,小牛"等元素,描述了壮、泰农耕社会"男耕女织""男主外女主内"的普遍的生活场景,这样的生活质朴而不乏诗意,对儿童来说既熟悉又亲切,而从心理学的角度来说,熟悉的事物更能吸引人,也更能唤起人的美

---

① 梁启超:《〈晚清两大家诗钞〉题辞》,北京出版社1999年版,第4927页。
② 崇左市政协文史和学习委员会:《崇左民间歌谣》,崇左市政协文史和学习委员会,2010年,第683页。
③ วิจารณ์ เงารัตนพันธิกุล. การศึกษาเปรียบเทียบเพลงกล่อมเด็กภาคใต้และภาคอีสาน. ลิขสิทธิ์ของมหาวิทยาลัย รามคำแหง, 2005。([泰]卫赞·奥拉潘缇昆:《泰国南北摇篮曲的比较》,兰甘亨大学,2005。)
④ 本文泰语童谣的中文译文由百色学院外国语学院泰语教师李霖和阳亚妮翻译和提供。

好感觉，也就意味着它们更容易激发儿童的情趣，因此壮、泰语中有很多这类充满乡土生活趣味的童谣。

由于儿童的认知特点，他们对大自然中的事物尤其是活蹦乱跳的动物尤为感兴趣，因此壮、泰语中还有许多关于动物的童谣，而这些动物往往被拟人化，形象而诙谐，令人忍俊不禁，例如泰语童谣《香猫》：

ฮา...เอ้อ...มูสัง...เหอ	มูสังหมันลายปล้อง
มาชาบชาบมองมอง	อีกินหมุนทองน้องให้ได้
ตีนถีบปากมันหมันกัด	ยางเหอหมันรัดเอากรวดไว้
อีกินหมุนทองน้องให้ได้	ทำให้แมวโรม...เอ้อ...เหอ...ตอบ①

（大意：香猫啊，花纹黑白相间。过来偷看，想偷吃宝宝的菠萝，嘴巴被粘住了，胡须被胶汁缠住了。想偷吃宝宝的菠萝，反而被蠓给叮了。）

泰语里香猫指的是黑白相间的猫，童谣用"偷看""偷吃""嘴巴被粘住""胡须被缠住""被蠓叮"把一只馋猫活灵活现地表现了出来，香猫"偷鸡不成反蚀把米"不仅引起了儿童丰富的想象，让儿童在想象中留下深刻的印象，也使得歌谣更具趣味性，更具童真娱乐性。壮语童谣《月亮弯》中也有猫：

月亮，像牛角，若把犁。杀鸡吃腿，剐狗吃头。吃不完，拿进仓去收，拿上楼去锁。收又没收好，锁也保不住，猫儿拖去了。②

这首唱杀鸡剐狗吃肉的童谣，反映出了壮族农家的生活状况，最后对吃不完的食物的处理"拿进仓去收，拿上楼去锁。收又没收好，锁也保不住，猫儿拖去了"也生动有趣地描写出了猫儿偷食，"猫爱偷吃"这种壮、泰民族共有的看法也就此扎根于孩子们的心中。

壮、泰童谣里，不仅生活中的场景、大自然中的事物被表达得童趣盎然，那些教育儿童形成正确的人生观、价值观和道德观的童谣也会采用夸张、讽刺等各种手法，使理论上原本缺乏儿童本色的教育类童谣也生动活泼，契合儿童的认知

---

① วิจารณ์ เงารัตน์พันธิกุล．การศึกษาเปรียบเทียบเพลงกล่อมเด็กภาคใต้และภาคอีสาน．ลิขสิทธิ์ของมหาวิทยาลัย รามคำแหง，2005。（[泰]卫赞·奥拉潘缇昆：《泰国南北摇篮曲的比较》，兰甘亨大学，2005。）

② 莆革：《试谈壮族童谣》，载广西民间文学研究会《广西民间文学丛刊第1集》，广西民间文学研究会，1986年。

和理解能力。例如壮语童谣《自吃自生疮》：

自吃自生疮，死了无人扛，猫儿打锣钗，狗儿拖下江，拖到陷阱里，蚂蟥叮他肚脐疮。①

壮族人一向强调大家庭成员之间要坦荡相处，好东西要分享，那些自私自利、只顾自己吃好过好的人是为人所不齿的，这首童谣以调侃的语气讽刺他们没有好下场。再如泰语童谣 ต้นส้มเหอ《橘子树》：

ต้นส้มเหอ	คือต้นส้มปาบ
นั่งลงให้ราบ	กราบน้องให้ถ้วนสักสามที
นอโมจะรู้สักกี่ตัว	อ้ายตัดหัวมายอว่าตัวดี
กราบน้องให้ถ้วนสักสามที	น้องจะชี้ตัวนอโมให้②

（大意：橘子树啊，黄橘树。坐下来，给我磕三个头。认识几个字母呢，也好意思夸耀你自己。给我磕三个头，我会教你认字。）

在泰国社会，男人没有文化知识是没有地位的，而且泰人的传统伦理道德观非常强调为人处事要谦虚谨慎③，这首童谣讽刺了没文化却爱夸耀的人，语气幽默风趣，旨在教育儿童要好好学习，同时也要谦虚做人。

二 形式的灵动性

儿童生性活泼，不喜欢呆板枯燥，因此童谣不仅在内容上要富于趣味，而且在形式上也要灵活多变。当然，童谣的本质属性决定了这种灵活多变并非是毫无章法，而是要遵循一定的规则。壮语童谣主要是以句子的字数来做规定：以三言、四言、五言句式为主，还有少数是六言、七言，很少有八言以上，同时，每种句式又有着不同的押韵法。由于六言、七言、八言童谣很少，这里只着重分析三言、四言、五言童谣。

---

① 南宁市文化新闻出版广电局、南宁市民族文化艺术研究院：《南宁歌谣集成》（壮族卷），广西教育出版社2014年版，第468页。
② วิจารณ์ เงารัตนพันธิกุล. การศึกษาเปรียบเทียบเพลงกล่อมเด็กภาคใต้และภาคอีสาน. ลิขสิทธิ์ของมหาวิทยาลัย รามคำแหง, 2005。（［泰］卫赞·奥拉潘缇昆：《泰国南北摇篮曲的比较》，兰甘亨大学，2005。）
③ 覃丹：《壮泰传统伦理道德观之比较——以〈传扬歌〉与〈帕銮箴言诗〉为例》，《湖北民族学院学报》2017年第3期。

三言童谣押的是头尾韵，并连续不断转韵，例如《落大雨》：

大雨落，河涨水；擂鼓欢，伴春粉；成箩装，搬进库；粥饭饱，好翻土；锄朗朗，赶犁耙；撒种籽，出铲米；鹧鸪叫，好收成。①

落和河、水和擂、欢和伴、粉和成、装和搬、库和粥、饱和好、土和锄、朗和赶、耙和撒、籽和出、米和鹧、叫和好分别押韵，节奏上是二顿二一音步或一二音步。

四言童谣押的是尾韵，也是连续不断转韵，例如《小人蒙脸》：

点子唧唧，龙眼荔枝，新官来到，旧官请出。大点小点，梅花桂眼，君子闹房，小人蒙脸。②

唧和枝、点和眼、房和脸分别押韵，节奏上是二顿二二音步。

五言童谣押的是腰尾韵，也是连续不断转韵，例如《星子密钉钉》：

星子密钉钉，散雷公脚下。今年咱讲好，明年要去摘。摘得三十九，要得五十个。每个花西西，只一个点星。夜夜尽月亮，到庭院讲古。去大路玩耍，艮子沙沙落。镯往手上戴，一个崖边挂，一个拉赶圩，后日再回还。③

钉和公、下和咱、好和要、九和五、西和只、星和尽、亮和院、古和路、耍和沙、落和镯、戴和崖、挂和拉、圩和日分别押韵，节奏上是二顿二三音步或三二音步。

三言、四言、五言在壮语中占了很大的比例，但对于儿童来说，如果整首童谣全部采用同一句式，其音律节奏仍有单调呆板之嫌，所以壮语童谣中最常见的其实是长短句结合的童谣。例如《睇龙船》：

踏踏转，菊花园，大姐背妹睇龙船，龙船不好睇，睇鸡仔，鸡仔大，捉去卖，卖得几多两？卖得一二两，一两打金针，二两打银牌。金腰带，银腰带，请阿公阿婆出来拜。拜得多，无夸何，一坛酒，二对鹅，走下江边寻舅婆，舅婆不在屋，见三叔，三叔骑白马，三姊骑冬瓜。冬瓜跌下塘，拾得大槟榔，槟榔香，

---

① 黄革：《试谈壮族童谣》，广西民间文学研究会：《广西民间文学丛刊》第 1 集，广西民间文学研究会，1986 年。
② 柳江县民间文学集成编委会：《柳江县歌谣集》，柳江县民间文学集成编委会 1987 年。
③ 黄革：《试谈壮族童谣》，广西民间文学研究会：《广西民间文学丛刊》第 1 集，广西民间文学研究会，1986 年。

挂姨娘，姨娘头发未曾发，几时梳得零丁细，插了银花带玲珑，踏踏转，菊花园，大姐背妹睇龙船。①

这首童谣里，三言、五言、七言、八言自由组合，押尾韵且不断转韵，使得整首童谣既有短句带来的活泼轻快之美，又有长句带来的稳定舒展之美，同时又不会打乱童谣原有的节奏向度，句式的错综变化反而强化了童谣的节奏韵律感，满足了儿童天性爱自由的需求。

壮语童谣对行数是没有限制的，有些童谣很短，有些童谣一唱一长串。泰语童谣与此相反，它以行数对童谣做了规定：分为四行、六行、八行、十行、十二行童谣，虽然也有一些单数行童谣，但较少。泰语童谣的字数一般是首行 3—5 个单词，其他行一般是 4—8 个单词，最多是 11 个单词，例如：

ทอหูกฉับฉิงเหอ②　　　　　ขาววิงกอดคอ

หูกขาดไม่ต่อ　　　　　　สาวน้อยช่างทอหูก③

（大意：织机织布声啊，小狗跑来抱住它的脖子，织机坏了不能继续织布，擅长织布的少女。）

这首四行童谣每行的字数分别为五、四、四、五，押腰尾韵并转韵，首行的最后一个词ฉิง与第二行的第二个词วิง押韵，第三行的最后一个词ต่อ与第四行的第四个词ทอ押韵。又如：

นางนกเปล้าเหอ　　　　　พี่ไม่ดักเจ้าดักนางนกเขา

เหตุไหลละเหวอนางนกเปล้า　　ยืนคอมาเข้าบ่วงเรา

ดักนางนกเขา　　　　　นกเปล้ามาพลอยตาย④

（大意：小鸽子啊，我不诱捕你，只诱捕小斑鸠，可你怎么了，小鸽子，伸头掉进我们的陷阱，我只诱捕小斑鸠，可你小鸽子也跟着来送死。）

---

① 中国歌谣集成广西卷编辑委员会：《中国歌谣集成·广西卷》，中国社会科学出版社 1992 年版，第 430 页。

② ฉิง之后的เหอ只是拉音，发音为"啊"，无意义，大部分泰语童谣的首句都以这个词来拉音，童谣首句的最后一个词为拉音前的单词。

③ อุดล รุ่งเรืองศลี　ฉันทลักษณ์ รูปแบบและโครงสร้างของเพลงกล่อมเด็กภาคใต้．ศิลปะวัฒนธรรมพื้นบ้าน，2009 (3)．（［泰］乌东·润仁色：《泰国南部摇篮曲的特点、格式和结构》，《民间文学艺术》2009 年第 3 期。）

④ 同上。

这首六行童谣押腰尾韵而且是一韵到底,画线部分即为押韵。再如:

ถางไร่ชายคลองเหอ	จะปลูกคงคลองสองสามฝัก
ถางไร่ปลูกผัก	ปลูกแต่แมงลักกับผักไห
ถางไร่ชายใส	เป็นช่อดอกไม้คนนักเลง
นิจจาถ่านไฟเก่า	ถึงไม่เป่าก็ติดขึ้นเอง
เป็นช่อดอกไม้คนนักเลง	ไปไหนเป็นเพลงนั้น①

(大意:开垦河边啊,尝试种两三棵菜。开垦种菜,只种罗勒和苦瓜。开垦四子,成为一个串花的人。旧情人呀,又在一起了。成为一个串花的人,去哪都是唱那首歌。)

这首十行童谣以押腰尾韵和尾韵相结合,先是一个腰尾韵,即第一行的最后一个单词คลอง和第二行的第三个单词คง押韵,第二、三、四、五行押尾韵,第七行的最后一个单词เก่า和第八行的第三个单词เป่า押腰尾韵,第八、九行押尾韵。

从句式来看,壮、泰语童谣都以短句为主,从韵式来看,壮语童谣有尾韵、头韵、头尾韵、腰尾韵,泰语童谣有尾韵和腰尾韵,并且大部分为连续转韵。由于句子简短,韵式灵活多样,韵脚绵密分明,所以尽管壮、泰童谣的形式和结构不尽相同,但它们在节奏上都简洁明快,韵律上则回环荡漾,体现出了儿童歌谣独特的美。

三 内涵的民族性

"从空间维度上看,人类总是在自己直接所处的地域空间创造着自己的文化,形成各自独特的文化形态和文化传统",并且"任何文化都是人的创造品,是特定人群在特定生存环境中进行生存的方式和表现,也即社会实践活动及其结果"。② 作为文化形态之一的文学,其发展和产生,都必然携带着一定地域的文化特色,民间文学尤其如此,因为民间文学是从百姓生活中产生,历经岁月的考

---

① อุดล รุ่งเรืองศลี. ฉันทลักษณ์ รูปแบบและโครงสร้างของเพลงกล่อมเด็กภาคใต้. ศิลปะวัฒนธรรมพื้นบ้าน,2009(3).([泰]乌东·润仁色:《泰国南部摇篮曲的特点、格式和结构》,《民间文学艺术》2009年第3期。)

② 程民生:《宋代地域文化》,河南大学出版社1997年版,前言第3页。

验流传后世，最真实、生动地反映了所在地域的文化形态和文化传统。作为民间文学之一的童谣，同样是民族个性的真实体现，是民众感情的自然流露，同样保存和传达着某一民族的生活形态、民俗风情、宗教信仰、道德礼仪、价值观念。[1] 壮、泰童谣也是如此，它们就像一面镜子，折射出丰富多彩的民族文化信息。

（一）农耕文化

壮、泰民族都是农耕民族，农耕历史源远流长，农耕文化辉煌灿烂，在这种土壤中孕育、成长起来的童谣，农耕文化必然是它们最基本、最核心的文化内容。壮、泰民族千百年来日复一日、年复一年的农耕生活在童谣里有着生动的描写，例如壮语童谣《全家作工忙》：

全家作工忙，雨落沙沙，塘水冲河水。父亲从岭赶水牛回来，哥哥牵牛去犁田，母亲担大篮去要秧苗，姐姐种田在前面，大嫂织布在下家，二哥拿鱼笼去装鱼，我在家里煮晚饭等，全家吃饱笑哈哈。[2]

这是对壮乡农耕生活非常写实的描写：身强力壮的父亲和大哥负责干犁田的重活，母亲和姐姐负责插秧，大嫂在家负责织布，未成年的二哥负责捕鱼，最小的妹妹在家负责煮饭菜。泰语童谣 เดือนหกเหอ《这六月啊》有异曲同工之妙：

เดือนหกเหอ คางคกไถนา

ตุ๊กแตนถอนกล้า แมงดาช่วยดำ

หอยข้าวหอยโข่ง โก้งโค้งกันยังค่ำ

แมงดาช่วยดำ มันช่วยเลี้ยงลูก...เหอ[3]

（大意：这六月啊，蟾蜍犁地，蚱蜢收秧苗，蝉帮忙插秧，田螺呢，忙做了一整天。蝉帮忙插秧，帮忙照看孩子。）

与壮语童谣写实手法不同，泰语童谣采用了拟人手法使其更充满童趣，田间

---

[1] 王金禾：《鄂东民间童谣研究》，武汉大学出版社2015年版，第386页。
[2] 广西壮族自治区科学工作委员会壮族文学编辑室：《壮族民间歌谣》第2集，广西壮族自治区科学工作委员会壮族文学编辑室，1959年。
[3] วิจารณ์ เงารัตนพันธิกุล การศึกษาเปรียบเทียบเพลงกล่อมเด็กภาคใต้และภาคอีสาน, ลิขสิทธิ์ของมหาวิทยาลัย รามคำแหง, 2005。（[泰]卫赞·奥拉潘缇昆：《泰国南北摇篮曲的比较》，兰甘亨大学，2005。）

议题二：民族文化交流与民心相通
壮泰语童谣共同特性比较研究

地头常见的动物蟾蜍、蚱蜢、蝉、田螺被拟人化了，担负了犁地、收秧苗、插秧和照看孩子的工作，非常形象地呈现出了一幅热火朝天、共同劳作的画面。

与农耕生活密切相关的事物也频繁地出现在壮、泰语童谣中。在壮语童谣中，出现频率很高的农耕活动有舂米、犁田、插秧、织布，农耕用具有簸箕，食物有大米、糯米、粽粑、糍粑、粥、红薯、芋头，动物有牛、鸡、猪、猫、狗、鱼、麻雀、老鹰、斑鸠、青蛙、蚂蚱、田螺、萤火虫等。在泰语童谣中，出现频率很高的农耕活动也是舂米、犁田、插秧、织布，食物有大米、糯米、豆腐、蔬菜，动物有牛、鸡、猫、鱼、麻雀、乌鸦、蝉、田螺等，植物有椰子和竹子。尤其值得一提的是，农耕文化最重要的价值取向"勤劳"在壮、泰童谣中都得到了宣扬和传承，例如壮语童谣《拣谷歌》：

八月谷子黄，人人下出忙，黄金落大地，家家收谷忙，大人打扁担，我也提箩筐。过小桥，到田庄，大人剪上端，我来拣下方。小小谷穗莫贪玩，莫要和我捉迷藏，快跟大哥回家去，免得孤单好凄凉。①

在大人忙着收稻谷八月丰收季节，还不能干重活的小孩也积极主动帮忙，去捡地里的稻穗，以免浪费粮食，在这种价值观教育下的儿童，长大后必然会以"勤劳节俭"作为为人处世的准则。再如泰语童谣《这个家啊》：

บ้านนี้เหอ	เขารำเขาลือว่าสาวมาก
สาวครกสาวสาก	สาวเชือกสาวปอ
สาวโหกสาวฝ้าย	สาวไม่โร้ทอ
สาวเชือกสาวปอ	สาวไม่โร้ทอโหก②

（大意：这个家啊，听说有很多女娃。会舂米捣菜，拉绳拉麻。女子要知道织布，不知道织布的女子啊。拉绳拉麻，不知道织布的女子啊。）

童谣强调了家里的女儿一定要勤劳能干，不管是种田织布，无论家里家外，一定要学会泰国女子需要掌握的生产生活技能。

---

① 黄寿才：《上林县歌谣集》，上林县民族事务委员会，1987年。
② วิจารณ์ เงารัตนพันธิกุล， การศึกษาเปรียบเทียบเพลงกล่อมเด็กภาคใต้และภาคอีสาน， ลิขสิทธิ์ของมหาวิทยาลัย รามคำแหง，2005。（[泰]卫赞·奥拉潘缇昆：《泰国南北摇篮曲的比较》，兰甘亨大学，2005。）

(二) 节庆习俗

壮人在长期的历史发展中形成了许多自己的节日，几乎每个月份都有一个甚至多个节日，如春节、三月三、七月十四、蚂蜗节、铜鼓节、灶王节、牛魂节、礼田节、尝新节、洗小铁节、霜降节、六月节等，它们是民族习俗的一部分，反映了壮乡的社会文化和心理状态。[1] 由于节庆目的不同，每个节日都有独特的习俗活动，例如壮语童谣《牛歌》反映的是牛魂节的习俗：

牛轭我的宝咧，牛轭我的财咯，稔子开花了，阳雀鸟叫了，春水弹琴了，禾苗封垌了，四月八来了，脱轭节来到了！我把牛来敬，我把牛轭脱，让你喘口气，让你歇歇脚，吃口好料子，听我唱牛歌。[2]

牛魂节也叫"脱轭节"，这一天，人和牛都停止劳动，主人给牛脱下轭，让它休息，并蒸五色糯米饭，捏成团给牛吃，然后把牛牵到绿草丰茂的地方，让牛自由自在地吃个滚圆，主妇清扫牛栏，放上新的干草，小孩子则轻轻为牛刷背，让牛舒舒服服地过一个节日。牛栏外安个小矮桌，摆上供品，点燃香烛，中午各家还要举行隆重的敬牛仪式，唱歌并说些祝祷的话，再将牛牵回牛栏，喂好饲料，人们才能进餐过节。

泰人和壮人一样有许多节日，而他们最重要的几个节日都跟稻谷生产有关，如四月份的宋干节处于准备再次播种的农前，泰人要泼水祝福今年雨水充沛，祈求稻米的收成；六月份的春耕节国王或国王委托的大臣要主持春耕仪式，仪式上有象征性的犁田、撒谷种，还有牛预测天气，祈祝风调雨顺、稻谷丰收；十二月份的水灯节要膜拜、祭祀河神，感谢河神让河水滋润正在抽穗的稻秧，童谣《漂水灯》反映的就是水灯节的习俗：

วันเพ็ญเดือนสิบสอง น้ำ	น้องเต็มตลิ่ง
น้ำ ก็นอง เต็มตลิ่ง	เราทั้งหลายชายหญิง
สนุกกันจริง วันลอยกระทง	ลอย ลอยกระทง ลอย ลอยกระทง
ลอยกระทงกันแล้ว	ขอเชิญน้องแก้วออกมารำ วง

---

[1] 梁庭望：《中国壮族》，宁夏人民出版社 2012 年版，第 176 页。
[2] 吴超、郁宁远：《中华民族童谣》，中央民族大学出版社 2001 年版，第 91 页。

รำ วงวันลอยกระทง　　　　　　รำ วงวันลอยกระทง

บุญจะส่งให้เราสุขใจ　　　　　บุญจะส่งให้เราสุขใจ①

（大意：十二月十五月圆之日，河水涨到了岸边。男孩女孩们，乐趣十足的水灯节，漂水灯啊漂水灯，一起漂水灯之后，心仪的女孩啊，让我们一起跳喃旺舞。喃旺舞啊水灯节，喃旺舞啊水灯节，善德会带给我们幸福。）

水灯节是泰国民间最富有意义，且富含神话的节日，在每年泰历十二月十五日（公历十一月）晚间举行。在雨季过后的这一时期，泰国正是河水高涨，月儿清辉的美好季节，人们会放水灯感谢河神给予他们充沛的水源，灌溉庄稼，并祈求来年风调雨顺，在比较传统的地方，人们还会在水灯节那天跳起水灯节传统的舞蹈，即喃旺舞，童谣《漂水灯》反映的是泰国人水灯节放水灯和跳喃旺舞的活动习俗。

(三) 宗教信仰

素有"黄袍佛国"之称的泰国，93.4%以上的民众信仰佛教，佛教在社会生活中占有主导性地位，佛教文化也是泰国文化的核心和主要影响因素。② 带有佛教色彩的童谣也是随处可见，例如 ไปคอนเหอ《去划船》：

ไปคอนเหอ　　　　　　　　ไปแลพระนอนพระนั่ง

พระพิงเสาดัง　　　　　　　หลังคามุงบ๋อง

เข้าไปในห้อง　　　　　　　เห็นพระทองและพระเครื่อง

แลหลาหน้าเมือง　　　　　　เสาธงไม้ไผ

ใครไปหน้าพระ　　　　　　　ร้องไห้รำไร

เสาธงไม้ไผ　　　　　　　　ใครไปยกมือไหว้③

（大意：去划船，看卧佛，佛柱，琉璃瓦顶。进到房间里，看金佛和小佛像。

---

① ชัยวัฒน์ เหล่าสืบสกุลไทย. เพลงเพื่อการสอนและการจัดกรรมนันทนาการ [M]. สำนักพิมพ์แห่งจุฬาลงกรณ์มหาวิทยาลัย, 2006. （[泰] 猜亚万·楼示沙古泰：《教学和娱乐活动歌谣》，朱拉隆功大学，2006年。）

② 戚盛中：《泰国民俗与文化》，北京大学出版社2013年版，第95页。

③ อุดล รุ่งเรืองศลี. ฉันทลักษณ์ รูปแบบและโครงสร้างของเพลงกล่อมเด็กภาคใต้. ศิลปะวัฒนธรรมพื้นบ้าน, 2009(3). （[泰] 乌东·润仁色：《泰国南部摇篮曲的特点、格式和结构》，《民间文学艺术》2009年第3期。）

看见城的前面，竹子做的旗子。谁去佛前，哭得厉害？竹子做的旗子，谁去朝拜？）

童谣里描述的是朝拜卧佛寺，卧佛寺是泰国最负盛名也是最古老的佛寺之一，它拥有泰国最大的室内卧佛像，每个巨大的廊柱之间还供奉有不同造型的小佛像。又如：

ตื่นเช้าทั้งเหอ	พระท่านมายืนบาตร
คดข้าวขันใส่ถาด	พร้อมทั้งข้าวบาตรและข้าวบิณฑ์
กรวดน้ำ	อธิษฐานให้รูปหงส์นงคราญเขาได้ยิน
พร้อมทั้งข้าวบาตรและข้าวบิณฑ์	เชิญกินเถิดทูนเอ๋อ...เหอ...หัว①

（大意：早上醒来借了僧钵，盛饭装进里面，有僧钵和斋饭，滴水祷告，让凤凰仙女她听见，有僧钵和斋饭，请收下我的诚意吧。）

给僧侣布施是泰国人日常生活中不可或缺的一部分，这首童谣真实地描述了给僧侣布施的情景和泰人布施时内心的诚意。

壮语童谣对于宗教信仰的表达没有泰语童谣明显，但在一些童谣的字里行间仍然可以发现宗教的影响。例如《破子破》：

破子破，破莲花，家家门口有朵牡丹花。千条线，万条线，钻过壁笆就不见。见哪家？见薛家。薛家女，满头花。出门三步路，碰见主人家。牛呀牛，吃草不抬头。抬头望见桄榔树，桄榔开花球对球。牛皮封，马皮封，封得一度紧冬冬，请你王婆来开锁，开不脱，开得一付金鸡老鸭脚。②

这首童谣中的"王婆"一词，壮语拼读为 yah、buz、yahbuz，既是壮族古代母系氏族时代对氏族部落酋长兼巫教法师的称呼，也是壮族道教信仰中的生育女神——"花王"，亦称花王婆，主管未成年小孩的生命花园。再如《月亮光》：

月亮光光，月亮明明，里面有个人，出来放水牛；水牛过沟，踩对泥鳅；泥鳅告状，告对和尚；和尚念经，念对观音；观音屙水，屙对小鬼；小鬼钓鱼，钓

---

① วิจารณ์ เงารัตนพันธิกุล การศึกษาเปรียบเทียบเพลงกล่อมเด็กภาคใต้และภาคอีสาน ลิขสิทธิ์ของมหาวิทยาลัย รามคำแหง, 2005。（［泰］卫赞·奥拉潘缇昆：《泰国南北摇篮曲的比较》，兰甘亨大学，2005。）

② 中国歌谣集成广西卷编辑委员会：《中国歌谣集成·广西卷》，中国社会科学出版社1992年版，第437页。

对船皮;船皮下蛋,送给水牛炒油饭。①

童谣中的观音是佛教信仰,汉传佛教进入壮族地区后,送子观音也成为壮族地区的重要信仰,求子嗣的壮族人往往会一起求拜王婆和观音。王婆与观音在童谣中并列出现,这影射了壮族地区的宗教信仰的现状,与泰国独尊佛教不同,壮人的宗教信仰是多层次的,既有原始宗教,即每个部落都有的早期宗教信仰,表现为自然崇拜、鬼神崇拜、生殖崇拜、图腾崇拜和祖先崇拜,也有原生型民间宗教,即由越巫演化而成的准宗教,麽教和师公教,还有创生宗教,即道教和汉传佛教,这些宗教或多或少地在壮族地区都有着影响力。

四 发展的开放性

从文艺发展的客观规律来看,任何艺术,如果它完全是自我封闭的,那就只能走向"死寂",只有不断开放,不断进步,才能充满生命力。纵观壮、泰童谣的发展史,如果说民族性为童谣提供了丰厚的历史文化土壤,那么开放性则为童谣提供了广阔的、新奇而鲜活的发展空间。在纵向上,壮、泰童谣始终紧跟时代步伐,吸收新鲜事物,以满足儿童的认知和审美需求。例如,靖西、德保的儿童以前在玩"钻门洞"游戏时唱的是《忙进栏入槽》:

忙进栏入槽,忙进窝下蛋,要母鸡来孵,要蚂蚱来踢,要黄蜂来蜇,要蟑螂来舔,要簸箕来盖,来盖来盖来盖!

但从20世纪70年代末开始,随着火车等现代交通工具进入壮族地区,孩子们对长长的、能把人带到远方的火车充满了好奇和憧憬,而火车行驶时弯来弯去、钻来钻去的样子跟游戏时孩子们钻门洞的样子又很相似,于是就产生了新的游戏歌谣:

轰隆隆隆,轰隆隆隆,开火车,开到哪里去?开到北京去!②

再看泰语童谣:

ฉึกฉักฉึกฉัก ฉึกฉัก　　　　　เสียงรถไฟมันดัง ฉึก ฉัก

---

① 中国歌谣集成广西卷编辑委员会:《中国歌谣集成·广西卷》,中国社会科学出版社1992年版,第425页。
② 该童谣和《忙进栏入槽》均由德保县城关镇退休干部曾秀瑛收集整理。

中国—东盟民族文化与人类命运共同体构建

เสียงหวูดรถไฟ ปู้นๆ　　　　　　　ปู้นๆ อยากดูรถไฟ

วันนี้จะได้เห็นสายไหน　　　　　　เหนือหรือใต้ก็จะได้รู้จัก①

（大意：咔嚓，咔嚓，咔嚓，火车的声音咔嚓咔嚓，火车的汽笛呜呜响，我想看火车，今天会看到哪一条线路呢，北上的还是南下的，看了就会知道。）

对于在传统农耕文化中生活的泰人来说，与壮人一样，火车是新鲜事物，随着现代化的进程，火车开进了他们的土地，迎接和欢送火车的咔嚓咔嚓声和汽笛的呜呜响成为孩子们每天的乐趣之一，火车从哪来它又会开到哪儿去也会令孩子们浮想联翩，这首童谣也就这样应运而生。

壮、泰童谣的发展不仅仅是在纵向上从传统形态过渡到现代形态，它还表现在横向上对于其他文化的兼容并蓄。对壮语童谣影响最大的是汉文化，如《跳橡皮筋歌》：

一二三四五六七，马兰开花二十一。二五六，二五七，二八二九三十一。三五六，三五七，三八三九四十一。四五六，四五七，四八四九五十一。五五六，五五七，五八五九六十一。六五六，六五七，七八七九八十一。七五六，七五七，七八七九八十一。八五六，八五七，八八八九九十一。九五六，九五七，九八九九一百一。

这首童谣来自汉文化，自19世纪70年代传入壮族地区后，这首歌谣成为壮族儿童最喜欢的游戏歌谣之一，孩子们一边跳着橡皮筋，一边唱着歌谣，既强身健体，也是很好的儿童数字启蒙。这首童谣在壮族地区被如此广泛传唱，以至大家后来都理所当然把它当成了壮族童谣，在19世纪80年代将其收录于《中国歌谣集成：广西卷》的壮族童谣部分。泰语童谣接受的外来文化更为广泛，有中国文化、印度文化、马来西亚文化、欧美文化等，游戏歌谣《幸福拍手歌》就是很典型的例子：

หากพวกเรากำลังสบายจง（ปรบมือ กระทืบเท้า ส่งเสียงดัง）พลัน

หากพวกเราก ำ ลังสบายจง（ปรบมือ กระทืบเท้า ส่งเสียงดัง）พลัน

---

① ชัยวัฒน์ เหล่าสืบสกุลไทย . เพลงเพื่อการสอนและการจัดกรรมนันทนาการ ［M］. สำนักพิมพ์แห่งจุฬาลงกรณ์มหาวิทยาลัย，2006. （［泰］猜亚万·楼示沙古泰：《教学和娱乐活动歌谣》，朱拉隆功大学，2006年。）

หากพวกเรากำ ลังมีสุขหมดเรื่องทุกขขี์ใด ใดทุกสิ่ง

อย่าประวิงอะไรกันเล่าจง (ปรบมือ กระทึบเท้า ส่งเสียงดัง) ①

［大意：如果我们感到幸福就（拍拍手，跺跺脚，大声笑），如果我们感到幸福就（拍拍手，跺跺脚，大声笑），如果我们对身边的一切都感到幸福满意，别忘了一起（拍拍手，跺跺脚，大声笑）。］

这首歌谣又名《假如幸福的话就拍拍手吧》，是一首脍炙人口的西班牙儿童歌曲，整首歌曲充满活泼、欢快、跳跃的情绪，深受人们的欢迎及喜爱，传唱度广，后来经过编译，泰文版的《幸福拍手歌》成为了泰国现代社会最受欢迎的儿童游戏歌谣之一。

五 结语

通过对壮、泰语童谣的共同特性进行阐释和比较，可以发现壮、泰语童谣无论是在内容、形式、内涵和发展上都存在着相似之处，其中甚至可以找到很近似的童谣。但另一方面，不可否认的是，经过长期的历史发展，由于语言、社会制度、风土人情、宗教信仰、外来文化等诸多影响，壮、泰语童谣又存在着很多差异之处，这尤其体现在它们的形式和民族文化内涵上。壮、泰历史上有着千丝万缕的联系，对他们"群相习，代相传"的童谣进行比较研究，将使我们能更深刻地理解壮、泰文化的渊源及其异同，有利于促进双方民族文化的交流与互动，也有利于构建中泰双边和谐的文化生态。

---

① ชัยวัฒน์ เหล่าสืบสกุลไทย . เพลงเพื่อการสอนและการจัดกรรมนันทนาการ ［M］. สำนักพิมพ์แห่งจุฬาลงกรณ์มหาวิทยาลัย, 2006. (［泰］猜业方·楼示沙古泰：《教学和娱乐活动歌谣》，朱拉隆功大学，2006 年。)

"一带一路"背景下中国—东盟艺术交流合作的困境与出路

谢仁敏　赵海泉[*]

摘　要：在现有的双多边机制、区域合作平台下，中国—东盟在"一带一路"愿景中积极开展艺术合作，不断拓展交流空间、深化合作内涵、提升区域效益。当然，由于复杂多变的全球化局势影响，中国与东盟的艺术合作也难免受到冲击，遭遇一些困难。如何克服困难，创新中国—东盟艺术交流合作路径，共同创建"更大范围、更高水平、更深层次"的艺术创作、展演、教育共同体，推动区域传统艺术保护、文艺复兴以及艺术产业发展，依然是一项长期任务。

关键词：中国—东盟；艺术交流合作；困境；出路

"一带一路"致力于打造一个"开放、包容、均衡、普惠"的区域经济合作架构，通过积极推进基础设施建设和构建互联互通网络，在沿线国家开展"更大范围、更高水平、更深层次"的区域合作，并以"政治互信、经济融合、文化包容的利益共同体、命运共同体和责任共同体"为最终目标。作为"好邻居、好伙伴、好朋友"，中国与东盟诸国先后签署了《联合宣言》《中国与东盟全面经济合作框架协议》《中国与东盟争端解决机制协议》《服务贸易协议》等一系列协议和合作框架。开启对话二十多年来，初步实现了从合作意愿到实质建

---

[*] 作者简介：谢仁敏，广西艺术学院人文学院副院长、教授。

设的阶段跨越,在政治、经济、外交和文化等领域交流合作不断深化。而艺术领域作为双多边交流合作中的重要组成部分,其在经济全球化、区域一体化、文化多样化语境下的任何一个大举动都可能深刻影响到区域文化生态环境的维护与国际文化合作的发展,因此构建长期、稳定、可持续的运行机制也就显得尤为重要。

一 中国—东盟艺术交流取得丰硕成果

中国与东盟国家或山水相连,或隔海相望,双方艺术交流历史悠久。特别是随着中国改革开放深入推进、国家经济实力提升和文化事业日渐繁荣,本着加强沟通、增进互信、密切合作、互利共赢的宗旨,开启了双方关系的新篇章。近10年来,先后签订了《南宁宣言》《中国—东盟文化合作谅解备忘录》《中国—东盟文化产业互动计划》《中国—东盟文化合作行动计划》等文件,为中国—东盟文化艺术交流奠定了基础。特别是2013年以来,习近平主席在印尼国会发表题为《携手建设中国—东盟命运共同体》的重要演讲,在"讲信修睦、合作共赢、守望相助、心心相印、开放包容"理念的引领下,中国与东盟艺术交流迈入新的阶段,交流合作空间得到新的扩展、内涵日益加深、效益逐渐凸显。

(一)交流空间得到扩展

中国与东盟艺术交流,从历时性来看,传统文化、现代艺术交相辉映;从共时性来看,人才培养、艺术创作、文化保护、产业发展等多项议题相得益彰。交流空间的扩展,并非单单是舞蹈、音乐、美术、戏剧等艺术类型交流合作范围扩大,也不仅仅是写生采风、展演展览、交流推广等的交流合作形式的多样化,其最直接、最深远的影响是将原本偶发性、单一性的交流活动推向常态化和综合性。当前,以中国—东盟博览会为基础平台,以中国—东盟文化论坛、中国—东盟戏剧周、南宁国际民歌艺术节等品牌项目为重要支撑,以"欢乐春节"、《碧海丝路》等专题活动为辅助,共同构建了一个常专兼具的平台。其中,中国—东盟博览会已经成功举办14届,中国—东盟文化论坛已经成功举办12届。中国成为东盟国家留学的重要目的地,双方留学人员目前超过了

20万。① 与此同时，中国文化部也通过国家艺术基金平台，加大面向东盟的艺术创作、传播的项目资助，而由行业协会、艺术团体、艺术家或文化企业等发起的"中国—东盟艺术双年展"、《吴哥的微笑》等项目的亦影响日渐扩大。纵观各项活动举办的频次、规模、规格、主题、主体，中国—东盟之间的艺术交流业已形成日常与专项活动共存、政府与民间多方互动的常态化和综合性局面。

（二）交流内涵日益加深

在艺术交流过程中，范围扩大、形式多样是针对审美方式单一化、沟通渠道不通畅的弥补措施使然，而内涵加深则是突破表象的形式，在常态、稳定的交流机制下达成中国与东盟之间的艺术人文精神的观念共识，引发对区域艺术以及艺术交流的深度思考，进而倒逼交流各方创新思路，寻找问题解决方案以实现区域艺术的进步和繁荣。概言之，中国—东盟区域艺术价值观念所含民族性和现代性的意涵，是基于艺术符号多样性和传播渠道通畅性的关于"人的主题"和"艺术自觉"② 表征，其指向则是从以技为主到以人为本、从交流合作到区域共识的转变意愿。二十多年来，"中国与东盟关系已发展成为东盟同对话伙伴关系中最具活力、最富内涵的关系之一"。③ 随着双方交流合作的不断深入发展，在文化艺术领域呈现出了一大特点：具有原创性的艺术精神在传统文化的现代化转化中被抽象出来，使得人文脉络居于区域性传统艺术保护、传承和发展的议题中心。这种具有共同利益指向的深层次对话，无疑使双方的文化传承与创新超脱了艺术之于技艺的原初对比，进而有利于疏解民族独特性与国际标准化、现代人文性与传统工具性等方面的多元对立。中国—东盟区域间这种"艺术自觉"推动艺术交流内涵加深，其实质就是在众多交流活动中既激发民族艺术意识的觉醒，也在交流碰撞中达成艺术融合与创新，进而逐渐凝聚和生发出对区域文化艺术的自信。

---

① 黄溪连（中国驻东盟大使）：《中国和东盟携手迈入新时代》，新加坡《联合早报》2018年2月3日。另，广西教育厅统计，"十二五"期间，广西深入开展面向东盟国家的教育交流，打造中国—东盟教育交流合作新高地，已成东盟国家学生出国留学首选地，到广西学习的东盟留学生目前高达37346人。《广西成东盟留学生出国留学首选地》，中国新闻网，http：//www.chinanews.com/df/2015/12 - 29/7693703.shtml。

② 李泽厚：《美的历程》，广西师范大学出版社2000年版，第85页。

③ 黄溪连：《中国和东盟携手迈入新时代》，新加坡《联合早报》2018年2月3日。

（三）交流效益逐渐凸显

艺术交流的经济效益与社会效益往往彼此融合、互显共生。"一带一路"下，艺术交流的经济效益既隐于快速增长、日益开放的中国市场，也呈现于高度的互联互通性所促进的对东盟艺术资源的探索与开发之中。譬如由中柬艺术家共同编创的驻场演出《吴哥的微笑》，不仅有效保护、传承柬埔寨的传统艺术，还通过促成传统文化创造性转化来打造艺术品牌、培育艺术产业、开拓艺术市场，进而提升艺术产业竞争力来有效应对全球化趋势对传统、本土文化艺术的冲击。虽然由于艺术产业方兴未艾，以及统计口径的差异，中国与东盟之间艺术交流的经济效益暂时难以用生产、贸易、消费等方面的数据直观表达，但是诵过艺术交流与合作有效促进区域进步、文化创新、社会发展的成效则不容小觑。例如，在"红铜鼓"中国—东盟艺术教育成果展演中，成果共享不仅仅限于平面、简单的艺术展示，而是通过展演将更深层的艺术教育理念、艺术创作精神寓于超越国界的艺术语言之中，从而推动交流各方在了解自身艺术教育实力、找准国际艺术人才培养方向的基础上，通过高层次的交流互访、专业化的研究探讨、实质性的落地合作等多措并举，有力推动了区域艺术教育的改革和艺术观念的创新。

二 当下中国—东盟艺术交流合作的若干困境

尽管"一带一路"尤其是覆盖东南亚国家的"21世纪海上丝绸之路"愿景和行动致力于打造中国与东盟双多边"政治互信、经济融合、文化包容的共同体"，并基于传统地缘、亲缘优势，中国与东盟在艺术交流合作方面已经取得诸多实质性的进展，但是受到复杂多变的全球化局势和发展问题严峻的各国现实深刻影响，中国与东盟之间的艺术交流与合作依然存在不少困难、障碍需要克服和逾越。

（一）交流机制仍不够健全完善，不利于形成可持续的长远发展

虽然经过多年努力，中国与东盟当前已经实现了艺术生互派、艺术家互访、艺术作品互展、艺术团体互助，并涌现"文化年""艺术周""教育年"等特色项目，但是涵盖多维关系的机制缺失使得在实际的参与主体之外，未能在民间或非专业人群中实现艺术观念深植，不利于形成持续性的影响。

首先是官方与民间之间的沟通融合机制仍有待健全完善。中国与东盟之间艺术合作当前以官方主导模式为主，这与特殊的地缘政治关系相适应，推动力度大、见效快，但也极易受政治关系的直接影响与制约。值得注意的是，美、法、日、韩等国在东盟复杂多变的政治局面中，始终与东盟保持相对良好的艺术交往与合作，其一大秘诀便是得益于稳固、畅通的民间沟通机制，这方面值得我们认真研究借鉴。

其次是传统与现代之间的创新融合机制还未能有效运作。传统艺术与现代文明之间、发达地区与后发地区之间，存在的差距和隔阂其实是个全球性问题，有待创新融合机制加以调解。如何在全球化、现代化的大潮之下，一方面杜绝故步自封，一方面做好民族艺术保护、传承、创新与发展，树立文化自信，避免传统、特色的丧失，这些都需要创新交流机制来消除国际间艺术交流与合作会对本土艺术造成负面影响的顾虑。

（二）交流方式依然不够优化，不利于合作交流内涵的深化

合作与交流方式不够优化，并非指艺术领域中舞蹈、音乐、美术、戏剧等艺术类型在交流中所占比重的问题，而是存在一些过于追求大规模、大场面项目的现象，以形式多样的表象掩盖意涵创新的不足；另一方面，则是忽视艺术的大众化、通俗化，过于强调作品的小众化、精品化，未能充分激发群众参与的积极性，使得交流面过窄、互动性过低；还有一些过于追求直观、短期的经济利益，以牺牲价值理想来实现产业化的目标。如此等等，显然都不利于渠道拓展、内涵加深、互信认同，从而有碍于双方交流合作的发展与深化。

（三）文化文艺的特殊性，使交流合作易受多方制约与影响

在实际交往中，我们不能忽视东盟对中国"一带一路"以及艺术交流推进所存的一些误解和疑虑，其主要表现可大致归纳为"邻而难通，用而难信、近而难亲"。缘何造成东盟对中国误解和疑虑？在双多边交往中，尤其是关涉价值观念和精神领域的文化艺术交流，影响因素从来不仅仅是区域文化异质性问题，还牵涉历史遗留、地缘政治、国际关系、时代主题等多个方面。

一是邻而难通。山水相连使得中国南方与东南亚地区气候相似、东南半岛国家深受佛教和儒家文化的影响，中国与东盟各国在国土相接的地区民族同源、文

化同根,在隔海相望的地区不少是宗教同流、民俗同风。但尽管如此,自然和人文的双重通约性依然不易通过由生活习惯衍生的建筑、音乐等艺术,或由儒家文化衍生的书法、传统绘画等艺术在中国与东盟间找到广泛认同的最大公约数。艺术交流"邻而难通",既有客观因素隔膜,也有主观认同偏差,这也成为交流实务中的一大障碍。

二是用而难信。随着区域经济一体化程度发展,部分东盟国家缘于区域政治、经济地位的诉求而产生的民族主义与地区主义有加深的趋向。民族主义,尤其是对艺术资源保护、开发、传播的民族主义,对外排斥有某种内在规定性,往往会自觉或不自觉地将文化艺术安全与政治、军事安全挂钩,并夸大其作用。而地区主义则表现于要构建具有竞争力的共同市场的诉求,一方面对中国具有互动合作的强烈需求,另一方面艺术交流不可避免涉及政治、经济而又心存疑虑。因此,这种带有保守特质的竞争观念,使东盟之于中国艺术交流用而难信,成为双多边交流合作的又一障碍。

三是近而难亲。东盟之于中国的"近而难亲"主要体现在:一方面希望接近中国,共享中国经济快速增长所带来的实惠,搭乘发展的便车实现共同繁荣;另一方面又希望将"一带一路"所倡议的互联互通限于经济领域,并在文化、思想等方面严防所谓的中国"渗透式影响",这或多或少会影响到中国—东盟之间文化艺术的交流深化与发展。

此外,语言文字等方面的阻隔、专业人才培养和储备的相对滞后等,也会影响到双方合作交流的深化。现代国际文化艺术的合作与交流,是一门专业性、技术性、创新性、协同性、系统性都很强的工作,要求一大批高素质的复合型人才参与运作,针对东盟国家文化艺术合作交流的人才培养、引进和储备等方面的建设工作相对滞后,难以适应新时代发展的要求,也是成为影响当下中国—东盟文化艺术交流合作的又一障碍。

三 推进中国—东盟艺术交流合作的出路

造成中国—东盟艺术交流合作困境的原因多种,要克服困难逾越障碍,找到中国—东盟艺术交流的出路,则需要明确定位、理顺思路、创新机制、消除疑惑,并在此基础上构建中国与东盟"更大范围、更高水平、更深层次"的艺术创作、展演、教育、改革共同体，实现区域传统艺术保护、文艺复兴以及艺术产业的繁荣发展。

（一）明确定位

开展区域间双多边艺术交流，首先需要找准艺术交流自身、主体以及具体措施的位置，明确核心定位，并以此来指导和规范交流项目和行为。

1. 核心定位：相通但不相同。"一带一路"是在区域互联互通基础上关于"利益共同体、命运共同体和责任共同体"的构建。一般而言，互联互通指的是公路、铁路、港口和机场等交通基础设施建设，而文化艺术领域的互联互通重点在"人心相通"，其要求是双方或多方在以开放的姿态、共享的心态和发展的形态所构筑的对话语态中展开艺术交流与合作。并且，相通的同时也重视"不同"：既包括宏观层面，如国家性质、政治主张的不同；也包括中观层面，如宗教信仰、风俗习惯的不同；还有微观层面，如文化类型、艺术风格的不同；以及实务层面，如民族众多、文化各异、区域发展程度不一的中国与东盟之间所确立的保护区域文化多样性的基本原则等。相通但不相同的核心定位，旨在通过相通所包含的互信、存异所包含的尊重来消除东盟国家的困惑和疑虑，为中国与东盟艺术交流定下"美美与共、和而不同"的基调。

2. 实施定位：主推但不主导。中国主推与东盟的艺术交流，一是体现出中国面对区域构建文化对话机制的积极性，积极推动与东盟国家开展双多边艺术交流，实质是继续扩大和深化开放、共享领域，拓展区域共识与合作空间。二是面对传统文化艺术保护、传承和发展的历史任务时敢于担当责任，与1998年亚洲金融危机之于东南亚各国经济的担当一致，中国作为负责任的大国，主动面对艺术尤其是文化遗产保护面临的困难。三是在具体交流合作事务中，基于"东盟内部领导权的缺失、各成员国发展层次的巨大差异对东盟协商一致的能力带来挑战"，[①] 中国适时、合理进行外部性协调和机制性补充。换言之，中国主推但不主导与东盟之间的艺术交流，与东盟共同构建开放合作的框架，并在这个框架中发展和创新区域艺术交流合作的"东盟方式"，在充分尊重各国、各民族文化主

[①] 季玲：《国际关系中的情感与身份》，中国社会科学出版社2015年版，第159页。

张的基础上协同行动，共促文化艺术繁荣。

　　3. 目标与原则定位：平衡但不平均。平衡既是指中国与东盟之间综合性平衡关系的构建，又指区域文化生态平衡的保持。尽管中国之于东盟各国是平等的，但是不论从人口、面积还是经济发展等方面上看，中国是一个大国，尤其在与东盟国家单独进行双边交往时，中国之于其他国家的大国形象尤为明显。而在具体的国际关系中，随着中国综合国力的不断增强以及在国际事务中发挥越来越重要的作用，东盟国家的身份和心理的自我建构难免深受这种力量比较的影响。"中国威胁论"之所以存在，很大程度上就源于小国对中国的心理恐惧，"大国即使什么也不做，仅仅是权力格局失衡的状态本身就足以导致小国产生这种恐惧的心理失衡状态"。[①] 那么在中国与东盟的艺术交流中，构建以消除其他国家疑虑、克服交往障碍的综合性平衡关系尤为重要。综合性平衡关系包含两个层面的内涵：一方面是相对于政治、经济和外交领域平衡；另一方面是在艺术领域内部包含传统与现代、教育与创作、本土与国际的平衡。对于领域平衡而言，如果说政治、经济、外交方面的交往是为了保持各国政府间相互依存中的合法权益，那么艺术的交流则更多是基于非官方组织专业化、常态化的接触以提升各国的依存度与平衡性。例如，2017 年 3 月，广西艺术学院、中国—东盟中心和东南亚教育部长组织高等教育与发展区域中心联合发起由 19 所中国和东盟国家高水平艺术院校在南宁成立的"中国—东盟艺术高校联盟"，作为非政府组织，联盟的宗旨是培养人才、科研创作、繁荣艺术，多措并举在区域内有效整合艺术资源、优化合作结构、深化人文内涵。可以预见，鉴于该联盟合作框架的专业性，不仅有利于促进中国与东盟之间的艺术教育、创作、人才培养的综合性平衡关系，还因为广泛覆盖和多维接触而有利于维护区域文化艺术生态平衡。

　　不平均不是放弃对均衡或平等的追求，而是无论是优惠政策投放还是发展措施制定都无法做到绝对平均，中国与东盟区域内部不仅各国之间经济能力不相一致、艺术水准参差不齐，即便是相同国家、相同历史的艺术形式之于不同的语境，其价值也难以一成不变。之所以确立不平均的交流原则定位，旨在有重点、

[①] 季玲：《权力格局的失衡与心理调适——中国东盟关系中的信任问题》《南洋问题研究》2012 年第 1 期。

有层次地推进艺术交流与合作,并从中确立"关键的变量不在于物质性的地理或人口因素,甚至也不是生产能力,而是互动的程度和模式"。①

(二)理顺思路

创建"更大范围、更高水平、更深层次"的艺术创作、展演、教育共同体的愿景,需要专业化的交流形式、现代化的交流主张、产业化的交流方案、国际化的交流蓝图等多方面支持。然而在具体的交流合作事项之中,则需要以适宜的力度、合理的节奏、恰当的层次以及平稳的步骤推进艺术交流,这就需要理顺从保障质量、塑造品牌到专业化联盟,从保护传统、促进创新到现代化转化,从人才培育、专业研究到艺术产业化及其管理,从立足本土、面向区域大到迈向国际化,从短期访问、常规接触到常态化交流合作,从个别项目、单一领域到综合化合作等一系列思路,保障艺术交流合作发展的科学性和可持续性。

1. 理顺"质量—品牌—专业化"的思路。以高质量、高水准的艺术作品和创作能力作为交流的基本保障,并基于此积极打造影响力大、知名度高的品牌项目,最终依靠自身的专业化优势实现高层次、可持续的艺术合作。譬如外交部分别于2012年和2014年在各大高校建立了30个"中国—东盟人才培训中心",成效初显——在竞争中各家各显神通,愈加重视各自艺术人才培养的独特性和专业化程度,并逐渐打造自身的拳头品牌产品。以广西艺术学院为例,2012年"中国—东盟艺术人才培训中心",承担中国—东盟艺术人才发掘、培训等交流事务,目前已培养了东盟艺术人才300多人,涌现了杜氏清花(越南)、陈永馨(马来西亚)等一批知名艺术人才。② 在提升质量、塑造品牌和致力于推动专业化方面做出了有益探索。

2. 理顺"传统—创新—现代化"的思路。在全球化时代,中国与东盟共同面临传统艺术保护、精神价值冲突和文化实力薄弱等挑战,如何推动本土传统艺

---

① [美]布兰特利·沃马克、赵洋:《中国·东盟和亚洲中心的再定位》,《世界经济与政治》2017年第7期。

② 杜氏清花,越南人,2013年获得"广西政府东盟国家留学生奖学金",到广西艺术学院就读声乐专业,被誉为"越南百灵鸟",在中国留学期间,学会了《我爱你,中国》《春天的芭蕾》《玛依拉变奏曲》等众多脍炙人口的歌曲。2017年11月9日,习近平主席在越南《人民报》发表题为《开创中越友好新局面》的署名文章中点名称赞了杜氏清花,称其为双方文化艺术交流的积极推动者。陈永馨,马来西亚华裔,参加《中国好声音》第三季,晋级小组四强。

术与国际现代文化接轨、使之既能保有自身特色而又不失现代意蕴？就此而言，推动传统艺术保护、文化遗产传承不仅为了寻找隐于历史渊源之中的文化基因，还在于透过传统文化存续的问题探视艺术内涵现代性和价值创造性转化的现实合理性和可行性。那么，中国关于在传统文化创新的议题之中寻绎艺术现代化依归的主张，其实也包含了现实合作中区域文艺复兴的具体事务以及文化艺术产业发展的创新方案。因此，"传统—创新—现代化"思路，可成为中国与东盟之间艺术交流合作的共同基础，一起探讨和推动区域文明秩序重塑与发展这一宏大议题。

3. 理顺"创意—研究—产业化"的思路。当今社会，技术快速更迭，思想观念不断解构、重构，艺术边界不断消解、融合，业态形式不断消失、新生，在此背景下，文化创意、技术创新、产业培育成为当代艺术交流合作的一个重要主题。这也契合"一带一路"以经济为主推产品的发展思路，因此文化艺术及其产业化，在"一带一路"中应该发挥更大作用。

4. 理顺"本土—区域—国际化"的思路。对于艺术创作而言，有了本土作为立意本源，才容易使之保持独特风格；区域作为辐射的对象和吸纳的资源，则使其兼具丰富意味。如果说实现艺术的现代化是为了使其更具时代感，那么国际化则是通过广泛借鉴吸收其他文化的优点，来达成"越是民族的，就越是世界的"，并以此参与国际合作与竞争。创作国际化的深层意涵，其实是通过艺术展示方式参与国际化对话，在推送个体的艺术理念的同时促进人心相通。

此外，还有"短期—常规—常态化"的推进思路。以短期交流作为突破口，通过建立常规接触机制实现交流的常态化，从而破除偶发性活动所难以掌控的不确定性，有步骤、有层次、有节奏地深化交流，常态化是全天候的重要准备。另如"项目—领域—综合化"的思路，从重点项目出发，以优势学科或共识较强的艺术门类为支撑，最终实现各领域的全方位交流合作。

(三) 创新机制

精准定位为艺术交流提供了指导和限定，理顺思路则细致到具体的规划和措施，而要保障中国—东盟艺术交流合作的顺利实施和可持续发展，还需要不断推进运作机制的改革创新。

1. 创新交流机制。一是创新以艺术作品为中心,包含"政—民—校—团"的主体交流机制创新。以艺术普及、内涵推广为指向,充分调动政府、民间、高校、团体参与积极性。纵观近年广西艺术学院围绕优秀艺术作品和项目开展的"友谊合作之约——中国—东盟建立对话关系25周年纪念晚会"、越南国家歌舞剧院《和平的旋律》主题晚会、《丝路之约》汇报演出等,都涵盖政府、民间、院校和团体等各层次主体的艺术交流与合作。二是创新以艺术创作为中心,包含"礼—节—赛—展"的载体机制创新。例如,广西近年召集知名艺术家与三环、景德镇联合创作艺术陶瓷作为中国—东盟博览会国家政要和贵宾礼品,与"红铜鼓"中国—东盟艺术教育成果展演、广西国际教育展、"中国—东盟民族艺术创作与展演"等赛事展演,以及中国文化年、三月三等节庆活动,形成了立体式、全方位的交流形式。三是创新以艺术教育为中心,包含"访—训—育—研"的互动机制创新。多元互动形式能够充分发挥资源和特长优势,补偿单一交流形式的不足,也同时有利于克服推进层次不合理、互动不够深入的问题。艺术高校可以通过派送师生访学游学,或是对东盟艺术演员进行短期培训,或是积极参与国际艺术问题的专业研究,抑或是引进东盟优秀艺术人才等,通过多元互动机制的创新,使得与东盟的艺术交流以稳定、有序的状态持续推进。

2. 创新支撑机制。创新"核心平台—品牌项目—关联活动"的支撑机制,顾名思义,支撑机制旨在为艺术交流提供支撑保障,艺术交流活动稳定与否、持续与否,很大程度取决于支持相关项目和活动的平台是否稳固、坚定。例如,"中国—东盟艺术高校联盟"将建立"1+3+N"的中国—东盟艺术高校艺术分享机制。[①] 那么,在分享机制构想中,应当以"1"为核心依托,以"3"为品牌项目,而"N"为相关活动。[②] 在具体的艺术教育交流层面,则以"中国—东盟艺术人才培训中心"为核心,以中国—东盟音乐舞蹈研究中心、中国—东盟创意发展中心等机构为重点,辅以其他类型活动。容量大、综合性、制度化的核心平台,特色鲜明、优势突出的品牌项目,丰富多元、层次多样的关联活动,三者的

---

① 卢羡婷:《中国—东盟艺术院校院长圆桌会议发起"南宁倡议"》,新华网,2017-9-28 [2017-10-6],http://www.gx.xinhuanet.com/newscenter/2017-09/12/c_1121650669.htm。

② 其中,"1"是指中国—东盟艺术高校校长论坛,"3"是指中国-东盟音乐周、中国-东盟建筑空间设计论坛、中国-东盟舞蹈论坛三大学术论坛,"N"是指以联盟名义举办的区域艺术文化相关活动。

联合支撑，有利于保障长期稳定的艺术交流与合作。

3. 创新发展机制。交流和支撑机制立足当下解决艺术交流的现实问题，而发展机制则着眼未来领域扩展、双多边磋商、艺术教育改革等方面突破发展瓶颈。首先，要创新发展层次。单一门类、品牌项目的推送将难以为继，未来艺术交流将是由"点—线—面"综合门类结构而成，具有综合性、多样化特性的跨界融合互动；同时，政策优化、资金扶持、人才引进、资源投入都要在构建艺术共同体和推动区域文艺复兴的命题下重新规划布局，让民族艺术保护的责任感和现代价值创新的使命感成为促成未来艺术交流与合作的核心动力。其次，创新发展格局。艺术作为双多边接触的重要领域，在未来应该面向更广阔的政治、经济、文化和外交格局推介。在中国—东盟艺术交流与合作实践中，可以不断总结、丰富和拓展"散点联结、双边交流、多边协同"的互动经验，"扩大规模，优化结构，规范管理，保证质量"的建设经验，以及谋求区域内观念共识和推动国际文化话语权的协调与竞争等相关经验，通过进一步理论提升和实践检验，为新时代的中国—东盟艺术合作与交流提供参考借鉴。

（四）消除疑惑

针对长期以来阻碍双方交流与合作的"邻而难通，用而难信、近而难亲"的疑惑和困扰，则需要更多耐心、细心的工作，力争解除困惑，扫清障碍，促进艺术交流的深入开展。一是要避免行为失范，通过对自身行为的约束和合理规划来避免"走出去"的企业、艺术家或艺术团体的行为失范而触碰当地文化禁忌、破坏文化生态。二是要防范域外不良竞争，虽然文化艺术是在局势缓和、充分磋商、合作共赢的框架中施展魅力，但在中国—东盟共同体构建过程中从来不乏来自域外的搅局者，尤其是经济全球化的当今，难以用类似于经济领域的合法设定去规制第三方的行为，因此只能提高防范意识，维护交流成果。三是要端正地区群体态度，艺术交流虽然跨民族、跨地区、跨宗教，但始终要记取历史经验教训，保持不干涉、不妄议、不偏袒的中立态度，避免在参与国际文化事务中"吃力不讨好"。①

---

① 李晨阳：《对冷战后中国与东盟关系的反思》，《外交评论》2012 年第 4 期。

中国—东盟多年的文化艺术交流与合作实践证明，作为国际双多边交往的重要组成，艺术交流不会也无法以独立的形态，脱离于"政治互信、经济融合、文化包容的利益共同体、命运共同体和责任共同体"的框架之中。艺术交流与合作之于政治、经济、外交格局的一大价值体现，是通过艺术交流对由政治、经济实力所引发的不对称国际关系进行弥合，因为在艺术领域，并不仅仅依靠其体量大小的绝对值来衡量一个地区文化艺术实力的强弱，抑或从本质上而言，艺术并不以国力强弱作为其内在规定性。之所以能够借助艺术领域的不对称来弥合在政治、经济领域业已形成的不对称，是因为艺术内涵的丰富性和形式的多样性可以一定程度消解体量的影响，其直指人心、关乎生命体验的独特魅力，可以形成领域的某种比较优势。"一带一路"推动沿线国家的互联互通才刚刚开始，面对域外强敌环伺，中国与东盟之间战略伙伴关系的深化和发展仍旧充满机遇和挑战。为此，李克强总理提议制订"中国—东盟战略伙伴关系 2030 年愿景"，将"2 + 7 合作框架"升级为"3 + X 合作框架"，构建以政治安全、经贸、人文交流三大支柱为主线，多领域合作为支撑的合作新框架。如果说相对政治、经济、外交而言，承认艺术交流是有利于塑造中国与东盟的综合性平衡关系，那么则应当在现实合法利益的诉求下，努力构建"相似的多样性"和"相异的统一性"的艺术交流与合作格局，追求"和而不同，美美与共"，不断加大力度推进传统文化保护、艺术人才培养、科研创作、艺术产业发展等命题的探索，寻求双多边利益和价值创造的着力点，共同发力促进区域文化艺术的繁荣发展。

西南民族地区城镇化进程中的民族交往交流交融问题研究

——以靖西市为例

黎 燕[*]

摘 要：西南地区是我国少数民族最多的地区，西南民族地区的安全、稳定、发展与国家的安全、稳定及人民共同富裕紧密相关。城镇化既是衡量一个国家或地区经济发展水平的重要标志；也是衡量一个国家或地区社会组织程度和管理水平的重要标志；更是促进国家或地区经济发展的重要动力。伴随着城镇化进程，各民族间交往交流交融愈加频繁，各民族交往交流交融又会对城镇化产生影响。在分析西南民族地区的城镇化模式靖西市城镇化模式的基础上，以靖西市为例，探讨我国西南民族地区城镇化进程中的民族交往交流交融问题。首先分析民族交往交流交融的内涵与城镇化的内在联系，分析靖西市城镇化进程中民族交往交流交融的现状及存在问题，最后就如何促进靖西市民族交往交流交融提出具体措施及建议。

关键词：民族交往交流交融；西南民族地区；城镇化

一 引言

西南民族地区是我国少数民族最多的地区，呈现出民族种类众多、自然环境

---

[*] 作者简介：黎燕，中共靖西市委统战部干部。

复杂、经济发展滞后、社会发展不平衡、民族文化多样等特点。西南民族地区的安全、稳定、发展与国家的安全、稳定及人民共同富裕紧密相关。自西部大开发战略的实施以来，西南民族地区社会、经济得到快速发展，城镇化水平得到快速提高。城镇化是现代化的必由之路，推进城镇化是扩大内需和促进产业升级的重要途径，是推动区域经济发展的有力支撑，对我国加快小康社会建设和社会主义现代化建设具有重要意义。

但伴随着城镇化的进程，边疆少数民族人口向发达城镇流动加速，城镇地区吸引更多的移民，城镇化进程不仅使得少数民族人口向汉族所在地的发达城镇流动，同时还使得汉族人口进入少数民族所在地的发达城镇，使得民族间的交往交流更加频繁。城镇化已成为当前我国经济发展的重要引擎，民族的发展决定于民族经济的发展，因此民族地区的城镇化水平为民族经济交流的重要体现。民族经济交流不仅是民族生存的需要也是民族发展的需要。随着社会主义物质文明和精神文明建设的发展，随着平等、团结、互助、和谐的社会主义民族关系的完善和发展，以及民族间交流和了解的增多，汉族和少数民族、少数民族和少数民族间通婚的现象增多，其他方面的民族社会交流现象也会增多。伴随而来的是亚文化类别、强度增大，亚文化之间的对立和冲突增多。由农村进入城镇谋生的流动人员，多处于社会弱势地位，为生活所迫，寻廉价居所、靠打工摆摊为生，流动性强，生活希冀不高且生存条件脆弱，在生活、就业、社会保障等方面存在很多困难。少数民族流动人口更因语言、习俗、信仰等文化差异，适应城市生活存在更多的困难。为很快适应在新的社会环境生存生活，自发迁移进城的少数民族人口往往聚族而居，形成小的文化相同、习俗相近、互帮互助的社会关系密切的群体，而这种聚居形式又与周围社会形成相对隔离，使他们更难以融入迁入地社会与当地民众相互认识和彼此认同，容易发生社会交往障碍、利益摩擦，尤其是与民族风俗、宗教信仰差异相交织，其碰撞变得更为敏感。一些涉及不同民族个人间的经济纠纷、言行冲突，处理不当可能扩大为不同民族群体间的矛盾和冲突。因此，民族人口向城镇的流动带来的民族问题已影响城镇化的进程。如何处理好城镇化进程中民族交往交流交融已经成为城市民族工作的重点和难点。因此，对西南民族地区城镇化进程中的民族交往交流交融问题进行研究，不仅对当前我国西南民族地区城市民族工作以及西南民族地区的安全、稳定、发展具有重要的现实意义，还为我国其他地区城市民族工作提供借鉴参考。同时，加快和深化民族交往交流交融不仅是我国社会主义发展的本质要求，还能为民族地区城镇化发展保驾护航。

二 民族交往交流交融与城镇化内在联系

（一）民族交往交流交融的内涵

按照马克思主义历史唯物主义观点，交往是人类特有的存在方式和活动方式，生产活动是人类区别于动物的根本标志，是人类和人类社会存在和发展的基础；交往属于人与人之间的社会关系；交往起始于物质生产活动，又不仅仅存在于物质生产活动中，是以物质交往为基础的全部经济、政治、思想、文化交往的总和。民族交往是指民族与民族之间的接触、交流和往来以及族际关系的协调，是民族生存和民族发展的一种方式，是民族关系的表现形式，具有历史延续性和动态性。民族交往的内容涉及民族生存和发展所需的各领域、各方面的交流，涉及物质资料的生产、精神产品的生产、人类自身的生产（即民族生命群体的延续），或者说涉及社会物质文明、精神文明和政治文明。民族交往交流是民族发展重要的一环，也是民族发展的一种动因和形式。民族只有在纵向质的演进和横向量的扩展过程中，实现其政治、经济、文化、社会的全面发展。民族发展无论属于常态的，还是属于异态的、跳跃式的发展，都是在实现民族交往交流活动中实现。具体来说包括经济、政治、文化、社会领域的交流。因此，民族交流是民族交往的实在内容，是民族关系涉及的领域和内容。民族交融是当前我国社会主义发展的本质要求。2014年9月28—29日，习近平总书记在中央民族工作会议暨国务院第六次全国民族团结进步表彰大会上指出："要正确认识我国民族关系的主流，善于团结群众、争取人心，加强各民族交往交流交融，创新载体和方式，用法律来保障民族团结，坚决反对大汉族主义和狭隘民族主义，让各民族在中华民族大家庭中手足相亲、守望相助。"加快和深化民族交往交流交融是实现民族融合的必经之路。

（二）民族地区城镇化与民族交往交流交融的内在联系

城镇化水平已经成为衡量一个国家和地区经济发展水平的重要标志，也是衡量一个国家或地区管理水平与社会文明程度的核心标准。但是民族地区城镇化进程的一个重要方面就是加快少数民族流动人口向城市的流动速度。2000年到2010年的10年间，我国城市少数民族人口由1242.2万人增加到1773.3万人，提高了42.7%，占城市总人口的比重提高了0.2个百分点。少数民族城市人口的快速增长，与人口流动有关。但同时，少数民族的城镇化进程仍相对较慢，2000年到2010年的10年间，全国市镇人口的比重由6.9%提高到50.3%，少数民族市镇人口比重由23.4%提高到32.8%，其差距由13.5个百分点提高到17.5个百分点。在大量的边疆少数民族人口进入内地城市的同时，也有大量的汉族人口进入少数民族地区的城市，新疆就是近几十年人口流动的热点地区之一。伴随着西部地区资源的开发，棉花、粮食、石油石化、煤炭等基地建设以及沿边城市开放战略的实施，市场经济快速推进，新疆流动人口的规模不断扩大。乌鲁木齐作为新疆的首府城市，流动人口的数量也最为庞大，2005年登记流动人口38万人，2009年约64万人，2013年登记在册的流动人口达110多万。除了外地汉族流动人口大量流入新疆，南北疆的大量少数民族人口也向经济发展水平较高的乌鲁木齐、昌吉、克拉玛依等地流动。各民族人口流动不可避免地使得人们的生活方式在某些方面趋同，也使人们面临因城乡文化差异带来的城市社会文化适应问题，需要克服民族文化差异性所带来的就业、社会交往、生活、学习、心理和文化适应等问题。使得少数民族同胞在民族情感上抗拒城镇化进程，这成为导致城镇化进程在民族地区推进较慢的原因之一。因此，城镇化进程与民族交往交流交融的内在联系具体体现为以下两个方面。一是城镇化进程加速各民族间的交往交流。城镇化进程不仅使得少数民族人口向汉族所在地的发达城镇流动，同时还使得汉族人口进入少数民族所在地的发达城镇，使得民族间的交往交流更加频繁。城镇化已成为当前我国经济发展的重要引擎，民族的发展决定于民族经济的发展，因此民族地区的城镇化水平为民族经济交流的重要体现。民族经济交流不仅是民族生存的需要也是民族发展的需要。随着社会主义物质文明和精神文明建设的发展，随着平等、团结、互助、和谐的社会主义民族关系的完善和发展，以及民族间交流和了解的增多，汉族和少数民族、少数民族和少数民族间通婚的现象增多，其他方面的民族社会交流现象也会增多。二是民族交往交流交融效率明显制约城镇化的进程。民族地区城镇化在促进少数民族流动人口的交往交流交融的同时，不可避免地会使人们的生活方式在某些方面趋同，也会使人们面临因城乡文化差异带来的城市社会文化适应问题，这就需要克服民族差异所带来的各种矛盾纠纷等问题。少数民族在社会经济发展过程中产生一些抵触情绪影响城镇化进程，这也是为什么城镇化进程在民族地区推进较慢的原因之一。因此，加快和深化民族交往交流交融不仅是实现民族融合，解决民族问题，完善城市民族工作的重要举措，也是加速推进民族地区城镇化，引领民族地区经济发展的现实选择。

三 靖西市城镇化进程中民族交往交流交融的现状及存在的问题

（一）靖西市城镇化进程中民族交往交流交融的现状

尽管西南民族地区的城镇化进程受到自然、社会、经济技术等条件的影响，如经济相对落后、生态环境恶劣、基础设施薄弱、教育水平低下、交通条件不便等的制约，西南民族地区的城镇化进程具有共性的一面也有其不同的发展模式，主要表现为边境贸易推动型的城镇化模式、旅游产业带动型的城镇化模式、工业发展助推型的城镇化模式和畜牧业发展带动的城镇化模式四类。

靖西市城镇化进程具有西南民族地区城镇化模式的典型特征。一是靖西市地处广西西南边陲，山水生态宜居，有"小桂林"之称，具有丰富的旅游资源，党委、政府也高度重视发展旅游经济。境内有古龙山漂流、通灵大峡谷、渠洋湖等著名景点，当地也形成了旅游产业带动型的城镇化模式。二是靖西与越南山水相连，边境线长152.5公里，有龙邦国家一类口岸、岳圩国家二类口岸和龙邦、岳圩、新兴、孟麻等4个边民互市点，是百色对外贸易桥头堡和大西南通往东盟各国的重要陆路通道，近年来边境贸易规模不断增加，形成边境贸易推动型城镇化模式。三是矿产资源富集，市域探明有铝土、锰、硫铁等18种矿产品，这为靖西工业发展奠定坚实基础，铝锰工业成为当地重要的工业，在地方经济发展中扮演着顶梁柱作用，围绕铝锰工业，形成工业发展助推型城镇化模式。

随着靖西城镇化的快速发展，城镇化率由2010年的25.3%增加到2015年的35.6%，提高了10个百分点，各民族交往交流交融得到空前发展。目前全市总人口654351人，有壮、汉、苗、瑶、回、满、侗、京、土家、蒙古、毛南等11

个民族，有壮、汉、苗、回等 4 个世居民族，少数民族人口占总人口的 99.6%。在总人口中，有流动人口 104786 人。其中，流出人口 99239 人，分布在广东、福建、浙江、海南等省。流入人口 5547 人，来自北流、天等、大新、德保、田阳等区内县（区），以及山东、浙江、福建、湖南、四川、贵州、云南等区外省区。境内从事非农产业人口占总人口的 30%，城市少数民族人口从事行业门类齐全，从事第二、三产业人口占就业总人口比重不断提高，以制造、建筑、交通运输、住宿餐饮、批发零售、旅游边贸、居民服务等行业居多，农村进城少数民族人员以从事务工经商为主。党委、政府还非常重视民族文化建设，不断完善社区公共文化设施；挖掘和保护传统民族文化，绣球、壮锦列为国家级非物质文化遗产，提线木偶、壮族末伦、南路壮剧等 3 项列为自治区级非物质文化遗产；打造《抬台阁》等民族文化精品，开展民族文化巡演，丰富市民精神生活，靖西被评为广西首批特色文化产业示范市。深入实施"爱民固边"行动，建成民族团结进步示范屯 11 个，化峒镇力行村荣获广西第七次民族团结进步模范集体和第六次全国民族团结进步模范集体荣誉称号。突出典型民族特色建筑、民族文化元素，打造龙邦大漠苗寨等一批少数民族特色村寨，新靖镇旧州街被国务院命名为首批中国少数民族特色村寨。

靖西市先后被自治区、国务院命名为全区、全国民族团结进步创建活动示范单位。靖西各族人民坚持中国特色解决民族问题正确道路，依法管理城市民族事务，以保障各民族合法权益为核心，以做好少数民族流动人口服务管理为重点，以推动建立相互嵌入社会结构和社区环境为抓手，推进城市民族工作制度化、规范化、精细化，让城市更好接纳少数民族群众，让少数民族群众更好融入城市，有力促进各民族交往交流交融，为推动中华民族一家亲、同心共筑中国梦作出新的贡献。全市呈现经济快速发展、社会全面进步、民族和睦相处的良好局面。

（二）靖西市城镇化进程中促进民族交往交流交融存在的问题

城镇化水平的快速提高，促进了靖西市人口流动和民族交往交流交融的深化的同时，也给靖西民族工作开展带来挑战，如城镇民族管理机制不健全、社会经济交流的加速使得新的民族问题不断涌现。

1. 城市民族工作管理机制不健全。

完善城市民族工作管理机制是城市民族工作的重点和难点。由于城市少数民族流动人口居住分散,流动性大,总流动人口104786人中,流出人口达99239人,管理机制不健全等原因导致少数民族流动人口管理服务难度较大。民族部门掌握的情况与公安户籍部门登记情况不吻合,以治安管理为重,缺乏服务意识,没有真正把少数民族流动人口从流动人口大军中区别开来,管理部门也是自行其是,难以形成合力。

2. 城市民族工作范畴有待扩展。

随着城市化进程的加速推进,少数民族流动人口的日益增加,社区民族工作的范围扩大、对象增多,落实少数民族流动人口的权益保障、利益共享和民族政策已成为城市民族工作的重要内容。当前靖西市下辖19个乡镇282个行政村9个社区,再加上少数民族流动人口民族语言文化、风俗习惯和宗教信仰等方面存在差异,对服务管理工作提出了更高的要求。由于城市少数民族人员居住比较分散,人数少,容易被忽视,而且从事的职业种类较多,工作开展难度很大。有些部门对城市民族工作认识不够,对民族工作的性质、内容理解片面,不同程度地存在着忽略的现象。

3. 民族意识的增强引发的民族问题。

随着靖西撤县设市以及经济的快速发展,大批外省的少数民族群众来此务工、经商,如在街头可见新疆维吾尔族人在卖羊肉串、哈密瓜等。而一些壮族、侗族、瑶族、苗族群众到广东、福建、浙江、海南等省务工,或者在新疆、宁夏卖壮族的绣球。这种人口的双向流动,使得靖西市人口特点形成你中有我、我中有你的人口分布新格局,促进了各民族的交往交流交融。但一些世居少数民族受个别民族政策研究专家观点误导,以本民族自尊心和自豪感为主要内容的民族意识逐渐膨胀起来,要求改变现行的各民族间的利益分配和民族关系格局。如一些少数民族新的社会阶层人士在自己的经济地位提高后,就渴望能把自己的政治待遇和社会地位提高,同时拥有反映本民族意愿或自身社会地位、自身愿望要求、自身利益的诉求渠道。

4. 经济发展落后影响民族团结。

1979年对越自卫反击战第一枪在靖西打响,全市人民为捍卫祖国领土完整和民族尊严作出了巨大牺牲。当全国在进行改革开放的时候,靖西人民仍肩负着保家卫国的重任,开展经济建设比全国其他地区足足晚 10 多年。使得靖西民族经济发展基础薄弱,发展水平滞后,少数民族的生活水平低。当前靖西市经济发展面临的矛盾和困难表现在:经济增长的资源环境代价过大;城乡、区域、经济社会发展仍然不平衡;特别是经济增长中的资源环境代价及区域发展不平衡问题,成为靖西市矛盾焦点,这些社会层面的矛盾有可能会深深地埋在一些少数民族学生心中,有可能会转化为对汉族学生的不满和偏见,影响当地民族团结。

四 靖西市城镇化进程中促进民族交往交流交融的相关措施及建议

(一)增强国家观念和中华民族意识,巩固交往交流交融的思想基础

教育各族群众牢固树立"三个离不开"思想,不断增强"四个认同",树立正确的国家观、民族观、宗教观、历史观、文化观。加强青少年思想道德教育,加强意识形态安全建设,旗帜鲜明地反对极端民族主义、民族分裂主义,对极少数蓄意挑拨民族关系、破坏民族团结的犯罪分子,坚决依法打击。加快少数民族聚居区公共文化服务基础设施建设,建设一批标志性民族文化设施,争取上级支持靖西新建民族博物馆、陈列室和非物质文化遗产展示基地。鼓励少数民族文艺作品创作,开展少数民族文艺演出活动。

(二)优化城市民族公共服务体系

大力实施城市少数民族聚居区重大基础设施、基本公共服务设施、生态保护工程建设,优先规划一批交通、信息、能源、科技、环保、防灾减灾等项目,坚持政策优先落实、项目优先安排、资金优先倾斜。进一步做好城市规划布局,深入推进扶贫生态移民工程,改善少数民族群众居住环境。贯彻落实《左右江革命老区振兴规划》,加快沿边开放开发试验区、边境经济合作区、跨境经济合作区、沿边金融综合改革试验区、中越合作产业园区建设,加快构建沿边开放经济带。加快产业结构调整,挖掘创新潜力,促进工业化、农业化、城镇化、信息化协调互动发展。着力提高公共服务水平。支持教育事业优先发展,提升医疗卫生服务保障能力。

（三）提高城市民族事务管理能力。

以活动为载体，以座谈交流为手段，以制度为保障，以社区为阵地，在各族群众中广泛开展党的民族政策和法律法规教育。充分尊重少数民族风俗习惯。在接受、认可并尊重的基础上，开展好对少数民族群众服务管理工作。把保障和改善民生放在突出位置。把维护和发展少数民族群众的根本利益作为城市民族工作的出发点和落脚点，努力改善少数民族困难群众的生产生活中的难点问题。进一步加强少数民族流动人口服务管理。建立少数民族流动人口综合信息平台，实行跨地区、跨部门、跨系统的"综合采集、集中管理、共享应用"。健全城市民族工作协调机制，切实加强和改进社区民族工作。建立社区服务中心，为社区少数民族群众提供民族事务、法律咨询、就业指导、权益维护、帮困扶贫等便捷优质服务。完善工商管理、城市管理制度，降低市场准入门槛，提供便利的工商等级注册服务，形成有利于少数民族群众平等进入市场、融入城市的政策导向和制度保障。依法妥善处理涉及民族因素的问题，建立和完善涉及民族因素问题的应急机制、民族关系监测评价处置机制，及时发现潜在性、苗头性、倾向性问题，把问题解决在基层和萌芽状态。

（四）多举措促进各民族交往交流交融

营造更加开放包容的社会环境。支持少数民族群众跨区域、跨行业有序流动，帮助少数民族群众和大学生到城市务工经商、就学就业，鼓励其他地区干部群众到少数民族聚居区工作生活，组织基层少数民族干部学习考察、进行文化交流，积极推动农民工市民化和常住人口基本公共服务全覆盖，促进各民族农民工融入城市社区。突出创建主题，把创建内容与贯彻落实科学发展观、培育社会主义核心价值观结合起来，使创建活动更加贴近实际、贴近生活、贴近群众。

（五）依托靖西资源优势，加快靖西城镇化建设

靖西具有得天独厚资源优势，可以借助旅游发展旅游型城镇化模式，依托工业发展工业促进型城镇化模式，依托边境贸易推动城镇化模式发展地方经济，还能更好促进民族交往交流交融。如在龙邦国家一类口岸、岳圩国家二类口岸和龙邦、岳圩、新兴、孟麻等4个边民互市点边贸经济发达，依托边贸发展起来的城镇化扩张快，商业氛围浓，与边贸交往联系紧，与邻国边民的民族民间的文化交

流频繁，促进跨境民族交往交流交融。当然在边关的民族关系中，还有爱国卫国的民族意识及文化的传扬，形成改革开放时期的边关具有时代特征的民族文化。

参考文献

李坤、殷朝华、龚新蜀：《边疆多民族地区城镇化发展模式的构建》，《生态经济》2010 年第 11 期。

王有星：《正确理解"各民族交往交流交融"思想》，《理论研究》2012 年第 6 期。

金炳镐、肖锐、毕跃光：《论民族交流交往交融》，《新疆师范大学学报》2011 年第 1 期。

郝时远：《评"第二代民族政策"说的理论与实践误区》，《新疆社会科学》2012 年第 2 期。

王正伟：《做好新时期民族工作的纲领性文献——深入学习贯彻习近平总书记在中央民族工作会议上的重要讲话》，《民族论坛》2014 年第 10 期。

丁生喜、王晓鹏：《青藏高原少数民族地区特色城镇化动力机制分析——以环青海湖地区为例》，《地域研究与开发》2012 年第 1 期。

议题三：

"一带一路"框架下的民族文化创新与共享

印尼铜鼓类型研究

Herman（唐根基）[*]

摘　要：印尼铜鼓有悠久的历史，可追溯至公元前时期，其名很多，统称纳伽拉，分布自印尼西边苏门答腊岛至东边巴布亚岛。为了解铜鼓的状况，本文通过文献与实地调查，以及使用访问法研究印尼铜鼓的来历、数量、类型和作用，发现印尼共有103面铜鼓，有黑格尔型铜鼓、贝静型铜鼓，也有新型铜鼓，本文将之分成7种类型，即纳伽拉Ⅰ、Ⅱ、Ⅲ、Ⅳ、Ⅴ、Ⅵ、Ⅶ型。印尼铜鼓主要发现于苏门答腊岛、爪哇岛、巴厘岛、马鲁古群岛、东努萨·登呷拉群岛、西努萨·登呷拉群岛、苏拉威西斯拉雅儿岛和巴布亚岛等，有挖出来的、海底捞出来的，也有代代相传留下来的。印尼铜鼓主要存放于博物馆、考古研究中心和族屋，但也有些铜鼓流传于民间，其主要作用有四，包括宗教作用、政治作用、社会作用和艺术作用。

关键词：印尼铜鼓；纳伽拉；类型；发现地；作用

一　引言

铜鼓，英语叫作 Bronze kettle drum，印尼语一般被称为 Nekara（纳伽拉），是金属制造的打击乐器，其身主要分成4个部分，即鼓面、鼓胸、鼓腰和鼓足。

---

[*] 作者简介：唐根基，印尼世界大学语言文化教育学院院长兼华文教育系主任。

在印尼语中，铜鼓有很多名称，巴厘岛人称之为 Sasih（月亮），或 Nekara Pejeng（贝静），阿洛岛人称其为 Moko（墨葛），马鲁古人呼之为 Tifa（蒂发）等。虽然印尼铜鼓有多种叫法，但最常用的还是纳伽拉（Nekara）。"Nekara"一词有可能来自伊朗—阿拉伯语，在该语中有一词叫做"An – Naggarah"，此词的词音和词义与"Nekara"很相似，都指"金属制造的打击鼓"。

关于印尼铜鼓的信息，最早由 G. E. Rumphius 提起的，其书 *D'Amboinsche Rarigeitkamer* 说道：1687 年，据塞鲁阿岛（Pulau Serua）百姓的报告，在塞鲁阿岛的山顶上坐落了 1 面铜鼓，此鼓是雷鸣时从天而降的，百姓称之为 Tifa Guntur（雷蒂发），荷兰语叫做 Tympanum Tonitrus，或 Thunderarum，是雷鼓的意思。

对于东南亚铜鼓研究，1902 年，澳大利亚皇家自然历史博物馆人类学与民族学研究室研究员弗朗茨·黑格尔（Franz Heger）使用德文发表了一篇关于东南亚铜鼓的文章，即《东南亚古代金属鼓》。他使用自己的名字命名东南亚的铜鼓，将它分成 4 种类型，即 Heger Ⅰ、Ⅱ、Ⅲ、Ⅳ型铜鼓。

随着黑格尔型铜鼓说法的出现，印尼学者开始使用黑格尔来命名印尼铜鼓，将黑格尔发现的铜鼓称为 Nekara Heger（纳伽拉·黑格尔）。此外，新型的铜鼓，如巴厘岛的铜鼓被称为纳伽拉·贝静，阿洛岛铜鼓被叫做墨葛鼓，还有，2018 年 1 月 7 日至 11 日我们游行印尼阿洛岛（Pulau Alor）和班达尔岛（Pulau Pantar）时发现的新型的铜鼓，此鼓相当于黑格尔型铜鼓与贝静型铜鼓，当地百姓呼之为 Moko Raksasa（巨大墨葛鼓）。除了此型铜鼓，在印尼也流传了印尼本土化的铜鼓，主要流传于阿洛岛和班达尔岛，此型铜鼓比较小，被称为墨葛鼓。

印尼铜鼓繁多，历史上到底有多少面，现在又有多少面，此铜鼓存放于哪里，可分多少种类型、发现于哪里、从哪里来、其作用又是什么，目前未有学者仔细研究与分析，值得进行探讨。为了解印尼铜鼓的状况，本文通过文献调查、实地和访问调查，统计印尼铜鼓的数量，分析其型，描述其来历及作用，这样有利于准确了解印尼铜鼓的状况。

由于印尼铜鼓的类型繁多，所以在这里只探讨黑格尔型铜鼓、贝静型铜鼓和新型铜鼓，将印尼铜鼓统称纳伽拉铜鼓。

二 印尼铜鼓的来历

印尼铜鼓主要发现于苏门答腊岛、爪哇岛、加里曼丹岛、苏拉威西岛、东努萨·登呷拉群岛、西努萨·登呷拉群岛、马鲁古群岛、巴厘岛和巴布亚岛，有黑格尔型铜鼓、贝静型铜鼓和新型铜鼓。印尼铜鼓到底来自哪里、什么国家制造的，目前无人知晓，没有足够和可靠的资料能证明。虽然如此，自印尼沦落为荷兰殖民地时期时至今，印尼发现了不少铜鼓，下面借用前人的资料和自己收集的资料整理与分析印尼铜鼓的来历，包括：其发现地、发现法和来源。

（一）印尼铜鼓的发现地

印尼铜鼓的数量及其类型很丰富，共有 105 面铜鼓，分别为 83 面黑格尔 I 型铜鼓，2 面黑格尔 II 型铜鼓，4 面黑格尔 IV 型铜鼓，10 面贝静型铜鼓，6 面新型铜鼓。

1. 苏门答腊岛铜鼓（Nekara Pulau Sumatera）

苏门答腊岛共出土了 10 面铜鼓，主要发现于占碑省、明古鲁省和南榜省，都是黑格尔 I 型铜鼓。

（1）明古鲁省铜鼓（Nekara Provinsi Bengkulu）

明古鲁省共出土 3 面铜鼓，第 1 面出土于 1914 年，是农民在明古鲁县孙贝尔查亚村拉瑙湖附近发现的黑格尔 I 型铜鼓（Desa Sumberjaya dekat Danau Ranau）。[1] 第 2 和 3 面铜鼓出土于雷章县勒崩·布密沙丽村（Lebong Bumisari Kabupaten Rejang），都是黑格尔I型铜鼓，可惜的是，此鼓已坏，第 1 面其鼓面已破，鼓脚破成两半，其面径 63 厘米，高 41.5 厘米；第 2 面其鼓面已不见，只留下半面鼓胸和半面鼓脚，其高 50 厘米，[2] 现在此两面铜鼓存放于明古鲁省博物馆。

（2）南榜省铜鼓（Nekara Provinsi Lampung）

南榜省共发现了 5 面铜鼓，第 1 面是由巴达维亚博物馆馆长于 1937 年接收的来自南榜省格鲁衣村（Desa Krui）已坏的黑格尔 I 型铜鼓。[3]

---

[1] Bernet Kempers, 1988: 18 - 22.
[2] Bintarti, 1993.
[3] Ibid, 1992.

第 2 和 3 面铜鼓都是由木吉优诺（Mujiono）在中南榜市斯利·弥诺沙丽县（Kabupaten Sri Minosari）他家后园挖出来的黑格尔Ⅰ型铜鼓，1 面出土于 1987 年，后来被窃，另 1 面存放于南榜省博物馆，其鼓胸长度 63 厘米，鼓嘴宽度 16.5 厘米，鼓嘴长度 30.5 厘米，其鼓脖宽度 18 厘米，鼓身圆圈 42 厘米，其鼓面中心太阳纹 14 芒，9 芒比较清楚，另 5 芒不清楚。[1]

第 4 面铜鼓出土于 1988 年，也是在中南榜市斯利·弥诺沙丽县发现的铜鼓，此鼓是由寿马德（Somand）在他家后园播种香蕉时挖出来的黑格尔Ⅰ铜鼓，其高 39 厘米，面径 39 厘米。[2]

第 5 面铜鼓出土于 1991 年，是由苏北若多太太（Ibu Subroto）在北南榜市芒伽腊镇斑渣·栋伽勒·查亚村（Desa Panca Tunggal Jaya Kecamatan Manggala）发现的黑格尔Ⅰ型铜鼓。铜鼓已破，但比较完整，其鼓面破成 5 份，其高 59 厘米，面径 58 厘米，鼓面中心太阳纹 12 芒，鼓面太阳纹之间有羽毛纹，也有 6 只鹭科纹，其鼓胸周围有直线纹，鼓胸左右边各有一耳，鼓腰周围有直线纹，而鼓足无纹饰。[3]

（3）占碑省铜鼓（Nekara Provinsi Jambi）

占碑省共发现 2 面铜鼓，第 1 面出土于 1936 年，是由农民在葛林芝湖南边的伽当湖（Danau Gadang, Bagian selatan Danau Kerinci）的茶园挖出来的黑格尔Ⅰ型铜鼓，此鼓已坏，只留下其鼓面和已碎的鼓身，面径 75 里，鼓面边上有青蛙像。[4]

第 2 面铜鼓是黑格尔Ⅰ型铜鼓，发现于葛林芝湖西物腊·班让村（Siulak Panjang），鼓胸和鼓腰之间有 4 只耳，现存于西物腊·班让村族屋里，是属于当地民族的宝物，2015 年 12 月 10 日苏南省考古研究中心对此鼓进行研究。[5]

2. 爪哇岛铜鼓（Nekara Pulau Jawa）

爪哇岛出土了不少铜鼓，共有 54 面，2 面黑格尔Ⅱ型铜鼓，4 面黑格尔Ⅳ型

---

[1] Bintarti，1992.
[2] Ibid，1992.
[3] Ibid，1992.
[4] Hoop，1949.
[5] http://www.kompasiana.com/hafifulhadi/heboh-penemuan-harta-karun-zaman-perunggu-di-kerinci-jambi_56890aa0a0323bd80048b4575.

铜鼓，37 黑格尔 I 型铜鼓和 11 面贝静型铜鼓，主要发现于万登省、雅加达、西爪哇省、中爪哇省、日惹特区和东爪哇省。

（1）万登省铜鼓（Nekara Provinsi Banten）

万登省共发现了 2 面铜鼓，其出土情况不清楚，1 面铜鼓是黑格尔 I 型铜鼓，另 1 面铜鼓是黑格尔 IV 型铜鼓。①

（2）雅加达铜鼓

雅加达没有出土过铜鼓，但有不少来自印尼各城市的铜鼓寄存于此市，有的寄存于雅加达国家博物馆，有的寄存于雅加达国家考古研究中心，除此之外，也有来历不清寄存在印尼总统宫的铜鼓。

除了接收来历清楚的铜鼓，雅加达国家考古研究中心曾接收过 2 面来历不明的黑格尔 I 型铜鼓，第 1 面其面径 79 厘米，第 2 面其面径 76 厘米，鼓面中心有太阳纹，太阳纹周围有直线纹、正飞的鸟纹和 4 只青蛙像。此外，雅加达总统宫也有来历不明的 1 面黑格尔 II 型铜鼓，据说是有其他国家赠送的铜鼓。②

（3）西爪哇省铜鼓（Nekara Provinsi Jawa Barat）

西爪哇省发现了 2 面铜鼓，是发现于茂物市（Bogor）。第 1 面铜鼓，是 Bernet Kempers 在其书中曾提过的铜鼓，他说：1929 年巴达维亚博物馆曾接收来自茂物市的铜鼓。③ 第 2 面铜鼓也是黑格尔 I 型铜鼓，其高 51 厘米，面径 70 厘米，鼓面中心有太阳纹、横线纹、正飞着鹭科纹，鼓面边上无青蛙像，现在此铜鼓存放于雅加达国家考古研究中心。④

（4）中爪哇省铜鼓（Nekara Provinsi Jawa Tengah）

中爪哇共出土 36 面铜鼓，主要发现于三宝垄市、巴纽玛斯县、北伽隆安县、古安珠儿县、巴当县、达努勒卓、德拉基县、冷邦县、都班县、都古·构沃区、伟莱里村、库宁岸县等。

①三宝垄市铜鼓（Nekara Kota Semarang）

据巴达维亚博物馆报告，1883 年巴达维亚博物馆曾接收发现于 1883 年三宝

---

① Sejarah Nasional Indonesia，2011：332.
② Bintarti，1977.
③ Bernet Kempers，1988：18-22.
④ Bintarti，1977.

垄市的 1 面黑格尔 I 型铜鼓，①1887 年又接收了来自班优满宁村（Desa Banyumening）的 1 面黑格尔 I 型铜鼓。此外，1909 年在巴尔果大坟墓区（Perkuburan Bergota）出土了 2 面黑格尔 I 型铜鼓。②

②芒钢村铜鼓（Nekara Desa Mangkang）

芒钢村出土 2 面黑格尔 I 型铜鼓，其鼓身已破，只留下鼓面。第 1 面铜鼓的鼓面径 82.3 里，鼓面中心太阳 2 芒，太阳纹周围有直线纹、8 只正飞鹭科纹，鼓面边上有 4 只青蛙像。第 2 面铜鼓的面径 68 厘米，鼓面中心太阳 12 芒，太阳纹周围有直线纹、正飞鹭科纹，鼓面无青蛙像。③

③古浓巴蒂村铜鼓（Nekara Desa Gunungpati）

翁伽兰镇古浓巴蒂村（Desa Gunungpati Kecamatan Ungaran）出土 2 面黑格尔 I 型铜鼓，是由善玛德（Samad）在他果园里播种木薯时挖出来的铜鼓，铜鼓已坏，只留下其鼓面。第 1 面铜鼓的鼓面径 58.5 厘米，鼓面中心太阳 10 芒，太阳纹周围有直线纹、羽毛纹、6 只正飞鹭科纹。第 2 面铜鼓的鼓面直径 59.5 厘米，鼓面中心太阳 2 芒，太阳纹周围有直线纹、羽毛纹、8 只正飞鹭科纹。这 2 面铜鼓的鼓面上都没有青蛙像。④

④山班干村铜鼓（Nekara Desa Sampangan）

山班干村出土 1 面黑格尔 I 型铜鼓，只留下其鼓面，面径 32.5 厘米，鼓面中心有太阳纹，太阳纹周围有直线纹、正飞鹭科纹、羽毛纹。⑤

⑤巴纽玛斯县铜鼓（Nekara Kabupaten Banyumas）

巴纽玛斯县出土 1 面黑格尔 I 铜鼓，是于 1889 年在梅勒西村（Mresi）出土的黑格尔 I 型铜鼓。⑥

⑥北伽隆安县铜鼓（Nekara Kabupaten Pekalongan）

北伽隆安县出土 2 面黑格尔 I 铜鼓，1 面出土于 1889 年北伽隆安县，另 1 面是出土于 1909 年北伽隆安县北玛琅镇伽布南村（Desa Kabunan Kecamatan Pe-

---

① Sejarah Nasional Indonesia, 2011：335.
② Ibid.
③ Bintarti, 1989.
④ Ibid, 1989.
⑤ Ibid, 1989.
⑥ Sejarah Nasional Indonesia, 2011：335.

malang)。①

⑦吉安珠儿县铜鼓（Nekara Kabupaten Cianjur）

吉安珠儿县出土了1面铜鼓，是于1904年在巴巴干村（Babakan）出土的黑格尔Ⅰ型铜鼓。②

⑧巴当县铜鼓（Nekara Kabupaten Batang）

巴当县出土1面黑格尔Ⅰ铜鼓，此铜鼓发现于苏巴村（Desa Subah），其面径59厘米，鼓面中心有太阳纹，太阳纹周围有直线纹、正飞的鸟纹。③

⑨达努勒卓铜鼓（Nekara Tanurejo）

达努勒卓出土1面贝静型铜鼓，是二战后在德芒功县巴拉干镇达努勒卓村出土的（Desa Tanurejo Kecamatan Parakan Kabupaten Tumanggung），只留下其鼓面，鼓身已毁，面径50厘米，鼓面中心太阳12芒，共有四晕，第1和3晕是E和F纹，第2晕凸出圆圈水浪纹，第3晕无纹。④

⑩德拉基村铜鼓（Nekara Traji）

德拉基村出土7面铜鼓，此铜鼓于1994年在德芒功县纳蒂勒卓镇德拉基村发现（Desa Traji Kecamatan Ngadirejo Kabupaten Temanggung），德拉基一号小学学校有玛尔蒂雅娜（Mardiyana）发现的铜鼓，2面黑格尔Ⅰ型铜鼓，1面贝静型铜鼓，此外，在铜鼓周围也发现4面已破碎的铜鼓。⑤

第1面是黑格尔Ⅰ型铜鼓，其面径64厘米，高44厘米，鼓面中心太阳10芒，鼓面周围有孔雀纹、直线纹、羽毛纹、正飞鹭科纹，鼓面边上有四只青蛙像，鼓胸有直线纹、舟纹、羽毛纹、人纹，鼓胸边有2只耳，鼓腰有直线纹，而鼓足无纹。

第2面是黑格尔Ⅰ型铜鼓，铜鼓已破，纹饰已不清，其面径57厘米，鼓面中心太阳10芒，太阳纹周围有直线纹、羽毛纹、正飞鹭科纹，鼓面边上有四只青蛙像，鼓胸有圆圈线纹，鼓胸左右边各有1只耳，鼓腰和鼓足已不见。

---

① Sejarah Nasional Indonesia，2011：335.
② Ibid.
③ Bintarti，1990.
④ Hoop，1941：212-213.
⑤ Sumijati，1993；Bintarti，1995.

第 3 面是贝静型铜鼓，此鼓已坏，只留下其鼓面，其鼓面径 51 厘米，鼓面中心太阳 10 芒，太阳纹周围有孔雀纹、凸出海浪纹。

⑪冷邦县铜鼓（Nekara Rembang）

冷邦县共出土 3 面铜鼓，第 1 面出土于苏浪村（Desa Sulang），第 2 面出土于贝拉王安村（Desa Plawangan），第 3 面出土于格东睦理优村（Desa Kedungmulyo），都是黑格尔 I 型铜鼓。

第 1 面只有鼓面和鼓胸，面径 17.5 厘米，鼓面中心有太阳纹，太阳纹周围有羽毛纹，鼓胸长度 21.5 厘米，宽度 12 厘米，鼓胸里有羽毛纹、直线纹。第 2 面是由雅加达国家考古研究中心于 1985 年在坟墓区发现的铜鼓，其鼓高 67 厘米，其面径 53 厘米。第 3 面只有鼓面，鼓面径 59.7 厘米，鼓面中心有太阳纹，太阳纹周围有羽毛纹、直线纹。[①]

⑫都班县铜鼓（Nekara Kabupaten Tuban）

都班县出土 2 面铜鼓，1 面发现于伟勒然村（Weleran），另 1 面发现于嵩·德鲁斯（Song Terus），都是黑格尔 I 型铜鼓。第 1 面铜鼓，其鼓面已不见，鼓高 74 厘米，面径 93 厘米，鼓胸和鼓腰有直线纹，鼓足有无纹。第 2 面铜鼓，高 17 厘米，鼓面径 18.5 厘米，鼓面中心有太阳纹，太阳纹周围有羽毛纹、直线纹，是小型铜鼓。[②]

⑬纳格贝安村铜鼓（Desa Nagbean）

纳格贝安村出土 7 面铜鼓，是由朱贝理（Jupri）于 1984 年在根达尔县泊查镇都古·构沃区纳贝安村（Desa Ngabean Daerah Dukuh Gowok Kecamatan Boja Kabupaten Kendal）发现的，6 面黑格尔 I 型铜鼓和 1 面贝静型铜鼓，[③] 现在存放于三宝垄市中爪哇省博物馆。

第 1 面是贝静型铜鼓，只留下其鼓面，面径 50 厘米，鼓面中心太阳 12 芒，太阳周围有 S 纹、凸出海浪纹和 f 纹。

第 2 至 7 面是黑格尔 I 型铜鼓，此鼓已坏，有的只有其鼓面，有的只有其鼓

---

① Bintarti, 1989.
② Bintarti, 1982；D. Suryanto, 1981.
③ Bintarti, 1993.

胸和鼓腰，也有的只有其鼓腰。第 2 面只留下其鼓面，面径 56 厘米，鼓面中心太阳 12 芒，太阳纹周围有直线纹、羽毛纹。第 3 面只留下其鼓面，面径 55.3 厘米，鼓面中心有太阳 10 芒，太阳周围有 F 纹、直线纹和六只正飞的鹭科纹。第 4 面只留下其鼓面，鼓面已坏，面径 56 里，鼓面中心太阳 10 芒，太阳周围有羽毛纹、直线纹和四只正飞的鹭科纹。第 5 面只留下其鼓面，鼓面中心太阳 8 芒，太阳芒间有斜线纹，共有三晕。第一晕凸出海浪八方形纹，第二和第三晕无纹。第 5 面只有其鼓面，第 6 面只留下其鼓胸和鼓腰，鼓胸长度 8 厘米，鼓腰长度 13 厘米，鼓胸和鼓腰有圆圈线纹。第 7 面只留下其鼓腰，鼓腰直径 45 厘米，腰宽 14 厘米，鼓腰里有羽毛纹、斜线纹、圆圈线纹和梯纹。

⑭伟莱里村铜鼓（Desa Weleri）

根达尔县伟莱里村出土 1 面属于黑格尔Ⅳ型的铜鼓，其高 27 厘米，面径 48.8 厘米，鼓面有圆圈线纹。现在存放于三宝垄中爪哇省博物馆。[①]

⑮库宁岸县铜鼓（Kabupaten Kuningan）

库宁岸县出土 1 面黑格尔Ⅰ型铜鼓，其高 55 厘米，鼓面直径 69.5 厘米，鼓面中心有太阳纹，太阳纹周围有横线纹、正飞鹭科纹，鼓面边上无青蛙，现在此铜鼓存放于雅加达国家考古研究中心。[②]

（5）日惹铜鼓（D. I. Yogyakarta）

在日惹发现了 4 面铜鼓。第 1 面是由 Bintarti 于 1977 年在其报告书中报告过的发现于日惹的黑格尔Ⅱ型铜鼓。2017 年 7 月份参访日惹时我们发现在日惹索诺布多优博物馆（Museum Sonobudoyo）也存放 3 面来历不明的铜鼓，2 面完整的黑格尔Ⅳ型铜鼓，1 面鼓面。

那 2 面黑格尔Ⅳ型铜鼓的大小和纹饰相当，唯一不同的是，其耳位置不同，1 面是在鼓胸左右边各有 1 只耳，另 1 面是在鼓胸一边有 2 只耳，另一边无耳。此两面铜鼓的鼓面中心有太阳纹 12 芒。

（6）东爪哇省铜鼓（Provinsi Jawa Timur）

东爪哇省共发现 9 面铜鼓，在拉萌安县发现 2 面铜鼓，巴厘岛出土 7 面铜

[①] Bintarti, 1977.

[②] Ibid.

鼓，9面铜鼓中，2面是黑格尔Ⅰ型铜鼓，7面贝静型铜鼓。

①拉萌安县铜鼓（Kabupaten Lamongan）

拉萌安县出土2面铜鼓，发现于1982年在拉萌安县格东贝玲镇格拉德南勒卓村（Desa Kradenanrejo Kecamatan Kedungpring)），是由米帝格（Midik）挖水沟时发现的，1面是黑格尔Ⅰ型铜鼓，另1面是贝静型铜鼓，现在此鼓存放于泗水Mpu Tantular 博物馆。[①]

第1面是黑格尔Ⅰ型铜鼓，其高42厘米，面径27厘米，鼓面中心有太阳纹，太阳纹周围有直线纹，其鼓面边上无青蛙像。

第2面是贝静型铜鼓已不完整，但还可以看到其部分鼓胸、鼓腰和鼓足，可惜的是其鼓面已破碎。为了解此鼓的状况，印尼考古学家将它进行处理，处理之后了解到其鼓的高度40厘米，面径52.5厘米，鼓面中心太阳18芒，共有4晕，第1晕F纹，第2晕凸出海浪纹，第3和4晕F纹与梯纹；鼓胸周围有F纹，其他纹饰不清楚；鼓腰有横线纹、竖线纹和F纹；鼓足有梯纹。

②巴厘岛铜鼓（Pulau Bali）

巴厘岛共有8面铜鼓，1面黑格尔Ⅰ型铜鼓，7面贝静型铜鼓。

第1面是黑格尔Ⅰ型铜鼓，但此鼓不是出土于此岛，据说出土于爪哇岛，但无可靠资料，现在存放于巴厘岛达巴南县（Tabanan），是由一位巴厘旅游商人Zainal Tayyeb 从别人手上买下来的铜鼓，现在存放于他家，此铜鼓属于比较大的铜鼓。

第2面铜鼓发现于贝静村，是贝静型铜鼓，关于此鼓，1705年G. E. Rumphius 曾报告过吉安雅儿县（Kabupaten Gianyar）丹巴西岭镇贝静村"月亮"铜鼓，现在存放于贝静村贝纳达兰·沙西婆罗门教寺庙（Penataran Sasih），被尊敬为"月亮"神。被尊称为"月亮"是因为百姓相信此鼓是"月轮"从天上落下来的。[②]

第3面铜鼓发现于1962年在吉安雅儿县贝币德拉村（Desa Bebitra），是属于贝静型铜鼓，现在存放于雅加达国家考古研究中心，只留下其鼓面和鼓胸，此鼓

---

① Bintarti，1985.
② Nieuwenkamp，1908；Heekeren，1958：13－35；Bintarti，1992；Bernet Kempers，1988：15－16.

议题三："一带一路"框架下的民族文化创新与共享
印尼铜鼓类型研究

面径 55 厘米，鼓面中心太阳 8 芒，太阳芒间有孔雀羽毛纹，太阳纹周围共有 4 晕，第 1 和 3 晕横线纹，第 2 晕凸出海浪纹，第 4 晕无纹，而鼓胸有斜线纹。[1]

第 4 面铜鼓发现于 1978 年 1 月在布勒冷县德渣古拉镇巴中村（Desa Pacung Kecamatan Tejakula Kabupate Buleleng），是由三位农民名叫 I Ketut Seleg、Nengah Sandi、Sukalaba 挖井时发现的，属于贝静型铜鼓。可惜的是，此鼓已破坏，其高 84 厘米，鼓面直径 62 厘米，一部分被卖给玛琅人，一部分被卖给意大利人。[2]

第 5 面铜鼓发现于布勒冷县斯莉莉特镇乌拉然村（Desa Ularan Kecamatan Seririt Kabupaten Buleleng），是由 I Ketut Mastra 在他家后园挖出来的已破坏的贝静型铜鼓，其高 27 厘米，其面径 16 厘米。[3]

第 6 面铜鼓发现于呷浪阿深县古布镇班村班扎尔·巴内区（Desa Ban Daerah Banjar Panek Kecamatan Kubu Kabupaten Karangasem），是由佳吉（Kaki Reta）发现的贝静型铜鼓，现在存放于班扎尔·巴内区宝物存储中心，被命名为 Batara Suarjagat，其高 45 厘米，其面径 22 厘米。鼓面中心太阳 8 芒，太阳纹周围有斜线纹、孔雀纹；鼓胸 4 晕，第 1 晕五只 igir 纹，第 2 晕无纹饰，第 3 晕斜线纹和梯纹，第 4 晕无纹饰，鼓胸第 4 晕与鼓腰有两耳；鼓腰有横线纹和竖线纹；鼓足无纹饰。[4]

第 7 面铜鼓发现于达巴南县巴都利蒂镇蓓蕾安村（Desa Perean Kecamatan Baturiti Kabupaten Tabanan），属于贝静型铜鼓，现在存放于巴杜尔·达满·沙丽寺（Pura Batur Taman Sari），属于当地人的神物，被称为 Sangku。1971 年此铜鼓存放在森林里的寺庙，由于此庙已坏，所以被搬到巴杜尔·达满·沙丽寺。此铜鼓已坏，其高 48.5 厘米，鼓面径 28 厘米，鼓面中心太阳 8 芒，太阳纹周围有断线纹、曲流纹；鼓胸有横线纹、竖线纹、圆圈纹、面具纹，可惜其两耳已不见；鼓腰有横线纹、竖线纹、梯纹；鼓足没有纹饰，但其足边有梯纹。[5]

第 8 面铜鼓发现于邦理县锦达玛尼镇玛尼丽友村（Desa Manikliyu Kecamatan

---

[1] Soejono，1984.
[2] I Wayan Widia，1980.
[3] Dewa Kompiang Gde，1997.
[4] I Wayan Widia，1986.
[5] I Nyoman Kaler.

Kintamani Kabupaten Bangli），是由 Wayan Suki 挖土时发现的贝静型铜鼓。后来，为了解此铜鼓以及铜鼓周围的宝物，1977年3月29日至1997年4月8日巴厘考古学家进行研究，研究之后发现，除了铜鼓在此地还有很多宝物，如人骨、茶碗、杯子等。讲起此铜鼓，其高度120厘米，面径77厘米，鼓面中心太阳8芒，太阳纹周围有孔雀纹、斜线纹、梯纹、曲流纹；鼓胸F纹、两双面具纹；鼓腰有已断的两耳，鼓腰有横线纹、竖线纹；鼓足无纹饰。[①]

3. 加里曼丹岛铜鼓（Pulau Kalimantan）

加里曼丹岛共有3面铜鼓，2面发现于西加里曼丹省，1面发现于中加里曼丹省，都是黑格尔Ⅰ型铜鼓。

（1）西加里曼丹省铜鼓（Provinsi Kalimantan Barat）

西加里曼丹省出土2面黑格尔Ⅰ型铜鼓，是1990年在三发县北芒呷德镇斯邻东山岭瀑布水村（Desa Air Terjun Daerah Selindung Kecamatan Pemangkat Kabupaten Sambas）由三位农民 Syarif bin Jawi、Bujang bin Rahimin、Usman bin Pudi 播种木薯时挖出来的铜鼓，[②] 现存放于坤甸西加里曼丹省博物馆。

第1面铜鼓的鼓高50.5厘米，面径68.2厘米，鼓面中心太阳12芒，太阳之间有羽毛纹，直线纹，17只正飞嘴直鸟纹，18只正飞鹭科纹，鼓面边上无青蛙像，鼓腰和鼓胸的纹饰不清，鼓胸与鼓腰之间有其耳，而鼓足无纹饰。

第2面铜鼓，其高51厘米，面径60厘米，鼓面中心太阳14芒，太阳芒之间有羽毛纹，其周围有直线纹、6只正飞鹭科纹，鼓面边上无青蛙像，鼓胸有直线纹、横线文、竖线纹，鼓腰和鼓足无纹饰。

（2）中加里曼丹省铜鼓（Provinsi Kalimantan Tengah）

中加里曼丹出土1面铜鼓，是在西古达·瓦礼金县古达·瓦礼金·拉玛村（Desa Kotawaringin Lama Kabupaten Kotawaringin Barat）出土的黑格尔Ⅰ型铜鼓，现存放于古达·瓦礼金·拉玛王宫，属于国宝，被称为 Kyai Singadilaga，其高44厘米，其面径45厘米，两只耳，鼓面中心太阳10芒，鼓胸有很多洞，周围有圆

---

① Dewa Kompiang Gde, 1997: 39 - 53.
② Hartadi, 1990; Bintarti, 1994.

圈线纹，鼓腰和鼓足的纹饰不清楚。①

4. 马鲁古群岛铜鼓（Kepulauan Maluku）

马鲁古群岛出土 13 面黑格尔 I 型铜鼓，主要出土于雷帝岛（Pulau Leti）、古尔岛（Pulau Kur）、葛毅岛（Pulau Kei）、鲁昂岛（Pulau Luang）、布鲁岛（Pulau Buru）果罗么岛（Pulau Golom）、燕德纳岛（Pulau Yamdena）等。

（1）塞鲁阿岛铜鼓（Pulau Serua）

塞鲁阿岛发现 1 面黑格尔 I 型铜鼓，此鼓发现于 1625 年，最早由 G. E. Rumphius 于 1687 年提起。G. E. Rumphius 在著作 *D'Amboinsche Rarigeitkamer* 中曾说：1687 年，据马鲁古人的报告，在塞鲁阿岛的一座山顶发现了 1 面黑格尔 I 型铜鼓，此鼓是从天上雷声时降落下来的，被命名为 Tympanum Tonitrus 或者 Tifa Guntur，或者 Thunderarum，是雷声铜鼓之意思，后来此鼓被当地省长打碎。②

（2）鲁昂岛铜鼓（Pulau Luang）

鲁昂岛出土 1 面黑格尔 I 型铜鼓，此鼓发现于 1715 年。1730 年 E. C. Chr. Branchewitz 在其著作 *Ost-Indianische Reise-Beschreibung* 报告过鲁昂岛的铜鼓，书中写：他曾听百姓说，山岭顶上有 1 面从天而降的铜鼓（Miraculous bell）。为了解此物，1715 年他与军队赴上此岛，在百姓的帮助下，在山岭顶上发现了埋在土地里的黑格尔 I 型铜鼓，其高 51 厘米，鼓面直径 91 厘米，据百姓的说法，此铜鼓是怪物，不可碰，若碰它会遇到灾难，生病无救。③

（3）勒帝岛铜鼓（Pulau Leti）

勒帝岛出土 3 面铜鼓，第 1 面发现于勒帝岛鲁胡乐乐村（Luhulele），据 Rin-nooy（1881）和 Hoevell（1918）的报告说，在此地曾出土 1 面黑格尔 I 型铜鼓，其高 69 厘米，鼓面直径 97 厘米，但可惜的是，此鼓已坏，只留下其鼓面，现在存放在雅加达印尼国家博物馆。④ 第 2 和 3 面铜鼓是发现于 1910 年，据 Niuwen-kan（1918）的报告说，1910 年时在达布乐旺村（Tapulewang）村 Rouffaer 发现

---

① Bintarti, 1989.
② G. E. Rumphius. *D'Amboinsche Rariteitkamer*, 1705: 207-250.
③ Heekeren, 1958: 21; Bernet Kempers 1988: 17.
④ Sejarah Nasional Indonesia, 2011: 335.

了2面黑格尔Ⅰ型铜鼓。①

（4）库尔岛铜鼓（Pulau Kur）

库尔岛共有2面铜鼓。据G. W. W. C. Baron von Hoevell 于1890年报告说，他在此岛的山岭和海滩发现了2面铜鼓，1面大鼓，1面小鼓。据当地百姓说，比较大的铜鼓，其鼓面边上有四只青蛙像，是代表男鼓，而比较小的铜鼓的鼓面没有青蛙像，则象征女鼓。可惜的是这2面铜鼓已破坏，2面都存放于雅加达国家博物馆，部分铜鼓的碎片于1933—1934年被 J. W. Admiral 寄送至瑞士苏黎世的民族博物馆（Etnological Museum di Zurich Swiss）。②

（5）葛毅岛铜鼓（Pulau Kei）

葛毅岛出土1面黑格尔Ⅰ型铜鼓，此鼓发现于杜拉岛（Pulau Dullah），据Heekeren 的报告：百姓曾说，此鼓是当地两个民族的族宝，是象征着保护神，为了尊敬它，百姓将此鼓分成两半，一半（鼓腰至鼓足）存放至发安村（Desa Faan），是由 Petrus Fang Ooy 照顾，但可惜没照顾好，存放在稻田中，被太阳晒，被雨淋，此鼓腰有横线纹、竖线纹、曲流纹、圆圈纹、梯纹和鸟纹；另一半（鼓面至鼓胸）存放至玛杜阿依村（Desa Matuair）的花园里，没人照顾，为了保护它，百姓做一个简单的屋顶和围墙，此鼓鼓面中心太阳12芒，太阳纹周围有直线纹和只留下1只青蛙像，其他纹饰已不清，其鼓耳已不见③。

（6）果罗么岛铜鼓（Pulau Golom）

果罗么岛出土1面黑格尔Ⅰ型铜鼓，现存放于伽达罗伽村（Kataloka），是由 Heekeren 发现的铜鼓。为了解此铜鼓的状况，1953年马鲁古省文化局代表赴到此地进行研究。此鼓的鼓面比较完整，鼓面中心有太阳纹，太阳纹周围有羽毛纹、曲流纹、正飞的鹭科纹，鼓面边上有4只青蛙像④。

（7）布鲁岛铜鼓（Pulau Buru）

布鲁岛伽叶礼村（Kayeli）出土1面完整的黑格尔Ⅰ型铜鼓，此铜鼓发现于

---

① Marlon Ririmassw: Biografi Budaya Bendawi: Diaspora Nekara Perunggu Di Kepulauan Maluku, Balai Arkeologi Ambun, 16.6.2015.
② TBG, 33: 153-155, 210-211; Heekeren, 1959: 32-32.
③ Bintarti dan Sudiono, 1990.
④ Soejono, 1957.

1826 年，是由 Dupperey 在此地发现的，现在存放处不明。①

（8）燕德纳岛铜鼓（Pulau Yamdena）

燕德纳岛出土 1 面黑格尔 I 型铜鼓，此鼓发现于 2014 年，是由 Ambon 考古研究中心 Marlon Ririmasse 在西东南马鲁古县燕德纳岛阿鲁达村（Desa Aruda Kabupaten Maluku Tenggara Barat Pulau Yamdena）发现的，是马鲁古省的第 13 面铜鼓。

（9）其他铜鼓

除了上面的铜鼓，据 Rumphius 的报告说：在马鲁古岛也发现了 2 面来历不明的黑格尔 I 型铜鼓，此 2 面铜鼓都发现于 1687 年，1 面铜鼓被 Rumphius 寄送给意大利 bangsawan，名叫 Cosimo Ⅲ dei Medici，另 1 面铜鼓的去向不明。②

5. 苏拉威西岛铜鼓（Pulau Sulawesi）

南苏拉威西省共有 2 面铜鼓，都发现于斯拉雅儿岛，第 1 面是印尼铜鼓中最大的铜鼓，属于黑格尔 I 型铜鼓，另 1 面铜鼓是我们游走斯拉雅儿岛时得知的新型铜鼓。

第 1 面是黑格尔 I 型铜鼓，出土于 1686 年，在本多邦汶村（Bontobangun）由纱布那（Sabuna）发现，其面径 126.2 厘米，高 95 厘米，圆圈 396 厘米，腰圆圈 340 厘米。此鼓分为鼓面、鼓胸、鼓腰和鼓足，鼓胸与鼓腰之间有四只耳，鼓面中心太阳 16 芒，周围有 16 只象、54 只鸟、18 条鱼、11 棵蒴叶树。1863 年，荷兰殖民地时代，在荷兰政府命令下，各地区领导开始寻找铜鼓，当时南苏拉威西省长报告了斯拉雅儿岛的铜鼓。由于百姓不允许将此鼓搬到巴达维亚，所以 1883 年 G. A. Schoulten 将此鼓画了下来，送给巴达维亚政府。③ 现在此鼓存放于斯拉雅儿岛本都哈鲁镇（Bontoharu）马达拉郎区（Matalalang）本多邦汶村纳伽拉博物馆。

另 1 面铜鼓是新型铜鼓，此鼓是由百姓在占北雅岛（Pulau Jampea）附近的海域捕鱼时从海底下捞上来的铜鼓，后来被 2005 年至 2010 年任斯拉雅儿议员的

---

① Marlon Ririmassw: Biografi Budaya Bendawi: Diaspora Nekara Perunggu Di Kepulauan Maluku, Balai Arkeologi Ambun, 16.6.2015.
② Ibid.
③ Ibid.

Ir. Wildan 收藏，现在存放于他家。

6. 东努萨·登呷拉群岛铜鼓（Nusa Tenggara Timur）

东努萨·登呷拉群岛省的铜鼓主要发现于阿洛岛、洛德岛、班塔尔岛、呷贝尔岛弗洛勒斯岛等。在此省主要有两大类型铜鼓，即纳伽拉型铜鼓和墨葛鼓型铜鼓，纳伽拉型铜鼓共有 7 面，而墨葛鼓型铜鼓有两千多面铜鼓。在这里我们不谈墨葛鼓型铜鼓。

（1）阿洛岛铜鼓（Pulau ALor）

阿洛岛共有 4 面铜鼓，有的是出土铜鼓，也有的是代代相传铜鼓。第 1 面铜鼓出土于 1972 年 8 月 20 日阿洛县西南阿洛镇爱茉莉村（Desa Aimoli Alor Barat Laut），是由 J. Oil Balol 发现的，此铜鼓的存在和其地址是因梦而得知的。J. Oil Balol 梦中时梦见此鼓，此鼓告诉他它的存在，并请他来取，做了十多次一样的梦之后他才相信，并去那个地方取，挖之后才相信，原来此铜鼓埋在那里。为了解此铜鼓，1981 年雅加达国家考古研究中心在 D. D. Bintarti 率领下调查此鼓，赴到阿洛县大阿洛镇晒·嗯村（Sey Eng）。调查之后确定此鼓是黑格尔 I 型铜鼓，完整无损，其高 67.5 厘米，鼓面径 92 厘米，鼓面太阳中心 12 芒，太阳纹周围有直线纹、羽毛纹，鼓面边上有 4 只青蛙像，鼓胸有直线纹、舟纹、带着羽毛的人纹，鼓胸左右有两耳，鼓腰有横线纹、竖线纹、直线纹，而鼓足无纹饰。[①] 现在此铜鼓存放在阿洛岛伽腊巴黑市（Kota Kalabahi）阿洛千面墨葛鼓博物馆。

第 2 至 4 面铜鼓目前未有学者研究，为了解此鼓，2018 年 1 月 7 日至 11 日我们赴到阿洛岛阿洛千面墨葛鼓博物馆和墨鲁村（Moru）珪国（Kerajaa Kui）国王 Nasarudin 家。

第 2 面是新型铜鼓，此鼓存放于墨鲁村阿布依族族屋里，是阿布依族祖先代代相传留下来的铜鼓，现在由阿布依族族长 Yusuf Tangpeni（81 岁）保管。第 3 面是新型铜鼓，此鼓存放于阿洛千面墨葛鼓博物馆。第 4 面也是新铜鼓，现存放于阿洛千面墨葛鼓博物馆。

（2）呷贝尔村铜鼓（Pulau Kabir）

---

① Bintarti，1985.

呷贝尔岛共有 2 面铜鼓，此鼓目前也未有学者研究，是我们于 2018 年 1 月 9 日在阿洛县班达尔镇呷贝尔村吉利雅斯族屋（Kiryas）得知的铜鼓，是由 Jeramias Waang 先生所有，是他祖先代代相传留下来的。

第 1 面是新型铜鼓，与阿洛岛的新型铜鼓一样，其大小、纹饰相似，只有一些部分纹饰不同。第 2 面也是新型铜鼓，此铜鼓与阿洛千面墨葛鼓博物馆铜鼓一样，其大小与纹饰也相似，只不过有些纹饰不同。

（3）洛德岛铜鼓（Pulau Rote）

洛德岛出土 1 面黑格尔 I 型铜鼓。1871 年荷兰时期时在罗勒村（Lole）发现了 1 面黑格尔 I 型铜鼓，同年 J. A. van der Chijs 将它寄送至巴达维亚博物馆，此鼓破成两半，一半其鼓面，另一半其鼓身，其高 72.8 厘米，面径 59 厘米，鼓面中心太阳 12 芒，太阳外有圆圈线纹、梯纹、羽毛纹、曲流纹，鼓身只留下鼓胸、鼓腰和鼓耳。[1]

7. 西努萨·登呷拉群岛铜鼓（Nusa Tenggara Barat）

西努萨·登呷拉群岛省铜鼓主要发现于尚黑昂岛、隆目岛、松巴哇岛、蓖麻县，共有 12 面铜鼓黑格尔 I 型铜鼓。

（1）桑厄昂岛铜鼓（Pulau Sangeang）

桑厄昂岛出土 7 面黑格尔 I 铜鼓。6 面铜鼓是荷兰殖民地时期时在尚黑昂岛蓖麻县（Kabupaten Bima）伟拉镇（Kecamatan Wera）出土的，1937 年 S. Kortleven 将此鼓寄送至巴达维亚博物馆，现在存放于雅加达国家博物馆。[2]

另 1 面铜鼓是印尼独立后发现的，1983 年雅加达国家考古研究中心在 E. A. Kosasih 率领下因得到铜鼓的消息而赴到此岛，并对此鼓进行研究。到此岛后发现此鼓存放于山顶，是属于黑格尔 I 型铜鼓，其高 55 厘米，面径 92 厘米，鼓面中心有太阳纹，太阳纹周围有羽毛纹、直线纹，鼓面边上有四只青蛙像，其鼓胸有直线纹，也有两耳，而鼓足无纹饰，可惜的是，他们回雅加达不久，此鼓被村长卖出去了。[3]

---

[1] Heekeren, 1958: 28-29.
[2] Hoop, 1940.
[3] Kosasih, 1983.

（2）隆目岛铜鼓（Pulau Lombok）

隆目岛出土2面铜鼓，1面发现于苏给安村，另1面发现于古布·司马雅村。

第1面铜鼓出土于1984年，是在东隆目县山贝理阿镇苏给安村（Desa Sugian Sambelia）由一名挖井工挖出来的黑格尔Ⅰ型铜鼓，其高48.5厘米，面径63厘米，鼓面中心太阳12芒，太阳纹周围有羽毛纹、直线纹，鼓面边上有4只正飞鹭科纹，其鼓胸和鼓腰有直线纹，而鼓足无纹饰，鼓胸和鼓腰之间的左右边各有1只耳。[1]

第2面铜鼓出土于1999年11月4日，是由I Ketut Miasa在东隆目县北岭巴亚镇达山·仁当村古布·司马雅区挖出来的（Dusun Dasan Lendang Kecamatan Pringbaya Kabupaten Lombok Timur），挖出来时此鼓破成4块，属于贝静型铜鼓，其高110厘米，鼓径85.5厘米，鼓面已不见，鼓胸与鼓足已坏，可以看到的纹饰有直线纹、横线纹、竖线纹。[2]

（3）松巴哇岛铜鼓（Pulau Sumbawa）

松巴哇岛出土1面黑格尔Ⅰ型铜鼓，此鼓出土于大松巴哇县吴拉德·斯然村（Olat Seran）穆斯林坟墓里。为了解此鼓的状况，雅加达国家考古研究中心在A. Cholid Sodrie率领下赴到此地。此鼓比较小，其高40厘米，面径51厘米，鼓面中心太阳12芒，曲流纹，正飞的鹭科纹，鼓胸左右边各有1只耳，鼓胸有梯纹、横线纹、舟纹，鼓腰有梯纹，鼓足的纹饰已不清。现此鼓存放在马达兰市（Mataram）西努萨·登呷拉省博物馆。[3]

（4）蓖麻县铜鼓（Kabupaten Bima）

在蓖麻县发现2面黑格尔Ⅰ型铜鼓。第1面发现于北洛镇仁达村瓦杜·诺珠区（Wadu Nocu Desa Renda Kecamatan Belo），其高79厘米，鼓面径57厘米，有两耳。第2面铜鼓发现于蒙都镇多罗·巴雷哇区（Doro Parewa Kecamatan Monto），其高49厘米，其鼓面径52厘米。[4]

---

[1] Bintarti, 1989.
[2] Laporan Bidang PSK, 1999.
[3] Cholid Sodrie, 1980; Bintarti, 1988.
[4] Bintarti, 1983.

8. 巴布亚岛铜鼓（Pulau Papua）

巴布亚岛出土3面黑格尔Ⅰ型铜鼓，1面出土于索隆县（Kabupaten Sorong），1面出土于阿亚马璐湖边（Danau Ayamaru），另1面出土于贞德拉瓦西海湾（Teluk Cendrawasih）。此鼓的大小适当，其面径平均60厘米。美巴日民族（Meybart）称之为博利（Bo ri），是指"灵宝"，和博诺纳比（Bo no napi），是指"老妈妈"，是属于一种保护神物。[①]

表1　　　　　　　　　　印尼铜鼓状况

序号	发现地 省名	发现地 地名	数量	鼓型	发现年	铜鼓情况	现存地
1	明古鲁	孙贝尔查亚村（Desa Sumberjaya）	1	黑Ⅰ型	1914	已破	不见
		勒崩·布密沙丽（Desa Lebong Bumisari）	1	黑Ⅰ型	1914	破成两半	明古鲁省博物馆
			1	黑Ⅰ型	1914	鼓面不见	明古鲁省博物馆
2	南榜	格鲁衣村（Desa Krui）	1	黑Ⅰ型	1937	不完整	巴达维亚博物馆
		斯利·弥诺沙丽县（Kabupaten Sri Minosari）	1	黑Ⅰ型	1987	完整	被窃
			1	黑Ⅰ型	1987	完整	南榜省博物馆
			1	黑Ⅰ型	1988	比较完整	南榜省博物馆
		斑渣·栋伽勒·查亚村（Desa Panca Tunggal Jaya）	1	黑Ⅰ型	1991	比较完整	南榜省博物馆
3	占碑	葛林芝湖南边（Selatan Danau Kerinci）	1	黑Ⅰ型	1936	破坏	不清楚
		西物腊·班让村（Siulak Panjang）	1	黑Ⅰ型	—	比较完整	西物腊·班让村族屋

---

① Nieuwenkamp, 1922/1923; Huyser, 1931/1932.

续 表

序号	发现地 省名	发现地 地名	数量	鼓型	发现年	铜鼓情况	现存地
4	万登	不清楚	1	黑Ⅰ型	—	比较完整	万登省博物馆
		不清楚	1	黑Ⅳ型	—	完整	万登省博物馆
5	雅加达	不清楚	2	黑Ⅰ型	—	比较完整	雅加达国家考古研究中心
		不清楚	1	黑Ⅱ型	—	完整	雅加达总统宫
6	西爪哇	茂物市（Bogor）	1	黑Ⅰ型	1929	比较完整	巴达维亚博物馆
			1	黑Ⅰ型	—	比较完整	雅加达国家考古研究中心
7	中爪哇	三宝垄市（Kota Semarang）	1	黑Ⅰ型	1883	不清楚	巴达维亚博物馆
		班优满宁村（Desa Banyumening）	1	黑Ⅰ型	1887		巴达维亚博物馆
		巴尔果大坟墓区（Perkuburan Bargota）	2	黑Ⅰ型	1909	不清楚	巴达维亚博物馆
		芒钢村/Desa Mangkang	1	黑Ⅰ型	—	鼓面	不清楚
		古浓巴蒂村（Desa Gunungpati）	2	黑Ⅰ型	—	鼓面	不清楚
		巴纽玛斯县梅勒西村（Desa Mresi - Banyumas）	1	黑Ⅰ型	1889	不清楚	不清楚
		山班干村（Desa Sampangan）	1	黑Ⅰ型	—	鼓面	不清楚
		北伽隆安县（Pekalongan）	1	黑Ⅰ型	1889	不清楚	不清楚
		北玛琅镇伽布南村（Desa Kabunan - Pemalang）	1	黑Ⅰ型	1909	不清楚	不清楚
		吉安珠儿县巴巴干村（Desa Babakan - Cianjur）	1	黑Ⅰ型	1904	不清楚	不清楚

续 表

序号	发现地 省名	发现地 地名	数量	鼓型	发现年	铜鼓情况	现存地
7	中爪哇	巴当县苏巴村（Desa Subah-Batang）	1	黑Ⅰ型	–	鼓面	不清楚
		达努勒卓村（Desa Tanurejo）	1	贝静型	–	鼓面	不清楚
		德拉基村（Desa Traji）	1	黑Ⅰ型	1994	完整	不清楚
			1	黑Ⅰ型	1994	鼓面和胸	不清楚
			1	贝静型	1994	鼓面	不清楚
		冷邦县苏浪村（Desa Sulang-Rembang）	1	黑Ⅰ型	–	鼓面胸	不清楚
		冷邦县贝拉王安村/Desa Plawangan	1	黑Ⅰ型	1985	比较完整	雅加达国家考古研究中心
		冷邦县格东睦理优村（Desa Kedungmulyo）	1	黑Ⅰ型	–	鼓面	
		都班县伟勒然村（Desa Weleran-Tuban）	1	黑Ⅰ型	–	鼓胸腰足	
		都班县嵩·德鲁斯村（Desa Song Terus-Tuban）	1	黑Ⅰ型	–	比较完整	
		纳格贝安村（Desa Nag-bean）	1	贝静型	1984	鼓面	三宝垄市中爪哇省博物馆
			1	黑Ⅰ型	1984	鼓面	
			1	黑Ⅰ型	1984	鼓面	
			1	黑Ⅰ型	1984	鼓面	
			1	黑Ⅰ型	1984	鼓面	
			1	黑Ⅰ型	1984	鼓胸腰	
			1	黑Ⅰ型	1984	鼓腰	
		根达尔县伟莱里村（Desa Weleri-Kendal）	1	黑Ⅳ型	–	比较完整	
		库宁岸县（Kabupaten Kuningan）	1	黑Ⅰ型	–	比较完整	雅加达国家考古研究中心

续　表

序号	发现地 省名	发现地 地名	数量	鼓型	发现年	铜鼓情况	现存地
8	日惹	日惹特区（D. I. Yongyakarta）	1	黑Ⅱ型	1977	比较完整	不清楚
			2	黑Ⅳ型	—	完整	日惹索诺布多优博物馆
			1	黑Ⅰ型	—	鼓面	
9	东爪哇	拉萌安县格拉德勒卓村（Desa Kradenanrejo – Lamongan）	1	黑Ⅰ型	1982	比较完整	Mpu Tantular 博物馆
		巴厘岛吉安雅儿县贝静村（Desa Pejeng – Gianyar）	1	贝静型	1705	比较完整	贝静村贝纳达兰·沙西寺
		巴厘岛贝币德拉村（Desa Bebitra）	1	贝静型	1962	鼓面胸	雅加达国家考古研究中心
		巴厘岛巴中村（Desa Pacung）	1	贝静型	1978	鼓坏	卖给意大利人
		巴厘岛乌拉然村（Desa Ularan）	1	贝静型	—	已坏	
		巴厘岛班村班扎尔·巴内区（Desa Ban – Banjar Panek）	1	贝静型	—	完整	存放于班扎尔·巴内区宝物存储中心
		达巴南县蓓蕾安村（Desa Perean）	1	贝静型	—	完整	存放于巴杜尔·达满·沙丽寺
		巴厘岛玛尼丽友村（Desa Manikliyu）	1	贝静型	—	完整	巴厘考古研究中心
10	西加	三发县瀑布村（Desa Air Terjun – Sambas）	2	黑Ⅰ型	1990	完整	西加省博物馆
11	中加	古达·瓦礼金·拉玛村（Desa Kotawaringin lama）	1	黑Ⅰ型	—	完整	古达·瓦礼金·拉玛王宫

续 表

序号	发现地 省名	发现地 地名	数量	鼓型	发现年	铜鼓情况	现存地
12	马鲁古群岛	塞鲁阿岛（Pulau Serua）	1	黑Ⅰ型	1625	碎	被省长打碎
		鲁昂岛（Pulau Luang）	1	黑Ⅰ型	1715	完整	山岭
		勒帝岛鲁胡乐乐村（Desa Luhulele Pulau Leti）	1	黑Ⅰ型	1881	鼓面	雅加达国家博物馆
		勒帝岛达布乐王村（Desa Tapulewang）	2	黑Ⅰ型	1910	已坏	
		库尔岛（Pulau Kur）	2	黑Ⅰ型	1890	已坏	雅加达国家博物馆
		葛毅岛（Pulau Kei）	1	黑Ⅰ型		分两半	发安村和玛杜阿依村
		果罗么岛（Pulau Golom）	1	黑Ⅰ型	1953	比较完整	马鲁古文化局
		布鲁岛（Pulau Buru）	1	黑Ⅰ型	1826	不清楚	不清楚
		燕德纳岛（Pulau Yamdena）	1	黑Ⅰ型	2014	完整	Ambon考古研究中心
		不明	1	黑Ⅰ型	1687	完整	意大利
		不明	1	黑Ⅰ型	1687	完整	不见
13	南苏拉威西	斯拉雅儿岛本多邦汶村（Desa Bontobangun – Selayar）	1	黑Ⅰ型	1686	完整	斯拉雅儿岛纳伽拉博物馆
		斯拉雅儿岛占北雅岛附近（Pulau Jampea – Selayar）	1	新型	—	完整	Ir. Wildan家
14	东努萨·登呷拉群岛	阿洛岛（Pulau Alor）	1	黑Ⅰ型	1972	完整	阿洛千面博物馆
			2	新型	—	完整	
		阿洛岛墨鲁村（Desa Moru – Alor）	1	新型	—	完整	阿布依族族屋
		班达尔岛呷贝尔村（Desa Kabir – Pantar）	2	新型	—	完整	吉利雅斯族屋
		洛德岛（Pulau Rote）	1	黑Ⅰ型	1871	破成两半	巴达维亚博物馆

续 表

序号	发现地 省名	发现地 地名	数量	鼓型	发现年	铜鼓情况	现存地
15	西努萨·登呷拉群岛	桑厄昂岛（Pulau Sangeang）	1	黑Ⅰ型	1983	完整	雅加达国家考古研究中心
			6	黑Ⅰ型	1937	比较完整	
		隆目岛苏给安村（Desa Sugian－Pulau Lombok）	1	黑Ⅰ型	1984	完整	雅加达国家博物馆
		隆目岛达山·仁当村（Dasan Lendang－Lombok）	1	贝静型	1999	鼓面不见	
		松巴哇岛吴拉德·斯然村（Desa Olat Seran－Sumbawa）	1	黑Ⅰ型	－	完整	马达兰市西努萨·登呷拉省博物馆
		蓖麻县仁达村瓦杜·诺珠区（Desa Renda－Bima）	1	黑Ⅰ型	－	完整	不见
		蓖麻县多罗·巴雷哇区（Doro Parewa－Bima）	1	黑Ⅰ型	－	完整	不见
16	巴布亚岛	阿亚马璐湖（Danau Ayamaru）	1	黑Ⅰ型	－	完整	巴布亚省博物馆
		贞德拉瓦西海湾（Teluk Cendrawasih）	1	黑Ⅰ型	－	完整	巴布亚省博物馆
		索隆县（Kabupaten Sorong）	1	黑Ⅰ型	－	完整	巴布亚省博物馆

（二）印尼铜鼓的发现方法

从上述分析，我们可将印尼铜鼓的发现方法分为四种方法，即出土、海捞、代代相传、从天而降留下来的铜鼓。

1. 出土铜鼓

从中南榜市私立·弥诺沙丽县寿马德先生在他家后园播种香蕉时挖出来的铜鼓，布勒冷县德渣古拉镇巴中村三位农民I Ketut Seleg、Nengah Sandi、Sukalaba挖井时发现的铜鼓，拉萌安县格东贝玲镇格拉德南勒卓村米帝格挖水沟时发现的铜鼓，阿洛县西南阿洛镇爱茉莉村J. Oil Balol在他家后院挖出来的铜鼓看，我们可以总结，有不少铜鼓是出土而发现的，此种发现方法最多。这说明，此种铜鼓曾经有人用过，因各种因素，被埋在土地下。

2. 海捞铜鼓

除了出土铜鼓，也有些铜鼓是海底下捞上来的铜鼓，比如斯拉雅儿岛的新型铜鼓，此鼓是有百姓在占北雅岛（Pulau Jampea）附近的海域捕鱼时从海底下捞上来的铜鼓，此种方法发现的很少。这有两种可能，第一种可能，有可能外地或当地人，从外地带来的铜鼓，因遇到事情，所以将此鼓丢到海里，或船坏后，此鼓流到海里；第二种可能，因当时在斯拉雅儿岛出现问题，为了保护此铜鼓，所以有人将此鼓丢到海里。

3. 代代相传铜鼓

除了百姓所发现的铜鼓，还有一些铜鼓是代代相传留下来的铜鼓，比如：墨鲁村阿布依族的新型铜鼓，班达尔岛呷贝尔县吉利雅斯族屋 Jeremias Waang 先生的铜鼓，此铜鼓是由他们的祖先代代相传留下来的铜鼓。为什么代代相传？有几种可能，第 1 种是他们祖先或印尼制造的铜鼓；第 2 种是他们祖先买下来或交换得来的铜鼓；第 3 种是他们祖先从外地或外国带过来的铜鼓；第 4 种是其他国家赐给他们的铜鼓。

4. 从天而降铜鼓

除了上面的发现方法，有些铜鼓是从天而降的铜鼓，此种铜鼓是被当地人尊称为神物和族宝，如巴厘岛贝静村的几型铜鼓，据当地百姓的说法，在这里曾出现过从天而降的铜鼓，当地人尊称它为"月亮神"，他们相信，此鼓是天上的月轮从天上落下来的，落到此地之后变成铜鼓；还有，马鲁古黑格尔Ⅰ型铜鼓，此鼓被尊称为神物，百姓认为，此铜鼓是雷声时从天而降的铜鼓，所以百姓命名它为雷声铜鼓。这种发现法是偏于传说性发现法，如果从科学角度来看，有可能此鼓存放于山上，由于当时火山爆发，所以此鼓从山上飘落到当地乡村，由于当地人觉得很神奇，所以他们称之为神物，是从天而降的铜鼓。

（三）印尼铜鼓的发源地

铜鼓，最早产生于约 3000 年前，广泛分布于中国南方、越南、柬埔寨、缅甸、老挝、泰国、马来西亚、新加坡和印尼等东南亚国家。铜鼓源流问题有很多的争论，有的专家认为发源于中国南方，也有的学者认为铸于越南北方。对于古铜鼓，越南历史学家在20世纪50年代曾认为，古铜鼓是中国南方少数民族与越南北方古代居民共有的文物，而越南古代铸铜技术受到中国的影响。但进入60年代之后，越南学者提出了古铜鼓起源于越南北方的观点。

印尼铜鼓来自哪里，制造于何处，目前未有可靠的依据，没有足够的证据，没有专家可证明。对于印尼铜鼓来讲，有的专家认为来自中国，有的说源于越南，也有的说铸于印尼，相当复杂，但没有其依据。

虽然没有专家可证明印尼铜鼓的发源地，但民间中有不少与铜鼓有关的传说和故事。为了解此事，本文访问了几位拥有铜鼓的主人，比如：访问了阿洛岛墨鲁村阿布依族 Yusuf Tangpeni 族长，班达尔岛呷贝尔村班达尔族 Jeramias Waang 族长，阿洛珪国国 Nasarudin 国王，他们都说："此铜鼓是由前族长代代相传留下来的铜鼓，是属于他们民族的族宝和神物，是由他们的祖先从印度国后面的国家漂洋过海带过来的铜鼓，他们认为印度国后面的国家是指中国。"从此故事可总结两种可能：第1种可能是他们祖先拜访中国时中国国王赐给他们的铜鼓，后来他们经过印度，通过印度洋漂洋过海带回印尼；第2种可能，本来他们是中国人，因在中国发生很多事情，如战争、灾难等，为了避难，所以他们带着铜鼓，经过印度国，通过印度洋漂洋过海到达印尼，然后在印尼生存，落地生根，代代相传。不管怎样，从上述故事可说明，此铜鼓与中国有密切关系。

此外，在斯拉雅儿岛也有关于铜鼓的传说。在斯拉雅儿岛有2面铜鼓，1面是印尼最大的黑格尔Ⅰ型铜鼓，另1面是新型铜鼓，而传说中的铜鼓是印尼最大的铜鼓，此鼓与纱威立雅丁国王（Sawerigading）的故事关系密切。

斯拉雅儿岛属于望加锡政府管理，其主要民族是布吉族（Suku Bugis）。望加锡布吉族有一个关于斯拉雅儿铜鼓的故事与传说。望加锡布吉族传说中有一时期叫拉·伽丽古时期（La Galigo），此时期是布吉族的创造时期，是文明开始的时期，是人仙使用宗教魅力的方式来管理世界，其主要人物是纱威立雅丁，他创造了人伦，定下了生活规则，传扬了人生道德，被称为人伦道德的创造者和代表者。

据说，纱威立雅丁与他的夫人伟·珠黛（We Cuddai）和他们三位儿子［拉·伽丽古（La Galigo）、邓理·蒂优（Tenri Dio）、邓理·巴罗博（Tenri Balobo）］曾拜访过中国，拜访后，中国国王赠送予他大铜鼓。回国鲁沃（Luwuk）

的路上，他们先经过斯拉雅儿岛（当时印尼东部和西部的必经之路），他们在此岛休息。当时他们带着铜鼓赶往布达巴汶（Putabangun），他们的魅力与热情感动了当地民族，吸引了他们，因此，渴望拥有魅力和能力国王的他们，就将纱威立雅丁等人尊称为独马诺龙（Tumanurung），是"王"的意思，并将纱威立雅丁的长子拉·伽丽古赐为布达巴汶国的首位国王，然后，纱威立雅丁国王将铜鼓尊放于布达巴汶国。

除了上述故事，斯拉雅儿岛也有一个传说，即古时候，在斯拉雅儿岛有一个国家，中国公子曾拜访过此国，并于那时他见到了斯拉雅儿岛国的公主，一见钟情，想娶她为妻。中国公子回国后向其父王报告他参访此国的结果并将提亲一事也一并报告，得到了其父亲的同意。为了提亲，中国公子带着提亲物品，包括铜鼓，带去了斯拉雅儿岛，赠送于公主的父亲作为定亲物，不久他们就结婚了，中国公子将公主带回中国，而铜鼓坐落于斯拉雅儿岛。现在此铜鼓坐落于斯拉雅儿岛马达拉郎村中，是象征着和谐的铜鼓。

从上面故事可总结，有可能印尼铜鼓是来自中国，制造于中国，由于各种因素坐落于印尼，比如中国赠送的铜鼓，提亲使用的铜鼓，他们祖先从中国带过来的铜鼓，简言之，印尼铜鼓有可能与中国关系密切。

三　印尼铜鼓的类型

黑格尔于1902年发表了《东南亚古代金属鼓》文章，将东南亚铜鼓的类型分成4种，他使用自己的名字命名东南亚铜鼓，即黑格尔Ⅰ、Ⅱ、Ⅲ、Ⅳ型。1988年中国古代铜鼓研究会提出一种新的分类法，即"8分法"，将中国西南地区和东南亚国家所有古今铜鼓分为8种类型，即万家坝型、石寨山型、冷水冲型、遵义型、麻江型、北流型、灵山型和西盟型，是使用其发现地的地名命名。1990年越南考古学者范明玄、阮文好、赖文道将在越南发现的所有铜鼓命名为"东山铜鼓"，分成A、B、C、D、E5型22式。

印尼铜鼓的名称繁多，马鲁古人叫之蒂发，巴厘人称之贝静，阿洛人呼之墨葛，爪哇、苏门答腊人叫之纳伽拉等。从如此之多的名称，较常用的是纳伽拉，基于此，本文将印尼铜鼓的名称统称为"纳伽拉"（Nekara）。

印尼铜鼓的数量很多，除了墨葛鼓外，目前共有103面铜鼓，其外形状况不一。

为方便归类，容易记住，简单称呼，本文将印尼铜鼓分成8种类型，黑格尔I型铜鼓被称为纳伽拉I型铜鼓，黑格尔II型铜鼓被叫纳伽拉II型铜鼓，黑格尔IV型铜鼓是纳伽拉III型铜鼓，三种新型铜鼓被称为纳伽拉IV、V和VI型铜鼓，而贝静型铜鼓被叫为纳伽拉VIII型铜鼓。对于小型的墨葛鼓，由于其数量上千，所以在这里我们不谈。

（一）纳伽拉I型铜鼓（Nekara Tipe I）

纳伽拉I型铜鼓即黑格尔I型铜鼓，印尼共有83面铜鼓，其鼓身分为鼓面、鼓胸、鼓腰和鼓脚，其大小不一，最大的其面径126.5厘米，最小的其面径不到20厘米，而其鼓面的太阳纹分为8、10、12、14、16芒。由于此型铜鼓的数量很多，所以在这里本文只分析现存于斯拉雅儿岛纳伽拉铜鼓博物馆、阿洛1000面墨葛鼓博物馆和雅加达国家博物馆的铜鼓。

1. 斯拉雅儿岛纳伽拉I型铜鼓（Nekara Tipe I Pulao Selayar）

图1 斯拉雅儿岛纳伽拉I型铜鼓

斯拉雅儿岛纳伽拉I型铜鼓是印尼铜鼓中最大的铜鼓，其面径126.2厘米，鼓高91.5厘米，胸径134厘米，腰径112厘米，足径136.5厘米，缘宽100厘米。鼓面上边有4只青蛙像，鼓面中心太阳纹16芒，芒间饰翎眼纹，光体凸出，芒体粗硕，共有16晕，3弦分晕。第1、4、12、15晕锯齿纹；第3、13、14晕圆圈斜线纹，第5、11晕翔鹭纹，第6晕纹饰不清，第7晕羽人纹，第8晕勾连云纹，第9晕栉纹，第10、16晕勾连雷文。

铜鼓的鼓胸共有6晕，2弦分晕，第1和4晕栉纹，第2和3晕圆圈斜线纹，第5晕龙舟纹，第6晕勾连雷文。铜鼓的鼓腰共6晕，2弦分晕，第1晕勾连雷纹，第 2 晕羽人纹，第 3 和 6 晕栉纹，第 4 和 5 晕圆圈斜线纹。鼓胸和鼓腰之间饰四耳，耳饰稻穗纹。铜鼓的鼓足共 3 晕，3 弦分晕，第 1 和 3 晕枝形回纹，第 2 晕大小象，椰树，鸟。第 2 晕分以下几组：

第 1 组：鸟，大象，椰子树（树下有 1 只鸟）；第 2 组：大象，椰子树（树上有 1 只鸟）；第 3 组：小象（象身上有 1 只鸟）；第 4 组：大象，椰子树（树上有 1 只鸟，树下有 1 只鸟）；第 5 组：大象，椰子树（树下有 2 只鸟）；第 6 组：大象，椰子树（树上 1 只鸟）；第 7 组：大象，椰子树（树下 2 只鸟）；第 8 组：大象，椰子树（树下 1 只鸟）；第 9 组：大象，椰子树（树下有 1 只鸟）。

2. 阿洛岛纳伽拉 I 型铜鼓

图 2 阿洛千面墨葛鼓铜鼓博物馆纳伽拉 I 型铜鼓

阿洛岛拥有 1 面纳伽拉 I 型铜鼓，是印尼铜鼓中属二属三大的铜鼓，其面径 92.5 厘米，鼓高 67 厘米，胸径 98.5 厘米，腰径 74 厘米，足径 95 厘米。其鼓面的中心太阳纹 12 芒，芒间饰令眼纹，复线 3 角纹，2 弦分晕，共 8 晕，第 4 晕为羽人纹，第 8 晕为栉纹，第 7 晕为切线圆圈纹，其他纹饰不清，缘边饰立单蛙 4 只。

铜鼓的鼓胸共 5 晕，2 弦分晕，第 1 晕不清，第 2 和 4 晕为栉纹，3 晕为圆圈圆点纹，第 5 晕为龙舟竞渡纹。铜鼓的鼓腰共 4 晕，2 弦分晕，第 1 晕羽人纹，共四纹，中间以圆圈圆点纹，栉纹分隔 4 晕，第 2 和 4 晕栉纹，第 3 晕圆圈圆点纹。胸腰间饰柄耳四支，耳饰稻穗纹。铜鼓的鼓足共 2 晕，2 弦分晕，第 1 晕楼形方格纹，第 2 晕素面，含范线二道，垫片。

3. 雅加达国家博物馆纳伽拉Ⅰ型铜鼓

图3 雅加达国家博物馆纳伽拉Ⅰ型铜鼓

雅加达国家博物馆有1面印尼最小的铜鼓，其高不到20厘米，面径也不到20厘米，鼓胸与腰之间饰柄耳四支，可惜的是，其纹饰已不清。以前此铜鼓用于宗教仪式，埋在坟墓里。

（二）纳伽拉Ⅱ型铜鼓（Nekara Tipe Ⅱ）

纳伽拉Ⅱ型铜鼓即黑格尔Ⅱ型铜鼓，在印尼此种铜鼓的类型极少，现存于雅加达印尼总统博物馆，但可惜的是难以拿到其照片，因此在这里没有进行分析。

（三）纳伽拉Ⅲ型铜鼓（Nekara Tipe Ⅲ）

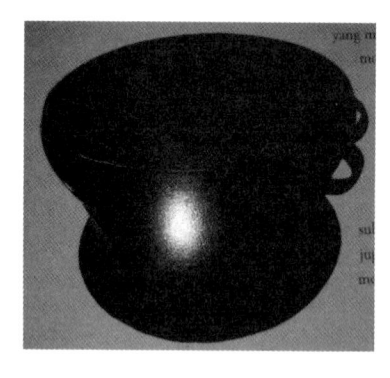

图4 日惹索诺补多优博物馆纳伽拉Ⅲ型铜鼓

纳伽拉Ⅲ型铜鼓即黑格尔Ⅳ型铜鼓，此型铜鼓的数量也不多，目前只发现4面，2面存放于日惹索诺补多优博物馆（Museum Sonobudoyo），1面存放于万登博物馆，另 1 面发现于威勒理。纳伽拉Ⅲ型铜鼓的鼓身分为鼓面、鼓胸、鼓腰和鼓足。下面本文只分析日惹索诺补多优博物馆的纳伽拉Ⅲ型铜鼓。

在日惹索诺补多优博物馆有 2 面纳伽拉Ⅲ型铜鼓，其外形与大小相当，唯一不同的是，其鼓耳的位置，1 面在胸部右边有 2 只耳，左边无耳，另 1 面在胸部左右边各有 1 只耳。

鼓面中心有太阳纹 12 芒，芒尖穿透 2 弦。鼓面共有 8 晕，2 弦分晕，第 1、7 晕乳丁纹，第 2 晕绚纹，第 3 晕云纹，第 4、5 晕有晕圈的空间但没有花纹，第 6 晕竖线纹，第 8 晕云纹。鼓胸共有 9 晕，没有纹饰。鼓胸与鼓腰之间一圈凸棱，棱间饰弦纹；鼓腰共有 5 晕，上面有 4 小晕，下部有 1 晕，但没有纹饰；鼓脚共有 1 晕，没有纹饰。

（四）纳伽拉Ⅳ型铜鼓（Nekara Tipe Ⅳ）

纳伽拉Ⅳ型铜鼓是新型铜鼓，现存于阿洛岛和班达尔岛，共有 3 面，当地民族认为，该铜鼓来自印度后面的国家，即中国，1 面存放在阿洛 1000 面墨葛鼓博物馆，1 面在墨鲁村阿布依族族屋，另 1 面在班达尔岛呷贝尔村吉利雅斯族屋，当地人称之为巨大墨葛鼓。

1. 阿洛岛墨鲁村铜鼓

图 5　阿洛岛墨鲁村纳伽拉Ⅳ型铜鼓

坐落于墨鲁村阿布依族族屋的铜鼓，是阿布依族代代相传的族宝，是属于民族神物，带有灵性的神物，它象征着势力、团结与和谐，可用来求雨、平安健康等。虽然该民族已有新的宗教信仰，如基督教和伊斯兰教，但多数族员还敬它为神。据族长口述说，此铜鼓来自中国，是他们祖先漂洋过海经过印度洋带过来的。

此铜鼓的外形可分为鼓面、鼓胸、鼓腰和鼓足,其高 56.5 厘米,面径 65.5 厘米,胸径 57.5 厘米,腰径 46 厘米,足径 48 厘米,缘宽 4.8 厘米。铜鼓的鼓面中心有太阳纹 12 芒,芒尖穿透 2 弦,2 弦分晕,共 21 晕。第 1、8、15、20 晕是往外射的三角形纹;第 2、4、9、11、16、18 晕是四方形纹,第 3、17 晕是云纹,第 5、12、19 晕是往中心太阳射的三角形纹,第 6、7、13、14 晕是平行四边形纹,第 10 晕是绚纹,第 20 晕无纹,第 20 晕上面坐着 4 只头望天嘴巴张开的青蛙像。

铜鼓的胸部共有 10 晕,2 弦分晕。第 2、4、6、9 晕粗竖线纹,第 2、7 晕往上三角形纹,第 3、8 晕往下三角形纹,第 5 晕无纹,第 10 晕分四组,每组之间有隔离纹,每隔离纹有 5 晕,1 弦分晕,第 1、4 晕粗横线纹,第 2、3、4 晕勾连云纹。每组有 1 只鹿和 2 只鸟,鹿头往左边看,左右各 1 只鸟。

铜鼓的腰部共有 16 晕,2 弦分晕。第 1、6、11 晕无纹,第 2、8、12、16 晕往下三角形纹;第 3、9、13 晕斜型四方形纹;第 4、10、14 晕往上三角形纹;第 5、7、15 晕粗竖线纹。鼓腰东西南北各有 1 耳。

铜鼓的足部共有 7 晕,第 1 晕 1 弦分晕,其余 2 弦分晕。第 1 晕分 2 大组,每两大组有 4 只动物,每动物之间隔着 1 棵椰子树。第 1 大组分 4 小组,第 1 小组有正站着吃的 1 匹马,马嘴下有 1 个篮子,马前后各有 1 只鸡,马上面左右边飞着 2 只鸟;第 2 组有 1 只正站着鼻往内垂的象,象前后各有 1 只鸡,象上面左右边飞着 2 只鸟;第 3 组有 1 匹正站着的马,马前后各有 1 只鸡,马上面左右边飞着 2 只鸟;第 4 组有 1 只正站着鼻往前垂的象,象前后各有 1 只鸡,象上面左右边飞着 2 只鸟。第 2 大组与第 1 大组的纹饰一样。

2. 阿洛岛阿洛千面墨葛鼓博物馆

图 6　阿洛千面墨葛鼓博物馆纳伽拉Ⅳ型铜鼓

存放于阿洛岛阿洛千面墨葛鼓博物馆的铜鼓，是由阿洛县百姓发现后捐给博物馆的铜鼓，其高 56 厘米，缘宽 4.8 厘米，面径 66.3 厘米，胸径 45 厘米，腰径 45 厘米，足径 50 厘米，其鼓面和鼓腰纹饰与墨鲁村铜鼓一样，但其鼓胸和鼓足的纹饰不相同。

铜鼓的胸部共有 10 晕，2 弦分晕。第 1 至 9 晕的纹饰与墨鲁村铜鼓一样，第 10 晕的纹饰不相同。第 10 晕共有 4 组，组之间有隔离纹，共有 5 晕，晕中的纹饰与墨鲁村铜鼓一样。第 1 至 4 组各有 1 只正站着鼻子往上垂的象，象前面有 1 只正站着的鹿，象鹿之间飞着 1 只鸟，象鹿后面各有 1 只鸡。

铜鼓的足部共有 7 晕，第 1 晕 1 弦分晕，其余 2 弦分晕。第 2 至 7 晕的纹饰与墨鲁村铜鼓一样，而第 1 晕不一样。第 1 晕共有 4 组，组与组之间隔着 1 棵椰子树，共有 4 棵椰子树，每组有 2 只正站着鼻子往下垂的大象，共有 8 只象。

3. 呷贝尔村铜鼓（Nekara Pulau Kabir）

图 7 班达尔岛呷贝尔村纳伽拉 IV 型铜鼓

在呷贝尔村，此型铜鼓有两面，1 面坐落于阿洛县班达尔岛呷贝尔村吉利雅斯族屋 Jeramias Waang 先生的族屋，另 1 面坐落于班达尔族的族屋，被恭拜为神物，由于此鼓属于族宝，不方便参访。

吉利雅斯族屋铜鼓的高 56.2 厘米，缘宽 4.7 厘米，面径 66 厘米，胸径 60 厘米，腰径 46 厘米，足径 53 厘米。此鼓鼓面和鼓腰纹饰与上面两类铜鼓纹饰一样，而其鼓足的纹饰与阿洛千面墨葛鼓博物馆铜鼓的纹饰一样，唯一不一样的是其鼓胸的纹饰。

此鼓胸部共有 10 晕, 2 弦分晕。第 1 至 9 晕的纹饰与上面两类铜鼓一样, 而第 10 晕的纹饰不同。第 10 晕共有 4 组, 组之间有隔离纹, 共有 5 晕, 晕中的纹饰与上面两面铜鼓一样。第 1 至 4 组各有 4 只鸟, 左边有 2 只面部往前看的鸟, 右边有 2 只面对面的鸟, 共有 16 只鸟。

（五）纳伽拉 V 型铜鼓（Nekara Tipe V）

图 8　纳伽拉 V 型铜鼓, 左阿洛千面墨葛鼓博物馆铜鼓, 中右呷贝尔村铜鼓

纳伽拉 V 型铜鼓也是新型铜鼓, 是我们走游阿洛岛和班达尔岛发现的铜鼓, 共有 2 面, 1 面坐落于阿洛岛阿洛千面墨葛鼓博物馆, 另 1 面存放于阿洛县班达尔岛呷贝尔村吉利雅斯族屋 Jeramias Waang 先生的族屋。这 2 面铜鼓的外形和纹饰都一样, 其高 65 厘米, 面径 60.5 厘米, 胸径 55 厘米, 腰径 35 厘米, 足径 49 厘米, 缘宽 1.9 厘米。

此鼓鼓面中心有太阳纹 12 芒, 12 芒之间有抽象性戴着帽子的人头, 芒尖穿透 1 弦。1 弦分晕, 共 12 晕。第 1 和 3 晕竖线纹, 第 2、9、10 晕云纹, 第 4 晕绚纹, 第 5 晕 29 只抽象性的翅膀往上的鸟纹, 第 6 晕 21 只正飞的抽象性鸟纹, 第 7 晕 10 只嘴像角一样的鸟纹, 第 12 晕无纹, 上面站着 4 只青蛙像。

鼓胸有 6 晕, 2 弦分晕。第 1 晕无纹, 第 2 和 5 晕竖线纹, 第 3 和 4 晕云纹, 第 6 晕共有 4 组, 第 1 组有 1 条船, 船上站着 1 位指挥人, 船中坐着 10 位戴着帽子的人, 船左边站着 1 匹马; 第 2 至 4 组的纹饰差不多一样, 唯有不一样的地方是, 其各组的动物不一样, 第 2 组, 船左边坐着 1 只鹿; 第 3 组, 船左边站着 1 头象; 第 4 组, 船左边站着 1 只狗。

鼓腰有 7 晕, 2 弦分晕。第 1 晕无纹, 第 2 和 3 晕共有 4 组, 每组的纹饰一

议题三:"一带一路"框架下的民族文化创新与共享
印尼铜鼓类型研究

样,组与组之间隔着纹饰,共4晕,第1和5晕是横线纹,第2和4晕是勾连平行四边形纹。第1至4组的第2晕的纹饰勾连平行四边形纹,第3晕的纹饰是正展翅的抽象性鸟纹,第4和7晕是竖线纹,第5和6晕是勾连云纹,而鼓胸和鼓腰之间有4耳。

鼓腰与鼓足之间有1圈无纹凸棱。鼓足共有5晕,1弦分晕。第1和5晕有1圈无纹凸棱,第2和4晕是勾连平行四边形纹,第3晕共有12只象纹和4只马纹,共分16组,第1和13组,各有1匹其头往下垂的马,马头和尾上各有1只正飞的鸟;第2和14组,各有1只其头往下、鼻往内垂的象,象头前站着1位大人,象头和尾上各有1只正飞的鸟;第3和15组,各有1只其头往下、鼻往下直内垂的象,象头和尾上各有1只正飞的鸟;第4组和16组,各有1只其头往下、鼻往外垂的象,象鼻上站着1位大人,象头和尾上各有1只正飞的鸟;第5组和9组,各有1匹其头往前的马,马头下站着正拉着马的1位大人,大人左边站着1位小孩,马上面有3个四方形纹;第6和10组,各有1只正蹲着头往下鼻子往内垂的象,象头前有1位大人,象头和尾上各有1只正飞的鸟,象尾上站着1只鸟;第7和11组,各有1只正站着头往下鼻子往下前垂的象,象头和尾上各有1只正飞的鸟;第8和12组,各有1只正站着、头往下、鼻子往下内垂的象,象鼻上站着1位大人,象头和尾上各有1只正飞的鸟。

(六)纳伽拉Ⅵ型铜鼓(Nekara Tipe Ⅵ)

图9 斯拉雅儿岛纳伽拉Ⅵ型铜鼓

· 629 ·

纳伽拉Ⅵ型铜鼓也是属于新型铜鼓，是我们游走南苏拉威西斯拉雅儿岛发现的铜鼓，此型铜鼓只有1面，是海里捞出来的铜鼓，现在为斯拉雅儿前议员Ir. Wildan 所有，现存于他家。

该鼓的鼓身分别为鼓面、鼓胸、鼓腰和鼓足，其面中心有太阳纹12芒，太阳中间有1只象。鼓面共有9晕，第1至4晕是粗乳丁纹；第5晕抽象的族帽纹；第6晕是嘴像角一样的鸟纹；第7晕横线纹；第8晕左尖括号纹；第9晕勾连小四方形纹，此晕上有4只硕青蛙像。

鼓胸只有1晕，分3组，共有3条抽象船和6只孔雀，组与组之间隔着抽象大船，船之间有2只孔雀纹。

鼓腰共有3晕，1弦分晕。第1和2晕隔着纹饰，隔离纹上共有3晕，全部都是勾连云纹。鼓腰的第1晕是交叉斜线纹，第2晕是羽纹，第3晕是勾连十字架纹，鼓胸和鼓腰之间有3耳。鼓腰与鼓足之间有圆圈凸出，但无纹饰。鼓足有3晕，1弦分晕。第1和3晕是勾连斜线纹，第2晕有8个组，组与组之间隔着1棵椰子树，共有8只象和8棵椰子树。第1至8组，各有正站着的大象，大象前后各有1棵椰子树。

（七）纳伽拉Ⅶ型铜鼓（Nekara Tipe Ⅶ）

图10 巴厘岛贝静村纳伽拉Ⅶ型铜鼓

纳伽拉Ⅶ型铜鼓是指贝静型铜鼓，共有10面，最多发现于巴厘岛。此型铜鼓的大小不一，最大的坐落于吉安雅儿县贝静村贝纳达兰·沙西婆罗门教寺庙，被敬为月亮神。在印尼此型铜鼓被称为纳伽拉贝静型铜鼓，据说是由古印尼制造的铜鼓。由于此型铜鼓的数量很多，多数已破，所以本文只分析以贝静村贝纳达兰·沙西婆罗门教寺庙为代表的铜鼓。

此鼓的鼓身分成鼓面、鼓胸、鼓腰和鼓足，其高186.5厘米，其鼓面径160厘米，鼓面厚度3厘米。鼓面中心太阳8芒，太阳芒间有八个凸出的乳丁纹，太阳纹周围有孔雀羽毛纹，其外面有两圈圆圈纹，圆圈纹外五纹饰。其鼓胸有5晕，第1和2晕无纹，第2晕竖线纹，第3晕梯纹、f纹、第5晕8个面具人纹，也有四耳。

四 印尼铜鼓的作用

印尼铜鼓分布至印尼各个地区，多数出土铜鼓，现在最多存放于博物馆，这说明，此铜鼓已变成象征性铜鼓，没有具体的作用。虽然如此，还有一些铜鼓是代代相传的，至今还有其用处，如巴厘岛纳伽拉贝静型铜鼓、阿洛岛纳伽拉Ⅳ型铜鼓、马鲁古纳伽拉Ⅰ型铜鼓、斯拉雅儿岛纳伽拉Ⅰ型铜鼓等，百姓还是使用它，其主要有宗教作用、社会作用、政治作用和艺术作用四种。

（一）宗教作用

印尼铜鼓的宗教作用可从巴厘岛贝静村、阿洛岛墨鲁村和马鲁古葛毅岛的铜鼓进行说明，有的被称为月亮神，有的被尊为保护神，也有的被敬为神物和族宝。

葛毅岛的纳伽拉Ⅰ型铜鼓，被当地百姓尊称为保护神，是当地民族的族宝、神物。此鼓分成两份，一份坐落于发安村的稻田中，另一份存放全坞杜阿依村的花园里。百姓认为，存放于稻田和花园中会带给百姓平安，可以顺利收割，也有辟邪作用，虽然没有其宗教仪式，但有其宗教精神。

坐落于巴厘岛贝静村贝纳达兰·沙西婆罗门教寺庙的纳伽拉贝静铜鼓被尊为"月亮"神。此鼓被称为"月亮"神的原因是与贝静村天空中的两个月亮的民间传说密切相关。据说，当时在贝静村天空中照亮着两个月亮，有一天，其中之一的月亮从天而降，降到贝静村的一棵菩提树上。自从有此月亮，贝静村天天白天，没有晚上。对于偷窃者来讲这不是好事，因为他们晚上时才偷窃。为解决此事，有一名偷窃者想了一个绝招，即将此月亮泼上人尿，他们认为神物怕脏物，而人尿是脏物。隔天，此人爬上此树，并在其身尿着热尿水，想不到，隔天此物的光亮消失，但此人失命归天。百姓得知此消息之后，心里很难过，很害怕，也很惭愧，为了赎罪与尊敬它，他们做个神台，将物尊放于此台，并尊之为"月亮神"，每天祭拜它，其生诞节日时举行生诞仪式，即跳怡达·帕达拉（Ida Bhat-ara）舞、跳铬渣舞、念婆罗门教经等。这是贝静铜鼓的传说，也是铜鼓宗教作用的表现。

存放于阿洛岛墨鲁村阿布依族族屋的纳伽拉Ⅳ型铜鼓，被敬为神物，是属于当地民族的保护神之一，有求雨、辟邪和保平安的作用，需要时，他们会举行宗教仪式，族长会请各家族的代表一起祭神，必须是男人，然后将此鼓放在神台中间，他们围着此鼓一起念经、祈祷、唱歌、跳勒构·勒构舞（Lego - lego）等，这也是铜鼓的宗教作用。

（二）社会作用

除了有宗教作用，坐落于阿洛岛和班达尔岛的纳伽拉Ⅳ型铜鼓也象征着地位、和谐和团结，此是铜鼓的社会作用的表现。墨鲁村的铜鼓是由阿布依族族长和珪国国王保管，而班达尔岛铜鼓是由班达尔族族长管理，对当地百姓来讲，此铜鼓象征地位，代表着势力，可以尊用铜鼓解决冲突、处理矛盾等。

其实，在阿洛岛和班达尔岛有很多小铜鼓，即墨葛鼓，是用来提亲用的铜鼓，是当地民族必用的提亲物（Belis）。恰恰相反，此岛的纳伽拉Ⅳ型铜鼓不是提亲物，是不可用为提亲物的铜鼓，因为族民相信，如果用为提亲物会给女方带来不幸与倒霉，即永生生不了孩子，因为此鼓是代表着地位、势力、国王或族长，只有国王或族长才可用之。

如果民族和民族之间或家族和家族之间产生冲突，而此冲突无法解决，国家法律也没办法解决，一般族长会使用此鼓解决问题。因为此鼓是神物、族宝，所以如果此鼓出面，族民须敬它，在族长的劝告下，产生冲突的子民会放下私事，以神为主，无恨无悔解决冲突，各退一步和让一步，重新生活，和睦相处，团结一致，这就是铜鼓社会作用的表现。

（三）政治作用

除了宗教与社会作用，铜鼓也有其政治作用，比如：对于墨鲁村百姓来讲，纳伽拉Ⅳ型铜鼓有着指挥性作用，是象征着国王与族长，象征着地位与实力，这就是铜鼓政治作用的表现。对于此鼓，有个事实的故事，阿洛有个王国叫做珪国（Kui），现在传到第9代，由 Nasrudin 国王主持。荷兰殖民地时期时，珪国被荷兰政府消灭，其宫殿被炸毁。后来国王迁移至墨鲁村，想在此地重建宫殿。由于此地是阿布依族的土地，为尊敬他们，还有为顺利重建宫殿，皆大欢喜，珪国国王与阿布依族族长进行讨论与商量。过了几回讨论与商量后，阿布依族答应珪国在此地重建宫殿。为报答阿布依族，珪国国王使用铜鼓进行交换，这样可以皆大欢喜，宫殿可以顺利建设，百姓可以幸福生活，虽然珪国家族信仰伊斯兰教，而阿布依族多数信仰基督教，但是至今他们可以和睦相处地生活，这就是铜鼓政治作用的表现。

（四）艺术作用

除了上述作用，铜鼓也有艺术作用，这可从苏南省石壁上刻着的铜鼓乐器说明。在苏南省巨港市的石壁上刻着铜鼓乐器，此乐器是由两个人抬的，他们边抬边敲此鼓，这说明古代时，此铜鼓有艺术作用，现在此文化已消失。虽然如此，在阿洛岛，铜鼓还有其艺术作用，是一种乐器，特别是墨葛鼓。对于纳伽拉铜鼓来讲，虽然没乐器作用，但在神灵活动仪式中，如祭神、求婚、求平安等，特别是求婚仪式时，他们会将此鼓放在神台中间，男女围着此鼓，一起跳求婚舞蹈，如勒构·勒构舞等，这就是铜鼓艺术作用的表现。

五　结语

印尼铜鼓很丰富，共有103面铜鼓，有出土的、海捞的、从天而降的，也有代代相传的。虽然没足够的资料能证明其来历，但从其传说和故事可看出印尼和中国的友好关系，有可能，古代时中国人将铜鼓带入印尼，后来他们在印尼落地生根；有可能，印尼使者拜访中国后，中国赐予他们铜鼓，然后印尼使者将铜鼓带回印尼；有可能，提亲时用的定亲物，即中国公子娶印尼公主时的提亲物；也有可能印中之间的交换物。不管怎么说，有一件可以肯定的是，通过铜鼓可看到印尼中国的友好关系。

从印尼铜鼓的类型可看两件事：一是，我们看到了中国型铜鼓逐渐变成印尼本土型铜鼓，这可从印尼纳呷拉Ⅳ至Ⅶ型铜鼓的演变说明，从大鼓胸渐变成小鼓胸，从大鼓腰渐变成小长鼓腰，从矮鼓变成高鼓等，还有，从黑格尔型渐变成贝静型和墨葛鼓型铜鼓；二是，从铜鼓的纹饰，如椰子树纹、水浪纹、船只纹和鸟类纹，展现了印尼千岛国家大自然环境的特色；从鸟类纹、大象纹、马纹、鹿纹和狗纹，表现出印尼动物的特色；从巫师纹、巫帽纹、云纹等，表达出印尼的传统信仰等。

从印尼铜鼓的作用可看到当地百姓对传统宗教信仰的执着，也可看到铜鼓在当地民族心目中地位之高，是一种神物和族宝，同时也可看到当地社会的生活习惯，是简单的生活，通过铜鼓可解决各种各样的冲突，通过其宗教仪式可看到铜鼓的艺术之美，展现了当地民族浓厚的传统文化。

总的来说，印尼铜鼓象征着宗教、地位、和谐和团结，通过铜鼓可看到大自然之美、迈向本印尼土化的铜鼓，同时通过铜鼓可看到当地百姓对神物的执着、浓厚的传统文化和团结一致、和谐生活的精神。

参考文献

Appadurai, Arjun, ed. 1986. *The Social Life of Things: Commodities in Cultural Perspective.* Cambridge: Cambridge University Press.

Barchewitz, E. C. 1730. *Allemeuste und Wahrhaffte Ost - Indiansiche Reise - Bescheribung:* Chemnitz.

Bellwood, P. et al. 2007: *Ancient Boats, Boat Timbers, and Locked Mortise - and - Tenon Joints from from Bronze/Iron - Age Northem Vietnam.* Dalam The Journal of Nautical Archaeology, Oxford (Blackwell Pubishing), Vol. 36.

Bintarti, DD. 2008. *Nekara Perunggu dari Yunan Sampai Irian Jaya. Dalam Kasnowihardjo, Gunadi dan Atmosudiro, Sumijati* (eds). 2008. Prasejarah Indonesia dalam Lintas Asia Tenggara - Pasifik. Jakarta: Asosiasi Prehistorisi Indonesia.

Bintarti, D. D. 1998. Funarel Customs of Modern Human in Indonesia. Makalah dalam Intenasional Association on Human Biologist. Dual Congress, Sun City, Yohannesburg. Afrika Selatan.

Bintarti. 2002. Recent Discoveries on Dong Son Cuture in Indonesia. Makalah dalam the 17th Congress of the Indo - Pacific Prehistory Association. Taipei, Taiwan.

Bintarti, 199. The Gold Artifact from Indonesia. Makalah dalam 35th

ICANAS. Budapest: Hongaria.

Bellwood, Peter. 2000. *Prasejarah Kepulauan Indo – Malaya, Edisi Revisi*. Jakarta: P. T. Gramedia.

De Jonge, N. dan Van Dijk, T. 1995. *Forgotten Islands of Indonesia: The Art & Culture of the Southeast Moluccas*. Singapore: Periplus.

Djoened Poesponegoro, Marwati; Notosusanto, Nugroho. 1993. *Sejarah Nasional Indonesia Jilid* 1. Jakarta: Balai Pustaka.

Fontijn, David. 2002. Sacrificial Landscapes: *Cultural Biographies of Persons, Objects and 'Natural' Places in the Bronze Age of Southerm Natherlands*. Leiden: Leiden University Press.

Hoskin, Janet. 2006. Agency, Biography and objects. Dalam Tilley, Christopher et. al. 2006. Handbook of Material Culture. London: Sage Publication Ltd.

Heine Gedern, R. Von. 1945. *Prehistoric Research in The Netherlands Indies*. Edited by Pieter Honig and Frans Verdoorm, Scuence and Scientist in The Netherlands Indies. Diterjemahkan oleh Daud Aris Tanudirjo. New York: The Riverside Press.

Heekeren, H. R. van, and Eigil Knuth. 1967. *Archaeological Excavations in Thailand*, vol. I: Sai – Yok. Munksgaard, Copenhagen.

Heekeren, H. R. van. 1939. "Over Praehistorie in het algemeen en die' an Besoeki in het bijzonder". Djember.

Heekeren, H. R. van. 1931. "Megalithische overblijfselen in Besoeki, Java". Djawa. 11.

Heekeren, H. R. van. 1937. "Ara, een nieuwe prehistorische vindplaats in Zuis – Celebes". Tijdschrift Koninklijk Nederlands Aardrijkskundig Genootschap, Tweede Reeks.

Heekeren, H. R. van. 1939. "De liang Saripa, een neolithische station nabij Maros (Zuis – Celebes)". TBG, 79.

Heekeren, H. R. van. 1949. "Early Man and Fossil Vertebrates on the Island of Celebes". Nature. 163, hlm. 492.

Heekeren, H. R. van. 1954. "Nekara – Nekara Perunggu". Amerta, 2.

Heekeren, H. R. van. 1954. "New investigations on the lower palaeolthic Patjitan Culture in Java". Berita Dinas Purbakala, 1.

Heekeren, H. R. van. 1937. "Ontdekking van het Hoabinhien op Java. De goea Mardjan nabij Poeger (Basoeki)". TBG, 77.

Heekeren, H. R. van. 1941. "Over Toala's en de Toala culture (Zuid – Celebes)". Natuurwetens – chappelijk Tijdschrift van Nederlands Indie, 101, 8.

Heekeren, H. R. van. 1935. "Prehistorische grotten – onderzoek in Basoeki (Java): A. De goea Betpoeroeh habij Pradjekan". Djawa, 15.

Heekeren, H. R. van. 1936. "Prehistorische grotten – onderzoek in Basoeki (Java): B. De goea Sodong nabij Poeger". Djawa, 16.

Heekeren, H. R. van. 1949. "Preliminary note on palaeolithic finds on the Island Celebes". Chronica Naturae, 105, 5.

Heekeren, H. R. van. 1950. "Raport over de ontgraving te Kamasi, Kalumpang (West Centraal Celebes). Oudheidkundig Verslag 1949. Batavia.

Heekeren, H. R. van. 1949. "Rapport over de ontgraving van de Bola Batoe nabij Badjo, Bone, Zuid – Celebes". Oudheidkundig Verslag 1946—1947. Batavia.

Heekeren, H. R. van. 1952. "Rock – Paintings and other Prehistoric discoveries near Maros (Southwest Celebes)." Laporan Tahunan Dinas Purbakala 1950 Jakarta.

Heekeren, H. R. van. 1949. "Verslag van het onderzoek van een rituele tumulus te Lampoko, Bone, Zuid – Celebes". Oudheidkundig Verslag 1946—1947. Batavia.

Heekeren, H. R. van. 1955. Prehistoric Life in Indonesia. Jakarta.

Heekeren, H. R. van. 1937/38. "Aanteekeningen over een ingraving in de Liang Karassanabij Maros". Tropisch Nederland 10.

Heekeren, H. R. van. 1951. "Korte Mededelingen: Het Hoabinhian in Zuid – Borneo". TBG, 84, 4. Batavia.

Heekeren, H. R. van. 1970. "A metal kettledrum recently discovered in North – Western Thailand". Bijdragen KITLV, 126 (4). Den Haag.

Heekeren, H. R. van. 1956. "Note on a Proto – Historic Urn – Burial Site Anyer, Java". Anthropos.

Heekeren, H. R. van. 1955—1958. "Notes on prehistoric Flores". Madjalah untuk Ilmu Bahasa, Ilmu Bumi dan Kebudayaan Indonesia, 84 (4).

Heekeren, H. R. van. 1955. "Proto – Historic Sarcophagi in Bali". Berita Dinas Purbakala, 2.

Heekeren, H. R. van. 1963. "Some notes on the bronze age of Thailand and the Excavations of Some hill Sites at Wai Pho." Journal of the Siam Society, LI, 1. Bangkok.

Heekeren, H. R. van. 1958. "The Bronze – Iron Age of Indonesia". Verhandelingen KITLV, XXII. 's – Gravenhage.

Heekeren, H. R. van. 1957. "The Stone Age of Indonesia." Verhandelingen KITLV, XXI. 's – Gravenhage.

Heekeren, H. R. van. 1972. "The Stone Age of Indonesia, 2nd rev. ed." Verhandelingen KITLV, LXI. Den Haag.

Heekeren, H. R. van. 1960. "The Tjabenge flake industry from South Celebes". Asian Perpectives, It, 2.

Heekeren, H. R. van. 1956. "The Urn Cemetery at Melolo, Fast Sumba (Indonesia)". Berita Dinas Purbakala, 3.

Heekeren, H. R. van. 1970. Perkembangan Penelitian Prasedjarah di Indonesia. Djakarta.

Heeren – Palm, C. H. M. 1955. Polynesische Migraties. Meppel.

Heger, F. 1891. "Alte Bronzepauken aus Ost – Asien." Mitteilung der Anthropologischen Gesselschaft in Vienna, Vol. 25.

Heger, F. 1902. Alte Metaltrommeln aus Siidost Asien. Leipzig.

Hoop, A. N. J. Th. a. Th. van der. 1932. Megalithic Remains in South Sumatra. Zutphen

Hoop, A. N. J. Th. a. Th. van der. 1940. "A Prehistoric site near the lake of Kerinchi (Sumatra)" Proceedings of the Third Congress of Prehistorians of the far East. Singapore.

Hoop, A. N. J. Th. a. Th. van der. 1938. "De Praehistorie", dalam F. W. Stapel: Geschiedenis van Nederlandsch Indie, I. Amsterdam.

Hoop, A. N. J. Th. a. Th. van der. 1937. "Steenkistgraven in Goenoeng Ki docl". TBG, 75, Batavia.

Hoop, A. N. J. Th. a. Th. van der. 1941. "Catalogus der Praehistoriche Verzameling. Batavia, Koninklijk Bataviaasch Genootschap van Kunsten en Wetenschappen."

Hoop, A. N. J. Th. a. Th. van der. 1937. "Een Steenkistgraf bij Cheribon". TBG, 77. Batavia.

Kempers, Bernet AJ. 1988. The Kettledrums of Southeast Asia. Rotterdam: A. A Balkema.

Kompiang Gede, I Dewa. 2008. *Nekara Perunggu Dalam Kepercayaan Masyarakat Bali*, pada kumpulan makalah Pertemuan Ilmiah Arkeologi (PAI) ke – IX Kediri, 2002. Jakarta: Ikatan Ahli Arkeologi Indonesia (IAAI).

Kopytoff, Igor. 1986. The Culture Biography of Things: Commoditization as Process. Dalam Arjun Appadurai (ed) The Social Life of Things: Commodities in Cultural Perspective. Cambridge: Cambridge University Press.

Mainowski, Bronislaw. 1922. Argonauts of the Western Pacific. London: Routledge.

Mauss, Marcel. 1924/1954 The Gift. London: Cohen and West.

Maskell, Lynne. 2004. Object Worlds ini Ancient Egypt: Material Biographies in Past and Present. London: Berg.

Marlon Ririmasse. 2015. Biografi Budaya Bendawi: Diaspora Nekara Perunggu Di Kepulauan Maluku. Yogyakarta: Balai Arkeologi Yogyakarta.

Prasetyo, Bagyo; Bintarti, D. D; dkk. 2004. *Religi Pada Masyarakat Prasejarah di Indonesia*. Jakarta: Kementerian Kebudayaan dan Pariwisata, Proyek Penelitian dan Pengembangan Arkeologi.

Soejono, R. P. et. Al. 2008. Sejarah Nasiona Indonesia I. Jakarta: Balai Pustaka.

https://dediniblog.wordpress.com/2013/02/01/gong – nekara – emas – kuno – ditemukan – di – selayar/.

https://www.google.co.id/search? q = nekara + selayar&source = lnms&tbm = isch&sa = X&ved = 0ahUKEwj – u_ C – [65] 8aHZAhWGrY8KHTN5DOwQ_AUICigB&biw = 1366&bih = 654#imgrc = _ w58BtRet6rh_ M.

边疆民族地区文化软实力提升研究

——以崇左市为例

邓丽芳 韦方立[*]

摘 要：边疆民族地区文化是中华文化的重要组成部分，其文化软实力是体现区域经济社会综合实力的重要维度。经济全球化及不同区域文化的交融发展在给边疆民族地区的文化注入了活力的同时也带来新的挑战。边疆民族地区崇左市有丰富的文化资源，如何在机遇与挑战的环境下提高本地区的文化影响力，是当前亟须解决的重大问题，研究崇左市区域文化建设的路径，有利于全面推进边疆少数民族文化软实力的建设进程。

关键词：崇左市；边疆；民族地区；区域文化软实力

党的十八大以来，社会主义文化在引领风尚、教育人民、服务社会、推动全面建成小康社会、实现中华民族伟大复兴中发挥着重大作用。近年来，我国边疆民族地区经济快速发展，经济硬实力有很大的提升，但由于种种原因，文化软实力发展还不尽如人意，与社会经济发展和人民群众的要求还有一定差距。因此，提升边疆民族地区的文化软实力对我国边疆治理体系和治理能力的现代化至关重

---

[*] 基金项目：2016年度广西高校中青年教师基础能力提升项目"崇左市区域文化软实力提升研究"（KY2016YB503）。

作者简介：邓丽芳，广西民族师范学院副教授；韦方立，广西民族师范学院讲师。

要。鉴于我国边疆民族地区多为经济欠发达地区,提升边疆民族地区的文化水平和文化软实力就显得尤为迫切。当今时代,城市的文化建设发展速度和程度在一定层面反映了一定区域乃至一国的发展程度。区域城市是国家文化软实力建设的主体,因此,编制主题明确、架构合理、重点内容突出、战略路径可行的总设计图,有利于为我国区域文化的发展,抢占战略制高点,提供理论与战略资源储备,最终实现我国整体文化软实力的提升及新型城市化的良性协调发展。

一 区域文化及区域文化软实力内涵

所谓文化,英国学者"人类学之父"爱德华·泰勒在其代表作《原始文化》一书指出:"文化或文明,就其广泛的民族学意义来讲,是一个复合整体,包括知识、信仰、艺术、道德、法律、习俗以及作为一个社会成员的人所习得的其他一切能力和习惯"。[1] 由于地理环境和自然条件不同,导致历史文化背景差异,从而形成了明显与地理位置有关的文化特征,因此,对于什么是区域文化,美国人类学家克罗伯(Kroeber,1876－1960)认为:所谓区域文化是指有着地区限制的那种文化。[2] 萨波尔认为:"文化区域或区域文化,是地理上相邻接的文化族群他们有着许多共同的文化特质使他们和别的文化族群形成对照"。[3] 总之,区域文化是指由于自然条件与地理环境不同,经过长期的历史过程积淀形成的与地理空间紧密相关的地域文化特征,包括语言、思想观念、风俗习惯、宗教信仰等在内的诸多文化元素的总和。

文化乃强国之本,一国生产力水平的提高取决于文化的进步。区域经济社会的发展水平和程度也取决于本区域文化的进步。"软实力"是综合国力的源泉和发展动力,是将综合国力所有因素有机地结合在一起并使之充分体现的关键。因此,一定区域内文化制度的优劣和效率、科技与教育的发展水平、人才战略决策、文化产业发展、文化价值挖掘与传播、居民素质与道德素养的提升、外交战略决策等因素对区域文化软实力提升发挥着重要作用。因此,"区域文化软实

---

[1] 《"区域文化"在学术文献中的解释》,中国期刊网,CNKI 概念知识元库。
[2] 同上。
[3] 同上。

力"是一个区域的文化和智慧的集中体现,其内容涉及知识体系、价值体系、战略决策、外交手段、教育资源体系、创新创造能力等。"文化软实力"或"文化力"的资源体现不只是传统文化或文艺产品,而是一种能够改变社会和世界的制度和知识、价值的创造力与影响力,是赢得社会和世界支持和认可的魅力,也是一种赢得拥护和认同的内部凝聚力。[1] 文化软实力主要包括四个层面:第一是核心价值系统的吸引力;第二是社会行为模式的凝聚力;第三是传统典范及遗产的影响力;第四是文化传播机制的感染力。[2]

区域发展与文化紧密联系,概括地说,区域的进步有赖于文化的发展进步及贡献,文化的发展贡献主要是文化产业对社会发展的强大推动力。区域文化总是和一定空间区域内的知识体系、价值体系、战略决策、外交手段、教育资源体系、创造力及影响力等文化资源相联系。区域文化总是在一定的空间区域中分布和展开,因而该区域所拥有的文化资源对本区域经济社会的发展存在着内在的制约性。因此,充分挖掘和利用该区域的文化资源,克服和突破该区域文化发展条件的局限和制约,需要演化创造出丰富多彩的、适合本区域文化产业发展的路径和模式。

二 崇左市区域文化软实力发展的优势条件和面临的挑战

(一) 区位环境优势

崇左市现为广西壮族自治区西南部的一个地级市。1951 年由崇善、左县合并置崇左县,取二县首字为名。2002 年 12 月 23 日,国务院撤销崇左县,设立地级崇左市。以原崇左县的行政区域为江州区的行政区域,辖原南宁地区的宁明县、扶绥县、龙州县、大新县、天等县和新设立的江州区。崇左沿边近海临首府连东盟,开门就是越南,走两步就是东盟,是中国通往东盟最便捷的陆路大通道,是面向东盟开放合作的新高地和提升广西沿边开放水平的桥头堡。随着"一带一路"的实施,崇左的区位优势决定了崇左是"一带一路"在广西的重要门

---

[1] 贾海涛:《"文化软实力"理论的演进与新突破》,《社会科学》2011 年第 5 期。
[2] 杨威:《"2009 文化哲学论坛:国家文化软实力建设学术研讨会"综述》,《马克思主义研究》2009 年第 7 期。

户和前沿城市。这种特殊的地理位置为崇左市发展文化软实力带来了难得的机遇,在国家实施的"一带一路"中,崇左市的文化要加大走出去的力度,让蔗糖文化、红色文化、花山文化、红木文化、山歌文化、生态文化等随着"一带一路"的拓展而走得更远。

(二)文化资源优势

崇左市区居住着壮、汉、瑶、苗、侗等28个民族,各民族在其历史发展过程中及长期的融合生活中创造了绚烂多彩、特色鲜明的民族文化。

1. 左江花山岩画文化

左江花山岩画是左江地区壮族先民——骆越民族两千多年前留下的宝贵文化遗产,反映了两千多年前崇左市先民们在生产、生活、祭祀等方面的场景,在历史文化资源中有其独特区域特点,它是目前全世界岩画类当中发现的画面最大、图像最多的一处岩画,是世界岩画史上的瑰宝。2016年7月,左江花山岩画文化景观列入世界文化遗产名录,成为广西第一处世界遗产。

2. 天琴文化

天琴,是中国壮族一种古老的弹拨乐器,主要流传于广西西南部与越南交界的崇左市龙州县、宁明县一带,至今已有上千年历史。天琴作为崇左市龙州县民间的文化艺术瑰宝,至2003年以来,得到龙州县委、县政府的关注、抢救和保护,对天琴文化艺术进行挖掘、整理、打造,将民间传承人详细登记造册,使他们得到承认和关注,组建天琴女子弹唱组合、创编天琴新乐曲并为之设计新的舞台造型,自2003年来分别在南宁民歌节、中央电视台演出,引起很大的轰动,还多次到国外演出,对弘扬展示我国民间民族文化作了较大的贡献。龙州县还着力打造培养天琴后备力量,在中小学开设天琴校本课堂,并为中小学生提供乐器和师资。这些工作为天琴在当地的保存、发展探索了一条新的道路。龙州天琴流行区域的受众面比较广泛,群众文化活动比较活跃,已经具备了浓厚的舆论氛围和全民保护的良好氛围;除民间传承外,龙州县委、县政府把天琴艺术列入乡土教材,进入中小学课堂,使民族优秀传统文化得到有效传承;打造天琴表演艺术团,该团曾多次上京演出以及出访越南、德国、奥地利等地,得到各界人士的赞赏,为弘扬民族民间文化打造了品牌。2007年1月,龙州天琴艺术被列入广西第一批非物质文化遗产名录,2007年12月,龙州县被授予"中国天琴艺术之乡"称号。

3. 歌圩文化

歌圩是壮族人民进行文化娱乐活动的场所,也是未婚青年唱情说爱的地方。2015年,歌圩节作为非物质文化遗产被列入第四批国家级物质文化遗产代表性项目名录,是我国的艺术瑰宝,拥有悠久的文化历史。崇左市歌圩习俗的汉字记载最早见于南朝,其中,清道光年间龙州举人黎中产写有"岁岁歌圩四月中,聚欢白叟与黄童"的诗句。每年的春季和秋季是崇左人民壮族歌圩最盛行的时节,当地人们特别是年轻人穿上节日的盛装,聚集于山脚、水边,或汇合于城厢村寨,或簇拥于指定的会场,方圆几十里成千上万的男女老少都来参加,人山人海,热闹非凡。随着社会的发展、时代的变迁,歌圩文化也在新的时代环境中发生新的流传与演变,歌圩文化活动丰富多彩,不仅仅是单纯的山歌对唱,已经融入了民族传统体育运动(如抢花炮、打陀螺、赛龙舟、打尺子、掰手腕、打扁担、壮拳表演等)、民族(器乐、歌舞、戏曲等)文艺节目〔如贺茶歌、春牛舞、师(道)公舞、麒麟舞、庆丰年、彩调剧等〕以及祭祀、法事等原生态民俗活动,多样的活动已经成为当地群众相互接触、交流思想、传播知识、增进友谊的一种重要的文化形式。①

4. 红色文化

崇左市红色文化资源丰富,历史悠久,影响深远。崇左市辖区龙州县、宁明县、大新县等是中国革命的发源地之一。邓小平曾在龙州领导龙州起义,创建了中国工农红军第八军和左江革命根据地,在中国革命史上留下了光辉的一页。②另外,崇左边疆地区也是人民解放军援越抗法、援越抗美、对越进行自卫反击的前沿阵地。党领导人民在革命战争中留下的宝贵而丰富的史料、革命旧址以及不可磨灭的革命精神都成为这片热土远近闻名的红色经典。近年来,崇左市以龙州起义纪念馆、胡志明展馆、凭祥友谊关等红色文化资源为载体,整合中越边境的乡村山水生态资源,完善旅游基础和配套服务设施,推出了一批精品旅游路线,

---

① 黄倩华:《崇左市民族文化资源保护与传承问题研究》,《祖国》2017年第7期。
② 钊国云:《以红色文化为突破口构建和谐平安崇左》,《传承》2011年第11期。

着力打造边关跨国红色旅游品牌,取得了明显成效。崇左市红色文化旅游的蓬勃发展,极大地推动了全市经济社会各项事业的又好又快发展,为南疆边境地区繁荣稳定作出了应有的贡献。

崇左市在历史长河开发建设过程中,文化资源丰富,并形成许多独具魅力的当地文化,如稻作文化、饮食文化、丧葬文化、祭祀文化、服饰文化、生态文化等。无论是传统文化、革命文化还是当代文化,每一个地方文化都有自己独特的方面,坚定自信、不断挖掘、去粗取精、推陈出新的文化都是可以用来开展交流的重要依据和源泉,都值得向本国乃至世界各国人民介绍和分享。

(三)面临的挑战

1. 文化资源挖掘、整理、开发的力度不够

崇左文化资源底蕴深厚,28个民族不同的思想观念、宗教信仰、民族服饰、民族语言,不同的居住方式、生活方式、交往方式和风俗习惯,这些民族文化各具特色,文物景点星罗棋布,有些是国家级的文化资源。但是这些文化资源品牌的影响力主要局限在国内和区域内,市场化程度不高,知名度不高,尚未形成完整的文化产业链以及文化产品品牌效应,制约了文化资源的整合及资源优势的发挥,此外,其文化资源的多样性和广泛性也增加了文化资源整合的难度。市场配置资源的基础性作用未得到充分发挥,文化产业不同程度上存在垄断经营项目多、市场准入限制多的现象。市场竞争不充分,资源使用效率低下,丰富的文化资源生产出来的文化产品附加值较低,有的还造成了资本、人力、资源的浪费和对资源的破坏。

2. 文化产业国际竞争力不强

文化产业是指为社会公众提供文化、娱乐产品和服务的活动,以及与这些活动相关联的同类属性经济活动的集合或系统。文化产业可以分为三个层次:一是核心层,如新闻出版、电视等服务;二是外围层,如网络文化、休闲娱乐文化等服务;三是相关层,如文化产品、设备及相关产品等的生产及销售。崇左的文化产业虽有多种多样,但都是处于发展的初级阶段,未形成较强的国际竞争力,其原因主要在于文化创新水平较低。以红木文化产业为例,崇左辖区凭祥市红木文化以其精美的设计和精湛的工艺,传递着中华文化的审美价值和观念。近年来,

红火的红木产业已经成为推动凭祥市经济发展的又一大"引擎"。崇左市于2010年开工建设"中国凭祥友谊红木国际商城暨红木文化产业园"项目，这是崇左市第一个以文化冠名开工建设的产业园区，可见其在崇左市文化产业中的分量。然而，凭祥的红木文化产业目前还主要停留在文化产业的"相关层"上。许多文化产业和红木文化产业一样，还未上升到"外围层"和"核心层"。因此，单靠"相关层"和个别零星的"外围层"及"核心层"很难支撑崇左市文化产业的竞争力。[①]

3. 文化的对外交流度较低

文化传播的深度和广度影响到文化的价值，民族区域的文化要在对外交流中彰显其魅力，提升其价值，展现本民族地区文化的生命力、凝聚力和影响力，以提升本民族地区的文化软实力。然而，由于崇左市作为一座年轻的城市，其在建设发展过程中，在文化建设上缺少资金、政策的投入和保障，因而对本地区的文化深入挖掘不够，内容和形式都存在局限性，在每年极少次数的对外交流中，主要是以文博展览和综艺演出活动的形式走出去，交流形式浮于表面，文化内容和文化产品不够丰富，无法满足邻国受众对中国信息的极大需求，很难拉近或是走入国外民众的内心，特别是在当前国际文化竞争日趋激烈的形势下，因缺乏与驻外文化机构的双向沟通，难以使文化交流体现针对性和实效性，导致文化资源利用不充分或效果不明显，使得本民族地区文化在对外交流过程中，竞争优势明显不足。

4. 文化安全面临严峻挑战

崇左桂西南边疆民族在形成和发展的过程中，由于受人口数量和质量、经济发展水平、文化传播能力、抵抗异质文化能力、民族文化保护意识等因素的影响，在少数民族文化与汉族文化、邻国文化以及不同少数民族文化之间的交流与融合中，不断有一些少数民族因人口较少或生产生活方式落后，或绝于天灾人祸，或融于其他民族，进而导致这些民族及其特色文化濒临消亡或者异化。如部分少数民族语言、服饰、节日逐渐消失，有部分少数民族的生活方式和风俗习惯被其他民族同化。还有一些少数民族由于其地理位置和传播途径的封闭性，在民

---

① 李贵彪：《崇左市文化产业的思考》，《大江周刊·论坛》2013年第5期。

族文化传播中力图保持本民族文化的完整性,而不接受他族文化影响,导致本民族文化不仅不能被其他民族认知,或是由于本民族文化的落后阻碍了本民族文化走向现代性和保持先进性,最终使本民族独特的风俗民情走向消亡。因而本区域民族文化的衰落必然导致外来文化的"替代效应",从而严重威胁国家文化安全。[①]

三 推进崇左市区域文化建设的路径

(一)加强文化资源的挖掘、整合与开发,打造崇左特色文化品牌

立足实际,因地制宜,发挥优势,以特色需求为导向,以特色资源为基础,以可持续开发为目标,对现有的文化资源进行挖掘、整理以及推陈出新。例如,以"大榕树课堂"建设为主要载体,挖掘崇左各地的优秀文化传统,通过大项目、精品项目的启动与开发,为推动文化传播与交流打基础。同时,对已开发或未开发的红色文化和花山文化资源要加大整合力度,着力打造左江革命根据地红色文化和左江花山文化,促进散点状的"文物""文化"成为真正的"资源",重视其文化内涵及人文精神的发掘,创新文化资源开发模式,打造具有较大影响力的文化品牌。

(二)开展文化振兴中的合作与创新

崇左边疆地区虽然有丰富多彩的民族文化资源,但由于经济发展水平较低,尤其是交通、通信等设施建设落后和民众理念、教育发展滞后,阻碍了民族文化的开发与传播。因此,地方政府、地方高校及地方民间文化艺术团体组织要在文化挖掘与保护、文化消费、文化发展理念和方式等方面作出巨大努力。如地方政府、高校、民间艺术团体组织要联合共建文化艺术实践基地、建立志愿者服务和结对帮扶制度、建立文化艺术主题实践活动长效机制,合作开展文化艺术创作、合作开展文化决策咨询研究、合作开展教育培训和人才培养等项目,实现资源共享,共促发展。同时,充分利用当地文化资源,开展民歌、壮族山歌、动漫艺术、绘画、文化创意等方面的创作制作,加快推动崇左文化旅游业提档升级。各

---

① 董江爱:《我国国家文化安全中的边疆文化治理研究》,《探索》2016年第4期。

级组织团体要在文化艺术创作制作、文化旅游商品和文化旅游标识创意设计、人才培养、文化艺术活动组织、区域文化研究、品牌形象设计、文化品牌宣传策划等方面加强合作，共同推动崇左市区域文化的发展。

（三）树立区域文化软实力品牌标识

"中国糖都""中国锰都""中国红木之都""中国边境贸易第一大市""中国第一处岩画类世界文化遗产地"……广西崇左正以一张张闪亮的名片向世界发出邀请函。名片本身就蕴含着文化，如何在这些名片上打造令人深刻的文化精品，提升名片的影响力，需要树立名片品牌标识意识。在名片文化上做足文章，比如，在"中国糖都"的名片上，打造蔗糖文化，可以从制糖的传统工艺文化、崇左市的甜食文化等去挖掘，甚至可以从传承、采用其他地区的优秀传统文化上去创新，例如可以借鉴"吹、画、捏糖人"等民间工艺文化方面去创新与蔗糖有关的文化，丰富本地的蔗糖文化内涵，带动相关文化产业的发展，做足"甜"的文章，让崇左市成为人们甜在嘴里、美在心头、乐在其中的甜美生活胜地。再比如，作为"中国红木之都"，通过红木家具的传承历史，挖掘红木的历史价值，弘扬中国传统文化，带动中国红木家具产业品牌化发展，同时，在红木家具带动下，将买卖、旅游、文化、休闲娱乐等融为一体。又比如"左江花山岩画文化景观"，除了打造其旅游品牌，还可以在石头上做文章，岩画本身就是石头文化，崇左市是岩石山区，因此，可以进一步挖掘岩石文化的内涵，打造具有崇左特色的石画石饰产品，从而创立新的文化产业品牌。

（四）提升文化话语的传播及影响

崇左作为中国面向东盟开放合作的前沿城市，离不开与周边国际环境的区域合作。对周边国家实行"亲诚惠容"政策，最得人心的就是文化软实力。被誉为"南疆国门"的广西崇左，是广西边境线最长的市，与越南有533公里的边境线（广西崇左市与越南接壤，边境线长533公里，是中国通往东盟最便捷的陆路大通道）；崇左也是我国口岸最多的边境城市。所辖7个县（市、区）中，有4个与越南接壤，占广西8个边境县（市、区）的一半。共有4个一类口岸、3个二类口岸、14个边民互市点。因此，要加强口岸对外宣传基础建设，把口岸作为对外宣传的重要阵地，增强对外宣传能力。通过设立LED显示屏、电子宣传牌、宣传橱窗等宣传媒介，滚动播报中国梦、中国道路、当代中国价值观念等专题电视宣传片和有关形象宣传片，投放展示宣传介绍我国睦邻、安邻、富邻周边政策和当地发展成果的各类外宣品，增进邻国对我国发展理念、发展道路、内外政策的理解和认同。崇左市沿边不少乡镇村屯往往是"打开家门看到邻国，跨出两步就到越南"，因此，崇左市要充分利用当地开展的官方互访、经贸合作、文化交流、节庆联谊等活动，积极开展形式多样的对外传播工作，立足本土、创新载体、彰显特色、多措并举，加强和改进宣传工作，进一步加强与周边国家的"大台、大报、大网"合作，全面提升崇左形象，提高美誉度，同时也能有效提升周边国民对我国文化的认知度和影响力。

丝绸之路经济带人文交流中
新疆民族文化的创新与共享

木拉提·黑尼亚提[*]

"丝绸之路"这一名称虽然到19世纪70年代才开始出现,[①]但丝绸之路的历史可以追寻到遥远的古代,被喻为是世界历史展开的主轴、世界主要文化的母胎、东西方文明的桥梁,是世界公认的人类历史遗留的珍贵文化财富和"文化线路"。[②]丝绸之路既是这一地区古代各国各民族进行政治、经济、文化交流的交通大道,又是这一地区古代各国各民族密切交往、休戚与共的友好关系和优良传统的象征。2013年9月,中国国家主席习近平访问中亚四国,提出共建地跨亚欧的"丝绸之路经济带"战略构想,为历经千年辉煌与沧桑的欧亚廊道重新焕发生机提供了时代新契机。2015年3月,国务院正式对外发布了《推动共建丝绸之路经济带和21世纪海上丝绸之路的愿景与行动》纲要。2017年5月14日,"一带一路"国际合作高峰论坛在北京隆重开幕,29个国家元首出席了会议,习近平主席

---

[*] 作者简介:木拉提·黑尼亚提,新疆社会科学院哲学研究所所长、研究员。
[①] 德国地理学家李希霍芬(1823—1905年)在他所著《中国》(柏林,1877年)一书中首次把"自公元114年至公元127年间连接中国与河中以及中国与印度之间,以丝绸贸易为媒介的这条西域交通路线"称为"丝绸之路"。
[②] "文化线路"(Cultural routes cultural itinerary)是世界文化遗产的一种新类型,也是近年来国际遗产保护领域颇引人注目的一种新方法。1998年"国际古迹遗址理事会"ICOMS(International Council on Monument Sites)成立了"国际古迹理事会文化线路科技委员会"CIIC(The ICOMOS International Scientific Committee on Scientific Cultural Roucite),"文化线路"的思想也随之在全球传播开,并作为一种新的遗产保护理念得到了国际遗产保护界的认同。

发表题为《携手推进"一带一路"建设》的主旨演讲,强调坚持以和平合作、开放包容、互学互鉴、互利共赢为核心的丝路精神,要以文明交流超越文明隔阂、文明互鉴超越文明冲突、文明共存超越文明优越,推动各国相互理解、相互尊重、相互信任。文化作为平等对话、文明交流的桥梁在不同国家和民族友好沟通之间起着不可或缺的重要作用。因此,加强"一带一路"建设中的人文交流,不仅为有着不同文化背景的人民相互尊重和包容,为沿线国家民心相通、美美与共的文化传播理念提供了途径,同时也必将对地处边疆的新疆社会稳定和发展产生重要影响。

一 当代丝绸之路经济带人文交流中新疆民族文化产业的发展

(一)"文化先行"战略增强和拓展了中华文化在丝绸之路经济带沿线国家的传播和影响力,树立了"和平"与"文明"中国形象

近些年来,随着我国文化强国和中华文化走出去战略的拓展,中国的文化和外交等软实力对于中亚的影响近年来也在增强。中国文化在沿线国家的传播展示了真实的中国形象,帮助沿线国家特别是中亚各国国民正确了解和认知当代中国,取得了良好的效果。对丝绸之路经济带建设来说,中亚地区既是我国向西开放发展经济的重要合作对象和走向欧洲的桥头堡,同时也是外部势力企图向新疆进行渗透的重要通道,是关乎中国西北边疆安全与稳定的重要的区域。2016年5月31日,俄罗斯《全球政治中的俄罗斯》双月刊网站刊登独立记者雅罗斯拉夫·拉祖莫夫的题为《哈萨克斯坦与中国——真接近还是假接近》。该文提出过去的对中国的历史恐惧症越来越远,正面认识越来越多,中国在中亚的正面形象也不断地被中亚国家认同。"目前,我们结束了评估中国在哈'软实力'水平的集体工作。这项调查让我们有理由认为,中国的'软实力'让哈萨克斯坦对它的正面认识越来越多。这是一项综合性战略,其目的是在舆论中树立中国的正面形象——一个没有政治诉求和民主原则要求的可靠经济伙伴。现在可以肯定地说,近20多年来,中国在中亚国家老百姓眼中的形象正在逐渐变好。如今,积极看待中国的不仅是政治家和精英,还有普通公民。正是中亚国家人民和权力机关代表对中国相对良好的态度,促使中国在这

里的影响力急剧增强"。①

（二）新疆民族文化产业发展和对外文化交流迈出了坚实的步伐，打下了与丝绸之路沿线国家进行人文交流的平台基础

20世纪90年代初期，新疆在规范完善文化市场管理体制的同时，也开始拓展文化产业事业。进入21世纪后，特别是两次中央新疆工作座谈会以来，自治区持续加大文化产业支持力度，出台了一系列促进文化产业发展的优惠政策，特别是近几年在互联网技术的带动下，以创新、创意为核心的动漫服务和创意设计快速崛起，引领了新疆文化产业发展进入新阶段。2014年，新疆各类文化企业达两万余家，文化产业增加值90.81亿元，打下了与丝绸之路沿线国家进行人文交流的平台基础。

首先，在文化品牌塑造方面，从2008年起成功举办了五届中国新疆国际民族舞蹈节，为新疆本土原创精品剧目展示和演艺产业发展搭建了平台；以"相遇丝绸之路"为主题举办了首届中国新疆国际艺术双年展，赋予新疆文化建设和对外文化交流新内涵；依托中国—亚欧博览会连续举办了四届"中外文化展示周"，成为新疆加强对外文化交流、展示多彩民族文化产品的重要窗口；连续三年举办了新疆丝绸之路文化创意产业博览会，通过展览展示、交易推介等多种形式促成文化产品与服务的交易合作。

其次，在培育文化精品和文化外宣方面，2014年10月23日至11月5日，文化部与新疆文化厅合作在莫斯科、柏林中国文化中心举办了"魅力中国·多彩新疆"文化周活动，包括"欢乐新疆"演艺活动、"大美新疆"美术摄影作品展、纪录片展映、图书展和工艺品展等，以不同的文化表达方式，从不同侧面反映新疆的历史风情、文化积淀和现代社会风貌，深获当地民众好评。2015年，新疆的文化周活动又分别在巴黎、马德里中心举办，扩大了新疆民族文化的海外影响。2016—2018年将在更多中国海外文化中心举办新疆文化展示季活动。新疆艺术团的精彩演出已成为文化部重点品牌"欢乐春节"文化活动的一张代表性名片。2012年至2014年，新疆杂技团、吐鲁番歌舞团、塔县歌舞团、新疆歌

---

① 中国战略网，2016年6月2日。

舞团等连续三年赴泰国参加"欢乐春节"活动,赢得了泰国观众的广泛好评。2014—2015年,新疆连续两年选派代表参加了突厥语族文化艺术节。2016年欢乐春节活动中,新疆艺术团前往哈萨克斯坦、乌兹别克斯坦举办了欢乐春节活动,提升了新疆文化的影响力。此外,文化部也多次组织和选派新疆艺术团组赴世界各地包括到访日本、尼日尔、多哥、布基纳法索、加纳等国演出交流,所到之处,新疆艺术团都以特色鲜明的艺术赢得了世界各地人民的喜爱。

同时,国家也通过展览、影视、网络、图书等多渠道全方位宣介新疆文化,扩大了新疆文化的影响:在对外文化展览方面专门安排了新疆少数民族文化的内容,如"中国丝绸之路摄影展""中国少数民族服饰展"等在海外巡回展示;在外宣影片拍摄、译制方面注重选取新疆文化主题,如在2014年拍摄展现新疆风土人情的纪录片《丝路歌声》并译制成英、法、西、阿、俄等外语字幕提供各驻外使领馆、海外中国文化中心及媒体使用;在中国文化网、文通网设置少数民族文化的内容,包括新疆民族服饰、传统工艺,特色鲜明的人生礼仪和岁时节令等民俗文化,风味独特的美食文化等;在文化外宣图书方面突出新疆等少数民族文化的特色,如2012年推出的《56个民族认识中国》外宣图书中介绍新疆的民族语言、服饰、历史、文化传统以及2015年策划的《非物质文化遗产认识中国》中对新疆非物质文化遗产内容的介绍。

再次,在对外文化贸易方面,新疆文化产业采取服务外包、数字内容服务等形式,积极打造外向型文化产品,不断提高新疆文化产品竞争力。如:成立于2008年的新疆卡尔罗媒体科技有限公司积极拓展走出去业务,与伊朗合作生产《一千零一夜》,与蒙古国合作创作《江格尔》,并研发上线了3D动作手机游戏《一千零一夜》单机版。公司还有多款手机APP在苹果应用商店销售,成为中国最大的超高清三维数字动画生产与软件开发、服务外包企业之一,已连续6年实现了年平均业绩超过300%的增长额,始终处于新疆软件市场前沿位置。江阿湾演艺有限公司是一家成立于2006年的演艺传媒经纪公司,近年来在哈萨克斯坦参与影视栏目制作,取得良好效果。已有20多年发展历史的新疆野马国际集团,是一家涉及对外贸易、金融投资、文化旅游等多元发展的民营企业集团。近年来依托传统的外贸渠道和营销网络优势,先后投入4亿多元用于发展文化产业,以"马""油画"等为媒介,建成了新疆古生态园、新丝绸之路油画馆等八大展馆,目前正计划在哈萨克斯坦等国建设文化产品营销中心,同时加紧打造野马文化硅谷项目、丝绸之路艺术联盟、中亚油画交易中心等以丝绸之路特色文化为主的产业体系。这些成就打下了与丝绸之路沿线国家进行人文交流的基础。

二 丝绸之路经济带人文交流中新疆民族文化产业发展依然面临诸多挑战

新疆文化产业虽然已初步形成了良好的发展态势,但与内地其他省区相比存在明显差距,仍处在起步阶段,没有形成与丝绸之路经济带核心区相配套的平台。

一是顶层设计不足,缺乏资金支持力度。党的十七届六中全会以来特别是党的十八届三中全会召开后,文化产业发展已上升为国家战略。2014年,国家密集出台了涉及文化创意与相关服务、对外文化贸易、特色文化产业、小微文化企业等一系列政策文件。目前正在酝酿出台文化产业促进法。但新疆仅在2012年出台了《关于坚持以现代文化为引领,推动文化大发展大繁荣的意见》和《关于加快自治区文化发展的若干政策》两个文件,目前还没有适合我区实际的有针对性和指导性的文化产业政策出台。同时,新疆文化企业多为小微文化企业,规模小,实力弱,由于文化企业轻资产的特性,很难从金融机构得到融资支持。同时与内地甚至与西部相比新疆文化产业专项扶持资金额度小:同为西部省市的陕西,2012年财政支持的文化产业扶持资金已达10亿元,并设立了文化发展基金和文化产业基金等专项基金;宁夏回族自治区设立了2亿元的文化旅游产业种子基金;青海省每年直接拨付省文化厅专项用于文化产业发展的资金就达6000万元。而新疆从2011年至2014年,直接用于扶持企业的资金仅有2955万元,远不能满足文化产业发展的需要。

二是文化产业人才极度匮乏。文化产业之本在于文化创意,而创意的根本在人才。在文化产业快速发展的背景下,新疆文化产业人才队伍还存在存量偏少、增量不足、精英匮乏、结构断层、青黄不接等突出问题,已经成为制约文化产业发展的主要瓶颈之一。主要表现在:前端——高端原创内容不足;中端——规模化、集约化生产能力不足;末端——营销能力不足、知名品牌少。就目前情况看,懂管理、会经营,特别是能策划的创新型人才极度匮乏,现有文化产业人才中，绝大多数还是传统型的文化工作者，大专以上学历从业人员比重较低，复合型人才和新兴行业专业人才长期依赖内地。同时在各级政府特别是金融机构极度缺少熟悉文化产业发展的管理人才，直接导致了政府决策、金融扶持和文化对接很难形成共识和合力。

三是特色文化资源和地缘优势没有得到充分挖掘。新疆地处丝绸之路经济带核心区，有着独特而丰富的地域文化和民族文化，文化交流合作空间广阔，文化产业发展潜力巨大。周边与8个国家接壤，长达5700多公里的陆地边境线上有17个国家一级口岸，推动文化对外贸易有着得天独厚的地缘优势。但现有的文化产品多处于粗放型经营，缺乏有效的宣传推广和后续配套经营，大多数文化产品缺乏品牌意识，缺乏创意和创新，缺少能够体现我区地域特色和人文风情并广为人知的文化精品，对外文化贸易和文化产品走出去始终处于低谷，丰富的文化资源优势和地缘优势没有转化为产业优势。

三 继承弘扬丝绸之路的文化遗产和历史价值，推进新疆民族文化走出去

（一）以史为鉴，可以知兴替：中央王朝对丝绸之路西域段的经略与边疆社会的稳定是古代丝绸之路繁荣的基石

古代西域的范围不仅包括现在的新疆地区，而且还包括跟这一地区山水相连的葱岭以西，一直到巴尔喀什湖一带。丝绸之路形成过程中，除经济因素外，政治因素特别是中央王朝对丝绸之路西域段的经略推动了丝绸之路的发展。从历史上看，公元前6世纪至4世纪是对丝绸之路的形成有重大影响的时期。而这一时期正是中国周朝社会经济、政治、文化巨大发展变化的时期，其西部秦的势力已经达到黄河。据《竹书纪年》《穆天子传》《史记·秦本纪》等文献记载，周穆王于公元前10世纪西征犬戎，从长安出发，北上向西，最远至葱岭、中亚一带。公元前4世纪到公元1世纪，这是丝绸之路开通的时期。

从公元前4世纪起，秦国开始了统一中国的活动。继秦朝之后，汉朝于公元前3世纪末统一了中国，其势力达到今新疆地区。特别是张骞率团两次出使西域，使东西方经济、文化交流进一步加强。张骞通西域"在中国史上的重要性绝

议题三:"一带一路"框架下的民族文化创新与共享
丝绸之路经济带人文交流中新疆民族文化的创新与共享

不亚于美洲发现在欧洲历史上的重要性"。① 张骞两次西使后,在汉王朝通过苦心经略下,畅通了丝路的东段——河西走廊和中段——西域道,东西交往之路最终才得以通达,使中国政治、经济、文化影响越过帕米尔,与中亚、南亚、西亚及地中海沿岸连接起来,丝绸之路全线正式开通。

在隋、唐时期,中国实现了大统一,唐朝西部边界达到葱岭。特别是唐朝在西域设置有都护府、都督府、州、县等一系列军事行政机构,加强了中原与西域以及更西地区的统一和联系。"伊吾之右,波斯以东,职贡不绝,商旅相继",②此时的丝绸之路,呈现出了高度的繁荣,唐王朝其影响远达中亚、西亚、南亚。但至9世纪以后,由于中国政治进一步混乱,经济衰退,中国经济、政治中心开始南移,特别是海上贸易有了重大发展,丝绸之路逐渐衰落。以后到元、明时期,虽然曾再次有过一度繁荣,但其规模已经无法与汉朝相比。

丝绸之路兴衰的演变历史表明,历史上的丝绸之路畅通和繁荣是以中国对西域包括现在的中亚部分地区的控制为保障的,中央王朝的强大、统一及其所产生的强大辐射力和对边疆社会的吸引力是古代丝绸之路繁荣的基石。③

(二) 建构在中亚拥有中华文化辐射力和制度性话语权的"丝绸之路经济带文明圈"是维护国家安全,抵御敌对势力和宗教极端分子对边疆社会的渗透的基础

基于中亚地理位置的战略要冲,当前中亚区域业已形成了国际文化的竞争和角逐:除传统的俄罗斯文化的重要影响外,伊斯兰文化在独立后的中亚各国的政治和宗教发展中正扮演着越来越重要的角色。中亚也成为了中东、西亚的伊斯兰国家进一步扩大伊斯兰教传播范围、扩大伊斯兰文化的影响、增强伊斯兰力量在世界的政治地位和作用的重要区域。同时在中亚文化舞台上,土耳其也正在企图通过大肆贩卖所谓的"泛突厥主义",让中亚各国认同土耳其主导中亚各国,企图重温奥斯曼帝国的美梦。而美国以强大的全球军力布局、资本帝国和自由民主的意识形态,不断掀起种种"颜色革命",加强美国文化在中亚的影响力。甚至

---

① [苏]狄雅科夫:《古代世界史》第二编,高等教育出版社1954年版。
② 《册府元龟》卷九百八十五。
③ 葛剑雄:《被误读的一带一路丝绸之路的历史地理背景及其当代意义》,2015年4月14日在复旦大学的演讲实录,由覃琴向整理,略有删节。

连日本人都在构想从日本经太平洋、印度洋到中亚的对中国的所谓"民主包围圈"。①

"从历史上看，中亚对中国最主要的问题、中亚对中国最主要的利益、中国对中亚最主要的关切都是安全。中亚安全对中国的含义一个是边患，一个是交通通道安全，还有一个是地缘政治和战略安全。现在总的说来依然如此，安全仍然是中国在中亚最重要的利益和最主要的关切，安全的含义主要是边患和地缘政治安全。"② 因此，丝绸之路经济带建设不仅是中国和丝绸之路经济带沿线国家，特别是中亚各国的地缘政治和经济合作体，也将成为中国与中亚各国的命运共同体、安全共同体、利益共同体和价值共同体。中国在丝绸之路经济带建设过程中，需要打造和建设在中亚拥有中华文化辐射力和制度性话语权的"大中亚文明圈"，形成一个与丝绸之路经济带建设相适应的丝绸之路经济带文化共同体；在这个"大中亚文明圈"内，激发不同文化、不同国家、不同民族的认同感、凝聚力、自尊心和创造力，整合"大中亚文明圈"内的文化资源，让丝绸之路经济带建设成果惠及丝绸之路文明圈的全体人民，为实现命运共同体和价值共同体服务；因此，打造在中亚拥有中华文化辐射力和制度性话语权的"大中亚文明圈"，抵御敌对势力和宗教极端对边疆社会渗透，成为亟须提到议事日程的一项重要工作。

（三）"迪玛希现象"与树立中国文化"海纳百川，有容乃大"的文化自信

中亚哈萨克斯坦歌手迪玛希因其横跨4、5组音阶的嗓音而被封为哈萨克斯坦国宝级天籁。2017年春节期间，迪玛希参加湖南卫视《歌手》节目不仅在中国"一炮而红"，也使大量的中国目光聚焦中亚的哈萨克斯坦。对于迪玛希上《歌手》带来的中哈两国音乐文化的共振，人民网、中国网等国内主流媒体也专门刊发文章《牵手迪玛希 为中哈文化交流牵"红线"》，纷纷点赞。文化的影响和交流也是相互的，《歌手》同样在潜移默化中影响着迪玛希，从而借助歌手的力量将中国音乐、中国文化传播给哈萨克斯坦的民众。迪玛希在湖南卫视《歌手》中的出色表现引起了哈萨克斯坦政府和哈国人民的广泛关注，新闻媒体纷纷

---

① 赵华胜：《中国的中亚外交》，时事出版社2008年版。
② 同上。

议题三："一带一路"框架下的民族文化创新与共享
丝绸之路经济带人文交流中新疆民族文化的创新与共享

进行报道，认为在中国最顶级的音乐类节目中与中国最顶尖的歌手进行比赛，迪玛希是哈萨克斯坦的骄傲，并引发了哈萨克斯坦举国沸腾，不少哈萨克斯坦人民还对这位"走出国门进行文化交流"的国宝级天籁歌手表示了大力支持。因其在中哈文化交流的贡献，迪玛希近期还被哈萨克斯坦总统接见，鼓励他在文化交流领域取得更多的重大成果。2017 年 5 月 7 日，中国驻哈萨克斯坦大使张汉晖会见应邀到使馆做客的青年歌手迪玛希，高度评价其作为哈萨克斯坦杰出青年代表，用优美的歌声和敬业的态度向中国民众展现了哈萨克斯坦文化风采。并认为"在习近平主席和纳扎尔巴耶夫总统的亲自关心和推动下，两国正积极推进'丝绸之路经济带'建设同'光明之路'新经济政策对接，着力加强'五通'合作，共同建设'一带一路'。民心相通是'一带一路'合作的重要内容和中哈世代友好的民意基础。迪玛希的成功不是偶然，而是中哈两国和两国人民日益走近的必然。中哈发展全方位友好合作不存在任何障碍。中国有巨大市场和展现人们才华的巨大舞台。欢迎更多像迪玛希这样有才华的哈萨克斯坦年轻人到中国发展，为两国友好合作搭建桥梁"。①

可以说湖南卫视《歌手》栏目通过举办这一赛事，在"一带一路"建设中架起了音乐的桥梁，将国际音乐引进来，让中国音乐、中国文化走出去，为中哈两国的文化交流作出了贡献，同时也彰显了中国的文化自信。"海纳百川，有容乃大。"同时也说明，本土文化想要发展，一定要兼容并包，积极引入国际优秀文化因素产生交流与碰撞。本土文化想要传承，一定要有充分的文化自信，要从自己的世界走到丰富多彩的世界中去，在丰富多彩的世界中彰显自己的力量。

（四）继承弘扬丝绸之路的文化遗产和历史价值，发挥新疆多元文化资源融合与跨境民族地域和语言优势，加快新疆民族文化产业走出去和丝绸之路经济带科教文化核心区平台建设

1. 加强沿线国家的文化合作，深入挖掘古代丝绸之路所蕴含的历史文化价值，为丝绸之路经济带注入新的活力。古代丝绸之路具有丰厚的历史文化价值，昭示了古代欧亚之间文明交融的必要性和必然性，揭示了欧亚不同文明之间交流

---

① 《哈萨克斯坦歌手迪玛希应邀到中国驻哈大使馆做客》，人民网，2017 年 5 月 7 日。

和交融的历史轨迹和历史规律。2014年，第38届世界遗产大会批准了中国与哈萨克斯坦、吉尔吉斯斯坦跨国联合申报的"丝绸之路：长安—天山廊道路网"入选《世界遗产名录》。在这个跨度为5000公里的遗产空间里，包括中心城镇遗迹、商贸城市、交通遗迹、宗教遗迹和关联遗迹等5类代表性遗迹共33处，其中中国境内有22处，哈萨克斯坦有8处，吉尔吉斯斯坦有3处。尚未被列入丝绸之路文化遗产名录的历史遗存更是遍布沿线各个国家和地区。成功申遗为丝绸之路沿线国家共同合作挖掘古代丝绸之路所蕴含的历史文化价值树立了典范，对为沿线地区带来的发展动力将不可估量：将推动我国国内各省区市乃至中国、哈萨克斯坦和吉尔吉斯斯坦三国之间在文物保护工作方面的交流、协作，促进这一地区文化遗产管理与保护水平的提升；必将促进这一地区兴起文化遗产保护热潮，拉近民众与文化遗产之间的距离，同时更能密切丝路沿线民众间的情感，为古丝绸之路注入新的活力。

2. 发挥新疆多元文化资源融合与跨境民族地域和语言优势，加快新疆文化产业走出去，辐射和影响沿线国家的心理认同，提升中华文化的影响力。

首先，进一步发挥新疆地域和民族文化、语言人才优势。新疆是中国向西开放的重要窗口，周边与8个国家接壤，长达5700公里的边境线上有17个国家一类口岸、10个国家二类口岸，与丝绸之路沿线国家山水相连、民心相通、经济相融、人文相亲，文化交流历史悠久，具有发展文化交流及贸易的独特优势。丝绸之路经济带建设语言铺路，语言是重要的交流工具，也是顺利实现丝绸之路经济带共联共通的基本保障。在实现"五通"的过程中，都需要语言作桥梁、作保证、作支撑。通过了解一国的语言习惯、语言政策等，才能对当地的文化有了更深层次的了解。因此，一方面我国边疆少数民族地区由于历史的原因，与周邻国家和地区存在着传统的交往关系，其中包括语言相通、文化相通、习俗相通、宗教相通等因素。由此形成了包括多个国家与我国语言相通的文化圈、共享信仰和共同文化遗产的文化圈、山水相连而形成的山口、走廊、道路、口岸相通的文化圈及其在经济上与我国高度互补的文化圈。承载这些文化的少数民族，在"一带一路"建设的对外开放中，在民心相通方面可以发挥不可替代的作用。同时，要加强对少数民族出身的专家学者及文艺人才的培养，打造一支爱国爱疆、富有文化学识和对外交往经验的文化交流智囊队伍，培养接班人和后备梯队。加大对

议题三:"一带一路"框架下的民族文化创新与共享
丝绸之路经济带人文交流中新疆民族文化的创新与共享

新疆民族宗教文化及对外交流与创新力度,使之与现代国际社会接轨。推动少数民族知识界、文艺界人才广泛参与或开展国际学术研讨等对外交流活动,客观引导舆论,宣传新疆文化。

其次,"一带一路"辐射范围内总人口约44亿,约占全球人口的63%。在共建"一带一路"过程中,如何发挥文化软实力,让各国民众产生心理认同尤为重要。丝绸之路经济带面向中亚、西亚的区域:一个突厥语族、阿拉伯世界、波斯、俄罗斯和汉文化并存、交流、重叠、融合的文明带或文化圈。而新疆有融合中原华夏文明与古印度文明、古希腊文明、波斯—阿拉伯文明的独特文化资源,特别是音乐歌舞特色鲜明,深受世界各地人民的喜爱,应加大对维吾尔木卡姆、麦西热甫、哈萨克族阿依特斯、柯尔克孜族英雄史诗《玛纳斯》、蒙古族英雄史诗《江格尔》等新疆珍贵非物质文化遗产保护研究和传承,开发一系列音乐、歌舞、实景演出等各类不同层级的精品文化消费产品,推动演艺与传媒、科技、休闲娱乐相结合,让"一带一路"辐射带各国民众在新疆文化中找到共鸣。同时,打造报刊、广播、电视、互联网四位一体的新疆文化外宣体系,客观反映新疆地区各民族团结、社会和谐发展的新局面,让各国民众切身感受到中国"亲、诚、惠、容"的外交理念。

再次,新疆要秉承"立足周边,面向中亚,走向世界"精神,充分发挥与中亚国家地理位置毗邻优势,合理利用跨境民族在语言、民族习惯、文化传统上一脉相承的特点,提炼新疆特色文化资源,加大针对中亚国家的哈萨克语、吉尔吉斯语、塔吉克语、乌兹别克语的演艺、广播、影视节目、书籍报刊、游戏和动漫制作、出版和发行,开辟由周边国家辐射到中东地区乃至整个阿拉伯世界的文化消费市场,提升国际竞争力。同时不断充实"新疆非物质文化遗产数字博物馆"内容,充分发掘新疆物质和非物质文化遗产所蕴含的历史文化内涵,突出丝路文化特点,推动文化遗产保护与服务业、旅游业深度融合,提升新疆知名度和吸引力。目前,新疆已经形成了新疆国际舞蹈节、新疆国际双年展、亚欧博览会等重点品牌项目,同时,应该继续充分利用中外举办"国家年""文化年","欢乐春节"项目,"中国主宾国"活动等海外大型文化节庆,"亚洲艺术节"等国内涉外重大文化交流活动的契机,有计划地组派新疆团队,进一步提升新疆文化艺术国际知名度,逐步加大推动商业交流的力度,将新疆文化艺术资源转化为市场资源，进而带动新疆地区整体文化产业发展水平，促进整体社会经济转型升级。

最后，伊斯兰文化是共建"一带一路"不可忽视的重要存在，陆路上西安以西就逐渐进入穆斯林占主流的内亚地带，从阿富汗、巴基斯坦到中亚五国，伊朗、伊拉克、叙利亚直到土耳其，穆斯林均占各国的90%以上。伊斯兰文化地带是"一带一路"建设必经的枢纽地区，也是我国需要处理复杂因素的地区，在"一带一路"建设中，如何让中国同伊斯兰国家的民心沟通，如何让这些国家理解中国的政策文化，如果处理不好与伊斯兰国家在文化上的相通，将导致国家间的不理解、不信任、不合作，甚至发生暴力冲突。新疆地区的多民族、多文化、多语言和宗教信仰等因素，与中亚几个国家都能够相通，跟西亚的国家也能够相通，甚至与其他穆斯林国家也能够相通。因此，应该进一步加大新疆民族文化在丝绸之路沿线伊斯兰国家中的桥梁作用。

"一带一路"框架下的蒙晋冀(乌大张)长城金三角文化创新与共享

陈小明 李 俊*

摘 要: 蒙晋冀(乌大张)长城金三角合作区是内蒙古乌兰察布市、山西大同市、河北张家口市在经济新常态下寻求发展的创新之举,是在区域经济一体化发展趋势下的正确选择,也是乌大张三地经济、社会、文化加速发展的绝佳机遇。文化创新与共享对于乌大张区域协作发展具有重要意义,理应成为乌大张区域合作领域的重要组成部分;无论是从现状看还是从动因看,文化创新与共享都是乌大张区域协作发展的必然选择,但仍存在诸多制约因素,故而制定行之有效的乌大张文化创新与共享发展策略成为当务之急。

关键词: 蒙晋冀(乌大张);长城金三角;文化;创新与共享

在国家"一带一路"战略指导下,乌兰察布市、大同市、张家口市及时把握住京津冀协同发展和北京与张家口共同成功申办 2022 年冬奥会的难得机遇,三市联合构建了我国首个包含一个边疆少数民族在内的横跨内蒙古自治区、山西省、河北省三个行政区域板块的合作平台——蒙晋冀(乌大张)长城金三角合作区。这是经济新常态下寻求发展的创新之举,是在区域经济一体化发展趋势下的正确选择,符合区域经济蓬勃发展的时代脉搏,是乌大张三地经济、社会、文化加速

---

* 作者简介:陈小明,内蒙古乌兰察布市社科联主席;李俊,集宁师范学院文学院院长。

发展的绝佳机遇。文化创新与共享理应成为乌大张区域合作的重要组成部分，积极开展乌大张三地文化交流与创新，既符合三地人民的根本利益，也有利于乌大张合作区的发展、稳定与繁荣。

一 文化创新与共享对于乌大张区域协作发展的重要意义

乌兰察布、大同、张家口三个城市之间有着深厚的文化渊源、天然和谐的交流合作基础。三地开展创新文化交流，增进区域内民族文化、历史文化和当代文化的相互认同感，共同推动区域经济的合作与发展，把蒙晋冀（乌大张）长城金三角建设成内蒙古和山西、河北相互交流与合作的窗口和平台，为内蒙古与山西、河北在更多层面的合作创造浓郁的文化氛围，有利于促进蒙晋冀（乌大张）长城金三角合作区经济、社会的全面发展，是三个地区开展区域合作的迫切需要。

有利于乌大张区域合作规模的提升和合作领域的深层拓展。在经济合作的基础上，文化交流与创新，是合作区更深层次上的相互认同，也是合作规模和领域的深层拓展，有助于地区间在更大的时空增进互信和全方位合作，也会促进在旅游业、商贸物流业、交通运输业等方面的发展，对乌大张三地经济合作发展会起到积极作用。

有利于全面推动乌大张区域文化交流合作和文化产业互动。搭建蒙晋冀长城金三角文化交流合作平台，有助于推动区域内文化交流和文化产业的发展。而且凭借京津冀协同发展的历史机遇以及呼包银榆经济区的建设平台，围绕蒙晋冀长城金三角区域合作建设，培育具有地域特色和民族特色的文化产业，推动具有文化内涵的多边新媒体产业协作、影视制作、图书音像出版和旅游、体育等产业领域的发展，三地有着巨大的合作空间和发展潜力。

有利于打造乌大张三地文化知名品牌和创新文化产业发展模式。现代社会，"品牌"就是生产力，"品牌"就是市场。蒙晋冀（乌大张）长城金三角区域合作的建设，对于展示三地丰厚独特的文化资源和文化成果，相互学习和借鉴对方文化产业先进的模式和发展经验，打造本地区经济、文化的知名品牌，提高品牌的认同感和信任度，形成趋同的市场机制和市场，增强文化品牌在更大范围的竞争力，有着现实意义。

议题三："一带一路"框架下的民族文化创新与共享
"一带一路"框架下的蒙晋冀（乌大张）长城金三角文化创新与共享

有利于加快乌大张地区文化体制改革和边疆少数民族地区共享先进文化成果。乌大张三地经济、文化、生态和社会的协调发展，其首要任务就是改革现有的文化体制。开展乌大张文化交流和文化产业合作，建立适应市场经济体制要求的文化产业发展机制，推动区域文化及其产业实现跨越式发展，推进文化体制改革，调整文化产业政策，走一条落后地区文化发展的创新之路，让乌兰察布这样相对落后的边疆少数民族地区早日共享先进文化成果。

二 文化创新与共享是乌大张区域协作发展的必然选择

无论是从现状看还是从动因看，文化创新与共享都是乌大张区域协作发展的必然选择。首先，从现状看，从文化资源、文化产业、文化产品需求角度看，蒙晋冀（乌大张）文化创新与共享发展既有一定的优势，但也存在制约因素。乌大张三地现有和潜在的文化资源，特别是北方地区少数民族文化历史资源十分丰富且独特，三地大力发展传统文化产业具备良好基础，也有利于新兴文化产业的发展和三地文化产业协作的顺利展开。目前，乌大张文化产业在当地已经初具规模，特别是民族特色的文化产业作为经济发展的新兴增长优势已经显露。人民日益增长的对文化产品的需要和地区发展不平衡不充分的矛盾，是阻碍乌大张三地文化创新发展和文化成果共享的最集中表现。文化资源不等于文化产业，三地的文化交流与文化产业协作尚未形成规模，经济发展水平等原因也制约着民族文化的创新。乌大张三地的文化产业在GDP占比仍很小，发展有巨大的空间。总之，三个地区对文化资源的开发利用还远远不够，文化资源还没有完全转化为文化优势，三个地区的文化影响力还不够强大，文化的深厚底蕴还没有得到充分展示，文化产业也没有形成有力的竞争优势，文化发展成果还没有广泛应用和共享。

其次，从动因看，消费观念的转变、互联网新技术的发展、政策支持三个因素是乌大张文化创新发展的重要动因。消费观念的转变促生更多的文化需求。乌大张三个地区的经济水平与以往相比较而言，有了显著的提高，百姓的消费重点已从单纯的生活消费逐渐转向对精神消费层面的关注。尤其是年轻一代的消费观念和消费方式发生巨大变化，产生了新的文化需求，对于文化旅游、文化创意有了更加强烈的愿望，促成了新的文化产业的蓬勃兴起。互联网技术推动文化产业发展。近年来新兴技术不断涌现，特别是移动互联网的发展，使得消费者可以随时地、方便地通过手机、电脑等多种途径关注文化创意内容以及进行文化消费，大大缩短了文化内容的创造者与文化消费者之间的距离，有力地推动了文化产业的创新和发展。尤其是年轻人，更多通过互联网来了解和享受文化产业的内容，使得自媒体成为市场的重要部分，使得网民经济成为可能。政府的支持和鼓励是三地文化创新共享的政策保障。乌大张三个地区政府都充分认识到文化产业在经济发展中的重要作用，并推出了一系列的政策支持文化产业的健康发展，使得更多的优秀企业、人才大量进入文化领域，这为文化产业的蓬勃发展提供了政策、人才、资金基础。

三 乌大张文化创新与共享发展的制约因素

在乌大张三地的文化创新与共享发展的过程中，一些存在的问题制约着创新和共享的进一步展开，尽管乌大张三个城市的中心城区有相对集中的文化产业，文化产业发展的整体水平还相对落后，也尚未形成较大规模，GDP占比远低于发达地区。除了大同的文化旅游业久负盛名，乌兰察布、张家口的文化企业都没有形成支柱性产业或者王牌产业，这使得三地的文化产业发展面临诸多问题和挑战。同时，三个地区的区域合作交流刚刚起步，合作的范围相对狭窄，在文化领域的创新不足，三地的文化产业协作实质性推进有限，政策和技术性的障碍还比较多。

一是经济发展水平比较落后，文化生产动力不足。乌大张与发达地区相比，经济基础薄弱，经济发展水平仍然相对落后。由于经济发展水平的限制，人们整体的生活水平比较低，生存性消费占比大，发展性消费和享乐型消费有待提高，文化消费在人们的消费结构中所占比重很低。受经济发展因素的制约，政府的文化投入远远满足不了人们的文化需求，三地难以形成合力，这是乌大张地区文化创新与产业协作相对落后的最主要原因。

二是政府部门关注力度不够，文化企业影响力弱。由于三地政府职能部门尚未形成重视文化合作的理念，所以在管理体制方面，尚没有专门的职能部门来协调管理乌大张文化合作事宜，也缺乏行之有效的文化交流与文化产业合作的各项政策，在文化事业发展方面的统一规划尚缺。这就导致文化交流与合作只能在政府部门间浅层次运作，口号多，实效少；互动和传播缺乏一致的方向，市场发展

议题三:"一带一路"框架下的民族文化创新与共享
"一带一路"框架下的蒙晋冀(乌大张)长城金三角文化创新与共享

缺乏统一的规划和管理,严重制约了文化创新与共享发展的规模和发展水平。乌大张三地的文化产业制造业处于文化产业链的底端,以信息化、数字化为核心的新兴产业如影视业、会展业、动漫和数字出版业、软件业、文化艺术和文化休闲等新兴文化服务业,发展缓慢,多为小微企业,鲜有规模大、影响大、效益好的领军企业。

三是区域协调发展程度偏低,产业特色尚未形成。在乌大张合作区域内开展经济、社会、文化各方面合作的配套措施有待完善,在文化创新与共享发展问题上缺少更加具体翔实的指导性方案。三个地区没把文化产业之间的协作、共同发展作为战略考虑,文化产业区域发展协调度很低,缺乏集中统一协调管理,重复建设和竞争严重,这种状况严重影响了三个地区文化创新及其产业的壮大发展。乌大张三地丰富的民族特色、历史文化、旅游资源,还未得到充分的开发,没有形成具有特色优势的文化产业且转化为区域经济优势。

四是文化科技创新管理落后,专业高端人才缺乏。由于蒙晋冀(乌大张)地区经济发展水平的限制,文化创新与共享发展缺乏统一的政策支持,财政资金扶持文化产业发展"喜大""嫌小",文化科技创新不够,管理落后,一些文化创新、创意项目得不到及时扶持。社会资金在文化创新与文化产业合作方面的投入因政策因素多持谨慎态度,资金短缺造成了文化创新产业项目普遍规模小、经营差,缺乏进一步拓展国内、国际市场的能力。乌大张三地都是经济欠发达地区,目前文化专业人才流动困难,缺乏吸纳人才、留住人才的市场氛围,也缺乏合理使用人才、全面配置人才的经验和保障机制,因此人才发展总体水平与发达地区相比较还有较大差距。

总之,乌大张文化创新与共享发展在中长期发展规划上依然缺位,政府缺乏对乌大张文化产业未来较长期发展的前瞻性认识和战略决策。而文化产业的一大本质性特征,就是产业本身的发展需要有一个较长的时间周期。现在乌大张三市还没有形成文化产业的优势互补、项目集约、联动发展和特色推进,因此也就难以在"一带一路"发展战略下和京津冀协同发展条件下,来谋求文化产业的创新发展和跨越发展。

四 乌大张文化创新与共享发展的策略

研究蒙晋冀（乌大张）长城金三角文化创新与共享发展，要厘清三地各自的特色与优势，寻找互补性和关联性。我们认为，完善乌大张文化创新与共享发展，就要解决"谁合作""怎么合作""在哪些领域可以合作"等问题。所以在未来的工作中，要在如下几个方面努力。

一是明确文化创新与共享发展主体。乌大张区域文化创新与共享发展，是蒙晋冀（乌大张）长城金三角合作区建设的重要内容之一，其协作的主体应该是多元的，不仅要依靠政府发挥主导作用，还应依靠三地的文化职能部门特别是文化企业积极贯彻落实政府的各项方针政策，而高等院校、科研院所等学术科研部门则是合作交流的重要智力支持。所以，政府部门、文化企业、学术研究领域应该是最重要的创新主体。政府部门，在推动"蒙晋冀（乌大张）长城金三角区域文化合作规划"落地的基础上，共同制定具体可行的政策、法律、法规体系，共同完善财力与事权相匹配的财政体制，共同完善公共文化馆场的使用和沟通，共同建立健全文化产业统计体系，共同展开文化人才队伍建设，实施"人才兴文"工程。在三地之间的文化企业树立同类企业之间协同发展的合作意识的基础上，加强文化产品的创新、创意和在生产、加工、包装、推销等关键环节中合作。建立"蒙晋冀（乌大张）文化产业研究会"等智库联盟，共同组建文化产业行业组织，积极配合政府相关部门，全力为文化企业发展提供服务，推动行业自律，实现互联互通。学术领域，推动高校、科研机构等学术部门之间的学术研究与交流，共同制定学术合作发展规划，共同培养文化产业专业人才。通过三地高校和社科研究部门的合作交流，共享学术资源，互通学术信息，共同推动三地学术科研的发展，建构一体化的学术文化。

二是确定文化创新与共享发展项目。当前，乌大张地区正面临着承办2022年冬奥会、京津冀协同发展、"一带一路"国家愿景的历史机遇，乌大张区域文化创新与共享发展要抓住机遇，强化"合作化""一体化"的发展理念，按照"资源共享、基础共联、产业共建、市场共拓、环境共治"的思路，把项目建设作为核心举措，全面深化交流与合作。乌大张文化创新与共享发展的项目包含领域十分广泛，比如文化旅游业、体育产业、演艺娱乐业、文博会展业、出版印刷发行业、广播影视业、工艺品制造业、广告创意设计业、数字动漫业等等，均有着巨大的合作潜力和空间。

三是打造文化创新与共享发展平台。推进蒙晋冀（乌大张）金三角的文化创新与共享发展，要积极搭建交流合作平台，通过节庆会展、高端论坛、媒体合作、大数据交流平台等多种方式促进区域内的文化交流与合作。

节庆会展。要创新设计能彰显民族文化和地域特色的文化节，如主题为"草原文化，与世界共享"的丝绸之路（内蒙古）草原文化节，通过优秀剧（节）目展演、舞蹈展演、主题音乐会、文化创意设计大赛、非物质文化展、民族服装展、草原画派油画展等，聚焦草原文化，深度挖掘、吸纳、融入民族民间文化元素，充分展示地方地域特点，彰显内蒙古民族文化的独特魅力和厚重的文化底蕴；要创新设计高水平的文化博览会，促进民族文化产业、地域文化产业发展。如策划"一带一路"中俄蒙文化产业博览会、丝绸之路草原文化博览会、中俄蒙草原文艺精品交易会等活动，把优秀的文艺精品、优秀的文化产品和服务与文化产业连接起来，搭建起展览、展示、展演以及交易平台，推动更多优秀文化产品走向市场，为蒙晋冀（乌大张）文化创新与共享发展注入新活力；要借助丝绸之路草原文化节，加大招商引资力度，推动文化产业与旅游、科技、金融、创意等产业深度融合，积极培育具有蒙晋冀（乌大张）特点的新型文化业态，进一步增强这一地区文化产业的核心竞争力。借2016年国家"书博会"（分会场）的成功举办，建立蒙晋冀（乌大张）长城金三角区域博览会平台下的文化创新与共享发展专题展、博览会。

高端论坛。借"乌大张智库联盟"的力量和2017年"察哈尔文化论坛"的成功举办，创新举办"一带一路草原文化高峰论坛"，开展乌兰察布学、大同学、张家口学、草原文学、草原文艺的学术研究和交流，以高度的文化自觉为蒙晋冀（乌大张）融入和服务"一带一路"建设贡献智慧和力量；设立"乌大张区域文化创新与共享发展论坛"，关注乌大张地区文化交流、产业协作的重点与核心问题，寻找发展的理论支持以及有效途径。

媒体合作。要共同推动文化创新与共享发展传播手段的创新，搭建三地面向全国、面向全球的"草原文化云"传播平台，向世界传播和展示蒙晋冀（乌大张）地区具有民族和地域特色的文化，扩大蒙晋冀（乌大张）的国内国际影响；

要创新建设"网上乌兰牧骑",组织好乌兰牧骑演出的新媒体传播和"一带一路乌兰牧骑行"的推广,把乌兰牧骑这面全国文艺战线的旗帜传播得更广更有效;要共同促进新媒体同传统媒体的协调融合,通过传统媒体与新媒体的互动合作,让新型媒体成为三地文化创新形象展示的新平台、服务民生的新渠道、政府有关文化产业政策信息发布的新阵地。

大数据交流平台。通过文化产业与互联网的融合,推动、鼓励原创内容的生产,结合互联网平台的传播优势,以创新引领文化企业良性发展。可以依托乌兰察布市华为云计算中心和正在建设的苹果iCloud中国北方数据中心、张家口阿里"京北云谷"即云谷大数据基地、云计算产业园、云联数据中心三大项目,通过数据分析与处理,建设文化创新与共享发展大数据平台。这就要求乌大张三地的政府加快数据开放共享,推动资源整合,提升治理能力。

四是打造文化创新与共享发展品牌。共同打造文化创新与共享发展品牌,是乌大张区域文化交流与合作的重要部分。合作的品牌可以是文化企业品牌,也可以是文化项目品牌,还可以是文化产品品牌。

乌大张地域文化品牌。依托乌兰察布—大同—张家口区域内拥有的一千多万消费者市场和京津冀、俄蒙欧巨大的潜在市场,树立三地知名"品牌"的观念,培育三地的知名"品牌"和消费市场,使三地的地域产品从普通制造向拥有自主知识产权的"品牌"产品发展壮大,借助文化的力量立足蒙晋冀、京津冀乃至更广阔的市场。

乌大张民族文化品牌。共同打造诸如察哈尔文化品牌,是三地文化产业协作的一个值得尝试的方向。

乌大张文化产业园区。在乌大张地区中心城市集宁和大同、张家口,培育区域文化产业中心,吸引文化产业战略投资者,研发新兴文化产业产品,发展以蒙晋冀(乌大张)长城金三角文化产业园区为核心的蒙晋冀文化产业集群,形成共同的产业运行链条,实现规模化、集约化发展。

五是谋划文化创新与共享发展远景。乌大张区域间文化创新与共享发展,需要通过政府、企业、学术研究领域共同合作制定具有前瞻性、合理性、操作性和可持续性的发展规划。三地共同编制发展规划,完善各项合作制度,突破旧有机制障碍,实现三地资源优化配置。无论是编制规划还是完善合作制度,需要政

议题三:"一带一路"框架下的民族文化创新与共享
"一带一路"框架下的蒙晋冀(乌大张)长城金三角文化创新与共享

府、企业、学术研究领域的共同努力。这样才能得到政策的支持、民间的参与、智库的依托。乌大张区域文化创新与共享发展不应该只局限于这三个地区之间,应该放眼全国,放眼世界,将乌大张区域文化创新与共享发展纳入国家"一带一路"发展战略暨中俄蒙经济大通道建设进程中,带动蒙晋冀文化的创新与共享发展,融入京津冀协同发展、中俄蒙经济大通道建设两大愿景。

融入京津冀。乌大张区域文化创新与共享发展融入京津冀协同发展战略的重要途径,就是承接首都北京的相关产业转移。教育培训、健康养老、文化旅游、体育休闲四大块的产业转移,都可在乌大张三地文化创新与共享发展的大环境中变为现实。

对接俄蒙欧。乌大张地区作为交通枢纽、生态屏障区、特色文化区,从经济发展、生态安全和开放发展等角度看,肩负着我国向北开放的桥梁和窗口使命,具备服务于"一带一路"国家愿景与行动的多项功能。在文化交流与产业协作方面,乌大张三个地区应该发挥特色文化的优势,加强与经济带中的国家与地区的文化交流,通过政治互信、文化通融,增进理解与信任,在中蒙俄经济走廊建设中发挥积极作用。

特别是2016年中欧班列在乌兰察布的开通,不仅能够让国内外的商品在乌大张区域集散,打通乌大张与俄蒙欧市场的直接商贸通道,汇聚人气、项目和资金,带动产业转型升级,促进国际物流节点城市建设,而且能够全面推进乌大张三地特别是乌兰察布对外开放,积极融入国家"一带一路"发展战略,加快乌大张区域文化交流与文化产业协作的步伐,构建全新的中蒙俄经济走廊建设,让乌大张区域文化创新与共享发展成为开放的载体、合作的桥梁、发展的引擎。

"一带一路"发展战略下的蒙晋冀(乌大张)长城金三角文化创新与共享发展,是多方位、全视角的。深入研究思考这一区域的文化创新与共享发展,不仅需要研究文化交流和文化产业协作的政策导向、资源环境、协作条件,而且需要研究协作的举措,研究乌兰察布、大同、张家口三个地区文化产业合作与发展的关系、形成的机制,使得三个地区的文化创新与共享发展更具有可持续性。

参考文献

《国务院关于进一步繁荣发展少数民族文化事业的若干意见》，2009年7月5日。

《文化部关于加快文化产业发展的指导意见》，2009年9月10日。

张胜冰：《文化产业与城市发展：文化产业对城市的作用及中国的发展模式》，北京大学出版社2012年版。

李俊、陈小明：《蒙晋冀（乌大张）长城金三角文化交流与文化产业互动探微》，《前沿》2016年第2期。

李俊、白延辉：《蒙晋冀（乌大张）文化交流与文化产业协作的策略研究》，《前沿》2017年第6期。

庞炜、王华彪：《基于京张联合申办奥运视角 弘扬张家口文化传统 助力张家口经济发展》，《产业与科技论坛》2015（14）卷（5）。

胡益华主编：《内蒙古发展问题研究集萃（2016卷）》，内蒙古大学出版社2016年版，第7页。

粤语流行歌曲在东南亚国家的传播与影响

何文干[*]

摘　要：粤语是中国的七大方言之一，最早可以追溯到2200年前的秦朝，是一个非常有历史的语言。粤语在唐朝时期一度盛行可谓是粤语在中国历史上的定型时期，唐朝盛世使得我们国家在世界得以扬名，就在此时粤语也接着繁荣的东风开始吹向世界各地，"粤语"又称"唐话"在那个时期流传了下来。广西广东在历史上就是一对兄弟，在改革开放之初，广东人就率先勇征海外，将粤语再一次传播到了海外。特别是在60—70年代，随着香港经济的繁荣发展，带动了香港歌坛的发展，明星辈出，粤语歌曲进一步得到广为传播，远传海内外。接而在海外有了唐人街，在唐人街里说"唐话"，在夜晚时播放着陈慧娴的"月半小夜曲"，成为了外国人眼中的"唐人"即"中国人"在海外的象征。中国的香港流行音乐也在那个时候开始吸收借鉴海外的新元素新编曲而慢慢孕育发芽构成了一次粤语歌曲的"蝴蝶效应"。

关键词：粤语歌曲；香港流行音乐；东南亚

一　广东粤语索源

"粤语"又作广东话、广府话，俗称白话，海外称唐话。很多人顾名思义"粤"

---

[*] 基金项目：广西艺术学院2018年研究生教育创新计划资助项目（2018XJ39）。
作者简介：何文干，广西艺术学院研究生。

即广东，那就是广东发源的，其实并不正确，追根溯源现代粤语的起源，在1995年两位语言学家教授叶国泉（中山大学教授），罗康宁（广东省政府参事副教授）经过深入研究，在《语言研究》杂志发表了论文《粤语源流考》，首次提出"粤语起源于古广信——今之广西梧州，广东封开"的研究成果。广东与广西两广是密不可分的，今天的封开县，始建于汉武帝六年。当时南粤刚平，统治者对初开之地施以广布恩信而得名。广信也由此成为整个岭南的首府，它管辖着现在的广东、广西和越南的大片土地。广信作为"封中"的门户，从秦汉开始，首先得到了中原和楚的进步文化和生产技术的传播，广信也就成为岭南最重要的地方。而广东、广西的地名也由此产生。从现在的行政区域看，广西的贺州、梧州、玉林、北海与广东相连。广西的钦州、防城港、北海原来是广东所属的行政区域，1952年划归广西。所以，广西讲白话的人很多，广西使用粤语的人数约占有全区三分之二，有八个设市讲白话：南宁、梧州、钦州、北海、防城港、玉林、贵港、贺州本地话都是以白话为主，百色、崇左也有较多人讲白话，可见白话在广西的普及。

粤语历史悠久，是中原汉族的语言，保留最早的语法、韵味、音调。粤语是一种属汉藏语系汉语族的声调语言。在香港、广东、广西被广泛使用，是最古老的语言之一，其发源地就在广西梧州古称"广信"，白话成为广西使用人数第二多的语言。据考证，"粤语"开始时并不指是"广东话"，是广义上的岭南语，即岭南地区的语言。随着广东经济的发展，广东的地位和影响增大，特别在改革开放中，广东人解放思想，走在全国前面，广东的深圳，是中国改革开放的一面旗帜，带动了中国改革开放的发展，广东的知名度和影响力不断增强，在粤语地区的经济发展以香港、澳门、广东为中心，广东简称"粤"，人们把"广东话""白话"统称"粤语"。粤语区分两大区域：一是中国区，一是外国区。在中国区粤语分布在香港、澳门、珠海、广东及广西东部。由于广东人做生意走南闯北，港澳人到中国内地发展，香港影视、歌星进入中国内地等的影响，使粤语歌曲传播到全国各地，粤语也就跟随着粤语歌传入各地。在外国区，联合国将粤语定义为语言，是日常通用语言。海外许多国家说粤语的人多于普通话，影响力大，全世界使用粤语的人口已超过了九千多万，使用率非常高。在国际上是十大语言之一。在澳州为第二大语言，欧洲、美国等为第三大语言。中国人擅长对外

议题三："一带一路"框架下的民族文化创新与共享
粤语流行歌曲在东南亚国家的传播与影响

贸易，建立了古丝绸之路，中国人与东南亚各国的贸易往来也是十分纷繁。香港、广东人善做生意，香港作为国际免税地区和全世界做生意，在做生意的同时，也将粤语文化传播到国外，粤语歌曲作为粤文化的一部分，随着与各国的贸易交往而广为传播，让更多的人领略了粤语文化和粤语歌曲。

二 粤语歌曲的兴起与延续

粤语歌曲的形成和兴起是以香港为中心。20世纪40年代末期，中国内地特别是接近香港的广东省有大量移民进入香港，而涌入香港的大多数是广东农村人员和一些来闯世界的打工族，休闲时人们把传统粤曲的唱段选出来吟唱，从粤剧滋生出纯演唱的粤曲歌坛，大多在茶楼内供人品茶听曲，消费大众化。50年代初期香港，真正流行的音乐是粤曲。60年代，香港经济、政治上越来越与国际接轨，香港音乐有开始寻找着属于自己的音乐。这时，温拿、莲花、玉石等香港乐队像雨后春笋一样冒出，这些乐队演唱虽然大多是英文歌，但作为本港的乐队同样受到港民的欢迎。到60年代末70年代初，台湾的流行音乐、国语歌曲进入香港，邓丽君在香港就拥有大批的崇拜者。另一方面，这个时期也是港产电影电视剧的繁荣期，港产影视的主题曲成为了经典。70年代开始，为了促进香港歌曲的创作，适应社会的发展和需求，一些香港音乐人开始了新的探索，大胆创新，将粤曲改编成舞曲，将地道的粤语、诙谐的语调结合港民的现实生活，创作出了一批反映香港市民生活情感的"鬼马歌"，如《鬼马双星》《沉默是金》等深受广大市民欢迎，许冠杰是这方面的代表，被誉为香港当代流行歌的鼻祖，开创了香港本地歌曲的新纪元。黄霑、林夕等一批音乐人推动粤语歌曲创作上了一个新台阶，激励了香港音乐的创作热情。随着香港经济的发展，香港娱乐业与香港经济的齐头并进共同促进香港的繁荣。当时香港的电视连续剧得到长足发展，推动和刺激了粤语歌曲的创作和传播。当时香港创作的以武侠为题材的影视剧传遍东南亚，反响热烈，这些影视剧如《射雕英雄传》的主题曲《铁血丹心》家喻户晓，广为传唱，为粤语歌曲的传播和流行奠定了基础，港产电视剧的流行，为粤语歌曲注入强大的动力。港产影视剧的传播发行，打开了国际市场，提升了粤语歌曲的知名度，给香港歌坛注入了新血液，催生了香港金曲评选。香港电台1979年举办了"第一届十大中文金曲"评选，是对粤语歌曲的肯定，对推动粤语歌曲的创作和演唱起到了积极的作用，粤语歌逐渐成为香港乐坛主流，歌星开始注重包装，粤语歌曲离听众越来越近，为香港歌坛培养新人、促进粤语歌曲创作奠定了基础，从而也进一步推动了香港流行音乐的发展。

70—80年代中国大陆和香港经历了不同发展。70年代，中国大陆经历"文化大革命"一定程度制约了经济发展。当时的香港大力发展经济，港人的生活得到了极大的改善。1979年"四人帮"倒台，中国内地开始改革开放，香港的经济发展为中国内地的经济发展提供了经验和借鉴，同时给香港的电视剧、电影、流行歌曲进入中国大陆打开了大门，改革开放使"港台流行音乐"对大陆流行音乐的发展起到非常大的启蒙与积极推动作用，带动了中国内地粤文化的兴起。当时，内地年轻人以能唱粤语歌曲为时尚，学唱粤语流行歌曲是一种潮流。80年代是香港乐坛的全盛时期。粤语歌曲以其独特的风格吸引了众多的中国人和世界各国的华人。正因为粤语歌曲以其独特的语言、平和的词曲、大众的演唱风格深受人们的喜爱，经久不衰。经典的粤语歌曲旋律亲切，朗朗上口，令人过耳不忘，广为传唱。如许冠杰的《沉默是金》、谭咏麟的《爱在深秋》、张国荣的《风继续吹》等等。

90年代，香港歌坛产生了"四大天王"（张学友、刘德华、黎明、郭富城），他们成为香港90年代最耀眼的明星，垄断了香港乐坛的各种奖项。"四大天王"不但在歌坛成绩突出，在影视界也取得不俗的成绩，为广大港人的偶像。张学友1995年、1996年分别获得"世界音乐颁奖典礼"的亚洲最杰出歌手及最受欢迎华人歌手大奖，令香港粤语歌手攀上巅峰让世人注目。1997年，张学友策划大型原创音乐剧《雪狼湖》，引起极大的轰动！在90年代，香港产生了"K歌"文化，"卡拉OK"成为粤语歌曲传播的加速器。这种新的娱乐方式，一度风靡全球，也正是这种方式，让更多的人学会了演唱粤语歌曲和认识了更多的粤语歌星，使粤语歌曲更广泛地得以快速普及传播发展。1997年香港回归祖国，作为香港文化重要组成部分的粤语歌曲，随着与祖国大陆的不断交流迎来了新的发展机遇，香港歌星到祖国内地开演唱会的数量大增，为粤语歌曲的传播发展提供了更广阔的舞台。2000年，信息的发展，推进了各国文化的交融和发展，粤语歌曲也在交流中焕发出新的生机，歌坛新人辈出。古巨基就是一个杰出的代表，他分别荣获第二十九届十大中文金曲、全球华人至尊金曲奖等，为香港歌坛和粤语歌曲的演唱和传播展现了新的风采。现代科学技术的飞速发展，使艺术的交流更加丰富多彩，相映生辉，大大促进了中国两岸三地和世界的文化艺术交流发展，形成了百花齐放，百家争鸣的新景象。粤语歌曲也随着时代的发展，在交流碰撞中与时俱进，传承发展放射出新的光芒。

三 粤语歌曲的鲜明特点

(一) 粤语的独特性

粤语自有九声六调，音调的起伏较大，易有抑扬顿挫之感，更好表达感情。声调之多，所以给人感觉歌词内容丰富，在歌曲表达感情上具有天然优势。何谓九声六调？"九声六调中的'声'即指：阴平、阴上、阴去、阳平、阳上、阳去、阴入、中入、阳入。以"诗"为字就有九声有：诗（si^1）；史（si^2）；试（si^3）；时（si^4）；市（si^5）；事（si^6）；色（sik^1）；锡（sik^3）；食（sik）。以"周口店河姆渡"的粤语读音来介绍六调就为：六个调值的代表字为：周（zau^1）；口（hau^2）；店（dim^3）；河（ho）；姆（mou^5）；渡（dou^6）"，因为有九声六调的作用所以粤语的语言自身就带有明显的抑扬顿挫感，跟歌曲可以高度契合，举个粤语歌曲的例子：陈奕迅《浮夸》，"我非你杯茶也可尽情地喝吧"这句简谱为：

|023 236|023 656|1ᵉ6 6·
我非 你杯茶 也可 尽情地 喝吧

且不讨论咬字，就是按谱面上的旋律哼唱，就会发现跟旋律跟粤语发音高度吻合。再来看看音标注释：〔我（nei^5）非（fei^2）你（nog^5）杯（bui^1）茶（caa^4）也（jaa^5）可（ho^2）尽（$zeon^6$）情（$cing^4$）地（$deng^6$）喝（hot^3）吧（baa^6）〕简谱中字与字之间的音程关系与音标上字与字的抑扬顿挫是非常相似的，这就体现了粤语歌曲歌词与编曲的高度一致性，所以我们会觉得粤语歌听起来字曲很柔和。合格的粤语歌曲，往往唱歌有点像讲粤语，讲粤语有点像唱歌。这样子的音乐是当时填词的时候故意为之的，这是粤诺填词的基本要求。

· 675 ·

（二）粤语悠久的历史

粤语在说话运用中保留了古代文言文的文法，例如一些倒装句的运用，强调单字、单词。一些词的淬炼使人觉得细品非常有韵味，内容感觉精简而饱满。以陈慧娴《归来吧》为例子：

> 月亮下想到他
> 默默地珠泪下
> 记起多少旧情话
> 每段往事升起沉下
> 看流云不说话
> 寂寞吧苦闷吧
> 想起当天月明下
> 两人含笑道傻话

歌词对仗工整，押韵得当，后一字都归到第四声"阳平"，"道傻话"在普通话中就不会用到"道"，而会用"说"或者是"讲"在文言文中却常用到"有道是"，这样的运用在粤语歌曲时常出现所以让歌曲不仅押韵还保留了原始语言的美感。粤语歌词中还有很多词例如："一对手""何解""放低""你杯茶"等感觉更简洁、形象以及朴素，更容易表达歌曲中述说的感觉，有些画面感，更容易产生被这种词点中的感觉。

（三）词曲平实接地气

粤语歌词内容平实易懂，内容丰富，用平凡的语言说出深奥的哲理。粤语特有的声调丰富了歌词的独特性。粤语的歌曲调平和让人易唱，以林夕作词的一首《人来人往》为例：

> 朋友已走
> 刚升职的你举杯到凌晨还未够
> 用尽心机拉我手
> 缠在我颈背后

说你男友有事忙是借口

说到终于饮醉酒

情侣会走

刚失恋的你哭干眼泪前来自首

故事性的叙说加上合乎粤语语调的曲调，更加凸显出故事的诉说性，循循渐入的叙述，让人颇为触动。

（四）用独特的语言丰富歌曲的表现

如许冠杰的《半斤八两》，以市井生活为题材，唱出了社会平凡的小人物的环境，身边发生的事，心情感悟，让很大一部分的人找到精神的慰藉，以下是《半斤八两》的歌词：

我哋呢班打工仔——我们这些打工仔

通街走籴直头系坏肠胃——满街奔跑很容易会伤肠胃（更多是指身体劳损）

搵嗰些少到月底点够使冇过鬼——挣一点点钱到月底怎么够花比鬼还穷（冇，粤语瘦小的意思）

确系认真湿滞——真的是很麻烦（原意指气候湿热导致消化不良。在粤语中延伸为"麻烦，不容易解决的事情。"）

歌中如"哋""呢"等这种粤语特有语言使歌曲更富粤味。这首由当时的粤语歌王"许冠杰"填词作曲的《半斤八两》得到全港的风靡，充分体现了粤语歌曲的多样性、社会性。

（五）歌曲旋律的大众性

粤语歌曲的曲调很大众化，比较中性，没有大高或大低，很多歌注意到歌曲的大众化，朗朗上口，易于传唱。所以，许多粤语歌曲只要你懂粤语，每人都基本能按歌曲的原调唱出来，这就是粤语歌曲能广泛流传的基础。

综上所述，粤语歌曲的一些鲜明的特点，造就了粤语歌曲不凡的魅力。在音韵的框架里多样性发展，字曲的高度黏合，"阳春白雪，下里巴人"共具的音乐促成了粤语歌曲这个蝴蝶效应在中国传播起来。

四 粤语歌曲在东南亚的传播

粤语作为一个源远流长的民族语言，也是一种深刻的民族文化。在鼎盛的80、90年代刮起的港台流行音乐飓风，为当今的流行音乐发展与欣赏奠定了一定的基础。中国人的情感自古以来大多是含蓄细腻的，粤语歌曲恰好的韵脚丰富，平缓的曲调，且富有艺术感犹如诗画一般的措辞很容易触动心灵，给人情感上的慰藉。在岁月中这些粤语经典歌曲经过时间长河的涤荡沉淀依旧令人喜欢，"大浪淘沙不淘金"粤语金曲经过洗礼就越发的"锃亮"。目前，东南亚的华人人数占世界各地海外华人总人数的将近80%。由于香港影视在世界特别是东南亚的影响，粤语歌曲地位在国外华人中占有相当高的地位。粤语歌曲是中国文化的组成部分，是中国文化自信的一种体现。党的十九大报告指出："坚持和平发展道路，推动构建人类命运共同体。"粤语歌曲要发挥作用和影响力，在"一带一路"建设和推动构建人类命运共同体进程中弘扬中华文化，讲好中国故事，谱写粤语文化的新篇章。

（一）音乐是一种文化，人类情感交流的方式

世界四大文明古国：古巴比伦、古埃及、古印度、中国，只有中国传承至今，这是中国文化自信的体现，中国提出"一带一路"建设、构建人类命运共同体，就要通过文化等各种形式来加强与世界各国的交往，在交流合作中要坚定文化自信，用中国文化讲好中国故事。通过交流合作大家共享人类的文明成果，共筑民心相通，共创美好未来。而音乐作为世界性的语言，是各国最好交流的方式，而粤语歌曲在与世界交流中已经有了一定的基础，我们应该继续发扬光大。

（二）加强对粤语歌曲挖掘研究

东南亚国家是华人最多的国家，粤语歌曲曾能风靡东南亚，是与这些国家的华人东南亚国家的历史分不开的。自古以来，中国与东南亚国家关系密切，交往深远。所以，粤语歌曲在东南亚的传播有着广泛的文化和观众基础。我们要通过挖掘总结粤语歌曲在东南亚国家传播发展的历史，结合当今实际研究当下粤语歌曲的发展，创作出更优秀的粤语歌曲来赞颂人类的美好生活，推动与"一带一路"国家的交流合作，进一步加强与东南亚国家的交流合作，在推进构建人类命运共同体中传播中华文化,讲好中国故事的粤语篇章。

(三)要继承发扬粤语歌曲的平易近人精神

粤语歌曲能传播海内外深受人们喜爱,其最大的一个特点就是雅俗共赏,通俗易懂,接地气,歌词反映的是人类和社会共同面对的问题,面对现实,真情实意,激励向上,歌颂和平,所以深受广大听众欢迎。中国现在是世界第二大经济体,我们在与东南亚国家交流中,在坚持五项基本原则的前提下,要以平等的姿态来加强与各国的沟通交流,在尊重、平等、合作、共赢中共同促进中国与东南亚国家经济、社会、文化的繁荣发展。所以,在粤语歌曲的创作和传播上,要注意传播友谊,促进交流发展。

(四)要注意发挥东南亚华人的作用

东南亚国家是华人最多的国家,这些华人在工作和生活中已融入了当地的国家和社会。但作为龙的传人,华人的根在中国,华人永远忘不了中国的乡愁。粤语歌曲在东南亚的传播,要发挥这些华人的作用,用粤语歌曲来加强华人的爱国情怀,传播中国的文化,增强与东南亚国家的民心相通,让更多东南亚国家的人了解中国,了解中华文化,在"一带一路"建设和推进构建人类命运共同体中共同发挥作用,共建美好家园。

(五)要加强粤文化的传承发展

粤文化作为中国文化的组成部分,对粤文化的研究是对中国文化研究的一个方面,是中国文化自信的一种体现。随着中国与东南亚国家交往不断深入,"一带一路"建设的推进,我们要加强对东南亚国家的研究。作为与东南亚国相近的省区的相关高等院校特别是两广的高校,要发挥得天独厚地缘优势,自觉地肩负历史使命,加强对粤语歌曲的研究与传承,让粤语歌曲在中国与东南亚国文化艺术交流中发挥积极的作用,共同推动构建人类命运共同体和"一带一路"建设的发展。

习近平总书记指出:"文化是一个国家、一个民族的灵魂。文化兴国运兴,文化强民族强。没有高度的文化自信,没有文化的繁荣兴盛,就没有中华民族伟大复兴"。中华5000年灿烂文化,是中国文化自信的根本,文化自信是建设社会主义文化强国实现中华民族伟大复兴的动力之源。鲁迅先生说:"民族的,才是世界的。"艺术的精品离不开自身民族的艺术情绪。粤语歌曲有"声字结合、情韵结合"情感细腻的特点，粤语的发源地在广西梧州，广西艺术学院占据了独特区位地理优势，有如此源远流长的本土语言作为支撑，在流行音乐的教学中对粤语歌曲的教学是很有必要的。我们应该自觉肩负起这个文化传承的责任，对粤语歌曲进行研究、分析、探索、实践。将民族的文化推向更高更广阔的平台，让它的魅力得到更多的瞩目，发挥更大的作用。我作为一名文化艺术研究者，要自觉将这样优秀的民族音乐传承延续下去，通过挖掘研究粤语歌曲的演唱精髓及技巧，让经典、优秀的粤语流行歌曲得以传承发展，发扬光大，让世界更多的人了解中国优秀的文化。

参考文献

高然、张燕翔：《现代粤语口语》，世界图书出版公司广东公司2016年版。

中国—东南亚铜鼓研究的回顾与反思

李富强*

摘　要：铜鼓是中国和东南亚共有的、最具代表性的一种古老的民族历史文物，是中国南方和东南亚古代文化的共同载体。铜鼓研究经历了主导权从西方回归东方的过程。第二次世界大战前，中国—东南亚铜鼓研究的主导权和中心在西方，第二次世界大战结束后，随着殖民主义土崩瓦解，西方铜鼓研究热逐渐冷落下来，铜鼓研究的中心东移，越南、日本和中国的铜鼓研究活跃起来。尽管中外学者的长期研究，已取得了大量的成果，涵盖了铜鼓的起源、分类、族属、用途和社会功能、铸造工艺、装饰艺术、合金成分和矿料来源、音乐性能和使用方法、铜鼓文化的保护、传承与发展等领域，但关于铜鼓和铜鼓文化的一些根本性的重大问题，依然没有取得共识，或者没有得到深入透彻的论述。针对中国—东南亚铜鼓研究的不足，本领域研究今后发展和突破的方向包括原始资料拓展、研究视野拓展和研究学科拓展。

关键词：中国—东南亚；铜鼓；学术史

---

* 基金项目：本文系广西重点研发计划项目"中国—东南亚铜鼓数字化平台建设与应用研究"（项目合同号：桂科AB18126044）、广西壮族自治区八桂学者"中国—东南亚铜鼓文化研究"岗成果。

作者简介：李富强，广西民族大学民族研究中心主任，博士生导师。

一 中国—东南亚铜鼓研究的学术史回顾

铜鼓是中国和东南亚共有的、最具代表性的一种古老的民族历史文物，是中国南方和东南亚古代文化的共同载体。它广泛分布于中国南方（云南、贵州、广西、广东、海南、湖南、重庆、四川等 8 个省、自治区、直辖市）和越南、老挝、柬埔寨、缅甸、泰国、马来西亚、新加坡及印度尼西亚等东南亚国家，大约产生于 3000 年前，在中国南方和东南亚各国民族中广泛使用和传播，绵延至今，渗透到了这一地区各民族社会生活的各个方面，其中承载和沉淀着当地民族的宗教信仰、礼仪习俗、生活理想和审美要求等文化内容，可以说，中国南方（主要是西南和岭南）和东南亚构成了源远流长内涵丰富独特的铜鼓文化圈。

铜鼓研究经历了主导权从西方回归东方的过程，可以说，铜鼓研究的学术史与中国和东南亚民族的历史命运息息相关，也反映了西方殖民主义从兴盛走向衰落和瓦解的历史过程。

（一）第二次世界大战前的铜鼓研究：主导权和中心在西方

尽管中国是世界上铸造、使用铜鼓历史最长，保存铜鼓数量最多的国家，也是有关铜鼓记载最早、拥有铜鼓历史文献最丰富的国家。唐宋以来，就有学人把铜鼓写入诗文。清乾隆十四年（1749）编纂《西清古鉴》大型文物图集时，将 14 面铜鼓收进图集。乾隆五十八年（1793）编纂《西清古鉴》甲、乙编，又收进铜鼓 9 面。清嘉庆年间，广西巡抚谢启昆在编修《广西通志》时，作《铜鼓考》，搜集了大量铜鼓文献，进行考据研究。道光年间，罗士琳著《晋义熙铜鼓考》，对有"义熙"铭文的一面铜鼓进行考释。自此之后，各地编纂的地方志也常有铜鼓的记载。但真正严格意义上对铜鼓的科学研究却是由西方人在 19 世纪末开启的。1884 年，德国德累斯顿枢密官迈尔（A. B. Meyer）博士在莱比锡出版的《东印度群岛的古代文物》一书，将巴达维亚铜鼓的图片和留存欧洲的铜鼓一起发表，为欧洲的铜鼓研究拉开了序幕。1898 年，迈尔和夫瓦（W. Foy）合著《东南亚的青铜鼓》一书在德累斯顿问世。嗣后，德国汉学家夏德（Friedrich Hirth）与荷兰汉学家狄葛乐（De Groot）就铜鼓问题展开激烈论战，后者广泛征引中国古代文献，证明铜鼓是中国南部少数民族的作品，而且是权力的象征。

1902 年，德国学者弗郎西·黑格尔（Franz Heger）的《东南亚古代金属鼓》一书用德文在莱比锡出版。黑格尔运用丰富的器物类型学知识，把当时所知的 165 面铜鼓，按形制、纹饰的演化，划分为 4 个基本类型和 3 个过渡类型，分别探讨了它们的分布地区、铸作年代和所反映的文化内涵。该书是 20 世纪初西方学者研究铜鼓的集大成者，具有划时代意义。此后近一个世纪以来，不少学者研究铜鼓都遵循他的观点，并用新的发现和新的成果不断充实和阐发他的观点。

第一次世界大战以后，法属越南在河内设立远东博古学院，逐渐成为世界研究铜鼓的重要基地。1918 年，法国学者巴门特（H. Parmentier）在《法国远东博古学院集刊》发表《古代青铜鼓》，于黑格尔著作之外，追加漏载的铜鼓 23 面。20 世纪 30 年代初期前后，法国学者戈露波（V. Goloubew）发表《北圻和北中圻的铜器时代》和《金属鼓的起源及传播》等论文，根据越南东山遗址出土的汉代遗物，对铜鼓铸造的年代和铜鼓铸造工艺的来源作出新的解释。1932 年，奥地利学者海涅·革尔登（Rodert. Heine – Geldern）发表了《印度支那最古金属鼓的由来及意义》，认为铜鼓是东南亚各民族普遍存在的宝物之一，其用途不仅限于葬仪和祭祀祖先，唯因为其贵重，才被用来给死者殉葬。此后，巴门特、高本汉（B. Karlgren）、盖埃勒（U. Gueler）、来维（Paul Levy）等人，又发表了不少研究铜鼓的文章，但铜鼓的源流问题仍莫衷一是。

（二）二战后的中国—东南亚铜鼓研究：主导权和中心东移

第二次世界大战结束后，随着殖民主义土崩瓦解，西方铜鼓研究热逐渐冷落下来，铜鼓研究的中心东移，越南、日本和中国的铜鼓研究活跃起来。

越南学者自 20 世纪 50 年代中期起掌握了研究铜鼓的主动权，至 60 年代，发表和出版了研究铜鼓的一批著作，如陈文甲《铜鼓与越南的奴隶占有制》（1956 年）、陶维英《铜器文化和骆越铜鼓》（1957 年）、黎文兰《关于古代铜鼓起源的探讨》（1962 年）等。1963 年黎文兰、阮文陆、阮灵合著的《越南青铜时代的第一批遗迹》，比较详细地介绍了到 20 世纪 60 年代初为止，在越南境内发现的青铜文化遗址和铜器时代遗物，对越南的黑格尔Ⅰ型铜鼓进行了分析和排队，并推测了相对年代。20 世纪 70 年代，铜鼓成为越南考古学界和历史学界的重点课题，越南《考古学》杂志在 1974 年连出了两期铜鼓研究专辑，发表了 30

位作者的 29 篇文章，论述和探讨了铜鼓的起源、类型、分布、年代、装饰艺术、合金成分、铸造技术和用途等问题。1975 年越南历史博物馆出版了阮文煊、黄荣编著的《越南发现的东山铜鼓》一书，逐一介绍了在越南境内发现的 52 面东山型铜鼓，并对这些铜鼓进行了分类、确定了年代，对铜鼓的起源、分布、装饰艺术、用途等问题发表了意见。这本书可以说是 70 年代越南铜鼓研究的集大成者，它反映了越南学术界关于铜鼓的基本观点。越南铜鼓研究的热潮经久不衰。1987 年，越南社会科学出版社出版了范明玄、阮文煊、郑生编著的《东山铜鼓》一书，对他们认为属于东山型（黑格尔 I 型）的铜鼓作了全面报道，其中包括在中国发现的 148 面和在东南亚其他国家发现的 55 面类似的铜鼓。该书在对所有东山铜鼓作了详尽研究的基础上，提出自己的分类法，将东山型铜鼓划分为 5 组 22 式。1990 年，范明玄、阮文好、赖文德编著的《越南的东山铜鼓》一书出版，该书以清晰的照片和描绘细致的线图，逐一展示了在越南境内发现的 115 面东山铜鼓和在中国云南出土的 3 面铜鼓，奥地利维也纳收藏的 1 面"东山铜鼓"，并按其年代先后分成 5 组。

  日本学者自 20 世纪 30 年代开始的铜鼓研究，在五六十年代渐成气候，日野岩的《关于马来联邦巴生出土的铜鼓》（1958 年）、市川健二郎的《青铜鼓的起源》（1958 年）、冈崎敬的《石寨山遗迹与铜鼓问题》[1]、梅原末治的《南亚的铜鼓》（1962 年）、松本信广的《古代稻作民宗教思想之研究——通过古铜鼓纹饰所见》（1965 年）[2] 等论文涉及铜鼓的起源、分布、年代、使用民族、纹饰及铸造工艺等问题。但这些论文主要依靠西方学者发表的资料和越南博物馆的实物进行研究，在铜鼓分类上，仍沿袭黑格尔的体系，研究成果没有超过西方学者。日本学术界的铜鼓研究是 20 世纪 70 年代以后才进入高潮的。此时，日本学术界研究东南亚和中国南方古代文化的学者大都注意到铜鼓，不仅研究铜鼓的目光拓展到了中国和越南以外的东南亚国家，发表的成果数量大大增加，而且丰富和发展了黑格尔的铜鼓分类，从而对铜鼓的起源、年代等问题都有了自己的论述。这些

---

[1] 冈崎敬《雲南石寨山遺跡と銅鼓の問題》,《史淵》, 86, 1962 年。
[2] 松本信広 1965《イドンシナ稲作民宗教思想の研究：古銅鼓の紋樣をじてた》,《イドンシナ研究：東南アジア稲作民族文化綜合調查報告》。

议题三:"一带一路"框架下的民族文化创新与共享
中国—东南亚铜鼓研究的回顾与反思

贡献主要体现在一系列成果中,如近森《助波鼓和淞林鼓》(1979 年)、《西江、红河水系流域东山铜鼓之分布》(1980 年),量博满《云南的早期铜鼓》①,今村启尔《古式铜鼓的变迁和起源》②、《出光美术馆所藏的先Ⅰ型铜鼓》③、《失蜡法制造的先黑格尔Ⅰ型铜鼓的发现》(1989 年)、《论黑格尔Ⅰ型铜鼓的两个系统》(1993 年),新田荣治《泰国新发现的早期铜鼓》(1985 年)、《东南亚早期铜鼓及其流传》(1990 年),俵宽司《古式铜鼓的编年与分布》④、吉开将人《铜鼓改编的时代》(1998 年)⑤,等等。

中国铜鼓研究的热潮是在中华人民共和国成立后逐渐形成的。虽然早在 20 世纪 30 年代,中国学者也开始了铜鼓的搜集和研究工作,如刘锡蕃《岭表纪蛮》中有铜鼓的记录和描述;唐兆民曾对广西省立博物馆收藏的 20 多面铜鼓进行了实测绘图,着手编著广西铜鼓图录;1936 年,上海市博物馆郑师许著《铜鼓考略》一书出版;1938 年冬,徐松石《粤江流域人民史》中,对铜鼓的起源、创始铜鼓的民族、铜鼓的用途等有专门论述。1943 年,陈志良在《旅行杂志》上发表长文《铜鼓研究发凡——广西古代文化探讨之一》,查遍广西的省、府、县志,并向少数民族调查铜鼓的使用情况,在文中列举 18 个县份中的铜鼓资料,对使用铜鼓的民族,对铜鼓的形状、纹饰和青蛙塑像作专门的分析,认为铜鼓并非铸于一时,历代都有制造,现代主要用于祭祀和娱乐。但研究方法和手段都非常落后,研究工作的进展并不显著。中华人民共和国成立后,由于中央和各省、市相继建立博物馆和文物管理机构,对铜鼓的搜集、整理、研究,有组织、有计划地进行,很快使铜鼓资料的积累成倍增长,关心和研究铜鼓的人越来越多,新的研究成果不断涌现,逐步摆脱了落后面貌,迈向与铜鼓资源大国相称的世界一流水平。

从 20 世纪 50 年代开始,中国铜鼓研究已摆脱单纯义献考证,而转向对铜鼓实物进行研究的一个新阶段。50 年代初,凌纯声先后发表《记本校二铜鼓兼论

---

① 量博滿《云南の早期铜鼓》《三上次男博士喜壽紀念論文集:考古編》,1985 年。
② 今村啓爾,《古式銅鼓の変遷と起源》,《考古學雜誌》59-3,1973 年。
③ 今村啓爾,《出光美術館所藏の先Ⅰ式銅鼓》,《出光美術館館報》56,1986 年。
④ 俵寬司《古式銅鼓の変遷と分佈》,《日本中國考古學會會報》5,1995 年。
⑤ (吉開將人《銅鼓再編の時代》,《東洋文化》78,1998 年。

·685·

铜鼓的起源及其分布》（1950年）和《东南亚铜鼓纹饰新解》（1955年）两篇论文。1953年，四川大学的闻宥编著了《四川大学历史博物馆所藏铜鼓考》和《续铜鼓考》二书，全面、客观地介绍了四川大学历史博物馆珍藏的16面铜鼓；随后他又公开出版了《古铜鼓图录》，不仅介绍了他多年精心搜集的铜鼓照片和拓本，还介绍了西方学者的研究成果。1959年，云南省博物馆《云南省博物馆铜鼓图录》，公布该馆收藏的40面铜鼓资料。

20世纪六七十年代，铜鼓的考古学研究渐成主流。李家瑞《汉晋以来铜鼓发现地区图》（1961年）、黄增庆《广西出土铜鼓初探》（1964年）、何纪生《略述中国古代铜鼓的分布地域》（1965年）、冯汉骥《云南晋宁出土铜鼓研究》（1974年）、洪声《广西古代铜鼓研究》（1974年）、汪宁生《试论中国古代铜鼓》（1978年）、李伟卿《中国南方铜鼓的分类和断代》（1979年）等一批高质量的论文运用考古学资料从各方面对铜鼓的分类、断代和纹饰含义、族属和社会功能作了系统的探索。

进入20世纪80年代，以1980年3月在南宁召开的古代铜鼓学术讨论会为标志，中国对铜鼓研究形成了一个高潮。为准这次学术讨论会，广西壮族自治区博物馆成立了铜鼓调查组，在全国11个省、市、自治区铜鼓收藏单位的支持下，进行了将近一年的全国性的铜鼓资料大普查，第一次基本摸清了全国铜鼓收藏的家底，对1360多面铜鼓进行了实体观察、测量、传拓、摄影，记录了空前完备的资料。后来在广东、云南、贵州、四川等省博物馆的协助下，将这些资料汇编成《中国古代铜鼓实测记录资料汇编》，成为现存铜鼓最完善的实测资料总集；与此同时，他们还组织翻译了英、越、日文铜鼓论文和著作，编印成《铜鼓研究资料选译》3册，摘录历代铜鼓文献，汇编成《古代铜鼓历史资料》61册，搜集中外铜鼓文献目录，编印成《铜鼓文献目录》1册，为日后进一步深入研究铜鼓打下了坚实的基础。出席这次学术会议的有来自全国各地的专家学者60多人，提交论文40多篇，这是铜鼓研究史上从来没有过的壮举，也是中国铜鼓研究队伍和研究成果的一次大检阅。在这次会上成立了中国古代铜鼓研究会，标志着铜鼓研究已作为一个独立的学科出现于学术之林。中国古代铜鼓研究会成立后，积极组织学术交流，经常召开学术讨论会。集合在中国古代铜鼓研究会旗帜下的，除考古学、民族学方面的专家之外，还有音乐、美术、冶金、铸造、物理、化学

议题三："一带一路"框架下的民族文化创新与共享
中国—东南亚铜鼓研究的回顾与反思

等方面的专家，他们除了探讨铜鼓的起源、分类、分布、年代、族属和功用等传统课题外，还开辟了铜鼓的装饰艺术、音乐性能、铸造工艺、合金成分、金属材质和矿料来源等新课题。1988 年，中国古代铜鼓研究会编著的《中国古代铜鼓》一书，由文物出版社出版。这部书全面、系统地论述了中国古代铜鼓的起源、类型、分布、年代、族属、纹饰、用途和铸造工艺等问题，是中国铜鼓研究在 80 年代的带总结性的著作。在此前后，中国还出版了一些铜鼓专著，如蒋廷瑜著《铜鼓史话》（文物出版社 1982 年版）、《铜鼓》（人民出版社 1985 年版）、《铜鼓艺术研究》（广西人民出版社 1988 年版）、《古代铜鼓通论》（紫禁城出版社 1999 年版），王大道著《云南铜鼓》（云南教育出版社 1986 年版），汪宁生著《铜鼓与南方民族》（吉林教育出版社 1989 年版），姚舜安、万辅彬、蒋廷瑜著《北流型铜鼓探秘》（广西人民出版社 1990 年版），广西壮族自治区博物馆编著《广西铜鼓图录》（文物出版社 1991 年版），万辅彬等著《中国古代铜鼓科学研究》（广西民族出版社 1992 年版）。这些著作从不同角度论述了铜鼓研究的历史和现状，反映了有关专题研究的阶段性成果。

1991 年，中国古代铜鼓研究会与有关机构联合召开中国南方及东南亚地区古代铜鼓和青铜文化第二次国际学术讨论会，在提交的 74 篇论文中，直接涉及铜鼓研究的论文有 30 多篇，研究内容相当广泛，把铜鼓及其相关的研究课题推到空前广阔的领域。

进入 21 世纪之后，中国铜鼓研究继续发展。一方面，随着中国古代铜鼓的研究不断深入，研究视野朝活态的铜鼓文化及铜鼓文化的保护、传承与发展等方向拓展。如吴伟峰在 2008 年发表了《壮族民间铜鼓铸造技术考察与研究》，韦丹芳在 2011 年完成了《广西活态铜鼓文化研究》，万辅彬等在 2013 年出版了《大器铜鼓——铜鼓文化的发展、传承与保护研究》。另一方面，在继续研究中国铜鼓的基础上，积极向比较研究拓展。如 2008 年，李昆声等在《中国云南古代铜鼓的起源、传播及其与越南东山铜鼓的关系研究》该项课题结项报告的基础上，补充修改，出版了比较研究著作《中国与东南亚的古代铜鼓》。2013 年，李昆声完成了黑格尔 I 型铜鼓研究课题，就国内外发现的，尤其是近年来报道的黑格尔 I 型铜鼓进行了重新的分类研究，主要是将黑格尔 I 型铜鼓的"两分法"提升为"三分法"，使用新的分类标准来对此型铜鼓进行梳理；对于东南亚地区出土的黑格尔Ⅰ型铜鼓的来源进行了研究；并探讨了越南的黑格尔Ⅰ型铜鼓与中国的黑格尔Ⅰ型铜鼓，以及两地的先黑格尔Ⅰ型铜鼓的关系。徐祖祥在2013年完成了越南东山铜鼓的类型学、年代及来源研究课题，运用考古学传统的类型学确立标准器的方法，与同时期中国经过科学发掘出土的典型铜鼓进行比较，将越南东山铜鼓做了从早至晚的规范科学的考古类型学排队；将越南东山铜鼓在随葬品中的地位与中国云南、贵州、广西、四川的铜鼓作了系统的比较与分析。这些成果无论是在广度还是在深度上都将中国铜鼓研究推上了一个新台阶。

二 中国—东南亚铜鼓研究的学术反思

尽管中外学者的长期研究，已取得了大量的成果，涵盖了铜鼓的起源、分类、族属、用途和社会功能、铸造工艺、装饰艺术、合金成分和矿料来源、音乐性能和使用方法、铜鼓文化的保护、传承与发展等领域，但关于铜鼓和铜鼓文化的一些根本性的重大问题，依然没有取得共识，或者没有得到深入透彻的论述。

（一）铜鼓起源问题

早期，不同观点很多，有起源于中国内地说、柬埔寨沿海地区说、印度说、越南北部说、广西东南部说和云南中部说，等等。随着考古发现的增多，研究的深入，现在主要集中于越南北部说和云南中部说的争论上。越南历史学家在1950年代曾认为，古铜鼓是中国南方少数民族与越南北方古代居民共有的文物，而越南古代铸铜技术受到中国的影响，但进入1960年代之后，越南学者提出了古铜鼓起源于越南北方的观点，认为越南是铜鼓的故乡，而中国华南所有的铜鼓都是黑格尔Ⅰ型鼓末期，年代相对较晚；可中国学者认为有些外国学者所指年代最早的越南玉镂鼓、黄下鼓等铜鼓形体较大，结构稳定，纹饰繁缛精细，制作工艺水平很高，应是经过长期的摸索和经验的积累后才能制成的，不大可能是铜鼓的原生形态，而中国的万家坝型铜鼓制古朴，鼓面小，鼓胸部突出，素面无纹饰，其外壁都有很厚的烟炱，纹饰反而见于内壁上，兼有铜釜功能，是发轫型鼓，因而主张古铜鼓是中国南方和西南地区一些少数民族的发明创造。

（二）铜鼓传播问题

与铜鼓起源问题密切相关，对于古代铜鼓如何广布于中国南方和东南亚的问题也有不同看法。有人认为是百越民族在漫长的民族迁徙过程中,把铜鼓文化传播到东南亚各地的。公元前五世纪至公元二世纪,东南亚地区发生民族迁徙的浪潮。这次民族迁徙的浪潮是由亚洲大陆东部的中国和中南半岛向南洋群岛移动。这次民族迁徙浪潮带去了中国的铜器文化。有人认为,在越南东山文化发展时期,通过中国南海往来的船只,使这一文化得以传播到印尼群岛。经过一段时间,其影响渗入当地文化,并形成了自己的特色。有人认为,由于铜鼓具有神器和重器的功能,受到了当时阶级分化过程中的酋长和头人们的欢迎。在印尼,除爪哇岛以外的其他地方的铜鼓大都是孤立地发现的,他们几乎没有东山文化的特点。可能是由于铜鼓具有礼仪和巫术的性质,铜鼓由强大的酋长有意识地进口,而得以广泛流传并被引入与东山同期的其他地方文化当中的。

（三）铜鼓分类问题

自从黑格尔的铜鼓分类体系提出后,很长时间一直主导铜鼓研究界。尽管20世纪70年代以来,中国学者开始打破这种格局,日本和越南学者也对黑格尔分类体系进行修正,特别是中国学者建立了八个类型的分类法,但外国学者则大多沿用黑格尔的四分法,铜鼓的分类问题,依然没有共识。

（四）铜鼓发展流变与年代序列问题

由于大量铜鼓为窖藏出土或传世品,其年代问题只能通过造型、纹饰等对比进行判断,因而对于各类型铜鼓的年代问题以及各类型之间的相互关系、发展嬗变问题,学术界仍有诸多歧义。

（五）铜鼓族属问题

由于铜鼓流传地域辽阔,时间长久,铸造和使用铜鼓的民族成分复杂,特别是对于发明铜鼓和早期使用铜鼓的民族,依然有很多争论。如中国学者对于发明铜鼓的是越人还是濮人,就有不同争论。

（六）铜鼓文化内涵与性质问题

尽管有很多学者和成果对铜鼓的用途、社会功能等问题有所论述,但分布广泛的铜鼓背后,有无统一的信仰体系或共同的文化内涵？如果没有,为什么？如果有,是什么?对这些问题的探讨,尚非常薄弱。

以上问题之所以尚未得以解决或深入论述,主要是因为以往研究有以下不足:

1. 资料不对称、不全面、不翔实

中华人民共和国成立后,中国有发表考古、文物资料的习惯和传统,发现的铜鼓资料大多可以从刊物上查到,而且,在1979—1980年,广西壮族自治区博物馆组织进行了一次全国范围的馆藏铜鼓调查,2014年,广西民族博物馆联合自治区博物馆进行了一次全区范围的馆藏铜鼓调查,2015—2016年,广西民族博物馆开展了全国第一次可移动文物普查的铜鼓专项调查,这些调查都取得了丰富的资料,但是,东南亚国家的铜鼓资料难以从刊物上查阅,也没有组织机构进行调查汇总,这导致研究者无法掌握中国和东南亚全面、翔实的铜鼓资料,特别是东南亚的铜鼓资料,无法将中国—东南亚铜鼓文化圈作为一个整体来进行研究。

2. 各国学者各自为战,研究视野狭窄

综观一个多世纪铜鼓研究的成果,绝大多数是对某个国家、某个地区、某个时期铜鼓的研究,中国和东南亚各国学者的研究一般以本国铜鼓研究为主,西方一些学者能稍微拓展区域,但最多是以东南亚铜鼓为研究范围。近些年来,随着全球化的迅猛发展,铜鼓研究界的国际交流增强,有了《中国与东南亚的古代铜鼓》(李昆声,云南美术出版社,2009年)、《大器铜鼓——铜鼓文化的发展、传承与保护研究》(万辅彬等,中国科学技术出版社,2013年)等以整个铜鼓文化圈为研究对象的成果,但这些成果在时段上仅限于古代铜鼓,而且,由于经费和人力等方面的原因,没有全面系统翔实地呈现中国和东南亚铜鼓的资料,导致其中一些观点和结论依然具有较大争议性。

3. 多学科综合研究少

在铜鼓研究史上,很多学科参与了铜鼓的研究,有很多不同学科的成果,但是,多个学科共同研究的项目和成果不多。

三 余论:中国—东南亚铜鼓研究今后发展和突破的方向

针对中国—东南亚铜鼓研究的上述不足,本人认为本领域研究今后发展和突破的方向应该是：

（一）原始资料拓展

对中国和东南亚各国所出土和收藏的铜鼓进行全面、系统、科学规范的调查和记录，不仅要分门别类对出土、收藏和传世的典型铜鼓进行科学描述、拍摄，还要对各国当今活态的各族铜鼓文化进行科学的调查和记录，为进一步推进铜鼓研究奠定坚实的基础。

（二）研究视野拓展

铜鼓是一种跨国的、多民族的文化现象，进一步深化铜鼓研究必须打破和超越国家疆界和民族界限的局限与束缚，以全局的视野，将中国—东南亚铜鼓文化圈视为一个整体开展研究。

（三）研究学科拓展

不仅要民族学、考古学、历史学、科技史学等学科共同参与研究，还要结合计算机科学与技术进行研究和后续的保护传承。对铜鼓进行系统化的、全面、详细的数字记录，并建立开放、共享的中国—东南亚铜鼓数字化服务平台，这不仅有利于铜鼓的学术研究，也有利于铜鼓和铜鼓文化的保护、传承与发展。

"一带一路"背景下的崇左康养旅游发展对策研究

李天雪 朱 浩[*]

摘 要：在"一带一路"的重大战略背景之下，像崇左这样具有丰富康养旅游资源的沿边城市应积极发展康养旅游，扩大当地旅游群体、建设康养旅游产业聚集区，并将当地的康养旅游发展与美丽乡村建设和民族特色相结合，打造沿边康养旅游品牌。

关键词："一带一路"；崇左；康养旅游

当下，健康的身心和生活品质已经成为人们迫切的追求，康养旅游因此具有广阔的发展前景。广西崇左是一个沿边城市，在"一带一路"倡议的背景下，崇左可以利用自身沿边城市的优势，结合得天独厚的康养旅游资源，进一步推动崇左康养旅游的创新发展。

一 崇左旅游的发展现状及存在的问题

康养旅游，是一种结合康养资源与旅游资源进行聚集旅游的模式。崇左市地处广西壮族自治区的西南端，其管辖下的凭祥市、宁明县、龙州县、大新县均与

---

[*] 作者简介：李天雪，广西师范大学历史文化与旅游学院教授；朱浩，广西师范大学历史文化与旅游学院硕士研究生。

越南有接壤，边境线长达533公里，是广西边境线最长的城市。除此之外，在崇左共发展了13个边贸互市点、4个国家一类口岸和3个国家二类口岸，据统计，崇左是国内拥有口岸最多的城市。崇左市区位优势明显，地理上是我国面向东盟国家陆路交通的重要节点，往东连着北部湾经济区，旅游市场广阔。崇左还有沿边和靠近海港的地理位置优势，这些都是旅游发展的良好基础。近年来，在崇左的旅游获得了迅速的发展，具体表现在以下几个方面。

（一）旅游接待条件得到改善

崇左境内的江州、龙州、宁明和扶绥等区县，通过争创广西特色旅游名县，不断完善旅游基础设施建设，使得崇左旅游接待条件得到改善。同时，市政府也注重对于旅游市场秩序的维护，对旅游进行安排部署，相关部门积极开展对于旅游安全检查，排除了旅游安全隐患。政府还联合旅游、工商和食药监等部门加强对于旅游市场的监督执法力度，保障了旅游市场在良好秩序下的运行。2017年4月28日，崇左旅游服务中心在南宁东站开业，落户于南宁东站负一层出站层16/17站台旁商铺。崇左旅游服务中心旨在为赴崇左旅游的游客提供食、住、行、游、购、娱、咨询以及委托订单等"一站式"旅游服务，全面包括散拼组团、自驾游以及自由行等形式从动车、飞机到旅游景点景区的无缝对接。此外，在南宁国际吴圩机场到达厅也设置了崇左旅游服务点。目前崇左的游客接待条件有所改善，但是崇左市游客接待的相关设施仍未能满足旅游业的发展需求，这主要表现为旅游住宿与餐饮业发展滞后，游客来了留不住，住不下。崇左的旅游住宿和餐饮一般都与旅游景区距离较远，在旅游景区附近找到的餐饮服务少，这为留下游客，开展全域旅游增加了障碍。

（二）旅游人数不断增加

2017年1—11月，崇左市累计接待游客2421.97万人次，同比增长31.13%；实现旅游总消费220.56亿元，同比增长33.92%。其中，接待国内旅客2384.06万人次，同比增长31.64%；实现国内消费旅游211.21亿元，同比增长34.88%；接待入境游客37.91万人次，同比增长5.36%，实现国际旅游消费14085.58万美元，同比增长7.28%。从崇左市旅游发展委员会最新公布的数据显示，2018年春节期间，崇左市累计接待游客163 42万人次，同比增长

81.46%；旅游综合消费 7.95 亿元，同比增长 95.55%，这些可喜的数据显示了崇左市旅游在 2018 年实现了开门红。[①]

表1　　　　2017 年 1—11 月崇左市旅游产业发展绩效任务完成情况

2017 年旅游统计主要指标	任务数	1—11 月完成总数	完成比例(%)
国内旅游人数(万人次)	2469.51	2384.06	96.54
国内旅游消费(亿元)	223.91	211.21	94.33
入境旅游者(万人次)	39.63	37.91	95.66
旅游外汇消费(万美元)	14979.68	14085.58	94.03

数据来源：崇左市旅游发展委员会关于崇左旅游统计。

虽然取得了一定的成绩，但目前崇左的旅游发展模式仍是传统的景点观光旅游模式，与时下盛行的"全域旅游"理念的仍有不小的距离。全域旅游是旅游产业的全景化、全覆盖，是资源优化、空间有序、产品丰富、产业发达的科学的系统旅游，是以旅游发展带动区域经济发展和美丽乡村建设的一套有效模式和方法。为了实行"全域旅游"的发展目标，崇左除了不断提升自身的旅游接待能力之外，还需要依据自身的特色资源，开发新的旅游产品。对此我们认为：康养旅游是一个不错的发展方向。

二　"一带一路"背景下崇左康养旅游发展的可行性分析

康养旅游主要表现出的是以旅游为主，康养为辅，与当下流行"全域旅游"、休闲旅游、体验旅游的发展趋势非常吻合。目前，在广西提到康养旅游，首先能想到的是巴马，巴马在 1991 年就被认定为"世界长寿之乡"，这是由巴马"世界长寿之乡"所带来的品牌效应。其实，崇左同样具有得天独厚的康养旅游资源，在崇左发展康养旅游也具备可行性。

[①] 数据来源：广西新闻网，http://www.gxnews.com.cn/staticpages/20190325/newgxsc98441e-18159090.shtml。

（一）环境优美，气候宜人

崇左环境优美，气候宜人。以龙州为例，龙州是明显的南亚热带季风气候，四季如春，雨量充沛，日照充足，年平均气温为21.5℃，年无霜期为350天，有霜期13天，年平均降雨量为1854.3毫米，年日照平均时数为1518.3小时，全年最高气温37℃，最低气温-1℃，空气负氧离子高达60000个/cm³，温和的气候十分有益健康。此外，龙州的居民饮用水质达到国家Ⅱ类标准，水质呈弱碱性，非常有益健康。根据2013年的统计数据，龙州县全县森林面积为7.55万公顷，森林覆盖率达57.13%，境内有总面积为101平方公里的国家级弄岗自然保护区。龙州县完整的喀斯特地貌、较高的森林覆盖率和保存完整的森林生态系统，有效地保持了水土，净化了空气，改善了生态环境，环境空气质量超过国家二级标准。

同样的，崇左天等也保存了良好的生态环境，天等县虽地处亚热带季风气候区，但独特的地形，造就了得天独厚的"山庄型"山地气候。全年气候温和，雨量充沛，环境宜人。年平均气温为20.5℃，比周边地区低3—5℃，年无霜期为339天，年平均降雨量为1554.3毫米，年日照平均时数为1518.3小时，全县森林覆盖率达58.95%。空气负氧离子高达60000个/立方厘米，空气质量描述为优，达到国家《环境空气质量标准》一级标准，是名副其实的避暑养生胜地。崇左气候温和，冬暖夏凉，雨量充沛，水质优良，空气新鲜，这样的环境与气候是许多城市所不具备的，在城市里这样的气候资源属于稀缺资源，这也是崇左吸引人们过来康养旅游的一大优势。

（二）特色的"药膳型"饮食习俗

以天等为例，天等县人民以玉米、三角麦、水稻、小米、芋头、红薯为主食，以当地特产的"姑娘菜"、黑珍珠黄豆、野生淮山、山蕨菜、白头翁等纯生态野菜为辅食。此外，当地还具有迎宾接福的烤石猪、三阳开泰的烤山羊、蕉叶包成的糯米团、白头翁草做的"公结"、枫叶等做成的五色糯米饭、蕨菜包子等，这些美食都具有滋身养颜、延年益寿等功效。天等盛产辣椒和苦丁茶，其指天椒辣味十足，辣椒素含量是一般辣椒的155倍，含有18种人体需要的氨基酸成分，氨基酸总含量高达2.8%，所含的钙、磷、铁、钾等有益矿质元素。苦丁茶品质优良，含有人体必需的多种氨基酸、维生素及微量元素，具有降血脂、抗动脉粥样化等作用，备受中老年人的青睐。天等的中草药种类繁多，储量丰富，素有中草药"绿色宝库"的美誉。

（三）民族风情浓郁

崇左是以壮族为主体的少数民族聚居地区，除壮族、汉族、瑶族为世居民族外，还有苗、侗、京、土家、仫佬、布依、黎、毛南、回、彝、水、仡佬、满、傣、白、蒙古、朝鲜等17个散居少数民族。壮族人口224.35万人，占全市总人口的89.55%。崇左人口的民族成分中壮族占据了其中的绝大多数，歌圩是壮族人民喜爱并长期流传的习俗，在崇左的龙州、天等等地，每年都会举办歌圩节。歌圩节是青年男女挑选对象的佳节，也是群众交流情感、庆祝丰收和文化娱乐的节庆活动。每逢歌圩日，群众都聚集一起唱山歌，场面格外热闹。在崇左诸多民族民俗风情中，天琴艺术最能体现少数民族的智慧结晶，2007年，天琴艺术被列入广西第一批非物质文化遗产名录，2008年，崇左龙州凭借天琴艺术文化遗产被评为全国第二批"中国民间文化遗产旅游区示范"。崇左龙州民俗文化资源丰富，除了传统的歌圩和天琴，还有以桄榔粉为代表的美食和以古壮字、壮拳、壮锦、壮绣为代表的壮文化。具有远古壮族文化符号的崖壁画、铜鼓、彩茶剧等民族文化风情在崇左扶绥依然保持着旺盛的生命力。

（四）长寿资源丰富

崇左长寿资源丰富，其下辖的扶绥县、天等县、大新县和龙州县先后被评为"中国长寿之乡"。

以天等为例，据2012年数据显示，天等有60岁及以上老人59363人，80岁及以上老人9795人，80岁及以上高龄老人占60岁及以上的人口比例达到16.50%，存活百岁老人53人。天等老人众多，素有尊老爱老的良好习俗。当地人每到49岁、61岁、73岁、85岁生日，都邀请各方亲友前来为老人祝寿。在老人85岁以后，每年都会为他们隆重举办寿宴。每逢春节，儿孙们都会给老人买最好的礼物，并送上红包祝寿。天等还有一些地方会特地举办龙峒祈寿节、霜降祈福文化节等尊老爱老民俗节日。天等有底蕴厚重的"祈福寿"文化渊源，天等县向都镇的"万福寺"是中国西南地区唯一的"悬空寺"，是当地人民祈福、请愿的有名寺庙。

除此之外，广西北部湾经济区建设能够为崇左带来更多的商旅人流和潜在客源。广西北部湾经济区是由《广西北部湾经济区发展规划》规定的南宁、钦州、北海、防城港四市所辖行政区加上玉林、崇左两个市物流区组成。北部湾经济区是与面向东盟开展战略合作的重要门户和通道。崇左背靠大西南，又处于北部湾经济区与东盟国家贸易的陆路大通道。崇左这样的区位优势决定了其有充足的客源，这为崇左发展康养旅游提供了助力。

2016年1月7日，国务院颁布了《关于支持沿边重点地区开发开放若干政策措施的意见》（以下简称《意见》）。《意见》中整理了沿边重点地区名录，其中包括了5个重点开发开放试验区、72个沿边国家级口岸、28个边境城市、17个边境经济合作区和1个跨境经济合作区，其中崇左凭祥是沿边国家级口岸城市，也是边境城市和边境经济合作区。《意见》将旅游产业发展作为沿边重点地区开发开放的重要突破口，原因在于沿边重点地区自然生态、民族文化、异域风情等旅游资源十分丰富，旅游产业又是一个综合性强、关联度大的富民产业。虽然在"一带一路"建设过程中内陆沿边开放的线路已基本清晰，但是开放进程相对缓慢。因此，《意见》特别对沿边旅游的发展提出了四项政策措施，包括改革边境旅游管理制度、研究发展跨境旅游合作区、探索建设边境旅游试验区、加强旅游支撑能力建设。这些对于崇左康养旅游的发展都是重大的政策利好。

三 "一带一路"背景下崇左康养旅游的发展对策

可以看到，崇左具有丰富的康养旅游资源，并具备一定的客源和利好的政策支持。不过，客观地说这些优势尚没有转化成经济效益，崇左的康养旅游资源还大多停留在起步的阶段，例如，天等是"中国长寿之乡"，县内康养旅游资源丰富，但是目前天等尚未拥有一家3A级以上景区，对于旅游资源的开发多停留在规划阶段。对此，我们提出以下建议：

（一）扩大旅游群体，开展专项服务

崇左市地处通往东盟各国的大陆桥上，是我国通往越南及东南亚各国的门户城市，处于南宁—崇左（凭祥）—越南（河内、下龙湾）—东盟各国的陆路跨国旅游廊道上，是中国—东盟的陆路"黄金旅游通道"。[①] 但是，崇左发展沿边康养旅游，应清楚地认识到，目前专门到崇左旅游的人仍是少数，而有多数游客是自驾去越南途经崇左，或是从事跨国贸易的商旅人士，如果能留住这批人，并吸引他们在崇左旅游，那对崇左的康养旅游发展将是一大利好。可以通过在一些景区的沿途开设大型自驾基地，并完善好周边的住宿餐饮服务设施，给自驾人群补给休息，并通过旅行社与住宿餐饮行业合作的方式，宣传崇左的康养旅游，吸引这样的人群在崇左停留并到附近景区旅游。

（二）建设康养旅游产业聚集区

崇左有丰富的康养旅游资源，同时下辖扶绥、天等、大新和龙州四个"长寿之乡"，在康养旅游的发展中应充分发挥崇左山清水秀生态美的优势，大力宣传、挖掘长寿文化，努力把自然生态优势转化为休闲度假、养生养老的产业优势。依托扶绥中国乐养城和龙州百里休闲养生画廊等重点项目，引进建设一批集医疗康复、养生养老、休闲健身为主体功能的健康产业项目，逐步培育两个高端健康养老产业集聚区。打造集五星级度假酒店、旅居式养生养老、休闲观光农业、乡村民宿旅游、户外运动、老年医疗康复等产业集群于一体的大型旅游综合体。

（三）与美丽乡村建设和地方特色民族风情相结合

以打造美丽乡村为导向，环境综合整治和基础设施建设为重点，深入推进"清洁乡村、生态乡村、宜居乡村、幸福乡村"重大活动，到2020年，实现农村生活条件明显改善，生态环境明显改观，努力建成卫生、便捷、舒适的宜居家园。同时，加强规划设计，完善基础建设，培育优势产业，打造一批布局合理、功能完善的特色乡镇。把绿化工作与新农村建设相结合，以改善农村面貌为目标，将生态乡村建设与国家主体功能区建设相结合。使崇左的生态环境得到保护，从而为崇左沿边康养旅游的开发奠定良好的基础。

崇左是以壮族为主体的少数民族聚居地区，以壮族为主的民族特色浓郁，左

---

① 顾文鹄、韦福安：《泛北部湾背景下崇左市旅游业发展对策思考》，《南宁师范高等专科学校学报》2009年第2期，第25—29页。

江花山岩壁画和龙州的天琴艺术充分体现了壮族的文化特色。因此在设计旅游项目时应充分尊重少数民族的习俗，使旅游项目更具民族风情，旅游景区能充分展示民族的优秀文化精华。生产一些类似绣球这样具有民族特色旅游纪念品也是可行之策。还可以在旅游景区开设民族餐饮，增加做五色糯米饭、做糍粑、包粽子、酿土酒这样的项目，使旅游景区更具吸引力。继续跟进龙州常青国际百里画廊这样的优质项目，建设具有民族风情的特色小镇，规划以养生养老，修身康养为主题的沿边旅游精品廊道，吸引不同群体到崇左开展康养旅游。

（四）注重打造沿边康养旅游品牌

崇左是一个沿边城市，在发展沿边旅游方面具有较为成熟的经验，但是在将旅游产品推广的时候，往往会忽略了旅游产品的康养特征。就目前而言，崇左康养旅游所形成的各色旅游产品并没有真正与传统的旅游产品进行区分，所以消费者很难体会出目前康养旅游产品的不同特性。崇左具有丰富的长寿养生文化资源，但是目前崇左开展的康养旅游尚未能很好地结合当地特色的长寿养生文化，突出康养旅游的康养特色。

旅游品牌的塑造，是当今旅游市场环境下的必经之路，塑造知名的旅游品牌，能够有效带动旅游产业的创新和发展。塑造旅游品牌，既是供给侧改革之下的重要领域，也是创新发展理念的重要实践领域。旅游品牌，集中展示了一个区域的资源优势和特色，通过品牌渗透到旅游当中，体现了特色文化底蕴，让游客充分感知和体验特色文化。崇左可以打造中国西南沿边康养旅游名城的品牌，发挥崇左丰富的旅游资源优势和沿边的区位优势，整合周边山水生态、乡村田园，从全域旅游的角度，通过交通联动、公共设施配套，将城市与景区、景区与景区、景区与乡村之间休闲旅游一体化，完善养生养老、康体疗养、乡村休闲等旅游设施，形成丰富、多层面的旅游精品，打造康养旅游品牌。

打造崇左特色沿边康养旅游品牌需要加大对崇左市的旅游宣传力度，并在宣传方式上进行创新。可以拍摄宣传崇左康养旅游项目的专题片在电视媒体和网络上进行宣传，增加崇左旅游的知名度。还应积极利用新媒体资源，通过开设微信公众号、微博大V号对崇左旅游进行宣传，进一步提升崇左旅游的美誉度。此外，崇左还可以利用每年在南宁举办的东盟博览会的便利，开设旅游宣传展销会，真正把"崇左——边境线上的养生圣地"的品牌推广出去。

参考文献

姚翔：《崇左市沿边开放型经济发展的对策研究》，硕士学位论文，广西大学，2015年。

邓绍裘：《广西沿边旅游经济应与北部湾经济区建设同步发展》，载广西自治区政府发展研究中心、广西市场经济研究会、崇左市发展与改革委员会、中共崇左市委党校、凭祥市人民政府《广西北部湾经济区建设与沿边经济发展理论研讨会论文集》，2008年。

黄慧：《一带一路背景下沿海康养旅游产业研究》，《中南林业科技大学学报》（社会科学版）2016年第6期。

顾文鹊、韦福安：《泛北部湾背景下崇左市旅游业发展对策思考》，《南宁师范高等专科学校学报》2009年第2期。

信息传播在构建网络命运共同体中的作用及路径论纲

李文明 吕福玉[*]

摘 要:"推动构建人类命运共同体",已写入《中国共产党中央委员会关于修改宪法部分内容的建议》。构建人类命运共同体,亟待以信息传播为切入点,着力发挥信息传播的舆论营造与意识培养潜能,尤其是利用网络信息传播,从构建网络命运共同体做起,将网络空间这一新兴的国际竞合舞台,作为践行人类命运共同体治理思想的先行领域与最佳实践区。信息传播在构建网络命运共同体中的作用原理包括牵引原理、辐射原理、溢出原理,其作用机制包括平台机制、共识机制、治理机制,其具体作用包括建构作用、解释作用、引导作用、预测作用,信息传播推动构建网络命运共同体的具体路径可以概括为:小屏幕传播的技术路径、具象化呈现的感知路径、策略性叙事的报道路径、多模态话语的评论路径、阶梯式效果的影响路径。

关键词:信息传播;网络命运共同体;发展信息学;"信息人假说";信息—传播转向

---

[*] 基金项目:本文系浙江越秀外国语学院2016年网络传播研究院校级招标课题"发展信息学引论"(YA2016002)、四川网络文化研究中心2017年度开放课题"网络文化生态综合治理研究"(WLWH17-16)、四川理工学院产业转型与创新研究中心课题"产业转型与创新的信息化机理研究"(CYZX201707)的阶段性成果。
作者简介:李文明,浙江越秀外国语学院网络传播学院教授;吕福玉,四川理工学院经济学院教授。

"网络空间命运共同体"(community of cyberspace destiny,以下简称"网络命运共同体"),是国家主席习近平于 2015 年 12 月 16 日举行的第二届世界互联网大会上所作的主旨演讲中提出的相对于"人类命运共同体"这一全球治理理念的互联网治理理念[1]。"推动构建人类命运共同体",已写入《中国共产党中央委员会关于修改宪法部分内容的建议》。网络命运共同体与互联网治理相结合,是人类互联网思想史的重大发展,必将推动哲学、社会科学理论体系的创新与重构,凸显出实施综合研究的必要性、迫切性和实现理论突破的学术意义与推动实践进展的应用价值。

一 相关研究简评

有关人类命运共同体与全球治理的中国方案研究,被评为 2017 年度中国十大学术热点、2017 年思想理论领域主要热点问题之一[2]。学者们全方位挖掘与阐发构建人类命运共同体的理论意蕴与思想内涵。已有的研究成果,主要集中于构建人类命运共同体的时代背景、人类命运共同体理念的重要意义与科学内涵等方面。对于构建网络命运共同体的研究,则重点围绕构建合作共赢、公正合理的网络空间治理体系与治理机制展开。

在新闻传播学界,率先对网络命运共同体做出反应的是南京大学教授丁柏铨。2015 年 12 月,他就在《人民论坛》发表《"网络空间命运共同体"新境界》一文。随即,他又对网络命运共同体进行了传播学解读[3]。在他看来,网络命运共同体包含了议程设置、人类精神交往、"地球村"及信息鸿沟等学理内涵,有着丰厚的传播学底蕴。时任中国传媒大学校长胡正荣教授认为,网络传播应当在共享的基础、共赢的目标、共治的原则下,共同承担责任,达成共享共责,从而为共建网络命运共同体做出贡献[4]。清华大学教授史安斌则指出,积极

---

[1] 习近平:《在第二届世界互联网大会开幕式上的讲话》,新华网 www.xinhuanet.com/politics/2015 - 12 - 16 - c_ 1117481089. htm,2015 年 12 月 16 日。
[2] 光明日报理论部、学术月刊编辑部、中国人民大学书报资料中心:《2017 年度中国十大学术热点》,《光明日报》2018 年 1 月 19 日第 11 版;余宗言:《2017 年思想理论领域主要热点问题》,《红旗文稿》2018 年第 2 期。
[3] 丁柏铨:《"网络空间命运共同体"及其传播学解读》,《新闻与写作》2016 年第 2 期。
[4] 胡正荣:《共享共责的网络传播:新时代、新格局、新责任》,《新闻与写作》2018 年第 1 期。

议题三："一带一路"框架下的民族文化创新与共享
信息传播在构建网络命运共同体中的作用及路径论纲

开展新一轮假新闻"阻击战"，将成为构建网络命运共同体的有效切入点①。纵观已有研究，同构建网络命运共同体直接相关的成果可以概括为：网络命运共同体的提出，将本国利益与世界人民利益紧密相联，必将促进我国与世界的和平发展；构建网络空间命运共同体，是践行人类命运共同体的最佳平台；依据习近平"五点主张"推动世界互联网可持续发展，是构建网络空间命运共同体的总体路径。限于研究时间与展开程度，对于构建网络命运共同体的重要作用与具体路径，尚缺乏深入细致的考量，存在继续拓展的空间。

自滕尼斯系统性表述"共同体"概念以来，西方学者对"我们应当如何共处"的思考，基本遵循功利主义与自由主义这两种目的论理路。国外对包括网络命运共同体在内的人类命运共同体的研究，主要集中在提出依据、具体内涵、现实意义以及构建举措等方面。毋庸讳言，目前，由于国内对"命运共同体"概念使用的随意性大，存在含义重叠现象，致使国外学者普遍认为，中国的"命运共同体"概念表达不清晰、内涵不确切、战略指向模糊，容易使他国产生疑虑而非信任。例如，里查德·里格比（Richard Rigby）与布伦丹·泰勒（Brendan Taylor）指出，未来几年内，如果中国仍在有关争端问题上持强硬态度，那么不免使人担心命运共同体到底是谁的命运、谁的共同体②。杰里米·巴姆（Geremie Barme）甚至认为，命运共同体概念隐含了中国意图恢复天下体系的努力③。金凯（Jin Kai）则指出，在"命运共同体"这个概念对其邻国、其他地区大国和超级大国到底意味着什么这个问题上，中国决策者或许都没有持续一致的认识④。因此，作为一个综合、全面的外交倡议与战略，命运共同体概念需要更加深入与精确的定义，以进一步概念化。

有鉴于此，构建人类命运共同体，亟待以信息传播为切入点，着力发挥信息

---

① 史安斌：《"信息黑死病"在全球互联网蔓延》，《环球时报》2018年2月13日第15版。
② Richard Rigby and Brendan Taylor, "Whose Shared Destiny?" Destiny? https://www.thechinastory.org/yearbooks/yearbook-2014/chapter-2-whose-shared-destiny/.
③ Rowan Callick, "China's Xi Jinping drives needle into policy of shared destiny," http://www.theaustralian.Com.au/news/world/chinas-xi-jinping-drives-needle-into-policy-of-shared-destiny/news-story/3b1348a575ec574a81616077e414811b.
④ Jin Kai, "Can China Build a Community of Common Destiny?" The Diplomat Website, November 28, 2013, http://the diplomat.com/2013/11/can-china-build-a-community-of-common-destiny/.

传播的舆论营造与意识培养潜能，尤其是利用网络信息传播，从构建网络命运共同体做起，将网络空间这一新兴的国际竞合舞台，作为践行人类命运共同体治理思想的先行领域与最佳实践区。如此看来，选择网络空间的研究角度，应用传播学的方法，侧重研究信息传播在构建网络命运共同体中的作用及路径，就成为推动人类命运共同体构建的一种理性选择。否则，人类命运共同体势必成为空中楼阁。

二 相关理念简介

构建人类命运共同体，不可能单在现实空间展开，须同时在网络空间推进。目前，网络空间已被视为继陆、海、空、天之后的"第五空间"。作为人类通过技术人为创造的全新虚拟空间，网络空间是通过电脑、服务器、智能手机等以数据传输与储存为主要装置所构成的网络数据流通空间，具有网罗性、双向性、超越性和全球性，是人类对空间的一种全新认知。网络空间集中体现了人类的共同关注与共同命运，其治理需求与人类命运共同体治理思想高度契合，可成为人类命运共同体治理思想的最佳实践地，需要借鉴相关理念展开研讨。

（一）发展信息学

有关"发展信息学"（The Development Information）的研究，由美国学者哈利·M. 克比里奇于20世纪80年代末90年代初提出。在"Development of information science"（*International Library Review*，Vol. 21，No. 2，April 1989）一文中，他率先建议在发展中国家的大学里应当创授一门新学科——Development of information science。在《发展信息学的理论基础》（*The International Information & Library*，Volume 25 Number 1，March 1993）一文中，则简要讨论了发展信息学的理论概括、西方对信息科学理论的理解、发展信息学的范围、发展信息学的规则与框架、发展信息学的同族学科、发展信息学理论构建过程中相关的技术转换以及发展信息学理论需求的压力等问题。但限于当时的信息通信技术（ICT）尚不发达，这一研究未能深入展开。

早在90年代初，国内就介绍了克比里奇有关发展信息学的构想（《图书与情报》1992年第4期、1994年第4期），但由于当时中国刚刚引进互联网，且一开始将其译为"发展情报学",因而对这一新学科未能引起足够的重视,以致没有得到相关的回应与评论。2010年,北京大学新闻传播学院教授陈刚发起并主持的"广告前沿发展论坛",曾提出"发展广告学"的概念与主张,认为发展广告学是研究广告产业发展问题的理论体系,强调以发展的眼光看待广告以及广告研究的相关问题。到目前为止,发展广告学论坛已举办过九届(2011—2017年),但始终局限于广告学研究的小圈子。本文认为,进入互联网尤其是移动互联时代,随着网络传播日益广泛而深入的发展,发展研究或者说发展理论所应包含的,不仅是新闻与广告等传统学科的概念,更应是信息传播这一新兴学科的理念,以突破相关研究的局限,开拓发展信息学的崭新空间,利用信息的生产、加工、处理、传输、服务,推动经济与社会进一步发展,促进世界各国尤其是发展中国家实现经济与社会的全面、均衡、协调和可持续发展。构建网络命运共同体,便是这方面的努力之一。

(二)"信息人假说"

人性假说,是人类一切社会活动的基础与出发点。不同的人性假说,会产生不同的人文理论。人性假说的演变,势必导致哲学与社会科学理论的推陈出新。既有"人性假说丛林"已不能适应当今信息时代的需要,依据它们而形成的相关"理论丛林",也遭逢难以突破的困境。因此,应当将人性假说从经济、社会维度拓展到信息维度,在"人性假说丛林"中,反思与重构"信息人假说":信息人是出于天然信息本能、独具强烈信息欲望、拥有多元信息需求、要求明晰信息知晓、本为中性信息人性,以信息的生产、加工、处理、传输、服务为主要活动方式,并通过这些活动参与经济社会发展并实现自我发展的人类群体;信息人无论从事经济、政治、文化和其他社会活动,均出自其信息人性及其发展之需要。"信息人假说"的当代适用性,在于增强对"数字原住民"这一新"物种"的认识,为发展信息学奠定学理基础,并为信息生活的进一步数字化做好必要准备。构建网络命运共同体,便需借助人的这种信息本性。

(三)"信息—传播转向"

包括传播哲学在内的哲学发展,经历了两次重要转向[①]:第一次是从古希腊

---

① 赵建国:《论学术研究的信息—传播转向》,《现代传播》2017年第3期。

的本体论哲学转向近代的认识论哲学;第二次则是从近代的认识论哲学转向20世纪的语言学哲学。哲学的第二次转向,到"语言学转向"并未彻底完成,"图像转向"达成之后才算最后完成。"语言学转向"与"图像转向",都是向信息与传播转向,因为语言、图像均为信息与传播的方式或内容。信息时代、媒介社会的来临,是学术向"信息—传播"转向的深刻社会根源。信息学与传播学对各个学科与社会领域的全面渗透与整合,正是"信息—传播转向"的结果。研究信息传播在构建网络命运共同体中的作用及路径,有助于推动学术研究的"信息—传播转向",从而助成包括传播哲学在内的整个哲学体系之"语言学转向"的最后完成。

三 信息传播的新特性

作为物质的普遍属性,信息是一种客观存在的物质运动形式。信息传播,古已有之、于今为烈。随着网络与新媒体的发展,信息传播不断呈现出新的特性。

(一)从"小传播"到"大传播"再到"泛传播"

信息传播,经历了从自我传播的人内传播、双向反馈的人际传播、相互沟通的群体传播、交流互动的组织传播之"小传播",到广而告之的大众传播,构成范围逐次扩大、形式逐渐多样之"大传播"。目前,已形成融合态势的"泛传播"。当媒体融合逐渐变成现实之际,传统媒体与新媒体之间的固有界限日渐消融,包括自媒体在内的融媒体信息传播,已成为传播实践的常态、传媒机构的标配和人们生活的日常。

(二)从"新闻传播"到"信息传播"

传播学最为关注的大众传播,则经历了从"新闻传播"到"信息传播"的扩展。新闻一定是信息,但信息未必是新闻。例如气象信息,便突破了传统新闻的桎梏,独立成为可以随时随地甚至实时获取的生产、生活之必备信息。

(三)从"内外有别"到"内外兼顾"

早期的信息传播,实行"内外有别"的策略。随着网络传播的发展,"内外兼顾"成为必然。"对外传播"已演变为"国际传播","国际传播能力建设"渐成趋势。

(四) 移动互联的"信息共同体"

进入互联网时代,网络成为新的传播渠道。网络传播已从传统的固网形态,向移动互联跃迁。人类逐渐突破时空局限,在移动互联的网络中,不由自主地卷入全球化的浪潮,融入同生死、同命运的"信息共同体"。

(五) 网络信息传播的新使命

信息,可视为主体间传播的具有符号系列化的知识,同时为决策、规划、行动提供经验、知识和智慧。传播,原意指"人类社会中,信息在个人或人群中发生的流通、共享或扩散的行为及过程"。在这种意义上,传播不仅是发送者通过渠道把信息传递给接受者以引起反应的过程,也是使一个人或数个人所独有的信息,化为两个人或更多人之共有信息的过程。作为人们基于互联网平台所进行的信息传播活动,网络信息传播其实就是人们通过计算机网络传播人类信息的活动。诚如长期致力于共同体研究的科林·贝尔和霍华德·纽拜所言:"什么是共同体……我们将看到,这可以解析出超过 90 个共同体的定义,而它们之中的唯一共同要素就是人!"[①] 当代互联网,其实质乃人联网。如果说众多共同体定义中唯一共同要素是人,那么,命运共同体中的"命运",无非就是人的命运,而人类命运共同体所关注的,不仅是人作为个体的具体命运,更是人作为类属的整体命运。网络信息传播,在构建人类命运共同体的过程中,肩负着推动构建网络命运共同体的新使命。

四 命运共同体的新乐章

贝多芬著名的《命运》交响曲,长久地震撼着人们的心灵。从个人命运到国家命运、民族命运,再到人类命运,在互联网时代,命运共同体奏响了新的乐章——网络命运共同体。

(一) 共同体的学理阐释

关于共同体 (community) 的研究,有着相当悠久的历史。众多思想家、社

[①] Colin Bell and Howard Newby, Community Studies: An Introduction to the Sociology of the Local Community. Westport, CT: Praeger, 1973, p.15.

会学家,对"共同体"进行了多维度阐释。在亚里士多德(公元前384—前322年)看来,从人的内在本质,可以自然地引申出共同体;反过来,也只有在共同体中,才能体现与实现人的本质。作为学术概念,共同体最早的使用语境,可以追溯至卢梭(1712—1778年)有关"国家—人民"关系的论述。马克思(1818—1883年)著名的"自由人联合体"之"共同体思想说",足以同互联网时代"全世界网民联合起来"的网络命运共同体理念遥相呼应。而滕尼斯(1855—1936年)有关共同体概念的系统性表述,则为我们理解与把握命运共同体提供了基本的学理依据。由此,我们可以看到,人类在共同的地缘区域中,或虽不在共同的区域,却拥有共同的历史、信仰、特征,或者出于对共同目的、利益的追求,而形成一种团体或集体形态的结合体。

(二)命运共同体的战略理念

存在诸多差异的国家、民族所组成的命运攸关、利益相连、相互依存的国家集合体,谋求共同发展、重视共同安全、强调共同价值,在维护与追求本国安全与利益时兼顾他国合理关切,在谋求本国发展中推动各国共同发展。

(三)人类命运共同体的思想

人类命运共同体,是最高层次的命运共同体理念,或曰命运共同体的顶层设计,即构建以地球为地理单位、以人类的整体发展态势与前途命运为总关切的全体成员组成的有机联合体。作为习近平新时代中国特色社会主义思想的核心与精髓,人类命运共同体是一种崭新的价值观、人类观和整体意识、全球思维。

(四)网络命运共同体的愿景

在互联网空间里存在的、基于世界各国彼此之间相互依存、相互联系、共同掌握网络空间前途与命运的团体或组织,构建有形与无形的信息上互联互通、文明上交流互鉴、经济上共同繁荣、发展上安全有序、治理上公平正义的共同体。

五 信息传播在构建网络命运共同体中的作用

传播机制,指的是传播过程中各传播要素之间的相互作用的关系机理。共同体可以是有形的,也可以是无形的,甚至只是一种"感觉"或"想象"。信息传播的潜在功能,在于舆论营造与意识培养。如何将信息传播的这种潜能转化为现实影响，从而充分发挥信息传播在构建人类命运共同体过程中的促进作用，是本文拟解决的主要问题。笔者选择网络传播的研究角度，采用网络田野调查的方法，以网络空间为侧重点，研究信息传播与构建网络命运共同体乃至整个人类命运共同体之间的相互关系，力图揭示信息传播在构建网络命运共同体中的作用机理及具体的发展路径。

(一) 信息传播在构建网络命运共同体中的作用原理

信息传播在构建网络命运共同体中的作用，本质上是网络空间的信息化[1]。也就是说，网络命运共同体的构建，在很大程度上是信息驱动的网络空间治理优化。这至少涉及以下基本原理。

1. 牵引原理

从词义上说，"牵引"有"拉、拖，引动、引起"之意。就物理原理而言，牵引涉及动力学，主要涵盖作用于物体的力与物体运动之间的关系。在大众传播动力学视域内，传播动力主要包括[2]：（1）认知动力，即获取信息，满足对常规知识的愿望；（2）社会效用，即社会整合的需求，这种需求来自于个人同其他人取得联系的需求，比如在微信朋友圈发送与转发信息的欲望与行为。信息传播之所以能够在构建网络命运共同体的过程中发挥作用，其首要原理，正在于认知动力所牵引的社会效用。本文研究牵引原理，主要研究作用于网络命运共同体的信息传播动力与网络命运共同体运动之间的相互关系。

2. 辐射原理

"辐射"，指以波或粒子的形式发射辐射能的过程，也就是能量以波或次原子粒子移动的形态传送。由于辐射之能量从辐射源向外所有方向直线放射，故小称放射。信息传播的过程，正是一种从信息源向外所有方向直线放射的过程。这在网络空间的信息传播中表现得尤为显著。例如，微博的信息传播，就呈现出辐射状的传播模式。网络命运共同体牵一发而动全身的特点，使辐射原理成为构建这一共同体的信息传播之突出作用原理。依据这一原理，信息源的优化，便成为

---

[1] 干世伟：《网络空间的信息化进程与全球转型发展新态势》，《情报资料工作》2016年第5期。
[2] [美] 多米尼克：《大众传播动力学——转型中的媒介》（第12版），中国人民大学出版社2015年版，第45页。

发挥信息传播在构建网络命运共同体中的作用之关键所在,也是实施网络空间治理的重要环节。

3. 溢出原理

"溢出"的基本解释,是充满某个容器并向外流出。根据效应理论,所谓溢出,是指事物某一方面的发展,带动该事物其他方面的发展,形成溢出效应(Spillover Effect),即一个组织在进行某项活动时,不仅会产生活动所预期的效果,而且会对组织之外的人或社会产生影响。溢出效应分为知识溢出效应、技术溢出效应和经济溢出效应等。构建网络命运共同体,正是试图基于溢出原理,通过信息传播,追求多方面的溢出效应,以发挥信息传播在构建网络命运共同体过程中的正能量。

(二)信息传播在构建网络命运共同体中的作用机制

"机制"一词源于希腊文,原指机器的构造与工作原理,引申为有机体的构造、功能及其相互关系。将这一概念引入不同的领域,就产生不同的机制。在社会学中,其内涵可以表述为:"在正视事物各个部分存在的前提下,协调各个部分之间关系以更好地发挥作用的具体运行方式。"传播机制,涉及信息传播的方式、流程等各个环节,包括传播者、传播途径、传播媒介以及接收者等各传播要素构成的统一体。信息传播机制,就是对信息从发布者到接受者这一渠道的总体概括。因此,对传播机制的研究,内容丰富而全面,主要涵盖传播机制的概念探讨、传播机制的组成要素、机制的建立标准、如何评价机制等方面。要充分发挥信息传播在构建网络命运共同体中的作用,离不开建立与健全相关机制。

1. 平台机制

平台是一个舞台,是人们进行交流、交易、学习的具有很强互动性的舞台,如建筑平台、信息平台等。通常的理解,平台是指一种基础的、可用于衍生其他产品的环境。这里所说的平台,狭义上指计算机硬件或软件的操作环境,泛指利用互联网进行某项工作所需要的环境或条件。构建网络命运共同体,作为网络空间的一种人类活动,需要正视互联网作为一个由诸多节点所组成的信息网络,其各个部分不仅客观存在,而且相互之间交织出错综复杂的互动关系。只有协调好这些关系,才能更好地发挥信息传播对网络命运共同体的构建作用。作为一种具体的运行方式，平台即操作环境或条件的建设、维护和利用，就成为一种首要的机制。

2. 共识机制

共识（Consensus），意为"共同的认识"，指一个社会不同阶层、不同利益的人所寻求的共同认识、价值和理想。共识是一切交易的基础。达成共识越分散，即参与度越高，其效率就越低，但满意度却越高，因此也越稳定；相反，达成共识越集中，即参与度越低，效率越高，但也越容易出现独裁与腐败现象。信息传播在构建网络命运共同体中的共识机制，就是要针对现实社会参与度偏低的弊端，在追求效率的同时，预防独裁与腐败，利用网络参与门槛低的特点，有效提升参与度，从分散中达成共识、在求同中兼容存异，力求更高的满意度，从而实现经济与社会的稳定发展。具体而言，就是要利用网络信息传播，在全球网民间寻求共同的认识、价值和理想，以尽可能高参与度条件下形成的共识为基础，构建网络命运共同体。

实际上，作为区块链事务达成分布式共识的算法，共识机制（Consensus mechanism）正是区块链技术的核心机制，自然也将成为构建网络命运共同体的核心机制。

3. 治理机制

构建网络命运共同体，是作为网络治理的中国方案而提出的，治理机制的重要性也就不言而喻了。说到治理，须跟传统的管理相区别，提倡"善治"。善治（Good Governance），即良好的治理，是使公共权益最大化的管理过程。治理，已经从第一代的政府治理、第二代的社会治理，发展到第三代的公共治理，也就是协同治理，或曰"善治3.0"。其治理主体为"善者治理"、治理目的为"善意治理"、治理方式为"善于治理"、治理结果为"善态治理"。基于善治理论的网络治理机制，以构建网络命运共同体为愿景，实施网络生态化综合治理，应兼收并蓄并有机融合法治（依法治理）、规治（依规治理）、自治（自我治理）和合治（合作治理）等元素，进行综合善治，提倡柔性治理。这是因为，网络治理当然离不开传统刚性的技术、法律、政治、行政、经济等手段的"硬控制"，也需要行业规制的他律与个人慎独等方式的自律，更需要合乎网络信息传播规律的柔性手法与技巧的应用。

互联网发展到现在，既非传统的"乌托邦"（Utopia），也不是简单的"恶托邦"（Dystopia），而是作为现实社会实体之映射的"异托邦"（Heterotopias）。这是一个以"网络事实"为基石、数据化生存的"伊托邦"（E-topia）。"良法善治"，是当代人类进行网络治理的理性选择。

（三）信息传播在构建网络命运共同体中的具体作用

信息传播在构建网络命运共同体中的作用机理，决定了其具体作用。

1. 建构作用

建构（tectonic），是一个借用自建筑学的词语，原指建筑起一种构造。它强调建造的过程，注重技术、结构、材料和表现形式等。在社会科学中，建构是指在已有的文本上，建筑起一个分析、阅读系统，使人们可以运用一个解析的脉络，去拆解那些文本背后的因由和意识形态。因此，建构既不是无中生有的虚构，也不是阅读文本的唯一定案，而是一种从文本间找到的系统。信息传播在构建网络命运共同体中的建构作用，具体表现为：网络命运共同体的构建，不仅是一个目标、一种愿景，更是一个过程，因此，强调过程性与执行力；网络命运共同体的构建，应注重互联网尤其是移动互联的相关技术、网络无中心的分布式结构、网络内容的图文与视音频材料及其多媒体表现形式；在信息传播过程中，要在已有的网络文本上，建构起一个分析相关数据的系统，使网民能够以一个清晰的脉络，去理解文本背后的起因与缘由，培养命运共同体意识。

对于网络命运共同体而言，信息传播的建构作用，在很大程度上表现为一种自我建构（Self-construction）。认知结构理论告诉我们，个体主义文化中的人们，倾向于将自我看作是与他人相分离的独立实体；而集体主义文化中的人们，则倾向于将自我看作是周围社会关系中的一部分，从自我与他人关系的角度来理解自我。由此，在建构网络命运共同体的过程中，势必遭遇东西方文化之间的冲突——在西方个人主义文化中具有典型性的独立型自我建构（independent self-construal）与在东方集体主义文化中具有典型性的依存型自我建构（interdependent self-construal）之间的冲突。这就需要引进美国社会心理学家玛丽莲·布鲁尔（Marilynn B. Brewer）的三重自我建构理论，关注介于个体自我（individual self）与集体自我（collective self）之间的关系自我（relational self），即从自己跟亲密他人的双向关系中定义与理解自我的倾向，重视同自我概念中涉及与重要他人关系的部分相联系，通过人际反馈过程获得相关信息，同保护重要他人的利益、维护与重要他人之间关系的动机相联系[①]。互联网尤其是移动互联的信息传播，可以为包括东西方不同文化背景在内的网民提供关系自我的建构机会，从而为网络命运共同体的构建奠定心理基础。

2. 解释作用

信息传播的解释作用，即观察与分析在构建网络命运共同体中出现的种种现象，用来回答与解决构建过程中遇到的各种复杂问题，力求以简洁的方式与清晰地描述，将结果或答案呈现在人们的面前。

就目前而言，当务之急，是尽可能就构建网络命运共同体的主张与倡议达成共识。前已述及，构建人类命运共同体，是中国提出的全球治理方案；构建网络命运共同体，是中国提出的互联网治理方案。上述方案，已得到国际社会与各国网民的广泛赞同与热烈响应，但也存在相应的质疑与疑虑。因此，有关命运共同体的相关理念，需要更加深入与精确的定义，以进一步概念化。具体而言，要从西方社会学的理论根源，到马克思的"自由人联合体"学说，再到中国优秀传统文化积淀，梳理出"共同体"概念的核心内涵；从两岸关系的处理，到国内民族关系的认知，再到同周边国家的关系，乃至同世界各国的关系，界定"命运共同体"的理念；依据国家领导人的相关讲话与官方的正式文件，确定"人类命运共同体"的思想学说与构建人类命运共同体的中国方案；根据官方表述与现有研究，结合历届世界互联网大会的专题研讨，给出"网络命运共同体"的界说。

网络信息传播不仅意味着信息的传递，更体现出文化的创造、呈现及其表达共同信仰的方式。要使网络空间真正成为人类社会生存新空间、精神新家园、经济新沃土、治理新领域，就需要重点研究如何将网络信息传播效益最大化的问题，以实现网络命运共同体的先行先试，并针对构建网络命运共同体的理论与实践问题，形成初步的解决方案。这一解决方案，不仅要以基础研究为支撑，从理

[①] Brewer, M. B., Gardner W. Who is this "We"? Levels of collective identity and self representations. *Journal of Personality and Social Psychology*, 1996, 71 (1): 83–93.

论上回应涉及共同体、命运共同体、人类命运共同体和网络命运共同体的主要学术问题，还要试图以应用研究为范式，回答在构建网络命运共同体以致人类命运共同体过程中的具体操作问题。

3. 引导作用

即引导研究者、决策者以及实际操作人员密切关注构建网络命运共同体过程中的各种要素及其相互关系，从而积极主动地干预、调控整个过程，使构建活动能始终沿着正确的轨道前进。例如，如何将信息传播的舆论营造与意识培养潜能，转化为对构建人类命运共同体的现实影响？如何将网络信息传播效益最大化，实现网络命运共同体的先行先试？

作为一种无形资源，信息的产生在时空上表现出较大的随机性与离散性，具有不易认知和难以把握的特点。构建命运共同体，离不开网络信息传播所带来的协商式全员政治参与，但其具体制度还在探索之中，有待通过传播材料与信息运动来拿捏。

4. 预测作用

也就是说，可以对构建网络命运共同体的进程或结果进行预示、预测。具体而言，即能够为估算构建网络命运共同体的各种不同结果可能发生的概率提供依据，因而可以据此建立相关假说，提出有关增强构建实效的可行性建议等。

人类命运共同体思想，既是世界观，又是方法论；既是远景目标，也是规划纲要，更是解决办法。研究过程中，需要跨学科解读，以寻求人类命运共同体研究新的增长点。目前可以预料的是，比特（bit）与原子（atom）既相互区别，又相互联系，还可相互转化，由它们所构成的信息物理系统（Cyber - physical System，CPS），可以通过信息传播，实现物质与能量在现实与虚拟时空中的运动，从而优化网络治理，促进全球治理。无论是构建人类命运共同体还是网络命运共同体，均离不开信息传播；信息传播既可以促进也可以阻碍命运共同体的构建。为了实现共同体的成功构建，需要充分发挥信息传播的促进作用，并尽可能消除或减缓其阻滞效应。

六 信息传播推动构建网络命运共同体的路径

信息传播推动构建网络命运共同体的具体路径，可以概括为以下几个方面。

(一) 小屏幕传播的技术路径

进入移动互联时代，智能手机、平板电脑逐渐普及，人们获取信息的方式悄然变化，微信、微博逐渐成为手机与平板用户了解信息的重要途径，逐渐形成了小屏幕的信息传播模式①。在这种模式下，不仅信息接收方便快捷，而且人人都能成为传播者。人们通过小屏媒介，能够在最短的时间内，将相关信息公布出来，并广泛传播，引起公众的普遍关注。在构建网络命运共同体的信息传播中，小屏传播更是能够在短时间内，引起公众舆论热潮。小屏幕传播，成为构建网络命运共同体信息传播的重要技术路径。

从技术角度而言，微信的成功，在很大程度上得益于其基于手机这一小屏幕所进行的开发。这种区别于传统上首先基于电脑完成软件开发，再将开发成果转移到手机的技术路径，使微信在手机上的应用与改进，均能收到得心应手之实效。构建网络命运共同体的信息传播，理应借鉴这一成功经验，将小屏幕传播，作为首要的技术路径。

因此，在构建网络命运共同体的过程中，除发挥传统媒体的作用，利用电视、网站等大屏幕传播相关信息外，应突出手机、平板电脑等小屏幕的信息传播作用，利用包括微信、微博、客户端等在内的社交媒体，汇聚网民的自我建构，并形成融合媒体的信息传播强势，让网络命运共同体成为网民的共同选择。

(二) 具象化呈现的感知路径

具象传播至少包含两种含义②：一是借助具象进行传播；二是传播具象。在第一种意义上，具象被人的"社会—文化"系统所定义，纳入了传播系统甚至符号系统，具有符号的功能与工具论意义。在第二种意义上，具象本身就是被传播的对象，以自然记号的形式同人类感官相对应，因而具有本体论意义。从认知的角度看，无论具象传播还是传播具象，在传播中首先作用于传播者与

---

① 张刘芳、金婧：《突发事件小屏传播的问题与对策》，《传媒》2016年第19期。
② 杨钢元：《具象传播论》，中国人民大学出版社2008年版。

被传播者的,是知觉层面的具象认知,也就是将具象同化到特定的认知结构当中[1]。这个结构,自人类逐步脱离原逻辑的思维方式后,就构成了交流与理解的基本框架。具象化呈现,就成为人们感知事物的具体路径。尤其是在跨文化传播中,具象传播成为一种激发感知、想象和联想,引起共鸣、形成共识的有效传播手段。

构建网络命运共同体的信息传播,属于典型的跨文化传播。具象化呈现的感知路径,是其必由之路。在具体操作中,首先应借助相关具象,进行信息传播。比如"一带一路",就是构建网络命运共同体信息传播的功能性符号与重要工具。通过对"一带一路"的具象传播,可以帮助人们增强对共同体、命运共同体、网络命运共同体乃至人类命运共同体的形象认知。央视推出的7集纪录片《数说命运共同体》,就是一个成功的实例。其次,在传播具象方面,则应采集同网络命运共同体相关的具象信息,比如相关图像、视频、音频等素材,制作成高清图片、动态图片(GIF)、动画或动漫,力争"有图有真相",并利用短视频与音频片段,向网民呈现具体可感的形象,例如利用能够为世界广泛接受的生肖形象,打造流行的、以衍生方式复制传播的互联网文化基因——米姆(meme),让网民产生具象化的感知,从而逐渐形成对网络命运共同体全方位、立体化的认知与共识。

(三)策略性叙事的报道路径

策略性叙事(Strategic Narratives),是各个行动主体在全球竞合的宏大背景下,力图在国际体系的历史、现实和未来之间,寻求普遍认同、构建广泛共识的一种传播行为[2]。作为一国解释国内外事务与构建政治意义的工具,策略性叙事在国际传播领域发挥着尤为显著的作用。中国构建以"命运共同体"为核心的策略性叙事,即"(中国)与世界各国共同崛起"(Rise with the Rest)[3]。这就需要利用巴别塔的传说,破解对"修昔底德陷阱"与"金德尔伯格陷阱"的疑虑,以应对"中国威胁论"的叙事模式,为本国发展创造一个更加宽松的

---

[1] 张东:《具象传播在网络跨文化传播中的方法论意义》,《当代传播》2010年第2期。
[2] 史安斌、廖鲽尔:《国际传播能力提升的路径重构研究》,《现代传播》2016年第10期。
[3] Zhu Z. China's "Peaceful Rise" in the 21st Century: Domestic and International Conditions. *China Journal*, 2007 (58): 228-230.

国际舆论环境，减轻美国等"守成大国"、地区大国以及周边国家的敌意与猜疑。

在具体操作过程中，要不断提升国际传播能力，引入"战略传播"思维，构建"观念政治"的国际传播话语体系，尤其是要针对2012以后开始上网的后25亿"策略性受众群"（Strategic Audience），利用推特（Twitter）、脸谱（Facebook）、优兔（YouTube）和微信、微博等社交媒体，发挥"议题叙事"的作用，塑造全媒体传播格局，引领"新媒体赋权"时代构建网络命运共同体的信息传播活动。目前，有关中国"新四大发明"的网络信息传播，就是践行策略性叙事报道路径的良好范例。

（四）多模态话语的评论路径

模态，指的是"可对比和对立的符号系统"，诸如语言文字、图片、视频、音频等。多模态话语，指的是同时使用两种或两种以上模态的话语。随着新媒体技术的深入发展，信息的传递，不仅通过单纯的语言文字，还更多地通过图片、视频、音频等多种形式组合编码后的文本，刺激受众的感官系统，实现由视觉到视听觉等感觉合一的强烈冲击[1]。在媒介融合的大背景下，信息传播必须通过多模态话语来获取受众，帮助受众认知与解读符号化的信息系统及其所蕴含的深层意义。

构建网络命运共同体的信息传播，不仅需要传播事实性信息，还需要传播意见性信息，也就是说，在策略性叙事报道的同时，还要实施多模态话语的评论，综合运用言语、动作、色彩等各类信息元素，组合成言语、图片、视频、音频多模态话语，再现构建网络命运共同体的意义，激发网民互动，构筑现实空间与网络空间相互映射的真实图景，推动网络命运共同体的形成与发展。

（五）阶梯式效果的影响路径

1961年，拉维奇与斯坦纳提出了传播效果的阶梯模式，从认知、情感、态度、行为四个维度分析了信息传播效果[2]：

---

[1] 陈雪薇：《微信公众平台信息传播的多模态话语分析》，《今传媒》2016年第1期。
[2] 陈远、袁艳红：《微博信息传播效果实证研究》，《信息资源管理学报》2012年第3期。

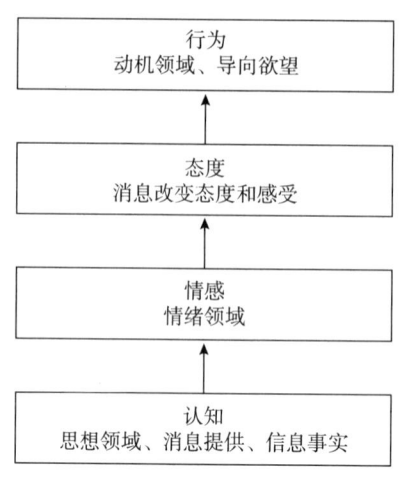

```
┌─────────────────────────┐
│         行为            │
│   动机领域、导向欲望     │
└─────────────────────────┘
            ↑
┌─────────────────────────┐
│         态度            │
│   消息改变态度和感受     │
└─────────────────────────┘
            ↑
┌─────────────────────────┐
│         情感            │
│       情绪领域          │
└─────────────────────────┘
            ↑
┌─────────────────────────────────┐
│            认知                 │
│ 思想领域、消息提供、信息事实     │
└─────────────────────────────────┘
```

传播效果阶梯模式

其中，认知是我们对事物的知识，情感是我们对事物的情绪反应，态度是我们对事物变化的感受，行为是我们对事物采取的行动。每一步，均须在上一步完成的基础上才能进行。认知效果，是对信息的表层反应，表现为对信息的接收；情感与态度效果，是心理层面的反应，具有浓重的个人感情色彩；行为效果，则属于只有在认真理解传播者发送的信息后，引起情感态度的转变，才可能产生的效果。

构建网络命运共同体的信息传播，首先追求认知效果，针对构建网络命运共同体的思想，提供事实性信息与意见性信息，凝聚网民共识，奠定思想基础。在此基础上，诉诸网民情感，调动网民情绪。在构建网络命运共同体的过程中，利用相关信息，改变网民的态度与感受，尤其是尽可能将各种消极因素转化为积极因素，并最终明确构建网络命运共同体的动机，引导追求网络命运共同体的欲望，将优化网络治理的行动，汇聚到构建网络命运共同体的努力之中。

构建包括网络命运共同体在内的人类命运共同体问题，已成为中外学者重点研究的课题之一。我们不仅要在政策层面加强宣示、在实践层面推动实施，也应在理论层面深入研究，从而为网络命运共同体理念的具体落地提供学理支撑。通过传播学的视角，对网络命运共同体进行解读，研究信息传播在构建网络命运共同体中的作用机理及发展路径，可以帮助我们找到消除人类信息鸿沟的新方法，推动人类和平共处、共同发展的世界新格局这一美好愿景最终变成现实。

试论"一带一路"框架下发展国际化民族文化企业

杨 毅[*]

摘 要：国家提出"一带一路"框架战略，为我国民族文化企业"走出去"提供了巨大发展的空间和平台。发展国际化民族文化企业，既要民族文化企业苦练内功，又要政府和社会各方的大力帮扶。

关键词："一带一路"；民族文化企业；国际化发展

"一带一路"框架既是国家根据当前国际和国内经济发展形势制定的、符合"一带一路"沿边国家利益的科学性发展规划，又是国家对国际化民族文化企业的大力支持。发展国际化民族文化企业既要稳定的国际与国内两个环境，又要政府和社会各方的帮扶，更要民族文化企业抢抓机遇、练好内功，积极"走出去"，才能真正融入国际化的发展潮流。

一 "一带一路"框架下国际化民族文化企业的机遇挑战

"一带一路"战略框架是我国经济社会发展和国际形势走向及企业国际化的必然趋势。在这样的大环境下，我国构建与周边国家的新格局，必然会给民族文化企业的国际化发展带来新机遇。随着"一带一路"稳步推进，我国民族文化企业的国际化水平要求会更高，走出去的民族文化企业也会更多，这将给民族文

---

[*] 作者简介：杨毅，贵州省恒丰企业经营管理研究院院长。

化企业的国际化发展带来良好机遇和广阔空间。

（一）带来机遇

1. 良好的发展环境。当前我国许多民族文化企业面对全球经济一体化趋势，正在逐步形成现代化和信息化的发展模式及运营模式。在实现"走出去"的战略目标中，稳定的政治因素是民族文化企业在国外得以发展和持续的基本保障。一旦国外政策出现波动，将为民族文化企业带来无法估量的经济损失。"一带一路"框架是从国家间的关系角度来衡量和制定的，是为了实现彼此间的和平、包容、共赢。战略框架的制定为民族文化企业"走出去"发展提供基本的政策保障，也为民族文化企业国际化发展提供生存和发展的大环境。

2. 广阔的发展空间。"一带一路"的区域合作和发展规划，涉及大多数发展中国家，我国也正在加强与一些发展中国家的合作。因此，民族文化企业要积极应对发展中的挑战，抓住机遇，弥补发展空间的不足，开发新的发展空间。要从不同角度考虑发展路径，不论是在贸易领域还是投资领域，在已有运行模式的支撑下，进行全新创新与拓展。

3. 必要的发展条件。"一带一路"框架首次提出加强政策沟通、道路联通、贸易畅通，为民族文化企业发展提供政策上和交通上的便利。"一带一路"框架为沿边国家形成区域合作提供条件，为民族文化企业发展提供便利条件，其中包括民族文化企业在运行中降低成本和为民族文化企业人员工作提供便捷。

（二）面临挑战

1. 国际市场的挑战。"一带一路"对我国国内民族文化企业和国际民族文化企业发展，带来一次前所未有的来自国际市场的挑战。长期以来国际化民族文化企业的培育在我国始终滞后，更多接受来自国内市场的挑战。

2. 国际竞争力的挑战。民族文化市场在我国发展整体尚不成熟，区域发展不平衡，民族文化发展局限在东部和南部沿海地区，中部和西部地区发展滞后。国内民族文化企业与国际民族文化企业发展不平衡。民族文化企业还没有形成具有国际竞争力的大型企业集团，民族文化企业经营项目单一、服务标准不统一、国际品牌商品缺乏，严重制约民族文化企业走向世界。

二 "一带一路"框架下国际化民族文化企业的苦练内功

民族文化企业要抓住"一带一路"战略机遇，放眼世界，综合考虑自身的基本情况和实力，努力练好内功，强身健体，真正实现"走出去"发展的战略目标。

(一) 问题关注

1. 关注诚信为本的可持续发展理念的问题。民族文化企业参与"一带一路"海外投资，不仅要考虑存在的经济风险，更要考虑东道国对我国对其投资的心理认同和接纳程度。民族文化企业在海外运营中要树立和维护良好的民族文化企业形象，一方面是要树立可持续发展的理念，兼顾项目的经济性、环保性和对当地社会民生的改善，以诚信和行动改变国际社会的认知；另一方面是要把维护和改善形象纳入民族文化企业海外战略的统筹考虑和规划。民族文化企业在"走出去"中要通过实施具体的商业合作项目，用看得见、信得过的成功商业项目运作，打消他人的疑虑，筑牢合作根基。

2. 关注运用国际法律规范的问题。遵纪守法是民族文化企业运营的底线，也是民族文化企业参与海外投资的关键要素。民族文化企业在"走出去"中要遵守三条"红线"，即本国法律法规、东道国法律法规以及国际规范和惯例。针对"一带一路"沿线国家，民族文化企业应特别注意各国法律制度体系的差异性，加强与我国驻当地使领馆的联系，积极防范相应的风险，避免盲目投资。

3. 关注规范信息披露的问题。民族文化企业在提升在国际上的整体形象，注意提高"走出去"的透明度，通过主动、真实、客观的信息披露，提升与媒体及公关机构的交往能力，让世人了解自身企业在东道国履行民族文化企业的社会责任、开展负责任投资所做出的努力、为支持当地经济社会发展所带来的改变等。民族文化企业既要多同我国驻当地的媒体、公关公司联系，又要重视海外公关人才的培养，更要促进公共关系工作的常态化与制度化，构建和谐、务实与互利共赢的合作平台。

4. 关注尊重当地文化的问题。民族文化企业在"走出去"中要有国际化视野和担当，尊重东道国民众的社会文化心理与习惯，了解东道国的文化特点及其

· 721 ·

差异性，找到与当地利益相关和沟通交流的渠道和最佳方式，提升当地居民对自身企业的认知度与满意度，增进民族文化企业与当地居民的情感纽带和文化认同。

（二）能力提升

1. 提升综合国际竞争能力。"一带一路"框架是我国与周边国家以共同发展和共同繁荣为基础形成的发展战略规划，民族文化企业要以此类国家规划为基础来提升自身综合国际竞争能力，形成与民族文化企业发展机遇相适应的竞争力。一方面是民族文化企业要了解"一带一路"战略框架的一系列政策和发展情况，结合企业实际和发展目标，及时制定整体战略规划。另一方面是民族文化企业要了解跨国民族文化的基本发展状况，积极拓展吸纳人才的渠道，积极整合各种资源，积极提升员工的整体水准，积极提升创新能力，不断提高民族文化企业的国际竞争力。

2. 提升应对经营风险的能力。由于"一带一路"沿线国家风土人情不同、政治发展情况不同，势必为民族文化企业在东道国的生存和发展带来一定经营风险。民族文化企业要抓住机遇，做好直面各种经营困难问题，提高自身综合实力，提升应对经营风险的能力。民族文化企业要充分了解"一带一路"沿线各国的基本情况，以基本信息为基础，形成能为民族文化企业解决经营风险、提供有效策略的全面研究模式，加强经营风险预警。民族文化企业要在学习跨国公司国际经营先进经验中加强经营风险的防范，开展企业内部经营风险评估，做到有效预防经营风险。民族文化企业要明确自身义务和社会责任，在积极融入东道国的经济社会发展中尽快把经营风险转化为发展机遇。

（三）支撑体系

1. 建立民族文化企业的信息平台。民族文化企业要确立供应链管理思想，加快建立区域民族文化企业信息平台和国际民族文化企业信息平台，信息共享，供需对接，提高民族文化资源的利用率和民族文化运作效率。

2. 建立民族文化服务和民族文化商品的标准。民族文化企业在组织生产经营活动中要始终遵循规范化和标准化，着力探索建立民族文化商品和民族文化服务的国际标准，对民族文化商品和民族文化服务的集装成组、商品货物的包装、商品货物的装卸运输、商品仓储保管设施设备等，力求早日实现标准化和国际化，不断提高经营效率和产品质量。

3. 建立国际民族文化商品和国际民族文化服务的规则。民族文化企业要想在国际民族文化活动中占有一席之地，必须参与到建立制定国际民族文化商品和国际民族文化服务规则之中，形成一套完善的国际民族文化规则，对推进民族文化企业的国际化产生基础性的作用，民族文化企业的国际化反过来也会推进"一带一路"的实施。

4. 建立投融资绩效的评估。民族文化企业要创新投融资机制，拓宽投融资渠道，通过加强银企合作、扩大招商引资、吸纳民间资本、引进外国政府贷款、积极向上争取财政资金扶持等融资渠道，加大资金筹措力度，加快项目建设步伐。民族文化企业要大力实施"开放带动"战略和外向型经济，积极宣传企业自身的优势资源、优势产业和特色产品，积极储备项目，加大招商引资力度，集中资源、资金、技术和人力，突出抓好一批科技含量高、产业关联度大、辐射带动力强、对经济发展贡献突出的民族文化项目和商品，从根本上带动我国民族文化经济快速发展。

（四）基本路径

1. 构建多元发展体系。民族文化企业要树立全球视野和战略目光，主动参与到国家层面的相关规划当中，努力提升综合竞争力，更好地参与国际市场竞争。要积极参与国家重大战略规划的制定，形成定位准确的战略目标。民族文化企业制定发展目标应结合国外民族文化发展特点，探索一条适合民族文化企业国际化发展的新路，为国际经济合作等提供制度依据，从而实现多元经济发展目标。民族文化企业还要探索推进民族文化试验区的设置，加快推进跨境民族文化企业等多元平台的构建，吸引更多市场主体的参与。民族文化企业也要大胆走出去，在"一带一路"战略重要节点地方建设产业园区，逐渐形成产业合作规模，合理分工，形成合力，达到互惠共赢、共同发展的目标。民族文化企业更要充分利用各种各样的博览会平台，将其与"一带一路"纽带整合到一起，争取将以此为核心的文化交流平台设置在本企业，进而提升本企业的核心竞争力。

2. 构建技术创新体系。民族文化企业要大力增强自主创新能力，以产品创新为核心，加快推进以民族文化商品为主体、市场为导向、产学研相结合的技术创新体系建设，加大资金和人力投入，建立和完善技术创新体系，提高技术创新能力和新产品研发能力。民族文化企业要建立健全自主创新的长效机制，通过自主创新、技术引进、人才智力引进、合作研发、联合加工制造等方式，在支柱产业、优势产业和重点行业逐步拥有自主知识产权技术，不断增强企业的核心竞争力。

3. 构建品牌管理体系。针对世界经济快速发展、内外环境复杂多变的实际，各个民族文化企业要树立敢于"走出去"的发展理念，做到顺势而为、因势利导，依靠打造国际名牌商品来拓展更多国际市场。民族文化企业要积极争取有关行业协会的支持，大力实施民族文化名牌战略，建立健全民族文化名牌产品评价体系，努力增强商标意识和品牌意识，加快生产标准、商标注册、计量认证、质量体系建设和认证步伐，全面提升产品形象，全力打造知名品牌，以品牌产品推动国际化民族文化企业的全面发展，以国际化民族文化企业发展推动民族文化品牌产业的大发展，以品牌发展推动民族文化产业升级和结构优化，切实提高商品竞争力，扩大市场份额，培育发展一批在国际竞争中名列前茅的民族文化名牌产品。

4. 构建人才兴企体系。一方面是民族文化企业要努力培养一批懂市场、善经营、会管理、素质高的职业经理人队伍，结合招商引资，招才引智，引进一批职业经理人来发展创业；要从现有民族文化能工巧匠和研究人员中培养一支民族文化企业后备经营管理人才队伍。另一方面是民族文化企业也要尽快培养一支既适应近期发展需求，又适应远期发展需要的民族文化企业技术人员队伍，把民族文化企业管理和技术人才的引进培训纳入政府人才计划，引导和鼓励民族文化企业对特殊岗位、特种技术和特别优秀人才，打破地区和行业工资标准高薪聘任。民族文化企业更要采取请进来、走出去的办法，经常举办一些多层次、高水平的培训研讨和人才招聘活动来加快民族文化企业人才队伍的建设步伐。

三 "一带一路"框架下国际化民族文化企业的帮扶发展

党的十八届五中全会通过了未来五年我国建设和经济发展的"十三五"规划，其中将"一带一路"框架作为我国未来发展和对外开放的主要战略。因此政府和社会各方在实施"一带一路"战略中,应积极采取各种有效措施来为民族文化企业营造良好的外部环境,大力支持我国广大民族文化企业拓宽海外投资空间和开拓海外市场。

(一)政策帮扶

1. 明确规划指导政策。各级政府应按照强优发展的要求,尽快做好民族文化产业发展的规划布局,进一步梳理、确定民族文化重点培植和发展的支柱性企业,制订重点扶强扶优规划,选择若干带动性强、关联度大、市场前景广阔的强优民族文化企业进行大力扶持。当前各级政府应努力引导民族文化企业在围绕民族文化品牌、民族文化产品的开发上做文章,聚集各类生产要素,扩大规模,提高档次,着力在民族文化企业强优发展上实现新的突破。

2. 明确结构调整政策。各级政府要着眼于民族文化企业的国际化发展,打破地区分割、条块分割和地企分割的格局,切实调整一、二、三产业结构,进一步促使民族文化产业的结构调整。各级政府应在调整布局结构中突出发展民族文化等支柱产业,尽快扶持一批品牌突出、技术领先、质量一流、信誉最佳的支柱性民族文化企业。

(二)资金帮扶

1. 建立行业发展专项基金。各级政府要从民族文化企业自身需要出发,引导和支持行业协会建立民族文化企业发展专项基金,用于提升民族文化企业国际化发展的综合实力,使民族文化企业在"一带一路"框架下逐渐"走出去"来做强做优。

2. 建立财政专项支持资金。各级政府要在"一带一路"框架下积极建立财政专项支持资金,专门为民族文化企业"走出去"提供发展所需资金保障。

(三)社会帮扶

1. 依托行业培育龙头企业。积极依托行业协会在"一带一路"框架下,培育民族文化企业的国际化视角,创新思维、创新发展模式、创新运营机制和管理机制,加强民族文化企业间的联合和交流,鼓励民族文化企业以先进的民族文化理念、先进的民族文化商品、先进的民族文化服务和雄厚的实力积极"走出去"参与国际竞争,着力培育一批具有国际竞争力的民族文化龙头企业。

2. 依托高校培养优秀人才。人才是未来国际竞争的关键，为适应"一带一路"和经济全球化，需要加快培养通晓国际贸易和国际民族文化的人才。所以积极依托高等院校调整传统的人才培养目标和人才培养模式，积极开设新的国际民族文化专业，创新人才培养方法和手段，培养出适应新形势下民族文化企业发展需求的技能应用型人才和经营管理急需的高端型人才，努力培养更多的国际民族文化人才。

总之，在"一带一路"框架下，民族文化企业要在政府和社会各方的大力支持下，苦练内功、强身健体、开拓创新、打造品牌，积极走国际化发展新路。

参考文献

卫玲：《产业集群背景下的企业竞争行为的转型》，《当代经济科学》2006 年第 3 期。

张莉：《"一带一路"战略应关注的问题及实施路径》，《中国经贸导刊》2014 年第 27 期。

"一带一路"背景下丝绸之路的
文化变迁与当代价值

张俊英　柳书琼　邹　璇[*]

摘　要：丝绸之路，是古代中西方经济经贸发展的产物，是中西进行经济、政治、文化交流的主要通道，沟通中西方物质文明与精神文明的文化友谊之路，促进了中国与亚欧各国的友好往来，是人类历史最宝贵的文化遗产之一。在当前推进"一带一路"建设的过程中，丝绸之路深厚的精神文化内涵、丰富全新的当代价值已成为丝绸之路沿线经济建设的强大文化依托，对于实现中华民族伟大复兴的中国梦，实现各国共同繁荣的世界梦，进而建设人类命运共同体，具有深远而积极的重大意义。

关键词："一带一路"；丝绸之路；文化变迁；当代价值

一　引言

丝绸之路有广义和狭义之分。通常所说的丝绸之路都是狭义的，起源于中国古代西汉（公元前202年—公元8年）时期，汉武帝建元三年（公元前138年），派张骞出使西域，出于联合大月氏等国以"断匈奴右臂"的战略需要而未能达成，几经周折于公元前126年返回长安，无意中却首开丝绸之路（也被称为"西

---

[*] 作者简介：张俊英，六盘水师范学院；柳书琼，《六盘水师范学院学报》编辑部副主任，馆员；邹璇，六盘水师范学院文学与新闻学院讲师。

北丝绸之路")。这条道路以中国西汉时期的政治中心长安（今西安）为起点，经陇西、河西走廊、过天山南北，通往中亚、南亚、西亚，并联结地中海沿岸城市的陆上通道，被司马迁评价为"凿空之行"[①]（此路以区别日后另两条冠以"丝绸之路"名称的交通路线），是连接古代亚洲、非洲和欧洲的商业贸易和政治、文化交流的交通大动脉，横贯亚欧大陆，东西长约1万公里，南北辐射宽度约3000公里，在当时的输出物品中，最典型的是丝织品。丝绸之路的形成在促进沿线国家丝绸贸易发展的同时，对东西方政治、经济文化的交流繁荣起到了极大的作用，对人类历史文化的发展产生了重要的影响。广义的丝绸之路除上述路线外，还包括游牧民族迁来徙往的草原交通路线和通向中亚乃至欧洲的海上交通线[②]。1877年，德国地理学家费迪南·冯·李希霍芬（Ferdinand von Richthofen）出版的《中国——我的旅行成果（1877—1912年）》（*Tagebücher Aus China.*）最早将其命名为"丝绸之路"（简称丝路），为中外学者广泛赞成接受并一直沿用至今。1991年联合国教科文组织也曾对丝绸之路做出定义："商品交易之路，文化交流之路和东西方对话之路。"

二 丝绸之路的形成和发展

根据清华大学著名学者张国刚考证："春秋战国之际，东西方之间已经沿着如今被称为丝绸之路的欧亚大陆交通路线开展丝绸贸易。……汉唐时期，丝绸不仅是北方陆路交通线上的主要贸易品，也是中国政府赐赠西方国家的重要礼品。……中西方文化交流在丝绸还未成为主要贸易商品之前的远古时期就已存在。草原之路与绿洲之路的出现正是这种交流的具体表现，它们可谓丝绸之路的前身。"[③] 有考古研究证明，商代晚期安阳殷墟妇好墓出土大量用和田玉制作的玉器，表明公元前12世纪"玉石之路"就已存在。公元前6至公元前5世纪欧洲人已经有中国的丝绸[④]。

[①] （汉）司马迁：《史记》，中华书局1975年版。
[②] 《丝绸之路：人类历史文化的遗产与品牌》，中国新闻网，（2014-09-19）[2018-03-10]. http://news.163.com/14/0919/14/A6GUBF3E00014JB6.html。
[③] 张国刚：《丝绸之路与中西文化交流》，《西域研究》2010年第1期。
[④] 黄新亚：《丝路文化·沙漠卷·第一章》，浙江人民出版社1995年版。

议题三:"一带一路"框架下的民族文化创新与共享
"一带一路"背景下丝绸之路的文化变迁与当代价值

西汉时期,汉武帝派张骞出使西域,首次开拓丝绸之路,开辟了中外交流的新纪元。《汉书·张骞传》称:"骞还,拜为大行。岁余,骞卒,后岁余,其所遣副使通大夏之属者皆颇与其人俱往来,于是西北国始通于汉矣。然骞凿空,诸后使往者皆称博望侯,以为质于外国,外国由是信之。"[1] 张骞是古代中国乃至世界历史上杰出的探险家、旅行家和外交家,前后两次出使西域,长达17年,行程万余里,沿途历尽艰险,备尝辛劳[2]。对开辟从中国通往西域的丝绸之路有卓越贡献,至今举世称道。西方后世之人,将他誉为"中国哥伦布",这与司马迁《史记》中张骞"凿空"的说法一致,都是开创新纪元[3]。随后汉朝屡次派出使节频繁经此路出使西方,加强了与西方国家政治、经济文化等方面的交流,密切了与西域、中亚、西亚及西方国家的交流往来。各国使者、商人往来络绎不绝,将中原、西域与阿拉伯、波斯湾紧密联系在一起,并向西伸展到了地中海。由张骞出使西域所开通的中原王朝与西域各国以及中亚西方国家经贸文化交流之路,在中国历史乃至世界史上具有划时代的意义和深远的影响。永平十六年(公元73年),东汉明帝派遣班超出使西域,镇抚西域各国,直到永元十四年(公元102年)从西域返回洛阳。班超对巩固我国西部疆域、促进多民族国家的发展也作出了卓越贡献,促进了中国和中西亚各国的经济文化交流。通过这些历史人物,丝绸之路上开拓进取的文化精神得以发扬和流传。

丝绸之路以长安为起点(东汉时为洛阳),经甘肃、河西走廊到敦煌,从敦煌起分为南北两路:南路从敦煌经楼兰、于阗、莎车,穿越葱岭今帕米尔到大月氏、安息,往西到达条支、大秦;北路从敦煌到交河、龟兹、疏勒,穿越葱岭到大宛,往西经安息到达大秦[4],进而成为联结中亚、南亚、西亚和欧洲的一条陆路通道。进入新疆之后,分成三路:一路沿昆仑山北麓,过帕米尔高原到达巴基斯坦和印度等地,称为南道;一路顺天山南侧,越过帕米尔高原,到达伊朗和波斯湾等地,称为中道;一路经天山北侧,过伊犁河向西通往地中海各国,称为北

---

[1] (汉)班固:《汉书·张骞传》,中华书局1982年版。
[2] 王介南:《中外文化交流史》,人民出版社2011年版,第72页。
[3] 郑彭年:《丝绸之路全史》,天津人民出版社2016年版,第45页。
[4] 《世界文化遗产"丝绸之路"的历史沿革》,新华网,(2014–06–27)[2018–03–10],http://cul.china.com.cn/2014–06/27/content_ 7015567.htm。

道。根据丝绸之路沿线的地理自然特点，可将其分为东、中、西三个路段。东段指以长安（洛阳）为起点至敦煌以东；中段指敦煌以西至葱岭（今帕米尔高原）及昆仑山、中亚东南部，地跨中国西端、塔吉克斯坦和阿富汗；西段指葱岭以西的路程，经过俄罗斯、阿富汗、巴基斯坦、印度、伊朗、伊拉克、叙利亚、意大利、埃及等数十个国家的广大地区。

中国古代丝绸之路历史悠久，从先秦、秦汉开始就一直发展演变，历经千年直到明清，包括了最早开辟的陆上丝绸之路和后来发展起来的海上丝绸之路。陆上丝绸之路并非一条直线，而有多条路线，根据其实际的自然地理状况，主要有以下四条：（1）张骞通西域的官方通道"西北丝绸之路"，从长安出发，途经西域、中亚，通往西亚、南亚，西可达地中海沿岸直至罗马的最重要商道。（2）"草原丝绸之路"，从长安出发，北向蒙古高原，再西行天山北麓进入中亚、西亚、欧洲，又称"皮毛之路"。（3）"西南丝绸之路"，西安到成都再到印度通往中亚的道路。唐代时从长安出发，经甘肃、青海到达西藏，并通往印度的"唐蕃古道"；还有从云南、四川经缅甸或西藏通往印度的"茶马古道"，都是西南丝绸之路的组成部分。（4）"海上丝绸之路"，形成于秦汉时期，发展于三国至隋朝时期，唐宋时期最为繁盛，到了明朝初期达到了辉煌阶段，明中叶时期因为海禁而开始走向衰落。古代海上丝绸之路的起点主要从广州、泉州、杭州、扬州等沿海城市出发，以南海为中心（又称南海丝绸之路），分别通往三处不同方向：第一条通向东南亚诸国，第二条到达朝鲜半岛和日本，第三条经南亚、阿拉伯至东非沿海诸国。是古代中国与外国交通贸易和文化交往的海上通道，最远从南洋到阿拉伯海，甚至远达非洲东海岸。

在古代中国，秦汉时期，丝绸之路上的东西经济、政治、文化交流进入初始阶段；隋唐时期，丝绸之路上的经济、政治、文化交往进入活跃阶段；宋元时期，丝绸之路上的东西经济、政治和文化交往进入频繁时期。期间，张骞、班超、甘英、大秦王安敦、鉴真、玄奘、遣唐使、马可·波罗等历史人物在丝绸之路东西方经济、政治、文化交流过程中都曾经作出过突出的贡献。丝绸之路连接了人类最古老的四大文明，沟通了人类的智慧与创造，推动了人类社会的发展和进步，不仅具有政治意义，而且更具经济文化影响。对促进中西方经济文化交流与加强友好往来发挥了巨大作用。是新航路开辟之前人类文明传播的重要之路、经济发展之路、民族大融合大团结之路,是人类历史上最宝贵的文化遗产之一。

三 丝绸之路的文化交流与文化影响

中国作为四大文明古国之一,文化绚丽多彩丰富多样,绵延千年长盛不衰,丝绸之路沟通了东西文明,使东西文明在不断的交流融合中从外来文化中汲取新鲜血液进而蓬勃发展。中国先进文明的外传,在丰富中西方人民物质文化生活同时,在很大程度上对世界文明产生了重大影响,在推动世界文明进程方面具有重要意义。

(一) 物质文化与科技发明的互通有无

丝绸之路是古代东西方文化交流的重要纽带。在长期丝绸贸易、经贸往来、文明传播的过程中,中国在当时领先于世界的先进科技——"四大发明"也随之通过古代丝绸之路传往西方,传向世界各地,促进了西方文明的重要发展。中国的造纸术、印刷术传到西方后,对西方国家教育事业的发展起到了直接推动作用,唐代的《金刚经》雕版残本如今仍保存于英国。1466年,第一个印刷厂在意大利出现,这种便于文化传播的技术很快传遍了整个欧洲[①]。对西方宗教思想的确立起到了促进作用,对17、18世纪的产业革命和欧洲文艺复兴产生了重大影响。"四大发明"促进了西方资本主义的建立,促进了西方现代文明的跨越发展,成为资本主义生产方式发展的必要前提,对近现代文明的出现与发展,对人类社会的进步,对整个世界文明的发展起到了奠基作用,对西方思想文化的交流传播产生了深远影响。

在古代农业社会,铁制农具的广泛应用是社会生产力发展进步的重要标志,中国冶铁技术传到了西方国家之后,使西域的大批国家农业劳动生产率得以提高,使西域大批国家完成了从新石器时代向铁器时代的过渡,使西域大批国家的社会经济得到了发展,促进了西域大批国家生产力的提高,加速了西域大批国家手工业的发展,为西方商品经济的出现和发展提供了物质基础,推动了民族融合及各民族的广泛交流。我国的水利技术,如凿井、水利灌溉等,也随西汉时期大

[①] 卫思宇、张永军、李骊明:《论新丝绸之路》,《西部大开发》2013年第11期。

量居民外移以及丝绸之路的发展传入中亚、印度，并成为西域沙漠之地的主要灌溉技术。我国水利灌溉技术的西传，促进了西域当地农业灌溉的发展，提高了当地农作物的产量。还有，我国的丝绸、瓷器、漆器、绘画等，及其所绣、所绘的精美图案以一种特殊方式把中国的审美倾向通过物品交流的形式不断传往西方，丝绸之路在当时成为古代中国最早放眼看世界的窗口，承载着东西文明的交流与沟通，中国的天文、算学、医学传往西方，西方的先进科技如玻璃制造、制糖技术、西医学、天文历法等技术也随之传入中国。在生活物品方面，有西方的胡琴、胡床（折叠凳）、琵琶、桌子、椅子等，珍禽异兽如汗血宝马、狮子也传入中国，经济类粮食农作物如花生、胡豆、蚕豆、玉米、占城稻等，水果类如葡萄、胡桃、石榴等，蔬菜类如西红柿、胡萝卜、土豆、菠菜、胡瓜（黄瓜）、胡蒜等，奢侈品和工艺品如象牙、犀角、宝石、香料、琉璃、玳瑁等传到我国，还有胡椒、胡麻、向日葵等这一时期也不断传入中原，极大地丰富了中原农作物的品种，改善了中国人的饮食结构，许多带有"胡"字的物品、农作物的称呼一直延续至今。

（二）宗教流派与思想文化的交流传播

中国的儒家思想文化通过丝绸之路经由历代传教士传至西方，并对欧洲近代文明的诞生产生影响，推动了世界文明的发展。《四书五经》等经典著作相继被译成拉丁文、法文传到欧洲，在中国明朝中叶以前，无论经济状况还是文化科教事业都排在世界前列，中国也成为欧洲启蒙主义者心目中的理想国度，以孔子为代表的儒家文化，形成了广大的儒教文化圈，并以体现中国传统人文精神的中庸之道、仁道主义、和谐统一等思想影响着周边国家，孔子也一度成了欧洲思想界的偶像。可见儒家思想不仅对中华文明，而且对世界文化都产生了极大影响。儒学作为中国传统文化，作为深具影响力的东方文化，作为影响和推动世界文明发展的重要哲学，理论体系和思想内涵已经超越了时代和地域。

公元前6世纪，佛教在印度产生，并开始迅速向周边国家传播，很快成为新疆南部的主流宗教并流行到中原地区。传入中原的佛教，主体已经不是纯粹的印度佛教，而具有中亚和西域特征。佛教教义主要是四圣谛、八正道，主张通过修行得到觉悟，但传入中国的佛教，主要在救赎度人，这可能是受到中亚祆教和摩尼教的影响。

西汉时，佛教通过丝绸之路由西域传到天山以南及河西走廊一带，发展盛极一时，在中外文化交融中创造了具有本土特色的佛教文化，促进了古代东西文明的交流，同时也催生了公元4至14世纪的敦煌莫高窟735个洞窟和窟内45000平方米壁画以及2000多尊彩塑。敦煌、张掖、武威等地的大量石窟佛洞，反映了中外文化交流和丝路贸易往来的内容，成为著名的佛教圣地和传播中心，从而丰富了中华文明的形态，说明了丝绸之路文化兼容并蓄的文化内涵。如：公元399年，法显法师以六十五岁高龄发迹长安，涉流沙、逾葱岭，徒步数万里，遍游北印，广参圣迹，学习梵文，抄录经典，历时多年，复泛海至师子国（今斯里兰卡），经耶婆提（今印度尼西亚）而后返回中国。时年已八十岁，仍从事佛经翻译。途经陆海两条丝绸之路，为中西方文化交流作出杰出贡献。唐代著名高僧、法相宗创始人唐玄奘于贞观元年一人西行五万里，历经艰辛到达印度佛教中心那烂陀寺取真经。前后17年学遍了当时的大小乘各种学说，共带回佛舍利150粒、佛像7尊、经论657部，玄奘及其弟子长期从事佛经翻译，共译出佛典75部、1335卷。如《心经》《大般若经》《解深密经》《瑜伽师地论》《成唯识论》等都是唐玄奘当时所翻译佛经的代表作，唐玄奘此举在当时推动了唐朝与西域和印度的交流，被世界人民誉为中外文化交流的杰出使者。在6世纪中叶，随着中国佛教徒对佛教的深入了解，开始尝试构架佛学体系。隋唐时期是中国佛教创宗立派的重要时期。如吉藏依据《中论》《百论》《十二门论》创立三论宗，智颛依据《妙法莲花经》和《大般涅槃经》创立天台宗，玄奘偏重《解深密经》和《瑜伽师地论》创立法相唯识宗，法藏依据《华严经》创立的华严宗等等。这些宗派共有的特征是，依据自己的理解，建立持之有据、言之成理、反映佛教根本精神和各有特色的佛教理论体系。唐代另一高僧鉴真应日本留学僧请求，先后六次东渡日本，弘传佛法。鉴真东渡促进了唐朝文化的传播，推动了文化的传播与交流。

这一时期，中国土生土长的道教也经由丝绸之路传到了西域各国，汉唐时期西域考古发现了很多书法、绘画、织物及墓葬艺术等中国道教遗迹。1222年，长春真人丘处机以74岁高龄而远赴西域劝说成吉思汗止杀爱民而闻名世界，并于西行途中在西域见到信奉道教的民众。西方的基督教、伊斯兰教、南亚等地的景教和祆教、摩尼教等也经由丝绸之路传入中国，不同宗教内容的相互传播，促进了不同国家思想文化的互动交流①。"丝绸之路上的古代王国,往往对各种宗教和文化采取兼容并蓄的态度,它们互相包容,你中有我,我中有你"②。佛教的传入与中国古代思想文化发生摩擦和碰撞的同时,也冲击着中原的固有文化,发生着较大变化,并且广泛而深刻地影响了中国文化和中国人的精神层面,儒释道也成为对中国思想文化发展有着重要影响的流派。丝绸之路上宗教流派与思想文化兼容并蓄,不仅对于研究中国古代历史文化、古代中西方多元文明交流的历史具有重要的价值,而且对于现代世界文化、艺术的发展仍然具有重要的启示意义。

13世纪,来自意大利的世界著名旅行家和商人马可·波罗,经塔克拉玛干沙漠到敦煌石窟,由玉门关过河西走廊到元上都,并在元朝为官,将西方的思想和社会文化带到了中国,他在其游记《马可·波罗游记》中提到"东方遍地是黄金",把中国介绍给世界,引起了西方人的地理大发现③。欧洲社会经历了文艺复兴之后,资本主义得到了迅速发展,并很快成为世界文化的中心,同时也带动了科技文化的突飞猛进,欧洲文化传播的导向也随之发生了改变,并出现了"西学东渐"。明代晚期,西方的自然科学、天文历法等传入中国。丝绸之路把东西方社会各地域、各国家、各种文化类型,把世界文化的发源地,中华文明和埃及、印度、中亚、波斯—阿拉伯、希腊—罗马、非洲、印加等文明及亚欧草原带游牧文明联系在一起,形成了一条连接亚非欧美的、相互碰撞交流而绽放异彩的文化大通道。加强了亚欧各国和中国西北边疆以及内地各族人民之间经济贸易往来和政治文化交流的牢固联系,促进了东西方文化的交流发展和人类文明的进步。正如西北大学中东史研究专家彭树智教授所说,"丝绸之路的开拓和后来的地理大发现即新航路的开拓一样,都是世界性的两大文明交往之路,都是人类文明史发展的阶段性的标志"。④因此,丝绸之路不仅是东西商业贸易之路,而且也是中国和亚欧各国间政治往来、友好和平的交流通道。

(三)文学艺术与文化思想的融合发展

自西汉开始,随着丝绸之路的开辟,中国丝绸以一种生活品、艺术品的形式

---

① 钟青:《丝绸之路探源》,《唯实(现代管理)》2016年第1期。
② 荣新江:《丝绸之路与东西文化交流》,北京大学出版社2015年版,第332—333页。
③ [意]马可·波罗:《马可·波罗游记》,梁生智译,中国文史出版社1998年版。
④ 彭树智:《文明交往论》,陕西人民出版社2002年版。

议题三："一带一路"框架下的民族文化创新与共享
"一带一路"背景下丝绸之路的文化变迁与当代价值

为欧洲上流社会所追崇，中华民族的蚕桑和纺织技术也成了对世界的主要贡献之一。对西方人来说，极大感受和享用到了中国丝绸的美，丰富美化了文化生活，提高了文明程度，推动了社会文明的发展进步。

在文学艺术方面，汉朝时，西方的百戏（各种杂技）传入中国，有着悠久历史的中国杂技在和西域杂技相互借鉴补充之后更加丰富多彩，为人们的日常生活增添了几多乐趣。唐朝时期，许多诗人的边塞诗歌经典名句至今依然脍炙人口，广为传颂。丝绸之路促进了气势恢宏的唐朝文化西传至东亚、东南亚各国，并奠定了东亚全部文化日后发展的基础。西方的音乐、舞蹈传入中原后，极大影响了唐朝音乐并对音乐系统进行了有益的补充和合理的构建，龟兹音乐和舞蹈也一度成为人们的最爱。这一时期中原文化受波斯文化的影响，西域的绘画技法传入中原，中国绘画进入了一个新的发展时期，促进和影响着中国绘画的发展完善，并向更高层次发展。

西域艺术特别佛教艺术，在这一时期随着佛教的传入而得到了发展，如敦煌、云岗、龙门等地的石窟、造像、壁画等，表现出了希腊元素、罗马艺术和印度文化的艺术风格，这些都是中西文化交流的艺术结晶。中原王朝和西域的文化艺术通过丝绸之路相互交流传播，无论艺术种类、艺术形式，还是艺术思想都不断丰富着中国的传统艺术，并形成了独具特色的艺术形式与文化内涵。不仅丰富了各国人民的精神生活和文化娱乐生活，而且促进了人类文明的发展，并奠定了近现代社会文明发展基础，在中外文化史上具有深远意义。

中华民族海纳百川的博大胸襟是一部民族史同时也是世界史。西部地区作为中华民族的重要发祥地之一，历史悠久，文化气息浓厚，中华民族在自身的成长发展历程中，同西部其他民族日益交流融合，在加强民族团结，走向世界，维护国家统一方面起到了积极的作用。丝绸之路东西全长7000多公里，使得古老的黄河流域文化和恒河流域、波斯、古希腊四大文明在这里碰撞交汇，把古老的中国文化、印度文化、波斯文化、阿拉伯文化、古希腊文化和古罗马文化联结起来，促进了东西方文明的交流与发展[①]。正如季羡林先生所说，世界上历史悠久，地域广阔，自成体系，影响深远的文化只有中国、印度、希腊、伊斯兰，而

---

① 王红茹：《丝绸之路上的文化交流及其意义》，《丝绸之路》2010年第8期。

这四个文化体系汇流的地方就是中国的敦煌和新疆地区，中国的敦煌莫高窟成为集壁画、泥塑、经卷、文物于一身的耀眼明珠。中华民族不仅能够以海纳百川、有容乃大的博大胸襟宽容地接受和借鉴西域各民族文化，而且能将中原文化广泛交流传播于异域，并不断地追求真、善、美，繁荣和发展中华文化。在一定意义上说，丝绸之路也是一条民族融合的道路。在这条商贸通道上，人们交流的不只是商品、思想，还包括生活习惯、生活艺术等各种民族文化。

四 丝绸之路的历史作用与时代特征

关于丝绸之路作用的评价，顾廷龙先生在《丝绸之路文献叙录》序中说："丝绸之路是横贯亚洲的大通道。这条大路的开通，不仅使天山南北地区与内地连为一体，而且使中原同西域以及更远地区之间的经济、文化联系日益密切。""佛教和佛教艺术也经中亚传到西域，然后再向东土传播。因此，丝绸之路对中国的历史和东西方各种经济文化的交流起着重大的作用，深入研究自公元前两世纪以后千余年这条通道的历史，早成为学者们的一项重要课题。""有谓'敦煌是丝路上的一颗明珠''丝路学为当今世界之显学'，信非虚言。"段文杰在此书《序》中指出："在丝绸之路畅通无阻、经济繁荣、文化昌盛的时期，必然会带来民族兴旺和国家富强。我国汉唐时期就是明证。探讨丝路文化兴衰的历史，对于我们今天的对外开放、文化交流是有启迪作用的。……如果把丝绸之路从长安向东延伸，经沿海口岸东渡日本，那么万里丝路像一条无形的文化大运河，把东方和西方全线沟通。丝路文化在人类历史上放出了灿烂的光辉。"[①]

丝绸之路向世人完整地展现了近 2000 年以来人类历史发展演变过程中亚欧大陆不同文明，特别农耕定居文明和草原游牧文明间文化交流所产生的多重影响。从商品贸易、生活方式、宗教信仰、城市文化、建筑设计等方面揭示了古代不同民族及其文明兼容并蓄、友好往来、取长补短的悠久历史，不但有利于当前开展经贸往来，而且对于解决当今世界的文明冲突、文化对立、宗教矛盾等问题

[①] 甘肃省社会科学学会联合会、甘肃省图书馆合编：《丝绸之路文献叙录》，兰州大学出版社 1989 年版。

也具有相当的借鉴作用①。丝绸之路历史文化悠久，精神基础深厚、内涵丰富、价值巨大，历千年而影响深远，体现出了鲜明的时代性、发展的先进性、文明的开放性。

（一）鲜明的时代性

丝绸之路精神始终能够随着时代的发展，历史的进步而与时俱进，由其最初的政治军事交通路线、丝绸贸易的陆路通道，进一步演变为东西方经贸往来、政治、文化交流发展的桥梁。当今国际，和平与发展依然是时代主题，当今中国提出的"丝绸之路经济带"的构建和倡议是以相互尊重、合作共赢、共同发展为核心的新合作观、发展观的具体实践，体现了时代主题和时代精神，为丝绸之路精神的弘扬和传承提供新的载体和纽带，顺应了历史潮流，符合各国人民的共同发展利益和愿望。

（二）发展的先进性

丝绸之路的发展兴盛，促进了物质文明与精神文明通过丝绸之路在东西方国家之间迅速交流发展与传播，实现了物质文化的贸易往来，实现了政治经济的交流沟通，实现了思想文化、民族、宗教的交流融合，促进了世界不同国家、不同文明的相互交流发展。很多新思想、新技术、新商品往来于欧亚非各国之间，推动了早期的经济全球化，推动了两个文明的不断发展。

（三）文明的开放性

丝绸之路精神最显著的特点就是充分展现了中华文明的开放性，丝绸之路展现了中华文明的繁荣与开放，沟通了当时世界东西方各国之间文化的交流与互动。今天，中国坚持解放思想、实施更加积极主动的改革开放，面向世界，借鉴学习和吸收人类文明成果，加强国际交流合作，与世界各国实现互利共赢。

五 丝绸之路的当代价值

文化是一种持久而强大的力量，既是我们经济建设的起点，也是终点。文化价值具有深远性、潜在性等特征。丝绸之路文化的当代价值，对于促进我们的社

---

① 黎羌：《古丝绸之路与新丝绸之路》，《人民政协报》2013年9月23日。

会发展和经济繁荣，实现中国梦和世界梦具有重大意义。

（一）学术研究价值

丝绸之路作为典型的世界文化遗产，具有明显的文化特征和深厚的学术价值。丝绸之路文化遗产区域东西全长7000多公里，无论纵向还是横向的跨度都很广阔，既有地域特点，又有相互交流和交融积淀的历史，包括了多种多样的遗产，反映了形式丰富的人类活动；丝绸之路承载着物质文化遗产与非物质文化遗产之间的相互影响、相互交流、联系与变化，构成文化带上文化遗存的共性与特性、多样性和典型性，衍生出丰富多彩的面貌和内在的密切关联；丝绸之路涉及了复杂多样的自然生态系统，具有巨大的经济价值，这样的特征使得它在历史学、地理学、社会学等学科都有相当大的研究价值。

从历史学看，丝绸之路的发展史贯穿了整个中国历史，研究的意义已经不仅仅局限于对丝绸之路本身的研究，考古发现、历史考证同样有助于我们对于古代中国甚至中亚、西亚乃至欧洲政治制度、经济文化、民族宗教的了解、佐证；从地理学看，丝绸之路从中原出发经新疆、中亚、西亚到达欧洲并连接北非，一路经过了不同的地理类型和不同的文化圈，可以用来帮助我们在自然地理方面对古今自然地理变迁的研究，也可以用来研究人文地理方面地理环境和民族文化差异的关系；从社会学来说，民族交流融合的原因与过程、文化传播的媒介和方式、世界不同文化圈的形成、差异和相互影响等都是研究的热门课题，而丝绸之路是中西经济文化交流通道，对此具有非比寻常的意义和价值。

（二）文化旅游价值

丝绸之路在古代中国横贯亚洲、连接欧亚大陆，将古代中华文化和印度、阿拉伯、波斯、古罗马、古希腊的文化联系起来，在沟通东西方政治、经济、文化发展交流，以及物质产品、经贸往来和文明发展方面发挥了极其重要的作用。揭示了欧亚不同文明交流的历史轨迹和历史规律，体现了文明交融的必要性和必然性，具有深厚的历史文化价值。为以后的中西交通的发展和经济文化交流提供了有利条件，在当今中国对外经济文化交流中仍然发挥着重大作用。促进了中国与西方世界的相互交融，推动了古代中国长期对外交往的繁荣，带动了我国西部及国内经济的进一步发展。

古代中国中原地区人民通过丝绸之路认识和了解了世界，西域少数民族也由此接受了中原先进文化，丝绸之路成了东西之间相互认识交流的通道和窗口。也为今天我国提倡和推进西部大开发、推进西部尤其全国经济发展重大战略提供了诸多参考，西部地区2000年前的丝绸之路在中国古代经济发展中曾有着辉煌的历史。今天，我们当继往开来，开拓进取，进一步开发这条古老的中西通道，为促进西部经济的繁荣发展，推动西部大开发，再创丝路辉煌。

丝绸之路的文化遗存具有物质文化遗产与非物质文化遗产的多样性、典型性，亚欧各国应当深入挖掘其精神内涵和文化价值，弘扬丝绸之路所凝聚的交流融合、合作共赢的历史特色，积极参与区域经济的交通合作，让欧亚之间东西文明的对话更加顺畅、更加便利。大力发展丝绸之路文化旅游，主要景点有，丝路古都，如长安（今西安）、洛阳及河西四郡（今甘肃武威、张掖、酒泉、敦煌）以及古代西域三十六国遗迹；丝路佛窟，如敦煌莫高窟、天水麦积山石窟、榆林石窟等佛教艺术瑰宝；阳关、玉门关、嘉峪关等古关隘遗迹；新疆戈壁、沙漠、绿洲、雪山等丝路自然风光。丝绸之路文化旅游产业发展的同时也会带动旅游商业圈的繁荣，带动整个西部发展。文化旅游是传承和发展丝绸之路的最佳载体，是当今旅游业发展的必然趋势，显示了西部旅游资源的特色。

丝绸之路是"一带一路"独一无二的文化产品和文化资源，通过西部旅游资源的开发，不仅可以让旅游者从西部开拓史中认识到中华民族前进中的艰辛曲折，看到古往今来劳动人民改造利用自然的成果，而且能够体味古代劳动人民扩展生存环境的艰辛，从而激起民族自豪感和民族自信心，艰苦奋斗，开拓进取，为中国和世界的社会发展和经济繁荣作出更大的贡献。

（三）国际影响价值

习近平总书记指出，实现中华民族伟大复兴，是中华民族近代以来最伟大的梦想。而要实现民族复兴和国家富强的中国梦，丝绸之路的文化内涵和资源赋予我们的和平友好、开放交流、兼容并蓄、互利共赢和开拓进取精神，就是我们不断取得事业进步、实现国家富强、梦想成真的强大文化动力。

2017年10月18日，习近平总书记在十九大报告中提出，坚持和平发展道路,推动构建人类命运共同体①。这为我们和世界其他国家的文化兼容并蓄、和平共处做好了铺垫,是复兴中的大国在新形势下对世界新秩序的设想和规划,生动地呈现了中国的"世界梦"②。我们当以丝绸之路赋予的时代精神为理念,大力提升中华文化的内涵品质,突破民族与地域的概念,扩大中华文化的国际影响力、世界认同度,巩固和展示中华文化的主流地位、强大的生机与活力,坚持文化兴国、文化强国,传承发扬丝绸之路精神,充分挖掘丝绸之路文化价值,利用丝绸之路文化依托和文化动力,承前启后、继往开来,向实现中华民族伟大复兴中国梦的目标奋勇前进③。

总之,丝绸之路的理论意义和现实意义,不断推动社会发展进步和繁荣。丝绸之路的历史文化为我们冲出亚洲、走向世界提供了文化基础,是我们走向世界的文化灵魂和文化旗帜;同时进一步挖掘和发扬丝绸之路的当代文化价值,也表明了我们对中华文明强大的生命力、凝聚力、创造力和持久魅力日臻完善的不懈追求;对国内和国际的经济建设、文化交流、社会发展繁荣以及促进各国文化的相互理解具有重要意义④。正如余秋雨所说:文化的最终目标是在人世间普及爱和善良。爱和善良能超越一切,又能把一切激活⑤。

六 倡导"一带一路"的现实意义

英国地缘政治专家麦金利在100多年前曾预言,欧亚大陆的腹地是全球战略竞争的决胜点⑥。在新时代与新背景下,经济全球化迫切需要我们构建新的丝绸之路,以连接欧洲经济圈与亚太经济圈,加强欧亚空间的深度合作,在促进区域发展、维护区域稳定、提升区域影响力上发挥重要作用。

---

① 习近平:《不忘初心,牢记使命,高举中国特色社会主义伟大旗帜,决胜全面建成小康社会,夺取新时代中国特色社会主义伟大胜利,为实现中华民族伟大复兴的中国梦不懈奋斗》,在十九大开幕会上的报告,中国网.(2017-10-18)[2018-03-10].http://www.china.com.cn/cppcc/2017-10/18/content_41752399.htm.
② 阮宗泽:《人类命运共同体:中国的"世界梦"》,《国际问题研究》2016年第1期。
③ 张书林:《试论民族复兴中国梦的理论建构》,《学习与实践》2013年第6期。
④ 来永红:《丝绸之路的文化内涵及其当代价值探析》,《丝绸之路》2016年第24期。
⑤ 余秋雨:《何谓文化》,长江文艺出版社2013年版,第10页。
⑥ 朱锋:《中国提出"新丝绸之路经济带"构想》,今日中国,(2013-10-15)[2018-03-10].http://www.Chinatoday.com.cn/ctchinese/chinaworld/article/2013-10/15/content_572431.htm。

议题三:"一带一路"框架下的民族文化创新与共享
"一带一路"背景下丝绸之路的文化变迁与当代价值

为了使欧亚各国经济联系更加紧密、相互合作更加深入、发展空间更加广阔,2013年9月5日,习近平总书记出访中亚四国,在哈萨克斯坦时提出用创新的合作模式,与中亚各国共同建设"丝绸之路经济带"倡议,以点带面,从线到片,逐步形成区域大合作的宏伟构想。倡议中国与中亚国家"将政治关系的优势、经济互补的优势、地缘比邻的优势转化为务实合作的优势、持续增长的优势"①。2013年9月13日,习近平总书记在上合组织比什凯克峰会上发表重要讲话时继续提出着力发展务实合作,推动区域经济合作,把丝绸之路精神传承下去,发扬光大。2013年10月3日,习近平总书记在出访东盟国家,访问印度尼西亚时提出,中国愿同东盟国家加强海上合作,使用好中国政府设立的中国—东盟海上合作基金,发展海洋合作伙伴关系,共建"21世纪海上丝绸之路"②。2013年11月12日,在十八届三中全会作出的《决定》中明确提出了推进"丝绸之路经济带""21世纪海上丝绸之路"建设,形成全方位开放格局的完美顶层设计。2014年全国两会期间,国务院总理李克强在《政府工作报告》中介绍重点工作时指出,将"抓紧规划建设丝绸之路经济带、21世纪海上丝绸之路"③。加强亚欧沿线国家间的战略合作,打造互利共赢的"利益共同体"和共同发展繁荣的"命运共同体"。④

中国与世界的共赢合作已经站在新的起点,习近平总书记提出的构建和发展"丝绸之路经济带"(也被称为"新丝路"或"新亚欧大陆桥")倡议和共建"21世纪海上丝绸之路"的战略构想,有利于我国与"海上丝绸之路"沿线国家开展全方位合作,为沿海地区产业升级提供资源支撑和市场驱动,打造具有巨大发展潜力的海上经济大通道;有利于建立"以我为主"的国际贸易体系,应对国际经济新挑战,提升我国开放型经济发展水平。对于促进区域繁荣、保持欧亚地区地缘政治格局及周边环境的和平稳定;对于拓展西部大开发的战略空间,更好地发挥西部地区资源优势,推动西部地区经济社会发展;对于优化配置市场资

---

① 邢广程:《"丝绸之路经济带"与欧亚地缘格局》,《光明日报》2014年1月12日。
② 习近平:《中国愿同东盟国家共建21世纪"海上丝绸之路"》,新华网,(2013-10-03)[2018-03-10]. http://news.xinhuanet.com/world/2013-10/03/c_125482056.htm。
③ 李克强:《2014年政府工作报告》,中国网,(2014-03-05)[2018-03-10] http://www.china.com.cn/news/2014lianghui/2014-03/05/content_31678795.htm。
④ 双传学:《"一带一路"视阈下的我国文化开放战略》,《东岳论丛》2016年第5期。

源，统筹利用国际国内两个市场、拓展我国经济发展空间，推动经济社会加速发展，推动经济全球化发展具有深远影响和重要意义。

丝绸之路是用文化资源做桥梁，谋求中国和世界其他文明和平共处、共同进步、共同繁荣。习近平总书记"一带一路"的倡议，是一条和平发展的共赢之路，是一条开放之路、发展之路、和平之路、共赢之路、安全之路、融合之路，是造福沿途各国人民的大事业①。顺应了和平、合作、发展的时代潮流，承载着沿线各国共享、共荣、共赢的发展愿景，它赋予古丝绸之路以崭新的时代内涵，具有深远的历史影响和现实意义，彰显了中华民族的文化自信。

2014年6月5日，习近平总书记在北京中阿合作论坛第六届部长级会议开幕式上提到：千百年来，丝绸之路承载的和平合作、开放包容、互学互鉴、互利共赢精神薪火相传，实现民族振兴的共同使命和挑战，需要我们弘扬丝绸之路精神②。依托丝绸之路沿线丰富的文化资源，调动各方力量，推动丝绸之路文化产业带建设，实现"和平、合作、发展、共赢"的局面③。中国是"一带一路"的发起国和倡导国，这一构想的提出具有丰厚的历史积淀性和延续性，中国战略倡议的实现和发展，将成为以现代交通设施与服务为基础的连接太平洋和大西洋的亚欧陆上经济纽带，需要政策沟通、贸易畅通、道路联通、货币流通、民心相通，需要丝绸之路沿线国家的共同努力和相互合作，需要以当今的科技发展、信息技术、高铁技术为载体和支撑，需要合作共赢的精神和利益互享的理念④。需要带动沿途国家和地区的经贸往来与能源、文化、政治等领域的交流与合作，为我国经济持续稳定发展提供有力支撑，实现东西部经济的平衡发展。

实施"一带一路"国家重大战略，顺应了世界多极化、经济全球化、文化多样化的潮流，不仅与沿线国家共建开放、包容、均衡、普惠的区域经济合作框架，还展现了中国开明开放的精神风貌和互利共赢的合作态度，强化各国人民构建人类命运共同体意识。实质上是建设文明共荣之桥，坚持文化先行，深化与沿

---

① 陈君：《上合峰会：共促务实合作》，《中国新闻周刊》2013年第9期。
② 习近平：《弘扬丝路精神 深化中阿合作——在中阿合作论坛第六届部长级会议开幕式上的讲话》，人民网，（2014-06-06）[2018-03-10]．http://politics.people.com.cn/n/2014/0606/c1024—25110600.html。
③ 刘卫东：《"一带一路"战略的科学内涵与科学问题》，《地理科学进展》2015年第5期。
④ 邢广程：《丝绸之路的历史价值与当代启示》，《光明日报》2014年10月20日。

线国家、区域的文化交流与合作，在发展理念和价值观上形成共识，才能让命运共同体意识落地生根，推动与沿线国家之间全方位、多领域的合作。充分展示了中国对欧亚之间东西方进行深度交流与合作的开阔情怀，显示了正在崛起的中国对欧亚战略空间发展与合作的责任感和使命感，对促进各国经贸合作、经济发展和文化交流具有重要意义。

七 结语

中华文明之所以具有强大的生命力、创造力和持久的魅力，影响深远，经久不衰，其根本原因在于包容了太多的异域文化基因，中华文化风格多样性的形成，中国历史发展演变的不同形态，中国哲学发展的异彩纷呈，都与丝绸之路息息相关，丝绸之路的发展史是一部人类文化发展进步的文明史。丝绸之路在不同的历史时期具有不同的时代内涵，曾经的丝绸之路已经成为历史，而精神层面、文化层面的丝绸之路，依然影响和激励着世人，历千年而经久不衰、影响深远。我们当继承和发展丝绸之路文化内涵，与时俱进，不断增强文化自信，在实现民族复兴和国家富强的道路上继续前进。在中西文明交流碰撞的接触中，相互激发、相互学习、相互滋润，敢于、善于借鉴和吸取世界文明成果并相互融合，使人类文明在征服与被征服中不断向前发展。

丝绸之路的历史文化昭示我们：文明只有在交流中才能得到发展。一个国家、一个民族文化的发展和兴盛与其开放程度有着直接关系，必须坚持能够立足传统、敞开胸怀、海纳百川、兼收并蓄。在多元文化并存的当今世界，中国既不走封闭僵化的老路，也不走改旗易帜的邪路，坚持解放思想、改革开放、凝聚力量、攻坚克难，虚怀若谷，兼收并蓄，去伪存真，在继承发扬优秀传统文化的基础上，拓展和丰富当代文化，面向世界、面向未来。

"两个共同体"思想与马克思主义民族理论中国化

张三南　曹保刚[*]

摘　要："两个共同体"思想强调"铸牢中华民族共同体意识""推动构建人类命运共同体",从中国和世界两个视角关切了最具浓缩性和统领性的"两种民族问题",是马克思主义民族理论中国化的新成果。在"两个共同体"思想中,"中华民族共同体"思想实现了对"中华民族"的再诠释,"人类命运共同体"思想则是处理世界民族问题的善治理念,是马克思主义新国际主义的当代体现和对世界民族"生存斗争"传统思维的扬弃。统筹国内、国际两个大局,贯彻"两个共同体"思想,对于新时代民族工作具有重要的指导意义。

关键词："两个共同体"思想；中华民族共同体；人类命运共同体；马克思主义民族理论中国化

"两个共同体"顾名思义,指的是"中华民族共同体""人类命运共同体",是习近平新时代中国特色社会主义思想体系中的两个重要概念。"中华民族共同体"呈现出的共有精神家园意识和对"中华民族"的再诠释,"人类命运共同体"折射出的世界情怀及处理世界民族问题的善治理念,分别从中国和世界两个

---

[*] 基金项目：本文系国家社科基金重大项目"构建中华各民族共有精神家园的少数民族视域研究"（项目编号：17ZDA153）的阶段性研究成果。
作者简介：张三南,燕山大学文法学院教授；曹保刚,河北省社科联常务副主席。

层面彰显了"两个共同体"思想的宏大意义。"两个共同体"思想的丰富内涵备受关注，各学科研究者的研究热情不仅是工具理性意义上的"研究共识"使然，更是价值理性意义上的"政治共识"的自然流露。从民族问题研究视角来看，作为新时代中国特色社会主义思想重要组成部分的"两个共同体"思想，同样不愧为马克思主义民族理论中国化的新成果。

一 马克思主义民族理论发展史视域下的"两种民族问题"

"两个共同体"思想之所以是马克思主义民族理论中国化的新成果，关键是从中国和世界两个视角关切了最具浓缩性和统领性的"两种民族问题"。这里说的"两种民族问题"，指的是基本意义上的国内民族问题和世界民族问题，它们的集合体实际上就是我们通称的"民族问题"。长期以来，我们习惯于从整体上去理解马克思主义经典作家关于民族问题的论述，较少分国内、世界两个层面对他们的论述进行分类、归纳和研读。这或许是因为马克思主义经典作家（尤其是马克思、恩格斯）的国际主义色彩较为明显，无形中冲淡了人们对他们论述国内民族问题的感知。然而，从马克思主义的观点来看，"祖国、民族——这是历史的范畴"，[①] 马克思、恩格斯不仅创立了历史唯物主义的国家学说和民族理论，而且十分关注现实场域下的国内民族问题，并将其与世界民族问题紧密联系起来思考和论述。在列宁、斯大林时期，随着"一国胜利论"的提出和苏联的成立，列宁、斯大林在坚持世界革命思想和支持被压迫民族解放运动的同时，也十分关注国内民族问题。而马克思主义民族理论的中国化进程，同样取得了关于"两种民族问题"的丰硕成果。

（一）马克思、恩格斯奠定了马克思主义关于"两种民族问题"的基本立场

马克思、恩格斯的民族理论肇始于对国内民族问题的思考。从目前资料来看，恩格斯1840年发表的《不来梅通讯：恩斯特·莫里茨·阿恩特》和马克思写于1843年的《论犹太人问题》是马克思主义经典作家最早的民族理论著作。显然，两著均是在关切国内民族问题基础上完成的。在《不来梅通讯：恩斯特·

---

① 列宁：《给波里斯·苏瓦林的公开信》，载《列宁全集》第28卷，人民出版社1990年版，第303页。

莫里茨·阿恩特》中,恩格斯特别关注了"德意志狂"问题,揭示了它的特征、实质和危害,指出"德意志狂的倒退方面还值得给予更详细的考察"。[①] 恩格斯认为反法的结果将危及德国自身的发展,为此他批判了当时德国新闻界试图掀起的反法民族主义情绪。

《论犹太人问题》是马克思为了批判布鲁诺·鲍威尔关于犹太人问题和犹太民族问题是纯宗教问题和神学问题的错误而作。在文中,马克思从犹太民族的解放这一具体问题中发现了"一切人反对一切人"这种市民社会的不合理状况,提出了"政治解放"与"人的解放"这两个核心概念,指出"犹太人的解放,就其终极意义来说,就是人类从犹太精神中解放出来",实际上把实现"人类解放"作为了解决市民社会不合理状况的终极目标。[②] 在这篇马克思主义经典著作中,马克思从普鲁士国内层次的犹太民族问题出发,上升到了通过"人类解放"解决世界民族问题的思想高度。

《论犹太人问题》之后,马克思、恩格斯对德国民族问题依然十分关注,留下诸多著述,例如《德国的革命和反革命》《德国农民战争》《关于德国的札记》。但若我们通览马克思、恩格斯关于民族问题的文献,不难发现世界民族问题才是他们关注的重点。

马克思、恩格斯关于世界民族问题的基本判断和主要观点有:一是民族之间应是平等的。他们认为,古往今来"每个民族同另一个民族相比都具有某种优点"。[③] 两人的许多著作都体现了民族平等的精神。二是私有制和阶级斗争是产生民族问题的主要因素。对此,他们在《共产党宣言》等著作中有丰富论述,尤其阐述了资本主义时代压迫民族与被压迫民族关系的渊源。三是民族问题从属于阶级问题。他们认为,"人对人的剥削一消灭,民族对民族的剥削就会随之消

[①] 恩格斯:《不来梅通讯:恩斯特·莫里茨·阿恩特》,载《马克思主义经典作家民族问题文选》马克思恩格斯卷上册,社会科学文献出版社2016年版,第10页。
[②] 详见马克思《论犹太人问题》,载《马克思恩格斯文集》第1卷,人民出版社2009年版,第32、38、50页。
[③] 马克思、恩格斯:《神圣家族,或对批判的批判所做的批判》,载《马克思主义经典作家民族问题文选》马克思恩格斯卷上册,社会科学文献出版社2016年版,第74页。

灭。民族内部的阶级对立一消失,民族之间的敌对关系就会随之消失"。① 四是应坚持无产阶级国际主义,反对民族主义,但应支持"进步的"民族解放运动。基于上述,我们可以总结出马克思、恩格斯关于世界民族问题的思想理路:"世界各民族本是平等的"→"资本主义加重了民族不平等"→"应通过世界革命和阶级斗争来解决"→"应坚持国际主义,反对民族主义,支持'进步的'民族解放运动"。可见,世界革命和国际主义是马克思、恩格斯关于世界民族问题的根本出发点。

(二)列宁、斯大林对"两种民族问题"的再论述

在"两种民族问题"上,列宁继承了马克思、恩格斯的基本理论,又有所发展。总体而言,列宁关于"两种民族问题"的论述较为均衡。他既长期坚持将世界革命和国际主义作为思考和论述"两种民族问题"的出发点,还根据世界形势的演变适时提出并成功实践了"一国胜利论",领导建立了苏维埃政权,发展了马克思主义民族理论和世界革命思想。他不仅提出了民族自决理论与和平共处思想等处理世界民族问题的重要学说,还将许多精力放在处理国内民族问题之上,留下了丰富的论述。

斯大林同样有着关于"两种民族问题"丰富论述。他认为,"民族问题不能认为是什么独立自在的、一成不变的问题。民族问题只是改造现存制度总问题的一部分,它完全是由社会环境的条件、国家政权的性质并且一般地是由社会发展的全部进程决定的"。② 为此,他提出了"民族问题三个历史时期"理论,将民族问题划分为三个时期:一是西方封建主义消灭和资本主义胜利的时期,即资本主义上升时期;二是西方帝国主义出现的时期,这一时期的民族问题已发展为殖民地问题;三是苏维埃时期,即资本主义消灭和民族压迫消除的时期。与之呼应的是,他还提出了"民族问题是革命发展总问题的一部分"的重要论断。③

---

① 马克思、恩格斯:《共产党宣言》,载《马克思恩格斯文集》第 2 卷,人民出版社 2009 年版,第 50 页。
② 斯大林:《十月革命和民族问题》,载《斯大林全集》第 4 卷,人民出版社 1956 年版,第 140 页。
③ 斯大林:《民族问题和列宁主义》,载《斯大林全集》第 11 卷,人民出版社 1955 年版,第 301 页。

（三）马克思主义民族理论中国化对"两种民族问题"的关切

经典作家关于"两种民族问题"的论述总体上兼顾了国内和世界两方面，但也呈现出了一种趋向：相对于马克思恩格斯更为偏重世界民族问题，列宁的论述较为均衡，而斯大林则更多关注国内民族问题。在马克思主义民族理论中国化进程中，这种趋向得到了延续。一个重要的体现就是：在相关文献中，收录的绝大多数是关于国内民族问题的论述。[①]

这实际上是容易理解的。中国共产党是马克思主义民族理论中国化的推动者和践行者，更是中国民主民族革命的领导者。对于中国共产党来说，革命时代的首要任务是取得国家独立和民族解放，革命胜利后的主要任务是实现国家富强和民族团结，相对于更为宏大的世界革命和世界民族问题，国内民族问题显然更为现实和迫切，自然就成为了主要关注点。而且，马克思主义民族理论中国化的过程实际上也是"民族化"的过程。早在1936年，时任中共领导人的张闻天就曾主张将共产国际的决议"民族化"，"使之适合于我们的具体环境"。[②] 之后，毛泽东也强调："马克思主义必须通过民族形式才能实现。"[③] 这里所说的"民族化"和"民族形式"，显然是中华民族语境下的中国化，体现了马克思主义基本原理与中国实际相结合的精神。

当然，中国共产党并未局限于国内民族问题。在中国共产党早期历次全国代表大会的宣言中，均有属于世界革命形势和世界民族问题范畴的宣示。此外，在二大《关于"国际帝国主义与中国和中国共产党"的决议案》《中国共产党加入第三国际决议案》、四大《对于民族革命运动之议决案》等文献中也有相关内容。中华人民共和国成立后，世界形势发生巨大变化，民族解放运动风起云涌。中国一方面同情和支持第三世界的民族解放事业，另一方面积极倡导和平共处五项原则这一正确处理国际关系和世界民族问题的国际准则。改革开放后，中国领

[①] 譬如，《中国共产党主要领导人论民族问题》收录的基本上是关于国内民族问题的论述。详见国家民族事务委员会政策研究室编《中国共产党主要领导人论民族问题》，民族出版社1994年版。

[②] 张闻天：《共产国际"七大"与我党抗日统一战线的方针》，载《张闻天文集》第2卷，中共党史出版社1993年版，第80页。

[③] 毛泽东：《论新阶段》，载《中共中央文件选集》第11册，中共中央党校出版社1991年版，第658页。

导人在中央民族工作会议等重要场合也有诸多关于世界民族问题和世界形势的论述。

党的十八大之后，习近平"两个共同体"思想逐渐成熟，"铸牢中华民族共同体意识""推动构建人类命运共同体"更是写入了党的十九大报告。这标志着马克思主义民族理论中国化对"两种民族问题"的关切取得了新的理论成果。

二 "中华民族共同体"：对"中华民族"的再诠释

2014年9月，习近平在中央民族工作会议上指出，"加强中华民族大团结，长远和根本的是增强文化认同，建设各民族共有精神家园，积极培养中华民族共同体意识。"2017年10月，他在党的十九大报告中强调，要"铸牢中华民族共同体意识，加强各民族交往交流交融，促进各民族像石榴籽一样紧紧抱在一起，共同团结奋斗、共同繁荣发展。"这标志着"中华民族共同体"思想的正式形成。作为马克思主义民族理论中国化的新成果，这一思想最为突出的理论贡献是实现了对"中华民族"的再诠释。

"中华民族"一词的提出，最早可追溯至1902年梁启超《论中国学术思想变迁之大势》一文。之后，杨度、孙中山、章太炎等同期精英先后基于各自立场采用和阐发了这一概念。内忧外患的境遇、思想精英的启迪助推了国人"中华民族"意识的萌发。抗战时期，日本帝国主义借机挑起满蒙问题，从族源上肢解中华、蛊惑人心的企图昭然若揭，其狠毒和危险程度不亚于军事上对中国领土的直接侵占。在此背景下，顾颉刚发表了著名的《中华民族是一个》一文，虽引发人类学意义上的质疑性回应，但在政治学意义上对国人"中华民族"意识的增强无疑起到了促进作用。1988年，曾参与30年代人讨论的费孝通在时隔半个世纪后正式提出"中华民族多元一体格局"理论，再次引发广泛关注，成为学界后续讨论的基础性议题。学者们围绕"中华民族"含义和实质、历史与现实、"自在"与"自觉"、"实体"与"复合体"、"中华民族"与各民族关系等方面发表了诸多有见地、有影响的学术观点，不一而足。

从字面上看，"中华民族"是"中华"和"民族"的集合体。"中华"一词古来有之，譬如人们熟知的"犯强汉者，虽远必诛"等传世名言。"民族"一词虽古曾出现，但普遍认为是舶来品，是从日本转引进的。从此意义上说，"中华民族"是中国本土文明和西方民族理论共同作用的结果，它的提出、普及和多方讨论见证了国人对"中华民族"逐渐意识、接受和内化的过程。在此过程中，中国共产党同样起到了重要推动作用，其中对"中华民族"的诠释更是马克思主义民族理论中国化最为重要的体现之一。

1939年，毛泽东结合马克思主义基本原理与中国革命实际，从国情出发对"中华民族"的起源、结构和历史发展尤其是"中华民族"的整体性作出了全新的诠释。他指出，在"中华民族"四亿五千万人口中，"十分之九以上为汉人。此外，还有蒙人、回人、藏人、维吾尔人、苗人、彝人、壮人、仲家人、朝鲜人等，共有数十种少数民族，虽然文化发展的程度不同，但是都已有长久的历史。中国是一个由多数民族结合而成的拥有广大人口的国家"。[①] 毛泽东对"中华民族"的诠释，使中国共产党确立了"中国是一个多民族的国家，中华民族是代表中国境内各民族之总称，四万万五千万人民是共同祖国的同胞，是生死存亡利害一致的"[②] 民族一体思想。这一诠释，对彻底变革中国旧的民族观和国家观具有根本意义，冲决了数千年来民族尊卑有别的思想窠臼和历史俗制，尤其是通过新中国成立后的民族识别工作，不仅赋予了各民族尤其是少数民族平等的政治地位，还通过各种政策措施的实施不断促进了各民族共同团结进步，共同繁荣发展。

毛泽东对"中华民族"的诠释，直接指导了中华人民共和国成立后的民族识别工作。这实际上也是马克思主义民族理论中国化的重要体现和贡献。可以说，毛泽东对"中华民族"的诠释和新中国的实践解决了一个重大的理论和实践问题，即"中华民族"各组成部分（即56个民族）的地位问题。之前，中国历代中央政权在处理民族关系和界定各民族地位方面，普遍存在"华夷有别"的现象，即使是取代了两千年封建王朝，宣扬"五族共和"的国民党政府也难逃大汉族主义"宗亲论"的窠臼。毛泽东对"中华民族"的诠释，明确将数十种少数民族与汉族一道界定为"中华民族"的组成部分。如此平等尊重和彰显

---

① 毛泽东：《中国革命和中国共产党》，载《毛泽东选集》第2卷，人民出版社1991年版，第622页。

② 八路军政治部：《抗日战士政治课本》，载《民族问题文献汇编》，中共中央党校出版社1991年版，第808页。

各民族政治地位，这在历史上是前所未有的，具有重大的历史意义。

与此同时，高唱"56个民族，56朵花"的全国各族人民，也在共同呵护和建设着盛开各民族之花的"共有家园"，推动着"中华民族"从自在到自觉这么一个不断深化和内化的过程。然而，在这个过程中，还存在一些值得我们警惕的现象。遑论一些公然反对"中华民族"认同和国家认同的行径，有的现象若隐若现存在于某些人的意念之中。众所周知，"民族是人们在历史上形成的一个有共同语言、共同地域、共同经济生活以及表现在共同文化上的共同心理素质的稳定的共同体"，斯大林的经典定义除了强调几个"共同"之外，普遍认为还有两个基本含义：一是指称的是 nation 层面上的民族，二是强调民族的"共同体"属性。"中华民族"同样如此，本身就含有上述两个基本含义。但是，在有些人的思想意识中，对"中华民族"这两个基本含义的认知并未完全实现自觉。对于前者，有的人有意无意地忽视"中华民族"自在于世界民族之林的自然属性和政治属性；对于后者，有的人在认识"中华民族"和本民族关系方面，潜意识里有一个重（先）本族、轻（后）"中华"的序位观，有的甚至存在本位主义和狭隘民族主义的倾向。

可见，在尊重和彰显各民族地位的同时，还不能忘记和淡化"中华民族"意识的增进。二者并不矛盾，本是相辅相成的关系。如果说数十年前，毛泽东对"中华民族"的诠释开启了马克思主义民族理论关于"民族"概念的中国化进程的话，那么今天，习近平"中华民族共同体"思想对"中华民族"的再诠释则是马克思主义民族理论中国化的再次推进。

"中华民族共同体"的表述看似只是在"中华民族"基础上增加了"共同体"三字，但它却非常自然和直观地把"中华民族"最为本质的意涵呈现出来了。它不是经典作家民族概念中"共同体"意涵的简单重复，而是这种意涵应有的强调和凸显。它不是通过深奥晦涩而是通过朴实易读的语言来彰显民族意识和共有家园情怀，因而也具有了马克思主义（民族理论）中国化和大众化的宣教效果。正如总书记所言："中华民族是一个命运共同体"，要"铸牢中华民族共同体意识"，各民族要"像石榴籽一样紧紧抱在一起"，"中华民族共同体"这种朴实的表述契合了全国各族人民守望相助、命运与共的共同心愿，具有深刻的理论与实践意义。它意示着中国是一个以"中华民族"为共同载体和共有精神家园的统一多民族国家，寓意着反分裂、促统一的政治含义，并为新时代我国民族工作指引了战略方向。这个战略方向就是党的十九大报告所说的"要铸牢中华民族共同体意识，加强各民族交往交流交融，促进各民族像石榴籽一样紧紧抱在一起，共同团结奋斗、共同繁荣发展"。因此，"中华民族共同体"思想不仅仅是一种"新的文化政治理论"，[①] 更是在马克思主义民族理论中国化基础上发展起来的，统领处理新时代我国国内民族问题的思想纲领。

三 "人类命运共同体"：处理世界民族问题的善治理念

"人类命运共同体"表述朴实，作为一个语用术语，首次出现的时间难以查验。在学术论文中最早出现的时间应是1989年，[②] 之后的20多年陆续有论著提及。2012年党的十八大采用了这一术语，提出在国际关系中要弘扬平等互信、包容互鉴、合作共赢精神，倡导"人类命运共同体"意识，并诠释了其含义："在追求本国利益时兼顾他国合理关切，在谋求本国发展中促进各国共同发展，建立更加平等均衡的新型全球发展伙伴关系，同舟共济，权责共担，增进人类共同利益。"[③]

党的十八大之后，习近平多次在重要场合阐述了"命运共同体"理念。2013年3月，他在俄罗斯国际关系学院演讲时表示，人类生活在同一个地球村里，"越来越成为你中有我、我中有你的命运共同体"。[④] 2015年9月，在联合国成立70周年系列峰会上，他系统阐述了打造"人类命运共同体"的具体途径。2017年1月，他在日内瓦万国宫"共商共筑人类命运共同体"高级别会议上，深刻、全面、系统阐述了"人类命运共同体"理念。

2017年10月，习近平在党的十九大报告第十二部分专门以"坚持和平发展道路，推动构建人类命运共同体"为题，全面阐述了"人类命运共同体"思想，

[①] 见关凯《建构中华民族共同体：一种新的文化政治理论》，《中央社会主义学院学报》2017年第5期。
[②] 见杨运忠《论当前国际关系的新特征》，《世界经济研究》1989年第1期。
[③] 胡锦涛：《坚定不移沿着中国特色社会主义道路前进，为全面建成小康社会而奋斗》，载《十八大以来重要文献选编》（上），中央文献出版社2014年版，第37页。
[④] 习近平：《顺应时代前进潮流，促进世界和平发展》，载《习近平谈治国理政》，外文出版社2014年版，第272页。

并郑重宣告:"中国共产党是为中国人民谋幸福的政党,也是为人类进步事业而奋斗的政党。中国共产党始终把为人类作出新的更大的贡献作为自己的使命。"报告 6 次提到"人类命运共同体",并庄严承诺:"中国将继续发挥负责任大国作用,积极参与全球治理体系改革和建设,不断贡献中国智慧和力量。"这标志着习近平"人类命运共同体"思想的最终形成。

"人类命运共同体"思想具有丰富的内涵和深邃的世界意义,在国际关系、科学社会主义等领域均具有显见的方法论价值。如果我们辅以民族问题研究的视角来看,不难发现它还内蕴着马克思主义新国际主义的理论特征,不愧是处理世界民族问题的善治理念。

(一)"人类命运共同体"思想是马克思主义新国际主义的当代体现

马克思主义的发展史很大程度上就是一部国际主义的演进史。任何一位马克思主义者都应具有一定程度的国际主义情怀,只是在不同的时代表现形式各异而已。鉴于此,有学者总结了国际主义在马克思主义国际关系思想演变中的主要体现,认为国际主义与民族主义(爱国主义)在不同时代背景下实现了互动与结合。[①] 不仅如此,马克思主义国际主义的演变还体现了马克思主义民族理论对各时期世界民族问题的关切。马克思主义是发展的马克思主义,马克思主义国际主义及对世界民族问题的关切也在不断发展。从此意义上讲,"人类命运共同体"思想正是马克思主义国际主义在当代的新发展和体现。

一方面,"人类命运共同体"思想秉承了马克思主义国际主义"人类解放"的初心。马克思主义创立之初,"人类解放"即是其追求的根本目标。在新的历史时期,站在人类历史发展进程的高度,具有典型国际公共精神与人类关怀的"人类命运共同体"思想当然契合了马克思主义国际主义追求"人类解放"的思想内涵,是对其初心的秉承。另一方面,"人类命运共同体"思想又是一种具有全新意义的新国际主义。这里所指的"新国际主义"的"新",可从多方面理解。首先,它是有别于经典马克思主义的国际主义。因时代不同,经典马克思主义的国际主义强调的是阶级斗争和世界革命,而"人类命运共同体"思想彰显

---

① 见郭树勇《从国际主义到新国际主义》,时事出版社 2006 年版,第 84—233 页。

的国际主义则是一种"顺应时代前进潮流,促进世界和平发展"的新国际主义。其次,它是对中国特色社会主义国际主义的继承与发展。中华人民共和国成立后,长期坚持国际主义和爱国主义的统一,在和平共处五项原则基础上支持国际正义。改革开放后,随着时代的发展,"国际主义"一词虽逐渐淡出官方话语表述,但中国仍积极参与国际事务,承担国际责任,履行国际义务,这实际上仍是国际主义的践行。"人类命运共同体"思想正是在此基础上继承了中国特色社会主义国际主义思想对和平与发展时代主题的顺应,并通过各种形式发展和践行着新国际主义,譬如所提出的"一带一路"倡议即是一个造福人类的全球公共产品。再次,它是具有重要方法论价值的新国际主义。"人类命运共同体"思想充分认识到全球化已是人类历史发展大势以及文明交流互鉴的重要性,秉持和推崇"共商共建共享"的全球治理观,本身就是对各种狭隘中心主义的超越。

(二)"人类命运共同体"思想是对世界民族"生存斗争"传统思维的扬弃

"物以类聚,人以群分",人类是由不同群体组成的,民族是最能体现人类群体自然属性的组合方式。近代以来,民族国家成为了"世界历史经验中的通例",[①]成为了国际政治的基本单元,民族通过与国家的结合,具有强烈的政治属性。民族关系和由此带来的民族问题因而成为了国际关系和族际政治的重要内容,成为了影响人类历史发展的关键因素。与此同时,宗教、意识形态等因素也掺插在一起,使得世界民族问题愈显复杂,成为诸多国际热点问题的载体。

造成世界民族问题常在和频起的原因很多,无论是从微观的个体心理层面还是宏观的族际政治层面,均可找出一些学说以解释之。例如:貌似"放之四海而皆准"的"非我族类,其心必异"的族类心理观,以利益、安全、实力为核心概念的现实主义国际政治观,笃定文明之间必有冲突的文明冲突论,等等。一言以蔽之,这都是世界民族"生存斗争"传统思维背后在起作用。在人类历史的漫漫长河中,民族矛盾、阶级斗争、国家冲突往往是最为凸显的场景,无论是在历史题材的叙事文本还是人们的意识影像中,"血"与"火"往往比其他元素更为印象深刻。故而,民族制造国家,国家制造民族;国家制造战争,战争制造国

[①] 列宁:《关于民族问题的报告提纲》,《马克思主义经典作家民族问题文选》列宁卷上册)、、社会科学文献出版社2016年版,第340页。

家。长期以来,"生存与斗争"成为了历史主线,"战争与革命"成为了时代主题,社会达尔文主义、"一切人反对一切人"的斗争学说事实上有了不少拥趸。

然而,马克思主义经典作家认为,仅仅把历史理解为"生存斗争"是肤浅的,"把全人类都包括在内,使全人类作为一个团结一致的兄弟社会,而与另一个矿物、植物和动物的世界相对立",才是正确的命题。[①] 在致彼·拉·拉甫罗夫的信中,恩格斯名为讨论自然科学层面上的达尔文进化论,实质上强调了人类历史发展的几个基本观点:一是不能把历史发展多种多样的内容都总括在片面而贫乏的"生存斗争"公式中;二是把阶级斗争的历史理解为"生存斗争"稍加改变的翻版是肤浅的;三是世界并不完全是"一切人反对一切人的斗争"。很多时候,人们往往将经典马克思主义理解为一种强调斗争的学说,殊不知马克思主义经典作家自始至终都有崇尚平等、自由与合作的朴实情怀,而追求人类解放和世界大同更是马克思主义的根本目标和最高理想。

当今世界正处于大发展大变革大调整时期,面临的不稳定性不确定性突出,诸多热点问题与民族问题息息相关。面对挑战与希望并存,和平与发展仍是时代主题的当今世界,人类社会不能因现实复杂而放弃梦想,不能因理想遥远而放弃追求,需要携手解决人类共同面临的各种挑战。全球化时代,不仅"一个民族妄想领导其他所有民族的时代已经一去不复返了",而且"没有哪个国家能够独自应对人类面临的各种挑战,也没有哪个国家能够退回到自我封闭的孤岛。"世界各国各族人民休戚与共的紧密联系需要人类社会在思想上共同推进"命运共同体"意识的形成。而要形成这个意识,必然要扬弃"生存斗争"的传统思维。这里所说的"扬弃",指的是摒弃国与国、族与族之间的"零和"意识,规避"囚徒困境",而将斗争精神凝集在共同应对诸危及人类生存与发展的挑战方面,以建设性的态度共同向恐怖主义、难民危机、重大传染性疾病和气候变化问题以及诸多以邻为壑、损人利己的思维痼疾作斗争。从这个意义上来说,秉持和推崇"共商共建共享"的全球治理观、相互依存的国际权力观、平等互信的新型义利观、包容互鉴的文明交流观以及合作共赢的可持续发展观的"人类命运共

[①] 参见恩格斯《恩格斯致彼·拉·拉甫罗夫》,载《马克思恩格斯全集》第34卷,人民出版社1972年版,第163—164页。

同体"思想显然是处理世界民族问题的善治理念。

四 结语

在天安门城楼上，悬挂着中国最为著名的两句标语："中华人民共和国万岁"和"世界人民大团结万岁"。这两句标语的意涵丰富而又易懂，传承着中国人民对于国家和世界的美好愿景。这种美好愿景在今天又可归纳为两个梦想：一是"实现中华民族伟大复兴"的"中国梦"，一是"构建共有共享人类命运共同体"的"世界梦"。要实现"中国梦"，离不开"铸牢中华民族共同体意识"；要实现"世界梦"，同样需要推动"人类命运共同体"的构建。习近平总书记反复强调，"要统筹国内国际两个大局"。我们在思考和应对中国和世界"两种民族问题"时，同样离不开"两个大局"意识。这是"两个共同体"思想的本质要求所在，也是这一马克思主义民族理论中国化的新成果对新时代民族工作的指导意义所在。

中国关涉印度尼西亚国家题材图书出版状况分析（1949—2016）

金　强　王雨晓[*]

摘　要：随着中国和印度尼西亚两国各方面的广泛交流与合作，两国人民的文化交流愿望日益迫切，文化交流成果日益显著，特别是中国对印度尼西亚的本土和特色文化愈发关注。两国之间的文化通过多媒体平台得到更广泛传播，有助于促进两国政治、经济的交流形成新常态。图书作为文化传播的载体在两国交流交往中起着至关重要的奠基和支撑作用，印尼华人群体在其中作用突出。基于此，笔者选择从图书出版角度，分析自1949年以来中国对印度尼西亚题材图书的出版现状，并进行量化分析。通过对关涉印度尼西亚国家题材图书的数据和相关资料整理发现，相关题材图书出版存在题材的可延展性不足、内容选择不够立体化、翻译障碍与瓶颈仍然存在、学术出版和高端出版数量较少等问题，但也展现出一些亮点。基于以上发现，笔者对合作策略提出改进建议，认为应该注重印度尼西亚本土和多元文化的内容展现，应该系统地、真实地构建印度尼西亚文化的中文景象，应该用好留学生资源和华人资源，应该以学术研究和学者交流推动两国文化走得更近，民心更加相通。

关键词：中国；印度尼西亚；图书出版；文化交流

---

[*] 作者简介：金强，河北大学新闻传播学院编辑出版系副主任。王雨晓，河北大学新闻传播学院硕士生。

基于两汉时期的丝绸之路，中国正在实施兼具共商、共建、共享、共赢等国际合作新风范"一带一路"合作倡议，并积极发展同沿线国家的经济贸易合作关系，共同打造政治互信、经济互惠、文化互通的人类命运共同体。印度尼西亚是南海地区领土最大的国家，也是"一带一路"沿线的重要国家。印度尼西亚拥有着丰富的地理资源，亦为中国提供了丰富的旅游资源，两国的相互依存度进一步提升。"一带一路"建设的推进要求必须更加重视与印度尼西亚的往来，并在政治、经济、文化等多元化领域开拓新机遇。

文化交流是促进两国友好交往的必要和关键因素。自2013年的"21世纪海上丝绸之路"倡议提出后，印度尼西亚新任总统佐科·维多多也提出"海洋强国"的施政理念，提出与中国进行贸易合作的方针策略，开展文化交流活动。由印度尼西亚政府、21世纪丝绸之路协会、商务部、发改委和外交部主办，浙江德凯文化创意有限公司承办的"2017'一带一路'印度尼西亚峰会暨中海洋集团中印合作"于2017年3月在印度尼西亚的巴厘岛举行。在此次会议上，两国共同商讨了未来经济、文化、商贸、建设等方面的需求，并针对文化交流进行了更高层次的生产资源和贸易设施的优化配置。根据两国的国情及发展理念，深层次文化交流有助于两国之间形成更加清楚的互认和相似的价值观，而图书出版交流的活跃将助力构建新型的中印尼文化交流态势。

一　中国关涉印度尼西亚题材图书出版的背景变迁

在"一带一路"倡议的引领下，中国和东盟国家的政治、经济关系日益显著，印度尼西亚在东盟国中成为中国最重要的贸易国之一。更加活跃的商品贸易必然促进更为积极的文化沟通与交流，而图书贸易和图书出版交流活动的增强，无疑也将助力更广阔的商贸和文化往来。

在1950年印度尼西亚完全独立后，为维护两国关系，周恩来总理根据外交政策——互利、共存和继续坚持独立和平的原则，与印度尼西亚进行第一次正式建交，并进行了谈判，此次谈判坚定了中国和印度尼西亚走和平发展道路的决心。同年，印度尼西亚建立了华人友好协会，两国开始了友好合作的历程。在毛泽东主席执政期间，中国领导人认为印度尼西亚是亚非国家兄弟联盟中的一个关键成员，并认为印度尼西亚在中间地带国家有着决定性的战略地位。在两国关系

议题三:"一带一路"框架下的民族文化创新与共享
中国大陆关涉印度尼西亚国家题材图书出版状况分析(1949—2016)

相对平稳的状况下,中国和印度尼西亚国家高层领导人之间的外交访问和两国文化、教育以及经济领域的交流于20世纪60年代初进入了稳步发展阶段。中国亦加大了援助印度尼西亚的力度,这为两国建立和谐友好的外交关系奠定了基石。在潜移默化中,印度尼西亚题材图书在中国的出版开始有序进行,但是好景不长,友好的关系被打破。1965年印度尼西亚"9·30事件"发生后,两国关系发生了裂变,1967年10月30日两国外交关系彻底中断。此间,图书出版也遭受打击,甚至停止。直到1999年,印度尼西亚第四任总统瓦希德访华后,两国中断将近20年的关系才得以恢复,稳定和睦的友好关系得以再次确立,中国又可以引进和出版印度尼西亚题材图书。

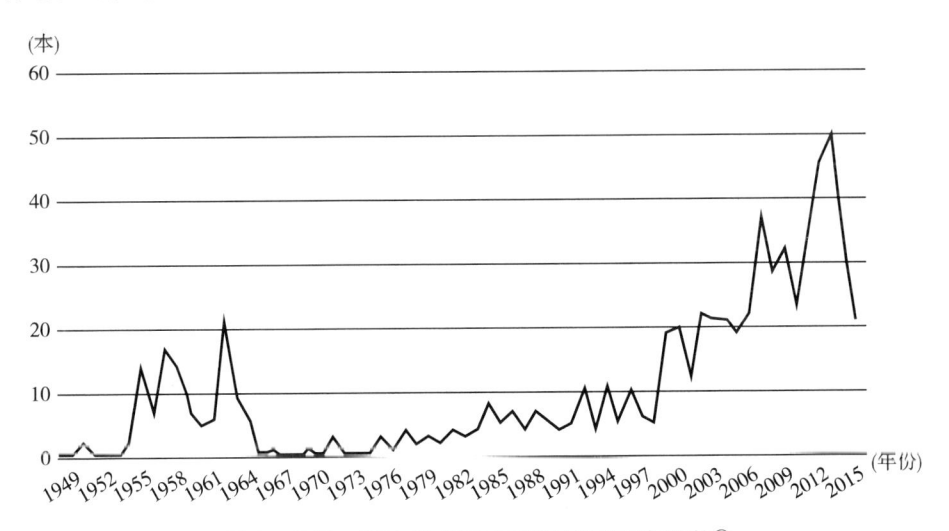

图1 1949—2016印度尼西亚题材图书出版趋势①

该图表是自中华人民共和国成立以来中国关涉印度尼西亚国家题材出版的图书趋势图,在1950中国与印度尼西亚进行第一次建交到1967年间,中国出版关于印度尼西亚题材图书突增,但1967年两国断交之后,印度尼西亚图书在中国出版减少,直到1999年印度尼西亚图书在中国市场的出版量再次上升。据笔者统计,截至2016年底,中国大陆出版的关涉印度尼西亚国家题材的图书有300余种,主要的出版高峰均出现在2000年以后。

---

① 根据读秀数据整理得出,截至2016年12月。

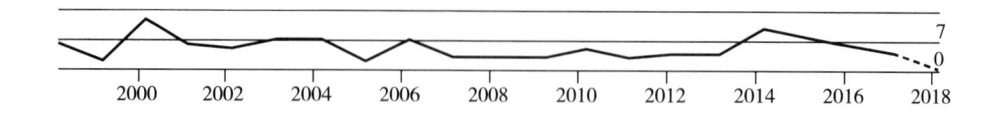

图 2　中国关涉印度尼西亚题材图书相关论著发文量趋势图①

该图是自 1990 年印度尼西亚与中国正式恢复建交以来，在中国出版市场上有关印度尼西亚国家题材图书出版的相关论著趋势图，该图显示图书的相关论著总体呈上升的趋势。

二　中国关涉印度尼西亚题材图书出版的特点

中国和印度尼西亚的图书交流与文化传播依靠两国官方、企业和民间三重力量的推动。其中在对方国家举办的图书博览会，是双方进行图书出版交流最直接的平台，比如"中国—东盟出版博览会""中国图书展销暨版权贸易洽谈会"等。2015 年，习近平主席赴约参加在印度尼西亚总统举行的亚非领导人会议和万隆会议 60 周年纪念活动，此次会晤中两国元首重申愿意尽早商签互设文化中心谅解备忘录和互认高等教育学位学历的协议，从教育方面达成一定的共识。高层互访互认为图书文化交流注入了新动力。下表显示，在已有的图书出版中文学类、经济类、文化类、历史类相对占比较大，而宗教类、画册类、音乐类、工具书类等占比较小。

表 1　　　　　　　　中国关涉印度尼西亚题材图书分析②

题材类别	占总出版百分比（%）
旅游	45
历史	47
教育	30

---

① 据"超星发现"数据生成，数据截至 2018 年 2 月。
② 该表格数据根据国家图书馆数据整理得出，数据截至 2016 年 12 月。

续　表

题材类别	占总出版百分比（％）
文学	77
文化	52
语言	19
政治	12
工具书	7
音乐	4
画册	2
宗教	1
其他	0

（一）华人华侨文学居多

居住在印度尼西亚的华族，是过去数百年来从中国南方迁移的华人，他们分布于印度尼西亚不同的地区。美国詹姆斯顿基金会《中国简报》文章报道："据估计，华人占印度尼西亚总人口的2.5％，华人已经成为印度尼西亚社会不可或缺的一部分。"[①] 华人文学也有一定的传统和规模，如许琼玲的《风雨南洋未了情》、赖玉梅的《千岛春痕》等。印度尼西亚华人的数量一直在保持增长，友好的双边关系让中国对印度尼西亚的了解越来越迫切。

笔者从国家图书馆、读秀网站、当当网、京东网等渠道获得相关数据，用来分析中国关涉印度尼西亚的图书的出版情况，发现文学类图书从数量上占比较大，但从内容上来讲，大约2/3的图书主要讲述华人华侨的生老病死的"故事"，虽然书中有不少对印度尼西亚一般社会生活和民俗风情的描绘，但是还不能称之为原汁原味的且具有影响力的本土文学，在构建中国与印度尼西亚之间的文化沟通桥梁方面，还是显得力度不够、存在感不强；从版权方面来看，中国引进版图

[①]《印度尼西亚华人在中国——印度尼西亚关系中所扮演的角色》，《中国简报》2008年8月1日。

书多侧重于华族出版的图书，仅仅约三分之一的版权图书是印度尼西亚其他本土作者的作品。这充分表明华族在印度尼西亚虽然仅占很小的比例，但其对中国的文化吸引力却超过了其他主体民族。印度尼西亚本土主体民族和主流作者著述的图书应该获得更高的关注度，它们也是中国深入了解印度尼西亚文化的重要渠道。

（二）旅游类题材多样

印度尼西亚由约 17508 个岛屿组成，也是全世界最大的群岛国家，疆域横跨亚洲及大洋洲，别称"千岛之国"。[1] 正因为印度尼西亚独特而优越的地理环境，所以印度尼西亚的旅游业蒸蒸日上。中国与印度尼西亚的经济贸易往来的过程中，文化与旅游业的支撑作用明显。出版社根据中国旅游市场的需求，为了使游客更好地了解印度尼西亚旅游资源，不断介绍新攻略、不断宣传新景点及配套和嵌入式旅游，以图书为基准平台的全媒体出版为游客提供了大量的信息。

图 3 《玩转地球之印度尼西亚》　　图 4 《巴厘岛和龙目岛》　　图 5 《巴厘岛的走法》

如《巴厘岛和龙目岛》《玩转地球之印度尼西亚》《巴厘岛的走法》等图书都找准自己的卖点，从不同角度诠释印度尼西亚景点文化，贴近中国读者实际需求。印度尼西亚对中国既是单方面免签又是落地签，旅游的吸引力较大。印度尼

---

[1] 引自百度百科"印度尼西亚"词条。

西亚中央统计局 2016 年 2 月 16 日公布的数据显示，2016 年赴印尼旅游的中国游客达 142.9 万人次，比上一年增长 13.96%，成为印尼第一大旅游客源地。数据显示，赴印尼中国游客连续 3 年超过 100 万人次，年均增长率超过 10%。旅游类图书在全部题材图书中占比较大，正是相关旅游态势升温的直观表现。

（三）语言教育类及其他类题材图书增多

自 20 世纪 90 年代再次建交以来，两国的教育交流日益密切。2007 年 9 月，由海南师范大学和印度尼西亚雅加达汉语教学中心合作建设的孔子学院在雅加达正式揭牌，该学院是中国在印度尼西亚建立的第一所孔子学院。截至目前，参与合作建设孔子学院的 6 所印尼高校分别是印尼阿拉扎大学（福建师范大学）、玛琅国立大学（广西师范大学）、丹戎布拉大学（广西民族大学）、玛拉拿达基督教大学（河北师范大学）、泗水国立大学（华中师范大学）和哈山努丁大学（南昌大学）。语言类题材图书也跟随孔子学院的创办，进入了"正规化"和"系统化"阶段。已有的基础类语言学习教材，如《实用印度尼西亚语教程》丛书、《印度尼西亚语口语教程》等，在小语种热的新潮流下，重新焕发了生机。

历史社会类和军事类图书大多描述印度尼西亚的基本地貌、历史和其政治的发展，这些题材图书的出版是稳固两国政治基础和外交关系的必要支撑。但是中国关涉印度尼西亚的经贸类题材图书相对偏少。"海上丝绸之路"合作的不断巩固，使经济贸易的参与企业和人数增加，相关人才培养和相应领域研究的需求相应增加，相关题材图书的出版也相应增加。经济反作用于文化，图书作为文化传播的载体将使两国在文化领域的交往更加频繁、更加真实、更加坚实。

三 中国关涉印度尼西亚题材图书出版的问题及原因

（一）题材种类偏少

中国对印度尼西亚国家图书出版种类平稳，题材类别主要有旅游、文学、经济、历史等。这些题材看似丰富，但是部分书籍内容的却"陈旧老套"，尤其是欲全面介绍该国的图书，普遍缺乏时代气息，如汤平山著《列国志·印度尼西亚》（1998）、王受业等编著《印度尼西亚》（2006）、Ryan Ver Berkmoes 著《印度尼西亚》（2010）等。

图6 汤平山著《印度尼西亚》　　图7 王受业等编著《列国志·印度尼西亚》　　图8 Ryan Ver Berkmoes《印度尼西亚》

目前,涉及印度尼西亚的主要出版物有语言工具、文学、历史这三类。当前中国为与印度尼西亚进行友好的交流,多选择的是文化差异小、符合中国主流价值观的图书,很少有关于社会科学、医学、风俗习惯类的图书,因此,触及社会核心和精神实质的图书总量偏少,图书题材的单一化和扁平化现象突出,此外,图书的编排和设计如何结合"一带一路"倡议体现出时代感与创新性,也是相关出版部门需要认真考虑的问题。

从目前来看,中国对于印度尼西亚深层次的历史、文化、宗教等方面的探究类图书数量还比较少,影响到了两国人民的深入了解,进而对两国政治、军事、文化上的持续高水平合作也产生了一定的心理怠惰。

(二)译介中存在的问题

首先是专业翻译人才及相关学术研究匮乏。目前,全世界有 1700 万到 3000 万人将印度尼西亚语作为母语,有大约 14000 万人将印度尼西亚语作为第二语言,能较熟练地读和说印度尼西亚语。印度尼西亚的所有地区都通用印尼语,同时在荷兰、菲律宾、沙特阿拉伯、新加坡和美国也有许多人使用印尼语。目前在中国高校开设印尼语的公办本科大学有上海外国语大学、北京大学、广东外语外贸大学、北京外国语大学、云南民族大学、广西民族大学、西安外国语大学、天津外国语大学，民办大学有浙江越秀外国语学院，独立学院有广西民族大学相思湖学院，中专学校有广西华侨学校。总体来讲，印度尼西亚语的翻译培养已经步入快车道。但从现况来讲，翻译界通晓印度尼西亚语的总人数还偏低。目前有关印度尼西亚的学术研究的成果也较为有限，已经成立的研究中心主要分布在暨南大学、广东外语外贸大学、福建师范大学、北京外国语大学、华中师范大学、华侨大学等高校。

出版印度尼西亚图书应该加强参照和对比，比如与其他重点东南亚国家如马来西亚、新加坡等。但，从本质上提升印度尼西亚题材图书的出版质量和数量，则需要优秀的主创团队和翻译人员。印度尼西亚本土作者的作品常常更能反映印度尼西亚本土的文化特点，但如何通过"信达雅"的翻译使得两国人民都喜闻乐见，仍是一个继续深入攻关的课题。因此，培养对印度尼西亚国情和文化有深入了解的人才则成为关键。

（三）图书市场研究出现偏差

引进版图书的合理建构，也是增进双方版权贸易的重要前提。只有中国受众能够真实准确全面地了解印度尼西亚，才能吸引更多的研究者，产生更多可以用于指导实践的研究成果。图书贸易的不断扩大，促使图书市场的产业化运作不断升级。但是出版商为谋求一时的利益，在没有正确的分析市场的成长性和读者需求黏性的基础上，很容易盲目追求热点，造成图书市场过冷过热，泡沫不断。在各大图书卖场，一般被推荐的图书是欧美国家或者发达国家的畅销书，如《哈利·波特》系列丛书、日本悬疑小说等，而印度尼西亚国家题材图书却很少被关注，如印度尼西亚文学类图书《失落在地平线外的雨季》《蒂娅》等知名度偏低，搜索引擎上的相关指数也较低，甚至出现缺乏基本信息和找不到书的情况。这些情况为相关图书市场提升选题开发的针对性、做好前期市场调研、提升营销策略提供了研判素材，应该加以分析解决，促进实现合理供求。

随着GDP总量和人均GDP的不断提升，中国的人类发展指数和富裕程度稳步提升，中国民众对于文化的追求也趋向多元，尤其是走出去看世界的愿望日益增多。

习近平总书记在十九大报告中指出："中国特色社会主义进入新时代，我国社会主要矛盾已经转化为人民日益增长的美好生活需要和不平衡不充分的发展之间的矛盾。"人民群众对于美好生活的向往必然包含了对于文化的追求，这也客观上影响着出版业的发展方向和出版商的选题策略。出版商只有加强对目标消费者的消费水平和需求市场分析，才能出版更多适销对路的图书，这也是实现文化和民心相通的必然要求。

（四）宗教类图书占比过低

印度尼西亚的建国指导思想"潘查希拉（PANCASILA）[①]"五基原则的第一条就是"信仰神道"。印度尼西亚政府支持宗教活动，并且每年都拨专款用于扶助建设清真寺、教堂、宗教学校、发行宗教经书和设定各种宗教节日如开斋节、古尔邦节等，并且政府高级官员亲自参与，同时发表讲话。[②] 中国与印度尼西亚进行民心相通，正确和全面介绍印度尼西亚人民的宗教习俗和宗教生活，是必不可少的内容。

通过笔者的相关调查，京东商城上有《马来西亚与印度尼西亚的宗教与认同：伊斯兰、佛教与华人信仰》一书，此书主要是分析华人在印度尼西亚与马来西亚宗教信仰的著作。经查"超星发现"数据库，也未见有专门关涉印度尼西亚宗教的图书。可见中国大陆关涉印度尼西亚国家宗教图书出版极少，不利于全面认识印度尼西亚的宗教社会和宗教文化。通过查阅百度相关搜索，显示网友对于印度尼西亚伊斯兰教的认知水平和疑问程度是成反比的，即认知水平低而疑问程度高，比如"印度尼西亚是如何成为世界上穆斯林人口最多的伊斯兰国家的""为什么东南亚国家盛行伊斯兰教""印度尼西亚是一个信仰多宗教的国家吗""为什么说穆斯林人口最多的印尼却能抵制 ISIS 的影响力"等等，相关杂音也较多，尤其是针对相关问题进行的不严肃且水平较低的回答与评论。这些对于构建两国民心相通都具有现实破坏作用，应该通过正规渠道的图书介绍加以修正。

[①] "潘查希拉"既是和平共处五项原则的代名词，也是印度尼西亚建国原则的代名词，即"信仰神道、人道主义、民族主义、民主和社会公正"五项基本原则。
[②] 中国宗教编辑部：《印度尼西亚千岛之国的多元信仰》，《中国宗教》2010 年第 8 期。

四　中国大陆关涉印度尼西亚题材图书出版的建议

（一）增加对印度尼西亚本土作者和原汁原味作品的引进

图书出版是一种向社会广泛传播文化的社会活动，社会文化的传播可以影响受众对一个民族的情感取向和动态认知。近几年引进版权在中国图书市场的地位一直在提升，可以预期，中国图书零售市场中的引进版份额还会继续扩大，引进版对中国图书零售市场发展的影响也会越来越大。

现有的中文版本的印度尼西亚图书除了中国作者的原著和译著外，还有（俄）叶菲莫娃、（苏）安季波夫、（苏）穆拉托夫、（苏）别克列朔夫、（澳）阿德里安·维克尔斯、（澳）格拉哈姆·桑德斯、（美）邓纳姆等。因此，从西方国家转译是一个重要途径。直接使用印度尼西亚本土作者作品是另外一条重要途径。相关印度尼西亚题材的印尼本土作家主要有阿赫马·多哈里、萨努西·巴尼、巴哈鲁丁·尤素夫·哈比比、迪·努·艾地、哈玛宛、鲁克曼、巴赫迪亚·夏基安、苏里亚达马、袁霓等。但不少作者已经去世，新作家作品的引入仍然较少。

中国在印度尼西亚开办了多所孔子学院，随着文化的接触与碰撞日益增多，相关题材的作品也应该更多被呈现。加强印度尼西亚本土作家的作品，如印度尼西亚文化、自然科学、哲学、科技类等方面书籍的引进，传播原汁原味的印度尼西亚文化，对促进孔子学院的教学方案设计及教学活动开展是有助益的。同时印度尼西亚的学术类创作应该向读者传递最新的研究成果以及印度尼西亚的最新发展状况，促进国内相关教学和科研。

（二）培养翻译人才及更多关注印度尼西亚宗教信仰文化

中国大陆关涉印度尼西亚图书出版数量少而题材缺乏的很大原因是翻译人才少，尤其是能够融会贯通的资深翻译更少。目前中国大陆开设印度尼西亚语的高校还可能进一步增多，相关国别研究中心也可能进一步增加。可以把握好这两个先决条件，出版社与高校进行合作商讨和联合培养，以改进招收方案，特别是在出版专业硕士层次，应该鼓励有条件的高校，增强联合培养的意愿，以人才培养为最终目标，尤其是在翻译印度尼西亚语方面进行重点培养。此外，在图书出版上也可以招揽优秀的印度尼西亚翻译人才，尤其是汉语水平较高的中青年人才，逐渐构建完善的、对等的翻译体系，从根本上提升两国图书出版合作水平。

除此之外，我们要注重印度尼西亚华人华侨资源的发掘，充分重视他们的沟通作用。也可以寻找一些优秀的印度尼西亚翻译家，他们比华人对印度尼西亚的原生态文化更加熟悉。除此之外，也可以寻找对印度尼西亚本土文学作品熟悉的在印度尼西亚工作的华人进行翻译。这些人无论是作为翻译者还是翻译顾问，都能兼顾到印度尼西亚文化的原汁原味，这些作品问世，将可能成为两国文化相通的新引擎。

翻译的最终难度不在语言而在文化，文化差异性主要体现在宗教和信仰差异上，如果不触及核心的精神理念和价值判断，印度尼西亚本土题材图书在中国图书市场将很难获得较大发展。印度尼西亚是世界上穆斯林人口最多的国家，穆斯林人口超过2亿，同时中国也拥有众多的穆斯林，人口达到2300万，在中国56个民族中有10个是穆斯林民族。目前，宗教交流仍是两国文化交流的不可忽视的内容。出版尺度的把握需要在实践中摸索，但应该"见山开路""遇水架桥"，在培养人才方面探索创新之路。同时翻译者、出版者要熟悉出版图书过程中所涉及的各种宗教问题，注重从更高层面解释和描绘印度尼西亚宗教信仰与中国信仰的差异与共通性。引进版图书能够做到双赢，最终应该是为两国人民所喜闻乐见，因此应该尊重社会主流价值观，尊重宗教信仰，尊重"人类命运共同体"建构的总体要求。

（三）准确分析中国市场需求及加大政府扶持力度

准确分析中国市场已经生产的图书产品的现状，认真分析印度尼西亚图书给中国图书市场带来的益处，思考如何通过加强出版合作来满足中国读者的多样化需求，是相关出版部门面临的重要课题。具体操作上，应该及时了解印度尼西亚题材图书的国际出版动态，了解其面向世界的图书出口种类，了解其特殊的版权贸易政策、法规。还应广泛地收集和细致地分析国内读者对印度尼西亚的需求信息，尤其是读者关注印度尼西亚新闻后的反馈，掌握读者的阅读变化和阅读趋势等情况。应该抓住相关重要外交活动的契机，以及外交文化年活动，精准把握市

议题三:"一带一路"框架下的民族文化创新与共享
中国大陆关涉印度尼西亚国家题材图书出版状况分析(1949—2016)

场脉搏,做好提前预热。微观上,还应充分调查并总结中国关涉印度尼西亚图书的读者兴趣点,及读者的阅读习惯和评价行为,以市场为导向不断改进图书出版策略,打造精品书、畅销书。

广西、广东、福建、云南等省区在与东南亚的文化交流方面具有天然优势,印度尼西亚题材图书的出版也大多由这些相关省区的出版社来操作,如云南美术出版社、世界图书出版广东有限公司、厦门大学出版社等。也可以说这些出版社可以成为改进与印度尼西亚出版合作的重点和试点单位,尤其是结合"中华学术外译"项目和出版"走出去"工程,把握好"丝路书香"工程等,只有更好地引进来,才能更好地走出去。

政府部门应该研判相关形势,对相关出版社进行必要的扶持,尤其是对南部省区的文化、广电、新闻出版部门的文化产品出口进行一定的补贴,以出口促进口,以进口带出口。此外,出版工作人员的护照审批受职务级别限制,审批速度也相对缓慢,出国交流常常受阻,而出境受阻常导致图书的引进工作缓慢,甚至出现间隔,干扰了市场行为。

目前,我国与印度尼西亚在教育、文化、经济等领域的合作日趋增多。2017年2月25日据新华网报道:"印度尼西亚驻华大使苏更·拉哈尔佐近期接受了新华网独家专访,表示2016年,印度尼西亚也正从'一带一路'倡议中受益,雅加达至万隆间的高铁已开工建设。有14000名印度尼西亚学生在中国进行各层次、各学术领域的学习,其中有大约7000名学生在中国持有长期签证,获得本科、硕士和博士学位。同时,大约有1000名中国学生在印度尼西亚学习。尽管这个数字并不是很高,但比起上一年的数据已有很大进步了。随着我们两国双边合作的加强,以及更多中国私营企业在印度尼西亚开展的业务,我相信中国学生会发现在印度尼西亚求学和了解当地文化习俗的好处。"[①] 2012年度"外国汉语教师来华研修项目"在印度尼西亚启动,这些让中国文化不断传播到国外,也让印度尼西亚不断地认知中国。

[①]《专访印度尼西亚驻华大使苏更:我对中国经济的未来持乐观态度》,新华网2017年2月25日。

参考文献

李湘萍:《图书漂洋过海 文化远行天下》,《广西日报》2011年11月22日。

陈雪根:《GDP增长6.5%左右的底气来自哪里》,《中华工商时报》2017年3月7日。

夏小鹏:《专访印度尼西亚驻华大使苏更:我对中国经济的未来持乐观态度》,新华社,2017年2月25日。

祖红兵、张若谷:《建设面向南亚出版基地》,《云南日报》2013年5月16日。

鲁娜:《引进+输出:中国出版"聚变"进行时》,《中国文化报》2016年8月27日。

唐薇:《当前图书市场现状以及改进措施探究》,《群文天地》2012年第13期。

王青:《浅析我国图书市场的现状及发展趋势》,《求知导刊》2014年第2期。

杨娜:《"一带一路"沿线国家文化研究之印度尼西亚文化研究点窥》,《丝绸之路》2016年第10期。

[印度尼西亚] 米拉、施雪琴:《印度尼西亚对中国"一带一路"倡议的认知和反应述评》,《南洋问题研究》2016年第4期。

王伟超:《新形势下我国面向东南亚的图书出版营销策略探析》,《新闻界》2010年第5期。

彭少建:《中国媒介素养研究年度报告2014》,中国广播电视出版社2016年版。

梁敏和、孔远志:《印度尼西亚文化与社会》,北京大学出版社2012年版。

孔远志:《中国印度尼西亚文化交流》,北京大学出版社1999年版。

罗华乐:《在汉语教学中中国印度尼西亚文化冲突克服策略》,硕士学位论文,河北师范大学,2012年。

吴佳逢:《来华印尼留学生跨文化适应研究》,硕士学位论文,北京外国语大学,2015年。

[印度尼西亚] 韦罗尼卡:《中国和印度尼西亚外交关系发展的历史进程和展望》,中国武汉决策信息研究开发中心、决策与信息杂志社、北京大学经济管理学院:《"决策论坛——企业行政管理与创新学研究会"论文集》(上),2016年。

Maulida Azkiya Rahmawati. Educative Cultural Theatre based Socio‐culture as an Effort of Embodying the Values of Character in Children of Elementary School in Indonesia, Semarang State University, 2015.

东南亚华族民俗文化对构建人类命运共同体实践探索

林江珠*

摘　要： 东南亚华人族群是东南亚各国家少数民族的组成部分。东南亚华族落地生根逐渐与当地主体族群融合，以个体或群体民间民俗转移方式，持续地参与到中国和东南亚当地社会转型过程，至今从未中断。东南亚华人族群民间民俗现发展成当地社会功能型系统，持续塑造着共同生活的社会实践经验，成为构建人类命运共同体的基础。东南亚华族民间民俗通过迁移与保护对持续变化的世界做出创造性调适，成为涉入多元情境、融入多元社会的行动者。

关键词： 东南亚国家；华侨社会；民俗共融；人类命运共同体

一　选题原因与研究背景

（一）东南亚华族的民间民俗集中表达了中华文化的世界观

民俗，是自有人类社会以来，从生产到生活，从物质到精神，从心理到口头相延成习的风俗习惯。惯常认为"民间"指下层民众，民间民俗与国家政治为两个不同范畴。事实上国家和民间之间的关系并非绝对对立，而是渗透性紧密相

---

* 基金项目：国家社科基金重点课题 14AGL025 课题组成员后期研究成果。
　作者简介：林江珠，厦门理工学院数字创意与传播学院系主任，副教授。

连，自汉代中国东南沿海地区出现"下南洋"，宋元至明清闽粤民间赴东南亚"找活路"蔚为风尚。据庄国土研究，到17世纪中期，在东南亚的中国移民形成从数百人到上万人的数十个华人聚居点，到20世纪40年代华人群体在东南亚存在300多年。

20世纪50年代，以闽粤华人为主东南亚的华人族群逐渐成为东南亚各当地国家民族的组成部分[①]。东南亚华族民俗文化遗产是中华文化在移居社会的叙述与表达，中国传统民俗已转化成为东南亚当地文化习俗，如新加坡华人报纸《星洲日报》（第一版）2014年1月20日，刊登聚会和宴会行为规范："办宴会，要守时；菜六式，用公勺；吃清光，方离席；有剩余，则打包；贵宾到，司仪报；称呼三，不要贪；台上讲，台下听；排致词，少于四；五分钟，不超时。"提出传统民俗观念的革新运动，落实拼治安、抑制通胀、环保与节俭、传统节日与温馨家庭等活动，引导新加坡华族民俗适应共同生活新理念。东南亚各地华族以个体或群体民俗转移方式持续地参与到中国和东南亚区域社会转型过程，从未中断，华族民间民俗逐渐成为当地社会功能型系统。正如莫斯描述不同形态知识对世界文明贡献时所说，诸多功能型系统的传播、交换才能构成一个庞大的文明体系。

2017年1月18日，习近平主席在联合国日内瓦总部发表专题演讲，提出了构建人类命运共同体，实现共赢共享的中国方案，表达一种具有深厚文化渊源的新世界观。提出"国之交流在于民相亲"的人类命运共同体建设方法之一，民众是命运共同体利害直接承受者，为中华民族民间民俗在海外传承与再生的文化适应讨程给予最明确指引。

（二）华族以民俗实践方式融入当地社会，多元涉入人类共同生活情境

东南亚华人传统以地缘、语缘、族缘组合成各类社群，以便维护共同利益、守望相助和保持与家乡的联系，定居东南亚数代华人逐渐涉入当地社会情境，与当地人通婚，形成混血人群体，如印尼的"帕拉纳坎"、马来西亚的"娘惹"和"峇峇"，这些人群在服装、语言和人生礼仪等方面至今保持华人传统习俗。如

---

① 庄国土：《论东南亚的华族》，《世界民族》2002年第3期。

"娘惹"服装,多要用大红色、粉红丝绸刺绣龙凤呈祥的花纹;"峇峇"的马来语夹杂许多闽南方言和用中国语法;重视门第间的门当户对等等,在结婚时,新人须向长辈叩拜行礼,新人需烧香拜神佛及祖先,婚后12日后回娘家敬茶,丧葬要披麻戴孝、守灵、扶灵,等等①。从东南亚华族融入当地社会的民俗实践,见证海外华人民间民俗实践行动者的张力,东南亚各地历史与社会发展环境不断检验华族民间民俗与东南亚各地社会生活方式的关系。根据劳伦·泰弗诺的涉入理论,强调人们在共同生活时的行动能力,该理论使用"涉入"(engagement)作为其理论的关键词,解释行动者与环境之间的紧密嵌合与动态调适的关系模式,即行动者对持续变化世界的创造性调适,含有行动者的一种道德的承担之意涵。

本研究将东南亚华族作为世界各国家中的一个少数民族群体,形式上虽已经脱离其中华文化母体,但其传统民俗传承依然顽强地存在,并与栖息国主体民族及其他族群的传统民俗文化相互交流、相互影响,互相融通,形成新环境下的人类命运共同体。以东南亚闽侨民俗实践为例,采用涉入理论加以分析。

二 民俗异国传承是实现人类命运共同体基础

民间民俗,通常指个体为处理和解决日常生活困境以及为满足个人精神需求,在与社会现实应对实践中发展出来的民间智慧和经验,是持续实践与行动过程的积累表现。如东南亚闽籍华人的民俗习惯,从汉代就作为一种民族习俗而被当地社会所接受。宋高宗绍兴十年(1140),洪迈著《夷坚志》记载:"泉州僧本称说,其表兄为海贾,欲往三佛齐(印尼苏门答腊的巨港),……落焦土,一舟尽溺,此人独得一木,浮水二日,漂至一岛。"其停滞岛上七八年,娶番妇生三子,"一日纵步至海际,适有舟抵岸,亦泉人以风误至者,乃旧相识"。有史料明确记载中国人定居东南亚的现象始于唐代②。据史料,福建沿海民间自唐宋

---

① 梁明柳、陆松:《峇峇娘惹——东南亚土生华人族群研究》,《广西民族研究》2010年第1期。
② 在唐代,闽南晋江已有海商水手定居于东南亚的婆罗洲,聚居久之,竟成陈厝、戴厝村落(参见蔡永蒹《西山杂记》,"林銮宫"条,泉州海交馆藏本)。

以来与印尼诸群岛之间就有商贸与婚育的习俗,"住藩"① 定居当地后成为印尼第一代华人。东南亚华人的生产与生活习俗在中华传统文化基础上形成,通过对祖籍地传统习俗有选择性地继承与发展,尤其表现在过新年的习俗变化。如2013年,马来西亚柔佛新山会馆将具有143年历史的"古庙众神出游"的神明巡境华人民间民俗,申请为世界非物质文化遗产,成为新马地区重要民俗文化遗产资源类型。

民俗文化作为一种生活方式,体现在东南亚华人语言、饮食、服饰、居住、婚姻、丧葬、节庆、娱乐等约定性模式。历史上华人通过保留与传播祖籍地传统生产与生活风俗习惯,主动与东南亚当地社会的土著文化、主流文化互相吸收融合,获得个休生存与发展、身份认同觉醒、群体社会地位确立、公民意识建立,为当地社会人群作贡献,要求与其所居住国家公民共同生活,东南亚华族民间民俗的文化实践过程。

东南亚华族民俗遗产作为东南亚各国家地区民族文化资源组成部分,使中华民族与其他民族之间实现文化共享,形成共同进步和繁荣人类文化的特征。华人融入当地社会实践的行动者,必然需要与移居国家政治、社会、经济、人文等环境嵌合与动态调适,主动探索和适应在东南亚国家和地区社会共同生活的可能性。

三 东南亚华族民俗融入东南亚当地社会的文化分析

根据劳伦·泰弗诺的涉入理论,要实现共同生活,就需要社会行动者具有道德的承担,和对持续变化世界做出创造性调适。该理论不仅关注行动者的行为,也关注环境对行动者的回应以及行动者对环境的回应。在东南亚华人以民俗涉入各种生活情境,繁衍与成家立业。如马六甲海峡华人中间社会(Babas、娘惹)、菲律宾的华人中间社会(Mestizos),以及印尼爪哇Peranakans,作为东南亚土生华人族群,既与当地原住民不同,但又与第一代华侨差异极大,却保持中华民俗内在的认同感。华族成为东南亚各国多元化族群中一分子,得益于民俗文化迁移

---

① 古代航海贸易需要利用季风,如错过季风或因贸易原因留启海外者,称为"住藩"。宋人朱彧说:"北人过海外,是岁不者,谓之住蕃。"(朱彧:《萍洲可谈》卷6,《四库全书》,台湾商务印书馆刊本)

与保护凸显了族群优势。根据涉入理论五大原则对闽侨民俗实践分析：

（一）强调行动者的道德能力，民间民俗具有伦理共生性特征

伦理共生民俗文化是内在表现。血缘、亲缘、俗缘，将华人祖籍地与东南亚当地社会紧密联系在一起。历史上东南亚各国体制不同，经济发展进程虽有先后，但自宋、元时期，福建移民将祖籍地农业生产经验、技能和民间信仰、节庆、禁忌习俗等传播至东南亚各国，促进当地经济、社会与文化发展，是毋庸置疑的客观事实。为适应东南亚各国社会变革和经济发展要求，闽侨民俗文化在当地社会不断转型过程中，要么遭遇当地社会的认同压力，要么被迫调整自我，以适应在当地社会的生存与发展，如印尼为伊斯兰教国家，大多数居民信仰伊斯兰教，伊斯兰教是印尼社会的主流文化，印尼的华族在语言习惯、婚俗以及民间信仰等习惯传承上备受压力。印尼 Han（韩）氏宗祠，韩姓，在泗水的开基祖，韩裦公（1727—1798 年），清乾隆戊子年，从福建漳州天宝路边村，出海到南洋至印尼泗水（苏腊巴亚）Karet. Str. Surabya，其与当地妇女结婚，育有 5 个儿子和几个女儿。从事新闻报纸业发家，1876 年被授予 captain（甲必丹）。死后葬于 Kampung Babaganlasem。现在 Karet St. Surabaya 建有宗祠，建筑外形为闽南民间传统燕尾式大厝，内部门窗采用大量穆斯林式，祠堂保留有韩氏族谱，每年三次祭祖春节、清明和中元节，完全保留闽南民间祭祀祖先的仪式和风俗。闽侨民俗与印尼主流文化的亲疏关系、被接纳和心理认可程度有关。从日常生活方式看，为了能够在所在国社会、文化和主流民族的大环境中获得生存与发展机会，主动应付当局对外来移民所采取或自然或强制或同化或排斥的政治措施，华人设法融入所在国主流社会，接受当地文化，但不改变民俗习惯。传统上，以建立东南亚华人帮会或同乡会等社团组织方式，承担民间商贸、生产与生活习俗在当地社会传承和保护的任务。

（二）强调行动者与社会实在的双向影响，民间民俗文化的适应与再生

东南亚闽籍华人绝大多数于 20 世纪 50 年代以前移民到东南亚地区，为了挣得更多收入，以赡养在国内家口，或谋求发展以改变在国内家庭的经济地位，避免使自己及子孙后代成为"番阿仔""番囝仔"。明、清两代统治者将弃家游海、过冬不归的人视为弃民，"共所不耻"，福建民间把出国谋生之举视为"背祖庐

墓"、数典忘祖的不耻行为。闽侨不会在异域落地生根，最终目的是挟巨资归国，衣锦还乡。即便穷困潦倒，贫病交加，客死异邦，当地家乡侨亲或侨社等慈善机构也会将其遗骸殓送回国，使其在家乡入土为安，不致骨埋或海外。当移居地的生存条件和社会水平优于闽侨原来祖籍地时，他们便不打算回乡，想在移民之地安家立业，繁衍后代。于是积极争取在当地社会的定居权，进而申请加入当地国籍，成为所在国公民。但从小受家庭和出生地人文环境的影响，以及与生俱来的母语教养却不敢摒弃。在闽侨思想意识形态中，厚养薄葬、灵魂归宗才是人的最终归属。即生时享受物质最大化，死后灵魂归宗。为了子孙后代不忘祖宗，东南亚华人每年端午节"包粽子""划龙舟"；农历新年"送祝福""发红包"；"菩萨圣诞本境巡游（赛神）"等代代相传。祭祀节日通常要邀请当地异族居民参与到活动中，乐此不疲。如在印尼华侨华人（包括闽侨）与印尼经济一直保持密切的关系，是印尼经济产业的创造者和发展主要生产力之一，现在雅加达等地唐人街，就起源于荷兰殖民政府"政经分离"政策，当时华侨（包括闽侨）只允许集中居住在殖民城市的指定区，因传统上闽侨都有民间商贸习惯、甘蔗种植经验和制糖技术，到1710年他们完全掌控印尼的制糖业和零售业，印尼荷兰殖民政府承认闽侨经济地位，但行政上采用隔离管理制度，华人与印尼原住民被划分成上下阶层，引发印尼人怀疑和排斥态度，导致印尼成为东南亚各国"排华""反华"暴乱最频发国家。根据1791年王大海《海岛逸志》描述，18世纪80年代，在爪哇一带定居的闽南人，他们几代人不再回中国，讲马来话、吃印尼菜、信仰伊斯兰教不吃猪肉、穿印尼人的服装，尽管如此，还保留祖籍地风俗习惯，如家里挂对联、过传统民俗节日：春节、端午节、中秋节、冬至节等。过节要舞龙舞狮、祭拜祖先，等等，他们自称"唐人"。现在闽侨作为社会行动者，以民俗实践成为社会文化一部分，在新加坡过年时，以本土菜肴与多种自制糕饼组合，邀请居家周围的异族邻居共同食饮。在新加坡为了讨吉利和祈求好运到来，新加坡福建人过年习俗，一定要吃"捞鱼生"，"鱼生"指生鱼片，以生鱼条为主要食材，配上各色蔬菜丝和水果丝，预摆在大圆盘内，食用时再撒上白芝麻、碎花生、五香粉和胡椒粉等。它象征中国节俗的"年年有余"。每年农历正月初七俗称"人日"，与福建传统习俗一样，即所有人的共同生日，家人亲友在一起吃饭，最重要的节目是"捞鱼生"。当下，东南亚"一个华侨子弟读的语言起码有四种：国语（中文）、闽南语、英语、土语（他加禄语或其他土著语言）"现象普遍存在。

（三）强调行动者必须涉入多元化情境，东南亚华族融入当地社会多元化方式

纵观东南亚各国政治、经济和社会的发展历史进程，东南亚华族通过文化适应的渐进过程，积极地融入所在国主流社会。民间民俗保存与再生主要通过文化适应达成。如在泰国、新加坡、马来西亚、印度尼西亚等国家，中国主要传统民俗节庆日，春节、清明节、端午节、中秋节、中元节，被当地政府确立为全国公共性节假日。每年农历五月初五端午节，在马来西亚大街小巷中，可以看到许多卖粽子的摊位，政府和社团按照传统中国习俗，在端午节期间举办包粽子、赛龙舟活动，马来人、印度人、中国人同场竞技，不分彼此。越南端午节在越历五月初五，粽子由芭蕉叶包裹而成，有"圆"形和"方"形两种。民间以圆形粽子代表天、方形粽子代表地，取天地合一、大吉大利之寓意。越南粽子通常也以糯米为主，辅料有绿豆、猪肉和胡椒粉，味道独特。在越南端午粽子外形多呈四方形状，中间用横竖两根竹篾扎起来，很像耕犁田地，期盼来年五谷丰登，在当地猪肉代表出入兴旺。

（四）强调行动者在多元化情境的行动能力，民间商贸习俗对侨乡与东南亚的经济贡献

早期福建移民并非全部从事商业经营，多数人以农耕劳作来获得生存机会，因此他们必将祖籍地生产经验和技术带到印尼，以此谋生的生产劳动者。唐末，出现成批的中国人定居东南亚（包括印尼）地区，荷兰统治印尼时期，对闽侨在印尼最初印象描述，这些人在南洋定居下来，并非个个经商，而是许多人从事农业等生产劳动。《明史》载："吕宋居南海中，去漳州甚近，闽人以其地近且饶富，商贩至者数万人，往往久居不返，至长子孙"。与闽台沿海地区一样，移居印尼沿海的闽侨，形成村落之后，稳定的生活新环境下的农耕渔捞生产模式。因海洋性气候影响，大多数村落农耕分为"宅仔内"与"园"。菜宅大多位于聚落房舍的周围，"园"则位于在离聚落较远的山上（聚落周围的坡地与台地）"宅仔内"：菜园一般位于住宅外围或聚落的四周，由于耕地四周围以当地常使

用的建筑材料硓𥑮石或玄武岩块等来作为防风围墙，因此称"宅仔"，由于是提供给蔬菜与农作避风用的，因此当地人将这种以硓𥑮石或玄武岩围成的菜园称为"菜宅"。菜宅大多紧邻着屋舍，仰赖着屋旁井水浇灌。由于取水施肥甚是方便再加上受到屋舍庇护与菜宅园墙阻挡季风的功能下，栽种当季不易管理的蔬菜、水果与培育番薯苗。在西屿许多的菜园也如同聚落一般多位在坡地上，因此农作是除了要考虑到季风，风向外亦会考虑到地形的方向。菜宅内种植的农作种类多，但还是以当季的蔬菜为主，在菜园的园墙或靠近屋脚下大多会栽种容易受到风害的作物如玉米、丝瓜、香蕉、果树（芭乐、木瓜）、青葱、甘蔗、杨梅（香瓜茄）、羊角豆等，围墙边则栽种瓜类，如丝瓜、南瓜、越瓜、豆类、番茄等以利攀爬，菜宅内靠中间的地方则栽种时令的作物，如高丽菜、大白菜、花菜、大头菜、油菜、青江菜、茼蒿、小白菜、空心菜、葱、蒜、韭菜、哈密瓜、花生、番薯等，有些人家利用剩余的土地种植葱、蒜、辣椒等等，可谓充分地利用到菜园的为一个地方。园：在西屿当地亦被称作"山"，大多指的四聚落周围的坡地或台地。如澎湖西屿三号县道周围的平缓台地大多数为西屿乡的"园"，园大多数距离聚落有一段，主要栽种花生、番薯、菜豆与高粱，以往还栽种粟等旱作。这些园属于旱田，大多在夏天雨季时才有耕作，由于收成视该年降雨量而定，因此亦称为天田。在园中有少数水井可供耕种的水源，园的防风设施较为多样，大多利用天然的山凹地型或植物类来做防风，在西屿当地可见到种植狼尾草防风[1]。

印尼闽侨因生产环境太恶劣，其中多数依据海洋商贸的发达改行做商贸。在东南亚，华族人经过漫长的社会生产、生活实践，将同时移民带去的闽南海上商俗与当地商贸习俗相整合，约定俗成东南亚沿海华族商人特有的海上贸易习俗。

中国浙闽粤沿海通过台湾海峡与东南亚各国进行海上贸易历史久远。宋朝海上商贸发达，海上贸易地位日趋重要。北宋指南针技术应用于航海，中国帆船从沿海岸航行发展为跨洋航行。南宋时指南针成为中国海船上普遍使用的航海手段，朝廷在各通商口岸设置提举市舶司管理和控制海上私商贸易，实施征收商税、海货专营、接待朝贡、发放出海贸易公引等，政府重视民间从事海外贸易，采取招诱番（外国族人）商来华贸易，对贩洋私商卓有成就可奖以官职。厦门

---

[1] 刘芝凤、林江珠：《闽台海洋民俗史》，人民出版社2018年版。

大学庄国土提出，宋元时期中国海商以中小商人最多，元初年承袭宋代海上贸易制度，使中国与东南亚各国海上贸易继续扩大。元代有中国旅行者记录南洋各国与中国关系最著名书籍，如朱思本撰写《广舆图》和汪大渊著《岛夷志略》，涉及海外地名多达200多个，汪大渊耳目所见99个国家和地区，遍布东南亚和印度洋沿岸。这时期中国对海洋贸易知识掌握首屈一指，拥有世界上最好造船和航海技术，大规模出口商品生产基地已形成，如香料、丝绸、瓷器等。

闽侨海外经商，究其原因，福建人因"七闽地狭人稠，为生艰难，非他处可比"。历经五代、两宋，中原动荡，战争未息，漳泉边民渐走台湾涉东南亚。

闽侨与闽地沿海商人把"土珠、玛瑙、金珠、粗碗、处州瓷器之属"运到台湾中转交易，带回台湾特产"沙金、黄豆、黍子、硫黄、黄蜡、鹿、豹、麂皮"等。海上贸易兴盛，海商阶层形成一股经济和政治力量。如宋末元初泉州海商蒲寿庚，任泉州市舶司30年，亦官亦商。垄断泉州海外香料贸易30年，"以善贾往来海上，致产巨万，家僮数千"。蒲寿庚降元后，元世祖利用他"南海蛮夷诸国莫不畏服"的影响力，招告南海诸国[①]。明末，被称为"海盗"的曾一本、林凤、林道乾、袁进、李忠、杨禄等人也以台湾为转贩地，与大陆"渔舟""往来通贩以为常"。明崇祯十五年（1642），荷兰人从西班牙殖民者手中夺得了台湾北部的基隆和淡水，基本上控制了台湾岛的西部沿岸地区，再次控制中国内海通过台湾进入太平洋到世界各地进行海上商贸之路。虽然官方海上贸易受阻，但民间国际商贸却从未间断。一是宁愿冒死也要赚钱的理念自古有之；二是只要有利可图，"破财免灾"买通海盗和沿路官卡也要硬闯，用闽南俗语叫"敢拼才会赢"；三是把海上保护神妈祖供奉船上，随船保佑为生还的主要精神寄托。

闽南地方政府为支持海上商贸，各港口加强管理。如民国《东山县志》载：清康熙三十七年（1698），山后村朱旋官居户部主事，荣归故里，以皇赐白银万两，奏请买地建圩场于西埔村妈祖庙地，称西埔圩。初创建的西埔圩沿西埔溪建两条街，以提供地皮和减免缴纳地租等优惠条件联络潮州、汕头及本地富户来投建商店。为谋圩场秩序之稳定，保障客商之安全，立碑于西埔圩桥仔头（现福德

---

① 吴琪刘玄：《中国古代的南海行程（2）》，《三联生活周刊》，2012-05-2211：50，http：//www.lifeweek.com.cn/2012/0522/37255_2.shtml。

祠左后方），碑中两句对子："主欺客死赤赤，客欺主住不久"，乡人谨记，流传至今。①

可见，东南亚华族商人与闽地商人因为有国家政府作后盾，从中国到东南亚沿海经济贸易得以发展。同时东南亚华族人因经济有保障，身在移民国的社会地位也水涨船高，有了稳定的社会声望和话语权，闽籍华族带去的古越民族民俗文化得以在异国他乡生根，随着时代变迁，华族人在居住国社会财富和人文关系的积累，形成"唐人文化"现象，华族人的历史民俗文化也与居住国家其他民族的民俗文化有了交流、融合的平台，便形成如今人类命运共同体的国际村状态。

四 东南亚闽侨民俗实践对共建人类命运共同体的探索

国家提出"人类命运共同体"概念，是中华传统文化中"天下观"与"和文化"的思想精髓。中华传统文化中的"天下观"源远流长，无内无外、天下一家是其核心原则，协和万邦、世界大同是其终极目标。这种"天下观"与和而不同、和为贵等"和文化"有机结合，构成了中国人处理与外部世界关系的基本准则。人类命运共同体理念汲取了中华传统文化中"天下观"与"和文化"的思想精髓，将攸关中国前途命运的中国梦与攸关世界各国前途命运的世界梦紧密连接在一起，让世界各国共享中国经验，让中国发展成为世界的机遇②。

东南亚以闽人为主的华族历史民俗文化正是中国沟通东南亚乃至世界的桥梁与桥头堡平台。华族与祖籍地有着血缘、亲缘、地缘、商缘和文化缘的认同关系，能真正起到"让世界各国共离中国经验，让中国发展成为世界的机遇"媒介和传播作用。达到国家治理理念上的"天下观"与"和而不同、和为贵"的天下一家高标准目标。

细致解释：民间民俗，作为一种生活文化，是东南亚福建华人在语言、饮食、服饰、居住、婚姻、丧葬、节庆、娱乐等方面形成的约定性模式。根据涉入理论强调共同生活时所需遵循的多元文法原则，从传统生产与生活习俗，考察东

---

① 方耀铿编：《方言》，转引自东山县地方志编纂委员会编《东山县志》卷三十五，中华书局1994年版。
② 王存刚：《人类命运共同体理念引领人类文明进步方向》，人民网，http://theory.people.com.cn/n1/2017/0727/c40531—29430933.html。

南亚各国整体上认同中华传统民俗文化,同时当地社会对华族传统习俗有选择性地继承与发展的行动,如每年传统农历新年时,东南亚华人社会定要举办各种富有中华传统民族特色节庆民俗活动,当地各民族共同参与华人传统民俗节庆习俗活动。

东南亚华族民间民俗从保留到再生,形成与定居社会其他民俗文化相互融合适应,并发展成东南亚闽俗占主导地位的南洋特色民俗形成过程。从民俗学视角,应将民间民俗实践与国家战略相互沟通,让民俗研究更好地为中华民族的伟大复兴与现代国家的文化建设服务。东南亚闽侨民俗实践对构建人类命运共同体实践有着重要的意义。

(1) 从华族民间民俗在东南亚社会民俗实践历史进程,认识到人类共同命运是一个多元集纳、集合人类优秀成果的社会实践过程,民俗功能应是生态的、中道(适度的、平衡的)、平等的新文化,它既不是"全盘西化",也不是"全盘东化"。

(2) 从东南亚华族民俗实践历史进程可管窥人类命运共同体思想认识与建设实践经验,建立平等相处、互商互谅的伙伴关系,营造公道正义、共建共享的安全格局,谋求开放创新、包容互惠的发展,促进和而不同、兼收并蓄的文明交流,构筑崇尚自然、绿色发展的生态体系。[①]

(3) 东南亚华族历史民俗文化资源是我国与东南亚在文化认同基础上,达到人类命运共同体认知的基础。因此,做好东南亚华族历史文化资源调查与研究是当务之急。

五 小结

依据《人类命运共同体理念引领人类文明进步方向》理论,构建人类命运共同体,"从具体内容看,党的十八大以来,我国坚定不移走和平发展道路,构建以合作共赢为核心的新型国际关系,建立全球伙伴关系网络,坚持正确义利观,坚持公平、开放、全面、创新的发展观,坚持共同、综合、合作、可持续的安全观,坚持共商共建共享的全球治理观,等等。人类命运共同体理念把这些新

---

① 《习近平谈治国理政》,人民出版社2014年版,第251页。

理念新思想新战略有机整合起来,形成了一个结构完整、层次鲜明、内容科学、逻辑严密的理论体系。这一理论体系以人类命运共同体理念为引领,有清晰目标,有明确原则,有具体路径,各部分彼此呼应、相互支撑、浑然一体;从涵盖领域看,人类命运共同体理念涉及政治、经济、安全、社会、文化、生态等多个领域,是对政治共同体、经济共同体、安全共同体、社会共同体、文化共同体等的进一步概括和升华。人类命运共同体理念把利益共同体、责任共同体和行动共同体等处于不同发展阶段的共同体理念紧密连接在一起。其中,利益共同体是构建人类命运共同体的前提和基础,责任共同体和行动共同体是构建人类命运共同体的要求和手段"①。

从政治角度理解,人类命运共同体理念可激发东亚合作潜力,而合作的基础是文化认同。东南亚华族民俗文化早已成为居住国民族文化的重要组成部分,以闽人为主体的华族,闽南文化又占华族历史民俗文化的主导地位。因此,东南亚华族民俗文化对构建人类命运共同体的实践探索非常重要,民俗文化认同,可促进我国跟东南亚事业合作成功,起到事半功倍的效果。

---

① 王存刚:《人类命运共同体理念引领人类文明进步方向》,人民网,http://theory.people.com.cn/n1/2017/0727/c40531—29430933.html。

"一带一路"框架下中越边境地区民族文化旅游开发研究

林昆勇[*]

摘　要：中越两国拥有丰富的民族文化旅游资源，推进中越边境地区民族文化旅游开发，是促进中越文化交流合作发展的重要渠道，是深化中国—东盟文化交流合作的有效途径。伴随"一带一路"倡议的纵深推进，中越边境地区民族文化旅游开发迎来了前所未有的发展机遇。通过分析中越边境地区民族文化旅游开发的优势，探讨推进中越边境地区民族文化旅游开发的发展思路，提出促进中越边境地区民族文化旅游开发和实现中越边境地区经济社会繁荣发展的对策建议。

关键词："一带一路"；中越边境地区民族文化；旅游开发；区域协同

中越两国地缘相近、人文相亲，情谊源远流长。边境地区是中越民族文化的集萃地，有着丰富而独特的民族文化旅游资源。开发民族文化旅游资源，构建中越边境跨境民族文化旅游带，可以提升中越边境旅游整体的吸引力，为中越两国旅游合作开创新思路和新领域，在促进边境地区经济繁荣、推动中越边境地区旅游业的发展、增进中越人民之间的友谊等方面具有深远的历史意义。中越民族文化旅游开放开发，是促进中越两国文化产业交流与合作的重要内容，是推进中国—东盟文化产业国际化发展的重要抓手。推进中越民族文化旅游开放开发对于中国—东盟文化产业国际化发展提出更高要求，为中国—东盟文化能力提升开拓

---

[*] 作者简介：林昆勇，广西大学海洋学院副教授。

更大发展空间。推进中越民族文化旅游开放开发，可以借助中国—东盟双方丰富的旅游资源，通过有效资源整合、市场配置，特别是中越边境地区京族特色民族文化旅游资源开放开发的信息集聚与扩散效应，提供更多优质特色旅游产品，对于纵深推进"一带一路"建设，提升中国—东盟文化国际化发展水平，加强中国—东盟文化交流与合作，促进中国—东盟命运共同体的建设，具有十分重要的战略意义。

依据中国广西东兴万尾京岛（海岛）与越南芒街万柱岛（茶古）地理位置相邻的优势和京族同源的民族文化基础，建设中国东兴万尾和越南芒街万柱国际旅游岛先行试验区，推动中越边境地区民族文化旅游开发。首先，可以充分发挥中越边境地区民族文化旅游资源的优势，深化中国—东盟文化的交流与合作，是加快中国广西旅游业与越南旅游业对接的重要渠道。其次，可以改变广西北部湾经济区发展旅游业的局限性与狭隘性，对扩大其旅游经济国际影响力和京族文化传承具有极其重要的现实意义。最后，将对优化广西北部湾经济区旅游产业结构，提高广西旅游业地位，对促进泛北部湾旅游业整体的协调发展提供科学决策，具有十分重要的意义。

一 中越边境地区民族文化旅游开发的优势分析

（一）中越边境地区拥有丰富的民族文化旅游资源

中国广西有 8 个市、县、区与越南接壤，有 12 个边境口岸，其中东兴、凭祥、友谊关、水口等 4 个口岸为国家一类口岸，另有 25 个边境贸易点。中越边境地区文化旅游景点，主要有东兴的京族三岛、北仑河大桥、龙州小连城、浦寨边民互市点等。这些优越的地理位置为中越边境地区文化旅游融合发展奠定了良好的基础条件。中国广西东兴与越南芒街市隔河相邻，是我国唯一与东盟陆海河相连的地区，也是我国内陆腹地进入东盟便捷的海陆门户。广西东兴万尾京岛原是海岛，后来筑基围与大陆相连，变成半岛，面积 16 平方公里，人口 5700 多人，从东到西沙滩海岸线 12 公里多。越南芒街万柱岛（茶古）面积 13.9 平方公里，人口 4000 多人，海岸线 17 公里。东兴万尾和芒街万柱两个村庄为中越友好村，两村隔海相望，涨潮时相距 5 公里，退潮时万尾岛西面滩涂距离中国海江只有200—300米。东兴万尾和芒街万柱两村携手建设国际旅游岛，地理位置优越，自然条件充分，有利于丰富现有机制框架下中越人文合作内容，增进中越两国人民的友好感情，夯实中越文化交流与合作的民意基础和社会基础，能够有效带动中越边境城市经济转型和发展。

（二）边境地区民族文化旅游开发迎来中越友好合作发展机遇

伴随旅游业的飞速发展及旅游市场需求的日新月异，中越民族文化旅游将迎来良好的发展机遇。2009年12月，我国明确提出要构建"中越国际旅游合作区"，在国务院颁发的《关于进一步促进广西经济社会发展的若干意见》中明确提出"依托崇左大新跨国瀑布景区和凭祥友谊关景区设立中越国际旅游合作区"。2010年6月，在中共中央、国务院出台的《关于深入实施西部大开发战略的若干意见》中明确提出，要"积极建设广西东兴、云南瑞丽、内蒙古满洲里等重要开发开放试验区"。2012年7月，东兴国家重点开发开放试验区建设实施方案获得国务院批准。目前，东兴试验区建设进展顺利，成效显著。2013年，我国国家主席习近平在访问印度尼西亚时提出中国愿同东盟国家携手建设中国—东盟命运共同体的倡议。2014年是我国和东盟领导人共同确定的"中国—东盟文化交流年"，中越双方以文化为纽带，携手开展合作，深化人文交流，夯实友好合作的民意和社会基础，共同谱写合作共赢的新篇章。2017年，中越两国签署《中华人民共和国国家旅游局和越南社会主义共和国文化体育旅游部2017—2019年旅游合作计划》，根据这个合作计划，中越双方将继续推动两国旅游部门和业界的交流，深化在文明旅游、人才培养、宣传推广和维护市场秩序等方面的合作。

（三）中越边境地区共同拥有独特京族特色民族文化旅游资源

中越边界有跨界民族26个，其中很多跨界民族与越南的民族有文化同源的关系。京族作为中华民族的一部分，是我国南方人口最少和最富裕的少数民族之一，也是我国唯一的一个海滨渔业少数民族和海洋民族。京族日常语言为一种古越南语与汉语相结合的混合型语言，即京语，现在京族通用广州方言和汉语。在我国，京族主要分布在广西壮族自治区防城港市下属的东兴市，东兴的"京族三岛"简称京岛，是由巫头、山心和万尾3个小海岛组成，是京族的主要聚居地，其他京族人散居在北部湾地区的陆地上。在越南，京族占总人口的86%，是主体民族。京族的乐器"独弦琴"和传统节日"哈节"先后被列入国家非物质文化遗产名录。目前，京岛成为我国闻名的 4A 级风景名胜区，逐步形成京族特色文化旅游产品。

二 推进中越边境地区民族文化旅游开发的总体思路

2014 年，广西东兴国家重点开发开放试验区成为我国第一个人民币与越南盾兑换特许业务试点，建立了我国第一个东盟货币服务平台，成立了我国第一家跨境保险服务中心。广西东兴重点开发开放试验区是继北部湾经济区之后，广西又一被纳入国家战略层面的开发项目。东兴市地处我国海岸线最西南端，与越南芒街相邻，是我国与东盟唯一海陆相连的边境口岸城市。东兴市以其经济发展的强劲态势、改革开放不断深化、试验区的全面建设和独具特色的发展模式，成为中国—东盟投资合作的热点和关注焦点。

中越边境地区民族文化旅游开发，是在建设中国—东盟命运共同体和中国—东盟文化交流年的大背景下，在中国广西东兴沥尾京岛（海岛）与越南芒街万柱岛（茶古）地理位置相邻的优势和京族文化同源的基础上进行建设的国际旅游岛。与一般的国际旅游岛相比，中越边境地区国际旅游岛是在中越边境地区民族文化旅游开放开发中，将双方的民族文化旅游发展资源进行有效整合、有机连接，打造一个名副其实的国际旅游岛。中越边境城市国际旅游岛肩负着中国—东盟文化交流合作的历史重任，走出一条中越两国经济发展、资源节约、环境友好、人民安居乐业的文化产业国际化持续发展之路。中越国际旅游岛的"携手"建设将为中国—东盟文化交流合作提供可复制推广的样板和典范。

依托得天独厚的京族特色文化旅游资源优势，中越边境地区民族文化旅游开发应该包含繁荣、开放、包容、生态及和谐五个方面内容。这 5 个方面内容互为促进，协同发展，形成一个有机统一的整体。其中，繁荣是中越边境地区民族文化旅游开发的基础，包含了中越两国边境地区经济繁荣、城市繁荣、文化繁荣和社会繁荣等方面，是推进中越边境地区民族文化旅游开发的前提条件。开放、包容和生态是中越边境地区民族文化旅游开发的三个"基本特质"，集中反映了中国—东盟文化交流合作的发展定位，是中越两国人民传统友谊、携手发展的自然结晶。和谐是中越边境地区民族文化旅游开发的目标和归宿，关于中越边境地区民族文化旅游开发的各方面建设工作，最终要实现中越两国边境地区人民睦邻友好、和谐共融、携手发展、共同繁荣。

三　推进中越边境地区民族文化旅游开发的战略谋划

（一）推进中越边境地区民族文化旅游开发

要通过挖掘中越京族文化同源的根本内涵，使泛北部湾经济区城市旅游圈发展国际旅游业真正实现旅游产业与文化产业的有机统一、旅游品牌与文化品牌的深度融合，使其成为促进中越两国文化交流的主要动力、推进中国—东盟命运共同体建设的重要引擎。我们必须清醒地认识到，泛北部湾经济区城市的文化旅游资源是一种潜在的巨大优势，是泛北部湾经济区城市旅游业国际化发展战略和路径中至关重要的环节。

建设中国东兴万尾和越南芒街万柱国际旅游岛是泛北部湾经济区发展国际旅游的重要依托。泛北部湾经济区发展国际旅游应充分开发具有一定同质性的文化旅游资源，构建泛北部湾经济区城市文化旅游圈，增强以文化为核心的民族文化凝聚力，把中国东兴万尾和越南芒街万柱打造成为中越国际旅游岛先行试验区中的一块坚实基地。

（二）促进泛北部湾地区民族文化旅游开发

科学合理地构建泛北部湾城市旅游文化圈，使泛北部湾地区旅游资源和文化资源的整体优势得以充分发挥和有效融合，打造泛北部湾城市国际旅游线路、共同宣传中越京族同源文化，共同培育"哈节"文化产品和品牌，最终形成泛北部湾经济区城市国际旅游一体化的新格局。

从中国广西东兴万尾京岛到越南芒街万柱岛，以京族文化和中越友好村为纽带，打造中越边境城市国际旅游岛先行试验区，使泛北部湾经济区城市的旅游资源得以进一步整合。中越两国游客到国际旅游岛先行试验区游览，都可以实现免签，而包括越南在内东盟国家的游客，亦可以通过该国际旅游岛先行试验区进入中国游览参观。

泛北部湾经济区城市文化旅游圈的构建，可以为缓解中越跨境区域城市经济系统的内部矛盾提供有效的解决渠道。将泛北部湾经济区城市的旅游业置于中越边境城市国际旅游岛先行试验区之中,通过中越京族文化同源的桥梁和纽带来推动泛北部湾经济区城市文化旅游圈的构建,使广西北部湾经济区旅游业获得更大的国际化发展空间。同时泛北部湾经济区民族文化旅游圈总体规模的持续扩大,又将反过来呈几何级数地促进中越旅游产业发展,旅游产业集聚效应不断增强、旅游产业增长点逐步增加、旅游产业链条不断延伸,从而形成泛北部湾经济区旅游产业国际化格局。

(三) 打造泛北部湾地区民族文化开发的国际化旅游

从泛北部湾地区民族文化旅游国际化发展的角度来看,伴随中国东兴万尾和越南芒街万柱国际旅游岛先行试验区的建立、发展和成熟,必将带动泛北部湾经济区城市的旅游产业文化资源的优化配置。而以京族文化整合或"哈节"文化标识打造的泛北部湾经济区城市国际旅游形象将更加具有独特个性和无限魅力。

中越国际旅游岛先行试验区使泛北部湾经济区内的国际元素能够有序地流动和良好地沟通,为经济区城市实现更大范围内的资源配置和优势互补提供了广阔的平台,使中越京族原本单一的文化元素得到了放大和融合,为中越双边文化交流合作的繁荣和发展带来了新的良机。

中越国际旅游岛先行试验区的建立,将以全新的角度和方式,切入到整合泛北部湾经济区城市国际旅游资源的实际问题,对泛北部湾经济区城市的历史文化、民俗文化、外来文化和京族文化等进行深入挖掘、充分整理和优化整合,使这些文化优势和特色资源转化为旅游经济发展的优势和品牌,重点提高泛北部湾经济区城市旅游文化品位,着力打造泛北部湾经济区城市旅游文化精品,从而提炼泛北部湾经济区城市旅游文化特色,打造泛北部湾城市国际旅游文化的独特形象。

(四) 实现中越边境地区民族文化旅游开发

中越民族文化旅游开发,首先要实现中越两国边境地区的繁荣发展,这是中越携手合作给人民群众的第一感知。实现中越两国边境地区经济发展、文化繁荣和社会和谐,是推进中越边境地区民族文化旅游开发的前提基础和首要任务。

1. 要全力促进中越边境地区经济繁荣发展。中越边境地区民族文化旅游开发,要按照国际标准的发展定位要求,完善基础设施、提升旅游质量、形成核心竞争力,从而做大中越两国边境地区经济总量。

2. 要大力推动中越边境地区文化发展。进行深入挖掘京族历史文化资源，加大京族文化项目投资建设力度，加快构建国际文化旅游的公共文化服务体系，形成与边境口岸城市经济发展水平相适应的文化软实力。

3. 要提升中越边境地区的口岸城市发展水平。重点突出中越边境口岸城市的商贸物流和休闲生态的功能规划布局，不断完善城市基础设施建设，强化市容市貌环境的综合整治，着力提高中越边境口岸城市的载体功能，加快打造宜居生态滨海城市。

4. 构建边境城市国际旅游岛是维护中越边境地区和平与稳定的需要。中越边境地区民族文化旅游开发，充分发掘双方同根同源的京族文化底蕴，继承和弘扬这一文化符号，积极发挥中越文化交流与合作的作用，有助于中越双方通过合作来促进共同安全与共同发展，进行有效的管控分歧和争端，有力推动中越双方的协调与和谐，使得中越两国成为和睦相处的好邻居、同舟共济的好朋友、休戚与共的好伙伴。

四 "一带一路"框架下中越边境地区民族文化旅游开发的思考

（一）重点提高认识，全面规划中越边境地区民族文化旅游开发

抓紧制订边境旅游产业发展总体规划，引导国内旅游与国际旅游有机融合的边境旅游有序发展，借鉴国际发达国家和地区边境旅游发展的先进经验和成功做法，制订边境旅游产业发展规划，以指导边境地区民族文化旅游融合发展。中越民族文化旅游开发旨在增加中越边境民族地区经济发展总量，提高人民群众的生活品质。

开展边境地区民族文化旅游开发的资源调查，对中越边境地区民族文化旅游开发的资源总量、数量、分布等进行普查，尤其是对边境地区文化旅游资源开发、利用和保护要全面掌握情况，着力把握边境地区民族文化与旅游发展的旅游资源的特殊性和其地理位置的独特性，重点开发一批开发价值高、富有丰富的民族文化内涵的旅游资源，详细地比较分析边境地区民族文化旅游资源的历史、现状、特色、优势、劣势等相关因素，做好边境地区民族文化旅游项目库的建档工作。

通过多种形式和多种渠道宣传中越边境地区民族文化旅游开发，有规划地扩大边境地区文化旅游，连接好国内旅游、边境旅游和跨国旅游，充分利用边境地区历史文化遗产和民族文化资源，塑造特色鲜明的边境地区民族文化旅游产品。从旅游开发的角度看，民族文化旅游产品的开发类型主要有民族文化景观实体的开发、参与性民俗活动的开发和民族精神文化产品的开发以及民族旅游商品的开发。

加强区域协作保护好边境地区文化旅游资源，尤其是着力保护好中国壮族、京族和越南岱族、侬族的传统文化旅游资源，进行积极调查、整理、挖掘和联合申报区域性非物质文化遗产，加强对边境地区以民族文化为载体的旅游项目建设。民族文化旅游的区域协作发展已经成为旅游行业国际化发展的重要表现，协作决定、协作支持和协作保障是影响民族文化旅游区域协作发展的重要因素，我们要将传承与弘扬民族文化作为动力，统筹旅游企业、旅游者和社会大众的利益发展民族文化旅游，才能实现区域协作的目标。

（二）加强政策扶持，为中越边境地区民族文化旅游开发铺路

稳步推进中越边境地区民族文化旅游开发，制定并实施中越边境地区民族文化国际化旅游国际化发展策略，共同推进"国际化旅游目的地"建设；积极研究出台推动中越边境地区民族文化旅游开发的扶持政策。

积极培育中越边境地区民族文化旅游开发的精品旅游线路，借助"一带一路"建设的纵深推进，大力推进中越边境地区民族文化旅游开发，开发中越边境地区特色民族文化旅游精品线路，重点打造中越边境地区海上国际旅游精品线路，丰富中越边境地区民族文化旅游开发的旅游产品。例如，开辟好北海—越南—泰国—马来西亚—新加坡—缅甸—印度—斯里兰卡的"海上丝绸之路西线之旅"，让中外游客重温古代海上丝绸之路的历史足迹。

创新中越边境地区民族文化旅游开发的宣传推广活动，依托中国—东盟博览会，举办丰富多彩的边境地区民族文化旅游推广交流活动，共同开拓边境地区文化旅游精品线路，提高中越边境地区民族文化旅游知名度和国际影响力。同时，加大中越边境地区民族文化旅游开发的宣传力度。

建立跨境文化旅游人才综合教育体系，在中越相关高校和培训机构的基础上，进一步加强旅游院校与旅游公司联合办学以及其他形式的合作，引入跨境文

化旅游培训实践课程，加快培育和培训更多跨境旅游产业人才。同时，加大培养中越边境地区民族文化旅游开放开发所需要的中高端人才，为中越边境地区文化旅游开发持续健康发展提供人才保障。

（三）加大创新力度，不断推进中越边境地区民族文化旅游开发

不断加强中越边境地区文化旅游资源、产品和要素市场建设，着力推动统一、开放、竞争、有序的边境地区现代文化旅游市场体系建立，合理配置边境地区文化率资源，盘活存量，优化增量，进一步提高边境民族文化旅游开发产业规模化、集约化和专业化水平。

大力支持中越边境地区民族文化旅游开发向"专、精、特、新"的方向发展，形成富有活力的优势边境地区民族文化旅游开发产业链。重点研究边境地区民族的传统文化，对其进行精心加工和组织，开发以边境地区民族文化旅游为主题，突出边境地区民族文化特色的旅游文化产品。我们要从地域性差异、文化气质差异和服务个性三个方面体现中越民族文化旅游品牌的核心价值，从产业融合视角去审视中越民族文化旅游品牌建设问题。

在中越边境地区建设"民族文化国际旅游岛"，将中越边境民族文化旅游浓缩于一岛，融滨海民居文化、服饰文化、饮食文化、歌舞文化、宗教文化等为一体，充分展示中越边境民族文化习俗，让旅游者参与互动，亲身感受独特的民族文化和民俗风情，获得鲜活的旅游体验和旅游感知。

创新中越边境地区民族文化旅游开发宣传营销方式，主要通过媒体、广告、印发资料等多种形式，运用中越英等多种文字语言进行联合宣传，大力鼓励中越边境地区居民在合作区域主办民俗文化节，通过庆典、会展、商贸、赛事等形式，实现以节庆推动文化旅游、以边贸促文化旅游、以会展聚文化旅游、以赛事促文化旅游。

（四）加快平台建设，建立中越边境地区民族文化旅游开发机制

1. 建立边境地区民族文化旅游开发机制。通过加强中越双方边境地区的互动，从机制上推动边境地区文化旅游开发的内外联动整体开发，健全边境地区民族文化旅游开发合作交流会晤制度，共同完善边境地区文化旅游开发合作机制，建立中越边境地区文化旅游联盟，发挥边境地区的协同作用，促进中越边境地区

城市间的联盟结对成为友好城市。同时，组建边境地区旅游企业联盟，加强边境地区旅游企业间的合作，推动边境地区文化旅游产品的合作开发，进行合作开发边境地区特色文化旅游资源，着力推出特色旅游产品，重点开展联合营销活动和进行组合包装边境地区特色旅游线路。

2. 建立边境地区民族文化旅游开发信息网络。通过建立边境地区中国与东盟各国语言的文化旅游开发网站，运用图文并茂、影音声乐等多媒体技术进行介绍边境地区特色文化。同时，开展手机终端边境地区文化旅游服务，着力做好旅游信息咨询、旅游服务宣传、旅游活动预定和售后等旅游信息。构建边境地区文化旅游客源大市场。在边境地区引进 GIS 技术，构建起边境地区文化旅游地理信息系统（TGIS）。按照"政府引导、市场运作、企业（居民）参与"的原则，加强政府、企业、居民的联系和合作，协调社会各方面力量来形成合力进行共同开发，全面为游客提供有关景点、酒店、交通等衣食住行一条龙服务的详细信息查询，为游客提供更优、更多、更新、更全的旅游信息服务。同时，边境地区旅游管理部门也可以更好地了解旅游者的实际需求，进行合理调整经营策略，开发和生产出更多适合边境地区民族文化旅游的文化产品。

（五）发挥集聚效应，打造中越边境地区民族文化旅游开发产业链

按照"政府引导、市场运作、集群发展、品牌经营"的发展模式，充分利用边境地区的民族文化资源、历史文化资源及各种有利条件，加快国际旅游目的地建设，推动建设独具特色的边境地区国际文化旅游目的地，形成成熟的边境地区民族文化旅游产业链，重点培育出有国际影响力的边境地区文化旅游品牌。

按照"全域化、一体化、标准化、生态化、景区化"原则，明确边境地区文化旅游产业定位，突出优先发展地位，打造边境地区文化旅游全域全景旅游，进行制定和实施统一的景区、饭店、餐饮、交通、卫生等设施的服务标准并推进实施，并明确边境地区文化旅游融合发展的区域范围、功能定位、运作模式及政策取向，在信息交流、合作区域管理机制、法律法规、配套政策等方面积极沟通并给予有效落实[9]。

共同打造边境地区国际旅游目的地，开展全方位、多层次的联合营销活动。通过整合边境地区双方的文化旅游资源，推进统一旅游目的地建设，增强边境地

区文化旅游竞争力；推进互为旅游客源地建设，促进边境地区文化旅游可持续发展；立足国际市场打造跨国旅游线路，提升边境地区文化旅游吸引力；构建起"区域联动、资源共享、优势互补"的联合促销体系，加快边境地区文化旅游联合旅游促销，扩大边境地区文化旅游国际影响力；建立区域文化旅游合作国际平台，实现边境地区经济社会繁荣发展。

以建设中国—东盟命运共同体良好的大环境为契机，充分利用中越边境地区民族文化旅游资源优势，深入开放边境地区民族文化旅游开发项目，保持边境地区民族文化旅游对国际游客的吸引力；提高边境地区民族文化旅游产品品位，不断推出新产品和提高旅游资源品位，满足国际游客的更高需求，提升边境地区民族文化旅游的重游率；借助"中国—东盟博览会"扩大中越边境地区民族文化旅游影响，提高对国内国际游客的吸引力；着力发掘中越边境地区民族文化旅游资源的不可替代性，打造出边境地区民族文化旅游的多元和独特的旅游产品。

（六）强化发展动力，促进中越边境地区民族文化旅游开发持续发展

中越边境地区民族文化旅游开发具有深厚的内在文化联系基础。回顾历史，从古至今，中越边境地区就是巴蜀文化、滇文化、骆越文化以及东南亚文化的交流地。在历史发展的进程中，中越边境地区民族开创出大石铲文化、顶蛳山文化、龙母文化等一系列意蕴深厚的多元民族文化。如中国壮族、侗族和越南的岱族、侬族依然保留着干栏文化、铜鼓文化、"那"文化等以及中越两国的哈尼族和越南的贡族依然保留着多姿多彩的服装服饰文化等。

伴随中国—东盟自由贸易区的建立，中越边境民族文化旅游得到了极大发展。近年来，中国与东盟合作不断深化，中越合作也在不断加深，无论是"两廊一圈"合作的深化，还是"一带一路"倡议推进，都为中越民族文化旅游开发提供了宽松的政策环境和高度的关注和支持，为边境地区民族文化旅游开发奠定了坚实的合作基础。

多措并举，共同打造中越边境地区民族文化旅游开发精品。一是通过举办边境地区地域民族传统节庆旅游活动，如中越双方瑶族的"盘王节"、中国傣族与越南泰族的"宋干节"和中国壮族"三月三"歌节等一系列民族传统节庆活动。其中，2014年，中越边境地区少数民族共同举办庆祝京族传统的"哈节"便是

代表。二是通过广泛宣传中越边境地区民族的习俗风情、传统节庆、地方特产等特色民族资源，从而提升边境地区民族文化旅游开发的市场知名度，为共同打造国际旅游目的地树立品牌化的市场形象，逐步推进边境地区文化旅游电子商务发展。例如广西边境地区文化旅游具有独特的资源：以东兴、凭祥为代表的中越边境地区旅游文化资源、以那坡黑衣壮为代表的民间原生态文化旅游资源、以大新亚洲第一大跨国瀑布德天瀑布和宁明花山为代表的山水自然风光旅游资源、以龙州红八军历史博物馆为核心的红色旅游资源，等等。三是要加强资源整合，重点打好特色精品旅游线路：以友谊关、凭祥等为主要景区的历史文化旅游区和南国边关风情旅游区，以"亚洲第一大跨国瀑布"德天瀑布和靖西大峡谷群为代表的喀斯特山水观光旅游区，以左江花山岩画、龙州天琴艺术等为代表的边疆少数民族风情旅游区，以开发京族海洋文化资源为中心，建设"镇海楼京族海洋文化风情园"，发展中越边境特色旅游区，等等。四是大力推动边境旅游开发合作，加快推进中越国际旅游合作区建设。广西在《"十三五"规划纲要》中明确提出，要"推动设立跨境旅游合作区"。同时，广西与越南边境省区共同开展旅游服务标准化合作，共同研究编制《跨境旅游合作建设指南》和联合制定《跨境旅游合作区建设标志》，争取签订更多类似 2015 年中越《合作保护和开发德天瀑布旅游资源协定》等边境地区区域性旅游开发合作协定，加快推进中越国际旅游合作区建设，在中越边境地区建设三种不同类型、不同功能的国际旅游合作区，如设立德天—板约瀑布景区（突出跨国喀斯特地貌山水田园风光和壮、岱、侬族特色文化）、凭祥—同登友谊关景区（凸显中越边关历史文化、当代中越商贸、壮、侬族文化等特色）和东兴—芒街景区（体现中越京族文化、沿海沿边长寿养生、江海水域风光和边关商贸等特色）。五是重点建设好中越民族文化旅游品牌。我们要通过完善产业融合发展的互动机制奠定民族文化旅游发展基础、挖掘文化内涵、树立民族文化旅游的品牌形象，和企业联合开发文化旅游产品，塑造核心价值以及借助产业融合运作的有效模式推广民族文化旅游品牌。

参考文献

李伟山、孙大英：《论中越边境跨境民族文化旅游带的开发》，《广西民族大学学报》（哲学社会科学版）2012 年第 5 期。

林昆勇：《关于中越边境城市构建国际旅游岛的战略思考》，《城市》2015 年第 6 期。

凌常荣：《资源型区域旅游产品开发路径研究》，中国社会科学出版社 2011 年版，第 100 页。

阮文和：《中越边境跨国旅游协同管理研究》，硕士学位论文，广西大学，2017 年。

马骍：《关于民族旅游可持续发展的思考》，《中南民族大学学报》（人文社会科学版）2017 年第 6 期。

陶犁：《民族文化旅游产品开发探析》，《思想战线》2002 年第 4 期。

赵进国：《新形势下民族文化旅游的区域协同发展研究》，《旅游管理研究》2017 年第 7 期。

张海燕、王忠云：《产业融合视角下的民族文化旅游品牌建设研究》，《中央民族大学学报》（哲学社会科学版）2011 年第 4 期。

黄爱莲：《空间正义与中越跨境旅游合作》，《旅游学刊》2017 年第 4 期。

石美玉：《联合营销：经济全球化背景下边境旅游发展的必然选择》，《旅游学刊》2009 年第 7 期。

孙雪岩：《发展延边旅游业的思考——以跨界民族为视角》，《旅游学刊》2009 年第 6 期。

钱学礼：《"一带一路"背景下中越跨境民族文化旅游合作开发问题研究》，《贵州民族研究》2017 年第 3 期。

孟维娜：《中越边境地区跨国旅游开发合作的政策取向探讨》，《广西民族大学学报》（哲学社会科学版）2016 年第 6 期。

廖国一：《东兴京族海洋文化资源开发》，《西南民族大学学报》（人文社科版）2015 年第 1 期。

赵明龙：《建立中越国际旅游合作区的探讨》，《学术论坛》2011 年第 3 期。

张海燕、王忠云：《产业融合视角下的民族文化旅游品牌建设研究》，《中央民族大学学报》（哲学社会科学版）2011 年第 4 期。

文旅融合新业态下的民族文化创新

——基于广西民族地区的文化现状分析

林竹梅[*]

摘 要：随着文旅融合新业态的兴起及文旅融合的不断深入，广西民族地区的民族文化与区域经济社会发展出现了不协调的现象，人们的多元文化需求对民族地区的"文化洼地"现状形成了巨大的冲击。本研究通过对广西民族地区的走访调研，采用相关量表对该地区游客的文化消费需求、文化消费满意度及它们与民族文化创新的关系进行了数据分析。结果表明：文化消费需求、文化消费满意度、民族文化创新三者呈显著正相关；文化消费需求、文化消费满意度能够预测该地区的民族文化创新路径。

关键词：文旅融合；广西民族地区；文化消费需求；文化消费满意度；民族文化创新

一 问题的提出

作为多民族聚居的自治区，广西有壮、汉、瑶、苗、侗、仫佬、毛南、回、京、彝、水、仡佬12个世居民族，另有满、蒙、朝、白、藏、黎、土家等40多个其他民族成分。12个民族自治县中有6个瑶族自治县（恭城、富川、都安、巴马、大化、金秀），2个各族自治县（龙胜、隆林），1个苗族自治县（融水）、

---

[*] 作者简介：林竹梅，辽东学院旅游管理学院教授。

1个侗族自治县（三江）、1个仫佬族自治县（罗城）、1个毛南族自治县（环江）。在漫长的社会发展进程中，各民族的语言、服饰、建筑、生活习惯、风土人情、喜庆节日、民间艺术、工艺特产、民族餐饮等构成了丰富多彩的民族文化，成为广西民族地区文化旅游的资源基础（曹正文，2012）如：印象·刘三姐、龙胜龙脊梯田、贺州黄姚古镇、金秀"世界瑶都"、左江花山壁画文化、布罗陀文化、骆越文化、白裤瑶的铜鼓舞、侗族大歌、壮族的干栏式民居、钦州坭兴陶艺、毛南族花竹帽编织等（黄军，2016）。毫无疑问，广西在民族文化建设方面取得了一些成果。然而，中国改革开放三十多年了，广西的人均GDP还是列全国倒数几位，民族文化建设尚处于初级阶段，且文化分布零散、文化产品雷同、文化精品不多、文化人才匮乏、文化产品创意不足、文化发展效益低下、文化竞争力不强、城乡文化发展不平衡等问题严重。

作为中国唯一与东盟国家水陆相连的省区，广西在推动中国——东盟友好关系发展过程中不可替代的战略地位和作用日益凸显。文化对于经济社会发展的促进作用已经为各国的建设实践所证实，并将在区域经济社会发展中发挥更大的作用（赵铁，2012）。随着"大旅游"时代的到来，以文化为灵魂、旅游为载体的文化旅游融合（简称"文旅融合"）已成为区域经济转型发展的强力引擎。广西最大的优势是环境和自然资源，广西民族文化独特而浓郁，文旅融合在广西有着广阔的市场和强大的生命力。在文旅融合新业态下，广西民族地区亟须提升文化供给能力和质量，满足人们文化需求，破解广西经济发展难题。民族地区正处于文化转型期，构建具有民族性、地域性和时代性并能够满足游客文化消费需求的新型文化模式，是广西民族地区经济社会发展的客观要求和必经之路。

二 文献回顾

国外学者对文旅融合的研究开始较早，也取得了很多研究成果。Connell（2012）认为影视旅游目前已是很多旅游目的地一个新的旅游发展驱动因素。Edward Addo（2001）认为欧洲遗产和传统制度以及节庆活动，不仅构成了加纳旅游产业的经营实体，还构成了吸引国内外游客的文化资本，加纳旅游业的发展完全取决于欧洲遗产和文化多元性；Greg Richards（2006）等从供给和需求的角度出发，探讨了文化创意旅游的发展；Jarkko Saarinen（2014）等回顾了博茨瓦纳文化产业对现存文化、文化遗产吸引物和旅游多元化发展的影响；Jones（2005）认为《指环王》的成功使新西兰的旅游知名度大幅度提升。Jureniene V（2011）探讨了立陶宛文化遗产和文化旅游产业的互动关系。Juzefovic（2015）指出创意旅游是旅游发展的新时代，这种新生的旅游形式丰富和发展了文化和自然资源。

国内有关文旅融合的研究起步较晚。霍艳莲（2015）提出文旅产业融合具有创新能力效应、竞争力效应、消费效应、区域整合效应。李想（2015）从资源、市场、功能和技术四条路径，提出了丝绸之路文旅产业融合的具体对策。林玉香（2014）认为文旅产业融合的模式主要有三种：产业渗透型、产业延伸型和重组型融合模式。石艳（2012）提出文旅产业融合拓展了旅游业的内涵与外延，拓宽了文化产业的发展空间。王华东（2012）从供给与需求、产业融合的时间轴、产业融合的空间轴三个层面，探讨了文旅两大产业融合的机制问题。张广海（2012）等利用投入产出表，分析出文化产业和旅游产业有很强的产业关联性并分析了文旅产业融合的过程。赵蕾（2015）等从旅游与文化的伴生性、旅游的开放性与文化的渗透性，说明了旅游对文化的吸纳以及文化对旅游的渗透是可能的。

通过梳理国内外的相关研究理论，我们发现国外学者大多是实证研究，其研究的深度与广度相比国内学者更偏重市场化、跨领域。国内的现有研究成果侧重于宏观理论性研究，主要集中于对文化和旅游两大产业融合的现象研究，理论分析框架没有形成，融合的规律分析深度不够，而且现有的文旅融合研究极少涉及文化相对保守滞后的广西民族地区。在振兴广西经济的大背景下，亟须深度挖掘、创新广西民族文化，探索适合广西民族地区文旅融合的发展路径，促使文旅融合成为广西民族地区经济增长的新动力。

三 研究设计

针对广西民族地区的文化创新，本研究试图探讨以下几个问题：文化消费需求、文化消费满意度的现状怎样？文化消费需求、文化消费满意度、民族文化创新三者之间是否存在相关关系？文化消费需求、文化消费满意度是否能够预测民族文化创新路径？

（一）数据收集

笔者以广西民族地区的游客为研究对象，通过辽宁康辉旅行社、南方航空等渠道向游客发放问卷。共发放问卷 500 份，最后回收问卷 480 份，回收率为 96%；其中有效回馈问卷 450 份，占回收问卷的 93.8%。调查对象中，男、女游客分别为 217 人和 233 人；少数民族游客、汉族游客和外国游客分别为 162 人、195 人、93 人。

（二）指标选择

基于 Quinn（1998）的文化评价量表、Hofstede（1990）的文化测量量表，本研究的问卷主要包括文化消费需求、文化消费满意度及民族文化创新 3 个方面，均采用李克特 5 点量表作为测量标准。

（三）信度与效度

本研究对回收的三个量表的各 450 份有效问卷的数据，采用统计软件 SPSS17.0 对其内部一致性进行检验，三个量表的信度系数介于 0.974 至 0.989 之间，测量量表符合实证研究的信度要求。本研究中量表的设计是基于现有相关文献，并根据研究对象的实际情况，我们对量表进行了调整和改编，尽量使量表具有较好的效度。

四 研究结果与分析

我们对回收的 450 份有效问卷的数据，进行了描述性统计、相关及回归分析。

（一）量表各因子统计结果

由表 1 可知，调查对象"文化消费需求"各维度计分介于 1.7 到 4.2 之间，其中文化旅游平均水平最高，说明游客对该项的需求量最大。"文化消费满意度"各维度计分介于 1.7 到 3.6 之间，其中文化体验平均水平最低，说明游客对该项的满意度最低。"民族文化创新"各维度计分介于 2.4 到 4.0 之间。其中文化服务、文化环境、文化设施、文化产品的平均水平较高，说明广西民族地区的民族文化亟待创新。

表1　　　　　　　　　量表各因子描述性统计结果

变量	因子	均值	标准差
文化消费需求	动漫/游戏	1.7833	1.12131
	工艺品收藏	2.0333	0.66298
	图书/报刊/杂志	2.1333	1.29493
	文化旅游	4.2833	0.69115
	电影电视	2.9500	1.29438
	文化娱乐	3.8333	0.84706
	多元文化	3.8500	0.81978
	文化交流	4.1333	0.87269
文化消费满意度	文化体验	1.7333	1.02290
	文化氛围	2.4333	0.83090
	当地习俗	2.6333	0.88234
	建筑别致	2.8500	0.79883
	文化景观	3.3167	0.67627
	服饰文化	3.3333	0.62887
	特色饮食	3.4333	0.90884
	文化品牌	2.8333	0.61525
	宗教文化	3.6833	0.79173
	节庆活动	3.2500	0.81563
民族文化创新	地方文化	2.4833	0.89237
	传统文化	3.3167	0.67627
	时尚文化	3.3333	0.62887
	文化产品	3.6500	1.36326
	文化设施	3.8833	0.73857
	文化环境	3.9333	0.86095
	文化服务	4.0833	0.88857

注：量表各因子评价范围从"1"表示"非常不需要、非常不满意、非常不必要"至"5"表示"非常需要、非常满意、非常必要"；n = 450。

（二）文化消费需求、文化消费满意度、民族文化创新相关分析统计结果

我们对量表得分进行了相关分析，统计结果表明文化消费需求、文化消费满意度与民族文化创新呈正相关且相关性显著（Sig = 0.00，小于 0.05）。这说明文化消费需求、文化消费满意度、民族文化创新三者密不可分，相辅相成。也就是说，文化消费需求与文化消费满意度在民族文化创新中起着很重要的作用。

表2　　文化消费需求、文化消费满意度、民族文化创新相关分析统计结果

变量	文化消费需求	文化消费满意度	民族文化创新
文化消费需求	1	0.988**	0.958**
		0.000	0.003
文化消费满意度	0.988**	1	0.954**
	0.000		0.003
民族文化创新	0.958**	0.954**	1
	0.003	0.003	

注：** p ≤ 0.01

我们对表2数据进行的独立样本T检验结果表明文化消费需求、文化消费满意度与民族文化创新之间的显著性非常高，相关性很强（p > 0.05），不存在显著性差异。文化消费需求与文化消费满意度呈正相关（r = 0.988）；文化消费需求、文化消费满意度与民族文化创新呈正相关（r = 0.958，p = 0.954）。

我们对变量进行的偏相关分析结果表明，控制文化消费需求时，文化消费满意度与民族文化创新相关不显著（r = 0.152，p = 0.808）；控制文化消费满意度时，文化消费需求与民族文化创新呈不显著负相关（r = 0.341，p = 0.575）；控制民族文化创新时，文化消费需求与文化消费满意度相关不显著（r = 0.867，p = 0.057）；可以看出，偏相关分析与三个变量间的相关分析统计结果存在差异，说明文化消费需求与文化消费满意度在民族文化创新作用下产生了表面相关，即民族文化创新在其中起着中介作用。

(三) 自变量预测民族文化创新的回归分析结果

以文化消费需求、文化消费满意度各维度为自变量,民族文化创新为因变量,采用逐步回归法进行回归分析。文化娱乐、特色饮食两个变量进入了回归方程,且该回归方程的 F 检验值达到了显著水平 (p = 0.000),表明回归效应是显著的,这些维度可以用来解释民族文化创新的维度。

表3　自变量预测民族文化创新的回归分析结果

	B	标准误差	Beta	T	Sig.
文化娱乐	-4.026	0.000	-1.626	-1.044	0.355
特色饮食	-2.776	0.000	-1.168	-1.083	0.340
常量	-8.500	3.258		-2.609	0.048
R^2	0.750				
调整的 R^2	0.700				
模型显著水平	0.012				
因变量预测值的标准误差	1.18322				
N	450				

表3 数据统计结果表明,该模型中的文化娱乐、特色饮食两个维度的 Beta 均为负值,说明这两个维度均对民族文化创新具有负向预测力,而且这两个维度的 Sig. >0.05,说明它们与被解释变量的线性关系不显著。解释变量和被解释变量 R^2 为 0.750,调整后的 R^2 决定系数为 0.700,说明民族文化需求的这两个维度能够联合解释民族文化创新变异量的 93.3%,模型对数据的拟合情况较好。从容忍度 (TOL = 0.3 > 0.1) 和方差膨胀因子 (VIF = 2.14 < 10) 来看,自变量之间不存在多重共线性问题。

五　研究启示与结论

本研究以广西民族地区为样本,在相关文献基础上,通过问卷调查收集数据资料并构建模型，对广西民族地区的民族文化重构进行了实证研究。问卷中的"文化旅游"需求及"文化体验"满意度说明民族地区的文化产品与文化资源有待创新。研究结果表明文化消费需求、文化消费满意度、民族文化创新三者之间呈正向关系且相关性显著，并证实文化消费需求、文化消费满意度能够预测民族文化创新路径：模块式整合文化旅游资源—重塑式开发文化旅游产品—体验式构建文化旅游环境。在实践应用上，本研究的结论对于广西民族地区的民族文化创新具有重要的启示。本研究主要观点如下：

（一）模块式整合文化旅游资源，拓展文化旅游空间，打造文化旅游集群

作为文化展现的重要场域，文化空间既是民族文化的有机组成部分，又是民族文化生存与延续的文化"土壤"（吴志军：2017）。民族文化价值通常取决于民族地理空间所具备的总体文化特征。整合文化旅游资源需要通过横向、纵向延伸文化旅游空间，形成区域文化旅游联动模式。民族文化需要世代传承延续，但随着社会发展和人们对文化需求的变化，少数民族传统文化不断地在被取代或改变着，因为质朴、民族风味十足的传统文化已不能满足游客的文化需求，这就需要将传统民族文化、现代网络文化、西方时尚文化有效地融合在一起，将现代时尚元素植入传统民族文化里，以满足游客的个性化需求（如：壮族的织锦技艺与西方的立体造型服饰的融合、侗族的木构建筑与现代建筑风格的融合等）。再者，广西民族地区需利用山环水绕、山水相依的地理优势，打造山、水、园、带等文化旅游集群。通过民族文化的空间拓展和模块式整合文化旅游资源，合理规划设计文化建筑、文化景观、文化服饰、文化纪念品、文化节庆活动等，以此提升广西民族地区的文化旅游整体竞争力（如：以隆安为中心的"那文化"旅游集群，以大明山为中心的"骆越文化"旅游集群等）。

（二）重塑式开发文化旅游产品，创建文化旅游品牌

广西是以壮族为主体的少数民族自治区，也是全国少数民族人口最多的省区。未来广西民族地区的民族文化需以差异和特色来确定主题，民族文化特质是该地区民族文化创新不可忽略的重要因素。广西背靠大西南，面向东盟，比邻粤港澳，既沿海，又沿边，既拥有东部的区位优势，同时又拥有西部其他省区不具有的出海通道。广西民族地区多种文化交会融合，壮族的三月三歌节、瑶族的达

努节和盘王节、苗族的踩花山、仫佬族的走坡节、侗族的花炮节等丰富多彩的民族文化为该地区的民族文化创新提供了条件。对于任何一个民族文化而言，拥有文化输出与文化接受的健全机制，才能获得文化补偿。在当前文旅融合的大背景下，广西民族地区需以游客的文化体验需求为导向，以渗透、延伸、重组为路径，重塑式开发文化旅游产品，积极创建文化旅游品牌（如柳州的"工业文化遗址旅游"品牌、百色的"壮文化红色旅游"品牌、象州县的"禅修旅游"品牌等）。通过产品创新、结构优化等渠道，为游客提供"订单式"的文化旅游服务。

（三）体验式构建文化旅游环境，让游客获得满足感

营造良好的文化环境需要依托民族地区的人文历史文化，因为有文化、有灵魂的民族总是让人憧憬（如：苗族的服饰文化、壮乡的年俗文化、梧州的龙母文化、侗族的饮食文化、瑶族的八大风俗、京族的独弦琴、仫佬族的歌谣等）。构建体验式文化旅游环境需要把文化的娱乐、教育、经济等多种功能有机地结合在一起，体现游客参与性、个性设计的文化体验特色（如：民间工艺中的绣球、刺绣、织锦、挑花、蜡染、竹编、藤编、陶瓷等）。游客的人文关怀、个人爱好及文化价值取向也应在民族文化里得以体现，因为它们从视觉到体验都能成为与游客共享的民族文化。为了使游客感受到文化氛围和文化意境，可通过文化专栏、特色文化项目、文化场馆等方式构建体验式民族文化环境，让游客从多角度品赏民族文化底蕴，参与民族文化活动，为民族文化传播和游客文化体验搭建良好载体，并成为一种核心的文化旅游吸引力。此外，文化旅游产品链是构建体验式文化环境必不可少的因素，通过文化+（如：文化+旅游景观、文化+旅游活动、文化+游客需求），形成综合性新产能，既有益于实现文旅产业协同效应，提升民族文化的竞争力，又让游客获得了满足感，为广西经济社会发展提供了文化支持。

最后，需要指出的是，由于本文的研究是以广西民族地区的游客作为调研对象，其研究结论难免存在一定的局限性。本研究中发现的模块式整合文化旅游资源、重塑式开发文化旅游产品、体验式构建文化旅游环境是否能在其他类型的文化研究中获得辨识，还需进一步考究证实。

参考文献

曹正文：《论广西形象在广告中的视觉化表现》，《视听》2012年第10期。

黄军：《"一带一路"战略下广西民族文化发展的研究》，《桂林航天工业学院学报》2016年第3期。

赵铁：《中国—东盟合作框架下广西文化产业创新发展战略研究》，博士学位论文，华中科技大学，2012年。

Connell, J., "Film tourism—Evolution, progress and prospects", *Tourism Management*, 2012 (33): 1007 - 1029.

Addo, E., "European Heritage and Cultural Diversity: the bricks and mortar of Ghana's tourism industry", *Journal of Contemporary African Studies*, 2001 (4): 405 - 425.

Wilson, G. R. J., "Developing Creativity in Tourist Experiences: A Solution to the Serial Reproduction of Culture", *Tourism Management*, 2006 (27): 1209 - 1223.

Jarkko Saarinen, "Cultural Tourism: New Opportunities for Diversifying the Tourism Industry in Botswana", *Bulletin of Geography. Socio - economic Series*, 2014 (26): 7 - 18.

Jones, D. S. K., "Middle - earth Meets New Zealand: Authenticity and Location in the Making of The Lord of the Rings", *Journal of Management Studies*, 2005 (5): 923 - 945.

V. J., "Interaction between Cultural Heritage and Industries of Cultural Tourism in Lithuania", *Transformations in Business& Economics*, 2011 (10): 647 - 663.

Juzefovic, A., "Creative Tourism: the Issues of Philosophy, Sociology and Communication", *Creativity Studies*, 2015 (8): 73 - 74.

霍艳莲：《产业融合视阈下文化产业与旅游产业的融合效应、机理与路径》，《商业经济研究》2015年第12期。

李想：《丝绸之路旅游产业与文化产业融合路径探讨》，《山西师范大学学报》2015年第3期。

林玉香:《我国旅游产业与文化产业融合发展研究》,硕士学位论文,沈阳师范大学,2014年。

石艳:《产业融合视角下的旅游产业与文化产业互动发展研究》,《山东财政学院学报》2012年第3期。

王华东:《贵州省旅游产业与文化产业融合发展研究》,硕士学位论文,贵州财经大学,2013年。

张广海:《文化旅游产业融合及产业链构建》,《经济研究导刊》2012年第12期。

赵雷:《旅游产业与文化产业融合的动力系统研究》,《安徽农业大学学报》2015年第1期。

Cameron K. S., Quinn R. E., *Diagnosing and Changing Organizational Culture: Based on the Competing Values Frame*, New York: Addison – Wesley Press, 1998. 2 – 3.

Hofstede G., Neuijen B., Ohayv D., et al., "Measuring Organizational Culture: A Qualitative and Quatitative Study across Twenty Cases", *Administrative Science Quarterly*, 1990. 35: 286 – 316.

吴志军:《少数民族村寨文化变迁与空间重构》,《广西民族研究》2017年第3期。

"一带一路"框架下中医药的发展现状与创新

黄桂勋　陆　畅　张佳婕　韦安静[*]

摘　要：中医药作为我国传统文化的重要组成部分，在"一带一路"背景下，把握时代的机遇，促进其在"一带一路"沿线国家的发展，既需要政府、学校、行业、企业、民间组织和个人"六位一体"密切配合，又需要坚持"引进来"与"走出去"相结合。

关键词："一带一路"；中医药；创新；发展

在全球化趋势愈加紧密的背景下，2013年9月和10月中国国家主席习近平分别提出建设"丝绸之路经济带"和"21世纪海上丝绸之路"的合作倡议，充分依靠中国与有关国家既有的双多边机制，借助既有的、行之有效的区域合作平台，不断拓展同世界各国特别是周边国家的互利合作。"一带一路"涵盖欧亚非三个大陆地区，推动着沿线国家地区政治、经济、文化等方面的合作与发展。

中医药作为我国独具特色的卫生、科技、文化、经济、生态资源，作为中国传统文化的一部分，也乘着"一带一路"的东风，影响着越来越多的国家与地区。第五次中国国家形象全球调查（2016—2017）的数据中表明，最能代表中国文化的元素中，中医药仅次于饮食（中餐），位居第二，中医药作为我国特有的文化资源，在国家"一带一路"倡议中承担着不可或缺的文化使命。虽然如此，

---

[*] 作者简介：黄桂勋，广西中医药大学附属瑞康医院宣传部干事。

由于"一带一路"沿线国家大多是处于政治转型中的发展中国家，沿线许多国家的注意力集中在通过"一带一路"的互联互通带来的便利，且在制度体制、区域文化上存在巨大差异，加上国家间的贸易壁垒、知识产权以及受众的心理习惯等因素影响，中医药服务要走出国门，融入"一带一路"沿线国家医疗或日常保健中，仍面临一些困难，需要我们根据中医药产业的特点和现状，创新中医药在沿线国家的发展，进一步完善对中医药产业的保障和扶持，才能使"中医药之花"开遍世界各个角落。

一 中医药在"一带一路"沿线国家的发展现状

随着健康观念与医疗模式的转变，中医在慢性病、重大疾病和新发传染病领域为国际社会提供了可借鉴的经验，中医药理念也逐渐被世界各国所接受，中医药受到了国际社会越来越多的关注，全球对中医药产品的需求也日益增加。目前，中医药已传播到183个国家和地区，中国已同外国政府、地区主管机构和国际组织签署了86个中医药合作协议。据世界卫生组织（WHO）统计，中医已先后在澳大利亚、加拿大、奥地利、新加坡、越南、泰国、阿联酋、南非等29个国家和地区以政府立法形式得到承认，18个国家和地区将中医药纳入医疗保险，30多个国家和地区开办了数百所中医院校，专门用于培训中医人才。中医药产业在国际上的发展正呈现出多元化趋势。

由于地缘、文化相近，中医药在东南亚的发展已十分普及成熟。早在中国古代，中医文化就随着中原文化的南迁进入东南亚各国，并生根发展。如今，在越南、泰国、菲律宾、马来西亚等地，中医馆的开设已星罗棋布，中医学校的建立和中医传承人的培养已十分成熟。各类中医学术交流也十分频繁，例如新加坡早在1929年便成立了新加坡中医中药联合会，创办新加坡中医学院，出版新加坡中医杂志等。中医药在东南亚地区已成为人民在就医过程中不可或缺的一个环节。

而在中西亚地区，中医药发展则相对缓慢，主要由于当地本土宗教信仰及传统医学文化的根深蒂固，一定程度阻碍了中医药的传播。但近年来，由于"一带一路"的进一步开展，吉尔吉斯斯坦、巴基斯坦等国家中医发展势头良好，不仅针灸馆等中医项目越来越受到民众欢迎，还先后派遣留学生到我国研修学习，我国也不断派出名医专家开展教学义诊活动,中医对外交流日渐增多。

借由商路的发展,早在汉代中医药已传入欧洲,针灸是最受到欧洲人民欢迎的中医诊疗方法。目前,中医在欧洲的普及方式主要是小型中医诊疗馆及针灸馆,一些综合医院也开设中医科。随着时代发展,欧洲的学校开始开设中医相关专业培养中医人才,中医组织、基金会、研究组的逐步成立,也表明欧洲对中医药的研究日渐深入。

中医药在非洲地区的传播最早可追溯到郑和下西洋时期,但由于非洲经济发展的限制,中医诊所、从业人才数量较少,中医药文化推广、管理、教学等尚未完整。由于非洲常年缺医少药,中医药在当地受到欢迎。同时,我国援非医疗行动的不断开展,也使得中医药人才、技术在非洲得到推广使用。但受制于当地发展条件,中医药在非洲的发展虽然充满机遇,但也任重而道远。

二 中医药在"一带一路"沿线国家发展中存在的问题

(一)沿线国家国情复杂

由于国际金融危机之后发达国家对中国的围堵、打压力度逐步加大以及"中国威胁论"的喧嚣,一些沿线国家对中国倡导的"一带一路"建设存在警惕和防范心理,"部分沿线国家持疑虑和观望态度"。我国与沿线一些国家的合作交流存在战略互信不足、沟通交流渠道不畅的问题,尚未形成紧密的全方位合作交流机制,这制约着中医药文化传播的速度、深度与广度。而且,沿线国家不少属于发展中国家,政局不稳、民族矛盾复杂、法制不健全、政策稳定性连续性不强,这给中医药文化的对外传播带来较大的阻碍。另外,欧美日等发达国家在沿线国家已经经营多年,与沿线国家政府、民间均保持良好关系,医学合作与交流也较为深入,西方医学文化的影响持久而广泛,与此相对应,中医药文化在沿线国家的影响力薄弱,面临着西方医学文化强有力的竞争。

(二)医药文化差异障碍

中医和西医的理论基础、实施检查诊断的方法、对病症的治疗方式存在着根本的区别。中医起源于中国的原始社会,是中华民族在长期医疗实践中逐渐形成的具有独特理论风格和诊疗特点的医学体系;西医产生于近代社会,是基于病理解剖学而逐渐形成并发展起来的现代医学，它更多的是借助于医疗器械设备对患者进行标准化的检查，并针对某一单纯病种或局部定位进行标准化治疗。而"一带一路"沿线国家的文化文明丰富多元，既有中国、印度等东方传统国家，也有俄罗斯、土耳其等"欧亚国家"，还有新加坡等东西文化交融的国家。当中医进入到这些不同地理、历史、宗教以及文化传统的国家时，因其对不同患者有区别的针对性诊疗以及在药物使用中的非标准化，以及东西方文化的根本差别和对中医文化的不理解、不认可，使得中医药的推广受到一定的障碍。

(三) 中医药推广的语言阻碍

"一带一路"沿线大部分国家从法律上讲是以单一的官方语言为主，除官方语言以外，"一带一路"沿线国家使用的非官方语言数量也非常多，且历史文化传统迥异，这导致以英语为主要交流工具的我国对外中医人才难以适应"一带一路"建设的要求。而且，中医药理论和知识全部是建立在中国古代语言结构基础之上，由于古代汉语语言结构和世界绝大多数国家和地区的语言结构相差甚远，使得中医药文化的一些特定词汇概念翻译成异国语言时表达不准确，名不及形或名不及实，甚至使原来的含义丢失殆尽，这些都会导致中华文化圈之外的人对中医药的理解和认同程度大打折扣，甚至对阴阳、五行等中医基础概念产生"不科学"的念头而排斥中医。

另外，中医药的推广对人才的素质要求甚高，不仅要精通中医药文化、会外语，还要懂跨文化传播、文化外交、文化贸易，更要了解对象国国情、文化和民族性格。近年来，不少中医药院校在中医学专业下开设了对外中医方向，培养了大批既有中医药理论又具有较高外语水平的人才，但总体情况还不能适应"一带一路"的要求。

(四) 医药贸易壁垒障碍

中医药产品及服务的科技合作、国际药品市场开发、国际医疗服务等业务尚未形成一定规模，目前，医药贸易的壁垒主要是技术标准壁垒、技术法规壁垒和专利技术壁垒。许多国家在立法认可和规范中医药及其他国家传统医药时，利用法律法规，对中医药、传统医药的准入设置各种技术壁垒，其中，欧盟设置的技术标准有10万多个，美国的技术标准数量更是庞大。亚洲是中药出口的主要市场，日本、韩国等不断修正、更新和颁布相关的法规，制定新的标准，对中药类产品质量进行严格检查控制。并且有些国家和地区颁布法规禁止销售所有未经注册的传统药，使得中医药、传统医药国际贸易在原有困难的基础上，面临着新的障碍。有些国家为保护本国传统医学的发展，出现故意提高进口中药材、中成药、中药饮片等的监测标准，而对国内的药材等产品方面的监测则较为宽松，如重金属污染及农药残留等问题，这也对各国间中医药及传统医药交流造成了障碍。

（五）中医药知识产权问题

国家知识产权局调研组提供的数据显示，我国是中草药大国，但有数百种中草药项目已被外国公司申请了专利，如日本汉方医学、韩国韩医学、北京同仁堂等被抢先注册，我国本就有限的中医药专利也在被外国的制药企业蚕食。随着跨国企业的中国投资，中国的药企和外资合作逐步成为常态化。"洋中药"纷纷在我国抢注中药专利，致使我国土生土长的一些中药产品无法取得产权保护。

三 促进中医药在"一带一路"沿线国家的发展

在我国发布的《中医药"一带一路"发展规划（2016—2020）》中提到，到2020年，中医药"一带一路"全方位合作新格局基本形成，国内政策支撑体系和国际协调机制逐步完善，以周边国家和重点国家为基础，与沿线国家合作建设30个中医药海外中心，颁布20项中医药国际标准，注册100种中药产品，建设50家中医药对外交流合作示范基地。如何把握时代的机遇，促进中医药在"一带一路"沿线国家的发展，需要政府、学校、行业、企业、民间组织和个人"六位一体"密切配合，坚持以"引进来"与"走出去"相结合。

（一）政府积极创造有利于中医药发展的环境

深化与世界卫生组织、国际标准化组织、上海合作组织、中东欧、欧盟、东盟等多边合作机制，积极参与国际组织发展战略、运行规则、政策动态和标准规范的研究与制定，营造有利于中医药海外发展的国际环境；落实中医药双边合作协议，构建政府间磋商和协调机制，加强政策沟通，协调解决重大问题，为中医药沿"一带一路""走出去"营造良好政策环境；制定和完善产权制度、产业政策等相关政策法规，放宽来华人才签证条件，为中医药产业提供更全面的法律保障；充分利用现有政府间合作机制，加强中医药政策法规、人员资质、产品注册、市场准入、质量监管等方面的交流沟通和经验分享，为有条件的中医药机构"走出去"搭建平台，为中医药对外合作提供政策支持；立足沿线各国不同发展现状，针对当地民众医疗保健需求，有区别地选择合作领域、模式和项目，制定和实施符合实际的合作路线和措施；统筹国际和区域发展布局，有效引导地方依据自身特色与沿线国家开展交流合作，形成错位发展、分工协作、步调一致、共同推进的工作局面。

（二）中医药院校扩大海外留学生的招生规模

授人以鱼，不如授人以渔，在积极培养中医药涉外人才的同时，教外国人学习中医药知识，为更多的国外病人服务。来华留学生教育是"一带一路"倡议中的重要组成部分，学校可以通过扩大"一带一路"沿线国家中医留学生招生规模，促进合作办学，增加对沿线国家留学生奖学金的奖项设立，给其提供全方位的人文关怀等方式，吸引其来华学习中医，培养更多的海外中医药人才，为促进中医药在"一带一路"沿线国家的发展提供强有力的人才保障。

（三）增进国内外行业间的交流

截至2017年9月，全球142个国家和地区已设立516所孔子学院和1076个中小学孔子课堂。中医药行业应充分把握孔子学院在全球建立和不断完善的机会，进一步利用孔子学院传播中医药知识，积极开办中医药对外学术会议、培训班、义诊及讲座活动，增加对外中医药医疗援助，增进行业之间的沟通交流与合作。国内中医院校、中医药专家应积极与当地华人中医医师开设的中医院所合作，开展中医临床实用技能和特色疗法的演示、教学，增进行业沟通和人才交流，为海外中医药传播营造良好的氛围。

（四）加强国内外企业间的合作

积极对中医药产品进行国际注册，提高中医药药材和服务的质量，迎合沿线国家民众的健康需要，创造和提供中医针灸、推拿等更多样化中医药产品和服务的选择。在沿线国家打造集中医药医疗、保健、科研、教育、产业、文化"六位一体"的中华医药示范园区、示范点，"中医体验屋""中医文化长廊"等，开展重点中药企业的展示活动、中医药创新技术展示交流等，为21世纪新丝绸之路打造一种新的"驿站"。

（五）充分发挥民间组织和个人的作用

促进中医药在沿线国家的发展，只依靠政府和官方组织的作用是远远不够的，构建"一带一路"沿线国家民间交流平台，充分利用华人企业家团体、协会，海外留学生团体等民间组织和个人的公益性、非营利性、非政府性、独立性等方面的特点，通过交流、旅游、口口相传等方式，进行中医药及文化渗透，加强民间对中医药及文化的了解，为中医药在沿线国家得到更大发展创建强有力的社会环境和民心基础。

综上所述，只有实现政策互通，才能促进中医药发展在各国落地生根；只有实现民意互通，我国才能和世界各国实现更好的文化往来；只有科学技术的互通，才能不断发扬、创新中医药；只有充分实现贸易互通，才能壮大世界中医药健康产业体系。当我们从国家层面到个人都能积极努力，促进中医药在海外的发展，中医药将会在"一带一路"上绽放异彩，得到沿线国家乃至世界各国的广泛关注和认可，中医药之花才能在国际社会上生根发芽，服务于各国人民。

参考文献

中国中西医结合杂志编辑部：《习近平致信祝贺中国中医科学院成立60周年李克强作出批示表示祝贺》，《中国中西医结合》2016年第1期。

唐松、宋宗宏、祝佳：《21世纪海上丝绸之路建设：广州的战略选择与关键问题》，《城市观察》2015年第1期。

刘铜华、肖诗鹰：《国内外中药市场分析》，中国医药科技出版社2010年版，第86—87页。

左言富：《中医药在世界的发展现状与展望》，《江苏中医药》2005年第26卷第5期。

白楠：《阿联酋》，王辉主编：《"一带一路"国家语言状况与语言政策》（第一卷），社会科学文献出版社2015年版。

《多壁垒下我国中药贸易进入"瓶颈期"》，中国制药网（2016-09-08），

http：//www.zyzhan.com/ news/detail/ 57475.html。

《"一带一路"引领中药走向国际》,《国际商报》,http：//www.legaldaily.com.cn/Finance_ and_ Economics/content/2017 – 06/22/content_ 7214675.htm？node = 87512。

《我国计划建 30 个中医药海外中心》,新华网,http：//zy.china.com.cn/2017 – 01/17/content_ 40117530.htm。

李欣、储利荣：《"一带一路"战略背景下中医药文化国际传播的路径研究》,《中国继续医学教育》2017 年第 23 期。

龙堃、郑林赟：《"一带一路"战略下南亚地区中医药的传播与发展初探》,《中医药文化》2017 年第 1 期。

跨境民族的家园生成与共同体构建

——基于中越边境京族村落的考察

黄 玲[*]

摘　要：在人类学看来，边疆是一个"会遇"的地方，尤其全球化时代的移动性使得边疆充斥着复杂的人群、物资、观念、权力和资本的碰撞、交融与创生。生活在边疆地区的跨境民族作为一个"文化共同体"，不仅凝集着民族国家的历史生产与传统族群的文化实践，也包含全球性与地方性的杂糅与交融。文章以中越边疆京族村落为考察对象，通过分析其从离散到安居的家园生成的历史过程，即以十二家先为根基，以镇海大王祭祀为核心，以守土护家为使命，以哈节唱哈为纽带而构建出跨境民族"家国共在"的文化共同体，并在对家园遗产的活态传承与创新发展中营造出亲和共生的文化生态。

关键词：中越跨境民族；边疆；京族村落；家园；共同体；家国共在[*]

边疆作为一个地缘政治概念，伴随着民族国家形成与发展，与边界（国界、国境）紧密相连。在被吉登斯称为"传统国家"时期，边疆多是嵌入自然地理

---

[*] 基金项目：国家社科基金一般项目"文化人类学视域下越南民族文学与中国多民族文化研究"、广西高校高水平暨创新团队"中国—东南亚跨境民族文化遗产研究"卓越学者计划阶段性成果。

作者简介：黄玲，百色学院，文学博士、副教授。

之山川河海，以地形险峻或阻隔而鲜有人居。随着交通畅达和人口增长，这些国与国交界的带状区域渐渐有了各种迁徙族群在此开疆辟土、安家落户、交往互动。在现代民族国家体制下，这些生活在边疆地区的族群或是为国界线划分而归属不同的国家主体，或是某些族群的部分成员迁徙到另一个国家，这些跨境而居的同源族群在学界统称为"跨境民族"。跨境民族各有明确的国家认同，但在文化认同上随着政治、经济与文化交往的频繁与密切，日益凸显其历史的盘根错节与现实的纷繁复杂。尤其是全球化时代的到来，移动性使得边疆的政治内涵与文化生态都发生了极大改变，充斥着复杂的人群、物资、观念、权力和资本的碰撞、交融与创生。在此语境中，跨境民族作为一个"文化共同体"，不仅凝集着民族国家的历史生产与传统族群的文化实践，也包含全球性与地方性的杂糅与交融。

一 "会遇"与交织：地方视野下的国家边疆

人类学在研究中倡导观察者必须站在一个文化整体性和历史长时段的背景下，去把握这些地方与人群的关系、经验和理解，而"地方"给我们提供了一种新视角——"会遇"与"交织"："地方由在特定地点会遇并交织在一起的社会关系之特殊组合构成"，"而可以想象成是社会关系与理解的网络中的连结态势"，[1] 可见，"会遇"就是打破了某个地方必是由边界画出之区域的传统认知，由此凸显了"地方感"的外向维度，由外而内，内外并置，通过提供与外界的联系来界定地方，进而认为地方与全球是可以整合在一起的。周建新的跨境民族研究则鲜明提出"边疆中心"，认为"边疆中心从物理空间的角度看，它关注的主要是现代国家彼此相邻的边境地区，多为经济不发达地区；从跨国民族的角度看，它注意还原被现代国家边界分割的文化群体联系；从历史的角度看，它就是相对于国家史观而早已存在的地方史观"。[2] 可见，边疆的历史过程与文化结构，体现为多层次、多向度的流动。

---

[1] Tim Gresswell：《地方：记忆、想像与认同》，王志弘、徐苔玲译，群学出版有限公司2006年版，第113页。

[2] 周建新：《边疆中心视角下的理论与实践探索》，《广西民族研究》2015年第6期。

中国越南山水相连，中越边境是中越两国之间广阔开放的地带，既是两国政治经济接触的前缘地带，也是多民族文化交流的结合部。历史上，自秦始皇统一中国设立郡县，交趾（今越南北部地区）就在象郡管辖的范围之内，唐代设安南都护府；尽管在宋代曾为汉唐郡县的交州已由半独立的交趾转变为独立的安南，但中南半岛上的占城、真腊两国却与中国交好而得以保持海上商路的畅通，据清代《文献通考》所记，清代从广西到越南北方的交通线有三："若广东海道：自廉州五雷山发舟，北风顺利，一二日可抵交二之海东府，沿海岸行八日，始至海东，有白藤、安阳、涂山、多渔诸海口，各有支港以达交州，此海道大略也。"[①] 这些文献记录了历史上沿中国南部海岸到交州途经的港口，展现出中越交通往来密切、物资贸易兴盛、人员迁徙频繁的生活场面与历史图景。

除了文献记载，具体"地方"也有迹可循。京族三岛所在的中国广西防城港市东兴市江平镇，与越南广宁省芒街市隔海相忘，地势平坦、阡陌纵横，有北仑河、江平江和罗浮江流经交汇，自古便是中越物质交换的商贸重镇，至今还有古代遗留下来的渡口、寺庙和集市等历史遗迹。来到京族三岛的巫头村，沿着进村"大道"，在村头小学旁边坐落着一座灵光寺，村里老人说，寺庙虽是后来复建，但应该是村里有迹可循的最早历史建筑。寺里悬挂一口古铜钟，是在越南各大博物馆中都可见的瘦长造型，高 57 厘米，直径 39.5 厘米，龙形提耳，四面铜刻有字，汉文楷体，每行 25 字共 7 行，部分文字漫漶难辨，但景兴四十二年（1781 年）四月所铸的字样尚清晰。景兴为越南黎朝后期显宗皇帝黎维祧的年号，相当于我国清乾隆五年至四十二年，时间为 1740—1777 年。但显宗在位并无 42 年，这是否因远离安南朝廷对朝代更替罔闻或是工匠笔误，我们不得而知。《京族巫头村灵山寺钟记》记载了铸钟目的、过程及相关捐资人员与钱物。铜钟的铸造者为本村人刘有公，捐资人员不仅有男性也有女性，有安南人还有客人（即汉人——笔者注），有普通民众也有官员，还有巨和广、巨客店、卫生堂、巨永成等商号。历史上，寺院虽为佛教圣地，但在地方社会中也是三教九流混杂与物资信息交汇之地，一些远离王权的地方豪绅还通过做些功德来建构公共权威，外来商号也通过捐献香火来保佑生意兴隆。可见巫头村虽地处偏远但并不封

[①] （清）顾祖禹：《读史方舆纪要·广西七》，中华书局 2005 年版。

闭，其依托灵光寺这一宗教场所与毗邻的作为商贸中心的江平镇，有着较为频繁的交通与交往。

任何文化的构成都离不开族群与地域，而跨境民族在这两个维度上均显现出其动态性与复杂性。因此，我们在考察中国京族时，虽然其在中国属于人数不足十万的人口极少民族，但其跨境民族的独特身份，不应将其视为一个同质、无差异、封闭的群体，而应该将这一族群还原到这一区域的整体文化生态与历史发展脉络中考察。

二 从离散到安居：跨境民族的家园生长

近年来，边疆的地理、政治、经济和文化的意义越发凸显，作为中越跨境民族的京族，考察其如何由迁徙族群从流散、动荡的离散境遇转换为一种植根、互助的家园景观，如何通过参与民族国家的命运进程来构建族群的历史记忆与文化传统，如何在边疆地区营造和谐共生的文化共同体与文化生态，无疑是一个历久弥新的话题。

（一）十二家先：异祖共祭的家园植根

中国京族人居住的地区在中国防城港市东兴市江平镇的巫头、万尾、山心的近海岛屿与周边的竹山、谭吉、红坎、恒望、寨头、瓦村、米漏和三德等地。因京族人口以巫头、万尾、山心为最集中，又称为"京族三岛"。据万尾京族老人口述，他们祖先最早从越南故地迁来的大多是中青年男性，在追赶鱼群的途中发现这一水草丰美的无人岛屿，于是回家带着妻子或者父辈兄弟举家移居于此，怀着对美好生活和安稳家园的向往再次开疆辟土、建房安居。在京族的迁徙中歌中也记载了京族人为了祭祀保佑移居家园的神灵和祖先，散居在岛屿各处的人们相聚而动，以同一个姓氏为单位，联合最早迁来的刘、阮、苏、武、吴、裴等十二个姓氏的家族，按照在越南村落的生活记忆搭建祭祀地方神灵与祖先的哈亭，开展祭祀活动[1]。协商建亭，京族老人说是沿袭原乡的传统。哈亭不仅是中国京族村落的象征符号，在越南村落中也很常见。"亭（Dinh）"在越南非常普遍，基

---

[1] 相关研究见黄玲《跨境民族京族的迁徙史歌与家园意识》，《民族文学研究》2016 年第 1 期。

本每个村社都有，据越南学者调查，"亭"同时具有行政、宗教与文化三种功能，不仅能祭祀神灵、拜祭祖先、商议村务、仲裁纠纷，也是歌唱表演的娱乐场所。有学者还指出，越南传统的"亭"相当于聚落中心的庙宇，供奉城隍（Thanh HoMg），也是地方宗教信仰与聚会的中心。① 2015 年 3 月，我们跟随万尾哈亭亭长苏春发来到越南海宁省芒街市茶古坊，在南寿村哈亭亭长带领下参观了有 500 多年历史的红木哈亭。据史料记载及当地人口述，茶古人是 16 世纪从越南海防市涂山乡迁徙到此地的，由于最早到此开荒的六位祖先都来自涂山乡的茶方村和古寨村，为了纪念先祖的来源地，后人将此地称为"茶古"。现茶古坊下辖有玉山村、平罗村、南寿村、东盛村、长路村、长沙村和沙尾村等，其中南寿村最大，有 365 户近 2000 人口。② 茶古坊几乎也是一村一亭，定时举行各村哈亭小祭和南寿哈亭大祭。

可见，京族各个村落中的"家先"不尽相同，但京族人为壮大群体力量，在移居地则以同姓涵盖那些相邻聚落的没有直接血缘的群体，团结互助、共谋生计，实现共同利益。此种以十二家先作为核心、共同的姓氏为纽带建立起来的虚拟的亲缘关系，具有一种无限拓展的可能，以应对不断迁入的新的姓氏家庭，从而形成更广泛的结盟互动关系。

（二）镇海大王：祭祀圈层的村落扩展

中国传统农业社会一般以家族—宗族为体系延伸，但由移民汇集而成的多姓杂居村落则需要建立相应的村落组织，以承担村落公共事务，维护村落整体利益。京族也逐渐发展出一套属于自己的公益系统：哈节祭祀。在京族生活的村子里，每个哈亭所祭祀的神灵不尽相同，但都将镇海大王奉为上尊。围绕哈节祭祀京族村落组建了地缘性的社区组织，每个村子都有作为祭祀场所的哈亭和管理公共事务的翁村，也有繁复严谨的祭祀礼仪与责权分明的管理制度，以及共同信守的家规民约与风俗惯制。

---

① 黄兰翔：《越南传统聚会场所的"亭"建筑之性格》，《越南：传统聚落、宗教建筑与宫殿》，中研院人文社会科学研究中心亚太区域研究专题中心，2008 年，第 15—39 页。
② 钟珂：《越南万柱"哈节"的举行仪式及名称之考察》，《广西民族研究》2011 年第 1 期。

议题三:"一带一路"框架下的民族文化创新与共享
跨境民族的家园生成与共同体构建

中越边境村落哈亭祭祀神祇对比表①

哈亭	所属国别(地区)	哈节时间	供奉神灵
巫头村哈亭	中国防城港东兴	农历八月初一—初六	正坛供奉:镇海大王、兴道大王、灵应大王、高山大王、点雀大王、各姓祖先神
山心村哈亭	中国防城港东兴	农历八月初十一—十五	正坛供奉:镇海大王、本境土地福德正神、兴道大王、后神刘延宝与刘珧玉父子
沥尾村哈亭	中国防城港东兴	农历六月初九—十四	正坛供奉:兴道大王、广泽大王、镇海大王、高山大王、点雀大王、十二家先神、阮大将军
红坎村哈亭	中国防城港东兴	农历正月二十五—三十	正坛供奉:百神夫人、尊祖百神、百神尊神、百神列圣尊神、百神列圣夫人;后神黄氏贞洁与淑丽二位夫人、潘公华停与果停二位先生
南寿村哈亭	越南芒街茶古坊	农历六月初一—初三	仁明大王、空路觉海大王、玉山镇海大王、广泽大王、玄国君大王、白点雀大王

从上面的图表可知,镇海大王是京族共同祭祀的最重要的神祇。京族祖先以海洋捕捞为生计,因此保佑出海顺利、地方平安的镇海大王是当地最重要的神灵。在涂尔干看来,仪式象征符号是处理自然现实与社会现实的总方式,包括"存在的基本要求和人们共享的价值观念,社群生活依靠这些而得以开展"。② 作为一个血缘和地缘都极其薄弱的人群,镇海大王传说与哈节祭祀仪式为京族建立共同联系的符号,因此京族三岛的万尾、巫头和山心由此自觉认同于京族这一群体;而红坎村也建哈亭过哈节并把国家文化部颁发的"中国非物质文化遗产"

---

① 此表信息来自本人2015年3月带领团队到中国京族地区和越南芒街茶古坊调研的田野中所收集。当地人说哈节的活动实际上一般会持续10天左右,但对外的宣传是7天。
② [英]维克多·特纳:《象征之林——恩布登人仪式散论》,赵玉燕、欧阳敏、徐洪峰译,商务印书馆2006年版,第36页。

· 821 ·

牌匾挂在哈亭的现象，万尾京族则认为这是京族壮大的表现，应该相互帮助[1]。对此现象，彭兆荣解释为京族是根据现实的利益和功能进行共同体认同，体现为一种横向联盟的态势。[2] 但此种联盟也并非出于单纯的功利考虑，而是在家园根植之上的互助与联合。具体而言，京族村落一般以镇海大王为主祭神的祭祀圈，承担着族群内部的自然崇拜、祖先崇拜与生命礼仪的信仰传承；此外，哈节期间也由亭长针对村落在生产生活、人际交往等日常事务进行治理与调节，平时的通婚交友、生产合作、物资交易等社会交往也在族群之间进行，因此也是一种社交圈、通婚圈和物资交流圈。正是这些信仰的共同与家园的相连，维系着京族族群内部以及其他京族族群的交流与互动，从而达成相关利益资源的分享与共有。

（三）守土护家：边疆族群的共同命运

从京族祖先自 16 世纪初叶陆续迁到中国，当时越南正值西山农民起义，后黎朝封建统治衰落，阮朝时期又遭遇法国殖民入侵。1885 年越南沦为法国殖民地，整个社会可以说是战乱频仍、民生凋敝。1885—1897 年法国人要求对中越国家边界强制划定。而随着殖民势力北上威胁中国，位于中越边疆的京族也遭受着家园入侵、国破家亡的危机。

在这一被动现代性的历史进程中，京族民众奋起反抗，联合其他边疆族群抵御侵略，守护家园，京族人从开发生产转向了守土为安，增强了国家认同。京族人民在近现代的历史进程中，经历了法国的侵略战争，为了维护领土主权不受侵犯，中国军民浴血奋战，甚至与越南人民携手抗击侵略者的进攻，形成了抗击侵略的统一阵线，更深切地感受到中越两国唇齿相依的关系。如今，京族民间的歌谣传说中，还流传着《京族英雄杜光辉》《京族统领苏光清》等英雄史歌，唱述刘永福、杜光辉、苏光清等抵御外敌、反抗殖民的英雄叙事，也讲述了中越双边民众同仇敌忾联合抗战的动人故事。而这些"回忆形象"在口述传统中口口相传，代代相承，成为中国京族的族群历史与家园遗产。今天，战乱平息，主权稳固，一系列的民族政策使得京族三岛居民对新中国的国家认同明晰而深刻。

---

[1] 2015 年 3 月本人带领团队到中国京族地区田野参加红坎哈节时采访了万尾村哈亭亭长苏春发。
[2] 彭兆荣：《共同体叙事：在真实与想象之间——兼说京族的故事》，《百色学院学报》2015 年第 3 期。

议题三："一带一路"框架下的民族文化创新与共享
跨境民族的家园生成与共同体构建

（四）哈节唱哈：跨境民族的认同纽带

关于为何京族祭祀镇海大王，京族民间流传着一则蜈蚣精传说，说是古老的时候在海上有一只蜈蚣精作乱人间，神仙化成乞丐将烧得滚烫的大南瓜投向蜈蚣精，蜈蚣精吞下南瓜后，身体断成了四个部分，除了以上所说的巫头、山心、万尾这三个岛屿，还有一小部分是蜈蚣精的牙齿，现位于越南芒街市的茶古坊（万柱）。这一叙事凸显了越南万柱与中国东兴京族三岛的内在关联。但80年代初国家开展民间文化调查时，传说中的蜈蚣精身体只有三部分，并未提及在越南境内这颗"牙齿"。随我国放开边贸推进中越两国互市，京族人逐渐与越南恢复联系，日常生活中也开始提及万柱（茶古）。现在，两边京族在哈节期间互相邀请，拜访道贺，敬神娱乐，走亲访友。中国京族在"文革"后恢复哈节，还请越南的哈妹哈哥来帮助指导。田野中，万尾亭长苏春发说，京族人现在去万柱不像以前那样划着小竹舟就能过去，而要从东兴口岸过海关，在芒街有很多亲戚，打个电话便会有人开车来接到万柱（茶古）。[①] 巫头村吴亭长说，每年京族哈节或其他时候越南芒街有人来，他们都会联系自己在东兴的亲戚朋友接待食住。[②] 不难看出中国京族与越南茶古坊之间的历史渊源与现实交往，而蜈蚣精"三段说"与"四段说"的表述，则是中国京族人对其跨境身份认同的选择性记忆与功利性解释。

对于面海相对的越南，今天的中国京族人有着清晰的边界意识并对自己的中国身份深感自豪。在田野调查中，我们发现供奉在灵山寺那些菩萨和神灵面前的香纸印的是汉字和中国传统中主管阴曹地府的阎王，但是包扎纸钱的报纸却印刷的是越南文字。据管理灵光寺的香公说，这些香纸都是越南那边拿来供奉的。巫头哈节最后一天送神之后，执事的年轻人拿供奉神灵的纸钱冥币到哈亭外右前方的小树林里焚烧。一起烧纸钱时我听到几个年轻人在调侃："因为神是越南的，所以他们爱用越南的钱啊"，但问及为何越南的神会在中国的土地上，他们则解释说是京族三岛风水好、发展好，才吸引越南的神灵在此停留。对于越南的历史记忆，当代年轻人的认知已经不像老一辈那样，他们清楚自己中国公民的身份，

---

① 2015年3月本人带领团队到中国京族地区田野时采访了万尾村哈亭亭长苏春发。
② 2015年8月本人带领团队到中国京族地区田野参加红坎哈节时采访了万尾村哈亭亭长苏春发。

也大方地接受族群历史中的越南记忆,甚至会利用这些资源优势来彰显自我、获取有利自己的社会资源。

综上所述,我们通过分析其从离散到安居的家园生成的历史过程,可以梳理出跨境民族京族家园生成的机制:以十二家先为根基,以镇海大王祭祀为核心,以守土护家为使命,以哈节唱哈为纽带的植根、联合与发展。

三　家国共在:文化共同体的三个面向

孟子曰:"天下之本在国,国之本在家",中国历史沿袭着"家国同构"文化传统。对生活在边疆地区的跨境民族而言,国家是家园的依托,家园是国家的基础,可以说,"国"与"家"相辅相成,和合共生。京族通过在移居地人口混居与社会融合的境遇下不断地调整自身的文化心理和社会结构,将家园意识与国家认同有机地组合起来,呈现为不同历史、不同层次的"文化共同体",具体体现为以下三个面向。

(一) 中越两国历史文化的交流共生

中国广土众民,历史悠久,因此研究中我们要注意现代领土与历史疆域,政治边界与文化空间之间的联系与差别。[①] 而具体到中越边疆,我们在依托主权于领土的国家框架之内,又可不局限于政治边疆和行政区划的囿限,因为文化的脉流比政治更久远和深层。回顾历史,自秦汉以来,交趾(今越南北部)处于中国"天下"秩序之下,受中国封建王朝的管辖,但藩属关系不是森严的统治,更多体现为礼制的教化与濡染。如许倬云所言:"在东亚的'天下'系统之内,各种政治单元以不同的方式和不同的权利与义务,存在于皇帝制度的巨大系统之内。从皇帝的朝廷到少数民族的土司部落,到各处邻居藩属国以及与各种政权共存的社会力量,各种共同体谁也不能拥有绝对的权威,谁也不能完全排斥另一个共同体。"[②] 古代越南接受的是儒释道三家交融的礼仪政治与思维意识,在文化传统中也是以趋同华夏为主流,中国王朝也尊重边疆族群的自我管理;在地方基层社会,不同的族群又都以敬天法祖为核心的生命观与伦理观为共同信仰。可以

---

① 葛兆光:《宅兹中国:"重建"有关中国和历史论述》,中华书局2011年版,第5页。
② 许倬云:《历史变局的关口》,浙江人民出版社2016年版,第130页。

说，从长时段的历史视野来看，中越两国的文化历史来是跨境民族京族的文化共同体的深厚"景深"。

（二）跨境民族族群边界的历史建构

人类学家巴斯认为，文化作为描述人类行为的方式要放到某一被描述的群体与其他文化相关的族群单位之中，特别关注不同文化和历史对族群单位的"临界"与维系所产生的不同意义。[①] 中国京族生活的村落属沿边、沿海地区，在京族人的日常生活中，京族族群内部、京族与周边居住的壮汉民族、国境那边的京族以及随边贸与旅游发展进入京族三岛的人员，在不同的历史时期不同的时代语境都发生着交流、冲突、调适与互动，而"他者"的态度一定程度上影响了族群对自我文化的认知与认同。这从京族语言的使用可见一斑。调查中听村里老人说，现在只有老一辈人会说京语（越南话），村子里京族人之间的交流基本都是用广东话，除了像祭祀等传统活动涉及一些祖先留下来的礼制和专有名词还需要用京语来交流。这是因为生活在汉族文化圈的包围中，京族人无论是日常交往、物资买卖、教育娱乐等都受到汉文化的巨大影响，所以现在京族人对外的交流大部分都是用广东话（粤语）或者普通话。但随着 21 世纪国家开放边贸互市，京族地区也吸引了很多外地客商到此投资开发、发展与越南的边贸。由此，懂京语的京族人就有语言优势，年轻人纷纷重拾母语，市场需求增强了京族人对自己民族语言的历史记忆与现实操演。

（三）京族内部家园遗产的传承创新

如果说历史关系、世界局势和国家政策的是自上而下、由外而内的影响，那么，京族人的家园感与家园遗产则是其内在的核心，是从心而动的实践。这是跨境民族京族形成文化共同体最重要的一点。共同的历史渊源、相似的风俗习惯、大致相同的经济生活、几无沟通障碍的语言以及深嵌于其内心的认同感，为今天中越跨境民族的文化认同提供了深厚基础。尤其是中越边疆很多民族也都尊奉万物有灵的自然崇拜与慎终追远的祖宗崇拜，这些民间信仰在现实生活中则表现为对祖先、家族的深切感念，以及对家园、故土的坚定笃守，营造了"家"的深

---

① Fredrik Barth, *Ethnic Group and Boundaries*, Boston: Little, Brown Company, 1969, p. 9.

切渴望与浓厚氛围，在边疆动荡的历史进程中呈现出一幅对安稳家园的开创、建设与养育的生动图景。

四 家园遗产：文化共同体的亲和共生

"家园"，从实体来看，是基于以传统村落为据点的家园形制和以血缘亲属为网络的家户组织；但从精神而言，则寓指人（人群）的以生命信仰为核心的群体归属和以文化传承为纽带的家园遗产。彭兆荣认为，每一个族群和人群共同体都在特定的生活空间与诸种关系中形成了自然的"家园"，存续下了一个个特色鲜明的"家园遗产"，其形成大抵包括以下四种关系：自然形成的生态家园、特定群体的世系纽带、氏族联盟的"自治性社群"，以及与周边的民族和族群形成的文化互动、资源共享关系。[1] 将此种家园的形制用来考察边疆地区的跨境民族，能够跨越政治的界限而触及族群深层的亲缘关系与文化结构。周建新在对中越、中老和中泰的跨国民族研究中就总结出一种"和平跨居"政治文化模式，他指出即在国家之间与跨国民族地区各民族之间自然长成的传统文化机制是真正长久有效的机制，因其在一种非常复杂的历史、文化、环境等条件下产生而可以进行自我调节。[2] 从越南迁到中国海岛的几百年的历史进程，中国京族通过与故土原乡、迁移所经之地以及定居家园之间建立起一个以家先崇拜为根基、以镇海大王信仰为核心、以守土护家为使命、以哈节祭祀仪式为纽带来构筑族群认同与社会交往的关联网络，从而构建和延伸出祖先—土地—家园—国家的家园遗产的生长脉络。在当今文化遗产运动中，跨境身份的合法性和族群文化的独特性使得中国京族获得更大的自信与自觉，并以坚守、重建和复兴祖先的庙宇、哈亭、仪式，甚至口头叙事等方式来守护、延续和养育中越跨境民族京族的共同"家园"。因此，鉴于文化亲缘与活态传承，家园遗产则可对跨境民族双边达成文化认同、亲和与共生。

当笔者在京族地区调研时，采访到京族文化精英苏维芳老先生，苏老说到，

---

[1] 彭兆荣：《家园遗产守则》，《民族文学研究》2016年第4期。
[2] 参见周建新《和平跨居论：中国南方与大陆东南亚跨国民族和平跨居模式研究》，民族出版社2008年版。

虽然哈节的时间不同，祭祀的神灵和祖先也有所区别，但三岛的京族人是一个"文化共同体"。[①] 在改革开放后京族以极少人口、海洋生计和跨境身份的独特性吸引了诸多人类学、民族学研究者的关注，他者的"凝视"与自我的追寻激发了京族人对族群文化的自信与自觉。苏老使用"文化共同体"并非是京族人被"人类学化"的表述，而是一个实实在在的存在。苏老年轻时正值越南战争，京族人会说越南话而被选为翻译，在学校培训期间学习的中国传统文化加强了文学修养，这为他在退休会搜集整理本民族的文化遗产奠定了基础，也由此成为京族的文化精英。可以说，苏老的生命历程就是融合了京汉和中越的文化共同体。

具体而言，中国京族作为中越跨境民族的"文化共同体"，体现在以下四个层面的关系凝合：其一，是从越南迁移到岛屿的移民的内部的关系与认同，这是京族村落落地生根的关键；其二，是移入者与当地原住族群的关系与认同，则是京族村落适得其所的获得；其三是定居中国的京族人与原居越南的族群的关系与认同，这是京族族群身份建构的边界；最后，随着通婚交往与经贸开放，进入京族三岛的外来者与京族人的关系与认同，这是京族文化自信的彰显。由此可见，京族对族群身份认知是在多重背景中逐渐生成的，由最初并无血缘关系的人群，在地缘、业缘、神缘的共同实践中达成了互动、亲和共生，并与"接受"自己的当地社会融合，最终形成一个命运相连的"文化共同体"。

五　结语

当前我国着力加强与"一带一路"沿线国家的政治经济文化的交往与合作，跨境民族更是显现为一个微缩版的人类命运共同体，中国京族的家园生成与文化共同体建构的互动经验，对移动性背景下的民族、国家、群体，乃至个人的文化认同，都可以从中找到相应的契合点。通过探究京族作为中越跨境民族这一文化共同体的构建与互动的机制，致力于推进中越跨境民族同享共生彼此曾经的历史文化，必将有助于对中国与周边国家民族的文化关系获得新的认识与理解，进而对构建人类命运共同体也会有所参照与借鉴。

[①] 笔者曾在 2013 年 7 月、2014 年 8 月、2015 年 3 月、2015 年 8 月到京族地区进行田野调查，期间都有去看望万尾村的苏维芳老先生。

中国东盟民族文化产业的发展研究

——"供给""需求"两端发力

梁修庆　孔庆民　李佳芯　邓　瑀[*]

摘　要：中国与东盟国家间的交流与合作不仅涉及经济、政治，更涉及民族文化。民族文化的传播与竞争已取代经济的竞争成为中国同东盟各国国际关系发展的主流。在这场多个民族之间的文化融合与冲突中，包含鲜明民族文化特色的民族文化产业的发展自然是重中之重，民族文化产业更好更快的发展为中国和东盟各国更好更全面地开展交流与合作提供强有力的支持。本文首先论述了民族文化产业在中国东盟民族文化交流中的重要作用；其次从民族文化产业的"供给""需求"两个角度分析了民族文化产业发展存在的问题及原因；最后有针对性地提出了进一步发展民族文化产业"供给"与"需求"两方面的建议。创新性地提出了利用政治消费来唤起消费者对中国东盟民族文化产业的需求，为推进中国同东盟各国交流与合作提供了一个新思路。

关键词：民族文化；民族文化产业；供给；需求；政治消费

民族文化是各民族在长期的发展壮大历史进程中，经过不同价值观念之间的

---

[*] 作者简介：梁修庆，广西大学商学院市场营销系主任教授；孔庆民，广西大学商学院市场营销系副主任、副教授；李佳芯，广西大学商学院企业管理专业硕士研究生；邓瑀，广西大学商学院企业管理专业硕士研究生。

斗争与融合，最后形成的带有鲜明的民族特色的文化。它是一个民族物质文明与精神文明的结合，是区分不同民族的最佳标志。民族文化体现在各民族的语言、音乐、舞蹈、文学、戏剧、服饰、诗歌、绘画、建筑风格和民风民俗等方面，它是各国的宝贵资源。民族文化产业是将民族文化中具有价值和使用价值双重属性的部分作为产品进行开发，并提供到专门的市场中，以不同的文化产品和服务形式进行销售，以满足不同国家不同民族的文化消费者的文化消费需求。在"一带一路"的背景下，随着民族文化产业走向东盟国际市场以及东盟各国民族文化产业走进我国市场，不仅实现了中国同东盟各国之间的经济协同发展，也使得以产品和服务为载体的民族文化在中国同东盟各国之间得到交流与传承，进一步加强了中国同东盟各国之间的了解和友谊，交流与合作。

一 民族文化产业在中国东盟民族文化交流中的重要作用

民族文化作为一种精神存在，想要得到更好的传播与共享，除了依靠国家、机构以及专业人员等的推广与宣传外，还可以借助一定的载体即文化产品和服务的消费。在"一带一路"的背景下，区域一体化和文化多元化使得民族文化受众在民族文化内容、形式及其所蕴含的价值观等方面的自主选择意识越来越强，单纯地采用灌输式和强制式的文化传播方式已经无法更好地满足受众对民族文化的需求以及实现民族文化在中国同东盟各国之间更好的交流，选择一种新的民族文化传播方式迫在眉睫。在以市场经济为主体的今天，必须寻求一条有利于民族文化价值传递的市场化通道。消费是传播民族文化的最好的方式，以民族文化产品和服务来传播各民族独特的价值观也正是早期西方国家用来影响中国的方式。面向国际市场的文化产业应该成为中国同东盟各国民族文化交流与共享的中流砥柱。正如李嘉珊等提出的民族文化产品是一种传播民族思想、符号以及各民族特有生活方式的消费品，它可以为消费者提供文化信息的同时实现身心的娱乐，从而有利于形成群体认同并影响文化行为。民族文化产品及服务并不只是一种物质贸易，销售的不仅是产品和服务，更是一种理念和价值。

民族文化产业以独特的存在形态和创造力对人类社会的文化面貌、生态结构以及生存方式产生巨大的改变效应。面向中国东盟国际市场的民族文化产业提升了各国民族文化的传播能力。"文化精神的传播依赖于与之相符合的文化产品的消费,一个国家的文化软实力需要借助文化产品的输出才能得到真正有效的传播与共享。"大力发展民族文化国际贸易,可使得各国极具特色的民族文化在中国和东盟各国得到有效传播,进一步加深民族文化进口国对民族文化输出国的了解和友谊、交流与合作。

二　中国东盟民族文化产业发展存在的问题及原因

(一)民族文化产业供给不佳

我国目前大多数民族文化产业主体规模不大、实力不强,中国与东盟民族文化产业合作的创新和发展在整体上缺乏必要的规模效应和范围效应,民族文化产业集约化程度不高,文化产业的总量不大,产业优势表现不充分,产业交流合作的内部也存在着各领域发展不平衡的现象,产业结构不合理,其中,新闻出版行业多以书展形式附带营销,无法作为常态化的商业运营模式持续下去。民族文化资源开发不足,民族文化产品的生产还不够充分,低端产能过剩,而高端产品有效供给不足,科技含量不高,文化产品附加值低,民族文化服务的提供也不够到位。旅游产品民族文化内涵不足、同质化现象严重、品牌个性不强、缺乏文化创意,无法满足旅游消费者对民族文化旅游产品个性化、多元化、品质化的追求。旅游纪念品千篇一律,大同小异,缺乏原创性,在旅游纪念品、工艺品的设计方面存在同质化、制作粗糙、工艺不精、缺乏创意、特色不足,还未能设计和开发出能够充分体现各国各民族历史文化特色和地域特色的民族文化创意旅游商品。导致民族文化产业供给不佳的原因归纳如下。

1. 民族特色文化的衰落

民族文化产业的可持续性发展依赖于民族特色文化资源的不断支持。如民族工艺品的创意和制作灵感来源于民族特色文化的内涵;民族歌舞演艺的创作和表演灵感来源于各民族特有的生产、生活文化风情;民族旅游项目的开发和建设也主要依赖于游客对民族特色文化的体验需求。而现如今,随着各民族活动范围的不断扩大,经济、交通、通信等条件的改善,地区与地区之间的距离、国与国之间的距离都不断拉近,文化全球化现象日益显现,不同国家不同民族所特有的生产方式、观念价值、消费方式等相互认同,相互渗透,民族文化呈现出同一化趋势。文化优势大的民族文化跨越本民族的界限开始影响其他民族,被其他民族文化吸收借鉴甚至完全同化,各民族的地域文化特色渐渐地被削弱,失去原有的独特性。再加之,城市化和市场化的大力推进,旅游的进入在有意无意间影响着民族地区居民的生活、生产方式。一些民族地区的本地居民为了获得旅游带来的经济利益,开始忽视甚至无视自身民族文化的价值,更抛弃了保护、传承本民族文化可持续发展的自觉意识。在一些民族文化产业的设计上忽视特色和品质,而在建设项目的"高、大、全"和"新、奇、怪"上下功夫,形式上的靓丽同文化内涵的浅薄形成对比。

2. 对民族文化产业发展的投入不足

首先从宏观环境来看,东盟由多个国家组成,国家与国家之间相隔较近,宗教文化等虽趋近相似,但仍有不同之处,各国之间或多或少存在利益冲突,国家的政治局势总体来讲不大稳定,各方之间未形成和建立一整套系统调整民族文化产业投资的相关法律,对外直接投资的手续繁琐,大大挫伤了部分中小企业投资的积极性。同时,国际民族文化产业竞争也异常激烈,中国东盟民族文化产业合作融资的大环境并不乐观。再者,由于我国的民族文化产业大都采取"官商结合"的经营模式,这就导致企业在某种程度上失去决策自主权,而国外的投资者又都偏向投资于政府干预较少的产业,故中国与东盟各国之间的民族文化产业合作受阻,投资引进不足。其次从资金的供求方面看,对金融市场的管制,银行借贷不易,造成我国对民族文化产业资金的供给严重不足。由于民族文化产业投融资的匮乏,中国与东盟民族文化产业合作的创新和发展在整体上缺乏必要的规模效应和范围效应。缺少足够的资金投入到民族文化产品和服务创新的研发上,开发的大部分民族文化产品和服务在内涵、价值、品质上均处于中低水平。

3. 民族文化相关人才的缺乏

民族文化产业涉及了文化学、经济学和管理学等多种学科,要经营发展好民族文化产业需要大量的优秀人才,并且在这个科技是第一生产力的时代,民族文化产业同样需要能开发高端的具有高科技含量的产品和服务的人才。人才是文化创作的基础,少了人才这一主体的支持,民族文化的繁荣和发展将无从谈起。但是就目前中国以及东盟各国的现行教育体制来看,对复合型人才的培养不够,懂民族文化的不擅长经济、管理以及技术,而懂经济、管理或者技术的人才又对民族文化这一类知识涉猎过少甚至完全陌生，缺乏完善的民族文化产业学科体系。在现有的民族文化人才队伍中总体老龄化现象严重，随着老专家、老艺人的不断退休，民族文化产业的业务骨干不断锐减。就拿作为中国、东盟民族文化产业合作前沿的广西来说，广西民族文化产业的科技创新机制就尚未完全建立，民族文化产业的科技投入量较少，文化类人才储备不足，开发和创作新产品的能力仍然比较薄弱。

（二）民族文化产业需求不足

我国民族文化产业在需求方面动力不足，出现需求增速放缓以及需求外移等现象。从我国需求市场总量看，2015 年我国社会消费品零售总额在 30.1 万亿元左右，同比增长 10.7%；2016 年社会消费品零售总额在 33.2 万亿元左右，同比增长 10.5%。这些数据表明，目前我国经济增长实现了主要由内需特别是消费带动。但值得关注的是，民族文化产品和服务显然并未完全适应消费需求转化，民族文化领域的需求在近几年来并未得到较大程度的带动。以我国入境旅游人数增长为例，2015 年我国入境旅游人数为 1.34 亿人，同比增长 4.1%；2016 年为 1.38 亿人，同比增长 3.5%，与上一年相比，增速放缓；到了 2017 年，我国入境旅游人数为 1.39 亿人，同比增长仅为 0.8%。另外，由于西方文化的侵入，部分国人一味地崇洋媚外，排斥本国的特色民族文化。比如在观看带有中国传统民族文化元素的本国动画和观看带有鲜明现代西方文化的电影、日本动漫的选择上，绝大部分新一代年轻人会选择后者。民族文化产业需求不足除了民族文化产品和服务品质较低等原因外，其他有关主体自身需求不足的原因如下：

1. 缺乏民族文化认同感，忽视民族文化可持续性发展的重要性，以及承担维护民族文化多样性和促进中国与东盟各国友好交往责任感的缺失。

我国是一个多民族国家，拥有丰富的民族文化资源，比如独特的民族服饰，热烈奔放的民族舞蹈，悦耳动听的民族乐曲以及各种有趣的民俗民风。但全球化以及市场化使得人们对本民族的文化认同感渐渐淡化，低估本民族文化的价值，无视民族文化可持续发展的重要性，而去追求在现代化以及全球化中逐渐孕育形成的普世文化。在工业化逐渐形成的物质主义价值观和消费主义、享乐主义等意识观念使人们追求物质享受和消遣，而忽视了更高水平的追求。民族文化流失衰落的事实摆在人们的面前，如我国曾有各种戏剧300多种，而现如今仍活跃的屈指可数，民族戏剧的危机已经显而易见，但大部分人仍然认为这是国家的事情，与己无关，也没有能力去挽救。在中国与东盟的友好关系的维护上，作为群众的人们也以事外人的身份看待。对民族文化价值、保护民族文化能力的低估以及对维护民族文化多样性和促进中国东盟友好交往的责任的忽视，是导致对民族文化产业需求低的主要原因之一。

2. 政治冲突。

民族文化交流可以促进中国与东盟各国的政治互信，促进彼此之间在政治、经济、文化等方面的进一步合作。但受南海问题的影响，东盟的不少国家如越南、菲律宾、印度尼西亚、马来西亚等与我国一直存在不可忽视的政治互信问题。越南、菲律宾等国家也多次因为南海岛礁的问题与我国发生摩擦，这阻碍了国家之间民族文化产业的发展，抑制了消费者对中国东盟民族文化产业的需求。

三　中国东盟民族文化产业发展的对策建议

(一) 从民族文化产业的"供给端"发力，优化民族文化产业供给

1. 努力做好民族文化资源的保护与开发工作。

民族文化传统和民族文化特征是民族文化产品及服务的核心，文化产品只有包含民族元素才能更好地满足各国民族文化消费者的需求。而随着现代化和全球化进程的不断加快，中国以及东盟各国民族文化资源都受到较大程度的破坏，因此要发展好民族文化产业，保证好民族文化产品及服务的有效供给，必须做好民族文化资源的保护与开发工作。首先要加大各国民族文物的收集和珍藏力度，整理翻译民族古籍，对非物质文化遗产尤其是民风民俗、民间歌舞、民间文学等持续进行调查、研究、传承工作。要建立各国民族文化资源的数据库，实现数字化保护。其次，在坚持可持续发展的原则之上，做好各民族地区特色文化资源的挖掘与开发工作，在开发过程中要注意维护民族地区的生态平衡，要将保护与开发放到同等重要的位置，实现民族文化产业的可持续发展。

2. 加快民族文化产业的供给侧结构性改革，推动民族文化产业创新转型和升级。

采用"文化+科技""文化+互联网"的发展模式，借用新动能加快民族文化产业升级。其中"文化+科技"是指利用技术全面创新推动民族文化科技产品和服务的创新，大力构建起产学研相结合的中国东盟区域性民族文化科技创新体系，着力研发民族文化科技创新技术，提升民族特色文化要素利用效率，增加民族文化高端产品和服务的有效供给。"文化+互联网"是指利用信息基础设施和网络技术为民族文化产业搭建中国与东盟交互共享的平台，创建文化创意产业园区，促使大数据与文化创意产业实现耦合发展。同时，民族文化产业主体要始终树立创新意识，以民族文化产品及服务的创意设计和文化品牌来推动民族文化产业更好地走进中国东盟国际市场。

3. 营造民族文化产业的融资环境，完善融资渠道。

民族文化产业的发展离不开资金的支持，财政支持是中国东盟民族文化产业发展的保障。首先，要营造良好的中国东盟民族文化产业融资环境，需要中国与东盟各国联合制定规范民族文化产业发展的制度、体制和政策。由于民族文化产业是高风险、高投入的行业，故为了降低投资方的后顾之忧，必须建立民族文化产业的保险体制，要结合保险自身的特点，建设保险与民族文化配套体系。其次，要构建政府引导型的民族文化产业融资模式，中央及地方各级政府要加大对民族文化产业的投入，同时要制定一系列有利于民族文化产业发展的优惠政策、税收政策，引导社会资本进入民族文化企业。完善融资渠道，采用多元化融资方式，目前民族文化产业值得借鉴的融资渠道和方式主要有：股权融资、债权融资、风投、私募基金、版权质押、融资租赁、企业与个人捐赠等。另外，金融机构要结合民族文化产业市场特点开发自有融资方式，创新适合本国民族文化产业特征的多元化、多层次的信贷产品。

4. 民族文化产业专业人才的培养和任用。

民族文化产业的转型升级需要培养和任用一系列专业人才，包括民族文化创意人才、经营贸易人才、技术人才。具体措施如下：首先加强中国与东盟的合作，在现有的中国东盟合资教育培训机构以及国际学校中开办专门的民族文化产业相关课程，培养一批懂文化又懂市场、懂国际贸易又懂外语、懂产业又懂法律的复合型人才，建立民族文化产业创意孵化园，通过提高师生民族文化新创意的市场转换率来增强师生的民族文化研究和创新热情。其次中国和东盟各国的民族文化产业主体合作，定期派遣员工互访，学习交流，为提高民族文艺工作者的素质创造条件。最后，建立符合各国国情的民族文化人才激励机制，提高民族文化企业员工待遇和社会福利。

（二）从民族文化产业的"需求端"发力，刺激潜在消费者对民族文化产业的需求

民族文化产业的受众是消费者，促进中国与东盟友好合作、共同发展也离不开消费者群体的支持，将民族文化产业同中国东盟民族文化交流、民族文化多样性保护维系起来的仍然是购买和享受民族文化产品及服务的消费者。消费者是一个很大的且具有经济实力的群体，从消费的角度看，整个国家可以看成是由消费者组成的一个集体，因此刺激消费者对民族文化产业的需求，调动消费者通过自己的购买行为去支持中国东盟民族文化产业的发展对于中国与东盟各国的民族文化交流、共同发展是非常有必要的。消费者需求的调动可以从两方面入手：一是从民族文化产业本身的供给质量出发，通过提供具有高价值的民族文化产品及服务来调动消费者的需求，这点本文在上文已经讨论，此处主要是讨论如何从消费者本身出发去刺激消费者对民族文化产业的需求，为中国东盟民族文化产业的发展提供一个新思路。

在如何刺激消费者对中国东盟民族文化产业需求方面，需要引入政治消费的概念。政治消费是指消费者基于政治、道德、伦理、社会的考量在产品以及产品制造商之间选择，要么支持购买要么抵制购买。政治消费为人们提供了一种可以通过消费选择来表达他们的观点和价值观的新途径。比如，为了响应和支持公平贸易，消费者愿意支付相对性价比较高的价格来购买带有公平贸易标签的商品。为了表明对可持续生活方式的支持和承诺，消费者坚持素食主义，节能和有意识地进行交通方式选择。当韩国无视中国的强烈反对，仍坚持部署"萨德"反导系统时，愤怒的中国消费者开始抵制韩国明星以及其影视娱乐产品。这些政治消费的实例证明了消费者自主意识的不断提升和力量的不断增强。

在利用政治消费来发展中国东盟民族文化产业，培育和激发消费者购买民族文化产品及服务上，需从两种诉求入手：一是维护民族文化多样性的诉求。民族文化就如同自然界的所有物种一样，并不是由相同成分组成的不变的集合体，而

是一个由不同部分按照一定顺序排列的组合，一个经过整合加以平衡的多样化的产物。一旦失去多样性，各个部分便无法形成一个能够生长、发展、繁衍和创造的实体。同生物多样性相似，民族文化多样性能够提高人类对世界有限的环境资源的适应性。在世界全球化的今天，维护民族文化多样性是防止文化全球化、抵御文化霸权的最佳路径。中国与东盟各国具有鲜明特色的民族文化构成了世界民族文化的多样性，消费者对中国东盟民族文化产业的支持，有利于民族特色文化的保护与传承，进而有利于维护中国与东盟各国的可持续发展。二是维护和支持各国和平共处原则的诉求。东盟实际上是针对成员国共同关心的安全与合作等问题搭建的对话平台和外交舞台。东盟方式实质上体现为一种外交与安全文化，其特征有六个方面，即主权平等、和平解决争端不诉诸武力、不干涉和不干预国家内部事务、不卷入成员间的双边冲突、平稳外交以及相互尊重及宽容。这些特征同中国倡导的和平共处五项原则相符。消费者对中国东盟民族文化产业的支持，有利于加强中国同东盟各国的交流与合作，促进中国东盟的共同发展，彰显国家间遵守和平共处原则的优势，以及表达对霸权主义的抵制。

具体来看，激发消费者关于维护民族文化多样性的诉求以及维护和支持各国和平共处原则的诉求，从而使消费者产生对中国东盟民族文化产业的需求，作出支持购买行为需要从以下两个方面着手。一是利用家庭教育和学校教育来使作为公民的消费者认识到维护民族文化多样性和和平共处原则的重要性，促进消费者对民族文化产业的更深层次的认识以及唤起消费者自觉承担责任的意识。二是建立大众传媒以及互联网社交媒体的全方位宣传体系。利用大众传媒宣传、强调和扩散支持中国东盟民族文化产业，消费民族文化产品及服务是如何以及为什么能够成功维护民族文化多样性和促进中国同东盟各国和平共处的，并将传播的关键点转化为与政治消费行为有关的信息，从而提升消费者在为国家以及民族事业做出贡献的信心和能力、丰富民族文化产品及服务的附加价值、激发消费者对民族文化产业的需求。同时，利用互联网社交媒体发起对支持中国东盟民族文化产业、实现民族文化多样性和支持和平共处原则的相关讨论。实现信息共享和消费者之间的数字联系，从而加强消费者对支持中国东盟民族文化产业的承诺。

综上所述，中国东盟民族文化产业的发展有利于加强中国与东盟各国民族文化交流，进而促进中国与东盟在其他各领域的交流与合作，但其发展仍然存在诸多供给侧与需求侧的问题。宏观经济政策演化的历史一再表明,供给和需求政策往往是相互转化的,所以单纯地放弃需求谈供给或放弃供给谈需求都是片面的。只有从提高供给质量和拉动需求两端着手,才能实现中国东盟民族文化产业的持久发展。

参考文献

陈永龄:《民族词典》,上海辞书出版社1987年版,第347页。

覃玉荣:《中国—东盟跨境民族文化产业发展与合作——基于文化距离的探究》,《广西社会科学》2012年第11期。

王明贵:《民族文化产业化探讨》,《乌蒙论坛》2006年第1期。

李嘉珊、杨嫔秋:《文化贸易:中国文化走出去的理性选择》,《2010年中国对外文化贸易年度报告》,北京大学出版社2011年版。

贾磊磊:《中国文化软实力提升的策略与路径》,《东岳论丛》2012年第1期。

谢卓华:《"一带一路"背景下广西对接东盟文化产业发展研究》,《广西社会科学》2016年第3期。

谢伦灿:《文化产业融资的现状透视及对策分析》,《同济大学学报》(社会科学版)2010年第5期。

Shah, D. V., Mcleod, D. M., Kim, E., et al., "Political Consumerism: How Communication and Consumption Orientations Drive (Lifestyle Politics", *Annals of the American Academy of Political & Social Science*, 2007, 611 (1): 217-235.

Ben-Porat, G., Shamir, O., Yuval, F., "Value for money: Political consumerism in Israel", *Journal of Consumer Culture*, 2016 (2).

孔庆民、梁修庆、张正等:《社交商务中政治消费的动机及其影响机理研究:态度功能理论的视角》,《兰州财经大学学报》2017年第4期。

Watkins, L., Aitken, R., Mather, D., "Conscientious Consumers: A Relationship Between Moral Foundations, Political Orientation and Sustainable Consumption", *Journal of Cleaner Production*, 2015, 134: 137-146.

[美]欧文·拉兹洛:《多种文化的星球——联合国教科文组织国际专家小

组的报告》，戴侃、辛未译，社会科学文献出版社2001年版。

联合国教科文组织：《世界文化发展报告1998年》，北京大学出版社2000年版。

Haacke, J., "ASEAN's Diplomatic and Security Culture: A Constructivist Assessment", *International Relations of the Asia – Pacific*, 2003, 3 (1): 555.

少数民族非遗文化的数字动漫创新转化与传播共享

——以"壮族三月三"为例

蒋 慧[*]

摘 要：本文通过少数民族"壮族三月三"非遗文化的数字动漫转化与传播的理论与实践，着力解决包括"壮族三月三"在内的少数民族非物质文化遗产生存与传承所面临的危机寻求有效途径。运用数字动漫的时空灵动性及大众趣味性等特征进行转化活、形式活、范围活的转化传承，结合大众需求与社会发展趋势，将珍贵传统的非物质文化遗产置于人们喜闻乐见的数字动漫的视域下和场域中，构建出适宜运用数字动漫媒介技术进行转化创新单项非遗的传承策略、途径、方式、内涵，契合协同创新、活性传承、互利共赢的新时期遗产创造性转化传承理念。

关键词：少数民族非遗文化；数字动漫；转化与传播；"壮族三月三"

我国少数民族非遗文化具有独特性、原生性等特征，但在现代城市化背景下，渐渐呈现出表象敷衍化特征。数字动漫作为新兴的综合艺术形式，逐渐发展

---

[*] 基金项目：本文为2017年度广西高等教育本科教学改革工程项目"'文化+'趋势下广西数字动漫'双创'人才培养模式研究与实践"（项目号：2017JGB158）阶段研究成果之一。
作者简介：蒋慧，广西师范大学设计学院副教授。

成为重要的文化传播媒介，开创了在真实的人与物之外，运用各种技术所创造的多种形式的影像，极富感染力、亲和力与吸引力，成为受众心灵相通的一种沟通语言载体。习近平总书记在文艺工作座谈会上指出："中华优秀传统文化是中华民族的精神命脉，是涵养社会主义核心价值观的重要源泉，也是我们在世界文化激荡中站稳脚跟的坚实根基。要结合新的时代条件传承和弘扬中华优秀传统文化，传承和弘扬中华美学精神。"① 非遗文化与数字动漫相融合，数字动漫不仅提供了当代非遗转化传承的主要文化场域，也呈现出非遗文化与时俱进的当代感与实用价值，也是现阶段非遗传承及创新发展必须考量的重要因素，可表现出与社会精神的高度契合。

一 少数民族非遗文化数字动漫转化的境遇与趋势

纵观传统民族文化的数字动漫静态、动态的转化与传播历程，我国文化故事绘本于20世纪70年代发展壮大，数字插画、漫画随CG技术在20世纪90年代渐入佳境，随智能手机普及逐年递增。我国20世纪50—70年代很多动画融入民俗文化元素，20世纪80年代为模仿低潮。非物质文化遗产与数字动漫的结合应用实践，我国可以追溯到20世纪80年代初，如众人皆知的动画片《葫芦兄弟》就采用了非物质文化遗产剪纸风格。2016年我国《大鱼海棠》融客家文化再掀高潮。2017年美国《寻梦环游记》实现墨西哥亡灵节民俗元素的转化与传播。此外，美国还将中国功夫、巴西狂欢节输出到全世界。

非物质文化遗产虽然历史悠久，但是以非物质状态而存在，具有一定的动态性，真正开始对其展开研究的时间并不长，作为新的研究对象和研究领域，非物质文化遗产研究需要多种学科、多种媒介的灵活参与。需要大胆地创新与探索，才能得以有效传承，更需要通过教育与示范带动大众的自觉传承。非物质文化遗产与数字动漫结合转化传承可以通过数字漫画、数字插画、绘本及动画，影视视频及衍生产品等形式广泛传播。在非物质文化遗产的传承方式及传承媒介方面，要通过分析转化传承非遗文化的首要条件，或以教育、生活、市

---

① 《文化软实力直接关系道路命运》，中国共产党新闻网，http://theory.people.com.cn/n1/2016/1103/c40531-28832241-2.html。

场,文化遗产教育在教育体制中贯穿从而实现遗传传承;而对非物质文化遗产"壮族三月三"这一类型的传承研究,学界集中在分析歌圩文化的传承困境以及发展趋势,壮族非物质文化遗产传承断层的危险,以及学校教育力量应介入优势与方法等。

  清华大学美术学院曾将带有探索性质的传承人一加一创新产品和非遗触网计划实施,安排一系列以交流研讨为主的"非遗进清华"活动,提出在创意经济时代培养传统工艺三类青年人才的战略构想,推出了一系列创新作品。[①] 上海美术学院、湖南大学设计艺术学院各自以"羌绣""花瑶花"非遗研究与创新实践为例相继完成了文化部、教育部中国非物质文化遗产传承人群培训研修计划,为我国非遗文化传承做出了积极的探索。就现有研究趋势所呈现的视角与价值取向判断,当前学术研究大多以产业发展视野下的研究方向为主,虽有涉及少数民族地区非遗文化的传承,但是基于动漫视域下的转化传承研究较缺少。而处于少数民族西部地区的"壮族三月三"等非遗传承更需要找准视角,在热潮之中保持清醒和灵活的同时大胆地创新与探索。[②] 2017年中共中央办公厅、国务院办公厅提出传承"坚持创造性转化和创新性发展"等意见;文化部、教育部于2016年开展"中国非物质文化遗产传承人群研修培训计划"重要社会工程,都将中华优秀传统文化传承发展纳入国家战略高度,在此高度上需把握遗产文化的民族性、地域性的本质特征;针对某一类或某一项深入系统的研究,用新科技转化传承让称之为文化的遗产真正活起来。

  "壮族三月三"作为少数民族传统民俗节庆极富特色,但面临易失传或消失的危险。虽然被列入中国非物质义化遗产名录,但是很多人并未真正了解其文化内涵,其中的文化精髓仍未得到广泛传播,仍可能因人们快节奏的生活而逐渐淡化。现代城市化背景下的人们已进入视觉化智能时代,传统民俗节庆因未被转化为可满足现代传播需求的形式,丰富而深奥的内涵美德、哲学思想与

---

  ① 《关注三大院校的非遗研究与传承实践》,装饰杂志微信官网,http://mp.weixin.qq.com/s?__biz=MjM5MDUyNTY0MA%3D%3D&chksm=be4fee6189386777b5c8815682e6e792aa3564df54182c844e5e2ff-1457d7d734bf4ff29d604&idx=1&mid=2650292166&scene=21&sn=7ff01e359df7923f39eca79bf7dcd7ff。

  ② 中共中央办公厅、国务院办公厅《关于实施中华优秀传统文化传承发展工程的意见》,http://www.scio.gov.cn/zxbd/wz/Document/1541575/1541575.htm。

存在形式逐渐被忽略或被替代，呈现敷衍化表象化程式化及文化原真性缺失等现象，导致不被了解，体验参与持续降低，发展空间日趋狭小。因此，急需拓展非遗文化适应推广的转化形式和传播渠道，必须重新建立与当下社会生活的联系，重新发挥在现代社会中的独特功能。数字动漫作为近些年来成长起来的成熟的传播媒介，新业态、新模式层出不穷，能够有效实现转化传承"壮族三月三"非遗文化。

二 少数民族非遗文化"壮族三月三"的形成与沿革

"三月三"古称上巳节，中国自古以来素有"二月二，龙抬头；三月三，生轩辕"的说法。恰逢农历三月初三壮族人们有赶"歌圩"的风俗，不仅是壮族最盛大的传统习惯节日，也是汉、瑶、苗、侗等世居民族的重要节日，壮族人自古好歌，对歌是"三月三"的一项主要活动，因而"三月三"又被称作"歌圩"或"歌节"，每年的这一天各族群众都会欢聚一堂，举行盛大的"歌圩"活动，开展一系列具有浓郁民族特色的"打铜鼓""抛绣球""碰彩蛋""舞龙"等主题民俗活动，共叙民族深厚情谊，气氛不亚于春节。传说壮族歌仙刘三姐经常用山歌歌颂劳动和爱情，因揭露财主们的罪恶遇害身亡。为纪念歌仙，便在刘三姐遇难这天聚会唱歌，歌圩就此形成。"壮族三月三"民俗文化蕴含着极其丰富的社会内容，历经千百年经久不衰，具有极强的民族地域特色、顽强的生命力和不同凡响的艺术创造力，是非常优质的传统文化资源。

2014年"壮族三月三"被列入国务院公布的第四批国家级非物质文化遗产代表性项目名录和国家级非物质文化遗产代表性项目名录扩展项目名录。广西壮族自治区人民政府于1985年将"三月三歌节"定为广西民族艺术节，2006年"壮族歌圩"被列入中国第一批非物质文化遗产名录，2014年起"壮族三月三"被列为广西法定假日。壮族作为中国人数最多的一个少数民族，是生活在我国南方古百越族群中古骆越人的后代，该文化充分反映了古骆越人"尚越声"文化特征，保存着古老的文化印记。

三 少数民族非遗文化"壮族三月三"的数字动漫的创新转化与传播共享策略[①]

2018 年 1 月,《人民日报》刊登《深入领会习近平关于文化遗产的思想理论》文章指出:"习近平同志既反对文化虚无主义,也强调必须要以科学辩证的态度对待传统文化。他强调要坚持古为今用、以古鉴今,坚持有鉴别的对待、有扬弃的继承,而不能搞厚古薄今、以古非今,努力实现传统文化的创造性转化、创新性发展,使之与现实文化相融通,共同服务以文化人的时代任务。这为我们科学对待一切精神文化遗产和制度文化遗产指明了方向。"因此,在研究"壮族三月三"非遗数字动漫转化传承策略与方法上应通过梳理数字动漫独特表现形式、内涵发展及高辐射影响传播力,分析非物质文化遗产"壮族三月三"的内容内涵、发展困境及转化必要性,进而开拓非物质文化遗产"壮族三月三"转化传承的途径,实现"协同创新、活性传承、互利共赢"的格局。

"壮族三月三"非物质文化遗产与数字动漫结合的遗产转化传承应从整体和现实出发,切实为少数民族地区非遗文化提供传承的理论参考与实践支持。在有效转化传承问题上,需理清"壮族三月三"非物质文化遗产传承困境与转化的因素和条件。因"壮族三月三"非物质文化遗产面临原始环境日趋消失、传承范围逐渐缩小、缺乏保护意识等现实问题,创造性转化和创新性发展迫在眉睫,尤其在数字动漫视域下的转化传承将有效解决其传承困境。可以根据大众精神和心理需求分析出数字动漫在精神寄托或心理追求、沟通桥梁、全新体验、产业辐射面等内源驱动力,明确数字动漫转化的必要性、转化价值、内源驱动力及发展趋势。特别是在数字动漫包容开放性和大众普适性等方面深入挖掘其传播影响力,才能有效促进"壮族三月三"非遗文化转化传承,使其赋予一定的文化内涵,发挥出其强大的寓教于乐功能。

"壮族三月三"非物质文化遗产中涵盖了大量的活动内容与文化内涵,通过对表现语言进行挖掘梳理后,提取其活动内容元素、音乐元素、舞蹈动作元素、

[①] 《深入领会习近平关于文化遗产的思想理论》,人民网,http://paper.people.com.cn/rmrb/html/2018-01/10/nw.D110000renmrb_20180110_1-22.htm。

民族服饰元素、民族符号元素、民族文学元素及文化内涵等方面的艺术语言的特点，剖析其可与数字动漫相吻合的可对接点与链接路径，即按照数字动漫设计其衍生品如游戏、音乐、故事等，遵循数字动漫的创作规律及法则，转化出符合数字动漫的造型语言、表现语言、色彩语言、视听语言、审美价值与实用功能的全新艺术元素，再通过一系列的实践进行反复的实证研究，并结合现阶段的社会环境、大众需求探寻促进传承的传播途径。

非遗数字动漫转化研究需要在理论研究基础下进行反复验证，重点把握研究对象的原真性，并探索数字动漫创作的再生性，同时开拓创意空间，做到创新转化与精准传播。数字动漫的转化理论构建因涉及多种学科交叉，可借鉴的理论体系尚未形成，当下将重点运用史献分析法及多学科理论构建法，以转化与传播的实证研究推进非遗数字动漫转化进程。在实际转化研究中有艺术加工和技术渲染成分，要做到克服数字动漫作品与实际民俗节庆间存在的文化解读或民族偏见的差异，遵循珍惜保护、尊重接纳各少数民族传统民俗节庆的文化习俗及民族特色原则。

对"壮族三月三"非遗文化梳理和提炼后，其转化应从两方面入手。一方面，数字动漫的静态转化，对提炼后的典型节庆素材进行数字漫画、数字插画及故事绘本的创作转化，通过方案创作、角色造型、分镜色彩进行数字绘制，完成具有一定夸张和感染力的静态数字动漫转化。另一方面，数字动漫的动态转化，通过剧本创作、角色造型、分镜表演、拍摄剪辑、特效音乐进行动画短片、纪录片、电影短片等创作表达，使创作出来的作品具有虚拟现实、身临其境的代入感，从而完成经过艺术加工更富冲击力的动态转化。进行转化传承过程中必须把握应用与研究的重点，将非遗这种无形文化遗产如"壮族三月三"的各种形象元素提取转化为有形时空艺术数字动漫的艺术语言，这一过程需突破对非遗传承的单一理解，凸显出灵活、多维、立体化传承的创新特色，才能有效解决无形非遗文化传承的这一世界性难题。在研究方法与技术上需运用文献理论与个案比较研究的方法，同时需要通过实地调查进行信息整理与分析，在结合与创新中精准把握遗产文化的本质内涵，使研究更科学、更精确还易于推广。

运用数字动漫转化与传播应建立在系统理论的基础之上，以"壮族三月三"精神文化内涵的本真性为根本，既要尊重现实文化又要把握可行性及大众需求，应便于在当代社会进行传播。"壮族三月三"非遗转化的数字漫画、插画及绘本,可以通过发表出版或其他纸媒、第五媒体等媒介进行传播,整理剖析受众反馈数据等信息,探讨即时适合的传播渠道。再将转化的动画短片、影视视频等,通过电子媒体、第五媒体等媒介进行传播,调查并收集受众在传播过程中各阶段的反馈,检验传播效果。再进行动漫衍生文创设计,可用来文化宣传及市场开发进行传播,也可通过其他媒介进行传播。将数字动漫转化的传统民俗节庆变为艺术品传播,使受众在欣赏中关注,在关注中参与,在参与中体验,用不分国界的数字动漫讲述并宣传中国独有的文化故事;艺术品传播后将转变为商品,不仅扩大知名度到媒介可以到达之处,还将复兴于世界。将传统文化之陌生,化为数字动漫之体验。最后再将实践归纳为系统理论,克服过程中偏离遗产文化精髓等问题,确保转化传承的顺利实施。

图1 数字动漫矢量插画设计《壮族三月三》系列之打铜鼓、舞龙、抛绣球

作者曾深入"壮族三月三"非遗文化传承做得较好的南宁市武鸣县、隆安县、上林县、宾阳县,柳州市三江县、融水县,桂林市龙胜县等地采风创作。通过深入挖掘剖析,结合非遗文化"壮族三月三"的现状,参照了美术学和民族学文献研究法、田野调查法、观察法等学科理论和方法,最终选取"壮族三月三"传统民俗文化活动中"碰彩蛋""打铜鼓""舞龙""对山歌""抛绣球"等代表性民俗游戏与竞技情节为主要表现内容。提取了铜鼓、舞龙、绣球、彩蛋等最能代表非物质文化遗产"壮族三月三"习俗的器物来表现,凸显出作品创造主题和内涵。通过梳理每类传统民俗文化资源内容主题特点、典型人物形象、环境氛围,对画面创作所要表现对象进行理性分析,借鉴前人相关摄影作品、舞蹈作品、文字资料等成果,以调研所搜集的第一手资料为数字动漫创作的内容。创作中以夸张、变形、扩大或缩小的绘制手法,参照中国画散点透视的构图形式等营造出节日氛围,达成装饰性与表现性的相互统一。画面中注意突出各主题内容的情节性和叙事性,着重凸显铜鼓、龙、绣球、彩蛋等能够体现民族元素的物象,在身着壮族服饰人物的衬托下,创作出既能体现活动情节又能表达民族情感的动漫作品。作品创作的原动力来自对生活的观察思考与体验,试图引起观众共鸣,使来源于生活的艺术高于生活,更好地凸显出作品精神内涵。同时,运用装饰性绘画表现手法与现代数字动漫 CG 技术语言等表现形式完成"壮族三月三"系列作品创作。

图 2　文创动漫衍生品设计《壮族三月三》系列之宣传海报

议题三:"一带一路"框架下的民族文化创新与共享
少数民族非遗文化的数字动漫创新转化与传播共享

通过动漫衍生文创设计,可用于文化宣传及市场开发进行传播,也可通过其他媒介进行传播。试图将数字动漫转化的传统民俗节庆变为艺术品,并进行传播,使受众在欣赏中关注,在关注中参与,在参与中体验,用不分国界的数字动漫讲述并宣传中国独有的文化故事;艺术品传播后将转变为商品,可扩大知名度到媒介可以到达之处,转非遗文化之陌生,化数字动漫之体验。

图3 文创动漫衍生品设计《壮族三月三》系列之明信片设计 A 面

图4 文创动漫衍生品设计《壮族三月三》系列之明信片设计 B 面

图5 文创动漫衍生品设计《壮族三月三》系列之书签

四 少数民族非遗文化创新转化与传播共享的意义内涵

少数民族非遗文化的数字动漫转化传承精髓，在于整合提炼素材，把文化中的有益思想、艺术价值与时代特点，通过数字动漫丰富多样的艺术形式加以创新，系统研究出创新转化的措施、传承实施办法及有效的教育、社会、网络等传播手段；力求使其有益的文化价值通过数字动漫深度嵌入学生学习和百姓生活，从而达到保护、传承与传播的目的。以生动、直观的画面视觉形象展现非遗文化中传统民俗文化体系留存的独特民族文化记忆，增进国内外各民族间对壮族文化、民俗风情的准确了解和认知，促进艺术与文化的融合，对于增强民族荣誉感和使命感，传递正能量、坚定文化与艺术自信等都具有重要意义。

从大众体验来看，非物质文化遗产可以不再是传承人和特定地域的专业技能，而是使其成为大众体验文化的主体，让大众对传统技艺或工艺之美产生新的认识,从而推动其创新性发展。从转化形态来看,提升生活体验和文化体验,再到艺术体验的乐趣,让大众感受转化后的不同感受,促进其传播与发展方式的革新,这对于弘扬与传承民族民俗文化具有重要现实意义,对于数字动漫的良性发展起到推动作用和实践价值,还对于民族团结、社会精神文明建设起到积极的促进作用。可以在一定程度上补充文化、历史、旅游及美术研究领域对"壮族三月三"视觉形态研究的不足及文化遗产的创新传承不够等现状。同时也为我国少数民族传统文化可持续发展、创新驱动发展战略铺垫基石。

五 结语

综上所述,文化是一个国家的独特标签,少数民族的非遗文化更是标签中的点睛之笔,[1] 在文化中汲取、融合并推陈出新,才能实现大范围的文化重建与复兴,尤其在传统遗产文化与现代艺术科技结合上,实现创造性的转化和创新性发展,以转化方式传承非遗理论、以活性思维发展传承队伍、以活力机制扩大传播范围,为开启新型文化形态的良性循环奠定基础。少数民族非物质文化遗产"壮族三月三"的数字动漫转化传播可以突破少数民族非遗文化在现阶段的转化路径中的瓶颈,该转化并非原始记录呈现,而是在保留文化原真性基础上,融入时代价值与科技手段。这有助于我们坚定文化自信,肩负起保护与传承的责任与使命,为社会主义文化的繁荣兴盛和伟大复兴作出贡献。

参考文献

《文化软实力直接关系道路命运》,中国共产党新闻网,http://theory.people.com.cn/n1/2016/1103/c40531—28832241-2.html。

黄羽:《社会人文环境的变迁对壮族歌圩的影响——从壮族歌圩的源流看其社会功能的转变》,《艺术探索》2006年第9期。

李朝阳:《中国动画的民族性研究——基于传统文化表达的视角》,中国传媒大学出版社2011年版,第76—78页。

---

[1] 参见李朝阳《中国动画的民族性研究——基于传统文化表达的视角》,中国传媒大学出版社2011年版,第76—78页。

苑利、顾军：《非物质文化遗产学》，高等教育出版社2009年版。

吕燕茹、张利：《新媒体技术在非物质文化遗产数字化展示中的创新应用》，《包装工程》2016年第10期。

陈少锋：《非物质文化遗产的动漫化传承与传播研究》，博士学位论文，山东大学，2014年。

夏宁博：《非物质文化遗产的传承途径探究》，硕士学位论文，云南艺术学院，2011年。

黄丽娜、吴娅：《新媒体环境下非物质文化遗产的传播与传承——以"侗族大歌"为例》，《凯里学院学报》2015年第1期。

中共中央办公厅、国务院办公厅印发《关于实施中华优秀传统文化传承发展工程的意见》，http：//www.scio.gov.cn/zxbd/wz/Document/1541575/1541575.htm.2017年。

《深入领会习近平关于文化遗产的思想理论》，人民网，http：//paper.people.com.cn/rmrb/html/ 2018－01/10/nw.D110000renmrb_20180110_1－22.htm.2018年1月。

多元民族文化交融共生模式之探索

蒋士会 黄庆雷[*]

摘 要：文化多元交往是当今全球化进程中的客观态势，多元碰撞的文化形式促进了各种文化的交融、优化与发展。同时，多元文化交融失调也引发了剧烈的文化冲突，产生许多尖锐的社会问题。基于多元文化交往碰撞的客观前提，追寻文化对抗与冲突消解的路径，观照以往应对经验的特点和缺陷，探索我国多元民族文化融合模式，启发文化共生实践，以谋求缓和文化冲突，促进社会和谐。

关键词：民族文化；多元；文化交融；共生模式

当今时代，和平与发展主题早已深入人心，世界各国人民致力于经济发展和谋求社会和谐的努力前所未有。社会和谐必然地要求文化能够调发展。在全球化进程中多元文化交往的失调加剧了文化的冲突，引发了严重的社会矛盾，给予和谐社会建设增添了许多不和谐音符。这些事实也昭示着以往指导多元文化碰撞交融的理念遭遇了挫折。而现今的文化冲突问题主要表现为多元民族文化交融的失调。文化共生给予多元民族文化协调交融打开了新的路向。

---

[*] 基金项目：2014年度国家社会科学基金项目"边疆民族地区新型城镇化进程中民族文化交融机制研究"（14BMZ053）；广西哲学社会科学规划项目2013年度研究课题"广西多元民族文化交融研究"（13BMZ014）。
作者简介：蒋士会，广西师范大学教授；黄庆雷，广西科技大学鹿山学院教师。

一 文化对抗与冲突的消解：交融

（一）多元文化协调交融才能促进人类社会的和谐发展

文化伴随人类的出现而产生，多元存在是客观事实。文化多元是每个民族最基本的特点。而且，自从人类脱离茹毛饮血时代，不同人类群体之间从未停止过发明创新、经验制度及知识的交流。正是通过不同文化间的交流与合作，人类社会才得以不断发展前进。另一方面，文化发展则以人类认识与实践的进步为条件，与人类发展相互耦合，维系着人类的生产生活。社会和谐是人类生存的谐美愿景，它作为人类生存发展的理想状态，离不开文化发展的协调，关键在于不同文化群体能够和谐共处、彼此交融。

文化是人类历史实践中创造的物质财富与精神财富的总和，包罗万象。纵观其长期的发展历程，文化表现出发展性特征，即文化有量与质提升的内在诉求。文化量的发展需要促使一定场域内的异质文化相互吸引，形成聚合趋向；另外，文化量的发展壮大需要发展空间。随着文化聚合趋向与发展空间扩张需求的矛盾达到了某一临界点，就会形成异质文化间的接触，产生碰撞与对抗，也就是涵化的开始。而为了由量变产生质变，异质文化间会发生排斥、同化或者协调融合等现象。换言之，一种文化正是在各种异质成分因子不断运动与碰撞当中进行持续的交织、重组、整合，即在碰撞冲突之中进行彼此协调相互融合的矛盾运动过程，使文化得以优化。通过文化交往碰撞聚合交融形成整合优化态势是客观的文化发展轨迹，然而"文化的核心是价值观，在温情脉脉的文化整合背后，价值的冲突却以血与火的形式上演着"。因此，文化和谐发展需要文化碰撞、整合当中发挥人为协调组织作用，在各文化交融的竞争对抗过程，形成规范与秩序，减少矛盾冲突。应对多元文化碰撞交融的局面，历史上有三种较为典型的模式。

（二）多元文化融合经验

盎格鲁·撒克逊种族中心理论、熔炉理论和多元文化主义是应对多元文化碰撞问题而产生的文化融合取向。然而，从盎格鲁·撒克逊种族中心理论的"单极霸权文化"到熔炉理论的"文化提炼"再到多元文化主义的"文化色拉拼盘"，或被否定或正在被否定。盎格鲁·撒克逊种族中心理论的文化融合模式宣扬种族优越性,带来文化侵略,不是明智之选。20世纪的百年历程可说是一部世界人民追求民族平等与国家解放的历史,无数先辈为此付出了艰辛的努力和巨大的牺牲,我们不可能让历史倒退。熔炉理论的核心是同化作用,谋求多元文化的同质化,是一种生硬的替代融合,掩盖和忽略了公平性,易造成主体民族文化的"霸权"和少数民族文化的没落,也会引发剧烈对抗与冲突。美国被公认为是典型的同化作用异常强大的社会,然而"唐人街"(Chinatown)的存在就表明了熔炉理论的局限性,同化的能力具有相对性。况且,在由有多元文化的群体组成的社会中,文化多样性不仅丰富了我们的生活,还为社会的更新和适应性变化提供了资源。丰富的资源将有利于文化的对比和选择,促进异质文化的相互借鉴和重组优化,也是交流、革新和创作的源泉,对人类来说就像生物多样性对维护生态平衡那样必不可少。由此而兴起的多元文化主义则认为社会应允许各种不同文化的成员保留对自我文化的认同,倡导多元的文化并存。这一理论道出了某些和谐的意蕴,却也陷入了二律背反的泥淖。多元文化主义的共存,以淡漠异质文化间的交汇碰撞而缓和文化冲突,并未考虑文化发展历程会发生接触碰撞的客观必然性以及积极促进文化交流融合以形成优势互补达到文化优化的趋势所向。这也能够解释为何一些主要移民国家反对外来移民的浪潮愈演愈烈。而从文化特质的视角对这些理论进行透视将更能让问题所在清晰显露出来。

(三)文化特质层面的多元文化融合取向解析

文化因子无疑具有复杂性,通过脱离实体存在,以形式建构其匹配的模型,更便于进行探究。如果把历史长河中每一民族最核心、本质的,深受广大民族成员信仰和信赖的文化部分看作民族文化"内核";把历史发展过程中被民族内广大成员所认可、接受并固定下来的具有稳定性的文化传统视作民族文化的"刚性"成分;把因时代发展需要或外部环境变化而得到民族成员暂时认可的文化特质看作一个民族的文化"黏性"成分,那么,很明显民族文化内核是历史积淀的结果,坚实而又根深蒂固,深深扎根于民族成员的思想与信念当中;文化刚性成分也久经历史考验,稳定而又可靠,融合在民族成员的日常生产生活、行为实践里,但其显然有转化的性质,可经过历史的酝酿转化为民族文化的内核,也可能在历史变迁中禁不住考验转化为活性成分而消失;文化的黏性成分是活性因子，只因时代发展变化而暂时被民族成员认可，它不稳定，易变化，可经过提炼后成为稳定的文化刚性成分，也可能只是在民族文化发展长河中昙花一现。例如，在广西某些地区，"三月三"是祭祖扫墓的特定日子，"七月十四"是仅次于春节的重大节日，而"入新居"要广宴宾友。可是，现今一周五天的工作日已经让越来越多"上班族"不能在"三月三"当天抽出时间，只能选择紧邻的周末进行扫墓，但无论如何这一习俗必须进行。"七月十四"的节庆惯例也因如今大量的中青年外出务工而减少了许多活动，较之以前显得冷清，但当天拜亲访友的传统将还会长期存在。至于入住新居宴请宾客的现象则因经济发展使入住新居成普遍情况，这一习惯已慢慢隐匿了。基于以上文化因子的透析，可以认为一个民族的文化是以内核质点为中心，环绕着文化的刚性因子与活性因子的离散状态的文化丛。由此也可推断，文化内核与刚性成分"硬度"皆颇高，不易改变，而文化的活性成分则较易可能在与其他文化的碰撞中变形、磨灭或交融。

当多元文化聚合产生对抗与冲突时，不同的文化融合取向将会在文化特质层面产生不同的运行状态，它们存在的缺陷也将清晰显现而出。滕星教授认为，盎格鲁·撒克逊种族中心理论文化融合取向的状态是：A（主流文化）⟷B（亚文化）＝A（主流文化），熔炉理论可表示为：A（主流文化）⟷B（亚文化）＝C（最优秀文化），多元文化主义则是：A⟷B＝A＋B。这一表述凸显了它们各自文化融合的特点。盎格鲁·撒克逊种族中心主义发生文化交往是以"排斥"为要旨，试图塑造品质有别的民族文化认识，突显自身文化的优越性。从文化特性上分析，每一民族的文化刚性成分凝练稳定，不易改变，融合在民族成员的生产生活及行为实践里，而文化的内核更是深深扎根于文化群体成员的信仰和信念当中。任何以民族文化品质具有优劣性为理由，以期凌驾于别的文化之上的行为，都将会遭到其他文化系统的抵制。而熔炉理论则以"同化"为旨趣，以具有绝对优势的文化系统试图把进入文化交融场域的异质文化进行"提炼"，融入自身。可是，文化内核与刚性成分不会轻易发生改变，"唐人街"的存在既说明了中华民族文化内涵强大的生命力，也证明了绝大部分民族的文化内核与刚性因子根深蒂固，难以被同化。"唐人街"与美国特色街区并存的客观事实无疑有力地证实了这一点。而这却似乎出乎意料的赋予了多元文化主义现实的支撑。在美国，多元文化主义"已不仅是理论的探讨，它成为了教育、文艺、政治诉求的出发点和依据。族裔的划分使多元文化呈独立发展状态，各族裔的共同任务是为了生存与自然环境进行斗争。各族裔差异和利益冲突在统一国家内将被降至最低，从而保证所有人的共同利益"。它倡导多元文化并存，以达成共识的目标作为载体，承载文化的变迁。然而，问题恰恰出在作为多元文化主义基石的"共存"上。文化发展的聚合趋向与文化发展壮大的发展空间需求矛盾随时间推移将会产生异质文化间的接触、碰撞，以何种方式处理碰撞问题将会反映在人类社会发展当中。多元文化主义以"共存"掩盖了异质文化间经过碰撞交融实现文化优化的客观规律和发展趋势，表面上呈示平衡的状态，但被掩盖的矛盾终究会突破人为设置的界限暴露而出。

由人类发展史可知，最初的人类在不同地域各自创造自己的文化，发展缓慢而又封闭。但世界范围的探险、新大陆的发现、东西方特色文明对流等引发的异质文化交融，时间虽只有短短数百年，对文化发展的促进却是无与伦比。可以说，文化大发展期待异质文化间的交流、碰撞、融合。并且，文化碰撞的必然趋势不可阻挡，它虽是劫难却也带来机遇。历史多次证明了异质文化间的交流碰撞是文化发展和人类进步的肇始，把动荡转化为和谐关键在于人为控制走向，并深刻反映到人类实践当中。当今全球化潮流无疑是一个多元文化汇聚、大碰撞的时代。在此背景下，各国政府皆致力于本国多元民族文化的整合，增强自身文化的竞争力和适应力，以谋求全球化潮流冲击下能够抢夺先机，争取更大利益和发展机遇。为此，文化整合应该既要能够应对社会变革的压力，亦要满足文化自身发展的特点。堵不如疏，"共生"是多元文化主义的"共存"要旨的发展，是多元文化整合能够应对外部压力和满足文化发展要求的结合点。

二 多元民族文化的协调交融：共生

（一）"共生理论"的引入

共生，来源于生物学，因在解释异质文化碰撞交融时呈现的谐美图景而备受推崇，被引入社会学、文化学等多个领域。人们更赋予了它新的含义，衍生出各式各样的"共生理论"。当今多元文化整合主要表现为多元民族文化的交融。为此，共生成为了民族文化多元交融的新兴理论取向，而且它也是一种尚在发展当中的多元民族文化交融取向，还未取得达成共识的界定。其术语移植的特性更使它常被当作万能钥匙使用于各种情境而无法判断合理性，见仁见智各有理由。但细细体察就能发现，无论是文化研究还是生物学描述，共生从来都强调共时态和历时态两个维度属性。在民族文化交融研究中，共时态属性的共生表示共生群体"共存"状态。历时态的共生以共存为基本前提，强调动态性，侧重于各文化相互交织中的彼此对话、互惠互利、共同发展，乃至形成和谐新生体。即，文化共生虽未形成达成共识的概念，多样的共生定义的交集却描绘出了文化共生的三个基本特征：共存、互利共赢、新生和谐体。文化共生的这些特性为我国的多元文化交融带来了新的启示。

（二）我国多元民族文化的协调交融

当今时代，世界一体化已初现端倪，其基本实现形式是全球化。全球化本质上是以民族国家为主体追求自身利益和发展而展开的全球范围普遍性交往活动。因此，民族凝聚力成为了全球化过程中左右着一个国家世界范围内多方利益博弈的重要影响因素。我国是多民族国家，多种民族文化并存。"在一种文化内部，由于性别、宗教、语言、民族和其他方面的不同，文化差异普遍存在。同时，不同文化中相似的性别、种族和阶层，也有可能持有相似的思想与信仰，这就形成了跨文化合作与交流的基础"，这也是多元民族文化整合的着眼点。而试图通过民族同质化，排除异质性以确保国家凝聚力的方向既不现实也不可行，一个民族统治其他民族更不利于社会长期稳定和平，包容多样性才是民族稳定最持久的办法，是在民族共同价值观基础上，形成整个国家一体共识，建设一个和谐公民社会。一般是通过强调本民族独特的历史文化传统，以巩固和发展本民族的凝聚力、向心力，进而促进国家认同，保持或扩大本民族的生命力。它不具有暴力倾向，但当其与政治结合，更不用说与宗教狂热结合，将可能出现极端形式，采取暴力手段或具有破坏性作用，如恐怖主义。为此，在全球化进程国际间多方的博弈日趋激烈，民族文化间的竞争也日渐增强的境域下，我国如何处理和谐社会建设当中在保持或增强民族凝聚力条件下加快多元民族文化整合以应对国际竞争的需要？多元民族文化加速整合在满足积极加强各族群文化的交流碰撞以达到文化优化的过程如何保持协调进行？我国多元民族文化协调交融至少需要满足三个条件:其一,和谐社会建设要求多元民族文化交融过程必须是协调的,满足各个族群希望自身文化得到尊重和生存发展的诉求。体现了当今倡导相互尊重、强调民族尊严、谋求社会和谐的发展趋势。其二,多元的民族文化必须加快进行整合,增强中华民族文化系统的竞争力和适应力,以应对全球化过程中国际间的博弈。这说明社会发展的客观要求已经没有条件让各族群文化顺其自然的发展融合,而是要人为调控,有秩序的调节文化加速交融进程。其三,还需满足文化自身发展需要加强交流,通过碰撞交融互通有无,相互借鉴,相互汲取优秀养分,形成文化优化的客观路向。也就是不能进行"冷处理",逃避文化多元相互碰撞会产生竞争与对抗的事实。不仅要面对文化的涵化,还要推动涵化中保持和谐。

(三)多元民族文化的共生

共生是共存、互利共赢、新生和谐体的集合体,文化共生能否指导我国多元民族文化的协调交融?如何指导?在广西玉林,民间有"冬至鱼生夏至狗"的说法,认为在夏至日狗肉和荔枝合吃不热,"吃了夏至狗,西风绕道走",意指在夏至日吃狗肉,能增强身体抵抗力。夏至日吃狗肉有其生成根源,但这一习俗在当地使夏至日成了狗的"灾难日",大批生狗遭到肆意屠宰,这给予喜爱狗这一动物和具有动物保护情怀的人们巨大的感情伤害。尤其是在信息传递发达的今天,甚至可能爆发"护狗者"和当地居民的冲突,给社会发展带来不和谐因素。这是文化的冲突,文化共生可以消解文化差异双方的矛盾。首先,应以共存为前提,尊重各族群文化生存发展的权利,满足各族人民对本族群文化发展的需求;其次,文化的聚合交融是客观趋势,异质文化间接触碰撞,需要人为加以协调,在不以损害一方来达成另一方发展的前提下,以互利共赢为原则,彼此对话,共同发展;最后,在共同的目标下,形成一体共识,产生新的平衡态,得到和谐的新生体,应对外部要求。有能力与责任进行协调的有关组织部门应秉承共生理念,认识文化差异的客观事实,尊重文化冲突双方的立场,并基于此促进矛盾双方以互利共赢达成谅解。矛盾双方不应以损害一方权益达成自身的发展,在共同维护社会和谐的共识下,相互妥协,使矛盾达到新的平衡态。换言之,玉林当地不应大肆渲染甚至推动"狗肉节"以达成经济目的,而对狗进行屠宰的反对者应该尊重当地的习俗。也就是,当地吃狗肉应控制在可接受的限度,以初步达成文化冲突双方的谅解，并在双方相互了解、理解的基础上逐步形成新的和谐状态。在这个意义上，肯定了文化共生能够促进我国多元民族文化交融朝着协调的方向发展。使用符号对多元民族文化交融共生模式进行表示，它应该是：A（主体民族文化）⟷B（少数民族文化1）⟷C（少数民族文化2）⟷…⟷N（少数民族文化X）=Z（A，B，C，…，N）+A'+B'+C'+…+N'+AB+AC+CD+DF+…。和实生物，同则不继。文化共生模式清晰表达了求同存异、和而不同的主张，是文化多样性和同一性的统一，是在承认差异性和谋求共同性观照下，以平等尊重、互信互惠、共同发展的姿态进行多元民族文化的整合。既满足全球化背景下国际竞争与和谐社会建设的需要，也符合了文化通过碰撞交融达到优化的客观趋势。

三　文化共生的旨归：社会和谐

共生思想并非新创的事物，于我国早已有之。"天人合一"的理念展示了人与自然的共生。太极阴阳图两种对立属性调和共生，你中有我，我中有你，更是万物共存共生动态平衡发展的完美例证，能给予我们当今的多元民族文化协调交融及促进社会和谐许多启发。太极图的阴阳双鱼是在不断的运动当中相互衬托，一阴一阳彼此调和，保持动态稳定，形成平衡与和谐的状态。老子《道德经》有云："道生一，一生二，二生三，三生万物。万物负阴而抱阳，冲气以为和。"意为道独立无偶，混沌未分的统一体产生了天地，天地产生了阴阳之气，阴阳两气相交而形成各种新生体。万物背阴而向阳，阴阳两气互相激荡而成新的和谐体。即可谓孤阴不生，孤阳不长，阴阳调和，万物生长。可老子认为阴阳两气的调和在于"道"，道法自然，忽视了人为选择作用。共生以动态发展观为根本，尊重文化发展客观规律，以平衡和谐发展为归宿，充分重视人意识的能动作用。即"万物并作，吾以观复。夫物芸芸，各归其根。归根曰'静'，静曰'复命'。复命曰'常'，知常曰'明'。不知'常'，妄作凶。知'常'容，容乃公，公乃全，全乃天，天乃道，道乃久，没身不殆"。意指人为探索存在的规律，依据规律办事，符合天地自然的意蕴，才能长久，避免凶险的事情。并且，人们从事实践活动，不仅要认识事物的本质和规律，还应该基于这种认识塑造出符合主体需要的理想客体。因此，在当今我国文化场域内，文化共生是推动多元民族文化交融失调从碰撞冲突、失衡动荡中谋求平衡、稳定、发展的理想抉择，也启发我们在这场自身融合蜕变的文化整合过程中发挥人为协调作用。首先，作为主体代表并且占据主导地位的主体民族不能忽视其他民族文化存在，要正确处理其他民族希望自身文化生存与发展得到尊重的诉求。其次，整个中华民族文化系统需坚定，在保持自身独立性的前提下积极吐故纳新，吸收包括中华各族与世界各族优秀养分，防止文化的污染并追求文化进步。再次，不断寻求我国多元民族文化和谐发展的适切途径，如社会主义核心价值体系已初显这一路径雏形，应该发展完善并把它作为指导其他工作的方针，推动社会和谐发展。

参考文献

联合国教科文组织、世界文化与发展委员会：《文化多样性与人类全面发展——世界文化与发展委员会报告》，广东人民出版社2006年版。

李晓东：《全球化与文化整合》，湖南人民出版社2003年版。

[美] P. K. 博克：《多元文化与社会进步》，余兴安等译，辽宁人民出版社1988年版。

范俊军：《联合国教科文组织关于语言与文化多样性文件汇编》，人民出版社2006年版。

滕星：《族群、文化差异与学校课程多样化》，《江苏社会科学》2003年第4期。

汪民安：《文化研究关键词》，江苏人民出版社2007年版。

缪家富：《全球化与民族文化多样性》，人民出版社2005年版。

靳永、胡晓锐注译：《老子》，崇文书局2003年版。

饶尚宽译注：《老子》，中华书局2006年版。

陈先达：《马克思主义哲学原理》，中国人民大学出版社2004年版。

河池与东盟共建民族原生态文化交流体验区初探

——以共建白裤瑶民族原生态文化交流体验区为例

蓝仕明[*]

摘 要：就河池与东盟在"一带一路"框架下，怎样开发使用民族文化资源，合作共建白裤瑶民族文化交流体验区，共同"开创发展新机遇、谋求发展新动力，拓展发展新空间，实现优势互补、互利、共赢，不断朝着人类命运共同体方向迈进"的这个课题，本文从河池民族文化底蕴及优势基础、合作共建项目内容及布局、整合资源，实现东、西、中、南"四区"一体化发展格局、市场发展前景等多个方面，进行粗浅探讨和分析。

关键词：河池；东盟；合作；"一带一路"；白裤瑶；文化；交流体验；共建；体系

一 河池与东盟合作共建白裤瑶民族文化交流体验区的资源基础分析

中国提出的"一带一路"倡议中，北有"丝绸之路经济带"，南有"21世纪海上丝绸之路"。在这个基础之下，河池与"一带一路"的沿线东盟各国可在双方自愿的前提下，合作建设"河池—东盟白裤瑶民族原生态文化交流体验区"，

---

[*] 作者简介：蓝仕明，河池瑶学会副会长，南丹县卫计委主任科员。

并把之建设成为河池乃至广西与东盟各国民族原生态文化交流中心枢纽，为"一带一路"增添一个发展新亮点和发展新内容，使"一带一路"形成了新型格局，即北有"一带"，南有"一路"和"一区"。

河池与东盟各国在"一带一路"框架下，合作共建"白裤瑶民族原生态文化交流体验区"是有丰富的文化资源潜力基础的。

（一）悠久的民族历史为河池与东盟合作提供了能量

文化资源与历史是分不开的，历史越悠久，其文化底蕴就越深远，品位就越高。

白裤瑶历史可上溯到五十万年前北京山顶洞猿人，对此，历史学、人类学、民俗学专家、学者指出，"瑶族，是一个历史悠久的民族。她的先民，可以上溯到五十万年前的北京猿人。北京猿人的生活地区为海河流域及黄河下游。这里五千多年前居住着的蚩尤九黎集团，当是北京猿人的后裔，一部分融合进炎黄集团，（另）一部分南迁发展为三苗。三苗的一部分融合进四千多年前的舜禹集团，一部分南迁发展为长沙蛮、武陵蛮、五溪蛮（二千多年前的秦汉时代便载于史书）。远古苗、瑶二族同源，后来发展为两个民族，一千多年前的宋代史书记载的'莫徭'，发展为现代的瑶族（白裤瑶）。"《隋书·地理志》已记载，在"武陵、熙平等郡内的山区，其中有一支'莫徭'，他们'男子由著白布裤衫，更无中袴；其女子青布衫，斑布裙，通无鞋履'"。[1]《图解山海经》和《辞海》《湖南瑶族》等文献史料同样记载有，古时九黎集团中的白夷部族，也是因男子穿白布裤而得名的，[2] 而"莫徭"一词是从帝喾时代开始的，到了隋朝时期才正式录入史册。[3] 人类历史发展到今天，在整个中国，乃至整个世界上的各种人群中，只有白裤瑶仍穿着史书所记载的五千多年前自制的土白布裤。故，笔者认为古史讲的"莫徭"实为今天白裤瑶先民，是毋庸置疑的。

---

[1] 摘自《隋书·地理志》，人民出版社1957年版，第31页。
[2] 徐客：《图解山海经》，陕西师范大学出版社2009年版，第283—437，453，705页。
[3] 韦标亮：《布努瑶历史文化研究文集》，贵州民族出版社2003年版，第65页。

(二) 白裤瑶是蚩尤部落的后代，使河池与东盟各国合作发展有了更广阔视野和丰富多彩的文化内涵

白裤瑶是蚩尤后代，而蚩尤是中国古代史上赫赫有名的三大部落族群之一，即炎帝、黄帝、蚩尤部落，可谓是中国古代史上最早的"三足鼎立"了。蚩尤同样被誉为中华民族三大始祖之一，他对后来中国历史发展都有影响，[①] 只因古代历史的局限性，对他的记录很少，并且负面内容较多，这也是"胜者为王、败者为寇"所致。

白裤瑶是蚩尤的后代，[②] 源于古时的夷人，是九黎族部落中的白夷部族，也称为白狄部族，因蚩尤是首领，故史书又称为蚩尤部落。白裤瑶先民参加过涿鹿之战，至今不少家族还保留和传承有涿鹿之战使用过的武器原真性复原件传承物，以示对那场战争的记忆和纪念。

关于古代"夷人"所涵盖的群体范围问题，过去和现在，都有不少专家、学者认为，中国所有的各少数民族都统称为"夷人"，这是不专业的。依照古史的说法，"夷人以制造弓矢出名。'夷'字的写法，就是表示一个背着弓（箭打猎）的人"。并且还指出"……蚩尤是夷人中著名的首领"。[③] 也有人由此指出，蒙古族同胞也是弯弓射大雕的民族，他们也应当是"夷人"之一，这种说法缺乏科学依据。因为，史书所讲的"夷人"是指古时中原一带蚩尤部落人，而蒙古族同胞不是当时中原古部落人，是长城以北的古老部落人。然而，一些专家、学者讲的"夷人"指中国各少数民族，是跟西方学者喊的，而西方学者之所以把中国即东方各少数民族统称为"夷人"，是因为，他们不了解中国古时"夷人"的含义而导致认识上有差异。

(三) 白裤瑶先民发源于黄河流域，为河池与东盟坚定合作发展注入悠久的历史魅力和活力

白裤瑶是一支由古时从北往南迁徙而来的古老部落族群发展而来的，史称为蚩尤部落，发源于黄河流域，这有人类学和分子人类学科学调查研究检验为依

[①] 白寿彝：《中国通史纲要》，上海人民出版社1980年版，第47—49，48，48—52页。
[②] 奉恒高：《瑶族通史》，民族出版社2007年版，第10—11页。
[③] 白寿彝：《中国通史纲要》，上海人民出版社1980年版，第47—49，48，48—52页。

据。在2001年，经过广西民族研究所、广西瑶学会与复旦大学人类学研究室等联合对白裤瑶10个人进行分子人类学检验结果，证实了白裤瑶发源于黄河流域中原一带。①

二 河池民族文化资源优势分析与评估

中国有56个民族，每个民族都有自己与他民族不同的文化资源，并且优势和特点各异。下面就河池民族文化资源（包括自然资源）优势和特点进行分析及评估。

（一）种类和总量多

河池与东盟合作是有一定文化资源优势的，全市有11个县、市、区，150多个乡镇（含民族乡），有壮、汉、瑶、仫佬、毛南、苗、水家、彝等8个民族，近400万人口。境内有三大资源可开发使用，一是民族文化资源，二是自然地理、水文资源，三是矿产资源。尤其是民族文化种类和总量多，据调查考证与研究统计，河池民族文化旅游资源共有162个种类，697项总量，其中，可作为旅游观赏开发使用的有137个，623项总量。②从总体上看，河池民族文化资源可划分为以下5个区域。

1. 西北区

这一区域的民族文化资源，有三大类。一是白裤瑶文化；二是苗族文化；三是水族文化。③这三大文化共有22个种类、338项总量。其中白裤瑶文化资源有13个种类、278项总量，占整个河池文化总量的44.45%多一点，其中可作为旅游观赏开发使用的有12个种类，275项总量，可使用概率均高于其他民族，文化资源有很大的旅游市场发展潜力；水族文化有5个种类，29项总量，可开发使用的有3个种类、17项总量；④苗族文化。这里所讲的苗族文化主要是指南丹县中堡苗族乡的苗族文化，共有9个种类、81项总量，其中可作为旅游观赏开发使用的有4个种类、43项总量，使用概率达50%多一点，也是很有开发价值的

---

① 参考《河池旅游指南》（内部资料）。
② 北京万象乾元国际咨询公司：《中国白裤瑶旅游总体规划》（内部资料），2014年，第9期。
③ 摘自《南丹旅游事业局·南丹县旅游指南》（内部资料），2016年。
④ 同上。

一种文化。

2. 西部区

长寿文化是河池旅游产业的名片。西部长寿文化覆盖东兰、凤山、巴马、天峨四县，这四县文化资源归纳起来有4个种类、71项总量（不列雷同的类别）。[①]

3. 中部区

这个区域是喀斯特自然地理、水文资源为主体的旅游，享尽大自然美丽，是人与自然和谐共存的标志。这个区域覆盖金城江、环江和都安北部、东兰东南部部分区域，旅游资源有两大种类、21项总量（不列雷同类别）。

4. 东部区

这个区域属岭南百越文化，内容丰富，覆盖罗城、宜州两县市，文化种类有22个、300多项总量，可开发使用的有17个种类、257项总量。这里所讲的百越文化是指壮族和仫佬族、毛南族文化。因为，壮族和仫佬族、毛南族是由古时岭南百越集团发展而来的。[②]

5. 南部区

该区域覆盖都安、大化两个瑶族自治县，是河池布努瑶古老民族的集中居住地。据考古发现，在15000年前都安境内已有人类活动，是迄今为止广西境内最早的先民遗址所在地。布努瑶历史文化内涵深远，底蕴丰富多彩，共有18个种类、238项总量，其中可作为旅游观赏开发使用的13个种类、217项总量。旅游观光"产品"居河池之二，发展潜力与西北区的南丹有相等资源基础。[③]

（二）河池民族文化底蕴与内涵丰富

1. 西北区。这个区域文化资源，以白裤瑶蚩尤部落文化为核心，主要有5个方面的优势和特点。

（1）古老性。所谓古老性是指白裤瑶现存的文化都是从古代起传承下来的物质财富和精神财富遗产，而不是现代社会才产生和发展的产物，它的意义和价值是无法用金钱来衡量的，也无法将之同其他民族的文化相比拟的。这种文化最

[①] 摘自《巴马、凤山、天峨、东兰旅游事业局·旅游指南》（内部资料）。
[②] 摘自《宜州、环江旅游局·旅游指南》（内部资料）。
[③] 参考《都安县博物馆基本陈列框架（方案）》（内部印制），2014年，第12页。

突出的一个优势就是"古"字。

（2）悠久性。白裤瑶文化内涵深远，它涉及人类从童年时代起至隋、唐时期等各时代的人文、自然科学的演变与发展过程。现在我们都说中华民族有五千年历史，有五千年文化，然而，白裤瑶历史和文化则远大于五千年，它至少是1万年至七千年前的历史或更远一些。如猴棍舞就是反映和记录人类童年时代时期音乐、舞蹈起源与形成、发展的过程。又如服饰文化则与"河洛文化"形成与发展基本上是同一个时代的，距今有1万年—4800年的历史。可见白裤瑶文化十分悠久，对河池与东盟合作发展民族文化交流体验区有其独特的优势。

（3）广泛性。这就是说，白裤瑶文化内涵及内容所包括的元素十分多，它涉及古代社会、政治、军事、生产、生活、风土人情、神话人物传说等多方面，可说是包罗万象。如服饰文化内容，就集审美学、历史学、艺术等于一体的文化。妇女背心衣上画印的"回"字符号，不仅仅是一种美的体现，也是记录历史的一种载体，说明在远古时代，白裤瑶先民也学会保护人身安全的方法。据史料记载和民间口碑传说，"回"字图纹符号在古代是用来恐吓肉食凶猛野兽的器具。[①] 当凶猛野兽看见这种图符号标志后，被吓跑了。据说，在解放前，白裤瑶住在深山老林里，各种肉食猛兽很多，妇女上山干活时，当遇见老虎，就将背心衣朝向老虎，老虎就自然逃跑了，在古代也是这样，这种传说与史书记载一致。还有男女服饰上都绣刺有甲骨文"马"字图等等，图纹符号说明了白裤瑶文化内涵与内容的广泛性，为河池与东盟合作共建"白裤瑶民族原生态文化交流体验区"注入了多姿多彩的文化元素。

（4）趣味性。白裤瑶文化品位极高，集赏析、资信、娱乐、修身、养德、处世、为人于一体。如陀螺文化既是文体活动的一种娱乐工具，同时它又具有高尖端科学技术含量。陀螺所具有离心率、向升率、倾斜率都是当代人类制造宇宙飞般的基本科学理念基础，反映出在古代白裤瑶先民对物理学知识的认识已达到了一定的水平。这就是白裤瑶文化其有趣味性的内容之一。当然，在我国有许多少数民族都有陀螺，但据调查考证，只有白裤瑶保留有原真性的特征，它是由石球演变发展而

[①] 北京万象乾元国际咨询公司：《中国白裤瑶旅游总体规划》（内部资料），2014年，第9期，10–74页。

来的。开发、使用有趣味性的文化资源，为河池与东盟合作发展共建"白裤瑶民族原生态文化交流体验区"增添了无穷无尽的魅力，从而吸引四方游客。

（5）智慧性。经史学界、民族学界，特别是瑶学界专家、学者多年的调查、考证、研究，把白裤瑶文化誉为"人类文明文化源头"。如竹琴与伏羲琴、服饰文化与"河洛文化"之间有着内在的必然联系和因果关系。还有被古书称为"神蚕"所吐出的蚕丝片是金黄色的，它源于原始社会时代，距今有1万多年的历史，目前在全世界仅白裤瑶传承并养殖有之，实属稀有，非常宝贵。

2. 西部区。可用的资源多，重点是以长寿文化和自然山水风光为主体。这个区域覆盖巴马、凤山、东兰、天峨四县，目前共有12个景区、36个景点，景点的档次、质量、品质高，主要体现在旅游观光产品文化内涵底蕴深，具有古典性，观赏品位高。[①]

3. 南部区。这个区域包括都安、大化两个自治县，目前已建有4个景区、27个景点。其旅游资源有5个方面优势。

（1）有亚洲第一大地下河流，位于都安县地苏乡境内，打造和建设好地下河流景点，是河池旅游走出河池、走出广西、面向国际旅游市场的品牌之一，"亚洲第一"这四个字也别具魅力。[②]

（2）地面的上岩滩湖风光，红水河的百里画廊、板兰大峡谷、田园、库区水文风光、石山王国、峰叠峰等自然风光不亚于桂林的漓江风光。

（3）广西最远古的人类文化遗址、动物化石都在河池的都安县境内，旅游观赏价值高，游客到河池可观赏到15000年前广西境内人类活动遗迹。

（4）延绵100里奇石珍宝、山川、水文是大自然赐赋河池的财富。位于大化县神龟山到美人山一带，与越南的下龙湾风光相比略胜一筹。

（5）河池有国内面积最大的新石器时代加工场地，地址位于南部都安县的北大岭一代，游客到南部旅游景区都安的北大岭可观赏到15000年前广西的"斧、锛、凿、研磨器、石刀、砺石、石砧、石锤、砍砸器、刮削器、石片"等文物，是广西一绝，河池南部区的旅游品牌。

[①] 摘自《南丹旅游事业局·南丹县旅游指南》（内部资料），2016年。
[②] 参考《都安县博物馆基本陈列框架（方案）》（内部印制），2014年，第12页。

4. 中部区。这个区域覆盖环江、金城江两县区，目前已建有3个景区、17个景点。中部旅游资源主要是以自然地理、水文风光为主。民族文化主要以壮族为主，其中"莫一大王"文化，有一定的吸引力。可开发的项目，有金城小山峡、河池博物馆、龙江风光、河池红色遗址、喀斯特世界保护区、冰绿岛、清潭、牛角寨、瀑布、古道、杨梅场、中洲河、龙潭瀑布、文雅天坑、古滨河漂流等。其中，九万山和木论林区、兰花、小山峡是中部区的旅游标志性品牌。其中"兰花"被誉为"中国兰花之乡"。"兰花"是河池的一个最具有特色的旅游标志。[1]

5. 东部区。这个区域覆盖罗城、宜州两县市，共有4个景区、31个景点。其特点和优势有5个方面。[2]

（1）壮族刘三姐闻名全国，是广西文化之星。

（2）文明古城，宜州市（古称为宜僚）是一座具有2000多年历史的古城，它在古时曾经受过蚩尤部落文化、百越文化共同熔炼，文化底蕴丰富而深远，有极高旅游观赏价值。

（3）从历史的观点看，宜州又是中国著名的"五脏图"历史发生地，是全国仅有的旅游品质，档次相当高。

（4）古时庆远府也同样闻名全国；瑶族首领蒙赶领导的各民族反宋斗争就在此发生；仫佬族和壮族都是百越集团的后代，历史、文化在广西一枝独秀。

（5）从水文上看，龙江贯穿过宜州地带，给这座古城增添了一道波光的风景线，形成了自然、水文、人文三位一体的景观。

三 河池与东盟合作共建"白裤瑶民族原生态文化交流体验区"构思或设计

河池与东盟合作共建"河池—东盟白裤瑶民族原生态文化交流体验区"时就思考这样的问题，即观赏什么，交流什么，体验什么，以及如何才能让社会大众耳能听到、眼能看到、心能领会到，要达到这样效果，则离不开观赏、交流体验的具体平台和纽带，而这个"平台"和"纽带"就是以旅游观光为载体，通

---

[1] 摘自《宜州、环江旅游局·旅游指南》（内部资料）。
[2] 同上。

过旅游观光实现对白裤瑶民族文化的交流体验的目的。体验的内容就是中国古代人类文明文化源头中的白裤瑶"原状、原生、原真"古代文明文化,直接体验到五千多年前的"古韵、古典、古色、古味、古律、古风、古俗"等,[①] 从这个意义上讲,河池与东盟合作共建白裤瑶民族文化交流体验区,就具有文化旅游观光的特点和性质。因此,在建设构思、设计、规划上,可按旅游观光景区、景点的模式和特点进行。

(一)科学规划民族文化交流体验区建设布局及项目分类

"河池—东盟白裤瑶民族原生态文化交流体验区",在建设上,可这样构思或设计:

1. 项目建设规模初拟为12个科目,39大项工程,180项文化内容。[②] 具体建设科目内容如下:

(1)蚩尤部落文化度假区。白裤瑶是蚩尤的后代,[③] 建蚩尤部落文化度假区符合历史。

图1 蚩尤部落文化度假区白裤瑶古建筑设计模拟图

(2)中国白裤瑶古代特色农作物传承发展试验区。至今白裤瑶民间还传承和保存并种植有一万年至五千年前的五种古老物种,属禾本科。经调查了解,在中国华东、华西、华南近20个省区中,只有白裤瑶有之,它与白裤瑶的历史来

[①] 北京万象乾元国际咨询公司:《中国白裤瑶旅游总体规划》(内部资料),2014,9,10-74。
[②] 莫金山:《瑶学研究》,广西人民出版社2016年版,第128—130、132—140页。
[③] 同上。

源关系密切,开发潜力大。

(3)中国白裤瑶古代特色农作物观光园,在这个"观光园"里,人们可看到一万年到五千多年前的古老农作物,这种农作物在其他地方无法看到,只有白裤瑶聚居区有。

(4)中国白裤瑶"香糯树"观光园。这种树种只有白裤瑶居住区有之,属中国稀珍木本科植物,据了解目前全国只有4棵,属濒危物种之一。

图2 濒危物种——香糯树图片

(5)中国白裤瑶历史博览馆。

(6)蚩尤祭祀馆。每年6月份都是白裤瑶和布努瑶开展祭祀蚩尤的活动月,布努瑶称为"祝著节",白裤瑶称为"小年节"。白裤瑶和布努瑶同源、同根,故对蚩尤有共同的祭祀活动。[1]

(7)瑶医瑶药健身养生院。白裤瑶民间草药多,特别是以治疗高血压方面

---

[1] 蒙有义:《密洛陀》,北京科学技术出版社2013年版,第4、25—28、47—50页。

有其较好的秘方。

（8）建鸟人度假休闲区。白裤瑶与鸟人同源，都是夷人的后代，古时白裤瑶与鸟人关系密切。

（9）建陀螺村。据史书记载，陀螺是由务相制造的石球发展而来的，今天白裤瑶使用的陀螺源于石球，而务相和驩兜其实是一个首领有两种不同称呼而已，① 白裤瑶称为"朵缓"[tu ʔ⁴³⁴ nuan⁵¹]。"朵缓"[tu ʔ⁴³⁴ nuan⁵¹]与"驩兜"[tu ʔ⁴³⁴ nuan⁵¹]是一个意思。经查考在古汉语里是没有"驩兜"[tu ʔ⁴³⁴ nuan⁵¹]这个词，是汉语将瑶语的"朵缓"[tu ʔ⁴³⁴ nuan⁵¹]译音而来的。② "朵缓"[tu ʔ⁴³⁴ nuan⁵¹]或"驩兜"[tu ʔ⁴³⁴ nuan⁵¹]和务相都是白裤瑶先民首领。

（10）葫芦村。建筑结构是葫芦形的，与史书记载的人类始祖——伏羲、女娲兄妹婚有密切关系。现在学术界都认同白裤瑶就是伏羲女娲的后代，也是蚩尤的后代，即——炎帝（据史料记载，祝融、夸父、蚩尤都是炎帝后代。③ 夸父在古汉语中的称谓与今天的白裤瑶语言是一致的，都称为"甫[pu⁴⁴]"。"甫"字，现代汉语读为"甫 fú"，而不读[pu⁴⁴]。④

```
                    ┌─祝融─赤夷─共工氏─务相
                    │
                    ├─夸父─玄夷─    ？
（夷人）─老童 ─┤
                    ├─蚩尤─白夷─驩兜（朵缓[tu ʔ⁴³⁴ nuan⁵¹]）
                    │
                    └─莫徭─白裤瑶
```

（11）伏羲、女娲纪念馆。于今，大多数白裤瑶村寨立有小庙房，庙里树立有伏羲、女娲的塑像，学术界也一致认可白裤瑶是伏羲、女娲的后代，迄今为止，只有白裤瑶有直接证据证明自己是伏羲、女娲的后代。⑤

（12）在"河池—东盟白裤瑶民族原生态文化交流体验区"内，建设白裤瑶文史研究院。

（13）白裤瑶文体娱乐村。

---

① 徐客：《图解三海经》，陕西师范大学出版社2009年版，第283—437、453、705页。
② 蒙有义：《密洛陀》，北京科学技术出版社2013年版，第4、25—28、47—50页。
③ 徐客：《图解三海经》，陕西师范大学出版社2009年版，第283—437、453、705页。
④ 蒙有义：《密洛陀》，北京科学技术出版社2013年版，第4、25—28、47—50页。
⑤ 奉恒高：《瑶族通史》，民族出版社2007年版，第10—11页。

(14) 民俗博览馆。

(15) 白裤瑶反土司纪念馆。

(16) 涿鹿之战纪馆。白裤瑶先民参加过涿鹿之战,这场战斗持续时间相当长,场面宏大,人数参战极多,仅蚩尤部落就有 40 万人。至今白裤瑶很多家族还保留有涿鹿之战时使用过的武器原真性复原件。这场战争给白裤瑶先民留下了刻骨记忆,也是白裤瑶先民从北往南迁徙的起因。①

(17) 建"河池—东盟白裤瑶民族原生态文化交流体验区"地标性建筑物——白裤瑶古城门。白裤瑶民族古建筑物很有特色,但因历史的局限性和遭受古代战争的破坏,尚存无几。但可根据专家、学者的研究和挖掘的成果,然后用复原学原理,把它复原出来。上面的建筑模拟图就是复原图,与传说中的白裤瑶古建筑风格相似,又不同于其他建筑特点。

(18) 建夸父纪念馆。夸父是白裤瑶先民首领之一,瑶语称为"甫[pu⁴⁴]",古华夏民族也根据白裤瑶先民的称谓,也将夸父敬称为"甫[pu⁴⁴]"。白裤瑶先民是一支爱太阳追逐太阳的部落,其先祖首领夸父为了追逐太阳而喝干了许多江河,最后还是因为水不足饮而渴死在沙滩上,白裤瑶也被称为"两头白"的古老部族,即白头巾、白裤子、黑衣服的来源。②

(19) 古代"神人"纪念馆。这是神话传说中的历史人物,共有一百多个,其中有与汉文卜传记的基本一致。不管有文字记录的,还是没有义字记录的这些神话人物,都与白裤瑶远古先民有密切的关系。如火神、天神、地神、水神、山神、庙神、社神、村神、米神、家神、灶神、树神等,这些都是远古时代有才能而被神化的历史人物。今天,从各种史书的点滴记载中可知道,被神化的这些古代人物,人多数是白裤瑶的先祖。③

(20) 白裤瑶民族文化影剧院,具体建设内容有 37 项。

(21) 白裤瑶民族文化工艺美术展示馆。

(22) "河池—东盟白裤瑶民族原生态文化交流体验区"服务区。内容包括

---

① 奉恒高:《瑶族通史》,民族出版社 2007 年版,第 10—11 页。
② 黄海:《瑶族服饰文化浅谈》,《河池社会科学》2014 年第 4 期。
③ 白寿彝:《中国通史纲要》,上海人民出版社 1980 年版,第 47—49,48,48—52 页。

如下：

观赏、交流体验区服务中心；观赏、交流体验区工作人员生产、生活区；游客生活食宿区；医疗卫生援救区；其他基础设施建设。

图3 河池—东盟白裤瑶民族文化交流体验区城门设计模拟图

2. 项目建设布局可划分为：古代区、近代区、现代三大块板。其中，属古代建设项目的有14项；近代区有5项；现代区有9项；其他有16项。这样规划分类的好处是，体现"河池—东盟白裤瑶民族原生态文化交流体验区"结构层次内容多而不乱，便于游客观赏，呈现科学规划水平。①

（二）整合资源，促使河池东、西、中、南四个旅游景区与"文化交流体验区"形成一体化发展格局

河池是多民族的市，民族文化也是多元化的，要科学地整合多元民族文化资源优势，促使东、西、中、南四区与"白裤瑶民族原生态文化交流体验区"形成一体化发展新格局。客观上就要求，河池与东盟在共建"白裤瑶民族原生态文化交流体验区"的同时，要进一步拓展合作发展新空间，以增强河池与东盟合作发展新动力。

1. 连接西部长寿文化旅游产业经济带。

---

① 莫金山：《瑶学研究》，广西人民出版社2016年版，第128—130、132—140页。

西部旅游产业带以巴马长寿文化为中心,以东兰、凤山、天峨红色旅游资源为主,自然地理、水文风光为辅,进一步提升旅游产品档次和质量。目前,巴马长寿文化已被列为广西重点打造的三大国际旅游目的之一,要把"白裤瑶民族原生态文化交流"同巴马长寿文化旅游连接起来,进一步提升长寿文化档次和质量及其国际知名度(包括服务质量)。笔者认为至少应抓好以下四个方面的工作。

(1)把握旅游市场导向,长寿文化景区、景点的建设,要立足体现长寿文化所在地布努瑶的文化元素,要凸显民族"古风""古韵",让游客从旅游文化交流或旅游中能体验到长寿养生文化的民族古色古味,从而增加对长寿文化内涵的了解。

(2)要用复原学理论原理把布努瑶古建筑特色文化体现出来,在民族建筑文化建设上,要运用历史学、民族学、建筑学研究成果,对文化体验区或旅游景区、景点建筑设计上,依靠科技手段把布努瑶过去原有而现在已消失了的古代建筑文化风格复原出来。复原出来的文化或图纹、图标、模式(含结构模式),要保持原真、原状,这称为原真性复原物。

(3)加强专业管理技术培训,提高服务能力和质量。

2. 与东部壮族文化旅游产业经济带连接。

东部壮族文化旅游产业经济带以宜州市刘三姐景区为中心延伸到罗城县。这两个区域主要有壮、仫佬等两个民族。仫佬族和壮族都是由古时百越集团发展而来的,其文化都是大同小异。仫佬民族文化内容主要有"依饭节""走坡节""竹球·竹梆"等文化。自然景观有阳江、崖宜风光、剑光、高山草甸、野巴滩、青明山、美人山等,自然风光如诗如画、美不胜收。

在资源结构调整方面,对可移动的资源要进行整合移动,如仫佬族的"依饭节""走坡节""竹球·竹梆"等文化资源,可移动到宜州来,在刘三姐文化旅游园内专门打造和建设仫佬族文化村、壮族文化村或文化园即可,使游客在刘三姐文化旅游园内即可观赏到壮族传统文化,从而把刘三姐文化旅游园建设成为河池东部区集约型民族文化旅游产业带。

3. 开发南部新石器时代文化旅游产业经济带。

河池南部地区新石器是文化旅游的代表性产品,也是标志,要打造和建设河池南部新石器文化旅游观光园或区。观光园景区就设置在都安县北大岭新石器遗址内，要建造一座能反映和体现布努瑶建筑文化风格特点的古城门博物馆，这个古城门博物馆是河池南部区民族旅游的标志性形象代表，更是河池的象征之一。因此，在建筑设计模式结构造型上要凸显布努瑶的文化元素，同时还要在北大岭一带建设布努瑶古代部落文化村。古部落文化村要以时代分类建设，按历史顺序建设，在建设风格上要根据不同时代的不同特点，把布努瑶的建筑文化风格和特色以层次式的方式展现出来，不搞雷同和千篇一律的东西。

4. 同中部"兰花之乡"文化旅游产业经济带相连接。

河池市环江县被列为"中国兰花之乡"，是旅游产业的一张好名片。目前国内被誉为"中国兰花之乡"美名的并不多，物以稀为贵，河池应抓住这个条件，在中部区的环江、金城江两县区打造和建设"中国兰花之乡"旅游园，这个品牌名称是全国唯一的，要花财力，集中力量，在中部区建设河池"中国兰花之乡"，要扩大种植兰花面积，使之形成一定的规模化。要把木论国家级喀斯特自然保护区和九万大山、小山峡、杨梅坳、龙江、牛角寨瀑布、古道、长美中洲河、龙潭瀑布、冰绿岛、清潭等自然地理、水文风光建设成为河池"中国兰花之乡"观光园中的集群景点，还可在"中国兰花之乡"旅游观光园中建设毛南族文化村、"莫一大王"村，让游客享尽河池的自然风光后，又能轻松地观赏毛南文化。在距金城江区78公里的西北方向，有被誉为中华民族三大始祖之一的蚩尤部落的后代——白裤瑶。要把"白裤瑶民族交流体验区"同小山峡水文、兰花风光融为一体，更具魅力和吸引力。因此，在金城江区建设中部旅游产业经济带，并把河池"中国兰花之乡"观光园总部设在金城江区附近是最理想的。同时，又可把河池四个旅游产业经济带管理中心设在金城江区内，使之成为河池与东盟共建民族文化交流、旅游观光集合点。

总之，把"白裤瑶民族原生态文化交流体验区"同"四区"民族文化旅游产业经济带连接，它的作用和优势就在于：有利于整合整个河池的文化旅游资源，避免资源闲置，充分发挥资源效益作用，促进河池与东盟合作持续发展，具有积极意义和拉动作用。

四　河池与东盟合作发展前景分析

河池与东盟在"一带一路"框架下合作共建"白裤瑶民族原生态文化交流

体验区"前景是看好的。

(一) 中国与东盟各国有良好的合作基础

从中国与东盟合作发展的大趋势看，中国是东盟各国发展的大市场。据统计，到2016年底，"一带一路"沿线的东盟各国中已有20多个国家与中国建设56个经贸合作区，投资金额达185亿美元，为东道国创造了近11亿美元税收和18万个就业岗位。2017年中国与东盟各国合作贸易投资创造总额已达5000亿美元，前三季度沿线国家对华投资新设立创业2893家，投入金额达42.42亿美元。另一方面，随着中国国力的不断增强，继续保持良好的发展势头，世界第二大经济实体的地位，将增强"一带一路"沿线国家对中国的信赖与信任，这为东盟与河池的合作发展注入了强心针。

(二) 有良好畅通的交通网络

河池是中国西南通往沿海的重要咽喉，兰海高速穿过河池的中心区，更重要的亚欧高铁也穿过河池市中心地带，设立在贵州省荔波县捞村的停站点，距河池市政府所在地只有100多公里，河池境内交通四通八达，为河池与东盟合作发展提供了便利。

(三) 电力充足，点亮合作发展

河池电力资源充足，境内有龙滩电站，西部输往东南沿海地区电源高压线电路如同"蜘蛛网"密布河池上空，可为河池与东盟合作共建"白裤瑶民族原生态文化交流体验区"提供电力保障。

(四) 水力资源丰富，河池境内除了有红水河外，还有很多的地下河，在河池境内生产、生活用水有保障。

(五) 丰富的文化资源，成为合作发展的桥梁

民族文化资源丰富多彩，底蕴深远，种类和总量多，特别是白裤瑶民族原生态文化是世界绝无仅有的，被史学界、民族学界认定为"世界上保留有远古时代传统文明文化最完整的民族"。白裤瑶文化是中国人类文明源头，据研究发现，被誉为"宇宙魔方"的"河洛文化"就是白裤瑶先民创造的，因此，河池与东盟合作共建"白裤瑶民族原生态文化交流体验区"有广阔的前景。

（六）人民对古文明文化的追求和向往成为河池与东盟合作发展的市场导向

当今随着科学技术和经济的不断发展，人民生活水平日益提高，对古代文明文化的要求和向往越来越强烈，在旅游观光方面，观赏"古风""古韵""古色""古俗""古典""古史"等古老文明文化，也成为当代各国开展合作交流的内容和"文明之旅"的需要。文明文化是人类交流的基础，河池与东盟合作共建"白裤瑶民族原生态文化交流体验区"，就是把中国古代人类文明文化献给"一带一路"沿线各国人民观赏交流体验，让现代各国人民从中获得古文明文化智慧。亚欧高铁开通营运后，欧洲各国人民，特别是旅游者将在河池观赏到五千多年前中国古人类文明文化，可开展继"丝绸之路经济带"后的南国又一道古文明之旅，真正看到了五千多年前蚩尤部落后代现在的生产、生活、风土人情等发展情况。

综上所述，可见河池与东盟合作共建"白瑶裤原生态文化交流体验区"前景是看好的。尤其是这种"交流体验"的对象不仅仅是停留在双方官方中的文化艺术界、官员之间的交流体验，而且以旅游市场的平台方式，把之扩展到民间一般老百姓，通过开展"文明之旅"的平台，让"一带一路"沿线各国民众都平等地享有"交流体验"白裤瑶民族原生态古文明文化的机会，从而使河池与东盟合作共建的"白裤瑶民族文化交流体验区"更具有广泛的公众性和共享市场，为双方的合作发展奠定了坚实的资源基础。

五 结束语

综上所述，就河池与东盟在"一带一路"框架下，合作共建"白裤瑶民族原生态文化交流体验区"这个课题，从河池民族文化资源，特别是白裤瑶民族文化资源的种类和总量、文化优势及特点，文化的历史内涵和底蕴、品位、质量、合作发展构思、设计、怎样创造合作平台，使文化资源成为共享、共同发展，进一步扩展合作空间、范围、区域、方式以及合作的前景等多个方面，进行粗浅的探讨和研究、分析认为，河池与东盟"一带一路"沿线各国携手开发使用白裤瑶文化资源，共建"河池—东盟白裤瑶民族原生态文化交流体验区"，是一项巨大创举，对河池与东盟各国来说，也是对人类文明文化的贡献，合作发展的前景是大的，市场是广阔的。民族文化资源是取之不尽、用之不完的绿色资源，对建设"山青水秀"的河池是具有积极的意义和作用,对促进河池与东盟各国的持续发展将是无限的能量。这是笔者的浅见,仅供参考。